『十二五』国家重点出版物出版规划项目

国家出版基金项目

◎全国革命遗址普查成果丛书

中共中央党史研究室组织

【总第1卷】

全国重要革命遗址通览

【第1册】

QUAN GUO GE MING YI ZHI PU CHA

中共中央党史研究室科研管理部 编

中共党史出版社

图书在版编目(CIP)数据

全国重要革命遗址通览. 总第1卷/中央党史研究室科研管理部编.
—北京:中共党史出版社,2013.12
(全国革命遗址普查成果丛书)
ISBN 978-7-5098-2391-0

Ⅰ.①全… Ⅱ.①中… Ⅲ.①革命纪念地—介绍—中国
Ⅳ.①K878.23

中国版本图书馆 CIP 数据核字(2013)第242148号

出版发行:中共党史出版社
责任编辑:吴江　王世英　黄艳　王兵　潘鹏　韩冬梅　姚建萍　陈海平
复　　审:吴　江
终　　审:汪晓军
责任校对:龚秀华
责任印制:谷智宇
责任监制:贺冬英
社　　址:北京市海淀区芙蓉里南街6号院1号楼
邮　　编:100080
网　　址:www.dscbs.com
经　　销:新华书店
印　　刷:北京汇林印务有限公司
开　　本:210mm×285mm　1/16
字　　数:1092千字　　2115幅图
印　　张:90.5
印　　数:1—2000册
版　　次:2013年12月第1版
印　　次:2013年12月第1次印刷

ISBN 978-7-5098-2391-0
定　　价:860.00元(精装)

《全国革命遗址普查成果丛书》编委会

总　　序

李忠杰

（中共中央党史研究室副主任）

中国共产党在领导各族人民进行新民主主义革命的过程中，留下了许多珍贵的革命遗址。这些遗址有的也称旧址、旧居、故居、史迹、遗存、胜迹等等。它们包括党的重要机构旧址；重要党史人物的故居、旧居、活动地；重要事件、重大战役战斗遗址；具有重要影响的革命烈士事迹发生地或墓地等，也包括新中国成立后兴建的内容涉及新民主主义革命的各类纪念馆、展览馆等纪念设施，以及能够反映革命时期党的重要历史活动、进程、思想、文化的各种遗迹等等。

这些革命遗址，铭刻着中国共产党人和中国人民为民族独立和人民解放而英勇奋斗的光辉历程，蕴含着中国共产党人和中国人民艰苦奋斗、不屈不挠、一往无前、敢于胜利的革命精神，是中国革命的重要历史见证，是宝贵的革命历史文化遗产，是中华民族物质和非物质文化遗产的重要组成部分，也是人类文明史上独特的文化遗存。

新中国成立以来，很多重要的革命遗址得到了有效的保护、利用和开发，一些新的缅怀革命历史的纪念设施也陆续建立起来，成为爱国主义教育和革命传统教育的重要基地。但是，全国各地到底有多少革命遗址？分布在哪些地方？保护利用得怎么样？现状如何？这些底数还不是很清楚、很完整。在新的历史条件下，为了更好地保护、利用和开发革命遗址，迫切需要对全国的革命遗址进行一次全面、深入、准确的普查。

开展革命遗址普查，是党史工作“存史、资政、育人”的一项重要内容，是认真挖掘、整理和研究党史资源的重要途径。通过普查，全面了解各地丰富的党史资源，掌握各地革命遗址的基本情况及其生存状态，不仅有助于党史研究的深化和党史宣传教育的开展，而且还将为准确判断革命遗址保护形势、科学制定革命遗址保护利用政策提供依据。开展革命遗址普查，对于进一步继承、弘扬党的光荣传统和革命精神，培育、弘扬以爱国主义为核心的民族精神和以改革创新为核心的时代精神；对于建设和巩固社会主义思想文化阵地，大力发展社会主义先进文化；对于服务全国红色旅游，促进经济社会发展，都具有十分重要的意义。

党史部门，是党的历史的研究机构，又是主管党史业务的工作部门。做好革命遗址普查和保护工作，是党史部门的重要职责之一。2006 年，中共中央办公厅转发《中共中央党史研究室 2006—2010 年工作规划》（中办发［2006］23 号文件），明确把开展革命遗址普查作为党史工作的一项重要任务，要求中央党史研究室制订规划，指导地方党史工作部门对本地区革命遗址进行一轮普查，掌握现状，向同级党委、政府或有关部门提出意见和建议，对重要革命遗址特别是濒危遗址加强保护、酌情合理开发利用；对保护措施不力的要督促整改。

2006年9月，中央党史研究室召开全国党史研究室主任会议，传达贯彻中办发23号文件精神。此前，个别省区市做过一些革命遗址调查工作。此后，各地党史部门普遍将开展革命遗址普查工作列入了工作规划。在2007年12月召开的全国党史研究室主任会议上，确定在革命遗址数量多、类型多、范围广的江西省开展试点，取得经验后，再在全国推开。2008年6月，中央党史研究室向江西省委党史研究室下发了革命遗址普查试点工作通知和方案。自此，革命遗址普查工作正式启动。2009年6月，江西省试点工作圆满结束，为全国普查工作的开展提供了丰富的经验。

2009年11月，中央党史研究室在江西南昌召开全国革命遗址普查工作会议，总结江西试点的经验，就开展革命遗址普查工作作出具体规定，并要求利用媒体大力宣传普查工作，使加强革命遗址保护的理念深入人心。会议印发的《全国革命遗址普查工作实施方案》，规定了革命遗址普查的范围和具体内容、组织机构和职责、普查方法和要求、普查时间与实施步骤，以及普查成果的提交和普查成果的保存利用等。此次会议之后，全国各级党史部门在各级党委的领导和支持下，迅速落实专项经费，进行工作部署，使普查工作在全国迅速推开。

2010年，中央印发了《中共中央关于加强和改进新形势下党史工作的意见》（中发［2010］10号文件），召开了全国党史工作会议。中央10号文件明确要求加强党史遗址保护，搞好纪念场馆建设，组织开展党史遗址普查，重点摸清革命遗址底数，同时注重调查党史方面的非物质文化遗产。2010年11月，中央党史研究室在广西南宁召开全国革命遗址普查工作会议，学习贯彻中央10号文件和全国党史工作会议精神，检查各地普查工作进展情况，对下一阶段工作，特别是提交普查成果和编辑出版《全国革命遗址普查成果丛书》作出了具体部署。会议要求全体普查人员深入学习中央10号文件和全国党史工作会议精神，坚持高标准、高质量地完成各项任务。

在中央党史研究室的组织、指导、推动下，在各地党委政府的重视、领导和支持下，在全国党史部门的广泛参与下，全国的革命遗址普查工作广泛展开，深入推进，取得了显著的成果。

这次革命遗址普查，我们把它界定为对1949年新中国成立之前所有新民主主义革命遗址的普查。1949年之后的党史遗址、旧址等等，内容、范围非常广泛，也非常复杂，暂时难以准确界定，所以不在本次普查范围之内。遗址普查的具体内容包括，每处革命遗址的名称、地址、面积、建筑样式及材质、形成时间、利用时间等基本情况；遗址本体的历史由来、使用状况、保存状况、陈列物品情况；遗址使用管理的所有权属、经费来源、工作人员状况；遗址周围的环境状况（包括自然环境和人文环境）等信息，以及图片资料和文字资料。此外，一些已被损坏的不复存在的重大遗址、遗迹也在普查之列。普查工作以县（区）为基本单元，实行全面普查与重点调研相结合的方法。为保证普查成果的真实、完整和科学，要求采取实地调查与档案资料、图书资料、报刊资料、口述资料等互证的办法，对每处遗址的相关信息严格核实，力求准确无误，确保普查资料、信息登记、统计汇总等各个环节有依有据。

革命遗址普查工作是一项十分艰苦繁杂的工作。普查人员需要熟悉统一的规范和要求，填写普查登记表，撰写革命遗址的历史背景，搜集历史图片，拍摄现状图片等。为了保证普查成果的质量和数据的准确无误，普查人员要亲自到每个遗址去进行测量、登记，还要走访当事人，深入档案资料馆，搜集资料，核实该遗址的来龙去脉。在一些条件艰苦的地方，特别是山区，普查人员只能靠双腿走进深山老林，在酷暑严寒中跋涉登攀，经常只能吃方便食品。全体普查人员以党史工作者崇高的责任感和使命感，排除万难，辛勤工作，坚持高标准、严要求，保证普查成果的质量和水平，为普查工作的顺利完成作出了巨大贡献。

经过全国2万余普查人员的共同努力，普查工作已经顺利结束，普查成果已经全部提交中央党史研究室。通过普查，基本摸清了全国革命遗址的底数，掌握了全国党史资源的分布情况。据不完全统计，全国共普查登记革命遗址近5万处，相关联的其他遗址5000余处。其中新发现了许多革命遗址和相关资料，填补了历史空白。如山西省共普查出3400余处革命遗址，是以前掌握数据的一倍多；安徽省新发现300多处。通过普查，还锻炼了全国的党史队伍，培养了党史工作者艰苦奋斗、严谨科学的精神。

为了使普查所得到的成果永久保存，使每个遗址所记载的历史信息能够留传后世，中央党史研究室组织全国党史部门汇总普查成果，统一编纂了《全国革命遗址普查成果丛书》。全部丛书共31卷、约150册。其中，由中共中央党史研究室负责编辑《全国重要革命遗址通览》作为第一卷。其余30卷由各省区市（不含西藏）党史部门负责编辑，每卷都包括若干分册。中央党史研究室集中全国党史部门意见，制定了统一的编写形式、内容要求、目录编排、印制规范、装帧设计、质量标准和各种技术要求等严密细致的编辑规范。每一卷、每一册都要按统一的规范要求进行编辑。2011年11月上旬，中央党史研究室专门召开了统一的审稿会，组织各省区市党史部门和有关专家进行自审、互审、专家审，统一对编辑规范的理解和把握。各省区市也相应组织了本地的统稿会。整个工作有序进行，力求使整个丛书达到较高的质量标准。

党史部门的革命遗址普查工作与全国的第三次文物普查工作有着紧密的联系。中央党史研究室参加了国务院第三次全国文物普查领导小组。2010年6月，中共中央党史研究室办公厅与国家文物局办公室联合下发通知，就进一步加强党史部门和文物系统在普查工作上的合作提出要求，强调两个系统的普查成果要互相验证，互为补充。

党史部门在革命遗址普查中认为具备文物标准的，可向文物部门提出认定建议；文物部门拟认定为文物的革命遗址，可征求党史部门的意见。文物部门和其他有关部门对全国革命遗址普查工作给予了大力支持。在国务院第三次全国文物普查领导小组的有关会议上，刘延东国务委员多次对党史部门的革命遗址普查工作给予了肯定和表扬。

《全国革命遗址普查成果丛书》的出版，只是贯彻落实中央10号文件有关精神的第一步。开展革命遗址普查的主要目的，是为了更有针对性地保护和利用革命遗址。因此，我们还要认真研究分析全国革命遗址的基本状况，评估在保护利用上取得的成绩和存在的问题，有针对性地提出进一步加以保护的建议和意见，与各地党委政府一起，加大对革命遗址保护的力度。要充分利用普查成果，在媒体上宣传革命遗址的历史背景和历史地位，宣传新发现的革命遗址，让更多的干部和群众了解革命遗址的价值，认识到保护革命遗址的重要性，增强保护意识，使保护革命遗址成为全社会的共识和自觉行动。要充分利用革命遗址这个独特的历史文化资源，积极推动红色旅游，广泛开展爱国主义和革命传统教育，大力弘扬和培育伟大的民族精神，为建设中国特色社会主义伟大事业作出贡献！

2012年3月30日

目　　录

北京市重要革命遗址

天津市重要革命遗址

河北省重要革命遗址

山西省重要革命遗址

内蒙古自治区重要革命遗址

辽宁省重要革命遗址

吉林省重要革命遗址

黑龙江省重要革命遗址

上海市重要革命遗址

江苏省重要革命遗址

浙江省重要革命遗址

安徽省重要革命遗址

福建省重要革命遗址

江西省重要革命遗址

山东省重要革命遗址

河南省重要革命遗址

湖北省重要革命遗址

湖南省重要革命遗址

广东省重要革命遗址

广西壮族自治区重要革命遗址

海南省重要革命遗址

重庆市重要革命遗址

四川省重要革命遗址

贵州省重要革命遗址

云南省重要革命遗址

西藏自治区重要革命遗址

陕西省重要革命遗址

甘肃省重要革命遗址

青海省重要革命遗址

宁夏回族自治区重要革命遗址

新疆维吾尔自治区重要革命遗址

副　　编

附　　录

北京市重要革命遗址

天安门

天安门位于北京城南北中轴线上。

◆天安门

天安门始建于明永乐十五年（1417 年），为明清两代皇城的正门，原名承天门。明英宗天顺元年（1457 年）承天门被焚，明宪宗成化元年（1465 年）由工部尚书白圭主持重建。清顺治八年（1651 年）改建后，称天安门。

天安门由城基、城台、城楼三部分组成。城基是 1.59 米高的汉白玉须弥座，城台为 10 余米高的红色墩台，城楼为重檐歇山黄琉璃瓦顶的大殿。天安门面阔九间，进深五间，分上下两层，通高 33.7 米。7 座汉白玉雕栏石桥横跨在城楼前的金水河上，称金水桥。

天安门为明清两代举行“颁诏”的地方，也是封建帝王出入的地方。每逢祭天、祭地、皇帝出征、大婚等隆重典礼，都从天安门出入。清宣统三年（1911 年）隆裕太后颁布溥仪退位诏书仪式也是在此举行的。天安门是近代资本主义、帝国主义列强入侵和中国人民奋起抗击的见证。1900 年八国联军入侵时用炮火对天安门进行野蛮的轰击，造成了天安门惨重的破坏。

◆天安门侧面

中华人民共和国成立后，对天安门进行了多次修缮，面貌焕然一新。天安门城楼上方悬挂着一枚巨大的国徽，正中的门洞上方悬挂着巨幅毛泽东画像，两边分别是“中华人民共和国万岁”和“世界人民大团结万岁”的大幅标语。

1949 年 10 月 1 日，毛泽东在天安门城楼上庄严地向全世界宣布中华人民共和国中央人民政府成立。从此，天安门成为新中国的象征。新中国成立后历次重大的庆典活动都是在天安门和天安门广场举行的。

天安门城楼于 1961 年 3 月被国务院公布为全国重点文物保护单位；1997 年 6 月随天安门广场一起被中央宣传部公布为全国爱国主义教育示范基地。

天安门广场

天安门广场位于天安门以南，处在北京城的中轴线上，南北两端为正阳门和天安门，东西两侧为中国国家博物馆和人民大会堂。

◆天安门广场

天安门广场南北长 880 米，东西宽 500 米，总面积 44 万平方米，可容纳 100 万人集会。明、清时期，天安门广场是皇城正门前的宫廷前院，广场东、西、南三面筑有红墙，三面各有一座门，东为长安左门，西为长安右门，南为大明门。大明门为明、清两代皇城第一门，皇帝登基、册立皇后等重大庆典都在此举行颁诏仪式。八国联军侵占北京时，天安门广场成了八国联军牧马屯兵的场所。辛亥革命后，天安门广场解禁。

北平和平解放后，天安门广场曾多次进行较大整修。1949 年，进行清理和扩建工程，开辟出面积 5.4 万平方米能够容纳 16 万人的广场。1952 年后，陆续拆除左门、右门和大明门及相连的红墙及电车轨道。1958 年，人民英雄纪念碑在广场中心落成，广场北侧用花岗石铺成游行大道。1976 年至 1977 年，修建毛主席纪念堂时，广场延伸至正阳门城楼下。1998 年至 1999 年再次整修天安门广场，广场中心全部改用花岗岩铺装地面。

天安门广场曾经发生过多次具有深远影响的重大事件。如：1919 年的五四爱国运动学生集会，1925 年的声援上海五卅运动大会，1926 年 3 月 18 日的反对八国最后通牒国民示威大会，1947 年开展“反饥饿、反内战、反迫害”游行，1949 年的开国大典。

新中国成立后，天安门广场成为北京的中心广场，是国家重大节日庆典活动和政治集会的重要场所。

天安门广场于1995年被北京市人民政府公布为北京市爱国主义教育基地，1997年6月被中央宣传部公布为全国爱国主义教育示范基地。

人民英雄纪念碑

人民英雄纪念碑位于北京市天安门广场内。

1949年9月30日，中国人民政治协商会议第一届全体会议通过兴建人民英雄纪念碑的决议。当天下午，毛泽东、刘少奇、周恩来、朱德等领导人及全体政协委员到此参加奠基典礼。1952年8月1日正式动工，1958年4月竣工。

人民英雄纪念碑占地约3000平方米，碑通高37.94米，分碑身和基座两部分，由1.7万块花岗岩和汉白玉砌成。基座分两层，上层为正方形，四面均以汉白玉护栏环绕，并有台阶与底层相连。承托碑身的是大小两个重叠的须弥座。下层须弥座束腰部位有10幅汉白玉浮雕，从东面开始为“虎门销烟”、“金田起义”，南为“武昌起义”、“五四运动”、“五卅运动”，西为“南昌起义”、“抗日游击战争”，正面为“胜利渡长江”。在“胜利渡长江”两旁，另有两幅主题为“支援前线”和“欢迎人民解放军”的浮雕。这些浮雕概括地表现了自鸦片战争至民主革命取得胜利100多年来的中国历史。上层须弥座四周镌刻着由菊花、荷花、牡丹花、百合花和重幔组成的8个花环。碑身为钢筋混凝土结构，花岗岩贴面石镶边。正面碑心镌刻毛泽东题写的“人民英雄永垂不朽”。背面由7块大理石组成，上刻毛泽东撰文、周恩来书写的碑文，全文为：“三年以来，在人民解放战争和人民革命中牺牲的人民英雄

◆人民英雄纪念碑

们永垂不朽！三十年以来，在人民解放战争和人民革命中牺牲的人民英雄们永垂不朽！由此上溯到一千八百四十年，从那时起，为了反对内外敌人，争取民族独立和人民自由幸福，在历次斗争中牺牲的人民英雄们永垂不朽！”

人民英雄纪念碑于1961年3月被国务院公布为全国重点文物保护单位；1997年6月随天安门广场一起被中央宣传部公布为全国爱国主义教育示范基地。

毛主席纪念堂

毛主席纪念堂位于北京市天安门广场南部。

◆毛主席纪念堂

1976年9月9日，毛泽东主席逝世。10月8日，中共中央政治局会议决定保留其遗体，修建纪念堂。1977年9月9日，纪念堂正式落成。纪念堂主体建筑共分三层，地下一层，地上两层。地上一层设有北大厅、瞻仰厅、南大厅和毛泽东、周恩来、刘少奇、朱德革命业绩纪念室。北大厅在北面正门内，可容纳700人举行纪念活动。瞻仰厅是纪念堂的核心部分，毛泽东遗体安放在黑色花岗岩为基座的水晶棺中，身着灰色中山装，上面覆盖着鲜红的中国共产党党旗。基座四周分别镶刻着中国共产党党徽、中华人民共和国国徽、中国人民解放军军徽和毛泽东的生卒年月。正面的汉白玉墙面上，镶嵌着镏金大字：“伟大领袖和导师毛泽东主席永垂不朽！”南大厅的汉白玉墙壁上镌刻着毛泽东的诗词《满江红·和郭沫若同志》的金字手迹。毛泽东、周恩来、刘少奇、朱德革命业绩纪念室于1983年设立，室内陈列着大批文物、文献、图片和书籍，反映了老一辈革命家的丰功伟绩。二层设有电影厅、活动厅、休息厅等。

纪念堂南北门外两侧各矗立着两组巨型群雕。北门外的两组群雕生动地反映了中国人民在中国共产党的领导下，进行英勇斗争，夺取革命胜利，建设社会主义的光辉历程。南门外的两组群雕表达了全国各族人民继承革命先烈遗志，共创祖国现代化建设伟业的坚定决心。毛主席纪念堂于1977年9月9日正式对外开放。

毛主席纪念堂于1979年8月被北京市人民政府公布为北京市文物保护单位；1992年被北京市人民政府公布为北京市爱国主义教育基地，1997年6月随天安门广场一起被中央宣传部公布为全国爱国主义教育示范基地。

中国国家博物馆

中国国家博物馆位于北京市东城区东长安街16号。

◆中国国家博物馆

中国国家博物馆成立于2003年2月28日，由原中国历史博物馆和原中国革命博物馆合并而成。中国历史博物馆的前身是1912年7月成立的国立历史博物馆筹备处，1949年10月更名为国立北京历史博物馆，1959年更名为中国历史博物馆。中国革命博物馆的前身为1950年3月成立的国立革命博物馆筹备处，1960年定为中国革命博物馆。

中国国家博物馆基本陈列以中国通史为主，通过举办有关历史、考古、文物等方面的多种专题陈列，以及临时展览、常设国际交流展览和捐赠品展览等不同形式的展览，向公众系统展示中国悠久的历史文化、优秀的民族传统和当代主流文化精神，并全面地展示与宣传中华民族的伟大历史进程与辉煌文化，介绍世界文明与优秀文化。

2007年3月至2010年底，中国国家博物馆进行改扩建工程。竣工后，馆舍建筑面积达19.2万平方米，设施和功能得到进一步完善。藏品数量达106万件，展厅数量为48个，设有“古代中国”、“复兴之路”两个基本陈列，另有十余个艺术门类的专题展览及国际交流展览。

中国国家博物馆的前身中国历史博物馆和中国革命博物馆于1997年6月被中央宣传部公布为全国爱国主义教育示范基地。

北京大学红楼

北京大学红楼位于北京市东城区五四大街29号。

◆北京大学红楼

北京大学红楼始建于1916年，落成于1918年。因大楼以红砖、红瓦建成，故称红楼。红楼平面呈“工”字形，砖混结构，地上4层，地下1层。红楼曾是北京大学校部所在地。地下室为印刷厂，第一层是图书馆，第二层是教室和校部，第三、四层是教室。红楼建成后，以其西式楼房风格，成为北京大学的标志和象征。当时，许多名流、学者汇集北大红楼，如蔡元培、陈独秀、李大钊、鲁迅、胡适、钱玄同、刘半农、杨昌济、马叙伦、马寅初、李四光、沈尹默等曾在这里任职任教。1918年8月至1919年3月，毛泽东曾在此任图书馆新闻纸阅览室书记。

北大红楼是中国近代史上最早传播马克思主义和民主、科学思想的重要阵地。1920年10月，李大钊等人在红楼内建立了北京共产党早期组织。11月，北京社会主义青年团在红楼成立。1921年中国共产党成立后，中共北京地委和北京市委、中共北方局和中国社会主义青年团的领导机关也一度设在这里。1937年北平沦陷后，红楼曾被日本宪兵队占据达8年之久，地下室也被用作囚禁迫害爱国志士的监狱。1945年日本投降后，北京大学在红楼复校。1952年，北京大学由红楼迁至西郊原燕京大学校址。中华人民共和国成立后，北大红楼受到了党和国家的重视和保护。2002年4月，红楼被辟为“北京新文化运动纪念馆”并正式对外开放。

北京大学红楼于1961年3月被国务院公布为全国重点文物保护单位；2002年被北京市人民政府公布为北京市爱国主义教育基地。

国立北平大学女子师范学院旧址

国立北平大学女子师范学院旧址位于北京市西城区新文化街45号鲁迅中学内。

◆国立北平大学女子师范学院旧址

国立北平大学女子师范学院旧址原为清末斗公府旧址，清光绪三十四年（1898 年）建京师女子师范学堂，民国后改称北京女子师范学校。1924 年改为北京女子师范大学。1928 年改为北平大学女子师范学院。

中国共产党成立后，在李大钊的影响下，学校成立了党支部，组织进步学生参加进步社团，投身社会变革，涌现出缪伯英、张挹兰、夏之栩、刘和珍、杨德群、许广平等一批献身革命事业的优秀女性。其中缪伯英是中国共产党第一位女党员，中共西城支部第一位书记。1923 年至 1926 年，鲁迅兼任女师大国文系讲师。1926 年在三一八惨案中牺牲的刘和珍和杨德群即为该校学生。惨案发生后，女师大第一个党支部成立，赵世兰、刘亚雄、蒲振声、郑德音、彭援华、雷瑜、肖宣等 8 人被吸收为中国共产党党员。1929 年 12 月，谢冰莹担任党支部书记，在艰苦的环境中坚持斗争。同时，在新文化运动民主与科学思想的熏染下，学校继承兼容并包的办学方针，积极倡导思想解放。李大钊在校讲授社会学和女权运动史，启发学生运用马克思主义理论和观点分析看待社会。

◆国立北平大学女子师范学院旧址内的鲁迅雕像

国立北平大学女子师范学院旧址于 2006 年被国务院公布为全国重点文物保护单位。北京市鲁迅中学于 2002 年 12 月被北京市人民政府公布为北京市爱国主义教育基地。

冀热察挺进军司令部马栏村旧址

冀热察挺进军司令部马栏村旧址位于北京市门头沟区斋堂镇马栏村。

1938 年 11 月，中共中央军委决定以八路军第 4 纵队为基础，组建冀热察挺进军。1939

年1月下旬，萧克、马辉之等奉中央和军委的命令，率干部和直属机关到达宛平县上、下清水村，召开会议，宣布成立冀热察挺进军，萧克任司令员兼政委，程世才任参谋长。1939年10月，挺进军司令部进驻马栏村，司令部设在马栏村中的一座四合院内。

◆冀热察挺进军司令部马栏村旧址

在此驻扎期间，挺进军先后粉碎了日军多次围攻，并创造了步枪击落日军飞机的范例，为巩固平西抗日根据地作出了重要贡献。1939年底，日军飞机轮番轰炸挺进军司令部驻地。挺进军战士在萧克司令员的指挥下用轻武器坚决反击，迫使敌机不敢低空飞行，粉碎了日军一举消灭挺进军司令部的阴谋。1940年2月，因遭日军飞机频繁轰炸，挺进军司令部迁至塔河村。1997年7月，马栏村党支部将此处建成冀热察挺进军司令部旧址陈列馆。

冀热察挺进军司令部旧址于1995年被北京市人民政府公布为北京市文物保护单位。冀热察挺进军司令部旧址陈列馆于1997年6月被北京市人民政府公布为北京市爱国主义教育基地。

香山双清别墅——毛泽东居住地

香山双清别墅——毛泽东居住地位于北京市海淀区香山公园南部山腰。

◆香山双清别墅

双清别墅是一座依山而建的庭院，原为清乾隆十年（1745年）所建的“松坞云庄”中栖云楼遗址。1917年直隶水灾后，平民教育家熊希龄在香山创建“香山慈幼院”并自任院长时，将此处开辟为私人宅邸，更名为双清别墅。

1949年3月，中共中央机关和解放军总部由河北省建屏县西柏坡村等地迁到北平，进驻香山，毛泽东主席就住在双清别

◆毛泽东在双清活动陈列室

墅，刘少奇、周恩来、朱德、任弼时住在与双清别墅毗邻的来青轩内。在双清别墅期间，毛泽东发表了《论人民民主专政》等文章，签发《向全国进军的命令》，并在这里和其他中央领导同志一起指挥了举世闻名的渡江战役，完成了解放全中国的伟大进军，完成了筹备了新政治协商会议和筹建新中国的准备工作。

1974 年，北京市政府拨专款重新复建了双清别墅。1976 年至 1986 年，香山公园陆续收集到毛泽东在双清别墅居住期间使用过的部分实物及一些相关的图片和资料，于 1986 年 10 月在双清别墅举办“双清革命史迹展览”。后又经过筹备，于 1993 年 7 月 1 日在双清别墅举办“毛泽东在双清”展览。

香山双清别墅于 1979 年 8 月被北京市人民政府公布为北京市文物保护单位；1994 年被北京市人民政府公布为北京市爱国主义教育基地，2009 年 5 月被中央宣传部公布为全国爱国主义教育示范基地。

《没有共产党就没有新中国》歌曲创作地

《没有共产党就没有新中国》歌曲创作地位于北京市房山区霞云岭乡堂上村。

◆《没有共产党就没有新中国》歌曲创作地

1943 年，晋察冀边区抗联委派群众剧社组成若干小分队到平西根据地宣传党的抗日主张。同年 9 月，曹火星所在的小分队来到房山区霞云岭堂上村。当时，正值共产党批判和驳斥蒋介石《中国之命运》一书，针对蒋介石“没有国民党就没有中国”的谬论，中共中央随即在《解放日报》发表社论，针锋相对地提出“没有共产党就没有中国”，对国民党进行有力的批驳。社论的内容和平西大量的抗日事实激发了曹火星的创作灵感，一个鲜明的主题在他脑海中升起，他借用当地民歌“霸王鞭”的曲调，在堂上村中堂庙创作歌曲《没有共产党就没有中国》，激励全国人民在中国共产党领导下坚持抗战。很快，这首歌曲传遍晋察冀边区。

1950 年，毛泽东听到女儿李讷唱这首歌时，纠正说，没有共产党的时候中国早就有了，应当改为《没有共产党就没有新中国》。从此，这首歌曲就加进了一个“新”字。1990 年，当地乡政府在歌曲创作地建立纪念碑。2001 年，中共北京市房山区委对歌曲诞生地堂上村中堂庙进行修复，江泽民专门题词“没有共产党就没有新中国”。

《没有共产党就没有新中国》歌曲创作地于 2002 年 12 月被北京市人民政府公布为北京市爱国主义教育基地。

平北红色第一村

平北红色第一村即北京市延庆县大庄科乡沙塘沟村。

◆平北红色第一村

1938 年春，为支援冀东人民抗日武装暴动，八路军第 4 纵队挺进冀东，途经大庄科后七村地区，留下部队，播下抗日火种。6 月，在大庄科东部建立滦昌密临时联合县政府，县委书记为刘国梁，县长为张书彦。1938 年 10 月，支援冀东大暴动的第 4 纵队经平北撤回平西，留下刘国梁、张书彦、史克宁等在沙塘沟一带活动。他们深入群众了解情况，于 12 月 12 日发展沙塘沟的张福、张朴加入中国共产党。不久，张福和张朴又介绍张瑞、张银、张殿、胡殿鳌加入党组织，平北地区第一批农村中共党员就在这里诞生。

1940 年 4 月，中共冀热察区党委和挺进军军政委员会提出了“巩固平西、坚持冀东、开辟平北”的三位一体战略任务，并把其中最艰巨的开辟平北的任务交给了白乙化领导的 10 团。5 月 27 日，白乙化率 10 团 1 营和团直属部队，突破平绥路封锁线，挺进平北，到达沙塘沟。第二天上午，昌平、黄花城、大庄科、永宁等地日伪军 3000 余人，将1营三面包围，企图截击消灭。自乙化命令钟辉琨和赵立业率队阻截南来之敌，自己率主力对东北来敌进行反击。战斗进行得非常激烈，一直打到天黑，最后歼敌两个连200余人，击毙伪营长苏庆生等人。战争年代，沙塘沟老区人民同日军进行了艰苦卓绝的斗争，游击队支援前线，妇救会为战士做饭、做军鞋、缝补军装，儿童团站岗放哨，村民团结一心抗击日军，作出了重大贡献。

2003年“七一”前夕，为缅怀忠魂，激励后世，中共大庄科乡党委在沙塘沟村举办“平北红色第一村”革命传统教育展览。2004年，中共北京市委宣传部、团市委、市委教工委、市教委、首都大学生联合会5家单位联合授予此地为首都大学生社会实践示范基地。

平北红色第一村于2008年被北京市人民政府公布为北京市爱国主义教育基地。

陶然亭慈悲庵——北京共产党组织秘密据点

陶然亭慈悲庵——北京共产党组织秘密据点位于北京市西城区太平街19号陶然亭公园内。

◆陶然亭慈悲庵

1919年12月，毛泽东率领湖南驱逐军阀张敬尧代表团来到北京，曾于1920年1月18日，在慈悲庵与邓中夏及辅仁学社在京成员周长宽、易克嶷等人聚会，一起研究驱张斗争，共同探讨救国道路。会后，毛泽东与邓中夏等人在慈悲庵山门外古槐树下合影留念。同年8月，天津觉悟社的周恩来、邓颖超等11名成员来京，邀请李大钊领导的少年中国学会，以及曙光社、人道社、青年互助团等5个进步社团20多名代表，在慈悲庵北配房内举行联席会议，李大钊、周恩来、邓颖超、刘清扬、郭隆真等出席。会上，周恩来谈了觉悟社成员来京召集这次会议的宗旨，即“联合进步团体，共谋社会改造的意义”。李大钊代表少年中国学会发言，提出各团体有标明主义之必要。各团体代表都发言介绍开展革命斗争的情况，共同探讨团体联合事宜。1921年夏，少年中国学会会员陈愚生的夫人病故，葬于陶然亭。在北京共产党组织的安排下，陈愚生以守墓为名，在慈悲庵内租赁了两间南屋，作为北京共产党组织的秘密据点。1921年至1923年，李大钊、邓中夏、恽代英、高君宇等都曾在此进行过革命活动。

陶然亭慈悲庵始建于元代，清康熙二年（1663 年）、光绪二十年（1894 年）两次重修，20 世纪 80 年代大修。现为北京市慈悲庵博物馆，曾作为北京共产党组织秘密据点的两间南屋设为李大钊纪念室，原五团体会议室设为周恩来纪念室，按照当年开会时的原状布置陈列。

◆陶然亭慈悲庵内的周恩来纪念室

陶然亭慈悲庵——北京共产党组织秘密据点于 1979 年 8 月被北京市人民政府公布为北京市文物保护单位，并随同陶然亭公园于 2008 年被北京市人民政府公布为北京市爱国主义教育基地。

李大钊故居

李大钊故居位于北京市西城区文华胡同 24 号。

李大钊在此居住期间，与邓中夏、高君宇等秘密成立马尔克斯（马克思）学说研究会，为建立共产党组织做了思想和干部上的准备，并与共产国际建立联系。之后，他亲自领导建立北京共产党早期组织，积极发动工人运动，宣传马克思主义理论，创办通俗革命刊物《劳动音》，开办劳动补习班，成立长辛店工会。1921 年，他与共产国际代表商讨建立中国共产党的问题，并积极进行筹备。在中国共产党正式宣告成立之后，李大钊担任中共北京地委书记，代表党中央指导北方党组织开展工作，领导京汉铁路工人大罢工等。在

◆李大钊铜像

此期间，他多次撰文呼吁全世界无产阶级联合起来，呼吁中国被压迫的全体人民联合起来，建立一个“民主的联合战线”，“建设一个人民的政府”。李大钊的革命活动激怒了当时的反动政府，警察多次到他家寻衅。1923 年春，李大钊再次迁居。

李大钊故居为一座三合院，大门坐南朝北，正房 3 间，东西耳房各 3 间，东西厢房各 3 间。正房由东至西依次为卧室、餐室、子女读书处，西厢房为书房和会客厅，东厢房为往来亲友等人居住。院落不大，环境整洁，清幽恬静，为中共北方地下党组织开展秘密活动提供了良好的掩护。

李大钊故居于 1979 年被北京市人民政府公布为北京市文物保护单位；2009 年被北京市人民政府公布为北京市爱国主义教育基地。

鲁迅故居

鲁迅故居位于北京市西城区阜成门内宫门口西三条 21 号。

◆鲁迅故居

鲁迅 1912 年来到北京，先后居住在宣武门外南半截胡同绍兴会馆、新街口八道湾 11 号、西四砖塔胡同 61 号、阜成门内宫门口西三条 21 号。

鲁迅以笔为武器，战斗了一生。1918 年 5 月，发表白话小说《狂人日记》，深刻地揭露封建社会的本质。五四运动前后，他参与《新青年》工作，成为新文化运动的主将之一。随后陆续出版小说集《呐喊》、《彷徨》，杂文集《坟》、《华盖集》，散文集《朝花夕拾》等。1930 年起，他先后参加中国自由运动大同盟、中国左翼作家联盟和中国民权保障同盟，反抗国民党政府的独裁统治和政治迫害。1936 年 10 月 19 日，因肺结核病逝于上海。

宫门口西三条 21 号是鲁迅在北京的最后一处居住地。1923 年 10 月，他从朋友处借贷购下宫门口西三条的这座旧宅。这里原来只有 6 间破旧不堪的住房，经鲁迅亲自设计，雇人施工，于 1924 年 5 月建成。随后，鲁迅便同母亲及其眷属离开砖塔胡同迁入此居，直到 1926 年 8 月。

故居前院有北房 3 间、南房 3 间、东西厢房各 2 间。门窗均为朱红色。南房是会客厅兼藏书室。北房 3 间，木隔扇分为一明两暗，中间为全家人的起居室，东间为鲁迅母亲鲁瑞的卧室，西间为鲁迅原配夫人朱安的卧室。另外在中间北侧，加盖一屋，被鲁迅戏称为“老虎尾巴”，这是鲁迅的书房兼起居室——绿林书屋。

1950 年，鲁迅故居由文化部文化局正式接管，在保存原样基础上进行修缮。1951 年，郭沫若为故居题字。1954 年，文化部决定在鲁迅故居东侧修建鲁迅博物馆，故居作为博物馆的重要组成部分。1956 年博物馆建成，正式对外开放。

鲁迅故居于 1979 年被北京市人民政府公布为北京市文物保护单位，2006 年被国务院公布为全国重点文物保护单位。鲁迅博物馆于 1992 年被北京市人民政府公布为北京市爱国主义教育基地。

高君宇石评梅墓

高君宇石评梅墓位于北京市西城区太平街 19 号陶然亭公园内。

◆高君宇石评梅雕像

高君宇（1896—1925），原名高尚德，字锡三，号君宇，山西省静乐县（今娄烦县）人。1916 年考入北京大学理科预科学习，曾参加五四运动，是北京共产党早期组织成员之一，中国共产党早期政治活动家、理论骨干，1920 年冬加入北京中国共产党早期组织，1921 年 8 月至 1922 年 7 月任中共北京地方委员会委员，1922 年 5 月在中国社会主义青年团第一次全国代表大会上当选为团中央执行委员，1923 年 10 月起任中共中央教育宣传委员会委员，1924 年 12 月起任中共中央北方局委员，与蔡和森一起从事中央理论刊物《向导》周刊的编辑工作。他为革命事业日夜奔忙，积劳成疾。1925 年 3 月 1 日，他带病出席在北京召开的国民会议促成会全国代表大会，因阑尾炎导致败血症，于 3 月 5 日病逝，年仅 29 岁。根据高君宇生前的愿望，其灵柩葬于陶然亭湖畔。

◆高君宇墓

石评梅（1902—1928），山西省平定县人，1920 年考入北京女子高等师范学校，1923 年毕业后到北京师范大学附中任教，是 20 世纪 20 年代北京文坛的进步青年女作家，1928 年 9 月 29 日病逝。根据她生前的愿望，其灵柩葬于高君宇墓旁，墓碑造型与高君宇墓碑近似。

高君宇之墓始建于1925年，1953年7月迁至八宝山革命公墓，1956年再次移葬于此。“文化大革命”中，高、石之墓遭到严重破坏。1973年，周恩来在病中委托邓颖超主持，将高君宇、石评梅遗骨移放至八宝山革命公墓。1986年7月，共青团北京市委等十余家单位联合在高石之墓附近建造高君宇、石评梅双人雕像。1987年9月，北京市人民政府重修墓地，并新建墓碑。

高君宇石评梅之墓随同陶然亭公园于2008年被北京市人民政府公布为北京市爱国主义教育基地。

马骏烈士墓

马骏烈士墓位于北京市朝阳区朝阳门外日坛公园内。

◆马骏烈士墓

马骏（1895—1928），又名马天安，回族，吉林省宁安县（今属黑龙江省）人，是五四运动时期著名的活动家，东北地区党组织创始人，中共北京市委早期领导人。1919年五四运动期间，在天津南开学校读书时与周恩来、邓颖超等一起，积极投身爱国学生运动，成为京津地区学生运动的主要领导人。1921年，加入社会主义青年团，不久又加入中国共产党。1922年，回东北组建宁安县党小组，成为中共在东北地区的第一个党组织。1925年，被派往苏联莫斯科学习，两年后奉召回国任中共北京市委负责人。1927年10月，不幸被京师警察厅逮捕。在狱中，他坚贞不屈，浩气凛然，与敌人进行坚决的斗争。1928年2月15日，被奉系军阀张作霖杀害，牺牲时年仅33岁。

◆马骏铜像

马骏牺牲后，他的夫人杨秀荣和回族群众将其遗体安葬在朝阳门外回民墓地，并建立墓碑。1945年，中国共产党第七次全国代表大会追认马骏为烈士。1951 年 9 月，北京市人民政府重修马骏烈士墓。1987 年，再次重修。1995 年 9 月，朝阳区举办马骏烈士诞辰 100 周年纪念活动时，修缮烈士墓，塑建马骏铜像。1996 年底，马骏烈士纪念室开始兴建，1998 年 2 月，纪念室正式对外开放。

马骏烈士墓于 2001 年被北京市人民政府公布为北京市爱国主义教育基地。

八宝山革命公墓

八宝山革命公墓位于北京市石景山区石景山路 9 号。

◆八宝山革命公墓

八宝山革命公墓是由建于明朝永乐年间的褒忠护国寺改建而成的。新中国成立后，遵照周恩来“建立革命烈士墓地、教育人民群众”的指示，北京市人民政府经过多次勘察，最终选定在八宝山建立革命公墓。1950 年，北京市人民政府着手将八宝山护国寺改建成公墓。1951 年 4 月，公墓定名为北京市革命公墓，作为革命先烈的安息地。1970 年，北京市革命公墓改名为北京市八宝山革命公墓。

八宝山革命公墓主要用于安葬我国已故党和国家领导人、民主党派领导人、爱国民主人士、著名科学家、文学家、高级工程技术人员、革命烈士、国际友人和县团级以上领导干部。公墓共设有四个墓区和 30 个骨灰寄存室，共有墓葬 600 余座，存放骨灰约 2.3 万份。安葬在这里的有任弼时、张澜、朱德、彭德怀、李先念、陈云等新中国成立后逝世的党政军领导人及老一辈无产阶级革命家，有瞿秋白、王荷波、闻一多等在解放前牺牲的烈士和爱国民主人士。另外，公墓还专门设有骨灰堂，安放着近 700 名烈士的骨灰。

◆八宝山革命公墓骨灰堂

八宝山革命公墓于1984年被北京市人民政府公布为北京市文物保护单位；1996年被北京市人民政府公布为北京市爱国主义教育基地，2009年5月被中央宣传部公布为全国爱国主义教育示范基地。

李大钊烈士陵园

李大钊烈士陵园位于北京市海淀区香山南路万安里1号万安公墓内。

◆李大钊烈士陵园

陵园坐西朝东，是一座庭院式仿古建筑，园门上方刻有“李大钊烈士陵园”匾额，陵园后部竖有李大钊汉白玉全身雕像，像后是李大钊烈士和夫人赵纫兰之墓，墓后建有纪念碑。

李大钊（1889—1927），字守常，河北省乐亭县人，是中国传播马克思主义和从事共产主义运动的先驱、中国共产党的主要创建人之一。1924年底，负责中共北方区委工作。1927年4月6日，被军阀张作霖逮捕，4月28日英勇就义。其灵柩最初寄存在宣武门外长椿寺中，后移至浙寺（清嘉庆年间妙光阁改名浙寺）。1933年4月23日，李大钊烈士被公葬于万安公墓内。

1982年，中共中央决定建立李大钊烈士陵园。1983年3月18日，李大钊夫妇灵柩移葬至陵园中。陵园西面正厅是李大钊烈士革命事迹陈列室，全面介绍了李大钊的革命历程。

◆李大钊烈士革命事迹陈列室

李大钊烈士陵园于1984年1月被北京市人民政府公布为北京市文物保护单位；1992年被北京市人民政府公布为北京市爱国主义教育基地，2001年6月被中央宣传部公布为全国爱国主义教育示范基地；1986年10月被民政部公布为全国重点烈士纪念建筑物保护单位。

潮白烈士陵园

潮白烈士陵园位于北京市顺义区潮白河大桥东侧。

◆潮白烈士陵园内的烈士纪念碑

潮白烈士陵园始建于1963年，当时，顺义县委、县政府将其定名为顺义县革命烈士墓地，从全县各地迁来30多位烈士遗骨，以土丘方式散乱安葬，以木桩代替墓碑题名。1986年，顺义县委决定将顺义县革命烈士墓地更名为顺义县潮白烈士陵园，重新规划烈士陵园。1988年初，顺义县委、县政府决定修建革命烈士纪念碑。同年，又将烈士遗骨按新的规划重新安葬，并陆续将散落在全县各地的部分烈士遗骨迁入园内，均单独安葬、立碑。潮白烈士陵园共安葬烈士85位，其中，土地革命战争时期烈士1名，抗日战争时期烈士8名，解放战争时期烈士54名，新中国成立后（含抗美援朝）烈士22名。

潮白烈士陵园于2008年被北京市人民政府公布为北京市爱国主义教育基地。

白乙化烈士纪念馆

白乙化烈士纪念馆位于北京市密云县石城镇河北村。

◆白乙化烈士纪念馆前的“民族精英”纪念石牌坊

白乙化（1911—1941），1911年出生于辽宁省辽阳县，中国大学毕业，1930年加入中国共产党。九一八事变后，赴辽西组织民众抗日。1937年抗战全面爆发后，领导垦区工委积极筹备武装暴动，组建抗日民族先锋队。11月，率部渡过黄河，横穿库布齐沙漠，抵达东胜县御敌。1939年4月，抗日先锋队奉命开进平西抗日根据地，与原冀东抗日联军合编为华北人民抗日联军，白乙化任副司令员。1939 年底，抗联改编为八路军晋察冀军区第 10 团，白乙化任团长。1940 年 5 月，他率 10 团向平北挺进，开辟丰滦密抗日根据地。同年 9 月，4000 余日伪军对丰滦密进行大“扫荡”。白乙化针对敌强我弱和四面被围的形势，制定了避强击弱、内外线相结合的反“扫荡”作战方针。12 月 15 日，10 团 1 营在冯家峪伏击撤退之敌，一举消灭日军铃木大队哲田中队 90 余人，夺取了此次反“扫荡”斗争的最后胜利。丰滦密人民爱戴和信赖白乙化，更把白乙化看成是传奇式的英雄，“小白龙”的名字和事迹到处流传。1941 年 2 月 4 日，在马营战斗中，白乙化不幸壮烈牺牲。

◆白乙化烈士雕像

白乙化牺牲后，其遗体被安葬在石城镇马营西山（又名降蓬山）东坡一棵栗子树旁。1944 年 5 月，丰滦密联合县和冀东第五地区队在其牺牲地建立纪念碑，碑身正面刻有“民族精英”四个大字。1985 年 10 月，密云县人民政府在石城镇河北村南山重建白乙化纪念碑及雕像。2006 年，中共密云县委、县政府在此地修建白乙化烈士纪念馆。馆内的展览分为白乙化烈士生平事迹展，密云县地区抗日斗争史展，密云地区抗日斗争实物照片展，中共中央、八路军总部、冀热辽军区主要领导照片及题词展四个部分。

白乙化烈士陵园于 1995 年被北京市人民政府公布为北京市文物保护单位。白乙化烈士纪念馆于 2008 年被北京市人民政府公布为北京市爱国主义教育基地。

中国人民抗日战争纪念馆

中国人民抗日战争纪念馆位于北京市丰台区宛平城内。

1937 年 7 月 7 日晚 22 时，驻丰台日军河边旅团第 1 联队第 3 大队第 8 中队，由中队长清水节郎率领，在宛平县卢沟桥以北地区举行军事演习。晚 23 时许，日军诡称演习时一名士兵失踪，要求进城搜查。在遭到中国驻军第 29 军第 37 师 219 团团长吉星文的严词拒绝后，日军迅即包围宛平县城。翌日晨 2 时，第 29 军副军长兼北平市市长秦德纯为防止事态扩大，经与日方商定，双方派员前往调查。但日军趁交涉之际，于凌晨 4 时 50 分，向宛平县城发动猛烈攻击，并强占宛平东北沙岗，打响了攻城第一枪。中国守军忍无可忍，奋起还击。日军在同一天内，连续三次进攻宛平城，均遭到中国守军的英勇抵抗。这就是七七事变即卢沟桥事变。

◆中国人民抗日战争纪念馆

七七事变标志着中国人民抗日战争全面爆发。事变发生的第二天，中国共产党中央委员会就通电全国，提出“只有全民族实行抗战，才是我们的出路!”7 月17 日，蒋介石也发表关于解决卢沟桥事变的谈话，表示了中国政府的抗战决心。

为纪念伟大的抗日战争，1984 年 10 月，中国人民抗日战争纪念馆筹备委员会成立。1987 年7 月7 日，中国人民抗日战争纪念馆建成开馆，邓小平题写馆名。

纪念馆占地 4 万平方米，建筑面积近 2 万平方米，展览面积 6000 平方米。纪念馆基本陈列由 3 个综合馆、3 个专题馆（日军暴行、人民战争、抗日英烈）和 1 个半景画馆组成，共有照片和资料 3800 余件、文物 5000 余件。纪念馆正前方是面积达 8600 平方米的抗战广场。广场中央矗立着象征中华民族觉醒的“卢沟醒狮”。广场中轴线两侧各分布着 7 块草坪，寓意七七事变爆发地和自九一八事变起中华民族的 14 年抗日战争。1997 年 7 月，中国人民抗日战争纪念馆二期工程完成。

中国人民抗日战争纪念馆于 1992 年被北京市人民政府公布为北京市爱国主义教育基地，1997 年 6 月被中央宣传部公布为全国爱国主义教育示范基地。

承兴密联合县政府旧址纪念馆

承兴密联合县政府旧址位于北京市密云县北庄镇大岭村。

承兴密联合县政府设在大岭村，有十分重要的战略意义。早在 1937 年 8 月，毛泽东在洛川会议上就明确提出：“红军可出一部于敌后的冀东，以雾灵山为根据地进行游击战争。”到 1938 年 2 月，又具体指出：“以雾灵山为中心之区域，有扩大发展前途，且是独立作战之区域。”承兴密联合县正是在这个战略思想的指导下建立的。抗日战争时期，中共密云河东地区区委，承兴密联合县委、县政府以这里为中心，冀东 3 支队也以这里为根据地，在极端困难的条件下，坚持近 3 年的游击战争。1940 年 11 月，冀东 3 支队与 13 团合并，成为冀东的抗日主力。1942 年底，盘山根据地被敌人摧毁，冀东西部地分委机关、13 团主力、《救国报》滦西分社、滦西皮影社等单位，先后转移到龙潭沟和大岭及鹰窝楼山下的令公、大小黄岩、干峪沟。1943 年至 1944 年，以大岭为中

◆承兴密联合县政府旧址

心的密云河东根据地，成为冀东西部地分委机关和部队主要活动地区。1943 年 7 月，为加强对敌斗争的领导，在平密兴联合县三区基础上，扩建为承兴密联合县，县委、县政府办公地址就选在大岭村南沟。1945 年 6 月，抗日战争转入了战略大反攻，以大岭为中心的密云河东根据地，变成向承德进军的前进基地。1946 年，密云县恢复建置，县委、县政府将办公地点迁至墙子路。2002 年，为弘扬革命精神，加强爱国主义教育，当地政府对旧址进行修复，并建成承兴密联合县政府旧址纪念馆。纪念馆展室面积 300 余平米，内设展柜 12 个、展板 28 块，保存当年使用过的纺车、煤油灯、油印机等 50 余件物品。

承兴密联合县政府旧址纪念馆于 2008 年被北京市人民政府公布为北京市爱国主义教育基地。

长辛店二七纪念馆

长辛店二七纪念馆位于北京市丰台区长辛店花园南里甲 15 号。

◆长辛店二七纪念馆

长辛店地处北京西南，自古就是交通咽喉和军事重地。1897 年，卢（沟桥）汉（口）铁路（又称京汉铁路）开工。次年，长辛店站建成，长辛店铁路工厂也坐落于此。1920 年，北京共产党早期组织成立后，派邓中夏等人到长辛店铁路工人中创办劳动补习学校。1921 年 1 月，长辛店劳动补习学校开学。1921 年 5 月，长辛店京汉铁路工会成立。此后，铁路工人运动开始蓬勃发展。1923 年 1 月 5 日，京汉铁路工人决定举行京汉铁路总工会成立大会。2 月 1 日，京汉铁路总工会在河南郑州正式成立。2 月 2 日，总工会发表罢工宣言，号召工人阶级“为争自由而战！为争人权而战！”2 月 4 日，全路 3 万余工人举行总罢工。2 月 5 日、6 日，军阀当局派军警在长辛店、郑州、江岸等地逮捕罢工领袖和工人，强迫工人复工，均告失败。2 月 6 日深夜，军警逮捕罢工领导人史文彬等。7 日晨，3000 多名工人涌向警察驻地火神庙，高呼着“还我们的工人”、“还我们的自由”等口号。军警开枪射击，并以马队进行冲撞，致使葛树贵、吴祯等人当场牺牲，另有 29 人重伤，20 余人被捕。

为纪念二七大罢工运动，1983 年，由中华全国总工会、铁道部和北京市共同投资兴建了二七纪念馆，彭真题写馆名。1987 年 2 月 7 日，纪念馆正式对外开放。

纪念馆共有八个展室，展柜中陈列着二七革命斗争的史料和文物，柜外陈设着大量文物、油画和模型等，其中包括京汉铁路通车后长辛店火车站用过的大钟，1921 年工会收缴会费用过的小口袋，1922 年工人俱乐部证章，工人纠察队用过的斧子、大锤把等。

长辛店二七纪念馆于 1993 年被北京市人民政府公布为北京市爱国主义教育基地。

平西抗日战争纪念馆

平西抗日战争纪念馆位于北京市房山区十渡镇十渡村。

◆平西抗日战争纪念馆

房山是革命老区，抗日战争时期，中国共产党在这里开辟了平西抗日根据地，涌现出许多可歌可泣的英雄人物和动人事迹。

1985 年 9 月，在纪念中国人民抗日战争胜利 40 周年之际，房山县决定在十渡地区建立平西抗日烈士陵园。1985 年 10 月，平西抗日烈士陵园建成并对外开放。1992 年 3 月，在原址基础上建成平西抗日战争纪念馆。1999 年，北京市决定在旧馆旁征地 20 亩建立新馆。2002 年 11 月，纪念馆扩建工程启动，2005 年 8 月 29 日，平西抗日战争纪念馆正式开馆。

纪念馆收集和展出实物、诗稿、照片等珍贵史料 3000 多件，反映了 1937 年到 1945 年期间平西人民为创建和巩固平西抗日根据地所作出的重要贡献和付出的重大牺牲。

平西抗日战争纪念馆于 1995 年被北京市人民政府公布为北京市爱国主义教育基地。

平西抗日烈士陵园及抗日战争纪念馆于 1996 年 4 月被民政部公布为全国重点烈士纪念建筑物保护单位。

焦庄户地道战遗址纪念馆

焦庄户地道战遗址纪念馆位于北京市顺义区龙湾屯镇焦庄户村。

◆焦庄户地道战遗址纪念馆

随着冀东抗日根据地的创立和发展，1939 年秋天，在中国共产党的领导下，焦庄户村组建了青救会、妇救会、民兵自卫队等群众组织。当时，他们在地里挖了几个隐蔽洞，但这种洞只能藏下一两个人和少量食物，且一旦被敌人发现就只有束手就擒。为了同敌人进行长期斗争，焦庄户的人民在实战中不断改造、扩展、完善，将单个的隐蔽洞连接起来，并在地道内安装了翻板、单人掩体和暗堡等战斗设施以及数十个休息室和指挥所，供民兵和群众较长时间地在地道内战斗和生活。到 1946 年，全村地道已达十多公里长，村内地道纵横交错，和邻村地道相连，形成了能打能防的地道网。在抗日战争和解放战争时期，焦庄户人民巧妙地利用地道同敌人进行英勇顽强的斗争，共战斗 150 余次，击毙、击伤敌人 130 多人，俘敌 60 多人，缴枪 100 余支、子弹 3500 多发和电台 1 部。由于战功卓著，1947 年 10 月，焦庄户被东部顺义县政府授予“人民第一堡垒”的称号。1964 年秋，焦庄户民兵斗争史陈列室建立。

焦庄户民兵斗争史陈列室于 1979 年被北京市人民政府公布为北京市文物保护单位，并改名为焦庄户地道战遗址纪念馆。2005 年 8 月，纪念馆重新扩建，展览分为“冀东抗战燃烽火”、“人民战争建奇功”、“今日顺义更美好”三个部分，展陈内容以照片、图片和实物为主，还修建了以抗战历史人物为造型的浮雕群以及大型立体三维沙盘，再现了

◆焦庄户地道遗址

焦庄户人民在党的领导下同敌人进行英勇斗争的历史画面。现供参观的地道遗址有650多米，地道中复原了休息室、指挥所、单人掩体、陷阱、碾盘、暗堡、隐蔽出入口等战斗设施。

焦庄户地道战遗址纪念馆于1993年被北京市人民政府公布为北京市爱国主义教育基地，2001年6月被中央宣传部公布为全国爱国主义教育示范基地。

鱼子山抗日战争纪念馆

鱼子山抗日战争纪念馆位于北京市平谷区山东庄镇鱼子山村。

1938年，八路军第4纵队创建了鱼子山抗日根据地，并在此建立兵工厂、卫生所、供给处。现在保存下来的有兵工厂的猴石南沟遗址、西洞铸造车间遗址、北洞兵器组装厂遗址以及当年中共冀东西部地分委、县委在此召开会议的崇光门遗址。

◆鱼子山抗日战争纪念馆

鱼子山抗日战争纪念馆建于1996年，1997年正式对外开放。该馆展出革命文物近百件，珍贵历史照片200幅及重要文献资料300余册。展览主要以冀东地区抗日斗争为背景，以平谷及周边地区人民抗日斗争史实为线索，通过大量实物、照片及文字说明，生动形象地展示了抗日军民反压迫、反侵略、求解放的斗争历程。

鱼子山抗战遗址于2001年7月被北京市人民政府公布为北京市文物保护单位。鱼子山抗日战争纪念馆于2000年被北京市人民政府公布为北京市爱国主义教育基地。

怀柔第一党支部纪念馆

怀柔第一党支部纪念馆位于北京市怀柔区九渡河镇庙上村。

1939年11月，中共冀热察区党委、冀热察军政委员会为执行党中央关于开辟敌后战场和建立敌后抗日根据地的指示，提出“巩固平西、坚持冀东、开辟平北”的战略任务。1940年初，中共平北工作委员会在平北游击大队的配合下，进入平北后七村一带。1月5日，昌（平）延（庆）联合县政府在霹破石村成立。昌延联合县建立后，中共二区区委书记高万章等地方干部深入到昌延二区杏树台、庙上一带村庄宣传抗日，建立政权，发展组织。1940年下半年，在庙上村先后发展王起田、齐利田、韩存好、王起立、韩存稳5人加入党组织，并于同年10月建立怀柔第一个党支部，齐利田任支部书记，韩存好任宣传委员，王起田任组织委员。在抗日战争和解放战争中，庙上村党支部积极组织和带领全村群众进行站岗送信、锄奸防特、掩护干部、护理伤员等活动。

◆怀柔第一党支部纪念馆

怀柔第一党支部纪念馆于2009年被北京市人民政府公布为北京市爱国主义教育基地。

平北抗日烈士纪念园

平北抗日烈士纪念园位于北京市延庆县旧县镇韩郝庄路口。

平北抗日烈士纪念园由烈士纪念碑和纪念馆两座主要建筑物组成。纪念碑于1989年10月落成，碑座下花岗石墁地的凭吊平台与八级磴道相接，寓意八年抗战艰苦卓绝。刺刀造型的纪念碑正面镌刻着聂荣臻元帅题写的“平北抗日战争烈士纪念碑”碑名，背面为彭真题写的“平北抗日烈士永垂不朽”镏金题词及碑文。

◆平北抗日战争烈士纪念碑

纪念馆于1997年7月建成开馆，分序厅、影视厅、展厅三大部分。展厅内陈列着许多图片和文物，记载着平北地区党政军民英勇抗击日本侵略者的英雄事迹和光辉历程，再现了当年平北地区的革命斗争史实，反映了平北抗日根据地军民前仆后继、为国捐躯、奋斗不息的大无畏革命精神和高尚的爱国主义情怀。

平北抗日烈士纪念园于 1995 年被北京市人民政府公布为北京市爱国主义教育基地；2009 年 3 月被民政部公布为全国重点烈士纪念建筑物保护单位。平北抗日战争烈士纪念馆于 2005 年 11 月被中央宣传部公布为全国爱国主义教育示范基地。

中国人民革命军事博物馆

中国人民革命军事博物馆位于北京市海淀区复兴路 9 号。

◆中国人民革命军事博物馆

中国人民革命军事博物馆于 1958 年 10 月 2 日奠基，1959 年 7 月竣工，1960 年 8 月 1 日正式对外开放。博物馆平面呈山字形，主楼七层，两侧四层，顶部设圆锥形塔尖，上面是八一军徽图章的雕塑。正门上方的“中国人民革命军事博物馆”匾额为毛泽东题写。建筑外立面采取渐次升高的形制，外墙勒脚为花岗岩蘑菇石，屋顶檐头饰黄色琉璃砖。建筑造型巍峨庄严，气势雄伟。

中国人民革命军事博物馆是中国最大的综合性军事博物馆，大楼面积 6 万多平方米，陈列面积达 4 万多平方米，主要收藏 1927 年八一南昌起义以来的革命文物和资料。陈列展览分为基本陈列和临时展览。基本陈列有土地革命战争馆、抗日战争馆、全国解放战争馆、抗美援朝战争馆、古代战争馆、近代战争馆、兵器馆、礼品馆等，还不定期地举办有关国防、科技、文化、艺术等方面的专题性展览。

中国人民革命军事博物馆于 1992 年被北京市人民政府公布为北京市爱国主义教育基地，1997 年 6 月被中央宣传部公布为全国爱国主义教育示范基地。

中国人民抗日战争纪念雕塑园

中国人民抗日战争纪念雕塑园位于北京市丰台区卢沟桥城南街 77 号。

为纪念抗日战争胜利 50 周年，北京市人民政府决定在宛平城南墙外建造抗战雕塑

◆中国人民抗日战争纪念雕塑园

园。该园于1995年7月7日奠基，2000年7月竣工，8月16日正式对外开放。

雕塑园由中国人民抗日战争纪念碑、雕塑群区、中心广场、宛平城墙、绿林等主要景区构成。雕塑群区达22500平方米，按中国人民抗日战争历史过程，分为“日寇侵凌”、“奋起救亡”、“抗日烽火”、“正义必胜”4个部分，摆放着38尊直径2米、高4.3米的柱形青铜雕塑。群雕以《国歌》为主题，以中国传统碑林形式布阵，借鉴中国传统雕塑形式创作，表现了中国人民不屈不挠的民族精神和大无畏的英雄气概。

雕塑园建成后，多次举办重大活动。如：2000年8月15日，成功举行纪念抗日战争胜利55周年大型文艺晚会；同年中秋之夜，成功举办以“歌唱伟大祖国、共庆团圆”为主题的卢沟晓月中秋文艺晚会；2001年5月1日，举办以“为复兴伟大的中华民族而奋斗”为主题的文艺演出。此外，抗战雕塑园还经常配合各参观团体开展爱国主义主题教育活动，如入党仪式、入团仪式、成人仪式、入队仪式等。

中国人民抗日战争纪念雕塑园于2000年被北京市人民政府公布为北京市爱国主义教育基地。

天津市重要革命遗址

女星社旧址

女星社旧址（原邓颖超纪念馆）位于天津市河北区宙纬路三戒里46号。

女星社是五四运动后由邓颖超、李峙山、谌小岑等一批具有强烈爱国民主主义思想的知识分子创办的，其宗旨是“实地拯救被压迫的妇女”，“宣传妇女应有的革命精神”，“力求觉悟女子加入无产阶级的革命运动”。女星社成立于1923年4月，社址初设在河北区大经路（现中山路）五昌里10号，不久迁至河北区中山路达仁里10号（现达仁里5号）。邓颖超纪念馆建成后，将女星社旧址迁移至河北区宙纬路三戒里46号。

◆女星社旧址（原邓颖超纪念馆，现天津市河北区发展史馆）

女星社成立伊始，就创办了自己的宣传刊物《女星》旬刊（后改周刊），由李峙山任主编，邓颖超负责审校，谌小岑分管出版和发行工作。《女星》的出版发行深受津门广大女性读者的欢迎。此外，女星社还开办了女星第一补习学校，推行女子教育，培养其自主能力，以谋求妇女的彻底解放。为办好女星第一补习学校，社员们自编教材，内容生动活泼，形式新颖，教法灵活多样，并且组织学员投身社会实践，体会劳动者的疾苦，启发学员觉悟。

随着形势的发展，女星社社员刘清扬、邓颖超等人又于1924年1月1日创办了针对女性读者的报纸《妇女日报》。该报在更广泛的范围内讨论了与妇女切身利益有关的政治、经济、教育、职业、婚姻、家庭等方面的问题，登载了多篇反帝、反军阀、反封建专制和声援工运、学运、妇运的文章和新闻报道。时任中共中央妇女部部长的向警予给予《妇女日报》极高的评价，称之为“中国沉沉女界报晓的第一声”。

1925 年 7 月前后，李峙山、谌小岑和邓颖超先后离津，其他社员也担负起党、团组织分配的工作。至此，女星社光荣地完成了历史使命。

为缅怀邓颖超的光辉业绩和表达天津人民对她的深切爱戴之情，1994 年，经天津市委、市政府同意，中央宣传部批准，在现三戒里 46 号修建邓颖超纪念馆，随后，女星社旧址迁至此。江泽民亲笔题写馆名。纪念馆是一处青砖北房院落，总面积 377 平方米，建筑面积 269 平方米。院内竖立着邓颖超青年时代的半身铜像。纪念馆陈列室以丰富的史料文物和大量的照片，从“革命生涯的起点”、“职业革命家的光辉历程”、“情系海河”、“风范永存”4 个方面详细介绍邓颖超伟大、光辉的一生。现该馆大部分陈列物已移至周恩来邓颖超纪念馆，河北区在原址上修建了河北区发展史馆。

女星社旧址于 1992 年被天津市人民政府公布为天津市文物保护单位。邓颖超纪念馆于 1994 年 9 月被天津市委、市人民政府公布为天津市爱国主义教育基地。

天津南开学校旧址

天津南开学校旧址位于天津市南开区四马路 20 号。

◆天津南开学校旧址内的东楼

天津南开学校为现南开中学前身，原称敬业中学堂，始创于 1904 年。1907 年新校舍第一座楼房——东楼建成，学校迁入新址，从此即称南开学校，是我国著名爱国教育家严范孙和张伯苓创办的南开系列学校的发祥地。作为南开学校主楼的东楼，为砖木结构的二层楼房，仿罗马式建筑，且具有中国民族装饰特色，楼顶端有龙形浮雕。楼内东侧为房间，西侧为走廊。楼上辟有 5 间教室，楼下除了理化讲室和仪器室外，其余房间为校方办公之用。南开学校旧址现为南开中学所在地，现存主要建筑有东楼、北楼、范孙楼、瑞廷礼堂四幢特殊保护等级历史风貌建筑及西斋周恩来寝室。

周恩来曾于 1913 年 8 月至 1917 年 6 月在南开学校读书。当时的中国，列强欺辱，山河破碎，满目疮痍，人们生活在水深火热之中。目睹国家积弱不振的状况，年轻的周恩来立下救国救民之志。他把学习同祖国的命运联系起来，积极参加爱国学生运动，学习勤奋刻苦，孜孜不倦，品学兼优，被当时的张伯苓校长称为“南开最好的学生”。

周恩来在校期间，曾做过由学生主办的校刊《校风》报的总编辑，敬业乐群会智育部部长、稽古部部长，副会长、会长等，并主编会刊《敬业》。1914 年，周恩来和张瑞峰、常策欧创立了敬业乐群会，经常组织会员参观工厂、农村，读报纸杂志，召开时事座谈会、辩论会，评论时事，讨论救国救民的真理。

1917 年周恩来于南开学校毕业后，为了探求救国真理，赴日留学。新中国成立后，担任总理的周恩来日理万机，但仍时刻关心着南开中学的发展和学校的广大师生。1951 年 2 月 24 日，周恩来回到母校视察，在宽敞的学校大礼堂，接见了全校师生，并发表了含义深刻、语重心长的讲话。他说：“感谢母校对我的教育，使我学到了有用的科学知识，锻炼了办事能力。”又说：“后来我参加革命，这是党教育的结果。”他激励大家：“你们生长的时代是幸福的，你们将会超过我们。”1957 年五四青年节，周恩来亲笔复信第十五中学（现南开中学）青年团、学生会，向同学们祝贺节日快乐，并勉励大家要“好好学习，加强劳动观点，热爱祖国，提高政治思想觉悟，树立艰苦朴素作风，为准备做一个有文化有技术的工人和农民，做一个劳动和脑力相结合的知识分子而努力”。

◆周恩来曾经读书的教室

为纪念周恩来青年时代的光辉业绩，1977 年，天津市委决定将周恩来上中学时的南开学校东楼建为纪念馆。1978 年按原样修复后，由叶剑英题写馆名：“周恩来同志青年时代在津革命活动纪念馆。”同年 3 月 5 日正式开馆。该馆的复原陈列有东西讲室和理化讲室，是当年周恩来上课的教室和开展社会活动的场所。内容分为：中学时代、留学日本、五四时期、旅居欧洲 4 个部分。目前，虽然该馆部分陈列已移至周恩来邓颖超纪念馆，但该馆仍作为革命旧址，供广大群众参观。

天津南开学校旧址于 1979 年 1 月被天津市人民政府公布为天津市文物保护单位；1994 年 9 月被天津市委、市人民政府公布为天津市爱国主义教育基地。

杨柳青市军事管制委员会旧址

杨柳青市军事管制委员会旧址位于天津市西青区杨柳青镇估衣街47号石家大院内。

◆杨柳青市军事管制委员会旧址（石家大院）

1948年，解放战争的形势迅速发展。东北野战军取得辽沈战役胜利后，于11月23日挥师入关，实施对天津的战略包围，准备发起平津战役。12月20日，津西重镇杨柳青解放。12月23日，中共冀中区八地委前委派许海涛、董成彬、李轩等工作人员进驻杨柳青，成立了杨柳青市军事管制委员会，办公地点设在石家大院，许海涛任军管会主任，董成彬任副主任，李轩任市长。军管会设秘书，并设组织股、宣传股、治安股、工商股、后勤股。军管会成立后，大力宣传党的政策，维持社会治安，安定民心，收缴了反动分子暗藏的武器，共缴获长短枪391支，子弹18753发，接收修械所1座，军服（鞋）3810件，接收杂粮187845斤、小麦17828斤。军管会成立了支前委员会，就地筹粮205673斤，组织民夫10763名，动员大车512辆，征集各类器材42种、4033件，有力地支援了天津战役。

西青地区解放初期，由于群众不了解党的方针、政策，加之天津尚未解放，敌人造谣破坏，敌机不时轰炸，致使群众思想动荡不安，社会秩序极端混乱。为了稳定群众情绪，军管会张贴布告，召开各种会议，大力宣传共产党的城市政策，向群众讲解解放战争的胜利形势，分析敌我力量对比，宣传毛泽东主席的战略思想，宣传北平、天津即将解放，及时消除了群众的思想顾虑。随着解放军大量进驻，并加强了防空力量，群众情绪日趋稳定。

与此同时，军管会宣布所有敌伪组织一律非法，对反革命分子的活动采取坚决镇压方针，对敌伪人员采取大力争取、教育改造的方针。在宽大政策的感召下，外逃的敌伪人员纷纷来归。为了加强社会治安管理，根据依靠多数人管制少数人的精神，发动群众进行管理，以治安股为主组织登记人员学习，进行教育，号召他们从事生产劳动，认真改造，重新做人。同时，对破坏社会稳定的抢劫、贩毒、赌博等案件及时进行打击与处理。由于采取了上述措施，社会秩序趋于稳定。1949年4月，经中共冀中地区八地委与天津县商定，杨柳青结束军管，划归天津县管辖，并成立天津县杨柳青镇人民政府。

石家大院原系清末天津八大家之一石元仕的住宅，主体建筑始建于清光绪初年（1875年），有200余间房屋，1925年，石家后代全部迁往天津市内居住，1945年后为国民党军队占用。1991年12月在石家大院建成天津杨柳青博物馆。天津杨柳青博物馆坐落在千年古镇杨柳青御河北侧，占地10000平方米，整个建筑包含十八个院落，四合连套，气势宏浩，尤以砖、木、石雕之精美独具特色，是我国保存最好、规模最大的民宅建筑群。自1991年石家大院被命名为天津杨柳青博物馆后，已陆续开设了杨柳青年画简史陈列、天津砖雕陈列、天津民俗陈列和石府复原陈列4个大型展室，并修缮恢复了全木结构的二层戏楼。

杨柳青市军事管制委员会旧址（石家大院）于1991年8月被天津市人民政府公布为天津市文物保护单位，2006年6月被国务院公布为全国重点文物保护单位。杨柳青博物馆于1994年9月被天津市委、市人民政府公布为天津市爱国主义教育基地。

金汤桥——解放天津会师地

金汤桥——解放天津会师地位于天津海河之上，是连接建国道与水阁大街的重要交通要道。

◆金汤桥

金汤桥始建于1906年，当时随着近代交通的发展，天津有了电车。为使电车能过河直达老龙头火车站，便将原河面上的盐关浮桥改建成一座三孔实墩、其中两孔能够开启的新式铁桥，名“金汤桥”，取固若“金城汤池”之意。

1919年五四运动时，天津市各界爱国人士举行庆“双十”大会及游行，队伍经过金汤桥直奔位于桥西的警察厅示威，抗议军警干涉爱国活动，口号声、演讲声震撼金汤桥两岸，给天津人民留下了深刻的印象。

1949年1月，人民解放军完成了对天津城的包围。根据敌情和天津市区南北长、东西窄的特点，人民解放军天津前线指挥部制定了“东西对进，拦腰斩断，先南后北，先分割后围歼”的作战方针。14日上午，解放天津城的总攻开始，人民解放军东西两线主攻部队历经16小时的激战，于15日凌晨在金汤桥胜利会师。

为纪念天津解放和人民解放军东西两线主攻部队在金汤桥胜利会师，1984年天津市人民政府在金汤桥东修建了天津解放会师纪念碑，碑基4米×1米，豆青色水磨石面，基座上方是白色方柱横托，托上悬挂一面迎风招展的红旗，象征着胜利会师，方柱前后嵌着铜牌，正面镌刻着“解放天津会师纪念地”9 个大字。

金汤桥——解放天津会师地于 1994 年 9 月被天津市委、市人民政府公布为天津市爱国主义教育基地。

解放天津攻城突破口遗址

解放天津攻城突破口遗址位于天津城区南部尖山地区，复兴河畔河西区陈塘庄火车站院内。

复兴河旧称护城河，始建于 1947 年。当时，国民党军队为抵御人民解放军解放天津，在天津东南部设置了两道防御阵地，其中一道防御阵地自土城、陈塘庄、前后尖山至黑牛城，并在阵地外沿挖出宽 10 米、深 4 米至 5 米的护城河，内筑 6 米高土墙，每隔 200 米筑一座大碉堡，周围有子碉堡群，企图借此深沟高垒固守顽抗。

◆解放天津攻城突破口纪念亭

1949 年 1 月 14 日，解放天津的战役打响。根据解放军天津前线指挥部制定的“东西对进，拦腰斩断，先南后北，先分割后围歼”的作战方针，上午 8 时，人民解放军第 46 军对国民党天津城防南部防线发起攻击。在炮火支援下，46 军 138 师从灰堆向上河圈、陈塘庄方向，159 师（原冀热察独立 7 师）从纪家庄向八里台方向同时发起佯攻并占领部分阵地。9 时 40 分，46 军 137 师、159 师以主力在前尖山南护城河桥（现河西区南围堤河立交桥附近）东西两侧地段发起强攻。由于地形不利，几次强攻未能奏效。在调整部署后，人民解放军以强大火力压制住敌地堡群的火力，137 师 409 团重新发起冲击，3 营 7 连和 1 营 2 连的战士率先冲在前面，2 连 3 排 3 班长吕树华高举“登城先锋”的红旗，率领全班战士跃出战壕冲向突破口，子弹像雨点般射来，吕树华中弹牺牲，战士于米福接过红旗继续前进。在通过第三道铁丝网时，于米福被挂倒，副班长罗开云接过红旗奋勇前进。通过护城河时罗开云身负重伤，于米福再次接过红旗，终于在 13 时 32 分登上城垣，将“登城先锋”的红旗插上城头。

随后，46 军所属各部队乘胜追击，相继歼灭土城、杨庄子、福建路、西楼、马场一

◆解放天津攻城突破口纪念碑

带的敌人，直插耀华中学与其他攻城部队胜利会师。整个战役中46军共歼敌26337人，人民解放军也有491人英勇牺牲，2424人光荣负伤。

为纪念东北野战军46军胜利攻破津南国民党军城防，1992年“八一”建军节前夕，天津河西区人民政府和天津铁路分局陈塘庄车站，在陈塘庄火车站内联合修建了解放天津战役突破口纪念亭。2002年复兴河疏浚改建工程中，河西区人民政府又在河的南岸建造了一座石头雕塑，以纪念革命烈士们的英雄壮举。

解放天津突破口纪念碑为大型雕塑“黎明的记忆”，造型如两只倾斜如山的和平鸽，高度分别为8米和7米，东侧的和平鸽上铭刻着解放天津战役发起时间“1949年1月14日”，西侧的和平鸽底座上雕刻着“解放天津突破口纪念碑”字样。

解放天津攻城突破口遗址于2009年被天津市委、市人民政府公布为天津市爱国主义教育基地。

安幸生烈士故居

安幸生烈士故居位于天津市北辰区中河头村富强大街海福巷。

安幸生（1902—1927），北辰区中河头村人。1918年以优异成绩考入天津直隶省立第一中学（现天津三中）。1919年10月与学友于方舟等组织新生社，之后在李大钊的指导下，创办《新生》杂志并任主编。1921年冬在家乡领导反对当局无理收缴“烧炭税”和“割头税”（杀猪）的斗争。1922年加入中国共产党，负责中国劳动组合书记部天津支部工作。1924年8月14日任天津反帝大同

◆安幸生烈士汉白玉半身雕像

盟负责人。五卅运动期间领导了天津海员大罢工。1925 年 8 月任天津总工会负责人。1927 年任中共北京市委委员兼组织部负责人，同年 11 月在北京遭奉系军阀逮捕、杀害。

安幸生烈士故居在 1938 年 7 月被日本侵略军焚毁。1940 年，安氏族人重建，青砖瓦木结构，占地 5 亩。新中国成立后对故居进行保护并开放。现故居占地面积 1016 平方米，其中外院公园占地 500 平方米。里院有房屋 15 间，总建筑面积为 304 平方米。正房 5 间，主要展示安幸生烈士生前起居生活的家庭陈设及生活用品；西厢房 5 间，集中展示安幸生烈士从学生时代到英勇就义的光辉一生；东厢房 5 间，展示民主革命时期北辰区党组织的创建和发展史料。里院正中屹立着安幸生烈士汉白玉半身雕像。

安幸生烈士故居于 1997 年 5 月被天津市委、市人民政府公布为天津市爱国主义教育基地。

中山公园——早期革命活动地

中山公园——早期革命活动地位于天津市河北区中山路。

中山公园初名劝业会场，清光绪三十一年（1905 年）始建，三十三年（1907 年）建成，是天津最早向公众开放的公园。1912 年更名为天津公园，不久又改称河北公园。1928 年为纪念孙中山先生，再度更名为中山公园。

中山公园初建时规模宏大，相当于现在面积的 3 倍。入门处有观世音雕像，门楼上装国产报时自鸣钟，报时之声传及数里。园内有艺圃亭台、土石假山，还有禽兽动物，并设有图书馆、工艺品陈列所和美术馆等。当时的中山公园既是文化娱乐的好去处，又是公众集会活动的场所。近代以来，许多具有重大历史意义的革命活动在这里举行。

1910 年 12 月，天津掀起资产阶级立宪请愿的热潮。中山公园附近学校的学生于 12 月 19 日在中山公园集会，公推法政学校的李大钊等为代表，赴直隶总督衙门请愿。1912 年 8 月 24 日，孙中山应袁世凯邀请北上共商国是，途经天津时，在中山公园参加了天津国民欢迎会，并即席发表演讲，而后参观了设在公园内的国货陈列所，下午 14 时 40 分在新车站（北站）乘火车赴京。

◆中山公园

1915 年 6 月 6 日，天津救国储金募捐大会在中山公园召开，南开学校的周恩来登台演讲，号召人们奋起图强，振兴本国经济，誓雪国耻，坚决不当亡国奴。会后写下了《广募救国储金致友人书》，宣传救国储金运动。

1919 年 6 月 9 日，各界人士在中山公园举行大会，声援北京学生五四爱国行动。会场中心悬挂巨幅对联：“振民心，合民力，万众一心；御国敌，除国贼，匹夫有责。”天津学联领导人马骏发表演讲，号召人民大众团结起来，奋斗到底，取消二十一条！拒绝巴黎和会签字！收回山东权益。

抗日战争期间，中山公园被日军占据，遭到严重破坏。天津解放后，屡次修缮。如今的中山公园正门为巨型彩绘牌坊，入园门，迎面假山耸立，瀑布飞溅，园内鸟语花香，满目绿色。在公园后部，建有天津十五烈士纪念碑和魏士毅女士纪念碑，供人们瞻仰、凭吊。

中山公园——早期革命活动地于 1994 年 9 月被天津市委、市人民政府公布为天津市爱国主义教育基地。

广东会馆——早期革命活动地

广东会馆——早期革命活动地位于天津市南开区民俗文化旅游商贸区东门里大街 257 号。

广东会馆自建成后，就一直是支持我国民主主义革命和爱国运动的重要场所。不仅清晰地记载了近代天津南北文化交融的过程，而且见证了天津政治风云的变幻和历史的变迁。

1912 年 8 月 24 日，孙中山北上途经天津时，同盟会燕津支部曾在广东会馆召开欢迎大会。孙中山在会馆戏楼舞台上发表了“我国四万万同胞同心协力，何难称雄世界”的著名演说。

◆广东会馆

1919 年五四运动时期，恰逢五省旱灾，直隶第一女子师范学校的学生邓颖超等觉悟社成员在广东会馆举行了募捐义演。

1925 年五卅运动期间，中共天津地委组织纺织、印刷、海员、油漆、码头等 20 余个工会在广东会馆成立了天津市总工会，开展革命活动。

广东会馆始建于 1903 年，现占地面积 5000 多平方米，是中国保存最为完好的清式会馆建筑之一，也是国内众多广东会馆中规模最大、建筑最为精美的一座。广东会馆的古典式主体建筑戏楼，以空间跨度大、设计巧妙和装饰精美成为中国古典剧场中的佼佼者。其伸出式舞台，台口不设立柱，与起着保持原声、扩音作用的穹顶堪称是中国古典式舞台的扛鼎之作，为世人所瞩目。著名表演艺术家梅兰芳、尚小云和红线女等人都曾在这里登台献艺。

新中国成立后，广东会馆受到各级人民政府的重视和保护。1985 年在天津市政府的大力支持下，对会馆又进行了全面的修缮。根据会馆的特点，修缮后被辟为天津市戏剧博物馆。馆内设有 3 个展室，主要展出天津自开埠以来形成的多种戏剧文化形式，天津戏剧文化发展繁荣的过程，以及天津戏园、班社和票房使用过的有关实物。除此之外，馆内还收藏了与戏剧有关的文物及藏品 4000 余件，其中包括早期戏剧艺人的演出手抄本，著名京剧艺术大师梅兰芳、尚小云等人的书画珍品，马连良等艺术家的演出服装及道具等。作为反映中华民族传统文化的阵地和天津总工会成立旧址，广东会馆已引起国内外戏剧研究者和史学研究专家与学者的广泛关注。

广东会馆——早期革命活动地于 2001 年被国务院公布为全国重点文物保护单位；1994 年 9 月被天津市委、市人民政府公布为天津市爱国主义教育基地。

天津市烈士陵园

天津市烈士陵园位于北辰区铁东北路 5998 号。

天津市烈士陵园始建于 1955 年，初址在北辰区北仓。1973 年迁至水上公园西北侧。2005 年，天津市委、市政府决定在北辰区现址重建新的天津市烈士陵园。2006 年 4 月 5 日，新建的天津市烈士陵园正式启用并对外开放。

整个陵园占地近 100 亩，建筑面积 8000 平方米。主要纪念建筑有烈士纪念碑、烈士纪念馆、革命烈士骨灰馆、天津战役无名烈士墓区、在日殉难烈士·劳工纪念馆和在日殉难烈士·劳工名录墙、雕塑等。纪念碑前有 1.2 万平方米的纪念广场和可举办大型活动的近 6000 平方米的高层平台。整个烈士陵园风格古朴庄重，气势恢弘。其中标志性建筑纪念碑总高度为 32.64 米，三个紧密相连的纪念馆全部采用古建筑设计，尤其是起脊屋顶从檐底到屋脊高度达 15 米，全部采用挂瓦工艺。陵园主建筑物外檐全部为石材镶贴，大平台、大广场均由石材铺砌。园内苍松翠柏，绿化面积 1.7 万平方米。

陵园内安放着在天津战役中牺牲的 4189 名烈士的骨灰（2000 多名无名烈士的骨灰已

◆天津市烈士陵园

在无名烈士墓下葬)、2316 名在日殉难烈士和劳工的骨灰以及新中国成立后牺牲的 300 多名烈士的骨灰。革命烈士纪念馆内陈列着名为“血染的丰碑”的主题展览。展览分“鏖战津门”、“浩气长存”、“献身理想”和“继往开来”四部分，集中展示了天津战役的全过程和部分革命烈士的感人事迹。序厅有高 4.5 米，宽 22 米的青铜浮雕墙，正面镌刻着 1840 年以来各个不同历史时期的英烈形象，浮雕墙以海河为背景，并贯通整个画面。在日殉难烈士·劳工纪念馆，建筑面积 1352 平方米，分为两层。一层为骨灰馆，存放骨灰 2316 盒；二层为展馆，主要展示了从 1943 年至 1945 年间，日本将 4 万余名中国战俘和普通百姓掳往日本，致使 6800 多人命丧东瀛的有关史料和照片。

◆天津市烈士陵园内的烈士纪念碑

天津市烈士陵园于 2009 年 5 月被中央宣传部公布为全国爱国主义教育示范基地；2009 年 3 月被民政部公布为全国重点烈士纪念建筑物保护单位。

塘沽烈士陵园

塘沽烈士陵园坐落在天津市塘沽区西北角。

塘沽烈士陵园始建于 1954 年 1 月。陵园园址是 1949 年解放塘沽战斗最激烈的地方之一。陵园占地总面积为90492.13平方米。1967年以来，陵园先后进行了4次重修和扩建，主要由烈士纪念碑、烈士墓地、烈士纪念堂和绿化区四部分组成。烈士纪念碑高16米，由白色大理石砌成，碑身和基座高10米，正面刻着“革命烈士永垂不朽”8个镏金大字，底座是一个用汉白玉镌刻的大花圈，碑顶是一尊高6米持枪挺立的人民解放军战士塑像。纪念碑前是可容纳3000人的广场，广场两侧各竖立白色大理石墓碑5个。纪念碑后是烈士陵园主建筑——革命烈士纪念堂。纪念堂高9米，建筑面积700平方米，大厅内安放着解放塘沽战斗牺牲的455名烈士的骨灰和英名录。

◆刻有解放塘沽时牺牲的455名烈士名录的红旗雕塑

塘沽烈士陵园于2002年12月被天津市委、市人民政府公布为天津市爱国主义教育基地。

汉沽烈士陵园

汉沽烈士陵园坐落于天津市汉沽新开北路8号。

1948年12月14日，东北野战军49军137师409团、410团在地方部队配合下迅速占领汉沽镇。敌人盐警等地方武装已狼狈溃逃，只剩下北宁铁路线上部分国民党正规部队盘踞在汉沽铁桥两侧拼死抵抗，妄图将解放军主力阻挡于蓟运河东岸。为击退盘踞之敌，解放军410团1营向敌人发起冲锋，同敌人展开激烈的铁路桥争夺战。同时，409团3营从寨上渡口乘船渡河到西岸，切断敌人退路，协同河东岸的410团对敌形成夹击，从而全歼守桥的敌人，迎来汉沽的解放。为纪念在解放汉沽战斗中牺

◆汉沽烈士陵园

◆汉沽烈士陵园内的烈士纪念碑

牲的解放军战士，修建汉沽烈士陵园。

汉沽烈士陵园始建于1956年11月。正门朝东，为仿古建筑。陵园的南、西、北面建有居民住宅，东临新开北路。占地总面积3万平方米，建筑面积950平方米。烈士陵园的整体规划结构严谨，布局合理，环境优美。陵园内建有烈士墓120座，分三排整齐排列，安葬着在天津战役和解放汉沽战斗中牺牲的解放军指战员。园中央耸立着高15米的革命烈士纪念碑，建于1968年。纪念碑整体由白色大理石砌成，正面刻有“革命烈士永垂不朽”8个镏金大字，背面是“平津战役烈士纪念碑”的字样。碑前是3000平方米的祭扫广场，可同时容纳5000多人。北面是革命烈士纪念馆，使用面积350平方米，建于1980年。共有120余件展品陈列于展厅内，包括烈士名录、遗物及有关战斗的图表和照片，其中，大幅照片20幅，油画17幅，水彩画8幅，其他小幅照片18幅，烈士遗物39件。另有11具烈士骨灰陈列于骨灰室里。此外，园内还陈列着射程可达10公里的现代火炮、军用直升飞机和清代抗击外敌入侵时使用的火炮等文物。1998年，为纪念在杨家泊战斗中牺牲的汉沽盐民支队英烈，在烈士墓的中央位置又修建了英烈亭一座。

◆汉沽烈士陵园内的烈士纪念馆

汉沽烈士陵园于1994年9月被天津市委、市人民政府公布为天津市爱国主义教育基地。

西青区烈士陵园

西青区烈士陵园位于天津市杨柳青镇新华道28号。

西青区烈士陵园始建于1949年，系为纪念在天津战役中牺牲的解放军指战员而修建。1973年，烈士陵园迁建至杨柳青镇新华道28号。后经多次改扩建，现建有纪念碑、骨灰存放室和纪念馆等主题建筑，占地30亩，可同时接纳3000余人进行祭悼活动。

◆西青区烈士陵园内的烈士纪念碑

烈士陵园布局合理，环境幽雅，种植有雪松、紫薇、碧桃、西府海棠等20多个品种的绿化苗木22691株，草皮3500余平方米。园内最高的标志性建筑为烈士纪念碑，碑高24.13米，雄伟挺拔、庄严肃穆，碑体镌刻的“人民英雄永垂不朽”8个大字熠熠生辉。烈士陵园中部为纪念广场，面积1500平方米。纪念碑东侧建有烈士骨灰存放室，室内面积161平方米，在鲜花簇拥中存放着791名革命烈士的骨灰（其中包括解放天津战役中牺牲的778名及新中国成立后在社会主义革命和建设事业中牺牲的13名革命烈士）。

◆西青区烈士陵园内的烈士纪念馆

纪念碑北侧是建筑面积达400平方米的烈士纪念馆。馆内陈列着记载天津解放历程的展板30余块，介绍烈士生平事迹的展板20余块，展出有关天津战役的珍贵历史图片120余幅。另外，纪念馆还采用声、光、电等高科技手段，设置了“平津战役前线指挥部”、“金汤桥胜利会师”和“战役战斗场面”3个仿真场景，生动再现了天津战役的辉煌，展现了革命烈士的英雄壮举。

西青区烈士陵园于2002年12月被天津市委、市人民政府公布为天津市爱国主义教育基地。

武清区烈士陵园

武清区烈士陵园位于天津市武清区杨村镇机场路。

武清区烈士陵园始建于1956年，原址在杨村镇塔元路，1958年迁至现址。现在的烈士陵园是经1996年改建扩建后形成的，主要由革命烈士纪念碑、革命烈士纪念堂和革命史展馆等部分组成。总占地面积1.6万平方米，其中建筑面积3100平方米，绿化面积4100平方米，广场、道路、园区硬化面积8300平方米。

◆武清区烈士陵园内的烈士纪念碑

步入陵园，首先映入眼帘的是卧式的“人民英雄永垂不朽”纪念碑，碑文是毛泽东手书体。碑体采用黑红色花岗岩贴面，碑高4.8米，寓意武清区1948年解放；碑长9.6米，寓意陵园1996年改建。纪念碑不远处是无名烈士墓，墓中安放着62位无名烈士的遗骨。烈士墓旁立有汉白玉花圈式墓碑，墓碑的周边是62朵花环环绕着的五角星，四周松枝柏叶，鲜花环绕，正下方是一朵洁白的莲花悄然开放，象征62名烈士生前紧紧团结在中国共产党周围，他们崇高的品质如莲花般高洁，像苍松翠柏一样万古长青。纪念碑后面是全长87米的墙壁，墙体全部采用红色花岗岩贴面，墙壁上镶着四组汉白玉浮雕。第一组展现的是土地革命战争时期红军将士们过草地时的情景，整个画面形象逼真，栩栩如生。第二组展现的是抗日战争时期八路军敌后武工队和广大人民群众一起利用青纱帐与日本侵略者进行顽强斗争的情景，再现了伟大的中国人民前仆后继、百折不挠的英雄气概。第三组展现的是解放战争时期解放军百万雄师横渡长江天险的情景。第四组展现的是英勇的中国人民志愿军将士们雄赳赳、气昂昂奔赴抗美援朝战场的情景。

在纪念碑的西侧是武清区革命烈士纪念堂。牌匾是由1941年到武清开展党的地下工作的第一任县委书记李尚武所题。纪念堂内安放着革命烈士和新中国成立后因公牺牲人员的骨灰。东侧是武清区革命史展览馆，牌匾是由抗日战争时期担任京东特委书记、抗日联军司令员的李运昌所题。馆内展示了中国共产党领导武清人民进行革命、建设和改革的奋斗历程，反映了武清人民的革命斗争历史及现代化建设事业所取得的成就。

武清区烈士陵园于2002年12月被天津市委、市人民政府公布为天津市爱国主义教育基地。

宝坻烈士陵园

宝坻烈士陵园位于天津市宝坻区宝平街进京路71号（宝坻城西2公里）。

宝坻烈士陵园1995年9月20日建成，1996年4月正式对外开放。陵园占地面积3.6万平方米，由陵园大门、仿古牌楼、革命烈士纪念碑、烈士墓区和宝坻革命斗争史纪念馆等部分组成。

◆宝坻烈士陵园内的烈士纪念碑

革命烈士纪念碑占地面积900平方米，碑高24.6米。碑身是汉白玉板贴面，碑身四面嵌刻着彭真所题“革命烈士永垂不朽”、李运昌所题“缅怀先烈启迪后人”、李楚离所题“人民英雄万古流芳”、张明远所题“人民英雄浩气长存”。墓区占地面积2200平方米，分集体墓和单个墓群两部分：集体墓安葬的是1945年2月25日在赵各庄战斗中牺牲的146名革命烈士；单个墓群截至2010年10月，共安葬各个时期牺牲的烈士62名。

宝坻革命史纪念馆占地面积300平方米。馆内展出图片84幅，展示内容分为“前言”、“加强党的建设”、“英勇抗击日寇”、“军民鱼水情”、“保卫胜利果实”、“迎接全国解放，宝坻人民踊跃支前”、“结束语和宝坻革命烈士英名录”7个部分。另外，馆内还陈列了7块木制展牌，分别记述了抗战时期宝坻人民英勇抗击日军的赵各庄战斗和日本侵略者与国民党反动派在宝坻境内制造的六大惨案的有关情况。

宝坻烈士陵园于1997年5月被天津市委、市人民政府公布为天津市爱国主义教育基地。

盘山烈士陵园

盘山烈士陵园位于天津市蓟县盘山南麓。

盘山烈士陵园始建于1956年，1957年建成。园区总面积300亩，建筑面积3000平方米。主要建筑物有烈士纪念碑、烈士墓区、抗日烈士纪念馆、抗日烈士事迹展览馆、烈士骨灰堂和牌楼等。

◆盘山烈士陵园

烈士纪念碑位于陵园北部最高点，是陵园的主体建筑，碑身用汉白玉砌成，碑高27.5米，正面镌刻着聂荣臻元帅的亲笔题词："光荣烈士永垂不朽"，左侧镌刻着谢觉哉题词："永远活在人民心中"，右侧镌刻着宋劭文题词："抗日英雄浩气长存"，后面镌刻着李运昌题词："为人民革命事业而牺牲的英雄们永垂不朽"。

◆盘山烈士陵园内的烈士纪念碑

烈士墓区在碑前甬路两侧，共安葬着205名烈士。主墓长眠着冀东军分区副司令员包森烈士和冀东西部地分委书记田野烈士。除主墓外，还有其他烈士墓203座。

革命烈士纪念馆位于陵园正中，馆内陈列着抗日战争时期曾经在蓟县和冀东地区从事抗日工作的53名烈士的生平事迹。其中包括冀东军分区副司令员包森、冀东西部地分委书记田野、冀热辽第一专署专员杨大章、抗日支队副司令员白乙化等。馆内依次悬挂烈士们的遗像，以供参观者瞻仰。

抗日斗争事迹陈列馆内陈列着抗日战争时期的珍贵革命文物200余件，还有大量的文献资料和图片，生动形象地展示了盘山抗日根据地军民可歌可泣的动人事迹。

◆盘山烈士陵园内的烈士纪念馆

牌楼位于纪念碑、纪念馆同一轴线的最南端，是一座四柱七楼式具有民族风格的建筑。牌楼广场面积2400平方米，现已成为举行升旗仪式、军训和篝火晚会的场所。

盘山烈士陵园于1997年6月被中央宣传部公布为全国爱国主义教育示范基地。

爨岭庙烈士陵园

爨岭庙烈士陵园位于天津市蓟县北部山区的下营乡刘庄子村。

爨岭庙烈士陵园是为纪念抗日战争时期在爨岭庙遭遇战中牺牲的革命烈士而建的。1944年5月16日，冀东十四专署专员杨大章、八路军13团副政委廖峰、蓟遵兴联合县县

◆爨岭庙烈士陵园

委书记季安率县委、县政府机关部分干部，各区主要干部和警卫部队共200多人，来到下营东八华里的团山子村，准备在这里召开蓟遵兴联合县工作会议。不料，这一消息被下营据点的日伪军获悉。17日上午，敌人开始炮击团山子村，与会领导同志决定率全体人员迅速撤离，分散隐蔽。18日凌晨2点，全体与会人员撤离村庄，当队伍走到爨岭庙附近时，天降大雨，队伍无法前进，只好挤进仅有7间房的爨岭庙内躲雨。18日拂晓，来自承德、平谷、兴隆、遵化、下营等据点的日伪军3000多人包围了爨岭庙。因敌众我寡，力量相差悬殊，加上机关干部无作战经验，除联合县武装部部长刘继抗带领六七十名干部、战士冲出包围圈外，其余100多名干部、战士被困在越来越小的包围圈中，最后大部分同志壮烈牺牲，其中包括杨大章、季安等党的高级领导干部，廖峰被俘后惨遭敌人杀害。战斗结束当天抗日军民找到杨大章、季安等烈士遗体33具，埋葬在爨岭庙西南的山坡上。

1957年，为了纪念革命先烈，蓟县民政局在下营乡刘庄子村建立了爨岭庙烈士陵园。1980年，又选址重修，在陵园内增建烈士遗物陈列室和纪念碑。纪念碑高5米，为砖石结构，水泥抹面，碑面镌刻着“革命烈士永垂不朽”几个大字。陈列室内陈列着杨大章烈士学习和使用过的《党员教材》，季安烈士的笔记本和战士们用过的步枪、粮袋、钢笔等革命文物。陵园占地面积2600平方米，共安葬102位革命烈士。

◆爨岭庙战斗遗址

爨岭庙烈士陵园于2002年12月被天津市委、市人民政府公布为天津市爱国主义教育基地。

静海县烈士陵园

静海县烈士陵园位于天津市静海县城东南部的静丰路5号。

◆静海县烈士陵园

静海县烈士陵园始建于1983年，1999年重建，2000年落成。陵园坐北朝南，占地总面积为16023平方米。整体建筑风格体现出仿古和现代相结合的艺术特色，外部以着金色琉璃瓦的红墙围护，正门为高大的仿古牌楼。正门两侧是两排砌着白色瓷砖的平房，东侧5间是会客室和办公区，西侧3间可供参观者休息，中央部分是方形广场，以青砖铺地，可容纳千人以上参观学习。广场中央是纪念碑，高达13米，碑座高1.5米左右，是烈士陵园最突出、醒目的建筑。纪念碑的正面镌刻着“革命烈士纪念碑”7个镏金大字，背面书写着“为静海解放和建设事业而牺牲的烈士永垂不朽”。每逢清明前后，这里鲜花簇簇，人们来这里敬献花圈，缅怀先烈。陵园内安葬有在册烈士809名，其中本县烈士530名，外地烈士92名，无名烈士187名。

◆静海县烈士纪念馆

纪念碑往北30米是烈士纪念馆。纪念馆分为两层，第一层为陈列室，第二层为骨灰存放室。陈列室中收藏了大量的近现代革命文物，其中包括日本侵略者在静海县制造的各大惨案的历史图片，抗日战争时期日本侵略者杀害共产党员张宝林的铡刀，父子英烈——张子威、张达、张玉华父子三人的书籍、手表、信件等遗物。

静海县烈士陵园于2002年12月被天津市委、市人民政府公布为天津市爱国主义教育基地。

宁河烈士陵园

宁河烈士陵园位于天津市宁河县城芦台镇芦汉公路东侧。

宁河烈士陵园始建于 1969 年，占地总面积 15500 平方米，由于方舟烈士墓、烈士墓墙、烈士墓地、广场、绿地和于方舟纪念馆六部分组成。

◆宁河烈士陵园

陵园庄严肃穆，苍松翠柏，郁郁葱葱。烈士墓墙长 48. 12 米，高 2. 7 米，这两个数字分别意寓 1948 年 12 月宁河全境解放和于方舟烈士 1927 年牺牲的时间。烈士墓墙上镌刻着牺牲的 522 名宁河儿女、133 名全国各地的英雄儿女及 3 名外国友人的名字。墓地有 136 名烈士的英灵在此安息。烈士墓墙的前方是供人们瞻仰和悼念烈士的广场。中国共产党早期党员、天津党团组织的创建者和领导者之一的于方舟烈士墓就坐落在纪念广场上。

2005 年，为进一步弘扬民族精神，加强爱国主义教育，在陵园的西北侧新建了于方舟纪念馆。纪念馆建筑风格为仿古式建筑，高 7. 5 米，建筑面积 790 平方米。纪念馆大门正中上方悬挂着邓颖超题写的“于方舟纪念馆”6 个镏金大字。纪念馆分为序厅、瞻仰厅和遗物厅三部分：序厅中间摆放着于方舟烈士塑像；瞻仰厅陈列着于方舟烈士成长、求学和进行革命斗争的有关资料和照片；遗物厅珍藏着于方舟烈士的遗物和照片等。

◆于方舟纪念馆

于方舟烈士墓于 1991 年 8 月被天津市人民政府公布为天津市重点文物保护单位。宁河烈士陵园于 1994 年 9 月被天津市委、市人民政府公布为天津市爱国主义教育基地。

天津十五烈士纪念碑

天津十五烈士纪念碑位于天津市中山公园南侧。

天津十五烈士纪念碑上镌刻着大革命时期牺牲的15位革命英烈的光辉事迹，记载着第一次国共合作时期令人难忘的一段历史。

◆天津十五烈士纪念碑

1924年1月，中国国民党召开第一次全国代表大会，第一次国共合作正式形成。天津和直隶省代表、共产党员于方舟、江浩、李锡九出席了这次大会。会后，他们回到天津，很快在英租界义庆里40号（现已拆掉）筹建了以共产党员和国民党左派为骨干的国民党直隶省、天津市两个执行委员会机关（简称省、市党部），江浩担任国民党直隶省党部负责人，于方舟任执行委员，共产党员辛璞田、江震寰先后担任国民党天津市党部常委，负责市党部的工作。1925年底，冯玉祥率领的国民军进入天津后，国民党由秘密活动转为公开活动，于是将义庆里40号的省、市党部迁至老铁桥大东旅社（现天津解放纪念广场）。1926年3月，国民军在中外反动势力夹击下撤出天津，奉系军阀卷土重来，查封大东旅社，革命活动被迫转入地下。

为利用租界掩护革命活动，义庆里40号作为国民党天津市党部被重新启用，由共产党员、共青团天津地委组织部部长江震寰以国民党天津市党部常委的身份主持机关工作。然而，由于这一机关使用时间较长，重新启用后已无秘密可言。英租界工部局和军阀当局经常派遣暗探，监视和尾随出入的人员。11月23日，军阀褚玉璞勾结英租界工部局，突然包围了设在义庆里40号的国民党天津市党部，将正在机关办公的共产党员和国民党左派江震寰、邬集中、王纯善、马增玉4人逮捕，搜出《国民党党纲》、《孙中山演说集》和许多宣传品、文件等，连人带物一起送交英工部局，并派暗探在义庆里卧底，以便逮捕前去机关的革命同志。

江震寰等被捕后，在华北晚报工作的共产党员及时发出消息，以使同志们闻讯从速躲避。但由于许多同志没有看报条件，结果又有许凤山、徐延中、孙宝山、王鹤洲、孙

◆十五烈士临刑前合影

一山、倪家志、王建文、陈楚缏、王益三、赵玉良、韩玉亭 11 人先后被捕。在狱中他们与敌人进行了不屈不挠的斗争，表现出革命者的英雄气概。

1927 年 4 月 18 日，军阀当局下令将江震寰等 15 位革命志士以所谓“组织党部，宣传赤化，阴谋暴动”的罪名押赴刑场（今南市食品街）枪杀。

1931 年，天津各界人士为纪念 15 位烈士，在中山公园修建了纪念碑。纪念碑在“文化大革命”期间被遗弃，埋入地下。1984 年，天津市人民政府复立此碑，后公布为天津市文物保护单位。

十五烈士纪念碑于 1994 年 9 月被天津市委、市人民政府公布为天津市爱国主义教育基地。

抗日战争胜利纪念碑

抗日战争胜利纪念碑位于天津市蓟县罗庄子镇金水泉山上。

2005 年是中国人民抗日战争暨世界反法西斯战争胜利 60 周年。为永远铭记中国人民英勇抗战的光辉历史和革命烈士的丰功伟绩，激励世人增强民族自尊心、自信心和自豪感，2005 年，经天津市委、市人民政府批准，建立抗日战争胜利纪念碑、抗日战争无名烈士墓、抗日战争警世门。以纪念碑为重点的三个标志性建筑的寓意是：促进和平、警示战争，缅怀先烈、教育后人，牢记使命、复兴中华。

◆抗日战争胜利纪念碑

抗日战争胜利纪念碑总高 19.45 米，寓意 1945 年取得抗日战争伟大胜利。碑座为四方形，象征 4 万万人民众志成城，浴血抗战。碑座下 8 级台阶，象征八年全国性抗战。碑顶步枪呈 V 字形，托起和平鸽组成的镀金球形花团，寓意维护和平，警示战争。碑前上坡台阶共 60 级，标志抗战胜利60周年。碑基正面、左侧、右侧浮雕分别为“欢庆胜利”、“浴血抗战”和“全民皆兵”，背面为碑记。“抗日战争胜利纪念碑”碑名由时任中共中央政治局委员、天津市委书记张立昌题写。

无名烈士墓整体设计质朴自然，庄严肃穆，宁静安详。墓碑主体后方，安葬着抗日战争中牺牲的9位无名烈士的棺木。正前方安放着一口象征性石棺，石棺四周雕刻着白玉花环，表示对无数抗战英烈和死难同胞的崇敬和缅怀。

◆抗日战争警世门

抗日战争警世门主门造型具有强烈的时代感，从两侧粗犷毛石筑成的三角形石墙中拔地而起，象征和平与发展为主题的新时代是从过去苦难的旧时代诞生的。主门造型简洁有力，舒展开放，突出表现积极向上的发展态势，具有无坚不摧的力感，象征中华民族在中国共产党领导下，顽强奋斗、振兴中华的伟大民族精神和时代精神。主门右侧壁墙，象征中华儿女铸就的钢铁长城坚不可摧。主门右侧警世钟高1.937米，寓意1937年抗日战争全面开始。警钟长鸣，时刻提醒国人居安思危，永不懈怠。

抗日战争胜利纪念碑、抗日战争无名烈士墓、抗日战争警世门于2006年6月被天津市委、市人民政府公布为天津市爱国主义教育基地。

周恩来邓颖超纪念馆

周恩来邓颖超纪念馆位于天津市南开区水上公园北路1号。

◆周恩来邓颖超纪念馆

周恩来、邓颖超青年时代曾在天津学习、生活和从事革命活动。新中国成立后，两位伟人一直关心天津的工作，关注天津的发展，多次亲临天津视察指导工作，把天津作为自己的第二故乡。

周恩来邓颖超纪念馆南邻水上公园，北邻南开大学，东眺天塔，西邻天津社会科学院，占地6 公顷，建筑面积7150 平方米。纪念馆于1998 年2 月28 日周恩来百年华诞之际隆重开馆，江泽民为纪念馆题写了馆名。

纪念馆整体建筑朴素简洁、庄重典雅。馆外配套的纪念广场、巨型花岗岩雕塑“高山仰止”和草坪花卉与主建筑相互衬托，浑然一体。纪念馆主展厅包括瞻仰厅、生平厅、情怀厅、专机厅。馆藏文物、文献、照片及其他资料达万余件，珍品百余件，文物价值弥足珍贵。其中，两位伟人共用的骨灰盒、共同乘坐的吉姆汽车和他们的往来书信，极其宝贵，特别是两位伟人曾乘坐的飞遍大江南北并出访许多国家的专机，更是目前馆内体积最大的革命文物之一。2008 年2 月完成的西花厅工程，整体依照20 世纪60 年代中南海西花厅的布局和风格仿建，占地1 万余平方米，建筑面积3379 平方米，由两个院落组成，前院展示周恩来、邓颖超接见重要国内外宾客的情景，后院为周恩来、邓颖超工作、生活的区域，室内陈列皆按原貌布置。

周恩来邓颖超纪念馆于2001 年6 月被中央宣传部公布为全国爱国主义教育示范基地。

中共中央北方局旧址纪念馆

中共中央北方局旧址纪念馆位于天津市和平区黑龙江路隆泰里19 号。

1936 年春，为贯彻中共中央瓦窑堡会议精神，建立抗日民族统一战线，彻底转变党在白区的工作路线，刘少奇受党中央的委派来津重组中共北方局，领导华北地区的抗日运动。刘少奇抵津后，先是以茶叶巨商的身份住进日租界的北洋饭店。后来，在天津市委书记林枫的协助下选择了法租界石教士路隆泰里19 号作为北方局的办公地点。

◆中共中央北方局旧址纪念馆

隆泰里19 号是一幢二层小楼，是中共中央北方局1936 年3 月至1937 年2 月在津的办公驻地，也是刘少奇任北方局书记期间居住过的地方。这一带的环境及建筑格局比较适宜从事地下活动。这里位于法租界，由于享有“治外法权”，无论是国民党当局，还是日本特务，都不敢贸然进入捕人。这里虽处市中心，但却闹中取静，便于隐蔽和观察外部环境。刘少奇居住的楼房有三个出口：前门、后门和通向屋顶之门，一旦出现紧急情况可迅速撤离。正是依靠这些优越条件的掩护，使刘少奇在这里安全地工作和居住长达一年之久，直至1937 年春离开天津。

重组后的中共北方局，由刘少奇任书记，彭真任组织部部长，陈伯达任宣传部部长。原北方局成员仍负责河北省委的工作。北方局成立后，首先做的工作就是统一思想，坚决肃清党内存在的“左”倾错误，将党中央的正确路线传达到白区。当时华北的形势十分紧张，在津日军侵占了北宁铁路沿线，并肆意动用武力威胁恐吓华北人民。为迅速掀起北方抗日救亡斗争高潮，刘少奇根据中央精神和北方各省的具体情况，批判和纠正了“左”倾路线的错误，从理论上、政策上、工作方式上对北方党给予具体指导。刘少奇用陶尚行、吕文、KV等笔名陆续发表了《肃清立三路线的残余——关门主义、冒险主义》、《关于白区职工运动的提纲》、《把一般的原则与现实生活中的具体问题联结起来》等文章，全面总结白区工作中的经验和教训，系统揭露和批判白区工作中的错误，提出白区工作应采取的正确方针、策略和原则。

刘少奇在津期间，经常和北方局负责同志一起研究如何开展对敌斗争等问题，并对一些重大斗争给予具体指导。他强调，在民族矛盾上升及抗日运动高涨的形势下，应运用正确的策略争取冀察政务委员会委员长宋哲元。他建议把“打倒卖国贼宋哲元”的口号改为“拥护宋委员长抗日”、“拥护二十九路军抗日”的口号。5月28日，根据刘少奇的指示，天津市委发动数千名学生举行反日大示威，示威学生高呼“拥护宋委员长抗日”、“拥护二十九路军抗日”的口号，有力地打击了日本帝国主义的侵略气焰，产生了广泛深刻的社会影响。刘少奇在津工作期间，还把一些受“左”倾错误路线打击、排斥的同志，重新安排到领导岗位上来。同时，积极进行党组织的恢复和发展工作。由于刘少奇的努力，天津的党组织认真改变了工作路线和工作方法，积极从事恢复和整顿党组织的工作。到1936年底，全市党员由原来的几十人发展到400多人，天津的抗日救亡运动也轰轰烈烈地开展起来。

中共中央北方局旧址始建于1910年，为砖木结构二层楼房，占地121平方米，建筑面积202平方米。纪念馆基本陈列分为图片展览、实物陈列和历史复原三个部分。图片展览重点反映了从1924年12月北方局成立到1945年8月北方局撤销期间，党领导北方人民开展艰苦卓绝革命斗争的光辉历程；实物陈列重点展示了刘少奇在津主持北方局工作期间使用过的一些物品；历史复原陈列主要包括恢复二楼刘少奇居室以及一楼“惠兴德成衣局”裁缝铺的原貌，此外，二楼展厅还立有一尊刘少奇半身铜像。

2005年9月，中共中央北方局旧址被辟为纪念馆，正式对外开放。

中共中央北方局旧址于1982年被天津市人民政府公布为天津市文物保护单位。中共中央北方局旧址纪念馆于2006年6月被天津市委、市人民政府公布为天津市爱国主义教育基地。

中共天津历史纪念馆

中共天津历史纪念馆位于天津市和平区山西路98号。

中共天津历史纪念馆是在原中共天津建党纪念馆的基础上迁移扩建而成的，2001

◆中共天津历史纪念馆

年7月1日正式开馆。

纪念馆占地面积933平方米，建筑面积1760平方米，共设5个展室和1个声像厅。馆藏的450多幅珍贵的历史照片、图表和大量的历史文物，以及真实的影像资料，分3个部分陈列：第一部分为“革命风云——天津党组织的创建和活动”；第二部分为“艰苦创业——社会主义事业在探索中前进”；第三部分为“改革开放——开创社会主义现代化建设的新局面”。陈列品内容丰富，层次分明，客观生动地展示了五四运动以来，中国共产党领导天津人民进行革命、建设和改革的奋斗历程及取得的辉煌业绩。同时，也浓墨重彩地展示了李大钊、周恩来、刘少奇、张太雷、彭真、姚依林、于方舟、江浩等老一辈无产阶级革命家在天津从事革命活动的有关情况和建立的丰功伟绩。

中共天津历史纪念馆于2001年6月被天津市委、市人民政府公布为天津市爱国主义教育基地。

觉悟社纪念馆

觉悟社纪念馆位于天津市河北区宙纬路三戒里49号的觉悟社旧址。

1919年9月16日，天津学生联合会骨干周恩来、谌志笃、马骏、关锡斌、李震瀛、谌小岑、赵光宸、潘世纶、薛撼岳、胡维宪和女界爱国同志会骨干邓颖超、郭隆真、刘清扬、张若名、李锡锦、周之廉、郑季清、李毅韬、吴瑞燕、张嗣婧等男女代表各10人，举行第一次会议，经过热烈讨论，成立了五四时期天津爱国运动、革命斗争强有力的战斗核心觉悟社。同时确定了该社的宗旨、任务、入社条件和组织形式等，并决定用白话文出版社刊《觉悟》。

◆觉悟社旧址

觉悟社规定发展社员需有3人介绍，经全体社员通过。社内采取委员制，大家分担社务，重大问题由全体社员讨论。社员对外以抓阄所定的号码为代号，又以号码的谐音为代名，如周恩来代号为“5”，代名为“伍豪”，邓颖超代号为“1”，代名为“逸豪”。1919年9月21日，李大钊应邀来到觉悟社。周恩来向李大钊介绍了觉悟社“革心·革新”、“自觉·自决”的办社宗旨后，李大钊备加赞赏，特别是对男女青年联合组成团体、出版刊物和共同讨论社会问题的做法，给予了充分肯定，称之为“中国历史上的一个创举”。10月25日，北京《晨报》报道了天津觉悟社的有关情况，称赞觉悟社是天津学界最优秀、纯洁、奋斗、觉悟的青年结合的小团体，是天津的小明星。

为了开阔视野，增长知识，觉悟社成立后不久，就建立起临时图书室，社员们把自己的图书、杂志贡献出来，集中阅览，很快这里就成为社员们学习马克思主义、研究社会新思潮的课堂。在周恩来的主持下，大家认真阅读了《共产党宣言》以及《新青年》、《每周评论》等刊物刊登的介绍马克思主义的文章，使社员们的思想认识水平有了很大程度的提高。

10月1日，周恩来等觉悟社社员应邀赶赴北京，参加全国学联组织的第二次请愿斗争，要求惩办杀害爱国领袖、镇压爱国学生的山东军阀马良。进京后获知，参加第一次请愿斗争的觉悟社社员郭隆真、关锡斌、黄爱和全国各地的请愿代表均已被捕。为了尽快营救被捕代表，周恩来匆匆返津，发动天津各界群众10余万人，举行“双十节”环城示威大游行，强烈要求北洋政府释放被逮捕的各地请愿代表。天津的这一斗争得到全国学联等团体的有力声援，与各地爱国斗争相互呼应，形成强大声势。11月7日，北洋政府被迫释放逮捕的各地请愿代表。

1920年1月25日，天津反动当局以“扰乱社会治安”为借口，查封天津各界联合会和学生联合会，逮捕马骏等20余人。29日，周恩来等领导天津各学校学生3000余人赴省公署请愿，营救被捕的爱国人士。省公署出动大批军警镇压，周恩来、郭隆真、于方舟、张若名等学生代表被捕入狱。在狱中，周恩来和马骏领导大家开展绝食斗争，组织难友学习哲学、外语、数学、历史，周恩来还连续五个晚上向难友们宣讲马

◆觉悟社旧址内景

克思主义学说，并把狱中斗争情况撰写成《警厅拘留记》和《检厅日录》两部书稿。

7 月 17 日，在全国各地强烈抗议和积极营救下，周恩来等被捕代表全部获释。8 月，觉悟社举行年会，总结过去斗争的经验教训。会后，在李大钊的倡议下，于 8 月 16 日在北京陶然亭召开了有少年中国学会、人道社、曙光社、青年工读互助团的代表参加的茶话会。会上，周恩来提出改造、联合、开展工农运动的主张。同年 11 月，周恩来、刘清扬、郭隆真、张若名、赵光宸等人赴法勤工俭学，国内社员也分散到各地，觉悟社的集体活动就此停止。

1984 年 9 月 16 日，经中央宣传部批准，在旧址基础上建成天津觉悟社纪念馆。旧址为居式三合院，占地面积 192 平方米，建筑面积 100 平方米。

1986 年 9 月，邓颖超来馆视察，题写了“天津觉悟社纪念馆”馆名。

纪念馆内分复原陈列和辅助陈列两部分，再现了原三戒里 49 号的历史原貌，展出了当年社员抓阄使用的工具和学习生活用具及文献等珍贵文物。四间辅助陈列室中，展示了大量历史文献、文物和历史照片、绘画、雕塑以及模型等，如实地反映出当年觉悟社的战斗历程。

觉悟社旧址于 1982 年被天津市人民政府公布为天津市重点文物保护单位。觉悟社纪念馆于 1994 年 9 月被天津市委、市人民政府公布为天津市爱国主义教育基地。

天津战役陆军第三十八军解放天津烈士纪念馆

天津战役陆军第三十八军解放天津烈士纪念馆位于天津市南开区烈士路（现西营门外大街）中部北侧。

◆天津战役烈士纪念碑(1967 年重建)

天津战役陆军第三十八军解放天津烈士纪念馆原为烈士陵园，当时陵园内的纪念碑是梯形，碑顶塑有一冬装解放军战士像，左手持枪，右手执弹，昂首遥望远方，碑的西侧面刻有歌颂烈士事迹的碑文，东侧面刻有 428 名烈士名单。烈士遗骨安葬在纪念碑左右，筑有长方形陵墓，墓前之碑刻有烈士姓名和职务。20 世纪 50 年代初将烈士遗骨迁出。

1967 年，烈士陵园重建后，占地约 11.3 亩。陵园广场中心建筑为纪念碑，碑高 11.17 米，碑顶端有直径 1.4 米的红色五角星，碑身正面大字为“天津战役烈士纪念碑”，上款写“中国人民解放军陆军第三十八军”，下款写“一九四九年二月”。碑身背面为“革命烈士血洒海河两岸，精神不死永留人民心间”。

烈士纪念碑后方有一座两层青砖小楼，是 1983 年动工兴建，1984 年 7 月28 日开馆的“天津战役陆军第三十八军烈士纪念馆”。馆内展览展示了天津战役的全过程和部分英烈事迹。天津战役是解放战争时期著名的平津战役的重要组成部分，是促使北平守敌接受和平改编，解放全华北的关键一役。根据党中央、毛泽东的命令，东北野战军集中 5 个军、22 个师的兵力，在华北和天津人民以及地下党的大力支援下，于 1949 年 1 月 14 日上午 10 时，对拒降顽抗的天津守敌发起总攻，经过 29 个小时的激战，解放了天津。全歼守敌 13 万人，为解放军进行大规模的攻坚战，树立了又一光辉范例。

天津战役陆军第三十八军解放天津烈士纪念馆于 1994 年 9 月被天津市委、市人民政府公布为天津市爱国主义教育基地。

平津战役纪念馆

平津战役纪念馆位于天津市红桥区平津道 8 号。

平津战役是在中共中央军委的领导指挥下，由中国人民解放军东北野战军、华北军区部队百余万人，于 1948 年 11 月29 日至 1949 年 1 月31 日，在东起唐山、西至张家口长达 500 公里的战线上，对华北国民党军队进行的规模巨大的战略性决战。这次战役共歼灭国民党军 52 万余人，基本上解放了华北全境。平津战役连同辽沈、淮海等战役的胜利，确立了解放战争在全国胜利的局面。平津战役中产生的“天津方式”、“北平方式”和随后产生的“绥远方式”，对以后解决国民党残余军队，加速解放战争进程，具有重要的战略意义。

◆平津战役纪念馆

为了纪念平津战役的伟大胜利，缅怀在这一战役中牺牲的革命烈士，1994 年 8 月，中共中央决定在天津修建平津战役纪念馆。纪念馆于 1995 年 11 月奠基动工，1997 年 7 月中国人民解放军建军 70 周年前夕建成开馆。聂荣臻元帅为纪念馆题写了馆名。

平津战役纪念馆占地 4.7 万平方米，建筑面积 1.4 万平方米，由胜利广场、主展馆、多维演示馆和军威园四部分组成。主展馆共展出历史照片 400 余幅，历史文物 2000 多件；多维演示馆是目前亚洲第一大球体建筑，高 43 米，直径 50 米，主要运用声、光、电等高科技与多元化视听艺术手段，演示了平津战役的多维空间和历史画面；军威园在平津战役纪念馆西侧胜利花园内，占地 7000 平方米，其造型恰似一艘航空母舰，共展出大型兵器 16 件。

平津战役纪念馆于 1997 年 5 月被天津市委、市人民政府公布为天津市爱国主义教育基地，2001 年 6 月被中央宣传部公布为全国爱国主义教育示范基地。

天津一二九抗日救亡运动纪念馆

天津一二九抗日救亡运动纪念馆位于天津市西青区李七庄街王兰庄村。

天津一二九抗日救亡运动纪念馆的前身是天津学生抗日救亡义务教学点陈列馆，在此基础上进一步充实完善而成，2003 年 12 月 9 日纪念馆正式揭牌。

◆天津一二九抗日救亡运动纪念馆

纪念馆分纪念广场和展馆两部分，总占地面积 2000 平方米，展馆建筑面积 400 平方米。展馆是一座砖混结构的厅堂建筑，宽敞的场院，花草树木郁郁葱葱，每逢春夏之际，整座展馆被掩映在鲜花翠柏之中，环境清幽雅致，衬托出展馆的庄严肃静。展馆内容陈列分为："'一二九'和'一二一八'大示威"、"'五二八'运动"、"到农村去开展义务教育进行抗日救亡宣传"、"进步学生在斗争中成长"、"王兰庄党支部在抗日救亡浪潮中诞生"、"发扬革命传统振兴中华" 6 个单元。馆内陈列品由

◆天津学生抗日救亡义务教学点旧址纪念碑

照片、报刊资料、老同志回忆文章和音像资料等组成，真实生动地再现了当年进步学生在农村开展义务教育，进行抗日救亡宣传，发展革命力量的历史，以此教育后人特别是广大青少年勿忘过去的历史，珍惜今天的幸福生活，创造明天更加美好的未来。

1985 年 12 月 9 日，天津市委、市人民政政府在王兰庄义教点旧址竖立了天津学生抗日救亡义务教学点旧址纪念碑。1987 年又在该村修建了天津学生抗日救亡义务教学点陈列馆。2003 年 11 月，经市文物局批准，正式将义务教学点陈列馆更名为天津一二九抗日救亡运动纪念馆。

天津一二九抗日救亡运动纪念馆于 1986 年被天津市委、市人民政府公布为天津市文物保护单位和天津市青少年爱国主义教育基地。

李大钊烈士纪念室

李大钊烈士纪念室位于天津市南开区水上公园路 45 号天津政法管理干部学院院内。

为缅怀李大钊烈士的光辉业绩，继承和发扬革命传统，天津市委、市政府于 1989 年 2 月 23 日批准，将天津市政法管理干部学院作为李大钊烈士母校的延续，并决定在学院内敬建李大钊烈士纪念室。1990 年 10 月，李大钊烈士纪念室落成。

◆李大钊

李大钊烈士纪念室占地面积近 300 平方米，由两个展室和一个录像厅组成。纪念室前的广场上矗立着李大钊烈士汉白玉雕像，纪念室门前是李大钊烈士铜像，铜像后是邓小平的题词：“共产主义运动的伟大先驱，伟大的马克思主义者，李大钊烈士永垂不朽”。纪念室室名由彭真题写。

纪念室内设的两个展室，以照片资料为主，分 8 个部分介绍了烈士的生平事迹。第一部分为“青少年求学时期”，介绍了李大钊赴日本留学期间的学习生活。第

◆李大钊烈士纪念室

二部分为“中国最早的马克思主义者”，介绍了李大钊留学归来后积极投身革命活动的有关情况。第三部分为“五四运动中的杰出指导作用”，介绍了五四运动期间李大钊在天津指导周恩来、于方舟等成立觉悟社、新生社的有关情况。第四部分为“中国共产党的主要创始人”，介绍了李大钊指导成立北京共产党早期组织并派遣张太雷在天津成立党团组织及党的一大、二大召开的有关情况。第五部分为“领导北方工人运动”，介绍了在第一次全国工人运动高潮期间李大钊领导北方工人运动的有关情况。第六部分为“促进革命统一战线”，介绍了李大钊为实现第一次国共合作所作出的重大贡献。第七部分为“坚持革命从容就义”，介绍了李大钊在白色恐怖下，不顾个人安危，坚持斗争，直至英勇牺牲的经过。第八部分为“永远活在人们的心中”，从各个方面反映了广大人民群众对李大钊烈士的深切缅怀之情。

李大钊烈士纪念室于1994年9月被天津市委、市人民政府公布为天津市爱国主义教育基地。

张太雷烈士纪念室

张太雷烈士纪念室位于张太雷的母校天津大学（天津市南开区卫津路92号）大学生活动中心内。

张太雷（1898—1927），江苏常州人。1915年冬进入天津北洋大学（天津大学的前身）预备班读书后，即开始从事革命工作。他是中国共产党早期的领导人之一，中国社会主义青年团的创始人之一和青年运动的卓越领导人，曾在

◆天津大学校园一角

共产国际和青年共产国际担任联络和领导工作。他积极推动第一次国共合作。他曾出席中共二大、三大、四大和五大，并当选为中共第四届中央委员会候补委员，第五届中央政治局候补委员、临时中央政治局常委，历任团中央书记、中共湖北区委书记、中共广东省委书记和南方局书记。1927 年 12 月，他担任广州起义总指挥，在指挥战斗中光荣牺牲，时年 29 岁。

◆张太雷烈士半身铜像

为纪念张太雷烈士，天津大学于 1985 年校庆 90 周年之际，在校内新落成的北洋广场建立张太雷烈士半身铜像。铜像底座四周镌刻着徐向前、聂荣臻和胡耀邦的题词。同年 8 月 1 日，在天津大学北洋广场举行了张太雷铜像揭幕仪式。1994 年，在校园文明建设活动中将张太雷烈士铜像前的南北主干道命名为“太雷路”。1995 年，在天津大学校庆 100 周年时，在张太雷铜像对面修建了“北洋园”，园中仿造当年北洋大学主楼的门楼，以示“太雷望母校，母校念太雷”。

张太雷烈士纪念室始设于 1997 年，为纪念张太雷诞辰 100 周年而建。展室面积 35 平方米，展线 30 米，照片 100 多幅，全面介绍了张太雷烈士的生平和革命业绩 。展览共分 8 个部分：“童年时代”、“就读北洋大学”、“中国共产党的创始人之一”、“我党早期的国际政治活动家”、“国共合作的积极推动者”、“参与领导国民革命”、“广州起义的总指挥”、“永久的纪念”。

张太雷烈士纪念室于 1998 年被天津市委、市人民政府公布为天津市爱国主义教育基地。

天津铁路一中校史陈列馆

天津铁路一中（现已恢复为天津扶轮中学）校史陈列馆位于天津市河北区律纬路 93 号。

天津铁路一中校史陈列馆最初建于 1988 年，1998 年翻新、扩建成具有一定规模的校史陈列馆。

天津铁路一中的前身是天津扶轮中学。天津扶轮中学创办于 1918 年，是我国第一所铁路职工子弟中学。这是一所历史悠久、富有光荣革命传统和优良校风的学校。扶轮中学最初名为天津扶轮公学，1922 年定名天津扶轮中学，1964 年更名为天津铁路一中，2005 年恢复使用扶轮中学校名。

◆天津扶轮中学

当时的扶轮中学主要招收铁路职工子弟，产业工人的后代比较集中，在工人阶级传统的熏陶和影响下，学生们具有比较坚定的革命斗争精神。20世纪二三十年代，在中国共产党领导的反帝爱国运动中，他们始终站在时代前列，表现出英勇无畏的斗争气概。1925年，扶轮中学学生积极声援上海五卅运动，是天津中等以上学校最先罢课的十所学校之一。1935年一二九运动中，扶轮中学学生积极参加天津地下党组织的一二一八和五二八全市大游行，强烈呼吁国民党当局停止内战，一致抗日。

1936年6月，扶轮中学成立第一个党支部。当时有中共党员15人，连同党的外围组织中华民族解放先锋队队员60多人，约占全校学生总数的15%。对此，日本侵略者在华北出版的《防共月刊》撰文称："北平的清华，天津的扶轮是共产党的大本营。"卢沟桥事变爆发后，扶轮中学的共产党员、"民先"队员和进步青年陆续离开天津，分别奔赴抗日圣地延安和冀东等地，投入抗日战争的洪流中。在长期的革命斗争中，有不少扶轮中学的青年学生为了中华民族的解放事业献出了宝贵的生命。

天津铁路一中校史陈列馆于1997年5月被天津市委、市人民政府公布为天津市爱国主义教育基地。

平津战役天津前线指挥部旧址陈列馆

平津战役天津前线指挥部旧址陈列馆位于天津市西青区杨柳青镇药王庙东大街2号。

1948年12月至1949年1月解放天津时，中国人民解放军平津战役天津前线指挥部曾设在这里。陈列馆于1983年建成并对外开放，建筑面积134.76平方米，其中展厅面积122.76平方米。

走进陈列馆，首先映入眼帘的是由海军原司令员肖劲光大将亲笔题写的黑底金字匾额——平津战役天津前线指挥部旧址陈列馆。陈列馆的基本陈列分为三部分：一是前线指挥部复原陈列，复原了当年天津前线司令部指挥作战的现场，刘亚楼和他的秘书在作战室里指挥作战的大型照片、平津战役地形图以及一些生活用具，都依照当时的情景陈列在这里。二是辅助陈列，通过大量实物、照片和文物资料，再现了东北野战军在党中央和中央军委领导下，在广大人民群众的大力支持下，与国民党军激战津门的动人场景。三是天津战役英烈事迹陈列，展示了在解放天津的战斗中，为了天津人民的解放，英勇牺牲的部分英雄的事迹和照片。此外，陈列馆还保存了平津前线司令部林彪、罗荣桓敦促国民党天津警备司令长官陈长捷放下武器的亲笔信，以及陈长捷制定的战时手令等，弥足珍贵具有重要的史料价值。

◆平津战役天津前线指挥部旧址陈列馆

◆平津战役天津前线指挥部旧址内的复原陈列

平津战役天津前线指挥部旧址于1962年被河北省人民政府公布为省级文物保护单位，1982年被天津市人民政府公布为市级文物保护单位。平津战役天津前线指挥部旧址陈列馆于1994年9月被天津市委、市人民政府公布为市级爱国主义教育基地。

河北省重要革命遗址

西柏坡中共中央旧址

西柏坡中共中央旧址位于河北省石家庄市平山县西柏坡镇西柏坡村。

◆西柏坡五大书记铜像

西柏坡是解放战争后期中共中央和中国人民解放军总部所在地，是解放全中国的最后一个农村指挥所。1947 年 3 月，蒋介石派胡宗南率部大举进攻延安，3 月 18 日中共中央撤离延安。3 月29 日，中共中央书记处在清涧县枣林沟召开会议，决定由刘少奇、朱德、董必武组成中央工作委员会（简称中央工委），刘少奇为书记，前往华北，开展中央委托的工作。5 月，刘少奇、朱德率中央二委到达建屏县（后并入平山县），随后在西柏坡办公。在中央工委的具体指导下，晋察冀野战军取得了正太、青沧、保北、清风店、石家庄等一系列战役的胜利，召开了全国土地会议和华北财经会议，为统一华北解放区奠定了基础，也为中共中央移驻晋察冀解放区创造了有利条件。

1948 年 3 月，当陕北战局已定、延安收复在即之时，中共中央决定中央领导机关东移华北，与中央工委会合。4 月，毛泽东、周恩来、任弼时等到达晋察冀军区所在地——河北省阜平县城南庄。之后，周恩来、任弼时率中央机关部分人员抵达西柏坡，毛泽东继续留在城南庄。5 月 27 日，毛泽东到达西柏坡。西柏坡成为举世瞩目的革命圣地，成为当时中国革命的领导中心。1948 年 9 月，中共中央在此召开了政治局扩大会议；毛泽东、周恩来、朱德等在这里运筹和指挥了扭转乾坤的辽沈、淮海、平津三大战役；1949 年 3 月，中国共产党在此召开了具有重要意义的七届二中全会，描绘了新中国的宏伟蓝图。1949 年 3 月 23 日，党中央离开西柏坡进驻北平。

西柏坡中共中央旧址大院原来位于西柏坡村东头，有房屋40多处。1958年修建岗南水库后，中共中央旧址大院于1970年12月在原址北面山坡上复原。大门向南，分前后两院，面积1.6万平方米，建筑为砖木结构平顶房。前院自东而西依次为周恩来旧居、任弼时旧居、毛泽东旧居、军委作战室旧址、刘少奇旧居、董必武旧居、中共中央九月会议旧址。后院东北部三间窑洞式建筑为朱德办公室和居室旧址。大院西部前后院之间有中共七届二中全会旧址。在复原过程中，遵循了高度一致、修旧如旧、精益求精的原则，基本保持了原貌，屋内陈设按原状进行了布置，展品主要是当年领袖们的办公和生活用品。

◆中国共产党七届二中全会会址

1977年，新建西柏坡纪念馆，建筑面积为3344平方米。1978年5月26日，在纪念中共中央和中国人民解放军总部移驻西柏坡30周年之际，纪念馆举行了开馆典礼，后经过三次较大规模的修改完善。1984年8月31日，邓小平为纪念馆题写馆名。2004年6月20日，重新布展后的西柏坡陈列馆举行了启新仪式。新陈列充分运用最新陈展理念，采用现代化高新技术等陈列手段。该馆馆藏文物500多件，国家级以上文物200多件。为了进一步发挥爱国主义教育的功能，西柏坡中共中央旧址还修建了石刻园，园内有320余幅老一辈革命家题词和名人书法墨宝的大理石刻。园名系薄一波和舒同的墨宝，中心碑镌刻着毛泽东、邓小平、江泽民的题词。西柏坡影像资料馆集影像演播、电脑演示、资料储存、舞台演出、观众参与等功能为一体，成为西柏坡一个寓教于乐、寓情于景的重要教育场所。另外还有五大书记铜铸像、周恩来评语碑、领袖风范雕塑园文物保护碑、功德碑以及西柏坡国家安全教育馆、西柏坡廉政教育馆等。

西柏坡中共中央旧址于1982年2月被国务院公布为全国重点文物保护单位；1995年5月被河北省委、省人民政府公布为河北省爱国主义教育基地，1997年6月被中央宣传部公布为全国爱国主义教育示范基地。

韩文公祠——李大钊革命活动旧址

韩文公祠——李大钊革命活动旧址位于河北省秦皇岛市昌黎县两山乡五峰山村。

昌黎县五峰山韩文公祠为1641年山石道范志完所建，旧为圆通寺。中国共产主义运动先驱李大钊先后八次登临于此。他在这里撰写的《我的马克思主义观》，详细介绍了马克思主义的三个组成部分，是我国最早介绍和宣传马克思主义的重要著作，标志着马克思主义在中国的传播发展到一个新的阶段。1924年，为避开北洋军阀的追捕，李大钊化装成商人到五峰山避难，并由此起程赴莫斯科出席共产国际第五次代表大会。

◆韩文公祠

现在的韩文公祠是1987年由昌黎县政协发起，采取“公办民助”的办法修建的，建有3间正殿、3间客厅、2间耳房，并筑有山门，贴山院墙。正殿正中重塑了韩愈彩色泥像，设立了李大钊革命活动纪念室。在五峰山界石岭上安放了一座高达4米的李大钊全身汉白玉塑像。

◆李大钊全身汉白玉塑像

韩文公祠——李大钊革命活动旧址于2001年2月被河北省人民政府公布为河北省重点文物保护单位；1999年10月被河北省委、省人民政府公布为河北省爱国主义教育基地。

白求恩手术室旧址

白求恩手术室旧址位于河北省沧州市河间市屯庄村内。

1939年春，诺尔曼·白求恩率东征医疗队，冲破敌人的封锁线，到达冀中抗日前线。当时，日本侵略军在华北进行“扫荡”，贺龙率八路军120师在冀中军区的配合下，连续粉碎了日军的五次围攻，于1939年4月转移到河间齐会一带，围歼入侵之敌。白求恩的战地手术室就设在离主战场仅有3公里的屯庄真武小庙里。在三天三夜的激战中，白求恩在这间简陋的战地手术室里，为115名伤员做了手术，创造了火线治愈率达85%的奇迹。

1976年，河间县委、县政府将屯庄真武庙建成白求恩战地手术室纪念馆。为更好

◆白求恩手术室旧址

地发挥爱国主义教育基地功能，1998年对白求恩手术室旧址进行保护和维修，工程于2000年8月竣工，名称也由白求恩手术室旧址易名为河间市白求恩手术室旧址陈列馆。

陈列馆坐北朝南，院西为一水塘（白求恩治疗伤员时，乡亲们曾在此洗绷带）。门前为一宽敞的停车场，院内有手术室、医疗室、消毒室及展厅、职工宿舍等建筑。北面为手术室，即真武庙，砖木结构，硬山顶，前出厦，透花正脊，银锭垂脊，顶覆灰色筒瓦，檐下垂兽面瓦当。手术室西侧为医疗室，是土坯木檩结构的平顶房，院内西厢房为消毒室，建筑风格与医疗室相同，均系近代建筑。院内东侧为新建的展览大厅，展厅外壁贴蓝色壁砖，与青砖灰瓦的手术室及院中的白求恩汉白玉半身雕像交相辉映。

陈列馆总占地面积6000平方米，建筑面积650平方米，展室面积300平方米。展线布置为环室一周，总长70米，共有展牌80块，文物35件。展览以历史图片为主，结合革命文物，综合运用沙盘、绘画及声、光、电等高科技手段，展示了白求恩大夫到中国以来尤其是在冀中区的生活、工作历程，弘扬了白求恩大夫忘我工作、无私奉献的精神。

◆白求恩手术室手术医疗室旧址

白求恩手术室旧址于1982年7月被河北省人民政府公布为河北省文物保护单位；1995年5月被河北省委、省人民政府公布为河北省爱国主义教育基地。

沕沕水发电厂旧址

沕沕水发电厂旧址位于河北省石家庄市平山县北冶乡沕沕水村。

1947年2月，解放军占领井陉煤矿时，缴获了一台德国造194KVA的发电机组，驻扎在平山境内的晋察冀边区政府决定利用该机组和沕沕水天然瀑布修建边区第一座发电厂。该电厂于1947年6月动工，历时7个月，次年1月25日建成发电，朱德总司令专程参加竣工典礼、剪彩、讲话，并亲手启动水轮机发电，晋察冀边区政府遵照中央工委的指示，隆重举行了颁奖仪式，给负责电厂建设的第一发电工程处集体记大功一次，颁发了“边区创举”纪念匾，向电厂建设人员每人赠发了一枚银质五星纪念章。朱德总司令曾多次来电厂视察，并写下“红色发电厂”题词，任弼时、董必武、聂荣臻等领导也曾来电厂参观慰问。发电厂的电力，用于中国人民解放军第33兵工厂的军火生产和西柏坡中共中央驻地的照明。毛泽东主席在1950年9月11日给以该电厂为代表的石家庄电业职工写信，鼓励大家“团结一致，努力工作，为完成国家的任务和改善自己的生活而奋斗”。沕沕水电厂于1955年改为民用，1975年更换机组，更换下来的旧机组、零部件以及旧机房、仓库、浴室、宿舍和炮楼等均被电厂妥善保护。沕沕水电厂不仅是晋察冀解放区的第一座水力发电厂，也是华北地区现存最早的水力发电厂。

◆沕沕水发电厂旧址

◆沕沕水发电厂使用过的发电机

沕沕水发电厂旧址于2008年10月被河北省人民政府公布为河北省文物保护单位；2009年9月被河北省委、省人民政府公布为河北省爱国主义教育基地。

陈庄歼灭战旧址

陈庄歼灭战旧址位于河北省石家庄市灵寿县岔头镇刘家沟村。

1939年秋，日军为摧毁晋察冀军区后方机关与设施，侵入根据地腹地，进行疯狂“扫荡”。9月，日伪军1500余人向北岳区南部重镇陈庄地区进犯。八路军120师

◆陈庄歼灭战陈列馆

奉中央军委命令，由冀中向平汉路路西转移，参加巩固北岳区的斗争。1939 年 9 月 25 日至 30 日，在贺龙的指挥下，八路军 120 师发动了陈庄歼灭战。此次战斗历时六天五夜，共歼敌 1000 多人，缴获山炮 3 门，轻重机枪 23 挺，步枪 500 多支，战马 50 多匹。当时的指挥部设在岔头镇刘家沟村郝老门的家中。该战斗被誉为抗日战争相持阶段敌后抗战的一次“模范歼灭战”。国民政府致电贺龙：“对敌陈庄血战，尽歼敌人，予敌重大打击，树立华北抗战之楷模，振军威于冀晋，特传令嘉奖。”陈庄歼灭战极大地打击了日军的嚣张气焰，提高了边区军民粉碎敌人“扫荡”的胜利信心。

◆陈庄歼灭战纪念碑

陈庄歼灭战旧址由陈庄抗战纪念馆、陈庄歼灭战纪念碑、陈庄歼灭战烈士墓碑、陈庄歼灭战烈士墓群、贺龙指挥部、孙毅（原抗大二分校校长）骨灰撒放处碑等组成，占地面积 3.7 万平方米。

陈庄歼灭战旧址于 2001 年 2 月被河北省人民政府公布为文物保护单位；2009 年 5 月被河北省委、省人民政府公布为河北省爱国主义教育基地。

八路军一二九师司令部旧址

八路军一二九师司令部旧址位于河北省邯郸市涉县河南店镇赤岸村西部。

八路军一二九师司令部旧址由上院和下院组成，上院又由前、中、后三个相毗连的

◆八路军一二九师司令部旧址

普通农家院和一个防空洞组成。前院即刘伯承、邓小平旧居；中院由北房（黄镇遗物陈列室）、西厢房、东厢房（李雪峰居室兼办公室）和南房（刘伯承遗物陈列室）四座建筑物组成；后院位于上院的西面，与上院相通，现存正房（刘伯承居室兼办公室）、东厢房（邓小平居室兼办公室）、西厢房（赖若愚居室兼办公室）、作战室（太行木刻作品展室）和防空洞。下院原为村里的社房院，即老百姓祭祀诸神的庙宇，坐北面南，占地面积600余平方米，由正房（会议室）、西耳房（李达居室兼办公室）、西厢房（刘伯承居室）、戏台（办公室）和东厢房（警卫室）五座建筑物组成。

抗战初期，八路军129师官兵共9160余人由陕西富平县庄里镇地区先后出发，经陕西韩城县芝川镇东渡黄河，进入抗日前线，开展游击战争，建立以太行山为依托的敌后抗日根据地。1940年6月，129师司令部从山西省辽县（现左权县）桐峪村迁驻涉县常乐村，12月迁驻赤岸村。1945年12月迁往武安的下柏树村。其间，1945年8月，以129师为基础，组建了晋冀鲁豫军区。抗日战争时期，129师部队和根据地人民与日伪军进行了不屈不挠的斗争，歼灭日伪军42万余人，收复国土18万多平方公里，县城105座，解放人口2400万人，使晋冀鲁豫边区成为华北最大的抗日根据地。129师也由出师时的不到1万人，发展壮大到有30万正规军的强大队伍。129师官兵在战争的间隙和根据地人民一起开荒种地，修渠抗旱，开展大生产运动，共渡难关，为全国抗战的最终胜利作出了重大贡献。

◆八路军一二九师陈列馆及广场

八路军129师司令部旧址完好地保留了刘伯承、邓小平等首长生活的旧居及办公室原状，每年吸引无数参观瞻仰者。近年来，河北省对129师司令部旧址等地进行了修复、改建和扩建，修建了旧址广场、伟人铜像、129 师陈列馆及广场，重塑了将军岭上邓小平塑像，完善了旧址后续设施。

八路军一二九师司令部旧址于 1996 年 11 月被国务院公布为全国重点文物保护单位；1995 年 5 月被河北省委、省人民政府公布为河北省爱国主义教育基地，1997 年 6 月被中央宣传部公布为全国爱国主义教育示范基地。

中共晋冀鲁豫中央局旧址

中共晋冀鲁豫中央局旧址位于河北省邯郸市武安市冶陶镇冶陶村。

◆ 中共晋冀鲁豫中央局旧址大院

中共晋冀鲁豫中央局成立于 1945 年 8 月 20 日，统一领导太行、太岳、冀南、冀鲁豫四个区党委和军区。中央局常委有：刘伯承、邓小平、薄一波、滕代远、王宏坤、张际春、王从吾、杨秀峰。书记邓小平，副书记薄一波。从 1945 年 11 月至 1948 年 5 月，晋冀鲁豫边区首脑机关曾两进武安。第一次是 1945 年 11 月至 1946 年 3 月从涉县进驻武安午汲、伯延一带，第二次是 1946 年 10 月至 1948 年 5 月从邯郸进驻武安冶陶、三王村一带。在这段时间里，冶陶成为晋冀鲁豫边区的军事、政治、经济、文化中心。翻身解放的边区军民，在中国共产党的领导下，进行土地改革，积极参军参战，踊跃支援前线，为解放全中国作出了重大贡献。1947 年 10 月至 12 月，中共晋冀鲁豫中央局在冶陶召开全区土地会议，领导边区的土地改革运动。1947 年 3 月 25 日至 5 月 11 日，华北财经会议在这里召开，就统一华北货币政策、保障战争供给等作出决定，并成立了以董必武为主任的华北财经办事处。1947 年 5 月 15 日，邓小平在此主持召开中共晋冀鲁豫中央局会议，研究部署了外线反攻各项准备工作。此外，还在这里出版了《毛泽东选集》，创办了晋冀鲁豫中央局机关报《人民日报》。1948 年 5 月，晋冀鲁豫解放区和晋察冀解放区合并为华北解放区，晋冀鲁豫中央局与晋察冀中央局合并，成立了中共中央华北局。

中共晋冀鲁豫中央局旧址纪念地包括晋冀鲁豫边区革命纪念馆、红色广场、中央局旧址、边区政府旧址、军区司令部旧址、华北财经会议和财经办事处旧址、窑洞和军民饮水池、老一辈革命家旧居等。

中共晋冀鲁豫中央局旧址于2006年5月被国务院公布为全国重点文物保护单位；2009年9月被河北省委、省人民政府公布为河北省爱国主义教育基地。

晋察冀军区司令部旧址（城南庄）

晋察冀军区司令部旧址（城南庄）位于河北省保定市阜平县城南庄。

◆晋察冀军区司令部旧址(城南庄)

抗战全面爆发后，八路军115师一部在聂荣臻的率领下，在晋、察、冀三省交界处开展游击战争。1937年11月，在山西省五台县成立晋察冀军区，11月18日晋察冀军区从五台县迁到河北省阜平县。1938年1月10日，在阜平召开晋察冀边区军政民代表大会，选举产生了晋察冀边区临时行政委员会。晋察冀抗日根据地是中国共产党及其领导的八路军在华北创建的第一块敌后抗日根据地，被誉为“模范抗日根据地”。随着游击战争的进行，晋察冀边区扩大到包括北岳、冀中、冀热辽等区，面积40万平方公里，108个县，2500万人口。在八年抗战中，根据地军民与日伪军作战3.2万次，毙伤日伪军35万余人。1946年10月，晋察冀军区司令部从张家口迁驻城南庄。1947年5月，中共中央工委到达晋察冀地区。在中央工委指导下，晋察冀边区召开了土改、财经、军政等一系列会议，取得了正太、青沧、保北“三战三捷”和清风店、石家庄战役的胜利，使晋察冀和晋冀鲁豫两大解放区连成一片。1948年4月，毛泽东、周恩来、任弼时率中共中央机关由陕北向西柏坡转移，途经阜平县城南庄。在阜平，毛泽东写下了《新解放区的农村策略问题》、《一九四八年的土地改革和整党工作》两篇著作，主持召开了中央书记处扩大会议，起草了《纪念一九四八年五一劳动节口号》。5月26日，毛泽东等离开阜平县，前往平山县西柏坡村。

晋察冀军区司令部旧址（城南庄）是1947年秋聂荣臻率领军区机关从张家口撤到阜平后修建的，包括3排21间土坯房，其中有毛泽东、周恩来、任弼时等中央领导同志的住房兼办公室，还有军区作战科、电话室和会议室。旧址区前院矗立着晋察冀军区司令员聂荣臻的铜像，是1996年由阜平县委、县政府所立。旧址占地面积为1752平方米。

◆晋察冀边区革命纪念馆

为了缅怀老一辈无产阶级革命家的丰功伟绩，教育激励后人。1972 年，阜平县委、县政府建立城南庄革命纪念馆，1974 年正式对外开放。2005 年在此基础上建成了晋察冀边区革命纪念馆。展览馆建筑面积 2200 平方米，广场占地 6300 平方米。展厅面积 1700 平方米，馆内运用大量珍贵的照片、文物以及先进的声、光、电、幻影成像等高科技手段，充分展示了晋察冀军民在抗日战争和解放战争中所创下的光辉业绩。展览馆的后广场设有六组雕塑：聂荣臻与美穗子，邓拓、沙飞与新闻战士，李勇与爆破组，戎冠秀与受伤战士，国际友人白求恩，狼牙山五壮士，这些雕塑作品从不同侧面反映了晋察冀根据地的特点。后山脚下有一处长约 128 米的防空洞，是由晋察冀军区工兵连的战士人工挖凿而成的，依旧保存完好。

晋察冀军区司令部旧址（城南庄）于 1996 年 11 月被国务院公布为全国重点文物保护单位；1994 年被河北省委、省人民政府公布为河北省爱国主义教育基地，2005 年 11 月被中央宣传部公布为全国爱国主义教育示范基地。

晋察冀军区司令部旧址（张家口六中）

◆晋察冀军区司令部旧址(张家口六中)

晋察冀军区司令部旧址（张家口六中）位于河北省张家口市第六中学校园内。

晋察冀军区司令部旧址（张家口六中）始建于 20 世纪初，占地 6000 平方米，是一处“品”字形排列的三座欧式楼房，主楼与楼后面的南北陪楼鼎足而立。在 1945 年 8 月至 1946 年 10 月张家口市第一次解放期间，曾作为晋察冀军区司令部所在地，南面主楼为司令部驻地，北面山字形排房是政治部驻地。

1945 年 8 月 23 日，晋察冀军区部队解放张家口。8 月 27 日，晋察冀军区司令部由阜平移驻张家口市。9 月 14 日，晋察冀边区党政军机关共同迁驻张家口市。张家口成为晋察冀解放区的首府和军事、政治、经济、文化中心。晋察冀军区司令员兼政治委员聂荣臻、副司令员萧克，副政治委员刘澜涛、罗瑞卿，参谋长唐延杰，政治部主任朱良才，副参谋长耿飙、曾涌泉，政治部副主任潘自力、蔡树藩等在这里指挥晋察冀军民进行了一系列战斗，打击了破坏和谈、发动内战的国民党蒋介石集团，保卫了解放区。1946 年 3 月 1 日，周恩来等军调三人小组飞抵张家口，在此听取张家口执行小组的工作汇报，并作了具体指示。现旧址院内矗立着聂荣臻元帅半身铜像，铜像下黑色大理石基座上镶刻有江泽民“聂荣臻同志永远和我们在一起”的题词。

晋察冀军区司令部旧址（张家口六中）于 1982 年 7 月被河北省人民政府公布为河北省重点文物保护单位；1999 年 10 月被河北省委、省人民政府公布为河北省爱国主义教育基地。

中国人民抗日军政大学旧址（前南峪村）

中国人民抗日军政大学旧址（前南峪村）位于河北省邢台市邢台县浆水镇前南峪村。

◆中国人民抗日军政大学陈列馆

为了贯彻教育与战争相结合的原则，1939 年 7 月 10 日，中国人民抗日军政大学（简称抗大）以“八路军第五纵队”番号，在司令员兼政委罗瑞卿率领下，告别延安，向敌后根据地挺进。5000 名抗大师生经陕西、山西、河北 3 省的 25 个县，行程 1250 千米，辗转一年多，摆脱了日军的围追堵截，于 1940 年 11 月 4 日进驻河北省邢台县浆水一带，抗大总校校部就设在前南峪村。抗大深入敌后办学，正是抗日战争最艰苦的岁月。面对日军对抗日根据地的分割、封锁、“扫荡”和“清剿”，抗大总校师生发扬“艰苦奋斗、英勇牺牲”的革命精神，认真贯彻抗大教育方针，坚持一面战斗、一面教学、一面生产，进行总校正规化建设，顺利完成了第六期学员的毕业分配、第七期学员的教学任务和第八期学员的招生工作，并在1941年6月1日隆重举行了抗大建校五周年庆祝活动，取得了1942年5月反“扫荡”战斗的重大胜利。1943年1月，抗大总校重返陕甘宁边区。

在前南峪的西部山顶上，仍保留着彭德怀、刘伯承、邓小平、左权、吕正操和抗大副校长罗瑞卿、滕代远，副校长、教育长何长工，政治部主任张际春的旧居以及电台、图书馆、总机房等旧址。

为了使后人不忘抗日军政大学的历史，1997年，在抗大遗址附近的南山坡上，兴建中国人民抗日军政大学陈列馆。陈列馆整个建筑由青石砌成，建筑面积1100平方米，1999年4月30日竣工，是一座规模较大的抗大专题陈列馆。抗大陈列馆门楣镶嵌着杨成武上将题写的匾额。馆内由序厅、主题厅和西展厅三部分组成，展厅以大量的文物、照片、图表展现了抗大当年的学习与战斗生活。

陈列馆的北面为抗大纪念碑。该碑修建于1986年6月，通高25.8米，全部由汉白玉砌成。胡耀邦题写碑名，徐向前、何长工等为纪念碑撰写碑文。

◆抗大纪念碑

中国人民抗日军政大学旧址（前南峪村）于1993年7月被河北省人民政府公布为河北省文物保护单位，1995年5月被河北省委、省人民政府公布为河北省爱国主义教育基地，2001年6月被中央宣传部公布为全国爱国主义教育示范基地。

冀南山底抗日地道遗址

冀南山底抗日地道遗址位于河北省邯郸市峰峰矿区义井镇山底村。

抗日战争时期，山底村处于抗日根据地的前沿。中共领导下的磁武县抗日民主政府将一区区公所设在山底村。山底村村民在一区区长赵荣昌领导下，根据本村的地质情况和有利地形，开展了深挖地道运动。1942年地道全部贯通，形成了户户相通、房房相连、地上地下互连互通的网络，锅台、炕头、树洞、水井、野地崖旁等都隐藏着地道洞口，他们还在地道洞口设立了开关盖，既能防水，又能防毒，每个地道拐弯处都留有枪

◆冀南山底抗日地道遗址

眼、陷阱、暗堡，成为退则能守、进则能攻的地下抗日堡垒。1942 年至 1945 年，山底村依托地道成功粉碎了日军的数十次猖狂进攻和“围剿”，歼灭敌人近千人，涌现出了杀敌英雄刘玉珍等一大批先进人物。山底抗日地道在大量消灭敌人的同时，有效地保护了自己，为坚持敌后抗战发挥了重要作用。该村曾多次被《新华日报》太行版和《人民日报》宣传报道，并在 1938 年到 1945 年间被太行区行署、太行军区授予“抗日模范村”荣誉称号。

该遗址现存地道主巷 1626 米，复巷 304 米，支巷 13666 米，大峒室 2 个，小藏身洞关口 6 个，陷阱 4 个，直通枯井和地道 2 条，通往距山底村 1000 余米太行山脚下的地道 1 条，另外还有辐射邻村王看村、宿凤村等地的地道。

冀南山底抗日地道遗址于 2009 年 9 月被河北省委、省人民政府公布为河北省爱国主义教育基地。

冉庄地道战遗址

冉庄地道战遗址位于河北省保定市清苑县冉庄镇冉庄村。

冉庄地道形成于抗日战争时期，是当地群众在与敌人斗争的战争实践中逐步将其完善起来的。初期的地道是单口洞，后来把两个洞口挖通，形成双口洞或多口洞。在不断总结经验的基础上，根据对敌斗争的需要，边战边挖边改进，终于形成

◆冉庄地道战纪念馆

了一个完整的地下防御体系。冉庄地道一般宽0.7—0.8米，高约1—1.5米，上距地面2米多。地道结构与地上街道基本一致。以十字街为中心，沿东、西、南、北大街挖成4条干线地道，再由干线延伸出20多条支线，直通村外和周边几个村，最后挖成户户相连、村村相通、四通八达、上下呼应，长达16公里的地道网，成为主动打击敌人的堡垒。冉庄地道分为军用地道和供群众隐蔽用的民用地道两种。地道内有指挥部、休息室、储粮室，设有路牌和油灯，还有地下兵工厂。为了便于监视、射击敌人，还利用高房、地面等有利的地形地物，构筑工事多处，并与地道相通。同时，在街道、路口遍布地雷，将引线引入地道。这样，冉庄地道就成为一座能打能藏、可攻可守、进退自如的地下长城。冉庄民兵利用地道优势，在抗日战争和解放战争中，配合地方武装对敌斗争157次，给敌人以重创，为抗击日本侵略、为祖国的解放事业作出了卓越贡献。

◆冉庄地道战的高房工事

1959年8月冉庄地道战纪念馆建成，聂荣臻为纪念馆题写馆名，杨成武为纪念馆展厅题写牌匾。经过几次改建后，纪念馆内陈展着革命文物1500多件，主要有挖地道用过的镐、铁锨、辘轳和照明灯等用具，民兵集合作战使用过的铜锣、军号、牛角号，兵工厂制作的土枪、土炮、地雷、手榴弹、子弹，烈士遗物、遗诗、资料、照片、奖旗和支前使用过的纺车、织布机及运输工具、救护伤员的担架等。纪念馆展厅利用声光电等现代化展览手段再现当年情景。

冉庄地道战遗址于1961年3月被国务院公布为全国首批重点文物保护单位；1995年5月被河北省委、省人民政府公布为河北省爱国主义教育基地，1997年6月被中央宣传部公布为全国爱国主义教育示范基地。

狼牙山五勇士跳崖处

狼牙山五勇士跳崖处位于河北省保定市易县小莲花峰顶部，三面绝壁，地势险峻。

1941年秋，日军对狼牙山发动进攻。9月25日，晋察冀军区一分区1团7连6班5名战士为掩护主力部队转移，牵着日军上了狼牙山，上山的日军还以为追上了抗日大部队。班长马宝玉、副班长葛振林和战士胡德林、胡福才、宋学义，发扬自我牺牲精神，把敌人引到悬崖绝路。他们以大无畏的精神与数百倍于己的敌人进行了顽强的战斗，子弹打光了，手榴弹打光了，就用石头砸，最后能搬起的石头也没有了。他们坚持了整整一天时间，胜利完成了掩护地方干部和2万群众及主力部队转移的任务。这时，他们也到了狼牙山的顶峰，面对黑压压的一片日军，他们毫不畏惧，砸烂了枪支，纵身跳下悬崖。马宝玉、胡德林、胡福才壮烈殉国；葛振林、宋学义被山腰的树枝挂住，幸免于难。

◆狼牙山五勇士陈列馆

为了纪念狼牙山五勇士，1942 年 9 月晋察冀一分区在五勇士跳崖处修建了三烈士纪念塔，后毁于日军炮火。1959 年易县人民重修纪念塔，聂荣臻题写了“狼牙山五勇士纪念塔”的塔名。该塔于 20 世纪 60 年代末再次遭到毁坏，1986 年第三次修建。五勇士纪念塔由纪念塔、碑廊、凉亭等组成，建筑面积 400 平方米。塔身正面（南面）嵌有聂荣臻题写的“狼牙山五勇士纪念塔”9 个金黄色大字，碑廊有杨成武等 12 位领导人的题词。

◆狼牙山五勇士纪念塔

为继承和发扬五勇士的英雄业绩，2001 年河北省委、保定市委和易县县委共同修建了狼牙山五勇士陈列馆，由杨成武将军题写馆名。陈列馆占地面积 816 平方米，建筑面积 300 平方米，馆内设有图片、历史资料、抗战文物、战斗场景四个展厅，生动再现了边区抗日军民在党的领导下抗击日军、保家卫国的英雄业绩和悲壮历史。

狼牙山五勇士跳崖处于 1982 年 7 月被河北省人民政府公布为河北省文物保护单位；1995 年 5 月被河北省委、省人民政府公布为河北省爱国主义教育基地；1986 年 10 月被民政部公布为全国重点烈士纪念建筑物保护单位。

华北军区烈士陵园

华北军区烈士陵园位于河北省石家庄市中山西路343号。

◆华北军区烈士陵园

华北军区烈士陵园是为纪念中国人民革命斗争中牺牲在华北大地上的革命烈士而修建的，1954年建成并对外开放，是我国兴建早、规模大、建筑造型艺术较高的烈士陵园之一。园内安葬着马本斋、周建屏、常德善、包森、周文彬等牺牲在华北地区的316位团职以上革命烈士，安放着660多位烈士和老红军的骨灰。国际主义战士诺尔曼·白求恩和柯棣华大夫均安葬于此。

华北军区烈士陵园的园址是抗日战争时期日军侵占石家庄后建造靖国神社的地方。1937年10月10日，日军侵占石家庄。1940年，日军在西郊强占农民耕地约20万平方米，修建了靖国神社——忠魂塔。1945年8月15日，日本天皇宣布无条件投降。9月，国民党先遣军抢先进入石门（现石家庄），将日军修建的靖国神社改称“胜利公园”。

◆白求恩墓及塑像

1947年11月12日，石家庄解放。1948年初，朱德、任弼时等中央领导视察此地时，听说这里原来是日军的靖国神社，当场指示：把它拆掉改成我们的烈士陵园！

事后，石家庄市开始筹建烈士陵园。华北军区烈士陵园于1954年春落成。

陵园占地21万平方米，建筑为中轴对称布局，南北呼应，东西对称，层次分明。中轴线上的建筑由南向北依次为陵园大门、革命烈士纪念碑、著名烈士铜像区、铭碑堂、烈士墓区、华北战争史馆。东侧建筑由南向北依次为革命文物厅、烈士纪念馆。西侧建筑由南向北依次是影视厅、白求恩及印度援华医疗队纪念馆和烈士纪念碑亭。以纪念碑为中心东西对称坐落着白求恩墓和柯棣华墓。董振堂、赵博生烈士纪念碑亭在华北战争史馆东西两侧。

华北军区烈士陵园于1995年5月被河北省委、省人民政府公布为河北省爱国主义教育基地，1997年6月被中央宣传部公布为全国爱国主义教育示范基地；1986年10月被民政部公布为全国重点烈士纪念建筑物保护单位。

双凤山革命陵园

双凤山革命陵园位于河北省石家庄市西郊。

双凤山革命陵园始建于1974年，占地面积20多万平方米，由北凤山、南凤山和双凤湖组成，主要纪念建筑设施有河北省英烈纪念园、国歌广场、中国革命摄影第一人——沙飞纪念馆，文坛伉俪安娥、田汉纪念塑像，全国著名劳动模范吕玉兰、耿长锁浮雕像，著名妇女运动领袖、石家庄第一位女共产党员——朱琏塑像等。园内现安放、安葬社会各界人士的骨灰近3万份，其中省军级病故干部100多位，地师级病故干部1100多位，革命烈士40多位，抗战前参加工作的老同志100多位，地市级以上劳动模范100多位，有高级专业技术职称的各类专家、知识分子300多位。他们当中有为新中国的成立立下汗马功劳的老一辈革命家和叱咤风云戎马一生的老将军，有舍身忘我为国捐躯的革命烈士、战斗英雄，也有在社会主义建设时期作出突出贡献的劳动模范以及社会各界的知名人士。双凤山革命陵园历经30多年的开发建设，形成了自然与人文景观、传统与现代文化有机结合的大型综合性纪念园区。

◆双凤山革命陵园内的河北省英烈纪念园

双凤山革命陵园于2009年9月被河北省委、省人民政府公布为河北省爱国主义教育基地。

冀东烈士陵园

冀东烈士陵园位于河北省唐山市路南区陵园路12号。

◆冀东烈士陵园内的烈士墓群

在新民主主义革命期间，在民族解放和人民革命的艰难历程中，无数共产党人和爱国志士血洒冀东这片热土。为了纪念牺牲的先烈，1955年河北省人民政府决定在唐山市兴建冀东烈士陵园，1958年清明节正式落成。陵园面积7.5万平方米，系中轴对称布局，在中轴线上矗立着大门、纪念塔、纪念堂三大主体建筑。1976年唐山大地震时均被毁坏，1986年7月28日复建竣工。1995年中共河北省委、省人民政府将冀东烈士陵园列入全省第三批爱国主义教育基地维护改造项目，省、市两级投资对园内主要纪念建筑物及馆内基本陈列进行全面修缮和改造，1999年9月底竣工。

◆冀东烈士陵园内的烈士纪念塔

陵园大门是高大雄伟的汉白玉牌楼，正中墨色花岗岩匾额上镌刻着聂荣臻元帅题写的“冀东烈士陵园”6个大字。沿主甬路往北约百米，在洁白的三层护栏内，通体汉白玉砌成的烈士纪念塔巍然耸立。塔高34.5米，顶部三重飞檐，一颗硕大红星在塔尖熠熠生辉。塔身四面镌刻着朱德、林伯渠、彭德怀、萧克的题词：“为人类解放事业而牺牲的烈士们永垂不朽！”“气壮山河，功昭日月”，“烈士之血，革命之花”，“烈士们的革命精神永垂不朽！”纪念塔和纪念馆之间的苍松翠柏中，矗立着20位知名烈士铜像。冀东烈士纪念馆位于园内中部，建筑面积2114平方米。馆名由萧克将军题写。馆内陈列主展线长度为255米，辅展线长 60 米。陈列内容的时间跨度为 1919 年至 1949 年（即新民主主义革命时期的 30 年），空间跨度为河北、辽宁、内蒙古及京、津两市部分地区。列入冀东烈士陵园英名录的烈士共 238 名，其中有中共早期工人运动领袖邓培、华北抗日联军第一支队司令王平陆、八路军著名抗日将领包森、抗日民族英雄节振国、国际共产主义战士周文彬和爆破英雄邵洪生等著名烈士。烈士墓群位于陵园最北端。

冀东烈士陵园于 1995 年 5 月被河北省委、省人民政府公布为河北省爱国主义教育基地，1989 年 8 月被民政部公布为全国重点烈士纪念建筑物保护单位。

晋冀鲁豫烈士陵园

晋冀鲁豫烈士陵园位于河北省邯郸市邯山区陵园路中段。

为纪念八路军总部前方司令部、政治部、晋冀鲁豫军区及八路军 129 师牺牲的烈士，1946 年 3 月晋冀鲁豫边区决定在邯郸修建晋冀鲁豫烈士陵园。陵园于 1950 年 10 月落成。

◆晋冀鲁豫烈士陵园

晋冀鲁豫烈士陵园分南北两院，总面积 21.3 万平方米。北院以园林建筑为主，独具民族特色的雄伟建筑群，掩映在苍松翠柏之间，主门门楣横额上镶嵌有朱德题写的“晋冀鲁豫烈士陵园”八个大字，大门两侧镌刻着毛泽东主席的手书“为有牺牲多壮志，敢教日月换新天”，园内有烈士纪念塔、人民英雄纪念墓、陈列馆、四·八烈士阁、烈士纪念堂、左权将军墓、左权将军纪念馆等纪念建筑。陵园南院为晋冀鲁豫人民解放军烈士公墓，园内安葬着八路军副参谋长左权将军、中共中央北方局军委书记张兆丰、抗日民族英雄范筑先、一等杀敌英雄赵亨德等 200 多名为国捐躯的优秀指挥员和著名战斗英雄。园内珍藏文物图片 2.1 万余件。

◆晋冀鲁豫烈士陵园内的烈士纪念碑

晋冀鲁豫烈士陵园于 1995 年 5 月被河北省委、省人民政府公布为河北省爱国主义教育基地，2005 年 11

月被中央宣传部公布为全国爱国主义教育示范基地；1986 年 10 月被民政部公布为全国重点烈士纪念建筑物保护单位。

冀南烈士陵园

冀南烈士陵园位于河北省邢台市南宫市城区。

冀南烈士陵园始建于 1946 年 3 月，占地 22 万平方米，是河北省建园最早、占地面积最大、安葬烈士较多的陵园之一。

◆冀南烈士陵园内的冀南革命斗争纪念馆

冀南人民具有光荣的革命斗争传统，在土地革命、抗日战争和解放战争时期，先后有 5 万余名革命先烈为了民族和人民的利益献出了宝贵的生命。为了缅怀先烈、教育后人，1946 年 3 月，冀南行署作出了在南宫城内修建冀南烈士陵园的决定，并成立了以王任重、宋任穷、马国瑞等为主要成员的建园筹委会。

◆冀南烈士陵园内的烈士纪念亭

陵园正门是一座坐西朝东的高大牌坊。进入陵园往西，柏油路北侧，是耸立于陵园中心的主体建筑——冀南烈士纪念塔，塔高 29.5 米，塔盘用 7000 余块青石砌成，塔身南面是毛泽东的题词：“为国牺牲，永垂不朽”，塔身北面是邓小平的题字："冀南烈士纪念塔"。纪念塔之北，直通另一大型建筑——冀南革命斗争纪念馆。在馆塔中间形成一个十字路口，坐落在十字路口东北角和西北角的是1948年建成的两座小型纪念碑，是陵园最早的两个建筑，上面刻有陈再道、刘志坚、马国瑞等的题词。冀南革命斗争纪念馆是在拆除老戏楼后于1973年重建的，馆内利用图片、实物、场景复原等先进的现代化展览手段，生动地再现着冀南人民革命斗争的光辉历程。纪念塔西面是1986年落成的烈士纪念亭，亭内的八面汉白玉碑上刻有徐向前、陈再道、王任重的题词及原冀南区近千名县团级以上的烈士英名。纪念塔之南为墓区，有1959年建成的一座大型公墓，墓内安放着633名无名烈士的遗骨，墓碑上刻有宋任穷、王任重、刘志坚的题词。公墓广场之西，柏油路两边是烈士单葬墓区，安葬着100位烈士。

冀南烈士陵园于1995年5月被河北省委、省人民政府公布为河北省爱国主义教育基地，2009年9月被中央宣传部公布为全国爱国主义教育示范基地；1989年8月被民政部公布为全国重点烈士纪念建筑物保护单位。

察哈尔烈士陵园

察哈尔烈士陵园位于河北省张家口市桥东区陵园路。

察哈尔烈士陵园占地面积约15.3万平方米，是华北地区筹建较早、建筑规模较大的烈士陵园之一。

新中国成立后，察哈尔省人民政府奉中央人民政府命令，为纪念本省在抗日战争和解放战争中光荣牺牲的1.7万名死难烈士，决定兴建察哈尔烈士陵园。陵园于1950年动工，1951年4月竣工，主要建筑有革命烈士纪念塔、察哈尔革命烈士纪念馆、纪念广场、牌坊、李子秀烈士墓碑等。1952年察哈尔省撤销后，陵园交由张家口市民政局管理。

◆察哈尔烈士陵园内的革命烈士纪念塔

察哈尔烈士陵园内的革命烈士纪念塔高28米，塔座占地面积3700平方米，塔身正面有原察哈尔省政府主席张苏题写的“革命烈士纪念塔”七个大字。距纪念塔正前方 145 米处建牌坊一座，高 12 米，宽 23 米，琉璃瓦顶，牌坊两侧分别题有“大公大勇、永垂不朽”和“无私无畏、虽死犹生”的横匾，以昭扬先烈的革命精神。纪念塔内有正厅和两侧配厅，正厅里安放着一尊 1 米多高的银质革命烈士纪念鼎。鼎上镶嵌着 4 只展翅翱翔的和平鸽，鼎的两侧配放着一对银质耳瓶，瓶上镶嵌着盛开的葵花，象征着烈士们为祖国、为人民、为和平而捐躯的崇高精神。在全长 127 米的正厅和配厅的墙壁上，挂满了镶有黑边的白色挽带，记录了在抗日战争、解放战争和抗美援朝战争中英勇牺牲的 6703 名烈士的英名。在塔内陈列台上，陈放着一部分病故的老红军和在社会主义革命和建设时期牺牲的烈士遗像、骨灰盒和烈士传略。

察哈尔烈士陵园于 2009 年 9 月被河北省委、省人民政府公布为河北省爱国主义教育基地；2009 年 3 月被民政部公布为全国重点烈士纪念建筑物保护单位。

董存瑞烈士陵园

董存瑞烈士陵园位于河北省承德市隆化县城西北的苔山脚下伊逊河东岸。

董存瑞烈士陵园是为纪念全国著名战斗英雄董存瑞烈士，于 1954 年在清康熙皇帝波洛河屯行宫旧址上修建的。经过几次大规模扩建，现占地面积 9. 16 万平方米。

◆董存瑞烈士陵园内的董存瑞烈士纪念碑

园内有董存瑞纪念馆、董存瑞烈士纪念碑、董存瑞烈士墓、题词碑廊等。

董存瑞烈士纪念馆始建于 1960 年，经过两次重建，建筑面积为 2300 平方米。为了兼顾陵园内其他不同时期、不同民族风格的建筑，该纪念馆重点体现了汉唐时期的建筑风格，为一层框架结构、仿古式建筑。馆藏文献 26 件，珍贵遗物 31 件，书画 7 件。馆内共有 8 个展厅，通过五大部分的内容和声、光、电、投影技术的配合，生动地讲述了董存瑞光辉的一生，新馆匾额为江泽民题写的“董存瑞纪念馆”。

董存瑞烈士纪念碑始建于 1956 年，1987 年重新修建，建筑面积 440 平方米。

碑高达 15.5 米，台基为两层，上平台为正方形，下平台为多边形，四周由 40 组栏杆环拖。碑座用黑花白地花岗岩铺地，碑体用粉红色的花岗岩砌成。碑顶部镶嵌直径为 0.6 米的五角星。碑正面为朱德题词“舍身为国，永垂不朽”八个镏金大字。

1954 年 12 月，隆化县委、县政府决定修建董存瑞烈士陵园，开始仅修建了墓碑，1957 年二次重修，现存的烈士墓是 1975 年三次重建的，位于董存瑞烈士陵园的最北端。烈士墓正面立一碑心石，高 6 米，刻有“董存瑞烈士之墓”七个金字。题词碑廊是 1998 年为纪念董存瑞烈士牺牲 50 周年而建的，有 46 块碑，其中有朱德、杨尚昆、聂荣臻、杨成武、王国权等的题词。

董存瑞烈士陵园于 1995 年 5 月被河北省委、省人民政府公布为河北省爱国主义教育基地，1997 年 6 月被中央宣传部公布为全国爱国主义教育示范基地；1986 年 10 月被民政部公布为全国重点烈士纪念建筑物保护单位。

热河烈士陵园

热河烈士陵园位于河北省承德市双桥区翠桥路西 9 号。

◆热河烈士陵园内的热河烈士纪念馆

新中国成立后，热河省第一届人民代表大会第三次会议决定在承德市修建热河革命烈士纪念馆。1956 年 12 月破土动工，1965 年 5 月竣工并正式开放，原热河省省长李运昌亲笔题写了馆名。纪念馆依山就势而建，坐西面东，占地面积 8 万平方米，主体建筑均在一条中轴线上。走进大门是拾级而上的 98 级台阶。通过长达百米的宽阔甬道，是占地 1200 平方米的纪念碑主体建筑。两层碑栏之上，矗立着由花岗岩砌筑、高达 31.6 米的革命烈士纪念碑。碑身正面是朱德题写的“革命烈士永垂不朽”八个金色大字。纪念碑的后面是三座共计 1500 平方米的陈列馆。展厅正面悬挂着萧克题写的馆名牌匾，展厅展出了 1919 年五四运动至 1955 年 12 月热河省撤销建制，英雄的热河军民在中国共产党领导下，为了民族解放和人民幸福而斗争的史实。

◆热河烈士陵园内的烈士纪念碑

40余年来，纪念馆收集了数千万字的烈士资料和大量的革命文物，保存5000多名烈士英名录，其中团职以上30余名，立卷达200多名。纪念馆中展出了民族英雄孙永勤，党早期活动家、热河民军司令陈镜湖，冀东军分区副司令员包森，迁遵兴联合县县长姚铁民，西安事变中捉蒋功臣刘桂五，全国战斗英雄董存瑞等数十位烈士事迹。

热河烈士陵园于1999年10月被河北省委、省人民政府公布为河北省爱国主义教育基地，2009年5月被中央宣传部公布为全国爱国主义教育示范基地；2009年3月被民政部公布为全国重点烈士纪念建筑物保护单位。

冀中烈士陵园

冀中烈士陵园位于河北省沧州市河间市曙光西路南侧。

在抗日战争和解放战争中，英雄的冀中军民在中国共产党的领导下，英勇战斗，流血牺牲，前仆后继，为打败日本侵略者和争取全民族的解放作出了巨大贡献，并为支援战争输送了数以万计的优秀儿女，先后有5万中华儿女为国捐躯，据不完全统计，仅县团级以上烈士就有108名。冀中军区第六军分区司令员王先臣，八分区司令员常德善、政委王远音、副司令员孔庆同等指挥员抗战期间以身殉国，数万革命先烈长眠冀中大地。

◆冀中烈士陵园

为缅怀先烈，教育和激励后人，1993年6

月，河间市烈士陵园扩建为冀中烈士陵园，1999 年 4 月对外开放。园中建有纪念馆、纪念碑、烈士墓等建筑物，占地面积 1.85 万平方米。原冀中区司令员孙毅为冀中烈士纪念馆题写馆名。中共中央政治局原常委宋平为冀中烈士陵园题写园名。

冀中烈士陵园采用仿古围墙和蘑菇石门柱，广场面积 1500 平方米，能容纳上千人。广场两侧栽有翠柏，纪念馆南侧中轴线上建有庄严雄伟的冀中革命烈士纪念碑，南端是红白相间石材建筑的无名烈士墓。冀中烈士纪念馆占地 500 平方米，展出各种实物、照片 110 余件，著名烈士墓、碑、亭照片 100 多张，著名烈士小传 50 份，著名烈士生平展牌 50 幅，冀中革命斗争历史的图片 111 幅。纪念馆经过多年工作，核定县团级职务的烈士 98 名、区营级职务烈士 156 名，竖立冀中革命烈士英名录碑 10 通，完成了 254 名区营级以上革命烈士英名的镌刻和冀中八分区司令员常德善烈士雕像的落成。

冀中烈士陵园于 2009 年 9 月被河北省委、省人民政府公布为河北省爱国主义教育基地。

高蠡暴动纪念地

高蠡暴动纪念地包括高阳县高蠡暴动纪念馆和蠡县宋洛曙旧居，分别位于河北省保定市高阳县西演镇南、北辛庄两村之间和蠡县林堡乡宋庄村。

1932 年 8 月，为配合南方红军的反“围剿”斗争，在中共河北省委、中共保属特委的领导下，中共河北省委军委书记湘农、保属特委委员贾臣、博蠡中心县委书记宋洛曙发动了震撼华北的反对国民党反动统治的大规模农民武装斗争。在暴动中成立了以农民为主体、拥有 120 多支枪、300 多人的红军游击队第一支队，支队长为湘农。同时成立了高蠡地方苏维埃。暴动引起国民党反动政府的震惊和恐慌，随即派出大部队对红军游击队进行“围剿”。8 月 31 日，

◆高蠡暴动纪念馆

国民党军队包围高阳县北辛庄，宋洛曙在率领游击队员突围过程中不幸中弹牺牲。这次暴动虽然失败了，但在这块沃土上撒下了革命的种子，为后来动员民众进行抗日战争打下了良好的基础。

为纪念高蠡暴动牺牲的革命先烈，1946 年 2 月，当地群众在党和政府的领导下，在北辛庄村东为烈士修墓立碑。1957 年，高阳县人民委员会修建了高蠡暴动殉难烈士纪念塔。塔为八棱三层，砖木结构，外径长 9.3 米，高 17 米，塔身铭记着 17 位烈士及暴动主要领导人宋洛曙、蔡书林的生平。1978 年，纪念塔重新修葺一新，正式命名为“辛庄烈士陵园”。2005 年春，在高阳县委、县政府大力倡导下，全县党员干部和热心人士踊跃捐款，对烈士陵园进行了大规模的修缮，新建展室一座，将 300 余件高蠡暴动革命文物陈列其中。2006 年，将烈士陵园改称高蠡暴动纪念馆。

蠡县宋洛曙旧居内陈列着烈士们生前用过的桌、椅、提灯、茶壶、大刀、红缨枪以及一些暴动幸存者的题词、回忆手稿等珍贵文物。

高蠡暴动纪念馆于 2009 年 9 月被河北省委、省人民政府公布为河北省爱国主义教育基地。

李大钊纪念馆

李大钊纪念馆坐落于河北省唐山市乐亭县新城区大钊路。

李大钊（1889—1927），字守常，河北乐亭人，中国共产主义运动的先驱、伟大的马克思主义者、杰出的无产阶级革命家、中国共产党的主要创建人之一。1907 年考入天津北洋法政专门学校。1914 年东渡日本入早稻田学习。1916 年回国后，参加新文化运动，成为新文化运动的主将之一。俄国十月革命胜利后，李大钊率先接受和传播马克思主义，先后发表了《法俄革命之比较观》、《庶民的胜利》、《布尔什维主义的胜利》和《我的马克思主义观》等文章和演说。1920 年春，李大钊和陈独秀一起酝酿筹建中国共产党。同年 10 月，在北

◆李大钊纪念馆

京创建中共早期组织。中国共产党建立后，李大钊代表中共中央指导北方工作，在中共的三大、四大，均当选为中央委员。1922 年，他受中共中央委托在上海与孙中山先生商谈国共合作，并参加了 1924 年 1 月召开的国民党第一次全国代表大会的领导工作。在担任中共北方区委书记期间，积极组织和领导北方的革命运动。1927 年 4 月 6 日，李大钊被奉系军阀张作霖逮捕，同月 28 日英勇就义，年仅 38 岁。

为了缅怀李大钊的丰功伟绩，教育和激励后人，1997 年 8 月 16 日李大钊纪念馆落成开馆，后经 2001 年、2009 年两次改陈。该馆占地面积 100 亩，建筑面积 6800 平方米，建筑风格融地方特色、民族风格与现代建筑格调为一体，整个建筑由灰、白、黑三大色系组成，朴实、简明、大方、庄重。李大钊纪念馆主要包括李大钊生平事迹陈列展览、李大钊纪念碑林、李大钊廉洁风范教育展览等。

◆李大钊纪念馆主楼

李大钊故居位于河北省乐亭县大黑坨村，始建于 1881 年，由李大钊大祖父李如珍设计监造。故居坐北朝南，呈长方形。1958 年 7 月 1 日，李大钊故居对外开放。1976 年唐山大地震，故居受到严重破坏，1978 年对故居进行修复，重新开放。

李大钊故居于 1988 年 1 月被国务院公布为全国重点文物保护单位。李大钊纪念馆于 1997 年 6 月被中央宣传部公布为全国爱国主义教育示范基地。

唐县白求恩柯棣华纪念馆

唐县白求恩柯棣华纪念馆位于河北省保定市唐县县城以北两公里钟鸣山下。

诺尔曼·白求恩（1890—1942），是加拿大共产党员，著名的胸外科专家。1938 年初，受加拿大共产党和美国共产党的派遣率加、美援华医疗队，远渡重洋，来到中国，帮助抗日。6 月，转赴晋察冀军区，担任军区卫生顾问。他用精湛的医疗技术为中国的抗日军民服务，并为八路军培养了大批医务人员，后因在医治伤员时感染中毒，1939 年 11 月 12 日在唐县黄石口村逝世。

◆唐县白求恩纪念馆　　◆唐县柯棣华纪念馆

柯棣华（1910—1942），印度人，1938 年 8 月参加印度援华医疗队，1940 年 6 月来到晋察冀边区，任白求恩学校外科教员和白求恩国际和平医院第一任院长。他热情为中国抗日军民服务，并光荣地加入了中国共产党，后因积劳成疾，1942 年 12 月 9 日在唐县葛公村逝世，年仅 32 岁。

为了弘扬白求恩、柯棣华精神，增进中加、中印人民的友谊，1971 年在唐县县城建起了小型白求恩纪念馆，1982 年在馆内增设柯棣华事迹展，故易名“白求恩柯棣华纪念馆”。1986 年馆址北迁，另建新馆，时任中共中央总书记的胡耀邦题写馆名。1986 年 11 月，该馆与加拿大白求恩纪念馆结为姊妹馆。纪念馆占地面积 45950 平方米，主体建筑有白求恩纪念馆、柯棣华纪念馆和纪念堂。纪念馆藏品丰富，资料翔实，以大量生动感人的事例介绍了白求恩、柯棣华大夫的高尚情操、精湛医术、满腔热忱和无私奉献精神。

◆唐县白求恩柯棣华纪念馆

唐县白求恩柯棣华纪念馆于 1995 年 5 月被河北省委、省人民政府公布为河北省爱国主义教育基地，1997 年 6 月被中央宣传部公布为全国爱国主义教育示范基地。

董存瑞纪念馆

董存瑞纪念馆位于河北省张家口市怀来县存瑞镇南山堡村。

董存瑞（1929—1948），中共党员，全国著名战斗英雄。1929 年 10 月 15 日出生在河北省怀来县南山堡村，1945 年 7 月参加八路军。至牺牲前，共立大功 3 次，小功 4 次，荣获数枚勇敢奖章和一枚毛泽东勋章。1948 年 5 月 25 日，在解放隆化县城的战斗中，他左手托起炸药包，以自己的身体充当火药支架，右手拉开炸药包引线，随着一声天崩地裂的巨响，炸毁了敌人的暗堡，用自己宝贵的生命为部队开辟了前进的道路。牺牲时年仅19岁。1950年9月，全国战斗英雄、劳动模范代表会议决定，追认董存瑞为全国战斗英雄。

◆董存瑞纪念馆

1957年5月29日，朱德为董存瑞烈士题词："舍身为国，永垂不朽"。

◆董存瑞故居

为了缅怀董存瑞的英雄事迹，1967年怀来县决定在董存瑞烈士的故乡修建董存瑞烈士纪念馆。董存瑞烈士纪念馆于1968年5月落成，建筑面积8800平方米，展厅100平方米。

2006年初，中共怀来县委、县政府决定对原董存瑞烈士纪念馆进行扩建。新馆规划在原有13亩面积的基础上再扩建14亩，馆区分为接待区、瞻仰烈士纪念广场、展览馆区、碑林区四部分和其他附属设施。新馆于2008年5月底建成并正式对外开放。

董存瑞纪念馆于2009年9月被河北省委、省人民政府公布为河北省爱国主义教育基地。

马本斋纪念馆

马本斋纪念馆位于河北省沧州市献县本斋回族乡本斋村。

马本斋（1903—1944），回族，献县东辛庄村人，著名抗日民族英雄。出生于贫苦农民家庭，流浪至东北，入东北讲武堂学习，后成为奉军一名团长。1935年因不满军阀统治，解甲归田。卢沟桥事变后，马本斋举起抗日义勇军的大旗，历任回民教导队队长、总队长、八路军第3纵队回民支队司令员、冀鲁豫军区第三军分区司令员兼回民支队司令员。七年间，他驰骋沙场，身经大小战斗800余次，所在部队消灭日伪军3万余名。马本斋的母亲白文冠被日军抓住后，为让儿子安心抗日，竟绝食7天，光荣殉国。1944年2月马本斋因积劳成疾不幸逝世。在延安举行的追悼大会上，毛泽东亲撰挽联："马本斋同志不死"。朱德总司令题词："壮志难移，汉回各族模范；大节不死，母子两代英雄！"

◆马本斋纪念馆

为纪念民族英雄马本斋，1944年东辛庄被命名为本斋村。1985年，献县始建由三间房构成的马母祠，后几经修建，形成了马本斋母子烈士陵园。马本斋纪念馆于2002年4月竣工。2008年8月，献县对马本斋纪念馆进行了第三次改扩建。

马本斋纪念馆占地105亩，分为南、北两院。南院为马本斋母子烈士陵园，院中央有高大的汉白玉石纪念碑，正反面分别镌刻着毛泽东和朱德的题词。纪念碑南面是马本斋母子的陵墓，被一座汉白玉石铺底的月牙形花坛环抱。广场东西两侧有影视厅、追忆厅等。北院为纪念馆主建筑，进入院门迎面是一条甬路，两侧是百位将军碑林，碑林外侧各有一处母子湖，路的尽头为一方形广场，广场中央矗立着马本斋骑马扬刀的雕像，两侧各有一座辅馆。雕像后是马本斋纪念馆主馆，沿台阶拾级而上，走进纪念馆序厅，迎面而立的是马本斋汉白玉雕像，后面是一面大型浮雕背景墙，上面写有"马本斋同志不死"7个大字。展厅迂回，共分为11个部分，再现了马本斋忧国忧民、英勇战斗的一生，马母宁死不屈的高风亮节以及回民支队战无不胜的风采。

马本斋纪念馆于1999年10月被河北省委、省人民政府公布为河北省爱国主义教育基地，2005年11月被中央宣传部公布为全国爱国主义教育示范基地。

董振堂事迹陈列馆

董振堂事迹陈列馆位于河北省邢台市新河县城内迎宾街。

董振堂（1895—1937），字绍仲，河北省新河县人，是宁都起义主要领导人之一。曾获中华苏维埃临时中央政府授予的荣誉奖章——红旗勋章。长征中他率红五军团担任后卫，多次完成阻击国民党军队的任务，红五军团被誉为"铁流后卫"。1935年7月红五军团改称红五军，董振堂任军长。1936 年 11 月所部编入中国工农红军西路军，渡黄河西征。1937 年 1 月，董振堂和 3000 名将士在甘肃高台浴血奋战九天九夜，终因寡不敌众全部壮烈牺牲，年仅 42 岁。毛泽东称其为“坚决革命的同志”。董振堂是河北籍参加过长征的最高级别红军将领。

为纪念红军长征胜利 70 周年，2006 年 10 月 26 日，河北省隆重举行董振堂事迹陈列馆暨铜像落成揭幕仪式。董振堂事迹陈列馆整体设计为八角体，于 2005 年开始筹建，建筑面积 782 平方米。展厅分为追求光明、宁都起义、保卫苏区、铁流后卫、西征苦战、光照千秋六个部分，共展出红五军用过的手枪、大刀、步枪、电话机，以及红军战士过雪山穿过的皮毛背心、吊铁锅等 400 余件珍贵展品，有的展品是工作人员重走红军长征路征集到的长征遗物。陈列馆借助图片、文物和声、光、电等手法，再现了董振堂的光辉革命历程，充分展示了董振堂将军追求真理、戎马倥偬、为民族解放奋斗的一生。董振堂铜像位于陈列馆前广场，高 4 米，重 3 吨，为紫铜制成，底座为花岗岩，高 2 米。

◆董振堂事迹陈列馆

在陈列馆北面建设了占地 3300 平方米的碑林，集中竖立了 42 块石碑，石碑上分别镌刻着毛泽东、周恩来、朱德等老一辈无产阶级革命家对董振堂将军的评语，以及将军的老部下、老战友和新中国成立后一些大军区或军事院校领导对董振堂将军的赞语，进一步增强了纪念馆的爱国主义教育作用。

该纪念地还包括董振堂故居和董振堂族墓。董振堂故居位于新河县李家庄。在尊重原貌的基础上，新河县对董振堂故居进行了修缮。董振堂族墓是新河县文物保护单位，在墓地上竖立了董振堂将军纪念碑，碑体高大宽厚，镌刻着董振堂生平简介。

董振堂事迹陈列馆于 2009 年 9 月被河北省委、省人民政府公布为河北省爱国主义教育基地。

直隶省立第七师范纪念馆

直隶省立第七师范纪念馆位于河北省邯郸市大名县育才路 43 号。

◆直隶省立第七师范首任校长谢台臣纪念碑亭

直隶省立第七师范纪念馆建于1983年，占地面积4221平方米，建有直隶省立第七师范纪念馆、革命教育家谢台臣先生纪念碑亭及雕像。纪念馆存有薄一波、宋任穷等题词石刻17处。

直隶省立第七师范建于1923年，1926年建立了党的组织，1927年春以谢台臣校长为首的4名学校领导班子成员全部加入中国共产党。1929年末到1930年初，全校300余名师生员工中有200余人成为中共党员、共青团员和“反帝大同盟”成员。该校被天津《益世报》称为“共产党的大本营”；被共产党人誉为“地下党校”。薄一波称之为“直南一个革命策源地”。

直隶省立第七师范从创办到1937年毁于日军战火，共发展培养240多名中共党员。他们中有王从吾、平杰三等40多人成为省部级以上领导；裴志耕、铁瑛等5人成为人民解放军高级将领；韩友真、司枕亚等100多人担任司局级领导；冯征、赵纪彬等几十人成为职业革命家；王振华、王冶秋、田辛甫等几十人成为著名学者、教授、艺术家；解蕴山、张衡宇等40余人在抗日战争和解放战争中英勇牺牲，成为一代英烈。

直隶省立第七师范在直南、豫北、鲁西一带28县影响巨大。1945年5月，晋冀鲁豫边区军政首长刘伯承、邓小平、薄一波、宋任穷等亲临七师校址，听了七师革命历史的汇报，瞻仰了谢台臣先生纪念碑后，称“谢台臣是革命教育家，七师是一所革命的学校”。

直隶省立第七师范纪念馆于2009年9月被河北省委、省人民政府公布为河北省爱国主义教育基地。

留法勤工俭学运动纪念馆

留法勤工俭学运动纪念馆位于河北省保定市金台驿街86号（原保定育德中学旧址）。

保定是留法勤工俭学运动的发祥地之一。1917年保定育德中学校长王国光在蔡元培、李石曾的帮助下创办了留法高等工艺预备班，刘少奇、李富春、李维汉、张昆弟等人曾在这里学习。1918年10月6日，毛泽东、蔡和森专程从北京赶到保定，迎接来这里学习的湖南籍学生。保定育德中学留法预备班的建立，推动了新文化运动的发展和马克思主义在保定的初步传播。

1979年，老一辈革命家李维汉、何长工建议在河北省建立留法勤工俭学运动纪念馆。1983年2月，中央同意在保定育德中学旧址建立留法勤工俭学运动纪念馆。1992年，江泽民为该馆题写了馆名。

◆保定留法勤工俭学运动纪念馆

留法勤工俭学运动纪念馆现存主体建筑是一座典型的清末时期的砖木结构的四合院，占地面积2400平方米，建筑面积700平方米。三个展厅分布在前后两院。该馆是一所集收藏、研究、宣传教育为一体的革命历史专题类纪念馆。馆藏文物129件，其中一级文物52件、二级文物13件、三级文物22件。此外还有大批文献史料、照片和实物。

留法勤工俭学运动纪念馆于1993年7月被河北省人民政府公布为河北省文物保护单位，2006年1月被国务院公布为全国重点文物保护单位；1994年被河北省委、省人民政府公布为河北省爱国主义教育基地。

白洋淀雁翎队纪念馆

白洋淀雁翎队纪念馆位于河北省保定市安新县白洋淀文化苑景区内。

白洋淀位于河北省中部平原，地处海河流域大清河水系的九河下梢，是华北地区最大的淡水湖泊，总面积366平方公里。抗日战争时期，威震敌胆的雁翎队就诞生在这里。

白洋淀雁翎队成立于1939年秋。当时，日本侵略军占领了安新城，为强化统治，奴役白洋淀人民，驻安新的日酋龟本以献铜、献铁为名，强迫水区猎户交出猎枪和大抬杆等武器。为揭露敌人收缴猎枪的阴谋，奉中共安新县委指示，三区区委书记徐建、区长李刚义在大张庄召集郭里口、王家寨一带水村猎户，动员他们组织起来抗击日本侵略者。会后，猎人孙革、姜秃、赵保亮和邓如意等20余人组织起来加入了三区小队，组成雁翎班。1940年夏，经县委批准，雁翎班从区小队中分出，单独成立雁翎队。雁翎队的第一任队长陈万、副队长邓如意、指导员刘森（任贵森），队里成立了共产党组

◆白洋淀雁翎队纪念馆

织，赵谦任书记。不久，队伍扩大到 40 余人，分为 3 个班。这样白洋淀就有了两支水上游击队——三小队和雁翎队。三小队主要在郭里口、赵北口一带活动，雁翎队则以大田庄为中心开展抗日斗争，当时，人们统称这两支部队为“雁翎队”。雁翎队利用白洋淀河湖港汊、芦苇等天然的屏障，用大抬杆、火枪、渔叉等武器同日军展开了游击战。

白洋淀雁翎队纪念馆于 1990 年 7 月开始修建，8 月 25 日正式开馆。为进一步“弘扬革命传统、彰显雁翎精神”，2004 年，安新县将纪念馆迁于白洋淀文化苑内。新馆占地 1666 平方米，内设十几个展厅，展示不同时期的图片 260 多幅，抗战实物 100 多件，并配以翔实的文字资料，生动再现了雁翎队打击日军的光荣历史，展示出雁翎队奋勇抗敌的精神风貌。

白洋淀雁翎队纪念馆于 2009 年 9 月被河北省委、省人民政府公布为河北省爱国主义教育基地。

全国第一个农村党支部纪念馆

全国第一个农村党支部纪念馆位于河北省衡水市安平县东黄城乡台城村。

中共安平县台城村特别支部是全国率先创建的农村党支部，创建人是弓仲韬。弓仲韬，安平县台城村人，出身于书香门第，自幼发奋读书，1916 年考入北京法政大学，在校接受了新思想，1919 年参加了五四运动。大学毕业后到北京沙滩一所小学任教，结识了北京大学图书馆馆长李大钊。在李大钊启发下，弓仲韬开始阅读马恩著作，研究马克思主义。1923 年 4 月，经李大钊介绍，弓仲韬加入了中国共产党。不久，受李大钊派遣回家乡传播马列主义，发展党员，建立党组织。弓仲韬回村后，成立平民夜校，编写“农民千字文”，他白天编写教材，晚上授课。在平民夜校的基础上，还筹建起农会，培养积极分子，介绍思想进步、向往革命的青年农民弓凤洲、弓成山加入中国共产党。1923 年 8 月，在李大钊关心指导下，中共安平县台城特别支

◆全国第一个农村党支部纪念馆

部（简称“台城特支”）诞生，弓仲韬任书记，直接受中共北京区委领导。在此基础上，1924 年 8 月河北省第一个中共县委——中共安平县委建立。

2002 年，安平县委、县政府在台城村兴建了全国第一个农村党支部纪念馆。后经过两次重建，纪念馆总占地面积 6160 平方米，建有主展馆、革命主题广场、大型雕塑及必要附属设施。馆内共收藏老一辈革命家的照片、信件、书籍、自传材料、原始档案、影视资料、生活用品等珍贵文物 1793 件，整理文字资料 23 万字。室内运用了声、光、电、多媒体和场景复原等现代化陈展手段，形象直观地展示了共产党人早期的革命活动。

全国第一个农村党支部纪念馆于 2009 年 9 月被河北省委、省人民政府公布为河北省爱国主义教育基地。

山西省重要革命遗址

八路军太原办事处旧址

八路军太原办事处旧址位于山西省太原市杏花岭区坝陵南街。

1936 年 5 月 25 日，毛泽东致信阎锡山，向其提出联合抗日反蒋的主张，并派出红军将领彭雪枫赴太原与阎锡山秘密洽谈。彭雪枫到太原后，由南汉宸陪同与阎锡山会晤，递交了毛泽东的亲笔信。后经双方商定，红军在太原建立秘密机构，联络站办公地址确定在首义门内基督教青年联谊会后院6 号。1937 年 3 月经阎锡山同意，彭雪枫在新满城街 30 号设立电台，对外称彭公馆。中共中央北方局迁到太原时，刘少奇、杨尚昆等曾住新满城街 30 号联络站内。8 月 25 日，中共中央发布了红军改编为国民革命军第八路军的命令。为适应八路军即将开赴山西抗日前线的新形势，联络站 8 月下旬迁入太原坝陵南街 8 号成成中学校内。8 月 30 日，“国民革命军第八路军驻太原办事处”的牌子正式挂出，中共在太原的联络步入合法而公开的阶段。彭雪枫被中央军委任命为八路军总部少将参谋处长兼驻太原办事处主任，张震任总务科长，资风任供给科长，曾三、赵品三任秘书，岳夏（罗若遐）任秘书兼电台台长，宋绍林任交通站站长。中共中央北方局、中共山西省工委在此秘密办公。11 月 5 日，太原沦陷前夕，中共中央代表与八路军办事处撤离太原，迁往临汾。2003 年旧城改造时，八路军办事处旧址被损毁，现仅存东面平房 3 间。

◆八路军太原办事处旧址

八路军太原办事处旧址于 2009 年 12 月被山西省委、省人民政府公布为山西省爱国主义教育基地。

五台南茹村八路军总部旧址

五台南茹村八路军总部旧址位于山西省忻州市五台县南茹村。

1937年7月7日，日本帝国主义悍然发动卢沟桥事变，全国抗日战争爆发。7月8日，毛泽东、朱德、彭德怀等就出师抗日问题联名致电蒋介石。25日，根据国共两党达成的协议，中共中央军委发布《关于红军改编为国民革命军第八路军的命令》。第八路军总指挥部由朱德任总指挥，下辖第115、第120、第129三个师，全军编制约4.6万人。

◆五台南茹村八路军总部旧址

8月30日，八路军第115师东渡黄河，进入山西境内，北上开赴抗日前线。9月5日，朱德总指挥亲自率领八路军总部机关从陕西出发，东渡黄河向山西挺进。9月11日，国民政府军事委员会按战斗序列，将国民革命军第八路军，改称为第十八集团军，朱德任总司令，但人们习惯上仍称为八路军。9月14日，朱德总司令和左权副参谋长带领少数随从人员来到五台县城。两日后，中共中央军委副主席周恩来、彭德怀副总司令也来到五台县城。当日下午，周恩来在县城召开的城内学校、商会等各界代表和进步人士参加的会议上就当前抗日斗争形势以及建立五台山抗日根据地的战略意义作了重要讲话。朱德、彭德怀等总部首长在县城期间，亲自选定了茹村盆地为八路军总部驻地。这里四面高山环抱，中间地形平坦开阔，阁子岭、汉岭、石沟三个垭口通道，是一个进退自如的军事战略要地。

9月23日，朱德总司令率领八路军总部到达南茹村。朱德总司令及司令部住在南茹村金凤瑞家中，朱总住西房二层木楼，彭德怀副总司令住正房内，129师徐向前副师长住在南房。八路军总部来到五台后，地方抗日民主政府密切配合，充分发动群众出力、出人、出枪，为支援前线作出了巨大贡献。同年10月22日，中共中央决定，八路军总部由晋东北转移到太行山区，领导华北的抗日斗争。10月23日，八路军总部在朱总司令率领下，离开南茹村抵达盂县柏兰镇。

五台南茹村八路军总部旧址占地面积2400平方米，建筑面积780平方米。南房右侧西间小阁楼为朱德住宿、会客之地旧址，左侧为任弼时居所旧址，东房、西房、南房和正房分别为四个展室。

五台南茹村八路军总部旧址于 2004 年 6 月被山西省人民政府公布为山西省重点文物保护单位；2009 年 12 月被山西省委、省人民政府公布为山西省爱国主义教育基地。

晋察冀军区司令部旧址

晋察冀军区司令部旧址位于山西省忻州市五台县金岗库乡金岗库村。

1937 年抗日战争全面爆发后，毛泽东根据抗日战争形势发展的需要，审时度势提出了在华北地区建立敌后抗日根据地的战略构想。11 月 7 日，根据中共中央和中央军委的决定，在山西五台山石咀普济寺成立了晋察冀军区。聂荣臻被任命为晋察冀军区司令员兼政委，唐延杰为参谋长，舒同为政治部主任。11 月 18 日，军区机关由五台移驻阜平。

◆晋察冀军区司令部旧址纪念馆

1938 年 3 月 9 日，敌军进攻阜平，晋察冀军区司令部即由阜平移驻五台山金岗库，军区政治部驻大甘河。4 月，晋察冀边区党的第一次代表大会在金岗库召开，中共北方局代表彭真到会传达了中共中央十二月会议精神。这次大会对于坚持敌后抗战，巩固与扩大抗日民主根据地奠定了基础，具有重大的历史意义。6 月中旬，加拿大共产党员白求恩到达金岗库村，聂荣臻司令员在军区司令部亲切会见了白求恩，并委托他为晋察冀军区卫生顾问。

1938 年秋，日军以 2.3 万多的兵力，分兵十路，向晋察冀根据地发起猛攻。9 月 20 日，日军进攻五台县东南的柏兰村，聂荣臻司令员率军区领导机关驻在耿镇附近的山沟里，机动灵活地指挥 2 分区 5 大队、6 大队、特务营和军区学兵营，抢先占据了王城饭尖山高地，伺机歼敌。敌人一下牛道岭，即遭我军痛击，损失惨重。由于日

◆晋察冀军区司令部旧址内的聂荣臻元帅像

军多路进攻，10 月 3 日，五台县城沦陷。11 月 2 日，驻县城日军星夜奔袭我 5 大队驻地高洪口，残杀我军民 300 余人，制造了骇人听闻的高洪口惨案。在晋察冀军区司令员聂荣臻的建议下，八路军第 120 师第 358 旅第 716 团在旅长张宗逊指挥下，对日军纳野大队进行伏击，歼灭日军 700 余人。

旧址现基本保存完好。2003 年，在旧址基础上修建晋察冀军区司令部旧址纪念馆，内设展厅，以文字和图片等形式反映晋察冀军区等历史。

晋察冀军区司令部旧址于 1986 年 8 月被山西省人民政府公布为山西省文物保护单位；2005 年 1 月被山西省委、省人民政府公布为山西省爱国主义教育基地。

交口红军东征总指挥部旧址

交口红军东征总指挥部旧址位于山西省吕梁市交口县桃红坡镇大麦郊村城门里院。

1936 年 2 月，中共中央决定红一方面军以中国人民红军抗日先锋军的名义实行东征。彭德怀为司令员、毛泽东为政治委员。红军东征从 1936 年 2 月 20 日开始，抗日先锋军冲破阎锡山部队的防线，渡过黄河。3 月 31 日，红 28 军也渡河参战。

◆交口红军东征总指挥部旧址标志碑

红军东征期间，3 月 7 日，毛泽东、彭德怀率总部随红 78 师、红 81 师到达交口县桃红坡镇大麦郊村。毛泽东住该村城门里院正中窑。同日，毛泽东、彭德怀致电林彪与聂荣臻、徐向前与程子华，通知中共中央政治局次日在大麦郊开会，讨论军事报告，要求他们与宋任穷、王首道 、郭述申等10人参加会议。

1936年3月8日，中共中央在大麦郊召开政治局扩大会议，分析东征以来的政治、军事形势，调整东征战役的战略部署。同日，毛泽东、彭德怀以先锋军总部名义下达兑九峪战斗作战命令。3月9日，毛泽东、彭德怀在总部继续部署兑九峪战斗的兵力配备，对来自晋南之援敌作出牵制、打援的安排。3月10日，毛泽东率总部抵达郭家掌村。

红军东征打了胜仗，扩大了队伍，筹备了财物，巩固和扩大了陕甘苏区。东征红军在毛泽东指挥下，以仅1.3万人的兵力，在山西纵横驰骋，转战50余县，消灭阎锡山部队7个团，俘虏敌官兵4000余人，迫使阎锡山把“围剿”陕甘苏区的军队调回山西。红军东征除巩固了陕甘苏区外，还扩大红军8000人，筹款50多万元。

交口红军东征总指挥部旧址依山傍水，占地3000余平方千米。主要建筑有：南厅会议旧址、毛主席旧居、电台、警卫室及彭德怀、杨尚昆旧居等。

2008年，红军东征总指挥部旧址第一期修缮工程竣工，接着进行第二、第三期修缮工程，进行布展，恢复原来陈设，再现当年场景。

交口红军东征总指挥部旧址于1986年8月被山西省人民政府公布为山西省重点文物保护单位；1995年3月被山西省委、省人民政府公布为山西省爱国主义教育基地。

临县双塔村中共中央后委机关旧址

临县双塔村中共中央后委机关旧址位于山西省吕梁市临县三交镇双塔村。

1947年3月，中共中央面对国民党军队对陕北的进攻，决定主动撤出延安。3月下旬，叶剑英率中共中央后方委员会（简称中央后委）和军委机关3200多人（最多时达5500多人），东渡黄河，经过艰苦行军，于4月上旬陆续到达山西省临县三交镇双塔村及其附近村庄。4月11日，中共中央电告各个解放区领导人，中央及军委大部工作机构暂留晋西北，组织以叶剑英为书记、杨尚昆为后方支队司令，李维汉、李克农、邓颖超（后到工委）为常委，李涛、戴镜元、王诤、帅孟奇为委员的后方委员会。不久，中央书记处特别会计室、作战部等也转移到三交镇双塔村，

◆双塔村中共中央后委机关旧址

5 月，中央外事组在双塔村成立。

双塔村是中央后委、中央特别会计室、中共中央外事组等重要机关驻地，叶剑英、杨尚昆住该村领导后委工作，毛泽东 1948 年 3 月经吕梁赴西柏坡路居此地。中央后委包括中央军委一、二、三局和卫生部一部，中央办公厅、城工部、交际处、外事组、立法委员会、妇委、社会部、中央秘书处和警卫团一部及烈士家属等。这些机关到达临县后，分别驻扎在湫水河沿岸的 40 多个村镇。临县地方政府除安排加强保卫工作外，还保证粮草供给。

中央后委是中央的参谋部，是人员和物资的中转站，是中央前委、工委和全国各方面的联络中心，其首要任务是协助留在陕北主持中央工作的毛泽东、周恩来、任弼时率领的党中央指挥全国的解放战争。中央军委的电台 90% 以上都集中在三交镇，党中央、中央军委的命令、指示，绝大多数都由后委转达。各战略区和国民党统治区地下党的许多电报，也是由后委向中央转报的。中央后委通过上传下达使中央前委、工委和各战略区、野战军及地下党，形成一个严密而灵活的整体。

1948 年 3 月，中共中央根据人民解放战争胜利进展的情况，决定毛泽东、周恩来、任弼时率中央机关离开陕北，前往晋察冀解放区，同中央工委、后委机关会合。杨尚昆留下等待毛泽东等人的到来，叶剑英率领后委机关部分人员离开双塔村，向晋察冀解放区进发。

3 月 23 日毛泽东东渡黄河，于 24 日抵达中央后委驻地双塔村。毛泽东在双塔村薛仁德院住了两个晚上。3 月 25 日下午，召开了党中央和后委全体同志参加的行军动员大会。5 月，中央后委与党中央、中央工委在河北建屏县西柏坡村（今属平山县）会合，中央后委历史使命结束。

临县双塔村中共中央后委机关旧址于 2009 年被山西省委、省人民政府公布为山西省爱国主义教育基地。

八路军前方总部旧址

八路军前方总部旧址位于山西省晋中市左权县麻田镇上麻田村。

八路军总部机关于 1941 年 7 月 1 日从武军寺村移驻上麻田村，一直到抗日战争胜利结束的 1945 年 9 月 2 日离开。这期间除短期战略转移外，八路军总部机关一直在麻田驻扎。当时，麻田为华北地区的军事、政治、经济、文化中心，朱德、彭德怀、邓小平、左权、罗瑞卿、徐向前、聂荣臻、杨尚昆等老一辈无产阶级革命家长期在这里生活和战斗。

积极开展反“扫荡”、反“蚕食”斗争和反“治安强化运动”。百团大战后的 1941 年，是华北敌后抗日根据地处于极端困难的一年，日本法西斯于 1941 年 1 月制定《反华长期作战指导计划》，企图在进行军事“扫荡”的同时，结合政治、经济等各项措施，彻底清除共产党、八路军，稳固华北占领区。为此连续开展了五次治安强化运动，妄图最终达到治安区（即敌占区）由10%提高到70%，未治安区（即抗日根据地）由30%降到10%的目的。

面对敌后抗战的困难局面，八路军总部在麻田根据中共中央的指示及华北的具体情况，先后发出对敌斗争指示，做出认真建立具有独立性的军区工作，广泛组织地方武装，坚持华北抗日斗争，保卫根据地等决定，指示八路军展开全面的对敌斗争，进行反“扫荡”、反“蚕食”和反治安强化运动。中共中央北方局、八路军总部指挥华北军民开展艰苦卓绝的对敌斗争，终于彻底粉碎了敌人的罪恶阴谋。

◆八路军前方总部旧址

军民同舟共济渡过难关。华北抗日根据地从1941年至1943年进入困难时期，敌人频繁的“扫荡”、“蚕食”和连续不断的治安强化运动，再加上八路军总部驻扎的太行区遭受严重的旱灾，更使根据地面临严峻的考验。面对严重的困难，1943年10月6日，中共中央决定：中共太行分局并入中共中央北方局，邓小平接替彭德怀任中共中央北方局代理书记，并主持八路军前方总部工作，挑起领导华北敌后根据地抗日的重任。邓小平在麻田主持中共中央北方局和八路军前方总部工作后，面对各种困难和纷繁复杂的形势，号召太行区军民紧急动员，制止内战，誓做陕甘宁边区后盾，并果断地做出了加强经济建设的决策。为打击敌特嚣张气焰，北方局在麻田发出《对太行区的除奸反特问题指示》，开展了声势浩大的除奸反特运动。八路军前方总部在开展除奸反特和大生产运动的同时，根据中共中央关于开展整风运动的决定，及时开展整风及时事教育。为激励广大军民生产节约的积极性，滕代远参谋长、杨立三副参谋长深入基层调查研究，大胆果断地制定了“滕杨方案”。这个方案从八路军前方总部机关带头实行，继而推行到整个华北各解放区，通过普遍的生产节约运动，密切了军民关系，大大促进了根据地农业的发展。

渡过严重困难的局面后，中共中央北方局和八路军前方总部根据党中央的指示精神，于1944年春展开局部反攻，相继发动了春、夏、秋、冬攻势。同时，八路军分兵转入外线，进军河南，扩大水东，开辟水西，发展豫东抗日根据地，开辟豫西根据地。

随后，八路军前方总部指挥部队在华北各地发动了1945年的春季攻势作战，华北各抗日根据地迅速扩大，有力地推动了根据地的各项建设。春季攻势结束后，八路军前方总部于5月29日发布了夏季攻势命令，先后进行了雁北战役、察南战役、热辽战役和大清河战役等。

八路军前方总部旧址占地面积4700平方米，其中展室面积为697平方米，馆藏革命文物183件，陈列图片370幅。现有3个院落，房屋36间，由八路军总部机关旧址、邓小平旧居、左权旧居、罗瑞卿旧居等组成。

八路军前方总部旧址于1996年11月被国务院公布为全国重点文物保护单位；1995年3月被山西省委、省人民政府公布为山西省爱国主义教育基地，2005年11月被中央宣传部公布为全国爱国主义教育示范基地。

山西抗日五专署旧址

山西抗日五专署旧址位于山西省长治市城区南石槽村裴宝棠旧居。

1937年10月，山西第五行政区政治主任公署成立，次年2月改称山西第五行政区督察专员公署（简称抗日五专署），机关驻在长治城省立第四女子师范学校（今天的长治师范学校），辖屯留、长子、壶关、长治、平顺、陵川、沁水、阳城、高平、晋城、浮山、潞城12县。

◆山西抗日五专署旧址

1938年6月，共产党员戎伍胜（戎子和）担任山西省第五行政督察专员公署专员，杨献珍任秘书主任。1939年初，日军飞机不断轰炸长治城，并重点轰炸抗日五专署驻地，抗日五专署遂迁至长治东南部靠山的南石槽村，在豪绅裴宝棠家东院办公。1940年8月，冀南太行太岳行政联合办事处成立，山西省第五区行政督察专员公署使命终结。

抗日五专署是抗战初期国共两党合作统一战线特殊形式下的政权。从1938年至1940年，山西省第五区行政督察专员公署在中共中央北方局和地方党组织的领导下，专员戎伍胜、秘书主任杨献珍等正确运用山西省抗日民族统一战线的特殊形式和公开身份，以《抗日救国十大纲领》为原则，结合专署工作的实际，制定了各项方针政策，在掌握地方政权、发展地方武装、壮大抗日力量、发展战时经济和培养干部方面作出了贡献。

山西抗日五专署旧址是典型的明清式建筑，上党民居，占地面积 2000 平方米，两个院落，60 余间房屋。2008 年，由长治市城区人民政府出资，历时一年多，对旧址进行了修缮并设置展区。展区占地面积 4517. 2 平方米，展厅展出历史图片 500 余幅，革命文物 500 余件。展览内容共五部分：第一部分为专员公署成立和党坚持统一战线方针政策；第二部分是展示共产党人戎伍胜担任专员后卓有成效的工作；第三部分为第三、第五专署拥蒋大会；第四部分为专署和路东办事处领导抗日斗争；第五部分为专署的终结及在山西抗日战争中的地位及影响。

山西抗日五专署旧址于 2009 年 12 月被山西省委、省人民政府公布为山西省爱国主义教育基地。

八路军总部北村旧址

八路军总部北村旧址位于山西省长治市潞城市店上镇北村。

抗日战争全面爆发后，八路军东渡黄河，挺进太行。1938 年 10 月 25 日，先遣部队进驻潞城北村一带。12 月 21 日，八路军总司令部进驻北村。朱总司令、彭副总司令、左权副参谋长等在这里领导开辟了华北抗日根据地，指挥华北人民抗日战争。

◆八路军总部北村旧址

从 1938 年 10 月 25 日至 1939 年 7 月 8 日八路军总部在北村驻扎长达 256 天。期间，朱德、彭德怀及左权、杨尚昆、刘伯承、邓小平等汇聚在北村，在中共六届六中全会精神指引下，发动全民抗战，举办高级党校，培训县团以上抗日干部，整训军队，先后成立晋东南农、工、青、妇、武、文等抗日救国总会，和国民党顽固派多次谈判，达成《坚持河北抗战八大纲领》，促成了华北国共合作抗日局面。朱德总司令在这里挥毫写下了《太行春感》、《八路军抗战两周年来的经验教训》等诗篇和光辉论著；彭德怀副总司令发表了《坚持河北抗战与巩固团结》、《对敌作战的战术问题》等文章；左权副参谋长发表了《伏击战术》、《袭击战术》、《坚持抗战两周年中之八路军》等文章。1938 年 4 月，国民政府任命朱德为第二战区副司令长官的任职典礼曾在这里举行。

八路军总部北村旧址坐北朝南，大门隔着世纪西街正对北村小学，东西北三面均为民居，东北面是中共中央北方局北村旧址。旧址大院总面积为1100平方米，建筑占地面积为420平方米，为具有北方特色的砖木结构的四合院。旧址大门上的鎏金匾额书有“八路军总部北村旧址”，为杨尚昆1990年3月8日题写。七间北房是总部作战室，现在陈列着当年朱总司令、彭副总司令、左权副参谋长及北方局书记杨尚昆等在北村时的230幅珍贵照片、56件实物和50余万字的资料。西房是朱总司令的住处，东上房三间是彭副总司令和夫人浦安修的住处，朱总和彭总的住房中央分别陈列着他们的大型玻璃钢金塑像。东下房二间是左权副参谋长的住处。

八路军总部北村旧址于2006年5月被国务院公布为全国重点文物保护单位；2005年1月被山西省委、省人民政府公布为山西省爱国主义教育基地。

黎城冀南银行旧址

黎城冀南银行旧址位于山西省长治市黎城县黄崖洞镇小寨村。

1938年至1939年初，冀南、太行根据地受到日伪军严密封锁和“扫荡”，日伪货币和地方杂钞泛滥，物价飞涨，国民党断绝八路军供给，边区财政经济遭受严重破坏。中共中央北方局和八路军总部决定组建独立金融机构，发行根据地本位币，以发展根据地经济，坚持长期抗战。1939年9月16日，冀南行政主任公署以财字17号令宣布在晋冀鲁豫边区成立冀南银行。

◆黎城冀南银行旧址

1939年10月15日，冀南银行成立，总行设在山西黎城黄崖洞镇小寨村，下设6个办事处（分行）。同时在本镇多个村建立了印刷厂和铅印所，是冀南银行的主要印刷机构。以后冀南银行总行又迁至河北涉县索堡、武安县城、邯郸市等。1948年冀南银行与晋察冀边区银行合并为华北银行，随后又与北海银行、晋西北农民银行、陕甘宁边区银行合并成立中国人民银行。

1943年初，日军对小寨村“扫荡”，村民霍星斗一家9人和其余7名群众不幸被捕遇难，但至死未泄露银行机密。

黎城冀南银行旧址占地面积800平方米，房屋保存较完好，陈列物品征集有薄一波题词、图片资料、实物等达几百件，现有纪念馆、政治部、总行办公地三处院落。1994年10月15日，中共黎城县委、县政府举行冀南银行成立55周年纪念活动，举行了冀南银行纪念馆剪彩暨冀南银行纪念碑揭幕仪式。

◆黎城冀南银行旧址内景

黎城冀南银行旧址于2009年12月被山西省委、省人民政府公布为山西省爱国主义教育基地。

太岳军区司令部旧址

太岳军区司令部旧址位于山西省长治市沁源县阎寨村。

◆太岳军区司令部旧址

1939年12月阎锡山策动晋西事变后，陈赓奉八路军总部命令，率领129师386旅及总部特务团进驻太岳区，与决死一纵队配合，给进犯太岳区的国民党27军以沉重打击。1940年6月，为统一领导太岳区的武装力量，成立太岳军区，司令员陈赓，政委薄一波。军区成立伊始，驻于阎寨村崔家大院，同年10月，日军对沁源发动空前残酷的大“扫荡”，阎寨村化为一片废墟。在这种情况下，太岳区领导号召军民挖窑洞安居，继续战斗。村东土崖下现存的13孔土窑洞，是当年军区首长带领官兵自己动手挖掘的。窑成之后，司令部即移居于此，陈赓、薄一波、王新亭、毕占云等主要领导在这里居住生活了三年，领导和指挥太岳区军民同日本侵略者进行了艰苦卓绝的斗争。

◆太岳军区司令部旧址院内

太岳军区司令部旧址现存土窑洞27孔。旧址分东西两部分，西边是太岳军区司令部办公区，有窑洞10孔，住有司令部、政治部、参谋部、警卫班、炊事班等，陈赓、薄一波、王新亭、毕占云均在此居住。东边是部队驻扎区，有窑洞17孔。

太岳军区司令部旧址于1986年8月被山西省人民政府公布为山西省重点文物保护单位；1995年3月被山西省委、省人民政府公布为山西省爱国主义教育基地。

中共中央北方局王家峪旧址

中共中央北方局王家峪旧址位于山西省长治市武乡县韩北乡王家峪前庄。

1939年7月，中共中央北方局随八路军总部由潞城北村移驻武乡县堙里村。同年10月，因砖壁和堙里村水源奇缺，八路军总部和中共中央北方局便移驻距此10公里处王家峪村，总司令部移驻王家峪后庄，北方局驻前庄李国平家。

中共中央北方局在王家峪驻扎期间，领导所属机关和华北地方党组织，配合八路军总部和129师执行中共中央的抗战方针，为创建华北抗日根据地作出了贡献。1940年1月12日，杨尚昆在武乡县王家峪召开北方局扩大会议，讨论了统一战线与反磨擦斗争的策略与政策，指示各地军民本着“人不犯我，我不犯人，人若犯我，我必犯人”的原则对国民党顽固派进行针锋相对和有理、有利、有节的斗争。

◆中共中央北方局王家峪旧址

中共中央北方局王家峪旧址坐北朝南，东西17米，南北22米，占地面积374平方米，三合农家小院，包括杨尚昆旧居，北方局秘书处、组织部、宣传部办公室旧居。现存大门、正房、南房、西房和院落。旧址陈列室展出历史照片60余幅和文物50多件。

中共中央北方局王家峪旧址于1995年3月被山西省委、省人民政府公布为山西省爱国主义教育基地。

八路军总部王家峪旧址

八路军总部王家峪旧址位于山西省长治市武乡县韩北乡王家峪村。

◆八路军总部王家峪旧址

1939年10月11日，八路军总部从砖壁进驻王家峪，1940年10月5日迁回砖壁，八路军总部在此驻扎共360多天。朱德、彭德怀、杨尚昆、左权、刘伯承、邓小平、陆定一、杨立三等老一辈革命家曾在这里生活、战斗，指挥华北各抗日根据地的游击战争。当时八路军总部驻张昌绪院内，朱德总司令住东屋，左权副参谋长住南屋，彭德怀副总司令住东院西房。

八路军总部驻扎王家峪期间，正值日军向根据地疯狂进犯。1940年6月，日军占领武乡县段村，矛头直指八路军总部所在地。朱德总司令坚定不移地执行党在统一战线中独立自主的原则，对国民党顽固势力进行了有理、有利、有节的斗争。1939年12月至1940年1月，总部电台曾先后发出《朱、彭总副司令通电全国反对枪口对内、进攻边区》、《朱德同志就山西“十二月政变”发表谈话》等电讯，晓以民族大义，电请国民党与中共杜绝磨擦，巩固团结，坚持抗日，并制止了阎锡山进攻山西新军的势态扩大。1940年2月，朱德总司令、左权副参谋长和杨尚昆、陆定一等，在总部和国民党97军军长朱怀冰进行谈判，但他仍不放弃进攻。1940年3月5日至8日，八路军13个团一举歼灭朱怀冰3个师，击退了国民党顽固派的第一次反共高潮。

1939年12月21日，朱总司令在王家峪总部接见了从延安来的印度援华医疗队的柯棣华、巴苏华、爱德华等国际友人。是年冬，朱总司令在此奋笔写下《寄语蜀中父老》诗篇：“伫马太行侧，十月雪飞白，战士仍衣单，夜夜杀倭贼。”1940年清明节前后，朱总司令带领军民开展生产自救和植树造林，组织总部机关和抗大学员，仅在王家峪一带植树2万余株。朱总司令还亲手在王家峪的寨湾栽下一棵白杨树。60多年过去了，这棵白杨树不仅树身笔直挺拔，树冠枝繁叶茂，更令人叹为观止的是，此树枝的横断面有一个鲜艳的五角星，当地人称之为“红星杨”。老百姓说，这是朱总把自己的心留在了太行，白杨红星成为武乡的一大奇观。

八路军总部王家峪旧址为并列三院民宅，坐北朝南，东西长78.8米，南北宽30米，占地面积2364平方米。北窑8孔，东西南房24间，现保存完好。旧居内皆按总部首长当年的生活和办公情况进行了复原陈列。遗址遗迹有朱德、刘少奇、彭德怀、左权、刘伯承、邓小平、陈赓、陈锡联等领导人的旧居，朱总司令种过的小菜园，总部篮球场，朱总司令手植的“红星杨”等。

八路军总部王家峪旧址于1961年3月被国务院公布为全国重点文物保护单位；1995年3月被山西省委、省人民政府公布为山西省爱国主义教育基地。

八路军总部砖壁旧址

八路军总部砖壁旧址位于山西省长治市武乡县蟠龙镇砖壁村。

1939年7月15日，正当日军对晋东南抗日根据地发起第二次九路围攻之际，八路军总部机关由潞城北村经黎城霞庄进驻砖壁村。总部在砖壁指挥八路军粉碎日军对晋东南的围攻和“扫荡”后，除少数人员留守砖壁外，总部机关又于1939年10月11日迁至西南10公里处的王家峪。1940年3月敌占段村后，总部于6月27日又返迁砖壁。1940年11月4日，总部移至辽县（今左权县）的武军寺。1942年5月反“扫荡”后，彭副总司令又率领总部机关第三次进驻砖壁村，并在此召开了左权烈士追悼会，不久即赴太岳区，后又返麻田、武军寺。

八路军总部在砖壁驻扎期间，朱总司令住新窑院的南房，彭副总司令住在李家祠堂，左权副参谋长住奶奶庙，总部参谋处办公室设在玉皇庙正殿，总会议室在玉皇庙献殿。总部一科（作战科）参谋人员住玉皇庙东、西配殿，总部秘书处办公室和秘书处下设的参议室安排在玉皇庙戏台以及戏台的东、西耳房，刘伯承、邓小平住魏春花家，其他机关分别驻在砖壁驻地周围的村子

◆八路军总部砖壁旧址

◆武乡砖壁村左权副参谋长旧居

里。从此，砖壁这样一个普普通通的村庄，便成为华北抗日前线的指挥部。刘伯承、邓小平、徐向前、陈赓、杨尚昆、陆定一、傅钟、杨立三等八路军领导人经常来总司令部参加党政军重要会议。1940 年 9 月 23 日，中共中央北方局在砖壁召开了党的高级干部会议。1940 年 7 月，彭德怀副总司令、左权副参谋长、罗瑞卿主任和刘伯承、邓小平、徐向前、聂荣臻、吕正操等八路军领导人，在此部署的百团大战，对全国抗日战争形势的发展起了积极的作用。

八路军总部砖壁旧址于 1963 年 3 月被国务院公布为全国重点文物保护单位；2005 年 1 月被山西省委、省人民政府公布为山西省爱国主义教育基地。

武乡柳沟兵工厂旧址

武乡柳沟兵工厂旧址位于山西省长治市武乡县蟠龙镇柳沟村。

柳沟兵工厂是抗日战争时期八路军总部在武乡办的一个著名的兵工厂。1937 年秋冬，因抗日急需武器弹药，在八路军工作团的领导下，由工人抗日救国会出面，经武乡县政府批准，筹建小型兵工厂。主要负责人有杜生旺、贾志厚、王化南等。厂址先在县城（今故县）西门外的城隍庙，后因敌机轰炸，搬到魏家窑关帝庙，但因地方小，又迁到松庄附近的佛爷滩。工人住在民房里，设备是发动群众就地取材自建的。刚成立时名为“武乡抗日武装自卫队铁工厂”，后因县政府所在的旧县城背靠鼙山，故定名为“鼙山

◆武乡柳沟兵工厂旧址

工厂”。技术工人大都是1937年太原沦陷后返回家乡的兵工技术工人（40多个），一小部分是附近农村的小手工业者，共有职工50余名。主要生产大刀、长矛。1938年4月，工厂模仿部队用的短枪，试制了镢把子枪（土手枪）。1938年，日军九路围攻晋东南，4月14日，敌人占领了武乡县城，该厂被迫停产，工人只好埋藏了工具和原料打游击。4月16日，八路军取得长乐战斗大捷，缴获了敌人大量武器和军用物资，为鼙山工厂提供了军火样品和原料。工厂工人逐步发展到150人，并请原在太原无烟药厂的工人李盘明、籍三满、魏福珍等来厂指导，成功研制了手榴弹。

为解决大批量生产手榴弹的原材料来源问题，工厂于1938年夏季迁至煤铁资源丰富的柳沟、马岚头，和当地的开源公司、成城铁厂、永恒铁厂，以集资入股的办法合股生产。到1938年底，兵工厂有职工260人，每天可以生产手榴弹7000多枚，地雷6500多枚。1939年4月，为加强兵工生产领导，经朱德总司令亲自到厂协商，决定由八路军总部第六科接管鼙山工厂，改名为“八路军总部柳沟铁厂”。

武乡柳沟兵工厂旧址于2009年12月被山西省委、省人民政府公布为山西省爱国主义教育基地。

沁水抗大太岳分校旧址

沁水抗大太岳分校旧址位于山西省晋城市沁水县土沃乡南阳村。

1943年春，中国人民抗日军政大学太岳分校奉上级命令，从岳北转移到沁水南部的下川地区，为缩小目标，迷惑敌人，改名为“太岳军区历山大队”。5月，太岳军区粉碎了日军“扫荡”之后，历山大队从下川地区转移到沁南县政府所在地——南阳，大队部设在南阳村东头的玉皇庙内。

◆沁水抗大太岳分校旧址院内

太岳抗大分校的校长由八路军386旅旅长陈赓兼任。办学方针是：坚定正确的政治方向，艰苦朴素的工作作风，灵活机动的战略战术。学校分五个连，以班为单位安排学习，以排为单位安排课余生活和校外活动。三期学员共有600多人，以旅级建制。

旧址建筑面积1500平方米，为一进双门，三阁两厅，分前后两个大院。大队部设在后院东厢房，政治部设在后院西厢房。正北大殿是抗大俱乐部的展览馆。院中心宽敞明亮的阁楼大厅，摆着整齐木凳和石桌，大厅前方挂着鲜红长幅，上写学校校训："团结、紧张、严肃、活泼"。大厅后墙有战士办的墙报。大门左侧挂着"太岳军区历山大队"标志牌。

2006年，由市、县筹集资金对后院大宝殿的屋顶，东、西厢的一层和院落进行修缮，并在大宝殿和东西厢房建立了5个图片展览室和7个实物展厅，陈列有120余件实物和200余幅图片以及抗战时劳动自救生产劳动工具和部分作战武器。

沁水抗大太岳分校旧址于2009年12月被山西省委、省人民政府公布为山西省爱国主义教育基地。

洪洞马牧村八路军总部旧址

洪洞马牧村八路军总部旧址位于山西省临汾市洪洞县辛村乡马牧村。

1937年11月21日，八路军总司令朱德、副总司令彭德怀率领八路军总部由安泽的白素转抵洪洞苏堡镇，经洪洞河西韩家庄、高公村，12月30日移驻赵城县马牧村（现属洪洞县）。在马牧村期间，八路军总部开展了一系列重大活动。1938年1月1日，朱德总司令、彭德怀副总司令到洪洞杜戍检阅了115师686团。1月上旬，在万安召开了欢迎李公朴、美国记者斯特朗的群众大会。1月12日，总政治部副主任邓小平在马牧写了《动员新兵及新兵政治工作》一文。1月23日，左权副参谋长于总部着手编写《新战士的军事教育》一书。1月31日（农历正月初一），第二战区副司令长官卫立煌、第14军军长李默庵，第9军军长郭寄峤乘车从临汾土门来到马牧总部驻地，向朱德总司令、彭德怀副总司令等人拜年，总部在马牧村东的娘娘庙召开欢迎会，丁玲带的西北战地服务团在欢迎会上演出了以抗日为主要内容的文艺节目。2月20日，总部离开洪洞，开赴太行山区。

◆洪洞马牧村八路军总部旧址

洪洞马牧村八路军

总部旧址为清代中晚期建筑，坐西朝东，占地面积1436.6平方米。现存大门、影壁、正房和东西厢房共6栋23间。

洪洞马牧村八路军总部旧址于2009年12月被山西省委、省人民政府公布为山西省爱国主义教育基地。

夏县堆云洞嘉康杰革命活动旧址

夏县堆云洞嘉康杰革命活动旧址位于山西省运城市夏县水头镇上牛村洞沟。

◆夏县堆云洞嘉康杰革命活动旧址鸟瞰

堆云洞是一处道观，地处偏僻，有利于开展地下革命活动。1922年，革命先驱嘉康杰（字寄尘，1890—1939）在此道观创办了平民中学，把这里作为传播新思想新文化的讲坛，招收北方九省学员达1200余人，其中大部分后来成为革命活动的中坚力量。1928年3月，中共山西省委遭到严重破坏后，山西临时省委于1928年6月在夏县堆云洞召开了河东地区党的会议，夏县、闻喜、解县、安邑等县20多名党员代表参加了会议，会议由冯彦俊主持，选举产生了中共河东特委。

1929年3月25日，中共中央鉴于山西省委屡遭破坏，发出周恩来起草的《致顺直省委汪铭同志的指示信》（即“三·二五”指示），强调河东工作的重要性，指出：“河东有七县范围，工作不可忽视……”1929年6月2日，中共顺直省委特派员汪铭到河东巡视工作。6月7日至8日，在夏县堆云洞召开了党的会议，省委特派员汪铭、河东特委负责人范希蠡以及嘉康杰、金长庚、南玉山、张笠青6人参加了会议。

夏县堆云洞会议后，中共河东特支按照中共中央和顺直省委稳步前进、积蓄力量的指示精神，和会议确定的工作任务，先后整顿、恢复了夏县、安邑、闻喜、新绛等县及运城党的组织，建立了中共虞（乡）临（晋）永（济）支部、临晋吴王渡士兵支部，组织领导了运城学生反对贪官污吏的斗争，揭露土豪劣绅趁1929年大旱勾结官府盘剥人民的罪行。

◆嘉康杰生平事迹展览馆

1929年夏，中共顺直省委特派员汪铭、中共河东特支书记范希蠡相继被捕后，河东组织再次与上级党组织失掉联系，在此危难之时，嘉康杰挺身而出，几经辗转到达天津，恢复了与中共顺直省委的联系。嘉康杰以堆云洞为中心，秘密开展党的活动，先后在襄陵、绛县等县建立了党的组织，并于1934年5月在绛县的华山庙组建了河东地区第一支中国共产党领导下的人民革命武装——绛县红军游击队。1936年春，在夏县发动了中条山武装暴动，成立了红军晋南游击队。1937年底至1938年初，八路军在河东扩兵，嘉康杰在一个月时间动员3000多名青年参加了八路军。晋西南区党委书记林枫1945年7月在延安晋绥座谈会上发言指出，“那次扩兵本身是个收获，嘉康杰那个老同志作用很大”，他“是个老的共产党员，是个群众的领袖”。

夏县堆云洞嘉康杰革命活动旧址始建于元代初年，扩建于明代，兴盛于清代中叶，是一处道观建筑群，因其位居于稷王山麓，隐匿于黄土沟壑之间，因建筑群远观如云朵叠加，进穴崖而入，洞阶相连，故名“堆云洞”。历经明清时期的增筑扩建，形成了房上建房，院中套院，洞里藏洞，道法自然，层叠构筑的建筑奇观，素有“小布达拉宫”之称，建筑面积1万多平方米。至今堆云洞留有秘密印刷车间、地道、井中通道、藏身通道等革命遗址，在堆云洞两厢房和西厅堂设有河东特委、平民中心和嘉康杰事迹展。

夏县堆云洞嘉康杰革命活动旧址于2005年1月被山西省委、省人民政府公布为山西省爱国主义教育基地。

闻喜陈家庄太岳三地委机关旧址

闻喜陈家庄太岳三地委机关旧址位于山西省运城市闻喜县城西。

在抗日战争和解放战争时期，中共稷麓县委、县政府，中共太岳三地委、三专署，太岳军区三分区司令部等党政军机关都在这里驻扎过。嘉康杰、柴泽民、金长庚等一大批共产党人都曾在这里居住并领导革命工作。

1939年冬，时任夏县中心县委书记柴泽民带领康支队进驻陈家庄。1940年，由于叛徒告密，中共闻喜县委机关暴露，遂由县委书记杨作杰把县委机关迁往陈家庄李建文家的窑洞里。1942年，孙定国领导的山西新军212旅，宋振山领导的九支队，樊马义

◆闻喜陈家庄太岳三地委机关旧址

领导的五大队，都先后在陈家庄一带反顽抗日，初步创立了以陈家庄为中心的稷王山革命根据地。1943 年 1 月，在陈家庄村建立了闻喜县第四区抗日民主区政府，这是河东地区第一个共产党领导的抗日民主政权。1945 年 5 月起，中共稷麓县委、县政府机关较固定地驻在陈家庄。1945 年 7 月，中共太岳三地委、三专署、三分区司令部党政军机关相继从中条山下奇峰村迁往陈家庄。三地委下属单位有电台、晋南日报社、印刷厂、宣传队、贸易公司、兵站、医院等三十余家，这些机构全部设在老百姓的窑洞里。

1946 年4 月8 日，王若飞、叶挺、博古等5 名同志因飞机失事不幸遇难，中共稷麓县委、县政府于4 月12 日在陈家庄村召开了万人公祭大会。1946 年 5 月，中共太岳三地委在陈家庄的大窑里，由柴泽民书记主持召开了全区土改工作会议。1947 年 7 月，闻夏战役胜利。1948 年1 月至3 月，太岳三地委、三专署、三分区司令部相继从陈家庄迁出。

陈家庄现在保留的有 1936 年 5 月河东党组织联络旧址，中共稷麓县委、县政府旧址，中共太岳三地委、三专署、三分区司令部旧址、太岳三地委土改工作会议旧址——陈家庄大窑、太岳三分区政治部和地委书记柴泽民住址，以及 40 多平方米的革命老区陈家庄纪念馆。该馆建于 2009 年6 月，内有展板 10 个，以图文并茂的形式介绍了革命老区陈家庄的历史。

闻喜陈家庄太岳三地委机关旧址于 2009 年 12 月被山西省委、省人民政府公布为山西省爱国主义教育基地。

米峪镇战斗遗址

米峪镇战斗遗址位于山西省太原市娄烦县米峪镇国练村。

1940 年 6 月 12 日至 19 日，日军 2500 余人分九路向晋西北根据地进犯，对久峪地区的八路军进行合击。由静乐向文水、交城山区对久峪进犯之敌一路 700 余人退至米峪镇。17 日至 19 日在八路军第 358 旅旅长张宗逊、政委李井泉的指挥下，第 358 旅第 4

团、第716团、第2支队在米峪镇和国练村等地向日军发起战斗，战至18日，残余日军溃退到国练村程家大院，716团经过连续攻击，共歼灭日军500余人，俘虏日军4人，八路军也有102名指战员牺牲，325人负伤。米峪镇战斗打击了日军的嚣张气焰，是晋西北军民抗日战争的一次重大胜利。

◆米峪镇战斗遗址

战斗遗址程家大院，坐西朝东，南北长24.8米，东西宽24.63米，占地面积610.8平方米，四合院布局，现仅存正房。正房为石砌窑洞8孔，窑洞上原有木结构楼阁2间，在战争中被焚毁，遗址上弹坑、焦痕至今清晰可见。米峪镇战斗遗址与米峪镇战斗纪念碑、烈士陵园共同组成米峪镇战斗纪念地。

米峪镇战斗遗址于2009年12月被山西省委、省人民政府公布为山西省爱国主义教育基地。

平型关大捷遗址

平型关大捷遗址位于山西省大同市灵丘县西南蔡家峪、小寨、乔沟、白崖台、关沟一带。

1937年9月中下旬，沿津浦铁路、平汉铁路南下的日军，分别占领河北沧州、保定等地。沿平绥铁路推进的日军进入山西北部，占领天镇、广灵、大同。阎锡山指挥的晋绥军纷纷向雁门关方向撤退。进驻五台的八路军总部指示第120师从西面驰援雁门关；第115师从东面配合友军作战，对从灵丘增援平型关之敌实施攻击。9月22日，日军第5师团（师团长坂垣征四郎）一部首先从灵丘向平型关方向进犯，23日和24日在平型关正面及团城口与中国守军发生激战。9月24日，第115师主力冒雨由冉庄向平型关东北的白崖台前进，在小寨村至老爷庙公路附近山地设伏。9月25日晨，日军第5师团第21旅团一部进入八路军的伏击区。八路军利用居高临下的有利地形，突然发起猛烈攻击，并充分发挥近战和山地战的特长，对陷入混乱的日军实行分割、包围，与敌进行白刃格斗，歼敌1000余人，击毁汽车100余辆，缴获一批辎重和武器。9月24日至25日，担任钳制、阻击任务的第115师独立团，截断涞源、灵丘之间的交通线，在

◆平型关大捷遗址

腰站地区打退日军增援部队的多次冲击，歼敌300余人。

平型关大捷遗址纪念地，包括平型关大捷纪念馆、纪念碑、将帅广场，主战场乔沟，老爷庙争夺战遗址，115师指挥所遗址，林彪、聂荣臻临时驻所旧址，平型关关口遗址，上寨动员会旧址，驿马岭（腰战）阻击战遗址和115师师部旧址等。平型关大捷纪念馆，1970年由北京军区主持修建，1971年9月闭馆。1990年遵照聂荣臻元帅指示，经修缮后重新开馆。2006年由国家和河北省及有关县拨款进行改扩建和重新布展。改扩建后的纪念馆内基本陈列由序厅、三个主展厅和半景画馆组成，二楼设缅怀厅和观景台。

◆平型关大捷纪念馆

平型关战役遗址于1961年3月被国务院公布为全国重点文物保护单位；1995年3月被山西省委、省人民政府公布为山西省爱国主义教育基地，2001年6月被中央宣传部公布为全国爱国主义教育示范基地。

黄崖洞兵工厂遗址

黄崖洞兵工厂遗址位于山西省长治市黎城县城西北90华里的水窑山上。

1938年11月，毛泽东在中共六届六中全会的报告中提出：“每个游击根据地，都必须尽量设法建立小的兵工厂，办到自制弹药、步枪、手榴弹的程度，使游击战争无军火缺乏之虞。”全会决定把提高军事技术，建立必要的军火工厂，准备反击实力作为当前紧急任务之一。根据这一决定，八路军总部于1939年5月成立了军工部，委派刘鹏为部长，领导太行山区的军事工业建设。7月，军工部遵照朱德总司令和左权副参谋长的指示，决定将韩庄修械所搬迁到地形隐蔽的黄崖洞，扩大规模，正式建设八路军的兵工厂。

◆黄崖洞兵工厂遗址

黄崖洞兵工厂坐落在洞南的一片山谷地带上，厂区四周被陡峭的群峰紧紧环抱，海拔1600米。黄崖洞兵工厂建设过程中，工程非常艰难，大量设备器材的运输，全靠人抬肩扛，大的设备不易搬运，就拆整为零，一人扛一个部件，锅炉拆成11片，一片一片地搬到黄崖洞，然后再铆起来重新安装。土建工程更为艰苦，缺乏砖瓦、木材，工程师陈志坚带领民工开山凿石，打石造房，不到半年，一栋栋以方石垒墙，石板做瓦，石灰联结的石头房沿山谷而起，工房、宿舍、办公区、俱乐部相继建成。工厂共建石房12栋，总建筑面积6000多平方米，分布在2平方公里的厂区内。最大的是钳工房，有1000多平方米，二层结构，楼下生产，楼上住宿。工厂共有机器设备40多部，其中有三节锅炉一台，25马力蒸汽机1台，车、刨、钻、冲等切削机床20多台，10千瓦直流发电机1台，能供部分照明。机械加工房使用蒸汽作动力，采用无轴皮带传动。动力设备共50马力，生产能力为月产步枪400支。

黄崖洞兵工厂建成投产时，取名为“八路军总部军工一所”，也称水窑工厂，对外称“八路军总部流动工作团”或“工兵营”，所长程明升（1941年4月调入延安，徐长勋接任）系20世纪30年代初日本早稻田大学机械系毕业生，副所长刘贵福系延安派来的老兵工出身的技术干部，教导员张先进（后为熊杰），副教导员叶桂生。工厂机构设有3个行政职能科室、3名政治干部、4个生产工作部。全所共有职工近千人。

兵二厂于1939年底建成投产，到1943年5月，生产的武器主要有五五式步枪、八一式步枪、五〇炮（又称掷弹筒）、五〇炮弹等，是当时我军在华北抗日前沿创建最早、规模最大的兵工基地，年产的武器弹药可以装备16个团。1995年7月，原国家主席杨尚昆故地重访，挥毫题写了“八路军黄崖洞兵工厂”。

1985年，黎城县委、政府根据当年兵工厂总工程师陈志坚的意见，请老兵工王应、李保生回忆，照原样修复1机工房、装配车间、锅炉房、图书馆。遗址同时保留当年兵工厂部、供销社，以及兵工宿舍、家属房等。

黄崖洞兵工厂遗址于 1995 年 3 月被山西省委、省人民政府公布为山西省爱国主义教育基地。

壶关常行村民兵抗日窑洞战斗遗址

壶关常行村民兵抗日窑洞战斗遗址位于山西省长治市壶关县东井岭乡常行村。

◆壶关常行村民兵抗日窑洞战斗遗址

常行村的地下蕴藏着丰富的煤炭资源，历史上就多处行窑采煤。山南与西面两个煤窑的巷道相通，其中一个巷道就在常行村下面。1943 年冬季，为了坚持对敌斗争，常行村党组织带领民兵从村中挖了一个口子与煤窑巷道接通，并把原有巷道加以改造，遂成为一道有三个出口（村外两个）、一个通气口（另一个井窑）的地下坑道。在村中的窑洞口上修筑了一个碉堡，一有敌情，群众就进洞躲防，由民兵在外面站岗、放哨、阻击敌人。

1944 年农历 7 月，常行村的干部、民兵及群众在窑洞坚持四天四夜，与日伪军进行了机智勇敢的战斗，受到了上级党委与政府的赞扬。在县里召开的群英会上，村武委会主任徐顺孩、民兵队长张小保被选为全县民兵杀敌英雄。1944 年 12 月，他们出席了晋冀鲁豫边区太行区在南委泉召开太行区群英会，被授予“腹心地区一等民兵杀敌英雄”的光荣称号，并发了“杀敌英雄”的奖章，各奖手枪一支。会上还奖给常行村民兵集体一面锦旗。新中国成立后，徐顺孩、张小保分别于 1951 年 9 月 30 日、1960 年 5 月出席了全国民兵代表会议，在北京怀仁堂和天安门受到毛主席、周总理、朱总司令等中央领导同志的亲切接见，并得到他们发的奖章和一支自动步枪。

壶关常行村民兵抗日窑洞战斗遗址于 1965 年 5 月被山西省人民委员会公布为山西省文物保护单位；1995 年 3 月被山西省委、省人民政府公布为山西省爱国主义教育基地。

屯留老爷山上党战役遗址

屯留老爷山上党战役遗址位于山西省长治市屯留县城西北。

老爷山，原名三峻山，在屯留县城西北25公里处，为上莲乡属地，东依白（圭）晋（城）铁路和晋太公路，西偎崇山峻岭，南瞰余吾古镇，北与襄垣县为邻，乃“三晋通衢”之地。

◆屯留老爷山上党战役遗址

抗日战争期间，八路军和县大队、游击队、民兵以老爷山为依托，和侵略者展开了长期的不屈不挠的英勇斗争。日军投降后，这里又是上党战役主战场。1945年9月中下旬，晋冀鲁豫军区司令员刘伯承、政委邓小平率部解放襄垣、屯留、潞城、壶关、长子五县城之后，于10月初在老爷山截住了阎锡山第7集团军司令彭毓斌和炮兵司令胡三余所率领的3个军8个师共2.2万余人的增援上党的部队，激战四天三夜，全歼增援上党之敌，对赢得上党战役的最后胜利起到了决定性的作用。

1985年屯留县在老爷山建起上党战役主战场烈士纪念亭，立碑一通，碑文记述了上党战役的经过和先烈们的英雄事迹。

屯留老爷山上党战役遗址于1965年5月被山西省人民委员会公布为山西省重点文物保护单位；1995年3月被山西省委、省人民政府公布为山西省爱国主义教育基地。

刘志丹将军殉难处

刘志丹将军殉难处位于山西省吕梁市柳林县三交镇党家寨村。

刘志丹（1903—1936），名景桂，今志丹县人。1922年考入榆林中学，任学生会主席，组织领导学生运动，1924年加入中国共产主义青年团，1925年转为中共党员，同年受党组织指派考入黄埔军校第四期学习，1926年秋毕业后参加北伐战

◆刘志丹将军殉难处纪念亭

争。1927 年大革命失败后，担任中共陕西省委秘密交通工作。1928 年 5 月参与领导渭华起义，任西北工农革命军军事委员会主席，后在陕北地区从事兵运工作，全力开创陕北革命根据地。1931 年 9 月，阎红彦、吴岱峰率中国工农红军晋西游击大队突破黄河天险进入陕甘，与刘志丹和谢子长一起将晋西游击大队改编为中国工农红军陕甘游击总队，对外暂称西北反帝同盟军（后改编为中国工农红军第 26 军），谢子长任总指挥，刘志丹任副总指挥（后任总指挥），开辟了以照金、南梁为中心的陕甘边苏区，此后，相继任陕甘边红军临时指挥部副总指挥兼参谋长、红 26 军 42 师师长、中共陕甘边军事委员会主席、西北革命军事委员会主席。他和其他陕北领导人开辟的陕甘苏区，成为中共中央和各路北上红军长征之后的落脚点。1935 年 10 月，刘志丹被任命为新组建的红 28 军军长。1936 年 4 月 14 日，时任红 28 军军长的刘志丹，在三交镇与阎锡山部队作战过程中，不幸中弹牺牲，时年 33 岁。

1936 年 4 月 24 日，中共中央在瓦窑堡举行追悼大会，沉痛哀悼刘志丹，毛泽东题词“群众领袖，民族英雄”，周恩来题词“上下五千年，英雄万万千，人民的英雄，要数刘志丹”。1936 年 6 月，中共中央和陕甘宁边区政府决定将保安县改名志丹县。

刘志丹将军殉难处，坐北向南，东西长 35. 4 米，南北宽 25. 8 米，占地面积 913. 32 平方米。1988 年，经山西省人民政府批准，柳林县委、县政府在三交镇鳌子圪塔刘志丹牺牲的地方修建了纪念亭，2009 年塑刘志丹烈士雕像。

刘志丹将军殉难处于 1986 年 8 月被山西省人民政府公布为山西省重点文物保护单位；2005 年 1 月被山西省委、省人民政府公布为山西省爱国主义教育基地。

◆刘志丹将军纪念碑

高君宇故居

高君宇故居位于山西省太原市娄烦县静游镇峰岭底村。

高君宇（1896—1925），原名高尚德，字锡三，山西省静乐县静游镇峰岭底村（今属娄烦县）人。五四运动时为北京大学学生组织负责人之一。1920 年与李大钊、邓中夏等共同组织马克思学说研究会。1920 年冬加入北京共产党早期组织。1922 年当选为中国社会主义青年团中央执行委员，中国共产党第二届中央委员，是山西党团组织的主要创始人。1925 年在北京逝世。该故居是高君宇的诞生地及 16 岁以前生活和学习的地方。

◆高君宇故居

高君宇故居建于清末同治年间高君宇的祖父时，依山而筑，坐北朝南，砖窑洞为主，共有房窑 70 余间，皆为灰砖青瓦，为晋西北农村特有的建筑风貌，被当地人称为高家大院。除了住宅外还有药店、油坊、粉坊、酿酒等作坊和菜园小花园。整个大院又分为东上院、东下院、中院、西院和西园子 5 座院落，占地面积约 4500 平方米，建筑面积约 1200 平方米。东上院和东下院以长工住宅和作坊为主。高君宇小时候经常到这里听长工讲述梁山好汉、李闯王和太平天国的故事。中院上下两层均为北向，上下层东西两侧原来都是厢房，下层是一排整洁的 7 孔窑洞，东侧第一孔内设砖砌梯可达二层平台，其余 5 孔原为管家、伙计们的住宅和账房、药店等贸易场所。二层平台正房 4 孔窑洞前有木构卷棚式的出檐，是当时高君宇父母亲和兄弟们的住房。从西往东的第三孔窑洞是高君宇当时学习和生活的住所，他参加革命后曾在这里撰写了大量的书信和文稿。

1995 年，正式立项修复高君宇故居。1996 年 10 月，高君宇故居修复完成并正式向游人开放。修复开放的高君宇故居是原高家大院的中院，院门上悬挂着由彭真题写的“高君宇故居纪念馆”木质牌匾。上院 4 孔窑洞陈列着高家当年的家具、灶具、用品等文物及人物照片、文房四宝、桌椅、柜、箱、被、褥、席、毡和锅、碗、瓢、盆、瓶、杯、盘等大小家具和日常用品。高君宇全身铜像屹立在下院的中央，修复高君宇故居记

◆高君宇故居内的高君宇生平事迹展览

事石碑也矗立在下院东侧。下院东起第二孔窑洞是高君宇的出生地，洞壁上悬挂着彭真、薄一波、许德珩等同志为高君宇的题词，其余 3 大孔窑内全部悬挂着介绍高君宇生平事迹和进行革命活动的 100 余幅照片镜框和 20 余个文物展柜，展览共分 11 个部分：“英雄自古出少年”、“五四运动健将”、“神州大地播火种”、“中共早期领导人”、“工人运动的领袖”、“国共合作呕心沥血”、“山西党团创建者”、“情系周邓当红娘”、“慧星迅忽英年早逝”、“洁玉爱情万古”、“故乡人民的业绩”。

高君宇故居于 1996 年 1 月被山西省人民政府公布为山西省重点文物保护单位；2005 年 1 月被山西省委、省人民政府公布为山西省爱国主义教育基地，2009 年 5 月被中央宣传部公布为全国爱国主义教育示范基地。

徐向前故居

徐向前故居位于山西省忻州市五台县东冶镇永安村。

徐向前（1901—1990），原名徐象谦，字子敬，山西省五台县东冶镇永安村人。1927 年 3 月加入中国共产党。元帅军衔。1924 年 4 月入黄埔军校，1925 年参加东征。大革命失败后，1927 年 12 月参加广州起义。1929 年任中共鄂豫边特委委员、鄂豫边革命军事委员会主席。1930 年任红

◆徐向前故居

一军副军长兼红一师师长，红四军参谋长、军长。1931 年至 1936 年任红四方面军总指挥。1931 年 11 月至 1934 年 1 月任中华苏维埃共和国中央革命军事委员会委员。1934 年 2 月当选为中华苏维埃共和国第二届中央执委会委员。参加了长征。红一、四方面军会师后，任红军前敌总指挥部总指挥。抗日战争时期，任八路军第 129 师副师长、八路军第一纵队司令员、陕甘宁晋绥联防军副司令员。解放战争时期，任晋冀鲁豫军区第一副司令员、华北军区副司令员兼华北军区第一兵团（后改称中国人民解放军第十八兵团）司令员、政治委员。1948 年 10 月至 1949 年 4 月任太原前线司令部司令员兼政治委员、中共太原前线总前委书记。中华人民共和国成立后，先后任中央人民政府人民革命军事委员会副主席、解放军总参谋长，中共中央军委副主席，第三届、四届全国人大常委会副委员长，国务院副总理，国防部部长。1955 年被授予元帅军衔。中共第六届（1935 年 8 月沙窝中央政治局会议增补）、七届、八届、九届、十届、十一届、十二届中央委员，第八届（八届十一中全会增补）、十一届、十二届中央政治局委员。

徐向前故居始建于清嘉庆、道光年间，原为坐北朝南的三处院落，三院浑然一体，并排相连。后因徐向前的祖父做生意赔本，为还清债务变卖家产，只留下现在的一处院落。

◆徐向前故居内景

由于家境贫寒，徐向前从小就养成了艰苦朴素、勤俭节约的高尚品德。10 岁时，入本村私塾读书，12 岁时，转到东冶沱阳高小学习。13 岁时，离开家乡到阜平一家书店当伙计，在此期间，他阅读了大量的军事书籍，为他后来成为知识渊博、文韬武略的军事家，打下坚实的基础。1919 年，考入山西省国民师范学校，1924 年考入黄埔军校第一期，从此便离开了故乡。1937 年，抗日战争爆发后，徐向前随朱德总司令回到家乡，看望了家乡父老，并在母校沱阳高小召集的群众大会上，发表了热情洋溢的讲话。此次回故乡，徐向前在家仅住了两天。此后，因国事繁忙，再没有回过家乡。

新中国成立后，院子已无人管理，后由无房居住的同族亲暂住。1958 年，二楼全部倒塌，除一层尚存外，余皆面目全非。对此破败景象，当地政府十分重视，曾拟重建，但被徐帅阻止了。

1990 年，徐向前元帅逝世后，从中央到地方各级领导非常重视徐帅故居的修缮工作，历经几年努力，陆续修复，于 1992 年正式对外开放。徐向前故居坐北朝南，一进两院，院内房屋均青砖通板瓦房，为典型的北方传统民居建筑。展览陈列有徐向前元帅战斗、生活、工作的珍贵照片 426 幅和珍贵实物，如徐向前元帅童年时学习用过的小木桌、1955 年毛泽东向徐向前授勋时的元帅礼服、徐帅用过的军装和羊毛衫等衣物以及徐帅亲笔书写的《石灰吟》和《龟虽寿》两首古诗原件等。

徐向前故居于 2006 年 5 月被国务院公布为全国重点文物保护单位；1995 年 3 月被山西省委、省人民政府公布为山西省爱国主义教育基地。

华国锋故居

华国锋故居有两处，分别位于山西省吕梁市交城县天宁镇永宁路 29 号、永宁南路 46 号。

◆华国锋故居

华国锋（1921—2008），原名苏铸，字成九，山西省交城县人。1938 年 10 月加入中国共产党。1938 年 6 月至 1945 年 8 月任山西省交城县牺盟游击队、县牺盟会秘书、县抗联主任兼分区农民部部长，中共交城县委宣传部部长兼抗联主任。1945 年 8 月至 1949 年 2 月任中共交城县委书记，晋绥八地委组织部副部长，阳曲县委书记，晋中南下支队一地委宣传部部长。解放后历任中共湖南省湘阴县委书记，湖南省湘潭县委书记，湖南省湘潭地委副书记、专员、地委书记，湖南省副省长，中共湖南省委书记处书记，湖南省革委会副主任、代主任，中共湖南省委第一书记，湖南省军区第一政治委员、省军区党委第一书记，广州军区政治委员、军区党委书记，国务院业务组副组长，中共中央政治局委员。1975 年 1 月至 1982 年 9 月任国务院副总理兼公安部部长，国务院代总理、总理，中共中央政治局委员、常委，中共中央第一副主席、主席，中共中央军委委员、常委、主席。2008 年 8 月在北京逝世。

永宁路 29 号华国锋故居建于清末民初。华国锋 1938 年 6 月，上交城山参加中国共产党领导的抗日革命队伍前在此院居住。该院落坐西朝东，四合院式建筑，建筑占地东西长 30.65 米，南北宽 12.05 米，有正房 5 间、倒座 5 间、南北厢房各 5 间，均为单坡屋顶，筒瓦屋面。该院落目前保存完好。永宁南路 46 号华国锋故居为清末民初南街贾姓建造，华国锋诞生于此院。该院落坐东朝西，四合院建筑，建筑占地东西长 36.31 米，南北宽 17.9 米，有正房 7 间、倒座 7 间、南北厢房各 8 间，均为单坡屋顶，布瓦屋面。该院落房屋目前主体结构有 80% 完好。

◆华国锋故居屋内

华国锋故居于 2007 年 10 月被山西省交城县人民政府公布为交城县文物保护单位。

彭真故居

彭真故居位于山西省临汾市侯马市新田乡垤上村西南。

彭真（1902—1997），1902 年 10 月生，山西曲沃人，原名傅懋恭。1923 年加入中国社会主义青年团，1923 年冬转为中国共产党党员。大革命时期，任中共山西太原支部负责人、太原市委组织部书记、中共天津地委组织部部长。大革命失败后，任中共天津市委代书记、书记，中共顺直省委常委、代书记。1929 年 6 月在天津被捕入狱，在狱中组织中共秘密支部，任书记。1935 年出狱后，任中共北方局天津工作组负责人。1936 年春起任中共中央北方局代表、委员、组织部部长，直接领导中华民族解放先锋队总队部。抗日战争爆发后，任中共中央北方局委员、组织部部长。1938 年 11 月起任中共中央北方分局书记。1941 年 1 月起任中共中央晋察冀分局书记。1941 年起任中共中央党校教育长、副校长，中共中央组织部部长、城市工作部部长。在中共七届一

◆彭真故居

中全会上当选为中共中央政治局委员，后增补为中共中央书记处候补书记。1945 年 9 月起任中共中央东北局书记、副书记（曾兼任东北局城市工作部部长），1947 年起任中共中央工作委员会常委，并以中央政治局委员身份指导晋察冀解放区工作。1948 年 12 月至 1949 年 9 月兼任中共北平市委书记。中华人民共和国成立后，先后任中共中央组织部部长，中共北京市委第一书记，北京市市长。第一届、二届、三届全国人大常委会副委员长，政协第二届、三届、四届全国委员会副主席。在中共八届一中全会上当选为中共中央政治局委员、中共中央书记处书记，第六届全国人大常委会委员长。1997 年 4 月在北京病逝。

◆彭真故居院内

彭真故居是彭真青少年时代生活的地方。故居有西窑三孔，北房三间，占地约 300 平方米。三孔窑洞年久失修，窑顶出现裂缝，部分窑体开始坍塌，1984 年和 2002 年，侯马市拨专款对窑洞进行了加固维修。故居中陈列着彭真青少年时期用过的桌椅、农具和从事革命活动的珍贵照片。2002 年在院内矗立了彭真半身铜像。2011 年 10 月 12 日，彭真生平暨中共太原支部旧址纪念馆侯马分馆彭真故居修缮工程奠基仪式在侯马市垤上村举行。作为彭真生平暨中共太原支部旧址纪念馆的重要组成部分，彭真故居修缮工程宗旨是结合彭真故居现状，进行抢救、保护、修缮。

彭真故居于 2004 年被山西省人民政府公布为山西省重点文物保护单位；2005 年 1 月被山西省委、省人民政府公布为山西省爱国主义教育基地。

薄一波故居

薄一波故居位于山西省忻州市定襄县蒋村乡蒋村。

薄一波（1908—2007），1908 年 2 月生，山西定襄人，原名薄书存。1925 年 4 月加入中国共产党。大革命时期曾任中共太原国民师范学校支部书记，中共山西太原地方执委会北部地区委员会副书记、书记，中共太原地委组织部部长。大革命失败后，先后任中共山西临时省委委员，中共顺直省委军委常委，1931 年至 1936 年被捕入狱，在狱中曾任中共支部书记。后经组织营救出狱。1936 年起任中共山西公开工作委员会书记。

抗日战争时期，任山西新军第一纵队政治委员，1940 年起任八路军第 129 师决死第一纵队司令员兼政治委员，中共中央太行分局委员，中共太岳区委书记。解放战争时期，任中共晋冀鲁豫中央局副书记，晋冀鲁豫边区政府副主席，晋冀鲁豫军区副政治委员。1947 年 7 月起主持中共晋冀鲁豫中央局工作。1948 年至 1949 年任中共中央华北局第二书记、第一书记，华北军区政治委员，华北人民政府副主席。中华人民共和国成立后，先后任中共中央华北局第一书记，国务院副总理，中共中央顾问委员会常委、副主任。2007 年 1 月在北京逝世。

◆薄一波故居

◆薄一波故居内景

薄一波故居始建于清光绪年间，坐北向南，一进四合院，占地面积 280 平方米，是其青少年时期生活的地方。1996 年当地文物部门对其进行翻修，现存房屋 16 间。

薄一波故居于 2007 年 6 月被山西省忻州市人民政府公布为忻州市爱国主义教育基地。

岢岚毛主席路居馆

岢岚毛主席路居馆位于山西省忻州市岢岚县城内小东街。

1948 年春党中央从陕北东渡黄河北上，4 月 4 日毛主席经此居住一晚，4 月 5 日上午离开。毛主席在此居住期间，中共岢岚县委正在县城召开县、区、乡三级干部会议。4 月 4 日晚，毛泽东、周恩来听取了县委书记丛一平关于土地改革和整党情况的汇报。4 月 5 日早晨，毛泽东等中央领导接见了参加三级干部会议的 200 多名同志，随后毛泽东作了简

◆岢岚毛主席路居馆

短的讲话，岢岚县200多名同志聆听了毛泽东的讲话，受到极大鼓舞，决心把岢岚建设好，迎接全国解放。毛泽东讲完话，即与周恩来、任弼时等乘车向五寨方向驶去。

岢岚毛主席路居馆建筑始建于民国初年，居民当时称广积店，建筑面积503平方米，占地面积931平方米。抗日战争时期120师暂编第1师曾驻在这里，贺龙、关向应、续范亭等老一辈无产阶级革命家曾在这里进行过革命活动。毛主席路居馆于1958年对外开放，馆内陈列着毛主席当时用过的桌、椅、茶具等。

岢岚毛主席路居馆于1995年3月被山西省委、省人民政府公布为山西省爱国主义教育基地。

五台山毛主席路居纪念馆

五台山毛主席路居纪念馆位于山西省忻州市五台县台怀镇塔院寺方丈院内。

1948年3月，为适应解放战争迅速发展的需要，转战陕北的毛泽东、周恩来等中央领导同志在指挥中国人民解放军胜利完成了解放战争的战略防御任务后，率党中央机关离开陕北，东渡黄河，前往河北建屏县西柏坡村（今属平山县）。1948年4月11日傍晚时分，毛泽东一行200余人来到台怀镇塔院寺，住在方丈院。方丈院一进三院，毛泽东住在里院北屋东阁，周恩来住在同院东屋的北阁，任弼时住在同院西屋的北阁，中央机关人员住在中院和前院。

◆五台山毛主席路居纪念馆

4 月 12 日早晨，毛泽东、周恩来分别由地方干部陪同，参观了塔院寺、十方堂和蒙藏合作社等处，并同蒙、藏、汉僧侣和群众谈话，关心他们的生活和佛事活动，勉励地方干部一定要保护好文物，要忠实地执行党的宗教政策，团结爱国僧人，把五台山建设好。随后毛泽东、周恩来和任弼时等率领中共中央机关人员离开五台山，上长城岭，下龙泉关，前往建屏县西柏坡。

1969 年，当地政府在此设立毛泽东路居纪念馆，陈列有毛泽东、周恩来、任弼时等居室，内有毛泽东题词。正房东间毛泽东住室依当时原样，陈列当年用品。2001 年 8 月 18 日，江泽民参观时题词“毛主席路居旧址”。

五台山毛主席路居纪念馆于 2009 年 12 月被山西省委、省人民政府公布为山西省爱国主义教育基地。

平鲁李林烈士陵园

平鲁李林烈士陵园位于山西省朔州市平鲁区井坪镇李林街 18 号。

◆平鲁李林烈士陵园内的李林骑马铜像

李林（1915—1940），女，原名李秀若，福建龙溪县人，出身于贫苦农民家庭，幼年被侨眷领养，侨居印度尼西亚。1929 年回国后，进厦门集美学校读书，1933 年冬就读于上海爱国女中，积极参加学生抗日救亡运动。1936 年春，加入中国共产党外围组织“抗日救亡青年团”。同年考入北平民国大学政治经济系，12 月加入中国共产党，随即赴太原参加山西牺牲救国同盟会举办的国民师范学校军政训练班，任特委宣传委员兼女子第 11 连党支部书记。1937 年七七事变后，任牺盟会大同中心区委宣传部长，后随晋绥边区工作委员会到雁北抗日前线，宣传和组织工人、农民、学生参加抗日武装。11 月，任雁北抗日游击队第 8 支队支队长兼政治主任，率部深入敌后与日、伪军展开斗争。1938 年春，改任整编后的八路军第 120 师独立第 6 支队骑兵营政治教导员，率部驰骋雁北、绥南，屡建战功。同年 7 月，任牺盟会晋绥边委会宣传委员兼管边区地方武装，后当选晋绥边区第 11 行政专员公署委员，任晋绥 11 专署秘书主任。贺龙元帅称她是“我们的女英雄”，并赠手枪一支。1940 年 4 月，在反“扫荡”

◆平鲁李林烈士陵园内的烈士纪念碑

的一次战斗中，李林为了掩护机关干部及群众突围，不顾怀有三个月的身孕，率骑兵连勇猛冲杀，将日、伪军引开，边区领导及群众大部分突围转移。26 日，她被围困于小郭家庄村五家坟旁，腿部、胸部多处负伤，仍顽强战斗，一连毙伤日、伪军 6 人后，用最后一发子弹射进喉部，壮烈殉国。

李林牺牲后，中共晋绥边地委将她安葬在她长期战斗过的洪涛山下，并举行了追悼会。中共中央妇委也在延安为李林召开追悼会，称李林是“女共产党员的光辉模范，全国女同胞所敬爱的女英雄”。《晋西北报》发表《向李林学习》的社论。她是第二次世界大战史上唯一的华侨抗日女英雄。1973 年 9 月 13 日，周恩来总理在大同指示雁北地委，要写出李林传记来，要大力宣传李林。平鲁县委、雁北地委先后整理出版了《李林传》、《烽火侨女》等烈士传记。

平鲁李林烈士陵园原是 1964 年平鲁县人民政府为纪念抗日战争和解放战争时期牺牲的烈士而建的，2000 年改名为李林烈士陵园，2002 年塑李林骑马青铜像，2004 年扩建烈士陈列室。陵园坐北向南，东西宽 70 米，南北长 115 米，占地面积 9100 平方米。分为上下两苑，中轴线上从南至北依次建有大门、李林骑马青铜像、纪念碑、李林烈士墓，轴线两侧建陈列馆和展室等。纪念碑耸立于陵园正中，砖石结构，高 17.5 米。正面镌刻毛泽东“为国牺牲，永垂不朽”题词，背面镌刻“死难烈士万岁”及楷书纪念碑文。

◆李林墓

平鲁李林烈士陵园于 1995 年 3 月被山西省委、省人民政府公布为山西省爱国主义教育基地；2009 年 3 月被民政部公布为全国重点烈士纪念建筑物保护单位。

柳林贺昌烈士陵园

柳林贺昌烈士陵园位于山西省吕梁市柳林县柳林镇贺昌村下南坪西。

贺昌（1906—1935），原名贺其颖，字伯聪。1921 年加入中国社会主义青年团，1923 年转为中国共产党党员。他参加过上海、安源等地工人运动的领导工作和八一南昌起义的领导筹划工作。历任团中央劳动部部长，中共中央北方局书记，中央革命军事委员会总政治部代主任，中国工农红军总政治部副主任、代主任，红一方面军政治部主任。中央红军主力长征后，1935 年 3 月 10 日，贺昌在率领部队突围时，于江西会昌河畔遭敌人伏击，壮烈牺牲。

◆柳林贺昌烈士陵园内的贺昌烈士雕像

1984 年，柳林县人民为纪念贺昌烈士，由贺昌村委捐地，团县委开始筹建，1985 年碑体竣工，胡耀邦、聂荣臻为纪念碑题词。1996 年以来，县委、县政府先后投资修建了陈列馆、贺昌雕像、三个风景亭，50 米花架，占地 4 亩的莲花湖，湖面为柳林地形图，湖中央有莲花岛，岛内四面曲桥相通，寓意柳林四通八达，人民安居乐业。贺昌烈士陵园占地面积 12948 平方米，由贺昌烈士纪念碑、英名馆、莲花池、廊、草坪等组成。

◆柳林贺昌烈士陵园内的革命烈士英名馆

柳林贺昌烈士陵园于 2009 年 12 月被山西省委、省人民政府公布为山西省爱国主义教育基地；1986 年被山西省人民政府公布为山西省重点烈士纪念建筑物保护单位。

太原双塔革命烈士陵园

太原双塔革命烈士陵园位于山西省太原市双塔南巷 19 号。

◆太原双塔革命烈士陵园

双塔寺是太原城东南的重要屏障，1949 年 4 月 20 日，中国人民解放军第 19 兵团第 63 军第 189 师 565 团、566 团和第 187 师 559 团、560 团 4 个团向阎锡山守军双塔寺阵地发起进攻，经过两天激战，攻克双塔寺要塞，俘虏阎军第 43 军军长刘效曾，扫清了太原城东南外围障碍。

为缅怀在太原解放中光荣牺牲的革命烈士，1954 年在双塔寺南侧修建了烈士陵园。主墓区安葬着 1930 年任山西省委书记的刘天章烈士、1931 年中共河北省委派驻山西的特派员任国桢烈士、1942 年任北方局秘书长和八路军前方总部秘书长的张友清烈士、1940 年任晋北行署主任的爱国将领续范亭烈士以及阴凯卿烈士、王瀛烈士、程谷梁烈士。7 个方座圆形汉白玉墓呈扇形排列，墓座长、宽各 10 米，墓丘高 5 米，顶端荷花托着红五星放射着光辉，门前一对石狮雄踞左右，墓丘广场对面南北两侧建有 40 米长用红花岗石、汉白玉、墨玉砌成的象征世界永久和平的烈士碑文，铭刻着他们的光辉业绩。1962 年在主墓区东南角修建了解放太原烈士墓区，安葬为解放太原牺牲的 430 位烈士，其中 121 名是无名烈士。1975 年修建了集骨灰安放及展厅于一体的革命烈士纪念大厅，安放着山西省早期党的地下领导人王伯唐、徐会云烈士以及在社会主义建设时期英勇献身的烈士的骨灰，并先后建立了高君宇同志纪念馆、红色记忆——红 24 军在山西创建展、日本侵晋罪行实录展、山西近现代烈士事迹展 4 个展馆。1986 年在展馆对面广场上塑立了高 7.5 米的高君宇金刚石塑像。2011 年，太原市委、市政府对陵园进行大规模的环境整治和维修改造，将陵园中轴线分为入口区、集合广场区、甬道区、集会广场区、烈士纪念堂区和七烈士墓区。

太原双塔革命烈士陵园于 1995 年 3 月被山西省委、省人民政府公布为山西省爱国主义教育基地；1987 年被山西省人民政府公布为山西省重点烈士纪念建筑物保护单位。

清徐县烈士陵园

清徐县烈士陵园位于山西省太原市清徐县清源镇平泉、北营两村之间。

1948 年 6 月 18 日至 7 月 21 日，为了保卫晋中麦收，解放晋中人民，徐向前率华北军区第 1 兵团发起晋中战役，共歼敌正规军 7 万余人、非正规军 3 万余人，俘阎锡山野战军总司令赵承绶以下将官 16 人，毙敌师长以上军官 9 人，歼敌主力第 7 集团军总部及 5 个军部、9 个师部、2 个总队部，解放了孝义、汾阳、文水、交城、清源、晋源、徐沟、忻县、榆次、太谷、祁县、平遥、介休、灵石 14 座县城，为解放太原作了充分准备。

◆清徐县烈士陵园

1958 年，为将分散在全县各乡镇烈士遗骸集中埋葬，供后人凭吊，始建清徐县烈士陵园，主要安葬在晋中战役（集义大常为主战场）中牺牲的革命先烈。1994 年烈士陵园进行了维修，1996 年为抗日战争时期牺牲的原县委书记张重民、县长王冰分别竖汉白玉石碑两座，1998 年为抗日战争时期牺牲的县武委会主任李祥、徐沟地工组副组长贾同立碑。陵园共安葬烈士 476 人，其中前面主墓区是 6 名团级军队干部和 4 名县级干部，还有排以上干部 117 名、无名烈士 90 名，其余为战士。烈士墓丘全部是水泥浇筑、青石镶嵌。县团级烈士纪念碑为汉白玉和大青石，其余烈士全部为青石碑。碑文记录了烈士生前所在单位、籍贯、姓名、职务。

◆清徐县烈士陵园内的碑林

清徐县烈士陵园于 2009 年 12 月被山西省委、省人民政府公布为山西省爱国主义教育基地。

太原黄坡烈士陵园

太原黄坡烈士陵园位于山西省太原市万柏林区义井村西。

◆太原黄坡烈士陵园

1948年7月晋中战役后期，为阻止阎锡山军第69师窜回太原，晋中军区部队绕过晋源城，插入晋源与太原间南、北堰地区堵截阎军第69师，歼其大部。与此同时，华北野战军第8纵队第24旅也西渡汾河，先后攻占白家庄、冶峪山等地，控制西山地区。1949年4月20日至24日，第19兵团第64军和晋中部队横扫汾河以西地区，解放了万柏林。在战斗中许多指战员献出了自己宝贵的生命。

1959年春，河西区政府将太原战役中牺牲后散埋于姚村、晋祠、晋源、小井峪等11个乡36个村的革命烈士遗骸集中安葬于黄坡，建成了黄坡革命烈士陵园。陵园安葬着407位革命烈士，其中抗日战争时期牺牲的八路军某部团参谋1位，解放太原战役中牺牲的革命烈士402位，新中国建设时期为保卫人民生命财产牺牲的解放军战士4位。1976年，在烈士墓区中轴线东侧建起高7.8米的烈士纪念碑一座。1999年，在烈士墓区前面的碑廊区，兴建名人书法碑廊两座，廊内竖立青石巨型碑113通，书碑者既有共和国三代领导人和开国将帅，又有全省乃至全国的书法名家。2002年，拆除旧烈士纪念碑，在原址新建高16.8米的烈士纪念碑，其上镌刻毛泽东主席手迹“死难烈士万岁”六个大字，并在其底座四周装饰黑色花岗岩，在碑体基部四周装饰汉白玉浮雕。2009年动工兴建大型花岗岩浮雕“解放太原战役纪念墙”，全长275米，总面积715平方米，浮雕图案分“战前动员”、“外围战斗”、“分化瓦解”、“攻克太原”4部分，用44幅既相对独立又彼此联系的画面，形象地再现了解放太原战役的全过程。

太原黄坡烈士陵园于2009年12月被山西省委、省人民政府公布为山西省爱国主义教育基地。

米峪镇战斗烈士陵园

米峪镇战斗烈士陵园位于山西省太原市娄烦县米峪镇乡国练村西山的烈士岩。

◆米峪镇战斗烈士陵园

1940 年 6 月 12 日至 19 日，日军 2500 余人分九路向晋北根据地双龙镇进犯，对久峪地区的八路军进行合击，由静乐向文水山区对久峪进犯之敌一路 700 余人退至米峪镇。17 日至 19 日，八路军第 358 旅第 4 团、第 716 团、第 2 支队在米峪镇和国练等村向“扫荡”米峪镇的日军独立混成第 9 旅团村上大队发起进攻，歼灭日军 500 余人、俘虏 4 人。战斗中八路军将士牺牲 102 人、负伤 325 人。为缅怀烈士，教育后人，1997 年，在文化部驻娄烦县扶贫工作组的帮助下，当地党员干部义务劳动在掩埋烈士遗骨较多的国练村西山的烈士岩上建起米峪镇战斗烈士陵园。烈士陵墓旁矗立镌刻着廖汉生、张宗逊将军题词的碑石，另有记述牺牲烈士事迹碑文的墓碑。2003 年 4 月，在纪念碑左侧修建了杨秀山将军墓。2005 年 8 月，娄烦县文物旅游局又在这里修建了高 5 米的娄烦县抗日烈士纪念碑，碑上端为八路军花岗石雕像，下端正面刻有“抗日英雄永垂不朽”，下端侧面刻有娄烦县抗日烈士英名。米峪镇烈士陵园与米峪镇战斗纪念碑、战斗遗址共同组成米峪镇战斗纪念地。

◆杨秀山将军墓

米峪镇战斗烈士陵园于 2009 年 12 月被山西省委、省人民政府公布为山西省爱国主义教育基地。

平型关烈士陵园

平型关烈士陵园位于山西省大同市灵丘县唐河北岸。

平型关烈士陵园，原名为灵丘烈士陵园，坐北朝南，总面积4万平方米，由杨成武将军题名。2002年9月，灵丘县委、县政府为了纪念在平型关战斗中牺牲的烈士，将陵园更名为平型关烈士陵园。烈士陵园始建于1962年，1965年9月25日竣工，分主园和东西侧园三部分。主园坐北朝南，北高南低，占地面积13575平方米，由烈士纪念堂、纪念碑亭、烈士塔、烈士墓、东西展厅、陈列室六部分组成。烈士纪念堂呈倒“凹”字形，为二层楼房建筑，砖木结构，硬山顶，一层前有回廊。烈士纪念碑置于六角攒尖顶亭内，碑身为石灰岩。烈士塔为六边形三层砖塔，六角攒尖顶。24座墓内安葬556位烈士的遗骨。整个烈士陵园苍松翠柏，杨柳参天，绿草如茵。花草树木掩映着鳞次栉比的各色建筑，环境幽雅，庄严肃穆。

◆平型关烈士陵园

◆平型关烈士陵园内的纪念碑亭

平型关烈士陵园于2009年12月被山西省委、省人民政府公布为山西省爱国主义教育基地。

广灵县玉福山烈士陵园

广灵县玉福山烈士陵园位于山西省大同市广灵县玉福山。

◆广灵县玉福山烈士陵园

广灵县玉福山烈士陵园原名为广灵烈士陵园，始建于1948年，1967年进行了扩建，建成青石三层纪念塔一座，烈士英名录石碑两通。2000年后正式成立广灵县玉福山烈士陵园管理所，并对陵园进行了大规模修缮。烈士陵园主要建筑有：三层纪念塔，4300平方米的纪念广场，长21米、高3米的大型纪念碑，王震、杨成武、曾雍雅三位将军的半身汉白玉雕像，记载王震、杨成武、曾雍雅支队在广灵抗日历史功绩的大型花岗岩石碑，抗日军民和解放军指战员的雕塑两组，革命英烈名录石碑两通，彩绘碑楼两个，在抗日战争和解放战争中牺牲的无名烈士纪念碑两座，仿古牌楼式大门一座，广灵县十大著名烈士纪念碑及由300名烈士纪念碑组成的碑林。玉福山烈士陵园共安葬抗日战争和解放战争期间牺牲的烈士400余名，其中著名烈士或团级以上烈士20名。陵园占地面积61366平方米，建筑面积13316平方米。

◆广灵县玉福山烈士陵园内的碑林

广灵县玉福山烈士陵园于2009年12月被山西省委、省人民政府公布为山西省爱国主义教育基地。

大同市革命烈士陵园

大同市革命烈士陵园位于山西省大同市南郊区马军营乡田村东。

◆大同市革命烈士陵园内的革命烈士纪念塔

◆大同市革命烈士陵园内的舒宏烈士墓

大同市革命烈士陵园原名大同市人民公墓，建成于1954年4月，1980年更名为市民政局安置农场，2005年1月，大同市政府决定将市民政局安置农场定名为大同市革命烈士陵园。陵园内有革命烈士纪念塔和革命烈士公墓。

2007年7月26日，重新修建的大同市革命烈士陵园举行落成典礼。陵园占地面积80余亩。园内安葬着抗日战争、解放战争和新中国成立后的革命烈士共296名，其中原晋察冀地委敌工部副部长舒宏、仓夷等长眠于此。

陵园广场中央屹立着革命烈士纪念塔。革命烈士纪念塔于1951年7月首建于大同市城区北门外操场城东广场内，1989年5月1日整体迁至城区南门外永泰公园，2006年6月整体迁入现址。纪念塔塔身高8.8米，座高3.7米，塔顶高1.3米，总高度13.8米，塔基两层为四门十六阶。塔身正面刻有原察哈尔省政府主席张苏题写的“革命烈士纪念塔”7个大字。为新中国成立后大同市最早的革命历史文物之一。

大同市革命烈士陵园于2009年12月被山西省委、省人民政府公布为山西省爱国主义教育基地。

塞北革命烈士陵园

塞北革命烈士陵园位于山西省朔州市朔城区西关万亩金沙森林公园。

◆塞北革命烈士陵园

塞北革命烈士陵园原名塞北烈士纪念祠，于1949年3月由中共雁北地委、雁北专署将朔县文庙改建而成。祠内铭记着在抗日战争、解放战争时期西雁北左云、右玉、怀仁、山阴、朔县、平鲁六个县及绥蒙军区为国捐躯的5163名烈士的英名，陈列有部分烈士的遗物。1998年，朔县人民政府将塞北烈士纪念祠更名为塞北革命烈士陵园。2006年，朔城区委、区政府将陵园实施整体搬迁，新址在朔州市区西郊万亩金沙森林公园，占地面积108亩，2006年4月5日奠基动工，2009年10月主体工程竣工。陵园由南向北依次为正门、陵园广场、纪念碑、烈士公墓、塞北革命纪念馆。一期工程建有塞北人民英雄纪念碑及碑前广场，广场中央铺砌一幅面积为324平方米的抗日战争时期朔县全图，为花岗岩石材。纪念碑建筑面积2000平方米，通高19.46米，混凝土浇铸，花岗岩贴面砌成。纪念碑北中轴两侧为烈士公墓，安葬着在大革命时期、抗日战争时期、解放战争时期牺牲的罗绣、高程云、宇洪、时芒、张文翰、任乙山、高发、刘创兴、李桂芳等30位革命烈士。陵园北端是塞北革命纪

◆塞北革命烈士陵园内的烈士纪念碑

◆塞北革命烈士陵园内的塞北革命纪念馆

念馆，总建筑面积3500平方米，2008年兴建，2009年建成。纪念馆东西长63米，南北宽43米，高12.5米，前为一层，后为二层建筑，外观造型取意于古烽火台和古长城形象。馆内设序厅及抗日战争、惨案、解放战争、英杰四个主展厅，陈列布展面积1764平方米，展线长545米。展出图片600余幅、10万余文字、300余件珍贵文物。纪念碑与纪念馆前是总面积1万平方米的两个悼念广场，全部由规整的花岗岩铺砌。陵园为园林开放式格局，四周建有周长800米、高2.5米铁艺围墙。

塞北革命烈士陵园于2009年12月被山西省委、省人民政府公布为山西省爱国主义教育基地。

右玉烈士陵园

右玉烈士陵园位于山西省朔州市右玉县新城镇贾家窑山。

右玉烈士陵园内建有烈士纪念碑、革命烈士墓和革命烈士纪念馆。纪念碑居陵园中部，依山而建，坐北向南，由基座和碑身两部分组成。基座南北长24.8米，东西宽15米，高2.4米，左、右、前、后各设15级台阶，碑身高11米，通高13.4米，四周镶贴雪花白、艾叶青、云花和墨玉四种大理石，碑正面雕刻着“革命烈士永垂不朽”毛体烫金大字，正上方镶嵌着由红旗、五星和齿

◆右玉烈士陵园

◆右玉烈士墓

轮组成的浮雕。背面碑文为：抗日战争中为民族解放事业在右玉壮烈捐躯的陈一华、宇洪、任一川等五百余名烈士流芳百世，永垂不朽。解放战争中为人民解放事业在右玉英勇献身的王树楷、罗天泽等五百五十余名烈士彪炳千秋，永垂不朽。纪念碑于1986年10月1日建于县城北街，2001年移建于此。纪念碑后侧建有东西一字排开的革命烈士墓，刻有陈一华、宇洪、任一川、王树凯、罗天泽等100位烈士的英名。在烈士墓的北侧建有革命烈士纪念馆，馆内陈列着抗日战争和解放战争时期，右玉革命根据地和解放区的部分图片和资料，是教育后人的基地。

右玉烈士陵园于2009年12月被山西省委、省人民政府公布为山西省爱国主义教育基地。

五台县烈士陵园

五台县烈士陵园位于山西省忻州市五台县台城镇西庄村。

五台北与繁峙、代县为邻，东与河北省接壤，西与定襄、原平毗连，南与盂县相通，为进可攻、退可守的兵家必争之地，在军事上有较高的战略地位。抗战开始后，中共中央决定建立以五台山为中心的敌后抗日根据地——晋察冀边区。五台山抗日根据地的建立，打乱了日军全面侵华的部署，有力地牵制了日军南下的兵力。在日军的屠刀面前，五台人民在党的领导下，不畏强暴，积极配合八路军进行了英勇顽强的战斗，涌现出大批英烈。1946年9月

◆五台县烈士陵园内的烈士纪念碑

◆五台县革命烈士纪念厅

15 日，五台县全境解放。全县人民欢欣鼓舞，踊跃参军参战，为全国各地输送了大量优秀干部，为解放全中国作出了贡献。

1976 年，为纪念在革命战争中英勇献身的革命先烈，国家出资修建五台县烈士陵园。陵园由门楼、纪念碑、展览室、纪念室四大部分组成。纪念室墙壁上刻有从 1937 年至新中国成立以来的五台县 2700 多名烈士的英名。1990 年 9 月徐向前元帅逝世后，骨灰安放在陵园内。

五台县烈士陵园于 2009 年 12 月被山西省委、省人民政府公布为山西省爱国主义教育基地。

晋绥解放区烈士陵园

晋绥解放区烈士陵园位于山西省吕梁市兴县县城区北侧。

在八年抗日战争中，晋绥边区军民对日作战 10 万余次，歼灭日伪军 11 万人，俘敌 18389 人。晋绥边区牺牲军民 13700 多人，伤残 3 万余人，他们用鲜血和生命捍卫了中华民族的尊严。

◆四八烈士・晋绥风云人物纪念室

为了继承先烈遗志，弘扬革命精神，1953 年，经山西省人民政府批准，兴县人民政府在县城内北关玉京山下，建成了晋绥解放区烈士陵园。陵园依山而建，建筑呈梯次布局，分上、中、下三个院子。整个建筑古朴庄重，亭塔碑室布局严谨，浑然一体。

◆晋绥解放区烈士陵园

从陵园大门走进，首先来到下院，下院有仿古大门，歇山式悼念大厅，上悬“继往开来，浩气长存”两块金字大匾。穿过纪念大厅，拾阶而上，进入中院，中院为花园，内筑小桥泉池。上院为纪念室和展厅，晋绥解放区烈士塔矗立在院中央，塔高 11 米，亭式，平面四角，建于 2 米高的须弥座上，塔座由石雕艺术品组成，各种花鸟虫鱼浮雕栩栩如生，石雕栏杆环塔而立，松柏环绕，庄严肃穆。塔身正面刻有毛泽东题写的“晋绥解放区烈士塔”八个大字，塔身南面有贺龙元帅题词“吕梁苍苍，汾水洋洋，先烈伟绩，山高水长”。东面和北面分别刻有贺龙、李井泉、武新宇、林枫的题词。塔后建有一排 5 孔窑洞为晋绥烈士纪念室，陈列着 1600 多位晋绥烈士英名。窑上方两层仿古建筑展室，陈列着抗日战争和解放战争时期英勇牺牲的晋绥烈士的英雄事迹和 166 位县团以上晋绥烈士名录。从上院往前，依山建有 100 级石阶，直通山顶。顶部南面建有山门，西面建有纪念亭，正中是汉白玉纪念碑，上书江泽民 1994 年视察兴县时题写的“继承先烈遗志，弘扬英雄精神”。后侧为晋绥风云人物展室，陈列有 1949 年 4 月 8 日在兴县黑茶山遇难的王若飞、秦邦宪、叶挺、邓发等烈士的遗像、生平事迹及部分烈士遗物、失事飞机残片等，还有晋绥军区政委关向应、晋绥行署主任续范亭烈士的遗像和生平事迹及晋绥分局、军区等领导人的简介。

晋绥解放区烈士陵园于 2005 年 1 月被山西省委、省人民政府公布为山西省爱国主义教育基地；1989 年 8 月被民政部公布为全国重点烈士纪念建筑物保护单位。

榆社县烈士陵园

榆社县烈士陵园位于山西省晋中市榆社县箕城镇板坡村。

1946 年 5 月，榆社县人民政府为纪念在抗日战争中殉国的榆社烈士建亭立碑，1993 年，迁入板坡村，并更名为榆社县烈士陵园。陵园坐北朝南，占地面积 30240 平

◆榆社县烈士陵园内的烈士亭

方米，建有纪念亭2座，均为砖、木、石结构，六角攒尖顶。烈士亭高10米，占地20.25平方米，亭中央是由六块石碑围成的六面体烈士碑（每块碑高1.5米，宽0.5米），下面有高0.2米的碑基。亭内各置烈士碑一通，左面一通刻有“建立抗日殉国烈士亭纪念文”和马定夫、张寿砚、姚忠祥等九位烈士简历；右面一通依次刻有区级、排级以上烈士名录12人和村级烈士名录115人。

马定夫（1915—1943），榆社县箕城镇东汇村人，1933年8月考入太谷铭贤中学，1935年考入北平镜湖高中，同年加入中国共产党外围组织——反帝大同盟，1936年加入中国共产党。抗日战争爆发后，弃学回县参加县牺盟会，任协助员和县抗日游击大队第三大队长兼指导员。1939年后，历任榆社县委宣传部长、129师独立支队民运科长、太行二分区政治部副主任等职。1941年，任太行二分区新编10旅30团政治委员，率部转战于榆社、太谷、祁县一带。1943年6月，在保卫夏收斗争中，亲自指挥著名的中北岭伏击战，当场击毙日军小队长中野，打伤伪县长，歼灭伪军两个排。1943年7月23日晚，在太谷县枫子岭村千余名干部群众举行军民联欢会时，突然遭敌200余人包围，马定夫果断指挥部队阻击敌人，保护群众安全转移，在激战中腹部中弹牺牲，年仅28岁。

榆社县烈士陵园于2009年12月被山西省委、省人民政府公布为山西省爱国主义教育基地。

长子北高庙烈士陵园

长子北高庙烈士陵园位于山西省长治市长子县城北关外。

长子北高庙烈士陵园坐落在一座古台之上。古台地势隆起，孤丘独秀，形似熨斗，故称“熨斗台”，为尧王长子丹朱率众垒筑，迄今已有四千多年历史。自北宋时期起，相继在此修建“炎帝祠”、“祖师庙”、“观音堂”、“财神庙”、“八腊庙”、“公主殿”、“吕祖阁”及“大戏台”等，至清末已形成偌大的庙宇群。由于该庙坐落在古城北，地势高昂，故统称为“北高庙”。北高庙顶部海拔1080米，为长子县城制高点，战略地位十分重要。

抗日战争时期，日军将北高庙顶部的炎帝祠捣毁，建起了大炮楼，企图用武力控制长子城。抗日战争胜利后，阎锡山部队于 1945 年 8 月 22 日抢占长子占据北高庙，妄图据险扼守。1945 年 9 月 10 日，上党战役正式发起。14 日，北高庙攻坚战打响，号称“夜老虎”的八路军 386 旅 772 团担任主攻任务，在陈赓将军的指挥下，经过一天五次攻击，终于在当天夜里智破敌堡。作为上党战役主战场之一的北高庙也从此声威大震。

◆长子北高庙烈士陵园内的烈士纪念塔(局部)

为了纪念抗日战争和解放战争的伟大胜利，缅怀先烈业绩，中共长子县委、县民主政府于 1946 年元月将北高庙辟为革命烈士陵园。1987 年后不断重新修建，1991 年薄一波为北高庙题写了“长子北高庙烈士陵园”门匾，高悬于新建大门上方。全园占地 60 余亩，一进 6 院，由底至顶，石梯相砌，连为一体。增修或翻新重建有革命烈士纪念堂、纪念馆、纪念塔、陵墓、资料陈列室和牡丹园等。

革命烈士纪念堂建于 1991 年，建筑面积 45 平方米。此处原建有三开间公主殿，抗日战争期间被日军所毁。1991 年在其遗址上新建纪念堂，存放烈士骨灰。

革命战争纪念馆坐落在北高庙观音堂遗址上。始建于 1981 年，原为骨灰堂，1990 年改造为革命战争纪念馆，并对外开放。馆内展览着薄一波、刘忠、陈赓等老一辈革命家的题词 25 幅，战争年代的珍贵照片 40 余幅。

◆长子北高庙烈士陵园内的烈士墓

烈士陵墓于 1946 年建在前山第二院，1992 年迁建于后山。陵墓中掩埋着王逸飞、刘时智、谢荣德等 6 位团级以上烈士和岳明玉、李炳德等 6 位战斗英雄的忠骨。

烈士资料陈列室坐落于北高庙东麓原吕祖阁的旧址上，始建于 1987 年，系三开间仿古建筑。该室凌空高驾，金顶红墙。室内陈列革命战争年代民兵土法制作的石雷、手雷、地雷以及枪支、医疗器械和革命干部、烈士用过的笔记本、油灯、餐具、灶具等实物百余件，还展览着革命战争时期的历史资料和烈士的生平介绍等50余份、抗日战争时期的珍贵历史照片30余幅。

烈士纪念塔坐落于北高庙顶部炎帝祠遗址上，始建于1946年1月，原系六角形两层仿古建筑，砖木结构，灰瓦勾头，高10.6米。历经40余载的风雨侵蚀，柱烂墙倾，濒临坍塌。为了拯救这一历史丰碑，1994年9月18日动工重建纪念塔。重建后的纪念塔设计为七层九檐六角形，总高33.75米，顶端海拔1113.75米，巍峨壮观，象征着革命先烈傲视苍穹，顶天立地，革命精神永垂不朽。新纪念塔树碑25通，铭刻着抗日战争、解放战争和抗美援朝战争中牺牲的2300位烈士的英名。每层都有军级以上领导干部的题词。内壁每层绘有反映各个历史时期革命与建设内容的画面一组。塔体中空外悬，内架螺旋云梯，可登塔远眺。

牡丹园坐落于北高庙前山第四院，始建于1990年。是年，在太原工作的长子籍老干部李楠主动捐款，从洛阳移来姚黄、魏紫、洛阳红、状元红、赵粉、碧绿、青龙卧墨池等十多个名贵牡丹品种，在此栽培成功，成为长子境内最大的牡丹园。

长子北高庙烈士陵园于2009年12月被山西省委、省人民政府公布为山西省爱国主义教育基地。

太行太岳烈士陵园

太行太岳烈士陵园位于山西省长治市区西南隅的明沈王皇城遗址。

1946年3月，晋冀鲁豫边区第一届参议会第二次会议为纪念在抗日战争中英勇牺牲的太行太岳的优秀儿女，决定建造一座大型烈士陵园。陵园于1949年设计，1952年建成竣工。

太行太岳烈士陵园坐北向南，四周灰砖砌筑，总面积9万余平方米。陵园正门两侧的楹联是“英雄功劳换来民族幸福，烈士血汗奠定国家安全”，由原晋冀鲁豫边区政府副主席戎伍胜题写。进入陵园内，迎面有雄伟壮观的纪念塔，塔高20余米，方锥体形，青石筑基，大理石贴面，正面用刚劲的魏碑体镌刻着程子华题写的

◆太行太岳烈士陵园

◆太行太岳烈士纪念塔

“太行太岳烈士纪念塔”九个丹漆大字，背面是邓小平的题词“人民永远纪念着你们”。纪念塔的基座四周还分别刻着刘伯承、徐向前元帅等的题词和薄一波写的碑文。

纪念塔正北是烈士纪念堂，平面布局呈“品”字形，平顶，堂前石柱矗立，更显庄严。纪念堂内安放着33位烈士遗像及骨灰盒，其中有八路军副总参谋长左权等5位高级指挥员，活捉侵华日军驻山西总顾问少将铃木川山郎的太行一等杀敌英雄赵亨德，强渡大渡河十八勇士之一周平烈士等。两侧的大厅内还陈列着120多位烈士的画像、照片及部分实物。

纪念堂后为烈士公墓区，其中有武士敏将军烈士墓。武士敏将军1892年出生于河北怀安，1924年参加国民革命军，是一位爱国将领，也是一位抗日英雄，他始终与八路军精诚团结，并肩作战。在1941年9月的一次战役中，武士敏将军率领的98军在日军的疯狂围攻下，坚持拼杀到底，在西梁山上，为国家、民族流尽了最后一滴血。武士敏将军牺牲后，晋冀鲁豫边区政府通令追认他为革命烈士，批准将沁水县改为士敏县。日军为夸耀战果，将其遗体装棺运回长治，埋于城内西南方。新中国成立后经人民政府多方寻找，终于找到了烈士的忠骨。1984年11月，山西省人民政府在此举行了隆重的遗骨安葬仪式。

太行太岳烈士陵园于1995年3月被山西省委、省人民政府公布为山西省爱国主义教育基地，2001年6月被中央宣传部公布为全国爱国主义教育示范基地；1986年10月被民政部公布为全国重点烈士纪念建筑物保护单位。

晋城烈士陵园

晋城烈士陵园位于山西省晋城市城区南街办事处和景小区。

1926年5月晋城第一个党组织诞生后，晋城人民在中国共产党的领导下，在大革命时期、土地革命战争时期、抗日战争时期、解放战争时期和新中国成立后，为民族独立、人民幸福作出了巨大牺牲。为了告慰先烈的在天之灵，永远铭记和弘扬革命先辈的丰功伟绩，1969年，晋城县在县城南面2公里的墩岭建造了晋城烈士陵园（现和景小区488号）。1985年晋城实行市管县体制后，晋城市委、市政府于1989年9月

◆晋城烈士陵园内的陈列厅

16 日决定在原址上扩建为晋城市烈士陵园，1991 年竣工。原中顾委常委胡乔木为陵园题名，国务院原副秘书长郑思远为陈列厅题名。

◆晋城烈士陵园内的烈士纪念碑

晋城市烈士陵园占地面积 2.64 万余平方米，烈士纪念建筑物面积 2243 平方米，有烈士墓碑、烈士纪念碑、烈士事迹陈列厅等。烈士纪念碑位于陵园中央，纪念碑底部建有一个 280 平方米的平台，四周围着汉白玉栏杆；纪念碑底座高 11.7 米，四面是“星火燎原”、“太岳丰碑”、“血染土岭”、“走向胜利” 的汉白玉浮雕画面；碑身高 27 米，上书“革命烈士永垂不朽”。陈列厅面积 1280 平方米，由主厅和东西厅组成，主厅为革命烈士事迹陈列厅，陈展着近百名革命烈士事迹。园内安放有革命烈士遗骨 23 具。

晋城烈士陵园于 2009 年 12 月被山西省委、省人民政府公布为山西省爱国主义教育基地。

阳城太岳烈士陵园

◆阳城太岳烈士陵园

阳城太岳烈士陵园位于山西省晋城市阳城县古城凤凰西街59号。

阳城太岳烈士陵园占地面积16675平方米，整体呈长方形，南北长198米，东西宽59米。分为管理区、参观展示区、陵区三个部分。该园原为阳城烈士陵园，始建于1946年仲夏，当时由中共阳城县委、县政府为纪念抗战期间牺牲的烈士而修建，因战争原因停建。1949年4月工程续建时，太岳区党委、太岳行署、太岳军区将其改建为太岳烈士陵园，用于纪念和祭奠全区在抗日战争及解放战争中为民族独立和人民解放事业而牺牲的英烈。新中国成立后，该园经历过数次修缮。先后增建了“革命斗争史展厅”32间，“军民庆胜利”雕像一座，并对纪念楼、纪念碑、纪念塔和园内陵墓进行了修缮。1986年11月，薄一波为太岳烈士陵园题写了园名。2008年，陵园利用革命斗争史展厅举办“太岳丰碑——太岳革命根据地历史图展”。

◆阳城太岳烈士陵园内的烈士纪念塔

阳城太岳烈士陵园于1995年3月被山西省委、省人民政府公布为山西省爱国主义教育基地。

临汾市烈士陵园

临汾市烈士陵园位于山西省临汾市尧都区尧庙镇尧庙村北。

临汾是晋南的古城，传说尧帝曾在这里建都。临汾西靠汾河天险，东临同蒲铁路，

◆临汾市烈士陵园

北面、南面均是一望无际的平原，易守难攻，是南同蒲铁路的咽喉，战略地位十分重要。运城解放之后，晋南地区除临汾以外全部解放，临汾从而成为一座孤城。驻守临汾的敌军计有阎军2万多人、国民党中央军3000多人，共2.5万余人，统由阎第6集团军副总司令、晋南地方武装总指挥梁培璜指挥。

晋冀鲁豫军区于1948年2月成立了以徐向前副司令员为首的前方指挥所，统一指挥第8纵队、第13纵队、太岳军区8个团和吕梁军区等部队共6万余人，进行临汾攻坚战役。

1948年3月31日，前方指挥所召开团以上干部会议，研究攻击东关和外围作战问题。4月1日，前方指挥所第二次调整作战部署，确定集中主要兵力、兵器，先打东关，把攻取城垣的主攻方向放在城东，以坑道爆破作为攻坚作战的主要手段。参加攻击东关的部队，经过10天的顽强战斗，挖掘了4条爆炸东关城墙的坑道，并在3条坑道中装填好了炸药（留一条备用）。4月10日黄昏，坑道爆破成功。经过激烈战斗，于11日攻占东关，从而打开了主城的门户。

5月12日，担任主攻任务的第8纵队第23旅在两条各长110米的破城大坑道内分别填装6200公斤黑色炸药和3000公斤黄色炸药。5月17日19时，一声巨响，城墙被炸开了37米和39米两个大缺口。攻城部队奋勇攻城并投入了激烈的巷战。24时结束战斗，临汾宣告解放。此役全歼敌2.5万余人，俘敌第6集团军中将副总司令兼晋南地方武装总指挥梁培璜等众多将官，缴获大量武器弹药及战备军需物资。

◆临汾市烈士陵园内的人民英雄纪念碑

战后，党中央于5月19日发来贺电，对临汾攻坚战役给予了高度评价。中央军委批准将第8纵队第23旅命名为“临汾旅”。

为纪念临汾攻坚战役牺牲的烈士，临汾县人民政府于1958年在城南尧庙宫北面建起了烈士陵园，集中安放烈士遗骨。此后，经过多年的修葺补建，植树栽花，现今已成为一座亭台厅堂错落有致、松柏花卉随风飘香、风景优美、肃穆雅静的园林。

临汾市烈士陵园坐北向南，高耸巍峨的人民英雄纪念碑雄踞中心。朱德元帅的题词“革命烈士永垂不朽”镌刻于纪念碑正面；左侧“为人民利益而死，无上光荣”的题词是当年临汾攻坚战总指挥徐向前元帅的手迹；右侧为解放初期任山西省省长的王世英题词“勇冠三军，气盖一世，抗日寇、歼顽敌，热血铸成胜利；汾流聚秀，姑射垂青，为和平，争自由，英雄造福社会”；后侧为曾任中共山西省委书记的陶鲁笳题词“烈士壮志换来新天”。园内还建有仿古式门楼、憩亭、临汾攻坚战展览馆、革命英雄纪念馆、临汾建设成就展览厅、骨灰堂等。纪念碑左右的两行雪松，系1987年山西省顾委全体委员所植；烈士公墓前的40株雪松为中国人民解放军临汾旅纪念临汾解放40周年时所栽。

临汾市烈士陵园于1995年3月被山西省委、省人民政府公布为山西省爱国主义教育基地。

翼城烈士陵园

翼城烈士陵园位于山西省临汾市翼城县城南环路西端。

翼城烈士陵园，原为翼中烈士纪念亭，始建于1949年7月，位于现翼城中学校园北侧。园内有烈士纪念亭一座，面积576平方米，五柱撑梁枋，五角攒尖顶，高10米，围长19米，四面有台阶。纪念亭共有石碑13通。正面石碑镌刻隶书“烈士纪念碑”5个大字。东侧石碑为碑记，由二专区专员张天乙篆额、二分区政治委员吴云夫校阅、太岳二地委秘书韩军撰文。北侧石碑系主要领导题词。

◆翼城烈士陵园

翼中烈士纪念亭由于风雨侵蚀、年久失修，现已碑亭破损，碑文模糊，加之陵园建设时，全国尚未全部解放，一些烈士未被查清，至使许多烈士未能碑上留英名。

在抗日战争胜利60周年之际，中共翼城县委、县人民政府决定，择址新建翼城烈士陵园，以告慰

◆翼城烈士陵园内的烈士纪念碑

先烈的英灵。新建的翼城烈士陵园占地面积18000余平方米。该工程于2005年底开工建设，2006年底竣工。陵园主体建筑有石牌楼、纪念碑、碑亭、纪念馆、展览厅等，其中烈士纪念碑为陵园标志性建筑。牌楼上镌刻着“忠烈千秋”、“遗志永铭”、“浩气贯寰宇”、“风范昭日月”、“千秋共仰慕”、“万古长缅怀”。纪念碑碑体为浅灰色大理石，正面嵌有“人民英雄永垂不朽”8个大字，背面是胡锦涛为纪念抗战胜利60周年的题词，侧面是毛泽东为革命先烈的题词。碑身高36米，象征全县30余万人民在纪念抗战胜利60周年之际缅怀先烈英灵，继承先烈遗志的良好愿望。整个纪念碑用1300余块花岗岩贴面，象征在抗日战争和解放战争中壮烈牺牲的1300余名革命先烈永垂青史。碑顶嵌金光闪闪的光环，象征翼城人民用鲜血和生命铸就的抗战精神充满无限生机和活力。碑亭共立青石碑25通，镌刻着1301名烈士的英名和各级领导的题词。

翼城烈士陵园于2009年12月被山西省委、省人民政府公布为山西省爱国主义教育基地。

运城烈士陵园

运城烈士陵园位于山西省运城市红旗西街南侧。

1947年4月，全国解放战争进入战略反攻阶段，太岳兵团连克曲沃、新绛、永济等22座县城及禹门口、风陵渡等战略要地，迫使晋南残敌龟缩于运城、临汾两大重镇。阎锡山15专署专员谢克俭网罗16县流亡政府武装和地主恶霸，在运城筑工事、修地碉，组成环城

◆运城烈士陵园内的英灵堂

◆运城烈士陵园内的烈士纪念碑

火力网，妄图以此控制晋南，以城复省，且与临汾之敌和胡宗南部队相呼应。

同年4月26日，军委和毛泽东指示："我军应乘胜夺取运城，并以一部向吕梁地区扩张成果，继续威胁敌之侧翼"。据此，陈赓兵团首战运城，先后攻占西关、北关、羊驮寺机场，歼敌1000余人。10月，王新亭率8纵两个旅及太岳部队一部第二次攻打运城，毙敌2000余人，并在平陆杜马阻击胡宗南援军4个旅，歼敌3700余人，打乱了胡宗南部队南进计划，有力地配合了我军外线兵团作战。12月上旬，人民解放军奉命组成攻运前线指挥部，王新亭任司令员，王震任政委，统一指挥西北2纵、太岳8纵、晋绥独3旅、太岳3分区基干团等部队，于16日对运城发起第三次围攻，至23日全部扫清敌外围阵地，25日采用云梯登城、坑道爆破、集中兵力突破一点的攻坚战术，连续强攻守敌。27日黄昏，一声巨响，东北角城墙被炸开了大缺口，突击队迅急登城，后续部队跃入城内，经过激烈巷战，歼敌1.3万余人。28日拂晓，胜利的红旗插上城楼，运城宣告解放。

运城烈士陵园始建于1956年，1958年初具规模，占地50亩，总建筑面积5018平方米。安放有全市1500余位为解放运城光荣献身的烈士和250余位县（团）级以上老干部骨灰。陵园坐南面北，先后建有5座圆形墓包、烈士纪念碑、英烈展厅、英灵堂、祭奠台、运城攻坚战英雄群雕、运城战役模拟沙盘等设施。革命烈士纪念碑碑高24.9米，碑身为汉白玉贴面，碑座占地900平方米，四周雕像分别为：正面"坑道攻坚大爆破"，西侧"茅角巷烈士永存"，东侧"人民群众支前"，碑后为郭沫若撰写的《解放运城记》。1997年，为纪念运城解放50周年，新

◆运城烈士陵园内的运城攻坚战英雄群雕

建了占地3018平方米的英灵堂，殿堂名为中国首任驻美大使柴泽民题写。

运城烈士陵园于2005年1月被山西省委、省人民政府公布为山西省爱国主义教育基地；1987年被山西省人民政府公布为山西省重点烈士纪念建筑物保护单位。

太原革命烈士纪念碑

太原革命烈士纪念碑位于山西省太原市文瀛公园。

1950年3月12日，山西省第一届人民代表大会在文瀛公园内的人民大礼堂召开，为了纪念为中国革命牺牲的先烈，大会决定在文瀛湖北岸修建革命烈士纪念碑。3月25日破土奠基，1951年3月7日举行落成典礼。碑身坐北朝南，建在宽6.8米，高1.08米的四方月台上，每方各有石阶四级，四角建有高于月台0.8米见方的石墩，月台距碑座均宽1米余，碑身总高4.03米，分三层：第一层为底座，高0.37米，宽3米；第二层为碑身下层，高1.1米，宽2.4米，四面镶边；第三层为碑身上端，是主建筑，高2.66米，宽2米，四面也镶边。碑身和月台全用洁白的汉白玉建成，碑身主体正面上端镶嵌着国徽浮雕图案，下刻毛泽东手书“死难烈士万岁”六个金黄色大字，碑体东侧刻有徐向前“浩壮高恒吕，泽惠过汾漳”的题词，西侧刻有薄一波的“为中国人民解放事业而牺牲的烈士们永垂不朽”的题词。碑体后部刻有“山西省第一届各界人民代表会议公元一千九百五十年三月二十五日敬献”的碑文。在碑的顶部铸有一组高约3米的铜雕群塑，最高处的工人一手指向前方，一手高举火炬，表示中国共产党领导的革命战争中工人阶级的领导地位；解放军战士左手持枪，右手持手榴弹，随时准备杀敌立功；右侧的民兵，手拿长矛，神色严峻，积极配合；左侧的妇女怀抱地雷，成为人民战争的代表；前面的地下工作者，手拿着传单准备散发。纪念碑铜像是新中国成立后太原最早的纪念性建筑，也是山西省第一个大型室外雕塑。

◆太原革命烈士纪念碑

太原革命烈士纪念碑于2004年6月被山西省人民政府公布为山西省重点文物保护单位；2005年1月被山西省委、省人民政府公布为山西省爱国主义教育基地。

米峪镇战斗纪念碑

米峪镇战斗纪念碑位于山西省太原市娄烦县米峪镇乡国练村南。

◆米峪镇战斗纪念碑

1940年6月12日至19日，日军2500余人分九路向晋西北根据地进犯，对久峪地区的八路军进行合击。由静乐向文水、交城山区对久峪进犯之敌一路700余人退至米峪镇。17日至19日，八路军第358旅第4团、第716团、第2支队在米峪镇和国练等村向“扫荡”米峪镇的日军独立混成第9旅团村上大队发起进攻，共歼灭日军500余人、俘虏4人，打击了日军的嚣张气焰，振奋了人民抗日的信心，是晋西北军民抗日战争的一次重大胜利。

1995年在抗战胜利50周年之际，中共娄烦县委决定修建米峪镇战斗纪念碑，1996年建成。纪念碑由三层石头、水泥砌成的碑基碑座和青石碑组成，碑身正面是原358旅4团政委杨秀山将军题写的“米峪镇战斗纪念碑”碑名和“抗日殉国烈士永垂不朽”的题词。碑背面是记述米峪镇战斗和建碑经过的碑记。1997年10月，在由358旅改编的解放军部队和云顶山林场等单位的帮助下，在纪念碑的基础上建成米峪镇战斗纪念碑碑亭。碑亭四周竖立着参加和指挥过米峪镇战斗的廖汉生、张宗逊、黄新廷、杨秀山、张秀龙、张树芝、吴子杰、张霖、刘永杰9位将军的题词。米峪镇战斗纪念碑与米峪镇战斗遗址、烈士陵园共同组成米峪镇战斗纪念地。

米峪镇战斗纪念碑于2009年12月被山西省委、省人民政府公布为山西省爱国主义教育基地。

左权将军纪念馆

左权将军纪念馆位于山西省晋中市左权县城北街社区陵园街。

左权（1905—1942），湖南省醴陵市人。1925年2月加入中国共产党。黄埔军校第一期毕业生，曾赴莫斯科中山大学、伏龙芝军事学院学习。1930年回国，历任中国工

◆左权将军纪念馆

农红军新12军军长、第5军团第15军军长兼政治委员、红1军团代军团长和八路军副参谋长等职。1942年5月反“扫荡”突围中，在辽县十字岭壮烈殉国，年仅37岁。左权是八路军在抗日战场上牺牲的最高指挥员，1942年9月18日，晋冀鲁豫边区政府为纪念左权将军，批准将辽县改名为左权县。

左权将军纪念馆建筑原为万寿宫旧址，后改为国民初等小学校址。北伐战争后这里为国民党辽县县党部，后被阎锡山的地方政治组织“公道团”占据。从抗战开始到日军侵占县城前（1937—1939），这里为辽县牺牲救国同盟会会址。抗日战争时期，为抵御日军侵略，争取民族独立，许多爱国人士投身于革命事业并牺牲于左权县境内。1945年9月辽西县政府为缅怀革命烈士在原万寿宫旧址兴建“烈士祠”，1946年7月，左权县政府投资将其扩建后，改称烈士园，以纪念在抗战中壮烈殉国的左权将军和733名军、政、民烈士，2002年改名为左权将军纪念馆，2008年进行维修扩建。园内另存纪念碑16通，纪念石碣2方，左权将军汉白玉像1尊。纪念馆占地面积3335.16平方米，建筑面积872平方米。

左权将军纪念馆主要建筑有：八角六层古建筑砖木结构塔，塔前有双层砖木结构左权将军纪念碑亭，亭内立有朱德、彭德怀、刘伯承、罗瑞卿、叶剑英等题写的碑文和邓小平题写的“怀念左权将军同志”的牌匾。碑亭前陈列着怀念左权将军的文章、老首长老领导回访左权县的图片及抗日战争时期的武器等革命文物。塔后是左权将军生平陈列室，展室内有左权将军半身铜像，左权将军生平简历及组织发动群众进行抗日的珍贵图片和实物。门前悬挂着军委原副主席刘华清题写的“左权将军纪念馆”金字匾。

左权将军纪念馆于1995年3月被山西省委、省人民政府公布为山西省爱国主义教育基地。

刘胡兰纪念馆

刘胡兰纪念馆位于山西省吕梁市文水县刘胡兰镇刘胡兰村（原名云周西村）。

刘胡兰（1932—1947），1942年参加了抗日救国儿童团，协助八路军干部侦察敌情，铲除汉奸，为抗日事业做了许多工作。1945年10月，她参加了中共文水县委举办

◆刘胡兰纪念馆

的妇女干部训练班，学习一个多月。回村后担任了村妇女救国会秘书，积极组织妇女上冬学，宣传革命道理，带领妇女纺线织布、做军鞋、看护伤员以及发展生产和支援前线。1946 年 5 月，调任第五区“抗联”妇女干事。1946 年 6 月加入中国共产党，为预备党员，这年她才 14 岁。不久参加了区委组织的土地改革工作组，回云周西村领导土地改革运动。1946 年秋天，中共文水县委根据上级指示，决定留少数干部组织武工队，坚持敌后斗争，大批干部转移上山，刘胡兰也接到转移的通知，但她主动向上级反映，说她年龄小，敌人不易发现，熟悉当地环境，便于隐蔽和发动群众开展工作，请求留下来坚持斗争，上级批准了她的请求。在艰苦的环境里，她深入敌区，收集情报，发动群众，开展斗争，配合武工队打击敌人。12 月 26 日，她协助武工队镇压了云周西村罪大恶极的反动村长石佩怀。1947 年 1 月 12 日，因叛徒告密，刘胡兰被捕。面对敌人的威胁，她坚贞不屈，大义凛然，毫不畏惧地说：“怕死不当共产党员”。敌人无计可施，将刘胡兰铡死在铡刀之下，就义时年仅 15 岁。

◆刘胡兰纪念碑

1947 年 3 月 25 日，毛泽东为她亲笔题词：“生的伟大，死的光荣”。1947 年 8 月 1 日，中共中央晋绥分局作出决定，追认她为中国共产党正式党员，高度评价了她短暂而光辉的一生。

刘胡兰纪念馆前身为刘胡兰烈士陵园，始建于 1956 年，1957 年 1 月 12 日刘胡兰就义 10 周年时落成并对外开放，1959 年改称刘胡兰纪念馆。1959 年、1976 年曾两次调整布局，整修扩建。主要建筑物有毛泽东题词纪念碑、刘胡兰事迹陈列室、七烈士纪念厅、刘胡兰雕像、陵墓和观音庙等。整体建筑以纪念碑与陵墓为中轴线对称分布。馆舍坐北朝南，为四合院建筑，占地面积 9.3 万平方米。馆内陈列文物 76 件。馆前 1 万多平方米的广场花坛中央，矗立着汉白玉纪念碑，碑的正面镌刻着毛泽东的题词“生的伟大，死的光荣”，碑的背面刻着郭沫若书写的《中共中央晋绥分局关于追认刘胡兰同志为中国共产党正式党员的决定》。

为纪念刘胡兰英勇就义 50 周年，1996 年对刘胡兰纪念馆实施了较大规模的维修改造工程，增设了刘胡兰事迹影视室，纪念刘胡兰就义 50 周年书画室以及党和国家领导人的题词碑。2006 年再次进行大修，并列入全国红色景点。

刘胡兰纪念馆于 1995 年 3 月被山西省委、省人民政府公布为山西省爱国主义教育基地，1997 年 6 月被中央宣传部公布为全国爱国主义教育示范基地；1986 年 10 月被民政部公布为全国重点烈士纪念建筑物保护单位。

寿阳尹灵芝烈士纪念馆

寿阳尹灵芝烈士纪念馆位于山西省晋中市寿阳县城朝阳街。

尹灵芝（1931—1947），从小受父亲尹尔恭的影响，带领小伙伴站岗，送情报，监视汉奸，搞抗日宣传活动，曾任村儿童团团长，妇救会主任。她经常组织妇女儿童火线送饭，精心护理伤病员，发动和帮助当地群众斗争地主汉奸。1947 年 7 月 6 日，16 岁的尹灵芝破格加入中国共产党。1947 年秋天，当地解放军部队奔赴其他战场，阎锡山军队乘机卷土重来，占据了寿阳城。尹灵芝组织群众开展地雷战、游击战，与阎军进行斗争。10 月 19 日，当尹灵芝又一次带领群众回村抢收秋粮时，被叛徒发现告密，阎军的一个营向赵家垴扑来，尹灵芝机

◆寿阳尹灵芝烈士纪念馆

智地将群众转移到村外，她本人不幸被捕。敌人对她动用了钉竹签、绞手指等残酷手段，逼她说出藏粮的地点。整整15个昼夜的酷刑，她宁死不屈。11月3日，阎军在宗艾瑞祥寺设下刑场，尹灵芝被敌人摁在铡刀下腰铡三截，年仅16岁的尹灵芝壮烈牺牲。1965年3月，山西省人民委员会追认尹灵芝为革命烈士。

为缅怀尹灵芝烈士的光辉事迹，教育后人，1966年寿阳县人民政府在县城北郊修建尹灵芝烈士纪念馆。该馆正厅北面为尹灵芝烈士墓，墓园南北宽50米，东西长100米，墓丘封土高3米，直径6米，墓前立有纪念碑，上镌“尹灵芝烈士墓”六字。2004年初，寿阳县人民政府决定，迁建尹灵芝烈士纪念馆。新馆背靠堆台梁，俯视白马川，以南北为中轴，东西对称，依山就势，分布纪念设施。馆门前设停车场，由停车场拾级登高6米，进入瞻仰区，迎面矗立着6.8米高的烈士塑像。纪念馆内设有纪念厅、陈列室、接待室、办公室，广场纵深构筑8组16级台阶，隐喻烈士就义时年方16岁。纪念厅两侧喻比新馆落成于烈士就义58周年的58级台阶，为凭吊区，建有墓室、墓碑。墓碑为始建馆原物，墓丘用鹤岗红沙石贴面，象征烈士鲜血润染寿川大地。墓室位于高山之下，表示灵芝烈士虽死犹生，永远活在人民心中。

尹灵芝烈士纪念馆展厅内容共分为八个部分，第一部分是烽火岁月，革命熔炉，为寿阳县抗日战争和解放战争情况的简要介绍，也是尹灵芝烈士生平事迹的历史背景；第二到第六部分为烈士生平事迹介绍；第七部分为烈士牺牲后的纪念活动介绍；第八部分为寿阳县解放后特别是改革开放以来，在烈士精神感召下，发生的巨大变化和建设成就。

寿阳尹灵芝烈士纪念馆于1995年3月被山西省委、省人民政府公布为山西省爱国主义教育基地。

四八烈士纪念馆

四八烈士纪念馆位于山西省吕梁市兴县东会乡庄儿上村。

1946年1月，国民党一手包办召开的国民参政会，公然彻底撕毁政治协商会议和《东北停战协议》。4月8日，参加国共谈判和出席旧政治协商会议的中共代表王若飞、秦邦宪因形势严峻，冒恶劣天气由

◆四八烈士纪念馆

重庆飞回延安向党中央请示和汇报工作。上午飞机从重庆起飞，在西安稍停加油后，飞到延安上空。由于阴雨低云，能见度差而迷失方向，朝晋西北飞来。下午2时许，在兴县黑茶山失事，机内17人全部遇难。遇难者有：政治协商会议中共代表、中共中央秘书长王若飞；解放日报社兼新华社社长、政协宪章审议委员会中共代表秦邦宪；出席巴黎世界职工代表大会回国的中共中央民运工作委员会书记邓发；皖南事变后遭国民党囚禁5年之久的新四军军长叶挺及夫人李秀文、长女扬眉、幼子阿九、保姆高琼；贵州省著名教育家黄齐生及孙儿黄晓庄；18集团军参谋李少华，随员魏万吉、赵登俊；机组人员，美军上尉兰奇及上士瓦伊斯、迈欧、马尔丁。

◆四八烈士遗体停放处

飞机失事后，中共中央晋绥分局责成专人立即赶到现场，料理丧事，并责成晋绥公安总局局长谭政文和一地委组织部部长苗逢澍，带领兴县300多民兵和部队战士到黑茶山寻找烈士遗体、遗物。毛泽东等中央领导亲笔为烈士题词撰文，毛泽东题词："为人民利益而死，虽死犹荣"。晋绥各界1.5万人参加了追悼会。

四八烈士遇难以后，中共中央晋绥分局在兴县黑茶山脚下的庄儿上村修建了四八烈士纪念馆，并立碑撰文纪念。在烈士遇难原地有王若飞、叶挺、秦邦宪等5位烈士及随员的石刻灵位13块，石碑2通，记载烈士简历和遇难经过。现在的四八烈士纪念馆建于1960年，整个建筑坐北向南，现有面积400平方米的展厅。展厅里陈列着王若飞、叶挺、秦邦宪等烈士灵位、遗像、悼词、简历、记事碑以及烈士遗物、遇难飞机残片等。2007年山西省人民政府拨出专款进行维修和扩建，新建展览厅8间，扩建停车场等附属工程3500平方米。

四八烈士殉难处于1965年5月被山西省人民委员会公布为山西省重点文物保护单位。四八烈士纪念馆于2009年12月被山西省委、省人民政府公布为山西省爱国主义教育基地。

白求恩纪念馆

白求恩纪念馆位于山西省忻州市五台县耿镇松岩口村，白求恩模范病室旧址北侧。

1938年6月17日，国际共产主义战士、加拿大共产党员、著名胸外科专家白求恩

◆白求恩纪念馆

大夫辞别延安，东渡黄河，来到晋察冀军区司令部驻地——五台县金岗库，军区司令员聂荣臻亲切地接见了他，并聘请他为军区卫生顾问。第二天下午，白求恩到达军区后方医院驻地松岩口。为改善医疗条件，白求恩在松岩口的一座旧庙院里创办了“模范病室”。经过3个月的筹备，1938年9月15日，“模范病室”正式落成，并举行典礼。典礼大会后约一个星期，侵华日军多路进攻晋察冀抗日根据地，“模范病室”奉命组成几个战地医疗队，转战晋察冀抗日前线。不久，白求恩模范医室被日军焚毁，仅剩院内的一棵松树和门楼。

◆白求恩纪念馆大门前的白求恩塑像

1969年12月21日，中共五台县委、五台县革命委员会在松岩口建立了白求恩纪念馆，九间陈列厅内展示着白求恩大夫的模范事迹照片及实物，并对白求恩模范病室旧址进行保护性修复。

白求恩模范病室于1982年2月被国务院公布为全国重点文物保护单位。白求恩纪念馆于1995年3月被山西省委、省人民政府公布为山西省爱国主义教育基地。

孙中山纪念馆

孙中山纪念馆位于山西省太原市迎泽区柳巷街道办事处海子边西街社区文瀛公园文瀛湖北岸劝业楼内。

1911年10月武昌起义后，山西同盟会继湖南、江西、陕西起义后，于1911年

◆孙中山纪念馆

10 月29 日，按同盟会原定的“南响北应”战略决策，在太原宣布起义。孙中山对山西辛亥起义和起义军一直十分关注和重视。1912 年9 月18 日，孙中山为考察正太铁路及山西矿产，应山西都督阎锡山的邀请，乘专车从北京经山西平定、阳泉到达太原。孙中山在太原19 日、20 日两天的考察中，对山西各界群众，同盟会的同志，太原商学界、军界、实业界及各党派作了五次演讲，肯定山西辛亥革命作用，宣传民族民权民生主义。文瀛湖畔的劝业楼是孙中山在太原演讲的主要地点。1928 年冬，文瀛湖所在的文瀛公园改名为中山公园。1935 年，劝工陈列所改名为国货陈列馆，后改名为劝业楼。

劝业楼始建于清光绪三十一年（1905 年），原名劝工陈列所，坐北朝南，为两层硬山顶式楼房，砖木结构，面宽7 间，进深3 间，占地面积410 平方米。

1986 年，在中共太原市委、市政府、市政协和民革太原市委的共同努力下，劝业楼辟建成孙中山纪念馆。楼上前檐悬挂“劝业楼”匾额，楼下正中拱门，上悬“孙中山纪念馆”的鎏金匾额。1991 年，纪念馆进行了小规模维修。2001 年，在纪念辛亥革命90 周年之际进行了翻修。馆内安放有孙中山半身塑像，陈列有孙中山先生生平和辛亥革命山西斗争活动资料图书等。展厅分上下展厅，设6 个单元，共展示图片300 多幅，实物50 多件及部分拓片、复制件。2011 年在纪念辛亥革命100 周年之际，太原市又对劝业楼进行了框架大修，在修旧如旧的基础上，对孙中山纪念馆进行了重新布展。纪念馆内分7 个展厅，展出有435 幅辛亥革命时期的珍贵照片。楼下为孙中山生平部分，楼上是辛亥山西风云部分。

孙中山纪念馆于2004 年6 月被山西省人民政府公布为山西省重点文物保护单位；2005 年1 月被山西省委、省人民政府公布为山西省爱国主义教育基地。

彭真生平暨中共太原支部旧址纪念馆

彭真生平暨中共太原支部旧址纪念馆位于山西省太原市文瀛公园内文瀛湖南侧。

这里曾是省城的重要政治活动中心，发生过不少对近现代山西政治有重要影响的事件。这里原是清朝山西贡院，1906 年山西巡抚衙门在此创办山西公立中学堂，辛亥革命后的 1913 年更名为山西省立第一中学校。省立一中是山西传播新文化的前哨阵地，是中共早期党员、山西共产主义启蒙运动的先驱高君宇、贺昌、彭真等老一辈无产阶级革命家就读与从事革命活动的地方。1921 年 5 月，太原社会主义青年团在此成立。1922 年 9 月，社会主义青年团太原地方执行委员会成立，贺昌、彭真先后任书记。1924 年春夏，高君宇受李大钊和中共北京区委委派，在这里组建了山西省第一个党组织——中共太原支部，李毓棠、张叔平、彭真先后任书记。中共太原支部先后发动和领导了一系列重大革命斗争，在中国共产党的历史上谱写了光辉的篇章。

◆彭真生平暨中共太原支部旧址纪念馆

为了纪念山西中共组织的成立，缅怀高君宇、贺昌、彭真等老一辈无产阶级革命家的光辉业绩，中共山西省委、山西省人民政府决定建立中共太原支部旧址纪念馆。工程于 2002 年 3 月动工，同年 10 月彭真诞辰 100 周年之际，纪念馆落成，彭真生平业绩陈列同时对外开放。2010 年 4 月，经中央批准，定名为“彭真生平暨中共太原支部旧址纪念馆”。

◆彭真生平暨中共太原支部旧址纪念馆内的彭真塑像

纪念馆占地 10.3 亩，建筑面积 5656 平方米，有三层主楼一幢，面积为 3556 平方米，古建筑平房面积为 2000 平方米。纪念馆设有彭真生平业绩陈列、高君宇生平业绩陈列、贺昌生平业绩陈列和中国共产党山西历史陈列。

彭真生平暨中共太原支部旧址纪念馆于 2004 年 6 月被山西省人民政府公布为山西省重点文物保护单位；2005 年 1 月被山西省委、省人民政府公布为山西省爱国主义教育基地。

山西国民师范旧址革命活动纪念馆

山西国民师范旧址革命活动纪念馆（又称太原革命历史陈列馆）位于太原市杏花岭区五一北路 245 号。

山西省立国民师范学校始建于 1919 年 6 月，整个校园占地面积 20 万平方米，是阎锡山创办的一所专门培养小学教师的师范学校，学校免除学生学杂费并发给生活费。学校开办不久，这里就成为传播进步思想、宣传马列主义、发展党团组织的阵地，后来成为大革命、土地革命战争时期和抗日战争时期中国共产党在山西重要的活动基地之一。

◆山西国民师范旧址革命活动纪念馆

1924 年，国师学生梁其昌（梁卜五）、韦思恭、纪秀川（纪子中）等秘密建立了社会主义青年团组织。1925 年山西党组织又在国师创立了中国共产党国师支部，薄一波任书记。1926 年设立了中共太原地委北部委，薄一波任副书记、书记。徐向前、程子华、王世英、李雪峰也曾在这里学习和工作。从 1928 年至 1936 年夏，省城中国共产党的组织工作已转到农村，但国民师范的革命活动仍在秘密地进行着，他们以“九一八”读书会、“山西互济会”、“社会科学同监会”、“红军之友社”等党团外围组织播种着革命火种。1934 年由“互济会”党团书记李雪峰和“山西红军之友社”负责人刘耀夫直接组织和领导，在全市中等以上学校开展了规模空前的反会考斗争，并成立了“太原市中等学校应届毕业生同学会”，发动全市学生举行游行、请愿。通过这次斗争，国民师范发展了一大批党员、团员，还有一大批进步青年参加了党团组织的外围学术团体。阎锡山当局决定从 1934 年下半年开始不再招收新生，1936 年学校被迫停办。

1936 年冬到 1937 年秋，在薄一波等组成的中共山西公开工作委员会直接领导下，以山西牺牲救国同盟会（简称牺盟会）的名义，在这里举办了“军政训练班”、“民训干部教练团”、“牺盟会特派员训练班”等许多抗日军政团体，培养了来自全国20多个省、市及海外华侨的进步知识青年4500余人，其中包括一个由180多名女学员组成的女兵连。抗战全面爆发后，由第二战区民族革命战争战地总动员委员会主办了“游击干部训练班”。周恩来、刘少奇、彭德怀、彭雪枫、周小舟等领导也先后到过这里讲授抗日救国的方针、政策，很快打开了山西抗日救亡工作的局面，为共产党、八路军在山西创建抗日根据地打下了坚实的基础。

◆山西国民师范旧址革命活动纪念馆展厅内的山西新军名将录

1937年8月1日，山西青年抗敌决死总队在国民师范旧址宣告成立，为创建山西新军奠定了基础。山西新军名义上属于阎锡山的军事建制，实际上是中国共产党运用统一战线组建领导的抗日武装。山西新军迅速成长，很快发展为4个决死纵队，到1939年山西新军已发展到9个师旅级建制，共50个团。1939年十二月事变后山西新军编入八路军战斗序列。据统计，国师诞生的牺盟会和决死队中，走出了共和国80位将帅、20余位省部级领导。1940年由牺盟会会员傅东岱和人民音乐家冼星海共同创作的抗日救亡歌曲《牺盟大合唱》，艺术地再现了牺盟会的光辉历史。

1984年，山西国民师范旧址革命活动纪念馆着手筹建，1991年9月18日正式对外开放。纪念馆主楼为二层券廊式建筑，前檐带廊，青砖墙体，黑色立柱。馆内陈列有“牺盟会陈列”、“山西新军陈列”、“国师学生用具陈列”、“山西革命传统教育陈列”、“中共太原地区斗争史陈列”等，展出有1万余份有价值的文物资料、1.6万余幅历史照片和900余件文物。1997年，由彭真题词的“山西建团纪念碑”在馆内落成，2000年增挂太原革命历史陈列馆的牌子。2009年山西国民师范旧址革命活动纪念馆开始重修，展馆面积由原来的500平方米扩大到1500平方米。

山西国民师范旧址革命活动纪念馆于1996年1月被山西省人民政府公布为山西省重点文物保护单位；1995年3月被山西省委、省人民政府公布为山西省爱国主义教育基地，2001年6月被中央宣传部公布为全国爱国主义教育示范基地。

太原解放纪念馆

太原解放纪念馆又名牛驼寨革命烈士陵园，位于山西省太原市杏花岭区中涧河乡瓦窑头村西南。

◆太原解放纪念馆

牛驼寨地势陡峭，沟壑纵横，自古以来就是兵家攻守太原的军事要塞，有“太原门户”之称。1948 年 10 月 17 日，人民解放军西北野战军 7 纵夜袭牛驼寨，占领了除 4 号碉堡以外的全部阵地，拉开了解放太原攻坚战的序幕。由于阎锡山军连日反扑，21 日弃守。26 日牛驼寨、小窑头、淖马、山头四大要塞争夺战同时发起。东山争夺战异常艰巨、激烈，人民解放军华北军区第一兵团经过近一个月的浴血奋战，于 11 月 13 日攻克牛驼寨，打碎了阎军的东山防御体系，标志着太原外围已被人民解放军控制，太原成为一座孤城。

为了缅怀革命先烈，启迪后人，褒扬攻打东山四大要塞牺牲的烈士，1959 年 11 月，中共太原市委、市政府在牛驼寨修建革命烈士陵园。1989 年太原解放 40 周年之际，又在牛驼寨烈士陵园的基础上扩建太原解放纪念馆。1994 年徐向前元帅铜像在馆内落成。扩建后的太原解放纪念馆分为太原解放纪念碑碑区、徐向前元帅铜像纪念区、太原解放展览区、烈士墓区四部分。

◆太原解放纪念馆内的徐向前元帅铜像

太原解放纪念碑碑区位于纪念馆西侧，由凯旋门、主碑、副碑组成。紫红色花岗岩装饰而成的主碑像一把巨大的钥匙，寓意牛驼寨是打开古城太原大门的钥匙。碑高49.424米，碑体上镌刻着徐向前元帅题写的“太原解放纪念碑”以及太原解放纪念碑碑文。副碑直径为24米，形似被炸开的碉堡，四壁镶嵌着大型浮雕，生动地反映了太原人民解放前的苦难生活和他们反抗压迫、争取解放的斗争精神。白色的凯旋门形似巨大的钢钳，钢钳下合围着一个大理石制成的乌龟壳，寓意人民解放军和山西人民解放太原力摧群顽、瓮中捉鳖的英勇气概。

◆太原解放纪念碑

徐向前元帅铜像纪念区位于纪念馆正北面，主要由铜像、观瞻台、浮雕墙、广场、甬道组成。徐向前元帅铜像高4米、基座高3米，江泽民题写的“徐向前元帅”五个大字镌刻在褐红色花岗岩基座上。徐向前元帅铜像后是由五组花岗岩雕刻而成的浮雕墙，分别记述了徐帅革命战争年代的光辉战斗历程。

太原解放展览区包括南北两个展厅，面积1200平方米，展厅内陈列着8万余字的历史文献和500多幅历史照片及实物，从不同侧面真实地再现了解放太原的战斗史实。展览区广场矗立着死难烈士纪念碑，毛泽东题写的“死难烈士万岁”六个大字镌刻于碑面。

烈士墓区位于陵园内东侧，这里排列着1279座烈士墓，安放着当年攻打牛驼寨等四大要塞时牺牲的革命烈士遗骸。死难烈士纪念碑两侧，有两座球型无名烈士墓，安葬着为解放太原牺牲的无名烈士631位。烈士墓区中央，矗立着烈士纪念堂，堂内嵌刻着解放太原战役英勇牺牲的3936位烈士的英名。

太原解放纪念馆于1995年3月被山西省委、省人民政府公布为山西省爱国主义教育基地，2001年6月被中央宣传部公布为全国爱国主义教育示范基地。

定襄西河头地道纪念馆

定襄西河头地道纪念馆位于山西省忻州市定襄县西河头村。

西河头地道遗址是抗日战争、解放战争时期，中国共产党领导下的当地军民对敌斗

◆西河头地道纪念馆

争中的一处重要战争遗址。

抗日战争和解放战争时期，西河头村的战略位置十分重要，抗战时处于五台山抗日根据地的西线前哨，是扼守晋察冀边区的西大门。解放战争后期，西河头村是抵御智村、忻县、太原西面之敌进犯定襄城东解放区的重要屏障和门户。为了防御敌人的袭击，西河头民兵从1942年开始挖掘地道，初为一般秘密地窖形式，只能藏人不能作战，后来根据斗争形势的需要，逐渐发展成为比较复杂的隐蔽地道并逐步完善。1947年秋，动员500余人，经40个昼夜扩挖修筑而成。自东向西的三条主道总长为5公里，52条支道纵横交错。地道分为三层，二层设有指挥所、休息室、储藏室；三层有机要室、武器库、会议室。此外，地道内还有翻口22个，卡口8个，陷阱和迷魂阵各12个，作战枪眼22个，出击口10个，出入口11个，连通水井3眼，地堡15座，高房工事1处。地道具有防水、防毒、防烟、射击等多种功能。地道筑成后，武工队和地方民兵与敌人展开灵活的地道战，多次击退国民党阎锡山军队及反动地方武装的进攻。

2005年以前，该遗址已开辟为西河头地道纪念馆，2005年对纪念馆进行改扩建，2006年3月竣工并重新开放。改造后的展厅面积由原来的60平方米扩展到632.93平方米。内容分为定襄县——晋察冀地区的西大门、地道战——战争史上的伟大创举、西河头地道——拱卫解放区的地下长城、西河头地道纪念馆——开放最早的红色景点四大部分，共展出图片158幅，各种图表16张，实物122件。整个展览系统、完整地反映了西河头地道战的创建、发展概况。

定襄西河头地道纪念馆于2006年5月被国务院公布为全国重点文物保护单位；1995年3月被山西省委、省人民政府公布为山西省爱国主义教育基地。

晋绥边区革命纪念馆

晋绥边区革命纪念馆位于山西省吕梁市兴县蔡家崖村。

1940年1月晋西事变后，中共中央军委副参谋长滕代远和贺龙、关向应等人在岚县史家庄召开了晋西北军政民高干会议，决定成立晋西北抗日游击行政公署（1941年8

泽东率红军总部回到瓦窑堡。历时 117 天、在山西境内 75 天的东征胜利结束。

从渡河东征到回师陕北，红军在山西境内先后转战 50 余个县，同蒋介石、阎锡山军队激烈交战数十次，歼敌 7 个团，俘虏敌官兵 4000 余人，扩充红军 8000 余人，筹款 50 多万元，在 20 多个县建立了苏维埃政权和农民协会。红军所到之处广泛宣传抗日，充分发动群众，积极组织抗日救亡团体，发展党的组织，组建革命武装，壮大了抗日武装力量，激发了广大人民群众抗日救国的热情。吕梁人民积极配合和支持红军东征的行动，既巩固扩大了陕甘抗日革命根据地，也为创立晋西北敌后抗日根据地奠定了基础。

红军东征纪念馆于 1993 年动工修建，1996 年 5 月 5 日建成并开馆。纪念馆馆舍建筑面积 1.1 万平方米，主体建筑占地 1100 平方米，分展厅、纪念碑两部分。展厅正中悬挂着江泽民题写的“红军东征纪念馆”七个镏金大字牌匾，展厅由序厅和四个展室组成，分别陈列有革命文物 75 件、史料 70 余份、历史图片 190 多张，完整地再现了当年红军东征的历史壮举。展厅中一幅巨大的红军东征电动沙盘模型，运用声、光、电科技手段直观地再现了红军东征战斗的全过程。左右两厅陈列有老领导、老红军的题词 30 余幅。展馆背后的百级台阶之上，是“中国人民红军抗日先锋纪念碑”，两侧是亭台、花草和一排排的青松翠柏。

石楼红军东征纪念馆于 1995 年 3 月被山西省委、省人民政府公布为山西省爱国主义教育基地，2009 年 5 月被中央宣传部公布为全国爱国主义教育示范基地。

八路军一二九师西河头纪念馆

八路军一二九师西河头纪念馆位于山西省晋中市左权县辽阳镇西河头村。

1937 年 11 月 15 日，刘伯承师长、徐向前副师长、张浩政委、倪志亮参谋长率领八路军 129 师司令部进驻辽县（今左权县）西河头村。随同他们一同进驻的还有李菁玉、李雪峰等中共冀豫晋省委（对外番号称 129 师编辑部）。1938 年 1 月，第 18 集团军政治部副主任邓小平接替张浩任 129 师政委，从此开始了

◆八路军一二九师西河头纪念馆

与刘伯承师长长达 13 年之久的直接合作，使 129 师和后来的晋冀鲁豫野战军、中原野战军、第二野战军发展壮大为闻名中外的“刘邓大军”。在这里，刘伯承和邓小平运筹帷幄，一边指挥华北游击抗战，一边同当地党组织相结合，发动群众，建立抗日武装和抗日政权，点燃了抗日游击战的烽火。

八路军三大主力之一的 129 师司令部进驻西河头村时，正是抗日战争转入战略防御阶段之际。面对重大的战略转折中出现的新问题，129 师为创建敌后抗日根据地，尽快开展游击战争，决定举办游击训练班，对部队排以上干部和地方区以上干部进行轮训，同时迅速实施围棋战略，通过游击战争开辟广阔的华北敌后战场。游击训练班的驻地选在了出城向西几里的大营盘，这里有一个开阔的广场，广场西侧有两排房子，曾是阎锡山屯兵营盘，南临依山傍水的西河头村。游击训练班开办后，刘伯承、张浩、徐向前等首长常到训练班讲课，训练班每期多则一月，少则半月。刘伯承结合训练班的学习情况，在西河头村写下了《论游击战与运动战》、《抗日游击队四个基本任务》、《抗日自卫队三个基本任务》、《击退正太路南进敌人的战术考察》等文章。

◆八路军一二九师司令部重要会议旧址

129 师司令部进驻西河头村之后，不仅开办了辽县游击训练班，同时迅速实施战略大展开，在华北敌后点燃了游击战争之抗日烽火，开辟了广阔的华北敌后战场。在西河头村，刘伯承、张浩（林育南）、邓小平运筹帷幄，决定把主力部队部署在同蒲路东侧、正太路南侧和平汉路石家庄至磁县段以西地区，分别发动群众。抽调部队中部分骨干组成若干工作团和步兵分队，由师政治部副主任宋任穷、组织部长王新亭、宣传部长刘志坚等分别率领，迅速奔赴到沁县、长治、晋城、高平、陵川、武乡、襄垣、平顺、安泽、屯留等地，同当地党组织相结合，发动群众，建立抗日武装和抗日政权，开展抗日游击战争。与此同时，师部派出 769 团副团长汪乃贵率领 1500 人的汪乃贵支队在敌后开展活动。

为开辟新的抗日根据地，刘伯承、张浩于 1937 年 12 月 13 日，从教导团抽调 30 余名干部，组织挺进支队，在支队长孙继先、政委胥光义率领下，越过平汉路到达冀南。紧接着抽调 5 个连队组成东进纵队，由 386 旅副旅长陈再道任司令员、宋任穷任政治委员，与中共冀豫晋省委书记李菁玉等率领挺进冀南。1938 年 2 月，129 师骑兵营扩大为骑兵团。1938 年 5 月，副师长徐向前率领 769 团、689 团和第 5 支队开赴冀南平原。徐向前与先期到达的宋任穷、陈再道所部（1938 年 4 月 27 日已成立陈再道任司令员、宋任穷任政治委员下辖 5 个军分区的冀南军区）发展巩固冀南根据地，并以一部挺进冀鲁边区。根据八路军总部的具体部署，令平汉东路各部队开展游击战争，建立抗日根据地，129 师各部大规模向河北、山东平原进军，扩大了敌后战场，创建了平原敌后抗日根据地。

129 师司令部进驻西河头村不久，日军于 1937 年 12 月下旬发动了妄图一举歼灭 129 师主力的“六路围攻”。刘伯承指挥主力部队和刚组建的游击支队，仅用了 5 天时间，就歼敌 700 余人，在太行山上第一次取得粉碎敌人围攻的胜利。1938 年 3 月下旬，八路军总部命令 115 师的 344 旅和第 5 支队划归 129 师指挥，参加创建和发展晋冀豫根据地的斗争。1939 年 6 月下旬，129 师司令部撤离西河头村。

八路军一二九师西河头纪念馆于 2006 年 5 月被国务院公布为全国重点文物保护单位；2009 年 12 月被山西省委、省人民政府公布为山西省爱国主义教育基地。

百团大战纪念碑和纪念馆

百团大战纪念碑和纪念馆位于山西省阳泉市狮脑山。

1940 年 8 月，八路军总部在华北向日军主动开展了一次自抗战以来参战人数最多、时间最长、范围最广、规模最大的交通总破袭战役，即名震中外的百团大战。这次战役从 8 月 20 日开始，至 1941 年 1 月 24 日结束，八路军先后出动 105 个团约 20 余万人，以正太路为破袭重点，在敌堡密布的 2500 余公里交通干线上，军民团结，拔据点、破铁路、炸桥梁、毁公路，给日军以重创，有力地打击了日本侵略者的嚣张气焰，增强了全国军民抗战胜利的信心，对支援抗战正面战场，遏制妥协投降暗流，争取时局好转，起到了积极的作用，堪称游击战争史上的伟大创举。

◆百团大战纪念馆和纪念碑远景

◆百团大战纪念馆

为了再现中国人民在中国共产党领导下艰苦抗战的历史，弘扬革命先烈英勇献身的伟大爱国主义精神，阳泉市委、市人民政府于 1987 年 6 月 30 日在阳泉市狮脑山建起了

◆百团大战纪念碑

百团大战纪念碑、“长城”、添翠楼、钟楼、蘑菇亭等建筑群。该建筑群坐北朝南，东西宽180米，南北长345米，占地面积6.21万平方米。其中，以纪念碑为中心的纪念园区包括纪念碑3座（主碑、示意图碑、记事碑）、纪念馆1座、雕像（奋起的母亲铁铸像）1个、浮雕铜碑3座。园区的东西两侧为蜿蜒曲折的长城和烽火台。主碑呈钢枪的三棱刺刀形，高约39.2米，用灰白色大理石罩面，正面是彭真的题字“战绩辉煌，永垂史册”八个镏金大字。左侧和右侧分别为徐向前元帅题写的“百团大战，抗日战争中最光辉的一页，必将载诸史册永放光芒”。

1995年8月15日，为纪念抗日战争胜利50周年，阳泉市委、市人民政府于此建立了百团大战纪念馆。陈锡联将军为纪念馆题词：“百团大战、功在千秋、爱国精神、永放光芒”。李德生将军为纪念馆题词：“百团大战功垂青史，先烈精神万世长存”。

百团大战纪念碑于1995年3月被山西省委、省人民政府公布为山西省爱国主义教育基地。百团大战纪念碑和纪念馆于1997年6月被中央宣传部公布为全国爱国主义教育示范基地。

阳泉市革命烈士纪念馆

阳泉市革命烈士纪念馆位于山西省阳泉市狮脑山路中段。

阳泉市革命烈士纪念馆原名阳泉市烈士陵园，始建于1954年，位于城区德胜街南侧。2005年6月，在纪念抗日战争胜利60周年之际迁至狮脑山，2006年9月落成，并改称阳泉市

◆阳泉市革命烈士纪念馆

革命烈士纪念馆。

新建成的革命烈士纪念馆（碑）总占地面积2万多平方米，纪念馆215平方米。主要建筑有革命烈士纪念馆、革命历史纪念碑、中共第一城纪念墙、展览陈列室、纪念广场等。纪念馆位于狮脑山“百团大战纪念碑”东侧山下，整体建筑以花岗石罩面，门前设汉白玉石栏杆。展馆内采用声、光、电为一体的现代手法，以阳泉革命斗争史和革命英烈事迹为主线，收集了大革命时期、土地革命战争时期、抗日战争时期、解放战争时期、社会主义革命和建设时期的有关资料、照片、实物等，真实地记录了革命先烈为谋取人民幸福而抛头颅、洒热血的丰功伟绩，大跨度地反映和展现了阳泉人民坚忍不拔、不畏艰险、敢于斗争的精神风貌。纪念馆内还设置了抗日战争和解放战争时期阳泉的行政建制沙盘，并配有锻铜浮雕、石雕，艺术地表现了阳泉市的革命历史。同时，在纪念馆旁还修建了52平方米的大型汉白玉浮雕“太行丰碑”。

◆阳泉市革命烈士纪念馆广场

革命烈士纪念碑坐西南朝东北，高约20.2米，由三片高低错落的弧形巨大墙片和一道纪念墙组成，主碑上镌刻“革命烈士永垂不朽”八个大字，集中表现中国革命波澜壮阔的历史画卷，辅碑上分别镌刻阳泉市委、市政府的碑文和“中共第一城”简介，颂扬了无数革命先烈为国捐躯的丰功伟绩，记录了阳泉在中国革命战争中的战略地位和历史功绩。纪念墙长19.47米，高5.4米，隐喻阳泉建市于1947年5月4日，墙的正面镌刻着“中共第一城”，昭示阳泉市光荣的建市历史。纪念广场设有300多平方米的中心图案，图案由红色花岗岩和大型汉白玉花环组成。

阳泉市革命烈士纪念馆于2009年12月被山西省委、省人民政府公布为山西省爱国主义教育基地。

山西牺盟会决死队纪念馆

山西牺盟会决死队纪念馆位于山西省长治市沁县城内宣化巷51号。

1936年9月，山西牺牲救国同盟会（简称牺盟会）成立。10月，薄一波受阎锡山之邀并经中共中央北方局批准回到山西。中共中央北方局决定组成中共山西公开工作委员会，薄一波任书记，到山西开展上层统一战线和抗日救亡工作。薄一波等接办并改组了牺盟会。牺盟会名义上是阎锡山的官办组织，实际上是中国共产党领导下的山西特殊形式抗日统一战线群众团体组织。牺盟会在太原举办了村政协助员与国民兵军官教导团。三个月时间，牺盟会员发展到60万人，组建了国民兵军官教导团10个团，举办了军政训练班与民训干部团，北平、天津、上海、河南与湖北等22个省市的青年，纷纷前来报名参加，两个训练班即招收4500多人。

全国抗战开始后，薄一波建议阎锡山组建山西新军。这支部队名义上属于阎锡山晋军建制，实际上是中国共产党领导的以统一战线形式出现的人民抗日武装力量。1937年8月1日，组建了山西青年抗敌决死总队（简称决死队），薄一波任政治委员。以后，发展到4个决死纵队。到1939年夏，山西新军发展到9个师旅级单位，总计50个团，兵力最多时达7万余人。主力部队转战于晋东南、晋西南和晋西北地区，配合八路军开展抗日游击战争。1940年后编入八路军战斗序列。1937年9月底，薄一波领导的决死一总队（后为决死一纵队）驻在沁县。不久，牺盟会沁县中心区成立。

◆山西牺盟会决死队纪念馆

山西牺盟会决死队纪念馆建于2005年，占地2100平方米，分三个展厅，共展出460幅珍贵历史照片和80余件实物。2008年山西牺盟会决死队纪念馆进行改扩建。工程规划占地面积9205平方米，建筑面积5077.74平方米。新馆于2008年3月开始动工，经过两年多建设，纪念馆主体工程已基本完工。新馆仿晚清民间风格，为四合院二层。正厅、东西廊房作展厅，南面一层为服务用房，展馆内容分为两部分，第一部分是综合展，展示牺盟会决死队集体战斗经历，重现当时抗战历史，第二部分是人物展，展示在牺盟会决死队中有过卓越贡献的革命先辈的光辉一生。东西二层廊房均为人物展馆，分为“名人馆”和“将军馆”。名人馆主要展示有薄一波、赵树理、胡正、马烽等牺盟会成员的工作、学习、生活的复原场景。将军馆主要展示从新军队伍中成长起来的近百名爱国将领的战斗历程。纪念馆现有馆藏实物500余件，相关书籍200多套，珍贵历史图片800多幅。

山西牺盟会决死队纪念馆于2009年12月被山西省委、省人民政府公布为山西省爱国主义教育基地。

八路军太行纪念馆

八路军太行纪念馆位于山西省长治市武乡县城西凤凰路。

抗日战争时期中华民族处于危亡关头，为了抗日救国，中共中央将中国红军主力改编为国民革命军第八路军。朱德总司令、彭德怀副总司令率三师之众，东渡黄河，出师华北，展开敌后游击战争。总部所属机关和129师于1938年2月向晋东南推进，开辟以太行山为依托的晋冀豫抗日根据地。从此，太行山成为八路军总部所属机关和129师转战驻地。在日、伪、顽疯狂进行围攻和封锁的条件下，八路军坚持贯彻中共中央的路线、方针、政策，依靠军民团结一致，克服困难，进行了艰苦卓绝的八年抗战，在此粉碎了日军“晋东作战”，发动了百团大战，创办了兵工厂，领导和组织当地军民进行了生产自救，夺取了抗日战争的最后胜利。

◆八路军抗战纪念碑

1988年9月3日，八路军太行纪念馆正式建成并对公众开放，邓小平题写了馆名。2005年8月15日，八路军太行纪念馆二期扩建工程胜利竣工，《八路军抗战史陈列》大型主题展览正式开幕。八路军太行纪念

◆八路军太行纪念馆前的八路军将领组雕——“太行山”

馆，是一座系统反映八路军总部，中共中央北方局和八路军野战政治部以及朱德、彭德怀、左权、任弼时、刘伯承、邓小平、杨尚昆等在太行山根据地八年抗战的伟大革命实践和太行山根据地人民斗争事迹的纪念馆。

纪念馆前是面积2万平方米的广场，广场中央矗立着八路军将领组雕——“太行山”，主馆区占地面积14.8万平方米，建筑面积1.9万平方米，主要有八路军抗战史陈列馆、临时展览馆、百团大战半景画馆、窑洞战景观、八路军雄风碑林公园、八路军抗战纪念碑、八路军将领组雕、“和平颂”主题公园等8个参观点，展陈面积为8000平方米。拥有各类藏品800余件，尤以八路军抗战历史文物的收藏最具有特色，其中，国家一级文物150多件。

八路军太行纪念馆于1995年3月被山西省委、省人民政府公布为山西省爱国主义教育基地，1997年6月被中央宣传部公布为全国爱国主义教育示范基地。

阳城晋豫边抗日纪念馆

阳城晋豫边抗日纪念馆位于山西省晋城市阳城县横河镇横河村。

阳城县横河镇位于中条山东端、王屋山北侧的阳城、沁水、垣曲、济源结合部的晋豫两省交界处。抗战初期，这里是华北前线和八路军总部通向延安、重庆大后方的必经之地。1938年3月，豫北、晋南沦陷后，朱瑞、唐天际、聂真等根据中共中央北方局的指示，率中共直鲁豫边省工委和八路军驻第一战区长官司令部联络处干部从焦作辗转到达横河镇，组建了中共晋豫特委和八路军晋豫边游击队，展开游击战争，并以横河为中心创建了晋豫边抗日根据地。1939年十二月事变之后，中共晋豫特委和八路军为争取国共合作，维护统一战线大局，主动撤出。晋豫边由国民党军驻防。1941年5月，国民党军在中条山战役对日作战失利后，大部退出晋豫边地区。中共中央北方局、八路军总部和129师决定乘机开辟晋豫边中条山抗日根据地。1942年初，聂真、王新亭率领中共晋豫区党委机关和八路军太岳南进支队分路、分批开进晋

◆晋豫边抗日纪念馆

豫边区，领导机关进驻横河镇，相继建立健全了晋豫边抗日根据地党、政、军领导机构，并在建党、建政、发展抗日武装、对敌斗争、根据地建设、改善民生等工作中作出了艰苦努力，使根据地不断巩固扩大，重新开创了晋豫边抗日根据地。1943 年春晋豫边根据地与太岳根据地合并，使之成为太岳根据地的重要组成部分。

2006 年至 2007 年间，热爱老区、热心党史工作、热爱家乡的横河镇当地人士张茂银、郝海龙等发起筹建了晋豫边抗日纪念馆。原晋豫特委书记聂真为纪念馆题写了馆名。纪念馆总占地 3500 平方米，建筑面积 1500 平方米，有房屋 30 余间，分 6 个展厅，版面 300 余平方米，文物展示柜 50 余米，展有重要的抗战文献资料、实物等 800 余件，并建立了网站，制作了专题片和光盘。馆内收藏了唐天际、李钟玄、戚怀培、徐克林、李超等革命老前辈的题词十余幅。

阳城晋豫边抗日纪念馆于 2009 年 12 月被山西省委、省人民政府公布为山西省爱国主义教育基地。

晋西革命纪念馆

晋西革命纪念馆位于山西省临汾市隰县县城南郊。

以隰县为中心的晋西革命老区，在民国时期是一个大县，包括现在的隰县全部和交口县的大部分及孝义市、灵石县的一部分。1931 年山西省第一支工农革命武装——晋西游击队在这里组建。1936 年红军东征时，毛泽东率部在这里工作战斗了 72 天。东征中，贯彻共产国际建立反法西斯统一战线方针的中央政治局扩大会议（晋西会议）在这里召开。抗日战争爆发后，根据毛泽东的电令，八路军 115 师主力开赴晋西南，创建晋西南抗日根据地，并在隰县午城、蒲县井沟、大宁罗曲与来犯的日军展开激战，取得了歼敌 1000 余人的胜利。与此同时，山西青年抗敌决死二总队进驻隰县，随即扩编为第 2 纵队，约 1 万余人，成为中共在晋西的又一支抗日武装。1939 年 12 月，国民党发动第一次反共高

◆晋西革命纪念馆

◆晋西革命纪念馆正院

潮，爆发了晋西事变。中国共产党从民族抗战大局出发，和平解决了晋西事变。在晋西这块热土上，毛泽东、周恩来、朱德、刘少奇、彭德怀、邓小平、罗荣桓、薄一波等老一辈无产阶级革命家都留下了战斗足迹。晋西地区的许多优秀儿女在革命斗争中浴血奋战、前仆后继，为民族的独立和人民的解放作出了重大贡献。

晋西革命纪念馆占地面积15400平方米，建筑面积3420平方米，其中主体建筑面积3252平方米，陈展面积2779.92平方米，展线长425米，分设土地革命、抗日战争、解放战争三个展厅，具体包括党的早期活动、创建革命武装、红军东征、晋西会议、午城战役、根据地建设、晋西事变、东川战役、全区解放、踊跃支前、伟大胜利等单元内容。

晋西革命纪念馆于2009年12月被山西省委、省人民政府公布为山西省爱国主义教育基地。

永和红军东征纪念馆

◆永和红军东征纪念馆

永和红军东征纪念馆位于山西省临汾市永和县阁底乡东征村。

1936年2月20日，以彭德怀为司令员、毛泽东为政治委员的中国人民红军抗日先锋军东渡黄河，进入山西境内。3月28日，毛泽东率红军总部从石楼县四江村进驻永和县赵家沟村，连续向红军各部指战员发电十余份，全面落实了晋西会议的各项决议。4 月 27 日，毛泽东率红军总部到达永和县桑壁镇前龙石腰村，连日召开军事会议，果断作出了红军回师西渡的军事战略部署。5 月 1 日，毛泽东率红军总部到达永和县上退干村（现东征村）。5 月 2 日，毛泽东在上退干村关帝庙（现红军东征纪念馆）正式下达红军回师西渡命令后，于当日上午 8 时，在永和县于家咀渡口上船渡过黄河。红军主力部队于 5 月 3 日至 5 日在北起永和关，南到铁罗关 50 余里的各个渡口顺利渡河。5 月 5 日，毛泽东、朱德向全国人民庄严发布《停战议和一致抗日通电》，红军回师西渡宣告结束。

◆毛泽东东征住过的窑洞

1971 年 5 月，永和县上退干村改名为东征村。上退干庙挂牌为红军东征路居，并对外开放。2005 年 4 月，永和县人民政府投资将旧址修缮一新，在原有的基础上新修了第一展厅和东西石砌窑洞各五间，并在室内进行了布展。2008 年 5 月，永和县人民政府投资新建了第二、第三展厅。2009 年 12 月，对纪念馆进行了重新布展。12 月 26 日，全面对外开放。现纪念馆建筑面积 2300 平方米。馆内有大展厅 3 个、窑洞 10 间、爱国主义教育室 3 间、毛泽东住过的窑洞 3 间、庙宇 4 间等。馆内有军刀、马鞍、子弹箱、电报、纸币等展品 1500 余件。

永和红军东征纪念馆于 2009 年 12 月被山西省委、省人民政府公布为山西省爱国主义教育基地。

原平续范亭纪念堂

原平续范亭纪念堂位于山西省忻州市原平市范亭中学院内。

续范亭（1893—1947），名培模，山西省崞县（今原平市）西社村（今属定襄县）人。1910 年加入同盟会，1925 年前后任国民军第 3 军第 2 混成支队参谋长、第 6 混成旅旅长等职。1937 年 9 月，任第二战区民族革命战争战地总动员委员会主任委员。1939 年，阎锡山发动十二月事变，密谋消灭晋西北抗日武装时，他担任西北山西新军临时总指挥部总指挥，参与指挥反击国民党顽固派的战斗。1940 年起，任晋西北山西新军总指挥部总指挥、晋西北行政公署（后称晋绥边区行政公署）主任。同年 11 月，任晋西北军区（后改称晋绥军区）副司令员。1947 年病逝后被追认为中国共产党正式党员。

◆原平续范亭纪念堂

原平续范亭纪念堂始建于 1952 年，原址在原平市崞阳镇原范亭中学院内。1988 年，范亭中学迁址原平城区后，决定新建续范亭纪念堂，在政府及社会各界人士的积极支持下，于 1993 年 5 月破土动工，同年 11 月竣工。

新建的纪念堂坐落在原平市城区范亭中学校园内，赭红色的门楣上悬挂着朱德书写的“续范亭纪念堂”六个金字牌匾。进入大门，可见位于院中心的续范亭将军的半身汉白玉雕像。纪念堂由正、东、西、南四个展厅组成，正厅门上悬挂着江泽民题写的“续范亭纪念堂”金字牌匾；正厅中央陈列着续范亭的遗像，遗像两侧为毛泽东挽词：“为民族解放，为阶级翻身，事业垂成，公胡遽死?！有云水襟怀，有松柏气节，典型顿失，人尽含悲”的屏风。遗像周围陈放着山西省委、省人民政府、省政协和其他各机关、团体敬献的花篮和花瓶等。

展厅的陈展内容由三部分组成：第一部分包括前言、生平大事年表、致函、题赠、挽词、唁电等，再现了毛泽东、周恩来、朱德、刘少奇、任弼时、邓小平、叶剑英等老一辈无产阶级革命家与续范亭将军的亲密往来和深厚的友谊，其中，最为珍贵的是毛泽东致续范亭的 14 封亲笔信；第二部分为续范亭生平事迹介绍，以大量的图片、资料、报纸等展示了续范亭将军可歌可泣的一生，从参加辛亥革命，北师大同，到“华山聚义”、“倒阎之役”和“开伐西北”，展览内容突出介绍了续范亭“剖腹明志”前后的历史背景和详细经过；第三部分陈列着各级领导、名人参观纪念堂即兴书写的字画条幅和他诞辰 90、95、100、105 周年时，党和国家领导人的题词题字手迹，书法界名家的题词题字手迹，以及各方面领导人参观纪念堂的照片。

原平续范亭纪念堂于 1995 年 3 月，2005 年 1 月分别被山西省委、省人民政府公布为山西省爱国主义教育基地。

内蒙古自治区重要革命遗址

乌兰夫办公旧址

乌兰夫办公旧址位于内蒙古自治区兴安盟乌兰浩特市兴安北路东侧。

1947 年 2 月至 1949 年 11 月，内蒙古自治政府主席乌兰夫曾在此办公。在当时复杂的形势下，乌兰夫遵照党中央和中共东北局的指示，运筹帷幄，积极开展工作，解决了一系列重大问题，使各项工作很快打开局面，走上正轨，形势迅速好转。

◆乌兰夫办公旧址

乌兰夫办公旧址始建于 1936 年，原是日军修筑的一座神社。建筑为青砖灰瓦结构，屋顶起脊式飞檐，占地面积 1000 平方米，建筑面积 402.91 平方米。平面呈正方形，中轴线上依次为踏步台阶、门厅，入门左侧为走廊、办公室、起居室，右侧为会议室。

1974 年 11 月，乌兰夫办公旧址毁于火灾。1987 年 5 月，经内蒙古自治区人民政府批准，在原址南 30 米处仿原貌进行重建，工程于同年 8 月竣工。

◆乌兰夫办公旧址内景(乌兰夫蜡像)

2007 年 5 月至 6 月，中共兴安盟委、兴安盟行政公署将其作为红色文化景点进行全面维修，调整充实展出内容。室内现陈列有内蒙古自治政府 1947 年在王爷庙（今乌兰浩特市）成立时的文献和乌兰夫的讲话图片等珍贵历史资料。

乌兰夫办公旧址于 2006 年 9 月被内蒙古自治区人民政府公布为内蒙古自治区爱国主义教育基地。

贺龙革命活动旧址

贺龙革命活动旧址位于内蒙古自治区乌兰察布市凉城县岱海镇井沟村教堂院内。

◆贺龙革命活动旧址

1945 年8 月，日本帝国主义投降后，八路军 120 师师长贺龙命晋绥军区独立第 2 旅由晋西北北上，于 8 月 27 日首次攻克凉城。同年 10 月 19 日，贺龙率部二次解放凉城，并发起卓资山战役，于 25 日告捷，接着与聂荣臻率领的晋察冀部队一起，打响绥包战役。12 月中旬，贺龙重返凉城，住在教堂神甫的居室里，并在教堂中多次举行革命集会，柱子上留下了当年张贴的“毛主席万岁”、“朱总司令万岁”等革命标语。1946 年 1 月中旬，在离开井沟子村前，贺龙请当地群众同吃“八大碗”，充分体现了军民鱼水情。

贺龙革命活动旧址原为天主教堂，已有 100 多年的历史，1987 年 12 月，按照当年的原貌恢复了贺龙的旧居和办公室。2008 年，凉城县人民政府对其进行了修葺改建。贺龙革命活动旧址内的陈列分为贺龙革命活动历程、凉城革命斗争史和历史文物陈列三部分，主要通过历史照片和有关资料以及征集到的文物，简要介绍贺龙的革命事迹。贺龙革命活动历程陈列部分分为：早期革命活动、创建红二军团、开辟晋绥革命根据地、三驻凉城以及新中国成立后的主要活动，其中以介绍晋西北和三

◆凉城贺龙纪念馆

驻凉城的资料与文物为主，生动展示了贺龙的革命历程和丰功伟绩。

贺龙革命活动旧址于1996年5月被内蒙古自治区人民政府公布为内蒙古自治区重点文物保护单位；1996年10月被内蒙古自治区人民政府公布为内蒙古自治区爱国主义教育基地。

大青山抗日游击根据地旧址

大青山抗日游击根据地旧址位于内蒙古自治区呼和浩特市武川县德胜沟乡蘑菇窑村东的大青山深处。

◆大青山抗日根据地司令部旧址

大青山北麓是广阔的乌兰察布草原，与蒙古人民共和国接壤，东南方有蛮汗山与之相望，并与晋西北山水相连。在抗日战争中，大青山以其特殊的地理位置成为了敌我双方争夺的战略要地。中共中央和毛泽东从全国抗日战争的发展形势和战略需要出发，适时作出了建立大青山抗日游击根据地的战略决策。1938年秋，遵照中共中央的部署，八路军120师358旅政委李井泉和参谋长姚喆率领八路军大青山支队、总动委会及第四支队，约2300人，穿过平绥铁路，突破敌防线，挺进了大青山。

从八路军挺进绥远到1938年12月，大青山游击根据地初步建立，形成了绥中、绥西、绥南三块游击区。此后，大青山抗日游击根据地不断得到巩固和发展，逐步和晋西北根据地连成一片，成为大面积的晋绥边区抗日根据地。

大青山抗日游击根据地司令部曾在对日作战中随着斗争形势的变化多次转移，唯在德胜沟存在时间最长，并设有卫生队、教导队、电台等机构。现保存有李井泉、姚喆等领导人住过的窑洞和办公用的石磨、树墩等。

2005年，恢复重建了大青山抗日游击根据地展馆，展馆及广场、绿化带共占地18.9亩，展馆建筑面积1600平方米。展馆陈列分别由以毛泽东题词、武川地势岩石题材为主题的正厅和以抗日战争、大青山之鹰、全民抗战、决战大青山、抗战胜利为题材的五个展厅组成。展厅内既有真实记录当年日军侵华罪行、大青山抗日军民同仇敌忾艰苦抗战的图片，也有我抗日志士在艰苦卓绝的战斗生活中使用过的物品以及缴获日军的物品，再现了血与火的岁月。馆内复原了大青山抗日游击根据地党、政、军办公场所，陈列着八路军用过的电台、战刀、手榴弹、火盆、粮袋、火镰等实物。

大青山抗日根据地旧址于2008年12月被内蒙古自治区党委宣传部公布为内蒙古自治区爱国主义教育示范基地，2009年5月被中央宣传部公布为全国爱国主义教育示范基地。

内蒙古共产党工作委员会办公旧址

内蒙古共产党工作委员会办公旧址位于内蒙古自治区兴安盟乌兰浩特市兴安北路14号。

◆内蒙古共产党工作委员会办公旧址

1947年7月9日至1949年11月，内蒙古共产党工作委员会在王爷庙成立并在此办公，乌兰夫任书记，方知达任秘书长，奎璧、刘春、克力更、王逸伦、王再天、哈丰阿、王铎、特木尔巴根为委员。在此期间，内蒙古共产党工作委员会领导内蒙古各族人民进行了土地改革、牧区民主改革、剿匪斗争、支援东北解放战争、恢复和发展生产。1949年12月，根据中共中央决定，撤销内蒙古共产党工作委员会，成立中共中央内蒙古分局，隶属中共中央华北局领导，乌兰夫任分局书记，机关驻地迁往张家口。内蒙古共产党工作委员会办公旧址是中国共产党在内蒙古发展壮大的重要见证。

◆内蒙古共产党工作委员会办公旧址内景

内蒙古共产党工作委员会办公旧址坐北朝南，为砖瓦结构二层起脊楼房。占地面积2356平方米，建筑面积1881.08平方米，高11.7米。始建于1934年，当时为伪兴安南省、伪兴安总省办公楼。

内蒙古共产党工作委员会办公旧址

于 2009 年 5 月被中央宣传部公布为全国爱国主义教育示范基地。

五一大会旧址

五一大会旧址位于内蒙古自治区兴安盟乌兰浩特市五一北路东侧。

1947 年 4 月 23 日到 5 月 1 日，内蒙古人民代表会议（又称五一大会）在五一大会旧址礼堂召开，出席会议代表 392 人。代表大会根据内蒙古自治运动联合会提出的临时参议会议员候选名单，经过三天讨论，于 4 月 30 日以无记名投票方式，选出 121 名议员。大会选举产生了以云泽（乌兰夫）为主席、哈丰阿为副主席的内蒙古自治政府，并选出 19 名政府委员、议长、副议长和驻会议员 9 人。内蒙古自治政府是全国第一个省级少数民族自治政府。大会通过了《内蒙古自治政府施政纲领》、《内蒙古自治政府暂行组织大纲》、《内蒙古人民代表会议宣言》。

◆五一大会旧址

内蒙古自治政府的成立，实现了内蒙古地区各阶层人民多年来渴求统一与自治的愿望，极大地鼓舞了内蒙古各族人民团结一致、共求解放的革命热情，对于推动内蒙古地区的社会改革、经济文化事业的发展具有划时代的深远意义。中国共产党在长期革命斗争的实践中，创造性地提出了民族区域自治的基本政策，不仅引导蒙古民族解放运动走上了正确的发展道路，也为正确解决国内民族问题提供了理论和实践的依据。

◆五一大会旧址内景

五一大会旧址即 1947 年 5 月 1 日内蒙古自治政府成立大会会址，始建于 1935 年，坐东朝西，是东北沦陷时期伪兴安陆军军官学校礼堂，为一座青砖二层起脊建筑。旧址保护范围2526.09平方米，占地面积2334.15平方米，建筑面积708.5平方米。旧址内陈列文物159件。2007年，五一大会旧址得到了全面维修并充实了展览内容，复原了会场全景。

五一大会旧址于1995年7月被内蒙古自治区人民政府公布为内蒙古自治区重点文物保护单位，2006年5月被国务院公布为全国重点文物保护单位；1995年被内蒙古自治区人民政府公布为内蒙古自治区爱国主义教育基地，2009年5月被中央宣传部公布为全国爱国主义教育示范基地。

贝子庙——中共锡察巴乌工委驻地旧址

贝子庙——中共锡察巴乌工委驻地旧址位于内蒙古自治区锡林郭勒盟锡林浩特市宝力根街道办事处贝子庙广场北侧。

◆中共锡察巴乌工委驻地旧址（贝子庙）

1946年4月6日，受内蒙古自治运动联合会派遣中共党员云世英、潮洛濛等18人到达贝子庙与旺楚克丹巴、赛音吉雅等会合，在贝子庙哲理殿建立了锡林郭勒盟历史上第一个中共党支部，领导锡林郭勒盟各族人民开展民族解放运动。1946年九十月间，内蒙古自治运动联合会由张家口北撤至贝子庙。11月，内蒙古党委在此召开一系列会议，先后成立中共察锡工委和巴乌工委。

1947年7月，中共内蒙古分局决定，在贝子庙成立中共锡林郭勒、察哈尔、巴彦塔拉、乌兰察布工作委员会（简称锡察巴乌工委），奎璧任工委书记，王铎任副书记兼组织部长，刘景平任宣传部长，杨平任社会部长。当时，锡察巴乌地区只有锡盟东部、察盟北部是解放区。而察盟的西部、南部，锡盟的西部、巴盟和乌盟均为国民党占领区和土匪、叛匪盘踞的地方，大片的土地尚未解放。锡察巴乌工委的任务是坚持对敌斗争，解放锡察巴乌，消灭土匪，安定秩序，开展民主改革，进行政权建设，恢复和发展经济，配合解放区的工作，锡察巴乌地区在战略上起着前哨阵地和保卫解放区的作用。

中共锡察巴乌工委从1947年7月成立到1949年2月撤销的两年多时间里，领导锡察巴乌地区的革命干部和群众建立和巩固了革命根据地，大力宣传党的民族

◆贝子庙历史图片

政策，建立广泛的统一战线，组织地方民族武装力量，配合人民解放军坚持武装斗争，加强盟旗联合会分、支会的工作，培养民族干部，扩大干部队伍，改造旧政权，巩固与建立民主政府，推进牧区民主改革，坚定干部和群众必胜的信心，坚决维护和推进内蒙古自治运动，为支援全区、全国的解放战争做出了重大的贡献。

贝子庙始建于清代乾隆八年（1743 年），历经七代活佛六次大规模扩建，形成占地面积为 1.2 平方公里的宏大建筑组群，建筑面积达 2 万多平方米。贝子庙以朝克沁殿为中心，其他各殿左右并列，形成一字形排列，均以南北通道相间隔，布局井然有序。现存建筑有珠都巴殿、却日殿、朝克沁殿和明干殿，其他各殿大部分在 20 世纪六七十年代失存。在解放战争时期，贝子庙成为中共锡林郭勒盟、察哈尔盟、巴彦塔拉盟和乌兰察布盟工委所在地。

贝子庙——中共锡察巴乌工委旧址于 2008 年 12 月被内蒙古自治区党委宣传部公布为内蒙古自治区爱国主义教育基地。

满洲里红色国际秘密交通线遗迹

◆满洲里红色国际秘密交通线遗迹

满洲里红色国际秘密交通线遗迹位于内蒙古自治区呼伦贝尔市满洲里市以西 8 公里处国门景区。

从中国共产党成立起，为了革命工作的需要，先后有过多条通往苏联的交通线，其中由哈尔滨经满洲里前往苏联的交通线是形成时间较早、持续时间较长、发挥作用较大的一条红色国际秘密交通线。从 1920 年至 1937 年，这条国际秘密交通线共存在了18年。

作为这条国际交通线的国内终端、苏联进入中国始端的满洲里以其独特的地理位置发挥了极其重要的作用，被称作“红色桥梁”。许多中共早期领导人如李大钊、陈独秀、瞿秋白、周恩来等，以及许多革命青年前往苏联，主要是通过满洲里出境。为了支持中国和东方国家的革命事业，共产国际也派出许多代表、军事顾问经由满洲里进入中国内地。满洲里国际秘密交通站以其特殊的地理位置，在非常严酷的政治条件下，圆满地完成了护送中苏两国革命者安全往来的重任。

满洲里红色国际秘密交通线遗迹于2006年9月被内蒙古自治区人民政府公布为内蒙古自治区重点文物保护单位；2008年12月被内蒙古自治区党委宣传部公布为内蒙古自治区爱国主义教育基地。

集宁战役老虎山遗址

集宁战役老虎山遗址位于内蒙古自治区乌兰察布市集宁区老虎山上。

解放战争时期，从1946年至1948年，晋察冀军区、晋绥军区、绥蒙军区人民解放军向国民党军发动了三次集宁战役。第一次是1946年1月10日至18日，绥蒙军区部队配合晋绥、晋察冀两军区部分部队组织了收复集宁的战斗，共歼灭国民党傅作义部1000多人，缴获战马800多匹，收复了集宁。此战彻底挫败了国民党军抢占绥东军事要地的企图，保卫了绥蒙解放区。第二次是1946年9月的集宁争夺战，中共中央军委向晋察冀部队发出指示，要求部队除留部分兵力监视大同守敌外，由张宗逊、罗瑞卿主力北上集宁，阻击傅作义部的进攻；绥蒙军区司令员姚喆、政委高克林指挥战斗，坚守老虎山阵地。11日，张、罗指挥主力部队从集宁东南方向发起进攻，歼灭了大量敌人，截断了敌人西逃的退路。傅军失利后，命令董其武、安春山不惜一切代价强攻并占领集宁。经过激战，13日解放军奉命从老虎山阵地撤离，放弃集宁城。此役毙伤敌军3370多人，俘敌530多人。第三次是1948年10月5日，聂荣臻、杨成武指挥

◆老虎山烈士纪念碑

华北野战军第三兵团向傅作义35军、暂4军和新编骑4师发起猛烈攻击，收复了集宁，对牵制傅军出关的战略目标起了重要作用。

◆集宁战役指挥部

集宁战役老虎山遗址有战役指挥部（洞）和战壕。老虎山是集宁城区制高点，集宁战役指挥部（洞）遗址位于老虎山西北坡，距地面高10米，洞内高3米，宽2.8米，进深20米。老虎山解放集宁战壕遗址环绕老虎山山腰开凿，宽2米，深1.5米，亘长约4公里。北面山脚下是东西走向的沙河，南北走向的是光明街，东面是开阔的居民区，南面是白泉山，西面是老虎山和卧龙山之间的开阔地。

为纪念集宁战役中牺牲的革命烈士，1960年集宁市人民政府在老虎山顶中部纪念广场中央建立了烈士纪念碑。纪念碑座为边长30米的正方形。底座分两层，底层高0.8米，护栏高1.2米，二层高0.6米，护栏高1米。碑体高20米，钢筋混凝土结构，仿石涂料面。碑的正面镌刻着金字“人民英雄永垂不朽”，下方镶嵌大理石碑文。

集宁战役老虎山遗址于2005年11月被内蒙古自治区党委宣传部公布为内蒙古自治区爱国主义教育基地；老虎山烈士纪念碑于1988年3月被公布为内蒙古自治区重点烈士纪念建筑物保护单位，2009年3月被民政部公布为全国重点烈士纪念建筑物保护单位。

内蒙古革命烈士陵园

◆内蒙古革命烈士陵园

内蒙古革命烈士陵园位于内蒙古自治区呼和浩特市新城区毫沁营镇。

为缅怀革命先烈，经内蒙古自治区政府批准，1963年开始兴建内蒙古革命烈士陵园，1980年清明节正式对外开放。陵园占地面积214亩，主要建筑设施有悼念大厅、接待室、烈士生平纪念馆及骨灰堂等，建筑面积为3000多平方米。

内蒙古革命烈士陵园中存放着大革命时期牺牲的著名烈士荣耀先、多松年、李裕智和抗日战争时期牺牲的刘洪雄、高凤英等先烈的骨灰。为进一步加强革命传统教育和爱国主义教育，在原有设施基础上新建了两个烈士事迹陈列馆，在吊唁厅前广场两侧塑立了乌兰夫的半身铜像和多松年、李裕智、贾力更、刘洪雄、高凤英五位烈士的大理石像。经国务院批准，呼和浩特市人民政府投资在园内新建一座革命烈士纪念碑。

内蒙古革命烈士陵园于2005年11月被中央宣传部公布为全国爱国主义教育示范基地；2001年5月被民政部公布为全国重点烈士纪念建筑物保护单位。

乌兰浩特烈士陵园

乌兰浩特烈士陵园位于内蒙古自治区兴安盟乌兰浩特市北山森林公园东侧。

乌兰浩特烈士陵园始建于1948年，原址位于乌兰浩特火车站东150米处，是为纪念解放战争中在乌兰浩特地区牺牲和乌兰浩特市籍的烈士而建。陵园主要建筑物是人民解放战争烈士纪念塔，塔身坐北朝南，呈直立刺刀形，高15米。塔身正面镌刻着乌兰夫题写的“人民解放战争烈士纪念塔”11个大字，背面镌刻着云泽（乌兰夫）书写的“为人民解放战争而牺牲的英雄们，永垂不朽!”的碑文。

1975年，当时的科右前旗政府对在“文化大革命”中遭到严重毁坏的园内设施进行重新修建。重建后的烈士纪念塔坐东朝西，由原来的刺刀形改为火炬形，高18米，塔上镌刻着乌兰夫为原始塔题写的塔名和碑文。同时，新建了革命烈士灵堂和革命烈士纪念堂。

◆乌兰浩特烈士陵园内的人民解放战争烈士纪念碑

2000年，陵园整体搬迁到市区北部森林公园东侧山上，并按国家级革命烈士纪念建筑物标准进行扩建。新建的烈士纪念碑坐落在烈士陵园最高处，坐北朝南，占地面积1010平方米。碑身呈火炬形，高23.7米，上面镶嵌着乌兰夫题写的碑名和碑文。碑的左前方和右前方，对称坐落着各为238.5平方米的长方形革命烈士纪念堂和革命烈士灵堂。内蒙古骑兵雕塑位于陵园内右前方，高8米。陵园门墙外镶嵌着全国人大常委会原副委员长布赫书写的“乌兰浩特市烈士陵园”9个金色大字。

乌兰浩特烈士陵园于1998年3月被内蒙古自治区人民政府公布为内蒙古自治区重点文物保护单位；2000年被内蒙古自治区人民政府公布为内蒙古自治区爱国主义教育基地。

赤峰烈士陵园

赤峰烈士陵园位于内蒙古自治区赤峰市红山区南山生态园内。

1947年，赤峰人民为了缅怀先烈、教育后人，建设好家乡，在火车站广场建立了赤峰革命烈士纪念碑。1992年纪念碑迁建于南山第二主峰，建成赤峰烈士陵园。陵园内主要建筑还有苏联红军烈士纪念碑和英名墙。240平方米的弧形英名墙庄严肃穆，镌刻着为解放全中国、解放赤峰、抗美援朝以及社会主义建设中英勇牺牲的6582名赤峰籍烈士英名。苏联红军烈士纪念碑是苏军1947年为纪念远东战役在赤峰方面作战中牺牲的40名官兵而建的。1992年赤峰市人民政府在市区南山生态园迁建烈士陵园时，将原来掩埋在车站广场的40名苏军烈士遗骨和纪念碑移到南山。纪念碑上有用俄文镌刻着碑文和苏军烈士的名字。

◆赤峰烈士陵园

◆赤峰革命烈士纪念碑

赤峰烈士陵园于1993年12

月被内蒙古自治区人民政府公布为内蒙古自治区爱国主义教育基地。

纪松龄烈士纪念碑

纪松龄烈士纪念碑位于内蒙古自治区乌兰察布市察右前旗土贵山纪松龄烈士广场。

◆纪松龄烈士纪念碑

纪松龄（1898—1942），蒙古族，蒙古名赛胜阿，1898年6月生于察哈尔正黄旗三苏木小淖村（今察哈尔右翼前旗黄茂营乡小淖尔行政村西营村）。早年接受共产主义思想，经常到农村牧区宣传革命道理，组织参加革命活动。1925年春，纪松龄经中共北方局领导人李大钊、赵世炎介绍加入中国共产党，是内蒙古早期中国共产党党员。在他的革命戎马生涯中，历任林西军官学校校长，内蒙古人民革命军骑兵团1营营长，正黄旗达密凌苏龙地方武装师参谋长，蒙旗保安总队1大队大队长，新编步兵第3师7团团长、副师长，傅作义部第11战区绥东招抚专员兼绥东游击司令等职。期间，于1929年至1933年受党组织委派到苏联莫斯科东方大学学习。1942年初，被国民党军统收买的特务杀害于陕坝。

纪松龄烈士纪念碑建于2004年4月，碑身正面刻有“纪松龄烈士永垂不朽”的蒙汉文字，背面刻有介绍纪松龄烈士生平的碑文。纪松龄烈士诞辰100周年时，察右前旗在土贵山新建了面积为3500平方米的纪松龄烈士广场，广场中心矗立着5.2米高的纪松龄烈士骑马铜像，铜像外罩是高21米、直径16米的头盔形彩钢护亭。

◆纪松龄烈士铜像

纪松龄烈士纪念碑于

2005 年 11 月被内蒙古自治区人民政府公布为内蒙古自治区爱国主义教育基地。

通辽革命烈士纪念碑

通辽革命烈士纪念碑位于内蒙古自治区通辽市科尔沁区明仁公园中央。

◆通辽革命烈士纪念碑

通辽革命烈士纪念碑是为了纪念为通辽的解放事业而英勇献身的原哲里木盟地委书记吕明仁、原哲里木盟工委组织部部长施介、原通辽县人民民主政府第一任县长徐永清等 33 名革命烈士，于 1958 年修建的。该纪念碑仿照北京天安门广场人民英雄纪念碑样式，占地面积 483 平方米，碑高 14.8 米，碑的正面原雕有乌兰夫题写的“人民英雄永垂不朽”的草书。“文化大革命”期间遭破坏。1968 年改雕毛泽东手体字句“人民英雄永垂不朽” 8 个金色大字，后面是蒙文金字。碑身坐南面北，碑前有宽阔的广场，两侧有 10 座通辽著名革命烈士塑像和两座石亭左右衬托。纪念碑内设有灵室，陈放着为通辽的解放事业而英勇献身的著名革命烈士吕明仁、施介、徐永清等 50 位革命烈士的骨灰盒。通辽革命烈士纪念碑是通辽境内最大的一座革命烈士纪念碑，原为普通石质建材，2009 年改为汉白玉建材。

通辽革命烈士纪念碑于 2005 年 11 月被内蒙古自治区人民政府公布为内蒙古自治区爱国主义教育基地。

乌兰夫同志纪念馆

乌兰夫同志纪念馆位于内蒙古自治区呼和浩特市新华西街南乌兰夫公园内。

乌兰夫（1906—1988），曾用名云泽、云时雨。内蒙古土默特左旗人，蒙古族。1923 年 12 月加入中国社会主义青年团，1925 年 9 月转为中国共产党党员。1938 年 4 月任中共绥蒙工委委员。抗日战争胜利后，历任绥蒙政府主席，中共晋察冀边区中央局委

◆乌兰夫同志纪念馆

员，中共内蒙古工作委员会书记，内蒙古自治运动联合会主席兼军事部部长。1947 年至 1949 年，任中共内蒙古工委书记，内蒙古自治区人民政府主席。新中国成立后，历任中共中央华北局副书记，中共中央内蒙古分局书记，绥远省人民政府主席。1954 年后，历任国务院副总理，中共内蒙古自治区委第一书记。1955 年被授予上将军衔。先后当选为第四届、第五届、第七届全国人大常委会副委员长，第五届全国政协副主席。1977 年—1982 年任中共中央统战部部长。1983 年当选为中华人民共和国副主席。中共第七届中央候补委员，第八、十、十一、十二届中央委员，第八届中央政治局候补委员，第十一届和十二届中央政治局委员。1988 年 12 月 8 日在北京逝世。

1991 年内蒙古自治区党委和政府决定并经中共中央批准，在呼和浩特市钢铁路南植物园内修建了乌兰夫同志纪念馆，1992 年 12 月 23 日落成开馆，杨尚昆题写了“乌兰夫同志纪念馆”馆名。乌兰夫同志纪念馆将传统的民族建筑风格和现代建筑艺术融为一体，庄严肃穆，宏伟壮观。纪念馆占地面积约 3 万平方米，建筑面积 2100 平方米。整个建筑包括主馆、纪念广场和塑像平台、纪念亭、牌楼门 4 个单项工程。

◆乌兰夫坐像

乌兰夫同志纪念馆展览面积 1500 平方米，分为序厅及八个展室，两个展廊。序厅的正面为乌兰夫汉白玉坐像，背景为“美丽富饶的内蒙古大草原”巨幅画。东西两壁为四组高 5. 5 米、宽 3. 5 米的大型仿汉白玉浮雕，艺术地再现了从五四运动至今，在风云激荡的岁月里，中国人民尤其是内蒙古人民，为争取民族解放，祖国统一，为中国革命和建设所作出的贡献。馆内收藏文物135件，历史照片286张，绘画9幅，文献126件。这些革命文物和史料，详细地介绍了乌兰夫早年投身反帝爱国运动，创办蒙古族第一个革命刊物，领导反对蒙古族分裂的百灵庙暴动，组织蒙古族的抗日武装，创建第一个民族自治区，振兴边疆建设，为巩固祖国统一，加强民族团结作出的卓越贡献，展现了乌兰夫光辉的一生。

乌兰夫同志纪念馆于1997年6月被中央宣传部公布为全国爱国主义教育示范基地。

王若飞纪念馆

王若飞纪念馆位于内蒙古自治区包头市东河区通顺街3号（原泰安客栈）。

王若飞纪念馆的原建筑是1931年时任中共西北工作委员会书记（西北工委特派员）的王若飞在内蒙古从事革命活动时的秘密场所。

◆王若飞纪念馆

1962年，为纪念王若飞在内蒙古地区从事革命活动的光辉业绩，包头市政府在原泰安客栈旧址上建立王若飞纪念馆。纪念馆在“文化大革命”中遭到破坏，1991年复馆。1997年王若飞纪念馆改建，在原址依原式样建北房8间作为展室，东房两间作接待室，西房两间作办公室，占地面积为1050平方米，1999年11月举行了复馆典礼。

◆王若飞雕像

纪念馆内设有已故党和国家领导人毛泽东、周恩来、刘少奇、朱德、乌兰夫为四·八烈士题词的石刻碑廊，王若飞半身雕像，以及王若飞生前的题词碑刻。展出革命文物30余件，包括王若飞穿过的西服（国家一级革命文物），使用过的笔砚、生活用品和往来书信，还有王若飞由共产国际回到内蒙古开展工作时使用过的手提箱等珍贵文物，以及珍贵图片260余张、纪念性报刊书籍100余册（份）。

王若飞纪念馆于1988年6月被内蒙古自治区人民政府公布为内蒙古自治区重点文物保护单位；1996年6月被内蒙古自治区人民政府公布为内蒙古自治区爱国主义教育基地。

徐永清烈士纪念馆

徐永清烈士纪念馆位于内蒙古自治区通辽市中心大街217号，永清街道办事处4楼。

◆徐永清烈士塑像

徐永清（1910—1945），原名傅麟兆，满族，参加革命后随母姓，中共党员，辽宁省岫岩县牌坊乡（现红旗营子乡）南葳子村上粉房（现北沟）人。8岁入私塾，后就读于岫岩师范，1933年师范毕业后任教于小洋河子（今洋河乡）夹道沟小学。他目睹民生涂炭，毅然投身革命。1945年10月，受辽北省辽源专区公署委派自郑家屯赴通辽开展工作，担任通辽县第一任县长，到任后以其锐勇卓识周旋于错综复杂的环境中，置生死于度外，安抚民心，建立政权，与国民党叛匪进行顽强斗争，使革命政权得到巩固。1945年12月8日，反动武装策动暴乱，徐永清不幸被捕，在狱中坚强不屈，曾以血书示难友，激励斗志，1945年12月17日，徐永清从容就义，年仅35岁。

为纪念徐永清烈士，2003年9月建成徐永清烈士纪念馆。该馆面积200平方米，陈列由徐永清青少年时期、参加革命时期、在通辽工作时期、英勇就义及徐永清塑像和遗物五部分组成。

徐永清烈士纪念馆于2008年12月被内蒙古自治区党委宣传部公布为内蒙古自治区爱国主义教育基地。

吕明仁烈士纪念馆

吕明仁烈士纪念馆位于内蒙古自治区通辽市科尔沁区明仁小学院内。

吕明仁（1916—1947），原名吕其慧，辽宁省庄河县大王家庄人。九一八事变后，离开家乡到山东烟台第八中学读书。在烟台参加了抗日救亡运动，在中共地下工作者柳广义的领导下做交通联络工作，经常奔走于烟台、天津和北平之间，为党组织传递秘密文件。1945 年 8 月，受党组织派遣，率领老解放区十几名干部，从胶东跨海赴东北，任阜新地委书记兼军分区司令员。1946 年 2 月，带领阜新地委干部赴通辽地区接替中共通辽工委工作，任中共通辽中心县委书记，组织领导通辽、开鲁两县人民进行武装斗争。同年 5 月中旬，通辽中心县改建为哲盟地委，任地委书记，兼哲里木盟政府副主席，组织领导通辽、开鲁、东科中旗、东科后旗、奈曼旗、扎鲁特旗、库伦旗工作。1946 年 10 月下旬，国民党反动派进占通辽，同部队撤离通辽后，组建了“长江骑兵团”，任团长。1947 年 4 月 12 日，在由奈曼返回开鲁途中，涉水通过西辽河时，为抢救落水的警卫员不幸献出了宝贵生命，时年 31 岁。

◆吕明仁烈士塑像

◆吕明仁烈士纪念馆室内景一角

吕明仁烈士纪念馆于 1993 年 10 月 22 日建成，该馆陈列由七部分组成。馆内陈列了吕明仁烈士的部分遗物和多幅照片，展示了吕明仁辉煌而短暂的一生中为革命事业所作的贡献。

吕明仁烈士纪念馆于 1996 年 10 月被内蒙古自治区人民政府公布为内蒙古自治区爱国主义教育基地。

麦新纪念馆

麦新纪念馆位于内蒙古自治区通辽市开鲁县城白塔公园南侧。

麦新（1914—1946），原名孙默心，1935 年投身革命，参加了进步的群众歌咏团体——民众歌咏会，1936 年参加吕骥领导的“歌曲作者协会”，从此开始了创作活动。1937 年创作了著名的抗战歌曲《大刀进行曲》，1938 年加入中国共产党，1940 年年底

◆麦新纪念馆

在延安鲁迅艺术学院音乐部研究室工作，后来任音乐部党支部书记。1946年2月末，经组织分配到开鲁县工作，先后任县委秘书、县委机关党支部书记、城关区区委书记和县委组织部长、宣传部长等职。1946年6月6日，麦新在县委开完会返回五区的途中，在刘祥营子南芦家段附近遭遇埋伏的土匪。麦新命令一名通讯员带着党的文件火速转移，他和另外一名通讯员与土匪周旋，身中四弹后落马，壮烈牺牲，年仅33岁。

麦新纪念馆始建于1978年，建筑面积80平方米，馆内珍藏有麦新烈士遗像、遗物、事迹、文献、史料和各界人士纪念麦新的文稿。麦新纪念馆前身为麦新烈士生平事迹展览馆，1996年更名为麦新纪念馆。2007年6月，开鲁县委、县政府决定在白塔公园南侧重建麦新纪念馆，2008年9月15日建成开馆。新馆占地面积1.2万平方米，建筑面积3840平方米。建筑主体二层，局部三层，一楼为开鲁博物馆和乡友藏书馆，二楼为麦新纪念馆。

◆纪念馆内的麦新塑像

麦新纪念馆于1996年5月被内蒙古自治区人民政府公布为内蒙古自治区重点文物保护单位；1996年10月被内蒙古自治区人民政府公布为内蒙古自治区爱国主义教育基地。

内蒙古民族解放纪念馆

内蒙古民族解放纪念馆位于内蒙古自治区兴安盟乌兰浩特市矿泉街东端路北侧。

◆内蒙古民族解放纪念馆

为反映和再现内蒙古民族解放和区域自治的历史进程，展示革命老区的发展成就，经内蒙古自治区政府批准，内蒙古民族解放纪念馆于 2006 年 6 月在乌兰浩特市动工修建，2007 年 7 月，在庆祝内蒙古自治区成立 60 周年之际正式建成开馆。纪念馆建筑结构为四层（地上三层、地下一层）平顶建筑，占地面积 3 万平方米，建筑面积 2.3 万平方米。

纪念馆的陈展主要由三部分组成，第一部分序厅，以展示内蒙古民族解放精神的主题雕塑“天降奇兵”为主，概要介绍内蒙古民族解放纪念馆的建设、蒙古民族的历史、内蒙古的民族解放和区域自治的历程、内蒙古自治区的建设与发展。第二部分主展厅，以内蒙古的民族解放和民族区域自治为主线，重点展示了内蒙古的早期革命、抗日斗争、内蒙古自治政府的成立与统一的自治区的形成和发展，主展厅又分“震撼的春雷”、“抗日的烽火”、“胜利的曙光”、“永远的丰碑”四个单元。第三部分英烈厅，以内蒙古革命运动的壮丽航程为主线，重点展示了在长达 28 年的新民主主义革命时期，内蒙古的革命先烈为了民族解放、新中国的诞生而不畏强暴、不怕流血、不怕牺牲的革命精神，并专门陈设了一面英烈碑墙。同时，纪念馆还对战斗在这片土地

◆内蒙古民族解放纪念馆内景一角

上的革命先驱进行了集中展示。展区共陈列图片 612 幅、文物 472 件、枪械 50 件、绘画作品 53 幅、雕塑作品 5 座、场景造型 15 处。

内蒙古民族解放纪念馆于 2009 年 5 月被中央宣传部公布为全国爱国主义教育示范基地。

奈曼旗革命烈士纪念馆

奈曼旗革命烈士纪念馆位于内蒙古自治区通辽市奈曼旗大沁他拉镇王府街西段清代奈曼王府院内（奈曼旗博物馆）。

◆奈曼旗革命烈士纪念馆

1995 年，奈曼旗旗委、旗人民政府为了纪念为奈曼旗解放事业而献身的革命英烈，修建了奈曼旗革命烈士纪念馆。纪念馆建筑面积 1000 平方米，陈列布展由“前言”、“烈士生平事迹”、“革命文物陈列”、“烈士名录”、“结束语”等部分组成，集中反映了以吕明仁、梁东明、罗云彪等为代表的奈曼旗在革命战争时期牺牲的 456 名革命烈士的英雄事迹。共展出图片 12 张、图画 132 幅、革命烈士遗物 30 余件。

奈曼旗革命烈士纪念馆于 1996 年 10 月被内蒙古自治区党委宣传部公布为内蒙古自治区爱国主义教育基地。

世界反法西斯战争海拉尔纪念园

世界反法西斯战争海拉尔纪念园位于内蒙古自治区呼伦贝尔市海拉尔区北山（原侵华日军海拉尔要塞遗址）。

侵华日军海拉尔要塞（也称海拉尔筑垒地域）始建于 1934—1937 年，是日本关东军在海拉尔修筑的以内陆防御为主的军事工事，共 5 个主阵地及 4 个辅助阵地，占地 21 平方公里。其中的北山阵地，是国内同类遗址中地上地下工事最为复杂、规模最大、设施最全、保存最完好的一处环行防御阵地，也是海拉尔防区的指挥中心。这里是日本侵华和我国各族人民反抗斗争的历史见证，同时也是第二次世界大战日本关东军在中国所犯罪行的有力证据之一，更是中国劳工修建工事的血泪史。

为使广大人民群众勿忘国耻，爱我中华，中共海拉尔区委、政府在侵华日军海拉尔要塞修建了世界反法西斯战争海拉尔纪念园，作为弘扬“爱国主义、国际主义、革命英雄主义”的基地。纪念园通过大量文字、图片、实物，运用高科技的布展手段，生动形象地控诉了日本关东军在我国东北犯下的滔天罪行；通过东北沦陷时期中俄蒙抗日的史实，赞颂了东北抗联、东北军爱国将士和呼伦贝尔各族人民反抗日本侵略的爱国主义精神，赞颂了苏联共产党、苏联红军及蒙古军队支援中国革命、与日本侵略军英勇作战的国际主义精神。

◆世界反法西斯战争海拉尔纪念园

◆世界反法西斯战争海拉尔纪念园雕塑

世界反法西斯战争海拉尔纪念园于2009年5月被中央宣传部公布为全国爱国主义教育示范基地。

抗联英雄园

抗联英雄园位于内蒙古自治区呼伦贝尔市阿荣旗那吉镇（阿荣旗政府所在地）建设社区东部。

由中国共产党领导的东北抗日联军从1939年12月至1942年三次挺进呼伦贝尔，同呼伦贝尔各族人民一起展开了抗日游击活动。抗联部队广泛宣传中国共产党的抗日主张，发动少数民族群众共同抗日，粉碎了敌人多次“围剿”和挑拨我国民族关系的阴谋，并且得到了各族群众的有力支持。鄂伦春族、达斡尔族、鄂温克族、朝鲜族、蒙古族、汉族群众和抗联战士在反对日本侵略者的共同斗争中结下了深厚的情谊。抗联部队在同武器、人数占绝对优势的日伪军的多次战斗中，消灭了敌人的有生力量，同时也付出了重大的牺牲，200多名抗联干部战士长眠在呼伦贝尔。

2005年9月，中共阿荣旗委、旗人民政府为纪念抗联英雄，加强爱国主义教育，

◆抗联英雄园

在原东山烈士陵园修建抗联英雄园。2006 年 9 月 1 日竣工。东北抗联高级将领、中纪委原常务副书记韩光为抗联英雄园题写了园名，东北抗联高级将领、黑龙江省原省长陈雷为抗联英雄园题词：抗联精神昭日月，英雄伟绩育后人。抗联英雄园占地 40 万平方米，园内栽植各种树木 10 万多株，建有以抗联英雄在阿荣旗战斗事迹为主题的“抗日烽火”、“七勇士”、“兴安密林”等 16 座雕塑，以及英雄亭、民族亭、缅怀亭、报国亭、精忠亭和勿忘亭 6 个亭。

抗联英雄园于 2008 年 12 月被内蒙古自治区党委宣传部公布为内蒙古自治区爱国主义教育基地。

◆七勇士雕塑

满洲里市红色展厅

满洲里市红色展厅位于内蒙古自治区呼伦贝尔市满洲里市区以西 8 公里处国门景区。

满洲里市红色展厅原为满洲里中苏会谈会晤室，建于 1974 年，2005 年 6 月改建为红色旅游展厅。展厅以满洲里红色国际秘密交通线为主题，分为“满洲里红色秘密交通线”、“真理之路”、“中共‘六大’”、“胜利曙光”、“红色溯源（实物展示）”、“中苏会谈会晤室”6 部分。

2006年初，红色旅游展厅二期工程即“共产国际”展厅和游客接待厅建成。展厅内有300余幅珍贵的照片、实物、满洲里红色国际秘密交通线沙盘。2007年7月，完成了红色旅游展厅——“红色后代”为主题的三期扩建工程，展厅建筑面积达1880平方米，展示了革命工作者使用过的物品和衣物、对接暗号的工具、各种刑具、被关押者生前使用的物品和名人蜡像等。展厅以详实的历史资料和实物再现了中国共产党的创始人和早期领导者为寻求革命真理，抗击外来侵略，拯救中华民族，建立新中国的光辉历史，以及他们的后代被送往遥远的苏联莫斯科伊万诺沃国际儿童院，在异国他乡的生活。

◆满洲里市红色展厅

◆红色展厅的内部陈展

满洲里市红色展厅于2008年12月被内蒙古自治区党委宣传部公布为内蒙古自治区爱国主义教育基地。

辽宁省重要革命遗址

张氏帅府博物馆——中共中央东北局第一次（扩大）会议旧址

张氏帅府博物馆——中共中央东北局第一次（扩大）会议旧址位于辽宁省沈阳市沈河区朝阳街少帅府巷46号。

1945年9月5日，八路军挺进东北先遣纵队2000余人在八路军冀热辽军区第16军分区司令员曾克林率领下进入沈阳。在与驻沈苏军会谈后，八路军以“东北人民自治军”的名义接收沈阳。9月16日，冀热辽军区司令员李运昌率5000余人进驻沈阳，把司令部设在张氏帅府内。9月18日，中共中央派赴东北组建中共中央东北局的领导人彭真、陈云等来到沈阳，把东北局机关设在张氏帅府的大青楼内。中共中央东北局书记为彭真，委员有林彪、罗荣桓、高岗、陈云、李富春、张闻天、林枫、蔡畅、吕正操、陈郁、肖华、周保中等。同日，在帅府西楼召开了东北局第一次（扩大）会议，除东北局领导成员外，李运昌、曾克林、唐凯、段苏权、刘达等人也参加了会议。会上，彭真、陈云传达了中央确定的全力争取东北的方针，研究了部队、干部进入东北的形势以及斗争任务。这次会议，标志着中国共产党对东北战略区实施统一领导的开始。会后，中共中央东北局把派来东北的干部陆续分配到各地，积极开

◆中共中央东北局第一次（扩大）会议旧址（张氏帅府博物馆）

◆张氏帅府大青楼（历史图片）

展建立地方党政组织的工作。

张氏帅府于 1933 年竣工，由帅府中院、东院、西院和院外（边业银行、赵四小姐楼、帅府办事处）四个部分组成，是奉系军阀首领张作霖和长子张学良的官邸和私宅。

张氏帅府 1988 年对外开放。2002 年，张氏帅府更名为张氏帅府博物馆。现有展出面积 3000 平方米，展线长达 1100 米；馆内共有近现代文物 12 大类、2.5 万件之多；基本陈列“百年张学良”、“张作霖与张氏家族”展览，全面展示了张氏父子两代不同的人生经历；张作霖办公室、张学良办公室、东北政务委员会、老虎厅、小青楼、赵四小姐楼等一系列的复原陈列展览，则再现了张氏家族当年生活的场景以及重大历史事件的发生。

张氏帅府博物馆——中共中央东北局第一次（扩大）会议旧址于 2005 年 5 月被辽宁省委宣传部公布为辽宁省爱国主义教育基地。

营口西炮台遗址——解放营口主战场之一

营口西炮台遗址——解放营口主战场之一位于辽宁省营口市西市区渤海大街西段。

营口西炮台是营口第四次解放的主战场之一。1948 年 10 月 24 日，国民党第 52 军占领营口后，即派重兵驻守西炮台及附近一带，一个师部驻炮台内，兵力一个团，以备在营口败退后从海上乘船逃跑。11 月 2 日，在解放营口之战中，东北人民解放军歼其守敌，攻占了西炮台，并在炮台驻军。

◆营口西炮台遗址

◆营口西炮台遗址内的大炮

营口西炮台是清王朝在东北修筑的一座近代海防军事工程。它始建于 1881 年，建成于 1887 年，是东北地区唯一未经烧制的土构夯筑式建筑，是全国沿海炮台遗址保持原始风貌较好的一座。营口西炮台最初称“没沟营炮台”，后改名为“营口大炮台”，因其位于营口市区西部，人们习惯称其为“西炮台”。营口西炮台的建筑主体呈“凸”

字形，由护台河、围墙、炮台等建筑组成。炮台共 3 座，一大二小，周围筑有围墙，墙下有暗炮洞 8 处，军械库、弹药库即在台下，东面有门 3 处，炮台内筑有兵营 200 余间，内置各种大小炮共 52 尊。

营口西炮台遗址——解放营口主战场之一于 2005 年 3 月被辽宁省委宣传部公布为辽宁省爱国主义教育基地。

李兆麟将军故居

李兆麟将军故居位于辽宁省辽阳市灯塔市（县级市）铧子乡后屯村。

李兆麟（1910—1946），1931 年九一八事变后，在北平参加东北民众抗日救国会和反帝大同盟，同年底受东北民众抗日救国会派遣同张俊波到辽西义勇军第四路军耿继周部工作。1932 年奉命返回东北组织抗日义勇军，在辽阳、沈阳、本溪一带打击日本侵略者，后任本溪煤矿党支部书记。1933 年后，历任中共满洲省委巡视员、东北反日游击队哈东支队政委、北满抗联总司令部主任兼抗联第六军政治部主任和东北抗日联军第三路军总指挥等。1938 年冬，率部队转战于松嫩平原，领导北满抗联各路军队于海伦、克山、德都、三肇等地，积极开展游击战争，给日军以重创。1945 年 8 月，指挥抗联部队配合八路军和苏联红军对日作战。抗战胜利后，任滨江省副省长、中苏友好协会会长。1946 年 3 月 9 日，李兆麟被国民党特务杀害，时年 36 岁。

◆李兆麟将军故居

◆李兆麟将军塑像

为弘扬李兆麟的革命精神，1996 年秋，灯塔市人民政府与原铧子乡人民政府对李兆麟故居进行了修复，1997 年 8 月 1 日竣工。故居建筑面积 322 平方米，由正房、东西厢房各三间组成。故居内陈列着李兆麟生前照片和遗物，以及后人为纪念李兆麟所作的诗文字画等。故居院内立三块石碑，东边一块石碑高 2.08 米，正面刻有李兆麟生平，背面刻有修复李兆麟故居碑记，中间一块石碑高为 1.67 米，正面刻有《西江月》赞李兆麟的碑文，背面刻有李兆麟将军纪念馆惠存。此碑是荣官村刘福长先生无偿赠送的。西边一块石碑高 2.3 米，正面刻有第三路军成立纪念歌，背面刻有李兆麟创作的《露营之歌》等三首遗作。

李兆麟将军故居于 2007 年 5 月被辽宁省人民政府公布为辽宁省文物保护单位；2005 年 3 月被辽宁省委宣传部公布为辽宁省爱国主义教育基地。

辽阳市烈士陵园

辽阳市烈士陵园位于辽宁省辽阳市宏伟区。

辽阳市烈士陵园始建于 1957 年，占地面积 8.74 万平方米。园内有烈士纪念碑、纪念馆、烈士墓及墓名志等纪念性建筑物。墓内安息着为解放辽阳、建设辽阳而牺牲的 500 多名革命烈士。

◆辽阳市烈士陵园内的烈士纪念馆

烈士纪念碑建于 1982 年，高 15.52 米。1998 年，烈士纪念碑重新改建，高 21 米，碑两侧为解放军攻打辽阳城战斗场面和辽阳县担架大队入关支援平津战役浮雕，后面为铭文。2006 年，扩建了烈士纪念碑广场，扩建后的广场面积为 4800 平方米。

◆辽阳市烈士陵园内的烈士纪念碑

2007 年，新建了烈士纪念馆。纪念馆为二层，一层陈列内容为：第一部分“日俄战争侵略暴行”，分为（一）日俄辽阳决战；（二）共产党在辽阳；（三）辽阳抗日义勇军。第二部分“三次解放辽阳城区”，分为（一）马顺天率部接管辽阳；（二）辽阳攻坚战；（三）辽阳城乡最后解放。二层陈列内容为：第三部分“英烈业绩光照千秋”，陈列李兆麟、白乙化等 38 名烈士的事迹；第四部分“缅怀先烈继往开来”。纪念馆陈列厅还陈列有240多件革命文物。

烈士墓区安葬烈士179位，其中，1948年2月6日解放辽阳时牺牲的烈士114位，新中国成立后牺牲的烈士65位。1988年，辽阳解放40周年时，辽阳市政府在烈士墓区建烈士墓志碑一座。

辽阳市烈士陵园于2005年3月被辽宁省委宣传部公布为辽宁省爱国主义教育基地。

朝阳市革命烈士陵园

朝阳市革命烈士陵园位于辽宁省朝阳市城区南凤凰山脚下，大凌河东岸。

朝阳市革命烈士陵园始建于1958年，占地面积20亩。陵园中安葬着解放朝阳战斗中英勇牺牲的124位无名烈士及和平时期为保卫国家财产和人民群众生命安全而光荣牺牲的56位有名烈士，共计180位。他们当中有久经锤炼的领导干部，也有身经百战的军队指挥员，有英勇作战的年轻战士，也有少数民族英雄。

◆朝阳市革命烈士陵园内的纪念广场

2002年朝阳市革命烈士陵园进行了一期改造工程，改造后的烈士陵园由阶梯、纪念广场、烈士墓区、纪念碑、大型雕塑、无名烈士祭坛等部分组成。烈士陵园正门采用青石台阶，中部雕塑汉白玉花环，给人以庄严肃穆之感。纪念广场面积达2400平方米，全部由条石铺成。广场正前方是英雄纪念碑，雕刻在花岗岩上的由全国人大常委会委员王国权题写的“与日月同辉”几个鎏金大字，寓意革命烈士与大地同在，永垂不朽。无名烈士祭坛造型为天地八卦，内殓无名烈士骨灰，通体由红色花岗岩镶嵌而成，象征熊熊燃烧的

◆朝阳市革命烈士陵园阶梯及汉白玉花环

火炬，照亮后人。纪念碑后是烈士墓区，正中央侧卧一花岗岩材质的大型革命烈士雕塑，一只巨臂高高举起，手掌平托，寓意为了新中国，无数革命烈士倒下，用生命与鲜血换来中华人民共和国的今天。

朝阳市革命烈士陵园附属设施改造工程于 2011 年完成。改造工程包括纪念馆改造、烈士墓改造、广场改造、护坡改造、绿化工程改造。

朝阳市革命烈士陵园于 2005 年 3 月被辽宁省委宣传部公布为辽宁省爱国主义教育基地。

盘锦市烈士陵园

盘锦市烈士陵园位于辽宁省盘锦市盘山县林场东。

盘锦市烈士陵园始建于 1973 年，占地面积 18692 平方米。园内由无名烈士半身塑像、烈士纪念馆、烈士展览馆等组成。无名烈士半身塑像位于烈士陵园中心，塑像高 6 米，宽 6 米，厚 3 米，由 200 吨优质花岗岩雕制而成。塑像正面刻着“浩气长存”四个大字。无名烈士半身塑像后是烈士纪念馆，安放着为中国的解放和建设而献出生命的 33 位革命烈士的灵柩。他们当中有抗日战争时期的东北抗日义勇军第三路军司令盖中华，解放战争时期中共盘山县委副书记张永利、城厢区区长赵乐以及赴朝作战的志愿军勇士，也有在和平建设时期为保卫国家和人民生命财产安全英勇献身的革命烈士。在西侧的烈士展览馆，陈列着烈士照片、烈士英雄名录、烈士事迹及社会各界为烈士的题词。

◆盘锦市烈士陵园

◆盘锦市烈士陵园内的烈士展览馆

盘锦市烈士陵园于 2005 年 3 月被辽宁省委宣传部公布为辽宁省爱国主义教育基地。

塔山革命烈士陵园

塔山革命烈士陵园位于辽宁省葫芦岛市连山区塔山乡。

1948 年 10 月 10 日，塔山阻击战打响。东北野战军 4 纵、11 纵、独立 4 师、6 师在塔山地区阻击锦西、葫芦岛增援锦州的国民党军队。经过六天六夜的浴血奋战，战胜了拥有现代化装备的国民党优势兵力，歼敌 7000 多人，创造了以少胜多的光辉战例。塔山阻击战为保证我军攻占锦州，乃至配合辽西歼敌，取得整个辽沈战役的胜利起到了关键作用。

◆塔山革命烈士纪念塔

塔山革命烈士陵园是在塔山阻击战战役原址上于 1963 年修建的。陵园总占地面积 0.74 平方公里。陵园内建有烈士纪念塔、革命烈士公墓和塔山阻击战纪念馆。

塔山革命烈士纪念塔位于陵园中心，1963 年 10 月 15 日建成，通高 12.5 米，基台 150 平方米。塔身为正方石柱形，左右辅以连体副碑，塔座正面镶有石雕花环，塔的顶部雕有被塔身冲破的云环纹饰，塔两侧上方高悬着军功章浮雕。塔的正面是陈云题词："塔山阻击战革命烈士永垂不朽"，塔的背面镌刻碑文详述了战争经过和英雄事迹。

◆塔山革命烈士陵园内的烈士墓

在烈士塔后正北方，葫芦岛市政府于 1997 年 10 月修建了革命烈士公墓。塔山阻击战中牺牲的 700 多名烈士，一直分散埋在高桥、老官卜、沙河营等乡镇。1998 年，在东北解放 50 周年之际，烈士的遗骨被合葬在公墓内。墓前黑色大理石纪念碑正面由原中央军委副主席张万年题写"塔山英烈，万古流芳”八个大字。碑的后面，镌刻着747位烈士的名字。公墓纪念碑的前方，是8位生前直接指挥了塔山阻击战将军的墓碑。

塔山阻击战纪念馆建筑面积3000平方米。纪念馆以史料展览和现代国防军事设施展览为主，通过图片、实物、史料等各种展览、展示手段，全面介绍了塔山阻击战的全过程。

塔山革命烈士陵园于1997年6月被辽宁省委宣传部公布为辽宁省爱国教育基地，2001年6月被中央宣传部公布为全国爱国主义教育示范基地。

关向应纪念馆

关向应纪念馆位于辽宁省大连市金州区向应街道办事处关家村。

关向应（1902—1946），辽宁金县人。1924年春参加中国社会主义青年团，同年底赴苏联莫斯科东方劳动者共产主义大学学习，1925年1月加入中国共产党。1928年7月出席在莫斯科召开的中国共产党第六次全国代表大会，被选为中央委员，在六届一中全会上当选为中央政治局候补委员。1928年7月在共青团第五次全国代表大会上，被选为共青团中央委员会书记。1930年初任中共中央军事委员会书记，主持中央军委工作。1932年1月奉命到湘鄂西革命根据地，任中共中央湘鄂西分局委员、湘鄂西军事委员会主席和红三军政治委员，与贺龙等率红三军转战湘鄂川黔边地区。1934年10月和贺龙率部与任弼时等率领的红六军团会师后，红三军恢复红二军团番号，任副政治委员，与贺龙、任弼时统一指挥红二、红六军团创建了湘鄂川黔革命根据地。经过一年奋战，粉碎了敌人的两次“围剿”。1935年11月开始长征，1936年6月下旬至7月初，在西康甘孜地区与红四方面军会师。根据党中央命令，红二、红六军团组成红二方面军，任副政治委员。长征途中，关向应与朱德、任弼时、贺龙、刘伯承等一起，同张国焘分裂党、分裂红军的活动进行了坚决斗争。1937年全国抗日战争爆发后，红二方面军改编为八路军第120师，任政训处主任，不久改任政治委员。同年9月，与贺龙率部开赴晋西北抗日前线，开辟了晋绥抗日根据地。12月，与贺龙率第

◆关向应纪念馆

120 师三力开赴冀中，开展敌后平原游击战争。1939 年发生十二月事变，率部星夜赶回晋西北，挽救晋西北的危局，粉碎了国民党顽固派发动的第一次反共高潮。其间，同贺龙、林枫等领导晋绥军民粉碎了日本侵略者的“扫荡”，并以极大热忱致力于根据地建设。1940 年 2 月起任晋西北军区政治委员、晋绥军区政治委员、陕甘宁晋绥联防军政治委员、中共中央西北局委员、中共中央晋绥分局书记。因积劳成疾，自 1940 年起长期生病，但以惊人的毅力同疾病作斗争。1945 年，在中共七大上，继续当选为中央委员。1946 年 7 月 21 日，病逝于延安。

关向应纪念馆始建于 1986 年。2001 年，大连市为纪念关向应诞辰百年，对关向应纪念馆进行了维修改造，2002 年 8 月完工。2006 年 4 月，大连市及金州区政府组织有关部门在关向应故居旁重新规划、设计、修建了关向应纪念馆。2007 年 9 月 10 日正式开馆。

关向应纪念馆于 1997 年 6 月被辽宁省委宣传部公布为辽宁省爱国主义教育基地，2001 年 6 月被中央宣传部公布为全国爱国主义教育示范基地。

赵尚志纪念馆

赵尚志纪念馆位于辽宁省朝阳市双塔区中山大街二段。

◆赵尚志纪念馆

赵尚志（1908—1942），1908 年 10 月 26 日生于热河特别区朝阳府第二区王伦沟乡喇嘛沟村（今尚志乡尚志村）。1925 年加入中国共产党，是东北地区早期共产党员之一。1925 年考入黄埔军校。1926 年，回到哈尔滨从事革命活动，曾两次被捕入狱。九一八事变后，先后担任满洲反日总会党团委书记和中共满洲省委常委、军委书记。1932 年以后，先后任巴彦游击队参谋长、政委，珠河东北反日游击队队长，东北反日游击队哈东支队司令，东北人民革命军第 3 军军长，东北民众反日联军总司令，东北抗日联军第 3 军军长，中共北满临时省委支委会主席等职。1942 年 2 月 12 日，赵尚志在战斗中身负重伤被俘，宁死不屈，壮烈牺牲，年仅 34 岁。

赵尚志纪念馆建于 2007 年，2008 年 10 月竣工，建筑占地面积 2 万平方米，2009 年 5 月开馆，是集纪念、馆藏、研究保护、展览以及爱国主义教育为一体的综合性建筑。整个建筑平面为方正的矩形，俯视整个建筑可以看到平面为一个方正的“尚”字。纪念馆高 11 米，正面长 34 米，象征着赵尚志 11 岁离开家乡以及 34 年短暂而壮丽的人生，纪念馆的正面像张开的手臂，寓意家乡人民张开怀抱迎接他魂归故里。

2008 年 10 月，在赵尚志诞辰 100 周年之际，占地 2.4 万平方米的赵尚志烈士陵园竣工。赵尚志烈士陵园位于朝阳市朝阳县尚志乡尚志村将军山上。陵园由墓室、塑像、纪念碑、广场、陵园门、绿化区等组成。陵园门口 62 步台阶，寓意赵尚志颅骨 62 年后被发现；纪念广场长宽均 62 米，契合 6 月 2 日晚 6：20 分找到赵尚志颅骨；纪念碑高 14 米，寓意东北 14 年抗战胜利；菱台型墓室底是 24 米的正方形，寓意方方正正，墓室斜边长 10 米，同底边相加为 34 米，寓意赵尚志 34 岁牺牲；墓室由黑白大理石罩面，寓意赵尚志一生战斗在白山黑水之间。

赵尚志纪念馆（含赵尚志烈士陵园）于 2009 年 5 月被中央宣传部公布为全国爱国主义教育示范基地，2009 年 11 月被辽宁省委宣传部命名为辽宁省爱国主义教育基地。

中共满洲省委旧址纪念馆

中共满洲省委旧址纪念馆位于辽宁省沈阳市和平区皇寺路福安巷 3 号（原北市场福安里4 号）。

中共满洲省委是中国共产党于 1927 年 10 月至 1936 年 1 月设立的东北地区最高领导机构，以陈为人、刘少奇、陈潭秋等为书记的中共满洲省委在这里领导工农群众进行了艰苦卓绝的斗争，不仅为中国共产党的发展和中华民族的解放立下了不可磨灭的功勋，而且在世界反法西斯斗争史上写下了光辉灿烂的篇章！

1921 年中国共产党成立后，中共中央和北方区委非常重视东北地区党组织的筹建工作，先后派马骏、李震瀛、陈为人等来东北地区传播马列主义，建立党的组织。1927 年八七会议后，为了统一党的领导，中共中央决定派陈为人组建中共满洲省委。同年 10 月 24 日，在哈尔滨召开了东北地区第一次党员代表大会，宣告中共满洲省临时委员会成立，陈为人任书记，省

◆中共满洲省委旧址纪念馆

委机关设在当时的奉天（沈阳）北市场福安里4号。省委利用这里复杂的环境，秘密组织东北人民进行反对帝国主义的侵略和封建军阀压迫的斗争。1928年9月，满洲省临委改为满洲省委。中共满洲省委除在辽沈地区组织工人运动、农民运动、士兵运动等斗争外，省委机关还出版了《满洲红旗》、《满洲通讯》、《满洲工人》、《政治通讯》等宣传革命主张的刊物。九一八事变爆发后，中共满洲省委立即发表宣言，号召东北人民武装起来，同日本帝国主义进行斗争。1931年12月，中共满洲省委机关迁至哈尔滨。

◆中共满洲省委旧址

中共满洲省委旧址纪念馆，旧址纪念馆占地面积2500平方米，包括满洲省委旧址、刘少奇旧居、宣誓广场等。中共满洲省委旧址纪念馆旧址于1985年对外开放，为一栋面阔六间进深一间的硬山式青砖瓦房。东侧四间是中共满洲省委机关所在地。2003年沈阳市委市政府对中共满洲省委旧址进行了扩建，增加了1000多平方米的历史陈列展览厅等场地。2008年中共满洲省委旧址正式更名为中共满洲省委旧址纪念馆。

刘少奇同志旧居位于中共满洲省委旧址的北院。刘少奇同志旧居原址位于沈河区惠工街四段宏业南里2号。1929年7月至1930年3月，刘少奇任中共满洲省委第五届书记时曾在此秘密居住，当时称“西北工业区78号”。该建筑由于年久失修，破烂不堪，且处于沈阳市新北站的建设工程范围内，在原地保护困难，1991年沈阳市政府决定按原貌在中共满洲省委旧址的北院重建。重建后的刘少奇同志旧居同中共满洲省委旧址连成一片，成为沈阳市开展爱国主义和党史教育的重要场所。

中共满洲省委历史陈列展厅位于满洲省委旧址南院，陈列面积270平方米，共分为三部分：第一部分介绍中共满洲省委的建立，第二部分介绍中共满洲省委领导的反帝反封建斗争，第三部分介绍九一八事变后中共满洲省委领导的抗日斗争。该陈列共展出图片300余张、文献资料30余份、实物100余件，并配合使用沙盘、场景等现代化展示手段，较为系统全面地展现了中共满洲省委历时8年又8个月的光辉历程。

宣誓广场位于中共满洲省委旧址的西院，正面墙上一面鲜红的党旗，下方配有金色入党誓词，凸显出纪念馆庄严肃穆的气氛。现已成为党政机关、企事业单位、部队、学校等举行党、团活动的专用场所。

中共满洲省委旧址于 1985 年 2 月被沈阳市人民政府公布为沈阳市文物保护单位，1988 年 12 月被辽宁省人民政府公布为辽宁省文物保护单位。中共满洲省委旧址纪念馆于 2008 年 7 月被辽宁省委宣传部公布为辽宁省爱国主义教育基地。

铁岭市周恩来少年读书旧址纪念馆

铁岭市周恩来少年读书旧址纪念馆位于辽宁省铁岭市银州区红旗街银冈小区的银冈书院。

◆周恩来少年读书旧址纪念馆（银冈书院）

银冈书院是东北地区建院最早、保存完整、影响最大、办学最长的古代书院，是周恩来离开家乡来东北后的启蒙学校。铁岭银冈书院始建于 1658 年，系清朝湖广道御史郝浴谪居铁岭时自建的居室和讲学授徒之所。1675 年，郝浴复官回朝，将此居所捐出，成立“银冈书院”。1903 年，辽北地区第一所新式学堂——银冈学堂在书院内成立。1910 年，12 岁的周恩来从家乡江苏淮安应伯父周贻赓之召来到铁岭，插班到银冈学堂的三年甲班就读。1924 年，银冈书院改为铁岭县立第一小学。1978 年，中共铁岭地委对银冈书院旧址进行维修，辟为“铁岭市周恩来少年读书旧址纪念馆”，于 1979 年正式对外开放。

◆银冈书院内的周恩来雕像

银冈书院共分三个部分，依次排列，可独自开门。中院为历史文化展，为四合院格局，两层院子，前院为门房、正房及东西厢房各三间，各房之间由月亮门连接。中院包括郝公祠、讲堂、东西斋房、门房；西院为周恩来业绩展，包括新生活的起点、第二故乡情、历史伟人周恩来业绩展，东院为园林景观。纪念馆以中部银冈书院为中心，以西院展区为主体，展示了银冈书院历史沿革、少年周恩来读书斋房、新生活的起点——1910 年周恩来来铁岭、第二故乡情——1962 年周恩来视察铁岭、历史伟人——周恩来业绩展览等综合陈列，展出照片、实物近千余件，文物设施魁星楼、纸炉、碑林，仿真硅雕人物像两组，微缩景观四处。

铁岭市周恩来少年读书旧址纪念馆于 1998 年被辽宁省委宣传部公布为辽宁省爱国主义教育基地。

鞍山烈士纪念馆

鞍山烈士纪念馆位于辽宁省鞍山市铁东区民生东路 25 号。

1948 年 2 月 19 日，东北野战军 4 纵、6 纵及辽南独立 1 师等部全歼国民党 52 军 25 师及矿警、保安团等 1.3 万余人，解放鞍山。为纪念解放鞍山牺牲的革命烈士，1952 年，鞍山市委、市政府决定在当年战场的制高点之一烈士山上（原名叫镇守山，日伪时期叫神社山）建立鞍山烈士纪念馆。

◆鞍山烈士纪念馆

鞍山烈士纪念馆原址位于烈士山正门西侧，占地面积 1000 平方米。1976 年，鞍山市政府对烈士山进行大规模改造，建起烈士纪念碑。1985 年，由鞍山市政府及鞍山钢铁公司共同对烈士纪念馆进行大规模异地扩建，新址位于烈士山公园正门东侧半山坡处。1995 年，鞍山市政府对烈士纪念馆外形及内部展厅的陈列形式进行了全面的改造和更新。新建成的鞍山烈士纪念馆占地面积 4000 平方米，建筑面积 2200 平方米，于 1998 年 2 月 19 日正式向全市人民开放。鞍山烈士纪念馆共设 9 个展厅，并配有高科技声、光、电、半景画、沙盘模型和大型雕塑等现代化展览设施，配有 300 多幅珍贵的历史照片和历史资料及数百件历史文物。生动翔实地再现了为鞍山解放的革命先烈们前仆后继、浴血奋战、激烈的战争场面及血染钢城可歌可泣的战斗历程。

鞍山烈士纪念馆于 2001 年 4 月被辽宁省委宣传部公布为辽宁省爱国主义教育基地。

本溪烈士纪念馆

本溪烈士纪念馆位于辽宁省本溪市东郊明山区卧龙镇青松岭。

◆本溪烈士纪念馆

为纪念各个革命历史时期在本溪地区牺牲或牺牲在外地的本溪籍革命烈士，本溪市人民政府于 1985 年 6 月修建本溪烈士纪念馆，1988 年 10 月竣工。2003 年 5 月，进行了全面改造扩建。扩建改造后的本溪烈士纪念馆，划分为三大区域：陵墓区、瞻仰区和景观区，总占地面积为 6 万平方米。

陵墓区建有祭奠广场 1000 平方米，叠弧状烈士英名录墙两面，上刻有 1630 位烈士的姓名。烈士墓区东西两侧对称，其内建有单体烈士墓 100 座、佚名烈士墓 1 座，佚名烈士墓中安葬有 86 位烈士的骨灰。另外，在后山顶建有一座高 21. 7 米的本溪解放纪念碑。

瞻仰区布展面积为 2400 多平方米，以时间为序，分抗日战争、解放战争和社会主义建设三个时期，将本溪近百年的革命斗争史较完整地展示出来。展出图片 368 幅，图表 33 张，油画插图 20 幅，文献 276 件。布置“邓铁梅在狱中”等景观 4 处。制作大型浮雕“丰碑”1 座，配音半景画 1 幅，烈士全身或半身塑像 7 尊。馆内新设触摸屏电脑和无线遥控解说系统等设施。

景观区占地面积 2. 6 万平方米，大小悼念广场 6000 平方米，全部以天然花岗岩铺建。在广场和广场东西两侧，分别建有休闲小区 2000 多平方米，兵器园 1800 余平方米，捐款纪念墙 2 座，警钟亭 1 处和升旗台 1 座。

本溪烈士纪念馆于 2005 年 3 月被辽宁省委宣传部公布为辽宁省爱国主义教育基地，1995 年 1 月被民政部公布为民政部第一批爱国主义教育基地。

辽沈战役纪念馆

辽沈战役纪念馆位于辽宁省锦州市凌河区北京路 5 段 1 号。

辽沈战役是全国解放战争时期国共双方第一次大决战，它的胜利改变了国共双方军事力量的对比。包括辽沈战役在内的三大战役的胜利，为新中国的诞生奠定了基础。

◆辽沈战役纪念馆

1948年9月12日，辽沈战役拉开序幕。东北野战军在林彪、罗荣桓指挥下开始攻打锦州作战，蒋介石急忙调集华北、山东7个师到葫芦岛，会同锦西、葫芦岛原有的4个师共11个师组成“东进兵团”，从沈阳抽出5个军11个师组成“西进兵团”，两路增援锦州。解放军在塔山一线对敌东进兵团进行英勇阻击；敌西进兵团也被解放军顽强阻击于彰武、新立屯一带。10月14日，东北野战军对锦州发起总攻，经过31个小时的激战，全歼守敌近9万人，生俘国民党东北“剿总”副总司令范汉杰。锦州的解放促使国民党守军第六十六军军长曾泽生率部起义，新七军于19日投诚。10月21日，东北“缴总”副总司令郑洞国率残部放下武器。锦州解放后，东北国民党军队向关内的退路已被切断。蒋介石仍严令廖耀湘率领西进兵团夺回锦州。东北野战军在攻占锦州后立即从南北两翼合围包括国民党军队精锐主力新一军和新六军在内的廖兵团。10月26日完成对廖兵团的分割包围，经过两日一夜激战，全歼该敌10万人，生俘兵团司令廖耀湘。东北野战军乘胜追击，于11月2日解放沈阳、营口。辽沈战役至此胜利结束。11月9日东北全境获得解放。

◆辽沈战役纪念馆大门

辽沈战役纪念馆原馆建于1959年，新馆于1988年10月31日举行落成典礼并对外开放。2002年底，辽沈战役纪念馆开始改造，2004年11月2日工程竣工，重新开馆。辽沈战役纪念馆馆区占地面积18万平方米，馆前是辽沈战役革命烈士纪念塔，塔前是东北解放战争革命烈士纪念碑廊，东西两侧是张士毅、梁士英烈士墓和朱瑞将军雕像。辽沈战役纪念馆主体建筑面积8600平方米。馆内设有序厅、战史馆、支前馆、英烈馆和全景画馆。陈列内容全面反映了东北解放战争的历史，突出展示了辽沈战役的胜利进程，揭示了战役胜利的诸多因素及伟大意义。

辽沈战役纪念馆于1997年6月被中央宣传部公布为全国爱国主义教育示范基地，2005年3月被辽宁省委宣传部公布为辽宁省爱国主义教育基地。

东北抗联史实陈列馆

东北抗联史实陈列馆位于辽宁省本溪市本溪满族自治县小市镇滨河东路。

东北抗日联军是中国共产党创建并领导的抗日队伍。在14年的艰苦斗争中，抗联牵制了数十万日伪正规军，有力地策应了全国的抗日战争。辽宁省是东北抗联活动的重要区域，本溪是抗日民族英雄杨靖宇率领抗联第1军第1师抗击日军的主要战区。

◆东北抗联史实陈列馆

为纪念东北抗联抗击日本帝国主义的英雄业绩，2005年，开始兴建东北抗联史实陈列馆。陈列馆于2005年7月开工，2007年5月建成开馆，占地面积6.9公顷，建筑面积5040平方米，其中陈列面积3000平方米，征集照片、史料、实物1000余件。陈列布展以“林海雪原，抗联英雄”为主题，以东北抗联重要历史事件、历史人物、历史战役为线索，共分四个部分：第一部分为抗联概况，包括抗联情况综述、历史背景介绍、组织建制系统、重点活动区域等；第二部分为抗联斗争史实，包括东北及辽宁抗日烽火、各地主要义勇军兴起、抗日统一战线形成、抗联主要战役等；第三部分为抗联英烈形象展馆，包括抗联在东北特别是辽宁地区的主要将领、知名人士人物画像、塑像、蜡像等；第四部分为纪念性展厅，主要是领袖题词题字、知名书画、抗联遗址纪念碑、东北抗联书籍、影视作品及纪念活动等。东北抗联史实陈列馆是目前全国抗联史实陈列专题中规模最大、史料最全的陈列馆，也是辽宁省范围内第一个关

◆东北抗联史实陈列馆展厅

于东北抗日联军题材的纪念馆。

东北抗联史实陈列馆于2005年3月被辽宁省委宣传部公布为辽宁省爱国主义教育基地，2005年11月被中央宣传部公布为全国爱国主义教育示范基地。

“九·一八”历史博物馆

“九·一八”历史博物馆原名“九·一八”事变陈列馆，位于辽宁省沈阳市大东区望花南街46号。

1931年日本侵略者发动的震惊中外的九一八事变，是中国现代史上的一个重大历史事件。

为了牢记这段历史和揭露日本法西斯的侵略罪行，警示人民和教育后代，沈阳市人民政府于20世纪90年代开始修建“九·一八”历史博物馆。博物馆建筑群由残历碑、抗战胜利纪念碑和新馆三部分组成，其建设过程分为两个阶段。

◆“九·一八”历史博物馆残历碑

第一阶段，1991年九一八事变60周年之际，“九·一八”事变陈列馆竣工。这是一座造型十分独特的建筑，整个陈列馆是一本翻开的巨大“台历”，又称残历碑。馆内陈列很多九一八事变的历史资料。在残历碑一侧有1938年日军为九一八事变立的纪念碑，因碑体呈炸弹尾翼状，故名“炸弹碑”。作为日本帝国主义的侵略罪证，该碑被移到陈列馆旁边，推翻在地。

◆“九·一八”历史博物馆

第二阶段，1997年9月，沈阳市政府决定在陈列馆的基础上，筹建“九·一八”历史博物馆。经过两年施工，新馆于1999年9月18日落成。江泽民题写了馆名。新馆占地面积3.5万平方米，建筑面积1.26万平方米，展厅面积9180平方米。设有8个展厅和10余个大型场景，展厅内有历史照片800余幅，实物300余件，文献档案100余件。

“九·一八”事变陈列馆于1997年6月被中央宣传部公布为全国爱国主义教育示范基地。“九·一八”历史博物馆于2005年3月被辽宁省委宣传部公布为辽宁省爱国主义教育基地。

吉林省重要革命遗址

七道江会议旧址

七道江会议旧址位于吉林省白山市八道江区七道江村。

1946 年 12 月 11 日至 14 日，南满根据地领导人陈云、肖劲光、肖华、江华、韩先楚等在比举行会议，遵照党中央建立巩固的东北根据地的指示，制定了坚持南满、支援北满，积蓄力量、准备反攻等一系列战略方针。会后，发动了著名的“四保临江”战役。

◆七道江会议旧址大门

七道江会议旧址原为“通明炭矿”办公室和家属住房，三间砖瓦结构的正房，面积 96 平方米。1984 年 8 月，通化矿务局将七道江会议旧址修复后移交浑江市政府（现白山市政府）。2005 年，白山市八道江区委区政府将七道江会议旧址修缮扩建为七道江会议纪念馆。纪念馆占地面积 2100 平方米，建筑面积 1100 平方米，整体布局为四合院结构，包括展室、多媒体演播厅、旧址、办公区四部分。

◆七道江会议旧址

七道江会议旧址于 2006 年 7 月被吉林省委、省人民政府公布为吉林省爱国主义教育基地。

陈云同志旧居

陈云同志旧居位于吉林省临江市南围子街 45 号，临江林业局机关院内。

1945 年，抗日战争胜利后，蒋介石在东北发动内战。东北民主联军遵照党中央和

◆陈云同志旧居

毛泽东关于“建立巩固的根据地”的指示，从长春、四平等一些大中城市撤出，到偏僻的山区临江、长白、抚松、靖宇建立了南满根据地。中共中央决定派东北局副书记、东北民主联军副政委陈云和东北民主联军副司令员肖劲光到南满工作。陈云于 1946 年 11 月 27 日来到临江县（现临江市），住在此处。

陈云同志旧居原系清光绪六年（1880 年）防军统领左宝贵建的防营，旧式建筑，砖瓦结构，外墙水泥挂面，房山墙开门。门上方有一横额，写有“陈云同志旧居”，由肖劲光于 1986 年 6 月题写。

为了更好地发挥党史教育基地的作用，2007 年在距陈云同志旧居 20 米处，按原建筑风格修建了一座总面积 303 平方米的新馆，内设陈云铜像和“陈云在临江”、“历史的丰碑”、“光辉的榜样”、“永远的怀念”四个展厅，分为实物展和图片展两种展示方式。现有实物 5 件，包括陈云用过的办公桌、办公椅、公文包、棉坎肩和京胡，图片 1548 张。

陈云同志旧居于 2006 年 5 月被国务院公布为全国重点文物保护单位，2006 年 7 月被吉林省委、省人民政府公布为吉林省爱国主义教育基地。

杨靖宇烈士陵园

杨靖宇烈士陵园暨东北抗日联军纪念馆位于吉林省通化市浑江东岸靖宇山。

◆杨靖宇烈士陵园

杨靖宇（1905—1940），原名马尚德，河南省确山县人。1927 年 6 月加入中国共产党，1929 年春被党中央派往东北。历任中共抚顺特支委书记，中国工农红军第 32 军南满游击队政委，东北人民革命军第 1 军独立师师长兼政治委员，东北人民革命军第 1 军军长兼政治委员，东北抗日联军第 1 路军总指挥兼政治委员。1940年2月23日，杨靖宇将军在濛江县（今白山市靖宇县）保安村三道崴子对敌作战中壮烈殉国，时年35岁。

◆杨靖宇雕像

陵园占地面积2万平方米，始建于1954年，1958年对外开放。陵园由5座民族式建筑组成，正面为灵堂和墓室，两侧的4个偏殿是杨靖宇将军的业绩展厅。陵园中央矗立着杨靖宇将军的戎装铜像。陵墓内民族式棺柩中安葬着杨靖宇将军的遗首遗骨，展厅里是杨靖宇将军青少年时期的遗物和他在抗日战争艰苦岁月里的一些用品和战利品等有关文物、文献、照片280余件。

杨靖宇烈士陵园于1997年6月被中央宣传部公布为全国爱国主义教育示范基地。

张蔚华烈士陵园

张蔚华烈士陵园位于吉林省白山市抚松县西江公园南端。

◆张蔚华烈士陵园

抚松县位于吉林省东南部的长白山区。抗日战争时期，杨靖宇、王德泰、金日成等领导的抗联部队在抚松同日伪军进行了多次战斗，留下许多可歌可泣的英雄事迹。

张蔚华，生于吉林省抚松县一户经商为业的乡绅家庭，又名张亚青。在东北以经商为名进行地下抗日活动，并为东北抗日联军提供情报和物资。1937年10月27日，因敌人严密监视无法脱身，为保全组织服毒以身殉难，年仅25岁。

1993年10月27日张蔚华牺牲55周年之际，朝鲜领袖金日成主席亲笔题字，由有关方面组织镌刻纪念碑，派专使将石碑运往抚松，并参加了隆重的纪念仪式。纪念

◆金日成为张蔚华题词的纪念碑

碑高 1. 88 米，宽 0. 80 米，厚 0. 20 米，重 0. 85 吨，由花岗岩精雕而成。

张蔚华烈士陵园建于 1992 年，占地面积 1000 平方米，陵墓用水泥封闭，四周建有 12 尊水泥围桩，有装饰铁链连挂。陵园周围建有围墙，园内生长着苍松翠柏。

张蔚华烈士陵园于 2006 年 7 月被吉林省委、省人民政府公布为吉林省爱国主义教育基地。

长春市革命烈士陵园

长春市革命烈士陵园位于吉林省长春市二道区英俊镇大砕子沟。

◆长春市革命烈士陵园全景

长春市革命烈士陵园始建于 1952 年，占地面积 80 公顷，集中安葬了民主革命、抗日战争、解放战争和抗美援朝战争中牺牲的 912 位革命烈士。其中，无名烈士 524 位，朝鲜人民军烈士 79 位，另有较早参加革命、新中国成立后逝世的老干部 60 位。2008 年 10 月 20 日，陵园内同时落成长春革命烈士纪念馆和纪念碑。纪念馆建筑面积 1 万余平方米，共三层，设主展厅、多功能厅、冥思厅、馆藏厅、研究室，是一座集纪念、展示、研究、收藏、教育、旅游为一体的综合性纪念馆。其造型

◆长春市革命烈士陵园内的雕像

方正稳重，如同一个盛装历史的容器，建筑外立面由不同尺寸的方块组成，象征着为长春发展前赴后继的英烈们。纪念馆前建有下沉式纪念广场，可供近万人集会。在纪念广场和纪念馆之间立有高 12 米的长春英烈主题雕塑。纪念广场江北侧立有长春革命烈士纪念碑，碑高 42 米，碑身挺拔，直冲云霄，象征革命英烈的精神与天地共存、永垂不朽。

长春市革命烈士陵园于 2006 年 7 月被吉林省委、省人民政府公布为吉林省爱国主义教育基地。

吉林市革命烈士陵园

吉林市革命烈士陵园位于吉林省吉林市玄天岭。

◆吉林市革命烈士陵园

吉林市革命烈士陵园占地面积 5 万余平方米，由烈士墓区、烈士纪念塔、烈士纪念馆三部分组成。烈士墓区建于 1954 年，占地面积约 6000 平方米，安葬着 238 位不同时期牺牲的革命先烈和病故革命军人。

烈士纪念塔建成于 1956 年 10 月，高 28 米，建筑面积 1134 平方米。塔座东西长 230 米，南北宽 100 米，基座下设地下室，从地下室登旋梯可直达塔顶。塔身呈等边五棱形，花岗岩石结构，顶端有一颗五角星。该塔造型新颖，宏伟壮观，正面刻着："革命烈士纪念塔"，其他四面分别雕刻着党和国家领导人毛泽东、周恩来、朱德和原东北人民政府副主席林枫的题词。1984 年烈士纪念塔被吉林省人民政府公布为省级保护单位，1987 年 4 月被吉林省人民政府公布为重点烈士纪念建筑物保护单位。

吉林市革命烈士纪念馆为传统四合院式建筑，竣工于 1993 年 7 月，时任中共中央政治局常委、中央军委副主席刘华清题写馆名，1995 年 4 月 5 日开馆。2007 年 4 月对纪念馆进行了扩建，2008 年 4 月新馆落成，展馆面积由原来的 1634 平方米增加到 3129 平方米，展览面积达到 4500 平方米，馆藏文字 400 余万字，油画、国画、画照等 244 幅。陈展实物 171 件，照片、文稿等 90 余张。纪念馆分三个展厅，分别是：魏拯民烈士纪念馆、抗联英烈展厅和江城英烈展厅。通过高浮雕塑、影像雕塑、硅橡胶仿真塑像、场景复原、场景模拟、电子演示屏等高科技表现手段，展出了抗日民族英雄魏拯民等27位革命先烈在抗日战争、解放战争和社会主义建设时期为国家民族事业而英勇献身的光辉事迹。

2008年4月2日，中央宣传部和吉林省民政厅，吉林市委、市政府、市政协、市人大、吉林军分区等部门领导和吉林市社会各界人士900多人，集会于吉林市革命烈士陵园，举行了隆重的新馆开馆暨清明节祭奠革命烈士仪式。

吉林市革命烈士陵园于1994年12月被吉林省委、省人民政府公布为吉林省爱国主义教育基地。

延边革命烈士陵园

延边革命烈士陵园位于吉林省延吉市延吉人民公园北部。

◆延边革命烈士陵园

延边革命烈士陵园东西约110米，南北约650米，总面积为3.6万平方米。陵园的中心建筑是纪念碑，碑上的“革命烈士永垂不朽”8个大字是江泽民所题。纪念碑两侧有两座高大洁白的石雕群像，展现了革命先辈的战斗雄姿和各族人民并肩作战的景象。

延边革命烈士陵园是1992年2月由延边州委、州政府在延吉市革命烈士陵园的基础上改扩建而成的，于1992年4月24日举行奠基仪式，11月30日主体工程基本结束。后又经过数次维修、扩建。

◆延边革命烈士陵园内的烈士纪念碑

◆延边革命烈士纪念馆

陵园内除纪念碑外，还有革命烈士纪念馆、骨灰堂、烈士墓、烈士名录碑等。革命烈士纪念馆展览面积945平方米，160延长米，陈列着大量的图片和实物，反映了各个历史时期延边儿女前仆后继、英勇战斗的光辉历程。为了民族的独立和人民的解放，延边共有16300多名优秀儿女壮烈牺牲。烈士名录碑上刻有16000名烈士的姓名。

延边革命烈士陵园于2001年6月被中央宣传部公布为全国爱国主义教育示范基地。

敦化革命烈士陵园

敦化革命烈士陵园位于吉林省延边朝鲜族自治州敦化市北山公园内。

敦化革命烈士陵园分三部分：革命烈士纪念塔、烈士陵园墓区和烈士陵园展览室。

◆敦化革命烈士陵园内的烈士纪念塔

革命烈士纪念塔始建于1946年，由原吉东警备2旅将士节约菜金和敦化县政府拨付部分资金共同兴建。原址在小石河南，20世纪70年代迁到小石河北北山山顶，塔高25米，成五面体形。正面（南）题字为“革命烈士纪念塔”。东南面为周保中题词：“抗日救国，功绩不朽，虽然洒去不少鲜血，抛却无数头颅，毕竟赢得河山还我，使倭寇屈膝低首。作伥国贼，万年遗臭，诸先烈，史无前例的英勇苦斗，象征着黑水白山的正气千秋。”东北面为邓克明、袁克服题词：“踏着死难烈士的血迹奋勇直前，坚决为人民解放事业奋斗到底。”西北面为马运海、刘俊秀题词：“英勇剿匪，坚决自卫，为民捐躯，虽死犹荣，誓死为革命先烈复仇。”西南面为敦化县临参会题词：“献身革命争民主功勋辉煌；保国卫民反独裁誓做后盾。”

烈士陵园墓区安葬着包括吴恒夫烈士在内的158位革命烈士遗体。墓东北侧有革命英烈榜，上面镌刻着1337名烈士姓名，其中土地革命时期9名，抗日战争时期9名，解放战争时期717名，抗美援朝战争时期502名，社会主义建设时期100名。陵园内有陈翰章、吴恒夫、滕桂桥、马忠庆、杨宝山、戴克政、江贤如等烈士墓。

烈士陵园展览室位于北山脚下平房内，共分“日寇下的敦化　敦化人民抗日斗

◆敦化革命烈士陵园墓区

争”、“民族英雄　抗日脊梁”、“砸碎旧世界　建立新中国”、“抗美援朝　保家卫国”、“建设栋梁　社会楷模”五个部分，利用图片、实物等形式展示和宣传烈士的革命精神。

敦化革命烈士陵园于2006年7月被吉林省委、省人民政府公布为吉林省爱国主义教育基地。

四平烈士陵园

四平烈士陵园位于吉林省四平市哈大公路102线四平入口处。

四平战役是解放战争时期东北民主联军在东北军事重镇四平地区同国民党军进行的重要战役。1946年3月到1948年3月，国共双方先后调动了大量兵力，在四平展开了四次大战役：第一次是四平解放战；第二次是四平保卫战；第三次是四平攻坚战；第四次是四平战役。在这几次战役中，双方共投入兵力40万人，累计战斗52天，这就是震惊中外的“四战四平”。四战四平又以四平保卫战、四平攻坚战作战时间长、投入兵力多、伤亡数量大而著称于世。四平战役不仅解放了四平，对解放全国也具有重大意义。整个四平战役，东北民主联军伤亡4万余人，击毙击伤敌人5万余人，英雄们用年轻的生命赋予四平这座城市以“英雄城”的美誉。

◆四平烈士陵园

陵园始建于1951年，原名“革命烈士公墓”，1974年改称四平烈士陵园，占地面积近20万平方米，由陵园大门、烈士墓、纪念碑、英烈事迹展览馆等组成。规划待建中的还有

◆四平烈士陵园内的烈士纪念碑

四战四平万名烈士英名录碑廊、马仁兴雕像等项工程。这里安葬着近3万名烈士的遗骨，其中有名烈士10082名，有名烈士单体墓201座，老红军墓地10座。

陵园大门为城堡式，原中共中央东北局副书记陈云为四平烈士陵园题写园名。陵园主轴线正中是由四把尖刀组成的纪念碑。纪念碑底座上，镌刻着原中共中央东北局书记彭真题写的“四平烈士永垂不朽”8个苍劲有力的大字。纪念碑后面是烈士墓群，安葬着四战四平英勇牺牲的1万多名烈士，是国内最大的烈士合葬墓之一。主墓是无名烈士墓，主墓四周由208座有名的烈士墓组成四个方队形墓群，整个墓群呈花盆状，寓意为陶铸的著名诗句：“成仁有志花应碧，杀敌留红土亦香。”主墓正面“四平烈士墓”5个大字由四平攻坚战主要指挥员之一洪学智将军题写。

四平英烈事迹展览馆于1993年落成，中国人民解放军总政治部原副主任梁必业题写馆名。内部陈列分两层，第一层展出了彭真、洪学智等曾经参加指挥四平战役的老一辈无产阶级革命家的题词，刻有以抗日名将李红光师长为首的10083名烈士名字的英烈榜。第二层主要展出了坚贞不屈的姬兴周、不死的英雄王西兰等8位烈士的英雄事迹。两个展厅共陈列实物111件、照片58张、图表31幅，馆藏烈士文字资料80万字。

四平烈士陵园于2001年6月被中央宣传部公布为全国爱国主义教育示范基地。

白城市烈士陵园

白城市烈士陵园又称吉鹤灵苑，位于吉林省白城市图乌公路南支线17号。

白城市烈士陵园，占地面积6.9万平方米，建筑面积3.5万平方米。陵园始建于1947年，1975年投资维修，1999年市政府按照城乡建设总体规划决定移地新建，2001年6月30日开工，10月25日竣工。

陵园主体分为四个部分，第一部分为陵园大门，高13.9米，宽26米，大门门额上“吉鹤灵苑”四个大字由原白城市委书记刘润璞题写；第二部分为鹤城英雄纪念碑，碑

◆白城市烈士陵园

高21.7米，象征鹤城人民永远缅怀革命先烈；第三部分为革命烈士陈列馆，馆内陈列着革命先烈的遗物及老一辈无产阶级革命家的题词；第四部分为卧式墓群，与鹤城英雄纪念碑遥遥相望。

陵园共安葬有192名革命烈士，其中卧式墓群安葬147名革命烈士的骨灰，另外，火炬纪念碑安葬45名无名烈士的骨灰。长眠于此的革命先烈中，有16位苏联红军，1名日本籍烈士和众多在抗日战争、解放战争及社会主义建设中英勇牺牲的烈士，较为知名的有马应健、冯兰斋、李旺海、夏尚志等。另外，在园中还有一座马仁兴烈士雕像，以此纪念在四平战役中英勇牺牲的马仁兴师长。

革命烈士陈列馆收藏了彭真、洪学智、林枫等老一辈无产阶级革命家及当时的省委书记陶铸、省政府主席阎宝航、省军区司令员邓华为革命烈士的题词，同时收集了大量的烈士遗物，如马应健烈士曾用过的背包、水壶、望远镜，赵名歧烈士曾用过的水碗、手戳、胶鞋，陶铸写给张志明烈士的书信，著名的文艺创作者凌霞烈士为郭沫若作的《从黑暗到光明》所谱的曲稿，等等，还有许多解放战争时期人民群众积极支援前线、送子参军的珍贵图片。

白城市烈士陵园于2009年5月被中央宣传部公布为全国爱国主义教育示范基地，1987年4月被吉林省人民政府公布为吉林省重点烈士纪念建筑物保护单位。

辽源市烈士陵园

辽源市烈士陵园位于吉林省辽源市西安区灯塔乡。

辽源市烈士陵园于2004年5月1日动工兴建，同年11月5日竣工。陵园占地2.2万平方米，主要建筑设施有：烈士纪念碑、烈士事迹陈列馆、烈士墓园、烈士事迹及烈士英名碑刻环廊等。

烈士纪念碑呈内三角形，高21.5米，碑身正面刻有彭真题词：“革命烈士永垂不朽”。烈士纪念碑后面以碑座中心点为圆心，分别以88米、85米、81米、78米长为半径，画出四个同心圆弧。以中轴线为分界，建成东、西两个烈士墓园，有64座单体烈士墓分列于中轴线两侧。在中轴线上建有一座占地16平方米的无名烈士墓，共安葬无名烈士29位。烈士事迹及烈士英名碑刻环廊刻记着“烈士陵园志”、“烈士纪念碑序”及“烈士英名录”，烈士英名录记载着2158名为人民利益而牺牲的辽河儿女的光辉名字。烈士事迹陈列馆为一座二层建筑，建筑面积为320平方米。陈列馆中的布展以辽源革命史为主线，陈列着革命烈士的遗物，以图片、文字、实物等反映了革命烈士的英雄业绩。

◆辽源市烈士陵园

辽源市烈士陵园安葬的93名烈士中有75名烈士为1946年至1948年在解放战争中为解放沈阳、铁岭、抚顺、开原、西丰、辽源等地牺牲的革命烈士。其中著名烈士陈树棠被中央军委命名为“独胆战斗英雄”，在解放开原的战斗中，其一人独闯敌营，创下了一人俘获敌人一个连的辉煌战绩。

辽源市烈士陵园于2006年7月被吉林省委、省人民政府公布为吉林省爱国主义教育基地。

扶余县烈士陵园

扶余县烈士陵园位于吉林省松原市扶余县三岔河镇扶余大街。

扶余县烈士陵园始建于东北全境解放40周年的1988年。为了表达全县人民对革命烈士尤其是全国特等功臣梁士英的崇高敬意，扶余县委、县政府决定修建“三岔河镇烈士陵园”。陵园于当年10月正式建成，占地面积1.09万平方米。1995年扶余恢复县建制后，“三岔河镇烈士陵园”更名为“扶余县烈士陵园”。2002年扶余县政府决定将陵园移址新建。

◆扶余县烈士陵园

新烈士陵园于2003年5月动工，2004年8月13日落成，占地面积3.9万平方米，园内建有革命烈士纪念碑一座、梁士英烈士全身塑像一尊、无名烈士纪念碑一座、烈士墓群和展厅。2007年12月，由扶余县委党史研究室规划设计并组织施工，将陵园内的展厅改建为扶余革命纪念馆，纪念馆共展出图片162

◆扶余县烈士陵园内的无名烈士纪念碑

◆扶余县烈士陵园内的烈士墓群

幅，实物60余件，以图文结合的形式，分五个时期展示了扶余革命历史的全貌，突出展示了以特等功臣梁士英为代表的扶余革命英烈的光辉形象和英雄事迹。

扶余县烈士陵园于2006年7月被吉林省委、省人民政府公布为吉林省爱国主义教育基地。

“四保临江”烈士陵园

“四保临江”烈士陵园位于吉林省临江市猫耳山南坡。

1946年10月，国民党为占领整个东北，实行“先南后北，南攻北守”的作战方针，向以临江为中心的长白山根据地发动了大规模的进犯。1946年12月17日至1947年4月3日，国民党对临江地区共发动了四次进攻，都被东北民主联军击溃。东北民主联军取得了著名的“四保临江”战役的胜利，共歼敌4万余人，收复了集安、辉南等5座县城。“四保临江”战役的胜利，使东北敌军被迫停止了战略进攻，转入守势，东北民主联军则为1948年的反攻直至取得最后胜利奠定了坚实的基础。

“四保临江”烈士陵园始建于1947年，占地面积33170平方米，由烈士纪念碑、烈士墓群等设施组成。1992年修建了“四保临江”战役纪念馆，建筑面积412平方米。1994年以来又修建了通往墓区的长青门、石

◆“四保临江”战役纪念馆

碑楼、凉亭、花墙和108级花岗岩踏步。108级踏步象征着艰苦卓绝的“四保临江”战役历时108天，四个缓步台象征着“四保临江”和四化建设，每个缓步台宽3米，象征着北满部队配合南满部队三下江南，又象征着临江市“开路、开边、开源”“三开”战略。2000年重新修建了烈士纪念碑，2005年新建“四保临江”战役纪念馆，同年修建了四保临江烈士陵园墓区，新建了大理石墓碑。7月将曹国安等212位烈士由六道沟烈士陵园和大栗子烈士陵园迁入“四保临江”烈士陵园。

地处陵园最高点的纪念碑主体高14.6米，是烈士陵园的标志性建筑，矗立在墓群中央。纪念碑正面镌刻着陈云题写的“人民烈士浩气长存”8个金光闪闪的大字。陵园内安息着抗日战争中牺牲的东北抗日联军第1军第2师师长兼政委曹国安，“四保临江”战役中牺牲的东北民主联军第4纵队第10师师长杜光华、温士友团长和著名战斗英雄李安仁烈士等在抗日战争、“四保临江”战役、抗美援朝战争和社会主义建设时期牺牲的695位革命烈士。其中有8位日本籍烈士。

“四保临江”烈士陵园于1994年12月被吉林省委、省人民政府公布为吉林省爱国主义教育基地，2001年6月被中央宣传部公布为全国爱国主义教育示范基地，1989年8月被民政部公布为全国重点烈士纪念建筑物保护单位。

四平烈士纪念塔

四平烈士纪念塔位于吉林省四平市四平火车站西侧。

四平烈士纪念塔，原名为站前广场烈士塔。1948年4月18日，原东北行政委员会和东北人民解放军司令部暨政治部决定在四平市修建革命烈士纪念塔。1950年5月动工，1953年7月竣工，面积为237.38平方米。塔基台阶为九级，与牌楼的五级台阶相呼应，意为中国传统礼仪“九五之尊”。塔的东面刻着毛泽东题写的“人民英雄永垂不朽”。塔顶是红五星。塔周围有20根石柱，形状为白菜的变形体，顶端花纹为白菜叶，寓意为纯洁、绿色，象征着和平。

四平烈士纪念塔于1994年12月被吉林省委、省人民政府公布为吉林省爱国主义教育基地。

◆四平烈士纪念塔

杨靖宇将军纪念馆

杨靖宇将军纪念馆位于吉林省白山市靖宇县三道崴子三道濛江河畔南岸。

◆杨靖宇将军纪念馆

1940 年 2 月 23 日，时任东北抗日联军第 1 路军总指挥兼政委的杨靖宇在濛江县（今白山市靖宇县）保安村三道崴子对敌作战中壮烈殉国，时年 35 岁。

1962 年，当地县政府在原县博物馆的基础上，建立了杨靖宇将军纪念馆，面积 150 平方米，陈展面积 70 平方米。1963 年 10 月，以《杨靖宇同志光辉战斗的一生》为内容的基本陈列正式展出。共展出文物、图片资料 400 余件。“文革”期间，该馆被关闭 10 年之久，许多珍贵的革命文物资料散失。1979 年 10 月，在原基础上改建了钢筋水泥砖石结构的二层楼房，面积 537 平方米。同年底，以《杨靖宇将军战斗的一生》为基本内容的陈列展览重新设计布展，于 1980 年 2 月 23 日，在纪念杨靖宇将军殉国 40 周年之际正式展出。1983 年又进行扩建，1986 年完工，总面积 1200 平方米，设三个展览厅。

◆杨靖宇将军纪念馆内景一角

1996 年，在杨靖宇将军殉国地新建纪念馆，1997 年 9 月 18 日隆重揭幕。建筑面积 720 平方米，是一座具有民族风格的仿古建筑。主楼均用白色瓷砖挂面，最上一层由琉璃瓦铺顶。纪念馆分为四个展览室，共陈列展出各种文物 500 多件，资料文献 37 类，展出内容为四个部分，真实生动地展现了杨靖宇将军为了民族解放事业而英勇奋斗、以身殉国的光辉事迹。

为了更好地发挥其爱国主义教育基地作用，白山市和靖宇县人民政府于 2006

年决定在纪念馆后面新建杨靖宇将军纪念馆。新馆于2007年7月开工，建筑面积2766平方米，为二层框架结构建筑，整个建筑造型融中华民族传统风格和现代建筑为一体，2010年10月装馆。陈列以“展示杨靖宇将军风范，传承伟大的抗联精神”为主题，以新颖的艺术形式和现代陈列手段，将抗联1路军在长期恶劣的抗日环境中积极开展军事斗争、政治建设、文化生活、根据地建设及军民关系等历史有重点地予以介绍，真实再现东北抗联在日寇严酷殖民统治下与日伪当局展开英勇斗争的壮烈场景。

杨靖宇将军纪念馆于1995年1月被民政部公布为全国爱国主义教育基地。

董存瑞纪念馆

董存瑞纪念馆位于吉林省延边朝鲜族自治州延吉市局子街133号董存瑞生前所在部队院内。

董存瑞（1929—1948），河北省怀来县人。1945年8月参加八路军，1947年3月加入中国共产党。1948年5月25日，身为中国人民解放军65334部队原2营6连6班班长的董存瑞在部队攻打隆化的战斗中，用身体作支架，手托炸药包，将敌人暗堡炸毁。他用19岁的生命，为部队开辟了胜利的道路，为人民的解放事业作出了卓越贡献。

◆董存瑞纪念馆

董存瑞纪念馆于2001年5月奠基，2003年5月25日竣工，2003年8月1日正式开馆，建筑面积1320平方米。2002年10月，江泽民为董存瑞纪念馆题写了馆名。董存瑞纪念馆与董存瑞生前所在部队营区、营门、存瑞广场、董存瑞塑像形成一体。馆内设计先进，装饰考究。纪念馆的19层台阶和4个19米棱柱，寓意英雄牺牲时19岁。纪念馆由序厅、展厅、报告厅三个部分构成，共展出500余幅照片，近百件实物。

董存瑞纪念馆于2006年7月被吉林省委、省人民政府公布为吉林省爱国主义教育基地。

四平战役纪念馆

四平战役纪念馆位于吉林省四平市公园北街英雄广场内。

四平市位于东北平原中部，中长、平齐、四梅三条铁路贯穿四平，使四平成为勾连四方的交通枢纽，兵家必争的战略要地。1946 年 3 月至 1948 年 3 月，国共军队四次血战四平，其中四平保卫战和四平攻坚战规模之大、战况之惨、伤亡之众，震惊中外。中国共产党领导的东北民主联军、东北野战军以伤亡 4 万余人，其中牺牲近 2 万人的代价夺取了四平之战的最后胜利。

◆四平战役纪念馆

四平战役纪念馆始建于 1958 年，50 多年来纪念馆几易其名，馆舍几迁，2005 年新馆建成。新馆坐落于四平市文化中心区英雄广场，西邻一战四平东北民主联军指挥所旧址，东邻东北民主联军英雄铜像、马仁兴烈士塑像，东侧 300 米处是高高耸立的四平烈士纪念塔。新馆建筑面积 5158 平方米，主体建筑坐北朝南，外形呈弧形，似在热情环抱来自四面八方的观众。外墙上“四平战役纪念馆”7 个鎏金大字，为原中共中央东北局书记彭真于 1988 年题写。

新馆划分为陈列区、综合服务区、办公区。陈列区面积约 3000 平方米，内设半景画馆、战史陈列厅、临时展厅、电影厅等。展出图片、历史文献、文物 1000 多件。结合声、光、电等多种陈展艺术形式，以强烈的视觉冲击力和艺术感染力，生动逼真地再现了四战四平那血火交织的历史场景。

四平战役纪念馆于 1995 年 1 月被民政部公布为全国爱国主义教育基地。

三角龙湾爱国主义教育基地

三角龙湾爱国主义教育基地位于吉林省龙岗山脉西侧国家森林公园内。

1933 年 11 月 15 日，中共满洲省委常委、巡视员金伯阳为掩护杨靖宇将军率领的东北人民革命军第 1 军独立师主力，把最后一滴鲜血洒在了美丽的三角龙湾湖畔，年仅 26 岁。1935 年中共中央在“八一宣言”中称金伯阳是为抗日救国而捐躯的民族英雄。

◆金伯阳烈士殉国地

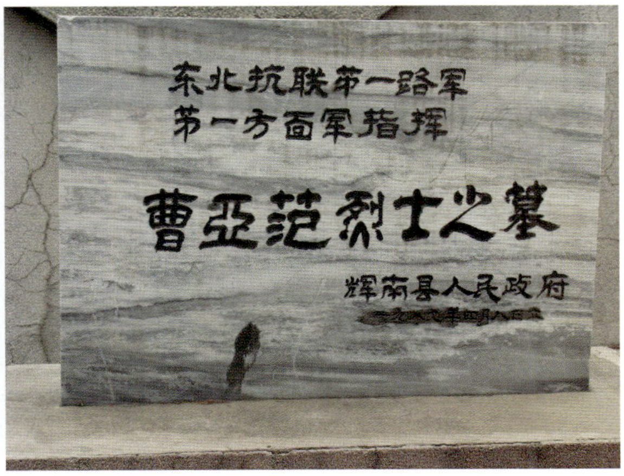

◆曹亚范烈士墓碑

1940 年 4 月 8 日，东北抗联第 1 军 2 师师长曹亚范在大龙湾附近被叛徒杀害，其遗体同那些为抗日战争和解放战争而献身的烈士们一起被安葬在三角龙湾岸边。

三角龙湾爱国主义教育基地于 1994 年 12 月被吉林省委、省人民政府公布为吉林省爱国主义教育基地。

黑龙江省重要革命遗址

中共满洲省委机关旧址

中共满洲省委机关旧址位于黑龙江省哈尔滨市南岗区光芒街40号（原小戎街2号）。

中共满洲省委机关旧址曾是中国共产党在东北地区的最高领导机关——中共满洲省委旧址之一，也是中共满洲省委机关在哈尔滨保存下来的唯一旧址。1927年八七会议后，中共中央决定建立东北地区党的统一领导机构，陈为人受命组建满洲省委。10月24日，东北地区第一次党员代表大会在哈尔滨召开，成立了中共满洲省委临时委员会，陈为人当选为书记。会议决定省委机关设在奉天（现为沈阳市）。1928年9月，满洲省委临时委员会改为满洲省委。1931年九一八事变后，由于沈阳形势紧张，敌人统治严酷，开展活动困难，满洲省委报请中央批准，于1932年初将省委机关迁到哈尔滨。哈尔滨市成为我党领导东北人民进行抗日斗争的中心和总指挥部。由于工作和斗争的需要，省委机关经常变换地址，在当时的道外十六道街、偏脸子、南岗花园街、河沟街、人和街、小戎街都设过省委机关。1933年夏，满洲省委机关转移到小戎街2号，即满洲省委机关秘书长冯仲云的家，后改为省委秘书处。1934年4月，党团组织内部出现了叛徒，中共满洲省委也遭到破坏，省委秘书处机关暴露。

◆中共满洲省委机关旧址

新中国成立后，对小戎街2号满洲省委机关旧址进行了保护和维修复原，但在“文化大革命”中又遭破坏。1988年10月18日，中共满洲省委机关旧址纪念馆经修复后正式开馆。

中共满洲省委机关旧址是一座俄式木结构平房，始建于20世纪初，建筑面积117余平方米，使用面积88平方米，院内占地面积621平方米，有客厅、卧室、书房、厨房。当时，省委的许多重要会议在这里召开，省委领导经常在这里研究东北人民抗日斗争的策略、方针。党中央的许多重要文件，如“一二六指示信”等都是从这里向东北各地党组织和抗日部队发出的。大批党的优秀干部从这里输送到了东北抗日斗争的第一线，如杨靖宇、赵尚志、周保中、李兆麟、赵一曼、冯仲云等。这里成为当时中国共产党领导东北人民进行抗日斗争的“总指挥部”和省委的“文件库”。

中共满洲省委机关旧址纪念馆基本陈列依据中共满洲省委机关旧址的布局，分别按当年状况布置了卧室、书房、客厅、厨房，摆放的物品有当时的无线电、欧式床、俄式立柜、书架、写字台等。辅助陈列是在旧址的南屋，陈列内容有中共满洲省委的建立、中共满洲省委领导的革命斗争、中共满洲省委领导的抗日斗争三部分，通过大量的图片配文字说明，再加上翔实的文件复印件，展示了中共满洲省委领导东北人民进行革命斗争和抗日斗争的事迹。

中共满洲省委机关旧址于1981年1月被黑龙江省委、省人民政府公布为黑龙江省文物保护单位；1994年9月被黑龙江省委、省人民政府公布为黑龙江省爱国主义教育基地。

马迭尔宾馆——东北局招待处旧址

马迭尔宾馆——东北局招待处旧址位于黑龙江省哈尔滨市道里区中央大街89号。

马迭尔宾馆始建于1906年。1946年，马迭尔宾馆曾被东北局作为招待处使用，是当时东北解放区的政治会议中心。1948年，随着解放战争形势的迅速发展，中国共产党不失时机地提出“各民主党派、各民主团体、各社会阶层迅速召开政治协商会议，讨论并实现召集人民代表大会，成立民主联合政府”的号召，得到多数民主党派、民主人士的积极响应。作为全国最先解放的大城市，哈尔滨被中央确定为召开全国政协会议预备会议的最佳所在地。10

◆马迭尔宾馆文物保护牌

◆马迭尔宾馆会议室

月至11月间，民主人士沈钧儒、章伯钧、谭平山、蔡廷锴、王绍鏊、朱学范等陆续抵哈，并下榻马迭尔宾馆。受中央委托，时任东北局领导的高岗、李富春，邀请沈钧儒、谭平山、章伯钧等，在马迭尔宾馆二楼一号会议室，就《关于召开新的政治协商会议诸问题》举行了三轮会谈。其中一些建议被中共中央采纳，并决定由中国共产党及23个党派团体的代表组成新政协筹备会，确定任务、制定纲领，筹建中华人民共和国及中央人民政府。此后不久，李济深、何香凝、马叙伦、许广平、茅盾、章乃器、彭泽民、陈其尤、沙千里、邓初民、柳亚子、马寅初等40余名民主人士也先后辗转到达哈尔滨。北平和平解放后，民主人士乘专列经沈阳前往北平。1949年6月15日，新政协筹备会第一次全体会议召开。

2008年，将马迭尔宾馆二楼会议室恢复为新政协筹备活动原貌，中间放置一张面积12平方米、铺着绿台呢的老式会议桌，两侧放着12把手工精美雕刻的木质椅子，会议桌上放置了紫铜烛台，墙上挂着4幅1948年至1949年期间的老照片，包括当时与会者的合影，以及当时民主人士和中央领导的互致电文及筹备活动中签署文件的复制品。在一楼大厅设置了爱国主义教育基地展板、历史文物展，陈列了新政协筹备活动的有关文献。此外还将6间知名人士住过的房间进行了复原，其中包括宋庆龄、郭沫若、美国记者埃德加·斯诺、俄罗斯男低音歌唱家夏里亚宾等住过的客房。

马迭尔宾馆——东北局招待处旧址于2009年10月被黑龙江省人民政府公布为黑龙江省文物保护单位；2010年12月被黑龙江省委、省人民政府公布为黑龙江省爱国主义教育基地。

中共北满分局旧址

中共北满分局旧址位于黑龙江省哈尔滨市宾县宾州镇三为路县教育局院内。

1945年11月24日，中共北满分局进驻宾县城，北满分局机关就设在这里。以陈云为书记的中共北满分局在宾县工作5个多月的时间，在极端困难的情况下，认真执行党中央的战略部署，深入开展调查研究，加强党政建设，在发展人民武装，清剿土匪，反奸清算，分配敌伪土地等工作中，及时总结和推广工作经验，制定了切合实际的方针政策，有效地指挥了北满地区的革命斗争，同国民党反动派进行了针锋相对的斗争，为创

◆中共北满分局旧址

建巩固的东北根据地作出了卓越贡献。北满分局的进驻，对宾县工作产生了很大的影响，许多方面的工作都走在前列。中共北满分局在宾县期间，宾县成为北满地区的政治军事指挥中心。1946 年 6 月，中共北满分局并入东北局，中共北满分局机关、松江省党政机关随后迁回哈尔滨。

中共北满分局旧址原为天主教堂神职人员的宿舍，是一座中国传统的“四阿式”青砖灰瓦建筑。坐北朝南，正房三间，建筑面积 107.64 平方米，鱼鳞瓦屋脊，房顶西侧与后侧各有一个青砖砌成的烟囱。

2002 年，宾县人民政府对中共北满分局旧址房盖架构进行了重点维修。2005 年，对中共北满分局旧址进行了全面维修。目前设有中共北满分局旧址、中共北满分局史迹陈列馆两个展馆。中共北满分局旧址展馆主要陈列 1945 年至 1946 年期间，以陈云为书记的中共北满分局在宾县工作时的办公用品和生活用品。展厅面积 100 平方米，展出藏品 24 件，包括陈云同志当年从事革命活动的照片、资料及曾经用过的铁床、麻花被褥、办公桌椅、角柜、衣柜、壁炉等文物。中共北满分局史迹陈列馆展馆主题“为北满风云暨陈云与中共北满分局”。展厅面积为 150 平方米，共分“发动群众”、“剿匪建军”、“土地改革运动”、“建党建政”、“城市接管与改造”、“陈云与黑龙江经济建设”六大展区，采用图片、文献、实物、大屏幕电视等陈列手段反映了中共北满分局历史和陈云在中共北满分局工作期间的光辉业绩。

◆中共北满分局旧址内的寝室

中共北满分局旧址于 1990

年12月被黑龙江省人民政府公布为黑龙江省文物保护单位；2005年6月被黑龙江省委、省人民政府公布为黑龙江省爱国主义教育基地。

中国人民解放军第四野战军（原东北民主联军）前线指挥部旧址

中国人民解放军第四野战军（原东北民主联军）前线指挥部旧址位于黑龙江省哈尔滨市双城市昌盛社区优干胡同6号。

◆中国人民解放军第四野战军（原东北民主联军）前线指挥部旧址

1945年11月4日，中央决定成立东北民主自治军，其司令部设在哈尔滨市辽阳街1号林彪住所。1946年1月1日改称为东北民主联军，同年10月设前线指挥部，秘密迁驻双城县双城堡古城东北隅该处宅院。1948年1月1日东北民主联军改称东北人民解放军即东北野战军（1949年1月15日改称中国人民解放军第四野战军），其前线指挥部仍设在该院内。同年10月初，东北野战军前线指挥部绕道齐齐哈尔，南迁至锦州北15千米牤牛河屯指挥战斗。从1946年10月至1948年10月，东北民主联军暨东北野战军前线指挥部在双城两年期间，先后指挥大小战斗、战役22次，其中比较大的战役有新开岭、三下江南、“四保临江”战役以及夏季、秋季、冬季三大攻势，将国民党军队围困在中长铁路沿线长春、沈阳、锦州等大城市狭小地域内，并于1948年9月中下旬，在双城成功策划了历时52天、歼敌47万余人的辽沈战役。

◆中国人民解放军第四野战军（原东北民主联军）前线指挥部南侧及主题广场

1998年，“四野”前线指挥部旧址纪念馆在此成立。

纪念馆坐北朝南，馆区平面呈矩形，由南北两个半区构成，南半区为“四野”主题广场，北半区东部为主馆区，北半区西部为兵器展区。纪念馆的基本陈列主要有6个：第四野战军将帅英雄谱，以图文并茂的形式，集中展示519位第四野战军将帅的主要革命历程，同时展出第四野战军老战士捐赠的珍贵革命文物。第四野战军战史展，通过历史图片、电子图表、沙盘景观与解放战争时期文物相结合的方式，全面回顾第四野战军从无到有，由小到大，纵横四海，屡建奇功的伟大历程。其他还有司令部旧址陈列、机要处旧址陈列、伙房旧址陈列、警卫班旧址陈列。这些陈列均布置在原址上，按照“修旧如旧”原则复原了建筑外观，采取场景再现方式处理内部格局，并陈设了第四野战军主要首长硅胶像和大量解放战争时期用具和复制品。

该旧址始建于1917年，为私人住宅，建筑面积650平方米，占地面积5760平方米。分东西两院，东院为典型的三合院，一正两厢各5间，建筑面积315平方米。西院为典型的四合院，南、北、东、西各5间房围成一个院落，建筑面积335平方米。

中国人民解放军第四野战军（原东北民主联军）前线指挥部旧址于1990年12月被黑龙江省人民政府公布为黑龙江省文物保护单位；2001年11月被黑龙江省委、省人民政府公布为黑龙江省爱国主义教育基地。

依兰四块石抗联遗址

依兰四块石抗联遗址位于黑龙江省哈尔滨市依兰县丹清河林场四块石。

依兰四块石抗联遗址地处小兴安岭南麓，依兰县北境，四块石为县内最高峰，海拔980米。这里山势险峻，曾是东北抗日联军的秘密营地，抗日联军第3、4、5、6、8、9、11军都在此地活动过。1936年，抗联第3、6军在这里建立了后方基地，是中共北满临时省委机关驻地。四块石由于地势险要，易守难攻，党组织曾多次在此召开重要会议。其中最重要的有三次。第一次是1936年9月，第二次是1937年6月，第三次是1938年5月。这几次会议均讨论了东北抗日游击战争的重大问题。其中1937年6月的会议是北满省委扩大会议，被称为“帽儿山会议”，参加这次会议的有赵尚志、冯仲云、李兆麟、周保中、戴鸿宾、李熙山、黄成植、张兰生、魏长魁、黄吟秋、吴

◆依兰四块石抗联第二哨位遗址

◆依兰四块石抗联烈士纪念碑

玉光、白江绪、杨爻、于保合、徐文彬等。这里有阻击石、抗联第六军医院、抗联第一哨位、抗联第二哨位、山羊道、军马场、抗联井、中共北满省委临时会议室和烈士墓地等遗址。

阻击石是抗联第3、6、9、11军战士阻击敌人的重要战场。1936年至1938年间，在此处成功阻击敌人进攻30余次，歼敌数百人。抗联第六军医院是山上的一个天然山洞，1938年4月，抗联第六军帽儿山医院被日军破坏，伤员被安置到此山洞作为临时医院。该洞深58米，面积近30平方米，越往里越低，地面不平，冬暖夏凉，当时这里有8名女同志照顾和护理前方送来的伤病员。中共北满省委临时会议室是一个由巨石形成的天然场所。抗联第3、6、9军将这里当作一个临时会议室，赵尚志、冯仲云、李兆麟、周保中、戴鸿宾、于保合等曾多次在这里召开过重要会议。抗联井是1935年中共北满省委书记冯仲云和秘书崔清洙选择机关地点时发现并组织挖掘的，井深10余米，井内大部分为山泉水。

依兰四块石抗联遗址于1986年12月被黑龙江省人民政府公布为黑龙江省文物保护单位；2005年6月被黑龙江省委、省人民政府公布为黑龙江省爱国主义教育基地。

槟榔沟抗联遗址

槟榔沟抗联遗址位于黑龙江省哈尔滨市通河县清河镇小古洞沟槟榔沟北侧。

槟榔沟抗联遗址是东北抗联第3军在通河县建立的最大的后方军事根据地。

1935年冬，赵尚志、李延禄领导的抗联第3军、第4军军部从方正过江来通河后，在巴、木、通开辟抗日游击区，收编了“九江”、“均平”等十几股义勇军部队。这里原为义勇军报号“明好”的密

◆槟榔沟抗联密营营房遗址

营。他们被收编后，奉赵尚志命令将原有密营扩建为第3军后方基地，设军校、被服厂、医院、小型兵工厂。

◆槟榔沟抗联密营使用过的铁炉子

槟榔沟抗联遗址由三部分组成。第一部分为头道卡子，是一条长20米的战壕，壕尽头有一对碉堡，作为两个哨所。第二部分为二道卡子，从头道卡子往西北走5千米，由战壕、东营房和中营房三部分组成。战壕总长2000余米，有圆形掩体20多处，哨所遗址3处，营房遗址11处。在营房遗址东200米处有泉井一眼。第三部分是在二道卡子东约3.5千米的三合院落营房遗址，为木刻楞建造，共有三处三合院落营房遗址，三处院落呈三角形排列，每个营房300多平方米。还有马厩、练兵场、厨房和泉水井遗址，此处占地近万平方米，为第3军的大本营，曾发现石磨、炊具、机床等遗物。

槟榔沟抗联遗址于1986年12月被黑龙江省人民政府公布为黑龙江省文物保护单位；2010年12月被黑龙江省委、省人民政府公布为黑龙江省爱国主义教育基地。

金山屯老白山抗联遗址

金山屯老白山抗联遗址，又称抗联第6军军部遗址，位于黑龙江省伊春市金山屯区东北部，大丰河（原名岔巴气河）上游，白山林场施业区内的深山密林中。

1933年春，下江人民第一支抗日武装队伍——中国工农红军第33军汤原民众反日中队，在中共汤原县委委员夏云杰、队长戴鸿宾、参谋长李银根带领下，开进老白山，建起一座200多平方米的木刻楞营房，开创了早期的抗联密营根据地。同年11月，汤原民众反日游击中队改为汤原民众反日游击队，简称汤原游击队。随后，汤原游击队在金山屯境内格金河三号木营（周大嘞嘞木营）进行了政治、军事训练，有效地提高了战斗力。1934年7月至10月，汤原游击队扩编为汤原民众反日游击总队。其间，中共汤原县委两次在白山密营召开联席会议，根据全民族抗日统一战线政策，联系义勇军“青山”队、“占中央”队、“中侠”队等，联合对日作战，形成对敌斗争合力。

1936年1月30日，汤原游击总队扩建为东北人民革命军第6军（后改称东北抗日联军第6军），夏云杰任军长，李兆麟代政治部主任，冯治纲为参谋长。抗联6军军部就设在这个营地。1938年，老白山密营被日伪军“围剿”烧毁。现遗留房基东西长17

米，南北宽12米，残墙和室内石砌炉灶及周边战壕、哨位仍清晰可见。

老白山抗联第6军军部密营坐落在一座较隐蔽的向阳山岗上，居高临下，能攻可守，并且东与鹤岗接壤，距格金河金矿较近。金矿有冯治纲、冯志国、米方田等抗日骨干分子，建立了反日同盟会、妇救会、工人自卫队等抗日群众组织，对老白山抗联斗争支援很大。抗联将士利用这些有利条件，开展保卫战和出击战，消灭敌人，壮大自己，越战越强，成了活跃在下江地区的一支抗日劲旅。

1936年3月，为了加强后方根据地建设，抗联6军军部密营曾设抗联第3军、第6军联合办事处，由李兆麟负责全面工作。老白山抗联第6军密营相继建立过被服厂、医院、枪械修理所。东北抗联总司令、抗联第3军军长、中共北满临时省委执委主席赵尚志曾于1937年、1939年、1941—1942年2月三次驻军老白山休整队伍，指挥部队作战。

老白山抗联在日伪大举“围剿”、讨伐的恶劣环境中，以军部营地为依托，凭借深山老林的天然屏障，巧与敌人周旋，常常出其不意地伏击敌人，截击敌人的军车，袭击敌人的据点，在抗联斗争史上创造了许多出奇制胜的战斗事例。

1956年与1963年，有人曾在抗联第6军军部密营遗址附近捡到残破的日制电台两部。1982年伊春市文物管理站人员进行遗址调查，发现了残破双耳铁锅、水桶、装工具的铁盒以及瓷碗片等遗物，看到在一棵红松上刻有“抗日”2字，一棵杨树上刻有“抗日八年”4字。1984年夏，在遗址东部仿建一座木刻楞营房，建造一座永久性的水泥纪念碑，镌刻了抗联斗争史简介。

金山屯老白山抗联遗址于2010年12月被黑龙江省委、省人民政府公布为黑龙江省爱国主义教育基地。

张闻天工作室

张闻天工作室位于黑龙江省牡丹江市宁安市江滨公园。

1945年12月9日，张闻天化名张平之，以中共中央东北局代表的身份来到宁安。1946年4月30日，张闻天离开宁安去佳木斯。

◆张闻天工作室外景

在短短的四五个月的时间里，张闻天遵循中共中央和东北局的指示精神，以宁

◆张闻天工作室内景

安为重点，开辟工作，摸索经验，使宁安的根据地建设工作取得了很大成绩。在当时北满被人民军队解放的58个县中，宁安成为发动群众极为普遍深入的5个县之一。为了发动群众，反奸清算，分配土地，建立区、乡政权，1945年12月25日，张闻天组织成立了工作团，亲任总团长，工作团队员总计有200多人。在此期间，在张闻天的主持下，总结了工作团第一次下乡的经验，并根据情况，提出了分配土地的基本政策。1946年1月，他亲自起草并经过宁安县临时参议会通过了《敌伪土地没收分配条例》。

1946年1月29日，工作团第二次下乡。由于张闻天作了周密的部署，有了条例可以依循，而且由于剿匪斗争的重大胜利，大大地鼓舞了工作团和广大农民群众，很快打开了工作局面。在张闻天的提议下，1946年3月4日创办了宁安学院，设高中5个班、初中6个班和1个专门部，共有学生500多人。张闻天与县党政领导经常到学院为师生作报告，进行政治思想教育。张闻天工作室现陈列有张闻天夫妇在宁安期间工作、生活用品及照片等50余件，包括使用过的桌子、柜、床、缝纫机、皮包、手枪、书、报纸等。

张闻天工作室于2010年12月被黑龙江省委、省人民政府公布为黑龙江省爱国主义教育基地。

赵尚志将军遇难地

◆赵尚志将军遇难地纪念碑

赵尚志将军遇难地位于黑龙江省鹤岗市萝北县境内鹤北林业局尚志林场（原先进林场）西北11千米处。

1941年10月，赵尚志带领4名同志从苏联返回东北鹤立（今鹤岗）北部山区活动。1942年1月，伪鹤立县兴山警察署经过秘密谋划，先后派特务刘德山、张锡蔚打入赵尚志小队。2月12日，赵尚志率部队袭击梧桐河伪警察分驻所，在行至距离目的地 2 千米的吕家菜园子附近时，隐藏在部队里的特务刘德山突然从背后开枪，赵尚志腰部中枪扑倒在地。当刘德山又要向战士王永孝开枪时，赵尚志连射两枪将其击毙。队员姜立新、王永孝把赵尚志抬到吕家菜园子小窝棚里，随即被另一名特务张锡蔚领来的伪警察队包围。战斗中，姜立新携带秘密文件突围，王永孝负重伤，被俘后牺牲，赵尚志被俘。8 小时后，赵尚志因伤重在梧桐河伪警察分驻所壮烈殉国，时年 34 岁。20 世纪 80 年代赵尚志遇难地得到了确认。1995 年鹤北林业局在该遗址立纪念碑一座。

◆尚志文化广场内的赵尚志铜像

2006 年，鹤北林业局建立了尚志文化广场，铸赵尚志铜像一尊，重 20 余吨，环广场建大理石石刻长廊，总长度 150 余米。

赵尚志将军遇难地于 1999 年 1 月被黑龙江省人民政府公布为黑龙江省文物保护单位；2005 年 6 月被黑龙江省委、省人民政府公布为黑龙江省爱国主义教育基地。

“八女投江”殉难地

“八女投江”殉难地位于黑龙江省牡丹江市林口县刁翎镇三家子村柞木岗山东侧。

◆“八女投江”纪念碑

1938 年夏天，日本关东军纠集伪军在松花江下游展开了“三江大讨伐”。东北抗联第 2 路军第 4、第 5 军为摆脱困境决定向西南远征，途中遭到日军多次围追堵截，牺牲了很多抗联战士。10 月下旬的一天，远征返回至林口县境的抗联第 5 军第 1 师一支百余人的队伍被乌斯浑河挡住了去路，日军熊本大佐集合了 1000 多日军与伪军将抗联战士包围。在此生死关头，第 5 军妇女团政治

◆“八女投江”遗址陈列室

指导员冷云果断地组织女战士从背后袭击敌人，吸引日军火力，掩护大部队突围。敌人以为中了埋伏，慌忙抽出一部分兵力向她们还击，大部队乘机突出了日军的包围圈。冷云、胡秀芝、杨贵珍、郭桂琴、黄桂清、李凤善、王惠民、安顺福8位抗联女战士，在弹尽粮绝的情况下，宁死不屈，毅然投入林口县境内的乌斯浑河，壮烈殉国。此即闻名于世的“八女投江”英雄壮举。

1980年，经调查确认，林口县刁翎镇三家子村乌斯浑河畔为烈士殉难地。1982年修建了“八女投江”纪念碑，1995年又重新修建了纪念碑和纪念馆。“八女投江”纪念碑高10米，正面刻有“八女英魂光照千秋”，碑前方是5000余平方米的纪念广场，左侧是150多平方米的遗址陈列室。

“八女投江”殉难地于1990年12月被黑龙江省人民政府公布为黑龙江省文物保护单位，2010年12月被黑龙江省委、省人民政府公布为黑龙江省爱国主义教育基地。

李兆麟将军墓

◆李兆麟将军墓

李兆麟将军墓位于黑龙江省哈尔滨市道里区兆麟公园。

李兆麟（1910—1946），原名李烈生、化名张寿篯，辽宁省辽阳县人。1931年参加革命，1932年加入中国共产党，曾任中共满洲省委军委负责人、珠河反日游击队副队长、哈东支队政委、东北抗日联军第6军代理政治部主任、第3军政治部主任、北满抗日联军总政治部主任和东北抗日联军第 3 路军总指挥等职。抗日战争胜利后，李兆麟任滨江省政府副省长，后出任哈尔滨中苏友好协会会长。1946 年 3 月 9 日，李兆麟将军在哈尔滨市道里水道街（今兆麟街）遭国民党军统特务杀害。3 月 24 日，哈尔滨数十万人在道里公园举行隆重公祭和安葬仪式，于公园北侧建烈士墓和墓塔，并将公园改名为兆麟公园。

◆李兆麟将军墓志铭

1946 年 8 月 15 日，哈尔滨人民群众为李兆麟将军建立了一座高大的纪念墓碑，占地面积 6000 平方米，建筑面积 400 平方米，墓碑上刻着“民族英雄李兆麟将军之墓”11 个金色大字，下面镶嵌的铜板上镌刻着时任松江省政府主席冯仲云撰写的碑文。

李兆麟将军墓于 2005 年 3 月被黑龙江省人民政府公布为黑龙江省文物保护单位；1994 年 9 月被黑龙江省委、省人民政府公布为黑龙江省爱国主义教育基地。

尚志烈士陵园

◆尚志烈士陵园内的赵尚志赵一曼纪念馆

尚志烈士陵园位于黑龙江省哈尔滨市尚志市尚志镇北环街 176 号。

尚志烈士陵园是为纪念东北抗日联军创建人之一、著名的抗日将领赵尚志烈士和著名抗日民族女英雄赵一曼烈士而建立的。陵园内建有赵尚志赵一曼纪念馆，珠河抗日游击队纪念碑及革命烈士纪念碑

12 座。珠河抗日游击队纪念碑坐落在陵园内北侧。碑呈方柱形，高 14.6 米，为磨光花岗石建筑。纪念碑矗立在面积 608 平方米、正面设 8 级台阶的平台上。碑座宽 4.6 米，正面和背面刻写着碑文。碑身宽 2.1 米，正面汉白玉石上镌刻着“珠河抗日游击队纪念碑”10 个大字。

◆尚志烈士陵园内的珠河抗日游击队纪念碑

为纪念赵尚志烈士和东北抗日联军第 3 军抗日将士们的丰功伟绩，1946 年 11 月，珠河县第一次农工代表大会决定将该县改名为尚志县。1965 年经周恩来总理批示修建了珠河抗日游击队纪念碑。1986 年尚志人民捐资修建了赵尚志赵一曼纪念馆。2005 年为纪念中国人民抗日战争暨世界反法西斯战争胜利 60 周年，纪念馆重新布展。纪念馆馆藏丰富，2007 年尚志市请省文物专家鉴定组对馆藏文物进行鉴定，初步鉴定出国家级文物 49 件。

◆尚志烈士陵园内的烈士纪念碑

尚志烈士陵园于 2005 年 3 月被黑龙江省人民政府公布为黑龙江省文物保护单位；1998 年 1 月被黑龙江省委、省人民政府公布为黑龙江省爱国主义教育基地；1988 年被黑龙江省人民政府公布为黑龙江省烈士纪念建筑物保护单位，2009 年 3 月被民政部公布为全国重点烈士纪念建筑物保护单位。

杨子荣烈士陵园

杨子荣烈士陵园位于黑龙江省牡丹江市海林市东山之巅。

杨子荣（1916—1947），原名杨宗贵，山东牟平人。1929 年，杨子荣一家因生活所迫，迁往安东（今丹东市）谋生。九一八事变后，日军侵占安东地区，他被日军抓当劳工，流放深山采矿，饱尝了人间的疾苦和亡国奴的滋味，结识了不少患难与共的朋友。1943 年，他不堪忍受日本侵略者的欺凌，带头打了工头，从东北跑回山东家乡。回家以后，秘密加入民兵组织，积极参加抗日斗争。1945 年 8 月参加八路军解放牟平城的战斗，11 月加入中国共产党，12 月随部队转战牡丹江，任牡丹江军区 2 团 3 营 7 连 1 排 1 班班长，后来被提升为 2 团侦察排排长。他参加大小战斗上百次，每次都出色地完成了上级交给的任务，多次立功受奖，被评为“侦察英雄”、“战斗模范”。1947 年 2 月 6 日晚，他打入匪穴，里应外合，活捉国民党军东北第 2 纵队第 2 支队司令张乐山（座山雕）。东北军区司令部给杨子荣记了三等功，授予他“特级侦察英雄”光荣称号。同年 2 月 23 日，杨子荣在追歼顽匪郑三炮、刘焕章时，不幸中弹牺牲。杨子荣生前所领导的侦察排，被命名为“杨子荣排”。

◆杨子荣纪念馆

1970 年 7 月，为纪念杨子荣烈士，海林市修建了杨子荣烈士陵园，1981 年 4 月正式对外开放。烈士陵园占地面积 8.5 万平方米，由纪念馆区、纪念碑区、军事展区和植物园区四大部分组成。烈士纪念馆曾先后两次修建，现建筑面积 2760 平方米，依山呈半地下建筑，造型独特，馆碑相映，浑然一体。全馆共展出烈士遗物、文献、实物 195 件及照片 240 余幅。由纪念馆通往山顶墓区有 131 级花岗岩甬道台阶和 24 个大平台，烈士墓区位于陵园山顶上，正中央矗立 10 米高的石碑，正面刻着“革命烈士纪念碑”，碑后刻着杨子荣、马路天、高波等 42 位烈士英名。碑后不远处安葬着杨子荣、马路天、高波、孙大德 4 位烈士。杨子荣烈士墓碑高 3.1 米，象征着英雄 31 岁为国捐躯。

◆杨子荣墓

杨子荣烈士墓于 1994 年 9 月被黑龙江省委、省人民政府公布为黑龙江省爱国主义教育基地。杨子荣烈士陵园于 2009

年 5 月被中央宣传部公布为全国爱国主义教育示范基地；2001 年 5 月被民政部公布为全国重点烈士纪念建筑物保护单位。

哈尔滨烈士陵园

哈尔滨烈士陵园位于黑龙江省哈尔滨市香坊区体育街 1 号。

◆哈尔滨烈士陵园

哈尔滨烈士陵园占地面积约 4.2 万平方米，始建于 1948 年 10 月 1 日，1948 年 11 月朱瑞将军灵柩葬于该墓地后辟为东北烈士陵园，1952 年 8 月更名为哈尔滨烈士陵园。园内共存放和安葬着土地革命战争、抗日战争、解放战争、抗美援朝战争、社会主义建设及改革开放等不同时期牺牲的烈士 228 位。其中，有我军在解放战争中牺牲的职务最高的指挥员、杰出的炮兵创始人、东北人民解放军炮兵司令员朱瑞将军；东北抗日联军第一路军第三方面军指挥陈翰章、东北抗日联军第 10 军军长汪雅臣两位将军的遗首；当代军人的楷模苏宁等烈士。朱瑞将军墓位于陵园中心，墓碑高 7 米，呈长方体，乳白色，采用汉白玉石和大理石建筑。朱瑞将军的棺椁安放在墓碑下面。朱瑞将军墓的后侧，建有烈士事迹陈列馆和烈士灵堂，陈列面积 300 平方米。烈士事迹陈列馆展出了朱瑞将军和其他著名烈士生平事迹的珍贵历史图片、文字资料和实物。烈士灵堂陈列着哈尔滨市 1628 名烈士名录，安放着 152 位烈士的骨灰盒。

哈尔滨烈士陵园于 1999 年 1 月被黑龙江省人民政府公布为黑龙江省文物保护单位；2001 年 6 月被中央宣传部公布为全国爱国主义教育示范基地；1986 年 10 月被民政部公布为全国重点烈士纪念建筑物保护单位。

巴彦县烈士陵园

巴彦县烈士陵园位于黑龙江省哈尔滨市巴彦县西郊公园西侧。

1946 年 1 月，巴彦县在巴彦公园东南建烈士公墓，安葬攻打木兰县石头河子镇牺牲的无名英雄。1963 年，公墓迁到县城西的建国纪念林内。1989 年 10 月将烈士墓迁至西郊公园西侧，辟建烈士陵园。1997年春，中共巴彦县委、县政府作出了把烈士陵园建成爱国主义教育基地的决定，对烈士陵园进行了扩建。烈士陵园原来占地3000平方米，扩建后达到1.1万平方米。同时改建了烈士纪念碑，增建了陵园大门和烈士纪念馆。烈士陵园大体分为三部分：东侧为烈士纪念碑区，西侧为烈士墓地，中部是烈士纪念馆。整个园区由纵横甬路连接相通，格局严谨。烈士纪念馆建筑面积200平方米，主要陈列图片和新中国成立后牺牲的烈士遗物。2002年7月，巴彦县人民政府、黑龙江省烈士纪念事业基金会，在陵园东侧为巴彦抗日游击队总指挥张甲洲烈士竖立纪念碑和雕像，并为罗云鹏和赵连才烈士建碑。

◆巴彦县烈士陵园

巴彦县烈士陵园于2005年6月被黑龙江省委、省人民政府公布为黑龙江省爱国主义教育基地。

西满革命烈士陵园

西满革命烈士陵园位于黑龙江省齐齐哈尔市站前大街。

◆西满革命烈士陵园

西满革命烈士陵园始建于1947年，1948年4月5日竣工。竣工时，毛泽东主席发来电文“共产主义是不可抗御的，星星之火可以燎原，死难烈士万岁!”，朱德总司令题词：“浩气长存”。陵园共安葬安放革命烈士608位，其中在抗日战争时期牺牲的9位，解放战争时期牺牲的419位，抗美援朝、社会主义建设和改革开放时期牺牲的180位。有16位是经历二万五千里

◆“无上光荣”纪念碑

长征，身经百战的老红军。园内共收藏国家一级文物 2 件，二级文物 19 件，三级文物 15 件，文物 200 余件。

新中国成立后，烈士陵园新建园门一座，革命烈士光荣碑一座，更换了 130 座烈士墓前碑，铺设了甬道 3000 平方米，水泥路面 2000 多平方米，新植松柏 5000 余株，果树 1000 余株，新辟绿地近 2 万平方米，新建栅栏 400 延长米，维修加固了两座纪念碑底座，新建了《魂》、《魄》两座大型群雕。陵园占地面积 4 万平方米。

2009 年，齐齐哈尔市政府对陵园进行维修改造，新建骨灰墙 50 延长米，可安放 150 位烈士骨灰。按烈士牺牲先后顺序，先中间后两边排列为五个墙体。墙体分别有 30 个骨灰位，骨灰盒前附有长方体石碑，石碑主要记录了每位烈士的姓名、出生和牺牲的时间、生前的单位及职务。烈士骨灰墙建成后，已安放 124 位烈士骨灰。

西满革命烈士陵园于 1999 年 1 月被黑龙江省人民政府公布为黑龙江省文物保护单位；1994 年 9 月被黑龙江省委、省人民政府公布为黑龙江省爱国主义教育基地，2005 年 11 月被中央宣传部公布为全国爱国主义教育示范基地；1996 年 4 月被民政部公布为全国重点烈士纪念建筑物保护单位。

进思公园——富锦市革命烈士陵园

进思公园——富锦市革命烈士陵园位于黑龙江省佳木斯市富锦市城关社区嘎尔当村西。

1949 年，富锦县委、县政府将为革命献身的 221 位烈士遗骸安葬在嘎尔当古城所在地，称革命烈士公墓。1961 年 5 月将原安葬在富锦革命烈士纪念塔处的张进思烈士的遗骨迁葬到这里。

张进思，原名张甲洲，字震宇，号平洋，1907 年 5 月 21 日出生于黑龙江省巴彦县，历任中共北平西郊区委书记、北平市委宣传部部长、北平市委代理书记、巴彦抗日游击队总指挥、中国工农红军 36 军江北独立师师长等职。1937 年 7 月，在富锦中学任教，从事地下抗日活动。1937年8月28日，在奔赴抗联独立师师部途中，行至董老茂村时，突遭伪地方武装伏击，腹部中弹牺牲。

◆富锦市革命烈士陵园

1999年9月，黑龙江省革命烈士基金会和富锦市人民政府原地重新修建了烈士公墓，改称富锦市革命烈士陵园，将221位烈士遗骨用大理石陵寝重新安葬，并在张进思陵墓后边和右侧为在富锦牺牲的抗联第4军第1师师长张相武、第2师师长李天柱、王毓峰、抗联第11军第2旅旅长胡文起、第3旅旅长姜宝柱、第2旅政治部主任王济舟建立了纪念碑。

◆进思公园——富锦市革命烈士陵园

2007年，富锦市委、市政府为了纪念张进思诞辰100周年，将富锦市革命烈士陵园改称进思公园。

进思公园——富锦市革命烈士陵园于2001年11月被黑龙江省委、省人民政府公布为黑龙江省爱国主义教育基地。

双鸭山烈士陵园

双鸭山烈士陵园位于黑龙江省双鸭山市尖山区园林路北秀公园西北部。

双鸭山烈士陵园始建于1985年，重修于2002年，占地面积由重修前的7500平方米增至1万平方米。2003年新建一座占地500平方米的烈士纪念馆，展厅内有两处仿真场景，烈士遗物15件，文字资料30万字，照片、画像20张，全面展示了抗日战争时期、解放战争时期以及社会主义建设时期，在双鸭山市辖区内战斗和工作过的革命先烈、英雄人物的先进事迹。

烈士陵园有3800平方米大理石纪念广场，广场上矗立着雄伟壮观的革命烈士纪念碑。此碑建于1985年，高30米，塔碑表面镶嵌大理石，周围是汉白玉底座围栏。纪念碑的后侧，有东北抗日联军庞老道庙会址纪念碑。1938年，抗日英雄李兆麟曾在庞老道庙与抗日将领徐光海、于天放、张中孚等会师，召开会议，作出了在艰苦条件下坚持北满下江地区抗日斗争的重要决策，故而立碑以纪念此次重要会议。

◆双鸭山烈士陵园内的烈士纪念碑

陵园有烈士纪念碑4座，会议遗址1处，有抗联英烈群雕1座、铜塑4组。此外，陵园还修建了灯箱、壁画和影视厅等。

双鸭山烈士陵园于2001年11月被黑龙江省委、省人民政府公布为黑龙江省爱国主义教育基地，1999年1月被黑龙江省人民政府公布为黑龙江省重点烈士纪念建筑物保护单位。

◆双鸭山烈士陵园内的烈士纪念馆

七台河市革命烈士陵园

七台河市革命烈士陵园位于黑龙江省七台河市茄子河区茄子河镇东升村仙洞山东南侧。

1990年，七台河市人民政府批准动工修建七台河市革命烈士陵园。陵园位于仙洞山东南麓，占地5000多平方米。在园中修建了革命烈士纪念碑。1996年，为郝贵林烈士和杨太和烈士敬立了纪念碑，修建了烈士墓。

郝贵林，1900年出生于热河，后逃荒来到黑龙江省珠河县（今尚志）。1934年加入中国共产党领导的珠河反日游击队，并很快加入中国共产党。曾任哈东支队政治保安队队长、东北人民革命军第3军保安连连长、第3军第4团团长、第4师师长，中共北满临时省委委员等职。1937年7月，郝贵林率领十几名同志到勃利县青龙山小五站为部队筹集给养经费，遭到勃利县200多名日伪军的攻击，战斗中受伤壮烈牺牲。

杨太和，1904年出生于吉林省吉林市。1910年，全家迁居到黑龙江省密山县。1932年，他在密山同苏怀田、田宝贵等十余人组织了抗日武装，后投奔了抗日救国军，被编为补充第2团，杨太和任该团第3营营长，后又担任了副团长。1932年加入中国共产党，后历任抗日救国游击军第1团团长、东北人民革命军第4军第1团团长、东北抗日同盟军第4军第1师师长等职。1935年9月，杨太和率队路经勃利县缸窑沟时，突然遇敌，战斗中壮烈牺牲。

◆七台河市革命烈士陵园内的烈士纪念碑

1996年，为赫贵林烈士和杨太和烈士敬立了纪念碑，修建了墓穴，陆续又有著名烈士张华及对越防御作战中牺牲的李厚亮等78位革命烈士长眠在这里。

七台河市革命烈士陵园于2001年11月被黑龙江省委、省人民政府公布为黑龙江省爱国主义教育基地。

伊春烈士陵园

伊春烈士陵园位于黑龙江省伊春市伊春区南山。

◆伊春烈士陵园

伊春市是抗日联军根据地之一，当年无数抗联战士生活战斗在这里。为了缅怀先烈的英雄业绩，进行革命传统教育，伊春市人民政府于1967年兴建了伊春烈士陵园。陵园占地面积9800平方米，正中央树立了革命烈士纪念碑，碑高9.5米，碑身题有“革命烈士永垂不朽”8个大字。陵园内还建有英雄事迹陈列馆，采用图片、实物、文字等方式向人们展示革命烈士的英雄事迹。

陵园安葬着59名烈士。

伊春烈士陵园于1998年1月被黑龙江省委、省人民政府公布为黑龙江省爱国主义教育基地。

北林区革命烈士陵园

北林区革命烈士陵园位于黑龙江省绥化市西南郊市人民公园院内。

◆北林区革命烈士陵园内的烈士纪念碑

北林区革命烈士陵园始建于1955年7月1日，占地面积1.4万平方米，建筑面积500平方米。1987年4月进行过一次维修改造。2008年4月，在绥化市委、市政府和北林区委、区政府领导的重视和关注下，对陵园又进行了一次维修改建。革命烈士陵园由革命烈士纪念堂和革命烈士碑组成，纪念堂内存放193名烈士骨灰，其中老红军烈士2名，抗日战争时期烈士2名，解放战争时期烈士52名，社会主义建设时期烈士19名，无名烈士118名。革命烈士碑高9米，建筑面积100平方米。

北林区革命烈士陵园于2005年6月被黑龙江省委、省人民政府公布为黑龙江省爱国主义教育基地。

佳木斯烈士陵园

◆佳木斯烈士陵园内的烈士纪念碑

佳木斯烈士陵园位于黑龙江省佳木斯市友谊路森林公园南侧。

1946年佳木斯市刚解放时，在城市的西郊，即现在的佳木斯烈士陵园所在地，安葬着抗日战争时期英勇牺牲的76位先烈的遗骨，解放战争时期牺牲的225位烈士遗骨。1949年春，佳木斯市委、市政府在这里建立了烈士陵园。从1996年开始，佳木

◆佳木斯烈士陵园内的孙西林烈士墓

斯烈士陵园先后进行了三次大规模的维修改造和建设。新建排列整齐的大理石烈士墓 167 座，安葬着抗日战争、解放战争、抗美援朝和社会主义建设时期牺牲的共 930 位革命英烈的遗骨和骨灰。由黑龙江省烈士纪念事业基金会和佳木斯市人民政府共同为东北著名抗日将领夏云杰、祁致中、张传福、佳木斯市原副市长孙西林、党的好女儿邵云环、国际主义战士绿川英子、公安战线英模崔荣利、丁大成等 15 位烈士敬立了纪念碑（墓）。陵园中央修建了高 15 米的革命烈士纪念碑和 4000 平方米的广场，修建了 60 延长米的革命烈士英名纪念墙，将不同历史时期英勇牺牲的佳木斯籍 1236 位烈士的名字，镌刻在象征军旗永远飘扬的烈士英名纪念墙上。

佳木斯烈士陵园于 1998 年 1 月被黑龙江省委、省人民政府公布为黑龙江省爱国主义教育基地，2009 年 3 月被民政部公布为全国重点烈士纪念建筑物保护单位。

东北抗日联军战绩纪念塔

◆东北抗日联军战绩纪念塔简介碑

东北抗日联军战绩纪念塔位于黑龙江省佳木斯市沿江乡民兴村猴石山北坡。

1934 年至 1938 年间，东北抗联第 6 军第 4 师在猴石山麓建立活动基地，抗联第 3、第 4、第 5 军也曾转战此地，抗联第 6 军第 4 师第 23 团政治部主任李廷章在此牺牲。这一带的山岗林荫下，至今仍掩埋着数十位抗联先烈的遗骨。

为缅怀先烈，佳木斯市委、

◆东北抗日联军战绩纪念塔

市政府决定在抗联遗址猴石山区建立“东北抗日联军战绩纪念塔”。该纪念塔于1984年6月破土动工，11月10日举行揭幕仪式。纪念塔高23米，采用优质大理石和花岗岩砌筑为四方形，四角突出，占地面积400平方米。纪念塔的南面刻有“东北抗日联军战绩纪念塔”11个大字，西面刻有抗联老战士创作的《露营之歌》，东面刻有“革命先烈永垂不朽”8个大字，北面刻有反映东北抗日联军英勇抗日的塔词。纪念塔底座两层，底座直径14.2米，二层基座直径8米。塔身有露营、军民鱼水情、战斗、胜利四幅浮雕。塔的四角分别竖有四个大火炬，高4.6米。

东北抗日联军战绩纪念塔于1994年9月被黑龙江省委、省人民政府公布为黑龙江省爱国主义教育基地。

林枫同志故居纪念馆

林枫同志故居纪念馆位于黑龙江省绥化市望奎县望奎镇凌枫路1号。

林枫（1906—1977），黑龙江省望奎县人，1924年入天津南开中学读书，曾参加进步学生运动，1927年加入中国共产党。曾先后任中共地下党北平、天津市委书记，中共中央北方局组织部部长，晋西南区党委书记，东北行政委员会副主席。1954年4月至1956年9月任中共中央副秘书长。1954年9月当选为第一届全国人大常委会委员。1954年11月至1959年6月任国务院第二办公室（文教办公室）主任。1958年起任国务院业余教育委员会主任。1959年4月、1965年1月相继当选为第二届、第三届全国人大常委会副委员长。1963年1月至1966年任中共中央高级党校校长、党委书记。1966年4月起任中朝友好协会会长。“文化大革命”中受迫害。“文化大革命”后得到平反。1977年9月29日在北京逝世。

◆林枫同志故居

林枫同志故居始

建于 1918 年，有正房 7 间、东西厢房各 5 间，系典型的东北民居建筑，古朴典雅。1992 年初经黑龙江省委、省人民政府批准对故居进行全面维修，并在此基础上成立林枫同志故居纪念馆，1994 年 7 月 26 日对外开放。

◆林枫同志生平事迹陈列展

林枫同志故居纪念馆占地面积 5000 平方米，建筑面积 735 平方米。有馆藏文物 400 余件，其中有林枫珍贵遗物 30 件，3 件被国家革命文物鉴定小组鉴定为一级革命文物。纪念馆现有四个展室，即林枫故居纪念陈列，附属陈列“寄情斋”，望奎县经济发展概况展，馆藏文物展。馆内陈列用大量珍贵的遗物和照片资料，详尽地记录了林枫一生的经历，生动形象地再现了老一辈无产阶级革命家的高风亮节和优良作风，及其平凡而伟大的精神风貌。

林枫同志故居纪念馆于 1994 年 9 月被黑龙江省委、省人民政府公布为黑龙江省爱国主义教育基地。

东北烈士纪念馆

东北烈士纪念馆位于黑龙江省哈尔滨市南岗区一曼街 243 号。

◆东北烈士纪念馆

东北烈士纪念馆原为东省特别区图书馆，于 1928 年 6 月 1 日开始动工修建，1931 年竣工。1932 年 2 月，日本帝国主义侵占哈尔滨后，这座楼又成为伪哈尔滨特别市政筹备所。1933 年 7 月，伪哈尔滨警察厅占用了这座楼房。抗日民族女英雄赵一曼曾在这里遭受酷刑后走上刑场。1946 年哈尔滨解放后，东北行政委员会决定将该楼房辟建为东北烈士纪念馆。1948 年 10 月 10 日上午 9 时，东北烈士纪念馆正式开馆。全馆面积为 4280 平方米，共陈列展出 245 位烈士的事迹，陈列文物、历史图片、资料等 1000 余件。东北烈士纪念馆有馆藏文物 5000 余件，图书、档案、文献、照片 3 万余件。重要藏品有抗日民族英雄杨靖宇穿过的大衫和用过的褥子，赵尚志用过的手枪，李兆麟被国民党特务暗杀时穿的旧呢料裤子，赵一曼用过的大碗及写给儿子的信，全国著名战斗英雄董存瑞炸碉堡后荣获的特级军功章——毛泽东奖章等。

东北烈士纪念馆于 1999 年 1 月被黑龙江省人民政府公布为黑龙江省文物保护单位；1997 年 6 月被中央宣传部公布为全国爱国主义教育示范基地。

马骏纪念馆

马骏纪念馆位于黑龙江省牡丹江市宁安市马骏街。

◆马骏纪念馆

马骏（1895—1928），黑龙江宁安市人。他是中国共产党早期革命活动家，五四运动的青年领袖之一，周恩来、邓颖超的亲密战友。五四运动后，马骏与周恩来等人发起创建了中国最早的青年进步组织——觉悟社。马骏于 1921 年加入中国共产党，是东北地区党组织的创始人之一。1925 年 10 月被派赴莫斯科中山大学学习。1927 年大革命失败后奉调回国，担任中共北京市委负责人。同年 10 月不幸被捕。1928 年 2 月 15 日，被军阀张作霖杀害，年仅 33 岁。

为缅怀马骏烈士，1993 年宁安市修建马骏纪念馆。纪念馆为三层仿古建筑，造型古朴典雅，雄伟壮观，坐落在宁安市城南江滨公园之中，建筑面积 1283 平方米，占地 5000 平方米。1995 年 8 月落成开馆，邓颖超为纪念馆题写了馆名。马骏纪念馆的基本陈列有马骏烈士生平事迹陈列和宁安历史文物陈列。马骏烈士生平事迹陈列，通过马骏开展地下活动时用过的念珠、在敌人法庭上的辩护词手稿、马骏生前用过的器物等珍贵文物，以及反映马骏革命事迹的历史文献以及照片、创作画等，翔实、生动地再现了马骏烈士光辉的革命生涯。宁安历史文物陈列，以历史沿革为主线，通过丰富的文物展品，生动直观地展示了宁安的悠远历史，丰厚的文化底蕴，著名英雄人物，骄傲的历史光辉和瞩目的建设成就。马骏纪念馆现展出739件展品，最为珍贵的有五四运动中留日同学会赠给马骏的留日纪念章，马骏设计并使用的书柜、书桌，开展地下革命活动的接头标志物茶瓶、念珠。

马骏纪念馆于1998年1月被黑龙江省委、省人民政府公布为黑龙江省爱国主义教育基地，2001年6月被中央宣传部公布为全国爱国主义教育示范基地。

◆马骏塑像

密山市东北老航校纪念馆

密山市东北老航校纪念馆位于黑龙江省鸡西市密山市密山镇西。

1946年3月1日，为组建空军、创办和发展航空工业奠定基础，党中央在吉林通化成立东北民主联军航空学校（东北老航校），培养飞行员、领航员和航空技术人员。这是中国共产党创办的第一所航空学校。1946年11月，学校迁至东安（今密山），至1949年12月迁出。东北老航校在密山度过的4年岁月，是人民空军诞生、发展的重要里程碑，被誉为中国航空事业的摇篮，为祖国培养了大批飞行员、领航员、航空工程、通信、气象等各类航空技术人才。

◆密山市东北老航校纪念馆

2001年，密山市委、市政府为纪念老一辈革命家的丰功伟绩，展示老航校创建及发展历程，弘扬老航校创业精神，对广大人民群众，特别是青少年进行革命传统教育、爱国主义教育、国防教育，建设了东北老航校纪念馆。纪念馆中有空军赠送的各式不同型号的退役飞机6架和高级木雕飞机模型16个，并先后征集了老航校珍贵资料、图片、实物等800余幅（件）。将征集到的有关展品内容，设3个展厅、5个部分展出。

东北老航校纪念馆占地1.5万平方米，建筑面积1100平方米，主体结构为上下两层。纪念馆设三个展厅，第一展厅主要展示东北老航校创办初期，肩挑、马拉收集到的各种残缺不全的飞机零部件和开展各种训练的场景。第二展厅主要展示参加开国大典的东北老航校飞行编队接受检阅的辉煌瞬间，以及抗美援朝战争中以喷气式飞机打掉敌机的壮举。第三展厅展示300余名日籍航空技术人员为我国培养航空技术人员的情况。

密山市东北老航校纪念馆于2010年12月被黑龙江省委、省人民政府公布为黑龙江省爱国主义教育基地。

黑河旅俄华侨纪念馆

黑河旅俄华侨(旅苏俄留学生) 纪念馆位于黑龙江省黑河市爱辉区王肃街72号。

黑河旅俄华侨纪念馆是一栋有近百年历史的二层砖木结构的欧式建筑，曾是伪满专卖局办公楼。1945年黑河解放后，黑河地区人民自治军司令部、中共黑河地区委员会曾在此办公。

该馆建筑面积1824平方米，占地面积912平方米。展厅分为六大部分：“闯葳子、跑关东”的岁月；列宁最信赖的人；追求真理的革命先驱；为消灭法西斯而战；希望寄托在你们身上；黑河，旅俄华侨的绿岛。其中第三部分重点介绍了黑河的红色通道情况。中国共产党建立前后，黑河是赴苏俄学习的秘密通道站。刘少奇、任弼时、罗亦农、萧劲光等，都曾经黑河前往苏俄学习，探索救国真理。纪念馆展出人物图片900余幅，实物1000余件。以丰富的内容展示了旅俄华侨和著名留俄（苏）学生的生平事迹，特别是在俄罗斯（苏联）的生

◆黑河旅俄华侨纪念馆

活和工作情况。

黑河旅俄华侨纪念馆于 2009 年 8 月被中国侨联命名为中国侨联爱国主义教育基地。

赵一曼纪念园

赵一曼纪念园位于黑龙江省哈尔滨市尚志市长寿乡一曼村北小北沟。

◆赵一曼纪念园侧景

赵一曼（1905—1936），原名李坤泰，字淑宁，又名李一超，四川省宜宾县人。1923 年加入中国社会主义青年团，1926 年加入中国共产党。曾在黄埔军校武汉分校、莫斯科中山大学学习。1928 年冬回国后，在宜昌、南昌、上海等地从事地下工作。1931 年九一八事变后到东北从事抗日斗争，曾任哈尔滨总工会代理书记、东北抗日联军第 3 军第 2 团政治部主任。1935 年七八月间，日伪军对珠河游击根据地进行“讨伐”，赵尚志率领抗联第 3 军主力离开珠河，去松花江下游汤原等地开辟新游击区，赵一曼以县委特派员、铁北区委书记的身份兼任新 2 团政治部主任，留在珠河游击根据地坚持斗争。在反“讨伐”斗争中，赵一曼、王惠同率领新 2 团与敌军进行数次血战，在 11 月 15 日被敌人包围。在战斗中，赵一曼左臂负伤，在战友的掩护下，转移到了小北沟，藏在村民于山东的小仓子（窝棚）里养伤。11 月 22 日，由于汉奸的出卖，赵一曼被俘后遭敌杀害。

◆修复后的赵一曼被捕地遗址

1948 年，珠河县民主政府将赵一曼被捕地，同时也是赵一曼开展抗日工作的主要活动地区——珠河县铁北区的候林乡更名为一曼村。1984 年县民政局按原有形状复建了赵一曼烈士被捕地，并设石碑一座。2007 年在赵一曼被捕地建占地面积为 60 万平方米的赵一曼纪念园，2008 年 9 月竣工。

赵一曼纪念园于 2010 年 12 月被黑龙江省委、省人民政府公布为黑龙江省爱国主义教育基地。

绥棱县展览馆

绥棱县展览馆位于黑龙江省绥化市绥棱县县城中心路 68 号。

◆绥棱县展览馆展出的抗联战士用过的枪支

绥棱县展览馆于 1997 年 7 月在绥棱县县城繁华路西段县林业局办公楼北侧建成并投入使用，后于 2006 年 12 月改建在县城中心路 68 号。展览馆使用面积 300 平方米，通过实物、照片、图表、模型等多种形式进行陈列、布展。展览馆设有绥棱地形地貌、历史沿革、风光岁月、建设成就等 4 个展厅，共展出实物 180 多件、图片 400 多幅。在“历史沿革”展厅，概要介绍了绥棱历史变迁和组织沿革。在“风光岁月”展厅，重点展示了在抗日战争时期于天放、孙国栋等一大批抗联英雄在绥棱打击日寇、开展抗日斗争的历史画面。重点展示了解放战争时期绥棱人民参军参战，支援前线，为解放全中国所作出的重要贡献。展柜中有抗联战士使用过的步枪、革命烈士用过的望远镜、文件箱等珍贵的革命历史文物以及图片资料。

◆绥棱县展览馆展出的抗联战士用过的文件箱和物品箱

绥棱县展览馆于 2001 年 11 月被黑龙江省委、省人民政府公布为黑龙江省爱国主义教育基地。

肇源博物馆

肇源博物馆位于黑龙江省大庆市肇源县肇源镇中央大街。

◆ 肇源博物馆

肇源博物馆于1999年7月18日建成。馆舍建筑面积1440平方米，坐西向东，南北长45米，东西宽16米，大体呈长方形，共两层，展区面积720平方米。馆内现有展厅6个，分别是古动物化石展厅、历史文物陈列展厅、肇源大地革命英烈展厅、建国五十周年展厅、前进中的肇源展厅和“98抗洪”展厅，现有各类展品870余件，其中文物展品247件。肇源大地革命英烈展厅作为博物馆的主体部分，共分两个单元。第一单元为松嫩江畔的抗日烽火，第二单元为建立巩固的根据地，支援解放战争。展区分为解放战争、夜袭肇源城、敖木台之战、地下党及抗日救国分会、日寇侵略罪证、一级英模张宏书事迹展、抗联先遣队等部分，展出了抗联指战员耿殿君、耿殿臣、庞振武、张瑞麟、赵希程、王化清等的生平事迹，以及日军侵华的罪证。

◆ 肇源博物馆展厅

肇源博物馆于2001年11月被黑龙江省委、省人民政府公布为黑龙江省爱国主义教育基地。

伊春市博物馆

◆伊春市博物馆

伊春市博物馆位于黑龙江省伊春市伊春区新兴西大街1号。

伊春市博物馆始建于1998年，改建于2006年，建筑面积4500平方米，展厅面积2659平方米。馆内设有伊春历史文物，小兴安岭抗日斗争史等8个基本陈列，其中有抗联展厅。

抗联展厅主要展出革命文物200多件和历史照片150多幅。陈列采用文物、版面展示与历史场景相结合的形式，配以声、光、电等现代化手段，全面、生动地展示了伊春人民在中国共产党的领导下，与日本侵略者进行的长达14年的艰苦斗争。

◆伊春市博物馆抗联展厅

伊春市博物馆于2001年11月被黑龙江省委、省人民政府公布为黑龙江省爱国主义教育基地。

“八女投江”群雕

“八女投江”群雕位于黑龙江省牡丹江市江滨公园。

1938年，日伪军在松花江下游展开了“三江大讨伐”，东北抗联第二路军第4、第5军主力部队向西南远征，途中遭到日军多次围追堵截，牺牲了很多抗联战士。10月下旬的一天，远征回返的抗联第5军1师百余人行至林口县境，被乌斯浑河挡住了去路，日军熊本大佐集合了1000多日军与伪军将抗联战士包围。在此生死关头，第5军妇女团政治指导员冷云果断地组织女战士，从背后袭击敌人，吸引日军火力。敌人抽出部分兵力向她们还击，我军大部队乘机转移。八名女战士在弹尽粮绝的情况下，宁死不屈，最后毅然投入冰冷刺骨的乌斯浑河，为国捐躯，写下“八女投江”的壮丽篇章。

这八名女战士分别是：冷云（原名郑志民）、胡秀芝、杨贵珍、郭桂琴、黄桂清、李凤善、王惠民、安顺福，她们中年龄最大约25岁，最小的只有13岁。

为纪念这八位抗日巾帼英雄，中共黑龙江省委、省人民政府于1984年筹建“八女投江”群雕，1988年8月1日落成。“八女投江”群雕坐南朝北，高8.8米，长18米，宽6.9米，由花岗岩石雕塑而成。

◆“八女投江”群雕

“八女投江”群雕于1994年9月被黑龙江省委、省人民政府公布为黑龙江省爱国主义教育基地；1989年8月被民政部公布为全国重点烈士建筑物保护单位。

上海市重要革命遗址

中共一大会址

中共一大会址即中国共产党第一次全国代表大会会址，位于上海市兴业路76号（原望志路106号）。

◆中共一大会址

1921年7月23日，中国共产党第一次全国代表大会在上海望志路106号楼下18平方米的客厅里开幕。出席大会的有李达、李汉俊、张国焘、刘仁静、毛泽东、何叔衡、董必武、陈潭秋、王尽美、邓恩铭、包惠僧、陈公博、周佛海13人，代表当时全国50多名党员。共产国际代表马林、尼克尔斯基也参加了大会。会议由张国焘主持。23日至24日，张国焘先报告筹备经过，说明会议重要意义，提出讨论的问题，由各地小组汇报活动情况，成立党纲和工作决议起草委员会。25日至26日起草大会文件，27日至29日讨论《党纲草案》和工作决议草案。7月30日，会址受到法租界巡捕房的注意和搜查。最后一天的会议临时转移到浙江嘉兴南湖的一艘游船上举行。中共一大制定并通过了中国共产党的第一个纲领，选举陈独秀、张国焘、李达组成中央局，陈独秀任书记。宣告了中国共产党的诞生。

中共一大会址房屋建于1920年秋，是一幢沿街一楼一底旧式石库门砖木结构住宅建筑，坐北朝南。建成后不久，李汉俊及其兄李书城租用望志路106号、108号为寓所，将两幢房屋的内墙打通，成为一家，人称“李公馆”。1922年，李氏兄弟迁居退租，该屋为其他居民租用。1924年改建，增建了厢房，楼下开设商店，房屋面貌全非。新中国成立后，为迎接建党30周年，1950年9月，中共上海市委根据中央的指示，寻找中共一大会址。经多方勘查，李达、董必武、包惠僧和李书城夫人等多位历史当事人、见证人现场踏勘，确认兴业路76号为中共一大会址。1952年修缮后，中共一大会址作为上海革命历史纪念馆第一馆，内部开放，接待重要中外来宾。1958年，会址按当年建筑原状修复后重新开放。拆除改建时增添的厢房，会议室布置在76号楼下。进入大门为天井，经过6扇玻璃长窗便是会议室，有长餐桌、圆凳、茶几、椅子、两斗桌及花瓶、茶具等家具物品，均按原样仿制。

◆中央一大会址纪念馆内景

1984年3月，邓小平为中共一大纪念馆题写了馆名。1996年6月，中共上海市委决定实施扩建工程，1999年5月27日，中共一大会址纪念馆竣工并对外开放。江泽民为扩建工程竣工开放题词“没有共产党就没有新中国”。中共一大会址纪念馆一层是观众服务设施，设有门厅、多功能学术报告厅和贵宾厅。二层为“中国共产党创建历史文物陈列”展览厅。陈列革命文物、文献和历史照片140余件，全面展示了中国共产党成立的历史背景、中国共产党早期组织的成立及其活动、中共一大召开的过程。

中共一大会址于1959年5月被上海市人民政府公布为上海市文物保护单位，1961年3月被国务院公布为全国重点文物保护单位。中共一大会址纪念馆于1997年6月被中央宣传部公布为全国爱国主义教育示范基地，2003年1月被上海市人民政府公布为上海市爱国主义教育基地。

中共二大会址

中共二大会址即中国共产党第二次全国代表大会会址，位于上海市静安区老成都路

7弄30号（原南成都路辅德里625号）。

1922年7月16日中国共产党第二次全国代表大会第一次全体会议在此召开。出席会议的代表有陈独秀、张国焘、李达、杨明斋、罗章龙、王尽美、许白昊、蔡和森、谭平山、李震瀛、施存统等12人，代表全党195名党员。陈独秀主持大会并代表中央局作一年来的工作报告，张国焘报告出席远东各国共产党及民族革命团体第一次代表大会的经过以及第一次全国劳动大会的情况，施存统报告社会主义青年团第一次全国代表大会的情况。中共二大通过了《中国共产党第二次全国代表大会宣言》等9个决议案，确定了党的民主革命纲领，提出了党的统一战线思想——民主联合战线的思想，制定了《中国共产党章程》，选举产生了中央执行委员会，陈独秀、张国焘、蔡和森、高君宇、邓中夏为中央执行委员，选出三名候补执行委员。陈独秀当选中央执行委员会委员长，蔡和森、张国焘分别负责党的宣传和组织工作。

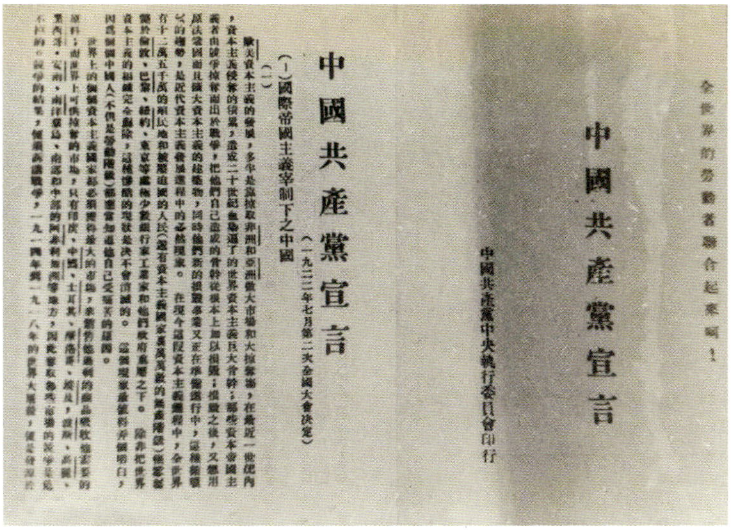

◆中共二大第一次通过了《中国共产党宣言》

中共二大会址还是党的第一个出版社——人民出版社的所在地，也是当时中央局宣传主任李达的寓所。1921年9月1日，人民出版社在此成立，由李达负责具体工作。出版社计划出书49种，然而由于经费、人力等原因，只出版了《中国共产党宣言》、《工钱劳动与资本》、《共产党礼拜六》、《资本论入门》、《国家与革命》以及《劳动运动史》、《两个工人谈话》、《李卜克内西纪念》等。1923年，人民出版社与新青年社合并。

◆中共二大会址纪念馆

中共二大会址是一幢一楼一底旧式石库门里弄住宅。2002年6月30日，中共二大会址纪念馆正式开放。2009年元旦，纪念馆经大规模的改扩建后重新对社会开放。第一展厅、第二展厅分别展现了党从创建到二大召开的光辉历程；二大召开后工人、农民运动日益发展，党的理论宣传工作进一步加强，党酝酿和推动国共合作的相关史实。党章历程厅集中陈列中国共产党的一大党纲、二大到十七大的党章，通过党章发展反映中国共产党与时俱进、开拓创新的精神。

中共二大会址于 1959 年 5 月被上海市人民政府公布为上海市文物保护单位。中共二大会址纪念馆于 2003 年 1 月被上海市人民政府公布为上海市爱国主义教育基地，2009 年 5 月被中央宣传部公布为全国爱国主义教育示范基地。

中共四大纪念馆

中共四大纪念馆位于上海市虹口区四川北路绿地公园内（四川北路 1468 号）。

◆中共四大纪念馆

中国共产党第四次全国代表大会于 1925 年 1 月 11 日至 22 日在今上海市虹口区东宝兴路 254 弄 28 支弄 8 号处召开。会场设在二楼，放有黑板、讲台和课桌椅，每位与会者都持有一本英文书，布置成英文补习课堂。三楼作为部分外地代表的宿舍。会址毁于 1932 年侵华日军炮火。

出席中共四大的代表有陈独秀、蔡和森、瞿秋白、林育南、周恩来、陈潭秋等 20 人，代表全国 994 名党员。大会总结了一年来国共合作的经验，对中国革命的一些基本问题进行了探讨。在党的历史上第一次明确提出无产阶级在民主革命中的领导权问题；第一次提出工农联盟问题；对中国民主革命的内容作了更加完整的规定，即在"反对国际帝国主义"的同时，既要"反对封建的军阀政治"，又要"反对封建的经济关系"等。大会通过了中国共产党第二次修正章程和关于民族革命、职工运动、农民运动、妇女运动、青年运动、宣传工作、组织工作等 14 个文件。大会为迎接第一次大革命高潮的到来，从理论上、思想上、组织上做了准备。

◆中共四大纪念馆序厅

2012 年 9 月 7 日中共四大纪念馆建成，正式对公众开放。纪念馆由序厅、主展厅、场景再现厅、影视厅、副展厅等部分组成，展示方式综合运用文字、摄影、绘画、浮雕、3D技术等传统与现代相结合的艺术手段，展出图片170余幅、实物和复制件120余件、油画4幅、大型浮雕1幅。

中共四大纪念馆于2012年4月被上海市人民政府公布为上海市爱国主义教育基地。

中国左翼作家联盟成立大会会址

中国左翼作家联盟成立大会会址位于上海市虹口区多伦路201弄2号（原窦乐安路233号）。

1930年3月2日，在中国共产党领导下，中国左翼作家联盟（简称“左联”）成立大会召开，出席会议的有50余人，鲁迅、沈端先（夏衍）、钱杏邨（阿英）三人为主席团成员。潘汉年代表中共在会上讲话，鲁迅作了《对于左翼作家联盟的意见》讲演。大会推举鲁迅、沈端先、冯乃超、钱杏邨、田汉、郑伯奇、洪灵菲为常务委员，周全平、蒋光慈为候补常务委员，组成常务委员会；通过了“左联”理论纲领和行动纲领；通过成立马克思主义文艺理论研究会、漫画研究会、国际文化研究会、文艺大众研究会等机构，创办联盟机关杂志及与各革命团体建立密切关系，组织中国自由运动大同盟分会、发动左翼艺术大同盟的组织、参加工农教育事业、与国际左翼文艺团体建立联系等17项提案。左翼文化运动自此蓬勃展开。

◆中国左翼作家联盟成立大会会址纪念馆

中国左翼作家联盟成立大会会址是一幢砖混结构假三层，坐北朝南，具有英国新古典主义风格的花园洋房。2001年12月，中国左翼作家联盟成立大会会址建成纪念馆并对外开放。陈列展分为筹备与成立、组织建设、正义斗争、文学成果、解散与影响5个部分，共展出实物、文献和照片400多件，系统地反映了“左联”的战斗历程和光辉业绩。

中国左翼作家联盟成立大会会址于1980年8月被上海市人民政府公布为上海市文物保护单位。中国左翼作家联盟成立大会会址纪念馆于2003年1月被上海市人民政府公布为上海市爱国主义教育基地。

中国社会主义青年团中央机关旧址

中国社会主义青年团中央机关旧址位于上海市卢湾区淮海中路567弄6号（原霞飞路渔阳里6号）。

◆中国社会主义青年团中央机关旧址

上海法租界霞飞路渔阳里6号原为戴季陶寓所。1920年春戴季陶迁走后，由共产国际代表维经斯基和杨明斋承租，在这里筹设中俄通讯社，由杨明斋负责。从此，这里成为中国共产党创建时期上海党团组织重要活动地之一。

1920年8月22日，俞秀松、袁振英、叶天底、金家凤等8位青年在这里发起创立上海社会主义青年团，由俞秀松任书记。同年9月，中共上海发起组在这里开办外国语学社，培养青年党团干部，并为输送青年赴俄留学做准备，由杨明斋负责，俞秀松任秘书。教师有李汉俊、李达、袁振英、王元龄（女）、库兹涅佐娃（女）等，学生有刘少奇、任弼时、罗亦农、王一飞、汪寿华、萧劲光、柯庆施、许之祯等50余人。

中国社会主义青年团成立后，这里成为团中央的机关，先后选送数十名团员赴莫斯科东方劳动者共产主义大学学习。上海早期党组织还在这里领导筹组上海机器工会、举行首次“三八”妇女节纪念活动以及筹备纪念“五一”节活动等。

◆外国语学社旧址

1921年4月29日，法租界巡捕房搜查渔阳里6号。同年5月，由于团员成分复杂，信仰各异，青年团暂时停止活动。

1957年，渔阳里6号经修缮后恢复原状布置，由上海革命历史纪念馆筹备处保护管理。刘少奇、萧劲光、柯庆施、许之祯等均亲临勘实。1973年4月，旧址移交上海市文物管理委员会管理。1987年，市文管会对旧址进行整修，并根据萧劲光等的回忆将教室布置在楼下客堂，于1989年5月4日正式对外开放。2004年，在原址基础上建纪念馆并对外开放。纪念馆有“中国青年英模展”、“上海青年运动史展”、“‘渔阳里’团中央机关旧址历史展”等展厅，在综合运用历史照片、珍贵实物、艺术品、模拟场景等传统展示方式的基础上，增加了多媒体和互动项目。

中国社会主义青年团中央机关旧址于1959年5月被上海市人民政府公布为上海市文物保护单位，1961年3月被国务院公布为全国重点文物保护单位。中国社会主义青年团中央机关旧址纪念馆于2003年1月被上海市人民政府公布为上海市爱国主义教育基地，2009年5月被中央宣传部公布为全国爱国主义教育示范基地。

中国劳动组合书记部旧址

中国劳动组合书记部旧址位于上海市静安区成都北路893弄7号（原北成都路19号C）。

◆中国劳动组合书记部旧址

中国共产党诞生后，立即把组织领导工人运动作为党的中心工作。1921年8月11日在此成立了中国劳动组合书记部，作为党公开领导工人运动的总机关，这也是中华全国总工会的前身。主任为张特立（张国焘），干事有李启汉、李震瀛、包惠僧等。书记部成立后，在北京、汉口、长沙、广州等地设立分部。书记部在上海创办机关刊物《劳动周刊》，开办工人补习学校，组织工会，支援香港海员罢工，追悼湖南劳工领袖黄爱、庞人铨，发起召开了第一次全国劳动大会，纪念“五一”劳动节，领导工人参加反帝反军阀斗争和罢工斗争等。以1922年1月香港海员罢工为起点，1923年2月京汉铁路工人罢工为终点，掀起了中国工人运动第一个高潮。在13个月的时间里，全国发生罢工100余次，参加人数在30万人以上。其中上海罢工54次，人数8万人以上。著名的罢工有香港海员、安源路矿工人、开滦煤矿工人、京汉铁路工人大罢工，这些罢工都是在书记部支援或直接领导下进行的。1922年8月，书记部由上海迁往北京。1992年9月28日，中国劳

◆中国劳动组合书记部旧址陈列馆

动组合书记部陈列馆建成开放。因成都路高架工程需要，1999 年在成都北路 893 弄 7 号易地重建新馆，9 月 29 日重新对外开放；2005 年再次修缮，并于 5 月重新向社会开放。中国劳动组合书记部旧址陈列馆的基本陈列有 200 余幅图片和实物，以及浮雕、蜡像、场景复原、多媒体演示等多种形式，再现了中国劳动组合书记部诞生的历史背景、组织机构、活动情况及光辉业绩，凸显了书记部的重要历史地位及其组织、发动、领导工人阶级开展革命运动的斗争历程。

中国劳动组合书记部旧址于 1959 年 5 月被上海市人民委员会公布为上海市文物保护单位。中国劳动组合书记部旧址陈列馆于 2009 年 12 月被上海市人民政府公布为上海市爱国主义教育基地。

三山会馆——上海工人第三次武装起义工人纠察队沪南总部旧址

三山会馆——上海工人第三次武装起义工人纠察队沪南总部旧址位于上海市黄浦区中山南路 1551 号。

◆三山会馆

三山会馆原是福建水果商人营建用以聚会和奉祀天后的地方，故又名“天后宫”。会馆原建筑位于半淞园路 239 弄 31 支弄 15 号。1927 年 3 月 21 日，上海工人在中国共产党的领导下举行了第三次武装起义，上海总工会工人纠察队南市总部就设在这里。周恩来曾亲临总指挥部慰问工人纠察队队员。4 月 12 日，蒋介石发动反革命政变，调派反动军警在此缴了工人纠察队的全部枪械，当时工人纠察队进行了激烈的抵抗。

1985 年，因辟通中山南路，上海市政府拨款将三山会馆从原址移建于此，1989 年 10 月竣工开放。三山会馆主体建筑 1000 平方米，门楼、殿庑、戏台、观楼等建筑格局完整，石刻、木雕、匾额、楹联等装饰工艺精湛，富有浓郁的闽南建筑风格。旧址内的基本展览是上海工人三次武装起义史料展，有六个板块，近 150 幅图片，内容包括“起义前的中国与上海”、“第一次武装起义”、“第二次武装起义”、“第三次武装起义”、“欢庆胜利，建立市民政权”、“永恒的纪念”六个部分。

三山会馆——上海工人第三次武装起义工人纠察队沪南总部旧址于 1959 年 5 月、

1980 年 8 月被上海市人民政府公布为上海市文物保护单位，2009 年 12 月被上海市人民政府公布为上海市爱国主义教育基地。

中共代表团驻沪办事处（周公馆）旧址

中共代表团驻沪办事处（周公馆）旧址位于上海市卢湾区思南路 73 号（原马斯南路 107 号）。

中共代表团驻沪办事处设立于 1946 年 6 月，它是抗战胜利后中共代表团在上海设立的一个公开办事机构，办事处对外称作“周公馆”。办事处设立后，中共代表团周恩来、董必武、邓颖超、陆定一、李维汉等先后来上海开展宣传及统战工作，多次在这里举行中外记者招待会和召开各界人士座谈会，向国内外人士介绍中共和平建国的各项方针、政策，揭露国民党反动派假和平、真内战，假民主、真独裁的阴谋。办事处在党内建立直属中共中央南京局的上海工委，书记华岗。上海工委编辑出版英文《新华周刊》和《群众》周刊，与中共中央上海局领导发动了“六·二三”和平请愿运动，输送转移了大批革命干部。1946 年 11 月，国共和谈破裂，周恩来率中共代表团返回延安，办事处随之改为中共代表团驻沪联络处，由董必武主持。1947 年 2 月，国民党政府彻底关闭和谈大门，于 28 日晚派宪警包围周公馆，限期撤离中共驻沪人员。3 月 5 日，中共驻沪人员被迫离开上海前往南京。3 月 7 日，在董必武率领下同驻南京人员一起返回延安。

◆中共代表团驻沪办事处（周公馆）旧址

中共代表团撤离后，房产委托民盟代管。民盟被国民党宣布为“非法”后，卢家湾警察分局派员接管该屋。新中国成立后，该屋分租给居民居住，建筑外貌未遭到大的破坏，但内部改变较大。1979 年 2 月 6 日，中共中央同意恢复旧址原貌，建立纪念馆。1986 年 9 月正式对外开放。

中共代表团驻沪办事处（周公馆）旧址一楼朝南的一间为会客室，当年周恩来多次在这里召开中外记者招待会，现墙上挂着召开记者招待会使用的国民党军队进攻解放区形势图。朝东的一间是周恩来的工作室兼卧室。二楼是办事处员工的工作室兼卧室，现陈列着收音机、英文打字机、油印机和编辑出版的《新华周刊》等物品。三楼正中一间是办事处集体宿舍。朝北的一间是董必武的工作室兼卧室。周恩来离沪后，董必武主持办事处工作。纪念馆陈列内容有五个部分，共展出照片 70 余幅，反映了 1946 年 6 月至 1947 年 3 月周恩来、董必武等在上海领导办事处积极宣传中共坚持和平、民主，坚持政协决议，广泛开展爱国主义统一战线的斗争史迹。

中共代表团驻沪办事处（周公馆）旧址于 1959 年 5 月、1980 年 8 月被上海市人民政府公布为上海市文物保护单位。中共代表团驻沪办事处纪念馆于 2003 年 1 月被上海市人民政府公布为上海市爱国主义教育基地。

黄浦剧场——《义勇军进行曲》唱响地

黄浦剧场——《义勇军进行曲》唱响地位于上海市黄浦区北京东路 780 号。

◆今日黄浦剧场

黄浦剧场原为金城大戏院，是上海解放前专门放映国产影片的影院。1935 年 5 月 24 日，上海电影界进步人士制作出品的电影《风云儿女》在这里首映，由田汉作词、聂耳作曲的影片主题曲《义勇军进行曲》由此唱响，传遍全国。1958 年 2 月，金城大戏院更名为“黄浦剧场”，周恩来总理亲自为剧场题名。

2008 年，黄浦剧场修缮扩建了“国歌由此唱出”爱国主义教育基地展馆。由序厅、国歌起源、国歌唱响、国歌与黄浦剧场四个展厅组成。展馆运用大量史料、照片、实物、浮雕塑像及多媒体等手段，展现优秀历史建筑的经典文化主题，真实反映国歌诞生发展的历史沿革。

黄浦剧场——《义勇军进行曲》唱响地于 2009 年 12 月被上海市人民政府公布为上海市爱国主义教育基地。

李白烈士故居

李白烈士故居位于上海市虹口区黄渡路 107 弄（原黄陆路亚细亚里）15 号。

李白（1910—1949），湖南浏阳人，1925 年加入中国共产党。1937 年 7 月，受党中央的派遣，到上海设置秘密电台，从事地下通讯工作。1942 年 9 月，电台被日军侦破遭逮捕。李白受尽酷刑，坚决保守党的机密，后经多方营救于 1943 年 6 月获释。此后，辗转浙江、江西。抗日战争胜利后，李白返回上海，在黄陆路亚细亚里 6 号设立电台，后迁入亚细亚里 15 号三楼，继续从事党的地下通讯工作。李白白天上班，以掩护身份，夜晚将一份份重要情报发送给党中央。1948 年 12 月 30 日凌晨，李白不幸被捕。国民党特务施以种种酷刑，他坚贞不屈。1949 年 5 月 7 日夜，李白被害于浦东戚家庙。

◆李白烈士故居

1987 年，李白烈士故居被辟为纪念馆并对外开放，一楼、二楼为烈士事迹陈列室，分“投身革命洪流”、“战斗在敌人心脏”、“永不消逝的电波” 3 个部分。在展室中有李白少年做工踩过的研光石、送给妹妹的油灯，李白使用过的部分电讯工具、亲手制作的木扶梯、4 封写给家人的亲笔信等实物，还陈列了 40 余幅珍贵的历史照片。三楼恢复了当年居室原貌。居室中有李白使用过的大橱、五斗橱、沙发和装发报机用的皮箱、竹篓等实物，再现了李白生前战斗、生活的情景。

李白烈士故居于 1985 年 11 月被上海市人民政府公布为上海市文物保护单位；2003 年 1 月被上海市人民政府公布为上海市爱国主义教育基地。

张闻天故居

张闻天故居位于上海市浦东新区川沙新镇邓三村张家宅。

张闻天（1900—1976），上海浦东人，曾用名洛甫、思美。五四运动时投身学生运动。1925 年 6 月在上海加入中国共产党。同年冬被派往莫斯科中山大学、红色教授学院学习，并任助教、翻译，兼共产国际东方部报道员。1931 年 2 月回到上海，任中共中央宣传部部长。同年 9 月至 1934 年 1 月任临时中央政治局成员、常委。1934 年 1 月至 1945 年任中央政治局委员、常委、中央书记处书记。1934 年 2 月，在中华苏维埃二大上当选为中央执委会人民委员会主席。1934 年 10 月参加长征。遵义会议后，代替博古在中共中央负总责。1935 年 2 月至抗日战争初期主持中共中央日常工作。1938 年 5 月至 1941 年 12 月，兼任延安马列学院院长。曾长期兼任中共中央宣传部部长。1946 年 1 月至 5 月任中共中央北满分局委员。1946 年 6 月至 1948 年 5 月任中共合江省委书记。1948 年 6 月任中共中央东北局组织部部长，东北财政经济委员会副主任。1949 年 5 月任中共辽东

◆张闻天生平陈列馆

省委书记。新中国成立后，1951 年 4 月出任中国驻苏联大使。1954 年底回国任外交部副部长。“文化大革命”中受迫害。1976 年 7 月 1 日逝世。1979 年 8 月中共中央为其平反。

张闻天故居建于清光绪年间，是一座具有江南农村特色的一正两厢房砖木结构的民宅。张闻天在这里度过了童年和少年时期。1986 年 9 月陈云为“张闻天故居”亲笔题字。故居西侧为张闻天生平陈列馆，2010 年 8 月 30 日揭幕对外开放。陈列馆由序厅、缅怀厅、多功能厅组成，通过 340 余幅照片，300 余件实物、油画和雕像等生动展示了张闻天波澜壮阔的一生。

张闻天故居于 1985 年 9 月被上海市人民政府公布为上海市文物保护单位，2001 年 6 月被国务院公布为全国重点文物保护单位；2003 年 1 月被上海市人民政府公布为上海市爱国主义教育基地。

韬奋故居

韬奋故居位于上海市卢湾区重庆南路 205 弄（原吕班路万宜坊）54 号。

1930 年至 1936 年邹韬奋寓居于此。底层是会客厅，韬奋与胡愈之、杜重远等常在这里聚会，商讨救国大计，研究出版事宜。二楼亭子间是韬奋的写作室。韬奋接任《生活》周刊主编后，新辟评论性、趣味性、知识性等专栏，及时反映群众疾苦与民众需求，很快得到民众喜爱，发行量猛增。九一八事变后，刊物以宣传抗日救国为中心内容，曾一度跃为当时全国期刊发行量之首。1932 年，韬奋创办生活书店，成为出版发行进步书刊和马列著作的重要文化阵地。同年 7 月，国民党政府以“言论反动，思想过激、毁谤党国”的罪名，禁止《生活》周刊在部分地区邮递发行。1936 年 7 月 15 日，与沈钧儒、陶行知等共同签署发表《团结御侮的基本条件与最低要求》公开信，要求国民党停止内战，联合红军，共同抗日。11 月 22 日，与救国会其他 6 人被国民政府逮捕，为“七君子”之一。

1958 年，韬奋故居、纪念馆对外开放。54 号仍保持着 20 世纪 30 年代韬奋一家居住的原貌，所陈列的都是他生前用过的原物。毗邻的53号建立纪念馆，是介绍韬奋的思想发展、革命事业和战斗历程的文物资料陈列室。陈列韬奋手迹、遗稿、遗物、生活用品、著译的各种版本、主编的刊物原版本、未公开发表过的文章；邹韬奋和他的战友胡愈之、徐伯昕创办的生活书店当年的出版物；生活书店的主要档案，如会议记录、内部刊物《店务通讯》等；当年重大事件的历史资料，如救国会、“七君子”事件等；1944年邹韬奋逝世后，党和国家领导人毛泽东、朱德、周恩来、叶剑英、宋庆龄、邓颖超的题词手迹或复制件，以及重庆、延安等地召开的追悼会上的挽联挽词手抄本等珍品。

韬奋故居于1959年、1977年分别被上海市人民政府公布为上海市文物保护单位。韬奋纪念馆于2003年1月被上海市人民政府公布为上海市爱国主义教育基地。

◆韬奋纪念馆

中共上海地下组织斗争史陈列馆暨刘长胜故居

中共上海地下组织斗争史陈列馆暨刘长胜故居位于上海市静安区愚园路81号。

刘长胜，1903年出生于山东。1927年加入苏联共产党，后转为中共党员。1934年毕业于莫斯科国际列宁学院。1935年4月受共产国际派遣为恢复与中共中央电讯联络携带密电码回国。1937年9月到上海，参加恢复和重建中共上海地下组织工作，先后任中共江苏省委副书记，华中局城工部副部长、部长，中共上海市委书记，中共上海局

◆中共上海地下组织斗争史陈列馆

副书记等，直接领导和联系上海的工委、教委、郊委、情报、策反及机要机关的工作。上海解放前夕，领导上海地下党积极发动工人、学生和各界爱国人士，广泛进行反搬迁、反破坏、反屠杀，保护工厂、机关、学校的斗争，有力地配合了解放军解放、接管上海。

这里是1946年至1949年刘长胜的居住地，也是中共中央上海局的秘密机关之一。刘长胜夫妇住二楼，住在三楼的是时任中共上海市委书记张承宗一家。

◆刘长胜故居

2001年为配合城市建设，故居建筑整体平移130米。2004年5月27日正式对外开放。故居内的中共上海地下组织斗争史陈列馆，共有三层展区：底楼主要为20世纪三四十年代三个上海地下党秘密联络点的场景介绍；二楼、三楼主要为“中共上海地方组织成立”、“前赴后继、不屈不挠的斗争”、“开展抗日救亡运动”、“争取和平民主、反对内战”、“里应外合解放上海”5个部分，通过油画、雕塑、实物等250余件陈列品的场景展示、情景模拟、影视合成等一系列表现手法，展示了中共上海地下组织发展、斗争的历程。

刘长胜故居于1992年6月被上海市人民政府公布为上海市纪念地点。中共上海地下组织斗争史陈列馆暨刘长胜故居于2009年12月被上海市人民政府公布为上海市爱国主义教育基地。

上海孙中山故居

◆上海孙中山故居

上海孙中山故居位于上海市卢湾区香山路7号（原莫利哀路29号）。

1918年，为支持孙中山的革命活动，4名华侨集资在上海为他买下这所宅院。1918年6月至1924年11月间孙中山曾与夫人宋庆龄寓居于此。1918年至1919年，孙中山在此完成重要著作《孙文学说》和《实业计划》。1920年11月，在此会见共产国际代表维经斯基。1922年8月，在此会见李大钊、林伯渠及苏俄特使越飞的代表马林，就中国革命、改组国民党、国共合作等问题进行交谈，确立了联俄、联共、扶助农工的思想。1923 年 1 月 17 日，孙中山在此会见上海各团体代表 60 余人，号召团结起来奋斗，使中国成为一个独立国家。1923 年 1 月 19 日、20 日，孙中山在此接见、宴请苏俄代表越飞，26 日发表《孙文越飞宣言》。孙中山逝世后，宋庆龄仍居住此地。八一三事变后，宋庆龄撤离上海，故居家具物件委托亲友妥为保管。1945 年底，宋庆龄将此故居移赠国民政府，作为永久性纪念地。

◆孙中山文物馆

孙中山文物馆毗邻上海孙中山故居，2006 年 11 月 12 日正式开馆，是国内收藏孙中山文物最多的专题纪念馆。共展出文物、手迹、资料 300 余件，其中绝大部分是第一次公开展出，这些珍贵的文物向人们展示了孙中山先生为中华民族的伟大振兴所做出的不朽功绩。

上海孙中山故居于 1959 年 5 月被上海市人民政府公布为上海市文物保护单位，1961 年 3 月被国务院公布为全国重点文物保护单位。上海孙中山故居纪念馆于 2003 年 1 月被上海市人民政府公布为上海市爱国主义教育基地。

上海宋庆龄故居

上海宋庆龄故居位于上海市徐汇区淮海中路 1843 号。

宋庆龄（1893—1981），祖籍海南文昌，生于上海。早年就读于上海中西女中。1908 年到美国佐治亚州威斯理安女子大学学习。1913 年任孙中山秘书。1915 年 10 月在日本东京与孙中山结婚。第一次国共合作时期，坚决拥护孙中山联俄、联共、扶助农工的三大政策。孙中山逝世后，向国内外宣传孙中山的遗嘱，谴责国民党右派。蒋介石发动四一二反革命政变后，宋庆龄发表声明，坚决抗议武汉国民党中央违背孙中山的革命原则和革命政策，推行反革命的所谓“新政策”。1927 年 8 月下旬访问苏联和欧洲。1931 年 6 月回国。1932 年 12 月与蔡元培、杨杏佛等在上海发起组织中国民权保障同盟。1933 年后，任远东反帝反战同盟中国分会主席。1935 年率先响应中共中央的《八一宣言》，积极开展抗日活动。1948 年 1 月中国国民党革命委员会（简称民革）在香港

◆上海宋庆龄故居前的宋庆龄塑像

成立，担任名誉主席。1949 年 9 月当选为中华人民共和国中央人民政府副主席。中华人民共和国成立后，曾当选为政协二届全国委员会副主席，一、四、五届全国人民代表大会常委会副委员长，第二、三届中华人民共和国副主席，在五届人大十八次会议上被授予中华人民共和国名誉主席称号。1981 年 5 月 29 日在北京逝世。

上海宋庆龄故居主楼坐落于院子中央，是一幢乳白色假三层楼房，前后是花园，四周围绕着 30 多株百年香樟，葱茏苍翠，四季常青。此处是宋庆龄生前长期居住和生活的地方，也是宋庆龄从事国务活动的重要场所。1949 年春宋庆龄迁居于此，并在此迎来了上海解放。1949 年 8 月，宋庆龄就是在这里欣然接受中国共产党的邀请，北上出席中国人民政治协商会议，参与制定建国大政方针。新中国成立以后，她经常在此会晤和宴请来访的各国贵宾，积极促进中外交往，维护国际和平；还接待过毛泽东、刘少奇、朱德等国家领导人。她所创建的新中国妇女儿童福利事业和保卫世界和平运动的许多重大活动也在这里举行。1997 年 5 月，位于主楼后面的宋庆龄文物馆开馆，展出孙中山、宋庆龄的手稿、信函、照片、生活用品等 200 余件珍贵文物和 4000 余册中外图书。

◆上海宋庆龄故居

上海宋庆龄故居于 1981 年 10 月被上海市人民政府公布为上海市文物保护单位，2001 年 6 月被国务院公布为全国重点文物保护单位。上海宋庆龄故居纪念馆于 2003 年 1 月被上海市人民政府公布为上海市爱国主义教育基地。

上海茂名路毛泽东旧居

上海茂名路毛泽东旧居位于上海市静安区茂名北路 120 弄（原慕尔鸣路甲秀里）。

1924 年 1 月，毛泽东在广州出席国民党第一次全国代表大会并当选为国民党中央候补执行委员，2 月中旬来到上海。同年 6 月，他的夫人杨开慧偕同母亲并携带孩子岸英、岸青来沪，全家寓居慕尔鸣路甲秀里。期间，毛泽东继续担任中共中央局秘书，负责组织工作，协助陈独秀主持中共中央日常工作。同时还担任国民党中央上海执行部组织部秘书和文书科代理主任等职，参与领导开展平民教育运动，与上海30多个团体共同发起举行追悼列宁大会，并对国民党党员进行登记，同国民党右派开展尖锐斗争。同年12月，毛泽东由于积劳成疾，经中共中央同意回湘疗养，全家离开上海。

◆上海茂名路毛泽东旧居

1960年，上海市文物保护委员会开始对旧址进行调查，由于不能确定是慕尔鸣路甲秀里7号还是9号，1977年将5、7、9号三幢房屋一并公布为上海市文物保护单位。1999年，中共静安区委、静安区政府对旧居进行了修缮，其中7号是对原址的恢复。同年12月旧居陈列馆正式对外开放，陈列各类展品350余件。

上海茂名路毛泽东旧居于2009年12月被上海市人民政府公布为上海市爱国主义教育基地。

宋庆龄陵园

宋庆龄陵园位于上海市长宁区宋园路21号。

◆宋庆龄纪念馆内陈列

1981年5月29日，中华人民共和国名誉主席宋庆龄在北京逝世。遵照她的遗愿，将其骨灰安葬在上海万国公墓宋氏墓地。同年6月4日，中共中央、全国人大常委会、国务院举行隆重的安葬典礼。1984年1月，经中共中央批准建立宋庆龄陵园。由宋庆龄纪念设施、名人墓区和外籍人墓

◆宋庆龄纪念广场

区以及上海儿童博物馆四个区域组成。

以宋庆龄墓为中心的纪念设施，是陵园的主体部分。主要有宋氏墓地、纪念广场、展示宋庆龄特有气质和风采的汉白玉雕像、由邓小平亲笔题词的宋庆龄纪念碑和宋庆龄生平事迹陈列馆。陈列馆展出照片400多幅，实物100多件，全景式地展示了宋庆龄从一个追求真理的爱国青年到投身革命，最终成为共产主义伟大战士的光辉历程。馆内录像室放映介绍宋庆龄生前主要活动的文献纪录片《国之瑰宝》。上海儿童博物馆位于宋庆龄陵园东南部，由综合楼、航天馆、航海馆、环幕电影厅4部分组成。宋氏墓地东西两侧分别为万国公墓的名人墓区和外籍人墓区，分别安葬有20余位国内名人和600余位外籍名人，为开展爱国主义和国际主义教育提供了宝贵的史料和场所。

宋庆龄墓于1982年2月被国务院公布为全国重点文物保护单位。宋庆龄陵园于1997年6月被中央宣传部公布为全国爱国主义教育示范基地。

龙华烈士陵园

龙华烈士陵园位于上海市龙华西路180号。

1995年7月1日，龙华烈士陵园建成开放。邓小平题写园名。陵园建有纪念瞻仰区、烈士墓区、烈士就义地、碑林区等8个功能区。

◆龙华烈士陵园

纪念广场是陵园的中心瞻仰区。广场的两侧，耸立着《独立、民主、解放、建设》两座主题雕塑。广场中央是红色花岗石纪念碑，正面镌刻着江泽民题词“丹心碧血为人民”。纪念碑后是陈云题写馆名的龙华烈士纪念馆，以《丹心碧血为人民——上海革命烈士革命先驱英雄业绩展览》为主题的基本陈列，反映了1840年鸦片战争以来上海英烈的革命历程和英勇事迹。纪念馆展出珍贵文物、文献和照片1000余件，辅以国画、油画、木刻、丝毯壁画和锻铜浮雕等，展示了电子天空、幻影成像、影视模型、神幻玻璃和激光演示场景等。

◆龙华烈士陵园内的烈士纪念碑

龙华革命烈士纪念地由原国民党淞沪警备司令部旧址和龙华革命烈士就义地两部分组成。1927年至1937年间，无数共产党人和革命志士在这里被囚禁和杀害。1931年2月7日夜，林育南、何孟雄、恽雨棠、欧阳立安、柔石、胡也频、殷夫、李求实、冯铿等24人在此被集体杀害，史称龙华“二十四烈士”。

纪念雕塑群是陵园的一大艺术景观，10座（组）纪念雕塑讴歌了上海人民为了民族独立、人民解放事业前赴后继、百折不挠的精神。

烈士墓区由烈士纪念堂、烈士墓和无名烈士陵组成，安息着近1700位革命烈士的英灵。无名烈士陵由墓碑、雕塑和长明火组成。昼夜燃烧的长明火，象征着烈士们生命之火不灭和革命精神永驻。烈士纪念堂是墓区的中心，安放着500余名烈士骨灰。内置巨型瓷版画《碧血》，表达了后人对爱国志士的追思和缅怀。

碑苑是以烈士遗诗、遗文为主要内容的一座现代碑林。有碑亭、碑廊、碑壁及碑石四种碑刻形式。镌刻着李大钊、蔡和森、瞿秋白和鲁迅等创作的90余首诗文。

龙华革命烈士纪念地于1988年1月被国务院公布为全国重点文物保护单位。龙华烈士陵园于1997年6月被中央宣传部公布为全国爱国主义教育示范基地，2003年1月被上海市人民政府公布为上海市爱国主义教育基地。

高桥烈士陵园

高桥烈士陵园位于上海市欧高路钟家弄78号。

高桥烈士陵园1954年由上海市政府兴建，原名高桥烈士墓，1993年更名为高桥烈士陵园，吴邦国题写了园名。2003年，浦东新区政府对高桥烈士陵园进行了全面的改扩建。

步入大门，首先映入眼帘的是浦东新区人民捐资兴建的大型“八一”雕塑。穿过“八一”雕塑，是翠柏参天的主甬道。顺着主甬道往前，便是纪念广场。威严挺拔的烈士纪念碑矗立在纪念广场的西端。纪念碑上镌刻着时任上海市市长陈毅的题词：“为解放上海而牺牲的英雄们永垂不朽”。黑金色的英名录墙在巨幅水幕的映衬下熠熠生辉。

◆高桥烈士陵园

烈士墓区长眠着1619名上海解放战役中牺牲在浦东战场上的烈士。

2006年，陵园内新建了上海战役浦东纪念馆，由序厅、运筹帷幄、进军上海、鏖战浦东、乘胜追击、英烈厅6个部分组成，陈列文物、实物和照片380余件。采用壁画、雕塑、模型、影景合成等技术，通过声、光、电等高科技手段，真实再现了当年上海解放战役中激烈而悲壮的战斗场景。

高桥烈士陵园于2009年12月被上海市人民政府公布为上海市爱国主义教育基地，2009年3月被民政部公布为全国重点烈士纪念建筑物保护单位。

闵行区烈士陵园

◆闵行区烈士陵园

闵行区烈士陵园位于上海市闵行区中春路3999弄临春路388号。

闵行区烈士陵园的历史最早可追溯到1949年。1949年秋，在北桥黄家塘建造了上海县烈士公墓，埋葬着解放上海战役中牺牲的解放军指战员135人，其中无名烈士24人。1962年春，在北桥农场苗圃重建上海县烈士墓，并将原安葬在陈行的9位烈士忠骨迁葬于此。1981年4月，上海县烈士陵园在莘庄镇莘西路66号破土动工，于1985年6月建成，占地1.1万平方米，将原安葬在北桥和部分散葬在外的144位革命烈士的遗骸迁葬于此。1993年3月，更名为闵行区烈士陵园。

2003年4月，闵行区人民政府重建闵行区烈士陵园，2004年清明前陵园基本建成开放。2005年3月，陵园内的革命烈士事迹陈列馆建成对外开放。陵园地貌形如琵琶，自东向西依次为接待楼、办公楼、祭扫广场、革命烈士事迹陈列馆和烈士墓区。祭扫广场西侧竖立着一座纪念碑，正面镌刻着毛泽东的题词“革命烈士永垂不朽”。向西拾级而上，是一座三层结构的革命烈士事迹陈列馆。陈列馆由人物厅、解放厅、文学厅、影视厅、“双拥”国防教育馆 5 个展厅组成。陈列馆西侧是烈士墓区，墓区呈梯田状分布，安葬着各个时期因战因公而牺牲的 183 位革命烈士的忠骨。

闵行区烈士陵园于 2009 年 12 月被上海市人民政府公布为上海市爱国主义教育基地。

陈云故居暨青浦革命历史纪念馆

陈云故居暨青浦革命历史纪念馆位于上海市青浦区练塘镇朱枫公路 3516 号。

◆陈云故居暨青浦革命历史纪念馆

陈云（1905—1995），上海青浦人，原名廖陈云。1925 年参加五卅运动，同年 8 月任商务印书馆发行所职工会委员长，加入中国共产党。历任中共青浦县委书记、淞浦特委组织部部长，中共江苏省委沪宁巡视员、江苏省委常委兼农委书记，中共上海闸北、法南区委书记和江苏省委组织部部长、省委书记等职。1931 年 5 月起任中共特科书记。同年 9 月至 1934 年 1 月任中共临时中央政治局成员。1934 年 1 月任中央政治局委员、常委，兼中共中央白区工作部部长。参加长征。1935 年 6 月到达上海，恢复和开展党的秘密工作。9 月赴苏联莫斯科，参加中共驻共产国际代表团工作。1937 年 4 月回国，任中共中央驻新疆代表。11 月到延安，任中共中央书记处书记、中共中央组织部部长。1944 年 3 月任西北财经办事处副主任兼政治部主任，主持陕甘宁边区的财政经济工作。抗日战争胜利后，历任中共中央北满分局书记兼北满军区政委、中共中央东北局副书记兼东北民主联军副政委、中共中央南满分局书记兼辽东军区政委、东北军区副政委、东北财政经济委员会主任、沈阳特别市军事管制委员会主任等职。1948 年 10 月当选为中华全国总工会主席。中华人民共和国成立后，任中央人民政府委员、政务院副总理兼政务院财政经济委员会主任、中共中央书记处书记。1954 年任国务院副总理。1956 年 9 月当选为中共中央政治局委员、常委、副主席。1975 年 1 月当选为第四届全国人大常委会副委员长。1978 年 12 月任中共中央纪律检查委员会第一书记。1987 年 11 月任中共中央顾问委员会主任。1995 年 4 月 10 日逝世。

陈云两岁丧父，四岁丧母，被舅父母收养。陈云故居即陈云舅父母家。1911 年至 1919 年，陈云在此生活了 8 年。1984 年，陈云故居修复原状。故居内展示了少年陈云用过的物品、故居相关人物的照片以及故居修复的专题图片展，基本保持了当年原貌，

◆陈云故居南门外

较为全面地展示了故居修旧如故的过程和陈云在练塘成长的历史情景。

2000年6月6日，陈云故居暨青浦革命历史纪念馆建成并对外开放。这是经中共中央批准建立的系统展示陈云生平业绩的传记性专馆。由铜像广场、主馆、故居、长春园和碑廊等组成。主馆的一层和二层分四个展厅，以照片、文献、实物、文摘为主，辅以油画、蜡像、场景复制和多媒体等现代手段，凸显了陈云光辉的一生。主馆的地下层是青浦革命历史纪念馆，展示了青浦人民在中国共产党的领导下，为建立新中国同国内外反动势力浴血奋战的壮丽诗篇以及在社会主义建设、改革开放进程中青浦人民取得的辉煌成就。长春园位于陈云故居东面，园内的陈设保持了历史原貌，陈列了《陈云与评弹》的专题展览，复原了“长春园”评弹书场。《永恒的怀念》专题陈列，通过文物、照片、史料、文献、文摘、多媒体等手段，展示了陈云在全党、全国人民心中的地位，展示了党和人民对陈云的高度评价，以及追思陈云业绩、学习陈云思想、传承陈云风范的现实意义。陈云手迹碑廊，展示了80幅陈云在各个历史时期手书的墨迹以及党和国家领导人的题词等。

陈云故居于2002年4月被上海市人民政府公布为上海市文物保护单位。陈云故居暨青浦革命历史纪念馆于2001年6月被中央宣传部公布为全国爱国主义教育示范基地，2003年1月被上海市人民政府公布为上海市爱国主义教育基地。

上海鲁迅纪念馆

上海鲁迅纪念馆位于上海市虹口区甜爱路200号。

上海鲁迅纪念馆是中华人民共和国成立后建立的第一个人物性纪念馆，周恩来总理题写了馆名。1951年1月7日建成对外开放。馆址初设于山阴路大陆新村9号和10号，9号是鲁迅故居，10号为辅助陈列室。1956年10月，上海鲁迅纪念馆搬迁至现址。1999年9月扩建后的纪念馆新馆对外开放。

◆上海鲁迅纪念馆

上海鲁迅纪念馆现有馆藏文物资料20

余万件。陈列展厅以鲁迅手稿、文献照片、遗物为基础，辅以展示艺术与雕塑、场景、蜡像及多媒体影视等多种展示方法，用“新文学开山”、“新人造就者”、“文化播火人”、“精神界战士”、“华夏民族魂”5个专题来表现鲁迅为追求民族和社会的解放而英勇不屈进行斗争的生平业绩。

上海鲁迅纪念馆于2001年6月被中央宣传部公布为全国爱国主义教育示范基地，2003年1月被上海市人民政府公布为上海市爱国主义教育基地。

◆鲁迅与青年木刻工作者交谈（蜡像）

顾正红纪念馆

顾正红纪念馆位于上海市普陀区澳门路300号。

1925年初，沪西日商纱厂工人举行声势浩大的“二月罢工”。5月，内外棉七厂日本资本家撕毁“二月罢工”时与工人达成的协议，以关闭工厂、开除罢工工人相威胁。5月15日，资本家在厂门口贴出“因故停工”布告，工人顾正红率领众人冲进工厂，遭到日本大班镇压，顾正红被枪杀，10余名工人被打伤。5月16日，日商纱厂工会、店员联合会、印刷工人联合会等工人团体联合学生总会、沪北商学会等35个团体，成立日人残杀同胞雪耻会，发宣言、散传单，控诉日本资本家的罪行。上海大学、文治大学等学校学生纷纷上街宣传，声援工人斗争。5月24日，中共党组织在“潭子湾”荒场上举行上海各界万人公祭顾正红烈士大会，高呼“反对日本资本家枪杀中国工人”等口号，控诉日人罪行。顾正红事件，成为五卅反帝爱国运动的导火线。

◆顾正红塑像

1959年，在顾正红烈士殉难处以北的广场西侧塑建了高2.5米的顾正红烈士像，并有魏文伯“顾正红烈士精神不死”的题

◆顾正红烈士殉难处

词。烈士像北设置厂史陈列室介绍顾正红烈士斗争史迹。2008 年 5 月 30 日，顾正红纪念馆在其殉难处原址建成开放，由顾正红纪念广场、馆内陈列、烈士殉难纪念地三部分组成。陈列内容分为“黑暗的旧中国”、“苦难的童年”、“在日厂做工”、“沪西革命摇篮”、“二月罢工的烽火”、“顾正红惨案”与“五卅运动”7 个部分。

顾正红纪念馆于 2009 年 12 月被上海市人民政府公布为上海市爱国主义教育基地。

上海淞沪抗战纪念馆

上海淞沪抗战纪念馆位于上海市友谊路 1 号的临江公园内。

1932 年的一二八淞沪抗战和 1937 年的八一三淞沪抗战，是抗日战争史上两次重大的战役，而宝山在两次淞沪战役中，都是主要战场。1999 年 3 月，为了铭记两次淞沪战役和上海人民 14 年的抗日斗争历史，上海淞沪抗战纪念馆正式动工兴建，2000 年 1 月 28 日竣工开放。纪念馆主体是一座用钢材、玻璃等现代建材构成，表现传统建筑形式美的纪念塔，塔高 53 米，塔馆合一。纪念馆 1—3 层分别展陈介绍淞沪抗战历史的《抗日战争与上海》；以场景、多媒体等高科技为手段，与文物紧密结合为特点的《淞沪抗战史事掇英——血沃淞沪》；《抗战文化系列——张明曹抗战美术作品展》；《上海郊县人民抗日武装斗争图片展》。辅助用房二楼为《侵华日军在上海的暴行》。

◆上海淞沪抗战纪念馆

临江公园内有30米长的“淞沪魂”长卷石刻墙、大型雕塑、国歌墙，以及陈化成纪念馆、姚子青营牺牲处等。

上海淞沪抗战纪念馆于2003年1月被上海市人民政府公布为上海市爱国主义教育基地。

上海解放纪念馆

上海解放纪念馆位于上海市宝山区宝杨路599号宝山烈士陵园内。

宝山是上海战役的主战场，曾经经历了人民解放战争史上极为艰苦、激烈的战斗。英勇的人民解放军冲锋陷阵，奋勇杀敌，攻克了被国民党自吹为“固若金汤”的海、陆、空立体防御，为整个上海战役的决定性胜利奠定了基础。在解放宝山的战斗中，有近4000名解放军指战员献出了宝贵的生命，占整个上海战役牺牲烈士的一半。

◆上海解放纪念馆

2006年5月，宝山区政府在宝山烈士陵园内东侧建成上海解放纪念馆。展馆由序厅、主展厅和大型多媒体主题情景剧场组成。陈列以上海战役实施“钳击吴淞、解放上海”的战略决策为主线，重点展现了人民解放军在郊区消灭国民党军的主要史迹。现陈列各类文物200件，多类复制品、各种图片、资料等。除图片和实物外，还有声光电动态军事地图、军事设施场景复原、多媒体幻影成像、影视短片及绘画、雕塑等艺术品。

上海解放纪念馆于2009年12月被上海市人民政府公布为上海市爱国主义教育基地。

外滩历史纪念馆

外滩历史纪念馆位于上海市黄浦区中山东一路475号。

1995年5月，黄浦区委、区政府在黄浦公园内新建了外滩历史纪念馆，同年9月30日正式对外开放。纪念馆内以珍贵的历史照片为主，辅以具有代表性的档案文献、实物，采用现代化多媒体手段，通过数码相框、投影、触摸屏、电子书等集中展示了外滩百年沧桑变化。纪念馆分为解放前老外滩历史、解放后新外滩的发展两大板块，以

◆外滩历史纪念馆

“外滩——近代上海城市发展的起点”、“外滩——当今上海改革开放的窗口”为主线，内容既包括当年外滩聚集各国银行组成“东方华尔街”、形成“万国建筑群”的旧貌，也有改革开放以来外滩建筑保护、中央商务区和金融集聚带建设等。通过外滩日新月异的变化，反映上海近现代历史。

外滩历史纪念馆于 2003 年 1 月被上海市人民政府公布为上海市爱国主义教育基地。

沪西革命史陈列馆

沪西革命史陈列馆位于上海市普陀区武宁路 225 号沪西工人文化宫内。

沪西是上海开埠后最早建立近代工业、产业工人最集中的地区之一，也是中国工人运动的发源地之一。沪西地区工人阶级于 1919 年 6 月 5 日为声援北京五四运动，率先掀起了全国工人阶级第一次政治大罢工，标志着工人阶级作为独立的政治力量登上历史舞台。沪西人民在中国共产党的领导下，进行反帝反封建的殊死斗争，谱写了一幕幕彪炳千秋的悲壮史剧，熔炼了具有沪西斗争特色的“沪西魂”。

◆沪西革命史陈列馆

沪西革命史陈列馆于 2005 年 5 月 30 日建成开馆。陈列分为“沪西春雷”、“黑夜火种”、“工运摇篮”、“二月罢工”、“五卅风暴”、“三次起义”、“喋血沪西”、“抗日烽火”、“十三烈士”、“战地巾帼”、“胜利曙光”11 个部分，展示了沪西地区发生的历史事件和共产党人可歌可泣的光辉事迹。展出相关图片 150 余幅，历史资料近万字，仿制品、实物展品 10 余件。

沪西革命史陈列馆于 2009 年 12 月被上海市人民政府公布为上海市爱国主义教育基地。

国歌展示馆

国歌展示馆位于上海市杨浦区荆州路151号。

20世纪30年代中期，左翼文化运动方兴未艾。1934年春，党的电影小组建立电通影业公司。1935年初，电通公司从上海斜土路搬到荆州路405号，在此拍摄第一部电影《风云儿女》，其主题歌是《义勇军进行曲》。1949年9月，中国人民政治协商会议第一届全体会议通过议案，确定《义勇军进行曲》为代国歌。1978年3月5日，五届全国人大第一次会议通过《义勇军进行曲》新词。1982年12月4日，五届全国人大五次会议通过决议，恢复《义勇军进行曲》为中华人民共和国国歌。

◆国歌展示馆

2009年9月，杨浦区人民政府在荆州路151号建造的国歌纪念广场和国歌展示馆竣工并对外开放。国歌展示馆由序厅、国歌诞生厅、国歌纪念厅、国歌震撼厅、我和国歌厅等6个部分组成，全面展示《义勇军进行曲》诞生的背景和过程、传唱和影响、被确定为国歌、国歌作者、国歌故事等国歌知识。陈列600余件珍贵文物，包括义勇军冲锋号、聂耳在上海使用的皮箱等。数字平台“网上写真馆”，由展馆介绍、网上写真、动态新闻、社会教育、国歌历史、国歌作者、国歌故事、世界国歌等多部分组成，观众轻点鼠标，就能看到与国歌相关的历史资料，还可以进入“虚拟展馆”参观。

国歌展示馆于2009年12月被上海市人民政府公布为上海市爱国主义教育基地。

江苏省重要革命遗址

梅园新村纪念馆——中国共产党代表团办事处旧址

梅园新村纪念馆——中国共产党代表团办事处旧址位于江苏省南京市玄武区梅园新村17号、30号、35号。

梅园新村纪念馆——中国共产党代表团办事处旧址由中共代表团办事处旧址、国共南京谈判史料陈列馆、周恩来铜像、周恩来图书馆等组成。

1946年5月至1947年3月，以周恩来为首的中国共产党代表团（以下简称中共代表团）在南京与国民党政府进行和平谈判，梅园新村17号、30号是当时国民党指派给中共代表团使用的；35号是中共代表团为解决住房拥挤，以廖承志夫人经普椿的名义买下的。梅园新村17号是中共代表团办事机构所在地；梅园新村30号是周恩来、邓颖超办公和居住的地方；梅园新村35号是董必武、李维汉、廖承志、钱瑛等办公和居住的地方。

1949年南京解放后，中共代表团办事处旧址即被人民政府妥善保护。1961年在这里初步建成“梅园新村中共代表团办公原址纪念馆”，内部开放。1978年11月，南京市委正式批复将原址定名为“中共代表团梅园新村纪念馆”，对外开放。1990年中共代表团梅园新村纪念馆史料陈列馆和周恩来铜像落成，时任国家主席杨尚昆为纪念馆题写了馆名。1998年2月，在周恩来诞辰100周年之际，周恩来图书馆建成开馆，收藏周恩来论著及介绍、研究他的生平和思想的书刊、音像资料等1万多册（卷）。

◆梅园新村30号

梅园新村纪念馆——中国共产党代表团办事处旧址于1956年10

◆梅园新村 17 号

月被江苏省人民政府公布为江苏省文物保护单位，1996 年 11 月被国务院公布为全国重点文物保护单位；1997 年 8 月被江苏省委宣传部公布为江苏省爱国主义教育基地，2001 年 6 月被中央宣传部公布为全国爱国主义教育示范基地。

八路军驻京办事处旧址

八路军驻京办事处旧址位于江苏省南京市鼓楼区青云巷 41 号（原傅厚岗 66 号）。

1937 年 8 月 9 日，中共中央和红军代表团周恩来、朱德、叶剑英应邀到南京参加国防会议，同时继续与国民党谈判，协议将红军改编为第八路军、新四军。8 月 9 日，周恩来和朱德离宁赴陕，叶剑英等人以八路军驻京代表身份留在南京组建八路军驻京办事处。青云巷 41 号原为南开大学校长张伯苓公馆，周恩来利用与其有师生这一层关系，租他的公馆为办事处所用。这是坐北朝南高二层并带阁楼的西式楼房，另有生活用平房 2 幢 6 间，约 80 平方米。这里成为中国共产党领导的人民军队在国民党统治区设立的第一个公开办事机构。秦邦宪、叶剑英、李克农、钱之光等人作为工作人员在此办公。同年 12 月，南京沦陷，办事处撤往武汉。虽然办事处只在此工作了三个月时间，但做了大量工作。它巩固和发展了抗日民族统一战线，营救了被关押在江、浙两省的 1000 多名政治犯，并负责他们的接待工作，使大批失去组织联系的同志重新回到队伍中来；恢复和建立了长江流域以及华南地区的共产党组织；还为陕甘宁边区和八路军采办了大量的军需、民用物资。

◆八路军驻京办事处旧址

1986 年，南京市政府拨出专款，搬迁旧址青云巷 41 号的住户，维修旧址房屋，筹建纪念馆。1987 年 10 月，八路军驻京办事处纪念馆建成并正式对外开放。

八路军驻京办事处旧址于

1982 年 3 月被江苏省人民政府公布为江苏省文物保护单位。

金陵机器制造局旧址

金陵机器制造局旧址位于江苏省南京市秦淮区正学路 1 号。

◆金陵机器制造局旧址

1865 年，清朝两江总督李鸿章将苏州洋炮局迁到南京秦淮河边的扫帚巷，创建金陵机器制造局。1925 年，金陵机器制造局工人参加五卅运动，抗议帝国主义在上海枪杀工人，支援南京和记洋行工人的反英斗争。1926 年，金陵机器制造局建立共产党和共青团组织，受中共南京地委领导。中共南京地委负责人文化震、梁永经常来局里活动。1927 年，在老君庙成立金陵机器局工会，选举姜金生为工会会长，梁永为工会秘书。11 月中旬，中共江苏省委为了加强对南京地区工人运动的领导，派孙津川任南京市委职工运动委员，深入工厂、发动工人同厂方斗争，反对挪用工资、要求补发欠薪。同时，城南区党支部将工作重点放在金陵机器制造局，发展党员、收集情报、贴标语、散传单，开展一系列活动。1929 年改名为金陵兵工厂。1937 年 7 月抗日战争全面爆发，金陵兵工厂西迁重庆，改称第二十一兵工厂。抗日战争结束后，迁回南京，改名为第六十兵工厂。1948 年底，国民党政府将第六十兵工厂部分人员、设备搬迁到台湾。第六十兵工厂的共产党地下组织，配合解放战争，和国民党反动派展开斗争，消极怠工，延误生产，并将机密情况向上级党组织报告。第六十兵工厂在中共地下党组织领导下，成立工人纠察队，保护工厂，迎接南京解放。新中国成立后，第二野战军军械处接管了第六十兵工厂，改名为军械总厂，从此该厂获得了新生。1953 年初，长治三〇七厂并入军械总厂，改名为南京晨光机器厂。1996 年改制为南京晨光集团有限责任公司。1999 年，组建南京航天晨光股份有限公司。2007 年，该公司将厂内的老建筑（机器正厂、左厂和右厂、炎铜厂、木工厂及金陵机器制造局老大门）整合，建成“南京晨光 1865 科技创意产业园”。

金陵机器制造局旧址于 1982 年 3 月被江苏省人民政府公布为江苏省文物保护单位。

吴氏祠堂——新四军一支队司令部旧址

吴氏祠堂——新四军一支队司令部旧址位于江苏省南京市高淳县淳溪镇当铺巷78号。

◆新四军一支队司令部旧址（吴氏祠堂）

为开展敌后游击战争，新四军第1支队在司令员陈毅率领下，于1938年5月中旬从皖南岩寺地区出发，东进茅山。6月1日，新四军第1支队兵分3个纵队，从南陵出发，越过敌人的封锁线，3日抵达宣高边界的狸头桥。当天夜晚，陈毅率领第1支队由狸头桥登船，渡过固城湖，于4日凌晨抵达高淳县城，分驻在淳溪镇及其附近村庄。新四军第1支队司令部设在吴氏祠堂内。

高淳是新四军第1支队东进抗日，进入苏南地域的第一站。陈毅在高淳期间，积极开展党的统一战线工作，走访国民党县长张鼎侯和地方士绅，向他们宣传新四军的宗旨和抗日民族统一战线政策、抗日的有利条件与光明前途。6月5日，国民党高淳县政府在东平殿广场召开抗日救国民众动员大会，陈毅发表3个多小时的演说，宣传国内外形势，宣传党的国共合作、团结抗日的主张，号召军民各界共同抗日。同时，他还深入农家了解民情，开展社会调查。6月7日，陈毅告别高淳民众，率部继续东进。陈毅在高淳期间曾激情满怀，写下了《东征初抵高淳》的壮丽诗篇。

吴氏祠堂始建于乾隆四十六年（1781年），为砖木结构，皖式风格，分为前、中、后三进。每进均面阔三间，总占地面积为2700平方米。多年来，管理部门对这一重要革命旧址多次维修，使其基本保留了原貌。

吴氏祠堂——新四军一支队司令部旧址于1982年3月被江苏省人民政府公布为江苏省文物保护单位；1997年8月被江苏省委宣传部公布为江苏省爱国主义教育基地。

黄山炮台旧址

黄山炮台旧址位于江苏省江阴市黄山风景区。

◆黄山炮台旧址标志碑

黄山炮台又称江阴要塞，自古为军事要地。这里地势险要，江面最狭处仅 1.25 公里，素有“江海门户”、“锁航要塞”之称。黄山炮台实际包括沿江的君山、萧山、长山及对岸的八圩港等处炮台。这些地方构筑了炮台群体工事，炮道、藏兵洞、弹药库有 12 座，另有瞭望台 1 座、机枪哨 3 处、联络所 3 间、总炮台指挥所、隐蔽部遗址等。

1949 年蒋介石一边搞假和谈，一边设想“划江而治”，更视江阴要塞为宁、沪江防战略屏障，一再加强要塞防务，调兵遣将，加强实力。到解放军发起渡江战役前，要塞官兵已增至 7000 余人，黄山主阵地设有总炮台 1 座，大炮台 3 座，流动炮团 1 个。配有 100 毫米榴弹炮、加农炮各 12 门，三七战防炮 16 门，五七战炮 36 门，二五机关炮 2 门，控制沿江 60 华里江防。要塞自身也形成一个完整的防御体系：山顶有炮群，山腰有堑壕，山脚有地堡群，港口有木桩铁丝网，江面有舰只，号称“江阴要塞是铁打的”。

◆黄山炮台掩体前上方直径达 11 米的圆形炮台

江阴以其独特的地理位置和军事地位，成为渡江战役中人民解放军与国民党军队争夺的重要关隘。1947 年秋，中共华中工委决定把江阴要塞国民党守军作为策反重点，开展工作。1949 年 4 月 20 日晚及 21 日，人民解放军在西起九江、东至江阴 500 公里战线上，发起了举世震惊的渡江战役。22 日凌晨，江阴要塞 7000 余国民党军官兵宣布起义。江阴要塞起义，打

◆黄山炮台钢筋混凝土掩体

开了国民党军长江下游防线的重要堡垒，切断了京沪线，为渡江战役胜利作出了重要贡献。

黄山炮台旧址现存明清三合土炮台遗址 2 处、全长约 600 米，清末混凝土炮台 3 处，民国钢筋混凝土炮台 12 处，另有弹药库 3 间、观察所 1 座、机枪掩体 3 座。炮台或设在江湾或凿于石壁，或就山势筑甬，或连地下火药库，工事曲深奇特、千变万化。黄山炮台旧址跨明、清、民国，历 360 余年，为国内同类遗址所罕见，有重要的历史和军事研究价值。

黄山炮台旧址于 1982 年 3 月被江苏省人民政府公布为江苏省文物保护单位；1997 年 8 月被江苏省委宣传部公布为江苏省爱国主义教育基地。

苏北抗大九分校旧址

苏北抗大九分校旧址位于江苏省启东市（县级市）海复镇东南中学校园内。

苏北抗大九分校前身为清末实业家、教育家张謇为实现“民智国牢”的理想而建造的恳牧高等小学校舍。抗战爆发后不久，南通沦陷。为了坚持抗日教育，通州师范学校（今南通师范）于 1938 年乔迁于此，故又称“通州侨校”。1942 年 2 月，粟裕、季方率新四军第 1 师驻扎在这里并创办了抗大九分校。抗大九分校成立后，粟裕、陶勇和江树峰等人经常到校讲课。学员们在坚持敌后抗日游击战争的艰苦环境里，一面战斗，一面学习。抗大九分校成为一所具有战斗、保卫、学习特色的学校。在三年时间里，抗大九分校一共办了五期，毕业学员 3300 余人，成为新四军 1 师、新四军 6 师的骨干。

◆苏北抗大九分校旧址

苏北抗大九分校旧址为四合院，坐北朝南，三进两院，东西两侧有厢房，房屋共 80 间，占地面积 4490. 64 平方米。

苏北抗大九分校旧址于2002年被江苏省人民政府公布为江苏省文物保护单位；1997年8月被江苏省委宣传部公布为江苏省爱国主义教育基地。

陇海公寓——中共地下工委旧址

陇海公寓——中共地下工委旧址位于江苏省连云港市新浦区朝阳东路南、市博物馆东侧。现已拆迁。

◆陇海公寓旧址（历史图片）

1938年2月，中共中央长江局巡视员刘曼生（谷牧）、张文海奉命到新海地区驻军东北军第57军第112师建立中共地下工委，当时就寓居于此。工委建立后，是年3月11日，由谷牧和张文海介绍，发展第112师第667团团长、抗日名将万毅等爱国官兵加入中国共产党为特别党员，入党宣誓仪式就在陇海公寓举行。中共新编57军112师（原属东北军）地下工委在此积极开展革命活动，发展爱国官兵入党。同年，万毅指挥一个团，挫败了日军陆海空三军的入侵计划，取得了连云港保卫战的胜利。

1948年11月新海连地区解放，谷牧任新海连军事管制委员会主任，不久任中共新海连特区委员会书记兼警备区政委，在这里他为新海连地区建立民主政权、恢复发展生产做了大量工作。1987年6月6日，连云港市委、市政府将陇海公寓辟为连云港市革命纪念馆。

陇海公寓——中共地下工委旧址建于1925年，原位于连云港市新浦区民主中路23号。2003年5月，因市政建设需要被拆。中共连云港市委、市政府决定在新浦区朝阳东路南、市博物馆东侧新建市革命纪念馆，同时经江苏省人民政府批准，陇海公寓与新馆同期复建。

陇海公寓——中共地下工委旧址于1997年8月被江苏省委宣传部公布为江苏省爱国主义教育基地。

周恩来童年读书处旧址

周恩来童年读书处旧址位于江苏省淮安市清河区漕运西路174号。

周恩来童年读书处旧址是周恩来6岁到9岁在淮安读书和居住的地方。1904年，

◆周恩来童年读书处旧址

周恩来随父母、嗣母及两个弟弟从淮安县（今淮安市楚州区）迁往清江浦（今淮安市清河区）其外祖父家读书。不久，租赁西边张瑞臣举人的14间房屋居住，并在对面陈家花园私塾馆就读。在这里，周恩来先后读了“四书”、“五经”等古籍名著。1907年春，周恩来生母万氏病故，私塾馆因无力维持而关闭。周恩来带着弟弟返回老家居住。

周恩来童年在淮安清河的读书生活，是他光辉一生的重要组成部分。该旧址于1979年修复，1988年正式对外开放。1998年修复了私塾馆并建成周恩来雕塑广场，李鹏为旧址题写了匾额。

周恩来童年读书处旧址于1995年被江苏省人民政府公布为江苏省文物保护单位；1997年8月被江苏省委宣传部公布为江苏省爱国主义教育基地。

苏皖边区政府旧址

苏皖边区政府旧址位于江苏省淮安市淮海南路30号。

◆苏皖边区政府旧址

苏皖边区政府于1945年11月在淮阴市（今淮安市）成立，是中国共产党领导的苏中、苏北、淮南、淮北4大解放区的民主联合政府，是解放战争初期华中地区革命的指挥中心，下辖8个行政区、73个县，地跨苏皖豫3省，面积10.5万平方公里，人口2500万。边区政府主席李一氓，副主席刘瑞龙、季方、韦悫、方毅，委员张鼎成、粟裕、邓子恢、谭震林、曹荻秋、张帆等

27 人。政府内设厅、局处等 16 个部门，苏皖边区民主政府成立后，在不到一年的时间里，以发展生产、改善民主为宗旨，迅速恢复和发展了城市工业、乡村农业、交通邮电等，修复了桥梁 279 孔，公路 2330 公里，发放了大量贷款，创建了 5 所医院，创办了十几种报刊杂志，创立了华中建设大学、华中新闻专科学校和 9 所中专学校。这一系列的工作，对领导华中人民保卫民主权利，从事和平建设，发展工农业生产，繁荣经济，解决战后灾民困难和为解放战争的胜利打下了物质基础，作了重要准备。

1985 年经中共中央批准成立苏皖边区政府旧址纪念馆，占地面积 10000 多平方米，展示面积 5000 多平方米。展陈区域由 4 个部分组成：一是苏皖边区革命史陈列；二是李一氓生平事迹陈列；三是苏皖边区政府领导人和部分厅局办公场所；四是苏皖边区政府交际处。

苏皖边区政府旧址于 2006 年被国务院公布为全国重点文物保护单位；1997 年 8 月被江苏省委宣传部公布为江苏省爱国主义教育基地。

泰山庙——新四军重建军部旧址

泰山庙——新四军重建军部旧址位于江苏省盐城市亭湖区建军西路 126 号。

震惊中外的皖南事变后，1941 年 1 月 25 日，新四军在盐城重建军部，2 月 27 日军部机关迁驻泰山庙内。新四军在盐城重建军部，是中国共产党为粉碎国民党顽固派的反共阴谋，坚持团结抗日而进行的重大举措。当年 7 月，日伪军对盐阜区发动第一次“大扫荡”，新四军军部撤出，向阜宁县陈集区停翅港转移，泰山庙遭到敌机狂轰滥炸，破坏十分严重。

◆新四军重建军部旧址（泰山庙）

泰山庙始建于何时已无考，明万历十年（1582 年），盐城知县杨瑞云重修。至新中国成立前夕，仅存遗址。1985 年 5 月，盐城市人民政府根据中央宣传部和江苏省委决定，照原样重建，并于次年 10 月建成并对外开放。如

◆泰山庙刘少奇卧室正门

◆泰山庙陈毅卧室

今的泰山庙建有三殿两厢。前殿为盐城历史展览。正殿为新四军司令部作战室，军参谋长赖传珠曾在此办公。后殿为藏经楼，楼下东、西房曾为刘少奇和陈毅居住。当中为小会议室，刘少奇在这里主持召开过两次华中局高级干部会议，陈毅也在这里接待过外国友人汉斯·希伯和罗生特。藏经楼屏风上的“江淮英杰，卫国干城”的题联是江泽民 1990 年 5 月 1 日手书。东、西各三幢厢房，原为中共华中局饶漱石、曾山和机要、警卫人员住地，现在的东厢是“刘少奇、陈毅生平图片陈列”和“新四军烈士纪念馆”（陈列团职以上烈士生平图片），西厢为“黄克诚大将生平图片陈列”和“新四军纪念馆馆藏书画选展”。

泰山庙——新四军重建军部旧址于 2006 年 5 月被国务院公布为全国重点文物保护单位；1997 年 8 月被江苏省委宣传部公布为江苏省爱国主义教育基地。

戴家花园——上海战役总前委旧址

戴家花园——上海战役总前委旧址位于江苏省镇江市丹阳市（县级市）城内城河路宝塔弄 5 号。

1949 年 4 月下旬，渡江战役胜利后，由邓小平、刘伯承、陈毅、粟裕、谭震林 5 人组成的总前委从南京到达丹阳，4 月 24 日，进驻戴家花园，在这里组织和指挥了上海战役，并从思想上、组织上、物资上、事务上为接管上海进行了紧张准备。在这里，总前委的领导与华东局、华东军区的领导们和第三野战军前委领导粟裕、唐亮详细讨论了解放上海的具体作战方案，特别是明确了在军事上不使用重武器，保证上海这个大城市不被破坏的重要精神；讨论了上海地下党如何配合解放军进攻上海、接管上海等一系列重大问题。在此期间，总前委与中央军委的往返通电，与三野指挥部、各兵团的通电也是在这里进行的。当时这里，聚集了2000余名接管干部。华东局专门召开了有各部委180名干部参加的接管上海会议，讨论了入城政策和入城纪律。预先成立了上海市军管会和市政府。陈毅在这里亲笔签发了上海市军管会的第一号命令；并于5月23日总攻上海市区之日，亲自给担任进攻任务的九兵团第27军军长聂凤智打电话："一定要军政全胜，一定要把人民的损失减少到最低限度。"

◆上海战役总前委旧址（戴家花园）

1949年5月26日，上海解放后，总前委撤离丹阳。1995年10月，丹阳市政府本着维持原有、修旧如旧的原则，对总前委旧址进行整修，加固大门，修建台阶，大门外泥土路改铺水泥路，大门边围墙用小瓦盖脊，楼房做加固处理，在天井内建造花坛，铺设草皮，种植花木，恢复戴家花园的原貌。1997年，原中央军委副主席张震题写了"上海战役总前委旧址"的牌匾。

1997年2月10日，邓小平逝世。为了纪念这位当年的上海战役总前委领导人，中共丹阳市委、市政府决定在总前委旧址的西侧建造总前委旧址纪念馆。纪念馆主体建筑为3层楼房，建筑面积490平方米。当年5月动工，在纪念邓小平逝世一周年之日举行了隆重的开馆仪式。全国人大常委会原副委员长彭冲、全国政协原副主席杨成武、国防部原部长张爱萍先后为纪念馆题匾。

◆总前委旧址前的邓小平、陈毅雕像

戴家花园——上海战役总前委旧址于1995年4月被江苏省人民政府公布为江苏省文物保护单位；2004年1月被江苏省委宣传部公布为江苏省爱国主义教育基地。

白马庙——渡江战役指挥部旧址

白马庙——渡江战役指挥部旧址位于江苏省泰州市高港区白马镇。

◆渡江战役指挥部旧址

1949年4月4日，中国人民解放军第三野战军奉中央军委命令，挥师南下，抵泰州市白马庙，粟裕、张震在王氏小楼设立渡江战役指挥部。4月20日，国民党政府拒绝签订国内和平协定。21日，毛泽东主席、朱德总司令发布向全国进军的命令。粟裕和张震在白马庙指挥部指挥东、中两路集团军第七、八、九、十兵团的渡江作战，解放了国民党反动统治中心——南京。

早在第三野战军南下时，中央军委就命令第三野战军组建华东区海军，并任命张爱萍同志为司令员兼政委。4月23日，在白马庙指挥部组成华东区海军机关，华东军区海军亦在此宣告成立。

渡江战役指挥部旧址由一幢两层楼房和十间平房组成。楼房每层三间，左侧有一间厢楼作楼梯，青砖黛瓦，底层安长格扇，楼上安铸铁花栏杆，右侧设一条安全通道。楼前有门房三间和厅堂三间，西有平房四间，南侧与西侧砌有镂空花墙，围成院落，占地面积1080平方米。楼下曾作粟裕、张震、张爱萍卧室，楼上为渡江作战指挥室。全国解放后，白马庙先后成为荣军学校、康复医院、工农干校、速成中学和畜牧兽医学校。1989年，泰州白马庙被中央军委确定为中国人民解放军海军诞生地。

◆渡江战役指挥部旧址内张爱萍题写的碑文

白马庙陈列室所陈内容分为两大部分，介绍和反映了第三野战军渡江作战的磅礴气势；人民海军在战火中诞生、为新中国战斗、向现代化进军的光辉历程。陈列的史料中，有毛泽东给粟裕、张震等的电报；有三野司令部在白马庙本部向中央发送的报告；有陈毅、叶飞亲临前线视察的珍贵照片；还有泰州市人民全力支前，修路架桥，迎接大军南下的彩色画卷等等。

白马庙——渡江战役指挥部旧址于 1982 年 3 月被江苏省人民政府公布为江苏省文物保护单位，2006 年 5 月被国务院公布为全国重点文物保护单位。

曲江楼——新四军苏北指挥部旧址

曲江楼——新四军苏北指挥部旧址位于江苏省泰州市姜堰市（县级市）姜堰镇南大街 219 号。

1940 年 7 月 25 日，新四军决定东进黄桥建立抗日根据地。9 月 14 日凌晨，新四军攻占苏中重镇姜堰。9 月 14 日至 30 日，新四军苏北指挥部进驻曲江楼，总指挥兼政委陈毅下榻于此。在此期间，陈毅坚持贯彻我党的抗日民族统一战线政策，接待各界绅耆，召开苏北 8 县军民代表大会，呼吁和平，团结抗日，终于取得韩国钧、朱履先等苏北大批社会名流的支持，争得泰州“二李”（李明扬、李长江）和曲塘陈泰运部的中立，最大程度地孤立了国民党反共顽固派韩德勤，为新四军在决战黄桥前做好了政治、军事方面的准备，进而创造了黄桥决战以少胜多的光辉战例，为打开苏北、华中敌后抗日新局面奠定了基础。

◆新四军苏北指挥部旧址(曲江楼)

曲江楼始建于 1840 年前后，系当地人凌氏开设的一家旅馆，因其位于通扬河拐弯处，取名曲江，又名曲江楼。民国初年，丁氏接手改营为新交通旅馆与咏亭茶馆。坐东朝西，前后两进上下两层走马回廊式古典风格。后楼（东楼）5 间，后楼大厅为当年 8 县军民代表会议会场，屏风前有陈毅半身塑像一尊。左侧次间为陈毅卧室原有陈设，床、桌、椅、几、案、台等总计文物 32 件（套）。楼下为姜堰人民革命斗争史料陈列室。前楼（西楼）檐下有曾任中共泰县县委书记的彭冲题书的“曲江楼”匾额，楼上辟 5 间连通曲折式陈列室，陈列新四军东进抗日前后的相关史料和部分文物。

曲江楼——新四军苏北指挥部旧址于 1997 年 8 月被江苏省委宣传部公布为江苏省爱国主义教育基地。

扬州树人堂

扬州树人堂位于江苏省扬州市广陵区淮海路18号，坐落于扬州中学校内西南部。

扬州中学前身为1902年创立的仪董学堂，不久学堂改名两淮中学堂。1913年春，由合并后的淮扬合一中学改称为江苏省立第八中学。1927年，八中和省第五师范学校合并为江苏省立扬州中学。在第一、二次国内革命战争期间，扬州中学是扬州国民党左派和中国共产党地下组织的活动基地。1927年建立中共扬州中学支部，是扬州最早的党支部之一。抗战期间，扬州中学辗转外地设校，抗战胜利后复校。新中国成立以后，扬州中学经过了整顿改造，校名先后为苏皖边区二分区扬州中学、苏北扬州行政区立扬州中学、苏北扬州中学，1953年称江苏扬州中学。扬州中学是一所有百年办学历史的名校，校址几经变化。现校园面积12万多平方米，校舍建筑面积6万多平方米。

◆扬州树人堂

扬州树人堂建成于1931年。该堂坐西朝东，成土字形结构，楼高五层，一楼为报告厅，二楼以上现作为校史陈列馆。

扬州树人堂于2004年1月被江苏省委宣传部公布为江苏省爱国主义教育基地。

周恩来少年读书处

周恩来少年读书处位于江苏省扬州市宝应县城水巷口3号。

1907年夏，周恩来生母万氏去世，嗣母陈氏携9岁的周恩来从淮阴来到宝应。在宝应，周恩来与长他16岁的表哥、进步青年知识分子陈式周同窗共读，受其影响，并结下深厚情谊。新中国成立后，周恩来多次向身边工作人员回忆起少年时代在宝应度过

◆周恩来少年读书处

的这段美好时光。

周恩来少年读书处原为周恩来外祖父陈沅的宅第。整个建筑为明清风格，占地 700 平方米，建筑面积 500 平方米，共有房屋 18 间。读书处大门朝北，门楼古朴庄重，门楣上方是全国人大常委会原副委员长彭冲题写的“周恩来少年读书处”横匾。东院为当年生活起居区，西院为展区。1982 年，宝应县人民政府决定对周恩来少年读书处进行维修。1990 年 10 月，宝应县人民政府将此处建筑公布为宝应县文物保护单位，2000 年 5 月重新核定公布，并划定保护范围和建设控制地带。1996 年，再次对周恩来少年读书处进行修复。

周恩来少年读书处于 2002 年 10 月被江苏省人民政府公布为江苏省文物保护单位；1998 年 2 月被江苏省委宣传部公布为江苏省爱国主义教育基地。

顾正红烈士故居

顾正红烈士故居位于江苏省盐城市滨海县正红镇正红村顾庄组。

◆顾正红烈士故居

顾正红（1905—1925），出生于滨海县射阳河畔小顾庄（今滨海县正红镇正红村）的一个贫苦农民家庭。1921 年苏北遭水灾，他随家人逃难到上海，不久至日商内外棉七厂当工人。期间他参加了中共组织的工人夜校学习，成为工人运动积极分子，1925 年加入了中国共产党。1925 年 5 月，该厂日本资本家撕毁二月罢工时与工人签订的协议，以停工关厂向工人反扑，阴谋破坏成立不久的工会，15 日，顾正红带领工人进厂交涉，据理力争，竟遭受日本资本家枪杀。顾正红事件，激起了全国人民的愤怒。在中国共产党的领导和组织下，16 日举行了大罢工，罢工浪潮迅速席卷上海各界，很快燃起了反帝爱国的熊熊烈焰。30 日，声势浩大的五卅运动爆发。

顾正红烈士故居为一座普通农舍，三间坐北朝南泥墙草屋，木质门窗。1945 年，顾正红的家乡被命名为正红乡和正红村，新中国成立后，当地政府对故居进行了维修保护，并在正红街主进道口为顾正红塑像立碑，供后人瞻仰。

顾正红烈士故居于 1995 年 4 月被江苏省人民政府公布为江苏省文物保护单位。

◆顾正红烈士塑像

江都许晓轩故居

江都许晓轩故居位于江苏省扬州市江都市（县级市）仙女镇解放路一人巷 4 号。

许晓轩（1916—1949），学名永安，字小轩，出生于江都县仙女庙镇（今仙女镇）。1931 年，在仙女庙震泰钱庄当学徒。1935 年进入无锡公益铁工厂任会计，后任财会负责人。1937 年八一三事变后，发起护厂大刀会。厂方决定将设备转运武汉，他冒着敌机轰炸的危险，几经周折将账册等资料运达汉口，接着又随厂迁至重庆。1938 年 5 月加入中国共产党，担任川东青委创办的《青年生活》月刊编委，并负责发行工作。1939 年春担任中共川东特委青委宣传部部长，后调任中共重庆新市区区委委员。1940 年 4 月在大溪活动时，由于叛徒出卖被捕入狱，领导难友们多次进行狱中斗争。1949 年 11 月 27 日，重庆解放前夕，许晓轩惨遭国民党特务杀害。新中国成立后拍摄的电影《红岩》，其中的许云峰主要原型就是许晓轩。

◆许晓轩故居

1996 年底，扬州市委决定，修复开放许晓轩故居。1997 年 9 月 28 日，故居正式对外开放。故居共三进四厢，占地 554 平方米，青砖小瓦、古朴庄重、正门顶上挂着的匾额上镶有张爱萍将军题写的“许晓轩故居” 5 个镏铂金大字。许晓轩烈士生平事迹展陈列于 6 个房间中，分为“少年时代”、“参加革命”、“狱中斗争”、“英勇献身”、“光辉千古”5 部分。共展出了 100 多幅珍贵的历史图片和许晓轩烈士的 10 多件遗物，2 组雕塑以及 14 幅领导题词和名人书画。

江都许晓轩故居于 2001 年 6 月被江苏省委宣传部公布为江苏省爱国主义教育基地。

无锡张闻天旧居

无锡张闻天旧居位于江苏省无锡市崇安区汤巷 45 号小区内。

◆无锡张闻天旧居

张闻天旧居原是无锡 20 世纪 30 年代某工商业主所建的仿西班牙式宅院，坐北朝南，占地约 500 平方米，有两层加一阁的小洋楼一幢，四周围以院墙，院门及门房间在其向南一面。1975 年 8 月 25 日，根据中央决定，时任中国科学院哲学社会科学部经济研究所特约研究员的张闻天从广东肇庆迁居无锡，无锡市政府安排他于 9 月 1 日搬进汤巷 45 号。1976 年 7 月 1 日，张闻天因心脏病猝发逝世于此。

为缅怀与学习中国共产党历史上的重要领导人、杰出的无产阶级革命家和理论家张闻天，经中共中央宣传部批准，由中共无锡市委党史工委恢复他在无锡的旧居，并于 1990 年 9 月 12 日对外开放。旧居辟有张闻天生平事迹陈列室，由序室和展室组成，计陈列 73 件珍贵实物、200 余幅照片。序室安放着张闻天的大幅肖像，毛泽东、邓小平等党中央领导人的题词，气氛庄严肃穆。展室分“寻求救国真理，探索革命道路”、“主持中央日常工作，支持毛泽东正确路线”、“进行农村调查，开辟东北根据地”、“在外交战线上；坚持真理，奋斗终身”及“党中央为张闻天平反昭雪”5 个部分，完整生动地再现了张闻天伟大、光辉的一生和作出的不朽历史功绩。旧居还恢复了张闻天生前的卧室兼书房，陈列极为简朴。

◆张闻天旧居内的张闻天塑像

无锡张闻天旧居于 1997 年 8 月被江苏省委宣传部公布为江苏省爱国主义教育基地。

中山陵

中山陵位于江苏省南京市玄武区紫金山南麓小茅峰。

◆中山陵

中山陵是中华民国国父、中国民主革命的先行者孙中山先生的陵墓。1925 年 3 月 12 日，孙中山病逝于北京，遗愿葬于紫金山。孙中山家属及国民党人先把遗体运往北京协和医院进行防腐处理，停放在西山碧云寺，随后到南京选择了紫金山南麓小茅峰作为墓址。1929 年 6 月 1 日，国民政府举行奉安大典，孙中山灵榇从湖南路中央党部出发，送往墓地进行安葬。

中山陵 1926 年 3 月开工兴建，1932 年整体建造完成。中山陵依山而筑，坐北朝南，西邻明孝陵，东毗灵谷寺，面积共 8 万余平方米，主要建筑有：牌坊、墓道、陵门、石阶、碑亭、祭堂和墓室等，排列在一条中轴线上，体现了中国传统建筑的风格，墓地全局呈“警钟”形图案。入口处有高大的花岗石牌坊，上有孙中山手书的“博爱”两个金字。从牌坊开始上达祭堂，共有石阶 329 级，8 个平台。祭堂为仿宫殿式的建筑，门楣上刻有“民族，民权，民生”横额。祭堂内放置孙中山大理石坐像，壁上刻有孙中山手书《建国大纲》全文。堂后墓门上有孙中山手书“浩气长存”横额和镌有“孙中山先生之墓”的石刻。进门为圆形墓室，直径 18 米，高 11 米。中央是长形墓穴，上面是孙中山汉白玉卧像，下面安葬着孙中山的遗体。墓穴深 5 米，外用钢筋混凝土密封。

◆中山陵碑亭

中山陵于 1961 年 3 月被国务院公布为全国重点文物保护单位；1997 年 6 月被中央宣传部公布为全国爱国主义教育基地。

雪枫墓园

雪枫墓园位于江苏省宿迁市泗洪县半城镇。

◆彭雪枫墓

彭雪枫（1907—1944），河南省镇平县七里庄人。1925年6月加入中国共产主义青年团，1926年9月转为中共党员。1930年5月由上海中央军委到苏区红军部队，先后任红军大队（纵队、师）政治委员、江西军区政治委员、红军大学政治委员和中革军委第一局局长。1934年10月参加长征，任军委第1野战纵队1梯队队长、红3军团5师师长、陕甘支队第2纵队司令员、红1军团4师政治委员等职。在中央红军进行的历次战斗中，披坚执锐，身先士卒，屡建奇功，被誉为中央红军中“优秀的青年将领、模范的政治委员”，荣获“红星奖章”。1938年9月组建新四军游击支队，任司令员兼政治委员，领导开辟豫皖苏边区抗日民主根据地，先后任中共豫皖苏边区委员会书记、新四军第6支队司令员兼政治委员、八路军第4纵队司令员。1941年皖南事变后，任新四军第4师师长兼淮北军区司令员，在华中敌后担负一个独立战略区的领导工作，领导根据地军民同日伪顽军队进行艰苦斗争，先后取得了1942年冬季淮北反“扫荡”和1943年山子头战役的胜利，巩固和发展了淮北根据地。1944年9月11日，在河南夏邑县八里庄指挥作战时中流弹牺牲，时年37岁。

◆抗日阵亡将士纪念塔

彭雪枫遗体于1945年2月安葬在新四军第4师及淮北解放区所在地半城西郊。为永远纪念彭雪枫等抗日阵亡将士，同年5月，淮北解放区党委、行政公署在墓葬处修建陵园，占地157亩，淮北行署主任刘瑞龙亲任建委主任，钱正英任工务科科长。陵园里营建彭雪枫将军墓、抗日阵亡将士纪念塔及芳草亭，记载烈士英名4000多位，堆集假山一座，形成一方月牙池，这里成为抗日根据地的纪念性园林。1946 年底遭国民党“还乡团”破坏，彭雪枫将军墓被扒，纪念塔顶新四军战士像被毁，芳草亭被烧。1949 年彭雪枫将军墓重建，并建有纪念馆、碑廊等。碑廊里有毛泽东、朱德等老一辈革命家及新四军老战士等题写的挽联挽词。

雪枫墓园于 1982 年 3 月被江苏省人民政府公布为江苏省文物保护单位；1997 年 8 月被江苏省委宣传部公布为江苏省爱国主义教育基地。

雨花台烈士陵园

雨花台位于江苏省南京市雨花区中华门外 1 公里。

◆雨花台烈士陵园

雨花台古称石子岗，又称玛瑙岗、聚宝山等，已有 3000 年的历史。相传南朝梁武帝时，有位云光法师在此讲经说法，感动上天，落花如雨，遂称雨花台，所产石子亦名雨花石。

从 1927 年蒋介石发动四一二政变到 1949 年新中国成立前夕，雨花台变成了国民党屠杀中国共产党员和爱国人士的刑场。这 22 年中，有近 10 万共产党人和工人、农民、知识分子等革命志士、爱国人士在此被杀害。

1950 年，南京人民为了纪念革命先烈，在这里兴建了雨花台烈士陵园。陵园包括雨花台主峰等 5 个山岗，以主峰为中心形成南北向中轴线，从 20 世纪 70 年代末至 90 年代中期，在全长 1500 米的中轴线上，陆续兴建了大规模的纪念建筑群。由北向南，北大门、烈士就义群雕、烈士纪念碑、倒影池、纪念桥、纪念馆、忠魂亭等依次展开。

陵园正北门立有一对石柱，朴素庄严，高约 11.7 米，象征俄国十月革命（1917 年 11 月 7 日）的道路。北殉难处烈士雕像用大小 179 块赭色花岗石砌成，高 10.3 米，长 14.2 米，由 9 位烈士雕像组成，表现了烈士们视死如归的浩然正气。

◆皖南事变三烈士墓

烈士纪念碑坐落在主峰峰顶，占地面积 1 万平方米。纪念碑高

42.3 米，碑体呈方形，宽 7 米，厚 5 米。正面镌刻邓小平手书“雨花台烈士纪念碑”8 个金字。碑前立有烈士铜像，高 5.5 米，题为“宁死不屈”。

烈士纪念馆坐落在主峰南面的任家山上，平面呈向南开口的矩形结构，东西长 92 米，南北长 49 米，四层，重檐，高 25.8 米。正门馆名由邓小平题写。墙外面及地坪贴铺花岗石，朴素庄严。馆内陈列着烈士的遗物、遗像和文物史料。

知名烈士墓区为水泥地面，面积约 800 平方米，共 17 座烈士墓。西殉难处和东殉难处有“革命烈士殉难处”的纪念标志。南北两侧的花岗岩照壁上分别用蒙、壮、维、藏、汉五种文字镌刻着《国际歌》和《国歌》。南面照壁两侧各有一座高 5.5 米，名为“缅怀”的纪念雕塑。纪念池前方为跨越雨花湖的纪念桥，桥长 103 米，宽 12 米。

皖南事变三烈士墓位于雨花台陵园西南的望江矶。1941 年 1 月，国民党顽固派围歼新四军军部及直属部队。副军长项英、副参谋长周子昆，政治部主任袁国平先后遇害，他们的遗体当年被就地掩埋。1955 年，华东军区将项英、周子昆、袁国平的遗骸迁葬于望江矶，时称“三将军墓”。1982 年改称“三烈士墓”。三烈士墓冢一字排开，墓前有石碑，墓高 3.4 米，碑高 3.8 米，墓道全长 380 米，2002 年被公布为江苏省文物保护单位。

雨花台烈士陵园于 1988 年被国务院公布为全国重点文物保护单位；1997 年 6 月被中央宣传部公布为全国爱国主义教育示范基地，1997 年 8 月被江苏省委宣传部公布为江苏省爱国主义教育基地。

无锡市革命烈士陵园

无锡市革命烈士陵园位于江苏省无锡市北塘区惠钱路 45 号。

1953 年，无锡市人民政府为便于人民群众瞻仰、祭扫革命先烈，决定在惠山北麓光明村严家棚建立“无锡市革命烈士墓”。1985 年更名为“无锡市革命烈士陵园”。陵园现占地 103 亩，由大门广场、甬道、祭扫广场、烈士墓区、纪念碑亭及烈士事迹陈列馆等部分组成。

◆无锡市革命烈士陵园

金山石铺设的大门广场面积为 2400 平方米。广场右前方向人们展示了一幅高 4 米、宽约 18 米的巨型浮雕——无锡地图。其前方矗立了一座栩栩如生的烈士群像雕塑。雕塑前是直径为 1.2 米的青铜火炬——火凤凰，象征着革命精神永不磨灭。

巍峨耸立在广场上的纪念塔是陵园的主体建筑。塔高 18 米，塔身和塔座用 856 块金山石贴面砌成，塔身正面镌刻着“为国牺牲人民英雄纪念塔”，下缀 1.17 吨的汉白玉花圈。塔前广场可同时容纳 5000 余人凭吊祭扫。广场两边的宣传画廊陈列了 28 块展板，分别介绍了无锡革命斗争史和部分烈士事迹。

◆无锡市革命烈士事迹陈列馆

烈士墓区里长眠着秦起、陈凤威、严朴等 144 位烈士。墓区中烈士纪念碑亭的石刻上记述了 133 位烈士的简介。

革命烈士事迹陈列馆为古典园林风格，建筑面积为 1280 平方米。分为第一、第二次国内革命战争时期，抗日战争时期、解放战争及社会主义建设时期三个陈列室。馆内以文字、图片、实物相结合的形式展出了 82 位烈士的英勇事迹。

无锡市革命烈士陵园于 2007 年 12 月被江苏省委宣传部公布为江苏省爱国主义教育基地。

常州烈士陵园

常州烈士陵园位于江苏省常州市天宁区兰陵北路 315 号。

◆常州烈士陵园

常州烈士陵园前身为南郊公墓。1974 年冬，常州市革命委员会决定在南郊公墓筹建烈士陵园。到 20 世纪 80 年代末，常州市烈士陵园主体建设基本完成。之后，于 1998 年、2003 年和 2005 年进行改扩建。现常州烈士陵园由革命烈士纪念碑、革命烈士纪念堂、革命烈士诗抄碑廊、人生格言碑廊、常州革命史纪念馆、常州

◆常州革命史纪念馆

革命烈士纪念馆和“常州三杰”广场组成。其中常州革命烈士纪念馆建筑面积 2140 平方米，展出文字 918 幅，图片 610 幅，实物 267 件，实物复制品 78 件；常州革命史纪念馆建筑面积 3600 平方米，展出文字 937 份，图片 917 幅，实物 200 件，实物复制品 69 件；“常州三杰”广场上矗立着瞿秋白、张太雷、恽代英塑像。

常州烈士陵园于 1997 年 8 月被江苏省委宣传部公布为江苏省爱国主义教育基地，2005 年 11 月被中央宣传部公布为全国爱国主义教育示范基地；1996 年 4 月被民政部公布为全国重点烈士纪念建筑物保护单位。

武进革命烈士陵园

武进革命烈士陵园位于江苏省常州市武进区中心城区淹城遗址西侧。

武进革命烈士陵园前身为武进市烈士纪念馆，于 1996 年移建于春秋遗址淹城西侧 400 米处，占地 8. 53 万平方米，于 1999 年初步建成。2000 年清明节举行揭碑仪式，并正式对外开放。

◆武进革命烈士陵园

烈士陵园由牌楼、纪念碑、祭扫广场、引桥及纪念馆等部分组成。高 7. 6 米、宽 9 米的牌楼题名为江苏省委原书记江渭清所书；纪念碑为卧式，高 6. 3 米，宽 14 米，采用进口印度红花岗岩贴面，正面为毛泽东手书“革命烈士永垂不朽” 8 个金色大字，背面为中共武进市委、市人民政府敬撰的碑文。4000 余平方米的祭扫广场全部用花岗岩铺地，四周由人工开掘的河道环

◆武进革命烈士陵园内的卧式纪念碑

绕；烈士事迹陈列馆为4层楼房，建筑面积4623平方米，馆名沿用全国人大常委会原副委员长史良所书“革命烈士纪念馆”。

烈士事迹陈列馆除图片、资料外，采用高科技的多媒体投影技术、场景艺术和各种雕刻、绘画艺术品与内容丰富的版面。两层2100余平方米的展厅内陈列为中国革命事业献身的2000余位烈士的生平事迹；三楼180余平方米的影视厅可供100余人进行爱国主义及革命传统教育。

武进革命烈士陵园于2004年1月被江苏省委宣传部公布为江苏省爱国主义教育基地。

苏州烈士陵园

苏州烈士陵园位于江苏省苏州市高新区青石路5号。

苏州烈士陵园始建于1956年4月，原名苏州横山烈士陵园，2000年重新改建，占地140.5亩，建筑面积1838平方米。改建后的烈士陵园分纪念瞻仰和烈士安息两个区。

◆苏州烈士陵园内的烈士事迹陈列馆

纪念瞻仰区位于陵园中心位置，采用主轴线对称布局。轴线长约160米，由西向东依地貌呈阶梯形，相应建筑依次为大门、牌坊、烈士事迹陈列馆、烈士陵园电教馆、悼念广场、纪念碑。纪念碑呈四棱形，碑高27米，寓意1949年4月27日苏州解放日，碑上镌刻陈毅元帅为苏州烈士陵园的题词“为人民事业而牺牲是最光荣的”，碑底柱正面和两侧各刻有一幅浮雕，画面分别为“百万雄师过大江”、“烽火沙家浜”、“铁岭关大捷”，背面是中共苏州市委、苏州市人民政府重建陵园的纪念碑文。陈列馆为两层仿唐建筑，馆内按历史进程分“星火燎原”、“浴血奋战”、“迎接曙光”、“艰难探索”、“新的征程”5 个部分布展，展出不同时期牺牲的 80 位革命烈士的生平事迹。悼念广场 1000 平方米，可容千人凭吊。烈士安息区位于纪念瞻仰区北侧，由烈士墓群和烈士骨灰堂组成，烈士墓群分三坛五区，安葬 258 位烈士的遗骸，烈士骨灰堂安放着 62 位烈士的骨灰。

苏州烈士陵园于 1997 年 8 月被江苏省委宣传部公布为江苏省爱国主义教育基地。

南通市烈士陵园

南通市烈士陵园位于江苏省南通市崇川区钟秀中路 100 号。

◆南通市烈士陵园

南通市烈士陵园始建于 1985 年，原名南通钟秀山烈士陵园，在南通市委、市政府及社会各界的关心、支持下，陵园不断得到修缮和扩充。2006 年市政府对烈士陵园进行改扩建，扩建后陵园占地面积 60.35 亩，并更名为“南通市烈士陵园”，增挂“南通革命纪念馆”牌子，实行两馆（烈士事迹陈列馆、革命历史纪念馆）合一，两园（陵园、公园）一体的管理模式。

纪念广场占地面积 1500 平方米，中央耸立着烈士纪念碑，四根巨柱寓意中国革命的四个历史时期，碑顶两只巨大的铜质花环是对英烈们永恒的怀念。纪念广场的后面是革命烈士纪念堂，里面陈列着不同时期烈士的骨灰以及部分烈士的遗物。展厅中央汉白玉基座、红色大理石的卧碑上镶刻有中共南通市委、市人民政府的铭文。为纪念南通三一八惨案的烈士，在纪念堂西侧重建南通三一八惨案纪念碑。南通革命纪念馆位于陵园内烈士纪念堂的北侧。

◆南通市烈士陵园内的烈士纪念碑

南通市烈士陵园于 1997 年 8 月被江苏省委宣传部公布为江苏省爱国主义教育基地。

灌南县烈士陵园

灌南县烈士陵园位于江苏省连云港市灌南县新安镇人民东路北侧。

灌南县烈士陵园始建于1958年，位于县城人民东路北侧，占地5.76万平方米，东西宽180米，南北长320米。园内南部为英雄广场，广场正中矗立着雄伟壮观的革命烈士纪念塔，塔北立了六角亭，亭北是解放新安镇烈士冢，烈士冢西侧立着八路军山东纵队陇海南进游击支队第3团团长汤曙红烈士纪念碑。北侧为灌南人民革命纪念馆。烈士冢东侧立着中国人民解放军第39军117师政治部主任吴书烈士纪念碑。纪念碑北侧是烈士公墓。园内安葬着458位烈士的忠骨，石碑上刻着1208位烈士的姓名。

◆灌南县烈士陵园

1947年10月16日，我华东野战军11纵队31旅91、92团对盘踞在新安镇的国民党44师150旅448团一个营及“还乡团”武装共1000余人实施围歼，93团负责围歼新安镇北10里的敌武障河据点之敌。17日，战斗打响，经过一天一夜激战，我军一举攻克号称“模范工事”的新安镇、武障河敌据点，共毙、伤、俘虏敌550余人，缴获火炮4门、轻重机枪19挺、长短枪430支，还有大量弹药和军用物资。在新安镇攻坚战中，我华野31旅亦伤亡310人，其中排以上干部12人。92团政治处主任张之牧，3连连长张国生、指导员茅英、排长陈永庆，9连连长张炳耀，机炮连连长陈斯球，91团3连排长吴景生、5连排长沙青、6连排长石照奎等同志壮烈牺牲。

◆解放新安镇烈士冢

为了永远牢记这些为解放新安镇而光荣献身的革命英烈，灌南县人民政府组织人力于1972年将这些烈士遗骨迁葬于灌南烈士陵园内，修建了烈士冢，冢外设置围墙，并刻立“解放新安镇烈士冢”纪念碑碑文。

灌南县烈士陵园于2007年12月被江苏省委宣传部公布为江苏省爱国主义教育基地。

抗日山烈士陵园

抗日山烈士陵园位于江苏省连云港市赣榆县西部抗日山南坡。

◆抗日山烈士陵园

抗日山，是我国唯一一座以抗日命名的山，抗日山烈士陵园是中国共产党领导下的抗日军民为抗战死难烈士兴建的时间最早、规模最大，安葬八路军、新四军抗日烈士最多的陵园。陵园内不但建有中国抗日军人的纪念碑，也建有外国抗日英雄的纪念碑。陵园依山而建，背山面水，气势宏伟，庄严肃穆，由抗日烈士纪念塔、纪念碑、纪念亭、纪念堂、纪念馆、碑廊、国防园和东西两大墓群组成，总面积24万平方米。1941年7月，由八路军115师教导2旅在原马鞍山上动工兴建，至1944年7月7日初步建成。共建有751座烈士坟墓，安葬着800余位烈士的忠骨，9座大型纪念碑上镌刻着3576位烈士的英名。山自然更名为抗日山，陵园亦自然而称为抗日山烈士陵园。

抗日山烈士陵园共分为8个坡段，每个坡段均建有不同风格的纪念建筑物，通过363个石阶可到达山顶。陵园第一坡段为花岗岩铺设的大型集会广场，总面积3000余平方米，可容纳近万人开展各种类型的纪念活动；第二坡段是1400平方米的碑廊，镌刻了各级领导人和知名人士所题写的诗词；第三坡段建有小沙东海战烈士冢，冢高8.4米，安葬彭雄、田守尧等16位烈士，冢前东碑上有陈毅的题词“浩气长存”；第四坡段上建有德国共产党员汉斯·希伯的圆锥形纪念塔，高5.1米，另立日本友人金野博纪念碑，为手榴弹造型，用花岗石雕刻；第五坡段为符竹庭烈士墓，墓高5.2米，六角亭式建筑。墓正面镶嵌着符竹庭的彩色铜像；第六坡段是滨海军区抗战烈士纪念塔。塔高8.3米，花岗石雕刻的大炮形建筑，塔基镶嵌着记录牺牲烈士的英名和战绩的石碑；第七坡段是抗日烈士纪念堂，为延安窑洞式建筑，共5间，总面积130平方米。纪念堂东西走廊两端各有一长碑，堂前广场上立有一座刺刀形状的纪念塔，塔南面题“烈士英

◆抗日山烈士陵园大门

名垂千古”七字，东面为抗日烈士纪念塔续序，北面为朱德所作《抗日五周年挽八路军阵亡将士》，西面为抗日烈士英名录；在山顶的第八坡段有建于 1942 年的抗日山烈士纪念塔和烈士纪念亭。纪念塔为正四面体，边长 1.45 米，高 14 米，塔顶是地球造型，并矗立着八路军战士戎装像。在纪念塔西侧是花岗岩砌成的烈士纪念亭。

抗日山烈士陵园于 1982 年 3 月被江苏省政府公布为江苏省文物保护单位；1997 年 8 月被江苏省委宣传部公布为江苏省爱国主义教育基地，2005 年 11 月被中央宣传部公布为全国爱国主义教育示范基地；1989 年 8 月被民政部公布为全国重点烈士纪念建筑物保护单位。

东海安峰山烈士陵园

东海安峰山烈士陵园位于江苏省连云港市东海县城西南约 16 公里处的安峰山上。

自抗日战争以来，安峰山地区便是“苏鲁交通线”上重要的联络驿站。在这里曾经发生过震惊苏北鲁南的“安峰山事件”。1947 年 2 月 20 日，苏皖地区北撤鲁南的干部、民兵及家属 1800 余人奉命返回原地坚持斗争，途经安峰山一带，与当地潼北工委机关 1000 余人突然遭到国民党军整编 28 师及地方反动武装共约 5000 人的包围合击。我受围人员会同华东野战军第 35 旅（原 6 分区新 10 旅）加强连官兵浴血奋战，多次突围，但终因力量悬殊太大遭受严重损失，淮海区工会副会长王元兴等 200 余人在激战中壮烈牺牲。合击之后国民党军在安峰山地区驻军达一周之久，展开疯狂搜捕，虽经当地群众全力营救仍有 1000 余人被俘，在徐州和沭城监狱又有 200 多人被敌人迫害致死。

◆东海安峰山烈士陵园

1994 年 4 月 5 日东海县

委、县政府决定兴建，安峰山烈士陵园1998年4月建成对外开放。陵园占地69300平方米，建筑面积33300平方米，主要包括安峰山阻击战烈士纪念塔、东海县革命烈士纪念馆、安峰山阻击战烈士纪念碑等，分为纪念瞻仰区、青少年教育活动区、遗址区、烈士墓区、游憩区、恭祭区6个功能区。陵园正门碑墙上镌刻着张爱萍将军题写的园名，陵园内繁花簇拥着高30.472米的安峰山事件烈士纪念塔，翠柏掩映着错落有致的东海县革命历史纪念馆。

◆东海安峰山事件烈士纪念塔

东海安峰山烈士陵园于2001年4月被江苏省委宣传部公布为江苏省爱国主义教育基地。

刘老庄八十二烈士陵园

刘老庄八十二烈士陵园位于江苏省淮安市淮阴区刘老庄乡刘老庄街西南角。

1943年春，日本侵略军向我苏北抗日根据地展开大规模“扫荡”。3月18日，日军主力之一的第65师团3000余人携带100多门火炮，杀气腾腾地向淮阴城北刘老庄扑来。新四军第3师7旅19团4连奉命阻击日军，掩护根据地党政军领导机关和驻地群众安全转移。从拂晓到黄昏，连长白思才和指导员李云鹏带领全连官兵浴血奋战，连续打退敌人5次进攻，毙伤日伪军300余人。身负重伤的白思才、李云鹏组织全连所余的20多人，烧毁地图文件，砸坏多余枪支，同敌人展开肉搏。终因寡

◆刘老庄八十二烈士陵园

◆刘老庄八十二烈士陵园内的雕塑

不敌众，4 连 82 位勇士全部壮烈牺牲。

淮阴人民于战后将烈士的忠骸收殓，举行公葬，修建了新四军抗战八十二烈士公墓与陵园，并从地方武装中抽调以宋丁祥为连长、许醒民为指导员的涟水独立团 2 连全体指战员补入 4 连，继续奔赴抗日战争前线。

1947 年，烈士墓遭国民党军破坏。1955 年重建八十二烈士墓，1992 年扩建烈士陵园，园内有纪念馆、纪念塔、壮志亭、墓碑、浮雕、石柱、石刻、碑廊等，有象征八十二烈士的八十二棵青松。2010 年，淮阴区委、区政府决定将刘老庄八十二烈士陵园扩建为新四军刘老庄纪念园。

刘老庄八十二烈士陵园于 1982 年被江苏省人民政府公布为江苏省文物保护单位；1997 年 8 月被江苏省委宣传部公布为江苏省爱国主义教育基地。

东台市三仓烈士陵园

东台市三仓烈士陵园位于江苏省盐城市东台市（县级市）三仓镇新五村。

东台市三仓烈士陵园是在苏中四分区抗日烈士纪念碑（烈士亭）的基础上，于 1981 年至今逐步扩建起来的。原占地面积 2.34 亩，现扩展到 64.7 亩，经过 60 多年来的建设初步形成了“抗日烈士”、“粟裕将军”、“新四军一师”和“国防教育”四大纪念主题。

◆东台市三仓烈士陵园

东台市三仓烈士陵园的主体部分包括：

苏中四分区抗日烈士纪念碑（烈士亭）。1945 年春，苏中四分区党委决定，为纪念在抗日战争中为国捐躯的 120 名烈士，建立一座烈士亭。该碑亭位于陵园东南角，坐北朝南，呈五角形，占

◆三仓烈士陵园内的烈士纪念塔

地990平方米，亭高9.18米，亭内正中立有苏四分区抗日烈士纪念碑，碑体为白矾石，高1.4米、宽0.83米、厚0.22米，于1945年7月7日抗战八周年立。苏中四分区于1947年7月7日在这里隆重补行了近万人参加的落成庆典。2003年按原样重建，重建后的烈士亭高9.18米，象征九一八事变；总高度19.45米，象征1945年抗日战争的伟大胜利。

革命烈士纪念塔。1955年，曾于烈士亭南侧建造一座砖塔，1963年夏季被台风刮倒。1981年开始重建，于1984年底建成。坐西朝东，正对陵园大门楼和黄海公路。塔基占地466.9平方米，总高度为20米，双层栏杆，四面上下。塔身正面陈毅题词“立德立功永垂不朽”镏金铜字镶嵌其中。

革命烈士纪念馆。位于陵园大门南侧，占地面积198平方米，为古典苏式建筑，陈列有东台市各个革命斗争时期牺牲的2206名烈士的英名录和主要斗争事迹以及实物资料。

粟裕纪念堂（新四军一师纪念馆）。1941年至1944年，新四军1师师长、苏中军区司令员粟裕将军率部队进驻三仓地区，先后达4年之久，创建了苏中抗日根据地。新中国成立后，粟裕又于1975年5月来三仓看望老区人民。1982年粟裕为三仓烈士陵园大门题写了门匾。1987年，地方政府决定在陵园北部建“粟裕纪念堂”（新四军一师纪念馆），1988年春建成，为古典苏式建筑，建筑面积235平方米，展厅面积200平方米。2008年，对粟裕纪念堂进行了全面大修，并重新布列“粟裕大将军光辉的一生”大型图片展。

◆三仓烈士陵园门匾

粟裕同志部分骨灰墓。根据粟裕生前嘱咐，1984年4月19日，中央军委办公厅领导和粟裕亲属来三仓烈士陵园，将粟裕部分骨灰安葬于纪念塔的南侧，并在墓穴周围栽植7株松柏，象征“七战七捷”。

除此之外，陵园内还建有烈士墓群、65名无名烈士墓、三仓保卫战纪念亭、红军园、国防教育园和碑廊等。

东台市三仓烈士陵园于1982年3月被江苏省人民政府公布为江苏省文物保护单位；2001年6月被江苏省委宣传部公布为江苏省爱国主义教育基地。

宝应烈士陵园

宝应烈士陵园位于江苏省扬州市宝应县安宜镇大桥居委会南港生产组西。

◆宝应烈士陵园

宝应烈士陵园始建于1956年，起初只有一尊纪念碑。1976年进行扩建，专辟纪念馆，开始收集展览藏品。但建筑面积较小，再加上设施落后，远不能满足瞻仰和凭吊之需。2001年6月经县人民政府研究决定实施易地重建，同年7月2日奠基，8月8日开工，于2002年清明节前正式投入使用。新园总占地面积60亩，分纪念瞻仰区、烈士墓区、青少年教育活动区、综合服务区4个功能区。一期工程有烈士纪念碑、纪念馆、烈士墓区、祭扫凭吊广场等。陵园中共有烈士墓28个，其中有一个是1176名烈士的合葬墓地。

◆宝应县革命烈士纪念馆

烈士陵园作为纪念性工程，以纪念碑、纪念馆为主体，在形式上突出了革命英雄主义以及“永恒”这一主题的表达。

革命烈士纪念碑，主体碑身高21米，象征中国共产党的诞生，两侧抛物线象征人民群众团结在中国共产党的周围，不断从胜利走向胜利，碑身整体形态酷似一把直插云霄的三棱剑，成为整个革命烈士陵园的制高点，显示了革命志士们顶天立地的英雄气概。

革命烈士纪念馆大门前屹立着人物群雕，其表情坚定、身材伟岸，代表无数为祖国和人民光荣献身的革命烈士昂扬向上、视死如归的精神。纪念馆整个展览分为四个部分，展出了100多位烈士的生平事迹和遗物，记载了千余位烈士的英名。

宝应烈士陵园于2007年12月被江苏省委宣传部公布为江苏省爱国主义教育基地。

郭村保卫战革命烈士陵园

郭村保卫战革命烈士陵园位于江苏省扬州市江都市（县级市）郭村镇通扬村大友组。

◆郭村保卫战革命烈士陵园

1940年6月28日，国民党地方实力派李明扬、李长江纠集13个团的兵力约1万余人，进犯新四军挺进纵队驻地郭村。挺纵当时在郭村仅有2000余人，但在地方党组织和人民群众的全力支援下，采取积极防御的方针。29日，新四军苏皖支队昼夜兼程，赶到郭村，与挺纵配合，多次组织反击。30日，在李部的地下党员率部起义。挺纵和苏皖支队趁势全力出击，歼李部3个团，李军全线动摇，向泰州溃逃。陈毅从江南赶到郭村，决定不攻泰州，继续争取李明扬、李长江，孤立顽固派韩德勤。“二李”在新四军争取下，对进犯郭村表示赔礼谢罪，并表示在新四军东进时保持中立。郭村战斗取得政治、军事双重胜利。

◆郭村保卫战革命烈士纪念馆

郭村保卫战革命烈士陵园始建于1980年。陵园旧址位于郭村镇东进路，坐南朝北，总面积5000平方米，由门楼、纪念碑和纪念馆三部分组成。1998年，郭村镇党委、政府重建扩建烈士陵园。新陵园于1999年2月25日破土动工，

2000 年春竣工。陵园坐西朝东，两面环水，东西长 111 米，南北长 62.8 米，占地面积 6971 平方米，建筑面积 1500 平方米。原新四军挺进纵队副司令员兼政委叶飞题写了园名“郭村保卫战革命烈士陵园”。纪念碑高 16 米，宽 2.2 米，矗立在面积约为 5000 平方米的广场中央，碑基呈宝塔形，四周镶嵌着 8 块大理石浮雕，再现了当年战斗情形。纪念馆是一座钢筋混凝土框架结构的两层楼房，面积为 800 平方米，内部设序厅、展览厅、接待厅、书画室等。展览厅分上下两层，共展览图片 347 幅，实物 27 件及一些珍贵历史资料。

郭村保卫战革命烈士陵园于 1982 年 3 月被江苏省人民政府公布为江苏省文物保护单位；2007 年 1 月被江苏省委宣传部公布为江苏省爱国主义教育基地。

江都烈士陵园

江都烈士陵园位于江苏省扬州市江都市（县级市）区北郊，高水河东岸。

◆江都烈士陵园

1964 年，江都县委、县政府率全县人民在镇区北郊垦荒，建起烈士陵园。陵园占地 100 亩。园内主要纪念建筑物由牌坊、纪念碑、纪念馆、烈士骨灰存放室、烈士墓等组成。吊唁广场占地 1300 多平方米，可容纳瞻仰群众 3000 多人。广场两侧是花岗岩弧形墙浮雕，再现了被誉为“东进序曲”的郭村保卫战和苏中七战七捷第六战的邵伯保卫战的战斗情景。

◆江都革命烈士纪念馆

1977 年在陵园中央兴建革命烈士纪念馆，四周雕栏玉柱，建筑面积 314 平方米。馆内陈列着陈毅、叶飞、姬鹏飞等老一辈革命家在江都地区的革命事迹和郭村保卫战、邵伯保卫战等重要战斗史实图片及文献资料，重点介绍 124 名烈士的英勇事迹。1999 年，陵园改扩建后，沿大门台阶而上，是一座仿古牌坊，上面是中央军委原副主席张震题写的“江都革命烈士陵园”镏金大字。纪念广场气势恢宏，中央矗立着钢骨结构的纪念碑，高 19.491 米，象征江都 1949 年 1 月解放。两侧浮雕重现邵伯保卫战和郭村保卫战的战斗场景。在纪念馆的后面是烈士骨灰存放室，这是一座四角翘檐、四面回廊仿古建筑，存放着新中国成立以来 30 多名革命烈士的骨灰，后面是烈士墓冢。

江都烈士陵园于 2007 年 12 月被江苏省委宣传部公布为江苏省爱国主义教育基地，1995 年 1 月被民政部公布为民政部第一批爱国主义教育基地。

扬州市烈士陵园

扬州市烈士陵园位于江苏省扬州市维扬区蜀岗瘦西湖的万松岭。

◆扬州市烈士陵园

扬州革命烈士陵园始建于 1954 年，扩建于 1997 年，改建于 2005 年。烈士陵园占地面积 80 亩，建有入口牌楼、凭吊广场、烈士诗抄碑、烈士纪念碑、烈士墓区、烈士事迹陈列馆等纪念建筑物。烈士陵园入口牌楼古朴典雅，上面镌刻着江泽民题写的“扬州革命烈士陵园”8 个金光闪闪的大字。集散广场两侧建有 6 座碑壁，上面镌刻着全国著名烈士的诗抄。凭吊广场占地面积 5000 平方米，可一次容纳 5000 人祭扫，两侧嵌卧着 8 个直径为 4.5 米的石雕花圈。烈士纪念碑雄伟庄严，纪念碑阳面镌刻毛泽东“为国牺牲永垂不朽”遒劲有力的手迹，阴面镌刻以扬州市委、市人民政府名义撰写的碑文。

◆扬州市烈士陵园内的烈士纪念碑

烈士墓区位于纪念碑北侧，嫣红色花岗岩墓碑沿坡安放，静卧在浓郁的草地中，表达烈士生命不灭，与大地共存的意境。革命烈士事迹陈列馆建筑面积 2500 平方米，馆内陈列展示了辛亥革命先驱熊成基、京汉铁路工人大罢工领导人之一曾玉良、中共扬州第一任县委书记曹起溍、皖东北抗日根据地创始人江上青、《红岩》中许云峰的原型许晓轩等全国知名烈士和扬州各个革命时期200多名烈士的生平事迹和斗争史料。

扬州市烈士陵园于1997年8月被江苏省委宣传部公布为江苏省爱国主义教育基地；2009年3月被民政部公布为全国重点烈士纪念建筑物保护单位。

镇江市烈士陵园

镇江市烈士陵园位于江苏省镇江市京口区北固山前峰。

◆镇江烈士纪念碑

北固山有“镇江的雨花台”之称。1930年11月，国民党在镇江建立江苏省临时军法会审处，对全省各地被捕的数百名优秀共产党人和革命志士进行残酷杀害，有300多人被杀害于北固山麓。1966年8月，镇江市委、市政府为昭彰土地革命、抗日战争、解放战争和社会主义革命时期革命烈士的丰功伟绩，决定在北固山前峰修建镇江烈士陵园。

陵园的主体建筑为镇江烈士纪念碑，碑体坐北朝南，位于陵园中轴线北端，1993年4月5日重建，碑身用花岗岩建成，碑高30米。碑体由三片组成，似三把利剑直刺苍穹，象征着革命烈士坚强不屈的革命精神。碑前广场用彩色地砖铺就，占地面积3000平方米。

◆镇江烈士陵园烈士墓区

陵园中的烈士陵墓，长眠着为民族独立、人民解放和社会主义事业而英勇献身的138名革命烈士，是镇江市委、市政府于1966年8月从南郊、九华山、北固山、宝盖山、桃花坞等处移至陵园内集中安葬的。镇江市委、市政府于1997年3月28日在纪念碑前两侧重建烈士陵墓，占地418平方米。在烈士陵墓中，还有一座置放39位烈士骨灰的壁陵。

此外，陵园还先后修建了警示碑、浮雕墙、北固英雄雕、忠列亭等纪念建筑物。

镇江市烈士陵园于1997年8月被江苏省委宣传部公布为江苏省爱国主义教育基地；2001年5月被民政部公布为全国重点烈士纪念建筑物保护单位。

姜堰市革命烈士陵园

姜堰市革命烈士陵园位于江苏省泰州市姜堰市（县级市）姜堰镇太平路52号。

姜堰市革命烈士陵园建于1956年，占地28.8亩，其中水面面积5.28亩，建筑面积1900平方米。这里汇集了姜堰各个历史时期多位烈士的生平资料、事迹、照片、图片、遗物等。现有革命烈士档案1929份，照片106幅，烈士墓8座，以及先烈遗物、碑刻等200余件。1988年经政府批准增挂“姜堰市城中公园”。从2003年3月起，对该园进行了一、二期工程改造，建造了烈士纪念塔、揽月桥，维修了纪念堂、北侧古典式建筑和北大门，新建了两座亭阁、一座牌坊和“勇敢队之歌”群雕，在纪念广场和南大门地面铺设花岗岩，对原有道路进行改造，对揽月桥北侧重新进行绿化、加设了亮化设施。改造后的烈士陵园，塔、坊、碑、堂遥遥相对，并与整个广场浑然一体。

◆姜堰市革命烈士陵园

姜堰市革命烈士陵园于2004年1月被江苏省委宣传部公布为江苏省爱国主义教育基地。

靖江市烈士陵园

靖江市烈士陵园位于江苏省泰州市靖江市（县级市）孤山镇清河路8号。

◆靖江市烈士陵园

靖江市烈士陵园占地 3140 平方米。在战争年代和社会主义建设时期，靖江共有 1539 名革命烈士为国捐躯。为弘扬革命精神，缅怀革命烈士，靖江县政府于 1959 年在孤山顶上建成孤山烈士纪念塔、纪念堂及进山门坊。1986 年，县政府对原陵园重新进行了整体规划并迁址于孤山的西山脚下，1987 年建成了新烈士陵园，陵园主要由园前广场、前大厅、瞻仰道、纪念碑、纪念馆等部分组成。园前广场 300 平方米，十分开阔。前大厅有三孔暗红色大门，通向园内，大厅正上方有“靖江烈士陵园”题额。穿过前大厅，便是绿树成荫的瞻仰大道。大道为水泥板块结构，宽 8 米、长 150 米，一眼望去，可见由花岗岩构建的革命烈士纪念碑。纪念碑碑基长、宽各 6 米，碑身高 6. 6 米，镂金碑文“革命烈士永垂不朽”，为周恩来总理影印手迹。革命烈士纪念馆位于纪念碑后，系土木结构，飞檐翘角，雕梁画栋，绿墙墨瓦，是一座依山而建的仿明代宫殿式建筑。馆内面积 540 平方米，踏上花岗岩台阶，内有张爱萍题写的“气壮山河”四个烫金大字的匾额。馆厅 13 间，分一大室四小室，呈“凹”字形。大室内陈列着方毅、叶飞、曾涛等中央和各级领导人的题词 34 幅。小室内悬挂着烈士遗像和他们的事迹简介。24 个文物柜内，陈列着烈士的史料、遗物和生前使用过的武器。

◆靖江市烈士陵园内的烈士纪念碑

靖江市烈士陵园于 2007 年 12 月被江苏省委宣传部公布为江苏省爱国主义教育基地。

爱园烈士陵园

爱园烈士陵园位于江苏省宿迁市泗阳县众兴镇爱园路 9 号。

抗日战争时期，中共淮海区党委、行政公署、淮海军分区曾长期驻扎在泗阳县爱园、里仁、穿城、张家圩等地。陈毅、黄克诚、彭雪枫、邓子恢、张爱萍、刘震、金明、李一氓、覃健等老一辈无产阶级革命家曾在这里，领导广大军民浴血奋战。在平定洪泽湖匪患、新行圩战斗、程道口战役、泗沭军民反“扫荡”、山子头自卫反击战、三岔伏击战、鏖战林宫渡等战役中，有 3500 余名官兵为国捐躯，长眠淮海大地。

◆爱园烈士陵园内的烈士纪念碑

为了悼念抗日救国牺牲的革命烈士，激励淮海区人民的抗日斗志，1944 年 9 月中共淮海区党委、淮海行政公署、泗阳县人民政府决定在原泗沭县北裴圩松张口唐楼底园兴建革命烈士陵园，经过 70 多天的努力，烈士陵园竣工，占地 120 亩。在陵园东北安葬烈士，园中央建昭忠祠，用木匾供奉烈士英名。园内建碑亭、道路。陵园大门向南，高约两丈，庄严雄伟。时任淮海区行政公署主任李一氓为陵园亲笔题写“爱园”。

◆爱园烈士陵园内的忠魂园

1953 年，泗阳县人民政府将爱园烈士陵园迁至县城所在地众兴镇，即现址。2010 年 4 月，泗阳县委、县政府对爱园烈士陵园进行了大幅度的修缮、改造。现爱园烈士陵园完整地保存着抗日战争、解放战争时期的碑志、牌匾、历史资料、革命文物。瞻仰区“忠魂园”建有纪念碑、烈士墓、碑廊、碑亭；观光区建有“昭忠祠”、“国防园”、仿古长廊等建筑。黄克诚、刘震、金明、李一氓等老一辈无产阶级革命家的铜像分布在陵园各处。

爱园烈士陵园于1997年8月被江苏省委宣传部公布为江苏省爱国主义教育基地。

沭阳县革命烈士陵园

沭阳县革命烈士陵园位于江苏省宿迁市沭阳县沭城镇苏州东路北侧。

在沭阳县2298平方公里的土地上，有4320名烈士为新中国的诞生和社会主义建设捐躯献身。1958年，沭阳县人民政府为了表达对革命烈士的缅怀之情，褒扬革命烈士的献身精神，兴建了革命烈士陵园，占地40亩。

◆沭阳县革命烈士陵园陈列室

沭阳县革命烈士陵园先后于1963年、1975年、1985年三次扩建，主要建筑物有烈士碑、纪念亭、陈列室、纪念广场、烈士墓区、烈士陵园骨灰室等。烈士陵园纪念广场位于陵园南端，中央矗立着烈士纪念碑，1975年建成，碑高18米，正面书写着“人民英雄永垂不朽”8个金色大字。吴苓生烈士墓位于纪念碑北侧。

1985年，经沭阳县委、县政府同意，将城北公园烈士碑迁入沭阳县烈士陵园，建筑两座碑亭，对称排列于纪念碑东西两侧，西侧为汤曙红、宋耀南、任鸣九、孙东初四位烈士碑亭，东亭有“东海抗战烈士”碑及仿制的“一一六烈士”碑和“柴米河畔七英雄烈士”碑。烈士墓区位于东亭北约20米处，前后7排，安葬着各个时期为革命献身的42名烈士、病故军人和12位老红军的遗骸。

◆沭阳县革命烈士陵园内的烈士纪念碑

2001年，新建250平方米烈士事迹陈列室，室内陈列着25位烈士生平事迹，内有全国人大常委会原副委员长楚图南“为人民鞠躬尽瘁，对革命无限忠诚”的题词。

沭阳县革命烈士陵园于2007年12月被江苏省委宣传部公布为江苏省爱国主义教育基地。

泗洪烈士陵园

泗洪烈士陵园位于江苏省宿迁市泗洪县城南郊山河西路21号。

◆泗洪烈士陵园

泗洪地处淮北苏皖边区。1928年起中国共产党开始在这里建立组织，开展活动。抗日战争和解放战争期间，这里是淮北根据地的中心区，也是敌我双方争夺的重点地区，无数先烈曾谱写了可歌可泣的英雄篇章。其中有为建立皖东北抗日民族统一战线而牺牲的中共皖东北特支书记江上青，有宁死不屈的淮北抗日民族女英雄喻尊霞等。现知姓名的泗洪籍烈士有2800人，其他地方籍烈士195人，还有在胡桥、江桥、青阳、马公等抗日战争中牺牲的几百位无名英雄。1954年中共泗洪县委、县政府决定在县城南郊拓地500余亩，辟建烈士陵园，将分散在泗洪县境内的150多座烈士墓先后移入陵园安葬。

2002年，烈士陵园增建革命烈士纪念馆，分北馆、南馆，总面积2600平方米，高13.6米。目前，馆内共展出图片344幅，大型全景油画11幅，雕塑18座，并陈列部分实物，馆内碑石上刻录着2801位革命烈士的英名。瞻仰广场总面积1万平方米，采用扇面形式，用花岗岩机刨石铺面，与两馆建筑风格相得益彰，融为一体。

◆泗洪革命烈士纪念馆北馆

泗洪烈士陵园于1997年8月被江苏省委宣传部公布为江苏省爱国主义教育基地；2009年3月被民政部公布为全国重点烈士纪念建筑物保护单位。

小蔡集烈士陵园

小蔡集烈士陵园位于江苏省宿迁市宿豫区来龙镇陵园村八组。

◆小蔡集烈士陵园内的烈士纪念亭

1946年，国民党反动派向我解放区大举进攻，兵分四路向苏北侵犯，从宿迁分两路沿海郑、宿新公路，企图占领沭阳城和新安镇。我军在陈毅、粟裕的指挥下，于1946年12月13日至19日，在北起沂河、南至海郑公路、东起来龙、西至马陵山麓，纵横五六十里的平原地，集中24个团的优势兵力，展开了宿北阻击战。龙庵小蔡集作为主战场之一，鏖战了七天七夜，一举全歼国民党整编第69师，重创整编第11师，以光辉的战绩载入解放战争史册。

为纪念来龙庵阻击战中英勇牺牲的先烈们，1962年，宿迁县人民政府在来龙镇西南方向建立了宿北大战小蔡集烈士陵园（今陵园村境内），占地面积约6.6万平方米。

◆小蔡集烈士陵园内的俞慕耕烈士墓

2002年，对陵园进行改造和整修，新建了院墙，把陵园内道路铺设成水泥路面。烈士纪念亭前后各有三级台阶，亭内立一碑，正面上书“革命烈士永垂不朽”8个大字，背面刻有苏北大战简介。参战部队1纵3旅9团参谋长俞慕耕烈士和2纵3旅14团2营营长董辉烈士的墓碑立于纪念亭后左右两侧，烈士墓地后面建有76个精致的大理石墓穴，500多名烈士长眠于此。

小蔡集烈士陵园于2007年12月被江苏省委宣传部公布为江苏省爱国主义教育基地。

朱家岗烈士陵园

朱家岗烈士陵园位于江苏省宿迁市泗洪县曹庙乡朱家岗村。

1942年12月9日，新四军第4师9旅26团，不足900人，在朱家岗与来犯之日军1500余人展开了18小时激战，杀敌300人，打退了日军的进攻，这是新四军击退

◆朱家岗烈士陵园

日军向淮北苏皖根据地五路围攻的一次决定性战斗，是役我军共有 73 名将士壮烈牺牲。

1943 年 8 月，中共泗洪县委、县政府、县参议会研究决定去朱家岗修建烈士陵园。10 月初动工，11 月 12 日完工。新中国成立后，泗洪县委、县政府对朱家岗烈士陵园又进行了多次重修和维护。

陵园占地 4.4 亩。陵园大门高 10 米，宽 20 米，横楣上张爱萍将军亲笔题写“朱家岗烈士陵园”七个大字。陵园四周是青砖花墙，墙上刻有 22 幅壁画，内容是朱家岗战斗和山子头战斗经过图。大门内侧为护碑长廊，廊中分别树立着烈士英名录碑、战斗碑记、墓志铭、中央和地方首长题词及修建朱家岗烈士陵园碑记等。园内的纪念塔高 19.42 米，正面刻有刘华清书写的“浩气长存”四个大字。纪念塔前东西两侧分别为面积 195 平方米的战斗展览馆和烈士馆。纪念塔北侧是 73 位烈士墓，坐落在鲜花翠柏之中。

◆朱家岗烈士纪念塔

朱家岗烈士陵园于 1982 年 3 月被江苏省人民政府公布为江苏省文物保护单位；1997 年 8 月被江苏省委宣传部公布为江苏省爱国主义教育基地。

泰兴市黄桥革命历史纪念地

泰兴市黄桥革命历史纪念地位于江苏省泰州市泰兴市（县级市）黄桥镇。

1940 年秋，由陈毅、粟裕分别担任正、副指挥的新四军苏北指挥部在黄桥指挥了著名的黄桥战役。新四军 7000 多人与 3 万多日顽军鏖战 5 日，一举歼敌 1.1 万多人。黄桥战役创造了我军以少胜多的光辉范例，打开了华中抗战的新局面。

泰兴黄桥革命历史纪念地占地1万平方米，包括新四军黄桥战役纪念馆、新四军苏北指挥部旧址、新四军第三纵队司令部旧址、新四军黄桥战役革命烈士纪念塔、粟裕部分骨灰安放处等。

新四军黄桥战役纪念馆

◆新四军黄桥战役纪念馆

新四军黄桥战役纪念馆位于黄桥镇米巷10号丁家花园内。1940年7月至10月，陈毅、粟裕、陈丕显等领导人在此办公和住宿，组建了通、如、靖、泰行政委员会，成立了苏北区党委。

新四军黄桥战役纪念馆于1979年筹建，1980年正式对外开放，1990年第一次扩建，2005年初再次整建。改建后的“新四军黄桥战役纪念馆”占地面积4820平方米，是建馆最早的新四军纪念馆。

纪念馆系近代园林建筑，现馆藏三级以上历史文物4000余件，历史照片2500多幅，新四军老战士及省部级以上干部字画、题词300多幅，并设有电子触摸屏、电动图、声光电模型科技产品，又陈列了与现场场景相适应的人物蜡像，对新四军黄桥战役进行了全方位、多层面的展示。新四军黄桥战役纪念馆于1982年3月被江苏省人民政府公布为江苏省文物保护单位；1992年8月被江苏省委宣传部公布为江苏省爱国主义教育基地。

新四军苏北指挥部旧址

新四军苏北指挥部旧址位于黄桥镇文明路164号黄桥中学。旧址主体建筑工字楼建于1924年，1926年以“私立黄桥初级中学”的校名报省教育厅备案。1937年秋抗日战争全面爆发，学校被迫停办。1938年秋复校，并增设一个高中班。1939年报省教育厅批准，更名为“黄桥中学”。

◆新四军苏北指挥部旧址

1940年7月，新四军东进黄桥，在黄桥中学设新四军苏北指挥部。陈毅、粟裕等领导在此楼办公和住宿，研究制定了“联李、击敌、反韩”的一系列战略方针，指挥了“营溪反击”、“攻克姜堰”等战斗。黄桥决战前，陈毅在此楼亲自起草了《告新四军苏北指挥部全体指战员同志书》、《告苏北各界人士书》、《告江苏省保安第六旅全体官兵书》等一系列布告、通令、传单。黄桥决战胜利后，新四军在楼前广场举办了战利品展览，演出过“文明戏”。

1940年冬，日军侵占黄桥，学校迁址，此楼为日军据点。1945年，日本帝国主义投降，黄桥中学复校，校址迁回此楼。解放以后为黄桥东进中学教学楼。1985年，省、市、县三级政府拨款修缮，加固墙基，更换门窗、天花板、楼板、栏杆，修北墙面，重盖屋面等，东进中学让出，由黄桥战役纪念馆管辖，举办黄桥战役辅助陈列，对外开放。此后，屡次进行维修。新四军苏北指挥部旧址于1982年3月被江苏省人民政府公布为江苏省文物保护单位。

新四军第三纵队司令部旧址

新四军第三纵队司令部旧址位于黄桥镇东进东路123号严复兴楼，系清代民居建筑。1940年4月至10月为新四军第三纵队司令部驻地，粟裕、陶勇在这里指挥所属将士坚守黄桥，打退了国民党顽固派军队的7次冲锋，为黄桥战役的全面胜利立下了不朽的功勋。新四军第三纵队司令部旧址于1982年3月被江苏省人民政府公布为江苏省文物保护单位。

◆新四军第三纵队司令部旧址

新四军黄桥战役革命烈士纪念塔

新四军黄桥战役革命烈士纪念塔位于黄桥镇东首姜八公路、如黄公路交汇处。该纪念塔始建于1989年，塔高23.8米，造型是抽象与具象相结合，相互缠绕的两面红旗，象征八路军、新四军两军团结奋斗。塔基为八角形，寓意八路军。四周台阶分别为4层，每层4级及4块卧碑，均寓意新四军。塔名为粟裕手迹“新四军黄桥战役革命烈士纪念塔”，纪念塔背面镌刻着陈毅手迹：“江淮河汉今谁属，红旗十月满天飞。”

粟裕部分骨灰安放处

粟裕生前就希望身后把自己的骨灰撒在曾经频繁战斗过的土地上，与长眠在那里的战友们永远在一起，而黄桥战役是他和陈毅一起创造的我军战争史上以少胜多的奇迹。1984年4月18日，泰兴市委、市政府在黄桥公园举行了隆重的安放仪式。2000年10

月，泰兴市政府又对墓碑进行了维修，整个墓基呈圆形，直径8.3米，墓身底层呈正方形，边长2.1米，顶层呈八角形，碑高2.17米，墓地四周有16棵苍松翠柏。

泰兴市黄桥革命历史纪念地于2004年1月被江苏省委宣传部公布为江苏省爱国主义教育基地，2005年11月被中央宣传部公布为全国爱国主义教育示范基地。

革命烈士纪念碑

革命烈士纪念碑位于江苏省南京市浦口区江浦街道求雨山文化名人纪念馆内。

1949年4月20日，中国人民解放军第三野战军第35军受命发起“三浦战役”，解放江浦、浦口和浦镇，拔除敌人江北最后的“桥头堡”，牵制南京守敌。

◆革命烈士纪念碑

是日21时，35军103师按照上级的统一命令，开始攻打江浦县城，307团是主攻团，308团负责阻击南逃之敌，309团负责掩护。战斗打响后，307团1营3连作为突击连与守城敌人展开激战，突击连120多人壮烈牺牲。21日凌晨3时，307团、308团和309团在103师其他部队的配合下，发起最后攻击，攻克江浦县城。此役，103师共有250多名官兵牺牲，500多人负伤。

1957年4月，中共江浦县委、县政府在珠江镇凤凰山建立革命烈士纪念碑。1999年4月，江浦县委、县人民政府决定易地在该镇求雨山山顶重建纪念碑，2000年清明节前落成。碑体形如风帆，又似利剑、火炬，塔身用混凝土浇铸，外挂花岗岩，宽2.4米，高19.99米。

革命烈士纪念碑于2007年12月被江苏省委宣传部公布为江苏省爱国主义教育基地。

苏中公学纪念碑

苏中公学纪念碑位于江苏省扬州市宝应县曹甸镇金吾庄。

为进一步巩固和扩大苏中抗日根据地，培养抗战救国人才，1944年2月10日，苏中区党委、苏中军区决定，在原中国人民抗日军政大学第九分校的基础上，创建苏中公学。由新四军1师师长、苏中军区司令员粟裕兼任校长，夏征农任教育长。学校主要培养区级以上干部。1944年6月1日，苏中公学在驻地金吾庄隆重举行了第一期开学典

◆苏中公学纪念碑

礼。苏中公学先后共办了5期，共组建了44个学员编队，为军队和地方共培养4000多名干部，为当时根据地建设和新中国成立后各条战线输送了大量人才。1946年5月11日，苏中公学奉命与雪枫大学（原抗大四分校）、苏浙军区随营学校合并为华中雪枫大学。至此，苏中公学完成了历史使命。

1994年6月1日，江苏省委拨款建造“苏中公学纪念碑”，碑高13.6米，占地0.2公顷，碑身两侧为汉白玉大理石镌刻而成的苏中公学简介和公学学员学习、练兵的图案。

苏中公学纪念碑于1997年8月被江苏省委宣传部公布为江苏省爱国主义教育基地。

苏中七战七捷纪念碑（馆）

苏中七战七捷纪念碑（馆）位于江苏省南通市海安县海安镇长江中路68号。

1946年夏，粟裕、谭震林指挥部队以3万兵力迎击国民党12万正规军的大举进犯，在一个半月时间内，连续进行宣泰战斗、如南战斗、海安保卫战、李堡战斗、丁（堰）林（梓）战斗、如黄路战斗、邵伯保卫战七次战斗，每仗皆捷，歼敌53000余人，缴获各种枪支14000余支，取得驰名中外的“苏中七战七捷”。

◆苏中七战七捷纪念碑

苏中七战七捷纪念碑（馆）占地面积30亩，由陈列馆、纪念碑、国防园、广场4个部分组成。1986年10月8日，南京军区、中共江苏省委、省政府决定在海安建立苏中七战七捷纪念碑，高27米，碑身是古铜色花岗岩砌成的一把利刀，碑基由喷沙池、几何坑穴、祝酒杯、书卷式碑墙等组成。“苏中七战七捷纪念碑”9个大字由姬鹏飞题写。纪念碑于1988年5月17日建成开放。陈列馆于1999年5月破土动工，2004年1月1日建成，正面是向天鸣捷的七支枪，将七战七捷战史及相关革命文物布展其内，并同时辟建国防园，陈列着不同时期我军使用过的大炮、导弹、坦克等各式武器。

苏中七战七捷纪念碑（馆）于1995年4月被江苏省人民政府公布为江苏省文物保护单位；1997年8月被江苏省委宣传部公布为江苏省爱国主义教育基地；2005年11月被中央宣传部公布为全国爱国主义教育示范基地。

◆苏中七战七捷纪念碑

中共东海特别支部成立纪念亭

中共东海特别支部成立纪念亭位于江苏省连云港市海州区白虎山公园院内。

1928年秋，中共江苏省委派李超时、宋元培秘密来到海州，8月，他们与东海中学的学生惠美琬在白虎山上、牛眼洞旁一块峭然屹立的大石头下，召开了秘密建党会议，宣告东海特别支部成立。东海特支成立后，积极开展革命活动，创建了中共板浦支部、郇圩支部、白塔小学支部，发动了云台山一带的“扁担会”大暴动，培育了冯菊芬、武同儒、袁祖成等30多位为中国革命和民族解放事业英勇献身的好儿女。

◆中共东海特别支部成立纪念亭

1997年中共海州区委号召全体党员缴纳一次“特殊党费”，在白虎山的山顶建了一座纪念亭，以纪念东海特别支部的诞生。至此，白虎山的纪念亭成了海州地区进行爱国主义教育的一份珍贵的资源。

中共东海特别支部成立纪念亭于1997年8月被江苏省委宣传部公布为江苏省爱国主义教育基地。

新四军盐阜区抗日阵亡将士纪念塔

新四军盐阜区抗日阵亡将士纪念塔位于江苏省盐城市阜宁县芦蒲镇芦蒲村。

1943年春，为纪念在单港、陈集、八滩等数百次大小战斗中壮烈牺牲的抗日将士，新四军第3师和盐阜地委、行署决定在阜宁县芦蒲乡芦蒲村境内的寿安寺旧址建造纪念塔，是年9月10日竣工。1947年9月25日，国民党军51师133旅窜进芦蒲，炸毁了纪念塔。1959年，根据时任中国人民解放军总参谋长黄克诚等的建议，由江苏省人民政府拨款按原样重建。现塔正面刻着刘少奇题词“浩气长存”。北面为陈毅题词和杨芷江撰写的碑铭。在塔基四周按原样树立10块高2.6米、宽1米的大理石纪念碑，镌刻着由新四军第3师政治部于1943年9月所征集编印的《新四军盐阜区抗日阵亡烈士塔落成典礼大会纪念册》所载的1742位烈士英名。塔东南侧建有陈列馆，展出大量历史照片和实物，建有彭雄、田守尧纪念碑，塔北侧建有谢祥军、殷绍礼烈士墓，塔西侧建有陈发鸿等烈士墓群，整个塔区占地面积46亩。

◆新四军盐阜区抗日阵亡将士纪念塔

◆新四军盐阜区抗日阵亡将士纪念塔陈列馆

新四军盐阜区抗日阵亡将士纪念塔于1982年3月被江苏省人民政府公布为江苏省文物保护单位；1997年8月被江苏省委宣传部公布为江苏省爱国主义教育基地。

周恩来故居和纪念馆

周恩来故居和纪念馆位于江苏省淮安市楚州区。

周恩来故居位于江苏省淮安市楚州区驸马巷内。

◆周恩来故居碑牌

周恩来（1898—1976），生于江苏淮安，祖籍浙江绍兴，字翔宇。1919年参加五四运动，组织觉悟社，为天津学生界主要领导人之一。1920年11月赴法国勤工俭学。1921年春加入旅法中国共产党早期组织，成为中国共产党党员。1922年6月与赵世炎等发起成立旅欧中国少年共产党，任中央执委会委员，负责宣传工作。随后任中国社会主义青年团旅欧支部书记、中共旅欧支部领导人。1924年9月回国，历任中共广东区委委员长、中共广东区委常委兼军事部部长、黄埔陆军军官学校政治部主任、国民革命军第一军政治部主任、副党代表、东征军总政治部总主任。1926年任中共中央军委委员，中共中央组织部秘书，中共中央军委委员兼中共江浙区军委书记。1927年任中共上海区委军委书记，上海工人第三次武装起义总指挥，在中共五届一中全会上当选为中共中央政治局委员，后任中共中央军事部部长，中共中央军委主任，中共中央政治局临时常委会委员。在南昌起义中任中共前敌委员会书记。1927任中共中央临时政治局候补委员，中共中央临时政治局常委。在中共六届一中全会上当选为

◆周恩来故居

中共中央政治局常委。后在上海坚持党的地下工作，任中共中央秘书长，中共中央组织部部长，中共中央军委书记。1931 年 12 月进入中央革命根据地，任中共苏区中央局书记、中国工农红军总政治委员兼红一方面军总政治委员、中华苏维埃共和国中央革命军事委员会副主席等职。1934 年 1 月起任中共中央书记处书记。参加长征。遵义会议后为中央负责军事行动的三人小组成员。1935 年后任中华苏维埃西北革命军事委员会副主席，中共中央东北军工作委员会书记，中华苏维埃人民共和国中央革命军事委员会副主席。1936 年 12 月作为中共全权代表赴西安，为西安事变的和平解决开展工作。抗日战争时期，任中共中央军委副主席，历任中共中央代表、中共中央长江局副书记、中共中央南方局书记，负责领导除西北以外国民党统治区党的工作。在中共七届一中全会上当选为中共中央政治局委员、中共中央书记处书记。解放战争时期，任中央军委副主席。1945 年 8 月参加重庆国共谈判。1946 年初作为中共代表参加执行国共停战协定的军事三人小组。1946 年 11 月回到解放区，兼任中共中央城市工作部部长。1947 年 8 月起任中央军委代总参谋长。1949 年 6 月任新政治协商会议筹备会常务委员会副主任。同年，当选为政协一届全国委员会副主席。

◆周恩来纪念馆

◆周恩来纪念馆内的周恩来铜像

中华人民共和国成立后，先后任中央人民政府政务院总理，国务院总理，中央人民政府人民革命军事委员会副主席。1949 年

10 月至 1958 年 2 月兼任外交部部长。1954 年后相继当选为政协第二、三、四届全国委员会主席。1956 年 9 月当选为中共中央政治局常委，中共中央副主席。1966 年 8 月中共八届十一中全会后实际主持中央日常工作。1969 年 4 月当选为中共中央政治局常委。1973 年 8 月当选为中共中央副主席。1976 年 1 月 8 日在北京逝世。

周恩来故居为典型的明清时期苏北城镇民居建筑。由东西相连的两个宅院组成。东宅院临驸马巷，西宅院临局巷，都是曲折的三进院。整个建筑都是青砖、灰瓦、木结构的平房，占地 1987.4 平方米，共有大小房屋 32 间。大门面朝东，上方的“周恩来同志故居”门匾系 1984 年由邓小平题写。周恩来故居本体分为东西两部分，东院有读书房、诞生地、主堂屋、乳母住房、水井、榆树、厨房、菜地、嗣父母住房等。西院原为周恩来二祖父住房，现辟为陈列室，展出照片近 200 幅。另有附属设施邓颖超纪念园等。

周恩来纪念馆位于淮安市楚州区永怀路 4 号，于 1986 年经中共中央批准兴建，1988 年 3 月 5 日奠基，1992 年 1 月 6 日落成对外开放。馆名由邓小平题写。1998 年为纪念周恩来诞辰 100 周年，在南北 800 米长的中轴线上又增建了仿北京中南海西花厅和周恩来纪念铜像广场。2008 年为纪念周恩来诞辰 110 周年，在周恩来纪念馆附馆基础上又改扩建了周恩来生平业绩陈列馆，新建了西花苑碑园。

周恩来纪念馆由一组气势恢宏的纪念性建筑群、一个纪念岛、三个人工湖以及四周环湖绿地组成。馆区环境优美、整洁幽雅。馆区总面积 40 万平方米，其中水体面积约占 70%，建筑面积 1.5 万平方米。在纪念馆南北 800 米长的中轴线上，依次建有瞻台、主馆、附馆、周恩来生平业绩陈列馆、周恩来铜像广场和仿北京中南海西花厅等纪念性建筑。此外，还有岚山诗碑、海棠林、樱花路、五龙亭、怀恩亭、西厅观鱼等景点。

◆周恩来纪念馆内仿北京中南海的西花厅

周恩来故居于 1988 年 1 月被国务院公布为全国重点文物保护单位。周恩来故居和纪念馆于 1997 年 8 月被江苏省委宣传部公布为江苏省爱国主义教育基地，1997 年 6 月被中央宣传部公布为全国爱国主义教育示范基地。

张太雷故居和纪念馆

张太雷故居和纪念馆位于常州市天宁区清凉路子和里3号。

张太雷（1898—1927），江苏常州市人。1915年考入天津北洋大学法科学习。1919年参加五四运动。1920年参加北京共产党早期组织。1921年春赴莫斯科，后任共产国际远东书记处中国科书记。1922年5月主持中国社会主义青年团第一次代表大会，当选为团中央委员。1925年1月在中国社会主义青年团第三次全国代表大会上，团的名称改为中国共产主义青年团，当选为总书记。参加过党的二大、三大、四大、五大和八七会议，是第四届候补中央委员、第五届中央委员、临时中央政治局五人常委之一，担任过中共湖北区委书记、中共广东省委书记等职。1927年12月组织领导广州起义，12月12日在战斗中被敌人枪击阵亡，时年29岁。张太雷是中共历史上第一个牺牲在战斗第一线的中央政治局成员。

◆张太雷纪念馆

◆张太雷半身塑像

张太雷故居为一座二进三开间木结构的典型江南老式民居建筑，迄今已有百余年历史，保存完好。1918年，时在天津北洋大学读书的张太雷奉母命回常州与陆静华成婚时借住，三个儿女均在此出生，至1925年搬出，共在此居住7年时间。

1985年中共常州市委、常州市人民政府开始修复故居。1986年9月9日，邓小平亲笔题写“张太雷故居”匾额，1987 年修复完成并对外开放。2001 年张太雷故居更名为张太雷纪念馆。

张太雷故居于 1982 年 3 月被江苏省人民政府公布为江苏省文物保护单位；1997 年 8 月被江苏省委宣传部公布为江苏省爱国主义教育基地。张太雷故居和纪念馆于 2006 年 5 月被国务院公布为全国重点文物保护单位；2005 年 11 月被中央宣传部公布为全国爱国主义教育示范基地。

◆张太雷纪念馆展厅

瞿秋白同志故居和纪念馆

瞿秋白同志故居和纪念馆位于江苏省常州市钟楼区延陵西路 188 号。

◆瞿秋白同志纪念馆

瞿秋白（1899—1935）江苏省常州市人。1917 年入北京俄文专修馆学习。1919 年在北京参加五四运动。1920 年初参加李大钊组织的马克思学说研究会，同年 10 月以北京《晨报》记者身份赴苏俄采访，是最早有系统地向中国人民报道苏俄情况的新闻界先驱。1922 年加入中国共产党。1923 年任中共中央机关刊物《新青年》、《前锋》主编和《向导》编辑。是中共四届、五届、六届中央委员，第四届中央局委员，第五届、六届中央政治局委员，第五届中央政治局常委。1927 年 8 月，在汉口主持召开了八七会议，会后任临时中央政治局常委、主席，主持中央工作。1928 年参加共产国际第六次代表大会，当选为共产国际执行委员、主席团委员及政治书记处成员，并留驻莫斯科任中共中央驻共产国际代表团团长。1930 年 8 月回国，9 月和周恩来一起主持召开中共六届三中全会。在 1931 年 1 月中共六届四中全会上，遭王明等人打击，被解除中央领导职务。从 1931 年夏至 1933 年秋，在上海和鲁迅一起领导左翼文化运动。1934 年 2 月到瑞金任中华苏维埃共和国中央政府人民教育委员。1935 年 2 月 24 日在福建长汀县被国民党军队逮捕。6 月 18 日在长汀县

◆瞿秋白同志故居

罗汉岭英勇就义，时年36岁。

瞿秋白故居原为瞿氏家族供奉和祭祀祖宗的宅院，坐北朝南，面积1051平方米，前面垂檐下悬挂的“瞿秋白同志故居”的横匾，由茅盾题写。故居分东西两院，各有四进。西院为正屋，原为供祭用的厅堂，现辟为多功能展厅。东院为厢房，是当年族人和守祠仆人食宿休息的辅屋。1912年至1916年瞿秋白一家因家贫，才迁居于东院侧厢房。

瞿秋白纪念馆是仿明清建筑物，馆名由邓小平题写，面积2282.19平方米，设展览大厅、学术厅、影视厅、资料室、贵宾厅等，陈列、收藏反映瞿秋白生平和思想的图片、影视、实物、文献和研究资料等。

1985年2月21日，中央宣传部同意在瞿秋白故居内建立“瞿秋白同志纪念馆”，6月18日正式对外开放。1988年、1999年和2008年，常州市委、市政府，江苏省委、省政府分别拨专款对瞿秋白纪念馆和瞿秋白故居进行整修、扩建、重新布展等，2009年1月在瞿秋白诞辰110周年之际以全新的面貌对外开放。

瞿秋白同志故居和纪念馆于1996年11月被国务院公布为全国重点文物保护单位；1997年8月被江苏省委宣传部公布为江苏省爱国主义教育基地，2005年11月被中央宣传部公布为全国爱国主义教育示范基地。

◆瞿秋白铜像

朱瑞将军纪念馆

朱瑞将军纪念馆位于江苏省宿迁市宿城区龙河镇龙河中心小学院内。

朱瑞（1905—1948），江苏宿迁人。1924年加入中国社会主义青年团，1925年赴苏联学习，1928年加入苏联共产党，后转为中国共产党党员。1930年春回国，历任长江局军委参谋长兼秘书长、中国工农红军总司令部科长、红军第二方面军政治部主任、中共中央北方局军委书记、八路军第一纵队政治委员、延安炮兵学校代理校长、东北民主联军和东北军区炮兵司令员兼炮兵学校校长等职。1948年10月1日，在辽沈战役攻克义县战斗中牺牲。

2005年6月，在中共宿城区委、宿城区人民政府的直接关怀下，朱瑞将军读书处——龙河中心小学经过一年多筹备，于2006年8月建成朱瑞将军塑像1尊，朱瑞将军纪念馆1座；展览面积350平方米，展出历史档案资料图片200余幅，书籍文献10余本。

朱瑞将军纪念馆于2007年12月被江苏省委宣传部公布为江苏省爱国主义教育基地。

◆朱瑞将军纪念馆内景

淮海战役烈士纪念塔（馆）

淮海战役烈士纪念塔（馆）位于江苏省徐州市泉山区解放路2号淮海战役烈士纪念塔园林内。

淮海战役是从1948年11月6日至1949年1月10日，中国人民解放军华东、中原野战军共60余万人，在以刘伯承、陈毅、邓小平、粟裕、谭震林五人组成、邓小平为书记的总前委的具体组织和指挥下，以徐州为中心，东起海州，西迄商丘，北起临城（现名薛城），南达淮河的广大地区，对国民党军进行的一场伟大战役。经过65昼夜的浴血奋战，共歼灭国民党军5个兵团和1个绥靖区，计22个军，56个师（内有四个半师起义），55万余人，基本上解放了长江以北的华东、中原广大地区。为中国人民解放军横渡长江，直捣南京，解放全中国，奠定了胜利的基础。

淮海战役烈士纪念塔园林内主要有纪念馆、纪念塔、粟裕骨灰撒放处、淮海战役碑林、总前委群雕、国防教育馆等纪念设施。

◆淮海战役烈士纪念塔

淮海战役烈士纪念塔

1959年4月，国务院决定兴建淮海战役烈士纪念塔，1965年竣工开放。淮海战役烈士纪念塔坐落在凤凰山麓，筑于5500平方米的平台上，塔高38.15米，底部224平方米，上部120平方米，塔身横断面为八角形，塔壁外部镶贴着暖灰白色花岗石，塔身面东朝阳，上端有圆形石刻装饰，镶嵌着由五角星、两支相交的步枪和松籽绸带组成的塔徽，正面为毛泽东题写的“淮海战役烈士纪念塔”9个镏金大字。塔座正面雕刻着由张爱萍主持撰写、陈毅定稿的碑文，背面为奠基文，南北两侧为雕塑家刘开渠等人设计的两幅大型浮雕，南侧浮雕再现了人民解放军冒风雪、架人桥、前仆后继、一往无前的情景，北侧浮雕再现了人民群众历尽艰险、随军转战、日夜兼程、奋勇支前的情景。

淮海战役纪念馆

淮海战役纪念馆1960年4月5日奠基，1965年11月6日正式对外开放。因老馆展厅面积小，设施老化，2003年5月，中共中央办公厅正式批准在淮海战役纪念馆南侧兴建淮海战役纪念馆新馆。2007年7月，淮海战役纪念馆新馆建成开放。新馆建筑面积2.5万平方米，陈列面积1.2万平方米，分为序厅、战前形势、战役实施、战役胜利、人民支前、缅怀先烈6个部分，共展出文物、照片、艺术品和制作品2600件，并设有全景画馆，生动展示了淮海战役胜利的历程，揭示了战役胜利的诸多因素及伟大意义。

◆淮海战役纪念馆

粟裕骨灰撒放处

1984年2月5日，粟裕将军在北京逝世，3月26日，遵照将军的遗愿，其夫人楚青携子粟戎生、粟寒生到徐州，将粟裕的部分骨灰撒放在了淮海战役烈士纪念塔南侧的山坡上。1986年3月，为深切缅怀粟裕的丰功伟绩，淮海战役烈士纪念塔管理局在粟裕骨灰撒放地，用花岗石砌成了一座纪念碑。碑体高1.7米，宽1.2米，正面镌刻着“粟裕将军骨灰撒放处”9个行书大字，碑后17棵沙金柏围成了圆坛，存放着粟裕将军的骨灰。

◆粟裕将军骨灰撒放处

淮海战役碑林

淮海战役碑林位于淮海战役烈士纪念塔脚下，占地2万平方米，是一座园林式开放型建筑群。1983 年 8 月，为纪念淮海战役胜利 35 周年，中国书法家协会江苏分会、徐州市文联、文化局与淮塔管理局联合向有关方面和人士征集书法篆刻作品，共收到全国 20 个省、市、自治区 1300 多位作者寄来的 1900 幅书法篆刻作品。1992 年，徐州市人民政府批准兴建淮海战役碑林，1997 年始建，1998 年建成，1999 年 4 月举行了落成剪彩仪式。

淮海战役总前委群雕

为纪念淮海战役总前委的伟大功勋，表达对老一辈无产阶级革命家的无限缅怀景仰之情，淮海战役烈士纪念塔管理局于 1992 年 12 月开始筹建总前委群雕，至 1996 年 8 月完工。1998 年淮海战役胜利 50 周年之际，军委领导、总前委成员的子女及党政军各界代表参加了隆重的落成揭幕仪式。群雕再现了淮海战役总前委成员邓小平、刘伯承、陈毅、粟裕、谭震林指挥淮海战役时的风采。

◆淮海战役总前委群雕

徐州国防教育馆

1998 年 11 月，在纪念淮海战役胜利 50 周年之际，徐州国防教育馆建成开放。2005 年，淮海战役烈士纪念塔管理局对馆内陈列进行了改造。改造后的陈展分两大部分，兵器陈列展展示了武器装备的历史、现状和发展趋势；徐州人民抗日战争展厅全面系统生动地展示了徐州人民英勇抗击日本侵略者及徐州会战的悲壮史实，著名战例厅展示了台儿庄战役，充分利用场景复原，声、光、电、幻影成像等多媒体技术，再现了台儿庄战役的辉煌历史。

淮海战役烈士纪念塔（馆）于 1997 年 6 月被中央宣传部公布为全国爱国主义教育示范基地；1986 年 10 月被民政部公布为全国重点烈士纪念建筑物保护单位。

渡江胜利纪念馆

渡江胜利纪念馆原位于江苏省南京市下关区挹江门城楼上，后移至三汊河河口公园。

◆渡江胜利纪念馆

1984年4月23日，为纪念南京解放35周年，曾在南京挹江门城楼上建渡江胜利纪念馆。2009年为纪念南京解放60周年暨渡江战役胜利60周年，南京市政府易地新建渡江胜利纪念馆。2009年4月23日南京渡江胜利纪念馆新馆建成。新馆坐落在长江与秦淮河交汇的三汊河河口公园，由胜利广场和主馆区两部分组成，总占地面积2.1万平方米，总建筑面积6582平方米。纪念馆主馆区分“风雨苍黄”、“天翻地覆”、“人间正道”、“胜利之都”四个部分，展出渡江战役的文电、资料、照片、实物及复制品等1423件。展览生动地反映了中国人民解放军在中国共产党的领导下，依靠人民，浴血奋战，横渡长江，解放南京，推翻蒋家王朝的光辉历程。

◆渡江胜利纪念馆旧馆

渡江胜利纪念馆于1997年8月被江苏省委宣传部公布为江苏省爱国主义教育基地。

小萝卜头纪念馆

小萝卜头纪念馆位于江苏省徐州市邳州市（县级市）八路镇岠山脚下。

小萝卜头纪念馆由共和国最年轻的烈士宋振中（长期在国民党狱中营养不良，头

◆小萝卜头纪念馆

大身体矮小，狱友对其昵称为“小萝卜头”）的昵称冠名。“小萝卜头”在国民党的监狱中，利用能“自由行动”小犯人的特殊身份，为监狱里的党组织传递各种情报和信息，被难友们称为送消息、送温暖、送喜讯的“小天使”，被害时年仅8岁。

2005年，“小萝卜头”的故乡邳州市八路镇开始修建小萝卜头纪念馆。纪念馆主体建筑2层，局部3层，为钢筋水泥结构。一层为主展室，共6个展区，分别展示和陈列“小萝卜头”（宋振中）及其父亲宋绮云、母亲徐林侠（二人均为中共党员、革命烈士）一家3人被捕后，关押在重庆“白公馆”、“渣滓洞”、贵州息烽集中营、贵阳麒麟洞秘密监狱中非人的生活与惨遭迫害的图片200多幅和史料实物。二层为多功能放映厅和图书室。放映厅专放《小萝卜头的故事》电视剧及其他革命传统教育的影视资料，图书室有多种革命书籍，供参观者阅读。馆前的广场上立有“一门三烈”和“小萝卜头”汉白玉雕像。

◆“一门三烈”雕塑

小萝卜头纪念馆于2007年12月被江苏省委宣传部公布为江苏省爱国主义教育基地。

新四军江南指挥部纪念馆

新四军江南指挥部纪念馆位于江苏省常州市溧阳市（县级市）竹箦镇水西村。

新四军江南指挥部司令部旧址，原系李氏宗祠，始建于明代。该祠堂原为三进四厢房，内部回廊雕窗，斗拱画梁。1938—1940年，陈毅、粟裕等曾在该祠堂办公并住宿。1939年11月7日，新四军江南指挥部成立大会在溧阳县水西村召开，陈毅任指挥，粟裕任副指挥。陈毅、粟裕等坚决遵循中共中央关于新四军“向南巩固、向东作战、向北发展”的方针，从苏南抗日斗争的实际出发，创造性地运用“武装斗争、统一战线和党的建设”三大法宝，在敌顽夹击极为复杂的斗争中，把抗日烽火燃遍了大江南北，创造和发展了苏南抗日根据地。1940 年，陈毅、粟裕率新四军江南指挥部及其主力渡江北上，投入开辟苏北、发展华中的斗争。新 2 支队在司令员罗忠毅、副司令员廖海涛领导下，留下坚持茅山地区斗争，对外仍以江南指挥部的名义活动。

◆新四军江南指挥部纪念馆

新四军江南指挥部纪念馆原名新四军水西村革命旧址保管所，成立于 1979 年 10 月。1984 年 9 月，更名为新四军江南指挥部旧址陈列馆，11 月 7 日正式对外开放。1994 年 8 月改名为新四军江南指挥部纪念馆。纪念馆包括新四军江南指挥部司令部旧址、新四军江南指挥部展览馆、纪念广场、新四军老战士题书碑廊和毛泽东像章陈列馆等。遵照粟裕的遗愿，新四军江南指挥部司令部旧址的后天井内敬撒有他的部分骨灰。

新四军江南指挥部展览馆借助声、光、电等现代多媒体技术，模拟历史场景，直观、形象、逼真地再现了当年新四军英勇斗争的场景和事迹，展示了新四军江南指挥部的光荣历史。纪念馆内还有新四军老战士题书碑廊，廊名为中央军委原副主席迟浩田上将题写。廊壁上镶嵌着 60 位新四军老战士的题书碑刻，精雕细刻，制作考究。

◆新四军江南指挥部旧址内的粟裕骨灰撒放处

新四军江南指挥部旧址于 1982 年 3 月被江苏省人民政府公布为江苏省文物保护单位。新四军江南指挥部纪念馆于 1997 年 9 月被江苏省委宣传部公布为江苏省爱国主义教育基地，2009 年 5 月被中央宣传部公布为全国爱国主义教育示范基地。

沙家浜革命历史纪念馆

沙家浜革命历史纪念馆位于江苏省苏州市常熟市（县级市）沙家浜镇。

◆沙家浜革命历史纪念馆

1939年9月新四军某部西撤时，在阳澄湖畔留下了数十名伤病员。新四军战士和沙家浜人民同仇敌忾，利用芦苇荡作掩护抗击日本侵略者，谱写了一首首壮丽的战斗诗篇。以此为素材创作的沪剧《芦荡火种》、京剧《沙家浜》，家喻户晓，沙家浜由此名闻遐迩。

1988年7月，沙家浜镇人民政府建成沙家浜革命历史教育馆。面积仅数十平方米，虽然设施简陋，但展出内容丰富。1990年和1995年，镇政府先后两次对教育馆进行扩建，对陈列内容作充实调整。2001年春，在芦苇荡风景区重建并更名为革命历史纪念馆，面积增至1860平方米。展览主题为“芦荡火种，鱼水情深”。与纪念馆配套的有碑亭、瞻仰广场、反映军民鱼水深情的花岗石群雕一座及描绘抗日活动的锻铜浮雕两幅。2005年11月，沙家浜镇人民政府在瞻仰广场北侧重建纪念馆，并对展出内容全新改版，于2006年11月6日竣工使用。新的历史纪念馆坐北朝南，与瞻仰广场、碑亭成同一轴线，整座建筑气势恢宏，庄严肃穆，总占地面积6400平方米，建筑面积4492平方米，布展面积2400平方米，展出图片300多幅，实物160多件，并采用声、光、电自动感应和实物场景与虚拟影视等现代艺术表现手法，辅之以雕塑、绘画、沙盘、木刻等，增强了展览的生动性和艺术感染力。展区设“烽火沙家浜”、“京剧沙家浜”、“情系沙家浜”3个展馆，分12个板块，重点突出了抗日战争时期沙家浜儿女在中国共产党领导下，组织抗日武装、共赴国难的斗争史迹，集中展示了社会主义新时期，全市拥政爱民、拥军优属的感人场面和“沙家浜团”新的英雄业绩。

沙家浜革命历史纪念馆于1997年8月被江苏省委宣传部公布为江苏省爱国主义教育基地，2001年6月被中央宣传部公布为全国爱国主义教育示范基地。

黄花塘新四军军部纪念馆

黄花塘新四军军部纪念馆位于江苏省淮安市盱眙县黄花塘镇黄花塘村。

◆黄花塘新四军军部旧址

1943 年 1 月 10 日，新四军军部暨中共中央华中局移驻盱眙县黄花塘镇境内直到抗战的全面胜利，历时两年又八个月。在此期间，陈毅、饶漱石、张云逸、赖传珠等新四军领导人在这里运筹帷幄，领导华中抗日根据地军民进行反“扫荡”、反“清乡”、反“蚕食”、反磨擦的艰苦斗争，开展了整风、大生产和军政整训三大运动，教育和培养了一大批能文能武的干部，并适时转入战略反攻，巩固和发展了华中抗日根据地，为争取抗日战争全面胜利作出了历史性的贡献。

1986 年 10 月新四军军部旧址正式对外开放。为了纪念军部移驻黄花塘 60 周年，在中共江苏省委、省政府的批准支持下，在军部旧址左前方约 100 米外，新建了黄花塘新四军军部纪念馆，2003 年 7 月对外开放。纪念馆占地 200 亩，主体纪念馆 1000 平方米，陈列历史图片资料 100 多幅，革命文物 200 余件。纪念广场上竖立了一座造型如同“枪刺”的纪念碑，纪念碑旁的影壁上镶嵌着由张爱萍题写的“黄花塘新四军军部纪念馆”11 个金色大字，馆牌旁为巨幅蓝字的“N4A”新四军标志牌。此外，还有新四军军部旧址、参谋处旧址、陈毅旧居、张云逸旧居、曾山旧居等建筑。

黄花塘新四军军部旧址于 1982 年 3 月被江苏省人民政府公布为江苏省文物保护单位；1997 年 8 月被江苏省委宣传部公布为江苏省爱国主义教育基地。

中共华中工委纪念馆

中共华中工委纪念馆位于江苏省盐城市射阳县后羿公园西侧。

1947 年 11 月 10 日，为适应解放战争中华东解放军主力北撤山东的形势变化，中共华中工委在射阳耦耕堂垦殖公司宣布正式成立，作为华东局的派出机构，同时成立了相应的行政机构——华中行政办事处和军事机构华中指挥部（后改为苏北军区），陈丕显任华中工委书记，陈丕显、管文蔚、曹荻秋、吉洛（姬鹏飞）、韦国清、刘先胜、张凯先后为华中工委委员。工委成立后，以射阳为依托，组织领导华中军民开展军事斗争，策应正面战场；召开土地工作会议，进行土地改革；发展工农业生产、增强经济实力，保证军需民用；组织华中人民，全力支援前线；选拔培训干部，为开展江南工作进行了大量卓有成效的工作。1949 年 6 月，随着苏皖的解放，各级党、政、军领导机构成立，华中工委和华中行政办事处宣布撤销。

◆中共华中工委纪念馆

2007 年，为永远铭记华中工委的历史功绩，射阳县人民政府兴建了华中工委纪念馆。纪念馆展厅面积 1400 多平方米，以华中工委旧址四合院为原型，青砖小瓦，有包括序厅在内的 5 个展厅，以“在华中工委旗帜下走向胜利”为主题，通过 200 多米的展线，600 余幅历史照片，100 多件文物，辅以雕塑、油画、声光电等手段，鲜活而真实地展现了那一段光辉的历程。

◆中共华东工委纪念馆陈列的华中土地工作会议场景

中共华中工委纪念馆于 2007 年 12 月被江苏省委宣传部公布为江苏省爱国主义教育基地。

新四军纪念馆

新四军纪念馆位于江苏省盐城市亭湖区建军东路北侧。

◆新四军纪念馆

新四军纪念馆于1986年10月建成并对外开放，是一座全面、系统地反映新四军军史的综合性史料馆，由绿化广场、浮雕组合群像、碑林、纪念碑、展览大厅等部分组成。展览大厅是一座现代化的建筑，蓝白相间的新四军臂章图案“N4A”镶嵌在展厅大门上方中央，门前挂着李先念题写的“国民革命军新编第四军重建军部纪念馆”金字匾额，东西两侧是展示两军会师和重建军部历史场面的花岗石阴雕画。大厅内设有7个展厅和将帅馆、书画馆、音像馆。6000多平方米的展板，融声、光、电为一体，再现了当年新四军的战斗历程。1990年江泽民为该馆题词：“江淮英杰，卫国干城”。

◆新四军纪念馆广场上的新四军战士雕像

新四军在八年抗战中共作战3万余次，击毙击伤日伪军42万人，为中华民族的解放事业和世界反法西斯斗争立下了不可磨灭的功绩。新四军纪念馆向人们展示了在民族存亡的关键时刻，新四军在华中敌后与日军进行殊死搏斗的丰功伟绩。展馆内展出历史照片近千张，文物（包括武器装备）800余件，再现了当年刘少奇、陈毅所领导的新四军坚持华中敌后浴血奋战的感人情景。

新四军纪念馆于1997年8月被江苏省委宣传部公布为江苏省爱国主义教育基地，1997年6月被中央宣传部公布为全国爱国主义教育示范基地。

茅山新四军纪念馆

茅山新四军纪念馆位于江苏省镇江市句容市（县级市）茅山镇大茅峰西麓。

茅山新四军纪念馆于1985年9月2日纪念抗日战争胜利40周年之际建成揭幕，主展厅面积860平方米，陈列馆主体为4幢排列呈方形的建筑，庄重古朴，张爱萍题写馆名。1998年3月纪念馆在原地重建，1999年3月28日举行落成仪式。

纪念馆现占地面积1.6万平方米，建筑面积3700多平方米，分为6厅3室（资料室、图书室、办公室）。纪念馆展馆建筑呈二层方形，门楼为茅山三峰造型，正中竖5米高“N4A”（新四军代号）。大门右侧玫瑰色花岗岩墙壁上镶嵌着“茅山新四军纪念馆”8个大字。门厅正中竖有高2.2米、身穿新四军军装、手持望远镜的陈毅全身铜像。北面进口处的墙上是由电脑喷绘而成的20平方米新四军主要领导人的头像群。

◆茅山新四军纪念馆

展馆展出内容分5个部分：第一部分，“苏南人民奋起抗击日本侵略军”；第二部分，“茅山抗日根据地的开辟”；第三部分，“苏南新四军东进北上”；第四部分，“苏南抗日根据地的发展与坚持”；第五部分，“苏南人民夺取抗日斗争的胜利”。围绕主题内容展出革命文物1400余件、图片2000余幅，再现了当年新四军与苏南人民浴血奋战的壮烈场景和陈毅、粟裕等老一辈无产阶级革命家的光辉业绩。

纪念馆前院内有退役的飞机、大炮、高炮展出，馆后院有已去世的新四军高级领导人吴仲超、王必成、段焕竞、江渭清等的墓地。

茅山新四军纪念馆于1997年8月被江苏省委宣传部公布为江苏省爱国主义教育基地，2001年6月被中央宣传部公布为全国爱国主义教育示范基地。

新四军四县抗敌总会纪念馆

新四军四县抗敌总会纪念馆位于江苏省镇江市丹徒县宝堰镇。

◆新四军四县抗敌总会纪念馆

纪念馆原址为宝堰镇怡和酒行，占地面积3600平方米，建于1921年，具有中西结合的建筑特色，设计科学，构思精巧。

1938年7月7日，新四军1支队司令员陈毅，在这里主持召开镇（江）句（容）金（坛）丹（阳）四县各界人士代表会议，成立了准政权性质的统战组织——四县人民抗敌自卫委员会

◆四县抗敌总会遗址碑

（简称四县抗敌总会）。抗敌总会成立后，委聘区长，并辖各级各类群众性抗日组织，征税收粮、动员参军、募集军需，有效地支援了新四军主力部队，为茅山根据地的创建和巩固作出了贡献。

丹徒县政府于1984年4月为四县抗敌总会旧址立碑，1995年建成四县抗敌总会纪念馆，正式对外开放，馆名由张爱萍将军题写。新四军四县抗敌总会纪念馆为二层五间两厢楼房，占地面积约3000平方米，纪念馆正厅中央置陈毅半身塑像，后面大红帷幕上镶嵌着陈毅诗句“弯弓射日到江南”7个铜字。展馆楼上铺设红色地毯，展室陈列实物、照片、图表、油画等展品，系统介绍四县抗敌总会两年十个月的战斗历程与苏南抗日根据地创立和发展的光辉业绩。馆内陈毅、王必成办公旧址按原状布置，大部分办公用品和生活用品是当年用过的原件。展馆分5个部分：第一部分，“新四军挺进苏南”；第二部分，“陈毅司令在宝堰”；第三部分，“四县抗敌总会始末”；第四部分，“坚持和巩固抗日根据地”；第五部分，“同仇敌忾，夺取抗日斗争最后胜利”。

新四军四县抗敌总会纪念馆于1982年3月被江苏省人民政府公布为江苏省文物保护单位。

泰州市革命烈士纪念馆

泰州市革命烈士纪念馆位于江苏省泰州市海陵区城西街道办运河社区泰九路2号。

泰州市革命烈士纪念馆（泰州市革命历史纪念馆）始建于1951年，1955年建成开放，由烈士祠、烈士陵园两部分组成，地势高敞，两面环水，原占地面积约2.04万平方米，2004年10月，为支持泰山公园扩建，原在泰山公园内的烈士祠合并至烈士陵园内。烈士陵园占地面积41.56亩，共珍藏200多帧烈士遗像

◆泰州市革命烈士纪念馆

和16700多名烈士名册，葬有33位烈士的遗骸、衣冠和骨灰。

2008年，泰州市委、市政府对纪念馆进行改扩建。新馆占地64.37亩。入口广场、临水平台、集会广场、纪念碑、纪念馆广场、纪念馆主馆自西向东分布在陵园的中轴线上。园内建设有烈士名录的万人墙浮雕、盆景园、烈士墓、停车场等。展馆中陈列有1840年鸦片战争以来，泰州人民或与泰州有关人士投身民族解放、社会进步伟大实践的各种革命历史资料，泰州籍烈士或在泰州牺牲烈士的有关史料，包括文件、电函、手稿、讲话稿、图像、回忆录、军功章、奖状以及其他各种反映革命史实的实物。

泰州市革命烈士纪念馆于1997年8月被江苏省委宣传部公布为江苏省爱国主义教育基地。

◆泰州市革命烈士纪念塔

中共江浙区泰兴独立支部旧址纪念馆

中共江浙区泰兴独立支部旧址纪念馆位于江苏省泰兴市横垛镇刁网村醒农路26号。

1924年初，中共党员沈毅受中共江浙区委的指派，到苏中地区传播革命真理，开展农民运动。1926年8月在泰兴刁家网地区创建了扬泰地区第一个农民夜校、农民协会、农民运动委员会和塾师联合会。在此基础上于1926年秋，在刁家网刁氏宗祠成立了扬泰地区第一个党组织——中共江浙区泰兴独立支部，沈毅任书记，委员有刁子宽、刁九善、戴奎，隶属于中共江浙区委领导。

1928年初，沈毅发动周边地区的党员和农民协会筹集资金，并由党组织指派专人从姜堰组织了一批粮食，同时发动当地农民自愿入股，在刁家网刁氏宗祠创办了江苏省第一个农村经济合作组织——醒农合作社，并将刁网村改为“醒农村”。当时，醒农合作社以“互助自救、一切为民”为宗旨，对所售商品明码标价，在农忙时还送货上门，对困难户进行购物赊欠，深受农民群众的欢迎。

◆中共江浙区泰兴独立支部旧址纪念馆

◆中共江浙区泰兴独立支部旧址

1992 年，泰兴县人民政府将中共江浙区泰兴独立支部旧址修复并对外开放，1998 年和 2001 年先后两次扩建，定名为“中共江浙区泰兴独立支部纪念馆”。馆名由张爱萍上将题写。同时，围绕两处旧址修建了烈士墓碑、纪念碑、纪念亭、血誓碑等纪念设施，于 2002 年 7 月重新对外开放。

中共江浙区泰兴独立支部旧址纪念馆于 2001 年 6 月被江苏省委宣传部公布为江苏省爱国主义教育基地。

解放军海军诞生地纪念馆

中国人民解放军海军诞生地纪念馆位于江苏省泰州市高港区白马镇。

◆解放军海军诞生地纪念馆

中国人民解放军海军诞生地纪念馆于 1988 年为纪念中国人民海军诞生 50 周年动工兴建，1999 年开馆。纪念馆外形似大海中航行的军舰，江泽民题写的“中国人民解放军海军诞生地纪念馆”巨型石碑，立于纪念馆广场前方。纪念馆展厅陈展着人民海军自白马庙诞生至今发展壮大的光辉历程。其中有大量文献资料和珍贵历史照片以及人民海军装备的各种舰艇、飞机模型，还有 1949 年在永安洲镇参加渡江战役时使用的木船。馆外广场左侧，竖有象征海军舰船的高桅杆，各色彩旗迎风飘扬。从海军退役的飞机、雷达、机关炮等也陈列在广场上供游人参观。

为纪念海军诞生 60 周年，泰州市对海军诞生地纪念馆进行重新装修布展。2009 年 4 月 29 日，海军政治部和泰州市委、市政府在纪念馆隆重举行海军成立 60 周年史料展。新布展的纪念馆广场上陈列了一批海军退役的轰炸机、歼击机、超黄蜂直升机、舰炮、鱼雷、导弹等装备，馆内展览运用实物、图片、模型等多种表现形式和幻影成像、影视音像、场景制作等声、光、电技术手段复原了“渡江作战”、“解放一江山岛”等多个历史场景。

中国人民解放军海军诞生地纪念馆于2009年5月被中央宣传部公布为全国爱国主义教育示范基地。

◆解放军海军诞生地纪念馆主展馆

宿北大战纪念馆

宿北大战纪念馆位于江苏省宿迁市宿城区幸福路185号。

◆宿北大战纪念馆内的陈列馆

宿北大战是解放战争初期山东野战军、华中野战军会合后的第一仗。战役于1946年12月13日发起，19日结束。我军在陈毅、粟裕等的指挥下，以24个团的兵力，与由宿迁向沭阳、新安镇（今新沂市）进犯的国民党军整编第69师、整编第11师共13个团的兵力展开激战，全歼国民党军整编第69师，重创整编第11师，共歼俘敌2.1万余人。宿北大战是解放战争初期我军大打歼灭战的一个光辉范例，以歼灭国民党一个整编师的战绩载入解放战争史册。

宿北大战纪念馆始建于1954年春，占地面积150亩，内有陈毅元帅亲笔题名的“宿北大战马陵山革命烈士纪念塔”、抗日烈士碑、原国家主席李先念题词的“少年英雄韩余娟”雕塑及纪念碑亭、我军首任炮兵司令朱瑞将军碑亭、宿迁第一任县委书记马仑烈士碑亭等纪念建筑物。

宿北大战纪念馆陈列馆于1978年建成开放。2006年，宿北大战纪念馆陈列馆改建工程开工，9月中旬完工。改建后的陈列馆内设序厅、战役厅、支前厅、英烈厅四部分共十个展厅，另增设临时展厅和报告厅。馆内除原有展品外，又新增了从中央档案馆、解放军画报社、新华社图片社、国家博物馆、八一电影制片厂、中国第二历史档案馆以及江苏省委党史工作办公室、档案局、南京图书馆等处征集来的图片、照片和手稿等资料。目前，馆内共展出实物177件、图片78张、真实照片274张、场景油画2幅、毛泽东仿真手稿4份、报纸报道14篇。整个展览运用声、光、电等多种展示手法，把历史图片、实物展示和战斗情境相结合。

◆宿北大战抗日烈士碑

宿北大战纪念馆于1997年8月被江苏省委宣传部公布为江苏省爱国主义教育基地。

恽代英纪念广场

恽代英纪念广场位于江苏省常州市新北区小河镇南大街。

◆恽代英纪念广场

恽代英（1895—1931），江苏省武进人。1915年入中华大学中国哲学门学习，1918年大学毕业后留校任中华大学附中部主任，1919年10月加入少年中国学会，1921年参加中国共产党，历任团中央执行委员、宣传部部长，中共中央宣传部秘书长、中共中央组织部秘书长等职。1931年1月被任命为中华苏维埃中央革命军事委员会委员。1931年4月29日被害于南京江东门国民党中央军人监狱，时年36岁。

为了纪念恽代英烈士，小河镇政府于1998年11月28日建成恽代英纪念广场。广场占地约2500平方米，约1500平方米的主题广场全部用灰白色的花岗岩铺成，广场中央矗立着恽代英全身汉白玉雕像，雕像整体高4米（底座高1.5米）。广场四周建有回廊、石凳，并种植有苍松翠柏。

恽代英纪念广场于2005年11月被中央宣传部公布为全国爱国主义教育示范基地。

丹阳革命陈列馆

丹阳革命陈列馆位于江苏省镇江市丹阳市（县级市）画院路36号。

丹阳革命陈列馆始建于1979年6月，当时称革命事迹陈列馆。1985年，镇江市政府加以改造。1999年，在原址基础上扩建成1268平方米的二层楼新馆，于1999年10月对外开放。

◆丹阳革命陈列馆

陈列馆为仿古建筑，门楣上方镌刻着管文蔚题写的馆名。一楼为活动展厅，可举办各种专题展览和爱国主义教育活动。二楼由正厅和一、二两个展厅及革命烈士事迹展厅四个部分组成，陈列着土地革命战争、抗日战争、解放战争时期的革命史迹和烈士的遗像、遗物、图片640余件，并建有丹阳党组织创始人黄竞西、夏霖的半身石膏塑像。正厅中央邓小平的题词为："用革命的事迹来教育我们的子孙万代，像我们前辈那样，像我们的先烈那样，永远当一个革命者，永远当一个为人民大众的集体事业服务的社会主义者，永远当一个共产主义者。"厅中两边有反映革命斗争历史和现代建设成就的两幅木刻装饰画。入口处两边有反映五四运动、迎接北伐、秋收暴动、抗击日寇、拥军支前、进军江南6幅水彩壁画；另有两片玻璃雕刻的青松，寓意革命前辈的革命精神长存。

陈列馆北端是管文蔚三兄弟、梅嘉生、韦永义等的墓地。

丹阳革命陈列馆于2007年12月被江苏省委宣传部公布为江苏省爱国主义教育基地。

无锡博物院革命史陈列厅

无锡博物院革命史陈列厅位于江苏省无锡市南长区钟书路100号。

为了能将中国共产党在无锡地区的革命活动形象地展示出来，1988年10月1日，

◆无锡博物院

无锡市委党史工作委员会在社会各界的支持下，利用公园路16号玉皇殿旧址，建立了无锡革命陈列馆并对外开放。1991年6月，中共无锡市委决定筹建新的无锡革命陈列馆。1993年12月26日，无锡革命陈列馆新馆正式对外开放。

为了能更有效地整合和利用文物、科普资源，提升公共文化服务水平，2007年10月，无锡市委、市政府决定，将无锡革命陈列馆、无锡博物馆和无锡科技馆合并组建成无锡博物院。2008年10月，无锡博物院（无锡革命陈列馆）正式对外开放。

新建的无锡博物院，建筑面积69600平方米，其中革命史陈列厅有《血与火的城市记忆——无锡革命简史》、《肩负民族复兴希望的无锡人》和《珍贵的遗存——捐赠实物展》3个展厅。前两个展厅为基本陈列展厅，共有陈列物品730件（套），其中实物400件（套）左右；图片300余幅；场景、模型、雕塑等约30件，系统展示了无锡地区从1840年鸦片战争至1949年4月无锡解放的光荣革命斗争史。

◆无锡革命简史展厅

无锡博物院革命史陈列厅于1997年8月被江苏省委宣传部公布为江苏省爱国主义教育基地。

苏州革命博物馆

苏州革命博物馆位于江苏省苏州市金阊区三香路1216号。

苏州革命博物馆由中共苏州市委、市政府批准，于1993年建成开馆。革命博物馆占地面积1万平方米，主体建筑7000平方米，展出区面积3000平方米。

博物馆的展出内容主要分为两个部分。一是苏州革命史陈列，通过300多幅图片、

◆苏州革命博物馆

200 余件实物、100 余件图表、艺术作品、场景模型和幻影成像等多种展示形式，系统、真实、生动地反映了中国共产党领导下的苏州人民，在新民主主义革命的各个历史时期开展革命斗争的情况，以及先辈们可歌可泣的革命斗争事迹，重点陈列了 30 多位党的早期著名革命活动家与党和国家领导人在苏州开展革命活动的史料。二是大型多媒体半景画演示项目《阳澄烽火》，以抗日战争时期发生在阳澄湖畔的军民团结抗日故事为素材，演示过程采用声、光、电等多种手段，与 1000 平方米的巨型油画、500 平方米的场景模型结合，产生特殊的艺术效果，给人以身临其境之感。

◆苏州革命博物馆内的苏州革命史陈列

在基本陈列外，革命博物馆还有东、西两个机动展厅，根据主题宣传任务与观众的需要，举办反映时代风尚、观众喜闻乐见的临时性展览，内容包括革命传统教育、时事政治宣传、科普教育、文化艺术等多种题材。

苏州革命博物馆于 1997 年 8 月被江苏省委宣传部公布为江苏省爱国主义教育基地。

镇江博物馆

镇江博物馆位于江苏省镇江市润州区伯先路 85 号。

镇江博物馆始建于 1958 年，原址在镇江市四牌楼旧道署衙门。1962 年搬迁到现址。现址的原建筑是英国在中国沿海沿江建造的最早的领事馆之一，共 5 幢，建筑风格为东印度式。

镇江博物馆原占地面积 1. 17 万平方米，馆舍建筑面积 5316 平方米，2005 年扩建竣工，新增一座占地面积 5300 平方米、建筑面积 5000 平方米的展楼，建筑风格与老馆保持一致，新老馆区连成一片，成为一个英式园林风格的，集学习、收藏、展览、观赏、休闲为一体的综合性的博物馆。

◆镇江博物馆

镇江博物馆珍藏着从新石器时代至今的文物3万余件和10万册古籍图书，特别是西周及春秋时期吴国青铜器、六朝青瓷器、唐代金银器、宋代丝绸、明清书画、清代宫廷瓷器为馆藏特色。馆中收藏革命文物6000多件，如土地革命战争时期的“打倒土豪劣绅”的标语，抗日战争时期韦岗战斗伏击日军的缴获品，陈毅用过的水桶和茶杯等，以及革命烈士杨瑞年、王龙等人的遗物。

镇江博物馆于1996年11月被国务院公布为全国重点文物保护单位；1997年8月被江苏省委宣传部公布为江苏省爱国主义教育基地。

浙江省重要革命遗址

中共浙江省委机关旧址

中共浙江省委机关旧址位于浙江省丽水市莲都区厦河村77号。

1937年12月24日，杭州沦陷，国民党浙江省政府南迁，建设厅、教育厅等大批机关单位和学校迁到丽水各县，大批爱国青年和进步人士也随着机关学校南迁来到丽水。丽水一时成为全省的政治、文化中心。

1938年5月，中共中央东南局决定撤销闽浙边临时省委和浙江省工作委员会，成立中共浙江临时省委，刘英为书记。9月，浙江临时省委转为正式省委。为进一步推动浙江的抗日救亡运动，1939年3月，中共浙江省委将省委机关从温州迁至丽水。

◆中共浙江省委机关旧址

为了安全，省委在丽水城外厦河村找了一个农民家，作为刘英的住处和省委机关的秘密办公场所。同时，省委在城区四牌楼开了一家百货商店，取名为“兴华广货号”。在梅山脚绅弄口办了一家织袜工场，把机关的工作人员安排在这些地方工作，作为掩护。刘英对外的身份是兴华广货号的老板，机关工作人员王德珊的身份是织袜工场的场长。以后，省委还在花园弄2号、水南岸横街、浙东书店等处建立了秘密联络站。

省委机关在丽水期间，省委以丽水为中心，领导和指挥全省党的工作。先后召开了全省组织工作会议、全省宣传工作会议、全省妇女工作会议；加强了全省的抗日民族统一战线工作；打通了与上海党组织的联系；建立了与上饶集中营被捕同志的秘密联系；加强了对各地特委的领导、巡视和联络工作，浙江党的组织得到迅速发展壮大。全省共恢复和建立了5个特委，55个县委或工委，党员人数达到近2万，并于1939年7月召开了中共浙江省第一次代表大会，这是新民主主义革命时期浙江党组织召开的唯一一次党员代表大会。

在党组织取得大发展的同时，浙江省委还积极推动浙江抗日救亡运动。在党的抗日政策的影响下，这一期间浙江的各种抗日救亡团体、抗日救亡报刊、抗日救亡书店等如雨后春笋般出现。仅在浙西南地区就有各种抗日救亡报刊110多种，出版、印刷单位70余家，出版发行各种图书138种、42万余册。它们在激励全省人民参与抗日，坚定抗战必胜的信念方面起了巨大作用。同时，省委非常重视做好与国民党上层人士的统战工作，省委书记刘英亲自兼任省委统战部长。1939年3月至4月间，时任中共中央副主席的周恩来到东南一线向各地党组织传达中共六届六中全会精神，并以国民政府军事委员会政治部副部长的身份，到浙江抗日前哨视察，其间视察了云和小顺浙江铁工总厂，更进一步推动了丽水的抗日救亡运动。

省委机关在丽水期间，与中共中央东南局、新四军军部联系密切。1941年皖南事变后，中共中央东南局副书记饶漱石秘密隐蔽在厦河刘英住处，其后又被省委护送至上海。东南局给浙江省委专门派了政治交通员，常住丽水，负责省委与东南局、军部的联络；东南局与军部专门拨了电台并配备电台技术人员给浙江省委，电台就架设在龙泉山区，由处属特委负责具体保护。丽水也是新四军干部可靠的掩护、隐蔽地区，一些新四军女干部被安置在丽水，新四军秘书长李一氓等一些高级干部的小孩寄养在丽水山区，皖南事变中突围出来的新四军干部和从上饶集中营里越狱的同志先后有数十人辗转到丽水隐蔽，其中包括党在文化界的领导人之一冯雪峰。

皖南事变后，浙江抗日局势发生逆转，国民党顽固派把浙西南地区作为“清剿”的重点。根据中央“隐蔽精干”的方针，1941年4月，省委机关撤离丽水，迁往温州山区。

1995年10月，厦河村干部群众为纪念刘英，捐资恢复厦河村77号省委机关旧址，由时任省委书记李泽民题写址名。旧址为粉墙青砖瓦的传统江南民居院落，二层砖木结构，占地200多平方米，建筑面积400多平方米。旧址内现辟有魁梅园、刘英卧室、实物展厅、文字图片展厅、题词室、电化教育室等。

中共浙江省委机关旧址于1997年8月被浙江省人民政府公布为浙江省文物保护单位；1998年2月被浙江省委宣传部公布为浙江省爱国主义教育基地。

红十三军军部旧址

中国工农红军第十三军军部旧址位于浙江省温州市永嘉县五潮乡五潮村。

1927年大革命失败后不久，浙南农民武装斗争风起云涌，引起了中共中央的重视。1930年1月，中央派金贯真巡视浙南。3月，中央军委派胡公冕等到浙南领导武装斗争。5月，正式列入中央军委序列的中国工农红军第十三军在永嘉成立，军长胡公冕，政委金贯真，政治部主任陈文杰，下辖3个团（师），最盛时达6000余人，军部设在五潮村。红十三军是编入中央军委序列的全国14支正规红军之一，它以永嘉、温岭、永康为活动中心，进行大小战斗百余次，足迹遍及浙江南部20余县。但由于党内“左”倾错误的指导，红十三军斗争最终遭到失败。红十三军斗争虽然失败，但它沉重打击了国民党反动派统治和农村封建势力，在一定程度上牵制了国民党“围剿”中央苏区的兵力。红十三军在浙南广大农村中宣传了党和红军的主张，播下了革命的种子，他们战斗过的中心区域后来大多成为共产党的游击根据地。

◆红十三军军部旧址

为纪念红十三军英勇斗争的历史，缅怀先烈的革命精神，当地政府对红十三军军部旧址进行了保护修缮，并修建了中国工农红军纪念碑和红十三军军部纪念馆。

中国工农红军第十三军军部旧址，位于五潮村的胡氏四房宗祠。这是一座“口”字形的古祠堂，始建于清雍正六年（1728年）。占地面积1467平方米，建筑面积403平方米。祠堂坐西朝东偏南，系五间两进、左右廊、合院式木结构建筑。正门上方横匾镌刻着张爱萍将军题写的“中国工农红军第十三军军部旧址”。进入大门，里面有前厅、后厅、左右两廊，中央天井里有一方形水池，约50平方米，两廊外侧又各有一个长14米、宽7米的水池。

红十三军纪念碑位于军部旧址南侧约80米的山冈上，始建于1986年，占地面积1113平方米；2010年扩建了纪念碑前的广场，现占地面积约1200平方米。广场中间建有一座3米高的红十三军战士群雕，再现红军战士的战斗场景。从广场拾级而上49个石阶，是长20.5米、宽22米的纪念碑坛。再上10个石阶，是纪念碑底座，长12米、宽14米。纪念碑坛围有青石栏杆，并栽植花木。纪念碑高17.8米、宽3.3米、厚1.8米，水泥钢筋结构，中空，有梯可登碑顶。正面顶部浮雕的红五角星下，是张爱萍将军手书的“中国工农红军第十三军纪念碑”，碑名镌刻在碑体青石上，下方

◆红十三军军部旧址纪念馆

刻有碑记，记录红十三军将士浴血奋斗的悲壮历程和千古不朽的光辉业绩。

红十三军纪念馆位于军部旧址北侧约 30 米处。这是一座古典式的建筑物，占地面积 1526 平方米，于 2000 年落成，2010 年再次进行扩建，现占地面积约 2320 平方米。馆中陈列着红十三军的历史资料和红军战士使用过的土炮、刀枪等实物及展览图片。

红十三军军部旧址于 1989 年 12 月被浙江省人民政府公布为浙江省文物保护单位；1996 年 2 月被浙江省委宣传部公布为浙江省爱国主义教育基地。

中共闽浙边临时省委成立旧址

中共闽浙边临时省委成立旧址位于浙江省温州市泰顺县九峰乡白柯湾村小宫庙。

1935 年 8 月初至 9 月底，红军挺进师在浙西南的第一次反“围剿”斗争中付出了巨大的牺牲。尔后，师长粟裕、政委刘英率主力部队转战闽浙边，于同年 10 月 5 日在福建省寿宁县含溪村与叶飞率领的闽东独立师一部会合。双方当日移驻郑家坑村并举行了联席会议，刘英建议成立中共闽浙边临时省委，并对有关事宜进行酝酿。是年 11 月 7 日，双方在泰顺县九峰乡白柯湾村小宫庙召开了第二次联席会议，决定由刘英任临时省委书记，粟裕任组织部长，叶飞任宣传部长兼少共（团）省委书记。会后，正式宣布成立中共闽浙边临时省委，下辖浙西南、闽东两个特委。中共闽浙边临时省委的成立，对于加强闽东游击区与浙南游击区之间的联系和配合，广泛开展游击战争，起到了重要作用。

◆中共闽浙边临时省委成立旧址

1987 年，泰顺县政府对小宫庙进行了修缮。整座建筑为木结构，占地面积 35 平方米，进深7.1米、宽5.2米，庙门外有防护墙。1991年7月1日，在小宫庙后山的小峦山上建造了中共闽浙边临时省委成立纪念碑。纪念碑高3米、宽1米。正面刻有“中共闽浙边临时省委成立纪念碑”，背面刻有碑文。纪念碑座竖立在面积15平方米的平台上，四周有石栏围杆。白柯湾村内一座有百年历史的木结构古民居，是当年中共闽浙边临时省委成立时刘英、粟裕等红军指战员的住所。

中共闽浙边临时省委成立旧址于2010年7月被浙江省委宣传部公布为浙江省爱国主义教育基地。

浙西南革命根据地首脑机关旧址

浙西南革命根据地首脑机关旧址位于浙江省丽水市松阳县城东南60余公里的安民乡安岱后村，处于松阳、遂昌、龙泉、云和四县交界处。

◆红军挺进师师部、浙西南特委等首脑机关驻地

1935年，粟裕、刘英率领中国工农红军挺进师，从江西经福建进入浙江，在庆元县斋郎发生战斗后，由龙泉转入松阳县安岱后村，受到当地农民领袖陈凤生、卢子敬、陈丹山等率领的农民军的热烈欢迎，并以此为中心迅速开展工作，逐步开辟了浙西南根据地。仅一个月时间，挺进师就建立了中共浙西南特委、浙西南军分区，成立竹溪区委和浙江第一个红色政权——竹溪苏维埃政府，组建了松遂龙红军游击队。当时挺进师师部、浙西南特委、军分区、游击总队的办公地和首脑机关都设在安岱后村，至今该地仍保留着红军医院、红军主会场、红军首长住处、红军标语等大量革命文物，还有萧克将军题词的“红军桥”石碑等。

◆安岱后村“红军桥”

浙西南革命根据地首脑机关旧址于2007年12月被浙江省委宣传部公布为浙江省爱国主义教育基地。

浙东（四明山）抗日根据地旧址群

浙东（四明山）抗日根据地旧址群以浙江省宁波市余姚市（县级市）梁弄镇为中心，包括四明、会稽、三北（余姚、慈溪、镇海三县以北地区）和浦东四个地区，位于杭州湾两岸，沪、杭、甬之间。

1942 年 7 月，中共浙东区委在慈北宓家埭成立后，区党委适时提出“坚持三北，开辟四明”的方针，开始进军四明山区。1943 年 4 月 23 日梁弄解放后，浙东区党委和三北游击司令部（后改称新四军浙东游击纵队司令部）进驻梁弄横坎头村。从此，梁弄成为浙东抗日根据地军事、政治、经济、文化中心。在浙东抗日根据地建立和巩固的过程中，浙东区党委领导浙东广大军民，与日伪顽进行了艰苦卓绝的斗争，取得了辉煌战绩，部队从 900 余人发展壮大到 1 万余人，成为全国 19 块抗日根据地之一。根据地领导机关——中共浙东区委旧址（浙东革命根据地纪念馆）及其周围的浙东行政公署旧址、新四军浙东游击纵队司令部旧址、浙东银行旧址、新浙东报旧址、浙东抗日军政干校旧址、浙东鲁迅学院旧址等遗址遗迹，构成了一个以区党委旧址为核心，包括浙东抗日根据地党、政、军、金融、新闻、文化等方面的浙东革命史迹旧址群，完整地体现出了中国共产党领导下的浙东抗日根据地在政治、军事、文化及政权建设等方面的历史足迹。

中共浙东区委旧址

位于余姚市梁弄镇横坎头村。旧址为清末木结构民居，正楼 7 间，左右翼楼与正楼以檐廊通连，各为二开间，中间为鹅卵石铺砌的庭院，四周围以高墙，并筑有高大的马头风火山墙。南翼楼西面为大门，进口处竖立着张爱萍题写的“中国共产党浙东区委员会旧址”大理石碑。20 世纪 70 年代，在旧址建立了四明山革命纪念馆，后更名为浙东革命根据地纪念馆，檐下悬挂原国务委员、公安部部长王芳手书的“浙东革命根据地纪念馆”匾额。纪念馆内共展出抗日战争和解放战争时期浙东革命根据地有关党的建设、政权建设、武装斗争、统一战线等 7 个方面的内容，共陈列历史照片 162 幅、图表 39 张、各类革命文物 261 件，生动形象地反映了浙东革命斗争的历史。

◆ 中共浙东区委旧址

浙东行政公署旧址

位于中共浙东区委旧址西南80米处的一幢清末民宅。1945年1月，浙东敌后各界临时代表大会在梁弄正蒙小学召开，浙东各地和浦东地区各界代表共108人参加会议。会议讨论通过了中共浙东区委提出的施政纲领，选举产生了浙东行政委员会，通过了《浙东敌后临时参议会章程》，产生了浙东敌后临时参议会，成立了以连柏生为主任的浙东行政公署。浙东行政公署是浙东抗日根据地最高行政机关。

◆浙东行政公署旧址

新四军浙东游击纵队司令部旧址

位于梁弄镇晓岭街名为“小源和”的楼房内。1942年8月，第三战区淞沪游击队三北游击司令部成立，何克希为司令员，张文碧为政治部主任。1943年8月，司令部迁至梁弄镇“小源和”，12月改称为新四军浙东游击纵队司令部。新四军浙东游击纵队政治部旧址位于梁弄镇横坎头村，原为梁弄士绅、民主人士邵之炳的房屋。

浙东银行和新浙东报社旧址

位于中共浙东区委旧址西北50米处，是一幢清末民宅。浙东银行是当年专为根据地发行抗币而建立，以反抗敌伪顽经济封锁、促进根据地经济建设，在根据地对敌经济斗争中发挥过重要作用。新浙东报社是根据地宣传中共方针政策、开展抗日救亡和文艺宣传的主阵地。现在，大门墙内尚存当年绘制的象征革命政权的大红五星一个。出浙东银行和新浙东报社往东10米处的一幢两层楼房曾经是根据地领导人谭启龙和何克希的住处。

浙东鲁迅学院旧址

位于余姚市梁弄镇横坎头村外1公里的宣家塔村。1944年9月，浙东敌后临时行政委员会在陆埠杜徐创办了浙东鲁迅学院（后迁至梁弄甘泉畈上岳殿）。学院共招生三期，培训学员700余名，为浙东抗日根据地的党、政、军各部门输送了一大批具有一定政治素质和文化水平的基层干部。次年9月底，新四军浙东游击纵队北撤，浙东鲁迅学院停办。

浙东抗日军政干校旧址

与浙东行政公署旧址在同一所大院内。其前身为三北游击司令部教导队，是抗日救亡工作和部队军政人员的培训基地，1943年9月1日成立于慈北金仙寺，同年10月随司令部进入四明山，流动于南山、袁马及梁弄等地。1945年元旦，改编为新四军浙东抗日军政干校，同年4月由梁弄迁至横坎头上新屋。旧址的墙壁上尚存当年由战士们绘制的反映革命生活和志向的 7 幅漫画。

浙东韬奋书店旧址

位于余姚市梁弄镇。原名浙东书局，是中共浙东区委领导的专门从事出版发行工作的书店。浙东第二次反顽自卫战斗结束后，浙东区党委决定建立浙东书局，专门从事书报发行和销售业务，并在梁弄设立门市部。1945 年初，为纪念邹韬奋逝世，更名为浙东韬奋书店。书店的主要任务是印刷和发行《新浙东报》，以及翻印各解放区出版的图书，为浙东抗日根据地军民提供了大量的精神食粮，为传播党的方针政策、团结教育人民做出了很大贡献。浙东韬奋书店原址年久失修，1991 年 4 月重建。新建的浙东韬奋书店为两层混凝土仿古建筑，廊檐飞翘，古色古香。书店一楼为营业大厅；二楼为邹韬奋事迹陈列室。

◆浙东抗日军政干校旧址

◆浙东韬奋书店旧址

浙东（四明山）抗日根据地旧址群于 2006 年 5 月被国务院公布为全国重点文物保护单位；2007 年 12 月被浙江省委宣传部公布为浙江省爱国主义教育基地。

温州浙南（平阳）革命根据地旧址群

温州浙南（平阳）革命根据地旧址群位于浙江省温州市平阳县山门镇、凤卧镇一带，包括红军挺进师纪念碑、闽浙边临时省军区司令部驻地、粟裕骨灰敬撒处、中共浙江临时省委成立旧址、中共浙江省第一次代表大会会址、闽浙边抗日游击总队教导队大屯村旧址等 21 处。

平阳是中国工农红军挺进师、中共闽浙边临时省委、中共浙江省委的主要活动地区之一。从 1935 年 10 月开始，挺进师多次进入平阳地区，与平阳人民并肩战斗，粉碎了国民党对浙南游击根据地的频繁进攻。1936 年9 月，粟裕率挺进师在瑞（安）平（阳）边与浙南红军游击队会师。1937 年春，刘英率中共闽浙边临时省委机关来到平阳北港，以平阳为中心，领导整个浙南地区开展革命斗争。

1937 年七七事变后，浙江国共两党和谈成功。9 月至 10 月，红军挺进师各部在平阳山门、凤林一带集中，改编为国民革命军闽浙边抗日游击总队。1938 年1 月4 日，中共闽浙边临时省委机关和闽浙边临时省军区司令部移驻山门乡大屯村，省委机关办公地点设在大屯村东南面贫苦农民郑永盛的平房里。教导队随省委驻在大屯，负责保卫工作和培训军队干部。省委机关的油印室、收发报机组、缝纫组、军械组、红军食堂等分设在大屯村其他群众家里。1 月 15 日，闽浙边临时省委借用原山门畴溪小学校舍，创办抗日救亡干部学校，粟裕任校长。3 月 5 日，中共中央东南分局副书记兼组织部长曾山来到闽浙边临时省委机关驻地大屯村，并于当晚在大屯召开闽浙边临时省委会议。3 月 18 日，粟裕率领闽浙边抗日游击总队开赴皖南编入新四军。5 月 7 日，中共浙江临时省委第一次会议在平阳县凤卧乡玉青岩村（今属凤卧镇）周尔信家召开。刘英、顾玉良、汪光焕、龙跃、林辉山 5 人出席会议，郑丹甫、郑海啸列席会议。根据上级指示，会议决定撤销中共闽浙边临时省委，成立中共浙江临时省委，刘英任书记。

◆抗日救亡干部学校旧址

1939 年 7 月 21 日至 30 日，中共浙江省委在平阳凤卧乡（今凤卧镇）召开全省第一次党代表大会。出席会议的有省委机关和浙南、处属、台州、宁绍、金衢、浙西等地代表 26 人，代表全省近 2 万名党员。会议分别在凤卧的冠尖和马头岗两地举行。大会通过了《关于目前抗战形势与浙江党的任务的决议》等一系列文件，选举产生了以刘英为书记的新的浙江省委；选出了刘英等 12 人为浙江出席党的七大代表。这次大会是民主革命时期浙江党组织召开的唯一一次全省党代表大会，在浙江党的历史上具有特殊重要的意义和地位。

中国工农红军挺进师纪念碑

位于平阳县山门镇凤岭山，建成于 1998 年。纪念碑建筑群总占地面积 5280 平方米，坐北朝南，背靠群山，面向畴溪。刘华清为纪念碑题写碑名。纪念碑分为主碑、北上抗日出征门、碑林三大部分，三者共同组成一个阶梯式的建筑群。

闽浙边临时省军区司令部旧址

位于平阳县山门镇凤岭山麓西南侧的小山坳，现为龙井禅寺。禅寺门口挂着当年临时省军区政治部副主任、原南京军区副司令员张文碧将军题写的“闽浙边临时省军区司令部”标牌。

◆中国工农红军挺进师纪念碑

◆北上抗日出征门

粟裕同志部分骨灰敬撒处

位于平阳县山门镇山门小学。平阳县人民政府在抗日救亡干部学校旧址的桂花林中，建立了一座高1.8米、宽0.8米的纪念碑，碑上镌刻着“粟裕同志部分骨灰敬撒于此”12个大字。

中共浙江临时省委成立旧址

位于平阳县凤卧镇玉青岩村。该村是平阳县西北部的一个小山村，海拔500米，周围山峰陡峭，重峦叠翠，峡谷幽深。旧址周家系5间木结构平房，坐东朝西，临时省委在其北面一间成立。

中共浙江省第一次代表大会旧址

位于平阳县凤卧镇凤林村的冠尖和马头岗。冠尖山和马头岗两峰对峙，群山环抱，地势险要。冠尖在东边半山腰，马头岗在西山边顶部，中隔凤林溪，两地间距约3.5公里。其中，冠尖会址是郑永暖家一幢5间2层木结构楼房（俗称新楼），坐北朝南；马头岗会址是翁吉忠家一幢9间木结构平房。西间曾作为刘英办公室与宿舍，东首阁楼顶上有一小门，可通后山。屋前涧深岭陡，屋后古松参天，不远处还有一个秘密山洞，可容纳多人。

◆中共浙江省一大马头岗会址

郑氏宗祠——闽浙边抗日游击总队教导队大屯村旧址

位于平阳县山门镇大屯村，距临时省委机关驻地约100米。宗祠系砖木结构5间平房，祠堂前有个小院子。

◆中共浙江省一大陈列馆

温州浙南（平阳）革命根据地旧址群于2009年5月被中央宣传部公布为全国爱国主义教育示范基地。

金维映故居

金维映故居位于浙江省舟山市岱山县高亭镇清泰路后街弄14号。

◆金维映故居

金维映（1904—1941），女，原名金爱卿，又名金志成，昵称阿金，浙江省岱山县高亭镇人。1913年就读定海县立女子小学。1919年到宁波师范学校深造。1922年师范毕业后回定海女小担任幼稚班教师。在定海女小执教期间，接触并接受马克思主义思想。1926年10月加入中国共产党。1927年3月，组织和领导著名的岱山盐民运动，点燃舟山地区革命斗争的烈火，被宁波地委誉为“定海女将”。1927年四一二反革命政变后，离开岱山到宁波、上海等地开展党的地下工作，先后参加中华全国总工会和中共江苏省委妇委工作，曾任中共江苏省委妇委书记、上海丝织行业党团工会联合行动委员会书记、中共江苏省委常委等职务，组织和领导工人罢工斗争，为推动上海工人运动发挥了重要作用。1931年7月调往中央苏区工作，历任中共于都县委和胜利县委书记、中央苏区（瑞金）扩大红军突击队总队长、中央组织部组织科长、中央革命军事委员会武装总动员部副部长。1934 年 1 月当选中华苏维埃共和国第二届中央执行委员会委员。红军长征时期，是红一方面军参加长征的 30 位女战士之一。1937 年任中国人民抗日军事政治大学第四大队女生区队长。1938 年受党组织派遣去苏联莫斯科学习和治病。1941 年 6 月，苏联卫国战争爆发，金维映在战乱中牺牲，时年 37 岁。1994 年 11 月，被民政部批准为革命烈士。

金维映故居坐西北朝东南，原有 62.40 平方米木质结构瓦房 2 间，1988 年 9 月被公布为岱山县文物保护单位。1995 年 3 月，江泽民为金维映故居题写了匾额。2004 年，中共岱山县委、县人民政府拨专款重新修缮金维映故居，由原 2 间扩建为砖木结构瓦房 5 间，占地面积 349 平方米，建筑面积 158.54 平方米，故居内展出 149 幅照片、图片，40 余件珍贵实物，反映了 1926 年至 1941 年金维映在舟山、上海、中央苏区、长征途中、延安等地工作和生活的情况。

金维映故居于 2001 年 6 月被浙江省委宣传部公布为浙江省爱国主义教育基地。

柔石故居

柔石故居即柔石纪念馆，位于浙江省宁波市宁海县跃龙街道西大街柔石路 1 号。

◆柔石故居外景

柔石（1902—1931），原名赵平复，化名少雄，浙江宁海人，中共党员。1928 年到上海从事革命文学运动，曾任《语丝》编辑，并与鲁迅同办“朝花社”。1930 年初，自由运动大同盟筹建，柔石为发起人之一。1930 年 3 月中国左翼作家联盟成立，柔石任执行委员、编辑部主任。同年 5 月加入中国共产党，并以左联代表资格，参加全国苏维埃区域代表大会。1931 年 1 月在上海被捕，同年 2 月 7 日与殷夫、欧阳立安等 23 位同志被国民党反动派秘密杀害。牺牲后，鲁迅曾写《为了忘却的纪念》一文，追悼他和其他死难同志。遗著有《柔石选集》。

◆柔石故居内景

柔石故居为旧式木构架三合院建筑。1960 年初，宁海县人民政府拨款维修，征集文物资料，使故居初步恢复了原貌。鲁迅夫人许广平题写了“柔石故居”的匾额。1962 年 10 月柔石故居被公布为宁海县文物保护单位。十年动乱期间，故居曾被迫关闭，文物蒙受损失。十一届三中全会后，得以重新整理开放。2001 年，在柔石故居重新布置柔石生平陈列室。新设立的柔石故居展厅，展线长 120 米，展出图片 69 幅、实物 70 多件。2002 年 9 月，建立柔石纪念馆。

柔石故居于 1989 年 12 月被浙江省人民政府公布为浙江省文物保护单位；2004 年 10 月被浙江省委宣传部公布为浙江省爱国主义教育基地。

茅盾、沈泽民故居

茅盾、沈泽民故居位于浙江省嘉兴市桐乡市（县级市）乌镇观前街 17 号。

茅盾（1896—1981），原名沈雁冰，浙江省桐乡市乌镇人。1913 年考入北京大学预科，毕业后进入上海商务印书馆编译所工作。五四运动后，积极投身社会革命运动。1920 年 10 月参加上海共产党早期组织。1920 年 11 月，主编并全面革新《小说月报》，选载反映社会现实问题的进步文学作品。1923 年，到中共创办的上海大学任教。1930 年 4 月，加入中国左翼作家联盟。1937 年全面抗战开始后，在上海参加《救亡日报》工作，主编《呐喊》（后改名《烽火》）。1940 年 5 月赴延安，在鲁迅艺术文学院等地讲学。10 月抵重庆，在郭沫若主持的文化工作委员会任常委。1945 年 2 月，在郭沫若起草的《文化界对时局进言》签名，要求国民党结束独裁统治，实

◆茅盾、沈泽民故居正门

◆茅盾、沈泽民故居客堂

行民主，团结抗日。1946 年 1 月，与巴金等人签名发表《陪都文艺界致政治协商会议各委员意见书》，要求结束一党专政，制定和平建国纲领，废止文化统治政策。1946 年 5 月回到上海，主编《文联》杂志，并参加呼吁和平、争取民主的活动。新中国成立后，历任第一任文化部长，第四、第五届全国政协副主席，全国文联副主席，中国作家协会主席等。代表作有《子夜》、《林家铺子》等。

沈泽民（1900—1933），浙江省桐乡市乌镇人，是茅盾的弟弟。1917 年夏考入南京河海工程专门学校。1919 年投入五四运动，与同学张闻天创办《南京学生联合会日刊》，报道运动情况，宣传进步思想。1921 年 4 月参加上海共产党早期组织。1924 年初被选为中共上海地方委员会委员。国共合作时，与毛泽东、邓中夏、恽代英一起参加国民党上海执行部领导工作。后去苏联学习，1930 年底回国。1931 年 1 月，在党的六届四中全会上当选为中央候补委员，任中央宣传部长。4 月到达鄂豫皖苏区，先后担任苏区中央分局委员、鄂豫皖省委书记、中华苏维埃共和国临时中央政府中央执行委员等职。1933 年秋，病逝于湖北省红安县。

茅盾、沈泽民故居坐北朝南，占地 600 平方米，分前后两幢。前幢为二层楼房，包括卧室、厨房、客厅等，有一别致的小庭院。后幢为三间平房，是茅盾 1934 年亲自设计翻修的书斋，庭院内有茅盾手植的天竹、棕榈。整个建筑采用我国传统的木构民居形式，简朴无华。东邻原为立志书院，现为茅盾纪念馆，收藏和陈列着有关茅盾、沈泽民的大批文物与图片。

茅盾、沈泽民故居于 1988 年 1 月被国务院公布为全国重点文物保护单位；1995 年 2 月被浙江省委宣传部公布为浙江省爱国主义教育基地。

周恩来祖居

周恩来祖居位于浙江省绍兴市劳动路 369 号（保佑桥河沿）。

周恩来祖居系明清风格的台门式建筑，乌墙青瓦，素雅端庄，占地面积 2150 平方米，建筑面积 1680 平方米。周氏于明代自河南迁徙绍兴后即世居于此。清康熙二十八年（1689 年），周恩来远祖周懋章之妻王氏寿至百岁时，浙江巡抚特题“百岁寿母”匾额致贺，故又称“百岁堂”。整体建筑坐北朝南，分三条轴线布局。

中轴第一进为门斗，三开间，黑漆竹丝台门，门楣上悬陈云书“周恩来祖居”匾，内设隐门，上悬顾廷龙书“百岁寿母之门”匾，仪门砖檐戏壁。第二进为大厅，三开间，中额悬“锡养堂”匾，高大宽敞，前后各有花格子木窗，原为周氏家族举办红白事之地，现辟为瞻仰厅。厅正中竖立周恩来1939年春到绍兴时身着戎装的汉白玉站立雕像，两侧悬挂马一浮撰、赵朴初书“选贤与能讲信修睦　体国经野辅纪长民”楹联，两侧山墙内壁各嵌置一幅周恩来在不同历史时期的巨幅照片。第三进为座楼，三开间，中间为客厅，内陈设六角拼桌和古式书桌等物。1939年3月，周恩来到绍兴时，曾在这里填写家谱、会见亲友和接待绍兴各界人士、为亲友挥毫题词。他的题词依不同对象内容各异而主题相同。中明堂西厢房是周恩来当年下榻处，面积不足10平方米，陈设极为简朴，仅一床、一桌、一椅而已。

◆周恩来祖居

东轴第一进平屋、第二进厢楼，均为三间，屋、楼间设东厢互连。现悉数辟为展览室，陈列《周恩来与故乡》展览，用大量历史照片、手稿题词和创作油画等展品，展现周恩来当年回故乡时的情景，以及风尘仆仆赴皖浙视察抗日前线的概况。西轴进入石库门斗后为一方天井，第二进“诵芬堂”，其开间结构比拟“锡养堂”，现作厅堂原状陈列。第二进各间布置为周氏祖上客厅、书房、卧室等生活场景。

新中国成立后，祖居由于年久失修，已有不同程度损毁。绍兴人民出于对周恩来总

◆周恩来祖居对面的广场

理的敬爱，曾多次计划修缮，但均被周恩来和邓颖超劝阻。在 20 世纪 50 年代末小修后，周恩来提出将祖居交于国家使用。80 年代末，绍兴市人民政府组织对祖居进行了全面整修，恢复原貌，并重建了东轴、西轴建筑。

1998 年 3 月，在周恩来诞辰 100 周年之际，绍兴市政府对祖居再次扩建，并在祖居对面辟建广场，内耸立一座高 4 米、重 2.10 吨的周恩来全身铜像，下衬基座。铜像后汉白玉照壁上镌有周恩来书写的“努力学习、精益求精”8 个鎏金大字。

周恩来祖居于 1997 年 8 月被浙江省人民政府公布为浙江省文物保护单位；1995 年 2 月被浙江省委宣传部公布为浙江省爱国主义教育基地。

刘英烈士陵园

刘英烈士陵园位于浙江省金华市永康市（县级市）方岩镇。

刘英（1905—1942），原名刘沐声，曾化名可夫、爱群、王志远等，江西省瑞金县人。高小毕业后，因家贫辍学。1929 年 4 月，毛泽东、朱德率领工农红军进占瑞金县城，他参加了红军并改名刘英。同年 9 月加入中国共产党，不久在毛泽东的推荐下被调到军部当文书。在中央革命根据地第一次反“围剿”时，下部队参加战斗，先后任连指导员、营政委、团政治部主任和团政委。第三次反“围剿”胜利后，被调到新成立的红五军团担任第 15 军第 44 师政委。从 1933 年 11 月起，奉命调到红九军团，先后担任第 3 师、第 14 师政委。次年 1 月，调到红五军团任第 14 师政委、红七军团政治部主任。1934 年 7 月，中共中央宣布由红七军团组成中国工农红军北上抗日先遣队，到闽浙赣皖等地打开革命局面，任先遣队政治部主任。1935 年 2 月，根据苏区中央分局指示精神，以先遣队的突围部队为基础组建工农红军挺进师，深入浙江开展游击战争，以吸引和牵制敌人、策应主力红军转移，任挺进师政委。同年 10 月，挺进师主力与闽东特委领导的红军胜利会师，成立了中共闽浙边临时省委，任书记。同时成立了闽浙边临时省军区，任政治委员。1938 年 3 月，闽浙边红军编入新四军开赴皖南作战，刘英则留在浙江坚持斗争。同年 5 月，按照中央的指示成立中共浙江临时省委，刘英担任书

◆刘英烈士陵园

◆刘英、张贵卿及永康烈士陵墓

记。1942年2月，因叛徒出卖，在温州被捕，后被押解到当时国民党省政府所在地永康方岩。5月18日清晨被秘密杀害。与他一起遇害的还有中共衢（州）属特委书记张贵卿。

◆刘英烈士陵园内的永康革命历史陈列馆

刘英和张贵卿牺牲后，当地百姓就近掩埋了两位烈士，并植一柏树为标记。解放后，永康县人民政府根据标记找到了烈士遗骸，于1953年在刘英牺牲处建起烈士墓，1988年定名为刘英烈士陵园。陵园于1992年进行了扩建。如今，陵园树荫茂密、松柏成行，居中并列排着中共浙江省委书记刘英、中共衢（州）属特委书记张贵卿以及永康烈士的陵墓。陵园内还建有永康革命烈士纪念碑、刘英烈士纪念馆、永康革命历史陈列馆等，总占地面积50余亩。门口的“刘英烈士陵园”为聂荣臻元帅题写，刘英烈士墓碑为粟裕大将所书，革命烈士纪念馆由全国人大常委会原副委员长陈丕显题写。

刘英烈士陵园于1981年4月被浙江省人民政府公布为浙江省文物保护单位；1995年2月被浙江省委宣传部公布为浙江省爱国主义教育基地。

金佛庄烈士陵园

金佛庄烈士陵园位于浙江省金华市东阳市（县级市）横店镇良渡村水碓山。

金佛庄（1897—1926），学名灿，字辉卿，浙江省东阳市横店镇良渡人。1918年东阳中学毕业后考入保定陆军军官学校。1922年加入中国社会主义青年团，同年8月转为中共党员，是参与组建浙江第一个党组织——中共杭州小组的3名成员之一。1923年6月出席中共三大。1924年春参与创建黄埔军校。历任黄埔军校第一期第3队队长、国民党特别党部执委、教导第2团第3营营长，国民革命军第一军第1师第2团党代表、团长和总司令部警卫团少将团长等职。身先士卒，战功卓著，为黄埔军校教导第2团争得“党军荣誉旗”。1926年12月9日，经九江秘密赴杭

◆金佛庄烈士陵园石牌坊

州，策动江浙地方军队起义，其行踪被军阀孙传芳密探侦悉，11 日在南京下关码头被捕，12 日被孙传芳部秘密杀害于雨花台。

金佛庄烈士陵园建于 1995 年，占地 6.6 万多平方米，房屋建筑面积约 400 平方米，室外建筑面积约 2000 平方米。陵园由石牌坊、卫士群像、烈士雕像、烈士故居、纪念碑、纪念馆、公园等部分组成。烈士故居原址在良渡村，2000 年由原址拆迁到陵园内重建。陵园大道两旁排列 12 尊石雕戎装卫士，庄严肃穆。正中平台上的金佛庄烈士花岗石雕像英姿勃勃，烈士塑像身后是 500 多级石阶，直达烈士纪念碑。纪念碑为高大的白色花岗岩建筑，上镌“永垂不朽”。山巅的原烈士纪念馆为圆形的两层建筑，一楼为纪念活动大厅，二楼展出图片资料，现已迁入金佛庄故居内。

金佛庄烈士陵园于 2004 年 10 月被浙江省委宣传部公布为浙江省爱国主义教育基地。

宁波樟村四明山烈士陵园

宁波樟村四明山烈士陵园位于浙江省宁波市鄞州区章水镇振兴中路 66 号。

◆四明山烈士陵园

四明山区地势复杂、重峦叠嶂。在抗日战争时期，这里成为全国 19 块抗日根据地之一的浙东抗日民主根据地的中心区域；解放战争时期，这里又成为南方七大游击根据地之一的浙江东部南部游击根据地的重要区域。在这块英雄的土地上，无数党的优秀儿女，为了人民解放事业牺牲了宝贵的生命。

1944 年 12 月，“四明特办”和新四军浙东游击纵队，为了悼念李敏、徐婴、陈晓云、严培远等 12 位在抗日反顽战斗中牺牲的烈士，组织党政军民一万余人在樟村许家前晒场召开了追悼大会。会后，人们护送灵柩，经樟村、崔岙、许家、密岩、朱汤等樟溪河两岸的村庄游行一周，将烈士灵柩安葬在现在陵园的右前方，墓前竖立一块书有“抗日阵亡将士，反顽殉难烈士纪念塔奠基石”的大石碑。这是宁波樟村四明山革命烈士陵园第一块奠基石，也是这座陵园的由来。

1951 年，浙江省第二军分区、宁波专员公署、鄞县人民政府决定在四明山麓章水镇樟村兴建革命烈士陵园。广大群众主动捐款献工，在不到半年的时间里就建成了占地7000平方米的烈士陵园，建起了一座高10.6米的烈士纪念塔和一座拱形圆座烈士公墓，将在抗日反顽战斗中牺牲的11位烈士遗体重新安葬于此。1953年，又在纪念塔前两侧建造了两座五角形纪念碑亭，以纪念李敏等烈士。在烈士公墓后面又增建了5座烈士公墓，安放了146具英烈灵柩，成为浙江省较早建立的革命烈士陵园之一。以后，中共鄞县县委、县人民政府多次对烈士陵园进行扩建和整修：1978年建造了三层纪念厅和拥有1728个座位的纪念堂；1990年增建了烈士事迹陈列室，并扩充了展览内容；1992年对陵园再次进行全面整修，再造烈士纪念塔，重新布局烈士公墓，整个工程于1995年底竣工；1997年在烈士墓群前面两侧再建两座英烈亭，上方铭刻着698位烈士的英名。

◆四明山烈士纪念碑

2009年6月，宁波市鄞州区人民政府对烈士陵园进行了一次大规模的扩建，至2011年3月底竣工。陵园总占地面积101407平方米，总建筑面积6243平方米，主要由纪念塔、烈士纪念馆、室外兵器陈列、群雕、烈士墓地等建筑组成，共分为入口广场区、革命回顾区、瞻仰励志区、烈士墓区、爱国主义教育区、文物保护区6个区域。

宁波樟村四明山烈士陵园于1963年3月被浙江省人民政府公布为浙江省文物保护单位；2001年6月被中央宣传部公布为全国爱国主义教育示范基地；1996年4月被民政部公布为全国重点烈士纪念建筑物保护单位。

雁荡山革命烈士陵园

雁荡山革命烈士陵园位于浙江省温州市乐清市（县级市）雁荡镇响岭头村。

早在大革命时期，乐清就创建了中共乐清地方组织。抗战全面爆发后，中共闽浙边临时省委派员到乐清，于1938年3月在朴头村重建中共乐清支部，12月建立了中共乐清县委，领导群众开展抗日救亡运动。

1951年12月，乐清县人民政府开始在雁荡山风景名胜区的响岭头村动工兴建雁荡

◆雁荡山革命烈士陵园

◆雁荡山革命烈士陵园内的烈士纪念碑

山革命烈士墓，1953 年 7 月竣工。后几经修缮扩建，1963 年 4 月建成雁荡山革命烈士纪念碑，1995 年 6 月建成乐清革命烈士纪念馆，形成雁荡山革命烈士陵园。陵园占地 6600 平方米，主体建筑为烈士墓、烈士纪念碑、烈士纪念馆，东、南、西三面均砌有花墙。

整座陵园由正门、人行道、祭坛、骨灰塔、纪念碑、墓园、亭台和花坛等组成。正门为牌楼式建筑，水泥冲天柱结构，柱头饰以云纹，有粟裕题写的“雁荡山革命烈士墓”青石门额刻。人行道宽 5 米、长 28 米，沿阶梯而上，由正门直达烈士墓与纪念碑前。烈士墓坐北朝南，背靠狮子山，东西两侧都是景区。墓园分为中墓和左右两小墓，为五级弧形阶梯式，总面积 1300 平方米，整个墓区共安葬各个历史时期牺牲的烈士 429 位。纪念碑屹立在烈士陵园正中，高 13 米，碑身为花岗岩石，碑名“雁荡山革命烈士纪念碑”由张爱萍于 1988 年题写。碑座嵌有 6 块青石，上刻《雁荡山革命烈士纪念碑志》。

纪念馆为二层仿古建筑楼，建筑面积 345 平方米。门厅有前言，左右两侧是毛泽东和邓小平的手迹，四个展厅分别展出五四运动与大革命时期、土地革命战争时期、抗日战争时期、解放战争时期和社会主义建设时期有关资料和展品，最后为全市烈士英名录。

雁荡山革命烈士陵园于 1998 年 2 月被浙江省委宣传部公布为浙江省爱国主义教育基地。

苍南革命烈士陵园

苍南革命烈士陵园位于浙江省温州市苍南县城灵溪公园山麓东南侧。

苍南是革命老根据地之一，有着悠久、光荣的革命斗争历史。早在大革命时期就有著名的白沙盐民暴动、农民武装攻打平阳城等。此后，在长期的革命斗争中，许多英勇的苍南儿女为中国革命的胜利献出了宝贵生命。为纪念先烈，教育后人，苍南县委县政

◆苍南革命烈士陵园

府于1990年春建成苍南革命烈士陵园。

陵园总占地面积1.3万多平方米，建筑面积3500平方米。主要设施包括烈士墓、烈士纪念馆、陵园大门、石牌坊、亭、廊、综合管理房等建筑和陵园绿地。烈士墓位于烈士纪念馆西侧，占地面积1980平方米，建筑面积800平方米，四周环绕着青松翠柏。墓室表面采用数百块"四川红"花岗岩砌成，每块花岗岩上刻着一位烈士的简历，其中有王国桢、张培农、吴毓、朱程、林夫、吴信直、陈式纯、林珍等768位革命烈士的英名。墓体正面似两面巨幅大旗，两座墓室中间屹立着著名书法家苏渊雷题写的"英烈千古"纪念碑。墓室前面是381平方米的祭坛，墓体两边竖立着由张爱萍题写的"中国工农红军挺进师纪念碑"和由叶飞题写的"中共鼎平县委员会纪念碑"。烈士墓前草坪中竖立着高10多米的三级立柱式纪念碑，正面镌刻着迟浩田题写的"苍南革命烈士纪念碑"。

◆苍南革命烈士纪念碑

烈士纪念馆系四合院式仿古建筑，张爱萍题写馆名的匾额悬于大门上方，廊柱上有中国书法家协会秘书长谢云等撰写的对联。馆内分4个大厅，陈列着自新民主主义革命至社会主义建设时期40位苍南籍著名烈士的照片、生平事迹和768位烈士英名录。通过300多张照片、画面及100多件革命文物，将历史背景与烈士人物事迹紧密联系在一起。

苍南革命烈士陵园于2007年12月被浙江省委宣传部公布为浙江省爱国主义教育基地。

孝丰革命烈士陵园

孝丰革命烈士陵园位于浙江省湖州市安吉县孝丰镇城东社区。

1945 年 2 月至 6 月间，新四军苏浙军区主力在执行党中央发展东南的方针，向浙西敌后进军过程中，因遭到国民党顽固派的反复进攻而被迫在天目山（孝丰）地区发起了三次反顽自卫战役。整个战役在粟裕、叶飞等具体指挥下，我军以少胜多，三战三捷，共歼顽军 1.2 万余人。这一战役开辟了浙西抗日根据地，巩固发展了苏南、浙东抗日根据地。这是新四军战史上重要而出色的反顽战役，也是安吉革命史上光辉的一页。

◆孝丰革命烈士陵园

孝丰革命烈士陵园是为纪念天目山反顽战役中牺牲的新四军将士而兴建的，1984 年6 月落成并对外开放。陵园占地 4.3 万平方米，由大门、纪念碑、烈士墓、将士英烈亭、垂芳亭、红军亭、忠魂亭和陈列室等建筑构成。大门为四个门柱，寓意新四军之“四”，顶部用红色琉璃瓦覆盖。进门可沿百余级台阶上山，山上矗立着高 12 米的纪念碑，碑的正面镌刻着张爱萍题写的“革命烈士永垂不朽”。纪念碑后面为革命烈士墓，安葬着 210 位革命烈士遗骸，他们中年龄最大的 37 岁，最小的仅 14 岁。

◆新四军天目山反顽战役纪念馆

新四军天目山反顽

战役纪念馆位于烈士陵园右侧，其前身是建于1991年的革命烈士事迹陈列室，2003年重修扩建后改名为新四军天目山反顽战役纪念馆。纪念馆建筑面积350平方米，分上下两层、三个展厅。大门正面镶嵌有“新四军天目山反顽战役纪念馆”金色大字，两侧为混凝土浇灌的两座石笋。馆内通过图片、文字资料介绍，结合实物，生动、形象地展示了新四军天目山三次反顽战役的全过程。

孝丰革命烈士陵园于1996年2月被浙江省委宣传部公布为浙江省爱国主义教育基地；1988年1月被浙江省人民政府公布为浙江省重点烈士纪念建筑物保护单位。

俞秀松故居和烈士陵园

俞秀松故居和烈士陵园位于浙江省绍兴市诸暨市（县级市）次坞镇溪埭村。

◆俞秀松故居

俞秀松（1899—1939），原名寿松，字柏青，又名余寅初，俄文名那利曼诺夫，化名王寿成，浙江省诸暨次坞镇人。1916年考入浙江省立第一师范学校。1919年在杭州领导声援五四运动。1920年夏在上海参与发起组建共产党早期组织，成为中共最早的党员之一，参与指导全国建党工作。8月组建上海社会主义青年团，任书记。1921年3月，前往苏联参加少共国际第二次代表大会，回国后从事工运和青运工作，并在杭州指导和参加创建浙江省团委工作。1922年5月，参加社会主义青年团，一大当选为团中央执行会委员。11月赴泉州、广州等地协助孙中山开展军运工作。1924年回到上海参加国共合作和国民会议促成会工作。1925年10月至1933年，第二次赴苏联，先后在东方大学、中山大学、列宁学院学习和任教。1933年被联共（布）中央派往苏联伯力任远东地区《工人之路》中文报副总编辑。1935年以工作组组长身份被联共（布）中央派往新疆工作，任反帝联合会秘书长、新疆学院院长等职。1937年12月，被王明、康生诬为“托派分子”，借新疆督办盛世才之手将其逮捕入狱。1938年6月，转押苏联监狱，不久在苏联肃反扩大化中被害。1962年5月，被国家民政部追认为革命烈士。

俞秀松故居位于诸暨市次坞镇溪埭村682号，坐北朝南，共三进楼屋，系清代四合院式建筑，占地面积458.77平方米。第一进为门楼，共二层，上为阁楼，下为回廊。第二进为正屋，三间二弄楼房，穿斗式构架。天井东西两侧为厢房，二开间。东侧厢房

◆俞秀松烈士陵园园名石刻

为俞秀松少年时生活居所，门楼上阁楼原为俞秀松读书室。1999 年，在纪念俞秀松诞辰 100 周年之际，中共诸暨市委、市人民政府出资整修故居并设立陈列室。正屋楼下明间辟为“秀松长青——中国共产党早期活动家俞秀松烈士的一生”陈列，展出俞秀松生前各种生活用品和资料等。右侧次间原为俞炳生（俞秀松的大伯）居室，修缮了灶台，配置了饭桌、条凳、碗柜等生活用具。左侧次间原为俞忠生（俞秀松的二伯）居室，配置与右侧次间相同。其余各间均作原状布置。

俞秀松烈士陵园位于次坞镇溪埭村东侧俗称柏树山头的小山坡上，由纪念碑区、上山石台阶踏道和停车场等部分组成，占地面积 1465 平方米，始建于 1987 年，1999 年为纪念俞秀松诞辰 100 周年又进行扩建。纪念碑位于陵区中心，用花岗岩叠砌成方形，高 9.90 米，单边宽 1.60 米，下衬三层共 1.80 米高石砌基座，碑前为平台和通道，通道长 56.60 米，宽 3.90 米，共有石台阶 170 级。纪念碑正中镌刻李先念所题“俞秀松烈士永垂不朽”。陵园入口平台呈“之”字形，正面石墙镌刻胡耀邦题写的“俞秀松烈士陵园”，下用白色大理石镌刻俞秀松生平简介。整座陵园遍植松柏，庄重肃穆。

俞秀松故居和烈士陵园于 2005 年 3 月被浙江省人民政府公布为浙江省文物保护单位；2001 年 6 月被浙江省委宣传部公布为浙江省爱国主义教育基地。

解放一江山岛烈士陵园

解放一江山岛烈士陵园位于浙江省台州市椒江区枫山北麓与小园山之间。

1949 年，国民党兵败逃往台湾后，纠集残存部队 2 万余人，在浙江沿海占据了以上、下大陈为中心的南麂、披山、一江山岛等 10 余个重要岛屿，企图凭险固守，作为其伺机反攻大陆的前进基地。位于台州湾椒江口东南 13 海里、总面积只有 1.7 平方公里的一江山岛，由于其战略位置显要，成为国民党重点防御阵地，其军事配备被称作是“美国造的攻不破的海上钢铁堡垒”。1955 年 1 月 18 日，人民解放军首次采用陆、海、空三军协同作战，一举攻克一江山岛，全歼国民党驻军 1086 人，其中俘敌 567 人、毙敌 519 人。解放军指战员和支前群众 454 人牺牲。这次战役震惊了台湾国民党当局，迫使国民党军队撤出大陈等岛屿，浙江全境始告解放。

解放一江山岛烈士陵园于 1955 年底建成，占地总面积 44.62 万平方米，其主要建筑有牌楼、墓道、战斗纪念塔、纪念亭、石碑、烈士墓、烈士桥、烈士雕像、烈士纪念馆、一江山岛登陆战纪念馆等。烈士陵园正面为牌楼，上有著名书法家舒同题词：“解放一江山岛战斗烈士墓道”。山巅建有解放一江山岛战斗纪念塔，塔座呈六角形，塔体呈三角形，塔上塑有大型陆、海、空军三位战士的雕像，塔顶有一颗五角星灯。

◆解放一江山岛烈士陵园墓道

解放一江山岛烈士陵园于1961年4月被浙江省人民政府公布为浙江省文物保护单位；2001年6月被中央宣传部公布为全国爱国主义教育示范基地；1996年4月被民政部公布为全国重点烈士纪念建筑物保护单位。

红十三军第二师烈士陵园

红十三军第二师烈士陵园位于浙江省台州市温岭市（县级市）坞根镇西山下村。

1928年秋，中共温岭县委根据党的八七会议精神，派常委柳苦民等人到离县城15公里的坞根建立革命根据地。1929年4月，在坞根先后建立了街头、西山下、洋呈、寺基等党支部，并发动群众开展抗租反霸斗争。后通过筹款买枪、收缴地主武器、改编土匪武装等，建立起第一支农民武装——赤卫队，后来逐步发展成游击大队。1930年7月改编为中国工农红军第十三军第二团，8月扩编为红二师，柳苦民为主要领导人，下辖坞根、青屿、楚门（海上）3个游击大队、直属特务队和天台游击队，总人数（不包括天台游击大队）有700余人。在国民党的白色恐怖下，红二师进行了大小战斗数十次，其中较大规模的反“围剿”战斗5次，全师有150余人献出了宝贵的生命，柳苦民等领导干部先后牺牲。

◆红十三军第二师烈士陵园

1985年，中共温岭县委、县人民政府和坞根乡党委、乡人民政府在坞根建立红十三军第二师烈士陵园，占地25亩。陵园由雕塑、纪念碑、纪念馆、纪念亭、烈士墓等建筑群组成。纪念碑高15.5米，正面

◆红十三军第二师烈士纪念碑

刻有时任国防部部长张爱萍题写的碑名。陵园埋葬着红二师领导人柳苦民、赵胜等18位烈士的遗骨、遗物。红二师纪念馆于1998年5月29日建成，建筑面积483平方米。纪念馆一楼有文史资料室、休息讲解厅，厅内有当年活动区域的模拟沙盘和全套影音设备；二楼为展览厅，厅内布置着80多幅（件）仿真图片及烈士遗物，展示了红二师坚持武装斗争的历程。

红十三军第二师烈士陵园于2004年10月被浙江省委宣传部公布为浙江省爱国主义教育基地。

舟山革命烈士陵园

舟山革命烈士陵园位于浙江省舟山市定海区昌国街道龙峰山山麓。

舟山烈士陵园始建于1959年，1964年竣工并对外开放，2001年到2006年对陵园纪念建筑物进行了扩建和修缮。整个陵园占地3.6公顷，依山傍林，自东南向西北呈阶梯状升高。主要纪念建筑有：陵园牌坊、烈士事迹陈列馆、忠魂堂、八角亭、悼念广场、纪念浮雕、烈士墓区、华东一级战斗英雄林茂成烈士墓及纪念碑、海军1385部队殉难烈士墓及纪念碑，原东海舰队司令员马龙将军墓、东海抗日女英雄杨静娟烈士塑像和烈士纪念塔等。其中烈士事迹陈列馆展厅内陈列了各个革命时期的1393名革命烈士英名录、生平事迹、图片、遗物、重大战役情况和著名英烈士事迹介绍等。舟山烈士陵园是舟山市重要的革命纪念场所，长眠着153名革命先烈。

◆舟山革命烈士纪念塔

“海山增辉”牌坊位于舟山烈士陵园最南端正门口，横额上“海山增辉”四字由郭沫若题写，牌坊设四柱三门，正门两旁四只栩栩如生的石狮子，显得古朴凝重。

烈士陵园纪念塔是舟山最大最高的一座革命烈士纪念塔。塔高26米，塔身呈四方形，由大理石砌成，塔顶飞檐高翘，用墨绿色琉璃瓦盖顶，塔尖装有一颗红五角星。塔的正面镌刻着朱德的题词："为人民解放事业而牺牲的革命英雄们永垂不朽！"塔四周平台用石板铺地，并筑有1米高的护栏。塔的东北角开辟了活动场地，并建立了长廊，供人们瞻仰烈士塔后休憩。塔的正前方下端建有台阶和平台，是下山甬道。

舟山烈士陵园于1995年2月被浙江省委宣传部公布为浙江省爱国主义教育基地；1988年1月被浙江省人民政府公布为浙江省重点烈士纪念建筑物保护单位。

龙泉革命烈士陵园

龙泉革命烈士陵园位于浙江省丽水市龙泉市（县级市）城北的安清山。

龙泉革命烈士陵园占地面积36.2亩，建筑面积1600多平方米，分门楼、纪念馆、纪念碑、墓地等部分。门楼牌额上镌刻的"龙泉县革命烈士陵园"9个苍劲大字，是粟裕题写的。从陵园门楼沿台阶拾级而上，是一座两层楼的革命烈士纪念馆，馆内设4个展厅，以史实介绍、照片、革命文物等形式，反映了新民主主义革命时期中共龙泉地方组织的发展历程和龙泉人民的革命斗争历史，展现了红军北上抗日先遣队和红军挺进师在龙泉开辟革命根据地，坚持艰苦卓绝的游击战争的历程。馆内楼上陈列了80多位革命烈士的遗像和近150件革命文物。

◆龙泉革命烈士陵园

陵园中心位置是一座高耸的革命烈士纪念碑。纪念碑正面是全国人大常委会原副委员长叶飞题写的"革命烈士永垂不朽"，纪念碑下是宽阔的纪念广场。纪念碑后面是革命烈士纪念碑亭和墓地。有粟裕部分骨灰撒放处纪念碑，有季步高烈士纪念碑亭、宗孟平烈士纪念碑、许信焜烈士墓、张麒麟烈士墓等。龙泉革命烈士陵园始建于1959年，在1980年、1992年、2005年三次进行修缮。

龙泉革命烈士陵园于1995年2月被浙江省委宣传部公布为浙江省爱国主义教育基地。

王村口红军革命纪念地

王村口红军革命纪念地位于浙江省丽水市遂昌县西南部的王村口镇，地处仙霞岭山脉之九龙山东麓。

1934 年 12 月 17 日，中国工农红军抗日先遣队洪家云部首次袭取王村口镇，惩治了部分土豪劣绅。1935 年 1 月 2 日，洪家云部再次袭取王村口镇，毙敌 10 余名，俘敌 40 余名，缴获 50 余支步枪和大量弹药及军用品。洪家云部两次袭击王村口，有效地宣传了共产党、红军，鼓舞了人民群众起来闹革命、求解放的勇气和信心，为红军挺进师入浙开展游击战争打下了基础。

◆红军挺进师师部旧址

1935 年 7 月下旬，中国工农红军挺进师师部进驻王村口镇，在此设立了建设革命根据地的领导中心。粟裕、刘英及师部机关人员驻扎在已举家逃亡的程氏地主家，王村口天后宫成为红军的主要活动场所。

红军挺进师在浙西南创建革命根据地，等于在国民党统治集团的后院修筑了革命堡垒，为此，国民党浙江省当局深入遂昌设立了“浙南剿匪指挥部”，将浙江保安团队大部兵力部署在遂昌、松阳之西南及云和、龙泉之西北地区，“进剿”挺进师。

为了保障游击根据地的建设工作，把国民党武装调出中心区域，粉碎国民党浙江省当局的“进剿”计划，7 月 25 日，挺进师政治委员会在蔡相庙召开会议，决定主动出击，开展八一示威大行动，进行缴枪、扩红大竞赛，进一步推进革命形势发展和扩大红军的影响。7 月 29 日，挺进师在天后宫举行八一誓师大会，刘英作动员报告，粟裕部署军事行动。会后，挺进师袭击了衢州、龙游等地的大小城镇 19 个，缴获长短枪 100 多支、轻机枪 2 挺，扩充红军新战士 400 余名，极大地推动了游击根据地建设和革命形势发展。8 月下旬，为了统一领导乡、村红色政权，

◆王村口天后宫

开展打土豪、查田、分青苗的土地革命运动，挺进师政治委员会在蔡相庙召开会议，决定成立王村口苏维埃政府，并讨论了苏维埃政府的人事安排等事项。8 月 26 日，红军挺进师在王村口宏济桥召开群众大会，第二纵队政委洪家云主持大会，宣布王村口苏维埃政府成立。大会结束后，王村口苏维埃政府成员在群众簇拥下，进驻蔡相庙办公。

◆王村口宏济桥

王村口红军革命纪念地现存红军挺进师八一誓师大会旧址（天后宫）、挺进师主要领导人办公场所、挺进师政委会会场、王村口苏维埃政府旧址（蔡相庙）、挺进师师部旧址（程氏古民居）、王村口苏维埃政府成立大会、挺进师群众大会、粟裕演讲会场旧址（宏济桥）、北上抗日先遣队及挺进师战场遗址（白鹤尖）等革命遗址。同时，粟裕在三年游击战争时期率部在包括遂昌在内的浙西南、浙南度过了一生中最为艰难的时期，并与黄富武、洪家云等一大批共同出生入死的战友诀别于王村口。1984 年 5 月 15 日，遵照粟裕的遗言，中央军委办公厅同志和将军的亲属将将军的部分骨灰敬撒于王村口镇西部乌溪江西岸月光山麓上，与牺牲在这片热土上的战友共长眠，并于 1985 年 4 月 5 日落成粟裕陵园。

王村口红军革命纪念地于 1997 年 8 月被浙江省人民政府公布为浙江省文物保护单位；2001 年 6 月被浙江省委宣传部公布为浙江省爱国主义教育基地。

四明山革命烈士纪念碑

四明山革命烈士纪念碑位于浙江省宁波市余姚市（县级市）梁弄镇狮子山。

1942 年 9 月，中共浙东区委提出“坚持三北，开辟四明”的方针后，谭启龙、何克希、张文碧等率区党政机关和三北游击司令部（后改称新四军浙东游击纵队）挺进四明山。1943 年 4 月攻占四明山重镇梁弄后，中共浙东区委和三北游击司令部迁至梁弄。至此，梁弄成为浙东政治、军事、经济、文化的中心。据不完全统计，从 1941 年 5 月第一批浦东武装南渡三北至 1945 年 8 月底北撤前，党领导下的浙东武装力量在广大群众的配合下，作战 643 次，攻克上虞、南汇两座县城，摧毁敌伪据点 110 余个，毙伤

◆四明山革命烈士纪念碑

日伪军官兵3672人，俘敌伪5525人。1945年9月浙东新四军奉命北撤后，留下少数干部和地方武装人员坚持四明山斗争。1947年初，中共四明工委成立，5月重建四明山武装三支队。1948年5月，浦东部队300多人渡海到达四明山地区与三支队会师。到1948年底，基本形成了以四明山为中心，东起台属，北至杭州湾，西跨富春江，南到金华、武义、永康一线，包括四明、三北等6个地区的浙东游击根据地。至1949年5月7日梁弄解放，四明山军民为革命作出了重大贡献和巨大牺牲。据统计，在抗日战争中，新四军浙东游击纵队牺牲指战员958人，加上地方干部，共牺牲1000余人；负伤指战员1858人，伤亡合计3000余人。解放战争时期，有600多位指战员和百余名地方干部牺牲在四明山。

四明山革命烈士纪念碑于1973年11月开始修建，历时5年完成，占地面积4万平方米，建筑面积2500平方米。其主体工程以花岗石砌成，纪念碑高18.5米，碑正面镌刻着“革命烈士永垂不朽”8个鎏金大字，碑下平台面积3600平方米，碑后有500平方米的休息长廊，碑前台阶7层，上下石阶319级。1991年在二楼增设革命烈士事迹陈列室，沿二楼屋顶正面是“四明山革命烈士事迹陈列室”12个铜字，陈列室展出了自土地革命战争时期以来100余位烈士的照片和生平事迹及烈士英名录。碑园外西侧建有为浙东根据地作出贡献的著名领导人谭启龙、何克希、顾德欢、马青、张文碧等同志的墓园。1998年5月，碑园进行了扩建。

四明山革命烈士纪念碑于1996年2月被浙江省委宣传部公布为浙江省爱国主义教育基地；1996年4月被民政部公布为全国重点烈士纪念建筑物保护单位。

鲁迅故居及纪念馆

鲁迅故居位于浙江省绍兴市东昌坊口。

◆鲁迅故居台门

鲁迅（1881—1936），浙江绍兴人，原名周树人，字豫才。1902年赴日本留学，初学医，后从事文学工作。1908年参加光复会。辛亥革命后，曾任南京临时政府及北京政府教育部部员等职，并在北京大学、北京女子师范大学等校兼职授课。1918年初参加《新青年》编委会。5月，第一次用鲁迅的笔名在《新青年》发表中国文学史上第一篇白话小说《狂人日记》。1918年至1926年间，先后创作并出版《呐喊》、《坟》等专集。北京期间，还扶持或参与发起新潮社、语丝社等进步文学团体，并开始接触马克思主义。1926年参加北京女子师大的学生运动，曾被军阀政府通缉。后南下，先后在厦门大学、广州中山大学任教。1927年10月抵上海，研究马列主义理论，从事革命文艺运动。从1930年起，先后参与发起成立中国自由运动大同盟、中国左翼作家联盟和中国民权保障同盟等进步组织。从1927年至1936年，还创作《故事新编》；领导和支持未名社、朝花社等进步文学团体的活动；主编《莽原》、《奔流》等文艺期刊；搜集、研究和整理大量古典文学史料，编著了《中国小说史略》、《汉文学史纲要》等。1936年左联解散后；拥护中国共产党的抗日民族统一战线政策，参加文学界抗日民族统一战线。同年10月19日在上海逝世。

鲁迅故居在周家新台门西轴线上。周家新台门原是由10多户周氏族人共同居住的深院世宅，坐北朝南，前后共六进，占地总面积1125平方米。清光绪七年（1881年）9月25日，鲁迅出生于此。时家中有曾祖母、祖父母、父母和姑母等人，另有水田四五十亩，是一个不愁生计的小康之家。清末，周氏家族开始衰落。民国七年（1918年），族人共议将周氏新台门连同百草园以1.2万银元出售给东邻富户朱阆仙，朱家买

◆百草园

后进行了拆建，尚存西轴第四进两间楼房和第五进三间平房，所幸这正是鲁迅故居的一部分。新中国成立后，经多次整修，恢复了鲁迅故居原貌。现故居占地面积580平方米，前后共六进，呈台门式布局。进入石库门，穿过一间平屋和长廊，前面一进已拆改，西侧楼下为鲁迅当年在绍兴居住时的卧室。走过小天井，后面一进两间楼房属原屋，东首楼下是鲁迅一家吃饭会客的地方，后半间是鲁迅母亲鲁瑞房间。西首楼下一间，前半间是鲁迅祖母房间。后进为厨房。现各进各间均按原状陈列。

百草园位于故居北侧，占地面积2000平方米，为周氏族人共用菜园，分为南大园和北小园，南大园西面留有一段长44米、高1米矮墙为故物。鲁迅在其《从百草园到三味书屋》一文中，对其有详尽叙述。

三味书屋位于鲁迅故居对面东侧70米处，本为寿镜吾书房，后改私塾，鲁迅12岁至17岁曾在此入塾。书屋原系寿家东花厅，清代建筑。为坐东朝西三开间七檩通间平屋，明间额悬“三味书屋”匾，金柱配联“至乐无声唯孝悌　太羹有味是诗书”，均为梁同书所书。屋中间设塾师寿镜吾座位，周围沿墙处及窗口设置学生课桌，鲁迅课桌位于书屋的东北角，桌面右角刻有一“早”字，是幼年鲁迅刻以自勉之作。屋后有一小园，种植有腊梅、桂花及天竹等花木，是当年鲁迅与同学在课余时的嬉戏之处。

◆鲁迅纪念馆门厅

鲁迅祖居即周家老台门，是鲁迅祖上世居之宅，位于鲁迅故居以东 70 米处，与三味书屋隔河相对，坐北朝南，系清代建筑。占地面积约 2400 平方米，中轴建筑依次为门厅（含仪门）、大厅、香火堂和座楼，左右两侧为厢楼，整体平面布局呈“目”字形。门厅为黑漆竹丝门三堂，隐门为实榀门，隐门额悬“翰林”匾，仪门门柱以砖石实砌，两侧为青砖照壁。大厅为五开间，明、次间作通间，明间悬挂“德寿堂”匾。香火堂共分为五间，明间为厅堂，东次间为佛堂、东尽间为客房，西次间为餐厅，西尽间为客厅。座楼七楼七底。东厢楼九间，西厢楼七间。现中轴线及东西厢楼建筑均布置原状陈列。

鲁迅纪念馆位于绍兴市区鲁迅西路 393 号（鲁迅故里东侧），东依鲁迅祖居，西邻周家新台门，北毗朱家台门，南临东昌坊口，与寿家台门隔河相望。鲁迅纪念馆始建于 1973 年。2003 年，中共绍兴市委、市政府为恢复鲁迅故里传统风貌，将与环境风貌不协调的原陈列厅拆除后恢复为周家新台门，并重建新纪念馆。新馆占地面积 6000 平方米，建筑面积约 5000 平方米。以“老房子、新空间”的设计理念，使其与传统街巷风貌保持统一。纪念馆外部为绍兴传统台门式建筑，主入口为黑漆竹丝台门。

鲁迅生平事迹陈列厅是一座富有绍兴特色和时代特征的现代化展馆，造型简洁平和，朴素无华，充分体现了鲁迅精神的人文内涵。内部采用雕塑、不锈钢装饰墙面，以现代化展示手段加强了纪念馆建筑的文化内涵和艺术感染力。建筑与水景纵横交错，室内外空间相互渗透，构成了一个充满灵气的具有绍兴特色的现代展馆。镶嵌在陈列厅正面墙上的“绍兴鲁迅纪念馆”7 个大字为郭沫若所题。陈列厅由序厅、南北主展厅、辅助展厅、名人文库及休闲区等部分组成。

鲁迅故居于 1988 年 1 月被国务院公布为全国重点文物保护单位。鲁迅故居和纪念馆于 1997 年 6 月被中央宣传部公布为全国爱国主义教育示范基地。

卓兰芳故居暨纪念馆

卓兰芳故居暨纪念馆位于浙江省宁波市奉化市（县级市）松岙镇海沿村。

◆卓兰芳纪念馆

卓兰芳（1900—1930），浙江奉化松岙人。1924年加入中国社会主义青年团，翌年转为中国共产党党员。1926年1月任中共宁波地委委员、工委书记。1927年4月底参加中共五大，6月任中共浙江省委委员兼农民部主任。1928年4月以中共浙江省委特派员的身份指导浙西工作，兼任中共浙西特委书记，5月任中共浙江省委书记。1930年9月8日在杭州不幸被捕，10月5日牺牲于杭州国民党浙江陆军监狱。

◆卓兰芳塑像

1993年4月，当地政府对卓兰芳故居进行了全面整修，将故居的三间木结构小青瓦平房按原貌修复，扩建成了卓兰芳烈士故居陈列室。故居坐西朝东，坐落在民居中间，占地面积约150平方米，建筑面积约100平方米。南边间第一室，陈列烈士生前参加革命活动时的图片及有关文字说明；中间第二室，陈列烈士生前使用过的部分家具什物和家人照片及有关文字说明；西边间第三室，陈列烈士部分战友照片、有关文字说明和张爱萍、谭启龙为故居的题词。2003年2月，宁波、奉化、松岙三级政府又先后拨款，对故居进行改扩建，2004年3月底竣工。新址总建筑面积达572平方米，占地面积1120平方米，并改名为卓兰芳纪念馆。悬挂在门口的“卓兰芳纪念馆”匾额，由国防部原部长张爱萍题写。同时在兰芳新村塑起了一座卓兰芳烈士花岗石雕像。

卓兰芳故居暨纪念馆于2007年12月被浙江省委宣传部公布为浙江省爱国主义教育基地。

郭凤韶烈士故居暨纪念馆

郭凤韶烈士故居暨纪念馆位于浙江省台州市临海市（县级市）古城街道诸天巷14号。

◆郭凤韶烈士纪念馆

郭凤韶（1911—1930），女，出生于浙江省临海古城。她自幼受父母影响，有反封建、反对旧礼教思想，参加“风俗改良会”活动。1925年参加五卅反帝爱国运动，1926年参加乙丑读书社，同年加入共青团。1927年四一二反革命政变时，她利用年幼不易引人注意的有利条件，参加营救同志工作，后转到南京晓庄师范读书。1930年加入中国共产党，曾任党小组组长、交通员、南京反帝大同盟女工委员等职。1930年9月因叛徒出卖被捕，受尽酷刑，坚贞不屈。同年10月25日在雨花台英勇就义，年仅19岁。2005年5月，临海市政府将其故居修复并开辟为烈士纪念馆。

郭凤韶烈士故居暨纪念馆于2010年7月被浙江省委宣传部公布为浙江省爱国主义教育基地。

浙江革命烈士纪念馆

浙江革命烈士纪念馆位于浙江省杭州市西湖风景区的云居山上，万松岭路100—1号。

自鸦片战争以来，浙江人民为了国家的独立、民族的解放，进行了不屈不挠的斗争，成千上万的浙江儿女献出了宝贵的生命。1985年，中共浙江省委、省人民政府决定在杭州一级风景保护区内的云居山上兴建浙江革命烈士纪念馆。1987年12月举行奠基仪式，1990年3月举行烈士纪念碑揭幕式，1991年9月纪念馆建成并对外开放。

浙江革命烈士纪念馆包括烈士纪念馆展厅大楼、烈士纪念碑、大型铜浮雕壁、大型花岗岩群雕、纪念广场、上山甬道、上山车行道、停车场、园林小品等20多个建筑项

◆浙江革命烈士纪念馆展厅大楼

目。总占地面积 7 万平方米。

大型花岗石群雕坐落在纪念馆碑对应的主甬道南端，采用散点布局，与自然景石融为一体。上山甬道长 560 米，入口位于万松龄路中段，一对高大方正的变体狮形门柱和汉白玉贴面花圈祭坛，使入口处显得庄重而有新意。沿甬道拾级而上，登上 378 级台阶和休息平台，即到纪念碑前。纪念馆和纪念碑前各设有一个能容纳 3000 余人进行悼念活动的广场。

纪念馆展厅大楼建筑面积 4800 平方米，是浙江省规模最大的烈士纪念建筑，内分 7 个厅，陈列了自辛亥革命至社会主义建设时期近 350 位革命烈士的斗争史迹，通过 1000 余张照片、400 多件革命文物将历史背景与具体人物联系起来。展厅内采用雕塑、沙盘、油画等表现手段，以及运用电影、录像等形式，力求全方位、多层次表现革命烈士斗争的史实，对群众进行生动直观的革命传统教育。

◆浙江革命烈士纪念馆内的花岗石群雕

烈士纪念碑高27米，碑身系汉白玉贴面，线条简洁、庄严挺拔，呈风帆形，象征浙江革命斗争如钱江潮中的航船，在中国共产党领导下，乘风破浪前进。碑座采用黑色花岗石贴面，顶面和前面上方，用枣红色花岗石贴面，象征革命烈士的鲜血洒遍祖国大地，碑正面镶嵌着陈云题写的“革命烈士永垂不朽”。

浙江革命烈士纪念馆于1989年12月被浙江省人民政府公布为浙江省文物保护单位；1995年2月被浙江省委宣传部公布为浙江省爱国主义教育基地；1992年被民政部公布为全国重点烈士纪念建筑物保护单位。

南湖革命纪念馆

南湖革命纪念馆新馆位于浙江省嘉兴市南湖南岸。

◆南湖革命纪念馆

中国共产党第一次全国代表大会于1921年7月23日在上海法租界望志路106号（现兴业路76号）开幕，代表着全国50多名党员的13位代表参加。当大会进行期间，一个形迹可疑的人突然闯进来。为安全起见，大家一致同意另找开会地点。参与大会会务二作的王会悟，提议到嘉兴南湖租一条游船，以游湖为名，在船上开会。她的意见得到代表们的赞成。王会悟事先坐火车来到嘉兴，托人在市内鸳湖旅馆开了两个房间、雇了一条中型游船。

7 月底或 8 月初，除李汉俊、陈公博和共产国际代表马林及尼克尔斯基因故不能与会外，其余代表乘早班火车到嘉兴。中共一大会议继续在南湖的游船上举行。会议讨论通过了党的纲领和关于工作计划的决议，选举产生了党的中央领导机构——中央局成员，陈独秀任中央局书记。

为纪念中国共产党在嘉兴南湖胜利闭幕这一重大历史事件，1959 年文化部拨款在嘉兴建立南湖革命纪念馆，在南湖烟雨楼上陈列革命史料，10 月 1 日起对外开放。1985 年 9 月，邓小平为南湖革命纪念馆题写馆名。1990 年 6 月，中共嘉兴市委向社会和个人集资新建南湖革命纪念馆，1990 年 10 月 1 日奠基，1991 年 6 月 20 日正式开放。2005 年 10 月，南湖革命纪念馆重建新馆项目获中央有关部门批准。新馆选址在南湖南岸，是红色旅游经典景区嘉兴南湖中共一大会址建设项目的核心工程、全国红色旅游景区基础设施建设的重点工程。2007 年 3 月 5 日开工建设，占地面积 2. 73 公顷，总建筑面积 19633 平方米，展陈面积 7794 平方米。经过 5 年多的建设，新馆在中国共产党成立 90 周年之际的 2011 年 7 月 1 日正式开放。

南湖革命纪念馆展陈主题包括“开天辟地”和“光辉历程”两大篇章，以“开天辟地——中国共产党诞生”这一历史事件为核心，以党的一大为重点，向前延伸至 1840 年，向后延伸至党的十七大。新馆一层和二层为“开天辟地”展厅，三层为“光辉历程”展厅。展陈形式除了图片、文字这些传统的展陈手法之外，更多地运用了雕塑、场景、油画、三维立体影像、多媒体系统、触摸屏等新手法，内容更加丰富，展示文物达 800 多件（组）。

南湖革命纪念馆于 2001 年 6 月被国务院公布为全国重点文物保护单位；1997 年 6 月被中央宣传部公布为全国爱国主义教育示范基地。

杭州市革命烈士纪念馆

杭州市革命烈士纪念馆位于浙江省杭州市钱塘江大桥北岸之江路 2 号。

杭州是一座具有光荣革命传统的英雄之城。衙前农民运动、一师风潮、国民党陆军监狱的斗争、新登战役等，在浙江乃至全国产生了重要的影响。

杭州市革命烈士纪念馆是在 1968 年修建的蔡永祥烈士事迹陈列馆基础上，于 2009 年改扩建而成，是杭州市目前唯一综合性的革命史迹和烈士事迹宣传基地。纪念馆主体建筑由原来的 800 平方米扩建为 1770 平方米，实际用于展览的空间由原来的 600 平方米扩大为 1100 平方米。结合观众参观需要，增加了报告厅、会议厅等多项便利设施。充实了革命史的内容，“以人带史，以史托人”，使人物与历史相结合，内容更加饱满丰富；采用了较为先进的展陈手段，力求达到生动、可看和可参与体验。

◆杭州市革命烈士纪念馆

◆杭州解放纪念碑

在纪念馆外广场上，一座蔡永祥舍身救列车的纪念雕塑巍然屹立。蔡永祥生前是守卫钱塘江大桥的解放军战士，1966 年 10 月 10 日凌晨，为排除横卧在大桥铁轨上的一段大木头，保卫钱塘江大桥，保卫列车旅客的安全，献出了年轻的生命。在广场下山的路边，一座新建的杭州市见义勇为事迹陈列厅已向公众开放，这是全国首个群体性见义勇为烈士陈列厅。

从山脚下到钱塘江畔之间，在一大片绿地中央矗立着一座磅礴大气又个性独特的杭州解放纪念碑。纪念碑建于 2001 年，主体呈赭红色，高约 18 米、宽约 22 米。

杭州市革命烈士纪念馆于 1995 年 2 月被浙江省委宣传部公布为浙江省爱国主义教育基地。

衙前农民运动纪念馆

衙前农民运动纪念馆位于浙江省杭州市萧山区衙前镇凤凰山南麓。

1921 年 9 月 27 日，在中共早期党员沈定一等人的发动、组织和领导下，萧山县衙前村成立了农民协会，发表了《衙前农民协会宣言》和《衙前农民协会章程》，李成虎、陈晋生、单夏兰、金如涛、朱梅云、汪瑞张 6 人当选为农民协会委员。衙前农民运动影响波及萧山、绍兴、上虞 3 县 82

◆衙前农民运动纪念馆

村，有10多万农民参加了轰轰烈烈的减租斗争，是中国共产党领导的第一个有组织、有纲领的农民运动。

纪念馆于1999年9月25日正式对外开放。全馆占地面积1000平方米，由薄一波题写馆名。整个展馆分为三间，有“现代农民运动的思想传播”、“衙前农民运动的发动”、“衙前农民运动的爆发”、“衙前农民运动在云涌”和“斗争在继续”、“今日衙前”等展板，主要以图片、实物形式展出。

衙前农民运动纪念馆于1989年12月被浙江省人民政府公布为浙江省文物保护单位；2004年10月被浙江省委宣传部公布为浙江省爱国主义教育基地。

温州革命烈士纪念馆

温州革命烈士纪念馆位于浙江省温州市鹿城区江心屿。

◆温州革命烈士纪念馆

温州地区具有悠久的革命斗争历史和光荣的革命传统，早在1924年就建立了共产党组织。为纪念浙南地区各个革命时期牺牲的烈士，1952年，根据温州市一届五次人民代表大会提议，开始在风景秀丽的江心屿筹建温州革命烈士纪念馆，于1956年7月1日竣工开放，展出72位烈士的事迹。1984年4月，中共浙江省委、省人民政府决定，在温州革命烈士纪念馆区内，建立中国工农红军第十三军和红军挺进师纪念碑，并同时扩建原温州革命烈士纪念馆（简称“二碑一馆”）。于1987年6月开工，1989年1月竣工。

温州革命烈士纪念馆占地面积3190平方米，馆区坐北朝南。陵园分大门、纪念碑、纪念馆三个层次和两个空间。从大门至纪念碑是第一空间，为400平方米的活动场地，从活动场地拾级而上，耸立着同一碑座上的双联纪念碑，碑体用花岗岩石镶面，高15米，远望似两柄直插蓝天的利剑。碑上方正中，镶嵌着一颗红五角星，象征红十三军和红军挺进师是在中国共产党领导下的革命武装。碑座四周用北京房山产汉白玉贴面，正面镌刻毛泽东手书“为国牺牲永垂不朽”；东西两侧是分别反映红十三军（《风起云

◆温州革命烈士纪念馆区内的“两碑”

涌》）和红军挺进师（《胜利转移》）革命英雄形象的浮雕，一代名将粟裕和红十三军军长胡公冕部分骨灰安放在浮雕下。纪念碑后面两侧是两块花岗岩嵌面的照壁，状似飘扬的战旗。右边正面是舒同题写的“中国工农红军第十三军纪念碑”鎏金大字，左侧正面是张爱萍题写的“中国工农红军挺进师碑”鎏金大字。两块照壁背面分别铭刻着这两支红军队伍的战斗业绩。

纪念馆长 28 米、宽 12 米，为两层歇山顶仿古建筑，二楼设环形走廊，分设三个展厅、一个接待厅，东、西两厢是黄顶回廊，与纪念馆形成“凹”字形。纪念馆门上方为沙孟海题写的“温州革命烈士纪念馆”金字匾额。陈列馆第一展厅展示的为温州革命志士在党的创建、大革命和土地革命时期的事迹；第二展厅为在抗日战争和解放战争时期的事迹；第三展厅为在社会主义时期的事迹。同时展出了原中共中央秘书、中共温州独立支部创建者谢文锦，原中共浙江省委书记刘英等 157 位著名烈士的事迹。三个厅共展出原始复印照片 350 张、珍贵实物 280 件。在陈列品中有朱德、彭德怀等党和国家领导人为谢文锦、李得钊、朱程等著名烈士的题词。

温州革命烈士纪念馆于 1995 年 2 月被浙江省委宣传部公布为浙江省爱国主义教育基地，2001 年 5 月被民政部公布为全国重点烈士纪念建筑物保护单位。

肇平垟革命纪念馆

◆肇平垟革命纪念馆

肇平垟革命纪念馆位于浙江省温州市瑞安市（县级市）塘下镇肇平垟村。

肇平垟是瑞安新民主主义革命时期党的重要活动据点之一。1926 年肇平垟农民在共产党员林去病的组织领导下成立肇平垟农民协会。1927 年初建立中共肇平垟支部，领导农民开展抗租抗息斗争。1930 年 1

月30日至2月1日，中共中央巡视员金贯真在肇平垟主持召开永嘉中心县委第二次扩大会议。此后，肇平垟党支部与上级党组织一度失去联系。直至1937年夏，中共闽浙边临时省委书记刘英来到肇平垟，恢复了肇平垟党支部与上级党组织的联系，并重组了肇平垟支部。1939年12月，浙南特委在肇平垟召开永嘉、瑞安两县委负责人会议，成立了永瑞中心县委。抗日战争和解放战争时期，浙南特委、瑞安县委一直在肇平垟设立地下交通联络站，负责传递情报和护送来往人员。在漫长的革命斗争中，肇平垟的党员和群众为革命作出了重大贡献。

肇平垟革命纪念馆是1989年由肇平垟党支部发起，通过群众自愿捐资、村集体投资和上级政府补助等方式筹措资金建造而成的。该馆占地面积6400平方米，建筑面积2500平方米。馆内陈列肇平垟及瑞安东区革命斗争史迹图片展厅4个，设实物、文字资料展柜6个。

肇平垟革命纪念馆于2001年6月被浙江省委宣传部公布为浙江省爱国主义教育基地。

珊溪革命历史纪念馆

珊溪革命历史纪念馆位于浙江省温州市文成县珊溪镇百成山。

1935年9月，刘英、粟裕率红军挺进师在珊溪一带与文成党的创始人朱大孝密切配合，开展革命斗争，发展了当地的党组织，建立了革命根据地。

◆珊溪革命历史纪念馆及刘英铜像

纪念馆占地面积20余亩，建筑面积678平方米，是1999年由原来的刘英纪念馆重修并更名而成。原刘英纪念馆于1996年5月18日建成，以纪念刘英1942年5月18日英勇就义。现纪念馆的进出口是一个大花坛，对面的石阶有216步，分三级直向广场，其中第一级36步和第二级42步，寓意刘英于1942年36岁时壮烈牺牲。石阶三级各设平台，意为革命道路是波浪式前进，到最后必将取得胜利。

珊溪革命历史纪念馆于2001年6月被浙江省委宣传部公布为浙江省爱国主义教育基地。

温州革命历史纪念馆

温州革命历史纪念馆位于浙江省温州市鹿城区江心屿。

◆温州革命历史纪念馆

早在五四运动时期，温州人民就积极投入反帝反封建的爱国民主运动。1924 年，中共温州地方党组织建立，领导广大民众开展国民革命运动。大革命失败后不久，浙南农民武装暴动此起彼伏，并在此基础上建立了中国工农红军第十三军，浙南大地燃起了熊熊革命烈火。中国工农红军挺进师入浙后，汇合当地革命力量，创建了浙南游击根据地，建立了苏维埃政权，开展土地革命，使浙南成为中国革命在南方的一个重要战略支点。抗日战争时期，浙南党组织高举抗日民族统一战线旗帜，开展轰轰烈烈的抗日救亡运动，建立武装队伍，进行抗日游击战争，直至抗战胜利。解放战争时期，浙南党组织大力发展人民武装力量，广泛开展游击战争，不断巩固与扩大游击根据地，同时加强对学生爱国民主运动的领导，形成了第二条战线。在解放军渡江南进的胜利形势下，浙南人民武装解放了浙南大陆全境，为新中国的诞生作出了应有的贡献。为了弘扬革命精神，1999 年，根据温州市九届人大二次会议人大代表和市政协七届二次会议政协委员的提议，以及在杭浙南老同志的建议，中共温州市委决定将原温州博物馆

◆温州革命历史纪念馆一角

馆舍改造并更名为温州革命历史纪念馆。

温州革命历史纪念馆于2008年5月建成开馆。纪念馆占地面积1800平方米，建筑面积1700多平方米，展厅分党的创建与大革命时期、土地革命战争时期、抗日战争时期和解放战争时期四部分共15个专题，展出反映革命斗争的图片551幅、文物208件，并运用场景复原、幻影成像、悬浮成像等现代陈列手段，翔实、形象地展现了浙南新民主主义革命的辉煌历史。

温州革命历史纪念馆于2010年7月被浙江省委宣传部公布为浙江省爱国主义教育基地。

新四军苏浙军区纪念馆

新四军苏浙军区纪念馆位于浙江省湖州市长兴县槐坎乡青塘山南麓的温塘村。

◆新四军苏浙军区纪念馆

1943年9月，日本侵略军加强对国民党军正面战场的进攻，在苏浙皖边发动新的战役，浙西大片土地重新沦陷。中共中央和新四军军部命令苏南新四军第1师16旅挺进苏浙皖边，开辟郎（溪）广（德）长（兴）敌后抗日根据地。1945年1月6日，粟裕率领新四军1师主力由苏中渡江南下到达长兴槐坎与16旅会师，1月13日成立新四军苏浙军区，在浙西广大地区开展敌后抗日斗争。从1943年底到1945年10月新四军根据中共中央指示撤至苏北地区的近两年时间里，以苏浙军区司令部为中心，各种机构分布于长兴县西北部的槐坎、白岘。现保存较好的有17处旧址，总面积达1万平方米，是我国江南地区保存最为完整、规模较大的一处抗日战争时期的革命旧址群，享有“江南小延安”的美誉。

◆粟裕同志骨灰敬撒处

1985年，在新四军苏浙军区成立40周年之际，于槐坎乡温塘村原新四军苏浙军区第1纵队司令部旧址设立新四军苏浙军区纪念馆。旧址前辟有小广场，1984年粟裕逝世后，其部分骨灰安放于旧址前广场西侧。1995年长兴县人民政府在广场东侧建立新四军苏浙军区纪念碑，2002 年在纪念馆西侧建“新四军英勇作战”塑像一座。馆内现藏文物、照片 1600 余件（幅），系统反映了 1943 年秋至 1945 年 10 月新四军在浙西的战斗及根据地建设历程。

新四军苏浙军区纪念馆于 2001 年 6 月被国务院公布为全国重点文物保护单位，2009 年5 月被中央宣传部公布为全国爱国主义教育示范基地。

亭旁起义纪念馆

亭旁起义纪念馆位于浙江省台州市三门县亭旁镇杨家村中街。

◆亭旁起义纪念馆

1927 年，为贯彻中共中央八七会议精神，中共宁海县委委员包定以小学教师职业为掩护，回到家乡宁海亭旁镇，以亭山小学为据点开展革命活动。他组织开办训练班，吸收党员，培养干部，创建中共亭旁支部，并以各种形式对农民群众进行革命宣传。1928 年清明“南溪事件”发生后，宁海县委积极筹备武装起义。5 月 22 日至 23 日，包定率农民武装先后攻打反动豪绅任升初、任禹玉和任友端宅院，揭开了亭旁起义的序幕。26 日拂晓，亭旁起义革命委员会主席兼红军总指挥包定率武装力量攻占亭旁街，宣布亭旁区苏维埃政权成立。这是浙江省最早创建的苏维埃政权。国民党紧急调集军队进行镇压。5 月 27 日，亭旁起义失败。

亭旁起义纪念馆馆址为晚清建筑，两进砖木结构两层楼房，占地面积约 700 平方米，展厅面积 250 平方米。原为亭山小学校址，1992 年改为起义纪念馆，1993 年 4 月 3 日开馆。纪念馆由烈士雕塑、起义沙盘、陈列展览和播映室等组成，大门上方挂“英烈千古”匾额。陈列展览除了照片、资料之外，还有大刀、长矛、红旗等实物，并拍摄制作了专题片《浙江红旗第一飘》。

亭旁起义纪念馆于 1997 年 8 月被浙江省人民政府公布为浙江省文物保护单位；1996 年 2 月被浙江省委宣传部公布为浙江省爱国主义教育基地。

平田桐树坑革命纪念馆

平田桐树坑革命纪念馆位于浙江省台州市黄岩区平田乡桐树坑村。

◆平田桐树坑革命纪念馆

1938 年 5 月，中共黄岩县委书记林泗斋到位于黄岩与乐清交界、海拔 400 多米的平田乡桐树坑村，建立起该乡第一个党支部。1939 年 9 月，中共台属特委在桐树坑设立了括（苍）雁（荡）工委，领导桐树坑及周边地区的党组织开展工作。1942 年 11 月，根据中共中央华中局的指示，台属地区主要干部和已暴露身份的党员撤往四明山浙东抗日根据地，中共台属特委机关随之撤离桐树坑。其间，桐树坑党支部曾组织当地党员和群众，积极为上级党的机关承担生活及联络等任务，并保证了所有往来干部的安全。同时，党支部还团结带领群众，开展抗日救亡运动，组织农民协会，进行减租斗争，镇压反动保长，控制保级政权等，使这一片山区成为重要的革命根据地。桐树坑党支部曾被誉为“高山上的坚强战斗堡垒”。

解放战争初期，中共括苍中心县委下属永乐黄边区委、浙南游击纵队括苍支队第一中队，又以桐树坑为基地，逐步向平原推进，在黄岩西南部地区建立了游击根据地，形成了农村包围县城的局面，为黄岩解放创造了条件。

平田桐树坑革命纪念馆为二层木结构仿古楼房，总建筑面积 518 平方米，主体部分占地面积 286 平方米，包括史料陈列室、纪念碑和纪念亭。纪念馆于 1999 年 6 月建成并对外开放，2006 年 7 月经重修再次对外开放。馆内展出近 100 幅历史图片和大量文字史料，较全面地介绍了在当年中共台属特委机关和在桐树坑党支部的领导下，桐树坑群众的革命活动和斗争历程。

平田桐树坑革命纪念馆于 2007 年 12 月被浙江省委宣传部公布为浙江省爱国主义教育基地。

「十二五」国家重点出版物出版规划项目
国家出版基金项目

◎全国革命遗址普查成果丛书
中共中央党史研究室组织
【总第1卷】

全国重要革命遗址通览

【第2册】

QUAN GUO GE MING YI ZHI PU CHA

中共中央党史研究室科研管理部 编

中共党史出版社

安徽省重要革命遗址

立夏节起义旧址

立夏节起义旧址位于安徽省六安市金寨县南溪镇丁家埠小街大王庙。

1929年5月6日（立夏节），中共商城临时县委和中共商罗麻特别区委决定武装起义。打入民团当教练的共产党员周维炯利用驻大王庙民团过节的机会，在丁家埠的大王庙以摆宴的方式灌醉了团总和团丁，逮捕了反动民团头目，民团30余人全部起义，打响了立夏节起义第一枪。当晚金寨县的南溪、吴家店、白沙河、斑竹园、文昌宫、汤家汇、李家集、西河等地农民同时举行武装暴动，消灭反动民团，均取得了胜利。5月9日，各路起义队伍会师斑竹园，宣布成立中国工农红军第11军第32师，师长周维炯，党代表徐其虚。师部下辖97、98两个团和一个特务营。

◆立夏节起义旧址（大王庙）

立夏节起义在大别山中心区打响了反对国民党反动派的第一枪，为开辟豫南、皖西革命根据地，发展壮大中国工农红军，作出了重大贡献。

◆立夏节起义总指挥部旧址

立夏节起义旧址现存青砖小瓦正殿3间，面积95平方米；前平房7间，面积160平方米，辟有立夏节起义丁埠旧址陈列室，展出革命文物60余件。1982年金寨县正式筹建了大王庙革命历史陈列室，徐向前元帅为此题写了“立夏节起义的烈士们永垂不朽”。

立夏节起义旧址于1961年7月被安徽省人民委员会公布为安徽省文物保护单

位；2007 年 4 月被安徽省委办公厅、省人民政府办公厅公布为安徽省爱国主义教育基地。

皖南苏维埃政府旧址

皖南苏维埃政府旧址位于安徽省黄山市黟县柯村乡。

◆ 皖南苏维埃政府旧址

1934 年 8 月，中共太平中心县委在这里领导了著名的柯村暴动。这次暴动，创建了一块东起黟县方家岭，西至石埭赤岭，南到祁门历口，北抵石埭七都，方圆 100 余华里的红色区域。随着苏区的发展壮大，10 月建立了苏维埃政权，宁春生任皖南苏维埃政府主席。柯氏宗祠成为皖南苏维埃政府办公场所。

1934 年 12 月 18 日，中国工农红军北上抗日先遣队在方志敏率领下进入皖南柯村，皖南苏维埃政府召开欢迎大会，组织慰劳红军。方志敏召集皖南苏区负责人会议，听取汇报，并就如何面对当时的革命形势作了重要指示。

皖南苏维埃政府旧址原为柯氏宗祠，始建于清道光年间，砖木结构，设有木栅栏门，大门为石库门坊，两侧有抱鼓石一对，前进为祀堂，中置天井，两侧回廊与下厅相连，面积 182 平方米；中进以隔扇相隔，面积 38 平方米；后进为享堂，由天井两廊拾级而上，面积 126 平方米。祠堂前广场占地 240 平方米，被划为保护区。1977 年黟县人民政府对柯氏宗祠作了整修，恢复原貌，并陈列《柯村暴动革命斗争史料》及革命文物图片等 56 件。

皖南苏维埃政府旧址于 1961 年 3 月被安徽省人民委员会公布为安徽省文物保护单位；2007 年 4 月被安徽省委办公厅、省人民政府办公厅公布为安徽省爱国主义教育基地。

淮海战役总前委旧址

淮海战役总前委旧址位于安徽省淮北市濉溪县临涣镇临涣集文昌路中段的文昌宫。

◆淮海战役总前委旧址

1948年11月10日，刘伯承率中原野战军（以下简称中野）前线指挥部从豫西东进淮海前线，同陈毅、邓小平会合。中野指挥部就设在临涣文昌宫。当晚，刘伯承、陈毅、邓小平3人在这里研究部署了中野攻打宿县和切断徐蚌线的作战方案。

1948年11月15日，中野攻克战略枢纽宿县，切断徐蚌线。16日，淮海战役总前委成立，由刘伯承、陈毅、邓小平、粟裕、谭震林5人组成，刘伯承、陈毅、邓小平为常委，邓小平为总前委书记。总前委设在文昌宫，统一指挥和领导淮海战役前线作战、战区支前以及后勤保障工作。11月11日至22日，刘伯承、陈毅、邓小平驻文昌宫12天，在此指挥了中野及华野部队围歼黄百韬兵团以及阻击各路增援敌人的作战，取得了淮海战役第一阶段的胜利。因目标太大易遭敌轰炸，为确保总前委首长安全，便于指挥围歼黄维兵团的作战，11月23日，总前委移驻临涣以东7.5公里、浍河北岸的小李家。

淮海战役总前委旧址所在的临涣文昌宫原名昌帝宫、上书宫、藏书宫，始建于唐代。旧址为前后三进庭院，占地2916平方米，目前保存完好。后院室内陈列着刘伯承、陈毅、邓小平当年使用过的床、桌子、凳子、提灯、发报机等文物；前院设立淮海战役纪念馆和陈列室，展示许多珍贵的淮海战役的图片、史料，介绍参与战役的国共双方高级将领，悬挂着纪念淮海战役40周年时中央领导人张爱萍、韦国清、陈士榘的题词。

淮海战役总前委旧址于1980年5月被安徽省人民政府公布为安徽省文物保护单位，2006年5月被国务院公布为全国重点文物保护单位；2007年4月被安徽省委办公厅、省人民政府办公厅公布为安徽省爱国主义教育基地。

淮海战役总前委会议暨华东野战军指挥部旧址

淮海战役总前委会议暨华东野战军指挥部旧址位于安徽省宿州市萧县丁里镇蔡洼村杨家台子。

1948年12月15日夜，国民党军黄维兵团被全歼，淮海战役第二阶段结束。为了就近指挥各纵队发动总攻，全力围歼杜聿明集团，华东野战军指挥部在代司令员、代政委粟裕的率领下，从宿县孟圩子村移驻萧县蔡洼村杨家台子。淮海战役胜利后，于1949

年 1 月 12 日迁往蚌埠的孙家圩子。1980 年，蔡洼村更名为胜利村。但是，绝大多数关于这段历史的资料仍称其为蔡洼村。

在华东野战军指挥部移驻蔡洼的 28 天里，由刘伯承、陈毅、邓小平、粟裕、谭震林组成的淮海战役总前委，于 12 月 17 日由总前委书记邓小平主持，在此召开了总前委会议。会议研究了淮海战役第三阶段围歼杜聿明集团的方略，作出了部队战地整编计划，制定了渡江作战的初步方案。这次会议对夺取淮海战役的全面胜利，解放长江以北，进而渡江作战解放全中国起到了重要的决策作用。

◆ 淮海战役总前委会议暨华东野战军指挥部旧址

◆ 淮海战役总前委会议暨华东野战军指挥部旧址保护碑

淮海战役总前委会议暨华东野战军指挥部旧址现仅存粟裕当时住过的五间土墙瓦面堂屋，建筑占地面积 85 平方米。

淮海战役总前委会议暨华东野战军指挥部旧址于 2006 年 5 月被国务院公布为全国重点文物保护单位；2007 年 4 月被安徽省委办公厅、省人民政府办公厅公布为安徽省爱国主义教育基地。

独山革命旧址群

独山革命旧址群位于安徽省六安市裕安区独山镇老街。

裕安区独山镇是皖西革命老区的核心地之一。早在五四运动时期，这里就有一批革命青年接受了马克思列宁主义的教育和影响，在建党和大革命时期参加党团组织和革命活动。土地革命战争时期，这里爆发独山暴动，打响了六霍起义全面发动的第一枪，起义后组建的中国工农红军第 11 军第 33 师是鄂豫皖边区初期红军三大主力师之一，建立的六安三区工农革命委员会是皖西第一个工农民主革命政权，创建的皖西苏区是鄂豫皖革命根据地重要组成部分。1931 年 5 月至 1932 年 9 月，六安县及三区党政军群机关驻在这里，领导苏区各项建设，实行土地革命。主力红军和地方武装也经常战斗和活动在这一带。抗日战争时期，国民党桂系第 7 军军部和六安县政府曾驻在这里。解放战争时期，刘邓大军一部在这里转战，以独山为中心建立了独山县民主政府。在新中国成立后授勋的开国将军中，独山地区有16位，有“一镇十六将，独秀大别山”的美誉。

独山一带革命遗址众多，新中国成立初期仅独山老街就存有土地革命战争时期的革命旧址十几处，因年久失修及乡镇建设改造中的拆迁，到21世纪初尚存9处县级党、政、军、群及文化、教育、司法、经济等较完整的革命旧址群。

六安县列宁小学旧址

◆六安县列宁小学旧址

六安县列宁小学旧址原为王氏宗祠。1931年5月至1932年9月，列宁高等小学设在这里，共有教师6人、学生200人左右，编印了列宁小学课本。与此同时，还举办成人夜校，号召苏区工农都要识字。要求教师思想进步，无宗教信仰，会白话文，懂教学管理。对工农分子实行免费教育，对地方、商人收定额学费。使用新编教材，重视学生政治思想、学业业绩、健康状况的考核。六安县列宁小学旧址面阔16.7米，进深28.7米，天井22平方米，前庭、后厅两廊相连，全部为通间，建筑占地面积457平方米。

中共、少共六安县委旧址

中共、少共六安县委旧址原为朱君贤、朱君龙私宅，曾开办过朱延和老药店。1931年5月至1932年9月，中共六安县委和少共六安县委机关设在这里。县委书记鲍益三，少共六安县委书记方永乐。这一时期，苏区面积扩大到全县总面积的75%，地方革命武装发展到2.5万余人，成为鄂豫皖革命根据地的重要组成部分。随着苏区的巩固和发展，各级党委和苏维埃政府十分重视发展各种群众团体组织，先后成立农民协会、工会、妇代会等，把广大群众紧密团结在自己周围，保护和建设革命根据地。中共、少共六安县委旧址面阔三间，前后三进，前进高7米，有阁楼，建筑占地面积285平方米。

◆中共、少共六安县委旧址

六安县经济合作社旧址

◆六安县经济合作社旧址

六安县经济合作社旧址原为王大铎商行。1931 年 5 月至 1932 年 9 月，在此建立苏区经济合作社，其主要任务是组织土特产收购、运销，经营日常批发，控制市场物价，打击奸商投机，发展苏区经济。合作社资金由苏维埃政府或经济公社给予一定奖励，群众合股经营，它与经济公社、个体商店成为六安苏区的商业贸易活动的三种形式。六安县经济合作社旧址为四合院，面阔三间，高 6.3 米，前进为店面，二进为粮仓，建筑占地面积 187 平方米。

六安县革命法庭旧址

六安县革命法庭旧址原为王厚斋私宅。六安县革命法庭属县苏维埃政府肃反兼裁判委员会领导，是对不法地主、富农、反革命分子、叛徒、敌探实行专政的机关。这里曾发生过一场火灾，损毁严重。六安县革命法庭旧址为四合院，面阔三间，高 6.3 米，建筑占地面积 178 平方米。

◆六安县革命法庭旧址

六安县苏维埃俱乐部（列宁俱乐部）旧址

◆六安县苏维埃俱乐部旧址

六安县苏维埃俱乐部（列宁俱乐部）旧址原为火神庙戏楼，修建于清道光年间。独山暴动后，六安县苏维埃俱乐部一直是革命集会、宣传活动场所。俱乐部人员均为专职人员，但只管吃、穿，不发薪水。六安县苏维埃俱乐部（列宁俱乐部）旧址面阔七间，高 8.6 米，明间面阔 8.5 米，进深 11 米，两层，上为戏台；次间为两间，两层，进深 5.8 米，建筑占地面积 182 平方米。

六安县政治保卫局旧址

◆六安县政治保卫局旧址

六安县政治保卫局旧址原为刘铭传当铺，始建于清朝末年。政治保卫局是苏维埃政府的保卫机关，主要是保卫新生革命政权的正常工作秩序，维护社会治安，还负责肃反工作。六安县政治保卫局旧址两进三开间，前进高 7.2 米，后进高 8.5 米，为两层楼，建筑占地面积 298 平方米。

独山暴动指挥部旧址

独山暴动指挥部旧址原为六安县立第四高等小学。1929 年 11 月 7 日晚，独山农协会员突然被捕，成为独山暴动的导火线。独山暴动指挥部在六安县第四高等小学设立，总指挥周狷之。8 日晨，独山镇周围 15 个乡的 1 万余名农协会员包围了独山反动武装驻地马氏宗祠，打响了六霍起义全面爆发的第一枪。9 日，成立皖西第一个工农民主革命政权——六安三区工农革命委员会，同时建立了 6 支游击队和 2300 余人的赤卫队。独山暴动指挥部旧址面阔七间，上下两层，二楼铺木楼板，建筑占地面积 1625 平方米。

◆独山暴动指挥部旧址

六安县赤卫军指挥部旧址

六安县赤卫军指挥部旧址原为马氏宗祠。1931 年 5 月至 1932 年 9 月，六安县苏维埃政府军事指挥机构设立在这里，总司令毛正初（原名毛本忠）。赤卫军主要任务是维护地方治安，配合红军作战。县常备武装有 3 个教导队，7 个特务连，共 400 余支枪。全县赤卫军编成 6 个团，2.5 万余人，是实行平时生产，战时配合作战的劳武结合革命武装力量。赤卫军的助手是以 17 岁以下青少年编成的

◆六安县赤卫军指挥部旧址

少先队。赤卫军成立后，共为红军输送以少先队为主的兵员1万余人。六安县赤卫军指挥部旧址为三开门四进，地平高度逐渐递增，前进高7.1米，建筑占地面积373平方米。

六安县苏维埃政府旧址

六安县苏维埃政府旧址原为王康成（王兴武）私宅。1931年5月至1932年9月，为六安县苏维埃政府所在地，主席余道江（王义中）。县苏维埃政府下设土地、裁判（肃反）、经济、文化、粮食、赤卫、妇女、交通各委员会和革命法庭、政治保卫局等部门。六安县苏维埃政府旧址为四合院，前进为店面，二进为住宅，中有天井，建筑占地面积178平方米。

◆六安县苏维埃政府旧址

六霍起义纪念塔

1919年春，朱蕴山、沈子修等在六安创办安徽省立第三甲种农业学校（简称“三农”），吸收进步青年成立中国革命小组，开始传播马克思主义。桂伯炎、吴岱新等一批学生骨干后来成为六霍起义的主要领导者。

1927年10月，省临委决定以六安为中心，划六安、霍山、霍邱、寿县、英山5个县为安徽第一暴动区，要求六安特区委立即组织农民暴动。1929年5月起，相继发生了四区武陟山、南岳庙农民暴动和六区南庄畈起义。为统一武装斗争的指挥，六霍军委于5月初成立。同时，由立夏节起义组成的红32师不断东进皖西，六安的革命形势日益高涨。

1929年11月7日晚，六安三区二乡农协常委兼秘书何寿全，在独山东湾参加农协会议结束回家，途中遇到女会员盛荣秀、李奇仙。在结伴回家的路上，他们边走边唱《赤色苏俄》、《送郎当红军》等歌曲，被独山自卫团魏祝三部哨兵以“宣传赤化、有伤风化”罪名逮捕，并搜去二乡农协会员花名册。农协会员突然被捕成为独山暴动的直接导火线。11月8日清晨，手持钢枪、大刀、长矛的六安三区15个乡近万名农协会员从四面八方涌至独山街头，待命武装起义。下午4时，起义农民占领了独山镇，暴动取得了胜利！11月12日上午，六安中心县委、六安县三区区委、区农协在独山镇召开群众大会，追悼11名死难烈士。会议进行了5个多小时。下午2时，2万多名参会群众举行了声势浩大的游行示威，示威群众高呼“打倒国民党新军阀”、“打倒土豪劣绅”、“共产党万岁”等口号，群情激奋，势不可当。

独山暴动胜利后，根据六安中心县委部署，六安七邻湾、南庄畈、古碑冲、徐家集、江家店、霍山的西镇、桃源河、黑石渡，霍邱的白塔畈等地纷纷举行农民起义，史称“六霍起义”。

为缅怀先烈，激励后人，2000年独山人民自发捐款在独山拦头山上修建了六霍起义纪念塔，邓小平在1982年6月亲笔题写了“六霍起义纪念塔”塔名。

◆六霍起义纪念塔

纪念塔主体造型是敌人闻风丧胆的利剑，双剑合璧又代表着六安、霍山两县农民武装力量，塔体中间部分的农民头像，点明了独山暴动是以农民为主体的暴动，浮雕墙为两面旗帜的变形，寓意着六霍起义的革命洪流象征着振翅欲飞的雄鹰冲向大别山，奔赴新战场。塔体汉白玉宝剑部分19.29米，象征着独山暴动发生于1929年，纪念塔总高度为21米，寓意着此塔落成于21世纪之初，光荣的老区人民顺利跨入21世纪。

六霍起义纪念馆

土地革命战争时期，发生在六安、霍山两县边境以农民暴动和民团兵变为主要形式的六霍起义，是继黄麻、立夏节两大起义后鄂豫皖地区又一次大规模武装起义。起义组建的中国工农红军第11军第33师是鄂豫皖边区初期红军三大主力师之一，创建的皖西苏区是鄂豫皖革命根据地重要组成部分，从而使党创建整个大别山区工农武装割据的设想成为现实。

◆六霍起义纪念馆

六霍起义纪念馆占地面积为1880平方米，建筑面积为1200平方米，布展面积为950平方米，陈展分为“山雨欲来”、“独山暴动”、“苏区春秋”、“红旗飘飘”

和“丰碑长存”5个部分，再现了当年独山暴动、六霍起义和苏区春秋的壮丽画卷，展现了无数革命先烈的丰功伟绩。

2005年，独山革命旧址群纳入全国160个红色经典景区，是全国30条红色旅游精品线路之重要节点。本着“修旧如旧”原则，依托9处现存旧址，2008年又破土动工兴建独山苏维埃城，包括六霍起义纪念馆、7处比较集中的旧址和皖西徽派建筑风格的仿古街道等，2009年建成对外开放。

独山革命旧址群于2006年5月被国务院公布为全国重点文物保护单位；2007年4月被安徽省委办公厅、省人民政府办公厅公布为安徽省爱国主义教育基地。

苏家埠战役遗址

苏家埠战役遗址位于安徽省六安市裕安区苏埠镇孙湾村朱大院墙。

◆朱大院墙前门楼

1932年2月，红四方面军取得了黄安战役、商潢战役胜利后，国民党不甘失败，调兵遣将，进占苏家埠、青山、韩摆渡，准备继续向我根据地进攻。红四方面军决定留12师在商潢活动，总部率10、11师出皖西，攻击敌军陈调元部。3月20日，红四方面军总部进至独山镇，与红25军73师、霍山独立团会合。3月21日晚，红军从青山以西的两河口架浮桥秘密过河。翌日拂晓，73师、霍山独立团包围青山。11师向北疾进，途中与苏家埠出援青山的敌两个团遭遇，击溃敌人后围住苏家埠。23日，红军又将韩摆渡围住。

三个据点的敌人被困在寨里，固守待援。因敌工事坚固，强攻难以取胜，红军便采取“围点打援”战术，专打援敌。当时，红四方面军总部驻苏家埠以东的朱大院墙，徐向前总指挥和前线指挥部驻苏家埠东南一里多路的永慧寺。苏家埠守敌被困月余，弹尽粮绝，靠吃野菜、啃树皮充饥，敌机投粮，多为红军获取。

经过48天的“围点打援”，1932年5月8日，苏家埠、韩摆渡被困之敌全部投降。此战役共歼敌3万余人，生俘2万余人（其中总指挥1人，旅长8人，团长10人），缴枪2万余支、炮43门、机枪50挺，击落敌机1架，获得重大胜利。

当年的总指挥部朱大院墙旧址，现存11间房屋，土坯墙体，小灰瓦屋面，总建筑

◆苏家埠战役前线指挥部旧址(永慧寺)

面积260平方米，是一座清末民初建筑；前线指挥部永慧寺旧址，现存砖木结构共9间房屋，青砖墙体，小灰瓦屋面，总建筑面积86平方米，是清朝末年建筑。两座建筑均是五架梁抬梁式结构，现保存基本完好。

苏家埠战役遗址于1981年9月被安徽省人民政府公布为安徽省文物保护单位；2007年4月被安徽省委办公厅、省人民政府办公厅公布为安徽省爱国主义教育基地。

雪枫小学

雪枫小学位于安徽省宿州市埇桥区胜利路472号。

雪枫小学原为火星庙小学，1936年改为第三国民小学，1948年11月，宿县解放后改为新华小学。1951年，为纪念彭雪枫将军，培育烈士子女，学校被命名为安徽省雪枫烈士子女小学，招收了阜阳、宿县两地烈士子女30多人，后陆续增加到200多人。1958年，烈士子女人数逐渐减少，宿县人民政府便将宿城九小并入，改名为宿县雪枫小学，吸收普通干群子女入学。1962年，烈士子女全部毕业，雪枫小学成为一所普通小学。1999年改为宿州市雪枫小学。

1984年，张爱萍将军亲自为雪枫小学题写校名。校园内矗立彭雪枫烈士塑像，并专门开辟了彭雪枫烈士事迹展室。学校将彭雪枫为国捐躯的9月1日作为校日，每逢这一天学校都举行隆重的悼念活动。

雪枫小学于2005年10月、2007年4月两次被安徽省委办公厅、省人民政府办公厅公布为安徽省爱国主义教育基地。

◆雪枫小学教学楼

李克农故居

李克农故居位于安徽省巢湖市居巢区烔炀镇中李村。

◆ 李克农故居

李克农（1898—1962），巢湖市中李村人。他幼年时代在芜湖读书，1926 年在芜湖加入中国共产党。他长期在情报和保卫部门等特殊战线上工作，以顽强的斗志和灵活的工作方法，出生入死，屡建奇功，被誉为“传奇将军”。李克农历任中国工农红军工作部部长、中共中央联络局局长、中共中央社会部部长、军委情报部部长、中国人民解放军副总参谋长等职。1955 年，被授予上将军衔。

李克农故居始建于晚清时期，共两进两厢 8 间房屋，建筑面积为 187 平方米。从 1998 年至 1999 年 9 月，故居原址进行修缮，同时增建了李克农将军生平事迹展览馆，修缮后开始对外开放。2003 年，扩建故居园区，使故居建筑面积扩大到 550 平方米。2007 年，国家安全部重新布置李克农将军生平事迹馆，新展馆以丰富翔实的资料，颂扬了将军的英雄气概和辉煌战绩。展馆正面新添一尊玻璃钢材质的、由董必武题词的李克农将军胸像雕塑。馆内 190 幅图片按“为了革命的胜利”、“为了保卫和建设祖国”、“战斗到生命最后一息”3 个主题布展，反映了将军革命的一生、战斗的一生。

李克农故居于 2004 年 10 月被安徽省人民政府公布为安徽省文物保护单位；2007 年 4 月被安徽省委办公厅、省人民政府办公厅公布为安徽省爱国主义教育基地。

陈独秀墓园

陈独秀墓园位于安徽省安庆市大观区十里乡林业村叶家冲。

陈独秀（1879—1942），字仲甫，号实庵，1879 年 10 月 9 日出生，安徽怀宁人。是新文化运动的旗手，五四运动先驱，中国共产党的创建人之一，中共一至五届中央领导机构主要负责人，是中国现代史上的文化伟人。

1942 年 5 月 27 日，陈独秀病逝于四川江津（现属重庆市），当年安葬在江津。1947 年 6 月，其三子陈松年遵父遗嘱，迁棺木抵安庆与原配夫人高晓岚合冢，立碑

“先考陈公乾生字仲甫之墓”。陈独秀墓坐北朝南，由墓冢、墓碑、墓台、护栏、墓道构成。距墓冢东北100米处设陈独秀生平事迹陈列室，上、下两层，内设5个展厅，由10个标题版面构成，展览有照片资料153张、文献资料6份、生活用具（家具）16件，其中国家一、二级珍贵历史文物4件。采用编年手法历史地再现陈独秀一生历程，并复原陈独秀书房、生活起居室。

◆ 独秀园大门

2005年经安庆市人民政府批准实施的陈独秀墓园规划，结合自然地形地貌条件，围绕纪念主题，形成“一轴、二区、三园”功能结构，使之成为自然景观优美、文化内涵丰富，集文化、纪念、旅游为一体的园林式纪念地。

陈独秀墓园于1998年5月被安徽省人民政府公布为安徽省文物保护单位；2007年4月被安徽省委办公厅、省人民政府办公厅公布为安徽省爱国主义教育基地。

魏野畴烈士陵园

魏野畴烈士陵园位于安徽省阜阳市临泉县老集镇老集街。

魏野畴（1898—1928），原名魏凤标，字明轩，化名韦金。陕西兴平人。1920年冬加入中国社会主义青年团。1923年初经李大钊等人介绍加入中国共产党。1924年在西安建立了第一个社会主义青年团支部。1927年8月应杨虎城邀请并经陕西省委同意，赴河南商丘任国民革命军第10军（杨虎城部）政治部主任，后随第10军进驻安徽太和。1928年2月任中共皖北临时特委书记，4月任皖北革命军事委员会总指挥，组织领导了皖北四九起义。在起义突围中，魏野畴不幸被俘，面对敌人的威逼利诱宁死不屈，惨遭杀害，年仅30岁。

◆ 魏野畴烈士陵园

1987 年，临泉县人民政府在临泉县老集镇界南河东岸兴建魏野畴烈士陵园。陵园大门两侧写有“‘四九’举义旗名垂千古，皖北洒碧血功昭后人”对联。墓前有石碑，碑高 1. 8 米，宽 0. 6 米。2001 年，临泉县委、县人民政府为魏野畴烈士塑立了一座 7. 5 米高的汉白玉全身塑像。

魏野畴烈士陵园于 2007 年 4 月被安徽省委办公厅、省人民政府办公厅公布为安徽省爱国主义教育基地。

合肥蜀山烈士陵园

合肥蜀山烈士陵园位于安徽省合肥西郊风景区大蜀山东麓。

◆合肥蜀山烈士陵园

蜀山烈士陵园的前身为安徽省烈士公园，始建于 1955 年。1976 年 3 月，从原安徽省烈士公园中分离出一部分，成立合肥蜀山烈士陵园。蜀山烈士陵园占地约 18 万平方米，现由安徽革命烈士事迹陈列馆、大蜀山革命公墓、悼念广场、烈士纪念碑等部分组成。陈列馆建筑面积 2642 平方米，陈列着全省有代表性的从革命战争时期至社会主义建设时期的 190 位烈士的光辉业绩，其中包括中国共产党初期的重要领导人之一陈独秀的儿子陈延年、人民军队的杰出将领许继慎、安徽省第一任省委书记王步文、无产阶级革命家罗炳辉和彭雪枫等革命先烈。陈列馆现存有 450 幅图画及烈士手稿、名人字画、领导题词等，还有烈士英名录。

安徽革命烈士事迹陈列馆于 1989 年 8 月被民政部公布为全国重点烈士纪念建筑物保护单位。合肥蜀山烈士陵园于 2007 年 4 月被安徽省委办公厅、省人民政府办公厅公布为安徽省爱国主义教育基地，2009 年 5 月被中央宣传部公布为全国爱国主义教育示范基地。

◆安徽革命烈士事迹陈列馆

辉山革命烈士陵园

辉山革命烈士陵园位于安徽省亳州市涡阳县东北的曹市镇辉山村。

◆辉山革命烈士陵园

1944 年四五月间，日军为打通大陆交通线，发动了中原战役，中原人民惨遭蹂躏。为打击日军，策应正面战场，1944 年 8 月 15 日，彭雪枫率新四军第 4 师奉命挺进津浦路西，历时 4 个月，战斗数十次，收复了豫皖苏边抗日根据地。但彭雪枫不幸在八里庄壮烈殉国，300 余名 4 师官兵血洒疆场。1944 年冬，4 师师部及 9 旅、骑兵团返回津浦路东，11 旅留在路西并兼路西军分区继续坚持斗争。

为缅怀彭雪枫师长的光辉业绩，纪念西进后牺牲的革命烈士，1945 年春，11 旅旅部决定在涡阳县曹市集东灰山修建烈士陵园。陵园于 1945 年 7 月奠基，年底竣工。公墓落成后，雪涡县政府改“灰山”为“辉山”。1946 年底，国民党地方武装推倒碑亭、牌坊，砸毁碑记、匾额，辉山革命烈士陵园被严重破坏。1948 年，雪涡县青疃区区长丁名先带领当地民众对陵园进行清理，将砸毁的碑匾妥为保管，重建了纪念塔，栽植了松柏。

◆新四军第四师十一旅涡北抗日殉国烈士纪念塔

新中国成立以来，省、地、县多次拨款对陵园进行维修。1994 年，时任中央军委副主席的张震实地悼念，并亲笔题写“辉山革命烈士陵园”园名。

陵园主要建筑有纪念塔、公墓、护碑亭、忠烈祠、史料陈列馆以及纪念牌坊、云梯等。纪念塔共 5 层，15 米高，上面刻有“新四军第四师十一旅涡北抗日殉国烈士纪念塔”20 个金色大字。塔下边是五角星形的公墓，墓前是烈士题名碑和护碑亭。陵园大门为牌坊式建筑，上面镶嵌有毛泽东题写的“死难烈士万岁”和朱德题写的“浩气长存”匾额。牌坊后面是东、西八角亭。

辉山革命烈士陵园于 2007 年 4 月被安徽省委办公厅、省人民政府办公厅公布为安徽省爱国主义教育基地。

淮海战役双堆烈士陵园

淮海战役双堆烈士陵园位于安徽省淮北市濉溪县双堆集镇。

◆淮海战役双堆烈士陵园内的烈士墓群

在淮海战役中，双堆集地区歼灭战是继歼灭黄百韬兵团之后，中原野战军在华东野战军的密切配合下，在双堆集地区进行的又一次大规模歼灭战。人民解放军从1948年11月23日至12月15日，浴血奋战23昼夜，经过阻击合围、紧缩包围圈、阵地攻击三个阶段，共歼灭国民党精锐部队黄维兵团11.4万余人，生俘兵团中将司令官黄维、中将副司令官吴绍周，廖运周将军率部起义，并且阻击了徐州、蚌埠国民党重兵集团的增援。双堆集地区歼灭战，是淮海战役承前启后的关键，为最后歼灭杜聿明集团、夺取淮海战役全胜创造了极为有利的条件。

◆淮海战役双堆烈士纪念碑

为纪念在双堆集地区歼灭战中牺牲的烈士们，1976年在双堆筹建烈士陵园。烈士陵园东西长368米，南北宽292米，面积10.6公顷，分为纪念碑、纪念塔、烈士墓群、纪念馆、办公区、风景区等区域。纪念碑位于陵园中部，1980年5月动工兴建，翌年10月1日落成。碑高22.5米，白色花岗岩砌成。碑基两层，第一层长宽各31米，第二层长宽各25米，四面各有18级台阶，并有青松环绕。碑座正面镌刻纪念碑文，碑身正面刻有邓小平的题词“淮海战役烈士永垂不朽!”上下两端环万年青图案。碑冠镶嵌淮海战役胜利纪念章浮雕。碑前为水泥广场，面积约2100平方米。淮海战役双堆地区歼灭战纪念馆位于陵园东南部，1988年10月建成，长32米，宽28米，占地900多平方米。张爱萍为纪念馆题写了馆名。东、南、西三厅互相串通，连成一体。展厅陈列珍贵历史照片300余张，文物200余件，作战地图、图表、美术作品20余幅，并有电动沙盘模型1台。展出内容共有8个部分，以双堆集地区歼灭战为重点。第一部分至第七部分为战役部分，共8个展室；第八部分为缅怀先烈厅，陈列着27位烈士的事迹、遗像和遗物。陵园大门朝东，门内两侧各有一个面积为1250平方米的池塘。宽阔笔直的主干道通往纪念碑，南部的尖谷堆为新石器时期的文化遗址，也是淮海战役双堆地区歼灭战期间敌我双方激烈争夺的制高点。

淮海战役双堆烈士陵园于1995年12月被安徽省委办公厅、省人民政府办公厅公布为安徽省爱国主义教育基地，2001年6月被中央宣传部公布为全国爱国主义教育示范基地；2009年3月被民政部公布为全国重点烈士纪念建筑物保护单位。

◆ 淮海战役双堆地区歼灭战纪念馆

宿州市烈士陵园

宿州市烈士陵园位于安徽省宿州市老城区北隅，环城河北岸，北临沱河，西接北校场。

◆宿州市烈士陵园

宿州市烈士陵园建于1951年，占地面积164.5亩。园内主要建筑物有革命烈士纪念塔、彭雪枫烈士雕像、烈士墓及烈士事迹陈列馆。

革命烈士纪念塔位于园内北部正中，1954年落成，1979年在原址重建，高26.7米，由塔基、塔身两部分组成。塔身南面镌刻陈毅手书“革命先烈永垂不朽”。塔基长和宽各24米，全部用大理

◆彭雪枫烈士雕像

石砌成。塔前是广场，供凭吊集会用。

彭雪枫烈士雕像位于纪念塔正前方，建于1955年。底座由大理石砌成，高4米，上有彭雪枫烈士汉白玉全身雕像，戎装佩枪，英姿飒爽。底座南面嵌一石碑，刻有彭雪枫同志革命史略。

烈士事迹陈列馆位于陵园北侧，1986年筹建，1988年第一期工程完工，占地5亩，建筑面积1100平方米，共3个展厅，厅内陈列有关照片及实物。2009年开始对展馆进行装修整理。

宿州烈士陵园于2007年4月被安徽省委办公厅、省人民政府办公厅公布为安徽省爱国主义教育基地；2009年3月被民政部公布为全国重点烈士纪念建筑物保护单位。

萧宿铜灵边区革命烈士陵园

萧宿铜灵边区革命烈士陵园位于安徽省宿州市萧县皇藏峪国家森林公园大门外西侧的一个山坡上。

◆萧宿铜灵边区革命烈士陵园

民主革命时期，萧（县）宿（县）铜（山）灵（璧）边区人民群众积极响应党的号召，为打败日本侵略军和推翻国民党的反动统治，进行了英勇无畏、艰苦卓绝的斗争。曾经在萧（县）宿（县）铜（山）灵（璧）边区战斗过的新四军老战士孙象涵、顾寒星、朱德群、杨明卿等，出于对光荣牺牲的老战友的无限怀念和敬佩，为了弘扬革命烈士的高风亮节，激励和教育后代牢记革命历史和先烈们的丰功伟绩，于1988年11月发起筹建“萧宿铜灵边区革

◆萧宿铜灵边区革命烈士碑廊

命烈士陵园”的倡议，并迅即得到原宿县地委及所属各县特别是萧县县委、县人民政府的全力支持，很快在皇藏峪勘定了园址。

1990年，陵园筹建委员会正式组建。陵园于1993年11月17日奠基，1994年11月8日落成。

陵园由园门、园名壁、烈士碑廊、名人题字碑、联名碑、纪念塔等建筑组成，陵园收录了1939名烈士，其中包括抗日战争、解放战争、抗美援朝、援越抗美中英勇牺牲的烈士，还有21集团军与12集团军的百余名师、团、营、连级烈士的名录。

萧宿铜灵边区革命烈士陵园于2007年4月被安徽省委办公厅、省人民政府办公厅公布为安徽省爱国主义教育基地。

泗县烈士陵园

泗县烈士陵园位于安徽省宿州市泗县经济开发区。

泗县是著名的皖东北抗日根据地中心区，众多革命先烈曾在这片土地上前仆后继、浴血奋战。泗县烈士陵园始建于1964年，园内最早建有彭雪枫烈士塑像，陈列着江上青、王子玉、魏正宾、曹化东、王亚箴、田古、王允昭、李月华、尤胜玉、卢山、赵守湖等烈士的英雄事迹。

1995年，陵园安放了江上青烈士铜像，并建造了江上青纪念馆。江上青烈士铜像高1.8米，基座高2.3米，占地面积230平方米，基座正面刻有刘玉柱（江上青烈士战友，原第二机械工业部副部长）题写的“江上青烈士”，基座背面刻有江上青烈士生平简介。江上青烈士纪念馆正对陵园西大门，占地面积180平方米，仿古式建筑，馆藏牌匾、图片、诗词、书画等资料60余件，生平事迹展板分“书香门第”、“投身革命”、“开辟淮北”、“丹心永照”4个部分，

◆泗县烈士陵园

以图文并茂的形式，集中展示了江上青烈士光辉战斗的一生及其卓著的功勋和崇高的品质。后陵园又经过改造、扩建，现占地面积 6 万平方米，建筑面积 2500 平方米，陈展面积 784 平方米，馆藏烈士文物资料 1090 件，其中，国家一类文物 210 件、二类文物 350 件、三类文物 530 件。

泗县烈士陵园于 2007 年 4 月被安徽省委办公厅、省人民政府办公厅公布为安徽省爱国主义教育基地。

许继慎烈士陵园

许继慎烈士陵园位于安徽省六安市裕安区青山乡土门店村土门店组。

◆许继慎烈士陵园

许继慎（1901—1931），原名许绍周，字旦如，号谨生。六安县土门店村（今六安市裕安区青山乡）人。1920 年先后就读于安徽省立“一工”、第一师范等学校。1921 年 4 月加入安庆社会主义青年团。1922 年任安徽省学联常委兼联络部长。1923 年 12 月加入中国共产党。1924 年 5 月考入黄埔军校第一期，任中共黄埔军校特别支部候补干事。毕业后历任教导团排长、连长、团少校干事、代理团党代表，参加两次东征。北伐时期，任叶挺独立团第 2 营营长，参加了平江、汀泗桥、贺胜桥等战斗，任第四军第 25 师第 73 团参谋长、第 11 军第 24 师第 72 团团长。1927 年 9 月，因伤赴上海治疗，在中央中直小组工作。1930 年 3 月，任中国工农红军第 1 军军长、中共鄂豫皖特委委员。1931 年 1 月起，先后任红四军前委委员、第 11 师长、第 12 师长、皖西军委分会主席等职。1931 年 11 月，被张国焘以“肃反”名义杀害于河南省光山县新集，年仅 30 岁。许继慎于 1945 年在党的七大上被追认为烈士，1988 年被确定为中国人民解放军军事家。

许继慎烈士陵园于 2007 年 4 月被安徽省委办公厅、省人民政府办公厅公布为安徽省爱国主义教育基地。

皖东烈士陵园

皖东烈士陵园位于安徽省滁州市来安县半塔镇。

1944年3月，为了纪念在半塔保卫战和抗日斗争中英勇牺牲的革命烈士，在新四军2师召开的军政民座谈会上，淮南行署主任方毅提议在半塔建造一座抗日烈士纪念塔，并获会议通过。会议决定成立筑塔委员会，罗炳辉、方毅、肖望东、朱雨江等9人为筑塔委员会委员，具体负责建塔事宜。1946年6月，蒋介石发动全面内战，建塔工作中止。1958年10月，来安县人民政府开始续建纪念塔，并以纪念塔为中心，兴建半塔烈士陵园。

◆皖东烈士陵园

陵园由烈士塔、纪念碑、纪念馆三部分组成。半塔烈士纪念塔高10米，为四棱台体。塔顶屹立一尊身背斗笠和大刀、荷枪远视、威武雄壮的新四军战士雕像。纪念塔的正面镌刻着陈毅元帅书写的“革命先烈永垂不朽”8个大字，背面题词由时任安徽省委书记处书记、副省长张恺帆书写。

1973年、1984年陵园两次扩建。2007年，来安县委、县政府决定整修陵园，重建纪念馆。重建后的烈士陵园定名为皖东烈士陵园。重建的纪念馆为一座仿古建筑的四合院，定名为皖东革命纪念馆，馆内分别布有刘少奇在皖东纪念馆、新四军第2师纪念馆、半塔革命纪念馆3个自成体系的纪念馆。

皖东革命纪念馆陈列刘少奇历史图片136张，实物32件，塑像5尊，刘少奇在皖东的2个工作场景，室内浮雕1块，室外浮雕6块。

新四军第2师纪念馆陈列历史图片436张，实物27件，新四军第5支队三打来安城场景1个，配有声、光、电等效果，新四军第2师师部在大刘郢微缩景观1块，室内浮雕1块，室外浮雕6块。

半塔革命纪念馆陈列历史图片242张，实物131件，半塔保卫战沙盘1块，刘顺元、方毅到大余郢骆腾云互助组调研场景1个，电子视屏1个，室内浮雕1块，室外浮雕8块。

在陵园大门西侧，烈士纪念塔右前方新建革命烈士墓地1块，内有无名烈士墓1

座，各个时期烈士墓48座。

烈士纪念塔广场用大青石铺地，广场东侧立有原新四军江北指挥部指挥张云逸于1964年撰写的《半塔烈士纪念碑记》。

皖东烈士陵园于1982年被安徽省人民政府公布为安徽省文物保护单位；2007年4月被安徽省委办公厅、省人民政府办公厅公布为安徽省爱国主义教育基地。

◆皖东烈士纪念塔

藕塘烈士陵园

藕塘烈士陵园位于安徽省滁州市定远县藕塘镇新大街。

1939年，新四军4支队第8团抵达定远藕塘镇，开辟了以藕塘为中心的皖东津浦路西抗日根据地，藕塘成为根据地的政治、军事、经济、文化中心，时称“小莫斯科”。同年，刘少奇来到藕塘地区，在他领导下，1940年3月9日，华中地区第一个县级民主政权——定远县抗日民主政府成立。作为津浦路西抗日根据地中心，藕塘多次受到日伪军进犯，根据地军民在党的领导下，坚持抗日，前仆后继，浴血奋战，在周家岗、大桥集、占鸡岗、五尖山、黄疃庙等地击退日伪进攻，大小战斗数百次。

◆藕塘烈士陵园

为褒扬革命先烈，1942年5月，津浦路西临时参议会第一届第二次会议通过关于建立藕塘抗日烈士陵园的决定。同时决定成立陵园筹备委员会，由津浦路西区党委书记兼津浦路西参议会参议长黄岩任主任，副参议长梅子明任副主任并具体负责筹建工作。1944年9月18日，藕塘抗日烈士陵园建成。津浦路西地委、专署和军分区举行了隆重的陵园落成典礼。路西地区党政军负责人和驻军、各界代表5000余人参加落成盛典。津浦路西专员公署、军分区司令部敬送了挽联“宝荅山下魏魏青史标忠骨，大沙河畔滔滔绿水悼英雄”。陵园占地20亩，正中央耸立着高20米的六边形纪念塔。塔前矗立着一块高2.2米、宽1米的纪念碑。碑文由新四军2师师长罗炳辉、政委谭震林撰写。1946年5月，新四军2师奉命作战略转移，烈士陵园被国民党军队炸毁。

◆藕塘烈士纪念塔

1964年4月，安徽省人民政府批准在原址重建藕塘烈士陵园。陵园占地3.6万平方米，中央矗立高24米的烈士纪念塔，塔东西两侧有梅园、竹园，北面是用琉璃瓦建造的仿古式大门楼及两边耳房，南面是360平方米的革命烈士纪念馆。

藕塘烈士陵园于1989年被安徽省人民政府公布为安徽省文物保护单位；1995年1月、2007年4月两次被安徽省委办公厅、省人民政府办公厅公布为安徽省爱国主义教育基地。

皖西烈士陵园

皖西烈士陵园（含大别山革命历史纪念馆）位于安徽省六安市中心区域九墩塘畔。

◆皖西烈士陵园

◆皖西烈士陵园内的人民英雄纪念碑

皖西是著名的革命老区，是中国共产党创建的鄂豫皖革命根据地的重要组成部分，是中国工农红军的重要发源地和将军摇篮之一。在漫长的革命战争岁月中，皖西为中国革命作出了巨大贡献，付出过巨大牺牲，全市有30多万儿女为革命英勇献身，其中载册烈士2.6万余人。

1952年，为纪念皖西老区牺牲的英烈，决定在风景秀丽的九墩塘内陆兴建皖西烈士纪念馆。1956年兴建烈士纪念祠。1957年至1962年期间成立革命文物征集委员会，广泛征集革命文物。1980年将位于烈士祠西部原六安县工人俱乐部改建为皖西革命历史纪念馆，1989年又改为革命烈士纪念馆。期间皖西烈士纪念馆更名为皖西烈士陵园。

陵园中的大别山革命历史纪念馆建筑面积2700平方米，建筑仿欧洲教堂风格，分陈列展厅、接待厅、办公室、文档库房四部分。陈列厅面积1400平方米，分上下两层展厅。纪念馆的正面有一下沉式广场，西面建有3000平方米悼念广场，广场西部矗立一座16米高的烈士纪念塔。

皖西烈士陵园于2007年4月被安徽省委办公厅、省人民政府办公厅公布为安徽省爱国主义教育基地，2009年5月被中央宣传部公布为全国爱国主义教育示范基地；1989年8月被民政部公布为全国重点烈士纪念建筑物保护单位。

金寨革命烈士陵园

金寨革命烈士陵园位于安徽省六安市金寨县老县城梅山。

金寨是革命老区、红军故乡、将军摇篮。为了纪念革命先烈，1960年经安徽省人民政府批准兴建金寨革命烈士陵园。陵园分为红军广场、金寨县革命烈士纪念塔、金寨县红军纪念堂、红军墓园、洪学智纪念碑5个部分，占地面积25万平方米。

红军广场，建筑面积1.9万平方米，包括广场、牌坊、上山台阶步道、绿化、照明、挡土墙和浮雕等。红军广场牌坊上有江泽民题写的“金寨县烈士纪念馆”8个大字。红军广场建设紧紧抓住金寨是革命老区、红军故乡、将军摇篮这一历史特点，运用数字和浮雕等现代设计理念，充分展示革命战争年代金寨县境内的革命史实以及金寨人民作出的伟大贡献。

◆金寨县革命烈士陵园内的红军纪念堂

金寨县革命烈士纪念塔，1965 年 10 月建成。塔高 24 米，塔身正面镌刻的“燎原星火”四个镀金大字是刘伯承题写的。塔基正面镶有汉白玉浮雕，背面黑色大理石上铭刻着纪念碑文。

金寨县红军纪念堂，建筑面积 444 平方米，由洪学智题名，堂内长廊陈列有领导人题字的碑石，正厅陈列老红军照片及刻名，供参观者前来瞻仰吊唁。

红军墓园，面积 3 万平方米，主要安葬革命战争年代牺牲的县团级以上烈士和省军级开国将领。现安葬烈士共 136 位，其中将军 18 位。

洪学智纪念碑，2008 年 10 月 2 日落成。纪念碑位于红军纪念堂左侧，由曲径小路、城墙围栏、纪念碑广场、纪念碑等组成。

金寨革命烈士陵园于 2001 年 6 月被安徽省委办公厅、省人民政府办公厅公布为安徽省爱国主义教育基地，2005 年 11 月被中央宣传部公布为全国爱国主义教育示范基地；1996 年 4 月被民政部公布为全国重点烈士纪念建筑物保护单位。

霍山烈士陵园

霍山烈士陵园位于安徽省六安市霍山县衡山镇上元街社区张冲村民组。

早在 1920 年，马克思主义就开始在霍山传播。1924 年，霍山已有共产党员活动。1927 年，霍山开始创建党的组织。1929 年 1 月，中共霍山县委成立。土地革命战争时期，霍山在安徽革命斗争史上创下了“四项第一”：1929 年 5 月，共产党员刘淠西、朱体仁在安徽省第一次发动诸佛庵民团起义，拉开了六霍起义的序幕；1930 年 1 月，中共六安中心县委在霍山的流波䃥组建了安徽第一支正规红军——中国工农红军第 11 军第 33 师，

◆霍山烈士陵园

它成为红四方面军的重要组成部分；1930年4月12日，红军攻克霍山县城，成立了安徽省第一个县级苏维埃政府——霍山县苏维埃政府；月底，霍山全境赤化，成为安徽省唯一一个全境赤化县。1931年2月23日，中共安徽省委向中共中央报告称：“全省规定四个中心县，红色区域以霍山为中心县，白色区域以安庆、合肥、屯溪三县作中心。”

三年游击战争时期，高敬亭领导的红28军长期坚持在大别山与敌斗争，使革命的红旗始终飘扬在大别山上。

抗日战争时期，新四军4支队在霍山流波𥕢集中整训，奔赴抗日前线。霍山人民配合抗日军队浴血奋战，发动了秦冲阻击战、半边冲之战，取得了安徽歼灭日军最多（1370余人）的一次战役——鹿吐石铺战斗的胜利。

解放战争时期，霍山人民支援解放军皮定钧旅在清风岭、磨子潭两战两捷，胜利完成中原突围的战略任务。刘邓大军千里挺进大别山，1947年9月3日，解放霍山，霍山县委、县民主政府成立，并成立霍山中心县委。

在艰难曲折的革命斗争中，霍山人民前仆后继，抛头颅、洒热血，创造了许多可歌可泣的英雄业绩，有5万多优秀儿女献出了宝贵生命。

为缅怀先烈，激励今人，教育后代，霍山县委、县政府决定于1985年7月兴建霍山县烈士陵园。在此基础上，2008年，按照“集中展示、分散保护、红绿古结合”的旅游发展思路，兴建了“安徽省红色区域中心纪念园”，2009年9月2日建成开园。

纪念园分为山上和山下两个部分。

◆红色区域中心纪念园广场

山下为安徽省红色区域中心纪念园广场，命名为“红源广场”，主要包括9个部分：入口人工瀑布、八块革命史记墙、四个第一历史丰碑柱、安徽省红色区域中心地图、大别山革命英雄群雕、大别山革命史浮雕墙、舒传贤烈士雕塑、英烈墙与烈士墓、红色长廊。

山上部分主要包括：安徽省红色区域中心纪念馆、登山步道、六霍起义纪念亭、传贤亭、湃西亭5个部分。

◆红色区域中心纪念馆

安徽省红色区域中心纪念馆是在原两幢霍山革命烈士纪念馆（徐向前1983年5月题写馆名，1986年动工兴建，1989年六霍起义胜利60周年前夕建成对外开放）的基础上又新建两幢平行建筑而成，建筑面积近800平方米。馆舍为仿古庭院式结构，长廊环绕，飞檐碧瓦，掩映在苍松翠柏之中。

纪念馆共分为4个展厅，分“星火燎原”、“红旗飘扬”、“共御外侮”、“逐鹿中原”、“红源流长”5个部分，计展出霍山知名革命烈士、旧址等图片850余张，图表近百张，馆藏大刀、长矛、手枪、机关枪、衣物、功勋章、红军公田、抗日阵亡将士纪念碑等革命文物100余件（含复制），书画作品30余件（含复制）。运用复原场景、雕塑、绘画及现代化的声、光、电等新颖的艺术手段，生动地再现了从1919年五四运动至1949年全国解放长达30年的革命斗争历程中，在六霍起义、创建和坚持皖西革命根据地、三年游击战争以及抗日战争和解放战争中壮烈牺牲的革命英烈的无私奉献精神、大无畏的英雄气概和崇高的人格魅力。其中突出介绍皖西革命根据地主要创始人舒传贤、刘湃西、黎本益等100余位霍山籍知名烈士的英勇事迹。

霍山烈士陵园于2001年6月、2007年4月两次被安徽省委办公厅、省人民政府公布为安徽省爱国主义教育基地。

南山烈士陵园

南山烈士陵园位于安徽省巢湖市居巢区巢城南郊的南山上。

南山烈士陵园为纪念刘卫民等烈士而建。刘卫民于1900年4月出生在原巢县环城乡瓦子圩刘村，1939年8月加入中国共产党，同年入伍，先后担任新四军江北游击纵队10大队参谋、巢湖独立营参谋、巢湖大队大队长等职。抗战胜利后，刘卫民随军北

◆南山烈士陵园

撤。1946 年 6 月在北撤途中，刘卫民奉命率领巢北武工队共 16 人，返回皖中开展敌后斗争。同年 7 月，武工队经过凤阳县小熊庄时，遭遇凤阳县伪自卫大队 50 余人围困，在突围中武工队牺牲 8 人、被俘 7 人、失踪 1 人。烈士牺牲后，当地村民将烈士遗体合葬在光棍山和海棠山下。在纪念刘卫民、陈华、宋德高、李德信、张继良、宋玉华、荚存新、刘德高 8 名烈士牺牲 50 周年之际，巢湖市民政部门将烈士的遗骨从牺牲地凤阳县小熊庄运回巢湖，安葬在南山革命烈士纪念碑所在地。

1994 年 1 月，巢湖市委、市政府对南山革命烈士纪念碑所在地进行了扩建，建成巢湖市南山烈士陵园。陵园内共有烈士墓地 4 座：第一座是刘卫民等 8 位烈士的合葬墓，第二座至第四座分别是革命烈士应仁书、夏长根、彭和平的墓地。

◆刘卫民等 8 名烈士墓地

南山烈士陵园于 2007 年 4 月被安徽省委办公厅、省人民政府办公厅公布为安徽省爱国主义教育基地。

西梁山烈士陵园

西梁山烈士陵园位于安徽省巢湖市和县白桥镇西梁山社区。

西梁山地势险要，是长江中下游在江北的唯一制高点、历代兵家必争之地。解放前夕，西梁山是国民党反动派扼守长江的咽喉要道，为了防止解放军打过长江去，国民党在西梁山设重兵把守，令第 8 兵团、第 66 军 13 师 3 个团的兵力扼守西梁山及其周围地区，海陆空配合作战，妄图阻止解放军横渡长江。人民解放军第三野战军第 9 兵团第 90 师，受命攻打西梁山阵地，第 269 团为主攻，第 268 团担任佯攻，第 270 团作为师总预备队，经过三昼夜激战，在给敌人以重大创伤的同时，自己也付出了血的代价，千余名解放军指战员血洒西梁山，献出了宝贵的生命。

新中国成立后，为缅怀革命先烈的丰功伟绩，教育子孙后代，1952 年，党和人民政府陆续在西梁山建造了人民英雄纪念碑和革命烈士纪念塔、纪念亭和烈士墓等建筑设施。

西梁山烈士陵园于 2001 年 6 月、2007 年 4 月两次被安徽省委办公厅、省人民政府办公厅公布为安徽省爱国主义教育基地。

◆西梁山烈士陵园

无为县烈士陵园

◆无为县烈士陵园

无为县烈士陵园位于安徽省巢湖市无为县无城绣溪公园西南侧。

无为县烈士陵园始建于 1953 年。1986 年，陵园内新建了无为县烈士事迹陈列馆、纪念广场。2003 年，对原烈士陵园进行了扩建，2005 年底竣工。改扩建后的烈士陵园大门由原来朝北面改朝正南面的县城一环路，进大门迎面是国歌墙，还有全县 2588 位烈士的英名录，背面镌刻《烈士陵园简介》，从两边台阶而上是烈士墓群。广场正中巍然耸立革命烈士纪念碑。碑后沿石阶而下，建有忠魂亭。这里安息着胡竺冰、吕惠生、钱光胜、杨鹏飞、何群 5 位著名烈士和安徽省原政协主席张恺帆。

◆无为县革命烈士纪念碑

陵园内的无为县革命烈士纪念碑始建于 1958 年（原无为县烈士纪念塔），1986 年进行了修建，2005 年进行了改建。改建后的纪念碑分别刻有六洲暴动、7 师成立、渡江战役以及全县优秀儿女踊跃参加志愿军抗美援朝的大型场景浮雕。纪念碑周围广场面积达 1200 平方米。

陵园内的无为县革命史迹展览馆始建于 2003 年。展览馆上下 3 层，分为 7 个展厅，展出内容是中国共产党成立以

◆无为县革命史迹展览馆

来无为县各历史时期发生的重大历史事件和在中国共产党正确领导下所取得的巨大成就。展厅通过现代化、多媒体等手段共展出各个时期的历史图片500余幅，各种实物百余件，战斗场景3处，还有仿真蜡像，抗日战场、渡江作战沙盘等。

无为县烈士陵园于2007年4月被安徽省委办公厅、省人民政府办公厅公布为安徽省爱国主义教育基地。

芜湖市烈士陵园

芜湖市烈士陵园位于安徽省芜湖市弋江北路神山大道神山公园内。

◆芜湖市烈士纪念馆

芜湖市烈士陵园始建于1953年，2005年重新修建后，形成烈士事迹纪念馆、纪念碑陵墓凭吊区、中心广场、接待管理办公四个主要功能区。

烈士事迹纪念馆总建设面积为1500平方米，共分为5个展厅：序言厅，是整个纪念馆展示资料的缩影和开篇。第一展厅（大革命时期），展示自五四运动爆发到中国共产党成立前后，肖楚女、恽代英、王稼祥、王步文、李慰农、俞昌准等一大批党的早期活动家以及中共安徽临委、中共芜湖特支在芜湖地区活动情况。第二展厅（抗日战争时期），主要展示1937年12月以后日军侵入芜湖期间，芜湖人民在党的领导下抗击日本侵略的斗争史实，突出反映新四军将士在芜湖地区浴血奋战的战斗过程，重现当年官陡门大捷、父子岭战斗、马家园战斗、繁昌保卫战的战争场面，着重表现这一时期英勇牺牲的王道宏、钟汉奎等烈士的事迹，展示爱国将领戴安澜烈士浴血中缅边界的悲壮史实。第三展厅（解放战争时期），主要展示渡江战役前后中共芜湖地下党组织坚守皖南和党的武装力量在长江两岸的活动情况，着重展示中共芜湖地下党组织为迎接大军过江、组织支前、搜集情报、保卫城市重要设施的主要活动经过，以及渡江第一船的英雄事迹和湾沚战役的主要情况。第四展厅（新中国建设时期），主要展示在新中国成立初期芜湖人民在新生政权领导下，剿匪肃反、土地改革、恢复生产过程中为捍卫新生政权壮烈牺牲的烈士的事迹。反映江城儿女在抗美援朝战争中的英勇斗争，展现一级战斗英雄李家发、二级战斗英雄毕武斌等烈士的英雄事迹，以及在社会主义建设时期为抢救落水儿童而献身的张英男烈士、承小多烈士的英雄事迹。

芜湖市烈士陵园于 1995 年 1 月、2001 年 6 月、2007 年 4 月三次被安徽省委办公厅、省人民政府办公厅公布为安徽省爱国主义教育基地。

繁昌县烈士陵园

繁昌县烈士陵园位于安徽省芜湖市繁昌县峨山镇峨山村。

民主革命时期，无数仁人志士在繁昌的土地上为革命事业抛头颅、洒热血，留下许多可歌可泣的英雄事迹；许多繁昌儿女为民族解放四处奔走，进行着不屈不挠的革命斗争。为纪念那些为革命献出宝贵生命的先辈，激励后人学习他们的崇高精神，中共繁昌县委、县人民政府在县城东门的旗杆山下修建了革命烈士陵园，后于 1991 年 10 月将陵园迁至峨山头上。

◆繁昌县烈士陵园

陵园主要由烈士塔、烈士墓、纪念碑、烈士事迹陈列馆等设施组成。其中，烈士塔基座为六角形，边长 2 米，塔呈刺刀状，高约 16 米，气势宏伟，上书“革命烈士永垂不朽”8 个大字。烈士墓里面埋着 168 名烈士的遗骨。革命烈士陈列馆面积约 980 平方米，里面陈列着 645 名烈士的遗像及革命事迹资料和部分遗物。此外，还陈列着繁昌五次保卫战、皖南革命斗争史料以及南（陵）繁（昌）芜（湖）军民支援渡江战役的史料等。

繁昌县烈士陵园于 2007 年 4 月被安徽省委办公厅、省人民政府办公厅公布为安徽省爱国主义教育基地。

濮塘革命烈士陵园

濮塘革命烈士陵园位于安徽省马鞍山市濮塘风景区王公山上。

◆濮塘革命烈士陵园

濮塘革命烈士陵园始建于1976年，当时为纪念39位在渡江战役中牺牲的无名烈士建立了纪念塔。1994年，马鞍山市委、市政府决定对陵园进行重修，主要工程包括兴建22座烈士墓、16座老红军墓，墓区道路、台阶、旭亭等。1998年，马鞍山市委、市政府对陵园进行扩建，工程主要包括：重建革命烈士纪念碑、扩建纪念广场、新建革命历史纪念馆、刘一鸿纪念亭等。

马鞍山革命历史纪念馆建于2001年，位于马鞍山市濮塘烈士陵园西侧，为四合院式、主展厅两层的建筑，馆名是全国人大原副委员长彭冲所题。馆内陈列由“汇入革命洪流”、“奋起抗战”、“迎接解放”、“革命烈士永垂不朽”4部分组成，展出300余幅历史图片、100多件文献资料、10多件油画作品和雕塑作品、10多件烈士遗物，比较全面地反映了马鞍山地区人民在中国共产党领导下前仆后继、不屈不挠的战斗历程。馆内的烈士英名录共收录抗日战争时期革命烈士120人、解放战争时期革命烈士120人、建国后革命烈士282人。

◆濮塘革命烈士陵园内的烈士纪念碑

濮塘革命烈士陵园于1998年、2007年4月两次被安徽省委办公厅、省人民政府办公厅公布为安徽省爱国主义教育基地。

大别山烈士陵园

大别山烈士陵园（原岳西烈士陵园）位于安徽省安庆市岳西县城南虎形山上。

岳西是革命老区，是鄂豫皖革命根据地的重要组成部分。这里1924年就有党的活动，1927 年建立起党组织。1930 年爆发了著名的请水寨等四起农民武装暴动，成立了中国工农红军潜山独立师（后改为红军 34 师和红军中央独立 2 师）和霍山游击师，建立了潜山县革命委员会，开辟了以天堂为中心的革命根据地。红 11 军、红 25 军、红 27 军曾在岳西浴血奋战，高敬亭领导的红 28 军曾建立了以岳西为中心的游击根据地，并坚持了鄂豫皖三年游击战争。岳西还是新四军 2 师、7 师、5 师的游击根据地，是刘邓大军二野 3 纵司令部所在地。

◆大别山烈士陵园

1958 年，岳西县委、县政府投资修建了岳西县烈士陵园，2007 年 9 月，更名为大别山烈士陵园。烈士陵园建有古朴雄伟的大门、平整宽阔的广场、大理石面百步台阶，由朱德题写碑名的革命烈士纪念碑，展陈大别山区及岳西县重大革命事件和著名烈士事迹的烈士纪念馆，中共安徽省委首任书记王步文烈士和其他著名烈士的墓地、烈士群雕和红军亭等建筑。

革命烈士纪念馆分为“星火传播”、“红旗漫卷”、“浴血坚持”、“抗日救亡”、“迎接曙光”、“和平卫士”等部分，以大量的历史图片和丰富的文物史料，比较全面真实地再现了革命先辈浴血奋战的光辉历史，重点展示了首任中共安徽省委书记王步文，请水寨暴动领导人、红军中央独立 2 师师长王效亭，鄂豫皖边区三年游击战争总指挥、红 28 军政委高敬亭等一批著名英烈的光辉事迹。

◆大别山革命烈士纪念馆

大别山烈士陵园于 1995 年、2007 年 4 月两次被安徽省委办公厅、省人民政府办公厅公布为安徽省爱国主义教育基地；2009 年 3 月被民政部公布为全国重点烈士纪念建筑物保护单位。

桐城市烈士陵园

桐城市烈士陵园位于安徽省安庆市桐城市（县级市）城西。

◆桐城市烈士陵园内的烈士塔碑文

桐城市烈士陵园是中共桐城县委、县人民政府为了纪念革命战争年代及和平年代在桐城大地上英勇牺牲的革命烈士，于 1963 年兴建的一处革命纪念设施。1986 年，对烈士陵园进行了整修。整修后陵园建筑由园墙、门楼、烈士塔、烈士墓、四角亭和陈列馆 6 个部分组成，其中，烈士塔为烈士陵园的主体建筑，依山而建，坐北朝南，塔高 14.6 米，塔正面镌刻毛泽东草体书“烈士精神永垂不朽”8 个大字，东侧镌刻“光荣归于为国家为人民为革命而英勇牺牲的烈士们”，西侧镌刻“革命烈士的光辉事迹永远为人民所景仰”，均为安徽省政协原主席张恺帆手迹。在桐城烈士陵园里，长眠着 867 位桐城籍革命烈士。

桐城市烈士陵园于 2007 年 4 月被安徽省委办公厅、省人民政府办公厅公布为安徽省爱国主义教育基地。

东至县烈士陵园

东至县烈士陵园位于安徽省池州市东至县尧渡镇梅城路 41 号。

东至人民在中国共产党领导下，为民族解放事业立下了不朽功勋。早在五四运动时期，秋浦成立了旅外学生会，创办了《新秋浦》刊物。1927 年成立了共青团特别支部。北伐战争时期，程潜率领的国民革命军第 6 军挥戈

◆东至县烈士陵园

◆东至县烈士陵园内的烈士纪念碑

东下，曾来到秋浦。1929年，金步蟾、李鸿鸣受上级指派，来秋浦发展党组织，成立了九都党支部，此后成立了徽州工委等党组织，初步形成皖赣边区。1930年方志敏领导的红10军攻克秋浦，扩大了皖赣苏区，当时的南门岭高等学堂教师刘进贤率领43名师生参加了红军，秋浦、东流成了闽浙赣革命根据地不可分割的组成部分。闽浙赣省委先后派周成龙、王丰庆等来此领导革命，成立了皖赣特委、江南特委，举行了几次规模较大的农民暴动。抗日战争时期，为开辟沿江走廊，沟通与5师、7师的联系，党组织派遣徐福初、曾晓春等人前来组建地方武装，相继成立了4个抗日根据地。解放战争时期，东至人民迎来了渡江第一船，香山顶上插上了鲜艳的渡江第一旗。新中国成立后，在支持抗美援朝、剿匪反霸斗争和社会主义建设中，东至优秀儿女发扬革命传统，作出了重要贡献。

为了纪念在东至县英勇献身的英烈们，1973年，东至县委、县革命委员会决定修建东至县烈士陵园。2001年至2002年改扩建了上、下两个广场和两个纪念馆。纪念馆生动再现东至革命斗争的光辉历程，展出烈士画像84幅、油画93幅、照片123幅、图片115幅、三级文物40余件以及1117名革命烈士英名。广场两侧分别通往东、西烈士墓区，墓区共有烈士墓15座，安葬38位烈士。广场正中的烈士纪念碑高15米。2005年至2007年又兴建了纪念碑浮雕，生动再现渡江战役、中秋暴动、抗日战争等历史事件。

东至县烈士陵园于2007年4月被安徽省委办公厅、省人民政府办公厅公布为安徽省爱国主义教育基地。

太湖县烈士陵园

太湖县烈士陵园位于安徽省安庆市太湖县晋熙镇芭蕉村藕塘组。

太湖县烈士陵园于1959年兴建，1962年落成。依山势构筑，坐西北朝东南，占地面积193.5亩。环形门额上有“烈士陵园”4个大字，由李先念题写。陵园内的纪念堂、纪念塔、烈士墓依次建在三座小山之上，由石级、水桥连为一体。

纪念堂建在第一座小山上，为瓦顶单檐歇山式，四角攒尖上翘，堂周有廊，由38根支柱环抱，呈“回”字形。内有陈列橱，存放着革命烈士遗像和遗物。

纪念塔在第二座小山上。纪念堂与纪念塔之间，架有一座高8米、宽2米的三孔石

◆太湖县烈士陵园

拱无水旱桥。上 51 级石阶，即为纪念塔。塔高 13 米，为水泥砖砌筑，方形，正面嵌有“革命烈士纪念塔”7 个行书大字。塔基为浆砌块石结构，有廊，廊围有石柱栏杆。

烈士墓为浆砌块石结构，顶为圆形。墓碑高 2.4 米，宽 1.4 米，碑上镌刻“烈士之墓”4 个楷体大字。碑前拜台高 0.5 米，上安水泥浇铸的“奠”字花圈。墓圹为半月形石墙，墙垛上左书“革命烈士”，右书“永垂不朽”，字为水泥浇铸而成，饰有红漆。烈士个体墓冢，建在第三个山丘南侧。

太湖县烈士陵园于 2007 年 4 月被安徽省委办公厅、省人民政府办公厅公布为安徽省爱国主义教育基地。

望江渡江烈士陵园

望江渡江烈士陵园位于安徽省安庆市望江县华阳镇新西社区香茗山路 199 号。

1949 年 4 月的渡江战役，望江作为主战场之一，为二野四兵团 13 军、14 军、15 军，五兵团 16 军起渡点。战后，望江人民先后寻获到 200 余具先烈遗体（其中有名烈士 82 位，无名烈士 128 位），将他们安葬于县城南郊土丘之上。1959 年，在县城南门街兴建了望江县渡江烈士陵园。

◆望江渡江烈士陵园

由于渡江烈士陵园地势低洼，常受内涝之患，1986 年 4 月，望江县政府在县城西北郊徐朱山征地 22 亩，定为陵园新址。1996 年 4 月 21 日，第一期工程竣工。主建筑有烈士纪念碑、渡江战役展示厅、围墙、门楼和办公大楼。1997 年 1 月，时任国防部部长秦基伟为望江县渡江烈士陵园纪念碑题词两幅（“渡江战役纪念碑”、“渡江烈士纪念碑”）。2000 年 4 月 21 日，新陵园第二期工程（骨灰陈列室、纪念碑维修）竣工并举行开园揭碑仪式。

望江渡江烈士陵园于 2007 年 4 月被安徽省委办公厅、省人民政府办公厅公布为安徽省爱国主义教育基地。

皖南事变烈士陵园

◆皖南事变烈士陵园

皖南事变烈士陵园位于安徽省宣城市泾县泾川镇水西东路 24 号。

1940 年 10 月 19 日，中共中央在揭露蒋介石破坏国共团结的阴谋的同时，为顾全大局，决定将皖南的新四军撤到长江以北。1941 年 1 月 7 日，叶挺、项英率领新四军军部及所属皖南部队主力途经泾县茂林地区时，突遭国民党部署的 7 个师 8 万余人的包围袭击。新四军各纵队被迫自卫，经七昼夜浴血奋战，终因众寡悬殊，弹尽粮绝，除 2000 余人突出重围外，3000 多名指战员壮烈牺牲，其余被俘。军长叶挺与对方谈判被扣，政治部主任袁国平牺牲，副军长项英、参谋长周子昆被叛徒杀害。蒋介石随即宣布取消新四军番号，并下令向新四军其他部队进攻。这个严重事件史称“皖南事变”。

◆皖南事变烈士陵园内的烈士纪念塔

1976 年，为纪念皖南事变中殉难的烈士，安徽省和泾县两级政府决定在泾县水西山麓桃花台上修建革命烈士纪念塔，1980 年竣工。1990 年，为纪念皖南事变新四军将士殉难 50 周年，中共安徽省委、省人民政府决定在革命烈士纪念塔处兴建皖南事变烈士陵园。1991 年 1 月建成并正式对外开放。

皖南事变烈士陵园由纪念碑、主题广场、主碑纪念广场和无名英雄烈士墓 4 个纪念性空间序列，配以皖南事变陈列馆组合而成。整座陵园以邓小平题写的“皖南事变死

◆皖南事变陈列馆

难烈士永垂不朽”纪念主碑为中心，结合山形地势，将各纪念建筑组成一个完整有序、庄严肃穆的有机整体。皖南事变烈士陵园及纪念碑，采用了象征和隐喻的手法，来铭记皖南事变这一千古奇冤的悲壮事件。陵园西侧为皖南事变陈列馆，室内有江泽民和李鹏为纪念皖南事变 50 周年的题词：“青山埋忠骨，精神育后人”、“发扬革命英雄主义，皖南事变殉难烈士浩气长存”。

皖南事变烈士陵园于 1995 年 1 月被安徽省委办公厅、省人民政府办公厅公布为安徽省爱国主义教育基地，2001 年 6 月被中央宣传部公布为全国爱国主义教育示范基地；1990 年 6 月被民政部公布为全国重点烈士纪念建筑物保护单位。

王稼祥故居纪念馆

王稼祥故居纪念馆位于安徽省宣城市泾县桃花潭镇厚岸街道柳溪河畔。

王稼祥（1906—1974）汉族，安徽泾县人，原名王嘉祥，又名王稼蔷，1925 年 9 月加入中国共产主义青年团，1928 年转为中国共产党党员。

1925 年冬入苏联莫斯科中山大学学习。1928 年入莫斯科红色教授学院学习。1930 年回国后任中共中央宣传部干事，中共中央党报委员会秘书和《红旗日报》、《实话》编委会成员、主编。1931 年起任中共苏区中央局委员、常委，苏区中央局政治保卫处处长。1931 年 10 月至 11 月任中华苏维埃中央革命军事委员会主席团副主席。1931 年 11 月当选为中华苏维埃共和国第一届中央执委会委员、中央执委会人民委员会外交人民委员，任中华苏维埃

◆王稼祥故居纪念馆

共和国临时中央政府外交部部长，中华苏维埃共和国中央革命军事委员会委员，中国工农红军总政治部主任。1932 年 6 月起任红一方面军政治部主任。1933 年 11 月起任中华苏维埃共和国中央革命军事委员会副主席。1934 年 1 月在中共六届五次全会上当选为中共中央政治局委员。1934 年 2 月当选为中华苏维埃共和国第二届中央执委会委员、中央执委会人民委员会外交人民委员，任中华苏维埃共和国中央政府外交部部长。参加长征。遵义会议后同毛泽东、周恩来组成中央三人军事指挥小组。1935 年 12 月至 1937 年 7 月任中华苏维埃人民共和国中央革命军事委员会委员，期间：1936 年 12 月前任委员会副主席。抗日战争时期，1937 年 11 月至 1938 年 7 月任中共驻共产国际代表团负责人。1938 年 8 月至 1945 年 8 月任中央军委总政治部主任兼代八路军总政治部主任。1938 年 11 月至 1945 年 8 月任中共中央军委委员、副主席。1938 年 11 月起任华中工作委员会兼华北工作委员会主任，八路军军政学院院长。1941 年起任中央学习组副组长。1944 年因病休养。1947 年 9 月起任中共中央东北局委员、解放区城市工作部部长、宣传部代部长。中华人民共和国成立后，任中国驻苏联大使。1949 年 10 月至 1959 年 9 月任外交部副部长、党组委员（1956 年起）。1951 年 1 月至 1966 年 3 月任中共中央对外联络部部长。1953 年 4 月至 1958 年 3 月任中央国际活动指导委员会主任委员。1954 年 12 月当选为政协第二届全国委员会常务委员。1956 年 9 月在中共八届一中全会上当选为中共中央书记处书记。1959 年 4 月、1965 年 1 月相继当选为政协第三、四届全国委员会常务委员。“文化大革命”中受迫害。1974 年 1 月 25 日在北京逝世。“文化大革命”后得到平反。

2006 年 8 月 15 日，是王稼祥诞辰 100 周年纪念日，为深刻缅怀王稼祥为中国革命和社会主义建设事业作出的光辉业绩，安徽省委、省政府在王稼祥故居前新建一幢徽派建筑风格的王稼祥故居纪念馆。纪念馆内有王稼祥生平陈列，通过声、光、电以及图片、绘画、书法、实物、雕塑、蜡像、场景、模型、多媒体触摸屏、影像设备等多种形式，展现了王稼祥的生平和主要事迹。

◆王稼祥汉白玉雕像

王稼祥故居纪念馆于 2007 年 4 月被安徽省委办公厅、省人民政府办公厅公布为安徽省爱国主义教育基地。

皖江烈士陵园暨新四军第七师师部旧址纪念馆

◆皖江革命根据地烈士纪念塔

皖江烈士陵园暨新四军第七师师部旧址纪念馆位于安徽省巢湖市无为县红庙镇海云行政村。

皖江烈士陵园是为纪念新四军第七师在皖江地区为国捐躯的革命烈士而兴建的，内有纪念碑、烈士墓、忠魂亭等纪念设施。皖江革命根据地烈士纪念塔坐落在陵园所在地团山顶端，1958 年经安徽省人民政府批准兴建。8 根水泥柱与塔身衔接一体，塔身正面镌刻老同志张恺帆的题词："皖江革命根据地死难烈士永垂不朽！"塔前 3 米宽、45 级石阶逐级延伸至蒋海云等 7 位烈士墓（包括 2006 年 4 月 4 日迁移入园的原七师参谋长李志高的陵墓）。

新四军第七师师部旧址纪念馆也位于无为县红庙镇海云行政村。

1995 年 10 月，新四军第七师师部旧址纪念馆建成，砖混结构，建筑占地面积 998 平方米，共有 3 个展厅，2 个会议室以及附属设施。原浙江省委副书记、省人大主任、新四军老战士李丰平为该馆题写馆名。该馆正厅陈列着毛泽东在 1941 年 2 月 1 日为中央军委、中央书记处起草的电文："……去年 10 月你们复电谓巢湖、瓦埠湖间不过百里，通过甚难，但现时我在无为、桐城已有根据地，虽只一、二县，其战略意义却胜过敌后大块根据地，应极端重视之……"这一电文印证了无为县在抗日战争中的历史地位。东厅和西厅展出新四军七师发展、壮大的历史。史料翔实、图文并茂，并辅之实物加以佐证。

皖江烈士陵园暨新四军第七师师部旧址纪念馆于 2007 年 4 月被安徽省委办公厅、省人民政府办公厅公布为安徽省爱国主义教育基地。

◆新四军第七师师部旧址纪念馆

阜阳“四·九”暴动旧址纪念馆

阜阳“四·九”暴动旧址纪念馆位于安徽省阜阳市颍泉区行流镇王官集村。

◆阜阳“四·九”起义纪念碑

1928年，中共皖北特委为贯彻党的八七会议决议，以驻阜阳的国民党高桂滋部第19军教导团、杨虎城部第10军军校和阜阳农民赤卫队为主力，于4月9日在阜阳发动起义。后因雨阻，阜阳城久攻不下，起义军分兵转移，一路由皖北特委书记魏野畴率领西行；一路由杜聿德等率领到行流集与农民赤卫队会合，在王官集大寺庙成立皖北苏维埃政府，建立皖北工农红军。由于敌我力量悬殊，起义失败。魏野畴、杜聿德、乔锦卿等大批党的优秀儿女在起义中英勇牺牲。这次暴动虽然失败了，但它点燃了皖北革命的烈火，建立了安徽省第一个苏维埃政权，在黄淮平原上第一次建立了工农红军。

纪念馆原为明代大寺庙，辛亥革命后改为学堂。1959年中共阜阳县委在旧址处建立“四·九”起义纪念馆。纪念馆由纪念碑、陈列室、小型广场、绿化景点及月牙池、干沟组成，占地面积约15亩。纪念碑矗立在4层36级台阶上，高12米，占地面积50平方米，玻璃瓦冠顶，碑身为白色大理石，碑座为黑色大理石镶嵌，碑名由陈云谯题写。陈列室为砖瓦结构平房，共10间，面积218平方米，展带140米，反映中共阜阳地方党组织的建立和发展、阜阳近代史、“四·九”起义以及今日阜阳发展成就，还陈列了“四·九”起义用过的武器及烈士遗物。

阜阳“四·九”暴动旧址纪念馆于1962年6月被安徽省人民委员会公布为安徽省文物保护单位；1995年1月、2007年4月两次被安徽省委办公厅、省人民政府办公厅公布为安徽省爱国主义教育基地。

中共皖南特委旧址纪念馆

中共皖南特委旧址纪念馆位于安徽省黄山市屯溪区老街69号。

1933年冬，中共闽浙赣省委为粉碎国民党的第五次“围剿”，巩固和扩大革命根据

◆中共皖南特委旧址纪念馆内景

地，派中共闽浙赣省委执委、省总工会秘书长李杰三到屯溪秘密建立中共皖南特区委员会（简称皖南特委），机关设在屯溪中山正街（现老街69号）“合记春号”药店内，李杰三以店老板的身份开展工作。

为了加强对白区工作的领导，1934 年初中共闽浙赣省委在葛源举办白区工作训练班。训练班结束后，省苏维埃政府工农检查部部长张金载、化婺德县委组织部部长刘毓标、铅山县河南特委书记陈直斋和船员工会干部黄天贵被分配来屯溪。方志敏对皖南新区的开辟非常重视，亲自找刘毓标和陈直斋谈话，布置工作。张金载等到达屯溪后，被任命为皖南特委委员，分别派往歙县、休宁等地开展革命活动。

中共皖南特委先后在皖南的 16 个县恢复和新建中共党组织。为加强与中央的联系，还在上海设立联络站。并根据闽浙赣省委的指令，代管浙西工作委员会，在皖南及浙西地区开展革命斗争，先后领导了际村暴动、柯村暴动、金竹暴动、杜家村暴动、郑家村暴动等多起农民暴动。柯村暴动后，还建立了皖南第一个苏维埃政府。

1934 年底，北上抗日先遣队到柯村休整。方志敏指示要把苏区转为游击区，决定留下一支侦察营，与皖南红军游击队合编组成皖南红军独立团，并对皖南特委进行改组，19 师政委聂洪钧担任中共皖南特委书记，李杰三任副书记。1935 年春，皖南特委机关从屯溪迁往游击区。

1987 年 10 月 1 日，中共皖南特委旧址纪念馆建成并对外开放。纪念馆占地面积 178 平方米，是具有宋代风格的砖木二层建筑。纪念馆陈列百余件图片和革命文物，真实反映了 1933 年冬至 1935 年秋皖南土地革命时期党的建设及其取得的业绩，再现了屯溪及皖南人民在皖南特委领导下，前仆后继，英勇斗争的历程和革命志士坚贞不渝的斗争风貌。为了适应时代要求，更好地发挥爱国主义教育基地的作用，2009 年，屯溪区重新梳理现存的历史资料，并到柯村皖南苏维埃政府旧址、岩寺新四军军部旧址等处征集资料。在充分掌握史料的基础上对展板重新进行排版，新增加了屯溪早期的革命活动，如屯溪的第一个党支部，小练事件，增加了皖南特委活动的照片等。

中共皖南特委旧址纪念馆于 2007 年 4 月被安徽省委办公厅、省人民政府办公厅公布为安徽省爱国主义教育基地。

新四军江北指挥部纪念馆

新四军江北指挥部纪念馆位于安徽省巢湖市庐江县汤池镇。

◆新四军江北指挥部纪念馆

新四军江北指挥部组建于1939年5月，1941年2月，在中原局和刘少奇的领导下，新四军江北指挥部统一指挥江北部队开展华中抗日战争和华中抗日根据地建设。江北部队在战斗中发展壮大，由初建时的7000余人发展到2万人，进行大小战斗200多次，歼灭日伪军9000余人，取得了反“扫荡”反磨擦斗争的胜利，创建和巩固了皖东抗日根据地，对于华中抗战，实现发展华中的战略决策，作出了极其重大的贡献。

1994年，庐江县修建了新四军江北指挥部纪念馆。纪念馆共有各类建筑22间，展览有当年指挥部使用的桌椅等物品以及各类军事物资。纪念馆陈展内容主要包括“日军侵华暴行”、“抗战中坚新四军”、“四支队东进抗日”、“江北游击纵队坚持皖中”、“新四军江北指挥部”、“第5、6支队在皖东”、“皖南事变”、“2师的诞生”等，以丰富的史料和图片等生动地反映了新四军江北指挥部的历史，热情讴歌了江北指挥部将士不畏艰难困苦、不怕流血牺牲的革命精神。

新四军江北指挥部纪念馆于2007年4月被安徽省委办公厅、省人民政府办公厅公布为安徽省爱国主义教育基地。

岩寺新四军军部纪念馆

岩寺新四军军部纪念馆位于安徽省黄山市徽州区岩寺镇荫山巷金家大院。

1937年10月，国共双方达成协议，将在南方8省的红军游击队改编为国民革命军新编第四军（简称新四军），叶挺任军长，项英任副军长，张云逸任参谋长，袁国平任政治部主任，邓子恢任政治部副主任，周子昆任副参谋长。新四军军部于1937年12月25日在湖北汉口组建，次年1月6日在江西南昌正式成立。1938年2月，新四军军部命令各部迅速赶往岩寺集合。3月，由湘鄂赣边、皖浙赣边游击队组编的1支队最先到达，驻扎在

◆岩寺新四军军部旧址（金家大院）

岩寺附近的潜口；随后，由闽北、闽东游击队组编的3支队到达岩寺；4月18日，由赣粤边、闽西、闽赣边游击队组编的2支队到达岩寺附近的琶塘、琶村；新四军军部机关、特务营及战地服务团于4月5日到达岩寺，军部设于岩寺后街的金家大宅。由此，新四军在岩寺集中整编成军。刚成立的新四军下辖4个支队、1个特务营，共1.03万余人。到达岩寺整编的3个支队、军部机关和特务营共约7300人。

新四军在岩寺集合，主要是为东进抗日作短期培训，任务则是进一步整编、点验、充实武器弹药、加强军政训练和开展民运工作。4月28日，新四军组建抗日先遣队从潜口出发，揭开了东进抗日的序幕。5月中上旬，新四军1、2、3支队陆续离开岩寺地区。根据党中央的指示，军部于5月5日撤离岩寺向太平、泾县出发。新四军在岩寺集中整编前后不过3个月，但在新四军建军史上却具有重要的意义，标志着新四军从一支分散的游击力量向正规化的抗日革命武装力量的历史性转变的完成。

岩寺新四军军部纪念馆于1981年9月被安徽省人民政府公布为安徽省文物保护单位；2007年4月被安徽省委办公厅、省人民政府办公厅公布为安徽省爱国主义教育基地。

新四军军部旧址纪念馆

◆新四军军部旧址纪念馆展馆内景

新四军军部旧址纪念馆位于安徽省宣城市泾县云岭镇罗里村。

1937年七七事变后，南方8省14个地区红军游击队改编为国民革命军陆军新编第四军（简称新四军）。同年12月25日，新四军军部在武汉组建，并于1938年8月2日进驻云岭，直至1941年1月皖南事变发生。新四军军部在云岭的近三年时间，是新四军向华中敌后发展的关键时期。在叶挺、项英领导下，新四军将士活跃在大江南北，英勇抗敌，创建了众多抗日根据地。新四军军部驻扎在云岭时期，军部各机构十分健全，因此留下了不少机构遗址。各遗址分布在云岭镇东西约15公里范围的13个自然村里。

1963年7月，在罗里村“种墨园”内建新四军军部旧址纪念馆，陈毅为纪念馆题写馆名。馆内现存各种珍贵图片、文物、资料4000余件。现纪念馆保护的旧址点包括：中共中央东南局、军部司令部、军部大会堂、政治部、修械所、教导队、战地服务团、叶挺桥、烈士墓等10处，并新增了《云岭碑园》、叶挺铜像广场、辅助陈列、专题展览等设施。

中共中央东南局旧址

◆中共中央东南局旧址内景

中共中央东南局原为中共中央东南分局，它是抗日战争时期中共中央设在东南地区的派出机关，受中共中央和中共中央长江局双重领导，1937年12月14日，东南分局在南昌成立。1938年11月，中共中央撤销中共中央长江局，设立中共中央中原局。中共中央东南分局改为中共中央东南局，直属中共中央领导。1939年3月，中共中央东南分局正式称为中共中央东南局，为工作方便对外称民运部，机关也由南昌迁往安徽泾县云岭丁家山村。项英任东南局书记，副书记曾山。除项英住司令部“大夫第”外，东南局其他领导人员曾山、温仰春、邓六金、黄祖炎、陈丕显、章蕴等人常住在东南局机关和丁家山村附近农家里。

中共中央东南局下属主要机构有中共浙江省委、中共福建省委、中共苏皖特委、中共苏南特委、中共苏北特委、中共苏中区委、中共皖南特委、中共江西省委。中共中央东南局主要工作是组织、恢复和发展东南地区党组织机构，广泛动员民众援战、抗战，扩大抗日根据地，建立健全民众抗日组织，最大限度地支援新四军抗战斗争。1941年1月，皖南事变爆发后，中共中央东南局工作被迫停止。3月20日，中共中央撤销东南局，东南地区党的秘密工作由中共中央中原局领导。

新四军军部司令部参谋处旧址

新四军军部司令部参谋处旧址原系云岭“种墨园”。“种墨园”原是地主陈冠群的宅院，建于清道光、光绪年间，距今已有近200年，这座宅院是由三进47个房间和一座小花园组成，整体呈船形，总面积1638平方米，具有典型的江南民居特色。

◆新四军军部司令部参谋处旧址外景

1938年8月2日，新四军军部进驻云岭，叶挺军长即迁此居住、办公。副参谋长周子昆、作战科长李志高也在此居住、办公，直至1941年1月4日新四军奉命北移才离开此地。

周恩来1939年春来云岭新四军军部视察工作时，曾下榻在叶挺军长的办公室。国际友人史沫特莱、作曲家任光夫妇都曾在此居住、办公。司令部参谋处于1939年下半年也从“大夫第”迁至此屋厅堂办公。

新四军军部司令部秘书处旧址

新四军军部司令部秘书处旧址原系云岭大夫第。大夫第为云岭罗里村地主陈福骥的庄园，建于清光绪年间，由正屋、边屋、门厅等组成，建筑占地面积886.77平方米，楼上楼下共64间房屋，另有院落及门楼，房屋总面积达1280.31平方米。

◆新四军军部司令部秘书处旧址内门

1938年8月2日，新四军军部进驻云岭，项英副军长即在此屋左侧楼房居住、办公，张云逸、罗炳辉等将领也曾在此住过。参谋处曾设在此屋厅堂，并在此召开过参谋工作会议，1939年下半年参谋处迁至“种墨园”，秘书处遂搬此办公。军部秘书长兼秘书处负责人李一氓亦迁此屋左侧厢房居住。

新四军军部大会堂旧址

新四军军部大会堂旧址原系云岭陈氏宗祠，建于清康熙七年（1671年），咸丰十年（1860年）曾毁过一次，道光、光绪年间屡次重修，是泾县最大的两大祠堂之一。新四军军部进驻云岭后，这里即作为新四军军部大会堂，是军部召开各种大型会议、开展文艺娱乐活动、举行军民联欢和举办战利品陈列展览的主要场所。1939 年春周恩来到云岭新四军军部视察时，在这里先后作《新阶段的新关键》、《目前形势和新四军任务》等重要报告。

◆新四军军部政治部旧址

新四军军部政治部旧址

新四军军部政治部旧址位于现在云岭镇汤村，是一座三间两厢前后两进的清末民初时期建筑。新四军军部进驻云岭后，新四军军部政治部设于此。政治部主任袁国平、副主任邓子恢、秘书长黄诚在此居住、办公。

新四军军部修械所旧址

◆新四军军部修械所修理车间

新四军军部修械所旧址原系云岭陈氏关帝殿，建于明万历年间，由关帝殿及其左侧毗邻的观音堂组成，占地面积 858.36 平方米，建筑面积 537.64 平方米。明代崇祯年间及清代屡有修葺。新四军军部修械所是新四军小河口兵工厂的分支机构，负责修理皖南新四军的枪支子弹，1939 年春至 1940 年底设此。吴运铎也曾在此工作过。大殿的墙壁至今仍保留着当年新四军标语多处。

新四军教导总队部旧址

新四军教导总队前身是新四军教导营，于 1938 年 1 月在江西南昌成立，主要是培养抗日军政干部，成立之初学员有 300 余人，1938 年 8 月随新四军军部迁至云岭。随着敌后抗战形势的迅速发展、抗战武装力量的不断壮大，急需造就大批军政骨干，支援抗日民主根据地的建设。1938 年 9 月，经中共中央、中共中央军事委员会批准，以教导营为基础建新四军教导总队。新四军教导总队下辖 13 个大队，总队部设在当时的中村董氏陈七斤住宅。这是一座建于清光绪年间，由门房、正屋、边屋及院落组成的建筑。教导总队长周子昆、副总队长兼教育长冯达飞在此居住、办公。

◆新四军教导总队部旧址外景

新四军战地服务团俱乐部旧址

新四军战地服务团于 1938 年 1 月在江西南昌成立，是在新四军政治部领导下进行抗日文艺宣传，组织群众、发动群众开展抗战援战活动的组织，团长为朱克靖，成立之初共 100 余人。在岩寺集中整编时，新四军战地服务团编组为宣传队、演出队、民运队 3 个大队。1938 年 8 月随新四军军部迁至云岭，到 1938 年底扩大为 400 余人。

新四军战地服务团驻云岭近两年时间，在戏剧、文学、舞蹈、美术等方面创作了大量优秀作品，受到广大群众和新四军指战员们的喜爱，激发了群众的抗日热情，提高了部队士气。

◆新四军战地服务团的街头墙报

新四军战地服务团驻云岭镇新村期间，建立了新四军战地服务团俱乐部。服务团俱乐部是团员们排戏、开会、学习的场所，他们自筹的图书室也设在这里。

1939 年春，新四军政治部在这里召开全军“二七”政工会议，恰逢中共中央军事委员会副主席、中共中央南方局书记周恩来到云岭新四军军部视察，他亲自到会作重要报告，并在新四军战地服务团俱乐部大门口与军部领导人合影。

新四军战地服务团俱乐部旧址，建于清道光年间，系敞厅建筑，前后二进，坐西北朝东南，面积为533.17平方米。

叶挺桥

叶挺桥位于宣城市泾县云岭镇罗里村。

◆重建的叶挺桥

新四军军部进驻云岭后，1939年4月，由叶挺军长提议，并亲自设计，新四军军部副官处负责建造了一座长8米，宽2米的木质结构桥，叶挺军长在桥栏栅上亲笔书写“军民合作，抗战到底”八个大字。当地群众赞颂新四军是人民的子弟兵，称这座桥为“军民桥”。皖南事变后，桥被破坏，解放后，复建成水泥桥，云岭人民出于对叶挺军长无限敬爱，把这座桥改称为“叶挺桥”、“希夷桥”。

新四军抗日殉国烈士墓

新四军抗日殉国烈士墓位于宣城市泾县云岭镇南堡村黄龙岗。

1938年8月至1941年1月，新四军军部驻住云岭期间，在前线牺牲的新四军将士遗体被抬回来后，大部分安葬在黄龙岗上。1939年7月，日军飞机轰炸云岭村，新四军女战士冯玲被炸牺牲，新四军在此修建了“抗日烈士冯玲之墓”。烈士墓坐东朝西，南侧为“抗日战争烈士墓”，葬有蔡启等131位新四军指战员的遗骨。

◆新四军抗日殉国烈士墓

皖南事变后，国民党反动派对云岭人民进行血腥清洗和严格控制，新四军抗日牺牲的烈士坟茔已不能公开祭扫。农民抗敌协会会员自发组成孤坟会。解放后，孤坟会改为纪念会。1952 年 5 月 20 日，纪念会会员在墓前立“抗日战争殉国烈士碑”，铭记先烈的勋劳和业绩。1964 年，新四军军部旧址纪念馆接管后，对已毁的冯玲之墓进行重建。每年清明，孤坟会会员以挑孤坟为名对烈士坟茔进行护理，并以化纸钱、鸣鞭炮形式寄托对烈士的哀思。

新四军军部旧址于 1961 年 3 月被国务院公布为全国重点文物保护单位。新四军军部旧址纪念馆于 1995 年 6 月、2007 年 4 月分别被安徽省委办公厅、省人民政府办公厅公布为安徽省爱国主义教育基地，2001 年 6 月被中央宣传部公布为全国爱国主义教育示范基地。

新四军第四师纪念馆

新四军第四师纪念馆位于安徽省亳州市涡阳县北部新兴集。

◆新四军第四师纪念馆

新四军第四师是一支驰骋于华中敌后的抗日劲旅，其前身先后为新四军游击支队、新四军第 6 支队、八路军第 4 纵队。1938 年 9 月 30 日，彭雪枫遵照中央指示率新四军游击支队 373 人从河南省确山县竹沟出发东进抗日，短短数月，即初步打开豫东皖北抗战局面。1939 年 9 月 6 日彭雪枫率支队主力从淮上地区回师新兴集。这时全支队连同地方武装达 12000 余人。

1939 年 11 月 6 日，刘少奇率中原局机关和大批干部到达新兴集，在此停留 20 余日，传达党中央、毛泽东重要指示，检查指导边区和支队工作。这时支队番号改称为新四军第 6 支队。从此，边区和支队进入全面大发展时期。至 1940 年 6 月，6 支队就已发展成为拥有 3 个主力团和 4 个总队（均辖 2 个团）近 2 万人的强大的游击兵团。

1940 年 6 月底，新四军第 6 支队与黄克诚所率八路军部队在新兴集会师并奉命合编为八路军第 4 纵队。7 月 27 日，黄克诚奉命率部东进津浦路东，组建八路军第 5 纵队，执行“向东发展”的任务。第 4 纵队进行重新整编，执行“向西防御”的任务。

1941 年 1 月皖南事变后，八路军第 4 纵队改编为新四军第四师。从 2 月开始，7 倍于我之国民党顽军向四师部队大举进攻，四师被迫进行了3个月的艰苦斗争。5月，新四军第四师奉命转移津浦路东。

1944年8月，彭雪枫奉命率四师主力进军津浦路西，恢复建立了路西地区抗日民主政权，但彭雪枫不幸牺牲。经过6年的艰苦奋斗，四师部队创建了包括30余县、面积2万多平方公里的淮北根据地，成为全国19个著名的抗日民主根据地之一。这块根据地对夺取抗日战争以及解放战争的胜利均起到了极其重要的战略作用。新兴集作为新四军第四师司令部机关驻地，作为豫皖苏边区抗日根据地的中心，曾被称为豫皖苏边区的“小延安”。

◆彭雪枫骑马铜像

1975年，为纪念1940年6月1日6支队在新兴集对日作战中牺牲的革命烈士，涡阳县民政部门在纪念馆东面征地8亩，建立陵园，竖立烈士纪念碑。

1992年后，对原四师司令部、刘少奇旧居、彭雪枫旧居、拂晓报社等进行重新修建，重塑高3.5米、宽4米的彭雪枫将军骑马铜像，在原拂晓报社7间大厅内布置有170余幅历史图片的大型图片展，同时还展出了人民军队使用过的枪支、长矛、大刀、马灯、水壶、文件、钱币等历史文物。原“彭雪枫德政碑”也迁至纪念馆院内。新建了院墙、大门楼，铺设了水泥路，进行了绿化。

新四军第四师纪念馆于2007年4月被安徽省委办公厅、省人民政府办公厅公布为安徽省爱国主义教育基地。

渡江战役总前委驻地旧址纪念馆

渡江战役总前委驻地旧址纪念馆位于安徽省合肥市肥东县撮镇瑶岗村。

辽沈、淮海、平津战役结束后，中国人民解放军在军事上已占压倒优势，中共中央决定实施渡江作战。1949年2月11日，中共中央决定，由淮海战役期间成立的总前委统一领导指挥渡江战役。1949年4月初，总前委机关和华东局、华东军区机关离开蚌埠孙家圩子，移驻肥东县瑶岗村。总前委由刘伯承、陈毅、邓小平、粟裕、谭震林5人组成，邓小平既是总前委书记又是华东局第一书记，邓小平、刘伯承、陈毅为总前委常委，粟裕、谭震林为总前委委员。总前委下属机关有参谋处、机要处、秘书处等。参谋处处长王德，机要处处长肖光，秘书处处长陈麒章，支前司令部第一前方办事处主任张

◆渡江战役总前委驻地旧址纪念馆

劲夫，警卫营营长刘志平，总前委机关政治指导员郑毅践。华东局第二书记饶漱石，第三书记陈毅，副书记康生，常委张鼎丞、曾山、舒同，秘书长魏文伯。

1949年4月20日，总前委发布渡江命令。4月23日，南京解放。4月27日，邓小平、陈毅率总前委机关离开瑶岗去南京。总前委在瑶岗指挥渡江战役全局，圆满完成了中共中央、中央军委赋予的指挥渡江战役的重任，肥东瑶岗村因而成为渡江战役的军事指挥中心和华东地区政治决策中心。

为纪念伟大的渡江战役，缅怀、学习邓小平、刘伯承、陈毅等老一辈无产阶级革命家的丰功伟绩，1985年7月，中共肥东县委、县人民政府决定在瑶岗村建立渡江战役总前委旧址纪念馆。

渡江战役总前委旧址纪念馆现有实物、图片（表）700余件，将帅题词、书画作品108幅，党政领导题词36幅，复印文件和资料100余件。纪念馆包括总前委旧址、中共中央华东局旧址、总前委参谋处旧址、机要处旧址、秘书处旧址和《渡江颂》书画展厅等。另有后勤处、警卫营、总前委医院、防空洞、墩塘等多处遗址。

渡江战役总前委旧址

◆渡江战役总前委旧址

渡江战役总前委旧址原是清末五品顶戴中书科中书衔太学生王景贤的宅第，三进四厢两座四合院。一进正屋东房为陈毅卧室，西边一间是时任华东局常委、宣传部长、军区政治部主任舒同的卧室，最西边一间是刘伯承的卧室，两侧厢房是警卫人员的居室。二进正厅是总前委会议室。正面屏风上悬挂毛泽东、朱德的画像。总前委书记邓小平的卧室在二进的东间，室内按原状陈列着架子床和一套西式办公桌，还有邓小平当年用过的一盏煤油灯。这盏灯是邓小平离开瑶岗时送给房东的。

总前委机要处旧址

总前委机要处旧址位于总前委旧址西边，是个三进四厢复式四合院，原是王景贤二弟的宅第，总前委进驻瑶岗后，是机要处处长肖光和工作人员生活、工作的场所。

◆渡江战役总前委机要处旧址

◆渡江战役总前委秘书处旧址

总前委秘书处旧址

总前委秘书处旧址原是王景贤二弟的住宅，总前委进驻瑶岗村后，是秘书处处长陈麒章和秘书处工作人员工作、生活的场所。

华东局旧址

华东局旧址位于总前委旧址东北部，为两进两厢四合院。门上方的“中共中央华东局瑶岗村旧址”匾额由原华东局第三书记魏文伯题写。一进是时任华东局第二书记饶漱石和华东局常委、组织部部长张鼎丞与财委主任曾山的办公和住宿处。二进是会议室和工作人员办公、住宿处。

总前委参谋处旧址

总前委参谋处旧址位于华东局旧址西 200 米，是一座绿树掩映的四合院，青砖小瓦、风火高墙，原是张氏宗祠，建于清末年间。总前委进驻瑶岗后，是参谋处处长王德和工作人员工作、生活的地方。现在为纪念馆的主展厅，这里收藏并陈列着渡江战役及解放战争期间的各种枪支、枪套、斧头、报刊、肩章、

◆渡江战役总前委参谋处旧址

被褥和各种生活用品，以及曾经在这里工作过的同志所写的回忆录和渡江战役纪念馆工作人员对他们的访谈录。

“渡江颂”书画展厅

“渡江颂”匾额为中央军委原副主席张震上将题写。展厅共分 3 个部分，分别是将帅题词厅、党政干部题词厅和书画厅。

渡江战役总前委旧址纪念馆于 2007 年 4 月被安徽省委办公厅、省人民政府办公厅公布为安徽省爱国主义教育基地，2009 年 5 月被中央宣传部公布为全国爱国主义教育示范基地。

凤台县抗日民主政府纪念园

凤台县抗日民主政府纪念园位于安徽省淮南市潘集区潘集镇中陵路东侧。

◆凤台县抗日民主政府旧址

1940 年 7 月上旬，司令员彭雪枫、参谋长张震率领八路军第 4 纵队部分主力部队和大批党政干部第二次挺进淮上，在凤台、怀远、蒙城等淮河以北、津浦路以西地区，深入发动群众，开辟抗日根据地。同时，在怀远县的龙亢建立了淮上地委和淮上办事处，后改为行署。期间，豫皖苏区党委和淮上地委决定开辟凤台抗日民主根据地，改组凤台县委。

1940 年 7 月，县委在潘集小学召开了千余人的群众大会，正式宣布成立凤台办事处。凤台办事处主任张太冲，秘书马莲衣。办事处机关设在潘集，属淮上办事处领导。县办事处下设民政科、财政科、教育科、军事科、总务科。1941 年 1 月 31 日，豫皖苏区党委《关于强化边区各县政权问题的指示》发出后，凤台办事处改为凤台县抗日民主政府，县长张太冲，秘书马莲衣。

县委和县办事处建立后，根据区党委的指示，一面领导淮南地区人民进行抗日救国斗争，一面着手建立党的基层组织和基层政权。8 月至 11 月，县委先后在田集、太平集、万福集、顾桥和潘集组建了一区、二区、三区、四区和直属区。至此，淮南地区建立了以潘集为中心，东至高皇，北至万福集，西至尚塘，南至架河集，约 630 平方公里、20 万人口的凤台县抗日民主根据地。凤台县抗日民主根据地，是在淮南这片土地上第一个建立起来的革命根据地。

2002 年潘集区在民主政府原址筹建凤台县抗日民主政府纪念园，2004 年 9 月正式建成并投入使用。园内建有 6.5 米高“凤台县抗日民主政府纪念碑”主碑和各类纪念碑 12 块，革命历史陈列馆等，总面积 8000 平方米。陈列馆以图片、实物等形式展示了凤台县抗日民主政府的历史等。

◆凤台县抗日民主政府直属区旧址

凤台县抗日民主政府纪念园于 2007 年 4 月被安徽省委办公厅、省人民政府办公厅公布为安徽省爱国主义教育基地。

太和县革命烈士纪念馆

太和县革命烈士纪念馆位于安徽省阜阳市太和县城西南。

太和县革命烈士纪念馆始建于 1974 年，坐落在太和公园内，1982 年 7 月对外开放，1998 年初搬迁至现址。

纪念馆收集整理 613 名烈士的事迹资料，展出全县具有代表性的 46 名烈士的事迹，主要有：中共早期党员、军事将领欧阳泰；1928 年阜阳“四·九”起义中壮烈牺牲的中共皖北特委委员蔡甲午、胡英初、皖北工农红军总指挥昌绍先等 21 位烈士，1932 年四一九暴动中壮烈牺牲的中共太和县委军委书记胡鸣九等 15 位烈士，1940 年七一九惨案时牺牲的丁钱辉等 7 位烈士，解放战争中“华东一级英雄”马思进烈士等。

◆太和县革命烈士纪念馆

纪念馆前建有太和

县革命烈士纪念碑，纪念碑占地500平方米，碑高21.4米，底座高2米，南北两面各筑有19级台阶，象征四一九暴动和七一九惨案两大事件，碑身正面“革命烈士永垂不朽”8个大字，由安徽省人大常委会原主任王光宇题写。

太和县革命烈士纪念馆于2007年4月被安徽省委办公厅、省人民政府办公厅公布为安徽省爱国主义教育基地。

◆太和县革命烈士纪念碑

王稼祥纪念园

王稼祥纪念园位于安徽省芜湖市中山北路。

◆王稼祥纪念园广场

为了纪念王稼祥（1906—1974，安徽泾县人），1986年，在芜湖市中山北路153号建成王稼祥纪念园。时值王稼祥诞辰80周年，胡耀邦为纪念王稼祥题字，时任国家副主席王震为王稼祥半身铜像揭幕。2006年，时逢王稼祥诞辰百年之际，中共芜湖市委、市政府决定对王稼祥纪念园实施改扩建工程。江泽民为王稼祥纪念园题写了园名。扩建后的王稼祥纪念园占地面积1.24公顷，建筑面积1500平方米，由生平陈列馆、综合馆、藏馆等组成。纪念广场面积2000平方米，由铜像、浮雕墙组成。“王稼祥生平陈列馆”设有6个展厅，采用了声、光、电等现代高科技手段分别展示了王稼祥在中国革命的各个历史时期重大贡献和丰功伟绩。

◆王稼祥半身塑像

王稼祥纪念园内收集并陈列了王稼祥珍贵遗物110余件、重要信件文章130件、图片200余幅，珍藏了王稼祥生前藏书共1200余册、生前一些用品和苏联领导人伏洛希洛夫赠给王稼祥的吉姆轿车等。

王稼祥纪念园于 2001 年 6 月被中央宣传部公布为全国爱国主义教育示范基地，2007 年 4 月被安徽省委办公厅、省人民政府办公厅公布为安徽省爱国主义教育基地。

新四军纪念林

◆新四军纪念林陈列馆

新四军纪念林位于安徽省淮南市上窑国家森林公园花果山上。

新四军纪念林是 2002 年 10 月纪念新四军成立 65 周年之际，由淮南市新四军研究会倡议，并和中共淮南市委党史研究室共同组织兴建。纪念林修建历时 8 年，由最初的 60 余亩发展为 2000 余亩。纪念林以林为体，以碑为魂。林碑结合，彰显着新四军的丰功伟绩永垂不朽，万古流芳。

新四军纪念林陈列馆，是纪念林的延续和发展，陈列馆以国歌为序曲，长城为背景，新四军华中抗战为主线，铜像为特色，图文并茂，形象生动地讲述新四军抗日斗争的辉煌历史。陈列馆外建有兵器广场，陈列有兵器实物。

新四军纪念林于 2007 年 4 月被安徽省委办公厅、省人民政府办公厅公布为安徽省爱国主义教育基地。

蒙城县烈士馆

◆蒙城县烈士馆

蒙城县烈士馆位于安徽省亳州市蒙城县城宝塔中路。

1966 年，为对广大群众进行爱国主义教育，蒙城县修建了革命烈士纪念馆，2007 年 3 月在原址上重新改建。纪念馆占地 3000 多平方米，建筑面积 440 平方米。馆内有烈士纪念亭 1 座。纪念馆记述了蒙城革命斗争史概况，存放 719 名烈士事迹资料（其中新中国成立前 430 人，新中国成立后289人），有烈士遗物64件（其中新中国成立前31件，新中国成立后33件），有20位烈士档案卷宗和15位烈士骨灰。展厅内还布有曹圩战斗示意图和战斗述略、解放战争时期板桥战斗示意图和简介等。

蒙城县烈士馆于2007年4月被安徽省委办公厅、省人民政府办公厅公布为安徽省爱国主义教育基地。

蚌埠市革命历史陈列馆

蚌埠市革命历史陈列馆位于安徽省蚌埠市龙子湖区龙子湖畔曹山。

◆蚌埠市革命历史陈列馆

蚌埠市革命历史陈列馆于1991年4月开始兴建，1992年8月1日正式开馆，占地面积50亩，整个建筑由纪念碑、陈列馆和广场3个部分组成。

纪念碑位于山顶，正面镌刻李先念题写的“革命烈士永垂不朽”8个镏金大字，底座为反映蚌埠民主革命时期斗争场面的浮雕，周围是大理石雕琢的栏杆。

陈列馆位于半山腰西侧，面积400多平方米，共设4个展厅，陈列展板151块，展柜30个。展厅分辛亥革命至第一次大革命时期、土地革命战争时期、抗日战争时期、解放战争时期、蚌埠革命英烈5个部分，用大量图片和实物再现了党领导蚌埠人民为民族独立和人民解放事业英勇奋斗的光辉历史画卷。展厅内除展示大量珍贵的图片资料外，还展示了战争年代党组织的文献、领导人书信等，以及中共长淮特委印刷机关报《红旗报》的油印机、中共中央机关报《响导》和《东南论衡》等6种革命报刊、中共淮上地委使用过的铁皮文件箱等革命文物。

蚌埠市革命历史陈列馆于2001年6月、2007年4月两次被安徽省委办公厅、省人民政府办公厅公布为安徽省爱国主义教育基地。

福建省重要革命遗址

中共福建省委旧址

中共福建省委旧址位于福建省泉州市德化县水口镇坂里村。

1943 年秋，国民党顽固派加紧进攻闽北地区，时在闽北的中共福建省委面临的形势日益恶化，机关活动非常困难，为了打开局面，摆脱困境，中共福建省委遵照党中央关于“荫蔽精干”的重要指示，作出了省委机关南迁坂里的战略决策。

◆中共福建省委旧址

坂里地处德化县与仙游、永泰三县交界处，山高林密，是一个比较偏僻的自然村落，这里民风淳朴，有着较好的群众基础。中共福建省委机关在打通了地下交通线、做好群众工作的基础上，1944 年 3 月，省委机关和闽中特委机关陆续由永泰青溪转移到德化坂里牛寮沟。5 月初，省委主力武装“顽强支队”30 多人，在闽江特委书记黄扆禹、省委常委左丰美、省委纵队队长叶良运率领下，经古田、渡闽江，过闽清、永泰，突破敌人重重包围，抵达坂里牛寮沟，与先期到达的省委机关干部会合，完成了省委机关南迁的重大任务。地处闽中要塞的坂里一度成为省委领导全省抗日反顽斗争的指挥中心。

省委机关在坂里期间，开展了整风运动，学习文件，进行革命气节教育。在牛寮沟湾内的大礼堂，省委书记曾镜冰组织大家学习《论共产党员的修养》和《怎样做一个共产党员》等文章。5 月初，省委召开“红五月”总结会议，省委书记曾镜冰在会上作《反对斗争中的主观主义》的报告，并集中省委和闽中特委主要领导干部进行学习讨论。6 月 10 日，省委从坂里发出了《关于整顿学风的决定》，对整风工作作了安排。省委机关在坂里学习期间，出过墙报，总结对部队的教育情况，向全省党组织发行了《顽强斗争者》刊物两期。

省委机关驻扎在坂里近四个月，人数最多时达到 100 多人。省委机关在坂里的牛寮沟搭盖起了 18 座竹棚，开设了 2 个练兵场，架设了无线电设施等，开展了一系列革命宣传教育活动。当地百姓主动为省委机关送情报、运送粮食和生活物资。在革命群众的掩护下，省委机关驻扎坂里的 100 多天时间里没有损失一兵一弹。省委机关撤离坂里之后，当地群众立即将省委机关的活动场所全部毁掉，并在原地种上蔬菜和粮食。翌年 11 月间，国民党保安团带三个分队驻扎在坂里进行“剿共”，坂里全村的道路被封锁，一些村民被迫带路搜山，还有些受盘查审问，甚至拷打，但全村的群众没有一个透露出省委机关驻扎在坂里时的情况。

为防止国民党报复，中共福建省委机关撤离坂里后，当地群众立即将省委机关开设的一些用于办公、学习以及练兵的场所毁掉，现今坂里村只留存有原省委机关和武装部队使用过的三座民房：一座是省委机关进入坂里第一个晚上的留宿处；一座是省委机关与坂里村民歃血为盟处；一座是省委机关在坂里设立的交通站。三座房屋均是民国时期土木结构建筑，现已大部分破损。

2002 年，泉州市和德化县人民政府先后拨款与筹集资金在坂里自然村中央修建中共福建省委旧址陈列馆，并于次年 6 月建成开馆。陈列馆占地面积 7000 平方米，建筑面积 500 平方米，为框架钢筋水泥回廊式建筑。陈列馆分为两部分，主馆部分展示德化民主革命时期的历史，右边附属馆展示的是解放以来德化的经济、社会发展情况。陈列馆右边空地上矗立着一块由福建省委原书记项南题词“中共福建省委旧址”的纪念碑。

中共福建省委旧址于 2003 年 6 月被福建省委、省人民政府公布为福建省爱国主义教育基地。

莆田红军二〇七团旧址

莆田红军 207 团旧址位于福建省莆田市涵江区白沙镇澳柄宫。

◆澳柄宫革命旧址

莆田红军 207 团旧址由澳柄宫（驻地）、哨卡（澳柄桥）、陈列馆（新建）组成，占地 4000 平方米。

澳柄宫是当时通往山区的必经之路。1926 年，澳柄宫作为中共领导莆田革命据点，成立了莆田县第一个党支部。1930 年 8 月，红军 207 团在澳柄宫宣告成立，以此为驻地，周围还有以澳柄支部为中心的七个老区革命基点村，共同组成革命斗争根据地。澳柄宫革命斗争在莆田革命史上被称为“四个第一”：创立了第一批乡农民协会，创建了第一批农村党支部，创办了第一期的“列宁小学”，创建了第一支工农红军207团。

◆莆田红军207团旧址陈列馆

澳柄宫位于澳东村澳柄桥北端，建于北宋，清代重建，是奉祀建澳柄桥“祖师”的宫庙。20世纪80年代重修。坐北朝南，单进合院式，土木结构，悬山顶。中轴线上依次分布前殿、天井、大殿，两侧为宫房。大殿面阔三间，进深四柱，抬梁式木构架。左宫房面阔二间，右宫房面阔三间。左山墙现仍然保存有红军标语：“活捉匪首蒋介石。”

澳柄桥是建于南宋绍兴十三年（1143年）的平梁石桥，横跨澳柄溪，南北走向，为8墩9孔石梁桥，总长49.3米，桥面长43.9米，宽2.10米，高约6米，船形墩。桥面以长短不一之条石横竖间铺而成，两侧为石栏杆，现存石望柱4对、石狮2对。石桥古朴简实，桥面近南端西侧存“宋绍兴十三年四月”刻字，历代均有维修。207团以澳柄宫为驻地，在澳柄桥头设立哨卡，与周围以中共澳柄支部为中心的7个老区革命基点村一道，共同组成革命斗争根据地。

陈列馆位于澳柄宫后侧，1999年兴建。建筑结构是上下两层，建筑面积400平方米。一层为陈列室，以图文并茂的方式生动展示了1926年莆田建立党组织至1949年解放，莆田党组织领导人民英勇斗争的革命事迹，以及新中国成立后澳柄人民在党和政府的关怀下继续发扬“红旗不倒”的革命精神为经济发展和社会进步作出的贡献。展厅里还陈列了当年红军使用的枪炮、军号、梭镖、大刀、马灯、草鞋等文物和珍贵史料。

莆田红军207团旧址于2009年11月被福建省人民政府公布为福建省文物保护单位；2001年12月被福建省委、省人民政府公布为福建省爱国主义教育基地。

闽东苏维埃政府旧址

闽东苏维埃政府旧址位于福建省宁德市福安市溪柄镇斗面村苏区街73号。

1934年2月，全闽东工农兵第一次代表大会在福安的斗面村召开，成立了闽东苏维埃政府。主席马立峰，副主席叶秀蕃，秘书长张少廉。内设土地部、财政部、粮食部、文化部、军事部、肃反部、交通部、裁判部等机构。下辖连江、福霞、安德、安福、福寿、

◆闽东苏维埃政府旧址

连罗、霞鼎、周墩、罗源、霞鼎泰、宁德等地区。闽东苏维埃政府在领导全区人民进行土地革命的斗争中发挥了巨大作用。当年的苏维埃政府就在这里办公。

闽东苏维埃政府红色政权诞生后，闽东革命如干柴遇烈火，把连罗苏区和闽东北苏区两块红色区域连成一片，下辖福霞、安德、安福、福寿、连江、霞鼎、罗源、宁德、霞鼎泰等 9 个县苏维埃政府，42 个区苏维埃政府，800 多个乡苏维埃政府。

◆闽东苏维埃政府成立纪念碑

当时，闽东苏维埃政府在斗面村的一座民房中办公。该屋建于清代晚期，坐西南向东北，三合院式土木结构建筑，面阔 3 间，进深 7 柱，穿斗式木构架，悬山顶，有后回廊、前后廊庑及抱厦。该旧址一层现作为闽东革命历史展览室。同时，中共闽东特委、红军独立团、共青团特委、闽东妇女工作团等机关的办公地点也设在村里的民房中。村头矗立着 4 座纪念碑和一个纪念亭，其中闽东苏维埃政府成立纪念碑是 1984 年 7 月由中共宁德地委、宁德地区行政公署所立。

闽东苏维埃政府旧址于 1985 年 10 月被福建省人民政府公布为福建省文物保护单位；2001 年 12 月被福建省委、省人民政府公布为福建省爱国主义教育基地。

林祥谦烈士陵园

林祥谦烈士陵园位于福建省福州市闽侯县祥谦镇枕峰村福厦公路东侧的枕峰山西麓。

林祥谦（1892—1923），闽侯县尚干镇人。1906 年进入马尾造船厂当学徒，1912 年进入汉口江岸机务大厂当钳工，1913 年转到工务修配厂当铁路工人。1921 年中国共产党诞生后，成立了领导工人运动的总机关——中国劳动组合书记部，并创办了

◆林祥谦烈士陵园

《劳动周刊》，在工人中进行马克思列宁主义宣传教育。1921 年 12 月下旬，中共武汉区委、中国劳动组合书记部武汉分部负责人陈潭秋找到林祥谦等人，希望他们团结工人，组织江岸工人俱乐部，以此作为对敌斗争的指挥部。林祥谦受到很大的启发和教育，开始走上革命道路。不久，他担任京汉铁路工人俱乐部干事，1922 年加入中国共产党，并被推选为江岸分工会委员长，领导铁路工人同帝国主义、封建军阀进行坚决的斗争。

1923 年 2 月，在中共领导的京汉铁路工人大罢工中，林祥谦于 2 月 7 日被反动军阀、湖北省督军府参谋长张厚生逮捕，捆绑在江岸车站的电线杆上。军阀逼他下令复工。在屠刀面前，林祥谦坚贞不屈，视死如归，高呼“头可断，血可流，工不可复”，英勇就义。1928 年，党组织派人帮助烈士的妻子陈桂贞带着孩子，护送林祥谦的棺木运回家乡尚干，草草掩埋在枕峰山下。全国解放后，为了纪念烈士的丰功伟绩，党和政府决定在其家乡枕峰山西麓建造陵园。1960 年开始兴建，1963 年初，陵园全面竣工，并对外开放。

林祥谦烈士陵园背山面水，坐东朝西，依山拾级而建，占地面积 1.5 万多平方米，建筑面积 5000 多平方米。由西至东依次建有陵门、塑像、纪念堂、陵墓等。陵门两侧的石墙上嵌有 4 块青石，分镌“祥谦陵园”镏金大字。进门道 10 余米处，矗立着花岗石雕砌的林祥谦烈士塑像，高达 10 米，伟岸壮观。

纪念堂为“工”字双层建设，面积 1850 平方米。纪念堂匾“二七烈士纪念堂”为郭沫若所书。内设有正厅、礼堂、展览馆、接待室和资料室。正厅中央大理石座上是林祥谦烈士全身铜像。铜像背后屏风上镌刻毛泽东手书：“共产主义是不可抗御的，星星之火，可以燎原。死难烈士万岁！”两侧墙上悬挂着邓小平、叶剑英、江泽民、李鹏巨幅金字题词。纪念堂后为展览馆，展出大量“二七”斗争历史照片、图片、烈士遗物和历史文字资料等。接待室悬挂有朱德、董必武、陈云、李先念、郭沫若、何香凝、邓子恢等题词、诗画作品以及前来瞻仰的名人墨宝。纪念堂左、右两侧辟有通往后面陵墓的墓道。陵墓为覆鼎形，后面花岗石砌筑照壁为墓碑，上镌刻着郭沫若手书“二七烈士林祥谦之墓”。

林祥谦烈士陵园于 1985 年 10 月被福建省人民政府公布为福建省文物保护单位；

1995 年 8 月被福建省委、省政府公布为福建省爱国主义教育基地，2001 年 6 月被中央宣传部公布为全国爱国主义教育示范基地；1989 年 8 月被民政部公布为全国重点烈士纪念建筑物保护单位。

闽西革命烈士陵园

闽西革命烈士陵园位于福建省龙岩市新罗区的虎岭山。

闽西是我国著名的革命老区，是第二次国内革命战争时期中央苏区的重要组成部分。全区有 2.4 万多名烈士，瞿秋白、何叔衡、王涛等著名烈士就牺牲在这块红色土地上。为了缅怀先烈的英雄业绩，进行革命传统教育，闽西人民于 1980 年兴建了闽西革命烈士陵园，占地 300 多亩。陵园南大门横墙顶部大理石横匾下方镌刻的碑文，高度概括了闽西革命斗争历史，赞扬了烈士的奉献精神。

陵园内还建有一幢具有民族风格、高大壮观的楼厅式建筑——闽西革命历史博物馆。距博物馆不远有闽西革命烈士纪念碑，建于 1956 年 10 月，碑高 25.35 米，由十多种不同规格的大理石构筑，碑身南北两面刻“闽西革命烈士纪念碑”9 个大字，碑顶饰以月亮云彩图案的浮雕，碑座四周为花岗石栏杆。陵园的其他建筑还有光荣亭、霞飞门、郭滴人烈士墓等。

◆闽西革命烈士陵园

◆闽西革命烈士纪念碑

闽西革命烈士陵园于 2001 年 12 月被福建省委、省人民政府公布为福建省爱国主义教育基地；1989 年 8 月被民政部公布为全国重点烈士纪念建筑物保护单位。

瞿秋白烈士纪念碑

瞿秋白烈士纪念碑位于瞿秋白烈士就义地——福建省龙岩市长汀县西门罗汉岭。

1934 年 10 月红军主力长征后，瞿秋白留在苏区坚持游击斗争。1935 年 2 月，转移途中，瞿秋白在长汀县水口梅迳村不幸被捕。之后，被囚禁在上杭县监狱。同年5月9日被押解至长汀，关押在汀州试院国民党第36师师部。瞿秋白在长汀被囚期间，与敌人进行了英勇的斗争，在狱中写下了著名的《多余的话》和多首诗词、文章。1935年6月18日，瞿秋白在罗汉岭英勇就义。

◆瞿秋白烈士纪念碑

1952年，在瞿秋白烈士就义处修建了瞿秋白烈士纪念碑，并先后于1983年、2010年重修。碑正面镌刻着“瞿秋白烈士纪念碑”8个贴金大字。碑座正面大理石上刻有中共福建省委、省政府联撰的碑文。重修竣工之后，于1985年6月18日，在纪念瞿秋白就义50周年大会之际，由中共福建省委、省政府领导亲临举行揭碑仪式。2006年10月，建成瞿秋白烈士纪念馆。纪念馆建筑面积990平方米，内设瞿秋白生平事迹展览，分7个部分，对瞿秋白的一生及对革命的贡献作了详尽的介绍。

◆瞿秋白烈士纪念馆

瞿秋白烈士纪念碑于1985年10月被福建省人民政府公布为福建省文物保护单位；1995年8月被福建省委、省人民政府公布为福建省爱国主义教育基地，2001年6月被中央宣传部公布为全国爱国主义教育示范基地；1986年10月被民政部公布为全国重点烈士纪念建筑物保护单位。

毛主席率领红军攻克漳州纪念馆

毛主席率领红军攻克漳州纪念馆位于福建省漳州市芗城区胜利路118号市委大院内，素称“芝山红楼”。

◆毛主席率领红军攻克漳州纪念馆

20世纪30年代初，漳州是福建省第二大城市，国民党军第49师盘踞于此，摧残闽南革命，迭犯闽西苏区。为了“调动敌人，求得战争，展开局面”，中华苏维埃共和国临时中央政府主席毛泽东根据国内时局和闽粤敌我形势，提出攻打漳州的战略方案，这一正确主张得到中共苏区中央局书记周恩来的支持和中央革命军事委员会的批准。1932年4月3日，东路军从长汀出发，挥师东进，占领龙岩，浴战天宝。4月20日，一举攻克漳州，把红旗插在芝山上。是役歼敌主力，缴获两架飞机和大批武器装备，达到剪除粤敌一翼之目的。红军驻漳期间，与地方党组织和游击队密切配合，发动组织群众，宣传抗日主张，积极筹款、扩军、建立革命政权，发展地方武装，开辟闽南苏区，完成了“直下漳州”的任务。5月29日，奉军委指示，红军回师中央苏区。

漳州战役进一步促进了闽南革命根据地的发展，使漳州大片苏区成为中央苏区的组成部分。毛泽东运筹于“芝山红楼”，为中国革命写下光辉的一页。1957年5月9日，为了弘扬党的优良传统和红军的革命精神，教育年轻一代，龙溪地委将毛泽东居住过的“芝山红楼”辟为“闽南革命纪念馆”，展出革命历史文物。1971年改名为“毛主席率领红军攻克漳州纪念馆”。该馆内有一座两层砖木结构的红色楼房，原是寻源中学校董楼，现处于漳州市人民政府机关建筑群体之中。馆内现陈列有毛泽东用过的床、桌椅、煤油灯、雨伞、米袋、挎包和一对马口铁做的公文箱，还有当年红军指战员的照片等珍贵文物。

毛主席率领红军攻克漳州纪念馆于2006年5月被国务院公布为全国重点文物保护单位；1997年6月被福建省委、省人民政府公布为福建省爱国主义教育基地。

毛泽东才溪乡调查纪念馆

毛泽东才溪乡调查纪念馆位于福建省龙岩市上杭县才溪镇。

毛泽东才溪乡调查纪念馆包括光荣亭、毛泽东才溪乡调查会址等革命旧址，全馆占地面积18750平方米，其中建筑面积7300平方米。

土地革命战争时期，才溪区人民在扩大红军、生产支前、根据地建设等方面取得了令人瞩目的成就。1933年6月，福建省苏维埃政府授予才溪区“第一模范区”的光荣称号，奖给“我们是第一模范区”的石碑。7月，福建省苏维埃政府为了表彰才溪人民的突

◆毛泽东才溪乡调查会址

出贡献，在才溪老墟上兴建一座“光荣亭”，省苏维埃政府奖励的石碑竖立在亭的中间。红军长征后，光荣亭被国民党烧毁。1956年另址重建，毛泽东亲笔题写亭名。

1933年11月下旬，毛泽东带领中央通信排的警卫战士第三次来到才溪（前两次分别是1930年6月、1932年6月），调查了解才溪乡在扩大红军、政权建设和经济文化建设等方面的模范事迹，以便总结典型经验，指导全局工作，同时为即将召开的第二次全国工农兵代表大会做准备。

毛泽东来到才溪乡的当晚，就在住地列宁堂开始了调查工作。他找来区乡苏维埃干部、工人、贫农代表，根据事先列出的提纲，口问手记，并与代表们展开热烈讨论。他还走村串户，深入到田间地头，了解情况，全面总结才溪在行政建设、经济建设、文化教育、扩大红军、优待红军家属等方面的经验。调查期间，毛泽东还到了红军公田检查生产，参加生产劳动。经过10多天的调查后，毛泽东写下了著名的《才溪乡调查》。

在1934年初召开的第二次全国工农兵代表大会上，毛泽东将《才溪乡调查》和《长冈乡调查》两本小册子分发给每位代表，并在大会上号召全苏区向才溪乡和长冈乡学习，搞好根据地建设，发展革命战争，夺取全国胜利。

毛泽东才溪乡调查会址位于才溪镇下才溪村，建于1920年，共两幢平房，建筑占地面积4200平方米，这里也是才溪区苏维埃旧址、才溪区工会旧址所在地。

2007年8月，毛泽东才溪乡调查纪念馆新馆开工建设，2009年10月正式开馆，占地面积9350平方米，建筑面积9310平方米，设有毛泽东才溪乡调查陈列馆、“九军十八师”展览馆、才溪英雄烈士馆、今日才溪馆。毛泽东才溪乡调查陈列馆共有10个展厅，展线长350米。通过大量珍贵文物、资

◆毛泽东才溪乡调查纪念馆

料、照片，介绍了毛泽东才溪乡调查情况以及人民在土地革命战争时期才溪的历史和才溪被评为福建省第一模范区、中央苏区模范区、模范乡的光荣史实。

毛泽东才溪乡调查纪念馆于 1997 年 6 月被中共福建省委、福建省人民政府公布为福建省爱国主义教育基地，2001 年 6 月被中央宣传部公布为全国爱国主义教育示范基地。

福建省革命历史纪念馆

福建省革命历史纪念馆坐落于福建省福州市著名风景名胜区鼓山脚下。

◆福建省革命历史纪念馆

福建省革命历史纪念馆占地 30 亩，建筑面积 1.6 万平方米。整座建筑融中西建筑风格为一体，以内广场为中心，包括起序厅、陈列厅、半景画馆、办公楼、培训中心等建筑物。馆体建筑具有福建土楼的风格。

大门两旁叠落水池中耸立两组现代化艺术铜雕，分别为“曲折”、“崛起”，寓意着福建人民在曲折中奋进，在探索中崛起，给人以坚忍不拔、勇往直前的力感。大门横楣上镶嵌着大型花岗岩石浮雕“迈向新世纪”，浮雕由“奋斗、胜利、腾飞、辉煌”等画面组成，象征着八闽儿女艰苦创业，孜孜探索，在中国共产党领导下进行革命、建设的光辉历程和美好前景。内广场为圆形，广场直径 20 米，抬头上望与蓝天白云直接相通，采天人合一的意境。内广场中有一座高 7 米的大型铜雕“奋斗”。

◆福建省革命历史纪念馆主题雕塑

序厅大型影雕“闽之魂”，高 2.4 米，长 14 米，黑色花岗岩上镌刻着福建百年风云人物和革命文物精华，气势磅礴，栩栩如生，堪称福建工艺美术经典之作。“福建革命史陈列”和“解放福建”半景画馆是纪念馆的基本陈列。“福建革命史陈列”，面积约 1800

平方米，展出革命文物800多件和历史照片800多幅。陈列采用文物、版面展示与历史场景相结合的形式，配以声、光、电等现代化手段，全面、生动地展示了福建自1840年鸦片战争到1949年新中国成立的百年历史风云。“解放福建”半景画，长80米，高17米，采用无接缝画布绘制战争场景，在180度半圆形视角空间里，结合大型地面塑型和声光电等高科技演示，生动艺术地再现了1949年解放福州、厦门海陆作战的激烈战斗场面，气势磅礴，宏伟壮观，具有强烈的震撼力、感染力和表现力，使观众有亲临其境的感觉。

福建省革命历史纪念馆于2001年6月被中央宣传部公布为全国爱国主义教育示范基地；2001年12月被福建省委、省人民政府公布为福建省爱国主义教育基地。

建宁县红一方面军机关旧址暨反“围剿”纪念馆

建宁县红一方面军机关旧址暨反“围剿”纪念馆位于福建省三明市建宁县溪口街49号中央苏区反“围剿”纪念园内。

◆建宁县中央苏区反“围剿”陈列馆和大型群雕“红军颂”

1931年5月，红一方面军总前委书记毛泽东、总司令朱德率领红一方面军自江西富田一路向东700里至福建建宁，取得五战五捷。其中，5月31日攻打建宁城，是这次反“围剿”中具有决定性意义的最后一仗。建宁战斗结束后，毛泽东、朱德率领红一方面军总部、总前委进驻溪口天主教堂，开展了革命活动。1932年10月16日，红一方面军在代总政委周恩来、总司令朱德的领导下，从广昌发起建（宁）黎（川）泰（宁）战役，于18、19两日连克建宁、黎川、泰宁三座县城。10月18日攻克建宁县城后，周恩来、朱德、王稼祥率红一方面军总政治部、总司令部、中革军委进驻于此。不久，为方便工作，周恩来和总政治部、王稼祥和中革军委移驻建宁城内，朱德和总司令部仍驻所于此。

建宁在中央苏区的创建发展和历次反“围剿”中发挥了独特而重要的作用，是第二次反“围剿”的完胜之地，第三次反“围剿”的准备决策之地，第四次反“围剿”的指挥中心和前进基地与战略后方，第五次反“围剿”的重要的防线和战场。毛泽东、朱德、周恩来、彭德怀等都在这里留下了战斗的足迹，中央主力红军第一、三、五、七、九军团都在这里战斗过。

2006 年，建宁县人民政府以红一方面军领导机关旧址为核心，兴建全国首个中央苏区反“围剿”纪念园。纪念园占地面积 4.5 万平方米，2008 年 8 月建成开园。园内纪念设施包括：中央苏区反“围剿”陈列馆、红一方面军总前委、总司令部旧址暨毛泽东朱德旧居、建宁民俗陈列馆、大型群雕“红军颂”。

中央苏区反“围剿”陈列馆

中央苏区反“围剿”陈列馆占地面积 1000 平方米，建筑面积为 3000 平方米，陈展面积 2000 平方米，展线 350 米，展出革命文物 114 件，图片 348 张。陈列展共分七个部分：闽山赣水红一角、前头捉了张辉瓒、横扫千军如卷席、千里回师歼顽敌、四破铁围奇中奇、残阳如血染征程、苏区精神永传扬，全面再现了中央苏区军民反“围剿”战争的壮阔历史画卷和英勇顽强的战斗精神。

红一方面军领导机关两度进驻建宁县城，在建宁县留下了两处革命遗址：红一方面军总前委、总司令部旧址暨毛泽东朱德旧居，红一方面军总政治部旧址暨周恩来旧居。

红一方面军总前委、总司令部旧址暨毛泽东朱德旧居

红一方面军总前委、总司令部旧址暨毛泽东朱德旧居位于福建省三明市建宁县溪口街 49 号。

◆红一方面军总前委、总司令部旧址暨毛泽东朱德旧居

1931 年 5 月 16 日至 31 日，毛泽东、朱德率领红一方面军采取“诱敌深入”、“避强打弱，在运动战中歼灭敌人”的方针，自江西富田一路向东至福建建宁，取得白云山战斗、白沙战斗、中村战斗、广昌战斗、建宁战斗五战五捷的辉煌胜利，歼敌 3 万余人，缴枪 2 万余支，痛快淋漓地粉碎了国民党军的第二次“围剿”。

1931 年 5 月 31 日，毛泽东、朱德率领红一方面军击溃建宁守敌刘和鼎部第 56 师 7000 余人，解放了建宁县城。当晚，朱德总司令、毛泽东总政委率领红一方面军总部、总前委进驻溪口天主教堂。在这里，毛泽东满怀豪情地写下了《渔家傲·反第二次大“围剿”》：“白云山头云欲立，白云山下呼声急。枯木朽株齐努力。枪林逼，飞将军自重霄入。七百里驱十五日，赣水苍茫闽山碧。横扫千军如卷席。有人泣，为营步步嗟何及！”真实反映了工农红军取得的辉煌胜利；毛泽东多次主

持总前委会议，并分别给闽赣边界工作委员会、红 12 军、红 35 军签发了 3 封重要指示信；毛泽东还在此总结了前两次反“围剿”的胜利经验，制定了第三次反“围剿”的战略决策，亲笔起草了反第三次“围剿”的动员手令。

红一方面军总前委、总司令部旧址暨毛泽东朱德旧居原为天主教堂。1930 年由德国传教士购民房改建而成，为砖木结构，坐西朝东，分前后两部分，前部为两层楼房，后部为礼堂，礼堂北侧有一个防空洞和一口水井，总占地面积 1500 平方米。1959 年 7 月，建宁县将红一方面军总前委、总司令部旧址暨毛泽东朱德旧居——溪口天主教堂辟为建宁革命纪念馆。

红一方面军总政治部旧址暨周恩来旧居

红一方面军总政治部旧址暨周恩来旧居位于福建省三明市建宁县民主街 12 号县政府大院后侧，原为旧县衙后院。

1932 年 10 月，红一方面军在朱德、周恩来的指挥下，趁国民党第四次“围剿”部署未完成之际，发起建黎泰战役，于 18、19 两日连克建宁、黎川、泰宁三座县城，恢复和巩固了建黎泰苏区。18 日攻克建宁后，周恩来、朱德、王稼祥率红一方面军总政治部、总司令部、中革军委进驻建宁，将总政治部设于旧县衙后院，周恩来也住在这里。楼上大厅为会议室，楼上东侧前部大间为周恩来办公室兼卧室。在 1932 年 10 月到 1933 年年底的一年多时间里，周恩来虽不时到前方指挥红军作战，但红一方面军总政治部基本都设在这里。

周恩来在这里指挥红一方面军开辟了以建宁为中心的建黎泰苏区，在中国土地革命战争中具有十分重大的意义。建黎泰苏区作为中央苏区的东北门户和联结闽浙赣苏区的交通枢纽，作为中央红军向闽北、闽中方向发展的前进基地和战略补给后方，在第四次反“围剿”、东方军入闽作战、第五次反“围剿”中发挥了特殊作用。

红一方面军总政治部旧址暨周恩来旧居是一座带回廊的两层木构的白灰墙楼房，俗称“小白楼”，坐北朝南，由长廊、前后庭院、后厅、前厅等组成，建筑面积 403.85 平方米，院落占地面积 832.75 平方米。

建宁县红一方面军领导机关旧址暨反“围剿”纪念馆于 1985 年 10 月被福建省人民政府公布为福建省文物保护单位，2006 年 5 月被国务院公布为全国重点文物保护单位，1997 年 6 月被中共福建省委、福建省人民政府公布为福建省爱国主义教育基地，2009 年 5 月被中央宣传部公布为全国爱国主义教育示范基地。

宁化县革命纪念馆

宁化县革命纪念馆位于福建省三明市宁化县城关北山。

土地革命战争时期，在中国共产党的领导下，宁化掀起了轰轰烈烈的土地革命运动，是闽西早期革命根据地的七个县之一，福建省三个区域革命中心之一，闽赣省后期革命中心，中央革命根据地的组成部分，中央红军长征四个出发地之一。毛泽东、朱德、彭德怀等曾经在这里进行伟大的革命实践活动。在这一时期，境内共建立了3个县、28个区、190多个乡苏维埃红色政权、党的组织及群众团体，是福建省两个全红县之一。全县共有1.37多万名优秀儿女参加革命，为革命牺牲6000多人，在册烈士3301人，是福建省扩红模范区。累计筹集粮食950万斤、钱款近54万元、大量被装及组织支前民工2万多人次支援前线，是福建省支前模范区。抗日战争时期，宁化人民为救亡图存，精诚团结，掀起抗日救亡热潮，积极参加多种抗日救亡活动，共有4909名热血青年奔赴抗日前线，募捐现金12574.93元、军布鞋2560双、棉衣223件。解放战争时期，以宁化县为中心成立了中共宁化县城市工作部，负责领导清流、明溪、永安、连城等地的地下革命工作，城工部对宁化敌伪策反成功，于1949年10月21日迎来和平解放。

◆宁化县革命纪念馆

◆红军长征出发地

新中国成立后，为缅怀革命先烈，传承革命历史，发扬革命传统，宁化县人民政府于1977年建成宁化县革命纪念馆。纪念馆馆藏土地革命战争时期革命文物1600余件，其中《中国工农红军军号谱》为国家一级文物。纪念馆成为宁化举行革命纪念活动、开展爱国主义教育的重要场所。

宁化县革命纪念馆于2001年12月被福建省委、省人民政府公布为福建省爱国主义教育基地。

闽中革命史纪念馆

闽中革命史纪念馆位于福建省莆田市城厢区凤凰山街道南门路闽中革命烈士陵园内。

闽中有着光荣的历史，根据闽中游击队在中国革命史上的突出贡献，1988 年被确认为南方三年游击战争 15 块独立游击区之一，从而确定了闽中革命在全国革命根据地中的地位和作用。

◆闽中革命史纪念馆

闽中革命史纪念馆建于 1998 年，为宫殿式建筑。2000 年 4 月，该馆完成新民主主义革命时期闽中革命史布展工作，正式对外开放。馆内围绕闽中革命史实，设有前言大厅、五四运动馆、建立苏维埃馆、三年游击战争馆、抗日战争馆、解放战争馆六个展室和一个录像放映厅。这些展室利用现代科技手段，采用声、光、电等多种形式，配以闽中人民不同革命时期的文物、资料、文献，形象生动地展现了 1926 年 2 月 26 日中共莆田第一个党团混合支部在莆田哲理钟楼宣告成立，党组织不断发展壮大，由中共莆田支部发展为中共闽中特（地）委，成为整个闽中地区革命斗争的领导核心，其领导革命斗争的范围也由小到大，不断扩展，从莆田逐渐发展到北起福州、南至厦门近 20 个市县的广大区域，在长达 24 年的革命斗争中，以不怕牺牲、百折不挠的革命精神，领导闽中人民坚持斗争，浴血奋战，为取得莆田乃至闽中人民革命斗争的胜利而作出卓越贡献的光辉历史。

闽中革命史纪念馆于 2001 年 12 月被福建省委、省人民政府公布为福建省爱国主义教育基地。

古田会议纪念馆

古田会议纪念馆位于福建省上杭县古田镇古田路 76 号。

古田会议，即红军第四军第九次党代表大会。因在福建省上杭县古田村召开，史称为“古曰会议”。

◆古田会议纪念馆

1929年6月下旬，红四军在福建龙岩召开了党的第七次代表大会。毛泽东本想打算通过总结建军以来的经验，解决争论的问题，但他的正确主张未能为多数同志所认识和接受。大会在中央未指示改组前委的情况下，改选了前委。中央指定的前委书记毛泽东没有继续当选。这一职位由陈毅担任。这次大会没有正确的解决红四军存在的主要问题。大会结束后，毛泽东离开红四军的主要领导岗位，到闽西协助指导地方工作。陈毅到上海参加中央召开的军事会议，汇报红四军工作，前委书记由朱德代理。9月下旬，在福建上杭召开的红四军党的第八次代表大会，讨论红军法规等问题。由于认识不统一，会议未获结果。许多人对现状不满，要求毛泽东返回红四军复职。1929年8月，陈毅到上海参加党中央召开的军事联席会议后。如实向中央政治局汇报了红四军两年来的斗争情况和存在的问题，中央政治局决定组成李立三、周恩来、陈毅三人委员会，由周恩来召集，负责起草对红四军工作的指示文件。9月28日，中共中央发出给红四军前委的指示信（即九月来信）。这封指示信是陈毅按照中央政治局会议精神和周恩来、李立三的多次谈话要点带中央起草并经周恩来审定的。中央领导同志对红四军的许多经验，尤其是建党、建军和政治工作的经验，给予了高度的评价。指出这些“在中国是独一无二的”。周恩来尤其支持毛泽东的正确主张。根据中共中央军事联席会议精神和周恩来的指示，陈毅代中央起草了《中共中央给红军第四军前委的指示信》，史称“中央九月来信”。此信经周恩来最后修改审定。中共中央的这封指示信，对红四军党内的争论问题做出了明确的结论，对红四军领导人有所批评，但是强调了团结，要红四军前委和全体干部战士维护朱德、毛泽东的领导，提高指导机关的威信，并明确指出毛泽东“应仍为前委书记”。

陈毅带着中共中央九月来信由上海日夜兼程回到了部队，于10月22日在前委会上作了传达，随即请毛泽东回红四军复职，11月毛泽东回到红四军主持工作，并在闽西召开了红四军前委扩大会议，决议召开红四军第九次党代表大会。毛泽东根据中央九月来信的精神和红军创建以来的经验，以及对红四军状况状况的调查，为这次大会主持起草决议案。陈毅参加了决议案的起草工作。

12月28日至29日，中国工农红军第四军第九次党代表大会在福建上杭县古田村召开，出席会议的代表共120多名。大会由陈毅主持。毛泽东作了政治报告，并多次讲了话。朱德作了军事报告。陈毅传达了中央九月来信，并作了反对枪毙逃兵的讲话。会议认真地总结红军创建以来党在同各种错误思想、错误倾向作斗争的过程中积累起来的丰富经验，统一了思想认识，一致通过大会决议案即著名的古田会议决议。这个决议由八个决议案组成，其中最重要的是关于纠正党内的错误思想的决议。古田会议决议系统地回答建党、建军的一系列根本问题，不仅把中央九月来信的精神具体化，而且结合红四军的实际情况，发展了中央九月来信的内容。古田会议决议的中心思想是要用无产阶级思想进行军队和党的建设。古田会议根据中共中央指示，最后选举产生新的中共红四军前敌委员会，毛泽东当选为书记。

◆古田会议旧址

古田会议决议是中国共产党和红军建设的纲领性文献。它结合中国共产党和中国革命的具体情况，灵活地、创造性地运用马克思列宁主义，初步回答了在党员以农民为主要成分的情况下，如何从加强党的思想建设着手，保持党的无产阶级先锋队性质的问题；初步回答了在农村进行革命战争的环境中，如何将以农民为主要成分的军队，建设成为无产阶级领导的新型人民军队的问题。古田会议所作的努力，会议决议所规定的基本原则，集中体现了着重从思想上建党这一独特的党的建设的道路。这些原则，不但很快在红四军得到贯彻，而且随后在其他各部分红军中也逐步得到实行，并对以后不断加强党的建设产生了深远的影响。

古田会议纪念馆于1972年1月开始兴建，1973年12月竣工，建筑面积3200多平方米，有10个陈列室，拥有馆藏文物1万多件，其中珍贵文物有2000余件。陈列版面于1974年1月开始施工，同年10月正式对外展出。1999年，对陈列展览进行了大规模修改。陈列展览展线长306米，展出文物400多件。陈列展览内容分三部分：一是古田会议召开的历史背景；二是光辉的古田会议决议；三是古田会议永放光芒。

全馆占地面积8.6万平方米，建筑面积1.1万平方米，管辖着古田会议会址、中共红四军前委机关暨红四军政治部旧址——松荫堂、毛泽东《星星之火　可以燎原》写作旧址——协成店、中共闽西第一次代表大会会址——文昌阁、中共闽西特委机关旧址——树槐堂、红四军司令部旧址——中兴堂等6处革命旧址。

古田会议纪念馆于1995年被福建省委、省人民政府公布为福建省爱国主义教育基地；1997年6月被中央宣传部公布为全国爱国主义教育示范基地。

古田会议会址

古田会议会址原系廖氏宗祠，又名“万源祠”，始建于清道光年间。1917 年，古田第一所小学——和声小学在此建立。1929 年 5 月，红四军第二次入闽，将其改为曙光小学。1929 年 12 月 28 日至 29 日，在这里召开了中国共产党红军第四军第九次代表大会（即古田会议）。

古田会议会址建筑占地面积 802. 16 平方米，为单层歇山式小四合院平房建筑，砖木结构，有庭院、前后两厅和左右两厢房。会址内庭院空阔，前院右侧厢房外青砖墙上当年红军写的标语“保护学校”至今保留完好。步入中门，正厅是古田会议会场，主席台设于左侧，上墙悬挂“中国共产党红军第四军第九次代表大会”横幅会标及中国共产党党旗，下方左右分别张贴着马克思、列宁画像。会场中间的四根木柱张贴着“中国共产党万岁”、“反对机会主义”、“反对盲动主义”、“反对冒险主义”等宣传标语。会场摆放着 5 排代表席桌椅。左厢房第一间是毛泽东在大会期间的办公室，第三间是陈毅同志办公室。朱德同志办公室在右厢房。

古田会议会址于 1961 年 3 月被国务院公布为全国重点文物保护单位。

中共红四军前委机关暨红四军政治部旧址

红四军前委机关暨红四军政治部旧址松荫堂位于龙岩市上杭县古田镇八甲村。

◆红四军前委机关暨红四军政治部旧址(松荫堂)

松荫堂始建于清嘉庆年间，建筑占地面积 1235 平方米，土木结构，为一进二厅楼房。20 世纪 20 年代，外国传教士租用松荫堂设了礼拜堂。1929 年 5 月，红四军第二次入闽到达古田的时候，外国传教士惊恐离去。1929 年 12 月中旬，红四军进驻上杭古田镇，一方面继续进行军事训练，另一方面为召开古田会议做思想和组织上的准备。红四军前委机关和政治部在此驻扎，毛泽东、陈毅等人住在这里。

毛泽东入住松荫堂后，在这里主持召集各纵队、支队、部分大队的党代表和支队以上的书记、组织委员和宣传委员联席会议，并亲自起草古田会议决议草案，由前委审查后提交大会通过。陈毅在这里起草了《废止枪毙逃兵的决议》草案。

红四军前委机关暨红四军政治部旧址于 2005 年 5 月被福建省人民政府公布为福建省文物保护单位。

《星星之火　可以燎原》写作旧址

《星星之火　可以燎原》写作旧址协成店位于龙岩市上杭县古田镇赖坊村。

协成店建于1922年，占地面积约160平方米，坐西朝东，两层悬山式砖木结构，抬梁穿斗式木构架，面阔3间，由大门、下厅、天井、上厅组成，上厅两边有厢房，左厢为毛泽东卧室，二楼为红4军其他领导卧室。古田会议召开不久后，1930年1月，毛泽东在这里针对林彪的悲观情绪，给林彪写了一封近万字的回信。在信中毛泽东对林彪的悲观思想进行了全面分析和批评，坚信中国革命的高潮必将到来。这封信最初以《时局的估量与红军行动问题》为题印发给红四军广大干部士兵阅读、学习。后改题为《星星之火，可以燎原》收录于《毛泽东选集》。

◆《星星之火　可以燎原》写作旧址(协成店)

《星星之火　可以燎原》写作旧址于2005年5月被福建省人民政府公布为福建省文物保护单位。

中共闽西第一次代表大会会址

中共闽西第一次代表大会会址文昌阁位于龙岩市上杭县蛟洋乡蛟洋村。

文昌阁建于清乾隆年间，建筑占地面积920平方米，砖木结构，为宝塔式楼阁建筑，具有闽西地方建筑特色。主阁外观6层而内实4层，地面两层为方形，三层以上为八角形，通高21米。1929年7月22日至29日，中共闽西第一次代表大会在这里召开。毛泽东、谭震林、蔡协民等出席并指导会议。会上，毛泽东作了重要讲话，指出闽西党组织今后的任务是巩固和发展闽西红色根据地。会议总结了1927年以来闽西革命斗争的经验。大会选举邓子恢、蔡协民等15人为中共闽西特委委员，邓子

◆中共闽西第一次代表大会会址(文昌阁)

恢任特委书记；通过了由邓子恢起草、毛泽东修改的《中共闽西第一次代表大会之政治决议案》以及关于土地问题、苏维埃政权、妇女、共青团等决议案，制定了“坚决的领导群众，为实现闽西工农政权的割据而奋斗”的总路线。

中共闽西第一次代表大会会址于1961年5月被福建省人民政府公布为福建省文物保护单位。

中共闽西特委机关旧址

中共闽西特委机关旧址树槐堂位于龙岩市上杭县古田镇苏家坡村。

◆中共闽西特委机关旧址(树槐堂)

树槐堂建于明末清初，坐西朝东，面阔7间，进深6间，砖木结构，建筑面积672平方米，占地面积1100平方米。一正二横布局，正楼分前、中、后三进厅堂，后厅为两层堂屋，中、后厅左右两侧均设有厢房，两横为南北两侧护厝。1929年10月，中共闽西特委从上杭城迁至苏家坡，特委机关就设在树槐堂，在这里领导闽西地方党的各项工作，开展土地革命斗争，协助红四军的各项工作，为领导建立和巩固发展闽西革命根据地作出了应有的贡献。随同特委机关来到苏家坡的毛泽东携贺子珍就住在树槐堂后厅左侧的小阁楼。身患疟疾的毛泽东一边养病，一边代表红四军前委指导闽西特委工作。

中共闽西特委机关旧址树槐堂于2005年5月被福建省人民政府公布为福建省文物保护单位。

◆红四军司令部旧址(中兴堂)

红四军司令部旧址

红四军司令部旧址中兴堂位于龙岩市上杭县古田镇八甲村。

中兴堂建于清嘉庆年间，建筑占地面积1698平方米，属围垅式建筑，房屋布局为一正三横。1929年12月，毛泽东、朱德、陈毅等率领红四军进驻古田，红4军司令部设在中兴堂。红四军进驻古田后，毛泽东、朱德、陈毅等人在这里召开了各级党代表联席会议，号召到会的同志共同起来肃清各种非无产阶级意识。除积极协助毛泽东工作外，朱德还在这里起草了《关于军事问题的报告》，在古田会议上宣读，同时撰写了《新游击战术》。

红四军司令部旧址于2005年5月被福建省人民政府公布为福建省文物保护单位。

闽东革命纪念馆

闽东革命纪念馆位于福建省宁德市福安市新华北路2号。

◆闽东革命纪念馆

1984年，适逢闽东苏区创建50周年之际，闽东革命纪念馆开始动工，1988年4月竣工，1989年7月1日正式开馆。该馆坐落在福安城关甲杯山，南邻闽东烈士陵园，占地20多亩，建筑面积3836平方米。主楼外观庄重大方，集传统与现代建筑风格于一体，坐北朝南，有两层，上层建筑结构呈“回”字形，为闽东革命纪念馆展厅，南面为展厅大门，门前是一个2000多平方米的大广场，与闽东革命烈士陵园相连接，两旁花树整齐、中间绿草如茵。下层建筑结构呈倒写的“凹”字形，东侧为闽东革命纪念馆办公场所。“闽东革命斗争史”陈列在上层展厅，面积1320平方米，序厅正面为一组大型浮雕。展厅陈列内容分5个部分：“中共闽东党组织建立，反帝反封建怒潮掀起”；“工农武装割据，创建闽东苏区”；“三年游击艰苦卓绝，党政军民风雨同舟”；“致力团结抗日，坚持自卫反顽”；“全面发动游击战争，配合大军解放闽东”。展厅共展出革命旧址照片、图表328幅，文物、文献325件，人物照片95幅，历史24幅。采用铝合金大联柜布展，集全区革命斗争历史资料、文物与艺术精华，再现了闽东各族人民革命斗争的光辉历史。

闽东革命纪念馆于1997年6月被福建省委、省人民政府公布为福建省爱国主义教育基地。

厦门革命烈士事迹陈列馆

厦门革命烈士事迹陈列馆位于福建省厦门市思明区开元街道坑内社区虎园路1号厦门烈士陵园东北角。

◆厦门革命烈士事迹陈列馆

厦门革命烈士事迹陈列馆于1989年10月17日开馆，由全国人大原副委员长叶飞题写馆名。陈列馆展出面积600平方米，共有4个展厅。第一展厅展出一组群雕和壁画，雕像将“五·二五”破狱斗争和解放军渡海作战解放厦门两个革命历史事件艺术性地结合在一起，反映了厦门解放的主题；第二展厅展出前言、领导人题词和厦门革命烈士英名录，其中包括毛泽东、邓小平等题词，以及有册可考的1700多名厦门革命烈士的名录；第三展厅展出事迹突出，影响较大，具有一定代表性的38位烈士事迹；第四展厅为缅怀厅。

厦门革命烈士事迹陈列馆于1996年1月被厦门市委、市人民政府公布为厦门市爱国主义教育基地，1997年6月被福建省委、省人民政府公布为福建省爱国主义教育基地。

闽西革命历史博物馆

闽西革命历史博物馆位于福建省龙岩市新罗区的虎岭山北侧。

闽西七个县（市、区）均为中央苏区县，是中央苏区中心区域的重要组成部分。1926年闽西建立了福建省第一个农村党组织，1928年龙岩后田暴动打响了福建省农民武装暴动的第一枪。1929年12月28日至29日，在闽西召开的古田会议成为我党我军建设史上的重要里程碑。毛泽东、周恩来、刘少奇、朱德、邓小平等50多位党和国家领导人都曾在闽西从事过伟大的革命实践活动。在血与火的洗礼中，数万闽西儿女为革命壮烈牺牲。闽西走出了4位党和国家领导人、68位开国将军，100多位省、部、军级以上领导干部。

◆闽西革命历史博物馆全景

闽西革命历史博物馆于20世纪50年代末、60年代初开始筹建，1986年正式动工，1989年元旦陈列展览正式对外开展。博物馆占地面积约25亩，建筑面积4800平方米，是龙岩市唯一的一座全面展示闽西革命历史的综合性博物馆。

◆闽西革命历史博物馆

闽西革命历史博物馆和闽西革命烈士纪念馆所陈列的内容，记载着1919年至1949年闽西这段辉煌厚重的革命历史。2010年，"两馆"陈列改版。室内改版主要分为一楼"红色闽西"陈列展览，设有"红色星火，燎原闽西"、"红色土地，开创伟业"、"红色理论，闽西奠基"、"红军故乡，长征起点"、"红旗不倒，走向胜利"、"红色摇篮，功在千秋"6个部分。重点展示毛泽东、朱德等老一辈无产阶级革命家在闽西进行的革命实践史实和闽西在中国革命历史上的重要地位和历史贡献。二楼展览设置了"闽西英烈"、"闽西红土名人"、"中央苏区·福建"，着重表现闽西人民为中国革命胜利作出的巨大牺牲和重大贡献。展览以红色闽西为主题，吸收党史研究新成果，用精美的图片、珍贵的文物、重要的历史场景，通过文物陈列、展览版面、历史场景、大幅油画、雕塑、大型投影仪、电子显示屏等多种展览形式，配以双屏转移、声光电、多媒体互动等高科技手段，大大提高展览档次，提升展览水平，增强展示教育效果。同时，还按龙岩中心城市红色文化主题公园的定位对"两馆"周边环境进行全面改造。

闽西革命历史博物馆于1995年8月被福建省委、省人民政府公布为福建省爱国主义教育基地；2009年5月被中央宣传部公布为全国爱国主义教育示范基地。

闽北革命历史纪念馆

闽北革命历史纪念馆位于福建省南平市武夷山市列宁公园内。

为了缅怀革命先烈，弘扬老区革命精神，1986年，中共南平地委、南平地区行政

◆闽北革命历史纪念馆

公署和中共崇安县委、县政府在崇安县（今武夷山市）的列宁公园兴建闽北革命历史纪念馆，1988年建成开馆，时任国务院副总理方毅为该馆题写馆名。纪念馆占地面积3293.7平方米，建筑占地面积1840.27平方米，建筑面积3680.54平方米，是一座“回”字形仿古建筑，展馆分大厅、展厅、书法厅3个部分，陈列200多件珍贵的革命文物和260余幅图片，全面展示了闽北人民坚持开展武装斗争，建设新中国及为全面实现小康社会而努力奋斗的历史进程。其与公园内的闽北革命烈士纪念碑、粟裕大将骨灰安放处、孙克骥将军之墓、闽北六烈士纪念亭等共同组成闽北爱国主义教育和青少年革命传统教育的人文景观。

闽北革命历史纪念馆于1997年6月被福建省委、省人民政府公布为福建省爱国主义教育基地。

江西省重要革命遗址

永新三湾改编旧址

永新三湾改编旧址位于江西省吉安市永新县三湾乡三湾村。

◆三湾改编纪念碑

永新三湾改编旧址包括毛泽东旧居、中国工农革命军第1师第1团团部旧址、士兵委员会旧址、枫树坪、三湾改编纪念馆及红双井、练兵场、军民大会场等118处革命遗址。

1927年9月29日，毛泽东率领秋收起义部队来到永新县三湾村，针对部队存在的革命意志薄弱、军阀作风、军纪松弛的不良状况，毛泽东在“泰和祥”号杂货铺里主持召开了中共前委会议，决定对部队进行改编：一是将部队缩编为一个团，称工农革命军第1军第1师第1团，另设特务连、军官队、卫生队、辎重队，全团700余人；二是在部队中建立健全各级党组织。将支部建在连上，班排设党小组，营以上设党委，并建立党代表制度，连以上设党代表，在前委的统一领导下开展工作；三是在军队内实行民主制度。连以上设立士兵委员会，废除繁琐礼节，官长不打士兵，士兵有开会说话自由，经济公开，官兵待遇平等。

◆三湾改编旧址(枫树坪)

◆红双井

“支部建在连上”确保了党的组织建立在部队的基层，从而为工农革命军接受党的领导、贯彻党的路线、开展党的工作，提供了组织上的保证。士兵委员会的建立，为士兵反映自己的愿望和要求，维护士兵的权益，开展士兵的政治思想工作，领导士兵做兵运工作提供了更好的条件。

三湾改编确立了党对军队的绝对领导，这是毛泽东在我军初创时期为建设一支新型的人民军队而采取的重要举措，对人民军队的成长、发展，使之成为党领导下的始终为中国人民的根本利益而冲锋陷阵的武装集团，起到了十分重要的作用。

在三湾期间，毛泽东住在原协盛和杂货铺。部队整训改编所在地枫树坪有 1 棵大樟树和 3 棵枫树紧连在一起。樟树挺拔茂盛，树冠约 150 平方米，是部队活动的好场地。三湾改编后，工农革命军第 1 军第 1 师第 1 团团部住三湾林钟家祠，团士兵委员会驻三湾原泰和祥小杂货铺。部队在村中空地设立了两个练兵场对战士进行军事训练。为了解决群众喝水难的问题，毛泽东带领工农革命军战士对村中两口井进行了加宽加深，从此当地群众称这两口井为“红双井”。“红双井，井水甜，喝一口，润心田”的民谣在当地广为传颂。

毛泽东旧居

毛泽东旧居位于永新县三湾乡三湾村原协盛和杂货铺。1927 年 9 月 29 日，毛泽东率秋收起义部队来到三湾，当晚，由毛泽东主持在协盛和杂货铺召开前敌委员会议，会上决定对部队进行改编。三湾改编期间，毛泽东住在此处。旧址为晚清建筑，土木结构，一厅四间店房，占地面积 295.2 平方米。1929 年 8 月被国民党反

◆毛泽东旧居

动派烧毁。1967 年按原貌修复。

工农革命军第一军第一师第一团团部旧址

工农革命军第一军第一师第一团团部旧址位于永新县三湾乡三湾村钟家祠。1927 年 9 月 29 日至 10 月 3 日，毛泽东率领秋收起义部队在三湾进行改编，将工农革命军第 1 军第 1 师缩编为工农革命军第 1 军第 1 师第 1 团，团部设在此处。部队离开三湾后，钟家祠又成为三湾儿童团、暴动队、少先队的活动场所。旧址系明末清初建筑，占地面积 307.8 平方米。1929 年 8 月被国民党反动派烧毁。1967 年按原貌修复。

◆工农革命军第一军第一师第一团团部旧址

工农革命军士兵委员会旧址

工农革命军士兵委员会旧址位于永新县三湾乡三湾村原泰和祥小杂货铺。1927 年 9 月 29 日至 10 月 3 日，毛泽东率秋收起义部队在三湾进行改编。改编后，工农革命军士兵委员会驻于此，并在此召开过士兵委员会会议。旧址系晚清建筑，土木结构，4 连 2 间店房。占地面积为 132 平方米。1929 年被国民党反动派烧毁。1967 年按原貌修复。

◆工农革命军士兵委员会旧址

三湾改编纪念馆

三湾改编纪念馆位于永新县三湾乡三湾村枫树坪。

三湾改编纪念馆初建于 1997 年，2003 年扩建，占地面积 1250 平方米，建筑面积 2500 平方米。纪念馆展品采用场景复原、蜡像、声光电等现代科技手段制作和布置。其陈列内容分为四部分：第一部分为“战略转移”，介绍毛泽东在秋收起义受挫后，率

◆三湾改编纪念馆

领部队沿罗霄山脉南下向农村转移；第二部分为“三湾改编”，介绍三湾改编的原因、内容及改编的伟大意义，是陈列的重点；第三部分为“井冈割据”，介绍井冈山革命根据地的形成和武装割据的开展；第四部分为“军魂永驻”，介绍三湾改编精神的发扬光大。

永新三湾改编旧址于2001年6月被中央宣传部公布为全国爱国主义教育示范基地。

中共粤赣省委旧址

中共粤赣省委旧址位于江西省赣州市会昌县文武坝镇文武坝村。

中共粤赣省委旧址还包括会寻安中心县委旧址、毛泽东旧居、邓小平旧居。

◆中共粤赣省委旧址

1933年8月16日，中华苏维埃共和国中央执行委员会人民委员会第48次会议决定在会昌设立粤赣省，辖于都、会昌、筠门岭、西江、寻乌、安远、信康等7县。11月4日，在林岗坝陈屋祠堂召开了粤赣省第一次党代表大会，选举刘晓、罗迈等37人为省委执行委员，刘晓为书记。省委机关驻文武坝邹屋，不定期出版省委机关报《前线》和《省委通讯》。

1929年2月至1934年10月，毛泽东先后十多次来到会昌，足迹踏遍了会昌的山山水水。毛泽东在文武坝期间，亲临前线站塘李官山，指导红军独立第22师和地方武装采用灵活的游击战、运动战，阻击和钳制国民党粤军，主动出击地主靖卫团；派粤赣省委组织部长戴元淮、省苏维埃政府土地部部长朱开铨分别到站塘、高排，组建了战地委员会和会西工作委员会，领导南线军民积极支援红军第五次反“围剿”战争；经常深

◆中共会寻安中心县委旧址

入干部群众调查研究，及时召开粤赣省和会昌县党政军工作会议，研究部署扩红支前、拥军优属、赤色戒严和争取白军等工作；纠正了查田运动中的“左”倾错误；大力进行赤白区域间的经济贸易；注重发展工农业生产。

1932年6月，蒋介石准备向中央苏区发动第四次“围剿”。为加强边区的领导，根据中共苏区中央局和江西省委的决定，邓小平在会昌筠门岭主持召开了会昌、寻乌、安远三县党的活动分子大会，正式成立了中共会寻安中心县委，邓小平任书记兼江西军区第三作战分区政委。他在这里生活和工作了近一年。中心县委建立后，领导整顿、健全了三县县、区、乡党政组织，迅速扩大了地方武装，发展游击战争，巩固扩大红色区域。邓小平在工作中坚持实事求是，一切从会寻安三县实际情况出发去布置安排工作，得到三县军民的衷心拥护和支持。

中共粤赣省委旧址系清末邹氏祠堂，一进上下厅，砖木结构，面阔五间29.5米，进深28.5米，连两侧横屋及楼房共46间，占地面积840平方米。文武坝毛泽东旧居为一厅三间二层楼房，屋后有防空洞和大樟树，室内有复原陈列。

◆毛泽东旧居（邹屋）

中共粤赣省委旧址、毛泽东旧居于1987年12月被江西省人民政府公布为江西省文物保护单位；2004年8月被江西省委、省人民政府公布为江西省爱国主义教育基地。

宁都起义指挥部旧址

宁都起义指挥部旧址位于江西省赣州市宁都县梅江镇梅江路耶稣堂。

1931 年 8 月，国民党第二十六路军被蒋介石调入江西“围剿”红军，其指挥机构设在县城梅江路耶稣教堂里。由于该部中共地下党特支的积极工作，加之该部广大官兵受全国不断高涨的抗日呼声和中央苏区红军连续三次反“围剿”胜利的影响，对蒋介石排斥异己、对日屈服退让的行径日益不满。1931 年 12 月 14 日，该部 1.7 万余名官兵在参谋长赵博生（共产党员）、旅长董振堂和季振同、黄中岳等率领下，在宁都县城宣布起义，全体加入红军。12 月 15 日，起义部队到达宁都固厚圩。16 日，王稼祥、刘伯坚、左权等在宁都县固厚圩宣布，经中革军委批准，起义军改编为中国工农红军第五军团。

◆宁都起义指挥部旧址

耶稣堂建于 1916 年，坐西向东，总面积 293.82 平方米，砖木结构，原为牧师住房，西欧建筑风格，半圆形拱券和围廊结构，上下两层，正门木制双开。

宁都起义指挥部旧址于 1987 年 12 月被江西省人民政府公布为江西省文物保护单位，1988 年 1 月被国务院公布为全国重点文物保护单位；2004 年 8 月被江西省委、省人民政府公布为江西省爱国主义教育基地。

赣东北苏维埃政府旧址

赣东北苏维埃政府旧址位于江西省上饶市万年县裴梅镇富林村。

1930 年，赣东北特委遵照党中央关于“工农武装割据”的指示，趁军阀混战之际，采取避实击虚的游击战方式，在军事上取得一系列胜利。为了进一步巩固和扩大根据地，同年 8 月，方志敏、邵式平率领赣东北根据地党、政、军机关所属的 18 个单位，由弋阳芳家墩迁至万年富林村。

1930 年 9 月 9 日，赣东北特委在富林举行了特委扩大会议，会议由中央特派巡视

◆赣东北苏维埃政府旧址

员丘泮林主持，方志敏、邵式平、唐在刚出席了会议，周建屏、胡庭铨因指挥作战，会议快结束时才赶来参加，万年、贵溪等部分县委书记列席了会议。会议由邵式平传达了他8月从上海带回的中央6月通过的《新的革命高潮与一省或几省首先胜利》的决议，要求赣东北红军攻打九江，切断长江。会上发生激烈的争论。方志敏认为，中央的指示要执行，但执行要结合赣东北实际。发展苏区是对的，但攻打九江不适宜。富林会议是赣东北根据地发展史上的一次重要会议。由于方志敏等人对错误路线的抵制使苏区和红军不仅没有损失，反而得到扩大和壮大。

赣东北苏维埃政府旧址是一栋建于民国初年的木构架平房，两侧风火山墙。面积有600多平方米，内有方志敏、邵式平卧室、办公室、会议室以及军事、粮食、财政、土地、组织、宣传、青妇等部门的办公室，还陈列有当时红军使用的枪、炮、地雷、大刀等武器装备。

赣东北苏维埃政府旧址于1987年12月被江西省人民政府公布为江西省文物保护单位；2009年2月被江西省委、省人民政府公布为江西省爱国主义教育基地。

遂川县工农兵政府旧址

◆遂川县工农兵政府旧址（万寿宫）

遂川县工农兵政府旧址（原名万寿宫）位于江西省吉安市遂川县城名邦街8号。

1928年1月5日，毛泽东率工农革命军攻占遂川城，并于下旬建立了县工农兵政府。这是毛泽东亲手创建的第一个红色政权，也是井冈山革命根据地红色政权建设的典范。

遂川县工农兵政府设于万寿宫，这是一幢清代庙宇式青砖与木结构建筑，坐北朝南，正面宽 17 米，进深 55.2 米，建筑占地 1352.9 平方米，建筑面积 1613 平方米，旧址门面为 3 个双开牌楼式，墙面刷红漆，高大的楼面立于正中，左右次门矮于正门 1 米，整个旧址呈梯形，南面高为 8 米，旧址内有前、中、后三进三厅，各厅之间都有天井相连。

遂川县工农兵政府旧址于 2006 年被国务院公布为全国重点文物保护单位；2001 年 11 月被江西省委、省人民政府公布为江西省爱国主义教育基地。

龙源口大捷旧址

龙源口大捷旧址位于江西省吉安市永新县龙源口镇秋溪村西南 5 公里新七溪岭脚下。

1928 年 6 月中旬，蒋介石调集湘赣两省杨如轩、杨池生 2 个师共 10 个团的兵力对井冈山革命根据地进行第一次联合“会剿”。针对敌人的企图，毛泽东、朱德、陈毅等作出战斗部署，分别在新、老七溪岭抗击敌军，由朱德、陈毅分别担任七溪岭战斗的前线正、副总指挥。指挥所设在新七溪岭顶峰。6 月 23 日清晨战斗打响，我军顽强作战，打退了敌军的多次进攻，到下午 4 时左右将敌军消灭在新七溪岭脚下的龙源口桥一带，取得了龙源口大捷，并乘胜追击，第三次占领永新城。此仗歼敌 1 个团，击溃敌 2 个团，缴枪千余支，是井冈山革命根据地创建以来最辉煌的胜利。这次战斗规模之大，歼敌之多，影响之深，前所未有。从此，那首“不费红军三分力，打败江西两只羊（杨），真好，真好，快畅，快畅”的红色歌谣传遍根据地。

◆龙源口大捷旧址

龙源口桥始建于清道光十七年（1837 年）。为纪念龙源口大捷，龙源口桥照片被作为 1953 年发行的三元券人民币的正面图案。

龙源口大捷旧址于 2006 年 5 月被国务院公布为全国重点文物保护单位；2009 年 2 月被江西省委、省人民政府公布为江西省爱国主义教育基地。

横峰弋横武装起义总指挥部旧址

横峰弋横武装起义总指挥部旧址位于江西省上饶市横峰县姚家乡楼底兰家村。

1927 年 11 月中旬，方志敏化名汪祖海，来到横峰楼底兰家村，发动农民，组织农民革命团。1928 年 1 月 2 日，“窑头会议”正式打出了武装斗争和土地革命的旗帜，并成立了起义总指挥部，领导农民革命团打响了横峰弋横武装起义的第一枪。随后，弋阳、横峰两县各地的农民革命团根据起义总指挥部的通知，同时举行了暴动，并决定起义队伍向外围猛烈发展，从而开辟了由弋横而信江，由信江而赣东北，由赣东北而闽浙皖赣的革命根据地。

◆横峰弋横武装起义总指挥部旧址

◆中共横峰县第一个党支部旧址

横峰弋横武装起义总指挥部旧址占地 1000 平方米，房屋是一幢八榀长方形的土墙屋。

横峰戈横武装起义总指挥部旧址于 2009 年 2 月被江西省委、省人民政府公布为江西省爱国主义教育基地。

闽浙皖赣革命根据地旧址群

闽浙皖赣革命根据地旧址群位于江西省上饶市横峰县葛源镇。

闽浙皖赣（又称赣东北、闽浙赣）革命根据地，是土地革命战争时期由方志敏、邵式平、黄道等共产党人领导四省边区人民创建的一块重要的革命战略基地。根据地处赣、浙、闽、皖四省交界地区，为“东南半壁”之襟喉。武夷山、怀玉山、鄣公山、黄山、仙霞岭，山山绵亘、重峦叠嶂；信江、抚河、乐安河、新安江、崇阳溪，水水长流，纵横若网，军事上地势险要，经济上物产丰盈，具有开展革命斗争的良好条件。

◆闽浙赣省红军烈士纪念亭

闽浙皖赣革命根据地全盛时期由赣东北、闽北、(开)化婺(源)德(兴)、信(江)抚(河)、皖赣、皖南等大小6块苏区组成，纵横约50个县，人口数百万，建立过58个中共县级组织和32个县级苏维埃政权。三年游击战争时期，党组织遍布闽浙皖赣边区80多个县，游击区人口近千万。

大革命时期，闽浙皖赣边区相继创建了一些中共基层组织，掀起了相当规模的工农革命运动。尤其是弋阳县第九区的“漆工镇暴动”，在赣东北地区进行了武装夺取政权的尝试，开始了方志敏两条半枪闹革命的战斗历程。边区各地的斗争，为革命根据地的建立和发展打下了群众基础、思想基础和组织基础。

党的八七会议之后，各地党组织广泛宣传和组织群众、高举起武装斗争和土地革命旗帜，走上了“工农武装割据”的革命道路。在历时三年的前期斗争中，边区各地先后建立了中共赣东北特委、信江特委、闽北特委、浙西特委和浙南特委，形成了信江根据地、闽北根据地和其他一些小范围的根据地。

闽浙皖赣革命根据地的斗争长达10年，历经4个阶段：1927年8月至1930年7月，以江西上饶磨盘山为中心的信江根据地，以福建崇安为中心的闽北根据地形成，但与赣东北小块根据地和浙南、浙西、皖南等地的革命斗争尚未形成统一领导，边区呈现“群雄并起”的局面，此为根据地的前期斗争阶段；1930年7月至1933年10月，经中共信江特委和（前）赣东北特委的合并、闽北苏区的划归，形成了赣东北革命根据地（1931年2月，赣东北革命根据地党政军领导机关迁至横峰县葛源镇），后扩大为闽浙皖赣根据地，进入全盛时期，此为根据地的发展阶段；1933年10月至1934年年底，军民投入保卫基本苏区、开辟新区的斗争，第五次

◆闽浙赣省“四部一会”旧址

反“围剿”失败时苏区丧失，此为根据地的后期斗争阶段；1935 年年初至 1938 年年初，边区形成皖浙赣、闽北（闽赣边）、闽浙边三块游击根据地，直到国共第二次合作，各地红军游击队下山编入新四军，奔赴抗日战场，此为三年游击战争阶段。

闽浙皖赣革命根据地 10 年斗争中，党组织领导边区人民进行了创造性的工作，积累了创建和建设革命根据地各个方面的经验，丰富了毛泽东关于红色政权的理论，对形成工农武装割据，农村包围城市的革命道路，作出了卓越的贡献。根据地曾荣获中华苏维埃共和国临时中央政府授予的“苏维埃模范省”光荣称号，毛泽东先后誉之为：“方志敏式”、“有很好的创造”、“是坚强的苏维埃阵地”。

闽浙皖赣革命根据地旧址群主要包括中共闽浙赣省委机关、省苏维埃政府旧址、省军区司令部旧址、红军学校第五分校旧址、红色列宁公园、闽浙赣省红军操场、司令台、“四部一会”旧址、少共省委旧址。

中共闽浙赣省委机关旧址

中共闽浙赣省委机关旧址位于江西省上饶市横峰县葛源镇枫林村。

◆中共闽浙赣省委机关旧址

1932 年 11 月下旬，中共赣东北省委改名为中共闽浙赣省委，书记万永诚。1933 年春，万永诚调中央苏区，曾洪易继任书记。同年 12 月，曾洪易调任福建省委书记，方志敏继任书记。1934 年 11 月，曾洪易随红七军团重返闽浙赣苏区，书记由曾洪易接任。1935 年 2 月，由于闽浙赣苏区第五次反“围剿”失利，省军区司令员唐在刚在横峰县北部边境槎源村主持召开省委扩大会议，总结第五次反“围剿”的失败教训，并撤销了曾洪易省委书记职务，决定由组织部部长关英任省委书记。从此，省委领导闽浙赣省军民全面转入游击战争。

省委驻地初为横峰县葛源乡葛源村，1932 年年底迁驻葛源乡枫林村（即葛源枫树坞），1934 年 11 月，在第五次反“围剿”不断失利时撤离葛源枫林村，机关流动于弋（阳）横（峰）德（兴）三县边界磨盘山地区的横峰槎源坞、德兴广财山等地。1935 年再次转移到浙江开化县境内，12 月又转移至婺源县北部公山村和安徽休宁县的石屋坑一带。1936 年 4 月，改名为中共皖浙赣省委。

中共闽浙赣省委机关旧址占地面积 1000 平方米，四周筑有围墙，大门两边当年书写的“坚决执行党的进攻路线，彻底粉碎敌人五次围攻”标语仍清晰可见。旧址房舍是一字形土木结构的平房，内设省委秘书处、组织部、宣传部、妇女部和白区工作部等机构。中共闽浙赣省委是闽浙赣革命根据地党的最高领导机关，省苏维埃主席方志敏于 1931 年兼任省委书记时就住在这里。方志敏办公室兼卧室仍保存完好，陈设一如当年，还留着主人睡过的四轮架子床，墙壁上糊着《工农报》、《红色东北报》。

闽浙赣省苏维埃政府旧址

闽浙赣省苏维埃政府旧址位于江西省上饶市横峰县葛源镇枫林村。

1932 年 12 月11 日，经中共苏区中央局和中华苏维埃政府批准，赣东北省苏维埃政府改名为闽浙赣省苏维埃政府，主席为方志敏，机关从葛源村迁驻横峰葛源枫林村。其工作机构在主席团之下，设内务、土地、财政、文化、妇女、劳动、卫生、粮食、土地、裁判、工农检察等部和政治保卫局。

◆闽浙赣省苏维埃政府旧址

闽浙赣省苏维埃政府建立之初，苏区进入鼎盛时期，管辖范围增加了皖南的 10 几个县。第四次反“围剿”胜利后，又开辟了信抚新苏区。1933 年 4 月，临时中央政府人民委员会决议将闽北和信抚两个分区划出，设立闽赣省，闽浙赣苏维埃政府辖地因此而缩小。但 1934 年 4 月创建了赣北（后为皖赣）新苏区，同年 8 月又创建了皖南新苏区。

1934 年 11 月中旬，来自中央苏区的红七军团与红十军在德兴县重溪村合编为红十军团。11 月下旬，方志敏调任红十军团军政委员会主席，率部执行北上抗日先遣队的重任，省苏维埃主席由余金德代理。红十军团离开赣东北时，葛源于 11 月 28 日被国民党军占领。随后，省苏维埃政府机关与省委、省军区机关一道，分散流动在弋（阳）横（峰）德（兴）三县交界的磨盘山地区。1935 年 2 月，为适应游击战争的形势，省苏维埃政府撤销，大批苏维埃干部与苏区军民一道，投身于艰苦卓绝的三年游击战争。

闽浙赣省苏维埃政府旧址占地 880 平方米，依山而建，四周筑有围墙，大门为一座高大的“八”字形朝门，内有小院，栽了几棵枣树。房舍呈工字形，正房横摆，左右偏房竖设。内设省苏政府办公室、财政部银库等机关，现在还有香几、桌凳等遗物。

闽浙赣省军区司令部旧址

闽浙赣省军区司令部旧址位于江西省上饶市横峰县葛源镇枫林村。

1932 年 11 月，中共闽浙赣省委成立后，根据武装斗争的需要，遵照中华苏维埃共和国中央临时政府革命军事委员会的命令，将赣东北省革命军事委员会改为闽浙赣省军区总指挥部（习惯上称省军区司令部），为省苏维埃政府所属直接领导军事斗争的机构。

◆闽浙赣省军区司令部旧址

闽浙赣省军区司令员先后为唐在刚、刘畴西、方志敏，政委有曾洪易、聂洪钧、曾洪易、关英，先后下辖闽北军分区、皖赣军分区、乐河军分区、各县军事部、闽浙赣赤色警卫师、中国工农红军第 10 军（新 10 军）、闽北独立师、皖赣独立师、皖南独立团、各县独立营（团）、红军大学第五分校、兵工厂、被服厂、红军医院等。1934 年 11 月下旬，葛源被国民党军第 21 师梁立柱部攻占前夕，机关转移到德兴。1935 年 7 月，在游击战争中解体。

旧址占地 500 平方米，房屋前有朝门，室内分前后 2 幢，中间有一个天井，共 12 间。

闽浙皖赣革命根据地旧址群于 1994 年 11 月被江西省委、省人民政府公布为江西省爱国主义教育基地，2009 年 5 月被中央宣传部公布为全国爱国主义教育示范基地。

大余梅岭——南方三年游击战争遗址

大余梅岭——南方三年游击战争遗址位于江西省赣州市大余县南安镇梅山村。

从 1934 年下半年到 1937 年全国抗日战争爆发，红军主力相继战略转移后留在长江南北的一部分红军和游击队在党的领导下，在人民群众的支持下，在江西、福建、广东、浙江、湖南、湖北、安徽、河北等 8 个省的十几个地区，展开了艰苦卓绝的斗争。大余梅岭是坚持南方三年游击战争红军经常活动的地方。1935 年 6 月，国民党当局与日本帝国主义签订了丧权辱国的《塘沽协定》。当时留在江西坚持游击战争的中华苏维埃共和国中央政府办事处主任陈毅听说后，挥笔写下《登大庾岭》诗，发出了“国贼卖尽一抔土，弥天烽火举红旗”的呼喊。1935 年 10 月，为安全起见，项英（时任苏区

◆南方三年游击战争遗址(大余梅岭)

中央分局书记，中央军区司令员兼政治委员）、陈毅和赣粤边特委由北山向油山转移，途中巧妙地渡过了敌人重兵把守的大余梅关。陈毅为此在梅关写下了《偷渡梅关》诗一首，记载了当时的艰难险阻，并留下了“一身卧两省”的佳话。1937年5月2日，在国民党大余驻军中做兵运工作的陈海叛变投敌，伪造“中央派人来了大余县城”的情报。久盼与中央联系的陈毅，亲自下山进城，发现中共赣粤边特委在水城驿使门外梅峰桥头设立的“广启安”糖铺秘密联络站遭到破坏，险遭毒手。中共赣粤边特委驻地梅山斋坑，也被敌军包围袭击。第二天，敌军又增兵三个营，将梅岭重重包围，日夜“搜剿”。陈毅不能脱身，在藏身崖洞写下了千古不朽、豪气入云的“绝笔”——《梅岭三章》。梅岭位于大余县城南约10公里，居五岭之首，为赣粤两省天然屏障，海拔746米，又称大庾岭。自秦（公元前214年）开始，在梅岭设关。唐开元四年（公元716年）开辟驿道后，成为中原沟通岭南及海外诸国的主要通道，有“水上丝绸之路”之称。宋嘉祐八年（公元1063年）在梅岭之巅的隘口筑关楼，称梅关。明清时期，驿道与关楼多次修葺。驿道以鹅卵石铺就，长条青石固边，宽3.5—4.5米，现保留完好的驿道有约2.5公里。梅关关楼为砖石结构，上层建筑已圮毁，只剩城阙部分。全高5.5米，宽6米，门洞进深5.5米，关门高3.5米，内宽3米；南刻有“岭南第一关”匾额，北书有“南粤雄关”四字；西侧竖一块清康熙年间的赭红石碑，上刻“梅岭”两个苍劲雄浑的大字。整个关隘形势险要，仍显示出当年“一夫当关，万夫莫开”的雄伟气势。遗址内还建有诗碑林、《梅岭三章》碑、驿馆、憩云亭、望梅阁、庾将军祠、云封寺、六祖庙等。

大余梅岭——南方三年游击战争遗址于2006年5月被国务院公布为全国重点文物保护单位；2001年11月被江西省委、省人民政府公布为江西省爱国主义教育基地。

方志敏革命活动纪念地遗址群

方志敏革命活动纪念地遗址群位于江西省景德镇市乐平市（县级市）。

方志敏（1899—1935），江西弋阳人，原名方正鹄。早年在家乡求学。1921年考入九江南伟烈教会大学学习外语。1922 年加入中国社会主义青年团，1924 年春转为中国共产党党员。第一次国共合作期间，1925 年 7 月起任国民党江西省党部执行委员兼农民部部长。1927 年任中共江西区委工委书记、中共江西省委农民协会秘书长等职。大革命失败后，任弋阳、横峰等五县工作委员会书记兼武装起义总指挥。历任中共弋、横、德中心县委书记、江西省委委员。1929 年 10 月起任信江苏维埃政府主席。1931 年起任赣东北特区维埃政府主席、赣东北省苏维埃政府主席兼红十军代政治委员。1931 年 11 月，当选为中华苏维埃共和国第一届中央执委会委员。1931 年至 1934 年 11 月，任赣东北省、闽浙赣省党政军主要领导。1934 年 11 月，奉中央军委电令，任军政委员会主席，率红十军团北上抗日。1935 年 1 月所部于皖南怀玉山地区遭国民党军重兵围攻，1 月 29 日被俘，在狱中写下了《可爱的中国》、《清贫》、《狱中纪实》等。1935 年 8 月 6 日在南昌下沙窝慷慨就义。

方志敏革命活动纪念地遗址群包括中共赣东北特委和赣东北革命委员会旧址、红 10 军建军旧址、篁坞方志敏同志故居、八磜村旧址、九区青年社旧址（位于弋阳县）等。

中共赣东北特委和赣东北革命委员会旧址

中共赣东北特委和赣东北革命委员会旧址位于江西省景德镇市乐平市翥山东路 78 号。

1930 年 8 月 20 日，方志敏率领的中国工农红军第 10 军攻克乐平县城，将中共赣东北特委和赣东北革命委员会机关设在此楼，时间达三个月。方志敏等党、政、军领导人曾在楼上居住和办公，该楼成为赣东北根据地的指挥中心，为赣东北土地革命战争的发展和闽浙皖赣根据地的形成，作出了较大的贡献。

◆中共赣东北特委和赣东北革命委员会旧址

中共赣东北特委和赣东北革命委员会旧址原名荷园，建成于 1927 年，系原国民政府黎元洪大总统府顾问、乐平县儒林名仕汪徵元卸任归故里后所建，是当时乐平县第一座西式住宅建筑。因汪徵元字荷舟令，故取名为“荷园”。该旧址现占地面积 1487 平方米，保护范围面积 2987

平方米。

1930 年 11 月 27 日，国民党军第 5 师向苏区发动疯狂进攻，当晚乐平县城失陷，该旧址成为国民党乐平县党部办公楼。

1949 年 4 月底，中国人民解放军第二野战军解放乐平县城，陈赓将军于 5 月 2 日到达乐平，在此楼休息。而后，县委和乐平镇党委政府先后在此办公。1990 年年初，乐平县政协搬入此地办公。2003 年开始，乐平市政协对该楼进行全面修缮。2004 年，设立了红 10 军革命斗争事迹展厅。

红十军建军旧址

红十年建军旧址位于江西省景德镇市乐平市众埠镇南界首村。

◆中国工农红军第十军建军旧址

中国工农红军第 10 军（简称红 10 军），是由方志敏、邵式平、周建屏等创建的闽浙赣革命根据地的主力红军。1930 年 7 月 22 日，中共中央军委决定成立中国工农红军第 10 军。第二日，方志敏主持建军典礼并讲话，全军将士在旧址前广场参加严肃的盛典。全军辖 1、10、19 共 3 个步兵团和特务连、机枪连，指战员共有 1700 余人、枪 1000 余支，军长为周建屏，政委先后为吴先民、胡庭铨、邵式平。方志敏、邵式平、胡庭铨、周建屏、宣大统、李文滔、李杰三、李上达为前委常委。红 10 军起源于 1926 年方志敏领导的弋阳漆工镇暴动，是在“两条半枪闹革命”后，逐步发展起来。红 10 军建军后，血战东南，屡建奇功，声威远播。后来在方志敏领导下，高举北上抗日大旗，进军皖南，为巩固和发展闽浙皖赣革命根据地，配合中央苏区五次反“围剿”斗争，作出了重要的贡献。

红 10 军军部设在界首祠堂，主席台设在祠堂外右侧的古戏台上，即众埠镇万年台。台前广场于 2004 年 10 月铺设了水泥，面积达 1800 平方米。军部旧址以木料为主砖石结构的祠堂，清代民居风格，坐南朝北，四水归藏，内设两口天井，高达三丈，呈长方形。展览室于 1990 年 4 月重修，门匾“中国工农红军第十军建军旧址”为汪东兴题写，室内摆放着 21 块大型图片展，张贴着许多珍贵的历史图片。

篁坞方志敏同志故居

篁坞方志敏同志故居旧址位于江西省景德镇市乐平市十里岗乡篁坞村委会石塘村。

1927年，蒋介石发动了四一二反革命政变，当地党组织受到空前破坏。方志敏潜回弋阳组建军事化农民武装“农民革命团”。9月初，方志敏筹划和指挥了弋阳九区秋收暴动，但遭到国民党反动派张念诚“铲共团”的“围剿”，暴动队伍被打散，方志敏也在战斗中大吐血。为此，根据组织的安排，1927年9月27日深夜，方志敏由夫人缪敏和战友黄道、张其德等人护送至篁坞村贫民汪岐芬家中调养身体。调养期间，方志敏一边休息，一边开展工作，发展了6名共产党员，同时，还与邵式平取得了联系，恢复了弋阳的党组织并秘密筹建了一支工农革命武装。在百姓的悉心照料下，方志敏身体很快得到恢复，遂于1927年11月9日离开了篁坞村。他在这里居住了43天。

◆篁坞方志敏同志故居

篁坞方志敏同志故居属20世纪乐平东南乡典型落檐山墙式民居建筑，依山傍水，环境幽雅。旧居总面积约140平方米，建筑面积约70平方米。

为了纪念革命先烈，1956年8月重修方志敏同志故居，1983年10月被公布为乐平县文物保护单位，1996年10月建成方志敏烈士纪念馆。

◆八磜村战斗旧址

八磜村战斗旧址

八磜村战斗旧址位于江西省上饶市三清山风景名胜区管委会枫林办事处八磜村。

八磜村是中国工农红

军北上抗日先遣队血战突围所在地。1935 年 1 月 19 日至 23 日，由方志敏率领的中国工农红军北上抗日先遣队转战于八磜一线，于 21 日与敌 291、294 团展开激烈战斗。至 25 日，被包围的红军坚持各自为战，誓死不屈，大部分英勇牺牲。

九区青年社旧址

九区青年社旧址位于江西省上饶市弋阳县弋江镇东街叠山书院。

◆九区青年社旧址（叠山书院）

1917 年，方志敏在叠山书院（时为弋阳县城高等小学）发起组织了进步青年团体——九区青年社，后改名为弋阳革命青年社，其成员多为本县九区青年学生。其宗旨为：铲除人间不平，和恶势力斗。该组织初有社员 20 名左右，后发展社员近百名。大革命开始后，青年社活动停止。

叠山书院始建于元延祐四年（公元 1313 年），占地面积约 7000 平方米。大门高悬“叠山书院”匾额，是 1962 年 10 月邵式平所题。主体建筑有明伦堂、文昌阁、桂花园、望江楼。文昌阁内有桂花园和“八仙过海”等浮雕。叠山书院于 1985 年 11 月被江西省人民政府公布为江西省文物保护单位。

方志敏革命活动纪念地遗址群作为方志敏纪念馆的一部分于 2001 年 6 月被中央宣传部公布为全国爱国主义教育示范基地。

黄道烈士故居

黄道烈士故居位于江西省上饶市横峰县姚家乡姚家村。

黄道（1900—1939），江西省横峰县姚家乡姚家村人，是闽浙皖赣革命根据地、红 10 军和新四军的主要创始人之一。1922 年夏，黄道中学毕业后回到家乡教书，次年考入北京师范大学。1924 年加入中国共产党。1925 年暑假从北京师范大学回到横峰，创立了进步团体——岑阳学会。1926 年秋，根据党的指示，在岑阳学会和社会主义青年团中吸收了吴先民、钱壁、黄端喜等一批先进分子入党，在姚家村领导组建了横峰县第一个共产党支部。曾任中共江西省委委员，参加八一南昌起义。土地革命战争时期，历任中共赣东北特委组织部部长、宣传部部长、特区苏维埃政府代主席，中共闽北分区区委书记、闽赣省委书记等职。参加领导了闽赣边的三年游击战争。1938 年 1 月任中共中央东南分局宣传部部长、统战部部长兼新四军驻赣办事处主任。1939 年 5 月 23 日，在铅山县河口镇遇害。

◆黄道烈士故居

1928 年，黄道故居被国民党反动派烧毁。解放后按原样修复。旧址占地 600 平方米，四周筑有围墙，院内的房屋掩映在绿荫丛中，门楣上刻有“讲堂”二字。

黄道烈士故居于 2009 年 2 月被江西省委、省人民政府公布为江西省爱国主义教育基地。

南昌市革命烈士陵园

南昌市革命烈士陵园位于江西省南昌市经济技术开发区长青路 375 号。

南昌市革命烈士陵园始建于 1953 年。园区占地面积 730 亩，主要由烈士瞻仰区、植物观赏区、灵山墓园区、花卉苗木生产区和办公生活区等组成。烈士瞻仰区面积约 200 亩，有新中国成立后江西省第一任省长邵式平墓和烈士墓 220 冢。其中，1937 年前参加革命的 12 冢、抗日战争时期参加革命的 16 冢、解放战争时期参加革命的 119 冢、解放后参加革命的 73 冢；外宾墓和民主人士墓等 241 冢。在第一骨灰堂内安放并存展烈士和副县级以上干部骨灰及其事迹 500 余人。

◆南昌市革命烈士陵园骨灰堂

南昌市革命烈士陵园于 2001 年 11 月被江西省委、省人民政府公布为江西省爱国主义教育基地；1987 年 3 月被江西省人民政府公布为江西省重点烈士纪念建筑物保护单位。

上饶集中营革命烈士陵园

上饶集中营革命烈士陵园位于江西省上饶市信州区茅家岭街道茅家岭村。

◆上饶集中营革命烈士纪念馆

上饶集中营是皖南事变的历史产物。它是国民党1941年3月在上饶茅家岭、周田、李村、七峰岩、石底等地设立的一座规模庞大的法西斯式的人间地狱，主要囚禁皖南事变中谈判被扣的新四军军长叶挺和弹尽粮绝被俘的新四军排以上干部，还有部分从东南各省地方搜捕来的共产党员和其他爱国进步人士，共760余人。被囚的广大新四军干部和其他革命志士，在狱中秘密党组织的领导下，同国民党特务展开了坚贞不屈的斗争，反怀柔，反高压，成功举行著名的茅家岭暴动和赤石暴动。在这场英勇悲壮的斗争中，近200名革命志士（绝大部分是共产党员、新四军干部）献出了宝贵的生命。

解放后，为了缅怀在集中营牺牲的近200名革命烈士，继承先烈遗志，激励教育后人，当地中共组织和人民政府于1955年在茅家岭建立革命烈士陵园，陆续修建了革命烈士公墓、革命烈士纪念碑、革命烈士纪念馆、纪念亭等建筑物。总体规划面积为两平方公里，分五大区：革命烈士陵园区、茅家岭监狱旧址区、周田监狱旧址区、李村监狱旧址区、七峰岩监狱旧址区。

◆上饶集中营革命烈士纪念碑

上饶集中营革命烈士纪念碑位于茅家岭雷公山中腰，坐东朝西，高28米多，呈正方形。其中碑身高20米，碑阶高约1.2米，碑座高7米，长、宽各约20米。东面刻有刘少奇、朱德题词；南面和北面分别刻有中共江西省委、江西省人民委员会题文；西面刻有周恩来题书“革命烈士们永垂不朽”9个金光大字和纪念碑文。碑系花岗石分砌而成，呈银灰色，雄伟挺拔。

烈士公墓位于雷公山顶，呈半球拱状，直径约7米，高约2米。墓表刻有“烈士公墓”（1959年重建）镏金大字。墓身是钢筋水泥结构，里面安放着15具先烈忠骨。围绕着公墓，有3米多宽的水泥甬道。四周栽满了侧柏、罗汉松、广玉兰、女贞、四季青等树。

上饶集中营革命烈士纪念馆位于陵园的东侧，建筑面积为4300平方米，呈徽派建筑风格。馆内陈列着大量珍贵的文字、照片、实物等资料，布展分为1个序厅、4个展厅。序厅分前后两厅，前厅正上方为“丰碑”的革命先烈群雕，右侧浮雕为“炼狱斗争”，左侧浮雕为“冲出牢笼”；后厅两边墙壁悬挂着党和国家领导人的题词手迹。第一展厅内容为“炼狱黑幕”，介绍当年抗日战争形势、新四军组建历程、皖南事变发生经过。第二展厅主题为“叶挺将军（暨海外赤子）”，介绍北伐名将、新四军军长叶挺生平事迹和在狱中英勇斗争的情景。第三展厅主题为“铁窗烈火”和“冲出樊笼”，重点展示了茅家岭暴动和赤石暴动英雄的光辉形象。第四展厅主题为“武夷悲歌”与“前仆后继”，展示了赤石大屠杀的情景与集中营的最终结局，以及新四军在皖南事变后重组军部，前仆后继，坚持抗日的辉煌历程。

上饶集中营革命烈士陵园于1988年1月被国务院公布为全国重点文物保护单位；1994年11月被江西省委、省人民政府公布为江西省爱国主义教育基地，2001年6月被中央宣传部公布为全国爱国主义教育示范基地；1989年8月被民政部公布为全国重点革命烈士纪念建筑物保护单位。

方志敏烈士陵园

◆方志敏烈士陵园

方志敏烈士陵园位于江西省南昌市经济技术开发区的梅岭山脚。

1955年，中共中央作出寻找方志敏遗骨的决定。1958年，带有脚镣的方志敏烈士骸骨被发现确认。1962年动工建设方志敏烈士陵墓、台阶、碑石、纪念碑和灵堂，1965年竣工。墓基由大理石砌成，碑石高3.5米、宽2.4米，上面刻有毛泽东亲笔题字“方志敏烈士之墓”。墓道用花岗岩砌成，共 11 层，157 级台阶，寓意为方志敏烈士从 1924 年入党后，为共产主义事业奋斗 11 个春秋和从 1931 年任赣东北特区苏维埃主席至牺牲时 1570 个日日夜夜。墓道第九层立有江西省委、省人委撰写的方志敏简历。1977 年 8 月 6 日举行烈士骨灰安葬仪式。1989 年修建烈士陵园围墙。1999 年为纪念方志敏诞辰 100 周年，对陵园进行改造，修建纪念广场、广场北面山脚护坡、约 4000 平方米草坪和 800 平方米广场，制作方志敏烈士半身铜像。2001 年，立项建设方志敏烈士事迹陈列室。陈列室主体为框架结构，共计两层，檐高 11.1 米，建筑面积 914.58 平方米，室内展线长 160 米，布展面积 600 平方米，展品 300 余件。布展内容包括六部分：探求真理，投身革命；革命先锋，农运领袖；创建闽浙赣（皖）苏区，投身土地革命；北上抗日，血战东南；狱中斗争，坚贞不屈；英雄伟业，光照千秋。陈列室于 2002 年 12 月对外开放。

方志敏烈士陵园于 1994 年 11 月被江西省委、省人民政府公布为江西省爱国主义教育基地，2001 年 6 月被中央宣传部公布为全国爱国主义教育示范基地，1986 年 10 月被民政部公布为全国重点烈士纪念建筑物保护单位。

秋收起义纪念地

秋收起义纪念地位于九江市修水县和萍乡市安源区、芦溪县以及宜春市铜鼓县。

1927 年八七会议后，毛泽东受党中央的委托，以中央特派员身份赶赴湖南，组织领导湘赣边界秋收起义。参加起义的部队主要有原国民革命军第二方面军总指挥部警卫团、安源工人武装、浏阳和平江的农军、湖北崇阳和通城的部分农军，起义部队合编为工农革命军第 1 军第 1 师，共 5000 余人。毛泽东任中共前敌委员会书记，卢德铭任起义军总指挥。1927 年 9 月 9 日开始，起义军先后从修水、安源、铜鼓等地向长沙进攻。但由于敌强我弱，起义军受挫。9 月 19 日，毛泽东在湖南浏阳文家市召开前委会议，决定改变原来直取浏阳，攻打长沙的计划，向敌人统治力量薄弱的农村进军。9 月 29 日，起义部队约

◆秋收起义纪念碑

1000 人到达江西省永新县的三湾村进行改编。经过改编，起义军从一个师缩编为一个团，党在部队中建立了各级组织，特别是把支部建在了连上，从组织上确立了党对军队的领导。尔后，起义部队兵分两路，经湖南转至江西，10 月抵达井冈山。从此，这支起义武装在中国共产党和毛泽东的领导下，开始了创建井冈山农村革命根据地的斗争。

秋收起义在中共党史和中国革命史、军事史上都具有重要意义。为此，新中国成立后在秋收起义爆发地保存了一批重要的旧址，修建了一批纪念设施。

秋收起义纪念地包括秋收起义萍乡纪念地、秋收起义铜鼓纪念馆、秋收起义修水纪念馆等。

秋收起义萍乡纪念地

秋收起义萍乡纪念地位于江西省萍乡市安源区和芦溪县。纪念地包括秋收起义纪念碑、秋收起义军事会议旧址、秋收起义烈士陵园、秋收起义第 2 团出发地等旧址。

◆秋收起义军事会议旧址

秋收起义纪念碑位于萍乡市安源区后埠街秋收起义广场。1998 年 6 月 21 日，中共中央办公厅、国务院办公厅批准在萍乡建立秋收起义纪念碑，2000 年 9 月初竣工，于 9 月 9 日即秋收起义 73 周年纪念日举行了纪念碑落成揭碑仪式。

◆秋收起义烈士陵园

秋收起义军事会议旧址位于江西省萍乡市安源区安源镇张家湾村。1927 年 9 月初毛泽东来到安源，在此主持召开了湘赣边界地区党的负责人和军事负责人会议，参加会议的有毛泽东、潘心源、蔡以忱、宁迪卿、王新亚、杨骏等。会上毛泽东传达了中共八七会议的情况，对湘赣边界秋收起义作了具体部署。该旧址 1957 年被江西省人民政府公布为江西省文物保护单位。

◆秋收起义部队第2团出发地旧址

秋收起义烈士陵园位于江西省萍乡市芦溪县上埠镇山口岩管理处以南120米。为纪念和缅怀秋收起义总指挥卢德铭等革命先烈，1982年，在卢德铭牺牲地不远处，建立了卢德铭烈士陵园。2007年，为纪念秋收起义80周年，经萍乡市委、市政府同意，芦溪县委、县政府于4月在卢德铭烈士陵园的基础上进行扩建，更名为秋收起义烈士陵园。秋收起义烈士陵园于2001年11月被江西省委、省人民政府公布为江西省爱国主义教育基地。

秋收起义部队第2团出发地旧址位于安源区安源镇张公祠。张公祠为德国式楼房，1907年萍乡煤矿为纪念第一任矿长（时称总办）张赞宸而建，名“张公祠”。2007年年初，经共青团中央、全国少工委批准，此楼建成“中国少年儿童运动安源纪念馆”。秋收起义部队第2团出发地旧址于1957年被江西省人民政府公布为江西省文物保护单位，2001年11月被江西省委、省人民政府公布为江西省爱国主义教育基地。

秋收起义铜鼓纪念馆

秋收起义铜鼓纪念馆位于江西省宜春市铜鼓县永宁镇定江东路489号。

1927年9月11日，毛泽东根据八七会议精神和中共湖南省委的决定以及安源张家湾军事会议的部署，亲临铜鼓领导和发动了湘赣边界秋收起义。为纪念这一伟大的革命实践活动，中共铜鼓县委、铜鼓县人民政府于1977年8月在湘赣边界秋收起义前敌委员会旧址旁建成秋收起义铜鼓纪念馆，馆名由当年参加过湘赣边界秋收起义的宋任穷题写。2007

◆秋收起义铜鼓纪念馆

年，为纪念湘赣边界秋收起义80周年，中共铜鼓县委、铜鼓县人民政府对该馆进行维修改造。现馆舍占地面积5000余平方米，馆内陈列共分五部分：军旗猎猎；沙洲阅兵；排埠思索；引兵井冈；威武之师。陈列中有大量珍贵文物、照片，并采用了油画、图画、场景多媒体、幻影成像和声、光、电等先进手段。

秋收起义铜鼓纪念馆于2001年11月被江西省委、省人民政府公布为江西省爱国主义教育基地。

秋收起义修水纪念馆

秋收起义修水纪念馆位于江西省九江市修水县义宁镇凤凰山路136号。

◆秋收起义修水纪念馆

由于修水具有良好的工农运动基础，1927年八七会议后，江西省委非常重视修水的暴动工作，在《江西省委对于秋暴的计划》中确定：“赣北以修水为起点，影响邻近各县与各县的联络……在农军势力统治的县份，如修水、铜鼓等应即马上实行捕杀豪绅及反动派，没收大地主土地，建立农民政权。”1927年8月中旬至9月初，原国民革命军第二方面军总指挥部警卫团、平江工农义勇队、崇通农民义勇军相继来到修水，组建了工农革命军第1军第1师，设计制作并率先升起了第一面军旗，修水遂成为秋收起义的主要策源地。1927年9月9日，在毛泽东、卢德铭领导下，驻守在修水的师部及其所属第1团以及师直机关、特务连在县城紫花墩举行了气壮山河的誓师大会，高呼“红色领带系在颈，只顾死来不顾生”，打响了秋收暴动的第一枪。秋收暴动期间，毛泽东激情满怀，写下了著名的《西江月·秋收暴动》：“军叫工农革命，旗号镰刀斧头，修铜一带不停留，便向平浏直进。地主重重压迫，农民个个同仇，秋收时节暮云沉，霹雳一声暴动。”

秋收起义修水纪念馆始建于1977年9月，是秋收起义专题性纪念馆，占地3000平方米，由何长工题写馆名。

秋收起义萍乡纪念地、秋收起义铜鼓纪念馆、秋收起义修水纪念馆作为秋收起义纪念地于2001年6月被中央宣传部公布为全国爱国主义教育示范基地。

井冈山革命纪念地

井冈山革命纪念地位于江西省吉安市井冈山市。

井冈山革命纪念地位于1927年创建的井冈山革命根据地的中心区域。井冈山革命根据地是毛泽东、朱德等老一辈无产阶级革命家创建的具有重大影响的农村革命根据地。1927年9月，毛泽东率领秋收起义部队途经莲花，进入永新，在三湾村进行了著名的“三湾改编”。10月3日，经过改编后的秋收起义部队工农革命军到达宁冈县城，并召开了古城会议，决定在罗霄山脉中段建立根据地，开展游击战争，同时还确定了团结、改造袁文才、王佐部队的方针，以及在茅坪安家、建立医院、设立后方留守处等事项。6日，毛泽东在宁冈会见了当地农军领袖袁文才，7日，工农革命军在茅坪安家，27日，进驻茨坪。11月上旬，毛泽东在茅坪象山庵主持召开了宁冈、永新、莲花三县党组织负责人会议。接着，边界各县党组织得到恢复和重建。1928年2月，永新、宁冈、遂川、莲花、茶陵五县恢复了县委，遂川、宁冈、茶陵建立了工农兵政府，井冈山革命根据地初步形成。4月28日，朱德、毛泽东会师。5月4日，红四军成立，朱德任军长，毛泽东任党代表。三占永新后，根据地区域得到拓展。5月22日成立了湘赣边界特委，毛泽东任书记，机关设在宁冈茅坪攀龙书院，这是湘赣边界地方党的最高领导机构。5月下旬，湘赣边界最高行政机关湘赣边界工农兵政府成立。这标志着井冈山革命根据地进入全盛时期，红色区域面积扩大到7200平方公里，人口50余万。同年8月，由于“左”倾错误路线的影响导致边界八月失败，根据地区域缩小到2400公里，人口锐减到7.68万。8月底至10月份，毛泽东、朱德率领红军三战三捷，打破了湘赣国民党军的第二次“会剿”，恢复了根据地大片失地。10月4日至6日，边界党的“二大”讨论了“中国的红色政权为什么能够存在”和再次回答了“红旗到底打得多久”的疑问，颁布了《井冈山土地法》，重新成立了以毛泽东为书记的前敌委员会，形成了边界地方和红军的统一领导。12月10日，红5军与红4军胜利会师，壮大了武装力量。针对国民党军第三次“会剿”，1929年1月4日召开柏露会议，决定由红5军和红4军第32团留守井冈山。按照会议决定，14日毛泽东、朱德率红4军主力下山，出击赣南。26日，湘赣两省敌军向井冈山根据地发起总攻，29日晚井冈山五大哨口相继失守，红5军主力余部向赣南突围，游击湘粤赣边界。7月到10月间红5军先后收复了遂川、宁冈、莲花、永新，并将湘赣边界特委迁到永新城，实现了边界特委政治、军事指挥中心的转移。

井冈山革命纪念地主要包括井冈山革命博物馆、井冈山革命烈士陵园、黄洋界红军哨口、八角楼毛泽东旧居、井冈山会师广场、龙江书院——毛泽东和朱德第一次会见旧址、大井毛泽东旧居等。

井冈山革命博物馆

井冈山革命博物馆位于井冈山市茨坪街道。

◆井冈山革命博物馆

1959年10月，为纪念井冈山革命根据地的光辉历史，在茨坪修建了井冈山革命博物馆。这是我国第一个地方性革命史类博物馆，毛泽东亲自审阅陈列大纲，朱德题写馆标。全馆收藏文物3万余件，文献资料7000多份，图书7000多册，历史图片1万余张；珍藏党和国家领导人、著名书画家及社会各界知名人士的墨宝珍迹数千幅；保存毛泽东、朱德重上井冈山等影视资料片数百件。

井冈山革命博物馆新馆于2005年9月29日动工建设，2007年10月27日竣工开馆。11月5日，响应中央号召率先对社会免费开放。新馆运用"红色经典，现代表述"的理念，采取声、光、电和多媒体等高科技展陈手段，生动再现了毛泽东、朱德等老一辈无产阶级革命家把马克思主义的普遍原理与中国革命的具体实践相结合，点燃"工农武装割据"的星星之火，开辟中国第一个农村革命根据地——井冈山革命根据地的光辉历程，宣传了具有中国特色的革命道路——井冈山道路和带有原创意义的民族精神——井冈山精神。

井冈山革命烈士陵园

◆井冈山革命烈士陵园

井冈山革命烈士陵园位于井冈山市茨坪北山。

井冈山革命烈士陵园于1986年破土动工，1987年10月第一期工程竣工，并在纪念井冈山革命根据地创建60周年之际对外开放。第二期工程从1990年10月破土动工，1992年10月竣工对外开放。陵园由烈士纪念堂、碑林、雕塑园、革命烈士纪念碑四部分组成，占地面积400亩。宋任穷为陵园题写了园标。纪念堂分陈列厅和骨灰厅两部分。陈列厅内陈列了部分参加过井冈山斗争的老一辈无产阶级革命家和在井冈山斗争时期英勇献身的革命先烈的遗像、生平简介和部分革命文物，以及在井冈山斗争时期牺牲的万名革命先烈名册。骨灰厅安放着部分参加过井冈山斗争的红军老战士的骨灰。碑林位于纪念堂上左侧。现有碑刻138块。雕塑园位于纪念馆右侧上方的一块近5亩的平地上，园内共塑了19位井冈山斗争时期前委、军委、特委的主要领导和著名人物的雕像，他们是毛泽东、朱德、陈毅、彭德怀、谭震林、滕代远、宛希先、王佐、袁文才、何挺颖、陈正人、王尔琢、何长工、张子清、蔡协民、罗荣桓、李灿、贺子珍、伍若兰。雕塑园园标为萧克1987年夏天题写。1997年10月，邓小平题字的“井冈山革命烈士纪念碑”落成。

黄洋界红军哨口

黄洋界红军哨口位于井冈山市茨坪的西北面。

黄洋界红军哨口海拔1343米，距茨坪17公里，黄洋界上群峰叠起，山势险峻。每当山雾弥漫、云海茫茫时，黄洋界犹如屹立在汪洋大海中的岛屿，时隐时现，故亦称“汪洋界”或“望洋界”。

黄洋界是宁冈、酃县、茶陵等地通向井冈山的要道，是军事根据地五大哨口之一。哨口范围内有红军哨口工事、黄洋界保卫战胜利纪念碑、红军营房、红军当年挑粮上山歇脚处的荷树。

红军哨口工事共有三个：右边一个工事用以控制通往茅坪的小路，阻击从永新方向来进犯的敌军；左边一个工事可控制通往宁冈大陇的小路，阻击从酃县方向来犯之敌；两个工事之间的后山顶上设立一个工事兼瞭望哨，以监视山下国民党军队的动静，并掩护左右两个工事。三个工事互为犄角之势，扼守住井冈山军事根据地的北大门。同时，在这三个工事的前沿设了五道防线：第一道为竹钉阵；第二道是难以逾越的壕堑；第三道是难以攀援的围栏竹篱笆；第四道是檑木石；第五道是牢固的射击掩体。

◆黄洋界保卫战胜利纪念碑（竖碑）

红军营房为干打垒式结构，有1厅9间小房，占地面积约270平方米。

黄洋界保卫战胜利纪念碑，有竖碑和横碑两座，竖碑坐西朝东，高12米，底座长4米，宽2.8米，背面镶刻有朱德亲笔题字“黄洋界保卫战胜利纪念碑”，正面是毛泽东的手迹“星星之火，可以燎原”。横碑高7米，底长4米，宽2.6米，碑的正面镶刻着毛泽东手书的《西江月·井冈山》诗词，背面为朱德手书的“黄洋界”三个烫金大字。

1928年夏天，由红4军32团1排长李少垣负责组织施工盖成了红军营房。1928年8月，湘赣敌人集中4个团的兵力主攻黄洋界哨口，红4军31团1营以2个连的兵力，在井冈山人民群众的帮助下，凭险打败了敌人的进攻。毛泽东得知这一消息后，欣然挥毫写下了《西江月·井冈山》的词篇，讴歌井冈山军民团结战斗取得的胜利。

为了储备粮食，坚持井冈山军事根据地的斗争，粉碎敌人的第三次“会剿”，1928年冬天，边界展开了一场往井冈山运粮的挑粮运动。毛泽东、朱德、彭德怀等也以普通一兵的身份参加了挑粮运动。脍炙人口的“朱德的扁担”的故事就从这时开始流传。每当毛泽东和红军战士一起挑粮经过黄洋界时，经常在路边的一棵荷树下休息，树下就成了进行革命理想教育的课堂。

茅坪毛泽东旧居

茅坪毛泽东旧居位于井冈山市茅坪乡茅坪村八角楼。

1927年10月至1929年1月井冈山斗争期间，毛泽东经常在此居住和办公。当时，由于湘赣敌军对根据地实行了严密的经济封锁，红军的军需给养非常困难，物质生活十分艰苦，毛泽东与普通战士一样，靠吃红米饭、南瓜汤度日。红军还作出了节约用油的明确规定，按此规定毛泽东是可以点三根灯芯的，但为了节省用油，他一直坚持用一根灯芯办公、看书、写文章。就是在这样微弱的灯光下，1928年10月毛泽东写下了《中国的红色政权为什么能够存在?》这一光辉著作，首次提出了“工农武装割据”的思想，

◆茅坪毛泽东旧居

回答了“红旗到底打得多久”的问题，并预言，“全国革命形势是向前发展的，则小块红色区域的长期存在，不但没有疑义，而且必然地要作为全国政权的许多力量中间的一部力量……而且这些红色区域将继续发展，日渐接近于全国政权的取得”。毛泽东的这一透彻论述，极大地鼓舞了井冈山军民的斗志，为边界党内的思想统一奠定了坚实的基础。

八角楼因该楼上有一个八角形的天窗而得名，系砖木瓦结构，坐北朝南，有1厅2间房，建筑面积78平方米。

井冈山会师广场

井冈山会师广场位于井冈山市砻市城西的龙江河东岸。

◆井冈山会师纪念碑

1928年4月底，南昌起义保留下来的部队和湘南暴动的农军在朱德、陈毅的率领下，来到宁冈砻市，与毛泽东领导的秋收起义部队胜利会合，这就是著名的“井冈山会师”。5月4日，1万多根据地军民在龙江河的沙洲上召开了庆祝两军会师大会，庄严宣告中国工农革命军第四军（后改称中国工农红军第四军）的成立，朱德任军长，毛泽东任军委书记兼党代表。两军会师和红4军的成立，对于发展井冈山革命根据地起了非常重要的作用。正如朱德在《井冈山会师》诗中赞颂的“革命雄师会井冈，集中力量更坚强。红军领导提高后，五破围攻固战场”。

中华人民共和国成立后，宁冈人民在井冈山会师广场原地按原貌修建了大会主席台，并在四周砌了栏杆，完好地保存了会师广场旧址。同时，宁冈人民把会师广场前面的龙江桥称为“会师桥”。1980年5月4日，井冈山会师纪念碑在会师桥头落成。

井冈山会师广场占地面积12019平方米，广场中心部位是占地面积108平方米的会台，会台前立有毛泽东、朱德铜像。井冈山会师纪念碑碑名由叶剑英元帅题写，碑高19.28米、碑座长5米、宽4米，取意于1928年5月4日红4军成立的日子。碑身正面用红大理石镶成，分别代表湘赣边秋收起义部队和南昌起义部队的两面军旗。前面顶端是中国共产党党徽标志，表示两支部队在党的领导下会师。

毛泽东和朱德第一次会见旧址（龙江书院）

毛泽东和朱德第一次会见旧址位于井冈山市龙市西北的五虎岭南麓、龙江河畔的龙江书院。

◆毛泽东和朱德第一次会见旧址（龙江书院）

1928 年 4 月 28 日，朱德、陈毅率领南昌起义队伍和中共湖南农军到宁冈砻市，与毛泽东领导的秋收起义部队会师。毛泽东和朱德在龙江书院门前第一次见面，随后两支部队的主要领导人在龙江书院文星阁进行了会谈。参加会谈的有毛泽东、朱德、陈毅、王尔琢、张子清、蔡协民、何挺颖、袁文才、何长工、胡少海、黄克诚、龙超清等。毛泽东向大家介绍了井冈山根据地的主要情况，朱德谈了湘南暴动和部队转移上山的经过。在亲切的气氛中，大家商谈了两军会师后的有关事项，并决定于 5 月 4 日召开军民庆祝大会。

1927 年 11 月，为适应井冈山武装斗争的需要，毛泽东在龙江书院举办了工农革命军军官教导队，两军会师后改名为“红四军军官教导队”，毛泽东、朱德等红军领导常在此给学员们讲课。

龙江书院为宁冈、茶陵、酃县三县客家人集资创办，由宁冈县羊坳村吴典勋首倡，清道光二十年（1840 年）始建，道光二十三年落成，为当时宁、茶、酃三县最高学府，砖瓦结构，有 42 间房 7 个厅 11 个天井，并建有文星阁、明道堂、积功祠、启秀斋等，占地约 2000 平方米。

大井毛泽东旧居

◆大井毛泽东旧居

大井毛泽东旧居位于井冈山市茨坪镇西北面约 5 公里处。

1927 年 10 月，毛泽东率领工农革命军从荆竹山经双马石进驻井冈山时就住在此地。在这里，毛泽东广泛开展了宣传和发动群众工作，同时命令宛希先带领部队游击酃县、安仁、茶陵等县，扩大了革命影响。

大井毛泽东旧居门前有一块天然大石。毛泽东当年常坐在石上读书看报，同群众交流谈心，并用枫树撑破巨石生长的情况打比喻，激发群众的革命斗志和必胜信心。因此，后人称该石为“读书石”。

1929 年 1 月，第三次反“会剿”失利后，国民党军队窜入井冈山，实行“三光”政策，大井毛泽东旧居也被付之一炬，仅剩一堵残垣和两棵树。1960 年按原貌进行修复，将残垣嵌入新墙之中以作纪念。该旧居原系粤籍商人住房，土木结构，内有 5 个天井、44 间小房，总面积 980 平方米。

井冈山革命纪念地于 1997 年 6 月被中央宣传部公布为全国爱国主义教育示范基地。

兴国县革命历史纪念地

兴国县革命历史纪念地位于江西省赣州市兴国县境内。

兴国县是全国著名的共和国将军县，苏区时 8 万人参军参战。在 1955 年至 1965 年解放军实行军衔制 10 年间，被授予将军军衔的兴国籍将军 56 名，成为全国闻名的三大将军县之一。兴国是全国著名的烈士县，全县 23179 名登记在册的革命烈士，占江西全省烈士总数的十分之一，是全国烈士数最多的县份之一。兴国是著名的苏区模范县。兴国苏区干部创造了第一等的工作，是影响深远的“苏区干部好作风”发源地。苏区兴国受到中华苏维埃共和国主席毛泽东的高度赞扬，亲授红匾“模范兴国”。

兴国县革命历史纪念地包括兴国县革命纪念馆、兴国县烈士陵园、土地革命干部训练班旧址、毛主席作长冈乡调查纪念馆、苏区干部好作风陈列馆、将军园和将军馆。

◆兴国革命纪念馆

纪念馆于 1961 年修建，占地面积 4333 平方米，主体建筑为展览大楼，坐南朝北，砖木结构，歇山屋顶，米黄色墙壁；中厅三层，左右厅各二层，陈列内容主要包括毛泽东、朱德等老一辈无产阶级革命家在兴国革命活动与兴国人民对建立红色政权、创造模范县等苏区革命的历史资料、图片和革命文物；中厅三楼是兴国历史文物展览。全馆共有 9 个展厅。

兴国县革命烈士陵园

兴国县革命烈士陵园位于兴国县城红军路宝长山。

◆兴国革命烈士纪念馆

解放后，兴国县人民政府在县城宝长山兴建革命烈士陵园，1957 年改建于县城鸡心岭，兴建革命烈士纪念馆，1977 年迁建于现址。烈士馆占地 20867 平方米。园内有烈士纪念塔、纪念亭、英名碑、广场、陈列馆等一系列建筑。烈士纪念馆由门厅、灵堂和五个展厅组成，占地 1401 平方米，重点展出 130 多位兴国著名烈士的生平、照片和部分珍贵遗物，并建有马前托孤、宁死不屈、洗衣队员、江善忠跳崖、过雪山等艺术雕塑。1991 年建于园内的“革命烈士英名碑”，呈五角回廊式，中间为英烈群雕，回廊镶满高达 2 米，镌刻全县 23179 位烈士英名的碑石。烈士广场周围还塑造了多处烈士群雕。兴国县革命烈士陵园于 1996 年 4 月被民政部公布为全国重点烈士纪念建筑物保护单位。

土地革命干部训练班旧址

土地革命干部训练班旧址位于兴国县城位横街小井头潋江书院。

◆土地革命干部训练班旧址（潋江书院）

1929 年 4 月，毛泽东率红四军第 3 纵队来到兴国。毛泽东在此举办了有陈奇涵、肖华等 48 人参加的土地革命干部训练班，传达了党的六大精神，阐述开辟新区、建立农村革命根据地的重要性，为土地革命的发展培养了一批领导骨干。毛泽东在这里主持制定了《兴国土地法》和《兴国县革命委员会政纲》，并指导成立了兴国县革命委员会。1933 年 3 月至 1934 年 10 月，兴国县苏维埃政府驻在此地。

潋江书院建于清乾隆三年（1738 年），1978 年修复，占地 4903.08 平方米，由门厅、讲堂、拜厅、学舍、魁星阁、文昌宫和崇圣祠等组成。崇圣祠左右两侧楼房，在正墙 80 平方米的墙面上，仍保存着当年书写的 12 条革命标语，字迹可辨。

毛主席作长冈乡调查纪念馆

毛主席作长冈乡调查纪念馆位于兴国县长冈乡长冈村。

兴国县长冈乡是苏区乡苏维埃政府工作的模范乡。1933 年 11 月，毛泽东率中央政府调查团到长冈乡调查后，整理出著名的《长冈乡调查》一文，并在 1934 年 1 月召开的中华苏维埃共和国第二次全国苏维埃代表大会上发出了在全国创造“几千个长冈乡，几十个兴国县”的号召。

◆毛主席作长冈乡调查纪念馆

为纪念毛泽东作长冈乡调查，学习和传承毛泽东深入实际、调查研究的优良作风，兴国县 1976 年兴建此馆，2008 年进行重修，重新布展。该馆以毛泽东作长冈乡调查的主要史迹为陈列内容，有 4 个展厅，门厅是毛泽东作长冈乡调查的大型雕塑，各个展厅陈列有苏区时期的大量照片和实物。纪念馆占地 7028 平方米，坐东朝西，砖木结构，悬山屋顶，四周砌有红石围墙，具有鲜明的民族特色。

◆苏区干部好作风陈列馆

苏区干部好作风陈列馆

苏区干部好作风陈列馆位于兴国县将军园内。

苏区干部好作风陈列馆占地 1300 多平方米，于 2002 年底动工兴建，2005 年 10 月开馆，是全国唯一以苏区干部好作风为主题的陈列馆。该馆分南、北两个展厅，共有调查研究、实事求是，艰苦奋斗、廉洁奉公，关心群众、执政为民，模范带头、争创一流等陈列主体内容，用图片、文字、雕塑、模型等形式，通过实物陈列及声、光、电等现代布展手段，全面展现了苏区干部好作风的伟大精神内涵。

将军园和将军馆

将军园和将军馆位于兴国县城南门319国道与兴（国）江（口）公路交汇处。

为褒扬兴国县共和国将军的革命业绩，中共兴国县委、兴国县人民政府于2003年兴建了将军园和将军馆，占地300亩。将军园由将军广场、将军纪念馆、大型将军雕塑、休闲广场、将军湖、岛等部分组成。整个园集瞻仰、教育、游览、休闲于一体，气派壮观。将军馆位于将军园正中高地，展馆建筑面积3000平方米，屋顶是红军八角帽造型。展厅和大门由镰刀、斧头形状构成，馆内第一层利用图片、实物、文字等形式，陈列兴国县1955年至1964年实行军衔制期间的56位共和国开国将军的生平事迹；第二层陈列新中国成立前参加革命未授衔的兴国籍省部军级领导干部的英勇事迹。

兴国县革命历史纪念地于2001年6月被中央宣传部公布为全国爱国主义教育示范基地，2004年8月被江西省委、省人民政府公布为江西省爱国主义教育基地。

中国工农红军北上抗日先遣队纪念馆和纪念碑

中国工农红军北上抗日先遣队纪念馆和纪念碑位于江西省上饶市玉山县怀玉乡玉峰村。

中国工农红军北上抗日先遣队，是中共中央、中央军委在主力红军长征前三个多月从中央苏区派出的一支部队。全军前后共1万余人，深入闽浙皖赣四省国民党统治地区，历时6个多月，行程5000余里，最后在国民党军优势兵力围攻下遭到失败，仅800余人突围。这是中国革命史上的一个重要历史事件。红军曾挺进到距杭州不足百公里处，牵制了20万国民党军队，策应了中央红

◆中国工农红军北上抗日先遣队纪念馆和纪念碑

军的第五次反“围剿”斗争和尔后进行的战略大转移。先遣队在所经过的4省几十个县的广阔地区，深刻揭露日本帝国主义的侵略罪行和蒋介石的不抵抗政策，宣传抗日救亡，推动了抗日运动的发展，扩大了党和红军的影响。先遣队沿途留下了一批又一批指战员，加上其突围部队，对促进闽东、闽北、浙西、浙南、皖赣边和皖南等苏区和游击区的发展起到了积极的作用。在中央红军长征后，南方土地革命斗争趋向低潮，先遣队由于孤军奋战，最终遭到失败。

2009年8月15日，中国工农红军北上抗日先遣队纪念馆和纪念碑落成。纪念馆是一个集瞻仰、纪念、观光、教育等多功能于一体的公园式纪念设施，总占地面积1.36万平方米，建设规模2000平方米。主体建筑“中国工农红军北上抗日先遣队纪念碑”位于玉峰苍松下，高12.75米、长68米、宽39.8米，用钢筋混凝土浇筑，外挂花岗岩火烧板，群雕部分用铜浮雕。纪念碑生动地反映了方志敏等人率领的中国工农红军北上抗日先遣队战斗于怀玉山区的英勇事迹，让后人牢记方志敏的爱国、清贫精神。纪念碑主体结构是根据当年红十军团在怀玉山突围，战斗过的线路而设计的，在整体视觉上构成红军的“八角帽”造型，寓意红十军团的800余名英雄烈士像一个巨人长眠在巍峨的怀玉山上，让人们永远纪念和缅怀方志敏领导的工农红军北上抗日先遣队广大指战员勇敢顽强精神和革命英雄气概。纪念馆陈列主要展示先遣队1934年7月从瑞金出发后，6个多月时间在福州、罗源、竹口、分水关、谭家桥、怀玉山等地的战斗场面；物品陈列主要是先遣队将士枪、望远镜、铜茶壶、衣物等作战生活用品；人物介绍主要展示了方志敏、寻淮洲、粟裕、乐少华、刘英、刘畴西、王如痴等将领率部队同国民党军队进行殊死战斗的事迹及行军路线图等。纪念馆（碑）旁还建有清贫园、方志敏清贫事迹陈列馆等。

中国工农红军北上抗日先遣队纪念馆和纪念碑于2009年5月被中央宣传部公布为全国爱国主义教育示范基地。

南昌八一起义纪念馆

南昌八一起义纪念馆位于江西省南昌市西湖区中山路380号。

1927年7月15日汪精卫在武汉宣布“分共”后，中共中央临时政治局决定利用共产党掌握和影响下的国民革命军，在南昌举行反对国民党的起义。此时，国民革命军第二方面军所辖的第11军第24师是由共产党人叶挺指挥的；第4军第25师第73、第75团是以北伐战争时期的叶挺独立团为骨干编成的，第10师第30团是为共产党所掌握的；第20军是由接近共产党的贺龙指挥的。在南昌，还有原由朱德指挥的受共产党影响的第五方面军第三军军官教育团和南昌市公安局保安队。7月27日，周恩来从武汉经九江到达南昌，根据中央的决定，成立由周恩来、李立三、恽代英、澎湃组成的中共前敌委员会（简称前委），周恩来任书记。

◆南昌起义总指挥部旧址

8 月 1 日凌晨，在以周恩来为首的前委领导下，贺龙、叶挺、朱德、刘伯承等指挥各路起义军向驻守南昌的国民党军队发动进攻，经过四个多小时的激战，起义军全歼守敌 3000 余人，占领南昌城。起义胜利后，成立中国国民党革命委员会，推举宋庆龄、邓演达、贺龙、周恩来等 25 人为委员，以宋庆龄、邓演达等 7 人组成主席团，以宋庆龄等人的名义发表《中央委员宣言》，成立了中国国民党革命委员会，同时对起义部队进行整编，仍沿用国民革命军第二方面军番号，贺龙为国民革命军第二方面军代总指挥，叶挺为代前敌总指挥。因敌以重兵进攻南昌，中共前委决议依中央原定方针转兵广东，相机夺取广州，再次北伐。起义军自 8 月 3 日起先后撤离南昌，经江西瑞金、会昌，转进福建长汀、上杭，于 9 月下旬到达广东潮州、汕头地区，随即被优势敌军击散，一部分退至海陆丰地区，与当地农军会合；另一部分在朱德、陈毅率领下，转入粤赣湘边界地区，开展游击战争。该部于 1928 年 4 月下旬到达井冈山地区，与毛泽东率领的部队会师，合编为中国工农革命军第四军。

南昌起义打响了武装反抗国民党反动派的第一枪，用血与火的语言，宣告了中国共产党人不畏强暴、坚持革命的坚强决心。它在全党和全国人民面前树立起一面革命武装斗争的旗帜，标志着中国共产党独立地领导革命战争、创建人民军队和武装夺取政权的开始，因而具有重大的历史意义。1933 年 7 月，中华苏维埃共和国临时中央政府决定，自是年起，每年 8 月 1 日为中国工农红军纪念日。中华人民共和国成立后，将此纪念日改称为中国人民解放军建军节。

南昌八一起义纪念馆原建筑是南昌起义总指挥部旧址，其前身为江西大旅社。江西大旅社是 1922 年由商人包竺峰、李怡昌、罗和仲三人集资兴建的，于 1924 年建成。这是一座典型的中西合璧的建筑。银灰色的外形，典雅庄重，房屋坐南朝北。主体建筑共四层，整个屋顶是一个大平台，在平台的北端正中，有一个两层的小楼和一根旗杆，可凭栏俯瞰全城。大楼的正面墙壁上，有许多水泥做出来的窗饰花纹浮雕，构图精细，造型美观，线条流畅，是典型的欧洲巴洛克风格。在大楼内部，是中国式的回字形布局，中间是天井，房间环绕天井排列，形成“四水回堂”。内部的中国传统民居样式和外观的西洋风格，浑然一体，构思精细巧妙。江西大旅社建成后，共有 96 间客房，一楼有喜庆厅，供举行婚寿庆典之用；二、三楼分别设中餐厅、西餐厅，屋顶还有茶楼。

1927 年 8 月 1 日，中国共产党领导的南昌起义的指挥中心，就设在江西大旅社。1927 年 7 月 27 日，以周恩来为书记的党的前敌委员会在江西大旅社宣告成立。大楼里的原喜庆礼堂成了前委的会议室，前委在这里召开了第一次会议，初步决定了起义的时间和主要军事指挥人员的任命，以后又多次召开各种重要会议；旁边则是军事参谋团的办公地点，是起义的最高军事指挥机关。江西大旅社的二、三楼为起义领导人的办公室和宿舍。二楼有周恩来的办公室。这里是革命委员会成立后的办公场所。革命委员会秘书长吴玉章和财政委员会主席林伯渠等都住在这里。革命委员会的各种通告、宣言和任职命令，都是从这里发出的。四楼是政治宣传工作人员的活动场所。

1959 年 10 月 1 日，经过三年筹备的南昌八一起义纪念馆在南昌起义总指挥部旧址正式开馆。2007 年 7 月 28 日，在起义指挥部旧址南侧兴建的面积为 8673 平方米的新陈列大楼竣工并对外开放。从 2008 年 1 月 31 日起，该馆永久免费对公众开放。

陈列馆采用声光电幻影成像、多媒体同步地台模型、120 度多通道环幕投影等多项先进陈列手段，除重点展示南昌起义这段历史外，还新增中国人民解放军光辉历程和英雄城南昌形象展示的陈列内容，展示文物 437 件，历史照片 425 幅等。序厅为“石破天惊第一枪”的主题标志雕塑，陈列共三大部分，第一部分“南昌起义”，内容包括：“危难中奋起”、“伟大的决策”、“打响第一枪”、“南征下广东”、“转战上井冈”和“八一精神永放光芒”等 6 章，全面展示了中国共产党独立探索武装革命道路的艰辛历程。第二部分展示中国人民解放军光辉历程的陈列内容，共分“星火燎原”、“抗战先锋”、“解放全国”、“钢铁长城”、“精兵之路”、“科技强军”和“神圣使命”等 7 章。勾勒出人民军队从徒步化到摩托化，从机械化到信息化挺进的步伐；勾勒出人民军队从人员素质的不断飞跃到编制构成的精干高效，从单一军种到诸军种合成，从常规武器的长足发展到国防尖端技术的重大突破的雄姿。第三部分展示党和国家领导人对南昌起义伟大功绩的高度评价和对南昌八一起义纪念馆的深切关怀。

南昌起义总指挥部旧址于 1961 年 3 月被国务院公布为全国重点文物保护单位。南昌八一起义纪念馆于 1994 年 11 月被江西省委、省人民政府公布为江西省爱国主义教育基地，1997 年 6 月被中央宣传部公布为全国爱国主义教育示范基地。

安源路矿工人运动纪念馆

安源路矿工人运动纪念馆位于江西省萍乡市安源区安源镇。

安源路矿工人革命运动从 1921 年秋天开始逐渐兴起，其具有全国影响的组织和斗争历时近十年，经历了四个阶段：第一阶段，1921 年秋至 1923 年 2 月初，为运动的开创阶段，主要是把安源工人阶级团结起来；第二阶段，1923 年 2 月初至 1925 年 9 月，全国工运转入低潮后安源工运继续高涨，进入全面兴盛时期，在继续团结工人的同时，团结农民和其他民众；第三阶段，1925 年 10 月至 1927 年 7 月中旬，与农民运动及其他民众运动全面结合，组织工人参军助战，配合北伐战争；第四阶段，1927 年 7 月中旬以后，参加秋收起义，创造和配合工农武装割据，走上了农村包围城市、武装夺取政权的革命道路。毛泽东、刘少奇、李立三都曾是这里工人革命运动的主要领导人，陈潭秋、蔡和森、高君宇、恽代英、李维汉等也曾到这里指导革命工作，从这里走出了近 40 位共和国的将军。

◆安源路矿工人运动纪念馆

◆安源路矿工人俱乐部旧址

安源路矿工人运动纪念馆是为纪念安源路矿工人运动而修建的。1955 年 8 月开始筹建，1956 年 1 月 1 日正式开馆，馆址为安源路矿工人俱乐部旧址，初称“安源工人运动俱乐部”。1964 年建新馆，改为“安源路矿工人运动纪念馆”。1968 年 7 月，在安源镇牛形岭半山腰处兴建纪念馆陈列大楼，更名为“毛主席在安源革命活动纪念馆”。1972 年 10 月恢复原馆名“安源路矿工人运动纪念馆”。20 世纪 70 年代至 80 年代初期曾多次对陈列内容进行修正、充实。1984 年 8 月，邓小平为纪念馆题写馆名。陈列大楼高 24 米，长 100 米，宽 30 米，系二层钢筋混凝土结构，正中间建有安源路矿工人俱乐部

◆安源煤矿井口之一（总平巷）

部徽，两边是红色瓷砖组成的五星红旗和大型有机玻璃火炬灯。安源路矿工人运动纪念馆辖有安源路矿工人俱乐部、萍乡革命烈士陵园、安源煤矿井口总平巷、秋收起义军事会议旧址等 14 处国家级、省级和市级文物保护单位。

安源路矿工人运动纪念馆于 1994 年 11 月被江西省委、省人民政府公布为江西省爱国主义教育基地，1997 年 6 月被中央宣传部公布为全国爱国主义教育示范基地。

莲花一支枪纪念馆

莲花一支枪纪念馆位于江西省萍乡市莲花县城解放街 148 号。

◆莲花一支枪纪念馆

1927 年 7 月，莲花农民自卫军配合永新农民自卫军攻打永新县城，贺国庆在战斗中缴获一支崭新的“俄国造”。1927 年 9 月 18 日，莲花农民自卫军发动“九一八”秋收暴动。暴动失败后，莲花党组织誓死保护仅有的这支“俄国造”。1927 年 9 月 25 日，毛泽东率秋收起义部队攻克莲花县城后在此召开前委会议，听取了莲花党组织负责人对莲花革命形势的介绍，为莲花人民一支枪闹革命的精神所感动。毛泽东还在这里秘密会见了宋任穷。宋任穷给毛泽东带来了江西省委书记汪泽楷的信，通报了吉安等地的敌情。毛泽东决定退守宁冈，下达了向井冈山进军的命令，开始了中国革命历史上的第一次大转折。其后，毛泽东在《井冈山斗争》一文中充分肯定了“莲花一支枪”的革命斗争精神。

◆莲花一支枪纪念馆雕塑

莲花一支枪纪念馆原为始建于清道光五年（1825 年）的文化设施宾兴馆。抗战时被毁，1968 年在原址按原貌重建。馆舍占地面积 4200 平方米，建筑面积 880 平方米，是用青砖建造的祠堂式建筑，砖木结构，分前后两进，前进四周有回廊，开三扇大门，进门有天井，后进有中堂，两侧有厢房。中堂陈列着部分珍贵文物和照片，靠中堂右厢房为毛泽东和方志敏旧居，大厅右侧陈列着一支枪等90余件珍贵文物，并着重介绍了一支枪的光荣历史。

莲花一支枪纪念馆于2000年7月被江西省人民政府公布为江西省文物保护单位；2001年11月被江西省委、省人民政府公布为江西省爱国主义教育基地。

罗坊会议纪念馆

罗坊会议纪念馆位于江西省新余市罗坊镇彭家洲。

◆罗坊会议纪念馆

1930年10月25日至30日，毛泽东在江西新余罗坊镇彭家洲主持召开了红一方面军总前委与江西省行委的联席会议，史称罗坊会议。参加会议的有红一方面军总前委书记毛泽东、总司令朱德，红三军团军团长彭德怀，江西行委书记李文林，江西省苏维埃政府主席曾山，江西省行委宣传部部长陈正人，中共中央长江局代表周以栗，红三军团政委滕代远，红一方面军总参谋长朱云卿，总政治部主任杨岳彬，总前委秘书长古柏，红三军军长黄公略，政委蔡会文，红四军军长林彪，政委罗荣桓，红八军军长何长工，红十二军军长罗炳辉，红三军团政治部主任袁国平等十余人。会议的前一段集中讨论了红军的行动方向和一方面军及江西党的任务问题，于26日通过了《目前政治形势与一方面军及江西党的任务》的决议，后一阶段集中讨论了如何粉碎敌人进攻的战略方针问题，于30日确定了毛泽东提出的“诱敌深入”的作战方针。罗坊会议及时纠正了红军和江西党内的“左”倾错误，统一了红一方面军和江西党的思想，使红军摆脱了“左”倾错误，停止了进攻南昌、九江等中心城市的军事冒险行动。“诱敌深入”战略方针的制定，并在实践中运用成功，不仅使红军取得了第一次反“围剿”的胜利，而且还为第二、第三、第四次反“围剿”的胜利打下了坚实的基础，为中央苏区的建立创造了极好的条件，使红军的战略战术原则发展到了一个新的阶段。

罗坊会议期间，毛泽东找了傅济庭、李昌英、温奉章、陈侦山、钟得五、黄大春、陈北平、雷汉香8位从兴国县送来当红军的农民，在罗坊彭家洲开了一个星期的调查会，这就是著名的兴国调查。1931年，毛泽东依据此次对八位农民家庭的调查，整理成4万余字的《兴国调查》一文。

1973年，经江西省革命委员会批准，在罗坊兴建纪念建筑，命名为罗坊会议旧址陈列馆，1982年改名为罗坊会议纪念馆。罗坊会议纪念馆为四合院式建筑，建筑占地面积3000平方米，保护范围面积1.4万平方米。

罗坊会议和兴国调查会旧址于2006年5月被国务院公布为全国重点文物保护单位。罗坊会议纪念馆于2001年11月被江西省委、省人民政府公布为江西省爱国主义教育基地。

中央红军长征第一渡纪念碑园和中央红军长征出发纪念馆

中央红军长征第一渡纪念碑园和中央红军长征出发纪念馆位于江西省赣州市于都县城东门外。

1934年10月18日傍晚，毛泽东、周恩来、朱德、博古、张闻天等中央领导和中共中央、中革军委、红军总部等机关在这里渡过于都河，开始举世闻名的二万五千里长征。1996年9月，在纪念红军长征胜利60周年之际，中共于都县委、于都县人民政府在此兴建了2333平方米的纪念碑园。纪念碑高10.18米，碑身为双船帆造型，中竖排“中央红军长征第一渡”九个大字，碑座下面刻“于都县城东门渡口”8字。碑座左边为陆定一手书《长征歌》第一首：“十月里来秋风凉，中央红军远征忙；星夜渡过于都河，古陂新田打胜仗。”它是中央红军夜渡于都河出发长征的真实写照。右边为叶剑英1962年建军节为缅怀当年赣南省军区政治部主任刘伯坚写的诗：“红军抗日事长征，夜渡于都溅溅唱；梁上伯坚来击筑，荆卿豪气渐离情。”2003年，长征第一渡碑园扩征土地6亩，新建了一个停车场，制作了临时陈列版面，设置了陈列室。

◆中央红军长征第一渡纪念碑

中央红军长征出发纪念馆是反映中央红军长征历史的专题性纪念馆，始建于1986年10月1日，原馆名为中央红军长征出发地纪念

◆中央红军长征出发纪念馆

馆。2004 年 4 月 1 日，在中央红军长征第一渡纪念碑园东侧新建中央红军长征出发纪念馆，并于 2005 年 5 月 1 日对外开放。纪念馆建筑面积 1100 平方米，展厅 2 层，展线长 190 米。纪念馆的基本陈列分四个部分：出击赣南，开辟苏区；战略转移，出发长征；浴血奋战，长征胜利；长征精神，代代相传。陈列采用文字、图表、照片、沙盘、油画、实物、模型及声、光、电等现代化展示手段，反映了中央苏区第五次反“围剿”失利后，中革军委，红军总部，中央机关，中央红军一、三、五、八、九军团分别从瑞金、宁都、石城、兴国、长汀等地陆续撤离战场到达于都地域集结休整，进行兵员、武器弹药、粮款补充的情况，再现了从于都出发渡河长征以及苏区人民支援红军主力长征的史实。纪念馆保存有文物共 2026 件。

中央红军长征第一渡纪念碑园和中央红军长征出发纪念馆于 2006 年 5 月被国务院公布为全国重点文物保护单位；2005 年 11 月被中央宣传部公布为全国爱国主义教育示范基地。

于都县革命烈士纪念馆

于都县革命烈士纪念馆位于江西省赣州市于都县城长征大道中段。

土地革命战争时期，于都人民在党的领导下，开展武装斗争，打土豪、分田地，先后有 6.8 万人参加红军。全县为革命事业光荣捐躯的烈士达 16336 人。为褒扬革命先烈的丰功伟绩，1955 年于都县人民政府在现址建有烈士纪念塔、亭各一

◆于都县革命烈士纪念馆

座，1987 年 3 月兴建革命烈士纪念馆，1990 年 12 月正式开馆，原中共中央顾问委员会副主任宋任穷题写了馆标。该馆占地面积 22.3 亩，建筑面积 1240 平方米，建筑为砖混结构，平面呈回廊形，主厅系重檐琉璃瓦歇山式，整个建筑典雅大方，庄严肃穆，富有民族建筑风格。主厅正面矗立着著名雕塑家李维祀创作的一组“苏区儿女”塑像。馆内陈列面积 434 平方米，展线长 161 米。分为一个序厅、一个悼念厅、六个陈列室，陈列了红军第 20 军代军长肖大鹏，赣南红军第 15 纵队参谋长钟声楼、党代表朱学玖，于都农民暴动总指挥李骏，中共瑞西县委书记马德明，对越自卫还击战中牺牲的一等功臣谢大跃等 147 名于都籍知名烈士的事迹。

于都县革命烈士纪念馆于 2005 年 11 月被中央宣传部公布为全国爱国主义教育示范基地。

寻乌县革命历史纪念馆

寻乌县革命历史纪念馆位于江西省赣州市寻乌县长宁镇镇山路 17 号马蹄岗上。

◆寻乌县革命历史纪念馆

寻乌人民富有光荣的革命传统。1928 年 3 月 25 日，古柏等领导了全县声势浩大的“三二五”农民武装暴动，参加暴动的人数达 5 万余人，暴动取得了胜利，捣毁了反动县政府，成立了寻乌县第一个红色政权——寻乌县革命委员会。1929 年至 1930 年，毛泽东、朱德等率领红四军先后三次来到寻乌，领导农民打土豪、分田地，推动了寻乌土地革命运动的发展。在党的领导下，寻乌红色区域党的建设、政权建设、武装建设、群众团体、经济文化各方面都得到很大发展。1930 年 5 月，毛泽东在中共寻乌县委书记古柏的大力协助下，对寻乌县的政治、经济、文化以及社会各阶层的历史和现状进行了全面的调查，写下了著名的《寻乌调查》（后改为《反对本本主义》）。从 1927 年到 1949 年解放，全县共有 3400 多名革命烈士为新中国诞生献出了宝贵生命。

寻乌县革命历史纪念馆于 1954 年兴建，占地面积 8000 平方米，总建筑面积 1708.5 平方米。馆内有两处江西省文物保护单位——毛泽东作寻乌调查旧址和上甲古窑址；有五处县级文物保护单位，馆内收藏文物200多件，其中一级文物2件，二级文物5件，三级文物68件。馆内保存了3256名寻乌籍革命烈士的档案资料，其中陈列展出了45名革命烈士的英雄事迹，史料翔实，内容丰富。馆中矗立有古柏烈士纪念碑。

寻乌县革命历史纪念馆于2004年8月被江西省委、省人民政府公布为江西省爱国主义教育基地；1987年3月被江西省人民政府公布为江西省重点烈士纪念建筑物保护单位。

瑞金革命烈士纪念馆

◆瑞金革命烈士纪念馆

瑞金革命烈士纪念馆位于江西省赣州市瑞金市象湖镇塔下寺。

瑞金是中国革命的红色故都。在土地革命战争时期，这里是中国共产党苏区中央局、中华苏维埃共和国临时中央政府、中央革命军事委员会等领导机关所在地；是毛泽东、朱德等开创的中央革命根据地的中心，也是全国苏维埃区域和红军指挥中枢，二万五千里长征的起点，中外闻名的革命圣地。在长期的革命斗争中，富有光荣传统的瑞金人民在共产党的领导下，同敌人进行了艰苦卓绝的斗争，付出了巨大的牺牲，作出了重大的贡献。半个多世纪以来，瑞金为革命献身的烈士达2.1万人，其中有名有姓记录在册的革命烈士17394名，在中国革命史上写下了光辉灿烂的一页。

◆毛泽覃同志纪念碑

为褒扬革命先烈，教育激励后人，江西省人民政府于1953年4月批准兴建瑞金革命烈士纪念馆。初建于瑞金城内，1955年建成开放。1979年迁至现址重建，1986年4月开放。纪念馆建筑占地面积3000平方米。陵园内有省级保护文物明代龙珠塔和毛泽覃纪念碑等。1934年10月中央机关和主力红军长征后，毛泽覃留在中央苏区任中共中央分局委员，坚持游击战争，转战闽赣边界、武夷山区。1935 年 4 月 26 日，毛泽覃率部从长汀四都突围到瑞金红林山区，被敌人包围，在激战中英勇牺牲，时年 29 岁。毛泽覃纪念碑于 1985 年 6 月动工，1986 年 4 月竣工落成。毛泽覃烈士青铜像高为 3 米，安放在 2.4 米高的大理石碑座上，碑的正面镶嵌着邓小平书写的碑名“毛泽覃同志纪念碑”8 个铜铸大字。纪念碑背面用铜板刻写了中共瑞金县委、瑞金县人民政府撰写的碑文。

瑞金革命烈士纪念馆于 2009 年 2 月被江西省委、省人民政府公布为江西省爱国主义教育基地。

中央苏区反“围剿”战争纪念馆

中央苏区反“围剿”战争纪念馆位于江西省赣州市宁都县梅江镇迳口村邓角垴。

1930 年 12 月初，毛泽东、朱德率领红一方面军诱敌深入，将主力红军集结在宁都的黄陂、小布地区，伺机寻敌作战，1930 年 12 月 30 日至 1931 年 1 月 3 日，五天内连续取得龙冈和宁都东韶战斗大捷，胜利地粉碎了敌人的第一次“围剿”。为了粉碎敌人的第二次“围剿”，中共苏区中央局先后在宁都黄陂、青塘等地召开会议，确定了第二次反“围剿”的战略方针，从 1931 年 5 月 16 日至 30 日，15 天内横扫 700 里，五战五捷，接连取得白云山、白沙、中村、广昌、建宁战斗的胜利，痛快淋漓地粉碎了敌人的第二次“围剿”。从 1931 年 8 月 7 日开始，在三个月内，红军接连攻打莲塘、良村、黄陂、老营盘、高兴、方石岭等地，六战五捷，夺取了第三次反“围剿”的伟大胜利。1933 年春，红军主力两次集结在宁都北部山区，伺机寻敌作战，红军先后在 2 月 27 日和 3 月 21 日发起大兵团伏击战，相继取得宜黄黄陂、东陂草台岗两大战役的全胜，彻底粉碎了敌人的第四次“围剿”。1933 年 9 月至 1934 年 10 月，由于“左”倾错误的领导，中央苏区耗时一年之久的第五次反“围剿”失利，红军完全陷入被动地位，中共中央机关和主力红军被迫退出中央苏区，实行战略转移。

◆中央苏区反“围剿”战争纪念馆

1970 年，宁都县兴建了“中央革命根据地一至三次反‘围剿’历史陈列馆”。2006 年 6 月，中共宁都县委、县人民政府获准改扩建“中央苏区反‘围剿’战争纪念馆”。中央苏区反“围剿”战争纪念馆于2007年10月开始破土动工建设，2008年12月主体工程竣工。纪念馆坐北朝南，规划设计了纪念馆、枪塔、纪念广场等建筑，占地140余亩，主体建筑5484平方米。纪念馆采用声、光、电等现代手段，主要陈列中央苏区军民一至五次反“围剿”波澜壮阔的历史画卷。

中央苏区反“围剿”战争纪念馆于2009年2月被江西省委、省人民政府公布为江西省爱国主义教育基地。

湘鄂赣革命纪念馆

湘鄂赣革命纪念馆位于江西省宜春市万载县康乐街道阳乐大道322号。

◆湘鄂赣革命纪念馆

湘鄂赣革命根据地又称“湘鄂赣苏区”，位于湘鄂赣三省交界地区。1927年9月起，湘鄂赣边界10多个县的农民举行起义，组成若干游击队。1928年7月，彭德怀、滕代远和黄公略等领导平江起义，7月24日，平江县工农兵苏维埃政府成立，平江起义的部队改编为红五军，彭德怀任军长，滕代远任党代表，从此开始创建湘鄂赣革命根据地的斗争，1929年冬，工农武装割据的红色区域已扩展到十几个县。至1930年6月，湘东北的平江、浏阳，赣西北的修水、铜鼓、万载，以及鄂东南的大冶、阳新、通山、通城、崇阳的广大地区，建立起较为巩固的革命根据地。1931年7月，中共湘鄂赣省委正式成立，李宗白任省委书记。此时，湘鄂赣省已有20余县建立了党组织，党员发展到4万人。9月，湘鄂赣省苏维埃政府成立，赖汝樵任主席。这时，湘鄂赣根据地扩展到湘东北、鄂东南、赣西北的广大地区，11月，红五军主力转往井冈山后，留下的一部红军编为红军支队在湘鄂赣边界地区坚持游击战争。从1933年9月开始，红军和地方武装在国民党军的反复围攻下，遭受严重损失。至1934年8月，湘鄂赣革命根据地大部被国民党军占领，红军及游击队在湘鄂赣边界地区继续坚持游击战争。第二次国共合作后，红军游击队集中整编入新四军。

湘鄂赣革命纪念馆于1960年筹建，馆址原设江西省宜春市万载县仙源月山下中共湘鄂赣省委旧址内，1962年5月1日开始陈列，1963年9月1日正式对外开放，陈列分3部分，共12节，291件展品。“文化大革命”期间，陈列一度中断。中共十一届三中全会

◆湘鄂赣革命纪念馆内的雕塑

后，为恢复历史的本来面目，扩大对湘鄂赣革命史的宣传，在各级党政部门的关怀重视下，于1982年筹建新馆，1983年10月破土动工，1984年9月竣工，占地1474平方米。

展厅系混合结构，四合院式，外观具有浓郁的乡土气息，砌有传统的风火墙。屋面为土瓦覆盖歇山顶。整个展厅建筑面积为580平方米，分序厅、左右厅、后厅、左后厅和接待室。1985年10月18日正式开馆，江渭清题写馆标。整个陈列较全面系统地介绍了湘鄂赣革命根据地的斗争历史。序厅正中为反映湘鄂赣边区工农武装割据的工农暴动群雕，左墙是“湘鄂赣革命根据地形势示意图”，右墙是“湘鄂赣革命根据地大事年表”。陈列内容分三部分：第一部分，湘鄂赣革命根据地创建；第二部分，湘鄂赣革命根据地的巩固和发展；第三部分，坚持艰苦的三年游击战争。展出的革命文物有100多件。

湘鄂赣革命纪念馆于2001年12月被江西省委、省人民政府公布为江西省爱国主义教育基地。

方志敏纪念馆

方志敏纪念馆位于江西省上饶市弋阳县弋江镇城北面峨眉嘴山顶。

方志敏（1899—1935），曾用名方正鹄、方远正。江西弋阳人。1922年7月加入中国社会主义青年团。1924年春加入中国共产党。曾担任国民党江西省党部执行委员兼农民部部长，中共江西区委工委书记，江西省农民协会秘书长，全国农民协会临时委员会执行委员，中共赣东北五县工委书记兼暴动总指挥部总指挥。1927年11月领导并指挥了弋横暴动。历任中共弋阳县委书记，弋阳县工农兵代表大会（苏维埃）政府主席，江西省委委员，信江苏维埃政府主席团主席，中共赣东北省委委员、特委书记，赣东北苏维埃主席兼军委主席，赣东北省苏维埃主席，中共闽浙赣省委委员，闽浙赣省苏维埃主席，红10军代理政治委员，闽浙赣军区司令员等职。创建了中国工农红军第10军、红11军和赣东北、闽浙赣革命根据地。1931年和1934年，先后被选为中华苏维埃共和国第一届中央执委会委员、第二届中央执委会委员、执委会主席团成员，在中共六届五中全会上补选为中央委员。1934年12月，任闽浙赣省军区总指挥部司令员、红10军团军政委员会主席，率部转战皖赣边区。1935年1月在江西玉山陇首村被俘，在狱中坚

◆方志敏纪念馆

贞不屈，撰写了《我从事革命斗争的略述》、《可爱的中国》、《清贫》、《狱中纪实》等十多篇著作。1935年8月6日在南昌英勇就义。

1977年9月，为纪念方志敏以及弋阳县9000多名革命先烈，经江西省人民政府批准，筹建弋阳县革命烈士纪念馆，于1978年9月落成。2002年更名为方志敏纪念馆。2011年6月，方志敏纪念馆新馆开馆，新馆建筑面积2162平方米。纪念馆院内立有7米高的方志敏烈士全身雕像，基座刻有毛泽东亲笔题写的“方志敏烈士”五个大字。馆内设有四个陈列室和一个展厅，正厅设有灵堂，灵堂正中为纪念碑，上面镌刻着毛泽东写的“人民英雄永垂不朽”的字样，灵堂还存放着弋阳9288名有名有姓的烈士英名录。左右展览室建有反映红军战士、赤卫队员英勇善战、前赴后继的石膏塑像四座。四个陈列室全面介绍方志敏烈士伟大的一生。

弋阳县革命烈士纪念馆于1987年3月被江西省人民政府公布为江西省重点烈士纪念建筑物保护单位；方志敏纪念馆于2011年6月被中央宣传部公布为全国爱国主义教育示范基地。

龙头山革命烈士纪念馆

龙头山革命烈士纪念馆位于江西省德兴市龙头山乡暖水村。

1950年，中央人民政府南方革命老根据地访问团皖浙赣分团分别在弋阳漆工、横峰葛源、德兴暖水建立革命烈士纪念馆。龙头山革命烈士纪念馆主要由序厅和四个展厅组成，展示了方志敏、邵式平、祝炎等革命先辈的战斗一生，陈列了一

◆龙头山革命烈士纪念馆

批珍贵的文字资料和实物，以表彰德兴人民在争取民族解放的革命斗争中所建立的不朽功勋。纪念馆占地面积 300 平方米。

龙头山革命烈士纪念馆于 2001 年 6 月被中央宣传部公布为全国爱国主义教育示范基地。

井冈山会师纪念馆

井冈山会师纪念馆位于江西省吉安市井冈山市龙市镇。

为纪念朱毛两军会师这一伟大历史事件，1978 年动工兴建此馆，1980 年正式开馆并对外开放。该馆占地面积 6789 平方米，建筑面积 3827 平方米，主体建筑面积 1827 平方米。全馆分为一个序室，五个展厅和一个书法长廊。井冈山会师纪念馆馆藏文物十分丰富，除展厅陈列的百余件外，文物库房还保存着一、二、三级文物 50 余件，待定等级文物千余件。馆标为曾参加井冈山斗争的谭震林题写。该馆属专题纪念馆，主要陈列和展出毛泽东率领秋收起义部队引兵罗霄山脉中段，创建井冈山革命根据地；1928 年 4 月底，朱德、陈毅等率领南昌起义余部及湘南农军到达砻市，与毛泽东领导的秋收起义部队胜利会师创建红 4 军；彭德怀、滕代远领导的红 5 军与红 4 军在新城会师等重大事件的文物资料，集中反映了毛泽东、朱德、陈毅、彭德怀等老一辈无产阶级革命家在井冈山斗争时期的光辉历史和创建第一块农村革命根据地的丰功伟绩。

◆井冈山会师纪念馆

井冈山会师纪念馆于 1994 年 11 月被江西省委、省人民政府公布为江西省爱国主义教育基地。

湘赣革命纪念馆

湘赣革命纪念馆位于江西省吉安市永新县禾川镇民主街盛家坪路 14 号。

湘赣革命根据地是土地革命战争时期中国共产党于 1931 年创建的革命根据地。任弼时、王首道、王震、肖克、谭余保等老一辈无产阶级革命家曾领导并参加了创建根据地的斗争，著名的红六军团在这里诞生并发展壮大。

为了纪念湘赣革命根据地光辉历史，教育和激励后人，1959 年，永新县设立湘赣革命纪念馆。1962 年，永新县人民政府在中共湘赣省委旧址（肖宗祠）旁新建馆舍。1991 年，在湘赣革命根据地创建 60 周年之际，陈列馆进行了全面改陈，采用玻璃木结构大通柜并九宫格形式布展。陈列内容分四室三部分。第一室展出第一部分：湘赣革命根据地的建立，介绍湘赣革命根据地形成的基础和历史条件；第二、三室展出第二部分：湘赣革命根据地的建设和反“围剿”斗争，重点介绍根据地的土地革命、文化经济建设、红六军团的组建和反“围剿”斗争，是陈列的主要部分；第四室展出第三部分：艰苦卓绝的三年游击战争，介绍红军主力突围西征以后的边界形势和坚持三年游击战争的情况。该陈列于 1991 年 10 月正式对外开放。

◆湘赣革命纪念馆

湘赣革命纪念馆馆藏比较丰富，有数千件井冈山斗争时期的革命文物以及史料，还有毛泽东、谭震林、甘泗淇、张子清使用过的珍品，工农银行造币铜模，对花石、印刷板、成套货币，湘赣苏区的邮政邮票、湘赣省苏维埃政府机关报《红色湘赣》，列宁学校的课本、风琴等珍贵文物。纪念馆占地面积 8700 平方米，其中建筑面积 2100 平方米，属四合院式的馆舍。

湘赣革命纪念馆于 2001 年 11 月被江西省委、省人民政府公布为江西省爱国主义教育基地。

江西革命烈士纪念堂

江西革命烈士纪念堂位于江西省南昌市东湖区八一大道 399 号。

江西革命烈士纪念堂于 1952 年兴建，1954 年落成，1957 年开放。1978 年，扩建陈列厅并调整扩大陈列展线。1997 年、2007 年，先后进行综合性维修改造。纪念堂前广场中心有一座红军战士塑像。堂前厅有毛泽东手迹“共产主义是不可抗拒的”、“星星之火，可以燎原”、“死难烈士万岁”。正厅祭坛上立有纪念碑，有朱德题字“革命烈士永垂不朽”。馆内收藏有 2412 名烈士档案资料，4100 余张烈士照片资料，1428 件革命

◆江西革命烈士纪念堂

文物。该纪念堂建筑占地面积8000平方米。

江西革命烈士纪念堂于1994年11月被江西省委、省人民政府公布为江西省爱国主义教育基地，2005年11月被中央宣传部公布为全国爱国主义教育示范基地；1986年10月被民政部公布为全国重点革命烈士纪念建筑物保护单位。

南昌新四军军部旧址陈列馆

南昌新四军军部旧址陈列馆位于江西省南昌市西湖区友竹路7号。

1938年1月6日，国民革命军陆军新编第四军军部从汉口迁驻南昌，开始在该旧址正式对外办公。军部在南昌期间，完成将散处在南方8省40几个县的红军、游击队集中整编为新四军的艰巨任务。同时，新四军驻赣办事处和中共中央东南分局在南昌成立。军长叶挺、副军长兼东南分局书记项英、东南分局副书记曾山、新四军驻赣办事处主任黄道等曾在此居住。同年4月，叶挺、项英率新四军军部离开南昌，迁往皖南岩寺，开辟和建立抗日根据地。新四军军部迁至皖南后，新四军驻赣办事处和中共中央东南分局由东书院街危家大屋转移到张勋公馆办公，在南昌继续领导抗日救亡斗争。

◆南昌新四军军部旧址陈列馆

南昌新四军军部旧址原为北洋军阀张勋的公馆，建于1915年，内有两栋两层楼房和一栋平房，属中西合璧砖木结构的建筑。1987年7月，为纪念新四军成立50周年，省市政府拨出专款按原貌恢复整修旧址。1988年1月5日对外开放。2月，南昌新四军军部旧址陈列馆建成。2009年5月正式启动旧址改扩建工程，扩建后陈列馆场地东起友竹路、西至象山南路、南至东书院街、北达三眼井街，占地37.33万平方米，总建筑面积约1.16万平方米。场馆采用声光电高科技、历史图片等多种方式，分多个展厅展示新四军当年的风采。新馆的门窗全部按照旧馆的样式施工，当年新四军军部的椅子等物品也被复制。改扩建工程划分旧址保护区、新陈列展示馆、纪念广场、园林绿化四大功能区。新建成的陈列展示馆，用于布置陈列反映新四军改编、组建、发展光辉历史的文物图片等。新陈列馆建于旧址的南侧，建筑面积4833平方米。

南昌新四军军部旧址于1987年12月被江西省人民政府公布为江西省文物保护单位，2006年5月被国务院公布为全国重点文物保护单位；2001年11月被江西省委、省人民政府公布为江西省爱国主义教育基地。

东固革命根据地旧址群和博物馆

东固革命根据地旧址群和博物馆位于江西省吉安市青原区畲族乡。

◆中共东固区委、东固区苏维埃政府等旧址

东固革命根据地旧址群包括东固敖上红一方面军无线电训练班旧址，山坑第7纵队兵工厂旧址，螺坑红独2、红4团教导队旧址，东固平民银行旧址，河东青原山阳明书院红军学校旧址，渼陂永慕堂红四军军部旧址，江西省苏维埃政府旧址，军事会议和王氏宗祠——富田事变旧址，东固区委、区苏维埃政府旧址、红三军军部旧址、平民学校及赣西第一次党代会旧址，军民誓师大会旧址，南龙红四军大会遗址，红四军与红独2、红4团会师遗址，二七会议旧址，富田王家毛泽东旧居等83处革命遗址，以及东固革命根据地博物馆。

东固地处赣中南，距离吉安市80公里，地处吉安、吉水、泰和、永丰、兴国五县交界的山区。1927年2月，东固籍共产党员赖经邦、曾炳春、高克念、刘经化回乡建立了东固第一个党小组。9月，成立了中共东龙支部。10月初，在东固敖上成立了东龙游击队。11月，组织领导了东固暴动。暴动胜利后，在赣西特委的领导下，开始了以

◆东固平民银行旧址

东固为中心的工农武装割据。1928年2月，中共东龙区委成立，并组建了江西工农革命军第3师第7纵队。中共东龙区委下辖东固、敖上、江口、南龙、安乐、六渡、三彩7个党支部，有党员50多名。同时，农会组织也迅速发展，先后建立24个乡、村农协，有会员4000余人。这时，以东固为中心，东到南龙，西到南沅、三彩，南至螺坑及兴国的大龙、白石，北至九寸岭、大沅坑、大坑、富田纵横三四十里，都是7、9纵队活动和东龙区委管辖的范围，武装割据的局面初步形成。9月下旬，赣西特委秘书长李文林来到富田，根据特委决定，将7、9纵队合编为江西工农红军独立第2团，从此，赣西南地区有了第一支地方红军。至1929年2月，东固革命根据地发展到从永丰沙溪到吉安陂下，东西39公里，从兴国崇贤到吉水白沙，南北60公里的区域，东固革命根据地进入了全盛时期。

东固革命根据地最大的特色是发展了根据地经济、文化。先后创办了兵工厂、工艺厂、锅炉厂、农具修理厂、油墨蜡纸厂等；组织了生产小组，进行互助互耕，大大推动了农业生产；兴办了江西第一家苏区银行——东固平民银行，发行了苏区最早的纸币；还办起了消费合作社，筹建了红军医院，成立了东固赤色邮政分局；兴办了平民小学、列宁小学，开办了农民夜校和识字班。同时，开展生动活泼的文化娱乐活动，自编自导自演文艺节目。朱德称这种学习是“中国历史上最大的学习运动”。

◆青原山红军医院旧址（阳明书院）

1929年1月，毛泽东、朱德等率领红四军主力离开井冈山，出击赣

◆红一方面军无线电训练班与随营学校旧址

南，2 月 18 日到达东固。20 日，与红独 2、红 4 团在东固螺坑胜利会师。22 日，召开了有 3000 多军民参加的会师大会。会上，毛泽东高度赞扬了东固根据地的成就及斗争精神。朱德风趣地说，国民党天天喊打倒“朱毛”，朱毛却越打越多，现在你们也成了“朱毛”！25 日，红四军离开东固，东进赣南闽西，开辟新的革命根据地。留下毛泽覃、谢唯俊等参加东固根据地的领导工作，还安置一批伤病员在东固治疗。

东固会师，不仅使红四军补充了给养，得到了休整，安置了伤病员，摆脱了建军以来最困难的时期，而且促进了红独 2、红 4 团的建设，在赣西南革命史上占有重要的地位。陈毅曾赋诗赞道：“东固山势高，峰峦如屏障，此是东井冈，会师天下壮。”

1929 年 11 月后，东固根据地成为赣西南革命根据地核心区域。

东固革命根据地，是土地革命战争初期创建的最早的革命根据地之一。对根据地飘忽不定的游击战术及经济建设形势，毛泽东给予了高度赞赏，1929 年 4 月 13 日，毛泽东在给中共湘赣边界特委的信中写道：“……这番我们到东固则另是一种形式，反动势力已驱逐了，权利完全是我们的，但公开的政权机关和固定的赤卫队都没有，邮路是照常的，商业贸易是照常的，边界所有的痛苦此地完全没有，敌军到来寻不到目标，党的组织和群众组织（农协会）完全秘密着，在接近总暴动前，这种形式是最好的，因为这种形式取得群众不致失掉群众。”信中还指出：“在接近总暴动之前边界群众政权的形式有由公开割据改变为秘密割据的必要”，“各县赤卫队有组织红军采用游击战术的必要”。

毛泽东在一篇通信中曾高度评价：“朱德毛泽东式、贺龙式、李文林式、方志敏式之有根据地的，有计划地建设政权的，深入土地革命的，扩大人民武装的路线是经由乡赤卫队、区赤卫大队、地方红军直至正规红军这样一套办法的，政权发展是波浪式向前扩大的，分配土地等等的政策，无疑义是正确的。”“必须这样，才能促进革命的高潮。”

为纪念这段光辉历史，1977 年修建了东固革命根据地博物馆。

东固革命根据地博物馆

◆东固革命根据地博物馆

东固革命根据地博物馆位于江西省吉安市青原区东固畲族乡圩镇。该馆占地面积1600平方米，原来称为第二次反“围剿”陈列馆。现陈展内容分为“诱敌深入，退却到根据地作战”；“准备反攻，造成有利于我不利于敌”；“慎重初战，痛快淋漓打破‘围剿’”；“继续努力，把革命推向全国”四个部分。馆内陈列有重要革命文件和文物100余件。

二七会议旧址

二七会议旧址位于江西省吉安市青原区文陂乡渼陂村。

◆二七会议旧址

1930年2月6日至9日，红四军前委，红五、六军军委，赣西、赣南特委在吉安陂头（今渼陂）举行联席会议（史称二七会议）。毛泽东代表红四军前委出席并主持会议。会议讨论了政治、土地、红军、党的组织、苏维埃政权等问题，规定了赣西南党的主要任务是：扩大苏维埃区域，深入土地革命，扩大工农武装。为了更快更好地解决赣西南土地分配问题，会议决定“立即没收土地分与农民”，并根据井冈山土地法、兴国土地法，制定了二七土地法，对没收、分配土地的原则、标准以及废除债务、缴纳土地税等方面作了新的规定。会议决定成立党的总前委，作为红四、红五、红六军和赣西南、闽西、东江、湘赣边赤色区域的指导机关，书记毛泽东。会议还制订了集中红军力量攻打吉安的行动计划。

该旧址为明清古建筑，坐西向东，分前后两栋，砖木结构，建筑面积150平方米。

红四军军部旧址

红四军军部旧址位于江西省吉安市青原区文陂乡渼陂村永慕堂。

1930年2月中旬，红四军由永丰藤田经水南向吉安推进，准备先占吉水，后取吉

◆红四军军部旧址(永慕堂)

安。蒋介石得知红军逼近吉安，急忙命令成光耀旅死守吉安，金汉鼎部伺机占领宁都，湘军朱耀华旅开至乐安，戴岳旅在南丰、乐安之间集结。同时，急调湖北的唐云山部独立第15旅赶到江西，在2月20日到达吉水县城至乌江镇一线，对红军形成包围。毛泽东、朱德分析这一态势后，决定放弃原计划，改为诱敌深入、相机歼敌，将全军撤至富田，其中军部设于陂头（今渼陂村）。2月24日至26日，红四军在红六军第2纵队配合下，在水南一带给贸然单独进犯苏区而兵力分散的唐云山旅以歼灭性打击，击伤旅长唐云山，抓住其3个团长，取得俘敌1600余人，缴枪2000余支、子弹60余担的胜利。

永慕堂系梁氏宗祠，坐北向南，三堂二堑吞口式砖木结构，占地1221平方米；始建于南宋初年，清光绪乙卯年重修。

江西省苏维埃政府旧址

江西省苏维埃政府旧址位于江西省吉安市青原区富田镇王家村王氏宗祠。

1930年10月4日，红一军团攻克吉安城，革命声威大振。10月7日，在庆祝“吉安暴动胜利大会”上，宣告成立江西省苏维埃政府，主席曾山。大会还发布了《江西省工农兵苏维埃政府布告》，通过了《进攻南昌、九江》、《扩大红军一百万》、《坚决反对富农保障分田胜利》等3个决议，发出了《致全国革命群众争取胜利书》。在《江西省工农兵苏维埃政府布告》中，抨击了国

◆江西省苏维埃政府旧址(王氏宗祠)

民党新军阀的反动统治，赞扬了江西人民在共产党领导下创建江西苏区的业绩，陈述了江西省苏维埃政府的宗旨是“代表江西劳苦群众的利益和要求，完成全省总暴动，争取江西首先胜利”，并宣布了 12 条政纲。

江西省苏维埃政府初驻吉安城中山路福音堂，11 月 18 日因国民党军发动第一次“围剿”迁吉安陂头，12 月初又迁富田王氏宗祠。王氏宗祠建于明朝中期，二进参亭前的庭院布局，砖木结构，占地 3646 平方米。

东固革命根据地旧址群和博物馆于 2009 年 5 月被中央宣传部公布为全国爱国主义教育示范基地。

瑞金中央革命根据地历史博物馆

◆瑞金中央革命根据地历史博物馆

瑞金中央革命根据地历史博物馆位于江西省赣州市瑞金市象湖镇塔下寺。

中央革命根据地即中央苏区，是第二次国内革命战争时期全国最大的革命根据地，是全国苏维埃运动的中心区域。

土地革命战争时期，经过三次反“围剿”战争的胜利，赣南、闽西苏区连成一片。1931 年 11 月，中华工农兵苏维埃第一次全国代表大会（简称“一苏大会”）在中央苏区瑞金召开，成立了中华苏维埃共和国临时中央政府。以瑞金为首都的中央苏区最终形成。1934 年 1 月至 2 月，在瑞金召开了中华苏维埃共和国第二次全国苏维埃代表大会（简称“二苏大会”）。中央苏区时期，党的军事、政治、经济、文化、党的建设等方面取得显著成绩。瑞金是中华苏维

◆红军烈士纪念塔

埃共和国党、政、军首脑机关所在地，有大量的革命旧址留存至今。瑞金中央革命根据地旧址包括叶坪旧址群、红井旧址群、大礼堂旧址群、云石山旧址群、中革军委旧址群。

◆红井

叶坪旧址群包括“中华苏维埃第一次全国代表大会”旧址暨中华苏维埃共和国临时中央政府旧址，中共苏区中央局旧址暨毛泽东、周恩来旧居，红军烈士纪念塔，红军烈士纪念亭，红军检阅台，博生堡，公略亭，中华全国总工会苏区中央执行局旧址等；红井旧址群包括红井、中共中央政治局旧址、中央执行委员会旧址、中革军委旧址、中央工农检察人民委员部旧址、中央内务人民委员会部旧址、中华苏维埃共和国最高法院旧址、中央财政人民委员部旧址等；大礼堂旧址群包括中华苏维埃共和国临时中央政府大礼堂、防空洞遗址等；云石山旧址群包括毛泽东、张闻天旧居，中央革命军事委员会遗址，朱德、王稼祥、李德旧居，中共中央政治局旧址暨中共中央分局、中央政府办事处和中央军区旧址等；中革军委旧址群包括总参谋部（总司令部）旧址、总兵部运输部旧址、总卫生部旧址、总供给部旧址等。

◆中共苏区中央局旧址

中华苏维埃第一次全国代表大会旧址

中华苏维埃第一次全国代表大会旧址位于瑞金市叶坪乡叶坪村谢氏宗祠。

1931 年 11 月 7 日至 20 日，中华苏维埃第一次全国代表大会（简称“一苏大会”）在瑞金叶坪召开，中央、闽西、赣东北、湘赣、湘鄂西、琼崖等各苏区及红军各部队代表，设在国统区的全国总工会、全国海员工会的代表 610 人出席。大会审议通过了《中

◆中华苏维埃第一次全国代表大会旧址（谢氏宗祠）

华苏维埃共和国宪法大纲》、《中华苏维埃共和国劳动法》、《中华苏维埃共和国土地法令》、《中华苏维埃共和国关于经济政策的决定》等，发表了《中华苏维埃共和国临时政府对外宣言》和《中华苏维埃第一次全国代表大会告中国工人与劳动大众书》，选出毛泽东、周恩来、朱德等63人组成中央执行委员会，宣告中华苏维埃共和国中央临时政府成立。大会为表彰红军及其指战员在革命战争中作出的贡献和功绩，给毛泽东、朱德、彭德怀等8人授予奖章。会后，中华苏维埃共和国首都瑞金改称“瑞京”。

谢氏宗祠建于明代，坐东北朝西南，全由青砖和木料建筑而成，占地面积528.24平方米；分上、下两厅，中间天井。1931年11月，为准备召开“一苏大会”，天井上方加盖了玻璃瓦雨棚，下方铺上了木板，使整个宗祠布置成一个宽敞、明亮的会场。中央机关和中央红军主力长征后，旧址遭国民党军破坏。1953年，按原貌修复并对外开放。

中华苏维埃第二次全国代表大会旧址

中华苏维埃第二次全国代表大会旧址位于瑞金市沙洲坝镇沙洲坝村。

1933年春，临时中央政府从叶坪迁到沙洲坝后，为了解决大型集会的场所，尤其是为准备召开第二次全国苏维埃代表大会（简称“二苏大会”），决定在沙洲坝老茶亭村的树林中，建造一栋规模大、造型美、具有苏维埃共和国标志的临时中央政府大礼堂。经过充分酝酿和

◆中华苏维埃共和国临时中央政府大礼堂旧址

周密策划，临时中央政府决定由钱壮飞担任工程设计，梁柏台担任施工总指挥，并在江西、福建选调了400多名建筑工人，而工会组织则全力以赴组织原材料和生活用品的供应。工程于1933年8月1日破土动工。经过苏区工人4个多月废寝忘食地工作，一座凝结着苏区人民智慧和汗水的大礼堂拔地而起。

1934年1月21日至2月1日，“二苏大会”在大礼堂隆重召开。参加大会的正式代表693名，候补代表83名，旁听代表1500名。大会听取了毛泽东作的《中央执行委员会和人民委员会两年来的工作报告》、朱德作的《红军建设决议报告》、林伯渠作的《经济建设决议报告》、吴亮平作的《苏维埃建设决议报告》，通过修改后的宪法大纲、苏维埃建设、红军建设、经济建设等决议案和《关于国徽、国旗及军旗的决定》，选举了毛泽东、周恩来、朱德、刘少奇等175名中央执行委员，邓子恢、康克清等36名候补中央执行委员。“二苏大会”后，中华苏维埃共和国临时中央政府中的“临时”两字从此取消，中国红色政权建设更臻完善。

大礼堂为八角造型（从高空俯视，犹如一顶红军的八角帽），坐北朝南，占地面积1500平方米；共有两层，楼面为回廊式，并有阶梯式楼座，楼下成半圆形，可容纳2000多人。其有三个特点：一是视线好，在楼上、楼下每个角度都可以看到主席台；二是回音效果好，在主席台讲话不用麦克风大家也可以听得清楚；三是门窗特别多，四周共有17道双合扇大门、41扇窗户，便于人员疏散、通风和采光。为防敌机空袭，还在大礼堂后侧修建了防空洞。中央机关和中央红军主力长征后，大礼堂遭国民党军拆毁。1956年，按原貌修复，并由原来的土木结构改为砖混结构。

中央执行委员会旧址

中央执行委员会旧址位于瑞金市沙洲坝镇沙洲坝村元太屋。

中央执行委员会是全国苏维埃代表大会闭幕后的最高权力机关，不仅要负责法律的制订和颁发，还要监督各项法律的实施执行。自成立以来，中央执行委员会共颁发了《土地法》、《劳动法》、《婚姻条例》等数十个法律条例，为中华苏维埃共和国的巩固和各项事业的发展，发挥了重要作用。

◆中央执行委员会沙洲坝旧址

成立之初，中央执行委员会驻叶坪，1933年4月迁驻沙洲坝，1934 年 7 月再迁云石山，同年 10 月随中央机关和中央红军主力长征。驻沙洲坝期间，毛泽东经常深入群众，访贫问苦，关心群众生活和生产，并作了长冈乡和才溪乡调查，还先后写下了《必须注意经济工作》、《怎样分析农村阶级》、《我们的经济政策》、《关心群众生活，注意工作方法》等光辉著作。

元太屋属杨氏私祠，坐北向南，土木结构，建于 1876 年，分上下两厅，总占地面积 219. 78 平方米。

中共中央政治局旧址

中共中央政治局旧址分别位于瑞金市沙洲坝镇金龙下霄村和云石山乡丰垅村马道口。

1933 年 1 月，中共临时中央政治局在上海难以立足，被迫迁往瑞金，中华全国总工会中央执行局和共青团中央局亦随同迁入。在此前后，博古（秦邦宪）、洛甫（张闻天）、陈云、刘少奇、罗迈（李维汉）等领导人，经中央秘密交通线，从广东、闽西相继抵达瑞金。随后，中共临时中央政治局与中共苏区中央局合并，成立新的中共中央局（但中共苏区中央局并未撤销），以秦邦宪、张闻天、陈云等为常委，秦邦宪为总负责人，组织部长任弼时，宣传部长张闻天，机关迁驻沙洲坝下肖村。1934 年 1 月，在沙洲坝召开中共六届五中全会，改选了中央政治局，博古仍为总负责人。7 月，为避国民党军飞机轰炸，机关迁驻云石山马道口梁氏众厅。10 月，由于第五次反“围剿”失利，中共中央、中革军委等领导机关和中央红军主力组成红军野战军，撤离中央苏区，突围转移，开始长征。

沙洲坝旧址原为前清举人杨会蓬的私宅，建于 1879 年，坐东向西，为三合大院；建筑主体为二进五间两层穿斗式楼房，砖木结构，两侧各建有横屋一栋，共有五个天井，18 个房间，占地 1127 平方米。

中央革命军事委员会旧址

中央革命军事委员会旧址分别位于瑞金市叶坪乡洋溪村刘氏宗祠、沙洲坝镇金龙村乌石垅杨氏宗祠。

1931 年 11 月 25 日，根据“一苏大会”的决议和中央执行委员会决定，中华苏维埃共和国中央革命军事委员会（简称中革军委）在叶坪成立，朱德、彭德怀、王稼祥、林彪、谭震林、叶剑英、孔荷宠、周恩来、张国焘、邵式平、贺龙、毛泽东、徐向前、关向应、王盛荣等 15 人为委员，朱德任主席，王稼祥、彭德怀任副主席；下设总参谋部、总政治部、总经理部、总兵站部、抚恤委员会、政治保卫局、总军医处、中央军事政治学校等部门和机构。机关初设叶坪洋溪村刘氏宗祠，后随红军开往反“围剿”前线；1933 年 5 月，撤回至沙洲坝乌石垅村杨氏宗祠；1934 年 7 月，迁驻云石山的梅坑村。

中央革命军事委员会是苏区的最高军事指挥机关，虽隶属临时中央政府系统，但在

◆中央革命军事委员会旧址(乌石垅)

政治上仍受中共中央领导。1933 年 1 月，中共临时中央政治局迁入中央苏区，中央军委即统一于中革军委。5 月，中共临时中央决定，增加博古、项英为中革军委委员；军委主席朱德在前方指挥作战时，由项英代理主席。此后，中革军委的工作实际上由博古、项英等主持。1934 年 9 月，在博古的支持下，共产国际派驻中共中央的军事顾问李德掌握了中革军委的指挥权，进而导致中央苏区第五次反“围剿”失利，中央机关和中央红军主力被迫进行战略大转移——长征。

杨氏宗祠建于 1922 年，原为地主杨会萱的私祠，占地面积 328 平方米。朱德、项英、周恩来、刘伯承、叶剑英等在此办公和居住。由于人多房少，厅后 4 米处的空地上还兴建了一栋楼房，并在侧边盖了一间大草棚，作为军委印刷所。为安全起见，后又在印刷所旁修筑了一座“人”字形防空洞，可容纳数十个人。

瑞金中央革命根据地历史博物馆的前身是瑞金革命纪念馆，于 1953 年筹建，1958 年开馆，1994 年更名为瑞金中央革命根据地纪念馆。2004 年经中央宣传部批准并在中央宣传部、江西省人民政府的支持下进行改扩建，2007 年 10 月竣工，江泽民为新馆题写“瑞金中央革命根据地历史博物馆”馆标。博物馆运用现代化陈列手段，以翔实的文物史料，分六大部分展示了中华苏维埃共和国的光辉历史。展览馆总面积 4000 余平方米，馆区面积 4.53 万平方米，其中建筑面积 1.01 万平方米。

瑞金中央革命根据地历史博物馆于 1997 年 6 月被中央宣传部公布为全国爱国主义教育示范基地。

山东省重要革命遗址

中共山东省领导机关旧址

中共山东省领导机关旧址位于山东省济南市五龙潭东南侧。

1921年，山东党组织创始人王尽美和邓恩铭出席党的第一次全国代表大会回到山东后不久，即选择这座小楼作为党的秘密机关所在地，密议山东各地党务，油印党刊。1925年至1927年初，中共山东省领导机关在这里秘密办公。山东早期共产党员鲁伯峻等人，由马克思主义研究会会员转为中共党员，也在这里举行入党宣誓仪式，王尽美、邓恩铭均为监誓人。1925年前后，中共中央派任弼时、邓中夏、关向应等来山东视察工作时，也曾在这里居住并会见山东党的领导人。1927年5月，山东省领导机关遭破坏后，办公地点迁往别处。

◆中共山东省领导机关旧址（摄于20世纪70年代）

◆中共山东省领导机关旧址

中共山东省领导机关旧址占地31.7平方米，旧址原为四合小院，大门朝东，开于东流水街105号。院东侧为青砖灰瓦白粉墙二层小楼，3间铺面，玻璃门窗。当年小楼一带僻静而不闭塞，与附近小胡同四通八达。

济南解放后，此处作为中共山东省领导机关旧址，被公布为山东省文物保护单位。1985年辟建五龙潭公园时，拆除周围民居，保留此二层小楼并维持了当时的原貌。1988 年至 1991 年旧址曾作为山东省党史陈列馆对外开放。因旧址本身已历百年风雨，属重点文物保护单位，因此 1991 年扩建后的山东省党史陈列馆新馆开馆后，旧址内部不再全天对外开放。为展现山东省及济南市党史概貌，加强革命历史宣传教育，在旧址一楼门厅设立综述介绍展板，向社会展览开放。旧址内建立长期党史宣传栏，展示各时期图文及相关历史文物。

中共山东省领导机关旧址于 1977 年 12 月被山东省革命委员会公布为山东省文物保护单位；1994 年 11 月被山东省委宣传部公布为山东省爱国主义教育基地。

中共青岛地方支部旧址

中共青岛地方支部旧址位于山东省青岛市四方区海岸路 18 号。

◆中共青岛地方支部旧址

1923 年 8 月，中共青岛组织成立。10 月，邓恩铭被四方机厂“圣诞会”聘为秘书，将“圣诞会”逐步纳入青岛党组织的领导之下。1924 年 3 月，为便于开展四方机厂的工运工作，中共早期党员王象午调四方机厂任职，居住在该院内 9 号。1925 年 2 月，青岛党组织改称中共青岛支部。其后，中国共产党人在此领导了四方机厂、日商纱厂工人大罢工，并推动形成了青岛历史上反帝爱国运动的第一次高潮，在全省乃至全国产生了重大影响。邓恩铭、王尽美、刘少奇、李慰农等老一辈革命家都先后在此工作过，传播马列主义，领导工人运动，推动青岛革命的发展。

海岸路 18 号，原系青岛四方机厂工人宿舍。该房屋建造于 1904 年，砖木结构，外墙为红色清水砖筑，占地面积 4060 平方米，建筑面积 840 平方米。1982 年 12 月 31 日，由青岛市人民政府公布并立碑，确定海岸路 18 号为“中共青岛地方支部旧址”，同时公布为第一批青岛市文物保护单位。2001 年，中国共产党成立 80 周年之际，中共青岛市委、青岛市人民政府决定，修复中共青岛地方支部旧址，建立中共青岛地方支部旧址纪念馆。纪念馆的陈列内容，由原状陈列和中共青岛历史展两部分组成。中共青岛历史展（1923 年 8 月—1949 年 6 月）分为 9 个部分，展出历史文献、实物和照片 370 余件。房屋结构及内部布置，基本按照当年原状恢复。

中共青岛地方支部旧址于1977年12月被山东省革命委员会公布为山东省文物保护单位；2005年11月被山东省委宣传部公布为山东省爱国主义教育基地。

马鞍山抗日保卫战旧址

马鞍山抗日保卫战旧址位于山东省淄博市淄川区太河镇。

马鞍山，位于今淄川区太河镇淄河上游，海拔616米。在东西两座山峰中间有条狭窄的山脊相连，远望山脉如马鞍一般。1942年11月9日，日军调集2000余日伪军向马鞍山发起了疯狂进攻。我守山军民30余人在八路军115师1旅2团副团长王凤麟带领下，与敌人进行顽强战斗，坚持两天一夜，最后在弹尽粮绝的情况下，宁死不做俘虏，跳崖殉国。马鞍山保卫战，在淄川的抗战史上写下了光辉而悲壮的篇章。

◆马鞍山上的六角形抗日纪念碑

为纪念在马鞍山战斗中英勇牺牲的烈士，1945年中共博山县委、县政府在马鞍山上建立了六角形抗日纪念碑。马鞍山纪念馆原建于1972年，2001年改建为马鞍山抗战纪念馆。纪念馆内有再现马鞍山战斗的图片和文字资料。

◆马鞍山抗战纪念馆

◆马鞍山革命烈士纪念碑顶端

马鞍山抗日保卫战旧址于1977年12月被山东省革命委员会公布为山东省文物保护单位；2005年11月被山东省委宣传部公布为山东省爱国主义教育基地。

中共刘集支部旧址

中共刘集支部旧址位于山东省东营市广饶县大王镇刘集后村。

◆中共刘集支部旧址

刘集党支部建立于1925年春，是山东省建立最早的农村党支部之一，刘良才任第一任党支部书记。1927年8月，在刘集支部的基础上，建立了中共广饶特支，由刘良才任书记，同时兼任刘集支部书记。这一时期，刘集党支部广泛开展革命宣传活动，积极发展党的组织，领导农民群众开展了“觅汉增资”、“短工增资”活动和“吃坡”、“砸木行”斗争。在抗日战争中，刘集党支部带领党员群众积极投入到抗日救国的斗争中，刘集村被誉为四边地区的“小莫斯科”。在解放战争中，刘集党支部党员带头参军、参战，带领农民群众踊跃支前，为夺取解放战争的胜利作出了应有的贡献。

刘集党支部旧址原为刘良才烈士故居，有北屋4间，东耳房1间半。2005年4月，广饶县重修刘集支部旧址纪念馆，占地1300平方米，是山东省第一个农村党支部旧址纪念馆。在纪念馆南面建有“刘集惨案”纪念碑。纪念馆内设支部旧址复原陈列展、简史陈列展、大型室外环壁浮雕重点事迹展。展厅内分图片文字展、文物展两部分，形象介绍了刘良才、刘子久、刘雨辉、延伯真等革命先驱的英雄事迹及刘集党支部的革命启蒙作用。

◆中共刘集支部旧址大门

中共刘集支部旧址于2005年11月被山东省委宣传部公布为山东省爱国主义教育基地。

莱芜战役指挥所旧址

莱芜战役指挥所旧址位于山东省莱芜市钢城区辛庄镇石湾子村石湾子桥北200米路西。

◆莱芜战役指挥所旧址

1947年1月，蒋介石部署制订了鲁南会战计划，以23个整编师53个旅，采取南北对进的部署，企图与我华东野战军决战于临沂地区。同时，从冀南、豫北抽调4个整编师集结于鲁西南地区，以便阻止华东野战军西进或晋冀鲁豫野战军东援。国民党军参谋总长陈诚坐镇徐州督战。1月底，由整编第19军军长欧震指挥的8个整编师20个旅为主要突击集团，分三路由台儿庄、新安镇（今新沂）、城头一线向临沂攻击前进。第二绥靖区副司令长官李仙洲指挥的第73军、第12军及整编第46师为辅助突击集团，自1月中旬起，由明水（今章丘市）、周村、博山一线南下，向莱芜、新泰地区开进，策应南线的作战。时华东野战军主力正集结于临沂地区休整待机。面对国民党军的进攻，野战军司令员兼政治委员陈毅、副司令员粟裕、副政治委员谭震林采取各个击破、逐次歼敌的战术，首先诱逼南线进攻的三路国民党军突出一路，予以割歼，再及其余。南线国民党军始终坚持密集靠拢，齐头并进。而北线的李仙洲集团3个军（整编师）以梯次配置的队形，孤军深入，于2月初占领莱芜、颜庄一线。华东野战军依据敌情的变化，果断改变作战计划，转兵北上，歼灭孤立分散的李仙洲集团。除以第2、第3纵队伪装全军，在临沂以南采取宽正面部署，迷惑并阻击南线国民党军外，主力第1、第4、第6、第7、第8纵队于2月10日起，以急行军隐蔽北上，同时命驻胶东、渤海地区之第9、第10纵队迅即开赴莱芜地区参战。莱芜战役历时3天，共歼敌5.6万人。

莱芜战役指挥所旧址为1917年修建的四合院建筑，占地面积450平方米。1977年起，搬迁了院内住户，改造成展览室。北屋原陈列着陈毅、粟裕曾用过的桌椅床案等办公用具，1997年被送往莱芜战役纪念馆收藏。西屋布置有莱芜战役参战将领简介展板，内容为国共双方参战将领头像及生平简介。南展室采用实战照片和文字简介的展板形式，简要地介绍了莱芜战役的经过。南大门内的影壁墙上镶嵌着瓷壁诗，为陈毅元帅所写的《莱芜大捷》。1981 年 2 月，莱芜战役指挥所旧址正式对外开放。

莱芜战役指挥所旧址于 1977 年 12 月被山东省革命委员会公布为山东省文物保护单位；1998 年 5 月被山东省委宣传部公布为山东省爱国主义教育基地。

中共中央山东分局旧址

中共中央山东分局旧址位于山东省临沂市沂水县夏蔚镇王庄村。

◆中共中央山东分局旧址

1938 年 8 月，中共苏鲁豫皖边区省委为实施创建沂蒙抗日根据地的计划，将处于沂蒙山区中心的沂水县、蒙阴县定为省委直属县。1938 年 11 月，为更好地指导创建沂蒙抗日根据地工作，中共苏鲁豫皖边区省委及八路军山东人民抗日游击队第 4 支队司令部由沂水县岸堤村迁往王庄村，主要机关驻王庄村天主教堂内，有关机关分驻王庄、柳树头、葛沟、大战地等村。王庄村位于沂水县西部山区，群山环抱，向南 5 公里可达沂蒙公路，向北 20 公里为沂蒙重镇——东里店，地理位置优越，环境相对稳定，群众基础好，中共党组织与该地国民党政府建立了较好的统战关系。同时，王庄村有一座天主教堂，有房子上百间，这都为革命根据地的开辟提供了有利条件。1938 年 12 月，根据中央的指示，中共苏鲁豫皖边区省委改为中共中央山东分局，郭洪涛、张经武、黎玉为委员，郭洪涛任书记，程照轩任组织部长，孙陶林任宣传部长，郭子化任统战部长，刘居英任社会部长。山东分局的成立，加强了建立和坚持山东抗日根据地的领导工作。

12 月 27 日，为统一领导山东各地抗日部队，八路军山东纵队指挥部在王庄成立，张经武任指挥，黎玉任政委，江华任政治部主任，王彬任参谋长。纵队指挥部设司令部、政治部、卫生部。八路军山东纵队成立后，将山东党领导的各游击支队等起义武装改编为第 2、第 3、第 4、第 5、第 6、第 8、第 9、第 12 支队及陇海游击支队、苏鲁挺进支队、人民抗日义勇队第 1 总队、山东纵队特务团、临郯独立团，当时所属基干部队共编为 10 个支队又 3 个团，共 2. 45 万人，另有地方武装 1 万余人。八路军山东纵队的

◆中共中央山东分局使用过的会议室(天主教堂)

成立，标志着山东人民抗日武装由分散的各自为战的游击队，成长为在战略上统一指挥的游击兵团，成为发展与坚持山东抗日游击战争的重要力量。

1939 年 3 月下旬，罗荣桓到达山东分局驻地王庄，会见了郭洪涛、黎玉、张经武、江华、王彬等分局、纵队的领导同志，传达了六届六中全会精神。次日，召开了一次规模比较大的会议，会场设在天主教堂内。罗荣桓根据毛泽东作的《论新阶段》的政治报告和《战争与战略问题》的总结报告，就建立和扩大抗日根据地、发动和组织群众、扩大武装力量、加强连队党支部建设、在统一战线中坚持独立自主原则等作了系统部署。

中共中央山东分局旧址是 100 多年前德国传教士修建的一处天主教堂大院，现有房屋 29 间，天主教堂 1 座，附属建筑 20 余间。其中中共中央山东分局陈列室 4 间，实物展台 7 个，展品 11 件，分为“中共中央山东分局在王庄”、“创建以沂蒙山为中心的山东抗日根据地”、“山东抗日战场的伟大胜利”、“各级领导的关怀”4 个展区，展出各类历史图片 119 幅。中共中央山东分局下设的各重要部、委也都有独立的陈列室，并展出了大量的图片、实物资料。

中共中央山东分局旧址于 1992 年 6 月被山东省人民政府公布为山东省文物保护单位；1994 年 11 月被山东省委宣传部公布为山东省爱国主义教育基地。

抗大一分校旧址

抗大一分校旧址位于山东省临沂市沂南县孙祖镇东高庄村。

抗大一分校即中国人民抗日军事政治大学第一分校。1938 年 12 月 1 日开始创办，属八路军总部建制，对外称八路军随营学校。1939 年 1 月初，中央军委和八路军总部决定抗大一分校东迁山东抗日根据地办学。11 月 15 日，抗大一分校校长周纯全等带领教职员工及学生 1300 余人，从太行山区驻地出发，历时 45 天，行程 3000 余里，于 1940 年 1 月 5 日来到沂南县孙祖、东高庄、张庄、邵家峪一带。1 月 12 日，中共山东分局、八路军第一纵队和山东纵队等领导机关在东高庄村召开欢迎大会，徐向前、朱瑞、黎玉出席会议并讲话。会上，决定抗大一分校对外称八路军第八支队，由八路军第一纵队领导。14 日，八路军第一纵队随营学校（1939 年 9 月由山东抗日军政干部学校

◆抗大一分校旧址

改建）并入抗大一分校。3 月初，2670 名新学员在东高庄村举行了开学典礼。

抗大一分校校部设行政、队列、供给、卫生等科，还有被服厂、制药厂等。政治部设组织、宣传、民运、锄奸等科，还组建了文艺工作团等。训练部设军事教育、政治教育等科。学员共编 4 个大队（团级建制），另有高干队、女生队等。每个大队有六七个中队，七八百人不等。在反“扫荡”及战斗期间，临时增设团、营建制，以便于指挥作战。

抗大一分校，多次配合主力部队、地方武装作战，甚至单独执行攻打据点任务。在 1941 年 11 月反击日军“铁壁合围”大“扫荡”的大青山突围战中，第 2、第 5 大队配合蒙山支队及中共山东分局、山东省战工会、省抗协的少量警卫部队，抗击日军 1 个混成旅团的进攻，掩护领导机关突围。血战中，第 2 大队政委刘惠东等 300 余人英勇牺牲。

抗大一分校在沂蒙山区共办 6 期，为山东培养了 14000 余名党政军干部。1945 年 10 月，抗大全体教职员工由政治部代理主任徐洪才率领挺进东北。

抗大一分校旧址屋后院为徐向前居住旧址。抗大一分校旧址及徐向前居住旧址经过修缮，现保护较好。抗大一分校校部南面 200 米处是一分校文工团主任袁成隆、支部书记史屏和副主任王久鸣创作歌曲《永远跟着共产党走》的地方。在该处建设了“你是灯塔”、“永远跟着共产党走”等石刻和《永远跟着共产党走》歌曲纪念碑。

抗大一分校旧址于 1977 年 12 月被山东省革命委员会公布为省级重点文物保护单位。

刘邓大军渡黄河指挥部旧址

刘邓大军渡黄河指挥部旧址位于山东省聊城市阳谷县寿张镇沙河崖村中心。

1947 年 6 月 30 日晚，根据中共中央和毛泽东“大举进攻，经略中原”的战略决策，刘伯承、邓小平率领晋冀鲁豫野战军第 1、第 2、第 3、第 6 纵队 12 万余人，从临濮集至张秋镇 150 公里的黄河北岸，南渡黄河，揭开了中国人民解放战争战略进攻的序幕。

刘邓大军渡黄河指挥部旧址位于沙河崖村中心，北距阳谷 7.5 公里，南距黄河约 10 公里，是一座坐西朝东两进两出的四合院。房屋建筑典雅壮观，结构严谨，颇具鲁西民

◆刘邓大军渡黄河指挥部旧址

间建筑风貌。前院南厢房是刘邓首长就餐和参谋住室，里面悬挂着党和国家、军队领导人的题词和刘邓大军渡黄河的大幅油画。西厢房是警卫人员住室。后院内东厢房是刘伯承的居室，西厢房是邓小平的居室，里面摆放着他们当年曾用过的桌椅床张，及临走时送给房东的一些物品和当时参加渡黄河作战领导的题字、回忆文章等革命历史文物。正房是当年房东孔月仙及家人的住室，现为展室，里面珍藏着多幅珍贵的历史照片和刘邓大军渡黄河前后的历史资料。展室共有“战略态势”、“渡河准备”、“强渡黄河”、“鲁西南战役”、“人民支前”、“英雄儿女”、“老区新貌”、“治黄成就”等9块展板。1995年对该旧址按原貌进行了修复。

◆刘邓大军渡黄河指挥部旧址标志碑

刘邓大军渡黄河指挥部旧址于2005年11月被山东省委宣传部公布为山东省爱国主义教育基地。

黑铁山抗日武装起义旧址

黑铁山抗日武装起义旧址位于山东省淄博市淄博高新区黑铁山南麓。

黑铁山地区在1927年就已建立中共铁山特别支部。1937年11月，长山中学党小组成员赵明新深入桓台二区、长山九区发动群众成立花山党支部，黑铁山周边抗日积极分子多数参加过长山中学抗日游击训练班，回乡后积极宣传抗日。当地群众的抗日救亡热情积极高涨，黑铁山成为举行抗日武装起义的最佳地点。

1937 年12 月26 日晚，黑铁山抗日武装起义爆发，这是山东抗战史上三大武装起义之一。在黑铁山西麓太平庄小学院内，长山中学60 余名师生及桓台二区、长山九区的几十名抗日志士，高举3 支步枪、8 把马刀，庄严宣誓，宣布成立山东人民抗日救国军第五军。第二天拂晓，廖容标带领部队向黑铁山进发。在攀上山顶后，部队将绣着金黄色的镰刀、斧头和山东人民抗日救国军第五军12 个大字的红旗插上了黑铁山。黑铁山抗日武装起义的星火迅速燎原于淄博大地、清河平原，义旗高举，抗日救国，万众一心，卫我中华。黑铁山抗日武装起义是在中国共产党的领导下，中华民族的优秀儿女上演的一部威武雄壮的抗战活剧，谱写出抗战志士浴血奋战、前赴后继的壮丽诗篇。

◆黑铁山抗日武装起义指挥部旧址

在驱逐日军之后，黑铁山抗日武装起义部队又投入到消灭国民党反动派的人民解放战争。几经征战南北，至建国前夕，部队先后整编到中国人民解放军第43 军、40 军、33 军、28 军、26 军、22 军。

◆黑铁山抗日武装起义纪念碑

为纪念黑铁山抗日武装起义，淄博市张店区和淄博高新区在起义旧址处先后筹建了黑铁山抗日武装起义纪念碑、纪念馆、纪念壁、烈士坊、烈士陵园等。

纪念碑于1987 年为纪念黑铁山起义50 周年筹建，位于黑铁山西坡半山腰，1989 年8 月1 日落成揭幕。碑高21.71 米，象征黑铁山的起义是中国共产党直接领导的抗日武装起义，呈“三八步枪”并排矗立造型，徐向前元帅亲笔题词“黑铁山抗日武装起义纪念碑”。

纪念馆建于1995 年纪念抗日战争胜利50 周年之际奠基，1996 年8 月1 日落成开馆，坐落于黑铁山西坡，占地面积4400 平方米，建筑面积1200 平方米。展厅面积500 平方米，主要陈列黑铁山起义各个阶段的历史图片，起义部队用过的桌椅、武器、生活用具及文字介绍图板资料等。黑铁山抗日武装起义纪念馆于2009年7月被淄博市政府批准为淄博市重点革命烈士纪念建筑物保护单位。

◆黑铁山抗日武装起义纪念馆

纪念壁于2001年纪念中国共产党成立80周年之际建成揭幕，位于纪念馆南面50米处，长24米，高8米，属仿古牌坊式建筑纪念壁。纪念壁北面为“黑铁山抗日武装起义英烈谱”，用黑色大理石板镌刻参加黑铁山起义后牺牲的营职以上55名烈士的生平。纪念壁南面为“黑铁山抗日武装起义将领名录”，镌刻新中国成立后从黑铁山部队成长为副省部级、副军级以上70余名将领的生平简略。

烈士坊于2003年国庆节建成，位于纪念壁南边不远处，与烈士陵园紧邻。烈士坊南北长90米，高8.5米，碑墙上镌刻1400余名革命烈士的英名简介。烈士坊前是黑铁山起义四位主要领导人姚仲明、廖容标、马耀南、赵明新的塑像。

◆黑铁山烈士坊

烈士陵园于2003年修建，占地6700多平方米，安葬革命烈士280名，全部为黑色大理石墓。2010年高新区投资对陵园进行改建维修，并把全区田间散葬的烈士墓全部迁来集中安置。

黑铁山抗日武装起义旧址于1994年11月被山东省委宣传部公布为山东省爱国主义教育基地。

大众日报社旧址暨《大众日报》创刊地

大众日报社旧址暨《大众日报》创刊地位于山东省临沂市沂水县夏蔚镇王庄村。

1938年11月，为了更好地指导创建沂蒙抗日根据地工作，中共苏鲁豫皖边区省委及4支队司令部由沂水县岸堤村迁往王庄村。12月，边区省委改为中共中央山东分局。

◆大众日报社编辑部旧址和陈列室

为了宣传党的抗日主张，团结教育民众，抗击日军，1939 年 1 月 1 日，中共中央山东分局机关报——《大众日报》在王庄村创刊。刘导生任报社社长，匡亚明任总编辑，马民任编辑部主任，刘力子为营业部负责人，于一川任印刷所所长。创刊伊始，条件十分简陋，编辑部设在王庄村东南角王希安家三间西屋和两间南屋里，仅有几张木桌和条凳。西屋为编辑室，南屋为电务室。4 名编辑每人负责一个版面，他们既是编辑，又是记者，主要信息来源为国民党中央通讯社每天播发的口语记录新闻和八路军山东纵队战报。印刷所设在王庄东北 4 公里处的云头峪村。该峪是王庄的八大峪之一，地形隐蔽，便于随时应付敌人的奔袭和“扫荡”，印刷设备就安装在峪底几户农家的草屋里。在极其艰难的条件下，《大众日报》工作人员艰苦奋斗，高举抗战、团结、进步的旗帜，克服重重困难，不断发展壮大，成为引导、鼓舞山东抗日军民团结战斗、夺取胜利的号角，为宣传党的抗日民族统一战线方针，动员民众，进行形势教育，坚定人民抗战必胜的信心作出了重要贡献。今天，《大众日报》已发展成为山东省最具权威性、指导性的综合性日报，也是中共山东省委机关报。

21 世纪初，以王庄为中心的沂蒙山根据地景区逐渐被论证开发，《大众日报》创刊纪念地成为该景区的重要组成部分。现中共中央山东分局旧址大院内有《大众日报》创刊展厅 3 间，编辑部旧址和陈列室为 5 间附属建筑，共有 7 个展台，实物展品 10 件。云头峪印刷所现维护较好，尚存当年印刷的机器和字模等。1986 年，沂水县人民政府在云头峪村立《大众日报》创刊纪念碑。

◆云头峪村《大众日报》印刷所旧址

大众日报社旧址暨《大众日报》创刊地于 1992 年 6 月被山东省人民政府公布为山东省文物保护单位；2005 年 11 月

被山东省委宣传部公布为山东省爱国主义教育基地。

雷神庙战斗遗址

雷神庙战斗遗址位于山东省烟台市牟平区雷神庙大街601号。

1938年2月5日，日军占领牟平城，建立伪政权。为打击日军嚣张气焰，2月13日，中共胶东特委书记、山东人民抗日救国军第3军司令员理琪率部攻陷牟平城，于上午10时撤至雷神庙。随后，理琪、林一山等聚集到南倒厅开会，就下一步的行动问题展开讨论。第3军主力押着俘虏先行转移，庙内仅剩理琪、林一山等20余人。中午12点后，他们遭到日军海军陆战队100余人的包围。理琪等当机立断，指挥部队据守庙房，封锁住大门、便门和窗口，与日军展开战斗。战斗中，理琪不幸牺牲，年仅30岁；特务队长杜梓林也中弹牺牲；林一山、宋澄等光荣负伤。夜幕降临后，敌人放火燃烧南倒厅，战士们迅速转移至东西两厢。晚上八九点钟后，在友军支援下，宋澄指挥大家集中力量突围成功。雷神庙战斗中，第3军指战员以简陋的武器与日军激战七八个小时，打退了敌人数次进攻，毙伤日军50余人，打响了胶东抗日的第一枪。此次战斗极为激烈，在现存的一块0.8平方米的铁皮雨搭上，密布着138个弹洞，庙内现存的石碑、石础上，也是弹痕累累。

◆雷神庙战斗纪念馆

◆雷神庙战斗纪念馆一角

雷神庙战斗遗址战后一直由学校管理。新中国成立后，政府曾多次维修，1983年基本恢复战时原貌，划归牟平县文化局管理。1984年10月，牟平县文化局在此举办雷神庙战斗展览并对外开放。2008年，又按原貌进行了整体维修，辟为雷神庙战斗纪念馆。2009 年，牟平区博物馆在东院西厢重新筹办了《胶东抗战第一枪——雷神庙战斗基本陈列》，均免费向社会开放。

雷神庙战斗遗址于 1977 年 12 月被山东省革命委员会公布为山东省文物保护单位；1998 年 5 月被山东省委宣传部公布为山东省爱国主义教育基地。

徂徕山革命遗址

徂徕山革命遗址位于山东省泰安市岱岳区房村镇黑石埠村北团山下的四禅寺。

◆徂徕山革命遗址（四禅寺）

1937 年七七事变后，日本发动了全面侵华战争。中共山东省委根据中共中央到敌后独立自主地开展游击战、创建抗日根据地的指示，迅速率领机关干部和济南市一部分党员，分批由济南迁到泰安，和中共中央派来的红军干部、省民先队、平津流亡学生组成一支抗日救亡队伍，在泰安地下党的全力配合下，分赴泰安、莱芜、新泰、泗水、宁阳等地，深入农村城镇，发动群众，开展抗日宣传，控诉日军侵略暴行，激发并组织广大人民群众，投入抗日救亡斗争。同年 11 月，山东省委在泰安篦子店召开紧急扩大会议，充分研究了当时的形势和条件，毅然决定武装起义，并对起义的组织准备工作做了周密的安排。1938 年 1 月 1 日，省委组织共产党员、民先队员及爱国志士约 200 人，集聚徂徕山大寺，宣布成立八路军山东抗日游击队第 4 支队，任命洪涛为支队长，黎玉为政委。很快，莱芜、新泰、泗水、宁阳等地抗日武装在共产党的领导下，纷纷携带长矛、大刀、火枪、土炮，会师于徂徕山光华寺，举起了山东敌后武装抗日的义旗。

◆徂徕山抗日武装起义纪念碑

第 4 支队成立伊始，即重视党的领导和政治思想工作，宣布三大纪律八项注意，苦练杀敌本领，发动人民群众机智地捕捉战机。初战寺岭，大振军威，再伏四槐树，痛击日军，继又进占莱芜，攻入博山。连续的胜利大大鼓舞了人民斗志，有力地打击了日伪的嚣张气焰。同时，还在战斗中壮大了党的力量，培养了大批干部，创建和发展了山东抗日根据地。

徂徕山抗日武装起义，是抗日战争初期中共山东省委直接领导的一次有重大影响的历史事件。它点燃了山东人民武装抗日的烽火，揭开了山东省党组织独立领导抗战的序幕。

为纪念徂徕山起义军民抗击侵略者的革命英雄主义精神，1987 年，在纪念徂徕山抗日武装起义 50 周年之际，在遗址上修建徂徕山抗日武装起义纪念碑。徂徕山抗日武装起义纪念碑高 23 米，用 573 块泰山花岗岩石精砌而成，寓意 50 周年的 50 级盘道从山下直通碑前。纪念碑正面镌刻中国人民解放军元帅徐向前题写的“徂徕山抗日武装起义纪念碑”12 个镏金大字；背面刻有当年参加徂徕山抗日武装起义的老战士、全国著名书法家武中奇撰书的 769 字碑文。

徂徕山抗日武装起义遗址于 1977 年 12 月被山东省革命委员会公布为山东省文物保护单位；1994 年 11 月被山东省委宣传部公布为山东省爱国主义教育基地。

天福山革命遗址

天福山革命遗址位于山东省威海市文登市（县级市）文登营镇林场西 100 米处。

1937 年 12 月 24 日，中共胶东特委在这里领导胶东人民举行了威震胶东的抗日武装起义，创建了胶东第一支抗日武装——山东人民抗日救国军第 3 军，拉开了胶东人民抗战的序幕。

◆天福山起义会议旧址

1937 年 12 月上旬，理琪在中共胶东临时工委的基础上重建了中共胶东特委，理琪任书记，吕志恒任副书记，委员有林一山、邹恒禄、张修已、柳运光、李紫辉（女）等。12 月 24 日，举行抗日武装起义的中共胶东特委在天福山的玉皇庙召开会议，研究部署具体行动。拂晓，昆嵛山红军游击队全体成员及文登、荣成、威海卫的抗日志士共80余人相继到达天福山。胶东特委在天福山成功举行抗日武装起义，以昆嵛山红军游击队为基础，宣布山东人民抗日救国军第3军正式成立，并组建了山东人民抗日救国军第3军第1大队，由于得水任大队长、宋澄任政委，西上进行抗日宣传。天福山起义之后，胶东各地积极响应，相继举行了抗日武装起义，掀起了抗日救国的新高潮。

◆天福山起义纪念塔

新中国成立后，中共文登县委在天福山起义地修建天福山起义会址。1971年，文登县革命委员会在天福山起义会址处筹建天福山革命遗址，占地面积约8733.8平方米，包括天福山起义会址、天福山起义特委临时会址、天福山起义纪念塔、天福山起义纪念馆、天福山起义竖旗遗址。

天福山起义特委临时会址为胶东普通民居，长约15.6米，宽约14米，总面积约224平方米。1937年12月24日拂晓，中共胶东特委在此举行了特委扩大会议。房子原为天福山玉皇庙道人居住，屋顶为茅草铺就，年久失修。从20世纪80年代起，分别于1982年、1995年、2001年、2007年进行修缮。

1972年，文登县革命委员会在天福山革命遗址西南百余米处，建立天福山起义纪念馆。纪念馆共有房屋14间，建筑面积450余平方米，陈列有关天福山起义的文物与史料140余件。

◆天福山起义纪念馆

1973年天福山起义纪念塔落成。纪念塔由汉白玉和青石修筑而成。纪念塔塔座呈正方形，边长5.05米。塔身通高12.24米，寓意天福山起义时间（1937年12月24日）。正面郭沫若题："天福山起义纪念塔"。塔裙正面刻毛泽东手迹："星星之火　可以燎原"；其他三面分别刻"天福山起义纪略"。

天福山起义竖旗遗址位于天福山东部的小山顶。1937 年 12 月 24 日清晨，山东人民抗日救国军第 3 军军旗在这里竖起。1957 年，当地人民和驻军在起义旧址西北搭建砖塔 1 座，在竖旗遗址建简陋的木质结构“红旗亭”。1996 年 4 月，重新修建“红旗亭”。亭为五角，中间摆放石桌 1 张、石墩 6 个，周围加石栏，同年 10 月竣工。

天福山革命遗址于 1977 年 12 月被山东省革命委员会公布为山东省文物保护单位；1994 年 11 月被山东省委宣传部公布为山东省爱国主义教育基地，2009 年 5 月被中央宣传部公布为全国爱国主义教育示范基地。

孟良崮战役遗址

孟良崮战役遗址位于山东省临沂市蒙阴县垛庄镇古泉行政村北泉桥自然村村北和沂南县孙祖镇驻地西北 13.5 公里处孟良崮国家森林公园一带。

◆孟良崮战役纪念馆

1947 年 5 月中旬，华东野战军在陈毅、粟裕、谭震林等指挥下，一举全歼国民党号称“五大主力之首”的“王牌军”整编第 74 师及 83 师之 57 团，击毙其中将师长张灵甫，重创各路援军，毙伤俘敌 3.2 万余人。这次战役，不仅创造了全歼蒋介石集团最强大的精锐之师的辉煌成果，而且挫败了国民党军队重点进攻山东解放区的整个计划，初步扭转了华东局势，是华东战场上具有决定意义的胜利。

孟良崮战役遗址（蒙阴县）包括孟良崮烈士陵园、孟良崮战役纪念馆等。孟良崮烈士陵园始建于 1952 年，坐北朝南，占地面积 6.5 万平方米。步入陵园，首先是陈毅、粟裕大型花岗岩雕像。雕像的东北和西北方向是两排对称的碑廊，雕像正北面是孟良崮战役纪念馆，馆内的陈展再现了孟良崮战役的宏大场景和老区人民波澜壮阔的支前运动。纪念馆的后面，苍松翠柏中掩映着 2865 座烈士墓，墓碑中间耸立着烈士英名塔，花岗岩层面上。整齐有序地铭记着烈士不朽的英名。这里既是烈士陵园，又是战役遗址的一部分。

孟良崮战役遗址（沂南县）建有孟良崮战役旧址标志（1986 年徐向前元帅题写）、和平门、孟良崮主峰碑、军号台、崮魂等纪念设施和遗留的国民党整编第 74 师指挥部旧址（共有两个大的山洞，全长约 200 余米，面积约 700 平方米）。

◆孟良崮战役旧址

孟良崮战役纪念碑建成于1985年8月1日，位于海拔567米大崮顶上，高14.6米。碑体由三块刺刀状板块组成，碑名由胡耀邦题写，东西两侧分别镌刻着陈毅元帅的诗和粟裕将军题写的“英雄孟良崮”。

孟良崮战役遗址于1977年12月被山东省革命委员会公布为山东省重点文物保护单位。孟良崮烈士陵园于2009年5月被中共中央宣传部公布为全国爱国主义教育示范基地。

汪洋台

汪洋台位于山东省莱芜市莱城区茶业口镇吉山村，原名钓鱼台。

汪洋（1913—1942），山东省东阿县人，1935年参加革命。七七事变后离开东北军，在莒县、临沂、沂水等地组建了一个抗日营，北上与4支队合编为第3团，任团长。八路军山东纵队建立后，汪洋先后任团长、团政委、第4支队政治部主任、第4旅政治部主任、第4旅政治委员。1942年10月17日，日伪军5000余人分数路合击莱北茶业口一带。泰山地委、专署、军分区机关在刘白杨一带被包围，随即分头突围。军分区政委、地委书记汪洋率第10团第1营两个连、教导营军事队及机关一部向东南吉山方向突围，与敌主力遭遇，陷入包围之中。虽经殊死搏斗，但损失惨重，汪洋负伤后自杀殉国。

◆汪洋塑像

◆汪洋台全景

1945年，为纪念以汪洋为代表的在吉山战斗中牺牲的263名烈士，将清嘉庆年间建立的古庙“钓鱼台”重建，更名为“汪洋台”，同时建有抗日烈士纪念碑和汪洋台展览馆。汪洋台抗日烈士纪念碑为八楞石刻，坐落在碑亭里，正面阴刻“抗日烈士纪念碑”，背面阴刻“英勇坚强”，其他两面阴刻烈士姓名、《抗战第八周年淄川党政军民谨为吉山战斗殉国烈士共建汪洋台记》、《汪洋政委小传》。

汪洋台于1992年6月被山东省人民政府公布为山东省文物保护单位；1998年5月被山东省委宣传部公布为山东省爱国主义教育基地。

济南解放阁

济南解放阁位于山东省济南市黑虎泉北路与黑虎泉西路交界处，南邻黑虎泉，北临青龙桥，东临黑虎泉北河流，西邻泉城广场。

1948年9月16日，华东野战军遵照中央军委和毛泽东主席的命令，发起济南战役，经过八昼夜激战，解放了济南。解放阁所在位置是1948年9月24日济南战役时，华东野战军9纵25师73团3营7连2班的攻城突破口。

◆济南解放阁

济南战役拉开了全国解放战争战略决战的序幕，在解放战争史上具有重大意义。为永久纪念这一伟大胜利，1965年济南市人民政府在旧城址上建成10米高的石砌台基，1985年于台上建阁，1986年9月24日落成。解放阁高

24.1米，连台基通高34.1米，占地1637.2平方米，建筑面积617.2平方米。采用中国古典建筑形式，金黄琉璃瓦，外用花岗石贴面。阁分两层，四面方形。下层四周环廊，廊与阁由抱厦连接。阁内设有济南战役图片文物展，存有华野前委作战命令一份，济南第一团和第二团旗帜各一面，攻城部队使用的潜望镜（望远镜）两架，军号两把，各种攻城用枪七支，电话机两部，马灯两只，头盔两个，枪刺一把以及攻城战士穿用的上衣、布鞋、布袜、绑腿带、腰带、子弹带各一件，雕塑一组，图片近60幅。原华东野战军司令员陈毅于1965年题写的"解放阁"阁名石刻和牌匾，分别镶嵌在台基西、南两侧和高悬阁之二层门额。台基东侧贴壁立解放济南战役革命烈士纪念碑，镌刻着在济南战役中壮烈牺牲的3764位烈士的英名。

济南解放阁于1977年12月被山东省革命委员会公布为山东省文物保护单位；1994年11月被山东省委宣传部公布为山东省爱国主义教育基地。

新四军军部旧址暨华东军区、华东野战军诞生地

新四军军部旧址暨华东军区、华东野战军诞生地位于山东省临沂市河东区九曲街道的前河湾村。

1945年8月抗日战争胜利后，针对国内形势发生的急剧变化，中共中央提出"向北发展，向南防御"的战略总方针，决定从山东调兵急进东北，新四军主力北上山东。1946年春，新四军辗转至沂蒙，军部初设于临沂县城的天主教堂，1946年6月移到城东北、沂河东岸的前河湾村。在此，新四军军部与山东军区合并，统一指挥山东和华中部队，陈毅任新四军军长兼山东军区司令员。军部办公室设在村中地主家的四合院里。

在前河湾村，陈毅、粟裕、张云逸等指挥了著名的鲁南战役、宿北战役、临沂南线阻击战，制定了莱芜战役的作战方案，形成了孟良崮战役的作战思路。1947年1月鲁南战役胜利后，华东我军在前河湾村进行了整编、合编，整编后的华东野战军在前河湾村召开前委扩大会议，陈毅在会上作《一面打仗，一面建设》的重要报告。

◆新四军军部旧址暨华东军区、华东野战军诞生地

为进一步弘扬沂蒙精神，充分保护和利用好这一革命历史遗迹，2004年5

月、2005 年 9 月分别按照“修旧如旧”的原则，对旧址实施修复，同时征集革命文物，进行园林绿化和展览陈列。2007 年 9 月 27 日，新四军军部旧址暨华东军区、华东野战军诞生地纪念馆正式开馆。馆内设有史料展览室和陈毅办公室、军部办公室等。

◆新四军军部旧址暨华东军区、华东野战军诞生地大门

新四军军部旧址于 2006 年 12 月被山东省人民政府公布为山东省文物保护单位。新四军军部旧址暨华东军区、华东野战军诞生地于 2005 年 11 月被山东省委宣传部公布为山东省爱国主义教育基地，2009 年 5 月被中央宣传部公布为全国爱国主义教育示范基地。

济南革命烈士陵园

济南革命烈士陵园位于山东省济南市英雄山。

1948 年 10 月 15 日，济南特别市政府为纪念解放济南牺牲的烈士，决定修建革命烈士陵园。12 月 20 日，中共中央华东局作出《关于纪念革命烈士的决定》，山东省纪念革命烈士建筑委员会成立，领导筹建革命烈士陵园。1949 年 11 月，济南革命烈士陵园革命烈士纪念塔奠基。1950 年 2 月，开始修建烈士公墓。

◆济南革命烈士陵园

建园以来，在济南战役中牺牲的以及中共一大代表王尽美、邓恩铭等 1568 名革命烈士相继安葬于烈士墓区。园内建有革命

烈士纪念堂，安放着新中国成立以来牺牲的372名革命烈士的骨灰。

在园区北部，毛泽东亲笔题写塔名、高达34.64米的革命烈士纪念塔耸立于海拔106米的英雄山巅。山北广场上建有“胜利”雕塑。在园区中部，占地3.6万平方米的烈士墓区依山就势，自东向西呈阶梯状排列，并建有“无名烈士纪念碑”。在园区南部，革命烈士悼念广场上建有“开国元勋题词纪念碑”和“济南革命烈士纪念群雕”。

1998年，为纪念济南解放50周年，山东省委、省政府决定将济南革命烈士陵园革命烈士事迹陈列室扩建为济南战役纪念馆。历经四年半的精心改造，于2003年3月24日全面完工。中央军委原副主席、国务委员、国防部长迟浩田题写了馆名。2003年9月24日，在济南解放55周年之际举行了隆重的开馆仪式。

◆济南革命烈士陵园内的烈士纪念塔

◆济南战役纪念馆

济南革命烈士陵园于1995年被民政部，山东省委、省人民政府和济南市委、市人民政府分别确定为全国、山东省和济南市的爱国主义教育基地；2001年6月被中央宣传部公布为全国爱国主义教育示范基地；1989年8月被民政部公布为全国重点烈士纪念建筑物保护单位。

即墨市烈士陵园

即墨市烈士陵园位于山东省青岛市即墨市（县级市）区以北1公里处。

抗日战争和解放战争时期，即墨发生过多次战斗，每次战斗都有革命战士牺牲。这些烈士的遗体，多数由所在部队就地掩埋，有的连姓名也没留下来。1955年，即墨县烈士陵园建成。陵园占地面积4万平方米，有2000多名优秀的即墨儿女，还有1500多名外籍英雄长眠于此。1986年春节，即墨县政府决定在烈士陵园的基础上建设即墨县革命烈士纪念馆，于1988年3月底落成。2002年，即墨市政府又对纪念馆进行了全面整修。即墨市革命烈士纪念馆建有：牌坊式大门、悼念广场、纪念堂、纪念墙、纪念碑、集贤亭、长廊、烈士墓区、无名烈士墓（碑）等，还设有专门管理处。牌坊式大门为景泰蓝琉璃瓦重檐脊顶。大门北侧是集贤亭和长廊。悼念广场6500平方米。东侧建有革命烈士纪念墙，墙体为黑色大理石构成，中央嵌砌汉白玉石面，镌刻各个历史时期牺牲的2254位革命烈士的英名。广场西侧为无名烈士墓，墓碑用崂山红花岗岩砌成，墓的四周建有汉白玉围栏，墓内安葬着1304名无名烈士。

◆即墨市烈士陵园

◆即墨市革命烈士纪念馆

即墨市烈士陵园于2005年11月被山东省委宣传部公布为山东省爱国主义教育基地；1990年被山东省人民政府公布为山东省重点革命烈士纪念建筑物保护单位。

莱西市烈士陵园

莱西市烈士陵园位于山东省青岛市莱西市（县级市）望城街道芝罘路23号。

莱西市烈士陵园始建于1955年，占地106亩，共安葬革命烈士2131名。园内建有

◆莱西市烈士陵园

烈士纪念馆、革命烈士纪念碑、有名烈士墓和无名烈士墓等。

几十年来，中共莱西市委、市人民政府多次对陵园进行维护和改建。将627位有名烈士重新安葬，每个墓用汉白玉材料制作，象征烈士精神洁白无瑕，永存人间。新建一个无名烈士墓，安葬1110个无名烈士。将原烈士纪念堂改建成烈士纪念馆，纪念馆内展出了19位著名烈士的英雄事迹和部分烈士的珍贵遗物。将胶东八路军62团政委李佐民烈士主墓、南海军分区司令员孙春林烈士纪念碑、山东省刘胡兰式的女共产党员解文卿烈士墓重新进行修建，铺设花岗岩地面，周边安装了汉白玉栏杆。2010年8月，将山东抗日救国军第3军第9大队大队长庄国瑞烈士墓，搬迁到烈士陵园重新安葬。新建了烈士英名录碑，烈士英名录碑镌刻了3698名莱西籍烈士的英名。新建了革命烈士纪念碑，碑高19.99米，寓意世纪之交丰碑矗立，隆重祭奠20世纪牺牲的革命烈士。

◆莱西市烈士陵园内的烈士纪念馆

◆莱西市烈士陵园内的有名烈士墓

莱西市烈士陵园于2005年11月被山东省委宣传部公布为山东省爱国主义教育基地；1990年被山东省人民政府公布为山东省重点革命烈士纪念建筑物保护单位，2009年3月被民政部公布为全国重点烈士纪念建筑物保护单位。

淄博市革命烈士陵园

淄博市革命烈士陵园位于山东省淄博市周村区南郊镇大埠山。

淄博市革命烈士陵园前身是周村革命烈士陵园，始建于1948年3月，原址坐落于周村城区中心（即现在的周村人民广场），1999年经山东省人民政府批准，迁建于大埠山。2000年3月，淄博市人民政府正式批准更名为淄博市革命烈士陵园。

◆淄博市革命烈士陵园

淄博市革命烈士陵园占地百亩，坐南朝北，气势雄伟。主要建筑有：烈士纪念碑、纪念馆、烈士墓区、“浩气长存”碑亭、南疆烈士碑亭、悼念广场、纪念碑广场、“为了明天”雕塑、大门牌坊等。陵园由山北向南以大门牌坊——纪念馆——纪念碑为中轴线，左右对称。陵园大门牌坊高8米，长25米，向外呈环抱之势，门额上刻有“烈士陵园”4个鎏金大字。大门两侧正面、背面分别是：日、月、山、河4幅陶瓷壁画，象征着烈士们的英雄事迹“与日月同辉，与山河同在”。走进陵园，正对大门处建有高6.2米的铸铜雕塑，底座上刻有“为了明天”。沿石阶而上是3万多平方米的纪念广场。在二层广场东西两侧分别建有“浩气长存”碑亭和“南疆烈士”碑亭。三层广场建有革命烈士事迹纪念馆，馆内用图片、实物等展示了1945年8月、1946年6月、1947年2月、1948年3月周村4次解放和黑铁山起义、马鞍山保卫战、太河惨案等历史事件。馆内还陈列着抗日战争、解放战争和社会主义建设时期，为祖国的解放和富强献出宝贵生命的烈士的事迹和遗物。纪念馆外，中央台阶左侧是鲁中抗日英雄“一马三司令”

◆淄博市革命烈士陵园内的烈士纪念碑

（马耀南、马晓云、马天民）烈士墓。墓用白色大理石建成，上面刻有五星和花环，墓东侧是徐向前元帅1989年4月为“一马三司令”的题词：“马耀南马晓云马天民烈士永垂不朽”。台阶西侧是聂凤智、迟浩田等为解放周村的题词。纪念广场之上是烈士墓区，453座黑色大理石烈士墓碑平卧于绿草丛中，供人们瞻仰，整个烈士墓区呈磬钟形。沿108级台阶到达山顶，耸立于山巅的是革命烈士纪念碑。革命烈士纪念碑建于1999年，碑高19.99米，碑体为三把刺刀造型，寓意抗日战争、解放战争和和平建设3个时期。纪念碑正北面红色大理石上竖刻“革命烈士永垂不朽”8个鎏金大字，碑体东南、西南两面分别刻有纪念碑文。纪念碑下面三层大小不一的底座，象征着已被推翻的压在人民头上的三座大山；纪念碑周围三条断开的锁链，象征着中国人民在中国共产党领导下英勇斗争而挣脱的锁链。

淄博市革命烈士陵园于2005年11月被山东省委宣传部公布为山东省爱国主义教育基地；2009年3月被民政部公布为全国重点烈士纪念建筑物保护单位。

枣庄市革命烈士陵园

枣庄市革命烈士陵园位于山东省枣庄市市中区兴华路1号。

枣庄市革命烈士陵园筹建于1987年9月，占地面积27000平方米，建筑面积900多平方米。陵园大门上的“枣庄烈士陵园”6个大字由著名诗人贺敬之题写。大门为仿古式建筑，恢弘雄伟，与纪念碑相映成辉。陵园广场南部耸立着由李先念题词的革命烈士纪念碑，碑长15米，高3.5米，外形壮观，气势雄伟。陵园内建有“运河支队抗日烈士纪念碑”亭（怀烈亭），为木质结构，仿古式建筑，亭高13.2米，周长110米，纪念碑为青色花岗岩制作，亭子四周地面和围栏由白色花岗岩砌成。陵园南部为墓区，建有景点式公墓，安葬着官地惨案、解放枣庄战斗及鲁南战役攻克枣庄战斗中牺牲的262名群众和烈士遗骨；著名烈士碑廊树有“青年战斗英雄”安保全、“爆破大王”马立训及单庭兰、孙晋涛烈士墓碑。

◆枣庄市革命烈士陵园

◆枣庄烈二陵园内的烈士纪念碑

◆运河支队抗日烈士纪念碑亭

枣庄市革命烈士陵园于2005年11月被山东省委宣传部公布为山东省爱国主义教育基地；1990年被山东省人民政府公布为山东省重点烈士纪念建筑物保护单位。

胶东革命烈士陵园

胶东革命烈士陵园位于山东省烟台市栖霞市（县级市）城东国家森林公园——牙山前怀的灵山（今称英灵山）上。

胶东革命烈士陵园于1945年春始建，原称英灵山烈士陵园，1989年正式更名为胶东革命烈士陵园。陵园坐北朝南，由中、东、西三路组成，占地面积760亩，计有纪念建筑306处，其中包括纪念塔、纪念堂、烈士陵墓及纪念碑、亭、石坊等，是为安葬、纪念胶东抗日烈士而建。

烈士纪念塔坐落于中路北端的山巅上，为陵园的主体建筑，1945年5月1日破土动工，8月15日落成，由960块花岗岩石砌筑，呈六面锥体，由塔座、塔身、塔顶三部分组成，通高21.37米，塔底周长24米。塔身正面楷书阳刻“胶东抗日烈士纪念塔”，塔身侧面下部阴刻中共胶东区委、胶东军区等联名建塔序文，上部阴刻烈士英名录计5716名。塔顶六面各设方窗，方窗中间制有五

◆胶东革命烈士陵园

◆胶东革命烈士纪念堂

角星图案。

烈士纪念堂为砖石结构，双层四面坡，13 间，宽 38 米，进深 13.4 — 13.8 米。纪念堂内陈列着张静源、张连珠、理琪、王文等 39 名烈士的遗物。纪念堂前设广场，方石铺筑，东西宽 82.9 米，南北纵 88.16 米，是人们祭扫陵墓、瞻仰烈士的场所。

由纪念堂沿中轴线上行为理琪墓，块石砌筑，八面圆顶，底周长 12.58 米，通高 2.3 米，正面横书阴刻“先烈中国共产党胶东特委书记山东人民抗日救国军第三军司令理琪同志之墓，一九四五、七、七立”。墓北石墙中嵌长方形大理石，镌刻理琪生平。其东南 25 米处，有一石筑的方锥形“烈士芳名塔”，塔底周长 10.4 米，高 8 米，塔身四面刻记着 3342 名烈士的英名。西南 25 米处，为“胶东战斗英雄夏侯苏民之墓”。东路和西路均为墓区。

◆胶东革命烈士陵园内的烈士墓

胶东革命烈士陵园于 1977 年 12 月被山东省革命委员会公布为山东省文物保护单位；1994 年 11 月被山东省委宣传部公布为山东省爱国主义教育基地；1989 年 8 月被民政部公布为全国重点烈士纪念建筑物保护单位。

潍坊市革命烈士陵园

潍坊市革命烈士陵园位于山东省潍坊市奎文区东风东街与鸢飞路交叉路口。

潍坊市革命烈士陵园建于 1951 年，占地 50 亩。1999 年，潍坊市政府将烈士陵园纳入城市建设整体规划加以改造。改造后的烈士陵园建有“日月同辉”为主题的 100 块安葬着 80 名社会主义建设时期牺牲的革命烈士卧碑区；有 1416 名潍县战役革命烈士圆形合葬墓和 198 名在抗美援朝战斗中负伤病故的革命烈士扇形合葬墓。高 26 米的革命烈士纪念碑矗立在广场中央，碑的底座镶有 4 幅大型的革命烈士铜塑雕像。1000 平方米的现代化展馆坐落在纪念碑的后面，馆内存放着烈士遗物、烈士图片资料、部分轻重武器等。

◆潍坊市革命烈士陵园内的烈士纪念馆

◆潍坊市革命烈士陵园内的烈士纪念碑

潍坊市革命烈士陵园于2005年11月被山东省委宣传部公布为山东省爱国主义教育基地；1989年被山东省人民政府公布为山东省重点烈士纪念建筑物保护单位，2009年3月被民政部公布为全国重点烈士纪念建筑物保护单位。

泰安革命烈士陵园

泰安革命烈士陵园位于山东省泰安市金山路北首。

泰安革命烈士陵园始建于1953年，有特色青砖墓500座，大型花岗岩墓14座，占地53000平方米。陵园分为悼念区和墓区两个部分。悼念区由纪念碑、悼念广场、牌坊组成，陵园南入口处建有高7.7米、宽14.8米的具有民族风格的三拱式仿古牌坊。2200平方米的悼念广场位于陵园中央，在广场北侧象征新中国成立40周年的40级台阶上，高达34米

◆泰安革命烈士陵园

◆泰安革命烈士陵园正门牌坊

的纪念碑巍然屹立。纪念碑采用白色泰山花岗岩建成，碑体为三支步枪的抽象造型，寓意“枪杆子里面出政权”。碑上刻有“革命烈士纪念碑”7个鎏金大字。纪念碑基座东、西、南三面是具有现代风格的大型浮雕，北面镶嵌着13.28平方米的、镌刻在泰山红大理石的纪念碑文。

墓区安葬着514名烈士，其中有335名无名烈士。墓区以长140米的甬道为中线，14座花岗岩大墓和500座青砖墓分置两侧，梯次排列，纵横成行，独具特色，掩埋着徂徕山起义主要领导人、八路军山东抗日游击第4支队司令员（独立师师长）洪涛和泰西武装起义主要领导人之一、山东西区人民抗日自卫团政治部主任远静沧等14位著名英烈。尾碑上有毛泽东手书“为人民利益而死重于泰山”的鎏金大字。

革命史展览馆共设六个展区、四部分内容，即“泰汶星火”、“抗日烈火”、“解放风云”、“英烈千秋”，利用文字、图片及各种现代化手段再现不同时期泰安人民在中国共产党领导下艰苦卓绝的奋斗历程。

泰安革命烈士陵园于1998年5月被山东省委宣传部公布为山东省爱国主义教育基地；2009年3月被民政部公布为全国重点烈士纪念建筑物保护单位。

新泰革命烈士陵园

新泰革命烈士陵园位于山东省泰安市新泰市（县级市）东周水库大坝东侧，青云山西麓。

◆新泰革命烈士纪念馆

1987年2月，经山东省人民政府批准，新泰市人民政府开始筹建新泰革命烈士陵园，至1989年基本建成。陵园占地面积52281平方米，园内建有牌坊1座、纪念碑1座、纪念亭2座及其他设施。

2009年3月，再次对陵园进行建设，新建烈士墓1946座，新泰革命史馆（烈士纪念馆）520平方米，悼念广场2600平方米，陵园道路和瞻仰通道3870平方米，凉亭2座。

新泰革命烈士陵园于1990年6月被山东省人民政府公布为山东省文物保护单位；2009年6月被山东省委宣传部公布为山东省爱国主义教育基地。

肥城烈士陵园

肥城烈士陵园位于山东省泰安市肥城市（县级市）安临站镇驻地西南3公里，凤凰山之阳。

◆肥城烈士陵园

1939年初，八路军115师代师长陈光、政委罗荣桓率东进支队挺进山东。进军肥城后，在大董庄击溃700余日伪军进犯。4月底，驻山东日本侵华第12军司令官尾高龟藏纠集近两个旅的日军主力和济南、泰安、肥城、宁阳、东平、平阴、长清等十几个地区的守备军共5000余人，配坦克、火炮、机枪等轻重武器，分9路向驻泰肥山区的东进支队合围。5月10日，合围圈缩至陆房山区，东进支队与地方党政机关3000余人被困。9时，日伪军在猛烈炮火的掩护下，发起全面进攻，八路军将士进行顽强抗击。686团在肥猪山、岈山、黄土岭一线，连续打退敌人十几次轮番进攻；坚守在凤凰山一线的津浦支队，顶住敌人猛烈炮火轰击，采取近战猛打的战术，使数百名敌人丧生在阵地前；冀鲁边7团和师直特务营，以刺刀和手榴弹与敌人搏斗，守卫鸠山、蛤蟆山一线。15时，东南山口一股日军向陆房逼近，师部预备队骑兵连奉命跃马出征，一鼓作气冲入安临站敌军中心，使东线日军惊恐万状，不敢轻举妄动。经过一天激战，敌人死伤千余人，东进支队伤亡150余人。傍晚，东进支队与地方党政人员趁夜幕掩护胜利突围。为纪念陆房战斗，中共肥城县委、县人民政府决定在遗址建烈士陵园、烈士纪念堂和烈士事迹展览室。

烈士陵园于1971年11月18日始建，占地6600平方米，坐北朝南，四周有墙，松柏参天。建筑面积414平方米，设立骨灰堂5间，烈士的英雄事迹展览室4间，办公室6间，其他房舍4间。1972年12月28日首批安放烈士骨灰45个，目前共安放烈士骨

◆陆房战斗遗址

灰213个，其中陆房战斗中英勇牺牲的无名烈士178人。

1989年4月在陵园内建“陆房战斗纪念碑”，耸立在正门内39米处，碑底座长13米、宽6米、高8.8米，碑厚3米，碑之阳刻有中国人民解放军原总参谋长杨得志题写的“陆房战斗纪念碑”7个大字，碑阴刻有“陆房战斗五十周年立碑纪念”碑文，由中共肥城县委、肥城县人民政府1989年5月11日立。灵堂左前方的柏林中，有陈光夫人史瑞楚之墓，墓碑、碑铭由原泰西特委书记段君毅题写。1999年、2007年、2009年，地方政府多次对展室进行改建、维护，并建成高标准展室。

肥城烈士陵园于1977年12月被山东省革命委员会公布为山东省文物保护单位；2005年11月被山东省委宣传部公布为山东省爱国主义教育基地。

马石山烈士陵园

马石山烈士陵园位于山东省威海市乳山市（县级市）西北隅。

1942年11月，日本侵略军及伪军2万多人，对抗日根据地进行拉网合围式大“扫荡”，胶东抗日军民进行了殊死搏斗。11月24日，日军在马石山残杀抗日军民500多人，制造了“马石山惨案”。1970年10月，为纪念在“马石山惨案”中牺牲的抗日军民，在马石山上修建烈士陵园。1972年10月竣工。

◆马石山烈士陵园

◆马石山烈士陵园内的抗日烈士纪念堂

◆马石山烈士陵园内的革命烈士纪念塔

马石山革命烈士纪念塔建在海拔 467 米的马石山主峰顶端，塔基周长 5.6 米，塔高 15 米。抗日烈士纪念堂建筑面积 330 平方米，坐落于马石山主峰阳坡，正中大门上额书“浩气长存”4 个苍劲有力的大字，大厅内悬挂着夏云超、张寰旭、林江、于已午等烈士遗像，西厅内展有以“壮丽的史诗，英雄的业绩”为题的“马石山惨案”文字简介和烈士遗物，东厅内展有当年日军残杀中国民众的照片和反映“马石山惨案”的版画。纪念堂前建有面积为 3335 平方米的广场。许世友上将、林浩少将于 1985 年为纪念堂的题词。纪念堂后侧是“马石山惨案”中牺牲的 96 名烈士的陵墓，每座墓前都立有汉白玉墓碑。1943 年 2 月，胶东区行政主任公署在烈士墓地前立“马石山殉难军民之墓”，2 月 18 日立“马石山殉难军民纪念碑”。2000 年，乳山市政府又立“马石山反扫荡突围战纪念碑”。陵园内至今还保存着抗日军民与日军激战时用石块垒成的五处掩体和被困抗日军民取水用过的一口水井。

马石山烈士陵园于 2005 年 11 月被山东省委宣传部公布为山东省爱国主义教育基地；1990 年 6 月被山东省人民政府公布为山东省重点烈士纪念建筑物保护单位。

日照烈士陵园

日照烈士陵园位于山东省日照市海曲路 136 号。

日照烈士陵园始建于 1945 年冬，占地面积 3 万平方米。先后于 1967 年、1997 年进行过扩建翻新。园内建有抗日烈士纪念塔、革命烈士纪念馆、日照暴动纪念馆、烈士墓区等。

◆日照烈士陵园

抗日烈士纪念塔位于陵园正中央，是陵园的主体建筑，是山东省内最早的革命烈士纪念建筑物之一。纪念塔塔顶四面的石匾上刻有新四军军长兼山东军区司令员陈毅，山东省党政负责人黎玉、刘民生、张伯秋等人的题词。塔的东西两面铭刻着从1932年日照农民暴动至抗日战争时期为革命英勇牺牲的中共日照县委第一任书记安哲、宣传部长郑天九，八路军教导第5旅13团团长卢迪，滨海警备团副团长贾正远，19团副政委邱正良等840名烈士的英名。

革命烈士纪念馆位于纪念塔北侧，1985年9月开馆，建筑面积720平方米。馆内展览由革命斗争史和革命烈士事迹两部分组成，一楼为革命斗争史馆，二楼为革命烈士事迹馆。日照暴动纪念馆与革命烈士纪念馆相连。

日照烈士陵园于1998年5月被山东省委宣传部公布为山东省爱国主义教育基地；1990年6月被山东省人民政府公布为山东省重点烈士纪念建筑物保护单位。

蟠龙山革命烈士陵园

蟠龙山革命烈士陵园位于山东省日照市莒县县城南20公里小店镇的蟠龙山上。

蟠龙山革命烈士陵园始建于1944年9月，占地面积28569平方米，陵园内建有烈士祠、纪念堂、抗日烈士纪念塔、王玉璞纪念塔、曹吉亭纪念塔、烈士墓区等。

烈士祠内悬挂着为抗日战争、解放战争牺牲的2046名烈士英名录，并有著名烈士的传略。烈士祠西面建有纪念堂3间，安放着近年来在莒病故的老红军、革命老干部的骨灰和遗像。烈士祠北面有两座高3.5米的纪念塔，分别为纪念莒中行署主任王玉璞、滨海3团政治处主任曹吉亭而建。抗日烈士纪念塔位于陵园的中心院北院，1945年5月建立，塔高8.5米。塔正面镌刻着“抗日烈士纪念塔”7个大字，两侧镌刻着为抗日救国英勇牺牲的456名烈士的英名。陵园西北部是烈士墓区，安息着406名革命烈士。

◆蟠龙山革命烈士陵园内的抗日烈士纪念塔

蟠龙山革命烈士陵园于2005年11月被山东省委宣传部公布为山东省爱国主义教育基地。

华东革命烈士陵园

华东革命烈士陵园位于山东省临沂市兰山区陵园前街4号。

1949年2月由华东局提议，山东省人民政府决定在临沂兴建大型烈士陵园，定名为“临沂革命烈士陵园”。4月奠基，1950年主体工程相继落成。此后，又陆续进行修葺和增建。1987年10月，经民政部批准，更名为“华东革命烈士陵园”。目前园内共有塔、堂、馆、亭、廊、坊、墓等大型纪念建筑物18座。

◆华东革命烈士陵园

陵园坐北朝南，占地面积15万平方米，整体布局为中轴对称式，风格为仿古建筑，南北大门与主体建筑烈士纪念塔、烈士纪念堂在一条中轴线上，其他建筑物对称布列于两侧。南大门为厅坊式建筑，面宽36米，高12.8米，前面并立12根红色明柱，蓝色斗拱疏密相间，黄色琉璃瓦覆顶，红色匾额上所题“华东革命烈士陵园”8个金色大字是已故著名书法家、原华东军区政治部主任舒同手书。正门和左右侧门皆为朱红色，两边有配房3间。

革命烈士纪念塔坐落在陵园的中央，为五角亭柱式构筑。塔座为一石质平台，直径33米，高2.5米，周围有石栏环绕，四面各有12级台阶，通向环塔甬道。塔身由石灰石、花岗岩和钢骨水泥构成，高45米。正面为毛泽东题写的“革命烈士纪念塔”7个大字。四周石碑上刻有刘少奇、朱德、刘伯承、陈毅、邓小平、江泽民等党和国家领导人的题词以及华东局、山东省人民政府、鲁中南行署的建塔碑文。塔身五个角上各有两条石柱，石柱顶端和亭内五面塔壁上各有一

◆华东革命烈士陵园内的革命烈士纪念塔

◆华东革命烈士陵园内的革命烈士纪念堂

大型浮雕，讴歌了华东军民团结一致英勇斗争的革命精神。塔身四周以青铜栏杆护围，塔顶缀一大型景泰蓝质红五角星。

纪念塔前面为恭祭场，可容3万人进行祭悼。恭祭场两侧布列着造型各异的大型著名烈士墓和石像亭。东侧自北至南依次为：新四军副军长兼山东军区副司令员罗炳辉将军墓、山东军区第8师师长兼政委王麓水墓、德国共产党员汉斯·希伯墓及雕像、山东省战工会副主任兼秘书长陈明及其夫人山东姊妹剧团团长辛锐合葬墓、瞻容思功石像亭。恭祭场西侧自北至南依次为：华东野战军副参谋长张元寿墓、新四军1师政委刘炎墓、中共特别党员国民党军111师师长常恩多墓。

革命烈士纪念堂长45米、高21.4米，四面绕廊，三面环柱，中间抱厦上方额题“革命烈士纪念堂”7个金色大字。大殿结构拱顶无梁，象征烈士功德无量。进入纪念堂，迎面是一影壁，正面为周恩来的题词：“人民革命的烈士们永垂不朽！”背面为任弼时题词：“你们的功绩永垂不朽！”堂内墙壁为巨大石质联碑，上面镌刻着牺牲在沂蒙大地的、来自全国19个省市及国外的62576位烈士的英名，其中团级以上372名。

华东革命烈士陵园于1977年12月被山东省革命委员会公布为山东省文物保护单位；1994年11月被山东省委宣传部公布为山东省爱国主义教育基地，2001年6月被中央宣传部公布为全国爱国主义教育示范基地；1986年10月被民政部公布为全国重点烈士纪念建筑物保护单位。

鲁南革命烈士陵园

鲁南革命烈士陵园位于山东省临沂市苍山县尚岩镇政府驻地北面的文峰山麓。

鲁南烈士陵园始建于抗日战争时期。1944年5月5日，中共鲁南区委、鲁南行政公署决定在文峰山上建立“银厂惨案”纪念碑，将在1941年“银厂惨案”中遇难的原中共鲁南区委书记赵镈的遗骨从就义处九女山迁葬于文峰山。1945年第8师师长兼政委王麓水的遗骨也葬于文峰山。解放后数次扩建。

鲁南革命烈士陵园占地3.41公顷，四周筑有高2米左右的围墙，西式门楼坐北朝南，立柱上镌刻有“烈士陵园”4个镏金大字。4间门房附立于门楼两侧，两头各有1

间小楼耸立对峙。纪念堂内的白色屏风上刻有毛泽东“人民的胜利”题词，后墙正中悬挂一红色竖匾，雕刻毛泽东“人民英雄永垂不朽”题词。两侧墙壁悬挂赵镈、刘之言、郭云舫等10名著名烈士的照片和画像，14座白色大理石纪念碑上刻有烈士的名字。纪念堂两侧设立有两个展览室，陈列78幅图片。纪念堂后为烈士墓群，埋葬有1289名外籍烈士遗骨。

◆鲁南革命烈士陵园内的烈士英名碑亭

◆鲁南革命烈士陵园内的“银厂惨案”纪念碑

鲁南革命烈士陵园于1998年5月被山东省委宣传部公布为山东省爱国主义教育基地。

德州革命烈士陵园

德州革命烈士陵园位于山东省德州市德城区虎仓路8号。

德州革命烈士陵园前身为原县级德州市（现德城区）革命烈士陵园，建于1988年，坐落于市区天衢东路。1995年地改市后，陵园划归地级德州市。2002年，陵园由市区迁至市郊现址。2004年4月5日，正式对外开放。新陵园占地106亩，其中烈士陵园占地60余亩，安葬着24名革命英烈。

◆德州革命烈士陵园墓碑区一角

德州革命烈士陵园的主要设施有5000平方米的纪念广场、高46米的

◆德州革命烈士陵园内的人民英雄纪念馆

人民英雄纪念碑（意含德州1946年解放）及1200平方米的人民英雄纪念馆。纪念馆内分为两个展厅，其一名为“历史不会忘记”，讲述德州人民自1840年以来所进行的反帝反封建斗争的历史，采用图片、雕塑、实物等布展手法和现代化表达方式，展示出德州人民为争取自由、解放而英勇战斗的英雄气概。其二为国防教育展厅，以各种新式武器模型及图片表现出国家强大、军威雄壮的效果。

2009年中华人民共和国成立60周年之际，修建了德州革命烈士英名录墙，全长25.6米、高2.7米、宽0.5米，单面刻字面积46平方米，寓意德州1946年解放；底座用56块花岗石做基石，意含德州560万人民永远怀念革命先烈。全墙刻有德州地区11个县、市、区在各个时期为新中国的解放和建设事业而牺牲的19523名革命烈士的英名，另有5平方米的无名烈士墙。

德州革命烈士陵园于1994年11月被山东省委宣传部公布为山东省爱国主义教育基地；1990年被山东省人民政府公布为山东省重点革命烈士纪念建筑物保护单位。

聊城革命烈士陵园

◆聊城革命烈士陵园

聊城革命烈士陵园位于山东省聊城市东昌西路与繁森路交汇处。

聊城是富有光荣传统的革命老区。在抗日战争和解放战争中，刘少奇、邓小平、万里、宋任穷等老一辈无产阶级革命家都曾经在这里工作和战斗过。在中国共产党的领导下，英勇无畏的聊城人民为保家卫国、抵御外辱，进行了长

◆聊城革命烈士陵园的省级重点烈士纪念建筑物保护单位碑

期艰苦卓绝的斗争，创造了名垂千秋的光辉业绩，有1.3万多名革命烈士献出了宝贵的生命。

聊城革命烈士陵园建于1986年，占地3.5万平方米。其中，面积近1万平方米的大理石广场，可同时容纳2万余人进行宣传教育活动。广场正中巍然耸立的纪念碑于1996年4月建成，底座24平方米，碑高22米，周围是汉白玉护栏，整个碑体由花岗石砌成，碑身正面竖书“革命烈士纪念碑”7个镏金大字。聊城革命烈士纪念堂建筑面积1315平方米，呈对称结构，正门门额由宋任穷题写。展厅陈列有13597名烈士的英名录和40位著名烈士的骨灰。2008年，中共聊城市委、市政府对纪念堂进行系统的维修改造，新建办公室、展厅、祭扫厅和骨灰存放室。展厅在保持实物、图片资料等传统陈列形式的基础上，增加了雕塑、油画、版画、半景画等现代艺术表现手法，将大量珍贵文物、战斗场景、图片、资料等相结合，突出展示了革命烈士前赴后继、视死如归的英勇气概。展厅还设立了电子显示屏、烈士查询系统等，对波澜壮阔、可歌可泣的聊城革命斗争史进行全方位、立体式的展示。

聊城革命烈士陵园于1998年5月被山东省委宣传部公布为山东省爱国主义教育基地；1990年6月被山东省人民政府公布为山东省重点烈士纪念建筑物保护单位。

湖西革命烈士陵园

湖西革命烈士陵园位于山东省菏泽市单县城东南护城堤的湖西公园内。

湖西革命烈士陵园于1945年7月由原湖西地委、行署、军分区为安葬和纪念在抗日战争中英勇牺牲在湖西大地上的革命烈士而修建。1946年，国民党军队进犯单县，陵园遭受严重破坏。1952年，由原湖西地委重修。1992年，对烈士陵园进行了改扩建。现陵园占地99000

◆湖西革命烈士陵园

平方米，主要有湖西革命烈士纪念塔、烈士纪念堂、烈士纪念亭、烈士英名碑和两座烈士单墓、四座烈士公墓等16处烈士纪念建筑物，安葬着2641名革命烈士，其中有湖西区党组织的创始人、湖西抗日根据地的开拓者、湖西行署专员李贞乾，中国人民解放军旅长吴大名烈士等。

◆湖西革命烈士纪念塔

◆湖西公园全景

湖西革命烈士陵园于1998年5月被山东省委宣传部公布为山东省爱国主义教育基地；1988年1月被山东省人民政府公布为山东省重点烈士纪念建筑物保护单位，2001年5月被民政部公布为全国重点烈士纪念建筑物保护单位。

鲁西南烈士陵园

鲁西南烈士陵园位于山东省菏泽市曹县韩集镇西北部。

1943年冬，冀鲁豫边区第10地委为纪念“九二七”反“扫荡”为国捐躯的烈士，决定修建这座陵园，1944年底落成。新中国成立后，对陵园进行过多次修缮。新建纪念碑3座，纪念堂7间，并于四周筑起了围墙，又将“爱国自卫战争殉难烈士纪念碑”由韩集南门移入陵园。

◆鲁西南烈士陵园

陵园坐北朝南，占地43000平方米。大门位于陵园南侧正中央，造型古朴典雅。左侧碑

◆鲁西南烈士陵园内的烈士纪念堂

亭是鲁西南烈士公墓碑，呈方锥形，碑的正面刻有“气壮山河”4个大字；东西两侧刻有单位和个人的献词。碑亭为钢筋混凝土结构，黄瓦丹柱，六角六脊。右侧碑亭是爱国自卫战争殉难烈士纪念碑，正面刻有“爱国自卫战争中殉难烈士纪念碑”14个大字，其旁铭刻着352位烈士的英名。革命烈士纪念堂位于陵园中央，建筑面积315平方米，7间大厅里悬挂着47幅烈士遗像。烈士遗像下面，陈列着9块长方形卧碑，上面镌刻着26位烈士的生平传略和悼念诗文。抗日战争烈士纪念塔耸立于纪念堂后14米高的堌堆顶上，纪念塔黄瓦丹柱，四角双层，高15米，是陵园最高的纪念建筑物。陵园内安葬着261名烈士。东墓区8名，北墓区253名。东墓区安葬的都是著名烈士，包括豫东纵队政委魏克仁、冀鲁豫第十专署专员袁复荣、军分区司令员朱程等。著名烈士墓前均建有砖瓦结构的碑楼。

◆鲁西南烈士纪念堂展厅

鲁西南烈士陵园于2005年11月被山东省委宣传部公布为山东省爱国主义教育基地；1988年被山东省人民政府公布为山东省重点烈士纪念建筑物保护单位。

牛庄烈士祠

牛庄烈士祠位于山东省东营市东营区牛庄镇牛庄村北侧。

七七事变爆发后不久，日本侵略军就侵入了渤海地区。英勇的八路军山东纵队3支队、山东纵队3旅在许世友、杨国夫和景晓村等的带领下，从1939年至1942年夏，粉碎日军5000人以上的大“扫荡”3次，1943年又冲破日伪军万人以上的大合围3次，

◆牛庄烈士祠

千人以上的大“扫荡”50多次。1944年1月，冀鲁边区与清河区合并为渤海区，并成立渤海军区。1944年下半年，以牛庄、垦区为中心的渤海抗日根据地得到进一步巩固和发展，先后解放了张许和利津县城，歼灭日伪军5000余人，攻克敌人碉堡190多个。在1945年上半年的对日大反攻中，渤海军区部队作为山东军区第4路军，对津浦铁路沧州至济南段及胶济路西段之敌展开进攻，解放了渤海区腹地全部县城，使渤海区成为西起津浦铁路，东到渤海之滨，北至天津，南至胶济铁路，面积约5万平方公里，县城41座，人口1100多万的大解放区。在艰苦卓绝的革命斗争中，许多民族英雄血洒疆场，为国捐躯。

为了悼念在战斗中英勇牺牲的革命先烈，渤海区党政军民于1944年在现在的东营市东营区牛庄镇牛庄村北侧，建立革命烈士纪念祠，1945年完工。2007年按原貌在原址重建烈士祠，共有房屋32间，设有烈士纪念祠堂、纪念馆等。

烈士祠正堂内冲门矗立着一组抗日英雄人物浮雕，浮雕两侧排列着10尊青石碑，石碑上用工整秀丽的小楷镌刻着3914名抗战烈士的英名。西厢房、东厢房和南屋作为清河区和渤海区抗日战争革命斗争史展厅，分别陈列八路军山东纵队3支队司令员杨国夫、政委景晓村等同志率领清河区、渤海区党政军民，在中共山东省委和山东纵队的领导下，同日本侵略军浴血奋战的革命斗争事迹，并陈列着当年烈士祠刚启用时，渤海区各地党政军机关及人民团体敬献的20多幅布质挽联。

牛庄烈士祠于2005年11月被山东省委宣传部公布为山东省爱国主义教育基地。

八路军一一五师司令部旧址暨山东省政府成立纪念地

八路军一一五师司令部旧址暨山东省政府成立纪念地位于山东省临沂市莒南县大店镇。

抗日战争爆发后，随着形势的变化，八路军115师司令部及山东党政领导机关，于1941年3月从沂蒙山区转移到滨海区莒南县。1941年1月至3月，115师一部在郯马、苍马地区作战，曾六次渡过沂河，往返于鲁南与滨海两区战斗，打通了两区的联系。1941年3月19日，115师发起青口战役，经六天激战，解放了从赣榆到柘汪的沿海大

◆八路军一一五师司令部旧址

片地区。青口战役后，115师在滨海区东海县羽山、磨山一带发起战斗，消灭了十几股土匪，打开了陇海路北东海县的局面。1941年4月，115师民运部和省各救会组成联合工作团，由王韬和王照华带领，到赣榆县开展工作，很快建立了赣榆行署和区乡民主政权。1943年1月19日，115师运用翻边战术，发起郯城战役，全歼守敌。随后，罗荣桓指挥了第三次甲子山反顽作战，取得了重大胜利，从根本上扭转了滨海区被动的局面。1943年3月，根据中央决定，八路军新组建的山东军区在莒南县崖子村成立，罗荣桓任山东军区司令员兼政委，并为115师政委、代师长。八路军115师司令部及山东党政领导机关在发展滨海抗日根据地的基础上，指挥山东抗日根据地军民渡过了最困难时期，进而进行了战略反攻，直到抗战胜利。在长达4年半的时间里，莒南、临沭等地一度是山东抗日根据地的指挥中心，莒南被誉为“山东的小延安”。

山东省政府成立纪念地也位于大店镇内。

1945年8月9日，毛泽东主席发表了《对日寇的最后一战》的声明。10日和11日，朱德代表八路军总部连续向解放区抗日武装部队发出对日作战的7道命令。11日，山东分局和山东军区在大店连夜召开高级干部联席会议，研究部署大反攻和整编部队、接管城市、动员参军、支援前线和维持后方治安等工作。此时，抗日战争即将胜利，山东大部分县已建立民主政府。为做好接管城市准备及开展各项工作，根据革命形势需要，1945年8月12日，准备赴延安出席全国解放区人民代表会议的38名山东代表，在莒南大店联名建议成立山东省政府。经省临时参议会和省行政委员会第20次

◆八路军一一五师司令部旧址纪念碑

联席会议讨论，一致决定，改山东省行政委员会为山东省政府，公推黎玉为省政府主席。13 日，黎玉发布公告，山东省政府自即日起正式行使职能。

八路军一一五师司令部旧址暨山东省政府成立纪念地于 1996 年 11 月被国务院公布为全国重点文物保护单位；2005 年 11 月被山东省委宣传部公布为山东省爱国主义教育基地，同时被中央宣传部公布为全国爱国主义教育示范基地。

大青山胜利突围纪念地

大青山胜利突围纪念地位于山东省临沂市费县薛庄镇李行沟村和梧桐沟村一带。

1941 年 11 月初，日军 5 万余人开始对沂蒙山抗日根据地实行近两个月的“铁壁合围”。30 日，抗大一分校学员 3000 多人，115 师后勤机关人员、山东分局、省战工会机关、省抗敌同志协会、姊妹剧团、省妇救会、蒙山支队及地方干部民兵 2000 多人，在大青山地区被日伪军一个混成旅团包围。

◆大青山战斗突围旧址纪念碑

当时各机关虽然人员不少，但多是非战斗人员，情况万分紧急。抗大一分校校长周纯全、政委李培南、训练部部长袁也烈、副部长阎捷三等立即指挥抗大第一分校第 5、第 2 两个大队学员抢占有利地形、掩护机关突围。省战工会副主任兼秘书长陈明、第 115 师司令部第 5 科科长袁仲贤等也分头指挥山东分局、省战工会、第 115 师的警卫人员及蒙山支队、抗协警卫队等边抗击敌人，边向西蒙山突围。战斗异常激烈，陈明、汉斯·希伯、115 师敌工部部长王立人、抗大一分校第 2 大队政委刘惠东等先后壮烈牺牲。山东姊妹剧团团长辛锐带领剧团的 20 多名女同志突围转移，在大青山下的猫头山与敌人激战身负重伤，在山东纵队第二卫生所驻地——火红峪村养伤。12 月 17 日，日军再次进行疯狂“扫荡”，辛锐牺牲在火红峪村。此次突围战，我方共有近千人壮烈牺牲。

大青山胜利突围纪念地包括纪念碑、碑亭、陈列馆等纪念设施和大青山烈士陵园。为缅怀革命先烈的英雄事迹，进行爱国主义教育，1997 年 11 月 30 日，中共临沂市委、市人民政府，中共费县县委、县人民政府，抗大一分校校史研究会在费县薛庄镇李行沟建立了大青山胜利突围纪念碑及碑亭。2005 年 7 月，大青山胜利突围纪念广场动工兴

◆大青山胜利突围纪念碑及碑亭

建，2006年10月主体工程基本竣工，并建设陈列馆等设施。

大青山烈士陵园位于山东省临沂市沂南县双堠镇东梭庄、西梭庄村之间。大青山烈士陵园是原费东县政府为纪念1941年11月30日在大青山战斗中英勇牺牲的297名抗日烈士所建，于1944年10月建成，陵园占地面积1.67万平方米。陵园大门坐北朝南，系牌坊式建筑。大门上方横书“大青山烈士陵园”7个镏金大字。进入陵园大门，首先映入眼帘的便是“大青山突围纪念馆”。左边为展示厅，右边为音像影视厅、接待室和办公区。墓区坐落在陵园中部，甬道两侧。前有一座高4.23米的三角顶石碑，系1985年重建，正面刻有“抗日烈士公茔”，两边分别镌刻着“英灵犹在”、“浩气长存”的题词，碑后两侧筑有311座烈士墓。抗日烈士碑位于陵园后部最高处，甬道正对面，高4.1米，青石结构，正面为“抗日烈士碑”5个正楷大字，背面刻有碑文，记载了抗日英雄们的光辉业绩。碑的两侧铭刻着297位烈士的英名。

◆大青山烈士陵园内的大青山突围纪念馆

大青山烈士陵园于1977年12月被山东省革命委员会公布为山东省文物保护单位；大青山胜利突围纪念地于2009年6月被山东省委宣传部公布为山东省爱国主义教育基地；1988年1月被山东省人民政府公布为山东省重点烈士纪念建筑物保护单位。

“四五”烈士纪念碑

“四五”烈士纪念碑位于山东省济南市槐荫广场东北角。

◆“四五”烈士纪念碑

1931 年 4 月 5 日，国民党反动当局在济南纬八路刑场（现槐荫广场）枪杀了中共一大代表邓恩铭、原中共山东省委书记刘谦初等 22 名党的重要干部，使山东党组织蒙受惨重损失。

1989 年，为继承烈士遗志、发扬革命传统，槐荫区委、区政府决定在“四五”烈士英勇就义的地方（时称青年公园）建立纪念碑，并于当年 4 月 4 日举行了纪念碑揭幕式。2009 年，结合槐荫广场改建项目，对纪念碑进行了碑体提高、清洁、描金等修缮处理。碑体下方设置了汉白玉栏杆。纪念碑占地面积 30 平方米，由著名雕塑家仇志海设计，高 5 米，由 3 块长方体大理石组成，镶嵌反映烈士当年英勇就义的铜雕，刻有王震、梁步庭的题词和 22 位烈士的主要生平事迹。

“四五”烈士纪念碑于 1995 年被济南市委、市人民政府公布为全市青少年爱国主义教育基地；2002 年 4 月被共青团山东省委命名为山东省青少年道德教育实践基地。

烟台抗日烈士纪念碑

烟台抗日烈士纪念碑位于山东省烟台市芝罘区烟台山公园内。

1945 年在解放烟台和崆峒岛海战中，八路军胶东部队英勇奋战，在战斗中共有 89 人壮烈牺牲，其中，营、连、排级干部 10 人，班长以下战士 79 人。为了抚慰这些在战斗中牺牲的烈士英灵，缅怀他们的业绩，第七督察专员公署烟台行政区决定在烟台山修建一座烟台抗日烈士纪念碑。纪念碑于 1946 年 5 月 9 日奠基兴建，10 月落成。烟台抗日烈士纪念碑坐落在烟台山顶部之前，灯塔南侧，建筑面积 50 平方米。碑高 8 米，呈五棱形，由台基、

◆烟台抗日烈士纪念碑

碑座、碑身、顶端四部分组成，乳白色花岗岩石块砌筑。碑身正面刻有“民族英雄垂名千古”，顶端雕有五角星，其余四面自左至右分别镌刻着中共烟台市委、市政府和全市各界群众团体和市民的挽词，以及首次解放烟台阵亡的89位烈士名单。碑文记载着烟台军民在党的领导下解放烟台的情况和烈士的业绩。

烟台抗日烈士纪念碑于2005年11月被山东省委宣传部公布为山东省爱国主义教育基地。

王尽美烈士纪念馆

王尽美烈士纪念馆位于山东省潍坊市诸城市（县级市）府前街南首116号，府前街与南外环路交汇处。

王尽美（1898—1925），今诸城市枳沟镇北杏社区人，是中国共产党的创始人之一，山东党组织早期组织者和领导者。1919年参加五四运动，被推举为山东学生联合会负责人之一。1920年3月北京大学马克思学说研究会成立后，被发展为外埠会员，同年冬，与邓恩铭等发起成立励新学会。1921年春发起创建济南的共产党早期组织，7月赴上海出席中国共产党第一次全国代表大会，后任中共山东区支部书记，中国劳动组合书记部山东分部主任。1922年1月参加在莫斯科召开的远东各国共产党和民族革命团体第一次代表大会。7月出席中共第二次全国代表大会，会后留在中央负责领导工人运动，参与制订《劳动法大纲》，先后领导山海关、秦皇岛等地的罢工斗争，是开滦五矿总同盟罢工指挥部成员之一。1922年11月在山海关领导建立党的组织。1923年2月被反动当局逮捕，经工人营救获释，继续主持山东党的全面工作。1924年1月参加中国国民党第一次全国代表大会。11月任中共山东地方执行委员会书记。1925年1月出席中共第四次全国代表大会，2月抱病组织青岛国民会议促成会，参与领导胶济铁路工人大罢工。因长期积劳成疾，同年8月在青岛逝世。

◆王尽美烈士纪念馆

王尽美烈士纪念馆于1991年5月经中共中央宣传部、山东省委和潍坊市委批准修建，7月1日奠基破土动工，次年7月1日正式开馆。陈云为纪念馆题写“王尽美烈士纪念馆”馆名。

王尽美烈士纪念馆为双层平顶楼式建筑。一楼为二厅四室，二楼为通间大厅。一楼门厅迎面影壁用铜字镶嵌着董必武题写的“忆王尽美同志”的诗篇。正厅为塑像厅，矗立王尽美汉白玉全身站像一尊，高 2.8 米，塑像对面影壁镌刻着巨幅《国际歌》词谱，昭示着王尽美为共产主义事业奋斗的一生。围绕正厅设 4 个展室，其中一、二、三展室以珍贵的历史图片、资料、文字及部分陈列实物，全面、系统地展示了王尽美光辉而短暂的革命生涯和建立的丰功伟绩；第四展室陈列着 21 位党和国家领导人的亲笔题词，还陈列着新中国成立后出版的介绍王尽美革命业绩的书籍、刊物和以各种文艺载体编纂的戏剧脚本与剧照。二楼的通间大厅为中共诸城地方党史展览，以珍贵的历史图片和文献资料，按历史发展的不同时期，全面系统地展示了诸城地方党组织创立、发展及领导人民同国内外敌人进行长期艰苦卓绝斗争的光辉历史，以及在社会主义革命和建设时期取得的辉煌成就。

王尽美烈士纪念馆于 1994 年 11 月被山东省委宣传部公布为山东省爱国主义教育基地。

沂蒙母亲王换于纪念馆

沂蒙母亲王换于纪念馆位于山东省临沂市沂南县马牧池乡东辛庄村。

王换于，1888 年出生，岸堤镇圈里村人。19 岁嫁到今马牧池乡东辛庄。1939 年春起，中共苏鲁豫皖边区省委、山东分局、山东纵队领导就经常住在王换于家。同年 6 月，徐向前、朱瑞率八路军第 1 纵队机关到沂蒙后，也较长时间住在她家。王换于率全家竭尽全力照顾好领导的生活起居，并成立了战时托儿所，先后抚养革命后代达 42 人。为照顾好革命后代，王换于的两个儿媳妇的奶水大部分用于哺育托儿所的孩子，而王换于的孙子、孙女因照顾不周而先后夭折。除此之外，王换于还掩护、救助过一大批八路军伤病员和抗日干部，掩藏了许多抗日物资。

◆沂蒙母亲王换于纪念馆

1940 年 7 月，山东省战时工作推行委员会在沂南县青驼寺成立，会议出版的《联合大会会刊》被王换于精心保存。1978 年，年逾九旬的王换于将会刊完整上交县有关部门，该书填补了省档案馆档案资料的一项空白。作为战争年代千万沂蒙妇女的杰出代表，王换于用她的一生谱写了一曲沂蒙精神的不朽颂歌，被誉为“沂蒙母亲”。

为昭示历史，激励后人，在国家审计署、山东省审计厅、山东省交通厅、临沂市审计局、临沂市交通局等有关部门的大力支持下，中共沂南县委、沂南县人民政府在马牧池乡东辛庄建设了“沂蒙母亲”王换于纪念馆。中央军委原副主席、国防部部长迟浩田题写了“沂蒙母亲王换于纪念馆”馆名和“沂蒙母亲王换于故居”，亲笔书写了“缅怀沂蒙母亲，教育后世子孙”的碑文。迟浩田曾动情地说：“我永远不会忘记沂蒙人民，沂蒙红嫂用乳汁救八路军伤员的伟大事迹，惊天地，泣鬼神。如果不是沂蒙人民给我们第二次生命，我哪有今天。”

沂蒙母亲王换于纪念馆于 2003 年 9 月 19 日开馆。国家审计署、山东省省直机关党工委革命传统教育基地同时揭牌。纪念馆内建有沂蒙母亲王换于雕塑，迟浩田题词、百年老屋赋、百年老屋修复记等石碑、展厅及保护完好的王换于故居。展厅共 5 间，展出了聂荣臻、迟浩田、胡奇才等领导题词，并以图片、文字相结合的方式详细介绍了王换于创办战地托儿所、精心救治《大众日报》社毕铁华、含泪埋葬陈若克母子、保存《联合大会会刊》等革命事迹；同时展出了王换于晚年政协委员证及选民证，8 件缴获日军的战刀、留声机等实物，《联合大会会刊》复印本等部分书籍及北海币、个人生活用品等；故居中有王换于老人使用过的床、纺车等用品 13 件。

沂蒙母亲王换于纪念馆于 2005 年 11 月被山东省委宣传部公布为山东省爱国主义教育基地。

青岛革命烈士纪念馆

◆青岛革命烈士纪念馆大门

青岛革命烈士纪念馆位于山东省青岛市市南区太平山南麓。

青岛革命烈士纪念馆始建于 1977 年，1981 年 6 月建成并正式对外开放，占地面积 53.79 亩，总建筑面积 4050 平方米。主要建筑有烈士事迹陈列厅、革命烈士群雕、烈士英名碑等。革命烈士纪念馆先后进行了 4 次修葺和完善。现烈士事迹陈列厅为正、西、东 3 个展厅，陈列展出 140 位革命烈士的事迹及 35 位著名烈士的 113 件珍贵遗物

◆青岛革命烈士纪念馆

等。还引入电子翻书、360 度幻影成像等现代展示手段，采用声、光、电等技术制作了“青岛惨案”、“解文卿就义”、“烈火英魂”等 6 个模拟场景。

纪念馆正厅额檐上为著名书法家舒同题写的馆名“青岛市革命烈士纪念馆”，白底金字，浑厚有力。正厅正中为“百年青岛”巨幅锻铜浮雕，以“勿忘国耻、告慰英灵、奋勇前进”为主题，给人以强烈震撼。正厅四周展出了青岛党组织建立、大革命时期以及土地革命战争时期的重大历史事件和著名烈士的英雄事迹。正厅立柱上装有“还我青岛”、“五卅风云涌岛城”等 8 幅历史题材浮雕。

纪念馆中坪广场中央耸立着革命烈士群雕——“山河魂”。群雕高 9.7 米，宽 6.8 米，占地面积 412 平方米，采用 87 块青岛花岗岩雕刻而成。整座群雕由 8 个人物形象组成，中心人物以党的一大代表、青岛党组织的创始人邓恩铭为原型，周围并肩站立着工人、学生、农民、解放军战士及童工等形象代表，表现了青岛人民在党的领导下所进行的波澜壮阔的革命斗争历程，象征着革命先烈的丰功伟绩与山河同在，与日月同辉。

上坪左侧是纪卿亭等 3 位烈士的墓碑。右侧为烈士英名碑，碑高 4.8 米，碑宽 30.2 米，镌刻着 17041 名革命烈士的英名。下坪右侧小山上建有由著名书法家武中奇亲笔题名的“流芳”亭，正面立柱上镌刻有“丹心铁骨千秋伟业昭华夏，亮节高风百世流芳耀乾坤”对联。

青岛革命烈士纪念馆于 1994 年 11 月被山东省委宣传部公布为山东省爱国主义教育基地；1992 年被民政部公布为全国重点烈士纪念建筑物保护单位。

地雷战纪念馆

地雷战纪念馆位于山东省烟台市海阳市（县级市）文山街 11 号，与海阳市博物馆合署办公。

抗日战争期间，海阳民兵在各村建立地雷加工厂，自己碾炸药制造石雷，创造了夹子雷、连环雷等 10 多种地雷和子母雷、头发雷等 30 多种埋雷方法，先后作战 2000 余次，毙伤俘敌 1897 人，沉重打击了日军的嚣张气焰。他们的突出代表赵守福、于化虎、孙玉敏被评为“全国民兵英雄”。1962 年，八一电影制片厂以此为原型，实地拍摄了电影《地雷战》。

◆地雷战纪念馆

1991 年，赵疃地雷战展览室的展品合并在海阳博物馆的海阳革命斗争陈列室中展出。1999 年，在海阳市博物馆设立地雷战纪念馆临时展览。2005 年，将原临时展厅扩展成为正式展览厅。2006 年，对博物馆进行扩建，扩建后对地雷战纪念馆重新布展。2008 年，独立设置海阳市地雷战纪念馆，与市博物馆合署办公。

展览内容共分 6 个部分，分别为“民族危急，共赴国难”；“地雷战日寇丧胆，卫海防壮我国威”；“反‘扫荡’105 天动魂魄，盆子山 60 余村响雷声”；“英雄造雷乡，雷乡出英雄”；“光辉事迹垂青史，革命精神照后人”；“实现新跨越，建设新海阳”。馆舍面积 2700 平方米，展陈面积 2200 平方米，展带长 830 米，共展出文物 500 余件、图片 300 多幅，充分运用各种现代化手段再现历史真实场景。

◆地雷战纪念馆展出的地雷模型

地雷战纪念馆于 2005 年 11 月被山东省委宣传部公布为山东省爱国主义教育基地，同时被中央宣传部公布为全国爱国主义教育示范基地。

鲁西南战役纪念馆

鲁西南战役纪念馆位于山东省济宁市金乡县羊山镇。

1947 年 6 月 30 日夜，晋冀鲁豫野战军司令员刘伯承、政委邓小平率领第 1、第 2、第 3、第 6 共 4 个纵队 13 个旅 12 万人，突破国民党军的黄河防线，进入鲁西南，发起鲁西南战役，从此拉开了南下大别山的战略进攻序幕。国民党军在解放军渡过黄河之后，抽调大批兵力围堵。蒋介石的意图是以 55 师坚守郓城，吸引刘邓大军屯兵城下，以东路军结成重点攻势，从巨野向西袭击刘邓大军侧背，和西路军形成钳击之势，迫使

◆鲁西南战役纪念馆

刘邓大军背水作战，企图将刘邓大军消灭于黄河和运河交叉之三角地带，或将刘邓大军重新逼回黄河以北。

针对此情况，刘邓大军采取“攻其一点、诱敌来援，啃其一边、各个击破”的战术。首先歼灭了郓城和西路弱敌，开辟战场，攻取了定陶、曹县等地，接着分割包围东路敌军，取得了六营集大捷。至此，在鲁西南地区的敌军只剩下了龟缩于羊山集的敌66师一个半旅。这个师装备精良，战斗力较强，又依托山地，企图凭险死守待援。7月15日，刘邓大军第2、第3纵队发起对羊山集的进攻。但因该处守军以羊山作依托，南侧地形低洼、积水较多，虽经两天激战，进展不大。

此时，蒋介石得知整编第32师等部连续被歼和羊山集整编第66师告急等情况，于19日飞抵开封坐镇指挥，从西安、洛阳、豫北、山东、汉口等地抽调7个整编师又2个旅向鲁西南驰援，20日又令王敬久率整编第58师和第199旅在飞机、坦克掩护下由金乡北上，以解羊山集之围。刘伯承、邓小平为争取先机，以独立第1、第2旅进至万福河阻援，将第199旅和由羊山集出来接应的1个团全歼。接着，集中第2、第3、第6纵队于27日对羊山集发起总攻，战至28日晚，全歼整编第66师师部及2个旅，俘虏敌中将师长宋瑞珂及少将参谋长郭雨林。鲁西南战役的胜利，为刘邓大军千里跃进大别山开辟了道路，揭开了人民解放军战略进攻的序幕。

◆鲁西南战役纪念馆内的羊山烈士纪念塔

为安葬在鲁西南战役中牺牲的烈士，1952年建成羊山烈士陵园，陵园内建有烈士公墓等设施。

1974 年，为发挥其革命传统教育作用，在陵园内建成羊山战役纪念馆（舒同题词）并对外开放，馆内存有许多珍贵照片、文物、档案等。1996 年 12 月，经山东省民政厅批准，保留羊山革命烈士陵园牌子，同时将羊山战役纪念馆更名为鲁西南战役纪念馆。1997 年 7 月鲁西南战役 50 周年之际，正式举行鲁西南战役纪念馆（刘华清题词）揭牌仪式。2009 年原馆拆除又修建新馆，后于原馆北 200 米处山下修建新馆（原处新设刘邓大型雕像一座），2011 年 4 月完成馆内布展工作并正式开放。新的鲁西南战役纪念馆分为鲁西南战役陈列馆和鲁西南战役全景画馆两个部分。采用“声、光、电”等现代技术，充分展现刘邓大军从强渡黄河到鲁西南战役胜利结束的全过程。馆内陈列着许多珍贵的历史照片、电文、书信等革命文物，其中有毛泽东主席给刘、邓首长的亲笔电文，刘伯承、邓小平过黄河后的合影、挺进大别山途中的照片和参加过鲁西南战役 50 余位老将军、老领导的亲笔题词，以及有关鲁西南战役的书籍、军战史、影集、录像等历史资料。

鲁西南战役纪念馆于 1998 年 5 月被山东省委宣传部公布为山东省爱国主义教育基地，2009 年 5 月被中央宣传部公布为全国爱国主义教育示范基地。

莱芜战役纪念馆

莱芜战役纪念馆位于山东省莱芜市莱城区汶阳大街 43 号。

抗日战争胜利后，国民党发动了规模空前的全面内战，于 1947 年 1 月底制订了“鲁南会战”计划，集中 31 万重兵，采取南北对进夹击的战术，企图与华东野战军决战于临沂，消灭野战军主力，进而占领整个华东解放区。华东野战军在陈毅、粟裕和谭震林的指挥下，创造性地执行毛泽东“诱敌深入”、“打运动战”的方针，避开南线国民党军主力，主动放弃临沂，调遣 7 个纵队挺进莱芜，对北线之国民党军完成战役合围。参战部队在解放区人民的全力支援下，奋战 3 个昼夜，全歼李仙洲集团 5.6 万人，乘胜解放了新泰、章丘、临淄、益都等 13 座县城，将渤海、鲁中、胶东解放区连成一片，为扭转华东和全国战局作出了贡献。莱芜战役的胜利，丰富了毛泽东运动战的思想，被誉为“运动战的光辉范例”，成为中国人民革命军事史上的经典战役之一。

◆扩建后的莱芜战役纪念馆

◆莱芜战役纪念园区内的革命烈士纪念塔

1947 年 3 月，为纪念在战役中牺牲的革命烈士，中共莱芜县委、县政府在矿山之阳修建革命烈士陵园。后因采矿造成原址塌陷，1968 年迁现址，并于 1972 年建成革命烈士纪念塔和两排平房建筑的莱芜战役展览馆、烈士骨灰堂等。为弘扬革命精神，同时为纪念莱芜战役胜利 50 周年，1996 年在原烈士陵园的旧址上建成莱芜战役纪念馆，1997 年 7 月正式对社会开放。2007 年，为庆祝莱芜战役胜利 60 周年，再次对纪念馆进行了全面升级改造。

莱芜战役纪念馆占地面积 73 亩，建筑面积 1.4 万平方米，陈展面积 6600 平方米，广场面积 6000 平方米，园区绿化面积 2.8 万平方米。莱芜战役纪念馆由展览园区和纪念园区两部分组成。展览园区包括战役展览馆、全景画馆、纪念广场、陈毅铜像、国防园。纪念园区内有革命烈士纪念塔、抗日烈士纪念碑、4 座著名烈士墓、1 座烈士骨灰堂。

莱芜战役纪念馆于 1994 年 11 月被山东省委宣传部公布为山东省爱国主义教育基地；2001 年 6 月被中央宣传部公布为全国爱国主义教育示范基地；2001 年 5 月被民政部公布为全国重点烈士纪念建筑物保护单位。

莱东抗日战争纪念馆

莱东抗日战争纪念馆位于山东省莱芜市莱城区苗山镇南峪村村北。

◆莱东抗日战争纪念馆

1941 年元旦，日伪军分两路“围剿”在今苗山镇南峪村的八路军兵工厂，兵工厂在得知情报后于元旦前夜转移。日伪军“围剿”扑空，把全村 200 多村民集合到村东河滩上，逼问兵工厂的下落。日军先后把村民李法林、李汉林当场刺死，把李玉瑞、李玉俊、李生田活活烧死，烧光全村所有房屋，又抓走50多名青壮年，这些人至今音讯皆无。这就是有名的“南峪惨案”。

为缅怀铭记莱东县党政军民在抗日战争时期付出的巨大代价和作出的重要贡献，对广大群众特别是青少年进行爱国主义教育和革命传统教育。2005年，莱东抗日战争纪念馆建成，由著名作家冯德英题写馆名。

纪念馆占地600多平方米，仿古风格，为典型的四合院结构。院中立有一块醒目的巨石，喻意熊熊燃烧的“抗日烽火”。院内东、西厢房向北的墙壁上，嵌有南峪村14位革命烈士生平事迹的碑刻。西厢房为展馆第一部分，北屋为第二部分，都以大量真实、珍贵的图片和翔实的文字材料，详细反映了莱东广大军民抗击日军的英勇事迹。东厢房内，除有一部分文字图片和结束语外，还有基本按李美秀一家已故亲人原形特置的一组雕塑。北屋西内墙上是按照“南峪惨案”真实场景而创作的一巨幅油画作品。在北屋西侧房内，有南峪兵工厂遗址浓缩图形，既有油画作背景，又有雕塑和仿真物品相配合，较好地再现了当年南峪军民在艰苦条件下，为前线部队赶制武器弹药的场景。

莱东抗日战争纪念馆于2009年6月被山东省委宣传部公布为山东省爱国主义教育基地。

山东省战时工作推行委员会旧址暨山东省战工会纪念馆

山东省战时工作推行委员会旧址暨山东省战工会纪念馆位于山东省临沂市沂南县青驼镇青驼村原青驼寺院内。

1940年7月26日，山东省国大代表复选大会，山东省临时参议会，山东省民众总动员委员会成立大会，山东省工、农、青、妇、文化各界总会成立大会，山东省各界救国联合会成立大会的联合大会，在青驼寺隆重开幕。出席大会的有山东初选国大代表，各地区的工人、农民、青年、妇女、文化、动员委员会等各团体代表

◆山东省战工会纪念馆及沂蒙红嫂纪念馆

共300余人。远道前来祝贺的来宾及长期驻在当地的各军政群众团体代表和新闻记者数百人也参加大会。

会上，八路军第1纵队政委、中共中央山东分局书记朱瑞作了《从国际到山东》的政治报告和《思想方法和领导方法》、《妇女问题》两个专门报告；中共中央山东分局委员、八路军山东纵队政委黎玉作了《论山东目前投降与反投降的斗争》的报告。李澄之、李竹如、郭瑛、刘居英、陈若克、杨希文分别从不同角度作了报告。大会选举于学忠、徐向前、朱瑞、黎玉、罗荣桓、范明枢等61人为代表山东民意的国大代表，选举范明枢等49人为正式参议员。8月1日，通过了《山东省临时参议会组织条例》，选举范明枢为参议长，马保三、刘民生为副参议长。大会还制定了《山东省战时工作推行委员会组织大纲》，选举产生了全省统一的行政机关——山东省战时工作推行委员会。张经武、李澄之、黎玉、罗舜初等23人当选为委员。下设政治、军事、财政经济、教育、民众动员5个组，黎玉为首席组长（1941年3月，首席组长改称为主任委员）。

◆山东抗日民主政权创建纪念碑

8月6日，山东省民众总动员委员会、山东省职工抗日联合总会、山东省农民救国总会、山东省青救总会、山东省妇救总会、山东省文化界救亡协会总会等群众团体组织分别举行成立大会，讨论通过了各总会的章程、纲领，选举出各总会的负责人。李澄之、霍士廉当选为省民众总动员委员会正副主任委员，陈放当选为省青救会会长，史秀云、祁青若当选为省妇救会正、副会长，李竹如、杨希文当选为省文协总会正、副主任委员。8月17日，山东省各界救国联合总会成立，霍士廉当选为省各界救国总会会长。从此，山东实现了抗日民主政权和群众组织的统一领导。统一的抗日民主政权的成立和各级抗日民主政权的建立，标志着以沂蒙山区为中心的山东抗日根据地的正式形成，也昭示着沂南抗日中心根据地的建设进入了一个新阶段。

山东省战工会是在抗日战争相持阶段建立的，是山东民主政权建设上的空前创举。山东省战工会是当时唯一统辖全省的省级民主政权。1943年9月10日，山东省临时参议会第一届第二次议员大会决议将“山东省战时工作推行委员会”改称“山东省战时行政委员会”；1945 年 8 月 13 日，将“山东省战时行政委员会”改为“山东省政府”。

1990 年，山东省人民政府为纪念战工会成立 50 周年，对旧址进行重修。纪念馆南北长 13 米，宽 71 米，由徐向前题名的“山东抗日民主政权创建纪念碑”耸立院中。现旧址内建有山东省战工会纪念馆和沂蒙红嫂纪念馆两部分。东边为战工会纪念馆，建有 5 间房屋，展出图片 42 幅、手榴弹、北海币等 20 余件，以及珍贵图片和资料；西边为沂蒙红嫂纪念馆，建有 5 间房屋，展出图片 120 幅。

山东省战时工作推行委员会旧址于 1977 年 12 月被山东省革命委员会公布为山东省重点文物保护单位。山东省战工会纪念馆于 1994 年 11 月被山东省委宣传部公布为山东省爱国主义教育基地。

冀鲁豫边区革命纪念馆

冀鲁豫边区革命纪念馆坐落在山东省菏泽市丹阳路北侧的赵王河畔。

抗日战争时期，八路军 115 师、129 师广大指战员深入敌后，党政军民团结一心，浴血抗日，创建了冀鲁豫边区。边区东缘津浦，西临平汉，南跨陇海，北接德石，辖河北、山东、河南 67 县，为全国最大的平原抗日根据地。解放战争时期，边区系全国重要战场。刘邓大军、陈粟兵团，在此十战十捷，战功卓著。1947 年夏，刘邓大军强渡黄河，发起鲁西南战役，千里跃进大别山区，揭开了人民解放军战略进攻的序幕。

1997 年 7 月，在杨得志、段君毅、赵健民等曾在边区工作战斗过的老同志的倡导和组织下，由河北、山东、河南三省省委、省政府联署报经中共中央和国务院批准，在山东省菏泽市中心赵王河畔建立冀鲁豫边区革命纪念馆。纪念馆 1998 年 4 月奠基，2000 年 5 月建成开馆。

◆冀鲁豫边区革命纪念馆

冀鲁豫边区革命纪念馆占地面积 13.2 万平方米，主体建筑面积 11.7 万余平方米。江泽民亲笔题写馆名。纪念馆坐北朝南，从丹阳路向北形成中轴线，环岛花坛、双曲拱桥、旗杆花圃、巨型卧碑、青石广场、主体建筑、下沉广场贯通相连。纪念馆主体建筑外观为战船型，建在长 100 米、宽 50 米的平台上，台高 1.5 米，象征当年冀鲁豫边区人民在党的领导下，乘风破浪，驶上新的征程。俯视呈牡丹花状，三叶九瓣，三叶象征冀鲁豫三省，九瓣象征边区革命政权九年光辉历史。纪念馆大门东西侧墙上设有两块汉白玉巨型石雕。东侧雕塑的是在战火纷飞的年代八路军、人民解放军英勇杀敌、前赴后继、激烈战斗的场面和光辉形象；西侧是人民群众、支前民工勇往直前的场面和一系列支前模范的英雄形象。纪念馆主体建筑集展厅、全景画馆和各种配套设施于一体。

纪念馆分为“序厅”、“星星之火”、“浴血抗日”、“平原逐鹿”、“革命儿女”5 个展厅和郓城攻坚战全景画馆。序厅由大型陶板壁画、主题词和冀鲁豫边区区域组成。壁画长 26 米，高 5.46 米，重达 15 吨，塑造了传播马列主义的知识分子、八路军、解放军、民兵和支前民工等一系列栩栩如生的人物形象。“星星之火”厅主要展示了 1927 年 7 月至 1937 年 7 月，中共党组织的创建和在土地革命战争时期开展革命活动的历史。这里陈列着早期革命历史人物的照片、图片资料和极珍贵的革命历史文物。“浴血抗日”厅主要展示了 1937 年 7 月至 1945 年 9 月，冀鲁豫边区党政军民浴血抗日的历史。该厅陈列着日军在冀鲁豫边区残害中国人民暴行的罪证和党政军民抗日战争时期活动的图片、文献资料和革命历史文物。“平原逐鹿”厅主要陈列着 1945 年 10 月至 1949 年 9 月冀鲁豫边区党政军在解放战争时期活动的大量图片、文献资料和革命历史文物，全面翔实地反映冀鲁豫边区党政军民在党的领导下，广泛开展游击战争，踊跃参军参战，刘邓大军、陈粟兵团平原逐鹿，连战皆捷，发起鲁西南战役，千里跃进大别山，揭开全国战略进攻的序幕。“革命儿女”厅陈列着 208 位著名烈士的简介、照片和新中国成立前 206 位县团级以上党政军著名人物的简介、图片等。郓城攻坚战全景画馆，展示了鲁迅美术学院教授精心创作的油画精品，画面高 17 米，周长 124 米。绘画与地面塑形和灯光、音响相互交融，真实再现了 1947 年夏刘邓大军强渡黄河后，发起鲁西南战役第一仗——郓城攻坚战的壮观场面。

◆冀鲁豫边区革命纪念馆大厅

冀鲁豫边区革命纪念馆于 2005 年 11 月被山东省委宣传部公布为山东省爱国主义教育基地，同时被中央宣传部公布为全国爱国主义教育示范基地；2009 年 3 月被民政部公布为全国重点烈士纪念建筑物保护单位。

鲁西南战役指挥部旧址纪念馆

鲁西南战役指挥部旧址纪念馆位于山东省菏泽市郓城县县城正东2公里处。

鲁西南战役在刘伯承、邓小平的指挥下，历时28天，共歼国民党军4个整编师师部、9个半旅，计6万余人，缴获大批军用物资。此次战役迫使敌人从西北、山东和中原地区抽调17个旅支援鲁西南，打乱了蒋介石的战略部署，不仅为刘邓大军千里跃进大别山创造了条件，而且有力地配合了西北和山东战场粉碎敌人重点进攻的作战计划。鲁西南战役实现了中共中央军委和毛泽东“以主力打到国民党统治区，由内线作战转入外线作战”的战略方针，揭开了人民解放军战略进攻的序幕。

◆鲁西南战役指挥部旧址纪念馆

鲁西南战役指挥部旧址纪念馆于2007年开工建设，总建筑面积6928.8平方米。该建筑为两层框架结构，高16.4米，分为前大厅、8个结构和面积相同的分展厅、2500平方米的中央展厅。以中国人民解放战争中著名的鲁西南战役为历史背景，采用“声、光、电”现代化手段，以全景沙盘、群雕、立体电影、战场图片、人物照片、战争遗物等多种形式，再现了炮火连天的战斗场景，展示了刘邓大军不畏艰险、不怕牺牲、奋勇作战的英雄气概和壮丽画卷。纪念馆二期工程包括30米高的革命烈士纪念塔、5000平方米的硬化广场、256名烈士墓群的改造等。

鲁西南战役指挥部旧址纪念馆于2009年5月被中央宣传部公布为全国爱国主义教育示范基地，2009年6月被山东省委宣传部公布为山东省爱国主义教育基地。

铁道游击队纪念园

铁道游击队纪念园位于山东省枣庄市薛城区临山公园影视城内。

铁道游击队，是抗日战争时期活跃在山东枣庄微山湖一带的抗日武装。1938年3月17日，日军侵占临城，在临城火车站增添设备，1940年建车站发电厂一

◆铁道游击队纪念园

座，1941 年建 300 吨水塔一座。为打击日军，1942 年 10 月 12 日，以刘金山、王志胜为正副队长，杜季伟为政委的铁道游击队经周密计划，于 23 时化装成铁路工人进入临城站内，以最短的时间夜袭成功。1943 年秋的一天，通过内线得知当日夜晚有日军运载武器的列车由临城站开出后，铁道游击队决定劫车。深夜，列车由临城站开出，铁道游击队队员扒上列车，卸下枪支弹药。铁道游击队号称“飞虎队”，他们以临城站为中心，活跃在百里铁道线上，扒火车、炸桥梁、打洋行、劫枪支……打得日军闻风丧胆，惶惶不可终日。其事迹多次被改编成小说、影视剧作品，在群众中广泛流传。

目前，铁道游击队纪念园已形成一书——小说《铁道游击队》，一曲——《西边的太阳快要落山了》，一园——铁道游击队纪念园，一碑——铁道游击队纪念碑，一城——铁道游击队影视城，五部剧——五个版本的影视剧《铁道游击队》的格局。纪念园的主体建筑，是铁道游击队纪念碑。

铁道游击队纪念园于 2005 年 11 月被山东省委宣传部公布为山东省爱国主义教育基地，同时被中央宣传部公布为全国爱国主义教育示范基地。

微山湖（抗日）英烈纪念园

微山湖（抗日）英烈纪念园位于山东省济宁市微山县县城西郊。

◆微山湖（抗日）英烈纪念园

微山湖（抗日）英烈纪念园原名为微山县烈士陵园，始建于1982年。2002年、2005年先后两次改扩建后更名为微山湖（抗日）英烈纪念园，占地面积3.3万平方米，绿化面积1.6万平方米。

◆微山湖区抗日纪念馆

纪念园内建有微山湖抗日游击大队纪念碑，2002年9月奠基，2004年7月竣工落成。主碑体高37.77米，寓意1937年7月7日抗日全国战争爆发的时间；碑座边长45米，寓意1945年抗日战争胜利的时间；纪念碑四周镶嵌有8块浮雕，展现了抗日战争时期微山湖区军民并肩作战、抗击日军的场面。纪念碑为剑型，寓意鲜明，雄伟壮观，巍峨屹立在微山湖畔，成为园内的标志性建筑。

微山湖区抗日纪念馆建筑面积1100平方米，展览面积3500平方米。整个纪念馆采用雕塑、油画、幻影、照片、图板、文字和声光电控制等高科技艺术形式，将抗日战争时期在微山湖区发生的著名战斗及游击队护送中央首长过往微山湖等事件，直观形象地展示给观众。为纪念抗日战争时期刘少奇、陈毅、罗荣桓、肖华、朱瑞5位首长过往微山湖的重大事件，将其塑像安放在纪念馆门厅中央。

◆微山湖区革命历史纪念馆

微山县烈士英名碑，呈半圆形，高2.5米，弧长22米，正面镌刻着毛泽东诗词《到韶山》，背面刻有全县在土地革命战争时期、抗日战争时期、解放战争时期和新中国成立后牺牲的1100名烈士的名字。碑前环立八根六边形石柱，象征着八年抗日，每根石柱上刻有两幅以褒扬追思烈士为内容的楹联，庄严肃穆、别致壮观。

著名烈士墓区坐落在园区西北方最高处，半圆状，四层梯形，弧长160米。墓区花草叠起、翠柏茂盛，全县56名著名烈士碑安放在墓区内，供人瞻仰凭吊。

微山湖区革命历史纪念馆，2005年由北堂楼改建而成，分上下两层展区，建筑面积100平方米，展览面积180平方米，展出图片199幅。

展览分5个部分：湖区党组织的创建及发展、抗日武装、湖区交通线、湖区著名烈士、全民动员支援前线。主要展示了从1928年微山湖区有党的活动至1949年中华人民共和国成立这一历史时期党领导微山人民所走过的光辉历程。

微山湖（抗日）英烈纪念园于2005年11月被山东省委宣传部公布为山东省爱国主义教育基地。

渤海革命老区纪念园

渤海革命老区纪念园位于山东省滨州市滨北镇凤凰八路北首。

渤海区是抗日战争时期中国共产党领导的重要敌后根据地，是解放战争后期山东的三大战略区之一。为了褒扬先烈，弘扬“不屈不挠、艰苦奋斗、顾全大局、无私奉献”的老渤海精神，2006年12月，中共滨州市委、市人民政府决定兴建渤海革命老区纪念园。纪念园于2009年清明节基本完成，园区占地530亩，建筑物总面积约2.5万平方米。纪念园东区由渤海革命老区纪念馆、多功能厅、纪念塔、模拟长城、英烈碑廊、英雄群雕、烈士墓地和栈桥水景等组成；西区建有以渤海老区为背景的土特产品、民俗文化、农耕休闲等便民服务配套设施和山水景观等。

渤海革命老区纪念馆通过展出渤海区革命战争年代的大量历史图片、革命文献、文物，辅以历史场景复原、电视短片、艺术雕塑等，形象直观地展示了当年渤海区党政军民走过的艰难历程。渤海区革命烈士英名录碑廊全长162米、高7.9米，碑廊内有4块巨幅石碑，上面镌刻着渤海老区为国牺牲的55308名革命烈士的英名以及他们的籍贯、出生年月、牺牲时间、牺牲地点和牺牲时的职务。

◆渤海革命老区纪念园

◆渤海革命老区纪念园内的烈士墓

革命烈士墓区内，每个陵墓前都安放着石制花环，上方刻制五星，保存了1954年11月1日由滨县人民政府为革命烈士建立的墓碑。这里安息着在渤海区牺牲的297位革命烈士的英灵，其中有127位无名烈士。

渤海革命老区纪念园于2005年11月被山东省委宣传部公布为山东省爱国主义教育基地。

中共山东省党史陈列馆

中共山东省党史陈列馆位于山东省济南市共青团路3号。

中共山东省党史陈列馆于1988年正式开馆，当时馆址设置在中共山东省委领导机关旧址的二层小楼上，门额馆名由老一辈无产阶级革命家、全国人大常委会原委员长彭真手书。1990年，为迎接中国共产党成立70周年，中共山东省委和济南市委决定扩建中共山东省党史陈列馆。1991年6月25日，新建的中共山东省党史陈列馆正式开馆，即现在位于共青团路3号的中共山东省党史陈列馆。陈列馆地处济南市中心城区，北、东、南三面分别环五龙潭公园、泉城路、趵突泉公园，北侧紧邻中共山东省委领导机关旧址，为三层建筑，占地面积1200平方米，高约16米，建筑平面布局以南北方向呈“巨”形布置，彭真手书的馆名上方嵌有镰刀锤头标志。馆藏文物500余件，展示照片1500余幅，主要包括：山东省及济南市党史宣传展览；党史文物、党史党建资料的征集与研究；中共山东省委领导机关旧址和王尽美、邓恩铭塑像及纪念广场的维护管理。馆内设3个

◆中共山东省党史陈列馆

展厅，主要展出民主革命时期的党史资料图片和实物等，生动再现了共产党早期组织的发展、壮大及建党以来中共山东地方组织的建立、发展状况和党率领人民群众进行革命斗争、社会主义建设和改革开放的历史征程。

中共山东省党史陈列馆于 1994 年 11 月被山东省委宣传部公布为山东省爱国主义教育基地。

台儿庄战史陈列馆

台儿庄战史陈列馆位于山东省枣庄市台儿庄区文化路 196 号。

台儿庄战史陈列馆的前身是台儿庄革命烈士陵园，1951 年经山东省人民政府批准设立，占地 100 亩，安葬抗日战争、解放战争、卫国戍边和抗洪救灾中牺牲的烈士 1375 位。1972 年，修建了占地 120 平方米的革命烈士纪念堂；1996 年，重修革命烈士纪念堂，并建纪念碑。战史陈列厅分古代、近代战史，抗日战争、解放战争史和英雄人物 3 个展厅。台儿庄战史陈列馆现已成为鲁南、苏北地区建筑规模较大、陈展内容较为丰富、设施较为完备的爱国主义、革命传统教育和国防教育基地。

◆台儿庄战史陈列馆

◆台儿庄战史陈列馆大门

台儿庄战史陈列馆于 2005 年 11 月被山东省委宣传部公布为山东省爱国主义教育基地；2001 年 9 月被山东省人民政府公布为山东省重点烈士纪念建筑物保护单位。

东营市历史博物馆

东营市历史博物馆位于东营市广饶县月河路 270 号。

1974 年 10 月，广饶县文管会成立后，加大对文物征集和保护的力度，使陈列展览的内容更加丰富。1975 年举办了全县第一次革命文物陈列展，展出革命文物 94 件。

1983 年，广饶县博物馆成立。为了在全县范围内进行爱国主义和革命传统教育，对原有的革命文物展进行改造，举办了《中共广饶县党史展》。在全县范围内征集各类革命

◆东营市历史博物馆内的广饶县党史展厅

文物200余件，大大丰富了《党史展》的内容。1993年5月，经东营市委、市政府研究决定，在广饶县博物馆的基础上成立东营市历史博物馆。2003年10月，《中共广饶县党史展》重新布展，以模拟造型、图片和实物展示的形式全面反映五四运动到新中国成立前广饶党组织的创立、发展和壮大的过程及中国最早的中文译本《共产党宣言》的流传经过。

东营市历史博物馆党史展厅收藏有国家一级革命文物——《共产党宣言》。该书长18.2厘米、宽12.3厘米，封面所有印刷内容均为赭石色，正中印有马克思半身像，自上而下印有“社会主义研究小丛书第一种，马格斯、安格尔斯合著，共产党宣言，陈望道译”，正文共56页，用5号铅字竖排印刷。封底竖排印有5行文字，从右至左为“一千九百二十年八月出版，定价大洋一角”，著者、译者及印刷、发行者落款。由于错版印刷，《共产党宣言》错印成《共党产宣言》。经过互证得知，这是由陈望道先生首译、1920年8月出版的《共产党宣言》的最早中文版本，并且是迄今为止发现的唯一由农村党组织传播、使用和保存的珍贵文献。

◆我国最早的中译本《共产党宣言》

抗日战争爆发后，山东省广饶县原西营乡封庙村任芳亭一家积极响应党的号召，从1937年至1942年间，先后有9人参军参战。为褒扬抗战九英雄，1943年秋天，共产党领导的广饶县抗日民主政府把一块红底黑字蓝花边、上书“一门九英”大字和九英雄名字的大匾挂到任家大门上，当地区公所也送了“军属光荣”匾。现在，该匾陈列在党史馆内。

为保障抗日根据地的经济建设顺利进行，山东抗日民主政府决定建立北海银行，发行北海币。1940年北海银行在鲁西北建立了清河分行，印钞厂在艰苦的条件下为避免遭到敌人的骚扰，辗转于寿光、广饶、博兴、垦利、利津等地。广饶展厅现存的一块北海银行铜质印钞样版就是当时留存下来的。该版长13.5厘米、宽11.8厘米，版面内容大写贰角币整版，竖排伍角、贰角、0.2零版，下边有“留神细看谨防假冒”字样。它为研究北海银行、清河分行印钞厂的发展概况，提供了极为珍贵的实物资料。

东营市历史博物馆于1998年5月被山东省委宣传部公布为山东省爱国主义教育基地。

河南省重要革命遗址

濮阳单拐革命旧址

濮阳单拐革命旧址位于河南省濮阳市清丰县双庙乡单拐村。

抗日战争后期（1944. 9—1945. 9），中共中央北方局、冀鲁豫分局和冀鲁豫军区司令部机关均驻扎于此。单拐村遂成为中共领导下的敌后抗日根据地的政治、军事指挥中心，领导着东到津浦、西临平汉、南跨陇海、北靠德石的广大区域，辖 12 个地委、116 个县、2000 万人口。1945 年 3 月下旬，中共中央北方局代理书记邓小平等率领中共中央北方局机关到达单拐，召开了著名的六六会议，对冀鲁豫边区前期民主民生运动成绩做了充分估价。党的七大期间，邓小平作为七大代表虽一直留在单拐工作，但仍被选为中央委员，直至 6 月下旬，接毛泽东电报后才离开单拐前往延安参加七届一中全会。

◆冀鲁豫边区革命根据地旧址

单拐村又是我军兵工史上第一门大炮的诞生地。1945 年 9 月，中共冀鲁豫分局、军区司令部离开后，冀鲁豫军区又在单拐成立了军区军事工业部，建立了兵工一、二、三、四厂和炸弹厂等 20 余个兵工厂，其中兵工一厂就设在单拐村。单拐村又成为冀鲁豫边区军工生产的中心。1946 年 4 月，兵工一厂成功试制了我军兵工史

◆邓小平在冀鲁豫边区革命根据地旧居

◆冀鲁豫边区革命根据地纪念馆

上第一门大炮——“盖亮式”七十毫米步兵炮（现存中国革命军事博物馆），极大地改善了我军的装备，有力地支援了前线。

该旧址又称冀鲁豫边区革命根据地旧址，由中共中央北方局、中共冀鲁豫分局、冀鲁豫军区纪念馆以及邓小平、宋任穷、王宏坤、杨勇等领导旧居，共 38 处文物建筑和遗址组成，其中 34 处文物建筑保存十分完好，为冀鲁豫平原地区不可多见的一处文物建筑群落。这些建筑多建于清朝中后期和民国初期，具有齐鲁、燕赵两种建筑文化的过渡特色。其中，尤以冀鲁豫军区第一兵工厂旧址（原单拐村陈氏祠堂）最具代表性。2005 年以来，又先后修缮革命旧址 3 处，整治了景区内部环境，建设了必要的基础设施。

濮阳单拐革命旧址于 2006 年 5 月被国务院公布为全国重点文物保护单位；2004 年 8 月被河南省委宣传部公布为河南省爱国主义教育示范基地，2005 年 11 月被中央宣传部公布为全国爱国主义教育示范基地。

渑池刘少奇旧居

渑池刘少奇旧居位于河南省三门峡市渑池县城关镇东关海露大街 95 号路南王家院内。

◆渑池刘少奇旧居

1938年9月29日至11月6日，中共中央扩大的六届六中全会在延安召开。为适应新形势的要求，中央决定成立中共中央中原局，刘少奇（化名胡服）任书记。1938年11月23日，刘少奇一行17人由延安出发，于11月28日到达渑池，主持召开了中共豫西特委扩大会议，传达贯彻了六届六中全会精神，制定了河南和豫西地区的抗战方针和政策，调整了党组织，组织了豫西地区党员干部训练班，为豫西培养造就了一批优秀干部。同时，他还在此起草了《论共产党员的修养》一书的提纲，并在第一期党训班上首次宣讲。

该旧址坐北朝南，门前为海露大街，东、西、南三侧为民居。旧址为豫西特色四合院，砖木结构抬梁式单檐硬山建筑，屋顶为小青瓦，保存完好。设有四个展室：前院东厢房为第一展室——党性考验，展线长28米；后院上房外间为第二展室——党性修养，展线长16米；后院东厢房为第三展室——党性展现，展线长16米；后院西厢房为第四展室——党性锻炼，展线长16米。共陈展版面33块，展柜18个，照片190余幅，实物90余件。三个复原住室分别是刘少奇住室，刘少奇秘书栗在山和副官李拓住室，兵站负责人刘向三住室。

渑池刘少奇旧居于1963年6月被河南省人民政府公布为河南省文物保护单位；2011年3月被河南省委宣传部公布为河南省爱国主义教育示范基地。

红二十五军长征出发地何家冲

红二十五军长征出发地何家冲位于河南省信阳市罗山县铁铺乡何家冲。

1934年11月，红二十五军接到中共中央和中央军委副主席周恩来关于红二十五军实行战略转移、开辟新的革命根据地的指示。中共鄂豫皖省委于11月11日在光山县的花山寨召开会议，决定率领红二十五军实行战略转移。11月13日，红二十五军转移到罗山县何家冲一带，军部设在何氏祠，并在此召开会议，整编部队，进行战略转移的准备工作，程子华任军长，徐海东任副军长。11月16日，红二十五军高举“中国工农红军北上抗日第二先遣队”的旗帜，在何家

◆红二十五军长征出发集结地（千年银杏树）

◆红二十五军军部旧址（何氏祠）

冲千年银杏树下集结出发开始长征。红二十五军在长征途中创建了鄂豫陕根据地，并于1935年9月到达陕北，与陕甘红军合编为第十五军团。红二十五军是红军长征中到达陕北的第一支队伍。

何家冲包括红二十五军军部旧址、红二十五军医院旧址、长征出发集结地遗址——千年银杏树及红军碾。2004年，在军部旧址——何氏祠内建成红二十五军长征纪念馆，各室内分别陈列着红二十五军将士们使用过的文物。

何家冲的红二十五军军部旧址——何氏祠、红二十五军医院旧址、红二十五军长征出发集结地标志——千年银杏树等于1996年11月被国务院公布为全国重点文物保护单位；1997年4月被河南省委宣传部公布为河南省爱国主义教育示范基地，2011年3月被中央宣传部公布为全国爱国主义教育示范基地。

郑州市烈士陵园

郑州市烈士陵园位于河南省郑州市二七区嵩山路与长江路交叉口南200米。

◆郑州市烈士陵园

郑州市烈士陵园始建于1955年，占地面积17.6万平方米，是河南省规模较大的一座烈士陵园，担负着全省著名烈士的褒扬工作和革命老干部的骨灰接待、安放管理工作。目前管理着吉鸿昌烈士墓、烈士事迹陈列馆、革命先烈纪念碑、四将军碑亭、解放郑州纪念碑亭、烈士墓区等多个烈士纪念建筑物。烈士事迹陈列馆展出面积 1500 平方米，展出人物 197 位。四将军碑亭分别为鸿昌亭、靖宇亭、雪枫亭、焕先亭，碑体正面刻有朱德、邓小平、李先念、胡耀邦为这四位先烈的题词。解放郑州纪念碑亭是 1988 年为纪念郑州解放 40 周年修建的，碑体正面刻有薄一波的题词，碑后刻有中共郑州市委、市政府撰写的碑文。烈士墓区安葬有著名抗日民族英雄吉鸿昌烈士等 309 人（其中烈士 134 人，仅在解放郑州战役中牺牲的就有 88 人）。骨灰堂存放面积 2000 平方米，安放近 5000 名革命人员的骨灰（其中烈士 139 名）。

◆郑州市烈士陵园内的烈士纪念碑

郑州市烈士陵园于 1997 年 4 月被河南省委宣传部公布为河南省爱国主义教育示范基地，1996 年 4 月被民政部公布为全国重点烈士纪念建筑物保护单位。

开封市烈士陵园

开封市烈士陵园位于河南省开封市禹王台区。

开封市烈士陵园始建于 1952 年，原在开封市西北郊孙李唐庄，1974 年迁建于东郊百塔村村南，占地面积 14 万平方米，其中烈士纪念建筑物面积 7460 平方米，绿化面积 107430 平方米，硬化面积 20980 平方米，其他建筑物面积 5530 平方米。主要纪念建筑物有：解放开封战役无名烈士公墓，革命烈士纪念碑，革命烈士事迹陈列馆、纪念堂，革命烈士英名碑，革命烈士墓区，胡万杰、郭向新烈士塑像，粟裕将军骨灰敬撒处，国际和平战士夏理逊大夫墓、碑

◆开封市烈士陵园

◆开封市烈士陵园内的烈士纪念碑

等，有4838位革命烈士安葬在这里。

解放开封战役无名烈士公墓为陵园主要纪念建筑。1948年6月17日，华东野战军攻城集团第3、第8纵队在参谋长陈士榘、政治部主任唐亮指挥下，由陈留、通许、杞县地区隐蔽地向开封急进，6月17日发起突然进攻。攻城集团攻占城关后，第8纵队于18日从南关发起攻击，先头营突破新南门，但突破口即被封锁，后续部队未能跟进。已突入的部队抢占城楼作依托，顽强抗击守军的反冲击。19日，第3纵队经炮火准备后对宋门实施攻击，炸开城门，迅速突入城内。同时，第8纵队重新组织突击，突击部队与控制城楼的突击营会合，巩固了突破口。攻城部队多路向纵深穿插，与敌军展开激烈巷战，至20日，攻占大部市区。残敌凭借龙亭和华北运动场核心阵地进行顽抗。攻城部队在猛烈炮火掩护下，于21日全歼龙亭敌军。华北运动场敌军一部投降，一部在突围中被歼。22日晨开封解放。

在解放开封战役中英勇牺牲的华东野战军第3、第8纵队等无名烈士遗体，原为散葬，1952年将473位烈士遗骨全部迁葬在城西北开封市烈士陵园，后随烈士陵园迁建，集中安葬于陵园“解放开封战役牺牲无名烈士公墓”内。公墓为钢筋混凝土结构，外饰斧垛石，半球形，高4.8米、直径10.2米。

◆开封市烈士陵园内的解放开封战役无名烈士公墓

开封市烈士陵园于2001年10月被河南省委宣传部公布为河南省爱国主义教育示范基地。

安阳市烈士陵园

安阳市烈士陵园位于河南省安阳市陵园路。

1957年，为纪念在解放安阳战役中牺牲的革命先烈，中共安阳市委、市政府决定筹建安阳市烈士陵园，1963年建成对外开放。陵园占地面积2.2万平方米，建筑面积约4218平方米。

◆安阳市烈士陵园内的烈士纪念碑

陵园中央耸立着革命烈士纪念碑。碑体高19.49米，形似一支钢枪，由数字“5”和“6”抽象构成，象征着1949年5月6日安阳解放日，正面镌刻着毛泽东手书“革命烈士永垂不朽”8个金色大字。陵园内有烈士墓区两处，计有烈士墓193座，45名烈士集体墓一座，烈士骨灰和老干部骨灰楼、室各一座等。革命烈士纪念堂陈列着不同时期烈士的遗像、事迹和遗物，西展厅展示了解放安阳的战斗纪实图片，东展厅的图片反映了新中国成立后特别是改革开放后安阳市国民经济和社会发展取得的辉煌成就。

◆安阳市烈士陵园内的烈士墓

◆安阳市烈士陵园内的安阳市革命史纪念馆

安阳市烈士陵园于2001年10月被河南省委宣传部公布为河南省爱国主义教育示范基地。

浚县烈士陵园

浚县烈士陵园位于河南省鹤壁市浚县浮丘山景区。

◆浚县烈士陵园内的烈士公墓

浚县自 1930 年即建立了党组织，浚县人民在党的领导下，进行了不屈不挠的反帝反封建斗争。抗日战争时期，浚县从裴庄人民打响中原抗日第一枪开始，接着周口群众夜袭码头、罗庄青年棒打日军、城关人民捍卫城池，给日伪军以沉重打击。解放战争时期，浚县人民为保卫胜利果实纷纷组织民兵武装，开展游击战争。在战场以及敌人的法庭和刑场上，共产党员、革命志士表现了忠贞节操和视死如归的英雄气概。在抗美援朝运动中，浚县人民发扬高度的爱国主义和国际主义精神，500 多名浚县子弟奔赴朝鲜战场，用自己的鲜血抗击美帝国主义对朝鲜的侵略，保卫了祖国的安全。为褒扬先烈，教育后人，继承烈士遗志，浚县人民政府于 1963 年在南关外浮丘山东坡兴建了浚县烈士陵园。

浚县烈士陵园辟有烈士事迹展览馆，共两个展室，其中展版共计 22 块、烈士遗物 60 余件。展览反映了浚县有较大影响的烈士常仙甫、王舒苗、许逸尘、魏焕然以及在抗美援朝战争中荣获“一级战斗英雄”称号的袁修祥等 17 人的生平事迹，以及裴庄村民抗战、痛歼扈全录匪徒、解放郭小寨、歼灭牛英德匪部、火龙岗歼灭国民党第二快速总队战役、大伾山战斗等 12 次有较大影响的战斗事件。

◆浚县革命烈士陵园内的浚县革命烈士事迹展览馆

鹤壁市浚县烈士陵园于 2007 年 11 月被河南省委宣传部公布为河南省爱国主义教育示范基地。

新乡市烈士陵园

新乡市烈士陵园位于河南省新乡市宏力大道劳动路交叉口。

◆新乡市烈士陵园

新乡市烈士陵园原名平原烈士陵园，由原平原省人民政府 1951 年批准筹建，1953 年竣工，1976 年更名为新乡市烈士陵园。该陵园占地面积 6.7 万平方米，主要纪念建筑物有烈士公墓、烈士事迹陈列馆、骨灰堂、四十七烈士之墓、新乡解放纪念碑、纪念亭和烈士墓群等。烈士陵园布局严谨合理，建筑风格各异。以高大雄伟的仿古式牌坊和烈士公墓为中轴线，其他建筑相依周围，从里向外分为烈士瞻仰区和游览区。通过英雄广场，步入陵园，道路宽阔平坦，苍松高大挺拔，翠柏郁郁葱葱，鲜花竞相绽放。在雄伟肃穆的烈士公墓后面，花草簇拥中，安葬着 915 位烈士遗骨。骨灰堂内，安放着 100 多位烈士忠魂。陈列馆中，陈展着 394 位烈士英名。为便于各界群众前来观瞻和缅怀先烈的光辉业绩，陵园广泛收集了大革命时期到解放战争时期以及新中国成立后边境自卫反击战和社会主义建设时期牺牲的烈士资料，除了在烈士陈列馆进行陈列，还编写了《新乡烈士报》、《烈士诗抄》和《浩气长存》等宣传小册子，在社会上广泛发放宣传。

◆新乡市烈士陵园内的烈士事迹陈列馆

◆新乡市烈士陵园内的四十七烈士之墓

新乡市烈士陵园于 2011 年 3 月被河南省委宣传部公布为河南省爱国主义教育示范基地。

焦作市烈士陵园

焦作市烈士陵园位于河南省焦作市解放区烈士街东段。

◆焦作市烈士陵园

焦作市烈士陵园原为太行第八军分区烈士陵园。初建于1945年秋，是为纪念在抗日战争中英勇牺牲的革命先烈而修建的，为原太行军区和现河南省建立最早的烈士陵园。1946年6月，国民党军大举向解放区进攻，1946年10月，焦作被国民党军占领，陵园也遭到严重破坏，墓基被平，墓碑被弃，树木被砍，陵园荒芜。1948年10月24日，焦作第二次解放，该陵园得以恢复重建。1964年、1973年、1993年中共焦作市委、市政府先后对陵园进行整修。陵园大门两旁分别镌刻着毛泽东“为人民而死，虽死犹荣”，“死难烈士万岁”的题词，字体苍劲有力。陵园内的纪念碑巍然矗立，上刻叶剑英元帅“四分区抗日烈士纪念碑”的题词。陵园内烈士墓碑分列主碑两旁，碑文记载着烈士姓名、职务、祖籍以及牺牲时间等。这些烈士大部分是在1946年6月12日解放焦作的战斗中牺牲的。有的烈士没有留下姓名，成为无名烈士墓。

陵园占地1.7万平方米，共安葬烈士355名，现有烈士墓130座。主要建筑有：陵园大门、四分区抗日烈士纪念碑、烈士纪念馆、陈列馆、烈士墓碑碑廊、中华英烈百人石刻像碑廊、骨灰堂、纪念亭等。

◆焦作市烈士陵园内的四分区抗日烈士纪念碑

四分区抗日烈士纪念碑位于焦作市烈士陵园广场正中心。为纪念为中华民族解放、为抗日救国而牺牲的烈士，表彰先烈们的丰功伟绩，太行军区决定在焦作广场（今焦作市贸易大厦处）建立“四分区抗日烈士纪念碑”。同年11月15日，太行四分区在焦作广场召开了隆重的“晋豫人民复活纪念大会”和追悼大会，庆祝晋豫人民获得新生，悼念为国捐躯的先烈。同时举行了“烈士纪念碑”奠基仪式。军政首长刘毅、杜毓云等负责同志和各界代表都讲了话。经过日夜紧张施工，纪念碑于1946年1月20日落成。该碑呈五面立锥形，每面顶端各雕塑一颗五角星，并有邓小平、刘伯承、李雪峰、秦基伟等军政领导题词。1946 年 6 月，国民党大举进攻解放区，9 月 19 日焦作被敌人占领，纪念碑遭到严重破坏。1948 年 10 月，焦作第二次解放后，政府立即拨款修复纪念碑，使其恢复了原貌。

◆焦作市烈士陵园内的烈士墓地

烈士纪念馆位于焦作市烈士陵园广场西侧，1970 年 10 月动工，1973 年 3 月建成，占地面积 440 平方米。馆名为李一氓所题。正厅陈列罗思危、杨介人、宋学义、王忠殿等 19 位著名烈士的遗像与生平简介，以及全市 850 名烈士英名录。北厅为王忠殿烈士纪念馆，展示烈士英雄事迹图片 50 幅及遗物 5 件。南厅为太行第八军分区史迹展，展出珍贵历史照片 80 幅。

焦作市烈士陵园于 2001 年 10 月被河南省委宣传部公布为河南省爱国主义教育示范基地。

许昌市烈士陵园

许昌市烈士陵园位于河南省许昌市长青街 118 号。

许昌市烈士陵园建于 1951 年，占地面积 3.7 万平方米，建筑面积 2700 平方米。现有革命烈士纪念碑、革命烈士纪念馆、郑义斋烈士纪念亭、革命烈士公墓 4 个纪念区。纪念碑为钢筋混凝土结构，纪念馆和烈士公墓为砖混结构。2010 年，对革命烈士纪念馆进行了改造，纪念馆建筑面积 800 余平方米。

◆许昌市烈士陵园内的烈士纪念碑

革命烈士纪念碑，碑高 29.7 米，为两支步枪抽象造型，象征着长期战斗在许昌地区的华东野战军和中原野战军。基座为叠加的三个平台结构，其中第二平台建有烈士墓群，第一平台为纪念广场。革命烈士纪念碑碑文“革命烈士永垂不朽”为朱德同志 1951 年亲笔所题。

◆许昌市烈士陵园内的烈士纪念馆

革命烈士纪念馆，建成于1998年，由原华东野战军参谋长陈士榘亲笔题写馆名。纪念馆建筑面积1100平方米，陈展内容以许昌历史为主线，反映自辛亥革命、土地革命、红军长征、抗日战争、解放战争至社会主义建设等不同时期许昌市1857位革命烈士的生平事迹。陈展主要采用大型浮雕、写真图片、著名烈士人物塑像、示意沙盘、战争场景等。陈展物品共有273件，主要有烈士遗物，各个时期的军功章、纪念章，烈士牺牲证明书等。

郑义斋烈士纪念亭名“义斋亭”，是为纪念中国工农红军西路军总供给部部长、被邓小平和李先念誉为“红色理财专家”的郑义斋烈士而修建。郑义斋（1901—1937），原名郑少文，河南省许昌市人。1927年加入中国共产党，1923年参加京汉铁路工人大罢工。1930年受党中央委派在上海以“义斋钱庄”经理身份作掩护进行工作，并易名郑义斋。1932年任鄂豫皖民主政府财委主席兼工农银行行长、红四方面军经理处长，后任红四方面军总后勤部部长兼任兵工厂和造币厂厂长，设计发行了红军货币。1935年参加长征。1936年10月任红西路军总供给部部长。1937年3月13日凌晨，郑义斋与10名警卫人员携带大批红军经费从甘肃省临泽城向总指挥部转移途中，被马步芳部包围。为掩护携带经费的战友突围，郑义斋身中数弹壮烈牺牲，时年35岁。

许昌市烈士陵园于2011年3月被河南省委宣传部公布为河南省爱国主义教育示范基地。

商丘淮海战役陈官庄烈士陵园

商丘淮海战役陈官庄烈士陵园位于河南省永城市陈官庄乡陈官庄村南311国道北380米处。

商丘淮海战役陈官庄烈士陵园，坐落在当年淮海战役第三阶段围歼杜聿明集团的中心战场——永城市东北20公里的陈官庄。陵园占地200多亩，园内有烈士纪念碑、纪念馆、烈士事迹陈列馆、烈士公墓和全国解放战争时期最大的单身烈士墓群。1963年建园后安葬了部分烈士，1974年开始修建了部分纪念工程。1978年淮海战役陈官庄烈士陵园正式落成。雄伟的烈士纪念碑上有周恩来总理“淮海英雄永垂千古”的亲笔题词，庄严的烈士纪念馆和烈士事迹陈列馆相对称，整齐大方。后半部的柏树林中，建有烈士公墓和单身烈士墓，安葬着2000多名为国为民英勇牺牲的烈士。

◆商丘淮海战役陈官庄烈士陵园

烈士事迹陈列馆于1976年建成，面积为500平方米，位于陵园的东面。烈士纪念馆于1975年建成，面积为720平方米，馆内分正厅、序言、战役实施等部分，共展出革命文物、历史照片400余件。

烈士公墓于1975年7月兴建，同年11月建成，安葬烈士2000多名。2007年7月，永城市政府对淮海战役陈官庄烈士陵园进行改扩建，改扩建后的淮海战役陈官庄烈士陵园烈士公墓总建筑面积5246平方米。公墓上方为新建的无名烈士纪念碑，碑体正面镌刻着毛泽东题写的“为国牺牲，永垂不朽”8个金光闪闪的大字。

◆淮海战役陈官庄歼灭战中牺牲烈士名录墙

商丘淮海战役陈官庄烈士陵园于1997年4月被河南省委宣传部公布为河南省爱国主义教育示范基地，2009年5月被中央宣传部公布为全国爱国主义教育示范基地。

睢杞战役烈士陵园

睢杞战役烈士陵园位于河南省商丘市睢县城北3公里处。

睢杞战役烈士陵园坐东朝西，北邻古护城大堤，南与城湖相望，占地面积6.9万平方米，建筑面积7万平方米。陵园内主要有纪念碑、烈士公墓、陈列纪念馆等建筑。

1948年6月27日至7月6日，华东野战军和中原野战军一部共20万人，在睢县龙王店、常郭屯、杨拐一带迎战国民党军25万人，经过10天激战，歼敌5万余人，并生俘敌军兵团司令区寿年等，睢杞战役取得胜利。

睢杞战役烈士陵园为纪念在睢杞战役中牺牲的人民解放军指战员而建，始建于1980年，总面积103.58亩，坐东向西，园内现建有烈士纪念碑、粟裕大将的雕像、思源广场，以及烈士公墓、十八英雄纪念碑、睢杞战役事迹陈列馆、睢杞战役纪念馆等。

◆睢杞战役烈士陵园内的烈士纪念碑

烈士纪念碑于1983年8月1日奠基，1984年10月1日建成。碑高19.48米，由原全国人大副委员长叶飞在1983年7月题词“睢杞战役英灵永垂千古”。在纪念碑底部雕刻着睢杞战役的简介。

粟裕大将的雕像修建于纪念睢杞战役胜利60周年之际。雕像高2.56米，基座高1.42米，由一级汉白玉雕刻而成。粟裕将军病逝于1984年2月5日。1984年5月30日下午3时，根据粟裕生前遗愿，将其部分骨灰撒放于东南八省市，与长眠在那里的战友们在一起，粟裕大将的雕像由原国防部部长张爱萍亲笔题词“粟裕将军永垂不朽”。

◆睢杞战役烈士陵园内的睢杞战役事迹陈列馆

思源广场于2006年5月建成，总面积1152平方米，广场正前方是一幅大型汉白玉浮雕墙，墙长16米、高3.96米、厚50厘米，名为“军民

◆睢杞战役烈士陵园内的睢杞战役烈士公墓

同歌”，主要反映在战争年代军民一心团结作战的场景，分“英雄作战”、“运筹指挥”、“人民支前”、“欢庆胜利”四个主题。在浮雕墙的背后有参战各部队首长的题词。

烈士公墓修建于1980年。2003年，由睢县县委、县人民政府把在抗日战争初期牺牲在睢县的河南省豫东特委书记沈东平率领的西华抗日先遣支队十八烈士遗骨迁移院内，建成十八勇士纪念碑群。睢杞战役事迹陈列馆展出豫东战役的相关图片。

睢杞战役烈士陵园于2011年3月被河南省委宣传部公布为河南省爱国主义教育示范基地。

鄂豫皖苏区首府革命博物馆、烈士陵园

鄂豫皖苏区首府革命博物馆位于河南省信阳市新县英雄山畔。

以大别山为中心的鄂豫皖革命根据地，是仅次于中央苏区的全国第二大革命根据地。它是由1928年6月黄麻起义后开辟的鄂豫边革命根据地、1929年5月6日商（城）南起义开辟的豫东南革命根据地、1930年1月皖西六霍起义后开辟的皖西革命根据地而形成。鄂豫皖革命根据地正式形成后成立的中共中央鄂豫皖分局、鄂豫皖革命军事委员会、中共鄂豫皖省委等均设在新集（今新县），新集成为鄂豫皖根据地的首府。在鄂豫皖苏区先后诞生了红四方面军、红二十五军、红二十八军三支主力红军。鄂豫皖苏区鼎盛时期东望安庆，西扼京汉，北临淮河，

◆鄂豫皖苏区首府博物馆

南濒长江，建立了26个县的革命政权，人口350万，主力红军发展到45000余人。

博物馆南北两侧分别为凤凰山和英雄山，苍松翠柏，风景秀丽。全馆占地面积15.3万平方米，始建于1985年10月，2001年再次扩建英雄广场及大门和对陈列内容进行调整。

博物馆内基本陈列为“风云大别山”，共分四个部分：一、鄂豫皖苏区的基本形成；二、空前发展，新集成为鄂豫皖苏区首府；三、重组红军，坚持大别山的斗争；四、红旗不倒，迎接全国革命的胜利。馆内专题陈列分为两个部分：第一部分是“将军的摇篮”，共分两个展厅，第一展厅为许世友、李德生、郑维山、高厚良等43名新县籍将军的事迹陈列。第二展厅是吴焕先、高敬亭、张体学、程坦等50位省军级以上领导人的生平事迹陈列。第二部分是“崛起的新县”，反映新县人民在中国共产党的领导下，继承革命传统，艰苦创业，实现社会经济各项事业的快速发展，展示新县的今日新面貌。馆内陈列有国家一级文物，全国唯一一块保存完好、写在墙上的《中华苏维埃土地法令草案》。

◆鄂豫皖苏区首府烈士陵园

鄂豫皖苏区首府烈士陵园位于新县县城南白马山东侧。该陵园始建于1957年，占地面积22万平方米。先后两次进行大规模的改建和扩建，目前，主要建筑物有大门、浮雕墙、烈士纪念碑、烈士纪念堂、烈士事迹陈列室、英烈广场、流芳园、红星亭、桂园、大别山魂纪念碑。园内陈列和珍藏着朱德、邓小平、李先念、徐向前、许世友、李德生、刘华清、迟浩田等党和国家领导人的亲笔题词及珍贵的烈士遗物4500余件，安葬着近百位革命烈士、老红军和红军将领，记载着鄂豫皖苏区13万多名革命烈士的丰功伟绩。

1957年，陵园内烈士纪念碑落成，碑身呈五边形结构，高13.1米，以这个特别的数字来纪念鄂豫皖地区牺牲的13万多名革命烈士，纪念碑正北方是朱德的亲笔题词。烈士纪念堂为古典的苏式建筑，与展厅相连，建筑面积有700多平方米。大厅的四周以大别山为背景，以血色残阳为主色调，营造了凝重肃穆的庄严氛围。大厅正面是三层红色花岗岩镶砌垂挂的三面红旗，纪念堂穹顶垂挂红五星组合。“燎原”浮雕墙建于2001年，总面积189平方米，由10个历史画面组合而成。鄂豫皖苏区著名烈士事迹陈列室，在册烈士13万人，从中选取

◆鄂豫皖苏区首府烈士陵园内的纪念碑

了55位著名烈士的事迹进行陈展。桂园面积1.3万平方米，以6棵大桂花树得名。园内汇集了大别山稀有植物60多种，桂园中心的天然巨石上刻录了根据大别山民间《八缎锦》曲调而创作的革命歌曲《八月桂花遍地开》。英烈广场由英名墙、永生雕塑和鄂豫皖苏区鼎盛时期形势图组成。英名墙似一叠徐徐打开的历史画册，镌刻着鄂豫皖三省万名革命烈士英名。流芳园内松柏掩映，碑碣林立，在一排排静寂、整齐的墓地内，长眠着近百位革命先烈、老红军和红军将领，园内安放有鄂豫皖苏区创始人之一，红二十五军军长、军政委吴焕先的半身雕像。大别山魂纪念碑雕塑位于白马山顶峰，其主体由两把大刀和一支梭标组成，高21.7米，以纪念鄂豫皖第一块革命根据地建立。

鄂豫皖苏区首府革命博物馆、烈士陵园于1997年4月被河南省委宣传部公布为河南省爱国主义教育示范基地，2001年6月被中央宣传部公布为全国爱国主义教育示范基地；1989年8月被民政部公布为全国重点革命烈士纪念建筑物保护单位。

刘邓大军渡黄河纪念地

刘邓大军渡黄河纪念地（又称晋冀鲁豫野战军渡黄河纪念地）位于河南省濮阳市台前县孙口乡。

1947年6月30日，刘伯承、邓小平率领晋冀鲁豫野战军12万人，以台前县孙口乡为中心渡口强渡黄河天堑，发起鲁西南战役，千里跃进大别山，揭开了解放战争战略进攻的序幕。

◆刘邓大军强渡黄河纪念碑

该纪念地包括纪念馆区、纪念广场、浮雕碑廊区三大部分。纪念馆区建筑面积4538平方米，共分9个展厅，有珍贵历史图片268幅，历史实物42件，有关资料和图纸17幅。纪念广场占地面积1800平方米，铺设青石板道路1000平方米，嵌草砖停车场900平方米。广场中央建有刘邓大军强渡黄河纪念碑，碑座高6.30米，碑身高19.47米，碑冠高2米，碑座建筑面积438平方米，台阶12层。浮雕碑廊区共有石碑五通，坐落在一个砖石、水泥混凝土结构的高台上，台长 15 米、宽 8 米、高 1.5 米。

◆刘邓大军强渡黄河渡口地址

◆刘邓大军渡黄河纪念馆

刘邓大军渡黄河纪念地于 1986 年 2 月被河南省人民政府公布为河南省文物保护单位；1997 年 4 月被河南省委宣传部公布为河南省爱国主义教育示范基地。

杜岗会师纪念地

杜岗会师纪念地位于河南省周口市西华县红花镇杜岗行政村。

1938 年，中共河南省委根据中共中央指示精神，派萧望东于 7 月 2 日率领 70 余人作为东进敌后的先遣大队进入豫东地区，配合西华人民抗日自卫军和睢（县）杞（县）太（康）游击队活动。9 月 30 日，彭雪枫率领新四军游击支队 300 余人从竹沟出发，10 月初到达西华。同时，吴芝圃率豫东游击抗日第三支队和萧望东的先遣大队在西华县和彭雪枫会合。10 月 8 日，三支抗日武装在西华县城北杜岗村胜利会师。会师后的三支抗日武装合编为有 1020 人的新四军游击支队，彭雪枫任司令员兼政委，吴芝圃任副司令员，张震任参谋长，萧望东任政治部主任。10 月 24 日，新四军游击支队从杜岗出发，东渡黄河向睢杞太挺进，开始了纵横豫东、皖北的抗日游击战争，成为一支驰骋于华中敌后的劲旅。为了缅怀老一辈无产阶级革命家的丰功伟绩，在时任中央军委张震副主席的亲自过问下，1993 年，杜岗会师纪念碑在红花镇杜岗村落成。同时，还设计有展览

◆杜岗会师纪念碑

馆、停车场等附属设施。杜岗会师纪念碑由 3 个竖立面呈“Y”字形组成，整个碑身由黑色大理石铸成，刻有张震题写的“杜岗会师”4 个大字，还刻有杜岗会师的经过和历史意义的碑文。

杜岗会师纪念地于 2001 年 10 月被河南省委宣传部公布为河南省爱国主义教育示范基地。

郑州二七纪念堂和二七罢工纪念塔（馆）

郑州二七纪念堂位于河南省郑州市钱塘路 82 号。

◆郑州二七纪念堂

1923 年 2 月 1 日，京汉铁路各站工人在郑州普乐园（今二七纪念堂）开会，成立京汉铁路总工会。由于遭到封建军阀的阻挠和破坏，大会决定在 2 月 4 日举行全线总罢工。2 月 7 日，军阀吴佩孚、萧耀南在帝国主义的指使下，对郑州、江岸、长辛店的罢工工人进行了残酷镇压。全线工人同仇敌忾，不怕牺牲，同反动派进行了英勇顽强的斗争。在这场斗争中，共产党员、工人领袖林祥谦、施洋以及高斌等 40 多人被杀，300 多人负伤。

旧址所在地原为 1913 年建造的“普乐戏园”，后叫“普乐园”。1948 年改为“大光明”电影院。1950 年 12 月，郑州市总工会接收后改名为“工人影剧院”。1951 年 9 月，为了纪念二七大罢工，郑州市委、市政府在这里动工兴建二七纪念堂。1952 年 11 月落成。1953 年 2 月 7 日，二七纪念堂建成并正式启用。

郑州二七纪念堂占地面积 6440 平方米，建筑面积 3917 平方米，是一座砖木结构的现代纪念建筑。建筑分主楼和南北配楼，均为二层。主楼为一所能容纳 1500 多人的会议厅，正面高 14 米，宽 27 米，深 57 米，青砖垒砌，屋面红瓦覆盖，正中上方为堂徽，下方是二七罢工铸铁浮雕。南楼为二七史迹陈列馆，建筑面积为 435 平方米。北楼为活动楼，每年二七纪念日，省会各界均在这里举行聚会，缅怀革命先烈，继承和发扬二七革命精神。

◆郑州二七纪念堂徽章

郑州二七罢工纪念塔（馆）位于河南省郑州市二七广场。该塔是为了纪念京汉铁路工人大罢工中牺牲的烈士、发扬二七革命传统精神而修建的纪念性建筑。1951年，郑州市人民政府将郑州市西门外长春桥旧址扩建为二七广场。1953年，在广场中置六角木制塔一座。1971年7月1日至9月29日，在木制塔原址重建钢筋混凝土五角联体双塔，即为今二七罢工纪念塔（馆）。

郑州二七罢工纪念塔（馆）占地面积352平方米，建筑面积1923平方米，钢筋混凝土结构，平面呈两个五角形并联，是一座建筑独特的仿古联体双塔。其中塔基座为3层汉白玉石栏环绕阅台，逐层缩小，各层均有白水泥栏杆；塔身10层，每层均有飞檐挑角，绿色琉璃瓦盖顶，外表粉刷用白色干粘石，每层各面均有红漆方形格窗；塔顶建有钟楼，有直径2.7米的大钟六面，钟楼顶端矗立9米旗杆，上置红色五角星一枚；塔底有面积约520平方米的地下室，并向西北方开有地下通道。

郑州二七罢工纪念塔（馆）辟南北两个大门，大门为卷棚歇山式，绿琉璃瓦覆顶，高3.4米，宽4米，各有石榻大门两扇。双塔的内部一边为盘旋楼梯，一边为展室，内部地坪由花岗岩分层铺设。层高从上至下逐渐缩小，在内部平面面积大小不变的情况下，立面自下而上稍向内收，更显塔身巍峨、挺拔。

◆郑州二七罢工纪念塔内的展厅

郑州二七纪念堂和二七罢工纪念塔（馆）于2006年5月被国务院公布为全国重点文物保护单位，1997年4月被河南省委宣传部公布为河南省爱国主义教育示范基地。

彭雪枫纪念馆

彭雪枫纪念馆位于河南省南阳市镇平县建设东路378号。

彭雪枫（1907—1944），原名彭修道，河南省镇平县人。1925年加入中国共产主义

◆彭雪枫纪念馆

青年团。1926年转入中国共产党。大革命失败后，先后在北京、天津、烟台、上海等地从事中国共产党的地下工作。参加了长征。历任红军大队政委、师政委、师长、纵队司令员、八路军总部参谋处处长兼北方联络局局长等职。1938年任河南省委军事部部长兼抗战委员会主任。后任新四军游击支队司令员兼政委、新四军第4师师长兼政委等职。1944年9月，在指挥河南夏邑县八里庄战斗中不幸殉国，年仅37岁。

1984年,中共中央批准在彭雪枫故乡镇平县兴建纪念馆，1988年11月建成开馆，包括彭雪枫纪念馆和雪枫广场两个部分。彭雪枫纪念馆占地面积2.5万平方米，主体建筑面积3916平方米，由广场、碑亭、碑廊、绿化区、瞻仰大厅、展室等8个部分组成。广场中心矗立着3.2米高的彭雪枫将军戎装铜像，广场两侧长达百米的纪念碑廊镌刻着党和国家领导人的题词、挽词等。纪念馆主楼正中为八角形瞻仰大厅，两边为展厅，后面为新建的三层主展楼。展览大厅悬挂着中共中央和毛泽东、朱德、周恩来、刘少奇、陈毅、彭德怀、贺龙、李先念、杨尚昆、张爱萍、张震等老一辈无产阶级革命家题写的挽词挽联，展厅里展出350余幅珍贵的历史照片，以及将军的军事著作、文电手稿、工作生活用品和新四军第4师创办的《拂晓报》等文物。

◆彭雪枫将军戎装铜像

彭雪枫纪念馆于1986年4月被河南省人民政府公布为河南省文物保护单位，2006年5月被国务院公布为全国重点文物保护单位；1997年6月被河南省委宣传部公布为河南省爱国主义教育示范基地，2005年11月被中央宣传部公布为全国爱国主义教育示范基地。

彭雪枫将军纪念馆

彭雪枫将军纪念馆位于河南省商丘市夏邑县孔庄乡八里庄村。

◆彭雪枫将军纪念馆

1944年9月11日，新四军第4师在夏邑县打响八里庄战斗，彭雪枫在战斗中不幸中弹殉国。新中国成立后，原第4师部分同志、彭雪枫生前战友及其亲属多次到八里庄彭雪枫将军牺牲地深切悼念彭雪枫将军。1982年，夏邑县委、县政府在彭雪枫将军殉国处始建彭雪枫将军纪念馆。1985年，纪念馆落成并举行隆重的落成典礼。

纪念馆坐北朝南，占地面积2801平方米。纪念馆大门外有宽敞的雪枫广场，占地8000余平方米，广场正中间有彭雪枫将军汉白玉骑马雕塑。大门内右侧有彭雪枫将军殉难处纪念碑。这是彭雪枫将军壮烈牺牲的确切地点。纪念碑镌刻着张震将军题写的“彭雪枫将军殉难处”碑名。碑阴刻有碑文，简要介绍了八里庄战斗的经过及意义。纪念馆的主体部分，是彭雪枫将军事迹展览室。展览室内展览面积200余平方米，展厅文图并茂，布局严谨，共有包括209幅照片、6幅地图、10幅挽联挽词等234件展品。展览室正中的木质屏风上刻有江泽民于1997年8月16日为彭雪枫将军的题词：“文武兼备一代英才，功垂祖国泽被长淮。”位于纪念馆东侧有一座教堂，彭雪枫率部攻打八里庄顽伪据点时，新四军第4师临时指挥部就设在该教堂内，彭雪枫将军牺牲后遗体也存放在教堂内。

◆彭雪枫将军塑像

彭雪枫将军纪念馆于2004年9月被河南省委宣传部公布为河南省爱国主义教育示范基地。

杨靖宇将军纪念馆

杨靖宇将军纪念馆由故居和纪念馆组成，分别位于河南省驻马店市区南 6 公里京广铁路东侧的驿城区古城乡李湾村和驻马店市区南 6 公里，107 国道东侧。

杨靖宇（1905—1940），原名马尚德，驻马店市确山县古城乡李湾村（现驻马店市驿城区）人。在开封求学期间，于 1923 年加入北京大学马克思学说研究会。1925 年 6 月组织本校学生声援五卅运动，并加入中国共产主义青年团。1926 年受党组织委派，回到家乡确山县开展农民运动。1927 年 4 月 4 日领导了确山农民暴动，在攻占确山县城后，建立了共产党领导的县级农工革命政权——确山县临时治安委员会，当选为常务委员会主席，主持县政，同年 5 月加入中国共产党。1927 年 11 月与李鸣岐等组织领导刘店秋收起义，揭开了河南省土地革命的序幕。起义胜利后，成立了河南省第一个县级苏维埃政权——确山县革命委员会，组建了河南最早的革命军队——确山农民革命军，任总指挥。1928 年 10 月杨靖宇调往河南省委工作，其间曾三次被捕入狱，均被党组织营救，后赴上海。1929 年 7 月到东北从事党的工作。1931 年九一八事变后，任中共哈尔滨市道外区委书记、市委书记兼满洲省委军委代理书记。1932 年秋被派往南满，组建中国工农红军第三十二军南满游击队，任政治委员，创建了以磐石红石砬子为中心的游击根据地。1933 年 9 月任东北人民革命军第一军第一独立师师长兼政治委员。1934 年 4 月联合 17 支抗日武装成立抗日联合军总指挥部任总指挥。同年 11 月任东北人民革命军第一军军长兼政治委员。1936 年 6 月任东北抗日联军第一军军长兼政治委员，7 月任东北抗日联军第一路军总司令兼政治委员。率部长期转战东南满大地，先后歼敌 18 万余人，有力地配合和支持了全国的抗日战争。1934 年被选举为中华苏维埃中央人民政府执行委员会委员。1937 年被中央政治局十二月会议确定为党的“七大”准备委员会 25 名委员之一。1939 年在东南满地区秋冬季反“讨伐”作战中，指挥部队化整为零、分散游击。在与敌周旋 5 昼夜后，于 1940 年 2 月 23 日在吉林濛江三道崴子壮烈牺牲。

◆杨靖宇将军故居

◆杨靖宇将军纪念馆及杨靖宇雕像

杨靖宇将军故居建筑面积600平方米，1981年扩建后对外开放。1994年，为纪念杨靖宇将军诞辰90周年，中共河南省委、河南省人民政府决定修建杨靖宇将军纪念馆，主体建筑由大门、杨靖宇塑像广场和故居组成。纪念馆大门朝北，砖石结构，双檐斗拱，琉璃绿瓦覆顶，门楣上嵌着“杨靖宇将军旧居”，门楼背面是朱德的题词“人民英雄杨靖宇同志永垂不朽”。庭院中央是杨靖宇将军的石雕半身像，大理石底座正面书“杨靖宇将军1905—1940”字样。雕像北边是一座普通的农家小院。院门正中悬挂着横匾，上书“杨靖宇故居”。院内有北屋四间，东、西配房各三间，均为砖木结构，槐草覆顶。院中西侧有一棵家槐，是杨靖宇将军幼年时所栽，枝繁叶茂。北屋为杨靖宇的诞生处和他青少年时期的住所，室内陈放着杨靖宇用过的家具。

杨靖宇将军纪念馆于1997年4月被河南省委宣传部公布为河南省爱国主义教育示范基地，2005年11月被中央宣传部公布为全国爱国主义教育示范基地。

吉鸿昌将军纪念馆

吉鸿昌将军纪念馆位于河南省周口市扶沟县城鸿昌大道东段。

吉鸿昌（1895—1934），原名恒立，字世五，河南省扶沟县吕潭镇人。1913年8月，吉鸿昌投入冯玉祥部当兵，历任营长、团长、旅长、师长等职。1925年，接触共产党员宣侠父等人并接受革命进步思想。1929年春，吉鸿昌率部进入宁夏，任宁夏省主席。1930年，吉鸿昌部被蒋介石改编为二十二路军，被派往潢川进攻鄂豫皖苏区。吉鸿昌对进攻苏区十分不满，表面上积极“围剿”，实则按兵不动，并在秘密进入苏区后，积极策划起义。此事被蒋介石知晓，吉鸿昌被解除兵权，强令“出国考察”。1932年2月，吉鸿昌回国，著有《环球观察纪》一书。1932年秋，吉鸿昌秘密加入中国共产党。1933年1月，吉鸿昌联络冯玉祥，筹组抗日同盟军，他毁家纾难，拿出6万元购置军火。5月26日，冯玉祥、吉鸿昌、方振武等在张家口宣布成立“察哈尔民众抗日同盟军”，冯玉祥任总司令，吉鸿昌为前敌总指挥兼第2军军长。吉鸿昌亲自率部北征，收复察东失地。1934 年 5 月，吉鸿昌在天津秘密开展党的地下活动，组织“中国人民反法西斯大同盟”，为主任委员。在其住地设立秘密印刷所，印刷大同盟机关刊物《民族战旗》，其住宅成为党的秘密工作联络站，同年 11 月 9 日，遭国民党特务枪击受伤而被捕。11 月 24 日，吉鸿昌在北平壮烈牺牲，年仅 39 岁。

◆吉鸿昌将军纪念馆

吉鸿昌将军纪念馆前身为扶沟县烈士陵园，始建于 1962 年，1964 年建成。1979 年筹建吉鸿昌将军纪念馆，1984 年建成。1995 年江泽民题写馆名。由于原馆规模小，设施陈旧，致使部分有价值的展品不能展示。中共扶沟县委、县人民政府于 2009 年 10 月另择新址建设吉鸿昌将军纪念馆新馆。新馆占地面积 6.6 万平方米，建筑面积 1.6 万平方米，基本陈列面积 2600 平方米。馆区由主馆、纪念广场、国防教育园、休闲公园四部分组成。主馆内设瞻仰大厅、吉鸿昌烈士厅、书画厅、扶沟英烈厅、多功能厅、廉政教育厅、游客服务中心、贵宾室和半景画馆等。主馆陈列大量图片资料和珍贵文物，生动展示吉鸿昌将军和扶沟县部分烈士的英勇事迹和崇高精神。

◆吉鸿昌纪念馆前的吉鸿昌将军雕像

吉鸿昌将军纪念馆于 1997 年 4 月被河南省委宣传部公布为河南省爱国主义教育示范基地，2005 年 11 月被中央宣传部公布为全国爱国主义教育示范基地。

八路军驻洛办事处纪念馆

八路军驻洛办事处纪念馆位于河南省洛阳市老城区贴廓巷 56 号。

◆八路军驻洛办事处纪念馆

1938 年夏，黄河以北、新黄河以东相继沦陷。为加强国共合作，巩固统一战线，中共中央决定在洛阳建立办事处，联络地方武装和发动当地群众，准备在伏牛山区、桐柏山区建立敌后抗日根据地，开展抗日游击战争。10 月，刘向三率领 50 多名军事干部从延安来到洛阳，建立了“第十八集团军驻豫通讯处”，办公地点设在城中亚东旅店，后为便于工作，搬到洛阳南门外贴廓巷 56 号庄家宅院，改名为“八路军驻洛办事处”（简称“洛八办”）。毛泽东对建立洛阳八路军办事处十分重视，多次给予具体指示和任务。刘少奇、朱德、彭德怀、彭雪枫等领导多次到“洛八办”指导部署工作，其中，刘少奇 3 次到“洛八办”指导工作。“洛八办”历时 3 年多，转送了数以千计的军政干部，成为连接延安与华北、华中抗日根据地的重要交通枢纽，帮助和支持了河南地下党的工作，使大批党员、青年从这里走上了抗日战场，还开展了卓有成效的统战和情报工作，为抗战胜利作出了重要贡献。

纪念馆旧址原是洛阳富商庄氏宅院，始建于 1831 年，1930 年由洛阳县政府托管，1932 年 2 月，国民政府迁都洛阳，监察院占用此院。1938 年 10 月至 1942 年 2 月，此院为八路军驻洛办事处所在地。1985 年 4 月，旧址被辟为纪念馆。

八路军驻洛办事处纪念馆没有专门展厅，主要利用办事处旧址作了复原陈列和辅助陈列。复原陈列的刘少奇住室、处长室、电台室、救亡室、警卫排住室、交通科、招待所，以及豫西省委扩大会议旧址。辅助陈列分“豫西危急　洛办建立”、“不辱使命　功垂史册”、“领袖关怀　鞭策鼓励”、“形势逆转　洛办撤离”、“抗日烽火　燎原豫西”五部分，共展出照片 280 余幅、抗战文物 300 余件（其中国家一级文物 10 件）、驻洛办事处与中央和八路军总部的来往电报 40 余份（其中毛泽东亲笔电稿 4 份）。

◆八路军驻洛办事处旧址全景

八路军驻洛办事处纪念馆于 1986 年 11 月被河南省

人民政府公布为河南省文物保护单位，2006 年 5 月被国务院公布为全国重点文物保护单位；1997 年 4 月被河南省委宣传部公布为河南省爱国主义教育示范基地。

豫西革命纪念馆

豫西革命纪念馆位于河南省平顶山市鲁山县老城大街中段、县委院内西侧。

1948 年 4 月，刘邓大军按照中共中央的指示，从大别山向豫西转移到叶县。驻叶县期间，邓小平 4 次来鲁山都在这里住宿、办公。1948 年 4 月 25 日，邓小平在鲁山县召开的豫陕鄂前委和后委联席会议上作了《跃进中原的胜利形势与今后的政策策略》的报告。

◆豫西革命纪念馆

纪念馆楼房原为始建于 1891 年的牧师楼。当时，挪威传教士来鲁山传教建了一座教堂，取名“福音堂”。在福音堂东北面建了一座“牧师楼”，是牧师和传教士居住的地方。楼房为砖木结构，具有西欧建筑风格。1947 年鲁山解放，西方传教士离去，这里成为豫陕鄂边区后方工作委员会驻地，而福音堂成为豫陕鄂边区、豫西区党政军领导机关召开会议的地方。2003 年，中共鲁山县委对这座楼房进行整修，并按纪念馆的布置标准进行了布展。2004 年 8 月 18 日，纪念馆对社会开放。纪念馆楼房前安放着邓小平的半身铜像。馆内共设 8 个展室，主要陈列有邓小平生平简介、红二十五军长征途经鲁山、

◆鲁山邓小平旧居

鲁山的早期革命活动及抗日战争、解放战争时期重要事件的图片、实物、文字资料和沙盘等。

豫西革命纪念馆于 2006 年 6 月被河南省人民政府公布为河南省文物保护单位；2011 年 3 月被河南省委宣传部公布为河南省爱国主义教育示范基地。

桐柏革命纪念馆

桐柏革命纪念馆位于河南省南阳市桐柏县城郊乡叶家大庄。

◆中共中央中原局、中原军区和中原行署机关旧址（复原）

1945 年 10 月 30 日，根据中共中央指示，中共中央中原局、中原军区和中原行署在桐柏县城郊叶家大庄宣告成立。郑位三任中原局代理书记兼中原军区政委，李先念任中原军区司令员兼中原局副书记，许子威任中原行署主任。中原局、中原军区和中原行署下辖桐柏（1946 年 2 月改为河南）、江汉、鄂东三个区党委、军区和行署。1945 年底，中原局和中原军区根据中共中央的指示，决定除留鄂东、江汉两军区部队在原地坚持斗争，以牵制围攻的国民党军队外，中原军区部队主力向平汉铁路以东转移。

旧址原为当地名绅叶逢雨在清嘉庆年间扩建的住宅，叶家在三军会师桐柏后，主动腾出房间作为中共中央中原局、中原军区、中原行署机关的办公场所，一时间，桐柏成为中原解放区的核心区域和各级首脑机关所在地。

1997 年 8 月，中共桐柏县委、县政府在叶家大庄立碑纪念。2004 年 7 月，中共桐柏县委、县政府将叶家大庄公布为县级爱国主义教育基地，并在此立中原解放区首府纪念碑，碑身为红色花岗岩，高 2 米，宽 1. 5 米，凝重质朴。2005 年以来当地政府又修建了桐柏革命纪念馆。纪念馆占地 2. 4 万平方米，主体建筑面积 3013. 5 平方米，10 个院落，117 间房屋。纪念广场占地面积 18306. 7 平方米，广场上的《丰碑》群雕是河南省最大的纪念园雕。

◆桐柏革命纪念馆

◆中共中央中原局代理书记兼军区政治委员郑位三等驻地旧址(复原)

桐柏革命纪念馆于2007年11月被河南省委宣传部公布为河南省爱国主义教育示范基地。

王大湾会议旧址纪念馆

王大湾会议旧址纪念馆位于河南省信阳市光山县砖桥镇街道南侧。

1947年秋，刘邓大军千里跃进大别山，于8月抵达大别山地区光山县境内。此时，刘邓大军面临许多困难，为了统一广大指战员的思想，9月27日至29日，刘伯承、邓小平和中原野战军总部在光山县砖桥镇的文氏祠堂召开了旅以上高级干部会议，历时三天，史称“王大湾会议”。这次会议的召开，极大地提高了广大指战员的思想觉悟，加强了党的领导作用，对大别山根据地的确立和巩固，对实现党中央战略进攻的伟大决策，起了极为重要的作用。

◆王大湾会议旧址(丰功园)

该旧址原楼房系砖桥镇文氏祠堂，清代砖木结构建筑，现有房屋16间，分前后两进，内有回廊一周，为一天井院落。西区厢房分别陈列有邓小平、刘伯承寝室展览，二进正殿内设有刘邓大军千里跃进大别山时在光山境地内的战斗历程图片及部分实物展

◆王大湾会议旧址纪念馆

览。旧址的前方有一西湖，湖中有座小岛，是当年参加王大湾会议的旅长们居住的地方。会议旧址现陈列当年物品278件，会场陈列物品52件，丰功园陈列刘邓大军使用过的物品1486件，将军厅陈列光山籍共和国将军使用过的物品185件。

王大湾会议旧址纪念馆于1986年11月被河南省人民政府公布为河南省文物保护单位；2001年10月被河南省委宣传部公布为河南省爱国主义教育示范基地。

鄂豫皖革命纪念馆

鄂豫皖革命纪念馆位于河南省信阳市浉河区北京路与107国道交汇口处。

鄂豫皖革命纪念馆是信阳市委、市人民政府为缅怀先烈丰功伟绩，弘扬大别山革命精神而兴建的。该馆2007年4月28日建成开馆，由江泽民题写馆名，占地面积3万平方米，建筑面积8008平方米，陈展面积6200平方米。纪念馆按鄂豫皖革命根据地历史发展的时间顺序，采用千幅文字图片和数百件实物对应的方式，全面展示鄂豫皖革命根据地的形成、发展和不断壮大的过程，着重介绍了从大革命时期到解放战争时期各个历史阶段发生在鄂豫皖大地上的重大历史事件。

◆鄂豫皖革命纪念馆

鄂豫皖革命纪念馆于2007年11月被河南省委宣传部公布为河南省

爱国主义教育示范基地。

商城县革命烈士纪念馆

商城县革命烈士纪念馆位于河南省信阳市商城县崇福大道东段商城县革命烈士陵园内。

商城县有光荣的革命传统。革命战争年代，商城县有 8 万多名优秀儿女为革命事业献出了宝贵的生命。早在 1925 年，商城就建立了中共地方组织。1929 年这里爆发了闻名全国的商（城）南起义，成立了河南省第一支工农红军——中国工农红军第十一军第 32 师。1929 年 12 月 25 日，红军攻下商城县城，建立了河南省最早的县级苏维埃政权。党领导人民在这里开辟了以商城为中心的豫东南革命根据地，商城成为鄂豫皖革命根据地的重要组成部分。红军长征后，中共商南县委在金刚台坚持了艰苦卓绝的三年游击战争，赢得了“大别山革命红旗不倒”的崇高声誉。抗日战争时期，战斗在这里的革命武装编入新四军第四支队东进奔赴抗日前线。解放战争时期，商城一度成为鄂豫区指挥中心，邓小平、刘伯承、李先念、段君毅等老一辈革命家在这里留下了光辉的足迹。

◆商城县革命烈士陵园内的烈士纪念碑

◆商城县革命烈士纪念馆

当地政府于 1979 年开始兴建商城县革命烈士陵园，1983 年奠基，经 10 余年续建，1992 年 5 月落成。整座建筑坐北朝南，依山而建，主要建筑有烈士纪念碑、烈士纪念馆、烈士骨灰堂和烈士墓区，占地2.6万平方米。烈士纪念馆陈列有在商城牺牲的54位著名烈士斗争事业的图片、革命文物及豫东南苏区革命史介绍。

商城县革命烈士纪念馆于2011年3月被河南省委宣传部公布为河南省爱国主义教育示范基地。

确山竹沟革命纪念馆（竹沟烈士陵园）

确山竹沟革命纪念馆（竹沟烈士陵园）位于河南省驻马店市确山县竹沟镇北王庄后山。

◆确山竹沟革命纪念馆

竹沟具有光荣的革命斗争传统。早在1926年，共产党员李畔林曾在这里传播马列主义，建立基层党组织。1927年4月，李畔林等带领竹沟、石滚河一带3000民众，参加了确山农民暴动。之后在竹沟建立了党支部，播下了革命火种。在三年游击战争中，张星江、王国华等在与党中央失去联系的情况下，建立鄂豫边省委，创建红军游击队，开辟了以竹沟为中心的豫南桐柏山区根据地，成为南方8省15处游击根据地之一。抗战时期，在这里设立了中共中央中原局、河南省委、新四军留守处、竹沟地委、竹沟县委，是中原地区我党发展的重要阵地和战略支撑点。中原局和河南省委在这里先后开办了军政教导大队、党训班及青年、妇女、卫生等训练班，培训各级抗日军政干部3000多名，其中党员2200多名，竹沟成为中原地区的革命摇篮。竹沟还是新四军成长壮大的一个重要基地，竹沟地区先后向皖中、豫皖苏边区等敌后地区派出基干队伍4800多人，新四军2师的一部、4师和5师的基干部队都是从这里出发，会合各地党所领导的武装力量而发展起来的，成为坚持华中抗日的主力部队。竹沟被称为“小延安”。1939年11月11日，蒋介石、汤恩伯以重兵突袭确山县竹沟镇，残杀抗日干部、战士及家属200多人，制造了震惊全国的“确山惨案”。

1956年8月，经国务院批准，在河南省确山县竹沟镇原中共中央中原局旧址所在地，建立确山竹沟革命纪念馆。同年 11 月，周恩来为确山竹沟革命纪念馆题写馆名。1958 年 1 月，纪念馆正式建成并开馆。

纪念馆内的中共中央中原局旧址，系清代咸丰年间民居式建筑，为四合院式庭院。1997 年，纪念馆新建一座建筑面积 780 平方米的展厅，2007 年至 2010 年，新建了 2400 平方米的西展厅和面积为 1960 平方米的中心广场，雕塑了中原局 5 位领导人塑像，新建了东展厅，恢复了“小延安”街，扩大了竹沟北窑军事会议旧址保护范围，并对景区环境进行了绿化、美化和亮化。

◆竹沟惨案纪念碑

1959 年 1 月，为纪念抗战时期在竹沟牺牲的革命烈士，竹沟烈士陵园列入河南省建设计划，年底动工兴建，1962 年一期工程竣工。“文革”期间陵园二期工程停建，1978 年复建，1982 年 12 月，陵园正式建成并对外开放。1984 年，河南省委、省政府又在陵园山顶广场兴建竹沟革命纪念碑。园内建筑呈对称布局。中轴线两侧依次对称分布办公室、接待室、职工宿舍和东西两个展厅。两幢展厅占地面积 340 平方米，东展厅是“确山惨案”和竹沟革命烈士生平事迹陈列，西展厅是竹沟革命斗争史陈列室。山顶广场中央建有竹沟革命烈士公墓和竹沟惨案纪念碑。

确山竹沟革命纪念馆内的中共中央中原局旧址于 1988 年 1 月被国务院公布为全国重点文物保护单位；确山竹沟革命纪念馆、竹沟烈士陵园于 1997 年 4 月被河南省委宣传部公布为河南省爱国主义教育示范基地，2009 年 5 月被中央宣传部公布为全国爱国主义教育示范基地；竹沟烈士陵园于 1986 年 10 月被民政部公布为全国重点烈士纪念建筑物保护单位。

鄂豫边革命纪念馆

鄂豫边革命纪念馆位于河南省驻马店市泌阳县铜山乡焦竹园村内。

焦竹园是三年游击战争时期中共鄂豫边省委和红军游击队的驻地，以此为中心的鄂

◆鄂豫边革命纪念馆

豫边游击区，是南方8省15块红色游击根据地之一。1935年8月，中共鄂豫边省委成立，书记张星江，宣传部长王国华，组织部长仝中玉。鄂豫边省委领导豫南、豫西南10余县党的工作，同时在桐柏山区开展游击战争。1936年1月，鄂豫边红军游击队在信阳吴家湾山建立，张星江任指导员，周骏鸣任队长。红军游击队从7个人3支枪逐步发展壮大，到1937年7月中旬已发展到400多人。1937年10月，省委和红军游击队进驻邓庄铺、焦竹园，省委机关设在焦竹园，游击队驻邓庄铺。10月中旬，游击队改编为豫南人民抗日军独立团。1937年12月，鄂豫边省委改建为鄂豫边特委；1938年1月，改建为豫南特委，豫南人民抗日军独立团正式改编为新四军第4支队第8团队，与中共豫南特委一起进驻确山县竹沟镇。

焦竹园革命旧址原为竹沟革命根据地中心。省委机关迁驻竹沟后，焦竹园曾作为招兵处，在保障中原抗战、人员输送、物资供应上发挥了重要作用。

焦竹园革命旧址南北长68.8米，东西宽66米，占地面积4540.8平方米，建筑面积1260平方米。旧址经过改造修缮，分东、西、东偏三个院落，共有瓦房55间。2000年9月，河南省人民政府将其公布为河南省文物保护单位。2002年起，当地政府对旧址进行勘察、设计和修复，2007年旧址修复工程竣工。陈列中共鄂豫边省委和鄂豫边红军游击队领导人生活、战斗的物品的展厅有41间。其余房屋为鄂豫边革命纪念馆，展览分为“唤醒民众，奋起革命”、“红色土地，

◆中共鄂豫边省委驻地旧址（焦竹园）

游击战争”、“风范永存，光耀千秋”等部分，展示鄂豫边革命斗争历史，再现鄂豫边革命根据地的辉煌。

鄂豫边革命纪念馆于2000年9月被河南省人民政府公布为河南省文物保护单位；2011年2月被河南省委宣传部公布为河南省爱国主义教育示范基地。

留庄英雄民兵营和杜八联革命纪念馆

留庄英雄民兵营和杜八联革命纪念馆分别位于河南省济源市坡头镇留庄村内和坡头镇泰山村泰山顶。

留庄英雄民兵营是一支具有光荣革命传统的民兵队伍。在抗日战争和解放战争中，留庄及周边7个行政村，在党的领导下联防抗敌，先后配合主力部队或单独作战400余次，打死打伤敌人320多人，活捉敌人220多人，缴获各种武器570多件，烧毁国民党军飞机两架，打败日伪和国民党军无数次进犯，保卫了“杜八联革命小苏区”，有力支援了陈谢兵团强渡黄河、逐鹿中原的重大战役。

◆留庄英雄民兵营纪念馆

1964年4月22日，中共河南省委、河南省军区发出“关于向留庄民兵营学习的号召”，6月9日，中共中央中南局、中国人民解放军武汉部队领导机关作出决定，授予留庄民兵营“英雄民兵营”称号，并于7月10日，在留庄村举行了隆重的命名大会。

1963年留庄村始建民兵展览馆，后更名为“留庄英雄民兵营纪念馆”，1970年迁建。纪念馆坐北朝南，占地面积10亩，建筑面积约1200平方米。10间展厅里陈列着留庄英雄民兵营成长壮大的历史图片500余幅，实物100余件，还有党和国家领导人的题词等。

杜八联位于济源市西南的黄河北岸，东起留庄，西至桐树岭，辖蓼坞、桥沟、泰山、祖师庙、毛岭、连地、马住、留庄8个保，共40多个自然村，万余人口。这里是南下中原、北上晋陕的重要通道，自古乃兵家必争之地。早在1932年杜八联就建立了中共地下组织。1937年5月，共产党员杨伯笙奉命由北平返回家乡，在泰山庙组建了

◆杜八联革命纪念馆

中共济源县工作委员会，后改为县委。他与史向生、杜振华等组建杜八联抗日自卫团，使沿黄河北岸数十个村庄结成联防，形成了稳固的敌后抗战“小苏区”。8年来，他们先后同日军作战数百次，给敌以重创；先后护送干部200余人次顺利渡过黄河，南下中原或北上抗日前线；先后有3批、700多人（枪）参加八路军。解放战争中，杜八联民兵同进犯的国民党军作战上百次，使其始终未能占领杜八联一寸土地。同时，他们还单独或配合主力部队，攻打坡头寨、炸毁敌飞机，平息红枪会暴乱，为陈谢大军强渡黄河天险开路护航，立下赫赫战功，被誉为攻不破的“河防堡垒”。1947年7月，太岳武委总会授予杜八联民兵自卫队“杀敌模范单位”称号，授予薛平华、李传玉“特等战斗英雄”称号。解放后，杜八联民兵使用的葫芦舟、石雷、榆木炮等革命文物及其战例沙盘模型被中国人民革命军事博物馆收藏展出；他们创造的“联防战”与地雷战、地道战一起列为中国民兵的三大战法之一。

1995年，杜八联人民集资建立了杜八联革命纪念馆，重修了泰山庙。纪念馆分展览回廊、泰山庙宇、烈士墓园等部分，占地面积15亩，建筑面积200余平方米。

留庄民兵英雄营和杜八联革命纪念馆于2001年10月被河南省委宣传部公布为河南省爱国主义教育示范基地。

陆军第五十四集团军军史馆

陆军第五十四集团军军史馆位于河南省新乡市建设路。

陆军第五十四集团军军部前身为东北民主联军第8纵队指挥机关，1947年8月1日成立于内蒙古赤峰市美丽河。集团军部队由多支英雄部队在不同历史时期会聚而成。其中，既有党最早掌握的第一支革命武装——被誉为“铁军”的国民革命军第4军“叶挺独立团”，也有参加南昌起义、秋收起义的部队，还有中央苏区的中央政府警卫团和中央军委警卫团；既有陕北苏区红军游击支队，又有活跃于晋绥、华北、苏北的八路军、新四军部队和地方抗日武装，还有新中国成立后新组建的陆航兵种和其他勤务保障部（分）队。部队至今仍保留着1个红军师、3个红军团、9个红军营、

34 个红军连。

该集团军部队历经战火硝烟的千锤百炼。北伐战争中，下醴陵，克平江，奇袭汀泗桥，大战贺胜桥，攻克武昌城，所向披靡。南昌起义打响了武装反抗国民党反动派的第一枪，秋收起义点燃革命星火，参加井冈山革命根据地的创建和中央革命根据地五次反“围剿”，浴血捍卫新生的中央苏维埃政权。长征途中担任开路先锋，血战湘江、强渡乌江、智取遵义、飞夺泸定桥、翻越夹金山、突破天险腊子口，一路斩关夺隘、浴血奋战，为中央红军开辟了一条胜利的通道。抗日战争时期，率先开赴华北抗日前线，首战平型关，保卫黄崖洞，参加百团大战，转战苏北两淮地区，血战刘老庄，被陈毅元帅称为“指到哪里就打到哪里的钢铁部队”。解放战争中，奉命挺进东北，首战秀水河子，四战四平，三下江南，决战辽沈，攻克天津、太原、兰州重镇，会战衡宝，解放海南岛，将胜利的旗帜从白山黑水插到了海角天涯。社会主义革命和建设时期，先后参加两广剿匪，抗美援朝、援越抗美，甘青藏平叛，对印、对越边境作战，打出了国威军威。改革开放新时期，集团军忠实践行“听党指挥、服务人民、英勇善战”的光荣传统，先后出色地完成了多项重大任务。集团军部队在我军建设发展史上创造了多个第一。如第一个“支部建在连上”的连队党支部，第一个成立士兵委员会的单位，第一个实行“三大纪律，八项注意”的试点，第一个设立“列宁室”，第一个建立“政治课”制度，第一支组建的直升机部队，第一批列编应急机动作战部队，第一批试行轻型机械化步兵师编制，等等。我军许多重要原则和制度，都源自于第五十四集团军部队官兵的实践。第五十四集团军取得的成就和经验，与战争年代部队锻造的“铁军精神”、“猛虎精神”、“工卫旅精神”，社会主义革命和建设时期形成的“共和国卫士精神”、“98 长江抗洪精神”、“汶川抗震救灾精神”等一系列“精神群”交汇融合，形成了该集团军部队特有的优良传统。

◆陆军第五十四集团军军史馆

该集团军部队既是将帅成长的摇篮，也是英雄生长的沃土。共和国的 5 名元帅、7 名大将、700 余名将军及地方省部级以上领导先后在集团军部队工作和战斗过。中央军委 1989 年和 1994 年审议确定的中国人民解放军 36 位军事家中，有 15 位出自该集团军部队。英雄的部队英雄辈出。从红军时期的“中央模范团”、“强渡乌江模范连”，抗日战争时期的“刘老庄连”，解放战争时期的“三分钟杀开民权门”的钢刀连、“金汤桥连”、“猛虎扑羊群”的英雄团，到社会主义革命和建设时期的“突击英雄连”、“能攻善守英雄连”和“卫国英雄连”；从红军时期的“飞夺泸定桥22勇士”，抗日战争时期的“特等战斗英雄”常金娃、“英雄营长”杜振功、“爱兵模范”马仁义，解放战争时期的“盘肠战斗英雄”潘东海、“特级爆破英雄”李广正，抗美援朝时期的战斗英雄王占山，到新时期“见义勇为的英雄战士”徐洪刚、“追求高尚人生的好战士”吴国良、“无私奉献的好排长”仲米辉、“抗震救灾英雄战士”武文斌等400多个英模单位和个人，在人民军队的英雄画廊里熠熠生辉、光彩夺目。

◆陆军第五十四集团军军史馆展厅入口

陆军第五十四集团军军史馆筹建于1988年7月，1991年5月4日建成并开馆。军史馆馆名为李鹏题写。正门上方是“54”字样，寓意“第五十四集团军”。党旗，寓意五十四集团军在中国共产党的绝对领导之下，从侧面看，党旗部分又像三部书，即集团军的历史书，记载前辈业绩的书，后人的教科书。两侧共4个圆柱造型，寓意立国立军之本的四项基本原则。长城造型，寓意第五十四集团军是保卫社会主义祖国钢铁长城的一部分。两端具有上升感的造型，寓意第五十四集团军朝气蓬勃，要建设成为一支具有中国特色的现代化革命军队。

军史馆由前厅和正厅两大部分组成，总建筑面积2100平方米，其中展厅面积约1000平方米，展板面积约900平方米；共展出照片811张，各种图表35份，文物473件，浮雕11组。正厅首先展示的是江泽民给集团军的题词：“发扬英雄部队优良传统，开创部队建设的新局面。”

陆军第五十四集团军军史馆1997年4月被河南省委宣传部公布为河南省爱国主义教育示范基地。

陆军第二十集团军军史馆

陆军第二十集团军军史馆即71320部队军史馆位于河南省开封市禹王台区魏都路。

陆军第二十集团军是一支具有光荣历史的部队。它源自1932年9月14日诞生的闽东工农红军，1945年11月10日改编为新四军第1纵队，1949年2月27日改编为中国人民解放军第20军，1985年9月18日整编为陆军第二十集团军。现辖部队中有“红军团”、“杨根思连”和全军创建较早的炮兵、装甲兵之劲旅。

◆陆军第二十集团军军史馆

陆军第二十集团军部队征战南北、英勇善战、功勋卓著。土地革命战争时期，先后发动了蓝田、透堡、霍童、寿宁、甘棠五次暴动，在闽东地区坚持了3年游击战争。抗日战争时期，先后参加了郭村保卫战、黄桥决战、车桥战役、夜袭浒墅关、火烧虹桥机场及抗战后期的大反攻。解放战争时期，先后参加了宿北战役、鲁南战役、莱芜战役、孟良崮战役、豫东战役、淮海战役和渡江作战、解放上海等重要战役。抗美援朝时期，先后参加了第二次、第五次战役的华川阻击战、上甘岭战役、金城反击战等作战，涌现出了以特级英雄杨根思为代表的一大批战斗英雄和英模单位。1955年1月参加的一江山岛战役，是我军历史上首次陆海空三军联合作战。新的历史时期，所属部队还参加了对越自卫还击作战、对越侦察轮战、北京戒严、长江抗洪、四川抗震、国际维和等作战任务和重大行动。经过长期革命战争与和平建设实践的磨炼和考验，逐步形成了“铁心向党、顾全大局、勇当先锋、热爱人民、尊重人才”的“前锋精神”。

◆陆军第二十集团军军史馆展厅一角

陆军第二十集团军军

史馆始建于1993年，1996年11月建成开馆，2004年进行了维修和部分内容的扩展，现建筑面积为1995.45平方米，布展面积为1820.32平方米，有模拟场景1处，雕像7座，题词135幅，照片2634张，珍贵实物887件（套）。

军史馆为四层结构楼房，分序厅和正厅两大部分。序厅主要由前言、大型军史浮雕、首长题词三部分内容组成。前言简要回顾了部队的成长足迹、编制调整和英雄事迹。9组军史浮雕集中反映了部队从游击活动变为正规作战，从游击兵团成长为主力兵团，逐步建设成现代化军团的发展历史。首长题词充分体现了党和国家领导人、军委首长的关心与厚爱。

正厅主要由专题展区和历史展区两大部分构成。专题展区设置了领导关怀、历史沿革图、战斗历程图、将军谱、历任军政主官、缅怀先烈、划归部队简史7个专题。历史展区按照时间顺序，通过大量照片、文献、图表等史料和实物、模拟场景，全面真实地再现了部队在党的领导下，从土地革命时期初创至2008年12月所走过的光辉历程，共设置了7个专题，集中展示了部队官兵在任何时候始终“铁心向党、顾全大局、勇当先锋、热爱人民、尊重人才”的精神风貌。

陆军第五十四集团军步兵第一二七师师史馆

陆军第五十四集团军步兵第一二七师师史馆位于河南省洛阳市洛龙区安乐寨军民路16号。

陆军第五十四集团军步兵第一二七师是中国共产党掌握的第一支革命武装，是一支历史悠久、战功卓著、英雄辈出的老红军部队。其前身为“叶挺独立团”和秋收起义部分武装力量所组成的中国工农红军第四军主力，1933年5月改编为红军第一方面军第一军团第二师。抗日战争时期，先后改编为八路军第一一五师第三四三旅第六八五团、苏鲁豫支队、第一一五师教导第一旅、新四军三师七旅。解放战争时期，又改编为东北民主联军第六纵队第十六师，1948年11月全军统一整编，改编为步兵第一二七师。根据中央军委命令，1994年7月，步兵第一二七师列编为应急机动作战部队，1998年12月，

◆陆军第五十四集团军步兵第一二七师师史馆

由摩托化步兵师改制为机械化步兵师。80 年来，步兵第一二七师走过了极不平凡的道路，创造了神勇传奇的英雄业绩。北伐中当先锋、打头阵，夺汀泗桥，占贺胜桥，荣膺“铁军”称号。在举世闻名的二万五千里长征中，担任中央红军开路先锋，强渡乌江、智取遵义、四渡赤水，一路过关夺隘，为长征胜利作出了卓越贡献。全国解放后，步兵第一二七师先后参加了对越自卫反击战、长江抗洪抢险，担负多项军事演习等大项任务，部队全面建设不断加强。

◆陆军第五十四集团军步兵第一二七师师史馆展品陈列

步兵第一二七师师史馆始建于 1992 年，占地 1.13 亩，建筑面积 1200 平方米（上下两层），主要采取图片和历史文物静态陈列的方式布展，分别展出了该师在各个历史时期的照片共计 1398 张，历史文物 54 件。实物来源主要为战争年代或解放后保存的历史文物和曾在该部任职的老首长捐赠的革命文物。

陆军第五十四集团军步兵第一二七师师史馆于 2011 年 2 月被河南省委宣传部公布为河南省爱国主义教育示范基地。

湖北省重要革命遗址

中共五大会址

中共五大会址，即中国共产党第五次全国代表大会会址，位于湖北省武汉市武昌区都府堤20号。

◆中共五大会址

中共五大会址原为1918年创办的国立武昌高等师范学校附属小学，1926年10月更名为国立武昌第一小学。

1927年4月27日至5月9日，中国共产党在武汉举行第五次全国代表大会。大会开幕式在武昌第一小学风雨操场举行。4月29日至5月9日的正式会议则移到汉口济生三马路的黄陂会馆举行。出席大会的代表82人，代表全国57967名党员。共产国际派代表团参加了会议。中国国民党派代表团到会祝贺。陈独秀代表第四届中央委员会作了《政治与组织的报告》。大会通过了《中国共产党接受共产国际执行委员会第七次执委扩大会议关于中国问题决议案之决议》、《政治形势与党的任务议决案》、《土地问题议决案》、《组织问题议决案》、《职工问题议决案》等。大会批评了陈独秀的右倾错误，提出了争取无产阶级对革命的领导权、建立革命民

◆中共五大开幕式会场

◆中共五大会址（开幕式旧址）

主政权和实行土地革命的一些正确原则，但没有提出切合当时实际的具体措施。大会选出31名中央委员和14名候补中央委员，组成中央委员会。并在党的历史上第一次选举产生了由7名正式委员、3名候补委员组成的中央监察委员会。随后举行五届一中全会，选举产生中央政治局委员和候补委员，选举陈独秀、张国焘、蔡和森为中央政治局常务委员会委员，陈独秀继续当选为总书记。

会址现保存有四栋原房，临街一栋楼上有陈潭秋夫妇住房，陈潭秋及夫人徐全直曾在这里居住和工作，以教书为掩护进行革命活动，领导革命斗争。1983年按原样重修，辟有陈潭秋烈士纪念馆，展示了中国共产党创始人之一、湖北党组织早期重要领导人陈潭秋1919年至1927年在武汉领导革命斗争的光辉历程。2006年10月，中共五大会址纪念馆筹建。2007年11月，纪念馆建成并开放，辟有中共五大开幕式会场及中共五大历史陈列、中国共产党反腐倡廉历史展。

中共五大会址于1956年11月被湖北省人民委员会公布为湖北省文物保护单位。

龙港革命历史纪念馆和龙港革命旧址

龙港革命历史纪念馆和龙港革命旧址位于湖北省黄石市阳新县龙港镇。

龙港是一个历史古镇，具有光荣的革命传统。五四运动后，龙港有志青年纷纷外出求学，寻找救国救民的真理。1925年春，龙港籍受派遣回乡的共产党员建立了阳新最早的中共组织——下畈党小组。1927年秋，中国共产党在龙港领导秋收暴动，实行工农武装割据，龙港成为湘鄂赣、鄂东南较早的红色区域之一。1929年至

◆中共鄂东南特委遗址

1930年，李灿、何长工、彭德怀率红五军各纵队先后进驻龙港，开创鄂东南革命根据地。嗣后，直属中共中央的鄂东特委、隶属中共湘鄂赣省委的鄂东南特（道）委先后在龙港设立，领导湘鄂赣边境地区21个县（市）的革命斗争。龙港成为鄂东南革命根据地政治、军事、经济、文化中心，云集党、政、军、工厂、学校、医院、银行、商店等48个大机关，被誉为“小莫斯科”。龙港保存下来的革命遗址有70余处，主要有：彭德怀旧居、中共鄂东南特委遗址、中共鄂东南道委旧址、鄂东南苏维埃政府旧址、鄂东南总工会旧址、鄂东南政治保卫局旧址、鄂东南工农兵银行旧址、彭杨学校旧址、鄂东南电台及编讲所旧址、鄂东南中医院旧址、龙燕区第八乡苏维埃政府旧址等。在这些革命旧址中，保留有当年的墙标、壁画等近百幅。集中在龙港镇区的革命旧址15处，龙港被称为“一座天然的革命历史博物馆”。

◆龙燕区第八乡苏维埃政府旧址

龙港革命历史纪念馆建于1976年，位于龙港镇新街西侧，前临106国道，后倚风景秀丽的狮子山，与龙港烈士陵园毗邻。馆内有中共鄂东南特委遗址、特委办公住宿处、特委防空洞、陈列室，共收藏文告、书刊、信件、武器、壁画、烈士遗物等和图片500余件。陈列分为五个部分，反映了中国共产党领导鄂东南革命根据地军民进行革命斗争的光荣历史，再现了彭德怀、李灿、何长工、吴致民、黄火青、曹大骏、叶金波等老一辈无产阶级革命家的光辉业绩。纪念馆管理着鄂东南苏维埃政府、彭德怀旧居、彭杨学校、红军后方医院等30余处旧址和安葬着3000余名红军烈士的公墓以及17处革命烈士纪念建筑物。

龙港革命旧址于2001年6月被国务院公布为全国重点文物保护单位；龙港革命历史纪念馆和龙港革命旧址于1995年3月被湖北省人民政府公布为湖北省爱国主义教育基地，2009年5月被中央宣传部公布为全国爱国主义教育示范基地。

叶挺将军囚居旧址

叶挺将军囚居旧址位于湖北省恩施土家族苗族自治州恩施市六角亭街道办事处叶挺路112号。

叶挺将军囚居旧址原是恩施市区后山湾一栋民房。在1941年皖南事变中遭国民党

◆叶挺将军囚居旧址

无理扣押和非法拘禁的新四军军长叶挺曾两度被秘密软禁于这里，历时两年之久，是叶挺将军被囚禁时间最长的地方。

1942 年底，叶挺将军被从四川重庆押解到恩施时，软禁在城东门“民享社招待所”（今三义宫 38 号），两三个月后，陈诚为了表示对叶挺的“宽松”和“自由”，且又易于看守，便选中后山湾这栋民房，将叶挺软禁于此。1943 年 8 月蒋介石将叶挺转押广西桂林，次年 1 月又押至恩施，仍囚居于这栋民房，直到 1945 年 8 月抗战胜利后被押至重庆。在叶挺将军囚居恩施两年间，其夫人李秀文，子女叶正明、叶华明、叶扬眉先后到此同住。

◆叶挺将军生平事迹图片展厅

1983 年经湖北省人民政府批准，恩施市在原址按原样修复叶挺将军囚居旧址，并增建了纪念馆，于同年 12 月 1 日正式对外开放。叶挺将军纪念馆有两层展厅。纪念馆一楼展厅陈列叶挺将军生平事迹图片，分广州克敌、雄才初示，挥戈北伐、屡建奇功，南昌广州、高举义旗，挺进敌后、怒杀日寇，激战皖南、身陷囹圄，囚居恩施、坚持斗争，英名长存、不幸遇难等部分，共展出 140 余幅珍贵历史照片，以再现叶挺将军一生追求革命真理，坚持抗战，对党对人民无限忠诚，与国民党反动势力作坚决斗争的崇高品质和大无畏精神。二楼展厅陈列有恩施抗战的珍贵文物史料图片 150 余幅，以恩施为重点，再现中国共产党团结抗日、英勇斗争的史实。

叶挺将军囚居旧址于 1992 年 12 月被湖北省人民政府公布为湖北省文物保护单位；1995 年 3 月被湖北省人民政府公布为湖北省爱国主义教育基地。

房县苏维埃政府旧址

房县苏维埃政府旧址位于湖北省十堰市房县城关镇西街 27 号。

房县人民富有光荣的革命传统与斗争精神，历史上曾爆发过一百多次农民起义，沉重地打击了封建势力。中国共产党诞生后，房县人民的革命斗争也随着进入了新的阶段。1926 年 3 月，房县籍进步青年李明铨等人，先后在襄樊、武汉等地加入中国共产党。1928 年 2 月，鄂北特委派李明铨回房县开展地下斗争。1929 年 3 月成立中共房县特区委，李明铨任书记。1931 年 6 月 8 日，贺龙、邓中夏、柳直荀等率领红三军（原红二军团）主力，攻克房县，与李明铨接上关系，并以各级政治机关为核心，组织大批干部、战士深入各地，开展地方工作。为了加强对地方工作的统一领导，在房县成立了以柳直荀为书记的中共鄂西临时分特委。随后，成立了中共房县县委。柳直荀兼任县委书记，李明铨任副书记，召开县委扩大会议，通过了政治任务、党的组织任务、工人运动和妇女运动等决议。在鄂西临时分特委和房县县委领导下，房县革命斗争如火如荼开展起来，红色区域范围不断扩大，先后建立了县苏维埃政府和 14 个区、105 个乡苏维埃政府，拥有人口 20 多万，以房县为中心的鄂西北革命根据地正式形成并日益巩固。县苏维埃政府设在西街天主堂。主席余之恒，副主席李明铨。同时，还建立了总工会、贫农团、劳动妇女协会、赤卫队、红色补充军、童子团、少年先锋队等群众组织，创办了军事干校、列宁小学；开设了鄂北农民银行。县苏维埃政府成立后，柳直荀在门口墙柱上写下“谁是世界上的创造者，只有我们劳苦的工农”和“推翻国民党反动统治，建立苏维埃政权”两副对联。1932 年春，红军转移后，当地群众为了保护苏维埃政府旧址，曾用石灰巧妙地将对联覆盖。

◆房县苏维埃政府旧址

旧址在 1931 年红三军来到房县之前是教堂，新中国成立后改为城关镇卫生院，

1999 年经过修缮，并恢复为教堂。

房县苏维埃政府旧址于 1992 年被湖北省人民政府公布为湖北省文物保护单位；1999 年 2 月被湖北省人民政府公布为湖北省爱国主义教育基地。

鄂南抗日根据地指挥中心旧址

鄂南抗日根据地指挥中心旧址位于湖北省鄂州市鄂城区沙窝乡麻羊垴。

1942 年 5 月初，为了支援华中、华南抗日战场，牵制日军，新四军第 5 师根据新四军军部指示，命令 14 旅渡过长江，挺进鄂南，创建鄂南抗日游击根据地。1942 年 8 月，在鄂城谈家桥（现属大冶市）成立江南兵团指挥部和指挥部党委。指挥部党委于 8 月底成立中共鄂南工委，领导鄂（城）大（冶）、樊湖、阳（新）大（冶）等工委。鄂南工委以鄂（城）大（冶）敌后抗日根据地为中心展开工作，机关设在鄂大工委所在地麻羊垴。1943 年 4 月，中共鄂南工委与中共咸崇蒲中心县委合并成立中共鄂南中心县委，同时成立鄂南指挥部，机关驻地设在麻羊垴。

◆麻羊垴战斗烈士纪念碑

◆鄂南抗日根据地指挥中心旧址碑

1944 年 3 月，国民党鄂南挺进军的马钦武部、廖义华部乘新四军主力部队撤到江北，鄂大根据地兵力空虚之机，联合出兵 1500 余人，大举进犯鄂大根据地，强占了麻羊垴及周边的杨思爱、康家湾等地。鄂大工委书记王表率领县区武装奋力抵抗，并派人火速赴江北，向四军分区报告，请求主力部队增援。第四军分区司令员兼政委张体学当即令罗通率 41 团连夜先行过江，随后亲自率 42 团跟进。两路渡江部队和鄂大地方武装会合，兵分两路，一部主攻麻羊垴，一部攻击康家湾。经过一天一夜的激战，张体学所部大获全胜，缴获电台两部，机枪两挺，其他枪支和弹药一批。

1945 年 4 月，中共鄂南中心县委并入鄂南地委后撤销，鄂南指挥部并入鄂南军分区后撤销。

鄂南抗日根据地指挥中心旧址于 1999 年 2 月被湖北省人民政府公布为湖北省爱国主义教育基地。

大悟宣化店中原军区旧址

大悟宣化店中原军区旧址位于湖北省孝感市大悟县宣化店镇。

◆中原军区旧址

宣化店是大别山区鄂豫两省边陲的一个山乡重镇。从 1925 年起直至解放，这里的革命火种未灭，革命红旗未倒，革命政权未丢。老一辈无产阶级革命家周恩来、董必武、徐向前、李先念、郑位三等都曾在此战斗过，留下了许多革命史迹。1946 年上半年由李先念、郑位三、王震、王树声等领导的中共中央中原局、中原解放区行政公署、中原军区司令部驻在这里，统一领导中原地区的反内战斗争。抗战胜利后，中原解放区成为国民党进军华东、华北、东北的严重障碍。国民党调集 30 万兵力，将中原军区主力部队压缩包围至以宣化店为中心、方圆不过百余华里的狭小地区，在经济上实行严密封锁，军事上进行逐步蚕食。1946 年 3 月，中共中央特派董必武到宣化店慰问中原军民。4 月下旬，当获悉国民党反动派阴谋“围歼”中原部队计划后，周恩来在重庆、南京公开揭露蒋介石的阴谋，并力促美蒋代表赴宣化店视察。周恩来同美国代表白鲁德、国民党代表王天鸣于 5 月 8 日到达宣化店，在宣化店湖北会馆与美、蒋代表进行谈判。10 日在汉口签订了停止中原地区武装冲突的协议（《汉口协议》）。6 月 26 日凌晨，国民党不顾全国人民的反对，以围攻宣化店为中心的中原解放区为起点，发动全面内战。6 月 26 日晚，震惊全国的中原突围爆发。

大悟宣化店中原军区旧址包括周恩来与国民党代表谈判旧址、中原军区司令部、中原军区大会场、中原军区首长旧居等。

大悟宣化店中原军区旧址于 2006 年 5 月被国务院公布为全国重点文物保护单位；

1995 年 3 月被湖北省人民政府公布为湖北省爱国主义教育基地，2005 年 11 月被中央宣传部公布为全国爱国主义教育示范基地。

汤池训练班旧址

汤池训练班旧址位于湖北省孝感市应城市汤池镇。

◆汤池训练班旧址

1937 年 11 月，中共中央驻武汉代表董必武同爱国进步人士、国民党湖北省建设厅厅长兼农村合作事业委员会主任石瑛协商，决定以建设厅的名义，在应城汤池开办湖北省农村合作事业指导员训练班（简称汤池训练班）。训练班由爱国进步人士、应城汤池农村改进实验区负责人李范一任主任，中共湖北省工委副书记兼宣传部部长陶铸主持日常工作。学员多为北平、天津、上海、南京流亡学生及湖北本省进步青年。开设的课程主要有党的建设、社会发展简史、抗日民族统一战线、抗日游击战的战略战术问题及农村合作社业务知识。训练班实质上成为中共培训抗日干部的学校。至 1938 年 10 月武汉沦陷止，训练班正式开办 4 期，后又继续举办临时学校，先后培养了近 600 名抗日干部，他们以农村合作指导员的合法身份，分赴鄂中、鄂西北、鄂东南等地，开展抗日救亡工作。

汤池训练班旧址现由陈列室、烈士祠、陶铸旧居、李范一旧居等建筑组成。

汤池训练班旧址于 1992 年 12 月被湖北省人民政府公布为湖北省文物保护单位。以汤池训练班旧址为核心建立的应城市汤池鄂中革命烈士纪念馆于 1999 年 2 月被湖北省人民政府公布为湖北省爱国主义教育基地。

◆汤池训练班教师办公室及学员教室旧址

瞿家湾湘鄂西革命根据地旧址

瞿家湾湘鄂西革命根据地旧址位于湖北省荆州市洪湖市瞿家湾镇。

◆中共中央湘鄂西分局旧址

1927年9月，在党的八七会议精神指引下，洪湖岸边爆发了著名的戴家场秋收暴动。1928年初，贺龙、周逸群到达监利、石首等地，领导了荆江两岸的年关暴动。随后，贺龙到达桑植、鹤峰等地开展武装斗争，成立红四军（后改称红二军），开辟了湘鄂边根据地。周逸群重返洪湖地区领导游击战争，成立红六军，开辟了洪湖根据地。同年7月，红二军和红六军在湖北公安会师，组成中国工农红军第二军团，贺龙任总指挥，周逸群任政治委员。从此，湘鄂边、洪湖两个根据地联成一片，形成了湘鄂西革命根据地。1931年和1932年，湘鄂西中央分局曾两度设于瞿家湾。瞿家湾成为湘鄂西苏区首府，曾是湘鄂西省政治、经济、军事和文化的中心之一。中共湘鄂西省委会、中共湘鄂西省委军事委员会、湘鄂西省苏维埃政府，以及湘鄂西省经济部、湘鄂西省邮政局、湘鄂西省司法部、湘鄂西省政府保卫局、红旗日报社、工农日报社、红军医院等30多个部门设于瞿家湾。贺龙、周逸群、段德昌、谢觉哉、柳直荀等老一辈革命家和先烈都曾在瞿家湾生活和战斗过。

◆湘鄂西革命军事委员会旧址

新中国成立后，1951年设立洪湖县（今洪湖市），瞿家湾由监利县划归洪湖县管辖。1963年筹建瞿家湾革命纪念馆，1985年重建并对外开放，辟有湘鄂西革命根据地简史陈列、段德昌生平展，展出革命文物300余件。

◆湘鄂西省红旗日报社旧址

同年，修建了瞿家湾革命烈士纪念碑。

瞿家湾湘鄂西革命根据地旧址于 1988 年 1 月被国务院公布为全国重点文物保护单位（含附近 39 处重要革命遗址），1995 年 3 月被湖北省人民政府公布为湖北省爱国主义教育基地，2005 年 11 月被中央宣传部公布为全国爱国主义教育示范基地。

江汉公学旧址

江汉公学旧址位于湖北省随州市随县洪山镇杜家店村。

江汉公学是全国解放战争后期江汉解放区创办的一所干部学校。当时，人民解放战争由战略防御转入战略进攻，刘邓大军第 12 纵队在赵基梅、张才千等率领下进入平汉铁路以西的汉水流域，重建江汉军区。在解放区不断巩固和发展的大好形势下，大洪山解放区的知识青年纷纷参加革命，国民党统治区的进步青年也积极投奔到江汉解放区来寻求真理。为适应革命形势发展的需要，造就一大批军政干部，中共江汉区委、江汉行署、江汉军区决定创办江汉公学，由江汉军区副政委、江汉行署主任郑绍文任校长，华大魁、张斧任副校长。江汉公学学员的学习形式主要是听报告和学文件，分班组进行讨论，并辅之以社会调查、劳动锻炼。课堂就在乡村树荫下，或

◆江汉公学纪念碑

◆江汉公学校史陈列室

山坡上、稻田边，一张方桌、一条板凳就是讲台，学员都席地而坐，双膝就是课桌。韩东山、刘西尧、邓子恢等领导同志常赴校作报告；文化名人何家槐、郑恩、林路亦曾莅临公学授课。

江汉公学从1948年春创立到1949年夏结束，共办4期，培养了近千名军政干部。

江汉公学旧址于1999年2月被湖北省人民政府公布为湖北省爱国主义教育基地。

大悟新四军第五师旧址群

大悟新四军第五师旧址群位于湖北省孝感市大悟县城东南34公里处的大悟山南麓。

1939年2月，全国抗战进入相持阶段后，李先念受中共中央的指派，率领一支小部队挺进鄂豫边敌后，开展抗日游击战争，建立了新四军豫鄂独立游击支队。1940年1月，建立新四军鄂豫挺进纵队。1941年1月皖南事变后，为反击国民党顽固派发动新的反共高潮，新四军鄂豫挺进纵队第1、2、3、9团进击大、小悟山区的国民党军，控制了礼（山）孝（感）黄（陂）边区。4月，新四军鄂豫挺进纵队改编为新四军第5师，李先念任师长兼政委。5月，新四军第5师司政机关移驻大悟山中的白果树湾，李先念、陈少敏、任质斌等5师军政首长办公及住处、作战处、秘书处、参谋处、军需处、医务处、经济处、管理处等均设在白果树湾。直到抗日战争胜利结束，新四军第5师领导机关由大悟山转移至四望山。

◆白果树湾

◆新四军第五师司令部旧址

大悟新四军第五师旧址群由22处旧址组成，分布在以白果树湾为中心、方圆5公里范围的11个自然村中。新四军第五师旧址群主要有：新四军第五师司令部旧址群（含第五师军政首长住处、作战处、秘书处、参谋处、军需处、医务处、经济处、管理处）、第五师政治部旧址群（含联络部、组织部、宣传部、锄奸部）、七七报社、抗大第十分校、鄂豫边区党委办公室、鄂豫边区行政公署、鄂豫边区党校、5师13旅旅部、大山寺保卫战战场遗址和烈士纪念碑、359旅与新四军第5师会师地、蒋家楼子会议会址、礼南县政府、边区建设银行第二印钞厂、边区消费合作社、造纸厂、卷烟厂、毛巾厂、美军第十四航空队情报站、在华日人反战同盟第五支部、宋斌烈士墓、新四军第5师纪念馆等。

大悟新四军第五师旧址群于1996年11月被国务院公布为全国重点文物保护单位；1995年3月被湖北省人民政府公布为湖北省爱国主义教育基地，2005年11月被中央宣传部公布为全国爱国主义教育示范基地。

◆新四军第五师纪念馆

熊口镇红军街

熊口镇红军街位于湖北省潜江市熊口镇。

熊口地处江汉平原中心、潜江城西南，为襄南重镇，物产丰富，战略地位重要，是理想的军事后方基地。

1930年2月8日，红六军攻克龙湾、熊口之后，军部设在熊口后街王松和药店。3月至5月，周逸群在熊口指挥全军攻下了普济观、郝穴、龙湾、老新口、新沟嘴、府场、峰口、朱河等地，把江陵、潜江、沔阳、监利四县的乡村根据地大体上联成一片。1930年7月，红二军、红六军整编为红二军团后，贺龙率军团主力扫除龙湾、熊口、周家矶、老新口等国民党军据点，将军部设在熊口。1930年10月中旬，红二军团南征后，洪湖苏区在没有主力部队的情况下进行了艰难的反“围剿”斗争。段德昌护送红军伤病员返回洪湖后，组编新六军，后编为红三军第9师。红9师多次驻扎在熊口。1931年10月，贺龙率红三军抵达潜江，在熊口、龙湾一带休整。1932年2月，红7师从新沟嘴西上，一举歼灭川军一部，进驻熊口。贺龙在熊口指挥红三军主力从襄北回师，在9月攻克潜江城，并在监利新沟嘴取得全歼敌范绍增师的重大胜利。贺龙、关向应、唐赤英、段德昌等在熊口召开了军民万人大会，庆祝胜利。

◆熊口镇红军街原貌

1930年至1932年，湘鄂西苏区的军事领导机关多次驻扎潜江熊口老街。为了缅怀红军的丰功伟绩，1984年11月12日，全国人大常委会原副委员长廖汉生将此街题名为“红军街”。

熊口镇红军街于1999年2月被湖北省人民政府公布为湖北省爱国主义教育基地。

董必武故居

董必武故居位于湖北省黄冈市红安县城关镇民主街24号。

董必武（1886—1975），湖北红安人，原名董贤琮，曾用名董用威，早年加入同盟会，参加辛亥革命。1920年参与筹建武汉的中国共产党早期组织，成为中国共产党党员。1921年参加中国共产党第一次全国代表大会。1922年起任中共湖北武汉区执委会委员。1924年任中共湖北汉口地方执委会委员。第一次国共合作时，任国民党湖北省党部执行委员。1928年赴苏联。1933年起任中共中央党校教务长、副校长。1934年起任中共中央审查委员会书记。1934年2月当选为中华苏维埃共和国第二届中央执委会委员，任中华苏维埃共和国中央政府临时最高法庭主任。参加了长征。到达陕北后，任中共中央党校校长，中华苏维埃人民共和国中央政府西北办事处主席。抗日战争爆发后，任中共中央长江局委员，陕甘宁边区政府高等法院院长。1938年起任国民参政会中共方面参政员。1939 年起任中共中央南方局常委，曾兼任南方局统战工作委员会书记、宣传部部长。1945 年 4 月至 6 月作为中国政府代表之一在美国旧金山出席联合国成立大会。1945 年 6 月在中共七届一中全会上当选为中共中央政治局委员。抗日战争胜利后，任中共代表团成员参加国共谈判。1946 年起任中共中央南京局主持人，曾兼任南京局地下工委书记、财经委员会书记。1947 年起任中共中央工作委员会常委，华北财经办事处主任，1948 年 5 月起任中共中央财政经济部部长，中共中央华北局常委。1948 年 5 月至 9 月任华北联合行政委员会主席，9 月起任华北人民政府主席。中华人民共和国成立后，任中央人民政府委员会委员、政务院副总理兼政治法律委员会主任。1950 年 5 月起任中国人民救济总会副主席。1954 年 9 月至 1959 年 4 月任最高人民法院院长、党组书记（1954 年 10 月起）、审判委员会委员（1955 年 2 月起）。1954 年 12 月当选为政协第二届全国委员会副主席。1955 年 4 月至 1956 年 9 月任中共中央监察委员会书记。1956 年 9 月在中共八届一中全会上当选为中共中央政治局委员。1956 年 9 月至“文化大革命”初期任中共中央监察委员会书记，1959 年 4 月至 1975 年 1 月任中华人民共和国副主席。1969 年 4 月在中共九届一中全会上当选为中共中央政治局委员。1973 年 8 月在中共十届一中全会上当选为中共中央政治局委员、常委。1975 年 1 月当选为第四届全国人大常委会副委员长。1975 年 4 月 2 日在北京逝世。

◆董必武故居院门

◆董必武故居纪念馆

1886年，董必武出生时，董家是一个大家庭，居所共三幢两院。大革命失败后，国民党反动派四处张贴通缉令悬赏捉拿董必武。因悬赏捉拿失败，国民党当局于1928年6月放火焚烧董家，前两幢房屋当时已烧毁，唯第三幢还残留少许。全国解放后，红安县政府对故居的后幢进行了修复，在故居前幢的基址上修建了红安县文化馆。1977年，红安县革命博物馆将未被烧毁的第三幢建筑按原貌予以修复，并在其内举办了反映董必武青少年时期学习、生活、成长历程的展览和复原陈列。董必武故居是董必武的诞生地和青少年生活的地方，也是其早年人生、逐步走上革命道路的见证，具有重要的历史价值。

董必武纪念馆于1985年清明节破土动工，1986年3月5日董必武诞辰100周年时落成开放。2004年再次维修。纪念馆分三个展室，通过740余件珍贵文物、图片、字画、硅胶像等，生动形象地再现了董必武光辉战斗的一生，以及他为中国革命和社会主义建设事业作出的重大贡献。

董必武故居于2006年5月被国务院公布为全国重点文物保护单位；董必武纪念馆于1995年3月被湖北省人民政府公布为湖北省爱国主义教育基地。

向警予烈士陵园

向警予烈士陵园位于湖北省武汉市汉阳区龟山西首。

◆向警予烈士塑像

向警予烈士陵园由向警予烈士墓和红色战士公墓两部分组成，是为纪念中国共产党优秀党员、中国妇女运动先驱向警予烈士和土地革命战争初期在武汉牺牲的革命烈士修建的。

1927年大革命失败后，向警予仍留在处于白色恐怖之中的武汉负责中共湖北省委工作。1928年3月，因叛徒出卖而被捕。同年5月1日，被国民党反动派枪杀于汉口余记里空坪。在此前后被屠杀的共产党人和革命群众达数千人。当时，没有被亲属或社会慈善部门安葬的烈士遗体，由共产党员陈春和与他的舅父王斋公冒着生命危险，记录英名，秘密收殓掩埋于龟山西南侧山

◆向警予烈士之墓

脚下的补乾亭（六角亭）附近。后来，陈春和、王斋公也被国民党反动派杀害，所记名单无法查找，仅知向警予、马骏三、赵世当、陈其科等烈士埋葬地。为缅怀这些先烈，通称“红色战士”。

1950 年，开始对公墓实施保护。1955 年 9 月，因建武汉长江大桥曾将墓迁至扁担山南麓。1978 年，在纪念向警予烈士英勇就义 50 周年时，中共湖北省委、武汉市委决定在汉阳龟山西首修建向警予烈士墓。1986 年武汉市政府将红色战士公墓迁移至此。

红色战士公墓于 1956 年 11 月被湖北省人民委员会公布为湖北省文物保护单位，向警予烈士墓于 1981 年 12 月被湖北省人民政府公布为湖北省文物保护单位，向警予烈士陵园于 1995 年 3 月被湖北省人民政府公布为湖北省爱国主义教育基地；1988 年 12 月被湖北省人民政府公布为湖北省重点烈士纪念建筑物保护单位，1989 年 8 月被民政部公布为全国重点烈士纪念建筑物保护单位。

施洋烈士陵园

施洋烈士陵园位于湖北省武汉市武昌区洪山南麓。

施洋（1889—1923），原名吉超，号万里，后改名洋，字伯高，湖北竹山人。1889 年 6 月 13 日出生，1907 年考入郧阳府立农业学堂，1910 年转入郧阳中学。1917 年毕业后从事律师职业，加入武汉律师公会，被选为副会长，后又发起组织湖北各界联

◆施洋烈士陵园

◆施洋烈士墓

合会，任副会长，施洋是在五四运动中成长起来的著名进步律师。1921 年施洋发起“驱王自治”，并联络湖北自治军，大败王占元于羊楼司。他还领导了汉口人力车工人的反加租罢工，并取得胜利。1922 年 6 月加入中国共产党，并与林育南等组建武汉工团联合会。1923 年 2 月 1 日京汉铁路总工会成立，施洋以湖北工团联合会、京汉铁路总工会法律顾问的身份参加了京汉铁路工人大罢工的领导工作。2 月 7 日，敌人对罢工工人进行镇压，当晚，施洋被反动军阀逮捕。在监狱里，施洋与敌人进行了最后的斗争。2 月 15 日，在刑场上，他高呼“堂堂做人，反对强暴，劳工万岁！”壮烈牺牲于武昌。

◆施洋烈士纪念碑

施洋烈士原来安葬在武昌洪山脚下，1953 年迁墓并修建陵园于现址。陵园由施洋烈士陵园牌坊、施洋烈士塑像、施洋烈士纪念碑和施洋烈士墓四部分组成。

施洋烈士陵园于 1956 年 11 月被湖北省人民委员会公布为湖北省文物保护单位；1995 年 3 月被湖北省人民政府公布为湖北省爱国主义教育基地；1988 年 12 月被湖北省人民政府公布为湖北省重点烈士纪念建筑物保护单位，1989 年 8 月被民政部公布为全国重点烈士纪念建筑物保护单位。

北伐独立团烈士陵园

北伐独立团烈士陵园位于湖北省武汉市武昌区洪山东部南麓。

◆北伐独立团烈士陵园

◆北伐独立团烈士陵园内的烈士纪念碑

1926年北伐战争中，以共产党员、共青团员为骨干的国民革命军第四军独立团（又称叶挺独立团）在攻占武昌城的战役中，共产党员、一营营长曹渊等191名官兵壮烈牺牲。北伐军攻克武昌城后，为纪念攻打武昌城牺牲的将士，国民革命军总政治部批准中共独立团特别支部的建议，将停放长春观的烈士灵柩葬于洪山。1927年年初，由叶挺主持修建烈士墓。立碑刻有“国民革命军第四军独立团北伐攻城阵亡官兵诸烈士墓”和独立团一营营长曹渊等191位牺牲官兵的姓名，以及“精神不死！”“先烈之血！”“主义之花！”“无产阶级的牺牲者！”“诸烈士的血铸成了铁军的荣誉！”等碑文。

1954年，当地政府对陵墓进行了维修。1980年，由武昌区人民政府扩建为陵园。北伐独立团烈士陵园由牌坊、纪念碑、曹渊烈士纪念碑、烈士墓组成。

北伐独立团烈士陵园于1956年11月被湖北省人民委员会公布为湖北省文物保护单位；1995年3月被湖北省人民政府公布为湖北省爱国主义教育基地。

湘鄂赣边区鄂东南革命烈士陵园

湘鄂赣边区鄂东南革命烈士陵园位于湖北省黄石市阳新县兴国镇陵园路1号。

位于湘鄂赣边境的鄂东南地区是一片红色的土地。大革命时期，这里是北伐战争的重要战场。土地革命战争时期，这里是湘鄂赣革命根据地的重要组成部分。抗日战争时期，共产党在这里开辟了湘鄂赣边抗日民主根据地。解放战争时期，这里是解放大军南下作战的前进基地。

◆湘鄂赣边区鄂东南革命烈士陵园

湘鄂赣边区鄂东南革命烈士陵园始建于1979年，是为了纪念湘鄂赣边区21个县市在新民主主义革命时期牺牲的31万革命先烈而兴建的。陵园分瞻仰区、国防教育区、基地碑林区等区域，有湘鄂赣边区鄂东南革命烈士纪念碑、鄂东南革命烈士纪念馆、彭德怀塑像，以及烈士纪念亭、烈士墓、将军墓林、国防园、正气亭、浩然亭等十二大主体建筑。鄂东南革命烈士纪念馆分5个展室，陈列着中国共产党的创立和大革命时期、土地革命战争时期、抗日战争时期、全国解放战争时期湘鄂赣边21县的革命斗争历史，以及220余名县团级以上革命烈士的英雄事迹。

◆湘鄂赣边区鄂东南革命烈士陵园内的烈士纪念堂

湘鄂赣边区鄂东南革命烈士陵园于1995年3月被湖北省人民政府公布为湖北省爱国主义教育基地；1988年12月被湖北省人民政府公布为湖北省重点烈士纪念建筑物保护单位，1989年8月被民政部公布为全国重点烈士纪念建筑物保护单位。

郧阳革命烈士陵园

郧阳革命烈士陵园位于湖北省十堰市郧县城关镇杨家岭1号兴郧路社区杨家山。

郧县地处鄂西北，地跨汉水南北，地势险要，是兵家必争之地。新民主主义革命时期，在中国共产党的领导下，郧阳相继有4万多人参军参战，2000多人壮烈牺牲。郧阳革命烈士陵园始建于1950年，由原中共郧阳地委、郧阳专员公署、郧阳军分区为悼念解放郧阳而牺牲的烈士所建造。原址坐落于郧县老城沧浪山（又名虎山）。1951年7月1日落成。1978年，因丹江口水库蓄水，报请湖北省人民政府批准，将陵园迁建于新县城北部杨家岭。新郧阳革命烈士陵园依山而建，现主体建筑有革命烈士纪念碑、纪念碑亭、杨献珍纪念亭、革命史纪念馆、影像馆和东西仿古四角亭等。四角亭东亭一楼为革命烈士纪念亭，迎门竖有宫立章烈士碑，馆内竖有三块大理石碑，镌刻着各个革命时期牺牲的1609位烈士英名。陈列馆29块展板上详记着丹江口市、郧县、郧西、房县、竹山、竹溪县等县市革命斗争史，是十堰市史料最完备、内容最丰富的革命史陈列馆。

◆郧阳革命烈士陵园

◆郧阳革命历史纪念馆

郧阳革命烈士陵园于1995年3月被湖北省人民政府公布为湖北省爱国主义教育基地；1988年12月被湖北省人民政府公布为湖北省重点烈士纪念建筑物保护单位。

郧县南化塘烈士陵园

郧县南化塘烈士陵园位于湖北省十堰市郧县南化塘镇南化村胡家岩泰山庙山头。

南化塘地处鄂豫陕三省边陲，素有鄂之屏障、豫之门户、陕之咽喉之称，军事地位十分重要。新民主主义革命时期，先后有6支人民军队在此开展武装斗争或创建革命根据地，留下了15位党和国家领导人、328位将帅浴血奋战的足迹。1932年红四方面军西征，在南化塘创建了革命根据地；1934年红二十五军长征转战南化塘，创建了鄂豫陕革命根据地；1935年红70师在南化塘等地与敌激战，粉碎了敌人的数次“围剿”；1946年李先念、王震等率领中原突围部队激战鲍鱼岭、血战南化塘，冲破国民党号称“天下第一军”的胡宗南部的围追堵截，粉碎了国民党在南化塘一带彻底消灭中原部队的阴谋。1947年陈赓、谢富治率部挺进豫陕鄂边地区，开辟了豫陕鄂（后称陕南）解放区，使郧阳（今十堰市）成为湖北省解放最早的地区。

◆郧县南化塘烈士陵园内的陈列馆

◆郧县南化塘革命烈士纪念碑

为了铭记革命历史，缅怀革命先烈，继承光荣传统，1986年修建了南化塘革命烈士陵园，1987年又进一步改扩建，主体建筑有纪念碑、革命将领纪念馆等。纪念馆内布展了红二十五军创建包括南化塘在内的鄂豫陕革命根据地，中原突围部队激战鲍鱼岭、血战南化塘和陈谢兵团解放郧阳的历史。馆内展出的有珍贵图片、地图和实物100多件。

郧县南化塘烈士陵园于1999年2月被湖北省人民政府公布为湖北省爱国主义教育基地。

宜昌市革命烈士陵园

宜昌市革命烈士陵园位于湖北省宜昌市西陵区东山之巅。

宜昌市革命烈士陵园内建有烈士纪念碑、烈士骨灰堂和革命烈士纪念馆等纪念设施。

1966年在原东山公园旧址之一小歇亭（今宜昌火车站）修建烈士陵园。陵园内陈放着在1949年7月解放宜昌战斗中牺牲的、葬于白骨塔、东山坡下和镇境山等处及当

◆宜昌市革命烈士陵园

阳县玉泉寺的烈士遗骸174具。1970年修筑鸦（鹊岭）官（庄）铁路，在小歇亭建火车站，将烈士陵园迁至东山寺遗址。1974年建成革命烈士公墓、解放宜昌纪念碑和纪念室。1994年，重建革命烈士纪念馆。

纪念碑位于纪念广场正西方，始建于1973年，改造于2008年。碑身白色大理石内镶“革命烈士永垂不朽”八个大字。基座呈褚红色，内嵌“百万雄师过大江”等浮雕。烈士骨灰堂安放有土地革命战争时期、解放战争时期和社会主义革命和建设时期在宜昌牺牲的207名烈士骨灰。1997年竣工的宜昌革命烈士纪念馆，分别介绍了大革命时期、土地革命战争时期、抗日战争时期、解放战争时期和社会主义革命和建设时期烈士的英雄事迹。其中，共展出图片347幅，文物35件，以及被国家正式批准的革命烈士2717人名录。

◆宜昌市革命烈士陵园内的烈士纪念碑

宜昌市革命烈士陵园于1995年3月被湖北省人民政府公布为湖北省爱国主义教育基地；1988年12月被湖北省人民政府公布为湖北省重点烈士纪念建筑物保护单位，2009年3月被民政部公布为全国重点烈士纪念建筑物保护单位。

襄阳市革命烈士陵园

襄阳市革命烈士陵园位于湖北省襄阳市襄城区铁佛寺路60号。

襄阳市革命烈士陵园是1950年为缅怀在解放襄樊战役中英勇牺牲的先烈们修建的。园内有烈士纪念碑一座，碑后建有革命烈士墓，墓中安葬的是解放襄樊战役中英勇牺牲的103位无名烈士以及大革命时期、土地革命战争时期牺牲的先烈们的遗骨。半山腰安

◆襄樊革命烈士纪念馆

葬有社会主义时期因公牺牲的先烈。园内还建有烈士亭等 10 多处建筑物。襄樊革命烈士纪念馆是烈士陵园的重要组成部分，位于烈士陵园广场东南侧。该馆建于 2001 年，设有襄樊战役史迹陈列厅。

1948 年夏，中国人民解放军中原军区司令员刘伯承、政治委员邓小平，根据全国解放战争形势，决定以桐柏军区司令员王宏坤统一指挥中原野战军第 6 纵队、桐柏军区 28 旅、陕南军区 12 旅等主力部队发起襄樊战役，消灭盘踞在江汉之间重要战略要地——襄阳、樊城的国民党军。襄樊战役从 1948 年 7 月 2 日开始至 16 日结束，共俘获国民党驻襄樊地区第 15 “绥靖” 区司令官康泽、副司令官郭勋祺及其以下 17000 余人，毙伤 3500 余人，共计 21000 余人。这次战役的胜利，被称为“五路大捷”之一，周恩来亲自起草贺电，经毛泽东主席修改后，以中共中央委员会的名义祝贺襄樊战役的胜利。朱德誉称此役为“小的模范战役”。

◆襄阳市革命烈士陵园内的烈士雕像

襄阳市革命烈士陵园于 1995 年 3 月被湖北省人民政府公布为湖北省爱国主义教育基地；1988 年 12 月被湖北省人民政府公布为湖北省重点烈士纪念建筑物保护单位。

枣阳市革命烈士陵园

枣阳市革命烈士陵园位于湖北省襄阳市枣阳市园林路 3 号。

枣阳市是湖北省重点革命苏区县（市），被誉为“鄂西北革命的曙光”。早在 1925 年就组建中共组织，1926 年正式建立中共枣阳县委员会，这里曾是湘鄂西苏区的重要组成部分和中国工农红军第 26 师的发祥地，李先念、徐向前等老一辈无产阶

◆枣阳市革命烈士陵园内的烈士纪念碑

级革命家曾在这里战斗过。在历次革命战争中，枣阳军民前仆后继，浴血奋战，牺牲的干部群众达3万多人，已被追认为革命烈士的有1852人，其中县团级以上的有86人。

烈士陵园于1976年开始兴建，1980年竣工。现主要建筑有革命烈士纪念碑、革命烈士纪念馆、陈列馆等。纪念馆陈列着枣阳著名的85位革命烈士和4位革命同志的遗像及生平简介，169件革命烈士的遗物、遗著等，记录了枣阳革命斗争、革命烈士的悲壮英雄历史。

◆枣阳革命纪念馆

枣阳市革命烈士陵园于1999年2月被湖北省人民政府公布为湖北省爱国主义教育基地；2009年10月被湖北省人民政府公布为湖北省重点烈士纪念建筑物保护单位。

荆门市烈士陵园

荆门市烈士陵园位于湖北省荆门市东宝区龙泉街道办事处陵园路2号。

荆门是一块红色沃土。中国共产党创立不久，就在荆门播下了革命的火种。土地革命战争时期，荆门是湘鄂西苏区的重要组成部分，贺龙曾多次率红军转战荆门。抗日战争时期，李先念等老一辈无产阶级革命家在荆门留下了光辉的战斗足迹。解放战争时期，荆门为支援中原突围和解放大军南下发挥了重要作用。在长期的革命斗争中，数千英雄儿女血洒疆场。为纪念革命先烈，1957年，荆门县人民政府在象山脚下文明湖

◆荆门市烈士陵园内的烈士名录墙

畔修建荆门烈士陵园。1983年荆门市县合并升格后由于城市发展需要，荆门市人民政府将荆门烈士陵园迁至象山顶峰，修建了烈士纪念碑、革命烈士墓、烈士名录墙等设施。园内建有革命烈士墓50余个，均立碑简要介绍烈士生平。修建的烈士名录墙，刻有全市各个革命时期烈士4719人姓名。

荆门市烈士陵园于1999年2月被湖北省人民政府公布为湖北省爱国主义教育基地；2009年10月被湖北省人民政府公布为湖北省重点烈士纪念建筑物保护单位。

孝感市革命烈士陵园

孝感市革命烈士陵园位于湖北省孝感市孝南区书院街光明村。

在革命战争年代，孝感人民在中国共产党的领导下，为推翻帝国主义、封建主义、官僚资本主义的反动统治，进行了不屈不挠的斗争。孝感曾经分属鄂豫皖苏区和湘鄂西苏区，又长期是鄂豫边区抗日民主根据地的指挥中心和新四军第5师的重要活动地域。许多老一辈无产阶级革命家在这块光荣的土地上战斗过。无数共产党员和人民英雄前仆后继、浴血奋战，为中华民族解放和人民幸福而英勇地献出了宝贵的生命。为了缅怀先烈的英雄事迹，继承革命的光荣传统，1952年修建了孝感市烈士陵园。其主体建筑有革命烈士纪念堂、烈士事迹陈列馆、孝感市革命烈士纪念碑、烈士纪念亭、烈士墓群等。纪念碑的右侧是两个烈士纪念亭，左侧是烈士墓群，28名烈士长眠于此。2006年，由于烈士祠的整

◆孝感市革命烈士陵园

◆孝感市革命烈士纪念堂

体拆迁，在孝南区书院街光明村建成了占地面积30亩的南园。主体建筑物有烈士事迹陈列馆1座、烈士纪念堂2座、烈士纪念亭2个。

孝感市革命烈士陵园于1995年3月被湖北省人民政府公布为湖北省爱国主义教育基地；1988年12月被湖北省人民政府公布为湖北省重点烈士纪念建筑物保护单位，2009年3月被民政部公布为全国重点烈士纪念建筑物保护单位。

鄂豫边区革命烈士陵园

鄂豫边区革命烈士陵园位于湖北省孝感市大悟县城关镇澴河东岸江岗山西麓。

鄂豫边区虎踞中原，历来为兵家必争之地。土地革命战争时期，这里是鄂豫皖革命根据地的重要区域，红四方面军曾在这里浴血奋战，先后取得了三次反“围剿”的胜利。红四方面军主力西进后，边区人民先后配合红二十五军和红二十八军，又坚持了5年艰苦卓绝的武装斗争。抗日战争时期，边区人民积极投身抗日救亡运动。1941年，李先念率领新四军第5师和鄂豫边区党委、行政公署移驻大悟山，在人民群众的全力支持下，第5师健儿战胜了敌伪顽的夹击、包围和经济封锁，取得了反磨擦、反“扫荡”斗争的

◆鄂豫边区革命烈士陵园

◆鄂豫边区革命烈士纪念碑

节节胜利，先后歼灭了大量日伪军，开辟了以大悟山为中心的纵横千里的鄂豫边区抗日民主根据地，为夺取抗日战争胜利作出了卓越贡献。解放战争时期，这里爆发了震惊中外的宣化店中原突围，拉开了全国解放战争胜利的序幕。为纪念革命先烈，铭记革命前辈的丰功伟绩，1974 年湖北省人民政府决定在大悟县修建鄂豫边区革命烈士陵园。烈士陵园于 1984 年 11 月落成，主体建筑有鄂豫边区革命烈士纪念碑、纪念堂、中原突围烈士纪念碑。

鄂豫边区革命烈士陵园于 1995 年 3 月被湖北省人民政府公布为湖北省爱国主义教育基地；1986 年 10 月被民政部公布为全国重点烈士纪念建筑物保护单位。

赵家棚抗日烈士陵园

赵家棚抗日烈士陵园位于湖北省孝感市安陆市赵棚镇赵棚村薛家山。

1939 年 5 月，李先念率新四军豫鄂游击大队，从河南竹沟南下到达赵家棚后，将新四军独立游击大队、湖北省抗日游击大队和党领导的应山地方武装合编成立新四军独立支队挺进团。同年 6 月，陈少敏奉中央和中原局之命，率部队和干部 200 余人来到赵家棚与李先念会师，其部队亦编入挺进团，开始开创以赵家棚为中心的安陆、应山、孝感三县接壤区的敌后抗日民主根据地。其后，赵家棚地区成为连接平汉铁路东西向的枢纽，是新四军第 5 师（包括其前身鄂豫挺进支队、纵队）和鄂豫边区的重要战略指挥基地和后勤保障基地。第 5 师和边区的许多部队在此得到休整和补充，边区党政领导机关在此共召开重大会议 7 次，在边区同敌进行大的战斗达 44 次，第 5 师和鄂豫边区军械厂、被服厂、军用地图绘制所、《挺进报》和《七七报》印刷厂及敌后

◆赵家棚抗日烈士纪念碑

医院、抗大第十分校等在此相继创办或长期坚持。抗日战争时期，在赵家棚地区牺牲的烈士达 700 余人。

1984 年 3 月，中共安陆县委、县政府在赵家棚薛家山建设赵家棚抗日烈士陵园，1985 年 10 月竣工。烈士陵园由抗日烈士纪念碑、文物陈列室、怀念亭等建筑物组成。文物陈列室珍藏有抗战期间革命文物 70 余件及相关党史资料。

赵家棚抗日烈士陵园于 1999 年 2 月被湖北省人民政府公布为湖北省爱国主义教育示范基地；2009 年 10 月被湖北省人民政府公布为湖北省重点烈士纪念建筑物保护单位。

荆州市烈士陵园

荆州市烈士陵园位于湖北省荆州市沙市区红门路 55 号。

◆荆州市烈士陵园内的烈士纪念碑

荆州市烈士陵园于 1959 年由原沙市市第三届人民代表大会决定，为纪念在革命战争时期英勇献身的先烈而修建。原名沙市革命烈士陵园。分为瞻仰凭吊区、事迹陈列展览区、娱乐活动小憩区。在瞻仰区内，建有高达 30 多米的革命英雄纪念碑。纪念碑正后方是公墓亭，安葬有 400 多名为沙市解放而牺牲的无名先烈。纪念碑的南侧建有革命历史事迹展览馆，馆内展示着革命战争年代里，老一辈无产阶级革命家贺龙、周逸群、段德昌、李先念等在这里领导荆州人民进行艰苦卓绝的斗争及中国共产党在荆州地区建立、发展、壮大的历史和相关资料。

荆州市烈士陵园于 1995 年 3 月被湖北省人民政府公布为湖北省爱国主义教育基地。

荆和烈士陵园

荆和烈士陵园位于湖北省荆州市公安县杨家厂镇荆和村。

荆和村是一个具有光荣革命历史的村落，也是公安县早期革命的策源地。这片红色的土地曾作为抗日战争、解放战争的军事要地发挥过重要作用。覃济川、郑绍孔、尹泽

◆荆和烈士陵园大门

彪等13位革命前辈诞生于此，他们为民族独立和人民解放事业前仆后继，英勇献身，感动着一代又一代的公安人。为了缅怀先烈，弘扬革命精神，1990年荆和村人民把分散掩埋在外地的十几位烈士的忠骨接回故里，修建了这座庄严肃穆的烈士陵园。

烈士陵园于1990年12月建成，园内安葬着18位革命烈士。主要有：覃济川，1922年参加革命，1924年秋加入中国共产党，创建了公安县第一个革命组织——公安县农会，组建了国民党公安县临时党部。牺牲时年仅27岁，忠骨掩埋于章庄铺镇松林村。覃可阶，1926年参加革命，历任中共公安县党支部书记，区委书记，苏维埃主席，中共江陵县委委员。1931年牺牲于监利县白螺湖。郑绍孔，1925年参加革命，曾任红军营长，转战于湘鄂西一带。1932年在石首桃花山战斗中牺牲。尹泽彪，1927年参加革命，为麻豪口中共地下党员，曾参加镇压地方土匪恶霸的活动。1928年4月被清乡队杀害于麻豪口，时年28岁。

◆荆和烈士陵园内景

荆和烈士陵园于1999年2月被湖北省人民政府公布为湖北省爱国主义教育基地。

湘鄂西苏区革命烈士陵园

湘鄂西苏区革命烈士陵园位于湖北省荆州市洪湖市区新堤办事处沿江路。

湘鄂西苏区是土地革命战争时期由贺龙、周逸群、段德昌等领导开创的著名革命根据地，它以洪湖地区为中心，由洪湖、湘鄂边、鄂西北、襄枣宜、巴归兴等几块革命根据地组成。毛泽东在他的《论抗日游击战争的战略问题》中曾评价道：“红军时代的洪

◆湘鄂西苏区革命烈士纪念馆

湖游击战争支持了数年之久，都是河湖港汉地带能够发展游击战争并建立根据地的证据。”

为缅怀在湘鄂西苏区革命斗争中牺牲的革命先烈，1978 年 10 月，中共湖北省委决定在洪湖新堤镇建立湘鄂西苏区烈士陵园，1984 年 11 月，湘鄂西苏区革命烈士陵园落成并对外开放。陵园拥有八大主题纪念标志物：贺龙元帅铜像、四柱牌坊、烈士纪念碑、历史陈列馆、烈士纪念馆、陵园广场、莲花池、将军墓。湘鄂西苏区革命烈士纪念碑基座正方铭刻着国务院于 1957 年撰写的碑文。烈士纪念馆展出了 100 位县团级以上烈士的生平简介。历史陈列馆展示着土地革命战争时期湘鄂西苏区史实，概括而生动地再现了这一时期湘鄂西人民革命斗争的光辉历程。

◆湘鄂西苏区革命烈士纪念碑

湘鄂西苏区革命烈士陵园于 1995 年 3 月被湖北省人民政府公布为湖北省爱国主义教育基地；于 1986 年 10 月被民政部公布为全国重点烈士纪念建筑物保护单位。

黄冈革命烈士陵园

黄冈革命烈士陵园位于湖北省黄冈市团风县杜皮乡杜皮咀村鼻子岗山上。

团风县于 1996 年建县，其前身为黄冈县。黄冈县是鄂东首府，具有光荣的革命传统，是著名的革命老区。早在 1920 年，陈潭秋、恽代英、林育南就在回龙山以开办学校的方式传播马克思主义。1921 年恽代英、林育南等在回龙山八斗塆成立革命团体“共存社”。1922 年春，胡亮寅等在八斗塆成立了共产党小组。黄冈成为全省较

◆黄冈革命烈士陵园

早建立基层党组织的县份。大革命时期，黄冈成立了农民协会。1927 年中共黄冈县委成立，党员发展到 643 人。土地革命战争后期，黄冈是红二十八军坚持鄂豫皖游击战争的主要后方基地。抗战爆发后，黄冈中心县委成立了鄂东最早的人民抗日武装——鄂东抗日游击挺进大队（后改编为独立游击第五大队）。后来，黄冈成为新四军 5 师东扩南进的根据地。抗战胜利后，黄冈中心县委组织群众向鄂东独立旅和刘邓大军提供给养，掩护干部，迎来黄冈全境解放。

烈士陵园于 1975 年动工修建，1981 年正式竣工并对外开放。陵园内的主要建筑有：抗日游击五大队纪念馆、黄冈革命烈士纪念馆、烈士纪念碑、骨灰陈列室、牌坊式大门等。

黄冈革命烈士陵园于 1995 年 3 月被湖北省人民政府公布为湖北省爱国主义教育基地。

◆黄冈革命烈士陵园内的烈士墓

英山县烈士陵园

英山县烈士陵园位于湖北省黄冈市英山县温泉镇金石路 38 号。

土地革命战争时期，英山是鄂豫皖革命根据地的重要组成部分。早在 1927 年，英山就建立了中共组织，1930 年建立了苏维埃红色政权，红二十七军在英山成立，红二十五军自此北上，红四方面军、红二十八军等革命武装力量以此为根据地坚持斗争，刘邓大军千里挺进大别山曾两次解放英山县城，并以此为后方迂回鏖战。在革命战争年

◆英山县烈士陵园

代，全县21万多人中就有10万多人参军参战，为革命牺牲的烈士有7000多人，其中记名的烈士2319人。为纪念革命先烈的事迹，1956年民政部特批建立英山县烈士陵园，1958年落成。

陵园内保存有十分丰富宝贵的革命文物，其中主要有朱德、周恩来、董必武、徐向前、王任重等党和国家领导人的亲笔题词13幅及亲笔信函等重要史料；有重点革命烈士照片88张；烈士档案138份；红军用过的杯子、布军鞋、大刀、刺刀、土枪、土铳等198件。

◆英山县烈士陵园内的烈士纪念馆

英山县烈士陵园于1995年3月被湖北省人民政府公布为湖北省爱国主义教育基地；1996年12月被湖北省人民政府公布为湖北省重点烈士纪念建筑物保护单位。

麻城烈士陵园

麻城烈士陵园位于湖北省黄冈市麻城市龙池桥街道办事处陵园路75号。

麻城为鄂东北地区的战略要地，具有光荣的革命传统。这里是黄麻起义的重要策源地和红四方面军的发祥地之一，是鄂豫皖革命根据地的重要组成部分。在革命战争年代，麻城有14万多名英雄儿女为革命捐躯。土地革命战争时期，有6万余人先后参加红军，有7000多人参加了万里长征。新中国成立后登记在册的革命烈士有13251人。为纪念黄麻起义，缅怀鄂豫皖苏区牺牲的革命先烈，当地政府于1977年动工兴建烈士陵园，1979年竣工落成，由黄麻起义和鄂豫皖苏区革命烈士纪念碑、麻城革命纪念馆、王树声纪念馆，王树声大将墓及李硕勋革命烈士纪念广场等几个部分组成。纪念碑坐落

◆黄麻起义和鄂豫皖苏区革命烈士纪念碑

◆王树声大将墓

于园区正前方东部，方形基座四周镶嵌反映“黄麻起义”、“红四方面军在鄂豫皖苏区成长历程”、“老区人民拥军支前”、“刘邓大军千里跃进大别山”历史场景浮雕。革命纪念馆、王树声纪念馆、王树声大将墓、李硕勋革命烈士广场环绕烈士碑周围。

麻城烈士陵园于 1995 年 3 月被湖北省人民政府公布为湖北省爱国主义教育基地；2009 年 3 月被民政部公布为全国重点烈士纪念建筑物保护单位。

嘉鱼县烈士陵园

嘉鱼县烈士陵园位于湖北省咸宁市嘉鱼县鱼岳镇北部。

从 1924 年开始，嘉鱼县就有了革命活动。1925 年年初，嘉鱼县第一个共产党员李文卿以“集贤客栈”为联络站，宣传马克思主义，传播革命真理；1926 年 10 月，建立全县第一个党组织——中共嘉鱼县支部委员会，从此，在党的领导下，工农革命运动迅速发展。1927 年 9 月 9 日，中共嘉鱼县委领导了米埠秋收暴动，枪毙劣绅，宣布成

◆嘉鱼县烈士陵园

◆嘉鱼县烈士陵园内的烈士纪念塔

立米埠区农民协会，后在大岩山建立革命根据地。1929 年 9 月，在下畈建立中共嘉鱼县临时委员会；1939 年 6 月至 1945 年 8 月，嘉鱼县境内建立了金水流域抗日民主根据地和嘉（鱼）蒲（圻）临（湘）抗日民主根据地，以游击战打击日本侵略军。解放战争时期，建立了汉（阳）嘉（鱼）沔（阳）地下青年建国会，开展争取和平民主斗争。为纪念嘉鱼县各个革命历史时期英勇献身的革命烈士，1960 年，嘉鱼县委、县政府把“嘉鱼公园”改建为“烈士陵园”。陵园建筑有园门、牌坊、革命烈士纪念塔、烈士墓。烈士塔前和墓后分别建有四角亭和六角亭。在革命烈士纪念塔四周大理石上，镌刻有各革命时期牺牲的烈士英名。

嘉鱼县烈士陵园于 1999 年 2 月被湖北省人民政府公布为湖北省爱国主义教育基地。

湘鄂边苏区鹤峰革命烈士陵园

湘鄂边苏区鹤峰革命烈士陵园位于湖北省恩施土家族苗族自治州鹤峰县容美镇陵园路 21 号。

鹤峰县是土地革命战争时期湘鄂西武装割据斗争的策源地和战略后方，是中国工农红军第四军（后改称红二军）的摇篮，是湘鄂西苏区反“围剿”斗争的主要战场。从 1928 年到 1935 年，鹤峰各族人民在湘鄂西党组织领导下，为建立、发展和保卫苏维埃政权，进行了不屈不挠的斗争，留下了贺龙、段德昌等无产阶级军事家的光辉

◆湘鄂边苏区鹤峰革命烈士陵园

足迹。鹤峰也因此被贺龙称为“第二故乡”。土地革命战争时期，鹤峰全县有3000多人为革命献出了宝贵生命。

1959年，鹤峰县人民政府为纪念土地革命时期在湘鄂边苏区牺牲的烈士而修建烈士陵园。2004年至2009年又进行了改建、扩建。陵园依山而建，前有进园牌坊、星火广场、贺龙铜像、烈士祠，中部矗立有湘鄂边苏区革命烈士纪念碑，山顶为革命烈士主墓区，安葬有段德昌、王炳南、贺英等烈士。

◆湘鄂边苏区鹤峰革命烈士陵园内的烈士祠

◆湘鄂边苏区革命烈士纪念碑

湘鄂边苏区鹤峰革命烈士陵园于1995年3月被湖北省人民政府公布为湖北省爱国主义教育基地，2009年5月被中央宣传部公布为全国爱国主义教育示范基地，1988年12月被湖北省人民政府公布为湖北省重点烈士纪念建筑物保护单位，2001年5月被民政部公布为全国重点烈士纪念建筑物保护单位。

天门市革命烈士陵园

天门市革命烈士陵园位于湖北省天门市竟陵办事处陆羽大道西端。

天门是江汉平原北部著名的革命老区，曾是湘鄂西苏区、鄂豫边抗日民主根据地的重要组成部分。在这块红色土地上，留下了贺龙、段德昌、李先念、陶铸、陈少敏等老一辈革命家的光辉足迹，掩埋着5000多位革命先烈的忠骨。为了纪念和缅怀英烈们的丰功伟绩，教育后代继承革命传统，1993年6月至1996年4月，由市委办公室、市政府办公室牵头，市委党史研究室具体负责，组织党团员和有关单位捐款，在市区古城堤修建市革命烈士纪念碑。2001年根据全市中心城区的整体规划

◆天门市革命烈士纪念碑

部署，将此碑迁至陆羽大道西端。

依原样重建的烈士纪念碑位于烈士陵园中心，碑座四周镶嵌四幅汉白玉浮雕，分别反映天门共产党组织在大革命、土地革命、抗日战争、解放战争、社会主义建设时期的活动。

天门市革命烈士陵园于 1999 年 2 月被湖北省人民政府公布为湖北省爱国主义教育基地。

资丘七十七烈士纪念碑

资丘七十七烈士纪念碑位于湖北省宜昌市长阳土家族自治县资丘镇资丘村 5 组。

1929 年 5 月至 7 月，在湘鄂西前委书记贺龙指示下，李勋、陈寿山、陈泽南、李步云等带领长阳各族人民组建革命武装，攻占县城，举行西湾起义，创建了中国工农红军第六军。红六军建立以后，在长阳全境开展了打击土豪劣绅开仓济贫，改造旧政权建立苏维埃政府的革命斗争。国民党反动派为之震惊，急令宜昌驻军出重兵“围剿”。8 月 5 日，红六军开到长阳县资丘镇时，遭遇敌军三路包围。红六军猝然迎战，牺牲惨重。参谋长李子骏率百余名勇

◆资丘七十七烈士纪念碑

士浴血奋战，掩护主力部队突围时壮烈牺牲。前敌指挥兼军法处长陈泽南、师长向泉山等 80 余人终因寡不敌众，弹尽被俘，被敌集体枪杀于资丘烟墩台下的石灰窑。

为缅怀革命先烈，1957 年 8 月，由资丘区公所组织于资丘烟墩台石灰窑掘出忠骨 77 具，在资丘老坟园建成资丘烈士纪念亭，亭为木质六角亭，亭下安葬 77 具红六军将士骨骸。因木亭年久朽损，1968 年 5 月，在资丘烟墩台重建七十七烈士纪念碑。隔河岩水利工程兴建时，1992 年 4 月再次迁址至资丘镇桃山黑岩头复建。

资丘七十七烈士纪念碑于 1999 年 2 月被湖北省人民政府公布为湖北省爱国主义教育基地。

襄西革命烈士纪念碑

襄西革命烈士纪念碑位于湖北省宜昌市当阳市城区关公文化园内。

◆襄西革命烈士纪念碑

襄西即指湖北省汉水以西、长江以北地区，主要有荆门、当阳、远安、钟祥、南漳、宜城、保康等县（市）。早在大革命时期，襄西共产党人为迎接国民革命军北伐，联合各种进步力量，举行当阳城关起义，连克当阳、远安、荆门、钟祥等县城，沉重打击了襄西豪绅地主和军阀势力。土地革命战争时期，1927 年 9 月爆发了震惊鄂西的瓦仓农民起义。尔后，襄西各县相继举行农民起义，组建工农革命武装和政权，创建了大小不等的苏区，成为湘鄂西苏区的重要组成部分。抗日战争时期，襄西人民相继在敌后建立了新四军襄西独立团襄西支队、独立 33 团和各县区地方武装，开辟了襄西抗日民主根据地。解放战争时期，襄西人民牵制了国民党军队的大量兵力，完成了坚持襄西、掩护中原突围部分部队，隐蔽和转移大批干部的任务，并创建了襄西解放区，配合人民解放军南下大军和江汉军区、湖北军区部队作战，解放襄西全境。在整个新民主主义革命斗争中，襄西人民前仆后继，英勇不屈，成千上万的优秀儿女献出了宝贵的生命。

襄西革命烈士纪念碑、纪念馆于 1999 年 6 月 24 日举行揭幕开馆仪式。革命烈士纪

◆襄西革命烈士纪念馆

念馆位于革命烈士纪念碑后面，一楼为烈士祠，陈放着襄西地区 10 多个市县的烈士及其他省、市牺牲在襄西的区、营级烈士英名录，正面墙上刻有 198 个县团级及以上职务烈士的烈士们的生平事迹简介。烈士祠的左右两侧，是革命历史陈列室，有展牌 900 块、展品 83 件。

襄西革命烈士纪念碑于 1999 年 2 月被湖北省人民政府公布为湖北省爱国主义教育基地。

陈潭秋故居纪念馆

陈潭秋故居纪念馆位于湖北省黄冈市黄州区陈策楼镇陈策楼村。

陈潭秋（1896—1943），湖北黄冈人，原名陈澄，字云先，化名徐杰，早年在武汉求学，并与董必武筹办武汉中学。1920 年参与筹建武汉的中国共产党早期组织，并参与组织社会主义青年团。1921 年 7 月出席中国共产党第一次全国代表大会。1921 年 9 月起任中国劳动组合书记部武汉分部负责人。1922 年 7 月至 1923 年 2 月任中共武汉区执委委员长、组织委员。1923 年发动和领导京汉铁路工人大罢工，后到安源从事工人运动和建党工作，任中共安源地委委员。1924 年 6 月至 10 月任中共武昌地方执委会委员长。1925 年 10 月至 1926 年 5 月任中共武汉地方执委会书记。第一次国共合作期间，参加创建中国国民党湖北省党部，任国民党湖北省党部组织部部长。1926 年 5 月至 9 月任中共湖北地方执委会书记。1926 年 9 月至 1927 年 5 月任中共湖北区执委委员兼组织部主任、宣传部主任。大革命失败后，1927 年 10 月至 1928 年 5 月任中共江西省委书记。1928 年起任中共中央组织部秘书、中共中央特派员、中共顺

◆陈潭秋故居

◆陈潭秋铜像

直省委常委（后兼宣传部部长）。1929 年 8 月按中共中央指示到青岛组成中共山东临时省委并改组市委。之后巡视满洲省委的工作，组建哈尔滨新市委。1930 年 8 月到 11 月任满洲总行动委员会书记、主席团成员。1930 年 11 月至 12 月任中共满洲省委书记。12 月在哈尔滨被捕入狱。1932 年 7 月经组织营救获释后，任中共江苏省委秘书长。1933 年初进入中央革命根据地，任苏区中央局党校校委委员兼教员。1933 年 6 月至 1934 年 1 月任中共福建省委书记。1934 年 2 月当选为中华苏维埃共和国第二届中央执委会委员、中央执委会人民委员会粮食人民委员，任中华苏维埃共和国中央政府粮食部部长。1934 年 10 月中央红军主力长征后，留在根据地坚持游击战争，任中共苏区中央分局委员兼组织部部长。1935 年赴苏联入莫斯科列宁学院研究班学习，并参加中国共产党驻共产国际的工作。1939 年 5 月回国。1939 年 6 月至 1942 年 9 月任八路军驻新疆办事处负责人。1942 年兼任中共中央调查研究局迪化（今乌鲁木齐）分局主任。1942 年 9 月被新疆军阀盛世才秘密逮捕。1943 年 9 月在迪化被秘密杀害。

陈潭秋故居是陈潭秋的出生地，他在此度过了童年。陈潭秋兄弟 8 人，姐妹 2 人，他排行第七，五哥陈术三在参加辛亥革命斗争中牺牲。陈潭秋受五哥影响，五四运动前后，在武汉读书并从事革命活动，他与董必武等人创建了武汉的共产党早期组织。期间他经常返回故里传播马列主义，指导黄冈县的革命斗争，并在此建立了黄冈最早的党组织——陈策楼党小组，陈策楼成为黄冈革命的策源地。在陈潭秋的影响下，其家庭成员纷纷投入革命洪流之中，全家有 5 人相继为革命献出了宝贵的生命。

为纪念陈潭秋烈士，1981 年春，黄冈县人民政府仿照原貌对陈潭秋故居进行了修复，复建的故居为 12 大间，一进两幢平房。室内陈列陈潭秋及其八弟陈荫林生平事迹展。1980 年，李先念亲笔题写了“陈潭秋故居纪念馆”馆名。1996 年 1 月 4 日，陈潭秋烈士诞辰 100 周年纪念日，为陈潭秋烈士立了全身铜像。

陈潭秋故居于 1992 年 12 月被湖北省人民政府公布为湖北省文物保护单位；陈潭秋故居纪念馆于 1999 年 2 月被湖北省人民政府公布为湖北省爱国主义教育基地。

胡幼松烈士纪念馆

胡幼松烈士纪念馆位于湖北省仙桃市陈场镇幼松村街头。

◆胡幼松烈士纪念馆

胡幼松（1898—1930），字荷山，化名赤工。沔阳县（今仙桃市）陈场镇坡场乡人。1924年7月加入中国共产党。1925年初建立沔阳县第一个农民协会，同年任中共沔阳县委委员。1927年3月至6月被中共党组织选派到武昌中央农民运动讲习所学习。大革命失败后，胡幼松被任命为潜沔地区农运特派员，到拖船埠一带发动农民群众。八七会议后，被任命为沔西区委书记。1927年中秋之夜，带领农民武装参加声势浩大的沔南戴家场暴动，接着参加沔城暴动和贺龙指挥的荆江两岸年关暴动。1928年1月，创建鄂中地区第一个红色政权——沔西区苏维埃政府，当选为主席。1929年11月，组建中共潜江县委并任书记。此后，指挥游击队开展游击战争。1930年2月，率领游击队配合红六军攻占潜江县城。同年4月24日，率领游击队参加谢场乡苏维埃政府成立大会，因叛徒告密被捕。4月26日英勇就义，年仅32岁。

为悼念胡幼松烈士，沔阳县政府将坡场大队更名为幼松大队，并于1976年兴建胡幼松烈士纪念馆，1978年5月23日落成。馆内陈列胡幼松烈士生平介绍和部分遗物。馆前矗立有胡幼松烈士纪念碑。

胡幼松烈士纪念馆于1999年2月被湖北省人民政府公布为湖北省爱国主义教育基地。

八七会议会址纪念馆

八七会议会址纪念馆位于湖北省武汉市江岸区鄱阳街139号。

八七会议会址纪念馆依托八七会议会址而建。会址为一栋三层的西式楼房，原是英国人建造的公寓，名为怡和新房。1926年国民革命军北伐占领武汉后，二楼是苏联援

◆八七会议会址纪念馆

华农业顾问洛卓莫夫的住处。八七会议就在洛卓莫夫的住房内召开。

1927年，蒋介石、汪精卫先后叛变革命，大革命失败，中国革命处在紧急关头。为了总结大革命失败的经验教训，确定中国共产党在新时期的斗争方针和任务，在共产国际的帮助下，1927年8月7日，中共中央在汉口原俄租界三教街41号（现为鄱阳街139号）召开了中央紧急会议，即八七会议。参加会议的中央委员有李维汉、瞿秋白、张太雷、邓中夏、任弼时、苏兆征、顾顺章、罗亦农、陈乔年、蔡和森，候补中央委员有李震瀛、陆沉、毛泽东，中央监察委员

◆八七会议在此房间召开（复原）

有杨匏安、王荷波，共青团代表有李子芬、杨善南、陆定一，湖南省委代表彭公达，湖北省委代表郑超麟，中央军委代表王一飞，中央秘书邓小平等 22 人。共产国际代表罗米那兹也参加了会议。会议批判和纠正了陈独秀的右倾机会主义错误，结束了陈独秀在中央的领导，选出了以瞿秋白为首的中央临时政治局，确立了实行土地革命和武装起义的方针，并把发动农民举行秋收起义作为当前党的主要任务。毛泽东当选为中央临时政治局候补委员，他在会议上发言，提出了“枪杆子里面出政权”的著名思想。八七会议给正处在思想混乱和组织涣散中的中国共产党指明了新的出路，为挽救党和革命作出了巨大贡献，中国革命从此开始由大革命失败到土地革命战争兴起的历史性转变。

八七会议会址于 1982 年 2 月被国务院公布为全国重点文物保护单位；八七会议会址纪念馆于 1995 年 3 月被湖北省人民政府公布为湖北省爱国主义教育基地，2001 年 6 月被中央宣传部公布为全国爱国主义教育示范基地。

八路军武汉办事处旧址纪念馆

八路军武汉办事处旧址纪念馆位于湖北省武汉市江岸区长春街 57 号。

国民革命军第八路军武汉办事处是抗日战争初期中国共产党在国民党管辖区内设立的一个公开办事机构。1937 年 8 月 22 日，国共两党达成协议，由原西北主力红军，即中国共产党领导的中国工农红军一、二、四方面军改编成“国民革命军第八路军”（同年 9 月按战斗序列改称国民革命军第十八集团军，但习惯上称八路军）。中共中央派董必武到武汉筹备八路军武汉办事处。10 月，八路军武汉办事处在汉口安仁里 1 号成立。12 月，南京失陷后，国民党政府的一些重要部门迁到武汉，各民主党派领袖、社会名流、文化界人士、全国著名抗日救亡团体也都云集武汉，武汉成为当时全国政治、军事、文化的中心。这时，原八路军南京办事处工作人员也随着转移到武汉，参加武汉办事处的工作，办事处迁驻旧日本租界

◆八路军武汉办事处旧址纪念馆

中街89号（今江岸区长春街57号）。中共中央长江局成立后，其机关也设在办事处内。1938年1月，新四军军部迁往南昌后，由八路军武汉办事处代办新四军驻汉办事处的一切工作。1937年12月至1938年10月，周恩来、董必武、秦邦宪、叶剑英等在这里领导长江局和八路军武汉办事处的工作。

◆武汉抗战陈列展厅

旧址原是一栋日式四层楼房，为日商大石洋行。1944年，美国飞机轰炸日租界时被炸毁。1978年按原貌恢复重建，并设纪念馆，复原了周恩来、董必武、秦邦宪、叶剑英的住房兼办公室，并举办有武汉抗战陈列。

八路军武汉办事处旧址纪念馆于1981年12月被湖北省人民政府公布为湖北省文物保护单位；1995年3月被湖北省人民政府公布为湖北省爱国主义教育基地。

武昌中央农民运动讲习所旧址纪念馆

武昌中央农民运动讲习所旧址纪念馆位于湖北省武汉市武昌区红巷（原黉巷）13号。

◆毛泽东同志主办的中央农民运动讲习所旧址

武昌中央农民运动讲习所旧址纪念馆依托毛泽东同志主办的中央农民运动讲习所旧址而建，辟有中央农民运动讲习所旧址陈列室，也是武汉市革命博物馆所在地，附近还有毛泽东同志旧居等革命遗址。

毛泽东同志主办的中央农民运动讲习所是第一次国共合作时期创办的一所培养全国农民运动干部的学校，于

1926年底开始筹备。1927年3月7日正式开课，4月4日举行开学典礼，学生来自全国17个省，共800余人。

中央农民运动讲习所的领导机构是常务委员会，邓演达、毛泽东、陈克文担任常务委员。毛泽东实际主持工作，并讲授《农民问题》、《农村教育》等主要课程。共产党人周以栗任教务主任，夏明翰任秘书。许多著名共产党人、国民党左派和知名人士如瞿秋白、李立三、恽代英、彭湃、方志敏、陈荫林、于树德、李汉俊、何翼人、李达等在农讲所任教。

◆中央农民运动讲习所旧址大门

中央农民运动讲习所以训练能领导农村革命人才为培养目标，坚持理论联系实际，教育学生认真学习马列主义理论，着重研究当时中国革命的中心问题——农民问题，组织学生下乡调查，参加社会活动。为造就农民武装骨干，农讲所对学生实行军事编制，讲授军事知识，进行军事训练，并组成学生军参加镇压麻城地主豪绅制造的反革命暴乱和击溃夏斗寅叛变的战斗。

1927年6月18日，中央农民运动讲习所举行毕业典礼。大多数学生被委任为农民协会特派员，深入农村开展农民运动。大革命失败后，许多师生参加了中国共产党领导的武装起义。

武昌中央农民运动讲习所旧址于1963年辟为纪念馆正式开放，复原陈列了常委办公室、教务处、总队部、大教室、大操场（设有河南全省武装农民代表大会主席台）、学生寝室、膳堂等。馆藏革命文物500余件。

◆中央农民运动讲习所大教室

武昌中央农民运动讲习所旧址于2001年6月被国务院公布为全国重点文物保护单位；1995年3月被湖北省人民政府公布为湖北省爱国主义教育基地，1997年6月被中央宣传部公布为全国爱国主义教育示范基地。

周老嘴湘鄂西革命根据地纪念馆

周老嘴湘鄂西革命根据地纪念馆位于湖北省荆州市监利县周老嘴镇老正街96号。

◆周老嘴湘鄂西革命根据地纪念馆

1929年6月，段德昌率洪湖游击总队攻下周老嘴。1930年8月，鄂西联县政府由江陵沙岗迁到周老嘴。1930年9月20日，邓中夏、贺龙、周逸群在这里主持召开了红二军团前委扩大会议，决定了攻打监利县城的军事行动和根据地的发展方略。1931年4月，段德昌在此组建红三军第9师。1931年7月，湘鄂西中央分局和湘鄂西临时省委由瞿家湾迁到周老嘴。周老嘴成为湘鄂西革命根据地的首府，是湘鄂西省政治、经济、军事和文化的中心之一。湘鄂西省和红二军团的重要机关都曾设在此地。贺龙、周逸群、关向应、邓中夏、段德昌、谢觉哉等老一辈无产阶级革命家都曾在此生活和战斗过。周老嘴古镇小街及其附近现保存有湘鄂西革命根据地省委、省苏维埃政府和红二军团等重要机关旧（遗）址52处。

1943年5月，襄南地委派李赓范到监利，在周老嘴成立了中共监沔县委会和监沔行委会。1944年5月，美援华抗日空军第十四航空联队的一架战斗机从湖南芷江机场起飞，掩护中美混合联队轰炸日本在武汉的军事目标，返航途中遭日军飞机阻击，受伤后坠落在周老嘴罗家村一湖中，飞行员格林·本尼达跳伞后被周老嘴抗日军民营救脱险。

◆湘鄂西革命根据地周老嘴旧址

周老嘴湘鄂西革命根据地纪念馆成立于1979年，设在周老嘴贺龙、周逸群同志旧居内，主要陈列内容为湘鄂西革命根据地斗争史。

湘鄂西革命根据地周老嘴旧址于1988年1月被国务院公布为全国重点文物保护单位；周老嘴湘鄂西革命根据地纪念馆于1995年3月被湖北省人民政府公布为湖北省爱国主义教育基地，2005年11月被中央宣传部公布为全国爱国主义教育示范基地。

武汉二七纪念馆

武汉二七纪念馆位于湖北省武汉市江岸区解放大道2499号。

◆武汉二七纪念馆

武汉二七纪念馆前广场立有二七烈士纪念碑。附近还有京汉铁路总工会旧址、林祥谦烈士牺牲地——江岸车站等纪念地。

1923年2月1日京汉铁路总工会在郑州召开成立大会，遭到军阀吴佩孚的阻挠和破坏，京汉铁路总工会遂决定从郑州迁至汉口江岸，并提出“为争自由而战，为争人权而战”的口号，举行全路总同盟罢工。2月4日上午，总工会一声令下，2万多铁路工人大罢工，1200多公里长的京汉铁路陷入瘫痪。2月7日，军阀吴佩孚在帝国主义支持下，在江岸等地向罢工工人举起屠刀，进行镇压。当晚，江岸分工会委员长、共产党员林祥谦和数十名工人被捕。敌人将林祥谦捆绑在江岸车站电线杆上，林祥谦宁死不屈，献出了宝贵的生命，牺牲时年仅31岁。同时，多年积极参加工人运动，抨击军阀暴行，被工人誉为“劳工律师”的施洋，也在汉口被非法逮捕，2月15日被秘密杀害于武昌洪山。在这次京汉铁路总同盟大罢工斗争中，被杀害的有52人，受伤的300余人，造成历史上著名的二七惨案。

◆迁建前的二七烈士纪念碑

◆迁建后的二七烈士纪念碑

为纪念京汉铁路工人大罢工及在二七惨案中牺牲的先烈们，1953 年，湖北省、武汉市和铁路部门开始筹建二七纪念馆和纪念碑，在二七路选址，于 1955 年破土动工，1958 年正式落成。

由于展馆窄小，省、市政府和铁道部又投资迁建了新馆。1987 年新馆建成开放。1999 年纪念碑迁建落成。原纪念碑继续保存。

武汉二七纪念馆于 1995 年 3 月被湖北省人民政府公布为湖北省爱国主义教育基地，1997 年 6 月被中央宣传部公布为全国爱国主义教育示范基地。

红三军团建军纪念馆

红三军团建军纪念馆位于湖北省黄石市大冶市刘仁八村。

1930 年 6 月 16 日，红五军、红八军军委在大冶刘仁八三房村土豪刘风成的一栋楼房里召开扩大会议。出席这次会议的有彭德怀、滕代远、何长工、邓萍、谭政文、袁国平、周桓、邓乾元、谢振亚等 20 多人，列席会议的有湖北省驻鄂东南地区特派员吴致民和大冶、阳新等县委负责人，方步舟因事未出席会议。这次扩大会议的主要内容是传达中央有关会议精神和决定成立红三军团的问题。会议由彭德怀主持。根据中央指示，会议决定正式成立红三军团，由彭德怀任总指挥，滕代远任政治委员，邓萍任参谋长，袁国平任政治部主任。同时成立中共红

◆红三军团建军纪念馆

三军团前敌委员会，彭德怀任书记。军团下辖五、八两军。第五军由原第五军第 1、2、3、4 纵队组成。第八军由原第五军第 5 纵队和鄂东南游击武装合编组成。尔后，原红五军第 1 纵队和湘鄂赣地区的地方武装编为独立第 16 师（第二次攻打长沙之前，16 师改为 16 军）。后来红三军团辖五军、八军、十六军共 3 个军。红三军团成立后，还成立了中国工农红军第三军团革命军事委员会，彭德怀任主任，军以上干部任委员。各军也成立革命军事委员会。

纪念馆原系刘仁八村大土豪刘步阶的老屋，一进三重两层。纪念馆内设有 9 个展室，陈列革命文物 80 余件。

红三军团建军纪念馆于 2006 年 5 月被国务院公布为全国重点文物保护单位；1999 年 2 月被湖北省人民政府公布为湖北省爱国主义教育基地。

红安七里坪革命纪念馆

红安七里坪革命纪念馆位于湖北省黄冈市红安县七里坪镇。

◆七里坪革命烈士纪念碑

红安七里坪镇是著名的黄麻起义的策源地，中国工农红军三大主力之一的红四方面军的诞生地，是鄂豫皖革命根据地的中心，曾被命名为“列宁市”。1927 年 9 月中旬，中共黄安县委在此召开紧急会议，传达中共八七会议精神和中共湖北省委关于秋收暴动的指示，率先在农民运动基础较好的七里坪地区举行秋收暴动，史称九月暴动。11 月 3 日，中共黄麻特委在七里坪文昌宫召开黄麻两县党团活动分子会议，传达湖北省委关于组织黄麻暴动的指示，并成立黄麻起义行动指挥部。13 日下午，起义军 2 万余人集结于七里坪。晚 10 时，起义军由七里坪出发，直达黄安城北的三里岗。与此同时，黄安其他地区农民群众纷纷涌向黄安城。麻城、黄陂等地农民武装奔赴黄安支援攻城战斗，取得了起义的胜利。1930 年 11 月 28 日，曾中生以中共中央特派员身份，在文昌宫召开原中共鄂豫皖边特委和中共黄安、麻城等县负责人紧急会议，建立中共鄂豫皖临时特委和临时军事委员会，并制订了粉碎敌人对鄂豫皖特区进行第一次“围剿”的斗争方针和行动计划。在革命战争年代，这块红色土地上革命斗争不断，一直

◆七里坪革命法庭旧址

坚持到全国解放。境内以镇区长胜街为核心保存有大量的革命旧址，其中国家级文物保护单位 37 处，省级文物保护单位 3 处，县级文物保护单位 8 处。

七里坪革命纪念馆依托列宁小学旧址而建。该馆最早的陈列是在 1974 年 10 月，1983 年 6 月进行过大的修改。纪念馆陈列分为 6 个部分，“黄麻起义的发源地”，“鄂豫皖革命根据地的摇篮”，“三支红军部队的诞生、重建和改编地”，“抗日军政干部的培育基地”，“鄂豫边游击战争的指挥中心”，“开国名将的生平事迹”。

列宁小学旧址于 1988 年 1 月作为七里坪革命旧址的组成部分被国务院公布为全国重点文物保护单位；红安七里坪革命纪念馆于 1995 年 3 月被湖北省人民政府公布为湖北省爱国主义教育基地，2005 年 11 月被中央宣传部公布为全国爱国主义教育示范基地。

北伐汀泗桥战役遗址纪念馆

北伐汀泗桥战役遗址纪念馆位于湖北省咸宁市咸安区汀泗桥镇汀泗桥（集镇）西北 200 米处。

◆北伐汀泗桥战役遗址纪念馆

国共实现第一次合作后，1926 年 7 月，国民革命军分三路从广州誓师北伐。北伐军所向披靡，势如破竹，直系军阀吴佩孚节节败退。8 月 25 日，由共产党领导的、以共产党员为骨干的国民革命军第四军先遣队叶挺独立团进占蒲圻（今赤壁）中伙铺车站，切断了驻湘吴军沿粤汉铁路北撤之路。吴佩孚急忙纠集 2.6 万余顽敌重点驻守汀泗桥。此时，正逢

◆北伐汀泗桥战役阵亡将士墓

秋汛，汀泗桥三面环水，东南靠山，地势险要，易守难攻。北伐中路军前敌总指挥唐生智命令第四军主攻汀泗桥，第七军第一路直插蒲圻会攻汀泗桥，第八军一路沿长江南岸夺取嘉鱼侧击汀泗桥。8 月 26 日 4 时，第四军从汀泗河南岸向驻守在北岸的塔垴山、石鼓山吴军阵地发起进攻。激战至 12 时，进攻受阻。午后，吴军 1000 余人在炮火掩护下阵前出击。叶挺独立团奉命反击，经数小时激战，打退吴军反扑。27 日 2 时，叶挺独立团以当地农协会员为向导，翻山越岭从小路绕到古塘角，南下汀泗桥，居高临下，从吴军背后发起攻击，占领汀泗桥东侧阵地，打乱吴军防御体系，吴军全线开始动摇。与此同时，第 12 师 36 团利用夜暗偷渡汀泗河，攻占汀泗桥东南一线高地，于拂晓直取阵地；第 10 师第 29、30 团也在拂晓向守军发起攻击，第 28 团向北迂回至朱家湾、山窝廖等地切断吴军退路。吴军腹背受击，沿铁路向咸宁方向溃退。叶挺独立团乘胜追击，于当日 11 时攻占了咸宁县城（今咸宁市中心城区的永安）。28 日上午，第 4 军全部抵达咸宁（今咸安），军长陈可钰称赞叶挺“具有军事天才，能见机进取”。此役共歼敌 3400 余人，缴获火炮 4 门，步枪 1500 余支。北伐军亦伤亡 200 余人，其中阵亡 134 人。第四军因此荣获“铁军”称号。

1929 年 10 月，国民政府在当年的战场遗址上建北伐汀泗桥战役烈士陵园，园内有阵亡烈士墓、纪念碑、纪念亭。2006 年 11 月，咸安区投资兴建北伐汀泗桥战役纪念馆。2009 年 11 月 4 日正式开馆。

◆北伐汀泗桥战役遗址

北伐汀泗桥战役遗址于 1988 年 1 月被国务院公布为全国重点文物保护单位；北伐汀泗桥战役遗址纪念馆于 1995 年 3 月被湖

北省人民政府公布为湖北省爱国主义教育基地，2009 年 5 月被中央宣传部公布为全国爱国主义教育示范基地。

李先念故居纪念园

李先念故居纪念园位于湖北省黄冈市红安县高桥镇长丰村。

◆李先念故居纪念园

李先念（1909—1992），湖北红安人，1927 年加入中国共产党。早年做过木工。1926 年开始从事农民运动。1927 年 11 月参加黄麻起义。后任中共高桥区委书记、苏维埃政府主席、中共陂安南县委书记。1931 年 10 月调入中国工农红军第四方面军任第 11 师 33 团政治委员。1932 年起任红 11 师政治委员。1933 年起任红 30 军政治委员。参加了长征。1936 年 11 月起任红军西路军军政委员会委员。抗日战争爆发后赴延安。1938 年 11 月起任中共豫鄂边省委军事委员会副主任、军事部部长。1939 年起任新四军豫鄂独立游击大队、豫鄂独立游击支队、豫鄂挺进纵队司令员。1941 年初皖南事变后任新四军第五师师长兼政治委员，曾兼任抗日军政大学第十分校校长、政治委员。1942 年起兼任鄂豫边区党委书记。抗日战争胜利后，1945 年 10 月起任中共中央中原局常委、中原军区司令员。1947 年起任中共中央中原局第二副书记、晋冀鲁豫野战军副司令员。1948 年 5 月起任重新组建的中共

◆李先念故居

◆李先念故居纪念馆

中央中原局委员、中原军区兼中原野战军第二副司令员。1949 年 5 月至 1954 年 5 月任中共湖北省委书记、湖北省人民政府主席，湖北军区司令员兼政委。其间，曾兼任中共武汉市委书记、武汉市市长、中南军政委员会副主席、中南行政委员会财政经济委员会主任。1954 年 6 月至 9 月任政务院财政经济委员会副主任、财政部部长。1954 年 9 月至 1980 年 9 月任国务院副总理，曾兼任财政部部长、国务院财贸办公室主任、国家计划委员会副主任。1956 年 9 月至 1987 年 11 月任中共中央政治局委员，1958 年 5 月至“文化大革命”初期任中共中央书记处书记，1977 年 8 月至 1987 年 11 月任中共中央政治局常委，1977 年 8 月至 1982 年 9 月任中共中央副主席。“文化大革命”中受冲击。1977 年 8 月至 1982 年 9 月任中共中央军委委员、常委。1979 年 7 月至 1981 年 3 月任国务院财政经济委员会副主任。1983 年 6 月至 1988 年 4 月任中华人民共和国主席。1988 年 4 月当选为政协第七届全国委员会主席。1992 年 6 月 21 日在北京逝世。

李先念故居纪念园由李先念故居、李先念故居纪念馆、李先念图书馆、牌坊式门楼等设施组成。李先念故居是一幢普通的土砖瓦房，是李家祖辈租种地主的佃田时住过的庄屋，李先念在这里诞生，并在此度过了他的童年和青少年时代，从这里走上革命道路。李先念故居纪念馆由 20 世纪 70 年代的高桥地区革命传统教育展览馆发展而来，以图片和文字展示李先念在革命、建设和改革开放不同历史时期的重要经历和光辉业绩。李先念故居图书馆是按照李先念在中南海居住的房屋仿造而建，部分再现了李先念在北京期间生活和工作的环

◆李先念故居纪念园图书馆

境。图书馆收藏了关于李先念生平、红四方面军战史、新四军第5师发展史及农业科技等方面的图书。

李先念故居于2006年5月被国务院公布为全国重点文物保护单位；李先念故居纪念馆于1995年3月被湖北省人民政府公布为湖北省爱国主义教育基地。

黄麻起义和鄂豫皖苏区纪念园

黄麻起义和鄂豫皖苏区纪念园位于湖北省黄冈市红安县城关镇陵园大道1号。

◆黄麻起义和鄂豫皖苏区纪念园

1927年11月13日，中共黄麻区特委领导黄（安）麻（城）农民起义，攻打黄安县城，建立黄安县农民政府和中国工农革命军鄂东军，逐步创建了鄂豫边革命根据地，有力地推动了鄂豫皖边界地区斗争的发展。1929年5月和11月，鄂豫皖边境大别山区又先后爆发了河南商（城）南起义、安徽六（安）霍（山）起义，分别创建了豫东南、皖西革命根据地。1930年春，根据中共中央决定，中共鄂豫皖边特委和鄂豫皖边区苏维埃政府成立，标志着以大别山为中心的鄂豫皖革命根据地形成。次年11月，鄂豫皖苏区红军组成中国工农红军第四方面军。至1932年6月，鄂豫皖苏区红军先后粉碎了国民党的3次“围剿”，建立了26个县的革命政权。

黄麻起义和鄂豫皖苏区纪念园的建设始于1956年，当时，在董必武的亲自关怀下，经中共湖北省委批准，红安县委、县政府动工修建烈士祠。随后，陆续修建革命博物馆、纪念碑、红军烈士骨灰堂、将军墓园、董必武纪念馆、黄麻起义和鄂豫皖苏区革命烈士馆和李先念纪念馆。2004年8月，中共湖北省委决定把红安建成全省最重要的革命传统教育基地，对黄麻起义和鄂豫皖

◆黄麻起义和鄂豫皖苏区革命历史纪念馆

◆黄麻起义和鄂豫皖苏区革命烈士纪念碑

苏区革命烈士纪念馆及整个园区进行改扩建。2007 年 11 月 13 日，在隆重纪念黄麻起义 80 周年之际，陵园改扩建工程基本完工。2010 年 6 月黄麻起义和鄂豫皖苏区革命烈士陵园更名为黄麻起义和鄂豫皖苏区纪念园。

纪念园主要纪念建筑有“一碑两场五馆两园”，即黄麻起义和鄂豫皖苏区革命烈士纪念碑、纪念碑广场、英烈广场、黄麻起义和鄂豫皖苏区革命历史纪念馆、黄麻起义和鄂豫皖苏区革命烈士纪念馆、董必武纪念馆、李先念纪念馆、红安将军馆和将军墓园、红军墓园。园内还有南门牌楼、骨灰堂、碑廊、祭祀坛、烈士纪念墙、陈列研究中心、影视报告厅等建筑。

黄麻起义和鄂豫皖苏区纪念园于 1995 年 3 月被湖北省人民政府公布为湖北省爱国主义教育基地，1997 年 6 月被中央宣传部公布为全国爱国主义教育示范基地；1988 年 12 月被湖北省人民政府公布为湖北省重点烈士纪念建筑物保护单位，1989 年 8 月被民政部公布为全国重点烈士纪念建筑物保护单位。

石首市红军树亭（红军树革命烈士纪念园）

石首市红军树亭（红军树革命烈士纪念园）位于湖北省荆州市石首市桃花山镇鹿角头凤凰山。

桃花山原名东山，是湘鄂西革命根据地的重要阵地。

1930 年 10 月，邓中夏、贺龙率红二军团南征，军团总部设于调关，部队进行紧张的扩军和战前准备。一天，贺龙、邓中夏、周逸群和随行人员到桃花山视察扩军工作时，被大树上刻下的“中国共产党万岁”、“打土豪、分田地”等标语所吸引。区委书记邓伯勋介绍说，“这些标语是今年年关

◆红军树革命烈士纪念园

◆红军树革命烈士纪念园内的烈士纪念碑

时，桃花山赤卫队配合红军独立第1师袭击华容县城团防时刻写的。这些标语是先削除树皮，在乳白色的木质上刻字，然后在字槽里涂上用桐油和烟垢调制成的油墨。这样制作的标语不怕风吹雨淋，经久不毁。”贺龙听后高兴地说：“桃花山苏区输送的红军战士一批批从这里出发，我看这几棵树就叫‘红军树’好！今后要把‘红军树’保护好，革命成功了，对青年娃娃是个很好的教育。”

新中国成立后，桃花山红军树成为革命纪念地。1976 年桃花山区委在红军树下建起了红军树纪念亭和纪念碑。2007 年修建了红军树革命烈士纪念园，园内建有开国将帅陵、纪念碑、红军广场、浮雕墙、游廊、多功能展厅。

石首市红军树亭（红军树革命烈士纪念园）于 1999 年 2 月被湖北省人民政府公布为湖北省爱国主义教育基地。

大悟县革命历史博物馆

大悟县革命历史博物馆位于湖北省孝感市大悟县城关镇广场后巷 2 号。

大悟县地处大别山西端，位于湖北、河南两省交界处。土地革命战争时期，国民党当局为强化反动统治，扑灭革命火焰，将鄂、豫两省的黄安、黄陂、孝感、罗山 4 县边缘地区划出来设置礼山县。礼山县的设置并不能阻止人民革命洪流，英勇的大悟人民在中国共产党的领导下，始终坚持了不屈不

◆大悟县革命历史博物馆

挠的革命斗争，先后有16万多人参加革命，有7万多英雄儿女献身，为新中国的诞生作出了巨大牺牲和贡献，孕育出徐海东、刘华清等37名开国将军。为了牢记革命先辈的丰功伟绩，继承和发扬光荣的革命传统，湖北省人民政府报经政务院批准，将礼山县改名为大悟县。1976年大悟县委、县政府决定建立大悟县革命历史博物馆，1978年动工兴建，1981年竣工。

大悟县革命历史博物馆共4个展厅，主要陈列内容是大悟县革命斗争史和徐海东将军生平事迹。博物馆下辖新四军第5师纪念馆、宣化店纪念馆，分别建在芳畈镇和宣化店镇。博物馆馆藏文物1316件，其中一级文物3件、二级文物17件、三级文物31件。

大悟县革命历史博物馆于1999年2月被湖北省人民政府公布为湖北省爱国主义教育基地。

监利博物馆

监利博物馆位于湖北省荆州市监利县容城镇沿江大道2号。

监利县是贺龙、周逸群等老一辈无产阶级革命家开创的湘鄂西革命根据地的中心区域。1928年1月，贺龙、周逸群受中共中央派遣，从上海溯江而上来到湘鄂西开创革命根据地，首先在监利上岸，领导荆江两岸年关暴动。1930年3月，红六军在监利汪家桥诞生，这是洪湖地区建立起来的第一支正规武装。1930年9月24日，红二军团胜利攻克监利县城，并成立了湘鄂西特委、湘鄂西苏维埃联县政府，开始统一领导湘鄂西革命根据地的斗争。监利周老嘴曾是湘鄂西苏区首府所在地。位于洪湖西岸的监利成为红二军团的辎重后方。在革命战争年代，无数革命先烈在监利这块红色土地上献出了宝贵的生命。为充分展现这段波澜壮阔的革命斗争历史，1980年开始筹建监利博物馆，1986年竣工并正式对外开放。

◆监利博物馆

监利博物馆是一座以湘鄂西革命斗争历史为主的综合性博物馆，共设四个陈列厅，共计展出藏品1560件（套）。其中一楼为第一、第二陈列厅，展示土地革命战争时期贺龙、周逸群、段德昌等老一辈无产阶级革命家创建湘鄂西革命根据地的革命史迹和实物。

监利博物馆于1999年2月被湖北省人民政府公布为湖北省爱国主义教育基地。

麻城市革命博物馆

麻城市革命博物馆位于湖北省黄冈市麻城市龙池桥办事处陵园广场南侧。

◆麻城博物馆

麻城是黄麻起义的重要策源地和红四方面军的发祥地之一，是鄂豫皖革命根据地的重要组成部分，革命斗争历史内容丰富。麻城市革命博物馆是一座以保存、收藏、研究、宣传麻城革命文物为主的综合性博物馆。该馆于1974年成立，1982年正式对外开放。原馆舍在麻城烈士陵园内，举办有麻城革命斗争史陈列、麻城籍将军生平简介与文物陈列和历史文物陈列。2003年5月，麻城市委、市政府决定迁建市博物馆于陵园广场南侧，2004年9月16日举行奠基仪式。2005年12月底竣工。现有馆藏文物近万件，其中国家一级文物9件，二、三级文物300余件。陈列内容分七个部分，从追寻历史、探索文化至家园更新、迈向复兴，再现麻城人民走过的艰难曲折道路。同时，展示了麻城人民在党的领导下进行革命、建设和改革开放取得的成就，展出了大批珍贵的革命文物，主要有：《湖北全省第一次农民代表大会宣传大纲》、1932年红四方面军在苏家埠战役中缴获的高平两射机枪、1928年工农革命军第七军“从爆动中学习革命常识，从爆动中学习斗争……”树刻标语、1932年红四方面军颁发的土地使用证等等。

麻城市革命博物馆于1999年2月被湖北省人民政府公布为湖北省爱国主义教育基地。

薤山爱国主义教育基地

薤山爱国主义教育基地位于湖北省襄阳市谷城县西南部薤山旅游度假区。

薤山是土地革命战争时期湘鄂西苏区鄂西北革命根据地的重要组成部分。薤山爱国主义教育基地依托中共谷城县委、谷城县苏维埃政府、红军游击司令部等革命旧址组成。

中共谷城县委旧址。1930年春，中共党员高如松从上海回到鄂北，中共鄂北特委遂派他回谷城，恢复发展党的组织，重建中共谷城县委。1931年初，县委决定将工作重心向谷城西南山区薤山一带转移，县委机关由盛康三官庙迁至薤山一栋西洋别墅内。1931年5月，全县党员恢复发展到200人。1931年7月，高如松随红三军到房县，李庭兰接任县委书记，傅春泉、李陶庵任县委委员。同时，原宜城县县委书记胡培洲也转移到薤山开展工作。11月，敌人重兵“围剿”薤山苏区，李庭兰、胡培洲、傅春泉、李陶庵先后在战斗中牺牲，一部分党员被杀害，县委遭到严重破坏。

◆中共谷城县委旧址左侧门

谷城县苏维埃政府旧址。1931年5月，红三军进入谷城。同年9月，红25师党委和谷城县委于战斗间隙在盛康召开联席会议，共同商议建立谷城县苏维埃政府的问题。10月5日，谷城县苏维埃政府在薤山正式成立，主席赵星三，副主席高如松、邹国华。县苏维埃政府机关设在薤山避暑别墅内。在县苏维埃政府的直接领导下，苏区的各项建设得到迅速发展。1931年11月底，敌人开始大规模地“围剿”薤山苏区，苏区军民在打退敌人的数次进攻后，终因寡不敌众，苏区丧失。

薤山红军游击司令部旧址。1930年春，中共谷城县委恢复建立，把工作重心放在建立革命武装上，先是组建了盛康游击队、庙滩游击支队、九里坪游击队。1931年春，县委机关转移至薤山时，将3支游击支队的骨干集中到薤山，正式成立薤山游击队，游击队的活动范围达方圆100余里。1931年5月，贺龙率红三军转战谷城，薤山游击队迅速发展壮大，扩编为3个分队。同年8月，改编为薤山红军游击司令

◆谷城县苏维埃政府旧址

部，在薤山南坡陈家院子正式树起绣有镰刀斧头标志、写有“中国红军”的旗帜，并由秘密转为公开活动。9月，红25师和谷城县委根据斗争形势发展需要，决定将薤山红军游击司令部改编为薤山游击大队，下设2个直属队和3个连。11月，国民党军“会剿”薤山苏区，游击队因寡不敌众，退往房县。

◆薤山红军游击司令部旧址

薤山爱国主义教育基地于1999年2月被湖北省人民政府公布为湖北省爱国主义教育基地。

徐窝爱国主义教育基地

徐窝爱国主义教育基地位于湖北省襄阳市襄州区张家集镇徐窝村。

◆徐窝人民革命纪念碑

徐窝村早在20世纪20年代大革命时期就已燃起了革命火种。1925年，受中共组织委派、赴法留学归来的共产党人程克绳回鄂北建党闹革命，徐窝村人徐化农配合程克绳一起领导抗税抗捐斗争，并以徐窝为中心在襄、枣一带发展党员，建立党小组。当年，谢耀武在与之毗邻的黄龙垱成立“万枪会”，后来成为中共领导下的农民武装。1928年黄龙暴动后，徐窝成为中共在襄东重要的革命基地。7月17日，国民党“清乡军”包围徐窝村，74名村民在村子的西山口惨遭杀害。1930年，徐化龙和其他中共党员组织了著名的农民武装暴动——蔡阳铺暴动，扩大了革命根据地。1932年2月5日，国民党“清乡军”血洗徐窝村，在徐窝西山上一次杀害共产党员和革命群众500余人，徐窝村有27户被杀绝。

◆徐窝爱国主义教育基地展厅

抗日战争时期，徐化龙受中共组织委托，在徐窝建立了中共的地下联络站，徐窝一时成了鄂北革命交通驿站，同时也是襄枣边界一带革命斗争堡垒，先后掩护了几十名党组织的领导人。

1996 年，政府筹资建起了革命烈士陵园，竖立了烈士纪念碑。烈士公墓内安葬了 30 多名烈士。同时修建功德碑、革命传统教育陈列室等设施。

徐窝爱国主义教育基地于 1999 年 2 月被湖北省人民政府公布为湖北省爱国主义教育基地。

湖南省重要革命遗址

新民学会成立会旧址

新民学会成立会旧址位于湖南省长沙市岳麓区橘子洲街道新民路社区新民路周家台子。

◆新民学会成立会旧址

1918 年 4 月 14 日，毛泽东、蔡和森等 13 人为“集合同志、创造新环境”在此召开新民学会成立会，至 1920 年，这里一直是新民学会开展革命活动的重要场所。

毛泽东在第一师范求学期间，为改造中国与世界，于 1918 年 4 月与蔡和森、何叔衡等在溁湾镇蔡和森家里正式成立新民学会，当时有会员 20 余人，毛泽东当选为干事，到 1920 年发展到 70 多人。学会是当时湖南革命斗争的核心组织，为宣传马克思主义作出了重要贡献，后来不少会员成为中国共产党的早期党员。

新民学会成立会旧址原为宁乡籍人刘氏为守墓盖的一栋墓庐屋，1911 年后，新化人周方租赁居住于此，故又称为周家台子。该房屋始建于清末光绪年间，1917 年至 1919 年，蔡和森全家迁居于此。旧址于 1938 年毁于“文夕大火”，现存建筑为 1984 年重建。除按原貌恢复了旧有房屋外，新增设有辅助陈列室，邓小平、陈云分别为旧居题写“蔡和森故居”、“新民学会成立会旧址”额匾和馆名。旧址坐西朝东，呈凹字形对称布局，分为堂屋、左右厢房、厨房、碓屋等。属于清代穿斗式民居建筑，面积约 175 平方米，三开间单层悬山顶竹木结构，盖小青瓦，竹织壁结构墙体。堂屋前有庭院，外有竹篱环绕，入院槽门悬挂有“沩痴寄庐”匾额。

新民学会是中国五四时期重要的革命社团，被誉为“建党先声”，是中国共产党长沙早期组织的策源地，在中国现代革命史上具有重要的历史价值。

新民学会成立会旧址于 1983 年 10 月被湖南省人民政府公布为湖南省文物保护单位；1995 年 1 月被湖南省委宣传部公布为湖南省爱国主义教育基地。

湖南自修大学旧址

湖南自修大学旧址位于湖南省长沙市开福区中山路74号。

◆湖南自修大学旧址(船山学社)

湖南自修大学旧址是原船山学社社址，始建于1875年，最早为曾国藩祠，1914年刘蔚庐（人熙）联合社会进步人士，在祠堂创办船山学社，以研究和发扬王船山的思想。1921年7月，毛泽东、何叔衡代表湖南早期党组织出席中共一大回到长沙后，在建立中共湖南支部的同时，为了培养党的干部和掩护革命活动，于同年8月利用船山学社的社址和经费创办了湖南自修大学，贺民范任校长，毛泽东任教务长。

湖南自修大学是中国共产党成立后第一所培养干部的学校，毛泽东、何叔衡、李达、李维汉、夏曦、夏明翰等曾在此教书和学习。学校注重引导学生学习马克思主义，研究中国革命的实际问题，并号召学生直接参与社会革命实践，被湖南人民誉为“革命策源地”。1938年该建筑毁于长沙“文夕大火”，1954年在原址重建部分房屋，1956年对外开放。

湖南自修大学旧址坐北朝南，是一栋砖木结构的单层三进四合院，现占地面积991平方米。现存建筑分为四进，其中第一进为思贤讲舍和船山学社陈列，第二进为贺尔康的住房和学生住房陈列，第三进为毛泽东和何叔衡住房陈列，第四进为湖南自修大学的内容陈列。

◆毛泽东、何叔衡的住房

湖南自修大学旧址于1972年9月被湖南省革命委员会公布为湖南省重点文物保护单位；1995年1月被湖南省委宣传部公布为湖南省爱国主义教育基地。

湖南省立第一师范学校旧址

湖南省立第一师范学校旧址位于湖南省长沙市天心区书院路356号。

湖南省立第一师范学校的前身是南宋理学家张栻创办的城南书院，1903年始立湖南师范馆，享有“千年学府，百年师范”的美誉。中国近代史上著名人物曾国藩、黄兴等曾藏修于此；老一辈无产阶级革命家毛泽东、蔡和森、何叔衡、任弼时、李维汉、萧三等曾在此学习；徐特立、杨昌济、黎锦熙、王季范、李达、周谷城等曾在此任教。毛泽东曾在此学习、工作达八个春秋。在这里，毛泽东立下了“改造中国与世界”的宏伟志向，完成了从学生、教员到职业革命家，从激进民主主义者到马克思主义者的转变；在这里，毛泽东从事了建党建团工作，并从这里赴上海参加党的一大。1920年冬，毛泽东与杨开慧在一师一附小结成革命伴侣。校内现存毛泽东青年时期革命活动纪念地14处，包括学校大礼堂、第八班教室、第八班寝室、水井、自习室、阅报室、君子亭、工人夜学、附小主事室、毛泽东任教二十二班教室等。各纪念地都保存完好，陈列各具特色，弥足珍贵。

◆湖南省立第一师范学校前楼旧址

旧址建筑共36栋，包括主体连廊建筑、一师一附小和工人夜学等三大部分。主体连廊建筑位于校园中部，由毛泽东求学时的教学楼、自习楼、阅览楼、礼堂、寝室等组成，建筑大小不一，高低错落有致，平房、楼房相间搭配。平面布局或呈“回”字，或呈“凹”字，或呈“凸”字和“H”形，长廊迂回，互为贯通；廊柱硕大，成双顶拱，拱距券顶跨度适中；青麻石屋基高出地面，起到良好的防雨、防潮作用；廊檐、屋脊、墙体、门窗檐框，青白相间，素洁雅致。

◆青年毛泽东纪念馆

主体建筑左侧为一师附小，右侧为工人夜校，南北两条东西走向的大道将整个旧址一分为三，建筑风格与主体建筑协调一致。

◆湖南省立第一师范学校火炬楼

旧址建筑风格以西式为主，又不乏我国传统建筑手法，如院内的天井、门庭、屋顶或作四角，或作六角攒尖，饰以宝顶，显现出中西文化的结合与渗透。

湖南省立第一师范学校旧址于2006年5月被国务院公布为全国重点文物保护单位；1995年1月被湖南省委宣传部公布为湖南省爱国主义教育基地，2007年7月被中央宣传部公布为全国爱国主义教育示范基地。

茶陵县工农兵政府旧址

茶陵县工农兵政府旧址位于湖南省株洲市茶陵县城关镇前进村三角坪。

◆茶陵县工农兵政府旧址

茶陵县工农兵政府旧址原系南宋至清代的县（州）署衙，始建于宋代中叶，占地10521平方米。地处湘赣要冲的茶陵县，是井冈山的西部屏障。当工农革命军1927年10月在井冈山上安家后，毛泽东便将攻打茶陵作为向外发展的首选目标。趁着驻守茶陵的国民党正规军调走之际，1927年11月18日，工农革命军主力近500人在团长陈皓等率领下，胜利攻占茶陵县城。这是工农革命军进军井冈山之后占领的第一座县城。进城后革命军陈皓等领导人缺乏建立新型政权的经验，没有发动群众，仅委派了一个县长，完全按旧政府一套制度行事，部队所需经费仍由商会摊派。宛希先在力促中共茶陵县委成立和工农群众组织恢复的同时，目睹了新成立的茶陵县政府种种弊端，以及陈皓等军官的所作所为，甚为忧虑，写信嘱人送交远在茅坪的毛泽东。毛泽东立即复信宛希先，指示：由部队派人当县长是不对的，不能按国民党那一套办。要成立工农兵政府。要保护商店，保护邮局，保护学校，保护医院。接到毛泽东的指示后，宛希先向部队里的党员、团营干部、士兵委员会，向新的

◆中国人民解放军茶陵籍将军馆内的将军雕像

县政府，向茶陵党的组织等方面作了传达，开始了组建茶陵县工农兵政府的筹备工作。工会、农会和驻城的工农革命军分别选出工、农、兵代表，在此创建了湘赣边界的第一个红色政权——茶陵县工农兵政府。11 月 28 日召开工农兵代表会议，由工人代表谭震林、农民代表李炳荣、士兵代表陈士榘三个常委组成茶陵县工农兵政府，选举谭震林任主席。茶陵县工农兵政府设民政、财经、青工、妇女四部，杨绍震、罗尚德、罗青山、陈叔同分别任部长。旧址 1928 年毁于战火。2005 年以来，茶陵县按照“修旧如旧”原则，对工农兵政府旧址进行全面修复，开设毛泽东与茶陵展、工农兵政府纪念馆，茶陵籍将军馆、茶陵历史人物展等展室。

茶陵县工农兵政府旧址于 2011 年 1 月被湖南省人民政府公布为湖南省文物保护单位，2010 年 7 月被湖南省委宣传部公布为湖南省爱国主义教育基地。

湘乡东山学校旧址

湘乡东山学校旧址位于湖南省湘潭市湘乡市东山办事处书院路 1 号。

◆湘乡东山学校全景

湘乡东山学校原名东山书院，始建于 1895 年，总占地面积 16630 平方米，主体建筑面积 4230 平方米。前后分布成 14 个院落，院落之间有门相通，主体格局体现了“主讲有堂，游憩有所，斋房包福，罔不具备”的传统建筑理念，展示了深厚的历史文化内涵。在废科举、兴学校的思潮影响下，书院办了两年后改为湘乡县立东山高等小学堂。学校开设国文、历史、地理、数学、物理、化学、体操、图画、音乐、英文等课程，是一所时髦的新学堂。1910 年秋，听过表兄文运昌的介绍，毛泽东对这样一所新式学校极感兴趣，于是想法说服父亲，从湘潭韶山来到这里求学。毛泽东虽然在这里只读了一个学期，但他从闭塞的韶山冲走出来，在这里，除经书外还接触了被称为“新学”的自然科学和其他新学科，各方面都很有长进，尤其写得一手好文章，受到校长和教员们特别是国文教员的喜欢。他刻苦学习，经常到学校藏书楼借阅中外历史、地理书籍，对梁启超主编的《新民丛报》反复阅读，并写有批语，有的还可以背诵下来。

除毛泽东外，萧三、萧子升、陈赓、谭政、易礼容、毛泽覃、柳宗陶、杨幼麟、黄国璋、汤璪真等均曾在该校就读。

新中国成立后，在东山书院内办东山小学，后设初中部、高中部。1958 年毛泽东为母校题写“东山学校”校名。

湘乡东山学校旧址于 2006 年 5 月被国务院公布为全国重点文物保护单位；2009 年 5 月被中央宣传部公布为全国爱国主义教育示范基地。

邓小平征战绥宁指挥所旧址

邓小平征战绥宁指挥所旧址位于湖南省邵阳市绥宁县寨市苗族侗族乡西进街居委会龙家祠堂。

◆邓小平征战绥宁指挥所旧址

1930 年 10 月，邓小平、李明瑞、张云逸等率领红七军主力从广西河池出发，转战桂黔湘边境，并相继向中央苏区转移。12 月中旬，为获取补给，红七军在桂北重镇长安与桂敌白崇禧部激战七昼夜，伤亡 500 余人。为保存实力，红七军主动撤出战斗，向湘桂边境敌军实力相对薄弱的绥宁进军，并于 12 月 20 日进至绥宁南部的陇城、双江（两地今已划隶通道侗族自治县）等地。接着，兵分两路，向绥宁县城寨市奔袭，一举攻占绥宁县城。当日，邓小平等人在县城龙家祠堂设立指挥所，指挥一部分红军进至长铺和竹舟江一带布防警戒，并带领部队主力在县城休整，筹措粮款和冬衣，计划在绥宁扩充红军，相机发展游击根据地。

◆邓小平卧室（复原）

红七军攻占绥宁县城，引起了国民党当局的震动。蒋介石立即委任湖南军阀何键为“追剿”军总司令，统率湘桂黔三省兵力，对红七军进行围追堵截。鉴于敌情变化，加之绥宁地处湘桂黔边境少数民族地区，社情复杂，邓小平当机立断，迅速改变原计划，决定红七军主力提前结束休整，并于23日离开寨市，经长铺、关峡、梅口等地向武冈进军。

解放后，龙氏祠堂除楼门外其他建筑均被拆毁，并在原址另建住房。2006年，邓小平征战绥宁指挥所旧址再度发掘利用，并挂上邓小平征战绥宁纪念馆牌子。

邓小平征战绥宁指挥所旧址于2010年7月被湖南省委宣传部公布为湖南省爱国主义教育基地。

塘田战时讲学院旧址

塘田战时讲学院旧址位于湖南省邵阳市邵阳县塘田市镇对河村之夫夷河畔（原邵阳县第四中学）。

◆塘田战时讲学院

吕振羽（1900—1980），湖南邵阳金称市镇溪田村人。1936年加入中国共产党。卢沟桥事变后，奉命回湘组织湖南文化抗敌后援会，任常务理事和研究部主任。1938年夏，中共湖南省工委派遣吕振羽回家乡创办"塘田战时讲学院"，旨在培养抗日军政干部。讲学院邀请国民政府司法院副院长覃振挂名任院长，吕振羽任副院长兼党代表，主持实际院务。

讲学院于1938年6月开始筹备，9月开学，分研究班和预备班二级，其专修课不同，其中"中国革命运动史"、"抗日战争讲座"、"战时防护"、"军事训练"等为两级学员共修。为动员全民抗日，讲学院师生常到周边十余所小学演讲、任教，并在油塘开办了建党培训班，发展共产党员40多人，建立了新宁、城步、洞口、绥宁及金称市五个省直属支部。讲学院因教学和社会活动全是巧妙地宣传共产党的抗日主张和马列主义，于1939年4月遭国民党反动派查封，勒令解散。讲学院办学二期，为我党培养了245名干部，教育和组织了群众，建立了党组织，为抗日战争和解放战争的胜利作出了重要贡献，被誉为"南方抗大"。

院址原为清末太子少保席宝田的别墅，晚清风格建筑，占地面积9500多平方米。现存房屋16栋，大小60余间，建筑面积2448平方米。房舍全部坐北朝南，前后4排，

◆塘田战时讲学院旧址碑记

每排 3 栋，中栋面阔 5 间，左右栋各面阔 3 间。其建筑风格大致相同，每栋的主体为木结构梁架，两侧以青砖构筑封火墙，除后栋外，每栋的明间前后无墙壁，连接成为宽敞的长廊式的厅堂。左右栋之间有水屋房连接，前后栋之间有过亭连接，故所有房子成为一个整体。

塘田战时讲学院旧址于 2006 年 5 月被国务院公布为全国重点文物保护单位，2010 年 7 月被湖南省委宣传部公布为湖南省爱国主义教育基地。

湘南暴动指挥部旧址

湘南暴动指挥部旧址位于湖南省郴州市宜章县城关镇中夏街 26 号（原县女子职业学校）。

1928 年 1 月，朱德率领南昌起义军余部 2000 余人由粤北转战到湘东南。11 日下午，胡少海先遣部队打着国民革命军第十六军 140 团旗号在一群政府官员和土豪劣绅迎接下进入宜章城。12 日下午 2 点左右，朱德、陈毅率主力部队进入县城，在县女子职业学校设立指挥部。陈毅、王尔琢以布防设营为名，指挥部队悄悄地包围了县政府、警察局和团防局所在地——养正书院，并在各条要道上布置了岗哨，做好了战斗前的一切准备。

◆湘南暴动指挥部旧址大门

朱德在司令部听取了湘南特委和宜章县委关于暴动前准备工作情况的汇报后，对暴动作了具体指示。当晚，县长杨孝斌在县议会二楼设席宴请 140 团长官。酒过三巡，朱德突然起立，摔杯在地，随来的卫士立即缴了县府兵的武器。这时，高静山、杨子达等带人闯进宴会大楼，把县长杨孝斌、前县长黄得珍等全部捆绑起来。陈毅、王尔琢按原计划指挥部队迅速消灭了盘踞宜章的反动势力。接着，起义军解救了被关押的共产党人和革命群众，打开粮仓，把粮食分给穷苦工农；将国民革命军改编成工农革命军第 1 师，师长朱德、党代表陈毅。宜章年关暴动大获全胜。尔后，起义军挥师北上，点燃了湘南二十几个县的革命烈火，建立了红色政权，组建了 3 个农军师和两个独立团，动员百万工农群众参加了波澜壮阔的土地革命运动。4

月，蒋介石急调湘粤军阀 8 个师的兵力“围剿”湘南。因遭强敌夹击，朱德、陈毅率部向井冈山转移，与毛泽东领导的秋收起义部队会师。

◆湘南暴动指挥部旧址内院

湘南暴动指挥部旧址于 1996 年 11 月被国务院公布为全国重点文物保护单位；1995 年 1 月被湖南省委宣传部公布为湖南省爱国主义教育基地；2001 年 6 月被中央宣传部公布为全国爱国主义教育示范基地。

三大纪律、六项注意颁布旧址

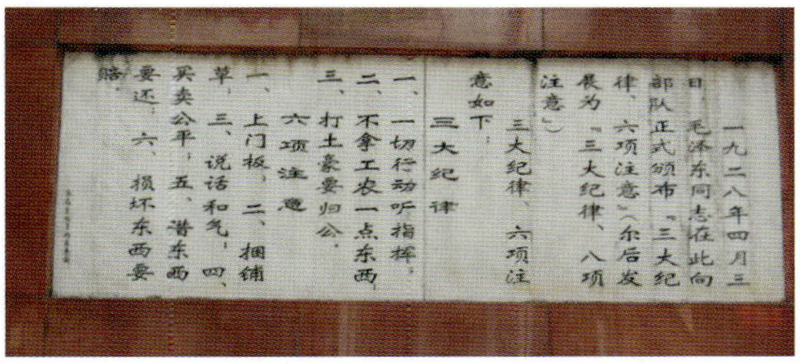

一九二八年四月三日毛泽东同志在此向部队正式颁布“三大纪律、六项注意”（尔后发展为“三大纪律、八项注意”）。

三大纪律、六项注意如下：

三大纪律

一、一切行动听指挥，
二、不拿工农一点东西，
三、打土豪要归公。

六项注意

一、上门板，二、捆铺草，三、说话和气，四、买卖公平，五、借东西要还，六、损坏东西要赔。

◆三大纪律、六项注意纪念碑碑文

三大纪律、六项注意颁布旧址位于湖南省郴州市桂东县沙田镇老虎冲三十六担丘。

1928 年 3 月底，毛泽东应湘南特委要求，率领工农革命军第一师第一团前来湖南策应湘南起义，于 3 月 30 日到达桂东沙田墟，在沙田一带开展土地革命斗争。4 月 3 日上午，毛泽东在沙田老虎冲三十六担丘的土台上集合工农革命军和地方赤卫队进行思想政治教育和建军宗旨教育，总结了建军以来的经验教训，讲述了没有纪律就不成军队，没有统一指挥就不能取得革命胜利的道理。接着向工农革命军正式颁布了“三大纪律、六项注意”，并扳着手指逐条、逐项地进行详细讲解。将原来的“三条纪律”改为“三大纪律”，将“三条纪律”中的第二条“不拿老百姓一个红薯”改为“不拿工人农民一点东西”。三大纪律是：第一、行动听指挥；第二、不拿工人农民一点东西；第三、打土豪要归公。六项注意是：一、上门板；二、捆铺草；三、说话和气；四、买卖公平；五、借东西要还；六、损坏东西要赔。不久，又增加了“洗澡避女人”、“不搜俘虏腰包”两项条文。完善之后，统称为

◆位于三十六担丘的三大纪律、六项注意纪念碑

◆第一军规广场

“三大纪律、八项注意”。

1998年在沙田老虎冲三十六担丘兴建了由萧克将军题字的纪念碑，建筑占地面积396平方米。2008年，修建了第一军规广场。

三大纪律、六项注意颁布旧址于2002年5月被湖南省人民政府公布为湖南省文物保护单位；2005年11月被中央宣传部公布为全国爱国主义教育示范基地。

秋收起义文家市会师旧址

秋收起义文家市会师旧址位于湖南省长沙市浏阳市文家市镇人民路34号。

◆里仁学校

1927年中共中央召开八七会议，决定毛泽东以中央特派员身份回到湖南改组省委和组织工农革命军，同年9月9日毛泽东组织和发动了湘赣边界秋收起义，9月19日各路起义军部队在文家市会师。当晚，毛泽东在里仁学校后栋教室主持召开了重要军事会议——前敌委员会会议，主要讨论起义部队会师后进军方向至关秋收起义部队前途问题。前委书记毛泽东分析了当时敌强我弱、敌大我小的形势，主张放弃原定进攻长沙的计划去农村开展土地革命，保存实力，坚持革命斗争。毛泽东的正确主张得到了总指挥卢德铭等大多数同志的支持。会议最后决定保存实力，向敌人统治力量薄弱的农村转移，寻求落脚点，再图发展。20日清晨，起义部队在里仁学校操坪举行了会师大会，毛泽东作了重要讲话。会后，毛泽东亲自率领部队从文家市出发，开始了沿罗霄山脉南下的进军。历时一个多月，转战千里，历尽艰苦，终于把红旗插上了井冈山。

◆秋收起义文家市会师旧址

秋收起义文家市会师旧址（里仁学校）于1961年3月被国务院公布为全国重点文物保护单位；1995年1月被湖南省委宣传部公布为湖南省爱国主义教育基地；2001年6月被中央宣传部公布为全国爱国主义教育示范基地。

平江起义旧址

平江起义旧址位于湖南省岳阳市平江县天岳经济开发区东兴大道。

平江“三月扑城”失败后，国民党湖南省“清乡”督办署立即从南县调周磐所部独立第5师来平江“清剿”共产党，该师1、2、3团，于1928年6月18日至19日，先后到达平江。在这支部队中早已建立起共产党组织，其中共产党员有第1团团长彭德怀，团部副官邓萍，彭德怀的警卫员李光，1营2连连长李灿，1营9连连长黄纯一，1营班长张云生，3团3营营长黄公略，随营学校负责人贺国中等。7月17日，中共湘东特委书记滕代远从浏阳来到平江，与独立5师1团党的组织取

◆平江起义旧址（天岳书院）

得联系。7 月 18 日，彭德怀在平江电报局截获两份密电，得知南华安特委被破坏，黄公略的共产党员身份被暴露，师长周磐密令逮捕黄公略，情况十分紧急。1 团党组织即与滕代远等商议，决定立即起义，派人到嘉义通知黄公略。7 月 22 日上午 10 时，彭德怀在团部召开驻县城和近郊的 1、3 营的营、连、排军官会议，作起义的动员，将危险分子第 3 营营长以经济手续不清，勾结土豪劣绅为由予以撤换，任命黄纯一代理营长。对其他动摇分子也予以撤职。上午 11 时半，第 1 团第 1 营全体官兵全副武装在平江天岳书院广场集合，彭德怀向广大士兵作起义动员，历诉国民党反动派的罪恶，讲述工农革命的前途，战士们群情激愤，个个摩拳擦掌。下午 1 时，部队按预定的计划和目标向县城进发。1 营 2 连连长李灿率 1 营 2 连和另外两个连，迅速向县政府和保安队驻地进击，占据县政府，活捉县长刘作柱、省“清乡”督察员杨鹏翼、警察局长黄夕度、财税征收处主任向玉霞等。9 连连长黄纯一率第 9 连和另外两个连，包围师部训练处驻地——天主堂，出其不意地缴了师部特务连的枪，除师训处长李梓一人逃脱外，其余大小军官全部被俘。1 连 9 班班长周玉成带领一个班，解除了驻西街陈家大屋“清乡”队的武装；2 连 6 班班长李寿轩带领士兵，砸开下西街的监狱，救出 300 多名革命同志。这次起义，前后只用三四个小时，共缴获长短枪 800 余支，子弹数万发。下午 4 时，第 1 团第 2 营从思村开回县城。黄公略提前一天于 21 日下午在嘉义镇上举行起义，枪毙嘉义“挨户团”主任杨丹厚，缴获 20 多支枪，解救被捕的革命同志，帮助嘉义党组织镇压一批反动透顶的地主豪绅后，即向县城靠拢。23 日下午 4 时，黄公略与县城起义部队会合。同日，贺国中率领的随营学校官兵 100 多人到达平江县城。中共平江县委负责人 23 日进城与彭德怀取得联系。7 月 24 日，起义部队和县城人民群众，在月池塘召开庆祝大会，庆祝起义的胜利，大会宣布成立中国工农红军第五军和平江县工农兵苏维埃政府。7 月 29 日，国民党湖南省政府急调三个团“进剿”平江。7 月 30 日，战斗打响后，起义部队顽强抵抗，七团团长黄纯一阵亡。由于兵力悬殊，起义部队不得不撤出平江县城。7 月 31 日，起义部

◆平江起义史料陈列馆

队攻打长寿街失利，当天赶至龙门。在龙门帮助建立苏维埃政府后，即向江西方向转移，转战于湘鄂赣边区，开创了湘鄂赣革命根据地。

1990 年 10 月，由中央军委赠制、国家主席杨尚昆题词的“彭德怀同志铜像”安置在旧址广场左侧。1998 年，对旧址主体进行全面修缮，兴建了“平江起义纪念碑”，更新“平江起义史料陈列”，新增“彭德怀同志光辉业绩”、“滕代远、黄公略同志生平简介”、“光荣的平江起义团”等陈列内容。

平江起义旧址于 1988 年 1 月被国务院公布为全国重点文物保护单位。平江起义纪念馆于 2001 年 6 月被中央宣传部公布为全国爱国主义教育示范基地。

湘鄂川黔革命根据地旧址群

湘鄂川黔革命根据地旧址群位于湖南省张家界市永定区和湖南省湘西土家族自治州永顺县、龙山县等地。

湘鄂川黔革命根据地旧址群包括张家界永定区湘鄂川黔省委、省革委、省军区旧址，湘西自治州永顺塔卧、龙山兴隆街和茨岩塘湘鄂川黔省委、省革委、省军区旧址，红二、红六军团兵工厂旧址（姚家大屋）、红二、红六军团医院旧址（杨家大屋）等。

1933 年 11 月，湘鄂西革命根据地丧失，贺龙、关向应等率领红三军转战湘鄂川黔边区，12 月 9 日湘鄂西中央分局在湖北咸丰大村召开会议，提出了创建“湘鄂川黔边新苏区”的口号。1934 年 8 月 7 日，任弼时、萧克、王震等率领红六军团从湘赣革命根据地突围西征，于 10 月 24 日与红三军在贵州印江木黄会师。两军会师后，红三军恢复红二军团番号，成立了以贺龙、任弼时、关向应为首的红二、红六军团总指挥部，开展湘西攻势，以策应中央红军长征。11 月 26 日，中共湘鄂川黔省委、省革命委员会、省军区在大庸县城（今张家界永定区）成立。12 月 10 日，机关转移到永顺塔卧，1935 年 4 月 12 日，迁往龙山兴隆街，5 月 6 日，再迁往茨岩塘。

在一年多的时间里，湘鄂川黔革命根据地不断壮大发展，建立了永保、郭亮、大庸、桑植四个县级革命政权和 37 个区乡级革命政权。同时红二、红六军团积极开展军事行动，先后取得了十万坪、陈家河、忠堡、板栗园等战役的胜利，有力地策应了中央红军的长征。1935 年 11 月中共湘鄂川黔省委和军委分会根据中央指示，决定退出湘鄂川黔革命根据地，实行战略转移。11 月 19 日，红二、红六军团在桑植刘家坪、瑞塔铺举行誓师大会，突围长征。

张家界永定区湘鄂川黔省委、省革委、省军区旧址

张家界永定区湘鄂川黔省委、省革委、省军区旧址位于湖南省张家界市永定区解放路。原系 1918 年修建的天主教堂。为缅怀先烈功绩，弘扬革命精神，进行革

◆张家界永定区湘鄂川黔省委、省革委、省军区旧址

命传统教育，永定区于1991—1993年对湘鄂川黔省委、省革委、省军区旧址进行修复，同时修建纪念馆楼。

湘鄂川黔省委、省革委、省军区纪念馆坐南朝北、由东、西、南、北4栋建筑物组成，呈四合井院落式布局，占地2800平方米。东房曾经是任弼时、贺龙和萧克住过的地方；西头是可容纳200余人的省委大礼堂，已辟为“将军馆”，166名曾在湘鄂川黔革命根据地战斗过的将军照片挂满四周墙壁；北面的一长排平房是当年省委、省革委和省军区13个直属部门办公的地方，西侧为大庸人民革命斗争史展览室，东侧为国防教育展馆；南面楼房是纪念馆主楼，正面路面门楣上有萧克将军题写的馆名“中华苏维埃共和国湘鄂川黔省委、省革委、军区纪念馆”。里面设有三个展室，陈列着223幅大型图片和100多件实物，再现了当年根据地军民浴血奋战的光荣历史。

塔卧湘鄂川黔省委旧址

塔卧湘鄂川黔省委旧址位于湖南省湘西自治州永顺县城东北40公里处的塔卧镇原丁家院子。为三合院穿斗式木结构建筑，青石板天井，面积1600平方米，正屋坐东朝西，五柱四棋，左厢房配有吊脚楼，正屋对面的木房为警卫人员住处，西南角为木朝门。院内为任弼时、贺龙、萧克等领导办公及住处。旧址的壁板上保留有红军标语：“驱除帝国主义出中国”、“只有苏维埃才是民族革命战争的领导者”、“反对国民党出卖中国”、“争取独立自由领土完整的苏维埃中国”、“彻底粉碎敌人五次‘围剿’”。

◆塔卧湘鄂川黔省委旧址

1934年11月26日，根据党中央电示，红二、红六军团在大庸（今张家界市永定区）宣布成立湘鄂川黔边区临时省委，以任弼时为省委书记，贺龙、关向应、夏曦、王震、萧克、张子意、刘士杰等及少共省委一人为省委委员，秘书长王恩茂，组织部长

甘泗淇，宣传部长张子意，民运部长刘俊秀。省委成立后，发动群众，开展土地革命，建立革命武装，建党建政及建立各种群众组织。经过省委及工作队的积极努力，到1934年12月底湘鄂川黔革命根据地形成了西起龙山洗车河东到慈利溪口，北起桑植以北南到永顺石堤西以南的，以大、永、桑、龙为中心的湘鄂川黔革命根据地。

在省委领导下，各级党组织和苏维埃政府积极采取措施壮大革命队伍。经过扩红，红二、红六军团由会师时的7000多人扩大到2万多人，仅永保、郭亮两县就有1万人参加红军。地方武装也同样得到很大的发展。在省委和各县委、区委的领导下，根据地人民进行了清剿地主武装和反“围剿”的斗争。

塔卧湘鄂川黔省革委会旧址

塔卧湘鄂川黔省革委会旧址位于湖南省湘西自治州永顺县塔卧镇中心原雷家老屋。为四合院穿斗式木结构建筑，青石板天井，面积1480平方米，周围砌有卵石围墙。正屋坐南朝北，五柱四棋，五开间，中为堂屋。厢房为三柱四棋，四开间。大门与堂屋相对，两侧为粮仓。为贺龙、夏曦、陈希云等领导的办公地点和住处。

◆塔卧湘鄂川黔省革委会旧址

1934年11月26日，湘鄂川黔边临时省革命委员会成立于大庸。同年12月10日迁至永顺县塔卧，机关设在塔卧雷家老屋。主席贺龙，副主席夏曦、朱长清，秘书长张启龙。内设劳动部，部长朱长清；财政部，部长喻杰（代理）、陈希云、虞志清；粮食部，部长张经展；土地委员会，主任王邦秀；没收委员会，主任陈希云；肃反委员会，主任吴德峰。

1934年12月1日，省革命委员会颁布了《没收和分配土地的条例》。1935年1月，根据地大规模的土地革命运动在大庸、永保、郭亮、龙山、桑植等县的广大地区开展起来。在乡、区普遍建立革命政权的基础上，县一级的革命政权也相继建立起来。1934年12月至1935年春，先后建立了永保、郭亮、桑植、大庸等县革命委员会（或苏维埃政府）。

1935年1月，湘鄂川黔省辖区域从龙山洗车河到慈利溪口有200多公里，从桑植北到永顺石堤西以南有120多公里，有四五十万群众。至1936年红二、红六军团长征前，区域进一步扩展到以湖南的永顺、大庸、龙山、桑植四县为中心，包括湖南的保靖、沅陵、桃源、常德、石门、临澧、澧县、津市；湖北的宣恩、来凤、咸丰、松滋、鹤峰、利川；四川的酉阳、秀山、黔江、彭水、石柱；贵州的沿河、印江、德江、松桃、江口、石阡、思南等20多个县的部分地区（其中大部分为游击根据地）。

1935年4月，湘鄂川黔省革委会迁往龙山兴隆街。

塔卧湘鄂川黔省军区旧址

◆塔卧湘鄂川黔省军区旧址

塔卧湘鄂川黔省军区旧址位于湖南省湘西自治州永顺县城东北40公里处的塔卧镇丁家院子，为三合院穿斗式木结构建筑，青石板天井，面积750平方米，正屋坐北朝南，东头与省委旧址相通，南面设木朝门。院内为王震、张子意、李达等领导人办公地点及住处。

1934年11月26日，根据中央军委电示，红二、红六军团在大庸（今张家界市永定区）成立湘鄂川黔省军区，以贺龙为军区司令员，任弼时为政治委员。12月10日，省军区机关迁往永顺县北部的塔卧。省军区在塔卧，一是在1934年12月22日和省军区政治部一道发布了《关于游击队中党的工作的指示》，建立各级地方武装，开展军事斗争；二是清剿土匪武装。猫儿山攻打顾桓臣，惩罚“义勇队”头子顾定三，破趴水洞伏击张玉阶；三是开展反“围剿”斗争。1935年2月11日组成了由贺龙任主席，以任弼时、关向应、夏曦、萧克和王震为委员的革命军事委员会——湘鄂川黔分会（简称军委分会），领导红军取得高粱坪—王村战斗、陈家河战斗、桃子溪战斗、忠堡战斗等反“围剿”战斗的胜利。1935年4月12日，省军区机关迁往龙山兴隆街，后又迁至茨岩塘。

塔卧湘鄂川黔省委党校旧址

塔卧湘鄂川黔省委党校旧址位于湖南省湘西自治州永顺县塔卧镇原涂家大屋。为三合院穿斗式木结构建筑，青石板天井，面积540平方米，正屋坐东朝西。教室和宿舍设在西厢房，东厢房放置一些通讯器材，又称无线电分台。是任弼时、王恩茂等办公地点和住处，也是根据地区、乡政权里的青年干部、学员学习的场所。

1934年12月，为了加强党的思想建设、培养党的地方工作干部，湘鄂川黔省委在塔卧丁家院子建立了党校，省委委员张子意兼任校长，王恩茂任教务处处长。教员有唐天哲、唐康林、戚德元等。学员是军政干部和苏区县、区、乡青年干部，先后有数百名干部参加学习。学校根据“新区党组织应保存着秘密状态”的指示精神，没有对外公

◆塔卧湘鄂川黔省委党校旧址

开。教室无桌椅，听课带一条小凳，一块木板垫在膝上作笔记。学习内容有：省委《关于创造湘鄂川黔边苏区任务决议》、《新党员训练大纲》、《优待红军及其家属的条例》以及劳动法、怎样划分阶级等。教学多采用提出问题进行讨论的方式。任弼时、夏曦、王恩茂、吴德峰等多次来校讲课。学员结业后仍回原单位工作。同时，县、区党的组织还经常开办短期训练班，培训党的支部骨干。省委党校先后为根据地和红军培养了上千名优秀党员。1935 年 4 月，省委机关迁往龙山，党校随之迁到龙山。

湘鄂川黔革命根据地无线电台旧址

湘鄂川黔革命根据地无线电台旧址位于湖南省湘西自治州永顺县塔卧镇湘鄂川黔省委旧址后面的民房内，为三合院穿斗式木结构建筑，青石板天井，面积 192 平方米，正屋坐北朝南，右厢房为吊脚楼，楼上为无线电总台。正屋为宿舍和学习班教室，左厢房为厨房。系当时总台长苏林，密码翻译陈琮英，教官王永睿办公地点和住处。

1934 年 12 月，省委迁至塔卧后，红六军团从湘赣苏区带来无线电台 2 部，有线电话总机一部，任弼时夫人陈琮英任通讯负责人，并担任密码译电，工作忙碌时任弼时、李贞也前来译电。无线电台设有总台和分台，总台负责与中央红军，红二、红六军团各团部的联系，分台负责指挥本地各师军队，还兼管有线电话。苏维埃政府各机关装有电话单机，初步建立了苏维埃政权通讯系统。为了发展红色邮电，培养专业技术人才，由王永浚，陈琮英担任教员，在塔卧举办了一次无线电训练班，共为红二、红六军团培养了 20 多位报务员。

◆湘鄂川黔革命根据地无线电台旧址

龙山湘鄂川黔省委、省革委、省军区旧址

龙山湘鄂川黔省委、省革委、省军区旧址位于湖南省湘西自治州龙山县兴隆街乡新寨坪村蒋家大屋。

◆龙山湘鄂川黔省委、省革委、省军区旧址（蒋家大屋）

湘鄂川黔革命根据地的发展壮大，震惊了国民党统治集团。1935年1 月，蒋介石调集十多万兵力，分六路纵队，对根据地发动大规模“围剿”，妄图一举将红二、红六军团消灭在永（顺）、大（庸）、龙（山）、桑（植）之间狭小区域内。3 月中旬，李觉部向永顺县石堤西推进；郭汝栋部经大庸向西推进，欲进击塔卧；陈耀汉部进击桑植；陶广部北犯永顺；张振汉部进击龙山茨岩塘，欲东向塔卧；徐源泉部由鄂西进击龙山茨岩塘，情况十分危急。3 月21 日，红军在大庸和永顺交界的后坪战斗中失利。红二、红六军团的行动完全陷入了被动防御的局面。4 月初，各路敌军已逼进湘鄂川黔省委所在地——永顺塔卧。4 月12 日，为保存实力，省委及军委分会决定有序地撤离塔卧。4 月13 日，红二、红六军团与敌陈耀汉部在桑植陈家河遭遇。14 日，红军取得陈家河大捷。15 日，取得桃子溪大捷。17 日，进迁龙山兴隆街蒋家大屋。4 月19 日，贺龙、任弼时在此主持召开了省委、省革委、军分会联席会议。会上省委、军分会决定：一、坚决执行遵义会议的总方针，及时组织战略反攻，抓住战机，大量消灭敌人的有生力量。二、抓紧进行以龙山为中心的苏区政权建设、武装建设，开展土地革命，动员群众参军参战，充分发挥游击战的威力，打一场反“围剿”的人民战争。红二、红六军团从此改变了被动局面，湘鄂川黔革命根据地进入了以龙山为中心的革命时期。

同年5 月6 日，湘鄂川黔边省委、省革委、省军区由龙山兴隆街迁往茨岩塘。

龙山湘鄂川黔省委、省革委、省军区旧址

龙山湘鄂川黔省委、省革委、省军区旧址位于湖南省湘西自治州龙山县茨岩塘镇茨岩村龙家湾龙家大屋。

1935 年5 月6 日，为落实兴隆会议精神，湘鄂川黔省委、省军区、省革命委员会以及红二、红六军团兵工厂、医院、供给部、红军学校等直属机构全部迁往龙山县茨岩塘。

在以茨岩塘为革命中心区期间，贺龙、任弼时等在这里指挥了著名的忠堡大捷、首善围歼战、招头寨战役、板栗园大捷、芭蕉坨大捷以及茨岩保卫战等数以

百计的战役、战斗。特别是在1935年5月9—10日在龙家大屋召开的茨岩会议为坚持革命根据地确立了正确的战略方针。在正确战略方针指导下，红二、红六军团的活动范围达到湘鄂川黔边21个县市，苏区群众达200万人，红军发展到6个师17个团2万多人，湘鄂川黔革命根据地进入全盛时期，吸引和牵制了湘鄂川黔四省大量的国民党兵力，有效地策应和配合了中央红军的战略转移。

◆湘鄂川黔革命根据地纪念馆(龙家大屋)

红二、红六军团兵工厂旧址

红二、红六军团兵工厂旧址（姚家大屋）位于湖南省湘西自治州龙山县茨岩塘镇甘露村六堡山脚。

1935年4月12日，为避开国民党军六路纵队的合围，确保省委机关的安全，湘鄂川黔省委、省军区、省革命委员会以及军委分会从永顺塔卧转迁龙山兴隆街新寨坪蒋家大屋，随后于5月6日再度转迁龙山茨岩塘龙家大屋。红二、红六军团直属机构红军兵工厂随省委二度转迁后设在茨岩塘镇甘露村姚家大屋。

红二、红六军团兵工厂设财政、修理、翻砂、炸弹四科，全厂共有300人左右。设红炉车间、翻砂车间、修枪车间、造手榴弹车间、木业车间。兵工厂可以生产刺刀、枪支零件（枪筒、枪柄）。可以修理枪支零件，还可以制造步枪、机枪、盒子枪子弹、手榴弹以及枪托和子弹箱。当时，兵工厂制造修理了大批红军急需的武器弹药，为红二、红六军团提供了保障。

1935年11月，红二、红六军团长征后，兵工厂停办。

◆红二、红六军团兵工厂旧址

红二、红六军团医院旧址

红二、红六军团医院旧址位于湖南省湘西自治州龙山县茨岩塘镇凉水村杨家寨（杨家大屋）。

◆红二、红六军团医院旧址（杨家大屋）

1935年4月12日，湘鄂川黔省委、省军区、省革委会以及军委分会从永顺塔卧转迁龙山兴隆街新寨坪蒋家大屋，随后于5月6日再度转迁龙山茨岩塘龙家湾龙家大屋。红二、红六军团直属机构红军医院也随着省委二度转迁，最后设在茨岩塘凉水村杨家寨的杨家大屋。

红军医院分门诊、住院、中草药加工几个部门，有工作人员100余人，伤员800多人。伤病员来自龙山、永顺、桑植、宣恩、咸丰、来凤前线负伤的战士。凉水村和近靠红军医院的半寨村的农户家家都设有病床，情况紧急时，伤员就往红军医院后山的大山洞转移。任弼时、贺龙、关向应、萧克、王震等经常到医院看望病人。

由于国民党的封锁，红军医院药物奇缺，治伤医病主要靠中草药。伤病员看门诊，时在病房，时在坪坝，时在战场，情况紧时在医院后大山洞。

红军医院在茨岩塘的日子里，共治愈轻伤500多人、重伤60多人，为红二、红六军团保存了大量富有经验的红军战士。

1935年12月，红军医院随红六军团第18师撤离茨岩塘。

湘鄂川黔革命根据地旧址群中的上述旧址于2006年5月被国务院公布为全国重点文物保护单位；1995年1月被湖南省委宣传部公布为湖南省爱国主义教育基地，2001年6月被中央宣传部公布为全国爱国主义教育示范基地。

邓中夏故居

邓中夏故居位于湖南省郴州市宜章县太平里乡邓家湾村。

邓中夏（1894.10—1933.9），1894年10月5日诞生于此。1907年在本乡樟桥小学读书，1911年转入县立高等小学。1915年夏考入湖南高等师范学校，在长沙结识了毛泽东、蔡和森。1917年考入北京大学国文系，1919年参与组织领导五四运动。8月回宜章，向革命师生宣传五四运动和俄国十月革命，传播马克思主义。1920年10月在李大钊领导下，邓中夏与张国焘、蔡和森等一批进步骨干创建了北京共产党早期组织。组织、策划了长辛店、开滦煤矿工人、京汉铁路工人大罢工，参与领导了举世闻名的省港大罢工。1925 年起任全国总工会执委会委员、全国总工会秘书长、宣传部长。1927 年 8 月至 1928 年 7 月任中共中央临时政治局候补委员。1927 年 8 月至 1928 年 1 月任中共江苏省委书记。1927 年 10 月至 11 月任中共中央军事部代部长。1928 年 2 月任中共广东省委书记。1930 年 9 月起任中共湘鄂西特委书记。1932 年到上海坚持秘密斗争，后任全国赤色互济总会主任兼党团书记。1933 年在上海法租界被捕，1933 年 9 月 21 日在南京雨花台就义。历任中共第二届中央委员、第三届中央候补委员、第五届中央委员、第六届中央候补委员、中央临时政治局候补委员。

◆邓中夏故居

故居是典型的湘南民居制式，一进四间，正中为客厅，是吃饭和会客的地方。左厢房前间是邓中夏叔婶住房，后间是邓中夏 1925 年与原配夫人杨贤槐结婚时的住房，里面现存列有邓中夏生前使用过的雕花大床、斗浆花被、箱笼衣柜等。右厢房前间是邓中夏父母住房，后间是邓中夏哥嫂住房。占地面积 132. 9 平方米，青砖青瓦两层砖木结构。

1994 年，在纪念邓中夏诞辰 100 周年期间，时任中共中央总书记、国家主席、中央军委主席江泽民题写“邓中夏故居”匾额。

邓中夏故居于 1996 年 1 月被湖南省人民政府公布为湖南省文物保护单位；1995 年 1 月被湖南省委宣传部公布为湖南省爱国主义教育基地。

向警予故居

向警予故居位于湖南省怀化市溆浦县卢峰镇警予西路 27 号。

向警予（1895—1928），女，土家族。1895 年 9 月 4 日诞生于此。1912 年秋入湖南省立第一女子师范学习。1919 年秋参加新民学会。同年 11 月与蔡畅等组织湖南女子留法勤工俭学会，成为湖南女界勤工俭学运动的首创者。1919 年赴法国勤工俭学，1921 年底回国，1922 年初加入中国共产党。1923 年领导上海丝厂和烟厂的女工罢工。1925

◆向警予故居

年5月被增补为第四届中央委员、中央局委员，并任中央妇女部主任。同年10月，赴苏联入莫斯科东方劳动者共产主义大学学习。1927年4月回国，先后在中共汉口市委宣传部、市总工会宣传部工作。1927年7月到中共湖北省委工作，1927年10月任中共湖北省委党报《大江报》主笔。1927年11月湖北省委改组，为省委负责人之一。1928年3月由于叛徒出卖被捕，5月1日在武汉就义。

故居系清代木结构四合院民居，占地面积1377平方米，保护范围面积13345平方米。故居陈列物品35件，其中文物14件，复制品21件。1978年至1979年由湖南省文物部门进行了全面维修，1981年7月1日正式对外开放，1980年2月4日成立“向警予同志故居管理所”。1984年1月9日，时任中共中央总书记胡耀邦瞻仰故居时题写了“向警予同志纪念馆”。1985年8月31日正式更名为“向警予同志纪念馆”。

向警予故居于1983年10月被湖南省人民政府公布为湖南省文物保护单位；1996年11月被国务院公布为全国重点文物保护单位；1995年1月被湖南省委宣传部公布为湖南省爱国主义教育基地。

◆向警予铜像

夏明翰故居

夏明翰故居位于湖南省衡阳市衡阳县洪市镇礼梓村余家组。

夏明翰故居始建于清乾隆年间，距今已有270余年，为典型的清代湘南民居建筑。大院坐北朝南，土砖木结构，大院二进六厢，共有房屋45间，面积2316平方米。

夏明翰（1900—1928），字桂根，湖南衡阳洪市镇人，生于湖北秭归县。夏明翰跟随祖父母在湖北、江西等地度过童年时代，12岁随全家迁回衡阳。1917年春，进入湖南省立第三甲种工业学校（位于衡阳）读书。在校期间，他受到五四运动的影响，开始读进步书籍，并参加游行和反对军阀的活动。

1920 年秋，夏明翰来到长沙，结识了毛泽东、何叔衡等人。1921 年秋，进入湖南自修大学，并经毛泽东、何叔衡介绍加入共产党。入党后不久，便在湖南自修大学附设的实习学校任教务主任，为湖南培养出一大批党团骨干。同时，夏明翰按照湘区党委的指示，领导了长沙人力工人的罢工斗争。1924 年任中共湖南省委委员，并负责农委工作。1925 年兼任省委组织部长、农民部长和长沙地委书记。1926 年 12 月，主持召开了湖南省第一次农民代表大会。1927 年春，任全国农民协会秘书长兼武汉中央农民运动讲习所秘书。6 月，调回湖南，任中共湖南省委委员兼组织部长。中共八七会议后，在湖南积极参加组织秋收起义。10 月，兼任平（江）浏（阳）特委书记。1928 年初，调任中共湖北省委常委。同年 2 月，在汉口被国民党逮捕。3 月 20 日英勇就义。他就义前写下的诗：“砍头不要紧，只要主义真，杀了夏明翰，还有后来人”，表现了一个共产党人的革命气节，震撼着一代又一代革命者的心，教育了一代又一代年轻人。2009 年 9 月，由中央宣传部等 11 部门联合组织开展全国“双百”人物评选，夏明翰入选“100 位为新中国成立作出突出贡献的英雄模范人物”。

◆夏明翰故居

2005 年，当地政府对夏明翰故居进行了整体维修。维修后的夏明翰故居分为四个部分：一是故居管理所，占用房屋 7 间，为陈列馆式建筑风格；二是夏明翰生平事迹陈列展，占用房屋 12 间；三是夏明翰精神书法陈列展，占用房屋 5 间（其中堂屋 1 间）；四是夏明翰旧居复原陈列展，占用房屋 19 间。同时，修通硬化了故居公路，修建了占地 15 亩的故居生态停车场和故居广场，在第三级广场的南端新建了浮雕墙。浮雕墙高 5. 8 米，以 20 世纪 30 年代中国风起云涌的农民运动为背景，凸显夏明翰烈士就义的感人场景。在 4500 余平方米的陈列馆内，有夏明翰烈士的铜像，有近 400 件文物，还收集了郭沫若、何叔衡等知名人士为夏明翰题写的挽联和诗词。陈列馆内的图片展重现了夏明翰烈士光辉、革命的一生。

夏明翰故居于 2002 年 5 月被湖南省人民政府公布为湖南省文物保护单位；2002 年 2 月被湖南省委宣传部公布为湖南省爱国主义教育基地；2011 年 3 月被中央宣传部公布为全国爱国主义教育示范基地。

何叔衡故居

何叔衡故居位于湖南省长沙市宁乡县沙田乡长冲村。

何叔衡（1876—1935），谱名启璇，字玉衡，号琥璜，学名瞻岵。1876 年 5 月 27 日，何叔衡诞生在长冲村，并在此就读私塾。1902 年，26 岁的何叔衡考中清末最后一届秀才。他激愤于官府腐败而甘愿在家种田，长期从事私塾、小学教育。1909 年，何叔衡离开家乡开始走向革命道路。

1913 年春，何叔衡以 37 岁的大龄考入湖南公立第四师范，一年后并入湖南省立第一师范，得以结识时年 21 岁的同学毛泽东。何叔衡热情、厚重、老成，一直是毛泽东在湖南开展社团运动、学生运动、驱张运动和建党建团运动的得力助手和密友。1918 年参加新民学会，为最年长者会员。1920 年参加长沙的共产党早期组织，1921 年 7 月和毛泽东代表长沙早期党组织一同出席了中国共产党第一次全国代表大会。

◆何叔衡故居

大革命时期，何叔衡以国民党省党部监察委员和学界名流身份相继担任湖南省法院（控诉法院）陪审员、惩治土豪劣绅特别法庭成员、省中山图书馆馆长、水口山矿局监理、《湖南民报》馆馆长等职务。湖南“马日事变”后，他与谢觉哉、徐特立、毛泽民等一道到上海筹办聚成印刷公司，这是中共秘密成立的一家印刷机构，对外公开营业，承印商标、簿记等业务；对内专门印刷党的文件和刊物，何叔衡任公司经理。

1928年6月，受中共中央指示，何叔衡赴苏联莫斯科中山大学特别班学习，并参加中共六大。1930年回国，次年奉命进入中央苏区，被任命为中华苏维埃共和国临时中央政府工农监察部部长、内务部代部长和临时法庭主席。因何叔衡与毛泽东关系密切，对“左”倾领导集团有批评与抵制，1933年冬所任职务全部被撤销。1934年10月中央红军长征后，他留在赣南闽西地区坚持游击战争。1935年1月，他与瞿秋白、邓子恢等从瑞金转移，欲去上海，在2月24日经过福建长汀县水口镇小泾村时被地主武装包围。何叔衡受伤遇难，终年59岁。

故居为典型的清代江南民居建筑，始建于清乾隆五十年（1785年），坐东朝西，平面呈方形，占地面积2600平方米，其中建筑面积800平方米。整体建筑为土木结构，均为两面坡悬山顶，屋面盖小青瓦，土砖墙体，平头槽门。主体建筑呈倒“凹”字形布局，面阔三间，一进两间，共有正房、左右厢房等大小房屋23间。正堂屋高大亮爽，双页木门，方格窗。檐下走廊，中辟天井，南侧有水井。

何叔衡故居于1983年10月被湖南省人民政府公布为湖南省文物保护单位；2010年7月被湖南省委宣传部公布为湖南省爱国主义教育基地。

胡耀邦故居

胡耀邦故居位于湖南省长沙市浏阳市中和镇苍坊村敏溪河畔。

胡耀邦（1915.11—1989.4），湖南浏阳人。1929年加入中国共产主义青年团，1933年转入中国共产党。长征到达陕北至解放战争时期，先后任少共中央局秘书长、组织部部长、宣传部部长，抗日军政大学政治部副主任，中央军委政治部组织部副部长、部长，冀热辽军区政治部代主任，十八兵团政治部主任。新中国成立后，任中共川北区委书记、行署主任、军区政委。1952年至1957年任中国新民主主义青年团中央书记处书记。1959年9月当选为第二届全国人大常委会委员。1957年至1966年任中国共产主义青年团中央书记处第一书记，中共陕西省委代第一书记、第一书记，中共中央西北局第三书记、第二书记。“文化大革命”期间，虽遭到严重迫害，仍同林彪、江青反革命集团进行了坚决斗争。粉碎“四人帮”后，先后任中央党校副校长，中央组织部部长，中共中央政治局委员，中央纪律检查委员会第三书记，中央秘书长兼中央宣传部部长。1980年2月当选为中央政治局常委、中共中央总书记。1981年6月当选为中共中央主席。1982年9月当选为党的第十二届中央政治局委员、中央政治局常委、中央委员会总书记。1987 年 11 月当选为党的第十三届中央政治局委员。1989 年 4 月在北京病逝。

◆胡耀邦故居

胡耀邦故居始建于清朝咸丰年间，是胡耀邦上五代祖父胡中泮所建。故居坐北朝南，呈倒凹字形布局，土木结构，小青瓦屋面，占地面积 450 平方米，大小房屋共计 19 间，为典型的浏阳民居建筑风格。1915 年 11 月 20 日，胡耀邦出生于故居西侧横厅内屋一间 10 多平方米的耳房里，并在此度过了童年和少年时代。

1995 年 2 月，为纪念胡耀邦诞辰 80 周年，浏阳市委、市政府启动胡耀邦故居维修工程，修复了胡耀邦童年时代的住房、父母与兄长的居室，以及正厅、横厅、客厅、厨房等。同年 11 月，胡耀邦故居正式对外开放，并在此举办了胡耀邦诞辰 80 周年纪念活动。2005 年，在胡耀邦诞辰 90 周年之际，对胡耀邦故居进行了第二次全面维修。

胡耀邦故居于 1996 年 1 月被湖南省人民政府公布为湖南省文物保护单位；2002 年 2 月被湖南省委宣传部公布为湖南省爱国主义教育基地。

王震故居

王震故居位于湖南省长沙市浏阳市北盛镇马战村。

王震（1908. 4—1993. 3），1908 年 4 月出生于湖南省浏阳县北盛镇马战村贫苦农民家庭。1927 年 1 月加入中国共产主义青年团，1927 年 5 月加入中国共产党，是湘赣苏区主要创始人之一。1941 年，率三五九旅在南泥湾开展了著名的大生产运动，为全党

◆王震故居

全军树立了“自己动手，丰衣足食”的光辉典范。1944年至1946年，率南下支队南征北返，转战两万余里。解放战争期间率部参加了西北战场一系列重大战役，并促使新疆和平解放。1955年被授予上将军衔。1956年任农垦部部长、党组书记。1975年出席第四届全国人大一次会议，任国务院副总理。党的十一届三中全会后，先后任中共中央政治局委员、中央党校校长、中央顾问委员会副主任等职。1988年4月当选为中华人民共和国副主席。1993年3月12日因病在广州逝世，享年85岁。

王震故居始建于清末，坐南朝北，小青瓦，砖木结构。原为当地中立局的公房，后被王震的祖上租住。1908年4月11日王震出生于此。20世纪40年代故居毁于洪水，后来文物工作人员对故居地基进行挖掘保护，2007年进行了复原重建，目前故居占地面积5000平方米，大小房屋共计19间。

王震故居于2011年1月被湖南省人民政府公布为湖南省文物保护单位；2010年7月被湖南省委宣传部公布为湖南省爱国主义教育基地。

李富春故居

李富春故居位于湖南省长沙市天心区三兴街2号。

李富春故居始建于清末，毁于1938年长沙“文夕大火”。1993年1月开始规划筹建，1995年5月22日建成并对外开放。故居占地48平方米，为砖木结构的三层楼房，小青瓦双坡屋面。

李富春（1900.5—1975.1），1900年5月22日诞生在湖南长沙三兴街“李福星扇店”，并在此度过了童年和少年时代。1914年考入长郡中学，1918年毕业后考入河北保定育德中学附设的赴法勤工俭学预备班。1919年，参加了五四运动，结识了毛泽东、蔡和森等革命青年。1919年10月底，从上海赴法国勤工俭学。在法国期间，李富春、李维汉、蔡和森等发起组织了以赞同马克思主义和实行俄国式十月革命为宗旨的工学世界社。1922年，李富春加入中国社会主义青年团（旅欧支部），次年转入中国共产党。

1925年7月，李富春回国后，先后担任国民革命军第2军副党代表兼政治部主任、

◆李富春故居

中共江西区委军委书记、中共江西省委委员、江西省委代书记。不久，参加北伐战争。大革命失败后，曾任中共江苏省委代理书记、中共广东临时省委代理书记。1931 年赴中央苏区，任江西省委书记。参加长征其间：任工农红军总政治部主任、红三军团代政治委员、红军总政治部代主任，1935 年 11 月起任中共陕甘省委副书记、中共陕甘宁省委书记、中央组织部副部长、中共中央副秘书长和中央财政经济部部长、中央书记处办公厅主任等职。解放战争时期，先后任西满分局书记、东北局副书记、东北人民政府副主席、东北军区副政委等职。

新中国成立之初，任政务院财经委员会副主任、重工业部部长。1952 年 11 月起兼任国家计委主任。1954 年 9 月起任国务院副总理兼国家计委主任。他是党的第七、八、九、十届中央委员，第八届中央政治局委员、书记处书记。1966 年 8 月，在党的八届十一中全会上，当选为中央政治局常委。

李富春故居于 2011 年 1 月被湖南省人民政府公布为湖南省文物保护单位；2010 年 7 月被湖南省委宣传部公布为湖南省爱国主义教育基地。

罗荣桓故居和生平业绩陈列馆

罗荣桓故居位于湖南省衡阳市衡东县荣桓镇南湾村。

罗荣桓（1902. 11—1963. 12），字雅怀，1902 年生于衡东县土字第十四区（今荣桓镇南湾村）。1927 年加入中国共产主义青年团，同年转入中国共产党，参加了湘赣边界秋收起义。土地革命战争时期，历任中国工农革命军团参谋，特务连党代表，中国工农红军连、营党代表，红四军第二纵队政治委员，红四军政治委员，红一军团政治部主任，江西军区政治部主任，红军总政治部巡视员、武装动员部部长，红八军团政治部主任，红一军团政治部副主任，中国工农红军后方政治部主任。参加了长征。抗日战争时期，历任八路军 115 师政治部主任、政治委员，山东军区司令员兼政治委员，中共中央山东分局书记。解放战争时期，历任东北民主联军副政治委员，东北军区副政治委员，东北野战军政治委员，第四野战军政治委员，中共中央华中局第二书记，华中军区（中南军区）第一政治委员。新中国成立后，历任中央人民政府最高人民检察署检察长，中国人民解放军总政治部主任兼总干部管理部部长，人民革命军事委员会副主席，第一、二届国防委员会副主席，第一、二届全国人大常委会副委员长。他是中共第七届

◆罗荣桓故居

中央委员、第八届中央政治局委员。1955 年被授予元帅军衔。

罗荣桓故居是一栋三进四厢院落式建筑，始建于 1914 年，是罗荣桓的父亲罗国理先生为纪念黑田罗氏十二代祖先异三公亲手所建。院落坐西南朝东北，砖木结构，格局为三进四厢，内设走廊、天井，采用湘南清末特色民间建筑风格，前厅两边各有一个铺子，分别是永隆杂货铺、永隆中药铺；后院于 2002 年修复，为土木结构，并勾缝。1915 年上半年，13 岁的罗荣桓与家人从新大屋迁居到此，至 1927 年 4 月离开家乡，他把这里当作从事革命活动的实验基地，在这里留下一串串光辉的足迹。

罗荣桓故居的附属纪念设施有罗荣桓元帅生平业绩陈列馆和罗荣桓元帅铜像广场。

罗荣桓元帅生平业绩陈列馆于 2002 年罗荣桓元帅诞辰 100 周年时兴建。陈列馆位于铜像广场第一级广场的西南侧，建筑面积约 1000 平方米。陈列面积约 5800 平方米，并备有多功能音像室、服务部、贵宾休息室等设施。陈列馆用大量的历史图片和实物展示了罗荣桓光辉的一生。

◆罗荣桓元帅生平业绩陈列馆

序厅的正面是一幅巨大的喷绘写真照片——毛泽东为罗荣桓授勋，背景是辽沈战役战场。照片下面摆放着簇簇鲜花，两边为青松翠柏。陈列展的前言，镌刻在序厅中央的一块巨大的圆形大理石上。左墙上刻有毛泽东的手迹：《七律·吊罗荣桓同志》。右墙上刻着邓小平在公祭罗荣桓元帅大会上的悼词和江泽民在《罗荣桓军事文选》出版座谈会上的讲话摘要。

整个展览分四个部分：一、立志报国的热血青年；二、战功卓著的开国元勋；三、人民军队的政治工作巨匠；四、鞠躬尽瘁的先锋模范。

陈列馆共展出各个时期的珍贵历史照片 188 幅，珍贵革命历史文献资料及实物 92 件，雕塑 1 件。2007 年 11 月，罗荣桓亲属将其部分遗物捐献给罗荣桓元帅生平业绩陈列馆，陈列馆专辟“罗荣桓元帅办公室、卧室复原陈列室”展出。

◆罗荣桓元帅铜像

罗荣桓元帅铜像广场与罗荣桓元帅生平业绩陈列馆同时建成。广场占地面积80余亩，共分三级：第一级广场，即最下面的一级广场，由一个占地5000平方米的广场和一个1000平方米的舞台组成；第二级广场为一个占地面积300平方米的歇台；第三级广场，即最上面的一级广场，为整个广场的主体和中心。这级广场占地约2000平方米，中间靠后在山峰中轴线位置上坐东南朝西北，矗立着一尊高10米的罗荣桓元帅铜像。铜像上刻有1992年罗荣桓诞辰90周年江泽民总书记题写的“罗荣桓元帅铜像”七个金光灿灿的大字。三级广场之间由198级台阶相连，198级台阶有其特定的寓意：100级为纪念罗荣桓诞辰100周年，98级为记录罗荣桓元帅参与、指挥的98次主要战役。整个广场布局合理，气势雄伟。远远望去，广场、铜像与山顶之间层次分明，形成了一个以罗家山山峰为中轴线，中间为铜像，西北侧为岳英小学，西南侧为陈列馆的等腰三角形格局。

罗荣桓故居于1983年10月被湖南省人民政府公布为湖南省文物保护单位；1995年1月被湖南省委宣传部公布为湖南省爱国主义教育基地。罗荣桓故居和罗荣桓元帅生平业绩陈列馆于2005年11月被中央宣传部公布为全国爱国主义教育示范基地。

林伯渠故居

林伯渠故居位于湖南省常德市临澧县修梅镇凉水井村。

林伯渠故居始建于清同治年间，由林伯渠的曾祖父林长槐任四川宜宾、邻水县令时所修。故居坐东朝西，依山而建，门临池塘，为典型的江南四合院布局，前后为上、中、下三进院，共有大小房间21间，6个天井，平面呈“品”字形，其南北长26.5米，东西长28.6米，总面积约870平方米。

林伯渠（1886.3—1960.5），1886年3月20日出生于这里，并在此度过童年和少年时代。1902年考入湖南西路师范学校（今常德市一中）。两年后被选赴日本官费留学。1905年加入中国革命同盟会，致力于推翻满清政府的革命活动，后遭日本政府的禁止，罢学回国。回国后继续在湖南、东北、上海、南京等地从事同盟会革命活动。因

◆林伯渠故居

"二次革命"失败，遭袁世凯通缉，于1914年再次东渡日本求学。当年加入孙中山在东京创办的中华革命党，从此走上了革命道路，成了一个职业革命家。1920年8月加入上海党的早期组织。1924年国共第一次合作后先后当选国民党中央执行委员会委员、常务委员，兼任农民部部长。1926年5月被排挤出国民党中央。1927年参加南昌起义，后转赴莫斯科、海参崴学习和任教。1933年3月赴中央苏区，先后任中华苏维埃共和国临时中央政府国民经济部部长、财政部部长。长征到达陕北后，任中央政府西北办事处财政部部长、代主席。抗日战争和解放战争时期，任陕甘宁边区政府主席，陕甘宁边区中央局常委，西北局常委。1945年6月当选为第七届中央政治局委员，被尊称为"延安五老"之一。新中国成立时，当选为中央人民政府秘书长，主持开国大典。他是中共第六届中央委员，第七、八届中央政治局委员，第一、二届全国人大常委会副委员长。1960年5月29日在北京逝世。

故居保存完好，现有林伯渠父母居室、夫人伍崇贤女士居室、伯父母居室、弟媳居室以及原父书房、私塾学堂、上堂、中堂、下堂、厢房和厨房、餐厅、仓屋间等。藏有国家级文物50余件，一般文物1000余件和他及家人生前所用过的生活用具。1986年林伯渠诞辰100周年之际，邓小平亲笔题写了"林伯渠同志故居"字匾并正式对外开放。2006年，在林伯渠诞辰120周年之际，塑建了林伯渠铜像，修建了林伯渠铜像广场。2009年修建了游客接待中心，建造了五老林参观景点，修通了诗词碑林公园游道。

林伯渠故居于1996年1月被湖南省人民政府公布为湖南省文物保护单位；1995年1月被湖南省委宣传部公布为湖南省爱国主义教育基地。

李达故居

李达故居位于湖南省永州市冷水滩区岚角山镇油榨头村。

李达（1890.10—1966.8），1890年10月生。1919年五四运动后，致力于研究、宣传马克思主义。1920年夏与陈独秀等人发起成立上海的中国共产党早期组织，并主编《共产党》月刊，参加《新青年》的编辑工作。1921年2月起任上海的中国共产党早期

◆李达故居

组织代书记。1921 年 7 月出席中国共产党第一次全国代表大会，负责中共中央宣传工作，成为中国共产党的重要创始人和早期领导人之一。1921 年 8 月至 1925 年 5 月任中国劳动组合书记部委员。1921 年 9 月创办中国共产党第一个出版机构——人民出版社，出版马克思列宁主义的著作和革命丛书。1922 年 7 月出席中国共产党第二次代表大会。同年 11 月应毛泽东邀请到长沙出任湖南自修大学校长，并主编自修大学机关刊物《新时代》。1923 年在国共合作问题上与陈独秀意见分歧随之离开党组织，此后长期从事理论研究与教育工作。1930 年任《理论与现实》杂志编委。1949 年 12 月重新加入中国共产党。1952 年 10 月起任武汉大学校长。1963 年 1 月起任中国科学院中南分院院长。曾任中国社会哲学社会科学部委员、常务委员、中国哲学学会会长等职。“文化大革命”中受迫害。1966 年 8 月 24 日在武汉逝世。1980 年 11 月中共湖北省委为其平反昭雪。

◆李达故居陈列室

李达故居建于清末民初。1938 年李达回乡居住时，为读书和研究所需，他亲自设计，对正屋的南寝室前壁窗户进行了改造，改变了原花格的结构形式，扩大了花格面积，增加了室内的光线亮度，也融入了见多识广的李达自己的智慧，使建筑在局部构件上，具有了中西合璧的时代风格和装饰特点。

1988 年，李达族人出资维修正屋正堂后面的墙体及北侧耳房的两间房屋。1990 年，为纪念李达诞辰100周年，原冷水滩市人民政府对故居进行修缮，并在故居内开辟“李达同志生平事迹陈列室”，陈列李达部分遗物、手稿及相关历史照片。

2000年至2003年，冷水滩区对李达故居进行了一次全面修缮。同时，充实陈列内容，改善陈列条件，修筑通往故居的公路。

李达故居于1996年1月被湖南省人民政府公布为湖南省文物保护单位；2010年7月被湖南省委宣传部公布为湖南省爱国主义教育基地，2011年3月被中央宣传部公布为全国爱国主义教育示范基地。

田汉故居

田汉故居位于湖南省长沙市长沙县果园镇田汉村大屋组（原名茅坪）。

田汉（1898—1968），字寿昌，湖南长沙人。田汉自五四运动起，投身于反帝反封建的新文化运动。早年留学日本，1921年回国后，与郭沫若等人共同组织创造社。后创办南国艺术学院、南国社，主编《南国月刊》，并参加话剧创作与演出实践，推动了中国革命戏剧的发展。1930年前后参加民权保障大同盟、左翼作家联盟（并任执行委员）。1932年加入中国共产党，任“左翼剧联”党团书记，中国共产党上海中央局文化工作委员会委员，同时写了大量作品，以鲜明的革命立场和强烈的爱国主义精神鼓舞人民进行革命斗争。抗日战争期间，参加并组织抗日救亡宣传演出。抗战胜利后，在国民党统治区积极投身爱国民主运动，并创作了大量的戏曲、电影剧本，建国以后担任第一、二届全国人民代表大会代表，政协第一届全体会议代表和第四届全国委员会委员，中国文学艺术界联合会副主席，中国戏剧家协会主席。历任中央人民政府政务院文化委员会委员，文化部戏曲改进局局长，艺术事业管理局局长等职。

◆田汉故居

田汉毕生从事文化艺术事业，创作了话剧、歌剧60余部，电影剧本20余部，戏曲剧本24部，歌词和新旧体诗歌近2000首。他写的《义勇军进行曲》，经聂耳谱曲传唱全国，并被定为中华人民共和国国歌。田汉创作的戏曲作品主要有《土桥之战》、《新雁门关》、《江汉渔歌》、《新儿女英雄传》、《武松》、《武则天》、《琵琶行》、《白蛇传》、《西厢记》、《谢瑶环》等，解放后的话剧作品主要有《关汉卿》、《文成公主》等。“文化大革命”中被迫害致死。

故居坐北朝南，平面呈长方形布局，占地面积700平方米，为典型的长沙清末两进式普通民居建筑风格。为土木结构，两面坡悬山顶，小青瓦屋面，墙体为土砖，外墙刷白灰，三合土地面。故居共有大小房间18间，正堂两橉，两旁为杂屋，屋前临塘。2005年8月重新修复，内设田汉生前物品陈列。

田汉故居于2011年1月被湖南省人民政府公布为湖南省文物保护单位；2010年7月被湖南省委宣传部公布为湖南省爱国主义教育基地。

中共湘区委员会旧址暨毛泽东、杨开慧旧居

中共湘区委员会旧址暨毛泽东、杨开慧旧居位于湖南省长沙市开福区八一路538号长沙市博物馆内。

◆中共湘区委员会旧址暨毛泽东、杨开慧旧居

1921年秋至1923年4月，毛泽东、何叔衡等租用此地作为中共湘区委员会机关秘密办公地。1921年10月，毛泽东在长沙建立了全国最早的省级支部——中共湖南支部，不久，中共湖南支部改为中共湘区委员会（辖湖南及江西萍乡），区委机关仍设于

此。在毛泽东领导下，中共湘区委员会广泛传播马克思主义，大力开展工人运动，领导反帝反封建斗争，推动了全国革命运动的迅速发展。1922 年下半年至 1923 年 4 月，中共湘区委员会组织了粤汉铁路、安源路矿、长沙泥木、水口山铅锌矿等十几次工人大罢工斗争，掀起了湘区工人斗争高潮。1923 年春，中共湘区委员会派工人党员到衡山县岳北开展农民运动，到 1923 年，湘区有 7 个县和地方建立了共产党的组织，有 15 个县和地方建立了社会主义青年团的组织。1923 年 4 月间，毛泽东奉调离湘，前往上海参加党中央工作，李维汉接任中共湘区委员会书记，区委机关亦移往他处。1951 年对旧址进行修缮，之后按原有室内陈设恢复原状并对外开放，1957 年被湖南省人民委员会公布为湖南省文物保护单位，1969 年复原周边环境。2003 年 12 月 26 日，为纪念毛泽东诞辰 110 周年，将“中共湘区委员会旧址”重新冠名为“中共湘区委员会旧址暨毛泽东、杨开慧旧居”。该旧址是长沙市经历“文夕大火”唯一幸存的关于中共革命历史的建筑物。

中共湘区委员会旧址暨毛泽东、杨开慧旧居坐北朝南，大门朝东，总占地面积约 179 平方米，总建筑面积 112 平方米。该旧址为一座具有典型南方风格的二进三开间砖木结构平房，共有大小房间 10 间，由堂屋、卧室、客房、厨房、杂屋等组成。内室用木质板材分隔，门窗采用镂空装饰手法，同时用青砖砌成外墙，圈绕院落，显得十分雅致。

中共湘区委员会旧址暨毛泽东、杨开慧旧居于 2006 年 5 月被国务院公布为全国重点文物保护单位；1995 年 1 月被湖南省委宣传部公布为湖南省爱国主义教育基地，2001 年 6 月被中央宣传部公布为全国爱国主义教育示范基地。

桂东沙田万寿宫——毛泽东等革命活动地

桂东沙田万寿宫——毛泽东等革命活动地位于湖南省郴州市桂东县沙田镇万寿宫居委会。

1928 年 3 月底，毛泽东应湘南特委要求，率领工农革命军第一师第一团前来湖南策应湘南起义，于 3 月 30 日到达桂东沙田墟。师部、团部均设在万寿宫。毛泽东寓此上殿右厢房，在此处中殿厅主持召开了工农革命军第一团负责人会议、工农兵代表会议等重要会议，研究、部署在沙田一带开展土地革命斗争，将桂东赤卫队改编命名为“湘赣边区游击队”。毛泽东在沙田期间，在沙田戏台召开了群众大会，多

◆沙田戏台

次登台演说，宣讲革命道理，号召劳苦大众起来打土豪、分田地。

同年 8 月，红四军 28 团、29 团攻打郴州受挫后，朱德、陈毅率红四军主力转移至沙田一带，开展革命活动。陈毅寓于万寿宫内耳房。朱德、陈毅多次在沙田戏台召开群众大会，动员群众开展土地革命运动。“桂东的沙田一带，三月、八月两度分配土地，建设了党的组织。”

万寿宫又是新四军驻沙田留守处驻地。1938 年初，湘粤赣边区红军游击支队在沙田改编为抗日义勇军开赴抗日前线后，正式成立了新四军驻沙田留守处，驻万寿宫，顾星奎担任留守处主任，在此领导广大人民群众开展抗日救亡运动。

万寿宫建于清末，古寺观建筑，悬山式砖木结构，三进厅，依次增高，建筑面积 421. 7 平方米。前厅有歌台与回廊相接，中后厅木障相隔，两侧各有厢房。民国初期因道士失火烧坏，后经江西商贾集资修建为“江西会馆”，保留了原有殿堂布局结构及其宫门外观。

◆沙田万寿宫

◆毛泽东住过的房间

桂东沙田万寿宫于 1972 年 9 月被公布为湖南省重点文物保护单位，1983 年 10 月湖南省人民政府重新公布为湖南省文物保护单位；2002 年 2 月被湖南省委宣传部公布为湖南省爱国主义教育基地。

爱晚亭——毛泽东等早期革命活动地

爱晚亭位于湖南省长沙市岳麓区岳麓山风景名胜区。

爱晚亭始建于清乾隆五十七年（1792 年），为清代岳麓书院山长罗典创建，原名红叶亭，后由湖广总督毕沅，据“停车坐爱枫林晚，霜叶红于二月花”诗句，更名爱晚亭。

爱晚亭平面呈方形，占地面积 50 平方米。亭边长 6. 23 米，台基高 0. 4 米，通高 12 米。亭顶重檐四披，攒尖宝顶，四翼角边远伸高翘，覆以绿色琉璃筒瓦，远观似凌空欲飞状；外檐柱四根，由整条方形花岗岩石加工而成，内为丹漆花岗岩石圆立柱，由四根整条花岗岩石构建；亭中荷花纹饰彩绘藻井；四面“卐”字格木窗棂；东、西两面亭棂外悬以红底鎏金横书“爱晚亭”额，系原湖南大学校长李达专函请毛泽东所书手迹而制。亭内西侧窗棂置木质匾额，直书阴刻17列毛泽东手迹《沁园春·长沙》全词，笔走龙蛇，雄浑自如。东侧正面石柱直书阴刻清代岳麓书院山长罗典撰写的对联：“山径晚红舒五百天桃新种得　峡云深翠滴一双驯鹤待笼来”。爱晚亭整体构造古朴典雅，在我国亭台建筑中，影响深远，与安徽滁县的醉翁亭（1046年建）、杭州西湖的湖心亭（1552年建）、北京陶然亭公园的陶然亭（1695年建）并称中国四大名亭，为我国古代建筑中的经典。

1913年到1918年间，毛泽东、蔡和森等常在此聚会、读书，探讨革命真理，并在这一带登山露宿。

◆爱晚亭

爱晚亭——毛泽东等早期革命活动地于1983年10月被湖南省人民政府公布为湖南省文物保护单位。爱晚亭所在地岳麓山于1995年1月被湖南省委宣传部公布为湖南省爱国主义教育基地。

橘子洲——青年毛泽东革命活动地

橘子洲位于湖南省长沙市岳麓区所辖的湘江河道中部。

橘子洲是湘江下游一个冲积沙洲，为激流回旋、沙石堆积而成，形成于晋惠帝永兴二年（305年），距今已有1600多年的历史。洲全长5000米，平均宽145米，面积0.74平方公里，以盛产美橘而得名，为古潇湘八景之一的“江天暮雪”所在地。1904

◆橘子洲

年后，长沙辟为对外开放商埠，洲上建有英国领事馆、洋行、长沙新关和公馆。毛泽东在长沙求学期间，经常与蔡和森、萧子升、周世钊等同学在此谈论天下大事。1925年，毛泽东从广州回到湖南领导农民运动，重游橘子洲，写下著名的《沁园春·长沙》。1960年，在洲南端建橘洲公园，堤岸围砌石栏，垂柳护堤，占地14.2公顷。

橘子洲为毛泽东青年时期从事革命活动的纪念地之一。为纪念伟人毛泽东而创作的毛泽东青年艺术雕塑及诗词碑位于橘子洲最南端橘子洲头。毛泽东青年艺术雕塑总高度为32米，长83米，宽41米，以1925年青年时期的毛泽东形象为基础创造。雕像的头部通过表情刻画来展现一个在橘子洲头沉思的毛泽东，表现青年毛泽东“心忧天下”的高尚情怀；雕像的基座设计成毛泽东的肩膀，寓意站在巨人的肩膀上，缅怀历史，放眼未来。整个肩膀是一个占地1000多平方米的巨大山体，用以表现毛泽东“胸怀大志”。该雕像于2009年12月26日毛泽东诞辰116周年纪念日揭幕落成，并正式免费开放。诗词碑1967年建成，碑高4.8米，长8米，厚0.8米，四周麻石镶边，中嵌高1.5米，长6.7米，厚0.8米的大理石，诗词碑北面刻有毛泽东手书“橘子洲头”四个大字，南面刻有毛泽东诗词《沁园春·长沙》，均镌贴金铂，辉煌显耀，碑顶东西两端嵌大理石雄鹰。

◆橘子洲头青年毛泽东艺术塑像

◆橘子洲毛泽东诗词《沁园春·长沙》碑刻

橘子洲于2010年7月被湖南省委宣传部公布为湖南省爱国主义教育基地。

韶山毛泽东青年塑像和韶山烈士陵园

韶山毛泽东青年塑像位于湖南省湘潭市韶山市韶山火车站正面的小山冈上。

毛泽东青年塑像（原名毛泽东青年塑像台）建造于1967年5月，像区占地面积21345平方米。毛泽东塑像面朝东南，像高6米，台座6.26米。塑像为钢筋混凝土结构，表面斧剁，仿花岗岩。毛泽东身着长衫，神采奕奕，左手叉腰，右手刚劲有力地挥向前方，右脚稳定地迈出一步，生动而形象地体现了青年时代的毛泽东“指点江山，激扬文字，粪土当年万户侯”、“唤起工农千百万，同心干”的豪迈气概。台座为钢筋混凝土结构，花岗岩薄片贴面，上部用“白虎涧”，下部用“南口红”，平台面亦铺大理石，细麻石镶边。塑像区竖8个火炬状灯柱，塑像前方约百米长的水泥台阶通往韶山火车站广场，台阶两边各竖大型混凝土诗词碑3块。像区四周山坡上种植着樟树、枫香、雪松、蜜橘和山茶花等。

◆毛泽东青年塑像

2004年，在原塑像台的基础上扩建为塑像公园。园区面积扩大至53400平方米。新建园内广场，修建园林游道6条1200多米，新建休息平台和坐凳多处（条）。园内植有雪松、榕树、桂花、松柏、银

◆韶山烈士陵园

杏、黑松、水杉、玉兰等乔木8000株，红檵木、杜鹃等灌木100万株。

韶山烈士陵园位于湖南省湘潭市韶山乡花园村天鹅山。陵园总面积10.8公顷，坐南朝北，与毛泽东塑像相呼应，是为缅怀韶山革命英烈而兴建的永久性烈士纪念建筑物，也是湖南省为纪念毛泽东诞辰100周年而兴建的。1993年12月25日竣工开放。

陵园门楼前设正三角形门标，正面镶有原中央顾问委员会副主任王首道题写的“韶山烈士陵园”六个贴金大字。陵园门楼整体为仿花环形，中间两根方门柱有如花环上的挽幛，顶上是一个花环式门徽。门上日月星及云纹图案，意喻烈士英灵永垂不朽，革命事业云蒸霞蔚，千秋万代，与天地永恒。门楼中部高19.93米，边柱高12米，门总宽26米，寓意1993年12月26日，毛泽东同志100周年诞辰纪念日。

从星火广场往上是425级的麻石台阶。国旗台建在台阶的开端19.93米高的不锈钢旗杆直指蓝天，五星红旗迎风飘扬，汉白玉的国旗台栏板，雕刻着一组云头托起一个太阳，隐喻韶山是红太阳升起的地方。

◆韶山烈士陵园内毛泽东六位亲人的铜像

烈士塔矗立在海拔109米的天鹅山顶。圆形基座，利剑般的塔尖，红旗绕卷，耸入云天，意喻“红旗卷起农奴戟”，毛泽东亲手点燃了中国革命的燎原烈火。塔体全高26米，上部三棱体塔身19.93米，下部英灵厅直径12米。厅内84块汉白玉碑上刻有140多位烈士英名和生平简介；厅外沿周刻有“钟灵毓秀”、“革命理论”、“农运铁流”、“敢换新天”四组浓缩韶山历史渊源及革命斗争史的浮雕。浮雕长77米，高2米，居我国碑塔浮雕之冠。

毛泽东六位亲人铜像“团聚”在烈士塔东侧的山峰上。每尊铜像高 3 米、重 1 吨。形神兼备，各具风格，再现了毛泽民、毛泽覃、杨开慧、毛泽建、毛岸英、毛楚雄生前“为有牺牲多壮志，敢教日月换新天”的英雄气概。

“泪飞泉”是取毛泽东《蝶恋花 · 答李淑一》“忽报人间曾伏虎，泪飞顿作倾盆雨”词意而建设的，位于毛泽东六位亲人铜像台西下方处。

著名先烈彭公达、林蔚、孙仁的三人陵，中共韶山特别支部最早成员毛福轩、庞叔侃、李耿侯、毛新梅、钟志申的“五杰亭”，分别建在陵园东侧的山腰上。三人陵烈士全身立像每尊高 3.2 米，花岗岩石雕，形象逼真，各具特色，慷慨激昂，栩栩如生。“五杰亭”设计独创一格，五层、五角、五门，亭内雕刻着五位烈士图像及生平简介，五个小亭形成统一的雪松外貌，以示英烈精神万古长青。

2007 年至 2010 年，对陵园进行了一次全面的维修改造和绿化亮化，并增添了兰亭、溢芳亭和诗词碑廊，完善了服务配套设施。

韶山毛泽东青年塑像和韶山烈士陵园于 2010 年 7 月被湖南省委宣传部公布为湖南省爱国主义教育基地。韶山烈士陵园于 1996 年 4 月被民政部公布为全国重点烈士纪念建筑物保护单位。

毛泽建烈士陵园

毛泽建烈士陵园位于湖南省衡阳市衡山县开云镇南郊金峰村二组巾紫山麓。

毛泽建（1905—1929），女，又名毛达湘，小名菊妹子，毛泽东堂妹，湖南省湘潭县韶山冲东茅塘人。1905 年 10 月出生，1921 年在长沙加入中国社会主义青年团，1923 年加入中国共产党，此后，长期在衡阳从事革命工作。

1927 年马日事变后，毛泽建受中共湖南特委派遣，与丈夫陈芬一道到衡山开展地下斗争，恢复了中共衡山县委，陈芬任县委书记，毛泽建任妇女运动委员，兼县委通信联络等机要工作。1928 年 2 月毛泽建调离衡山，前往耒阳，任耒阳女界联合会负责人。5 月 5 日，毛泽建夫妇带领游击队在耒阳夏塘铺一带活动时，被“挨户团”重兵包围，夫妇分别在棉花塘和鼓山被捕。后陈芬被杀害，毛泽建被井冈山游击队袭击耒阳县团防局和夏塘铺“挨户团”时获救。不久，毛泽建生下一男婴，躲在一孤老太婆家，“挨户团”再次搜捕时，孩子发出哭声，惊动“挨户团”，毛泽建再次被捕。

毛泽建被捕后，先是关在耒阳，后押往衡阳，在衡阳监狱被叛徒彭瓒指认，押往衡山，前后关押一年多，始终坚贞不屈。敌人对她严刑拷打，皮鞭抽，杠子压，灌辣椒水，烧红铁丝穿乳房，她依然大义凛然，敌人得到的口供只有三个字：“不知道！”后来，敌人要叛徒彭瓒劝降，毛泽建怒目痛斥：“要我变节，除非日从西边出，湘江水倒流。”衡山伪县长、反共老手蔡庆萱亲自提审，并表示不相信共产党人不怕死时，毛泽建放声大笑道：“革命者不怕死，怕死不当共产党。”1929 年

8 月 20 日，毛泽建在衡山县城马王庙坪英勇就义，时年 24 岁。

1968 年 8 月 20 日，衡山县革委会举行衡山县建设毛泽建烈士墓奠基大会，开始修建毛泽建烈士墓。1969 年 8 月 20 日，在毛泽建英勇就义 40 周年纪念日，毛泽建烈士墓正式落成。1976 年 9 月 1 日，中共衡山县委将毛泽建烈士遗骸迁葬新墓。

◆毛泽建烈士纪念塔

在毛泽建烈士墓基础上扩建的毛泽建烈士陵园，全部为花岗岩石和汉白玉构成。陵园大门两边镌刻着一副对联，是毛泽东同志的一句诗：“为有牺牲多壮志，敢叫日月换新天”。对联两边各为一副毛泽东语录，一边写着“为国牺牲，永垂不朽”；一边写着“为人而死，虽死犹生”。进入陵园大门是走道，包括石阶梯和水泥大道，过道尽头，是一高台，高台的正面墙上，写着“重于泰山”四个庄重的大字。高台的两侧是 10 余级石阶梯，登上石阶梯，便是可容纳数百人的墓坪，专供人们集会祭奠。墓坪的两侧各竖花岗岩石嵌汉白玉语录牌一座。墓坪中间靠后区域则是毛泽建烈士纪念塔，这是陵园的主体建筑。塔基刻有“1905—1929”字样，为毛泽建烈士生卒时间，塔的正面镌刻着“毛泽建烈士永垂不朽”九个苍劲有力的大字，字的上面镶嵌着毛泽建烈士的遗照。塔顶上是一束鲜红的火炬，火炬两旁分别是“2”和“4”两个大字，合起来是“24”，表明毛泽建牺牲时年仅 24 岁。塔的后面竖着“人民英雄永垂不朽”八个钢架大字，再后面为毛泽建烈士墓。整座陵园雄伟庄严，朴素大方。

2005 年，在毛泽建烈士诞辰 100 周年之际，中共衡山县委、县人民政府在毛泽建烈士陵园新建了纪念广场，又在县城康王庙毛泽东考察衡山农民运动纪念馆，新辟了一个“毛泽建烈士事迹陈列室”。

毛泽建烈士陵园于1972年9月被湖南省革委会公布为湖南省重点文物保护单位；2010年7月被湖南省委宣传部公布为湖南省爱国主义教育基地。

恭城书院——通道会议和通道转兵纪念地

恭城书院——通道会议和通道转兵纪念地位于湖南省怀化市通道侗族自治县县溪镇。

◆恭城书院

1934年，中央苏区第五次反“围剿”失败后，中央红军被迫进行战略转移，最初目标是去湘西与红二、红六军团会合，在那里建立新的革命根据地。在突破第四道封锁线，渡过湘江后，红军蒙受重大损失，从初期的8.6万余人锐减至3万多人。红军渡过湘江后，蒋介石即令各路“追剿”军和湘、桂、黔军阀进行新的围堵。12月10日，当中央红军行进在湘、桂边境的越城岭时，数十万敌军已抢先在通道以北进入阵地，并分兵尾追。广西李宗仁、白崇禧在红军出桂北后，将夏威部、廖磊部编为第1追击队和第2追击队，分别由广西尾追，并经龙胜、古宜抄袭红军侧面，防护柳江上游，以断红军南下之路，贵州内地则黔军兵力较少，装备又差，防务也很空虚。当时敌我态势是：通道北面之敌为红军五至六倍，南面之敌为红军两倍；西面之敌为红军的十分之一，如果中央红军继续按原计划北上湘西，势必有全军覆灭的危险。如果南下广西，有五六万桂军堵截，且深入桂省，并非中央红军的战略目标。因此，红军唯一的选择和唯一的出路，只有转兵西进，向敌人力量薄弱的贵州进军，而中共中央总负责人博古和军事顾问李德等人不顾红军的损失及敌人张网以待的险恶局势，仍然坚持从通道北进湘西与红二、红六军团会合的方针。在这关系到中国革命和红军生死存亡的紧要关头，中共中央负责人于1934年12月12日，在通道县老县城的县溪召开了一次临时的紧急会议（史称“通道会议”），讨论红军当前迫在眉睫的行军路线问题。参加这次会议的有：中华苏维埃共和国执行委员会主席毛泽东，中革军委

◆恭城书院二层连廊

副主席、总政委周恩来，中革军委主席、总司令朱德，人民委员会主席张闻天，中革军委副主席、总政治部主任王稼祥，中央总负责秦邦宪（博古），共产国际军事顾问李德。会议由周恩来主持。会上，博古、李德仍坚持北上湘西与红二、红六军团会合的原定方针，长征以来第一次有在会议上发言机会的毛泽东，在分析敌我当前形势后，提出了放弃原定方针，改向敌人力量薄弱的贵州进军的主张。与会多数同志赞成和支持毛泽东提出的转向的方针，博古也不得不在口头上表示同意向贵州进军。最后形成了会议决定。这是第五次反“围剿”开始以来，毛泽东第一次在军事问题上有了发言权，也是最高“三人团”第一次接受了毛泽东正确的军事主张。会后，19 时半，以军委名义向各军团纵队首长发出了西入贵州“万万火急”的进军电报。13 日，中央红军从通道分两路西进，把几十万敌军抛在湘西南地区，使蒋介石在湘西消灭红军的企图彻底破灭。通道会议作出“通道转兵”的决策，为党和红军转危为安奠定了基础。为纪念这一重要事件，湖南将当年红军活动地恭城书院作为纪念设施加以保护利用。

恭城书院始建于清乾隆五十七年（1792 年）。坐东朝西，由门楼、两栋斋舍、讲堂四部分构成，建筑物沿纵轴方向依次排列在一条轴线上，由正中一条通廊串联成一个整体，四周砌青砖作护墙。

恭城书院——通道会议和通道转兵纪念地于 2002 年 5 月被湖南省人民政府公布为湖南省文物保护单位；2002 年 2 月被湖南省委宣传部公布为湖南省爱国主义教育基地。

毛泽东故居和纪念馆

毛泽东故居和纪念馆位于湖南省湘潭市韶山市韶山乡。

毛泽东故居和纪念馆革命遗址群包括毛泽东故居上屋场、毛泽东少年时读私塾地南岸、韶山毛泽东同志纪念馆、韶山毛泽东铜像广场、毛泽东遗物馆等。

毛泽东（1893—1976），湖南湘潭人，原字咏芝，后改润之。1918 年发起组织新民学会。后主编《湘江评论》。1920 年筹建湖南社会主义青年团，并同何叔衡等创建长沙的中国共产党早期组织。1921 年 7 月出席中共第一次全国代表大会。会后任中国劳动组合书记部湖南分部主任和湖南省工团联合会总干事。1922 年起任中共湘区（包括江西安源）委员会书记。在中共三届一次执委会上被推选为中共中央局成员，任中央局秘书。1924年参与中国共产党帮助孙中山改组中国国民党的活动。第一次国共合作期间，被选为国民党中央候补执行委员。1924年5月任中共中央组织部部长。1925年任国民党中央宣传部代部长。同年12月任《政治周报》主编，兼任国民党中央党部宣传员养成所所长。1926年5月任第六届农民运动讲习所所长。1927年到湖北武汉任全国农民协会总干事，主持农民运动讲习所。1927年8月至11月任中共中央临时政治局候补委员。1927年8月汉口中共中央紧急会议（八七会议）后作为中央特派员领导湘赣边秋收起义，任中共前敌委员会书记，创建工农革命军第一师。1928年与朱德、陈毅领导的起义部队会师，组成中国工农红军第四军，任红四军党代表、军委书记，并任中共湘赣边界特委书记。1930年6月起任红一军团政治委员、前敌委员会书记、总政治委员，在中共六届三中全会上被补选为中共中央政治局候补委员。1931年间先后任中共苏区中央局委员、中央局代书记、中华苏维埃中央革命军事委员会委员、副主席、主席，还曾任中华苏维埃共和国中央执行委员会主席、中央执行委员会人民委员会主席。1934年在中共六届五中全会上当选为中央政治局委员并担任中华苏维埃共和国第二届中央执行委员会主席。同年10月参加长征。1935年1月遵义会议上被增选为中共中央政治局常委。不久，任前敌司令部政治委员，为三人军事指挥小组成员，统一指挥红军的行动。1937年8月后担任中共中央军委委员、常委、主席。1943年3月起任中共中央政治局主席、中共中央书记处主席；并任中共中央宣传委员会书记，兼任中共中央党校校长。1945年6月在中共七届一中全会上当选为中共中央主席，中共中央政治局委员、主席，中共中央书记处书记、主席。1949年9月在中国人民政治协商会议第一届全体会议上当选为中华人民共和国中央人民政府主席。中华人民共和国成立后，曾任政协第一届全国委员会主席、中央人民政府人民革命军事委员会主席、中华人民共和国主席。还曾当选为中共第八届、九届、十届中央委员会主席、中共中央政治局委员、常委。1976年9月9日在北京逝世。

毛泽东故居

毛泽东故居位于湖南省湘潭市韶山市韶山乡韶山村土地冲上屋场。

故居坐南朝北，土木结构，呈“凹”字形，占地面积566.39平方米，建筑面积472.92平方米。有房屋18间，东边13间小青瓦房为毛泽东家，西边4间茅草房系毛姓公产，居中堂屋（瓦屋）共用。上屋场前有一小坪，坪前有两口并连的水塘，小塘植满莲藕，大塘水面较宽。屋后倚青山，松竹茂盛；屋东有菜地、稻田、鱼池和晒谷坪；屋西北不远处是毛泽东少年时代就读的私塾旧址（南岸）。

上屋场东头由毛泽东的曾祖父毛四端于1878年买入，当时只有5间半茅屋。1917年，毛泽东的父亲毛顺生将此屋改扩建为13间。

◆毛泽东故居

1893 年 12 月 26 日，毛泽东诞生在这里，并度过了他的童年和少年时代。他 6 岁开始参加田土间一些辅助性劳动。8 岁开始入学，先后在南岸、桥头湾、钟家湾、井湾里读私塾。14 岁辍学，在家参加农业生产两年。16 岁时，又在乌龟井、东茅塘读私塾 1 年。1910 年秋，毛泽东离开韶山，到湘乡县立东山高等小学堂求学。1911 年，赴长沙入读湘乡驻省中学，随后到省立第一师范读书，寒暑假偶尔回家居住。1919 年 10 月，毛泽东的母亲因病去世，毛泽东回家奔丧，含泪撰写挽联和《祭母文》。

1925 年 2 月，毛泽东偕夫人杨开慧，携子毛岸英、毛岸青回韶山，在上屋场居住半年。经常在这里与乡亲交谈，召开各种小型会议，了解农村政治、经济情况，向农民宣传革命道理，并秘密建立农民协会和公开的反帝爱国组织——雪耻会。6 月，在自己卧室的阁楼上为毛新梅、李耿侯、庞叔侃、钟志申等人举行入党宣誓仪式，秘密成立直属中共湘区委员会领导的中共韶山特别支部。

1927 年，毛泽东回韶山考察农民运动。他召集农运干部和农民积极分子开调查会，了解韶山农运情况，提出农民要建立自己的武装，把农民协会办得更好。

1929 年 1 月，毛泽东故居被国民党当局没收，室内部分家具、农具散失。1937 年，国共第二次合作后，房屋退还，由毛泽覃之妻周文楠及其母周陈轩、兄周子鱼、子毛楚雄居住。

1949 年 8 月，韶山解放。故居由湘潭县人民政府派毛月秋、王淑兰等人管理，并着手收集散失的家具、农具。1950 年冬，毛月秋等将征集到的故居家具和农具 44 件、革命文物6件复原陈列。1951年2月，故居正式对外开放，堂屋大门上方悬挂“中国人民伟大的领袖毛主席的家”匾额，后匾额改书为“毛泽东同志故居”。

1959年6月25日，毛泽东回到阔别32年的故乡韶山。26日，在罗瑞卿等人陪同下，省视了故居，并在前坪同欢迎的群众合影留念。

1961年5月，根据刘少奇的意见，大门匾额改书“毛泽东同志旧居”。1965年9月28日改挂郭沫若书匾额“毛泽东同志旧居”。1983年6月27日，改用邓小平题写的“毛泽东同志故居”。

毛泽东同志故居于1961年3月被国务院公布为全国重点文物保护单位，1997年6月被中央宣传部公布为全国爱国主义教育示范基地。

毛泽东少年时读私塾旧址（南岸）

南岸——毛泽东少年时读私塾旧址位于湖南省湘潭市韶山市韶山乡韶山村。旧址坐西南朝东北，距毛泽东故居约100米，建于清代，砖木结构，正面主墙为青砖，青瓦盖顶，谷壳泥粉墙，建筑面积394.52平方米。此处原系邹姓祠堂公产，靠西北角一间楼房为私塾学堂。

1902年至1903年，毛泽东在此接受启蒙教育。始读《三字经》、《百家姓》，继而读《论语》、《孟子》、《诗经》等。1964年南岸房屋由国家征收，原住户全部搬出。1968年维修后复原陈列，12月26日对外开放。

◆毛泽东少年时读私塾旧址(南岸)

1994年开始，韶山纪念馆在此举办《毛泽东鎏金像展》、《毛泽东与他的儿女们》、《毛泽东与韶山》等展览。2002年10月，为保持南岸原貌，将其屋后增建的青砖平房予以拆除。

毛泽东少年时读私塾旧址（南岸）于1972年9月被湖南省革委会公布为湖南省重点文物保护单位，1983年10月被国务院公布为全国重点文物保护单位；1997年6月被中央宣传部公布为全国爱国主义教育示范基地。

韶山毛泽东同志纪念馆

韶山毛泽东同志纪念馆位于湖南省湘潭市韶山市韶山乡韶山村引凤山麓。

◆韶山毛泽东同志纪念馆

纪念馆于1964年5月10日动工修建，8月20日竣工，10月1日对外开放。馆名初为“韶山毛泽东同志旧居陈列馆”，馆牌由郭沫若书写。初辟4个陈列室，展出毛泽东青少年时代至创立井冈山革命根据地时期的文物和相关史料。1965年，增辟3个陈列室，展出毛泽东在土地革命战争时期至1965年间革命活动的实物和史料。1969年扩建，建筑面积由2700多平方米增加到3185平方米，陈列室扩充到9个。

1982年11月，经中共中央同意更名为“韶山毛泽东同志纪念馆”，次年4月2日由邓小平题写馆名。

1993年和2003年，为纪念毛泽东诞辰100周年和110周年，先后两次对陈列内容作了重大修改。修改后的毛泽东生平业绩陈列的主题为“中国出了个毛泽东”，共使用展品400多件，同时还安装了多个多媒体设备。陈列内容按照毛泽东的生平和主要业绩分成7个部分，即“立志救国、追求真理”；“参加建党、唤起工农”；“创建人民军队、开辟革命道路”；“坚持团结抗日、确立毛泽东思想”；“指挥大决战、缔造新中国”；“立国安邦、奠定基础”；“艰苦探索、建设强国”等。同时，还辟有“毛泽东一家六烈士”、“风范长存——毛泽东遗物展”、“韶山风物耐人思——部分中央和地方领导同志及著名人士在韶山”、“国际友人在韶山”、“邓小平与毛泽东”5个专题。

◆韶山毛泽东同志纪念馆正厅

韶山毛泽东同志纪念馆于1997年6月被中央宣传部公布为全国爱国主义教育示范基地。

毛泽东铜像广场

毛泽东铜像广场位于毛泽东同志纪念馆前方。

◆毛泽东铜像

毛泽东铜像系全身站立像，身着笔挺的中山装，胸前左上口袋外挂着“主席”字样的出席证，双手握着文稿，环于胸前，面带微笑，目光炯炯有神，正视前方，巍然挺立，成功地再现了伟大领袖毛泽东在开国大典时的光辉形象。江泽民题写的“毛泽东同志”五个大字镌刻在褐红色大理石基座上，光辉夺目。

1993 年 12 月 20 日上午，湖南省委、省政府在毛泽东铜像广场隆重举行毛泽东铜像揭幕仪式，时任中共中央总书记、国家主席、中央军委主席江泽民为毛泽东铜像揭幕。

韶山毛泽东铜像广场于 1992 年 10 月开工建设，1993 年 12 月竣工。广场总面积 102800 平方米，设四个功能区，依次为瞻仰区、纪念区、集会区、休闲区。广场中轴线瞻仰大道入口处有一巨形景观石，形似中国版图，题刻“中国出了个毛泽东”。大道两旁有对称的六处小景观石，分别题刻毛泽东诗词：《沁园春·雪》、《沁园春·长沙》、《七律·长征》、《蝶恋花·答李淑一》、《卜算子·咏梅》、《七律·到韶山》。

毛泽东铜像广场于 1997 年 6 月被中央宣传部公布为全国爱国主义教育示范基地。

毛泽东遗物馆

毛泽东遗物馆坐西南朝东北，前临南环线公路，距毛泽东故居约 600 米，距毛泽东铜像广场约 300 米。

◆毛泽东遗物馆

毛泽东遗物馆总建筑面积 1.9 万平方米。2006 年春动工，2008 年 12 月 25 日竣工并对外开放。

遗物馆序厅展示放大了的“毛泽东龙钮大印”。馆内共辟有《风范长存——毛泽东遗物展》等四个陈列，共展示毛泽东遗物 1008 件，文物库房共收藏和保护毛泽东遗物 6536 件，文物资料 35696 件。

毛泽东遗物馆于 2008 年 12 月开馆，同时被国务院公布为全国重点文物保护单位，被中央宣传部公布为全国爱国主义教育示范基地。

刘少奇故居和纪念馆

刘少奇故居和纪念馆位于湖南省长沙市宁乡县花明楼镇炭子冲村。

◆刘少奇故居

刘少奇（1898—1969），湖南宁乡人，原名刘绍选，字渭璜。1920年10月加入中国社会主义青年团，1921年冬转为中国共产党党员。同年赴苏俄入莫斯科东方劳动者共产主义大学学习。1923年任江西安源路矿工人俱乐部总主任。1925年5月当选为中华全国总工会副委员长。后在湖北领导工人运动。1927年5月主持中共中央工人运动委员会工作。1928年6月任中共中央驻顺直省委特派员，参加顺直省委的领导工作。1929年4月任中共上海沪东区委书记。同年还任中共满洲省委书记。1930年夏赴苏联莫斯科参加赤色职工国际第五次代表大会，当选为执行局委员。会后留赤色职工国际工作。1931年1月在中共六届四中全会上当选为中共中央政治局候补委员。后任中共中央职工部部长、全国总工会组织部部长。1932年进入中央革命根据地，先后任全国总工会委员长、中共福建省委书记。1934年参加长征。1935年11月任全国总工会西北执行局委员长。1936年后任中共中央代表、北方局书记、中原局书记。1940年11月任华中新四军八路军总指挥部政治委员。皖南事变后任新四军政治委员，中共中央华中局书记，中共中央军委华中分会书记。1942年底回到延安。1943年3月起任中共中央书记处书记，中共中央军委副主席、中共中央总学习委员会副主任。1945年6月在中共七届一中全会上当选为中共中央政治局委员、中共中央书记处书记。解放战争时期，曾任中共中央军委副主席、中共中央工作委员会书记、中共中央华北局第一书记、中共中央马列学院院长。1949年9月当选为中央人民政府副主席。中华人民共和国成立后，曾任政协第一届全国委员会常务委员、中央人民政府人民革命军事委员会副主席。1953年5月至1957年12月任全国总工会名誉主席。1954年9月当选为第一届全国人大常委会委员长。1956年9月在中共八届一中全会上当选为中共中央副主席，中共中央政治局常委。1959年后当选为中华人民共和国主席。“文化大革命”中受迫害。1969年11月12日在河南开封逝世。1980年2月中共中央为其平反昭雪。

故居坐东朝西，前临水塘，后倚青山，为土木结构的四合农舍。共计房屋21间半，其中瓦房16间半（正堂屋与邻居各半），茅屋5间，占地总面积800多平方米，建筑面积300多平方米。

1959年，湖南省人民委员会公布炭子冲刘少奇旧居为湖南省重点文物保护单位，颁发“刘少奇同志旧居”木质红底金字匾额悬于槽门门楣。同年，炭子冲屋场旧居对外开放。1961年5月，刘少奇回家乡进行调查研究时，曾在此居住一个星期。随后公共食堂解散，社员住房拥挤，刘少奇决定将旧居房屋及桌、凳、锅、灶、仓库全部分给社员。“文化大革命”初期，炭子冲屋场横遭破坏，文物散失。1966年10月被封闭。1980年2月，中共十一届五中全会为刘少奇冤案彻底平反昭雪，中共湖南省委与宁乡县委立即修缮故居并收集失散文物。同年3月5日，故居对外开放，在当年的卧室、书房、开调查会的横堂屋内展出了实物、照片等，供人瞻仰。

◆刘少奇同志纪念馆

刘少奇纪念馆于1984年筹建，1988年正式对外开放。纪念馆共有8个展室、1个声像厅和2个怀念亭，主体建筑3100平方米。全馆陈列面积约为900平方米。有藏品3000多件，其中刘少奇生前使用过的遗物近800件。这些遗物中，有刘少奇生前用过的生活用品和办公用品，有1961年5月回乡考察时用过的草帽、眼镜、公文包等。特别珍贵的有刘少奇赴苏联访问时穿过的水獭皮大衣和用过的袖珍收音机，还有一对一直使用到逝世前的海绵枕头。此外，还有反映刘少奇生平业绩的照片1000余张。馆内有大小模型4个，即安源路矿工人俱乐部、北方局旧址、盐城新四军军部旧址、西柏坡旧址。复原陈列2个，即延安杨家岭刘少奇所住窑洞、北京中南海福禄居刘少奇住室。还有刘少奇夫人王光美委托中共中央办公厅移交给纪念馆的刘少奇生前阅读批注过的上万册图书及历史照片。刘少奇同志纪念馆于1988年11月24日由原国家主席杨尚昆剪彩开馆，正门悬挂邓小平题写的“刘少奇同志纪念馆”牌匾。

1988年11月24日，刘少奇诞辰90周年之际在故居附近落成的刘少奇铜像广场占地面积8000多平方米（包括踏步）。两边山头青松傲立，绿树掩映。广场正前方有一个平台，平台中央矗立着刘少奇铜像。铜像加底座共高7.1米，其中像高3.0米，座高

◆刘少奇铜像

4.1 米。这个数字包含着两层含义：第一，“七一”是党的生日，刘少奇同志一生致力于党的建设，为党和人民的事业付出了毕生的精力，是党和国家的卓越领导人。第二，刘少奇同志享年 71 岁。铜像坐西北朝东南，面部神情威严中带着微笑，满怀沧桑地眺望远方，再现了作为党和国家主要领导人之一的刘少奇风尘仆仆、日理万机的光辉形象。

刘少奇故居于 1988 年 1 月被国务院公布为全国重点文物保护单位。刘少奇故居和纪念馆于 1995 年 1 月被湖南省委宣传部公布为湖南省爱国主义教育基地，1997 年 6 月被中央宣传部公布为全国爱国主义教育示范基地。

任弼时故居和纪念馆

任弼时故居和纪念馆位于湖南省岳阳市汨罗市城南 45 公里的弼时镇唐家桥新屋里。

任弼时（1904.4—1950.10），1920 年 8 月加入中国社会主义青年团。1922 年转为中国共产党。1925 年 5 月任团中央总书记。1927 年 5 月在中共五大上当选为中央委员。1927 年 8 月 7 日出席在汉口召开的中共中央紧急会议，积极主张土地革命，当选为中共中央临时政治局委员。1928 年在中共六大上继续当选为中央委员。1931 年在中共六届四中全会上当选为中央政治局委员。1935 年 11 月与贺龙率红二、红六军团长征，长征中坚定地拥护以毛泽东为代表的中共中央，同张国焘的分裂行为作斗争，力促红军三大主力胜利会师。抗日战争爆发后，任中共中央军委华北分会委员、八路军总政治部主任，和朱德、彭德怀等率八路军开赴山西前线抗战。1938 年 4 月任中共驻共产国际代表团团长，代表中共中央赴莫斯科向共产国际系统地汇报中国抗战形势与中国共产党的工作和任务，阐明以毛泽东为代表的抗日民族统一战线，取得了共产国际的理解和支持。1940 年 3 月回国后参加中共中央书记处工作。1941 年 9 月任中共中央秘书长，协助毛泽东领导整风和大生产运动，并受中央委托主持《关于若干历史问题的决议》的起草工作。1943 年 3 月与毛泽东、刘少奇组成以毛泽东为首的中共中央书记处。1945 年在中共七届一中全会上当选为中央政治局委员、书记处书记、中共中央秘书长。1947

年后和毛泽东、周恩来一起转战陕北，协助毛泽东指挥全国解放战争，制定中国共产党的土地政策和开展土地改革工作。1949年初指导建立中国新民主主义青年团，被推选为团中央名誉主席。任弼时对事业和工作恪守着“能坚持走一百步，就不该走九十九步”的准则，长期抱病工作，因过度劳累使病情突然加重，1950年10月27日在北京逝世，终年46岁。

◆任弼时故居

任弼时故居始建于清末，属典型的清代江南院落民居。1904年4月30日，任弼时诞生在这里，并在此读完小学，度过童年和少年时代。大门上方挂有邓小平1980年手书的“任弼时同志故居”黑底金字匾；前进堂屋陈列有任弼时仿铜石膏胸像，两边墙壁挂有毛泽东等中央领导人亲笔题词。毛泽东的题词是：“任弼时同志的革命精神永垂不朽”；二进中厅悬有赵朴初手书“浩气长存”巨匾；三进正厅设纪念室，挂有任弼时遗像。

任弼时故居北面的月形山上建有任弼时纪念馆。1998年开始筹建，2003年4月正式建成。纪念馆与故居一垅相隔，中有连廊相通。整个纪念馆景区面积达8万平方米，建筑面积11360平方米。

◆任弼时铜像

任弼时纪念馆有三个陈列展览，分别为任弼时生平业绩陈列、任弼时故居复原陈列和永恒的怀念——纪念任弼时同志书画展览。纪念馆内1800平方米的任弼时生平业绩陈列采用声、光、电等现代化陈展手段，精心设计和布置了560余件（幅）任弼时的实物和图片，分六个专题展示了任弼时在建团、建党、建军、建国四个方面的丰功伟绩，再现了任弼时光辉的奋斗历程。

任弼时故居于1956年被湖南省人民政府公布为湖南省重点文物保护单位，1988年1月被国务院公布为全国重点文物保护单位。任弼时故居和纪念馆1995年1月被湖南省委宣传部公布为湖南省爱国主义教育基地，2005年11月被中央宣传部公布为全国爱国主义教育示范基地。

彭德怀故居和纪念馆

彭德怀故居和纪念馆分别位于湖南省湘潭市湘潭县乌石镇乌石村彭家围子和乌石峰下的卧虎山。

◆彭德怀故居

彭德怀（1898—1976），湖南湘潭人，原名彭得华，号石穿。1916年入湘军。1923年考入湖南军官讲武堂。1926年参加北伐战争，后任代团长、团长。1928年4月加入中国共产党，同年7月发动平江起义，成立中国工农红军第五军，曾参加保卫井冈山革命根据地的斗争。1930年后任红三军团总指挥及军团前委书记、红一军副总司令，苏维埃区域革命军事委员会委员。1931年1月后任中华苏维埃中央革命军事委员会委员、副主席。1934年参加长征。1935年7月后任红三军军长、红军北上抗日先遣队（陕甘支队）司令员、中华苏维埃西北革命军事委员会委员、副主席、红一方面军司令员。1936年后任中共中央政治局委员，中国人民红军抗日先锋军司令员，西方野战军司令员兼政治委员，红军前敌总指挥部总指挥、中华苏维埃人民共和国中央革命军事委员会委员、主席团成员。抗日战争时期，曾任中共中央军委委员、八路军副总指挥、第十八集团军副总司令。期间还曾任中共中央北方局常委、代书记。1945年在中共七届一中全会上当选中共中央政治局委员。解放战争时期，任中共中央军委委员、副主席兼总参谋长。还曾任西北野战兵团司令员兼政治委员，中国人民解放军副总司令员，中国人民解放军第一野战军司令员兼政治委员、中共中央西北局第一书记。中华人民共和国成立后，曾任中央人民政府委员会委员、中央人民政府人民革命军事委员会委员、副主席，中共中央西北局第一书记，西北军政委员会主席，西北军区司令员。1950 年 10 月起任中国人民志愿军司令员兼政治委员。1954 年 9 月至 1959 年 9 月任中共中央军委委员，主持中共中央军委日常工作，兼任国防部部长。1955 年 9 月被授予中华人民共和国元帅。期间还曾任国务院副总理、中共中央政治局委员。1959 年 7 月至 8 月在庐山期间受到批判，调离中共中央军委领导岗位。1965 年 9 月重新工作，任中共中央西南局三线建设委员会第三副主任。“文化大革命”中受迫害。1974 年 11 月 29 日在北京逝世。1978 年 12 月中共中央为其平反。

1898 年 10 月 24 日，彭德怀诞生于此，并在这里度过苦难的童年和少年时代。8 岁时，彭德怀母死、父病，家贫如洗。彭德怀 1916 年入湘军当兵，1925 年至 1927 年，任湘军连长、营长时，由胞弟彭金华与彭荣华在原屋西南 30 米处新建瓦房 12 间，占地约 400 平方米，取名“三华堂”，意为得华（彭德怀原名）、金华、荣华三兄弟之华厦。彭德怀亲撰门联：“为善最乐，见恶必除。”屋后有树林，东边为竹林，系典型的湘潭农村宅院。彭德怀发动平江起义以后，国民党反动派对其亲属进行迫害，故居亦遭破坏。1949 年，当地政府和人民曾建议修复，被彭德怀拒绝。故居门联改书“吊民伐罪，继往开来”，横批“为民服务”。1958 年 12 月，彭德怀由湖南省委第一书记周小舟陪同，回故乡视察，在家住了两天一晚。1961 年 11 月，彭德怀再次回故乡进行调查研究，在家里住了一个多月，接待来访的干部、群众 2000 多人次，并在此写出四个调查报告。这里还保存过彭德怀 1962 年写给毛泽东和党中央的 82000 多字的长信，即后来被称为“八万言书”、“翻案书”的手稿，为《彭德怀自述》留下了珍贵的史料。

彭德怀故居也是彭德怀大弟彭金华创建中共彭家围子地下党支部的主要活动场所。

1980 年至 1983 年，湘潭县人民政府对故居进行维修，并加砌保护性的石围墙。1982 年，邓小平题字“彭德怀同志故居”，1983 年 8 月 1 日正式对外开放。1998 年，对故居进行全面维修，复原彭德怀 1961 年回乡调查时的情形。

为了缅怀彭德怀元帅的丰功伟绩，学习他的革命精神，在纪念彭德怀诞辰 100 周年时，在彭德怀故里塑建一尊铜像，供人们瞻仰。铜像广场建在彭德怀故居对面的卧虎山上，背靠峻峭挺拔的乌石峰，前面是广袤的田野，视野开阔，气势雄伟。彭德怀全身铜像高 5. 1 米，连基座 8. 1 米。塑像中的彭德怀身着元帅服，双手背后，昂首挺胸，朴实凝重，生动、艺术地展现了他生前坚毅果敢、刚正不阿的人格和横刀立马、决胜千里的雄姿。时任中共中央总书记江泽民题写的“彭德怀同志”五个金光闪闪的大字镌刻在花岗岩基座上。铜像巍然屹立在 50 米见方的广场中央。

同年建成的彭德怀纪念馆，与彭德怀铜像遥相呼应，总面积 3100 平方米。富有浓厚地方色彩的马头墙门廊、青灰瓦屋顶以及灰白墙镶着的仿宋窗棂，既有古老的楚湘神韵，又有较强的时代感。纪念馆采用中国传统庭院式布局，围绕序厅，设立了 4 大展厅共 8 个展室。纪念馆陈列分 4 个部分，共 20 个章节，用了 300 多张照片和一大批珍贵艺术展品，

◆彭德怀纪念馆

采用声、光、电等多种表现手段，生动、艺术地再现了彭德怀伟大、光辉、战斗的一生。时任中共中央总书记江泽民为彭德怀纪念馆题写馆名。

为纪念彭德怀同志诞辰 110 周年，彭德怀纪念馆更新了 1998 年陈列。陈列展厅共有展览面积 1400 平方米，展线 370 米。整个展厅分 5 个部分 3 个陈列厅，改陈内容布局更突出彭德怀个性、业绩、人格，“谁敢横刀立马，唯我彭大将军”主题理念把握较好，展板中 6 幅彭德怀特写大照片，不仅能给人以视觉冲击，更与彭德怀顶天立地人格相融。

◆彭德怀纪念馆大厅彭德怀半身塑像和壮阔的墙雕

彭德怀故居于 1983 年 10 月被湖南省人民政府公布为湖南省重点文物保护单位，2001 年 6 月被国务院公布为全国重点文物保护单位。彭德怀故居和纪念馆于 1995 年 1 月被湖南省委宣传部公布为湖南省爱国主义教育基地，2001 年 6 月被中央宣传部公布为全国爱国主义教育示范基地。

贺龙故居和纪念馆

贺龙故居和纪念馆位于湖南省张家界市桑植县洪家关白族乡洪家关村玉泉河边。

贺龙（1896—1969），原名文常，字云卿，湖南桑植人。1914 年加入孙中山领导的中华革命党。曾任县讨袁护国军总指挥，湘西护国军营长，靖国军团长，四川警备旅旅长，混成旅旅长，建国川军师长。1926 年参加北伐战争，任国民革命军第九军 1 师师长，第二十军军长。1927 年 8 月参加领导南昌起义，任起义军总指挥，同年加入中国共产党。土地革命战争时期，任中国工农革命军第四军军长，中共湘西前敌委员会书记，红二军团总指挥，红三军军长，湘鄂川黔省革命委员会主席和湘鄂川黔军区司令员，红二方面军总指挥。1935 年率部长征。抗日战争时期，任中共中央军委委员、八路军 120 师师长、120 师军政委员会书记，率部开辟晋西北抗日根据地。1939 年任冀中军政委员会书记、冀中区总指挥部总指挥。1940 年任晋西北军政委员会书记、晋西北军区司令员。1942 年到延安，任陕甘宁晋绥联防军司令员。1945 年当选为中共第七届中央委员。抗战胜利后，任晋绥军区兼晋绥野战军司令员、西北军区司令员、西安市军事管制委员会主任。新中国成立后，任中央人民政府委员、西南军区司令员、中共中央西南局第三书记、西南军政委员会副主任。1952 年任国家体育运动委员会主任。1954 年任中央人民政府人民革命军事委员会副主席、国务院副总理兼国家体委主任、国防委员会副主席。1955 年 9 月被授予元帅军衔。1956 年当选为中共第八届中央委员、中央政治局委员。1959 年任中共中央军委副主席、国防工业委员会主任。“文化大革命”中受到迫害，1969 年 6 月 9 日逝世。1974 年 9 月，中央为他恢复名誉。1982 年 10 月中共中央为其平反。

◆贺龙故居

贺龙故居坐东朝西，由朝门、正屋和马厩、牛栏三部分组成，四周砌有围墙，正屋三柱四骑笼后檐共六间，穿斗式木质结构，建筑面积 120 平方米，由贺龙的祖父贺良仕营建于清道光年间，1917 年被反动派烧毁，1919 年冬天贺龙父亲贺士道在原址重建。1987 年由邓小平题写“贺龙故居”匾额，悬挂在朝门上方，故居堂屋正中安放有贺龙铜像。

1928 年 2 月，南昌起义失败后，贺龙和周逸群等受党中央的派遣来到桑植县洪家关，在这里召开了中共湘西北特委会议，成立中共桑植县委，组建工农革命军，并于 1928 年 4 月举行桑植起义，建立了湘西北第一个革命政权，为创建湘鄂西革命根据地打下了坚实基础。

贺龙纪念馆是 1996 年中共桑植县委、县人民政府为纪念贺龙诞辰 100 周年而修建的，时任中共中央总书记、中央军委主席江泽民题写了馆名。馆中立有贺龙铜像。

贺龙纪念馆占地 9335 平方米，建筑面积 2080 平方米，内设七个展厅，陈列着反映

◆贺龙纪念馆

贺龙两把菜刀闹革命、南昌起义、创建革命根据地、抗日战争、解放战争、新中国体育事业奠基者、国家军队重要领导人等一生光辉业绩的照片387张和文物文献190件。

贺龙故居于1983年10月被湖南省人民政府公布为湖南省重点文物保护单位。贺龙故居和纪念馆于2006年5月被国务院公布为全国重点文物保护单位；1995年1月被湖南省委宣传部公布为湖南省爱国主义教育基地，2005年11月被中央宣传部公布为全国爱国主义教育示范基地。

粟裕故居和纪念馆

粟裕故居位于湖南省怀化市会同县坪村镇枫木村。

粟裕（1907. 8—1984. 2），湖南会同人，早年就读于湖南常德省立第二师范学校，参加爱国学生运动。1926年11月加入中国共产主义青年团，1927年6月转为中国共产党党员。1927年5月参加叶挺领导的国民革命军第二十四师，任教导队班长。大革命失败后，参加南昌起义，任警卫队班长，后任连政治指导员。1928年参加湘南起义，历任工农革命军第一师连长、营党代表。1929年至1933年任第一师支队长，中国工农红军第二十二军六十四师师长、政治委员，红四军参谋长，红一军团教导师政治委员、政治部主任，红十一军参谋长，红七军团参谋长。参加了南方三年游击战争。抗日战争爆发后，任中共闽浙边临时省委委员，新四军第二支队副司令员，先遣支队司令员，新四军江南、苏北指挥部副指挥，苏北区党委委员。1941年皖南事变后至1945年秋任新四军第一师师长兼政治委员，苏中军区司令员兼政治委员苏浙军区司令员兼政治委员，苏浙区党委书记等职务。抗日战争胜利后，先后任中共中央华中局委员、常委，华中军区副司令员，华中野战军司令员，华东军区副司令员等职，1948年5月起先后任华东野战军代司令员、代政治委员、前委代书记，中国人民解放军第三野战军副司令员兼第二副政委、前委书记，中共南京市委书记、南京市市长。中华人民共和国成立后，先后任第三野战军兼华东军区副司令员、第三野战军前委书记，华东军政委员会副主席，解放军总参谋长，国防部长，军事科学院副院长、军事科学院第一政治委员，1965 年、1975 年、1978 年相继当选为第三届、第四届、第五届全国人大常委会委员，1980 年 9 月增选为第五届全国人大常委会副委员长。1955 年被授予大将军衔。1984 年 2 月 5 日在北京逝世。

故居始建于清朝咸丰年间，分为东、西两个大院，占地面积约 1000 平方米，有大小房间 30 余间。故居现在保存的房屋为东院正屋，占地约416 平方米，房屋坐东南朝西北，由三栋两层的木房组合构成，分为前厅、正屋和横仓楼。其中前厅为“品”字形客厅，前厅与正屋之间有一“一”字形天井，两者正好构成“一品”之意，寓意深厚。整个房屋建筑均为面阔三间的穿斗式梁架结构。因粟裕家族人口增多，于 1986 年全部拆除，改做民房。

◆粟裕故居

粟裕纪念馆位于湖南省怀化市会同县城西南边沙梨界粟裕公园内。纪念馆建成于 1987 年 4 月，建筑面积 500 平方米。建筑结合地形特点，把现代建筑与传统民间建筑以及绘画手法融为一体。馆名由中华人民共和国原主席杨尚昆题写。纪念大厅内矗立粟裕大将半身铜像，粟裕生前使用过多年的《中国全图》悬挂在粟裕铜像后面。粟裕纪念馆分别陈列粟裕青少年时代、新民主主义革命时期、社会主义革命和建设时期的生平事迹及革命活动资料照片等。

◆粟裕故居前厅陈列

2007 年，粟裕诞辰 100 周年之际，中共会同县委、县人民政府对粟裕纪念馆重新布展陈列。纪念馆由第一展厅和第二展厅组成，陈列的内容分为五个部分，第一部分：“投身革命，转战湘赣闽浙边”；第二部分：“抗击日寇，驰骋大江南北”；第三部分：“战略决策，逐鹿中原，

◆粟裕纪念馆

挥师江南”；第四部分：“呕心沥血，致力军队现代化、正规化建设”；第五部分：“沧海一粟，永远活在人民心中”。

粟裕故居于1996年1月被湖南省人民政府公布为湖南省文物保护单位。粟裕故居和纪念馆于2010年7月被湖南省委宣传部公布为湖南省爱国主义教育基地。

杨开慧故居和纪念馆

杨开慧故居和纪念馆位于湖南省长沙市长沙县开慧乡开慧村。

杨开慧（1901—1930），名霞，字云锦。湖南省长沙县人。1920年加入中国社会主义青年团。是年冬与毛泽东结婚。1921年加入中国共产党后，一直跟随毛泽东从事革命活动，主要负责党的机要和交通联络工作，开展农民运动、工人运动、妇女运动和学生运动。大革命失败后，杨开慧按照党的安排，带着孩子回到家乡板仓开展地下斗争。在与上级组织失去联系的情况下，她参与组织和领导了长沙、平江、湘阴边界的地下武装斗争，努力发展党的组织，坚持斗争整整3年。1930年10月24日，杨开慧被国民党长沙警备司令部逮捕。同年11月14日，英勇就义于长沙市浏阳门外识字岭，年仅29岁。

◆杨开慧故居正门

故居是一座土砖木质结构的瓦房，始建于1795年，屋地坐西朝东，三面靠山。1901年11月，杨开慧在此诞生。革命烈士杨开明、杨展也诞生于此。1921年春至1927年8月，毛泽东曾三次来板仓，在此召开农民座谈会，进行农民运动的调查。1930年10月，杨开慧在此被捕。

1966 年 11 月，成立杨开慧故居管理所，故居对外开放。1982 年 3 月，在维修杨开慧故居的过程中，在杨开慧生前住房壁缝中发现杨开慧手稿。1990 年 8 月 1 日，在更换故居杨昌济先生住房后墙角砖壁时，在木挑砖缝中又发现杨开慧手稿一份。

故居分上、中、下三栋和东西两厢，中有天井，屋地占地面积 1400 平方米，建筑面积 680 平方米。共有大小房间 34 间、粮仓 2 间。

◆杨开慧手迹发现处

为了纪念杨开慧烈士英勇就义 80 周年暨毛岸英烈士为国捐躯 60 周年，于 2008 年开始新建杨开慧纪念馆（杨开慧烈士生平业绩陈列室），2009 年建成，2010 年 11 月 16 日正式开馆。杨开慧纪念馆建筑面积 5800 平方米。纪念馆分三层，一层为杨开慧烈士生平业绩陈列——《骄杨颂》：忠厚传家的好女儿、忠烈为民的好学生、忠贞爱情的好妻子、忠义教子的好母亲、忠诚革命的好党员；二层为杨昌济生平事迹展览——《欲载大木柱长天》和毛岸英、毛岸青生平事迹展览——《骄杨之子》；三层为后续陈列布展区。

故居旁棉花坡口是革命烈士杨开慧墓地。烈士墓始建于 1930 年。1930 年 11 月 14 日杨开慧烈士英勇就义后，当地群众星夜将遗体运回板仓，安葬在故居上方棉花坡上。同年，毛泽东从江西寄来 30 块银元，以杨开慧三个儿子（毛岸英、毛岸青、毛岸龙）的名义，在墓地立碑。1959 年 7 月 1 日，开慧公社管委会对杨开慧烈士墓进行了修整，并在墓地上方立花岗岩石碑一块，碑文为“光辉长照后人心”。

1969 年 4 月 10 日，动工修建杨开慧烈士陵园。1969 年 9 月 10 日，改迁了杨开慧烈士与母亲杨老夫人的墓地。杨开慧烈士与母亲杨老夫人的棺木同穴安葬于陵园上方，并在杨开慧烈士墓原地修建纪念亭。1977 年 10 月 31 日，杨开慧烈士陵园、故居为对外开放点。1990 年 9 月至 11 月，在陵园中央塑建杨开慧烈士全身汉白玉像一尊，修建了以六十条弧形花岗岩框边、直径 14 米的圆形花坛及汉白玉浮雕花圈，加宽了呈八字形的陵园进门石台阶。1991 年 8 月至 11 月，拆除了陵园原诗词墓碑和墓穴顶，并在原地重新修建了新的墓碑和墓穴顶。1992 年 4 月，雕刻并建立杨开慧烈士墓地诗词碑。2008 年，毛岸青、邵华骨灰经中央批准迁入杨开慧烈士陵园。

杨开慧故居和烈士墓于 1972 年 9 月被湖南省革委会公布为湖南省重点文物保护单

◆杨开慧纪念馆展厅

位。杨开慧故居、烈士墓、生平业绩陈列室（纪念馆）于1983年10月被湖南省人民政府公布为湖南省重点文物保护单位；1995年1月被湖南省委宣传部公布为湖南省爱国主义教育基地。

蔡和森纪念馆

◆蔡和森纪念馆

蔡和森纪念馆位于湖南省娄底市双峰县城复兴路与书院路交叉路口的蔡和森广场北侧。

蔡和森（1895.3—1931.6），湖南湘乡（今双峰）人。1918年4月与毛泽东等组织新民学会。1920年初赴法勤工俭学，期间提出要在中国建立共产党，并与周恩来、赵世炎等筹组旅欧党的早期组织。回国后，1921 年底加入中国共产党，并在中央从事党的理论宣传工作。1922 年出席党的二大，并参加起草大会政治宣言，制定中国革命纲领，当选为中央委员。1922 年至 1925 年主编中央机关报《向导》。1923 年 6 月当选为第三届中央委员。1925 年参与组织领导五卅运动，同年 10 月受党中央委托，赴莫斯科参加共产国际第五届执委会第六次扩大会议，会后担任中共驻共产国际代表。1927 年回国，5 月当选为第五届中央政治局常委，6 月任中央秘书长。1928 年 7 月当选为第六届中央政治局常委，任中央宣传部部长。1928 年底作为中共驻共产国际代表团成员派驻莫斯科。1931 年初回国，5 月任中共两广省委书记。6 月因叛徒出卖被捕，8 月 4 日在广州就义。他是第二、三、四、五、六届中央委员，第三、四届中央局委员，第五、六届中央政治局委员、常委。

◆蔡和森同志光辉一家塑像

蔡和森纪念馆于 1986 年 7 月兴建，1987 年 7 月 1 日竣工。纪念馆为钢筋混凝土结构，四层平顶楼房，东西长 50 米，南北宽 20 米，白墙平顶，建筑面积 1972 平方米。纪念馆四周黄色琉璃瓦挑檐，整个外观朴实、大方、庄重。纪念馆正门上方镶有汉白玉贴底，镌刻聂荣臻元帅题写的“蔡和森同志纪念馆”八个大字。一、二楼为蔡和森生平事迹陈列，共四个展厅，陈列着蔡和森从青少年时代勤奋学习到为中国革命奋斗终身的文物、照片、著作等 140 多件，有邓小平、陈云、聂荣臻等中央领导为纪念蔡和森同志诞辰 85 周年的题词。馆内还陈列着周世钊、柳亚子、茅盾、罗章龙等人题写的怀念蔡和森的诗词等。三楼为蔡和森之妹蔡畅的生平事迹陈列，共两个展厅、一个复原陈列室。另有门厅、序厅、影像厅、报告厅、贵宾室等场所。

蔡和森纪念馆于 1995 年 1 月被湖南省委宣传部公布为湖南省爱国主义教育基地，2011 年 3 月被中央宣传部公布为全国爱国主义教育示范基地。

滕代远纪念馆

滕代远纪念馆位于湖南省怀化市麻阳县高村镇友谊路 1 号。

滕代远（1904—1974），湘南麻阳人。1904 年 11 月 9 日出生于湖南省麻阳苗族自治县岩门镇玳瑁坡一个农民家庭。1923 年就读于湖南省常德省立第二师范学校时，开

◆滕代远纪念馆

始接触马克思主义，参加进步学生运动。1924 年 10 月，加入了中国社会主义青年团，次年转为中国共产党党员。1928 年 12 月初，滕代远同彭德怀等举行平江起义后率领红五军主力到达井冈山，与毛泽东、朱德领导的红四军胜利会师。1934 年夏，中共中央派滕代远去苏联出席共产国际第七次代表大会。抗战时期，滕代远先后任中共中央军委参谋长、太行山抗大总校副校长、中共北方局委员、八路军副参谋长等职。解放战争初期，在晋冀鲁豫军区主持后方工作。1949 年 11 月，担任中国人民革命军事委员会铁道部部长，同年 5 月任铁道兵团司令员。解放后，任中华人民共和国铁道部部长，成为新中国铁路事业的奠基人。1965 年，当选为中国人民政治协商会议全国委员会副主席。“文化大革命”中受迫害。1974 年 12 月 1 日在北京逝世。“文化大革命”后得到平反。

1986 年 4 月，滕代远纪念馆正式奠基修建。同年 11 月建成并开馆，由胡耀邦题写馆名。纪念馆为一栋二层现代殿堂式仿古建筑，占地面积 8 亩，主体建筑面积 1688 平方米，共 14 个展览厅，展览面积 420 平方米。序幕室安放着滕代远玻璃钢塑像，陈列室有图片、照片、书信、手稿、文献、文物等 300 多件，全面反映滕代远的生平事迹和在各个历史时期的革命工作、生活学习等。

滕代远纪念馆于 2002 年 2 月被湖南省委宣传部公布为湖南省爱国主义教育基地。

湘南学联纪念馆

湘南学联纪念馆位于湖南省衡阳市珠晖区粤汉码头 1 号。

湘南学生联合会（简称湘南学联）是五四运动时期领导湘南地区反帝反封建爱国学生运动的总部，是党的创立时期湘南党团组织的重要策源地和活动中心，是毛泽东等老一辈无产阶级革命家传播马列主义、开展革命活动的重要处所，为中国革命培养和造就了一大批优秀人才。

1919 年五四运动时期，在新民学会的影响下，省学联派人到衡阳联络各校学生，发起组织湘南学生联合会。参加湘南学联的成员有：湖南省立第三师范、湖南省立第三中学、湖南省立第三甲种工业学校及衡阳私立成章中学、道南中学、西湖中学等并辖湘南 24 县学校。

◆湘南学联纪念馆

湘南学联成立后，积极组织和领导衡阳学生进行反帝反封建斗争，抵制日货，宣传新思想、反对旧思想，宣传十月革命的胜利，使青年学生开始走上与工农相结合的道路，促进了湘南地区学生运动的发展。这里成了五四时期湘南学生运动的中心，同时为湘南党团组织的成立做了思想和干部上的准备。

中国共产党成立初期，毛泽东多次亲临衡阳，寄宿湘南学联，传播马列主义，开展建党活动，指导湘南革命斗争。1923 年深秋，毛泽东在长沙受反动军阀赵恒惕通缉，途经衡阳赴广州。在衡阳，毛泽东又一次到湘南学联指导工作，并亲临三师作报告。在此期间，还有不少著名人士前来此地，开展革命活动，如刘少奇、李达、何叔衡、邓中夏、恽代英、李立三等。在长期的革命斗争中，湘南学联涌现出夏明翰、蒋先云、黄静源、曾中生、陈为人、伍云甫、张际春、何宝珍、吴仲廉、毛泽建、江华、黄克诚、唐天际等一大批革命志士。

1927 年马日事变后，湘南学联组织遭到了严重的破坏。此后，这栋房子曾先后设过红十字会，办过学校，作过仓库。日军来衡时，将旧址几乎摧毁殆尽。此后，一直作民房使用。

1966 年 7 月，政府对房屋进行全面修缮，复原旧址，并增设陈列馆对外开放。馆名“毛泽东同志革命纪念地湘南学生联合会旧址陈列馆”系郭沫若手书。

2003 年 9 月，衡阳市委、市政府把湘南学联旧址周围民居拆除建为公园。整个园区既有传统韵味，又有现代气息；既可参观学习，又可休闲怡情。

湘南学联纪念馆于 1972 年 9 月被湖南省革委会公布为湖南省重点文物保护单位；2002 年 2 月被湖南省委宣传部公布为湖南省爱国主义教育基地。

炎陵中国工农红军革命活动纪念馆

炎陵中国工农红军革命活动纪念馆位于湖南省株洲市炎陵县霞阳镇新市街的洣泉书院。

洣泉书院始建于宋代，原名烈山书院，清嘉庆二年（1797 年）增修斋舍，因县境内有耕熟岭，山下出泉，清纯不染，涓涓不息，是为洣水之源，学者诚如泉水，则百川归海，无所不包，故改名为洣泉书院。书院呈三进两厢式建筑形式。

◆炎陵中国工农红军革命活动纪念馆（洣泉书院）

1928 年 3 月 28 日，为接应湘南起义部队，毛泽东、张子清带领工农革命军第 1 师第 1 团从井冈山革命根据地离开中村，经桂东、汝城于 4 月中旬到达资兴的浓（龙）溪洞，与萧克率领的宜章农军独立营会合。随后，一路北上，沿途为湘南起义部队扫清障碍，于 4 月 21 日抵达酃县（今炎陵县）县城，团部设在洣泉书院，毛泽东住在后厅右侧的房子里。到达县城的当天下午，尾追朱德部队的湘军第八军一个团和罗定“清乡团”、罗绍志“挨户团”由茶陵方向开往酃县县城。为掩护朱德部队安全转移，毛泽东和张子清在县城西郊接龙桥两面山头上部署了战斗。第二天中午，敌人进攻县城，张子清和伍中豪率 1 团 1、3 营在城西的湘山寺、八角亭、天河仙一带阻击敌人。敌人发起 10 多次进攻，都被打退。战斗进行得非常激烈，持续到下午四五点钟，敌人被打退，向茶陵方向逃窜。战斗结束后，当晚，部队转移到坂溪，第二天早晨赶到十都，再回到宁冈茅坪。接龙桥战斗胜利完成了掩护朱德、陈毅率领的南昌起义余部和湘南起义农军向井冈山转移的任务。

1970 年，在书院左侧兴建了“毛泽东在酃县革命活动陈列馆”，陈列了毛泽东、朱德、陈毅、彭德怀等老一辈革命家和工农红军在炎陵县的革命活动史。

炎陵中国工农红军革命活动纪念馆（洣泉书院）于 1996 年 1 月被湖南省人民政府公布为湖南省文物保护单位；1995 年 1 月被湖南省委宣传部公布为湖南省爱国主义教育基地。

周逸群烈士纪念园

周逸群烈士纪念园位于湖南省岳阳市君山区许市镇天井山公园。

周逸群（1896—1931），1896 年 7 月 25 日生于贵州铜仁。1919 年 3 月赴日本留学，开始接受马克思主义。1924 年 10 月回国投笔从戎，同年 11 月加入中国共产党。1927 年与贺龙率部参加八一南昌起义。在起义部队南下途中和谭平山介绍贺龙加入中国共产党。1927 年 10 月初率部参加会昌战斗。会昌起义失败后，1928 年 1 月奉中央军委之命，与贺龙到湘西北地区（现东洞庭湖区）开展武装斗争，担任中共湘西北特委书记，深入农村发动群众，组建赤卫队，依靠河湖港汊，进行了艰苦卓绝的斗争，开辟了若干小块的游击区。

◆周逸群烈士纪念碑

1930 年 7 月，周逸群和段德昌领导的红六军与贺龙领导的红四军在天井山（一说湖北公安）会师，组成红二军团，任军团政委、前委书记，贺龙任总指挥。湘鄂两块苏区连成一片，形成了湘鄂革命根据地。1931 年 5 月 20 日拂晓，周逸群在返回江北中央分局开会途中遭敌伏击，不幸牺牲于贾家凉亭白屋场（现许市镇凉亭村），牺牲时年仅 35 岁。

1991 年，在周逸群诞辰 93 周年之际，由贵州省铜仁市人民政府、湖南省岳阳县人民政府，共同为周逸群烈士立纪念碑于许市乡凉亭村白屋场。2008 年，君山区人民政府决定将“烈士纪念碑”移建到风景秀丽的天井山下。2009 年 7 月 30 日，君山区委、区政府在许市镇天井山公园新建了周逸群烈士纪念园（园内有周逸群烈士纪念碑和周逸群烈士墓）。

周逸群烈士纪念碑于 2011 年 1 月被湖南省人民政府公布为湖南省文物保护单位。周逸群烈士纪念园于 2010 年 7 月被湖南省委宣传部公布为湖南省爱国主义教育基地。

◆周逸群烈士墓地

湖南烈士公园

湖南烈士公园位于湖南省长沙市开福区东风路 1 号。

◆湖南烈士公园

新中国成立后，湖南各界人士为缅怀近百年来特别是新民主主义革命时期为中华民族的振兴和解放事业英勇献身的湘籍烈士，倡议修建革命烈士公园，并于 1951 年 2 月在湖南省首届二次人民代表大会上正式决定修建湖南烈士纪念塔。该建筑于 1951 年 12 月奠基，1959 年 9 月竣工，建在湖南烈士公园南大门和西大门两中轴线的交会点上。纪念塔上“湖南烈士公园纪念碑”九个字乃毛泽东于 1959 年亲笔题写。碑下为纪念堂，纪念堂两侧是两大间陈列室，陈列着先烈杨开慧、夏明翰、郭亮等 90 人的遗像、遗物、事迹，以及全省 76000 多位烈士的全部名册。纪念塔于 1989 年被国务院批准为全国重点烈士纪念建筑，是全国为数不多的大型纪念碑之一。纪念亭位于纪念塔之东北，是纪念塔的配套工程，1951 年 12 月纪念碑奠基仪式之后，即开始动工兴建，1953 年 3 月竣工。

◆湖南烈士纪念塔

公园内还有“红军渡”革命遗迹。1930 年 7 月，彭德怀率领红三军团进攻长沙，以 8000 人打败 3 万余之优势敌军，于 7 月 27 日攻占长沙。红三军团部分战士由湖迹渡浏阳河进入长沙。烈士公园建成后，湖迹渡划入公园范围，并将该地改名为“红军渡”，于 1987 年建杉亭一个，石碑一座，碑上刻有“红军渡”三字，以作纪念。渡口现保留有一株古银杏，为当年红军过渡的见证。

湖南烈士纪念塔于 1983 年 10 月被湖南省人民政府公布为湖南省重点文物保护单位。湖南烈士公园于 1995 年 1 月被湖南省委宣传部公布为湖南省爱国主义教育基地。

南县德昌公园

南县德昌公园位于湖南省益阳市南县城区西北南洲镇九都山。

◆南县德昌公园内的段德昌烈士铜像

段德昌（1904—1933），1904 年 8 月出生于湖南南洲（今南县）九都山九屋厂。1925 年 6 月加入中国共产主义青年团，9 月转入中国共产党，后入黄埔军校第四期和中央政治讲习班学习。1926 年 6 月毕业后，到国民革命军第八军第 1 师政治部工作，参加了北伐战争。1927 年大革命失败后，转入鄂西一带农村从事农民运动，任中共公安县委书记，领导该县年关暴动，组织农民武装，开展游击战争。曾介绍国民党军湖南独立第 5 师第 1 团团长彭德怀加入中国共产党。1928 年 6 月任中共鄂西特委委员，鄂西游击总队参谋长、独立师师长，率部在监利、沔阳交界地区创建游击根据地。1930 年 2 月任中国工农红军第六军副军长兼第一纵队司令和军长旷继勋、政治委员周逸群率红六军驰骋荆江两岸，创建以洪湖为中心的湘鄂西苏区。同年 7 月任红六军政治委员，不久改任军长，先后率部参加东进和南下作战，连克华容、南县、公安等地，扩大了苏区。在国民党军重兵“围剿”的严峻形势下，采取“避其主力，打其虚弱”的战术，在运动中灵活机动地歼灭敌人。1931 年 4 月，红二军团奉令改编为红三军，任红 9 师师长，同年 11 月被选为中华苏维埃共和国临时中央政府执行委员。1932 年上半年率领红 9 师采取游击战和运动战相结合的方法，连续取得了龙王集、文家墩、新沟嘴等战斗的胜利，保卫和扩大了苏区。是年秋，由于“左”倾冒险主义的错误指导，未能挫败国民党军第四次“围剿”，红三军被迫离开洪湖苏区。他率红 9 师担负阻击、断后等艰巨任务，经豫西南、陕南、川鄂边，转战 3500 余公里，于 12 月下旬到达湘鄂边。在此期间，他坚决反对“左”倾冒险主义的领导，1933 年在“肃反”中遭诬陷，5 月 1 日被杀害于湖北巴东县金果坪江家村，年仅 29 岁。

◆南县德昌公园内的段德昌烈士纪念碑

为纪念段德昌，南县县委、县人民政府决定在南县城关镇修建一个以工农红军杰出将领段德昌名字命名的现代化公园——德昌公园。公园于1995年建成并对外开放。公园占地30多公顷，由陵园、景园、游园三部组成。公园牌楼气势磅礴，造型高雅古典，建有段德昌铜像、段德昌烈士纪念碑、烈士墓、怀英亭和博览馆。段德昌将军全身铜像屹立于公园正中，与高7.9米的烈士纪念碑相映日月，铜像制作精美、栩栩如生，再现了段德昌将军的英姿。

段德昌烈士纪念碑于2011年1月被湖南省人民政府公布为湖南省文物保护单位。南县德昌公园于2010年7月被湖南省委宣传部公布为湖南省爱国主义教育基地。

郴州市烈士公园

郴州市烈士公园位于湖南省郴州市曹家坪路东塔岭。

郴州市烈士公园是湘南起义纪念地最重要的纪念性建筑群。公园内有湘南起义纪念塔、郴州烈士碑廊、革命烈士纪念亭、夏明震烈士墓、湘南起义纪念馆等建筑。

1928年春，朱德、陈毅率南昌起义余部进抵郴州地区，与中共湘南特委一起，按照中央八七会议精神组织发动大规模的武装起义。

起义以湘、粤、赣边重镇郴州为中心，总指挥部、司令部设在城内北街清代考棚。军政指令由此发出，主力部队由此派遣，使永兴、资兴、安仁、耒阳等县相继起义成功，桂阳被占领，临武、蓝山、宁远、江华、江永、道县、汝城等展开了农民武装斗争，衡阳、常宁、攸县、酃县农民举行了起义，水口山矿等举行了工人起义。起义自1928年1月12日宜章县年关暴动揭开序幕，到5月4日举行湘南起义军与秋收起义军胜利会师大会，历时4个月。湘南起义取得了重要成果，起义后组建了3个农军师、2个独立团；建立了宜章、郴县等7个县苏维埃政府，陈毅曾兼任郴县县委书记；在永兴召开成立了湘南工农兵代表大会，选出朱德、陈毅、何长工等为执委，组织成立了湘南苏维埃政府，并通电第三国际和全国；开展了以插标分田为主要内容的土地革命。

湘南起义历时4个月，波及20多个县，参加的人数共100万，进行了土地革命，插标分田数10万亩。

湘南起义纪念塔

◆湘南起义纪念塔

湘南起义纪念塔位于湖南省郴州市曹家坪路东塔岭郴州市烈士公园。为缅怀湘南起义革命先烈，纪念湘南起义60周年，1983年，郴州市第五届人民代表第三次会议作出决定：兴建湘南起义纪念塔。经过5年的建设，1988年正式落成并对外开放。纪念塔占地面积1600平方米，为混凝土花岗石结构建筑，用4810块汨罗花岗石铺筑。塔高28.1米，展示1928年1月湘南起义的时间，用1580块福建花岗石砌成扇辐射，状如四挺钢枪高耸云天，展示“枪杆子里面出政权”的真理。辐射顶端的四面，用360块四川红色花岗石拼贴中国共产党党旗。塔正西面为邓小平题“湘南起义纪念塔”七个大字；正东面基座是萧克将军撰文并书写的225字碑文；南北两面为“湘南起义”与“建立政权”两幅群体浮雕，用22块耒阳汉白玉平贴组成，反映当年湖南人民打土豪、分田地、建立红色政权，革命风暴席卷湘南的情景。

郴州烈士碑廊

郴州烈士碑廊于1998年隆重纪念湘南起义70周年之际在东塔公园内修建，碑廊由前庭、中庭、后庭三部分组成，总长82米，由40个柱子、16组160块大理石板组成，分5个时期11个县市区分别记载了7339名烈士英名，其中党的建立和大革命时期223名，土地革命战争时期5547名，抗战时期259名，解放战争时期191名，社会主义建设时期1119名，在1928年湘南起义中牺牲的烈士有3814名。

◆郴州烈士碑廊

革命烈士纪念亭

◆革命烈士纪念亭

1998 年 3 月为纪念湘南起义 70 周年，中共郴州市委、市人民政府在东塔岭郴州市烈士陵园修建了革命烈士纪念亭，形状为六角飞檐建筑。2010 年，因湘南起义纪念馆建设进行了迁移重建。重建后，占地面积 30 平方米左右。亭中立碑一块，碑的后面有杨得志于 1988 年 1 月参加湘南起义 60 周年纪念活动时重游郴县板子楼参军旧址而作的诗。

夏明震烈士墓（碑）

1998 年 3 月，为纪念湘南起义 70 周年，郴州市在东塔烈士公园，修建夏明震烈士墓，2010 年因湘南起义纪念馆建设又进行了迁移重建，重建后改为夏明震烈士碑，占地面积 70 平方米。

夏明震（1906—1928），字春根，1906 年 12 月 24 日生，夏明翰之胞弟，湖南省衡阳县人。1922 年底在湖南省立三师加入中国共产党。1925 年秋进广州农民运动讲习所学习。1926 年先后任中共湘南区委组织部长，衡阳县农民协会委员长，衡阳农民运动讲习所教务长。1927 年 7 月至 11 月任中共郴县、宜章、资兴、汝城四县特委书记，同年 9 月任中共郴县县委书记，秘密恢复发展党的组织，组建农民武装，攻打税卡，镇压土豪劣绅，奇袭良田“清乡委员会”。湘南起义中，在朱德、陈毅帮助指导下，他组织郴县农民开展轰轰烈烈的土地革命，1928 年 3 月 12 日，在郴县城隍庙群众大会上，因土豪劣绅暴乱，遭到突袭，壮烈牺牲，年仅 21

◆夏明震烈士墓

岁。与夏明震同时牺牲的还有郴县的黄光书、何善玉（女）、周碧华（女）、焦玉才、陈代长、廖忠和工农革命军第1师王营长、刘连长。

湘南起义纪念馆

湘南起义纪念馆于2009年3月动工，2010年7月8日正式落成。纪念馆建筑面积4886平方米，展览面积2700多平方米。纪念馆展览共分为5个部分：一、浴血重生，朱德率部奔湘南；二、风展赤帜，百万之众斗敌顽；三、波澜壮阔，创建苏维埃政权；四、战略转移，湘南义军赴井冈；五、千秋史册，伟业闪耀功勋榜。纪念馆共有14个展厅，序厅中央展现的是以朱德、陈毅与湘南起义中工农革命群众和革命战士形象为主题的一组雕塑，它与序厅两侧以郴州的人文历史和山水风景为主题的浮雕相互辉映。

◆湘南起义纪念馆

郴州市烈士公园于2010年7月被湖南省委宣传部公布为湖南省爱国主义教育基地。

陶铸铜像和生平事迹陈列馆

陶铸铜像和生平事迹陈列馆位于湖南省永州市祁阳浯溪风景名胜区（浯溪公园）内。

陶铸（1908—1966），湖南祁阳人，又名陶际华，号剑寒，化名陶磊，1926年入黄埔陆军军官学校第五期学习。1927年参加南昌起义，任叶挺部连长。后任国民革命军第四军警卫团参谋。1928年起先后任中共湖南祁阳县委军事委员，中共福建省委秘书长、军委秘书长、书记，中共福建省委组织部部长，中共福建福州中心市委书记等职。抗日战争爆发后，先后任中共湖北省工委副书记、湖北省工委青年运动委员会主任、中共湖北临时省委副书记、豫鄂边区党委委员、统战部

◆陶铸生平事迹陈列馆

长等职。1940 年到延安后，先后任中共中央军委秘书长、总政治部秘书长兼宣传部部长。抗日战争胜利后，先后任中共中央西满分局委员，东北野战军政治部副主任，中国人民解放军第四野战军政治部副主任等职。中华人民共和国成立后，先后任中南军区政治部主任，中共广西省委代书记，广东省省长，中共广东省委书记，中共中央中南局第一书记。1965 年起任国务院副总理。1966 年 8 月起任中共中央文化革命小组顾问，中共中央政治局委员、常委。“文化大革命”中受迫害，1969 年 11 月 30 日在合肥逝世。1978 年 12 月中共中央为其平反。

◆陶铸铜像

1988 年 1 月修建陶铸生平事迹陈列室，当时叫陈列室；1998 年 1 月改为陶铸生平事迹陈列馆。1988 年 1 月在浯溪公园大门正对面、距陶铸生平事迹陈列馆约 150 米处竖立高 3.45 米，重 3.2 吨的陶铸铜像。

陶铸铜像和生平事迹陈列馆于 1995 年 1 月被湖南省委宣传部公布为湖南省爱国主义教育基地。

郭亮墓和生平业绩陈列室

郭亮墓和生平业绩陈列室位于湖南省长沙市望城县茶亭镇郭亮村刘家坡。

郭亮（1901—1928），湖南长沙人，原名郭靖笳，又名郭靖嘉，1916 年在湖南长郡中学学习。1918 年到六合乡任教员。1920 年考入湖南省立第一师范学校二部，加入新民学会。1920 年冬加入中国社会主义青年团。1921 年秋加入中国共产党。入党后从事工人运动。1922 年 11 月起任粤汉铁路总工会主任、湖南省工团联合会副总干事。1923 年起任湖南省

◆郭亮生平业绩陈列室

◆郭亮与妻子李灿英墓

工团联合会总干事、中共湘区执委会委员、工运委员。1926年12月起任湖南省总工会委员长。1927年5月任中共湖南省委书记，6月起任中共湖南省委委员、省委工运部部长、全国总工会执委会委员。大革命失败后，参加南昌起义，任革命委员会工农运动委员会委员。1928年初因叛徒告密在湖南岳阳被捕。后押往湖南长沙。1928年3月29日在长沙就义。

郭亮英勇就义后，群众用木匣子将无首遗体抢回文家坝，将偷回的头颅缝合在一起后，安葬于郭亮旧居的后山刘家坡，与早年亡故的大哥郭砚章合冢。1950年，郭亮的妻子李灿英逝世与郭亮合葬。1957年，望城县人民政府为纪念郭亮诞辰56周年，采用铜官特色陶瓷修建了烈士墓，竖立了墓碑。2001年，为纪念郭亮诞辰100周年，望城县人民政府维修了烈士墓，建立了陈列室，展示郭亮生平业绩，并建立了郭亮陵园。

郭亮陵园由烈士墓、纪念亭、山林、水塘和办公用房等组成，整个建筑占地40余亩。郭亮烈士墓是一座独特的琉璃陶墓，坐西北朝东南，面积50多平方米，全部用青绿釉色的琉璃制品装饰砌成。墓围用花形砖图案的琉璃陶砖砌成，墓冢外施水泥，封土堆呈椭圆形，三砂封顶。立有花岗石碑三通。中间石碑上刻“革命烈士郭亮、中共党员李灿英之墓”，左方石碑上刻“中共望城县委、县人民政府立”，右方石碑上刻郭亮烈士生平。在三块石碑左侧还立有一块颜色陈旧的小石碑，上刻“郭公砚章之墓”，为掩护郭亮墓所立。郭亮烈士生平业绩陈列室占地面积约600平方米，为青砖仿古建筑，辟有三间展室，展现了郭亮革命的一生。在郭亮住房复原陈列室内保存着郭亮和妻子结婚时用过的床、茶几、木椅等珍贵文物。

郭亮烈士墓于1972年9月被湖南省革委会公布为湖南省文物保护单位，1983年10月被湖南省人民政府再次公布为湖南省文物保护单位。郭亮墓和生平业绩陈列室于1995年1月被湖南省委宣传部公布为湖南省爱国主义教育基地。

黄克诚故居和生平业绩陈列室

黄克诚故居位于湖南省郴州市永兴县三塘乡下青村。

◆黄克诚故居

黄克诚（1902—1986），湖南省永兴县人。1925年加入中国共产党。1926年参加北伐战争。1928年在湘南起义中参与领导永兴年关暴动，并率部随朱德、陈毅上井冈山。曾任中国工农红军团长，师政委，军政治部主任，红三军团政治部代主任等职。抗日战争期间，任八路军总政治部组织部长，第三四四旅政委，第二、四纵队政委，第五纵队司令员兼政委，新四军第三师师长兼政委，苏北区党委书记。抗战胜利后，进军东北，领导创建西满根据地，任西满军区司令员，中共西满分局副书记、代书记，东北民主联军副司令员兼后勤司令员、政委，中共冀察热辽分局书记兼军区政委、东北野战军第二兵团政委。天津解放后，曾任中共天津市委书记兼军事管制委员会主任。新中国成立初期，任湖南军政委员会副主席。1952年10月任中国人民解放军副总参谋长兼总后勤部部长、政委。1954年后任中共中央军委秘书长，国防部副部长，中国人民解放军总参谋长，第八届中共中央书记处书记，山西省副省长，中央军委顾问。1959年的

◆黄克诚生平业绩陈列室

庐山会议上，同彭德怀等一起被错定为“反党集团”。在“文化大革命”中遭到残酷迫害。1978 年 12 月，为其平反昭雪。1986 年 12 月 28 日因病在北京逝世。

1998 年，永兴县委、县人民政府对故居进行了简单维修。2001 年，为迎接黄克诚诞辰 100 周年，省、市、县对故居进行全面复修，并进行复原陈列。

1998 年，永兴县委、县政府在县城兴建黄克诚公园，在公园广场竖立黄克诚铜像，铜像质地为青铜，总重量 2.1 吨，整体高度 8.4 米，铜像基座镶嵌时任中共中央总书记、国家主席、中央军委主席江泽民的题词“黄克诚同志”。

2002 年，黄克诚诞辰 100 周年，在公园内的博物馆设立黄克诚生平业绩陈列室。黄克诚生平业绩陈列室分为四个部分，“一、追求真理，投身革命”；“二、智勇兼备，战绩辉煌”；“三、从政治军，业绩卓著”；“四、高风亮节，一代楷模”。

黄克诚故居于 2002 年 5 月被湖南省人民政府公布为湖南省重点文物保护单位。黄克诚故居和生平业绩陈列室于 2010 年 7 月被湖南省委宣传部公布为湖南省爱国主义教育基地。

炎陵红军标语博物馆

炎陵红军标语博物馆位于湖南省株洲市炎陵县霞阳镇新市街。

在井冈山革命根据地和湘赣革命根据地时期，为进行革命斗争宣传，红军和地方武装、地方党组织在各地书写了大量的宣传标语。解放初期，炎陵县发现的就有 1 万余条，至今仍保存完整、清晰的有 300 余条。

2007 年 8 月决定在炎陵县兴建红军标语博物馆。工程于 2008 年 10 月动工，2011 年 5 月竣工使用。博物馆总用地面积 15622.86 平方米。主体建筑占地 1579 平方米，共三层，框架结构，建筑面积 3892 平方米，其中陈列展览面积 1576 平方米，文化广场占地面积 14043 平方米。建成

◆炎陵红军标语博物馆

后的红军标语博物馆收藏展示散布于全县 12 个乡镇以及井冈山根据地其他五县的近 800 条红军标语、实物及资料档案。

炎陵县红军标语保留数量之多、内容之丰富完整、部队署名番号之多，在全国极为罕见。据统计，馆内至今保留内容完整、字迹清晰的红军标语有 151 处（组）339 条，4617 字，漫画、组画 8 幅，对联 3 副，留言 2 篇，红军识字班墙报成绩公布栏 2 个，以及写在纸上的标语 3 张，标语落款的部队番号达 66 个。这是一批珍贵的红军墨迹，是红军留下的宝贵精神财富，是珍贵的革命历史文化遗产，是进行革命传统教育形象生动的实物教材。

炎陵红军标语博物馆于 2010 年 7 月被湖南省委宣传部公布为湖南省爱国主义教育基地。

华容县博物馆（何长工生平陈列室）

华容县博物馆（何长工生平陈列室）位于湖南省岳阳市华容县城关镇黄湖村烈士陵园内。

◆华容县博物馆（何长工生平陈列室）

华容县博物馆于 1999 年 12 月开始筹建，2000 年 12 月 8 日在何长工诞辰 100 周年纪念日正式开馆。占地面积 10000 平方米，主体建筑 2452 平方米，古朴典雅，建筑风格独特。

馆内陈列室面积达 1500 平方米，内设展室 10 个，有革命文物和历史文物 1000 余件，图片 600 余张。展览内容丰富，拥有以“何长工同志革命史绩陈列”为主体的五个革命历史文物展览，包括“华容县名人名将革命史绩陈列”、“张树芝同志革命史绩陈列”、“华容县革命烈士史绩陈列”、“华容县革命斗争历史陈列”、“华容县主要建设成就陈列”等。

何长工同志革命史绩陈列室占地面积 220 平方米，陈列何长工生前照片及遗物 221 件，包括留学法国求真理、鏖战井冈树丰碑、抗日战场立奇功、转战东北创伟业、呕心沥血为中华、傲霜秋菊晚节香、长为怀念在人间等部分，再现了何长工光辉战斗的一生。

华容县博物馆（何长工生平陈列室）于 2002 年 2 月被湖南省委宣传部公布为湖南省爱国主义教育基地。

广东省重要革命遗址

中共三大会址纪念馆

中共三大会址纪念馆位于广东省广州市越秀区恤孤院路 3 号（当时的门牌为恤孤院后街 31 号）。

◆中国共产党第三次全国代表大会会址

1923 年 6 月 12 日至 20 日，中国共产党第三次全国代表大会在这里召开。陈独秀、李大钊、毛泽东、蔡和森、陈潭秋、恽代英、瞿秋白、张国焘、李立三、项英等来自全国各地及莫斯科的代表至少 40 人出席大会，他们代表全国 420 名党员。共产国际代表马林参加了会议。陈独秀主持会议并代表第二届中央执行委员会作报告。

大会的主要议程有讨论党纲草案、讨论同国民党建立革命统一战线问题、选举党的中央执行委员会等。会议的中心议题是讨论与国民党合作、建立革命统一战线的问题。经过讨论，大会接受了共产国际关于中国共产党同中国国民党进行合作的指示，通过了《关于国民运动及国民党问题的议决案》、《中国共产党第三次全国代表大会宣言》等文件。这些文件的中心思想是，党在现阶段“应该以国民革命运动为中心工作”，共产党员以个人身份加入国民党，采取党内合作的形式，同国民党建立联合战线，以完成反帝反封建的国民革命的重要任务。文件还规定了要保持中国共产党在政治上的独立性的一些原则。大会选举陈独秀、蔡和森、李大钊、谭平山、王荷波、毛泽东、朱少连、项英、罗章龙 9 人为中央委员，邓培、张连光、徐梅坤、李汉俊、邓中夏 5 人为候补中央委员，由陈独秀、蔡和森、毛泽东、罗章龙、谭平山（后由于谭调职，改为王荷波）5 人组成中央局，陈独秀为委员长，毛泽东为秘书，罗章龙担任会计，负责中央日常工作。

◆中共三大会址纪念馆

中共三大根据马克思列宁主义的策略原则和共产国际的指示，结合中国革命的具体情况，充分发扬民主，在分析中国社会矛盾和明确中国革命性质的基础上，正确解决了建党初期党内在国共合作问题上存在的重大分歧，统一了全党的认识，正式确定了共产党员以个人身份加入国民党，与国民党进行党内合作的策略方针，使党能够团结一切可能联合的力量，共同完成反帝反封建的民主革命任务。

中共三大纪念馆由中共三大会址遗址广场、中共中央机关旧址——春园、中共三大会址纪念馆和旧民居 5 号楼等组成。

◆中共三大历史陈列

会址原是一幢两层砖木结构金字瓦顶民居，坐西向东，门临大街。一楼南边是会议室，北边是饭厅。二楼是宿舍。大会召开前，中共广东区委受中央委托，租赁该房作为会址和代表宿舍。会址房屋在抗日战争时期被日机炸毁。2003 年，中共中央批准广东省对中共三大会址、中共中央机关旧址进行修复，2004 年对遗址进行发掘，会址基础保存完整，墙基尚存，现用钢化玻璃覆盖表面，供人参观，并建有一小广场。2006 年初在遗址旁兴建了中共三大会址纪念馆，7 月 1 日举行了旧址保护工程竣工暨纪念馆落成典礼。

纪念馆共三层，分为地下一层，地上两层。历史陈列采用了声、光、电等先进的展示手段，对“中共三大召开的历史背景”、“中共三大的召开”、“国共合作的实现”、“中共三大的历史作用和深远影响”四个部分作了全面介绍和展示。陈列还以形象逼真的硅胶像再现了陈独秀、李大钊、毛泽东、蔡和森等领导人开会的场景，以地形沙盘显示了毛泽东等会议代表活动的主要场所“春园”、“逵园”、“简园”等重要建筑物。

中国共产党第三次全国代表大会会址于 1979 年 12 月被广东省革命委员会公布为广东省文物保护单位；中共三大会址纪念馆于 2006 年 7 月被广东省精神文明建设委员会、广东省委宣传部公布为广东省爱国主义教育基地，2009 年 5 月被中央宣传部公布为全国爱国主义教育示范基地。

毛泽东同志主办农民运动讲习所旧址

毛泽东同志主办农民运动讲习所旧址也称广州农民运动讲习所旧址，位于广东省广州市越秀区中山四路 42 号。

◆毛泽东同志主办农民运动讲习所旧址大门

在第一次国共合作时期，为培养农民运动干部，以适应革命形势的发展，在共产党人倡议和主持下，以国民党名义在广州举办了农民运动讲习所。1924 年 7 月至 1926 年 9 月，先后办了六届，培育了 800 名农民运动干部。第一、二届所址在越秀南路惠州会馆。第三、四、五届所址在东皋大道1号。1926年5月至9月，第六届所址在番禺学宫，毛泽东任所长。

◆毛泽东同志主办农民运动讲习所旧址(番禺学宫)

第六届农民运动讲习所开设了政治、经济、文化、军事、历史等20门课程。毛泽东讲授中国农民问题、农村教育、地理等三门课程，并编辑了《农民问题丛刊》。农讲所教员有萧楚女、彭湃、周恩来、阮啸仙、恽代英、赵自选等。他们分别讲授政治、经济、文化和军事等方面的课程。此外，农讲所还聘请了社会知名人士郭沫若、何香凝等来所作专题演讲。农讲所学员来自全国20个省区共318名。他们在这里学习革命理论、进行军事训练，还到海丰、曲江等农村考察农民运动。毕业后，学员分赴全国各地进行革命活动，播下了许多革命的种子，在中国革命史上写下了重要篇章。

旧址原为番禺学宫，始建于明洪武三年（1370年），是明清时期番禺县培养儒生和祭祀孔子的主要场所，为一组红墙黄瓦、古朴庄重的建筑群，大门是花岗岩雕琢的棂星门，门额上悬挂着周恩来手书的“毛泽东同志主办农民运动讲习所旧址”横匾。穿过大门，迎面而来的是石拱桥和泮池。路旁花木葱郁的草坪上，至今仍保留着当年学员们锻炼身体的单杠。

中华人民共和国成立后，人民政府对农民运动讲习所旧址进行了精心保护。1953年成立了修建农民运动讲习所旧址筹备委员会，对第六届所址进行修缮复原。1954年成立了毛泽东同志主办农民运动讲习所旧址管理处。1956年正式成立了毛泽东同志主办农民运动讲习所旧址纪念馆。旧址现有固定陈列包括：《农讲所旧址复原陈列》、《广州农民运动讲习所陈列》（主要分布在中路的大成门、大成殿、崇圣殿及两庑、两廊）。旧址还不定期举办各类专题展览。

广州农民运动讲习所旧址于1961年3月被国务院公布为全国重点文物保护单位；毛泽东同志主办农民运动讲习所旧址于2000年4月被广东省精神文明建设委员会、广东省委宣传部公布为广东省爱国主义教育基地；2001年6月被中央宣传部公布为全国爱国主义教育示范基地。

揭阳学宫——周恩来革命活动旧址

揭阳学宫——周恩来革命活动旧址位于广东省揭阳市榕城区韩祠路东侧的揭阳学宫。

1925 年 1 月，国民革命军开始第一次东征，周恩来以黄埔军校政治部主任的身份参与领导和指挥东征右路军。3 月 6 日，周恩来率黄埔学生军进驻揭阳。3 月 7 日晚搬进揭阳学宫崇圣祠东厢房下榻、办公。在揭阳期间，周恩来出席群众大会，作题为《国民革命的宗旨和三民主义的真谛》的报告。同中共秘密党员杨嗣震等谈话，告诉他们不久将要筹建国民党县党部，要他们注意在工农群众中发展中共党团组织，并动员较成熟的同志加入国民党，以扩大革命力量，争取先机。8 日，在学宫内召开政治部工作会议，制定了《军队经过地方政治工作案》和《组织行营医院案》。12 日、13 日，东征军在棉湖以西与数倍于己的陈炯明军林虎部决战，取得了棉湖战役的胜利。

◆周恩来在揭阳学宫办公和住宿的房间

1925 年 9 月中旬，在英帝国主义和北洋军阀支持下，陈炯明旧部由刘志陆、林虎等指挥卷土重来，向广州政府进攻，重占潮汕平原。国民政府决定第二次东征，讨伐陈炯明。9 月 29 日周恩来任东征军总政治部总主任，全权负责前方政治工作。11 月 3 日，周恩来率国民革命军第一军政治部，第一师第一、三团进驻揭阳，下榻于学宫的崇圣祠。随后在揭阳榕城接见中共领导下的工、农、学生运动骨干谢培芳、林桂芳等 20 多人，指示要全面开展革命群众运动，强调工农运动是国民革命的基石。11 月 4 日革命军离开揭阳向汕头进发。

1927 年 8 月 5 日，南昌起义部队撤离南昌南下。9 月 26 日，叶挺、贺龙率起义军 5000 人进入揭阳城。近午，周恩来从汕头赶到揭阳与叶挺、贺龙等集中于学宫崇圣祠，召集各部汇报工作，午后，在周恩来的直接关怀和指导下，在学宫大成殿成立揭阳工农革命委员会。下午，周恩来与叶挺、贺龙、彭湃等齐集在商民协会楼上部署汾水战役的进军计划，并于当晚乘船返回汕头。

◆揭阳学宫大成殿

◆揭阳学宫崇圣祠

揭阳学宫是揭阳古代培养莘莘学子的最高学府，因此人们称之为“学宫”。学宫为供祀孔子的庙堂，故又称孔庙、文庙，是广东省现存规模最大的孔庙建筑物之一。自宋至今，历经了800年沧桑，其间或毁于兵，或毁于飓，自元至清历经了八九次重修或修葺。现存学宫为清代建筑风格。1987年，在国家文物局、省文管会、汕头市人民政府和揭阳县人民政府的重视下，成立了揭阳学宫修建领导小组，并拨款重修，对大成殿、崇圣祠全面揭顶，部分落架进行修建。重修后的学宫建筑群占地面积1.5万平方米，由照壁、棂星门、泮池、三山门、大成殿、东西庑、东西斋、明伦堂等20多座单体建筑组成。主体建筑均系大圆柱、红瓦绿檐，采用中轴线布局，宫殿式高台基结构，造型庄严雄伟，结构严谨。建筑形式丰富多样，高低错落、疏密有致，变化多端，有“岭东古建筑的明珠”之称。

在崇圣祠辟有“周恩来同志在揭阳革命活动”专题展览。展览分为东厢房和大厅两个展室，面积约300平方米，东厢房展出周恩来同志生平图片和陈列周恩来同志当年在这里下榻、办公的日用品。

揭阳学宫——周恩来革命活动旧址于1978年7月被广东省革命委员会公布为广东省文物保护单位；2000年4月被广东省精神文明建设委员会、广东省委宣传部公布为广东省爱国主义教育基地。

东征军总指挥部旧址

东征军总指挥部旧址也称国民革命东征军总指挥部、总政治部旧址，位于广东省汕头市金平区外马路207号。

1925年11月4日，国民革命军东征军第二次进入汕头市，东征军总指挥部、政治部便设在东西两楼，总指挥蒋介石和苏联军事顾问加伦将军等在西楼办公；政治部总主任周恩来则在东楼二楼东南角住宿和办公，并经常在这里接见工人、农民、妇女、青年代表以及各界人士，还在这里亲笔为《岭东民国日报》副刊题

◆东征军总指挥部旧址

写了“革命”两字。

该旧址建于1924年，占地面积1420平方米，内有两座建筑物，每栋建筑高两层，分东楼、西楼，两楼相距4米，形式相同，每座每层面积355平方米。楼房坐北朝南，为钢筋混凝土及砖木砌筑。原是英国人办的酒店，名曰“适宜楼”，后改为“戈宝抽纱行”。1995年9月至1996年1月，汕头市文化局对该旧址进行全面修缮。1996年5月，成立“汕头市东征军革命史迹陈列馆”，成为汕头市第一个革命史专题馆。

◆东征历史陈列馆

东征军总指挥部旧址于2002年7月被广东省人民政府公布为广东省文物保护单位；2000年4月被广东省精神文明建设委员会、广东省委宣传部公布为广东省爱国主义教育基地。

中共广东省委、中共粤北省委机关旧址

中共广东省委、中共粤北省委机关旧址分别位于广东省韶关市南雄市、始兴县、浈江区等处。

1938年10月广州沦陷后，中共广东省委机关从广州辗转迁往粤北，在艰苦条件下领导全省的抗日救亡斗争，在广东党的建设、人民抗日武装的创建以及抗日民族统一战线等方面开展了大量卓有成效的工作。1940年12月，根据中央指示，撤销广东省委，成立粤北省委和粤南省委，隶属于南方工作委员会。粤北省委驻韶关。1942年5月，粤北省委机关被国民党特务破坏。

瑶坑旧址

瑶坑旧址位于广东省韶关市南雄市雄州街道荆岗村委会瑶坑村。

◆中共广东省委机关旧址(瑶坑)

1939 年至 1940 年，中共广东省委曾将此址作为机关驻地，领导党组织和人民群众开展敌后抗日斗争。省委书记张文彬，组织部长李大林，宣传部长涂振农（后叛变）都先后在此开展工作。

旧址为相连的五间砖瓦房舍，泥砖墙盖灰瓦，建筑面积 200 平方米，曾作为村小学使用。20 世纪末，旧址因年久失修，又遭大暴雨袭击，其中四间房舍倒塌，仅剩下一面墙角。

红围旧址

红围旧址位于广东省韶关市始兴县沈所镇沈北村。

◆中共广东省委、中共粤北省委机关旧址(红围)

1940 年 7 月，中共广东省委从南雄迁入红围。省委书记张文彬和机关人员住在红围内楼房四楼，省委电台设在五楼。常住红围的有省委书记张文彬、组织部长李大林、妇女部长张越霞、青年部长吴华等。12 月省委在红围召开会议，张文彬在会上宣布了中共中央南方局的决定：撤销广东省委，正式成立粤北省委和粤南省委，均隶属中共南方工委领导；粤北省委下辖西江、前北江、后北江、前东江、东江和赣南等特委。1941 年 2 月，粤北省委迁韶关，省委电台仍留在红围执行任务。

红围建于 1830 年，因整个围子为红色，故取名为“红围”。1945 年，日军攻陷始兴，对红围进行焚烧，后仅存半截遗址。

◆中共粤北省委旧址（五里亭）

五里亭旧址

五里亭旧址位于广东省韶关市浈江区十里亭镇良村公路 30 号。

1941 年春，粤北省委书记李大林迁驻五里亭牛头冲该址。1942 年 5 月 26 日，国民党特务制造“粤北省委事件”，中共南方工作委员会组织部长郭潜被捕叛变，第二天即带领国民党特务在这里抓捕了李大林一家和机要员等。

20 世纪三四十年代，该旧址为韶州师范学校农场。新中国成立后，长期作为韶关市乳制品厂办公场所和库房使用。

◆中共广东省委粤北省委历史陈列馆

中共广东省委粤北省委历史陈列馆

中共广东省委粤北省委历史陈列馆位于广东省韶关市浈江区十里亭镇良村公路 30 号五里亭旧址旁。

2009 年 2 月，中共广东省委、中共韶关市委联合对广东省委和粤北省委机关瑶坑、红围、五里亭旧址进行了修复，同时新建了中共广东省委粤北省委历史陈列馆。2010 年 6 月 29 日，中共广东省委、粤北省委机关旧址修复保护工程及历史陈列馆落成揭幕，并正式对公众开放。

陈列馆分上下两层，全面展示了中共广东省委和中共粤北省委在 1938 年至 1942 年间领导人民开展敌后抗战的历史贡献。在布展方面，除了档案、文物、图片、文字等传统的展示方法外，还充分运用现代高科技手段，如3D幻影成像、电子翻书、三层单透、声光电乐配合再现场景、模型、浮雕、油画等，并配有5台电视屏幕展现了大量的真实历史录像、当事人口述历史，具有较强的吸引力、震撼力、穿透力和感染力。

中共广东省委、中共粤北省委机关旧址于2010年5月被广东省人民政府公布为广东省文物保护单位；2010年6月被广东省委宣传部公布为广东省爱国主义教育基地。

双峰寨保卫战旧址

双峰寨保卫战旧址位于广东省韶关市仁化县石塘镇石塘村。

1928年初，在由朱德、陈毅率领的南昌起义军余部的支持配合下，中共北江特委先后在曲江、仁化、南雄、乐昌、英德等县发动大规模的年关暴动。仁化县农军在朱德部队的帮助下，于1928年初两次攻占仁化县城。在中共仁化县委书记阮啸仙的主持下，成立了仁化县革命委员会和董塘区苏维埃政府，并将仁化工农武装改编为广东工农革命军北路第八独立团，开展土地革命。1928年1月6日，朱德率部向乐昌县进军，国民党反动武装乘机向农会发动了疯狂的反扑。从2月14日起，国民党军队及地方反动武装开始围攻董塘和安岗乡。为了保存力量，县委组织了突围，分别撤到安岗华阳寨和石塘双峰寨。2月24日，敌一个团开始发动对华阳寨的围攻，仁化县委带领第八独立团先后击退了敌军的多次进攻。3月中旬，仁化县委分析了形势，决定弃寨突围，于3月12日晚率部分军民撤往浉溪山，继续开展游击战，其余700多人则坚守双峰寨。华阳寨失守后，双峰寨就成了敌军集中进攻的目标。3月17日，国民党第八路军第7师3个团，伙同当地民团武装包围了双峰寨，发动了疯狂的进攻。守寨军民在营长李载基的指挥下，同仇敌忾，浴血奋战，粉碎了敌军一次又一次的爆破、火攻、炮击、断水、飞机轰炸以及诱降等各种进攻手段，坚持战斗了近9个月之久，终因伤亡惨重，弹尽粮绝，缺水缺药，被迫突围。11月11日晚，守寨军民分三路在夜色的掩护下突围，但仅有50多名战士突围成功。双峰寨遂被国民党军攻陷。此次战斗中守寨军民虽毙敌100多人，但也牺牲了400多人。

◆双峰寨外景

◆双峰寨内景

双峰寨是乡绅李自胜为防范土匪抢掠，筹银3万兴建的。寨堡于清光绪二十五年（1899年）动工，至1915年告竣，历时16年，连护城河在内，总占地面积为11300平方米。双峰寨原名石塘寨，后取寨门前门楣横匾“双峰保障”之意，改称为“双峰寨”至今。该寨1949年前已崩塌，中华人民共和国成立后重修。寨体为石灰石、青砖结构，略呈长方形，寨堡长73米，宽69.65米，面积5054平方米。墙高9米，厚1.2米，主楼现存4层，高15.3米，4个炮楼均为3层，高12.8米。寨堡另设一正门，上书“双峰保障”四字。寨外四周均设护城河。寨内四周均建有瓦面盖顶的走廊，走廊与5个角楼相通，走廊每隔3.9米设一炮眼，包括5个炮楼在内，共有炮眼55个。

双峰寨保卫战旧址于1978年7月被广东省革命委员会公布为广东省文物保护单位，2006年5月被国务院公布为全国重点文物保护单位；2000年4月被广东省精神文明建设委员会、广东省委宣传部公布为广东省爱国主义教育基地。

海丰红宫红场旧址

海丰红宫红场旧址位于广东省汕尾市海丰县城红场路中段。

1927年10月，在中共东江特委领导下，海陆丰人民举行了第三次起义，夺取了政权。11月18日至21日在红宫大成殿召开了海丰工农兵代表大会，出席这次大会的代表有311名，中共中央委员彭湃在大会上作了政治报告，南昌起义部队红二师师长董朗、党代表颜昌颐等也在大会上发表演说。会议通过了《没收土地案》等8项政治纲领，宣布成立海丰县苏维埃政府，当时会场四周和街道墙壁都刷成红色，会场内用红布覆盖墙壁，因此把学宫

◆海丰红宫大门

改称“红宫”。此后，革命政权的许多重要会议都在这里召开。

海丰苏维埃政权成立后，彭湃号召工农兵群众实行礼拜六义务劳动，在此地兴建红场大门和司令台。大门门额上浮塑“红场”二字为彭湃手书，两边浮塑有“铲除封建势力，实行土地革命”的对联，红场中央设有传声台。1927 年 12 月 1 日在这里召开了 5 万多人参加的大会，庆祝海丰苏维埃政府成立。1928 年 1 月 2 日，董朗、颜昌颐等率领的南昌起义部队与叶镛、袁裕、徐向前等率领的广州起义部队在此胜利会师，海丰数万人集会欢迎，彭湃在这里发表了热情洋溢的演说。1949 年 10 月海丰县解放，11 月 5 日在红场举行数万人参加的庆祝解放胜利大会。

红宫红场为公园式纪念旧址，内设有红台、彭湃烈士铜像、红二师纪念亭、红四师纪念亭等纪念设施。

◆红宫红场外景

红宫原为海丰学宫，始建于明洪武十二年（1379 年），坐北朝南，现保存有棂星门、泮池、大成门、大成殿和东西庑等建筑。

◆彭湃烈士铜像

红场在红宫东侧，原为东仓埔，占地 22000 多平方米，1986 年在红场中心安放了彭湃烈士铜像。旧址现辟为红宫红场旧址纪念馆，设有《海丰农民运动和苏维埃政权史记展》基本陈列。

海丰红宫红场旧址于 1961 年 3 月被国务院公布为全国重点文物保护单位；2000 年 4 月被广东省精神文明建设委员会、广东省委宣传部公布为广东省爱国主义教育基地，海丰红宫红场旧址纪念馆于2005年11月被中央宣传部公布为全国爱国主义教育示范基地。

大岭山抗日根据地旧址

大岭山抗日根据地旧址位于广东省东莞市大岭山镇。

◆广东人民抗日游击队第三大队大队部旧址

1940年9月，中共前线东江特别委员会召开部队干部会议，决定把东江地区的人民抗日武装整编为广东人民抗日游击队，在惠（阳）东（莞）宝（安）地区建立抗日根据地，开展敌后游击战争，领导中心设在东莞。10月，广东人民抗日游击队第三大队在尹林平、梁鸿钧、曾生、邬强、卢伟良等的率领下，挺进东莞大岭山区，开辟抗日根据地。第三大队在大岭山设立大队部，广东人民抗日游击队领导机关也设在大岭山。挺进大岭山后的第三大队为提高指战员的军事素质，增强部队作战能力，将此地辟为操场，开展军事训练。1941年5月，为适应部队迅速发展壮大和游击战争的需要，广东人民抗日游击队在大王岭举办军事训练班，第三、第五大队选送班、排干部参加。第三大队在大岭山与人民群众团结抗日，积极开展军事斗争、发展文化事业、建立抗日民主政权，使得游击队力量得到迅速发展，为东江纵队的建立打下坚实基础。

大岭山抗日根据地旧址主要由9个旧址点组成。包括位于大王岭村的第三大队大队部旧址、会议室旧址、操场旧址、《大家团结》报社旧址、交通站旧址、中山书院旧址、粮食加工场旧址等；位于连平村的大岭山抗日民主政权连平联乡办事处旧址；位于瓮窑村的医务所旧址。2003年5月，东莞市委、市政府在大王岭村兴建了广东东江纵队纪念馆。

◆《大家团结》报社旧址

大岭山抗日根据地旧址于2006年5月被国务院公布为全国重点文物保护单位。

紫金县苏区革命旧址群

紫金县苏区革命旧址群位于广东省河源市紫金县苏区镇。

苏区镇原为炮子乡，是著名革命老区，1958 年经国务院批准以“苏区”命名。苏区是全国最早建立农会组织、农民武装和创建农村革命根据地的地方之一，是海陆丰革命根据地和海陆惠紫革命根据地的重要组成部分，是早期中共紫金县委、紫金县苏维埃政府、海陆紫苏维埃政府所在地。

2007 年，紫金县有关部门组织人员对苏区镇的革命遗（旧）址群及有关纪念建筑物进行全面普查和挖掘，并确定保护和维修的革命遗址有 18 处。2008 年，在省、市有关部门的重视和支持下，紫金县开始对 18 处革命遗址进行全面维修和开发，整个工程分三期进行，2011 年 6 月竣工。

紫金县苏区革命旧址群主要包括：紫金县苏维埃政府旧址、海陆紫苏维埃政府旧址、红二师师部旧址、红军医院旧址、紫金县老苏区革命烈士纪念堂等，总面积约 7000 平方米。

紫金县苏维埃政府旧址（湖子仓）

紫金县苏维埃政府旧址（湖子仓）位于河源市紫金县苏区镇炮子村。

湖子仓建于清代，原是黄布大地主黄振云的粮仓。1923 年 3 月，炮子乡农会成立，将湖子仓征为农会所用。同年 7 月，紫金县总农会成立后在此办公。1927 年 4 月 26 日，紫金人民在中共东江特委的领导下，举行武装暴动，攻占了县城。同年 5 月 1 日，成立了紫金县人民政府。由于国民党军队和地主民团的疯狂反扑，紫金县人民政府转移到苏区建立农村革命根据地。同年 11 月，海陆丰苏维埃政权成立后，中共东江特委书记彭湃派张威、陈振韬到紫金指导组建苏维埃政权工作。在他们的指导下，紫金县第一次工农兵代表大会于 11 月 25 日—12 月 1 日在第三区炮子乡召开，300 余人参加了大会。大会通过了《一切土地归农民》等 8 项决议案，宣布成立紫金县苏维埃政府，选举产生了县苏维埃政府委员，钟一强为县苏维埃政府主席。县苏维埃政府成立后，办

◆紫金县苏维埃政府旧址（湖子仓）

公地点设在湖子仓。

湖子仓为二进式土木结构的四合院两层楼房。建筑面积654平方米。土地革命战争时期，整座房屋外墙被刷成红色，象征红色革命政权。人民公社化时期，曾作为公社林场场址，进行了拆改。“文化大革命”期间遭严重破坏。2002年在原址按原貌进行了全面维修。

海陆紫苏维埃政府旧址（宝善楼）

海陆紫苏维埃政府旧址（宝善楼）位于河源市紫金县苏区镇赤溪村。

1930年12月，海（丰）陆（丰）紫（金）苏维埃政府在海丰碣石溪成立。由于国民党反动派对东江革命根据地进行大“围剿”，海陆紫苏维埃政府于次年迁到宝善楼，继续领导人民开展土地革命运动，进行武装斗争。1933年5月，海陆紫苏维埃政府解体。

◆海陆紫苏维埃政府旧址（宝善楼）

宝善楼建于清代，坐西北向东南，三间二进，二头横屋，檩条山墙结构，石基脚，灰瓦。前面斗门，砌围墙，围墙内禾坪铺河石。

红二师师部旧址（福星楼）

红二师师部旧址（福星楼）

红二师师部旧址即中国工农革命军第二师师部旧址，位于河源市紫金县苏区镇炮子村的福星楼。

1927年10月，撤退到海陆惠紫的八一南昌起义的部分队伍，在中共东江特委的领导下，整编为中国工农革命军第二师（简称红二师），师长董朗，党代表颜昌颐。同月，红二师进驻紫金，师部和党代表办公地设在炮子乡的福星楼，在这里指挥武装斗争。1928年3月，因国民党反动派派重兵“围剿”，红二师与赤卫队一起保卫县委、县苏维埃政府和人民群众撤出炮子村，安全转移。后在海、陆、惠、紫、五等县坚持开展游击战争，多次粉碎国民党反动派的“围剿”，为保卫革命根据地作出了重要贡献。

福星楼始建于清末，原建筑面积700多平方米，2010年由紫金县人民政府重修。

紫金县苏区革命旧址群于2011年6月被广东省精神文明建设委员会、广东省委宣传部公布为广东省爱国主义教育基地。

苏兆征故居

苏兆征故居位于广东省珠海市香洲区唐家镇淇澳村。

苏兆征（1885—1929），广东香山（出生地今属珠海市）人。1903年起在香港外轮上做杂役。1908年参加同盟会。1921年3月与林伟民等组建中华海员工会联合总会。1922年1月参与领导香港海员大罢工，任罢工总办事处总务部主任。1922年12月至1926年1月任中华海员工会联合总会委员。1925年3月加入中国共产党；1925年5月起任全国总工会筹备委员会委员。不久，与邓中夏等发动省港大罢工，当选为罢工委员会委员长兼财政委员会委员长。1926年1月至1927年7月任中华海员工会联合执委会委员长，其间，1927年5月前任中华海员工会联合总会委员长。1926年5月起任全国总工会执委会委员长。1927年春任武汉国民政府委员兼劳工部部长，并曾兼任武汉市政委员会委员、武汉政府战时经济委员会委员、武汉政府“四三”惨案失业工人救济委员会委员。1927年5月在中共五届一中全会上当选为中共中央政治局候补委员（任职至1927年8月）。1927年8月在中共中央紧急会议（八七会议）上当选为中共中央临时政治局委员、常委。八七会议后到上海参加党中央领导工作，负责中央财务小组和全国总工会。1927年12月任广州苏维埃政府主席（未到职）。1928年2月至10月任全国总工会常委。1928年春赴苏联，参加赤色职工国际第四次代表大会和共产国际第六次代表大会，均当选为执委会委员，并当选为农村工会国际副委员长。1928年7月在中共六届一中全会上当选为中央政治局委员、常委，任中央职工运动委员会书记。1929

◆苏兆征故居大门

年1月回国。1929年2月25日在上海病逝。

故居为青砖瓦平房，陈列着苏兆征生平简介和他从事革命活动的照片及省港大罢工的一些文物、遗物，计有苏兆征生前用过的物品12件，历史照片29张。

◆苏兆征故居全景

苏兆征故居于1979年12月被广东省革命委员会公布为广东省重点文物保护单位；2010年10月被广东省精神文明建设委员会、广东省委宣传部公布为广东省爱国主义教育基地。

彭湃烈士故居

彭湃烈士故居位于广东省汕尾市海丰县城龙津东路龙舌埔。

◆彭湃烈士故居

彭湃（1896—1929），广东海丰人。早年赴日本求学，1918年入早稻田大学政治经济科学习。1921年5月回国后，创办社会主义研究社和劳动者同情会，加入中国社会主义青年团。同年10月任海丰县劝学所所长（后改为教育局局长）。1922年6月开始从事农民运动，创建农会。1923年1月创建海丰县总农会，任会长；7月起任广东省农会执行委员长。后兼任陆丰县总农会会长，并任惠州农民联合会会长。第一次国共合作后，以个人身份加入国民党，任国民党中央农民部秘书。1924年4月转为中国共产党党员，同年7月至8月任国民党中央农民部开办的广州农民运动讲习所第一届主任。8月创立广东农民自卫军，任团长。1925年1月任广宁绥缉军事委员，9月至12月任第五届广州农民运动讲习所主任。曾任中共海陆丰支部书记、中共广东区执委会委员、广东农委负责

◆彭湃烈士故居内厅

人、国民党广东省党部执行委员兼农民部部长。1926 年 10 月起任中共汕头地委常委、省农会潮梅海陆丰办事处主任。1926 年 11 月至 1927 年 5 月任中共中央农民运动委员会委员。1927 年 3 月起任全国农民协会临时执委会委员兼秘书长。同年 5 月至 7 月任中共中央军委委员。大革命失败后，参与领导南昌起义，任中共前敌委员会委员、革命委员会委员兼农工委员会委员，南下广东后任东江农民自卫军总指挥。同年 8 月至 1928 年 7 月任中共中央临时政治局委员。1927 年 11 月领导海陆丰农民武装起义，建立海陆丰苏维埃政权。1927 年 11 月至 1928 年 10 月任中共东江特委书记。1927 年 12 月广州起义时任广州苏维埃政府人民土地委员（未到职）。广州起义失败后，在海陆丰地区坚持斗争。1928 年 7 月在中共六届一中全会上当选为中央政治局候补委员。11 月起任中共中央政治局委员，同月抵上海任中共中央农委书记。同年冬至 1929 年 1 月任中共江苏省委军委书记。1929 年 1 月起任中共中央军委委员、中共江苏省委常委。同年 8 月 24 日因叛徒出卖被国民党当局逮捕，8 月 30 日在上海龙华就义。

故居始建于清末，坐北朝南，主楼两层，面宽三间，长 12.9 米，宽 10.9 米。前廊仿西式建筑，总建筑面积 266 平方米。后为国民党反动派焚毁，仅剩墙基，1986 年按原貌重建。

彭湃烈士故居于 1978 年 7 月被广东省革命委员会公布为广东省文物保护单位；2010 年 10 月被广东省精神文明建设委员会、广东省委宣传部公布为广东省爱国主义教育基地。

邓发故居

邓发故居位于广东省云浮市云城区云城街西替石塘村。

邓发（1906—1946），广东云浮人。1921 年在广州、香港做勤杂工，后加入香港海员工会和洋务工会。1922 年参加香港海员大罢工。1925 年参加省港大罢工，任工人纠察队队长、宣传队小队长，同年 10 月加入中国共产党。1926 年 11 月至 12 月任全国总工会南方办事处候补常委。1926 年起任国民党广东省党部北伐青年工作队队长。1927

年广州四一五反革命政变后任中共广东油业总工会支部书记。大革命失败后，参加广州起义，任五区副指挥。1928 年春到香港，任中共太古船坞支部书记，后任中共香港市委组织部部长，主持建立香港特科。1928 年秋起任中共广东省委委员，兼全国总工会南方代表。后任中共香港市委书记、广州市委书记、广东省委常委等职。1930 年春起任中共广东省委组织部部长。1930 年 12 月起任中共闽粤赣特委书记兼军委书记。1931 年 1 月起任中华苏维埃中央革命军事委员会委员。1931 年 5 月至 7 月任中共闽粤赣省委书记。1931 年 8 月至 1934 年 10 月任中共苏区中央局委员。1931 年 11 月当选为中华苏维埃共和国第一届中央执委会委员，任中华苏维埃共和国国家政治保卫局局长。1934 年 1 月在中共六届五中全会上当选为中共中央政治局候补委员，中共六届五中全会以后至 1937 年 12 月中共中央政治局会议期间增补为中共中央政治局委员。1934 年 2 月当选为中华苏维埃共和国第二届中央执委会委员、中央执委会主席团成员，仍任国家政治保卫局局长。参加了长征，其间任第二野战纵队副司令员、副政治委员，中央纵队司令员，中央纵队第一梯队司令员、政治委员，陕甘支队第三纵队政治委员。到达陕北后，任中华苏维埃人民共和国中央政府西北办事处粮食部部长。抗日战争爆发后，1937 年 7 月至 9 月为中共驻共产国际代表团成员。1937 年 11 月至 1939 年 6 月任中共驻新疆代表（负责人）、八路军驻新疆办事处负责人。1939 年冬回延安后，历任中央职工运动委员会书记、中共中央党校校长、中央民运工作委员会书记。1945 年 8 月当选为中国解放区职工联合会筹备委员会主任。之后出席世界职工代表大会，当选为世界职工联合会理事会理事、执委会委员。1946 年 4 月 8 日在由重庆返回延安途中因飞机失事于山西兴县黑茶山遇难。

◆邓发故居

故居建于清光绪年间，为二进院落四式布局，泥砖木结构，建筑面积 268.38 平方米，后多次修葺。故居内展出邓发烈士生平照片，介绍烈士传略、著作、当年延安各界人士对邓发烈士的悼念活动和云浮人民纪念烈士的活动情况。并按照原来布置格局分设纺织作坊、出生房、厨房、游击队员养伤处、邓章隐藏处、革命活动室等。

邓发故居于 1979 年 12 月被广东省革命委员会公布为广东省文物保护单位；2000 年 4 月被广东省精神文明建设委员会、广东省委宣传部公布为广东省爱国主义教育基地。

阮啸仙故居

阮啸仙故居位于广东省河源市东源县义合镇下屯村。

◆阮啸仙故居

阮啸仙（1897—1935），河源县义合下屯（今属河源市东源县）人。1918 年考入广东甲种工业学校。五四运动中成为校学生会主要负责人，积极组织领导学生罢课和游行，倡议组织广东中等以上学校学生联合会，后来成为联合会主要领导人之一。1921 年加入中国共产党。1922 年后任中国社会主义青年团广州地委书记并代粤区执委会书记，积极从事工人运动和青年运动。1923 年出席中共三大。历任广州青年团的外围组织“新学生社”执行委员会书记、团中央执行委员会候补委员、团粤区执行委员会书记、中共广东区委委员、第三届广州农民运动讲习所主任、国民党中央农民运动委员会委员等职。1927 年出席中共五大，当选为中央委员。大革命失败后，任中共广东省委农委书记。建立仁化县安岗苏维埃政府，当选为主席。1928 年出席中共六大，当选为中央审查委员会委员。1929 年调到中共江苏省委和中共中央宣传部工作。1933 年秋，从上海前往江西瑞金中央革命根据地工作。红军主力长征后，奉令留在地方继续开展游击战。1934 年 2 月，在中华苏维埃第二次全国代表会上当选为中央执行委员和中央审计委员会主任。同年 8 月，任中共赣南省委书记、赣南军区政治委员。1935 年 3 月 6 日，在领导赣南省委机关部队突破国民党军围攻的战斗中壮烈牺牲。

◆阮啸仙故居全景

故居建于清代，由大堂面老屋和阮啸仙书屋组成，大堂面老屋是阮啸仙出生的地方，坐北向南，建筑由三堂四杠加一后排屋布局构成，占地面积3558平方米，属客家围屋式民居，故居进行过多次维修。

阮啸仙故居于1989年6月被广东省人民政府公布为广东省文物保护单位；2010年10月被广东省精神文明建设委员会、广东省委宣传部公布为广东省爱国主义教育基地。

广州起义烈士陵园

广州起义烈士陵园位于广东省广州市越秀区中山二路92号。

◆广州起义烈士陵园正门

1927年12月11日，由中国共产党领导的广州起义爆发，起义领导人包括张太雷、叶挺、恽代英、叶剑英、周文雍、聂荣臻等。参加起义的有国民革命军第四军教导团，警卫团，黄埔军校特务营、宪兵一连等正规军和以周文雍任总指挥的工人赤卫队7个联队，市郊、南海、花县、清远等地的农民武装等近万人。在经过两个多小时的激烈战斗后，起义取得了初步胜利，建立了人民政权广州苏维埃政府，又称“广州公社”。但是随后国民党反动军队勾结美、英、法、日等帝国主义武装，向革命政府发动反扑，在经过三天三夜的激烈战斗后，起义不幸失败，起义总指挥张太雷也在赴演讲途中遭到敌人的袭击而壮烈牺牲。随后，起义军民遭到反动军队的疯狂屠杀，死难者达5700余人，部分烈士遗骸埋葬于红花岗。广州起义是中国共产党领导工农兵群众，对国民党反动派屠杀政策的英勇反击和工农武装夺取政权的一次伟大尝试。

◆广州起义纪念碑

中华人民共和国成立后，广州市人民政府在当年烈士牺牲的红花岗兴建了富有民族风格的园林式烈士陵园。1954年破土动工；1957年正式对外开放。

陵园总面积18万平方米，分陵区

◆广州起义烈士墓

和园区两部分。陵区有正门门楼、中苏人民血谊亭、陵墓大道、广州起义纪念碑、广州公社烈士墓、叶剑英元帅墓等。

正门门座是以白花岗石为基础，汉白玉石上配以橙红色的琉璃瓦顶，双阙正面石壁镌刻着周恩来手书“广州起义烈士陵园”八个大字。陵墓大道宽阔笔直，两旁苍松翠柏，其间20个花坛红花吐艳，庄严肃穆。墓道的北端是广州起义纪念碑，其造型别具一格，寓意深刻。纪念碑正面镌刻着邓小平手书的漆金碑名。碑四周刻有广州起义战斗场面的浮雕。

纪念碑东面是圆丘形的烈士陵墓。墓冢直径43米，高6.2米，封土上铺青草，象征着烈士们“野火烧不尽，春风吹又生”的革命精神。墓冢四周是一圈围墙，为花岗石砌成。墙体中镶嵌着40多根白云石栏杆，每根栏杆均镇坐着一只石狮子。墓冢正面一块特大的青石板上镌刻着朱德题书的“广州公社烈士之墓”八个大字。墓冢东面的墙上镌刻着《广州起义碑记》。

陵园东面，坐落着一个八角湖心亭，亭上悬挂着董必武题书的“血祭轩辕”牌匾。这是为纪念广州起义后被俘就义，在刑场上举行婚礼的陈铁军、周文雍两位烈士而修建的纪念亭。湖心亭的东面还有两座规模较大的纪念亭。一座是为纪念在广州起义中为中国人民献出生命的150名朝鲜战友而修建的中朝血谊亭；另一座是为当年参与广州起义被杀害的苏联驻德副领事及馆员而修建的中苏血谊亭。

广州起义烈士陵园于1978年7月被广东省革命委员会公布为广东省文物保护单位；2000年4月被广东省精神文明建设委员会、广东省委宣传部公布为广东省爱国主义教育基地；1997年6月被中央宣传部公布为全国爱国主义教育示范基地；1986年10月被民政部公布为全国重点烈士纪念建筑物保护单位。

广州市银河烈士陵园

广州市银河烈士陵园位于广东省广州市天河区燕岭路394号，又称银河革命公墓。

广州市银河烈士陵园始建于1956年4月，占地面积20万平方米，建有银河广场、烈士纪念馆、烈士墓区、烈士骨灰堂等功能区。陵园安（存）放烈士骨灰429穴，共501人（安放在墓地的有209人，室内存放的有292人），其中包括辛亥革命时期的烈士、志士墓；新民主主义革命时期烈士墓，著名的有广州沙基惨案殉难烈士墓、中国文化总同盟广州分盟六烈士墓，何耀全、陈复、潘兆銮烈士墓，林伟民墓、张炎夫妇合墓等；中华人民共和国成立以来烈士墓，著名的有马口灭火烈士墓、向秀丽烈士墓和抗“非典”烈士墓等。

◆广州市银河烈士陵园

烈士纪念馆位于银河广场内，于2007年12月建成并对外开放，建筑面积1300平方米。烈士纪念馆依山而建，与办公大楼东西对称，自然之美与现代建筑格调融为一体，在银河广场的衬托下，纪念馆主楼更显朴实大方、简明、庄重。烈士纪念馆围绕着“英雄城市铸就英魂”主题将展区布置为序厅、革命先驱、红色英杰、铁血战魂、忠诚卫士、烈士碑铭等六个展区。序厅左侧墙面镶嵌宽7.2米，高2米的南粤先烈人物浮雕，庄严肃穆；其他展室陈列着1000余件历史图片、文献、雕塑和实物，历史背景与具体人物相结合，再现20世纪初以来，广州地区为中国革命事业英勇献身的革命先烈、革命先驱的英雄事迹。纪念馆烈士英名碑上镌刻着462位烈士的姓名，

◆广州市银河烈士陵园内的烈士纪念馆

◆中国文化总同盟广州分盟六烈士墓

革命先驱彪炳千秋的业绩和高风亮节的品格将永远铭记在人民心中。馆内还设有青少年爱国主义教育互动室，便于青少年学生更为生动直观地贴近历史。馆内采用声、光、电和多媒体等展示手法，运用定点语音导览、影视等形式，全方位、多层次表现革命烈士的光辉史迹。纪念馆现已成为广州市爱国主义教育、革命传统教育、党史教育和精神文明教育的重要基地。

广州市银河烈士陵园于2000年4月被广东省精神文明建设委员会、广东省委宣传部公布为广东省爱国主义教育基地；2002年12月被广东省民政厅公布为广东省重点烈士纪念建筑物保护单位。

河源市革命烈士陵园

河源市革命烈士陵园，原名啸仙烈士陵园，位于广东省河源市源城区中山广场西侧。

为纪念阮啸仙等革命烈士，原河源县人民政府于1958年12月修建了啸仙烈士陵园，占地面积1.3万平方米，后经过两次扩建，占地面积约2.8万平方米。1989年9月及1998年7月先后两次扩大了陵园的面积范围，使陵园现面积达到3.2万平方米。1990年6月成立“啸仙陵园管理所”，负责陵园的管理。2002年12月经市政府批准更名为河源市革命烈士陵园。2009年3月2日被国务院批准为全国重点革命烈士纪念建筑物保护单位，陵园内的主要建筑包括阮啸仙烈士纪念亭、革命烈士纪念碑、烈士墓、阮啸仙烈士雕像、纪念广场、河源市革命历史革命烈士纪念馆等。革命烈士纪念碑高14米，庄严肃穆。革命

◆河源市革命烈士陵园

烈士墓铭刻着377名河源籍革命先烈的英名。阮啸仙烈士全身汉白玉雕像于1987年夏安放在园内，高5米。

为完善陵园的基础设施，提高管理档次，更好发挥爱国主义教育基地的作用，2005年，河源市人民政府新建了河源市革命烈士纪念馆。纪念馆两层占地面积约700平方米，建筑面积1435.5平方米，馆内陈列着河源市知名烈士资料、革命文物300余件。纪念馆于2006年3月底竣工并在同年清明节开放，按照从上到下的参观顺序进行布展。纪念馆二楼为第一展厅，主要展示大革命、土地革命战争和抗日战争时期河源人民革命斗争史实；一楼夹层为第二展厅，陈列内容是新民主主义革命到社会主义建设时期河源英烈事迹；一楼大堂为第三展厅，展示解放战争时期河源人民革命斗争历史，重点反映中国共产党领导的粤赣湘边纵队东江第二支队武装斗争史，并在大堂设立河源市革命烈士英名录，共2355名。

◆河源市革命烈士陵园内的革命烈士纪念碑

◆阮啸仙烈士雕像

河源市革命烈士陵园于2000年5月被广东省精神文明建设委员会、广东省委宣传部公布为广东省爱国主义教育基地；1989年10月被广东省人民政府公布为广东省重点革命烈士纪念建筑物保护单位；2009年3月被民政部公布为全国重点烈士纪念建筑物保护单位。

中山市革命烈士陵园

中山市革命烈士陵园位于广东省中山市长沙埔村西黄草岗上。

◆中山革命烈士陵园

中山市革命烈士陵园于1960年4月5日落成，坐西朝东，背靠槟榔山，面临伶仃洋。并先后于1969年和1983年修缮与扩建。陵园正门牌坊“中山革命烈士陵园”8个大字，为原中区纵队政治部主任、中共广东省委书记、省长刘田夫题书。6米宽的陵园大道两旁苍松翠柏成林。

沿着陵园大道西行60米，矗立着10米高的纪念碑，碑上刻有原中区纵队、珠江纵队司令员，广东省副省长林锵云的题书“中山革命烈士纪念碑”。碑座四周刻有新民主主义革命时期至社会主义革命和建设时期中山革命烈士英名。

◆中山革命烈士陵园内的烈士纪念碑

绕过纪念碑再向西行60米，是占地200平方米的石砌圆顶的烈士陵墓。墓门正前方上刻有“永垂不朽”，两侧刻着“生的伟大，死的光荣”的字样。墓碑“烈士之墓”四字为原中区纵队副司令谢立全题书，陵墓内安放着319位烈士的英骸（其中外县籍烈士63位）。纪念碑南、北两侧分别建有中山革命史迹陈列馆和光荣亭。1959年由省、县两级政府拨款修建。

中山市革命烈士陵园于2000年4月被广东省精神文明建设委员会、广东省委宣传部公布为广东省爱国主义教育基地；1988年4月被广东省民政厅公布为广东省重点烈士纪念建筑物保护单位。

海丰县烈士陵园

海丰县烈士陵园位于广东省汕尾市海丰县城北侧九都山。

◆海丰县烈士陵园

海丰县是著名的革命老区，无产阶级革命家、党和军队领导人周恩来、彭湃、萧楚女、徐向前、聂荣臻、张善铭、董朗、吴振民、程子华等都曾在海丰从事过革命活动。为纪念以彭湃为代表的3万多名海丰英烈，以及外县、外省籍的1000多名红军战士，海丰县人民政府于1963年5月兴建此陵园。1996年，为纪念彭湃诞辰100周年，海丰县对陵园进行全面修葺和扩建。1998年，海丰县又把陵园广场列为县城十大市政建设项目之一，对广场进行绿化美化，使陵园面貌逐年更新。

烈士陵园主要由墓室、墓碑、休息亭、牌楼大门、陵园大道、陵园广场等组成，总面积约11万平方米。其中，陵墓占地5000多平方米，广场面积2.6万平方米，绿化面积7万多平方米。

陵园墓室为圆柱形拱顶，大门顶部为楼阁状，红琉璃瓦覆盖，门两侧墙壁向下延伸，门前墓碑高7.5米，墓碑上“革命烈士墓”五字为陶铸于1963年题写。碑前是月台，面积600多平方米，月台两侧各有一亭，月台下有5层48级石阶连甬道通陵园正门，大门牌坊上“烈士陵园”四字为原全国政协副主席叶选平题写。

◆海丰县烈士陵园内的革命烈士墓

陵园内安息的有114位烈士，其中著名的有：李劳工（黄埔军校海陆丰办事处主任、海丰农民自卫军总队长），杨望（中共广东省委委员、东江特委委员、海陆惠紫暴动委员会主席），林铁史（中共东江特委委员），郑志云（中共东江特委书记），林道文（中共中央南方局常委、广东省委常委），李谷珍（中共福建省委常委），梁秉刚（中共广西省委书记），彭桂（红军第六军第二师师长），林甦（中共东江党校校长），郑振芬（中共东江特委常委、中华苏维埃共和国中央执行委员）等。

海丰县烈士陵园于2000年4月被广东省精神文明建设委员会、广东省委宣传部公布为广东省爱国主义教育基地；1989年8月被民政部公布为全国重点烈士纪念建筑物保护单位。

孙中山大元帅府纪念馆

孙中山大元帅府纪念馆位于广东省广州市海珠区纺织路东沙街18号。

孙中山曾在广州三次建立政权，其中，1917年和1923年两次在这里建立革命政权。1917年7月，孙中山率领部分海军南下，在广州召开国会非常会议，建立中华民国军政府，设大元帅府于广州的广东士敏土（水泥）厂，并要求恢复《中华民国临时约法》，开展武装护法运动。但后来由于受到盘踞在广东的桂系军阀的破坏和干扰，护法运动以失败而告终。1918年5月，孙中山辞去海陆军大元帅职离开广州。1920年底，陈炯明率粤军从福建回师取得广东后，孙中山回到广州。1921年5月5日，中华民国政府成立，孙中山就任非常大总统，设总统府于观音山麓。在孙中山的领导下，中华民国政府进行了征讨桂系军阀、北伐等军事活动。但在1922年6月16日，陈炯明发动武装叛乱，围攻总统府。孙中山幸免于难，但在8月被迫再次离开广东。第二次护法运动又以失败告终。1923年2月，孙中山重返广州，建立陆海军大元帅大本营，就任大元帅，帅府大本营再次设于此处。大本营成立初期先后平定了沈鸿英叛乱和东江叛乱，进一步巩固和发展了广东革命根据地。在这一时期，孙中山的思想和政策发生了重大转变，在共产国际和中国共产党的帮助下，改组国民党、促成国共合作、开展国民革命。1924年11月孙中山应冯玉祥的邀请北上商谈国是，于次年3月12日在北京病逝。1925年7月1日，中华民国国民政府在广州正式成立，大本营完成了它的历史使命。

◆孙中山在广州三次建立政权展览

大元帅府西洋式建筑群始建于清光绪三十二年（1906年），由德国设计师设计，原为广东士敏土厂的厂房。纪念馆依托大元帅府旧址而设，1998年筹建，2001年对外开放，总占地面积为 8020 平方米，由南北两座主体大楼、东、西广场和正门等组成。两座主体大楼为三层券拱的殖民地式建筑，南楼设《帅府百年》复原陈列，北楼有《孙中山在广州三次建立政权展览》的基本史料陈列和专题陈列。

◆孙中山大元帅府

广州大元帅府旧址于 1996 年 11 月被国务院公布为全国重点文物保护单位；孙中山大元帅府纪念馆于 2005 年 12 月被广东省精神文明建设委员会、广东省委宣传部公布为广东省爱国主义教育基地。

孙中山故居纪念馆

孙中山故居纪念馆位于广东省中山市南朗镇翠亨村。

孙中山（1866—1925），中国伟大的民主革命先行者。1892 年毕业于香港西医书院，随后在澳门、广州等地行医，开始结纳反清秘密会社。1894 年 6 月赴檀香山，在华侨中宣传革命。同年 11 月 24 日，在檀香山建立兴中会，提出了“驱逐鞑虏，恢复中国，创立合众政府”的主张。此后在海外 16 年，在华侨中广泛宣传革命，建立革命组织。1905 年 8 月，在日本东京创立同盟会，被推举为总理。在同盟会机关报《民报》的发刊词里首次提出“民族、民权、民生”三大主义，即“三民主义”的政治纲领。从 1907 年至 1900 年间先后发动领导了 10 次武装起义。1911 年 10 月 10 日，武昌起义爆发后，在欧美各国开展外交活动，争取支持，并

◆孙中山故居

于同年12月25日回到上海。12月29日，在南京举行的17省代表会议上，被推举为中华民国临时大总统。1914年7月，在东京成立中华革命党，被推举为总理。1917年9月1日，当选为中华民国军政府大元帅。军政府成立后，因受到滇、桂军阀排挤，于1918年5月4日向非常国会提出辞职，赴上海，其间完成了《孙文学说》、《建国方略》、《建国大纲》等著述。1919年10月，宣布中华革命党改组为中国国民党。1920年8月，指示驻闽粤军回师广东，驱逐桂系军阀。11月回到广州，重举护法旗帜。1921年5月，在广州就任非常国会推举的非常大总统。1922年6月，因陈炯明发动叛乱，被迫离开广州再赴上海。此后，接受了中国共产党和苏联的帮助，1923年1月，与苏联代表越飞发表《孙文越飞宣言》，同年初在驱逐陈炯明后，在广州重建大元帅府，以大元帅名义统率各军，总理政务。与此同时，加紧改组中国国民党的准备工作。8月，派代表团访问苏联，邀请苏联政治和军事顾问到广州帮助中国革命。接着，委任廖仲恺、谭平山等组成新的中国国民党临时中央执行委员会，负责筹备国民党的改组工作。1924年1月在广州主持召开中国国民党第一次全国代表大会，大会通过新的党纲、党章，实际上确立了“联俄、联共、扶助农工”三大政策，选出有中国共产党人参加的中央领导机构。1924年在黄埔创办陆军军官学校。1924年10月冯玉祥发动北京政变后，11月接受冯玉祥等邀请北上。1925年3月12日在北京逝世。遗著有《孙中山全集》等。

◆孙中山纪念馆

孙中山故居纪念馆总面积12万多平方米，向观众开放的区域约有7万多平方米。主要有：孙中山故居、孙中山纪念馆、孙中山听太平天国反清故事的雕塑、孙中山试验炸药处——瑞接长庚牌坊、翠亨民居展示区、翠亨农业展示区、中山鼎等，逐步形成以“孙中山和他成长初期的社会环境”为主题，兼具历史纪念性和民俗性、立体而多元化的陈列展览体系。

孙中山故居是一座中西结合的赭色砖二层楼房，左边部分于1885年建成，中间和右边部分于1892年建成。楼房的图样及庭院中的水井均是孙中山在1892年亲自设计的，当时他还在香港西医书院读书。庭院左边有棵酸子树，是1883年孙中山先生从檀

◆孙中山故居纪念馆正门

香山带种子回来亲手栽种的。庭院中间还有砖砌的花台。解放后，复原故居原貌，陈列了孙中山先生当年用过的遗物，设专人管理。1956 年在故居前面开辟了公园。1966 年，为纪念孙中山先生诞辰一百周年，在故居旁边兴建陈列馆，系统地反映孙中山先生革命的一生。

孙中山纪念馆位于孙中山故居西北侧。前身为孙中山故居陈列馆，于 1996 年进行重建，1999 年 11 月 12 日落成并向观众开放。该馆建筑面积 6000 平方米，由陈列展览厅、综合报告厅、贵宾接待厅、库房、业务办公区等构成。展馆一楼展厅面积约 1000 平方米，布置了孙中山生平史迹陈列。该陈列全面、系统地介绍了孙中山的生平史迹、思想理论和他所领导的革命运动，歌颂了他领导人民推翻帝制建立共和国的丰功伟绩，也适当反映了孙中山革命事业主要追随者的情况。展馆二楼展厅面积约 500 平方米，布置了孙中山的亲属与后裔陈列，反映了孙中山亲属与后裔的情况及他们对其革命事业的巨大支持、贡献和牺牲。二楼还设有临时展厅，面积约有 400 平方米。

孙中山故居于 1988 年 1 月被国务院公布为全国重点文物保护单位；孙中山故居纪念馆于 2000 年 4 月被广东省精神文明建设委员会、广东省委宣传部公布为广东省爱国主义教育基地；1997 年 6 月被中央宣传部公布为全国爱国主义教育示范基地。

黄埔军校旧址纪念馆

黄埔军校旧址纪念馆位于广东省广州市黄埔区长洲街军校路。

黄埔军校初名陆军军官学校，因校址在黄埔长洲岛，故通称“黄埔军校”。

1924 年 5 月，在苏联和中国共产党的帮助下，孙中山创办了中国国民党陆军军官

◆黄埔军校旧址

学校。因校址在黄埔岛上，又称黄埔军校。孙中山于 6 月 16 日开学典礼的演说中提出要以“创造革命军，来挽救中国的危亡”为办校宗旨，学习苏联的建军经验，采取军事与政治并重，理论与实际结合的教育方针，培养革命的军事政治人才。军校由总理孙中山、校长蒋介石、党代表廖仲恺组成最高领导机构校本部，下设政治、教授、教练、管理、军需、军医等 6 部。1926 年增设副校长，由李济深担任。教职员不少是国共两党的重要干部和社会知名人士。周恩来曾任政治部主任，叶剑英曾任教授部副主任。军校随着形势发展而扩大，增设教导团、炮、工、经理、政治、入伍生等大队。并先后在广州、潮州、南宁、长沙、武汉设立分校。军校积极贯彻“联俄、联共、扶助农工”三大政策，以“亲爱精诚”为校训，建设一支为救国救民，统一国家，不惜牺牲的革命军。它在支援群众运动、统一广东革命根据地和北伐战争中发挥了重大作用。军校群英荟萃，名将辈出，战功显赫，世界扬名。

黄埔军校是第一次国共合作的产物。中国共产党派出大批重要干部参加了军校的创建工作，担任军校的主要领导职务。中共各地组织还推荐、派出一批党、团员投考军校。苏联政府对军校给予了大力的支持，派出巴甫洛夫、加伦等任军校顾问。

中共在黄埔军校成立了直属支部，由时任黄埔军校政治部主任的中共广东区委军事委员会书记周恩来直接领导。1924 年 6 月 16 日，军校第一期党支部由蒋先云为支部书记，该支部属中共两广区委领导；第二期党支部于 1924 年 8 月 14 日成立，杨其纲为书记；第三期党支部于 1925 年 7 月成立，杨其纲为书记，此时该支部还负责领导军校外的第一军、海军局、政治训练部等单位的中共党员；中共黄埔军校支部于 1926 年 3 月 8 日扩大为特别支部，杨其纲为书记。蒋介石制造“中山舰事件”后，为了加强军校党组织和领导力量，1926 年 4 月，中共广东区委决定成立黄埔党团。黄埔党团是中共在黄埔军校的核心组织，直属中共广东区委军委领导。先后由聂荣臻、鲁易、熊雄、恽代英等任书记，由中共广东区委加派特派员协助工作。

◆黄埔军校校史陈列

军校于 1926 年 3 月改名为中央军事政治学校，1928 年改名为国民革命军军官学校。军校在黄埔办到第七期，于 1930 年 9 月迁往南京。校舍的主要部分校本部于 1938 年被日军飞机炸毁，其他建筑也因日久失修残破不堪。1963 年 12 月 6 日，周恩来总理视察军校旧址时，指示要把旧址保护好。1965 年开始逐步维修。1996 年重修了校本部。

旧址纪念馆景点主要包括校本部、军校大门、孙总理纪念室、孙总理纪念碑、俱乐部、游泳池、东征烈士墓园、北伐纪念碑、济深公园、黄埔公园、大坡地炮台、白鹤岗炮台等十余处。

校本部面临珠江，坐南朝北，是一座具有岭南风格的南方祠堂式建筑，建筑面积约 10600 平方米。大门之内，前后四进，东西两边各有四栋房子，形式一致，相互对称，错落有致，房子之间以走廊连通，四周建有围墙，自成一体，宁静幽雅。该楼俗称“走马楼”，原为清朝末年的陆军小学堂。黄埔军校开办后，这里是军校的中心，各部办公室、课室、宿舍、厨房、饭厅、储藏室都设在这里。国共两党许多著名的人物，如周恩来、聂荣臻、何应钦、顾祝同等都曾在这里工作、学习和生活过。2004 年黄埔军校建校 80 周年，校本部增设了黄埔军校史迹展、黄埔军校名人油画展、世界著名军校、共产党人与黄埔军校等展览。

军校大门屹立于珠江之滨，坐南朝北，为两柱欧陆式牌坊建筑，门上悬挂有谭延闿手书的“陆军军官学校”名匾，围墙东西两端刷有孙中山遗训“革命尚未成功，同志仍须努力”12 个大字。军校校门是黄埔军校的重要标志。原大门于 1938 年被日机炸毁。1965 年驻岛海军重建大门，由于资料不足而与历史不尽相符。1992 年，广东革命历史博物馆按历史面貌对其进行复原维修。

黄埔军校旧址于 1988 年 1 月被国务院公布为全国重点文物保护单位；2000 年 4 月被广东省精神文明建设委员会、广东省委宣传部公布为广东省爱国主义教育基地。黄埔军校旧址纪念馆于 2005 年 11 月被中央宣传部公布为全国爱国主义教育示范基地。

中华全国总工会旧址纪念馆

中华全国总工会旧址纪念馆位于广东省广州市越秀区越秀南路 89 号，原为惠州会馆。

◆中华全国总工会旧址纪念馆

1925 年 5 月，在中国共产党领导下，第二次全国劳动大会在广州召开。大会建立了中国工人阶级全国统一的工会领导机关——中华全国总工会（以下简称“全总”），制定和通过了中华全国总工会章程，选举了林伟民、刘少奇、邓中夏、苏兆征、李立三、李森、刘尔崧等 25 人为执行委员。执行委员会以林伟民为委员长，刘少奇为副委员长、邓中夏为秘书长。全总下设秘书处、总务处、组织部、宣传部、宣传教育委员会、监察委员会等机构，由刘少奇主持日常工作。

惠州会馆原为国民党中央党部所在地（1924 年 1 月至 1925 年 9 月国民党中央党部曾在此办公）。1924 年 1 月，在中国共产党的帮助下，孙中山在广州召开了中国国民党第一次代表大会，确立了国共合作（共产党员以个人身份加入国民党）和实行“联俄、联共、扶助农工”三大政策，改组了国民党。廖仲恺任工人部长，何香凝任妇女部长，共产党人谭平山、林祖涵分任组织部长和农民部长、毛泽东任宣传部代理部长。各部负责日常实际工作的秘书，不少是参加了国民党的共产党人担任。中央党部成立后便在二楼办公。由工人部领导的广州工人代表会设在一楼。同年 7 月、8 月，由国民党中央农民部主办的第一、第二届农民运动讲习所就在天台的临时建筑里举办。

1925 年 8 月 20 日上午 8 时，国民党左派领袖、广东省省长廖仲恺赴国民党中央党部参加会议，在门前遭到埋伏的六七名暴徒枪击身亡。

同年 9 月底，国民党中央党部迁往旧省议会。10 月，中华全国总工会从大德路的临时会所迁进惠州会馆二楼办公。各部门的办公室，都是以木板间隔的。会议室、宣传部、监察委员会居中，组织部、秘书处和刘少奇的办公室靠南，宣传教育委员会靠北。省港大罢工后成立的香港总工会也在此办公。中华全国总工会成立后，领导了反对帝国主义的上海“五卅”运动和省港大罢工，大力发展各地工会组织，统一广东和香港的工人运动，支援国民政府统一广东革命根据地和北伐战争，作出了不可磨灭的贡献。国民革命军攻占武汉后，为适应新的革命形势，1927 年 2 月，全总北迁汉口，这里遂改为中华全国总工会广州办事处。

◆廖仲恺先生牺牲处纪念碑

1926 年 5 月，第三次全国劳动大会和第二次广东省农民代表大会在广州联合举行。大会决定在惠州会馆的前院左右两侧修建“工农运动死难烈士纪念碑”和“廖仲恺先生纪念碑”，以纪念在工农运动中牺牲的烈士以及廖仲恺先生。

中华人民共和国成立以后，人民政府多次拨款对旧址进行修缮并辟为纪念馆，于 1959 年 10 月向群众开放。“文化大革命”期间，纪念馆被迫关闭，旧址亦遭到破坏，“廖仲恺先生纪念碑”在“文化大革命”中被毁，1982 年重建该纪念碑，并改碑名为“廖仲恺先生牺牲处纪念碑”。1984 年，政府再次拨款对旧址进行全面修缮，并于 1985 年 5 月 1 日中华全国总工会成立 60 周年纪念日重新开放，现为中华全国总工会旧址纪念

◆中华全国总工会历史陈列

馆，在二楼设《会馆风云——中华全国总工会旧址沿革》陈列。

中华全国总工会旧址于1962年7月被广东省人民委员会公布为广东省文物保护单位，1988年1月被国务院公布为全国重点文物保护单位。

叶挺独立团团部旧址纪念馆

叶挺独立团团部旧址纪念馆位于广东省肇庆市江滨东路西江河畔阅江楼。

◆叶挺独立团团旗

叶挺独立团，原称为国民革命军第四军独立团，是第一次国共合作时由中国共产党直接领导的一支正规的革命武装。1925年11月21日在肇庆成立，以大元帅大本营铁甲车队大部分官兵为骨干组成。最初番号为国民革命军第四军第12师第34团，后改称为第四军独立团。中共党员叶挺为团长，全团官兵2000余人，团内建立了中共支部。部队驻肇庆期间，积极支持工农群众运动，开展群众工作。1926年5月，奉命担任北伐先遣队，出师北伐，参加了醴陵、平江、汀泗桥、贺胜桥、武昌诸战役，功勋卓著，为第四军赢得“铁军”的称誉。1927年1月在攻占武汉后改编为第四军25师73团，大革命失败后，参加了南昌起义。

阅江楼始建于明代，历史上曾为鹄奔亭。明末清初之际，该楼毁于战火。清顺治十四年（1657年）重建。抗战期间，该楼曾屡遭日机轰炸，后楼、西楼破坏尤为严重。该楼先后于1959年和1971年重修，现楼面为钢筋混凝土仿木结构。

1959年3月，朱德在肇庆视察期间，指示要在叶挺独立团诞生地建立纪念馆。同年10月，叶挺独立团团部旧址纪念馆于阅江楼成立。1960年，朱德为该馆题写馆名。该纪念馆设有《铁军独立一雄团》展览。展览围绕叶挺独立团在肇庆的建立及其发展历程来布展，分肇庆建团、军政活动、援助农运、北伐先锋、武装起义、将星璀璨等6个主题，通过历史照片、文物、雕塑、绘画、模型和电视专题片等形式，再现了叶挺独立团光辉的战斗历程。

叶挺独立团团部旧址于1978年7月被广东省革命委员会公布为广东省文物保护单

◆叶挺独立团团部旧址（阅江楼）

位；叶挺独立团团部旧址纪念馆于 2000 年 4 月被广东省精神文明建设委员会、广东省委宣传部公布为广东省爱国主义教育基地。

涵碧楼革命纪念馆

涵碧楼革命纪念馆位于广东省潮州市湘桥区西湖公园内。

1925 年 3 月 7 日，国民革命军东征军进驻潮州，黄埔军校学生军办事处就设在涵碧楼。黄埔军校政治部主任周恩来就在这座小楼办公。同年 11 月 4 日，第二次东征的国民革命军再克潮州，涵碧楼仍是东征军领导人活动的重要场所。

1927 年 8 月，南昌起义军占领南昌后，按照中共中央南下广东，争取恢复广东根据地的决策，千里转战，向广东潮汕地区挺进。9 月 23 日，周恩来、贺龙、叶挺、刘伯承、彭湃、郭沫若等率领的起义军占领潮州，以第二十军第 3 师（师长周逸群、政治部主任徐特立）教导团和第 6 团的一部驻守潮州，第 3 师师部设于涵碧楼。9 月 30 日，起义军撤出潮州城。在占领潮州期间，起义军曾建立了 7 天的红色政权——潮安县革命委员会，史称“潮州七日红”。

涵碧楼建于 1922 年，抗战期间被日军飞机炸毁。1963 年，贺龙元帅视察潮州时建议重修涵碧楼，1964 年 7 月涵碧楼竣工，并辟为潮安县革命历史文物陈列馆。郭沫若为涵碧楼题写楼名。1977 年又改为“潮安县革命纪念馆”，陈列着《潮州七日红》和《潮州新民主主义革命史》等文物资料，成为潮州人民纪念先烈，继承革命前辈遗志，进行革命传统教育的场所。1998 年，为纪念周恩来诞辰 100 周年，涵碧楼被修葺一新。

◆涵碧楼革命纪念馆

一楼大厅有周恩来戎装画像，两旁墙壁悬挂郭沫若、粟裕、孔原、萧克等起义军将领重访涵碧楼的珍贵墨迹，北侧设为接待厅，南侧布置《人民的好总理》图片展览。二楼设置有《潮州七日红》史料陈列，内容丰富、史料翔实、图文并茂，重点突出了“七日红”主题，还展出了 19 件革命文物。

涵碧楼于 2002 年 7 月被广东省人民政府公布为广东省文物保护单位；涵碧楼革命纪念馆于 2000 年 4 月被广东省精神文明建设委员会、广东省委宣传部公布为广东省爱国主义教育基地。

广州起义纪念馆

广州起义纪念馆位于广东省广州市越秀区起义路。

1927 年大革命失败后，中共广东省委和广州市委，遵照中共中央的指示，利用广东、广西两派军阀爆发战争，广州兵力空虚之机，于 12 月 11 日领导发动工农群众和革命士兵在广州举行起义。是日 6 时起，起义军攻占了广州市公安局、国民党省党部和省政府、电报局、邮政局、火车站等重要机关，以及珠江北岸大部分市区。起义军在广州市公安局屋顶上竖起了绣着锤头镰刀的红旗，在大门口悬挂“广州苏维埃政府”的横额。随后，苏维埃政府在这里举行首次会议，通过了苏维埃政府政纲和苏维埃政府领导人名单，成立工农红军总司令部，颁布了《广州苏维埃政府告民众书》、《广州苏维埃政府宣言》等一系列重要文件。12 日，国民党反动派在英、法、日、美

◆广州起义纪念馆门楼

等帝国主义的支持下，向起义军疯狂反扑，广东省委书记、起义总指挥张太雷英勇牺牲。起义军浴血奋战，终因敌我力量悬殊，于13日被迫撤出广州市，广州起义遭到失败。

纪念馆旧址原为国民党广东省公安局、广州市公安局所在地。现存文物建筑包括院内大门、中楼（苏维埃政府办公地方）、北楼（工农红军指挥部旧址）、南楼（警卫连连部和库房旧址），以及拘留所等。1956年，广州市文化局将南楼辟为广州起义陈列室，对内开放。1987年广州市人民政府决定对广州公社旧址维修复原，并成立广州起义纪念馆，对外开放，由叶剑英题写馆名。纪念馆面积约5990平方米。现北楼设有《广州起义》陈列。

◆《广州起义》陈列

广州起义纪念馆于1961年3月被国务院公布为全国重点文物保护单位。

东江纵队纪念馆（惠州）

东江纵队纪念馆（惠州）位于广东省惠州市博罗县罗浮山朱明洞区内。

东江纵队，全称广东人民抗日游击队东江纵队，是抗日战争时期中国共产党领导的敌后抗日游击部队。1943年12月2日在惠阳坪山（今属深圳市坪山新区）正式成立，司令员曾生，政治委员林平，副司令员兼参谋长王作尧，政治部主任杨康华。其前身为惠宝人民抗日游击总队和东宝惠边人民抗日游击大队。1938年10月日军南侵广东大陆后，即在惠阳、东莞、宝安、增城、博罗地区开展抗日游击战争，粉碎了日、伪军的万人大“扫荡”。1941年底香港沦陷后，营救出大批被困于香港的民主人士、文化界知名人士和国际友人。1944年后活动范围扩展到整个东江及粤北地区，全面开展打击日、

◆东江纵队纪念馆（博罗）

伪军的斗争，歼敌近万人，牵制了敌人大量兵力，破坏了敌占区的交通线和通信联络，有力配合全国抗战和盟军的反攻作战，创建了东江抗日根据地。部队发展到 9 个支队共 11000 多人。1945 年春，东江纵队司令部设在罗浮山冲虚观，罗浮山成了华南敌后抗战的指挥中心。抗战胜利后，1946 年 6 月 30 日，根据国共谈判协议，部队主力2583 人北撤山东，后扩编为中国人民解放军两广纵队。

◆东江纵队纪念馆前的雕像

为弘扬东江纵队的革命精神，中共博罗县委、县人民政府决定兴建东江纵队纪念馆。筹建工作始于 2001 年，历时两年建成，2003 年 12 月开馆。纪念馆建筑面积为 3300 平方米。馆内设 4 个展示厅及工作服务区，4 个展厅分别为“序幕厅”、“陈列厅”、“英烈厅”、“映视厅”以及两条长 60 多米、宽 3 米的参观走廊。纪念馆前面是一个 2000 多平方米的广场。广场上安放着一组东江纵队将士的人物雕塑。

东江纵队纪念馆（惠州）于 2005 年 12 月被广东省精神文明建设委员会、广东省委宣传部公布为广东省爱国主义教育基地。

广东东江纵队纪念馆（东莞）

广东东江纵队纪念馆（东莞）位于广东省东莞市大岭山镇大岭村大王岭村民小组。

广东东江纵队纪念馆（东莞）是由中共东莞市委、市政府、大岭山镇政府兴建，于 2005 年 9 月 3 日建成开放。馆区背靠大岭山脉，紧邻东江纵队革命遗迹、全国重点文物保护单位大岭山抗日根据地旧址，占地面积 53319 平方米，馆舍建筑面积 3989 平方米。内设基本陈列展厅、临时展厅、报告厅、贵宾室等，楼顶设观景台，可尽览大王岭抗日村落、百花洞战场遗址和大岭山镇新貌。基本陈列“东江铁流、南粤旌旗”分为7个展厅共9个部分，展出东纵革命文物250余件，历史照片450多幅，雕塑、油画、版画等艺术作品20余件，并采用大型幻影成像、模拟场景、电子沙盘、触摸屏互动设备等现代化先进陈列手段，客观、全面展示东江纵队开展敌后抗日游击斗争，为民族解放事业作出重要贡献的光辉史实。该馆还利用露天场地开设国防教育展区，陈列展示解放军现已退役的各式高射炮、导弹、雷达车等重型武器装备。

◆广东东江纵队纪念馆(东莞)

◆广东东江纵队纪念馆(东莞)展厅内大型雕像

广东东江纵队纪念馆(东莞)于2010年10月被广东省精神文明建设委员会、广东省委宣传部公布为广东省爱国主义教育基地。

中山纪念堂

中山纪念堂位于广东省广州市越秀区东风中路259号。

中山纪念堂原址为清代抚标箭道，后为督练公所，辛亥革命后为督军署，1921年5月孙中山就任非常大总统后，在此设立总统府办公。1922年6月，因军阀陈炯明叛变，炮击总统府，被夷为平地。1925年3月12日孙中山在北京病逝。1926年1月中国国民党第二次全国代表大会决议在此兴建纪念堂，以纪念孙中山。纪念堂于1929年1月动工，1931年10月竣工并命名为中山纪念堂。

抗战初期，纪念堂堂顶一角曾被日机炸毁。1945年抗战胜利后，广州地区为第二

◆中山纪念堂

受降区。9月16日，侵粤日军投降仪式在此举行。日本南支派遣军和第二十三军司令官田中久一向中国政府代表第二方面军司令官张发奎签署投降书。

中山纪念堂坐北向南，整体建筑包括门楼、纪念堂及东西耳楼等，占地6.2万平方米，建筑面积共达1.2万平方米。纪念堂是一座八角形仿古宫殿式钢架和钢筋混凝土结构建筑。屋顶是前后左右四个重檐歇山顶，红柱黄墙衬着蓝色琉璃瓦，四面入口设柱式围廊，廊柱为红色水磨石米柱和红色隔扇。正门檐下悬孙中山手书“天下为公”横匾。堂内周围装饰着民族风格的彩绘图案。堂顶为玻璃镶嵌的圆形大吊顶。大堂内空间广阔，跨度30米的建筑空间内不设一柱，而由隐蔽在墙壁的8根柱子支撑着巨大的钢桁架，承托起八角琉璃瓦顶，堪称建筑艺术的杰作。舞台后墙中间镶有孙中山的浮雕头像和《总理遗嘱》刻石。纪念堂前立青铜孙中山全身像，西有孙中山史迹陈列馆。纪念堂周围有5万多平方米的广场，一对花岗岩石雕成的云鹤华表立于两侧。

中华人民共和国成立后，政府曾7次对中山纪念堂堂体进行修缮，并对周围环境进行维护。1956年，重铸高5米的孙中山先生铜像。1963年对纪念堂进行了大规模翻修，屋顶全部采用蓝色琉璃瓦。在四周增建了铁栅栏，在园内栽种了很多树木、花卉。现在，纪念堂已成为广州市重要集会和文艺演出场所。

中山纪念堂于1962年被广东省人民委员会公布为广东省文物保护单位，2001年6月被国务院公布为全国重点文物保护单位；2000年4月被广东省精神文明建设委员会、广东省委宣传部公布为广东省爱国主义教育基地。

叶剑英纪念园

叶剑英纪念园位于广东省梅州市梅县雁洋镇虎形村。

叶剑英（1897—1986），广东梅县人。1917 年就学于云南陆军讲武堂，毕业后追随孙中山革命，参与创建黄埔军校并任该校教授部副主任，参加了两次东征及北伐战争，曾任国民革命军新编第二师代师长、第四军参谋长。1927 年加入中国共产党，同年底参加领导广州起义。1928 年至 1930 年赴莫斯科学习。1930 年回国后曾任中共中央军委委员，1931 年至 1934 年 12 月任中共中央军事部参谋长。1931 年初起任苏维埃区域革命军事委员会委员，中华苏维埃中央革命军事委员会委员，参谋部部长，中国工农红军学校校长兼政治委员，红一方面军参谋长，闽赣军区和福建军区司令员。1934 年 2 月当选为中华苏维埃共和国第二届中央执委会委员。参加了长征，任军委第一纵队司令员兼政治委员。1935 年红一、四方面军会合后任红军前敌总指挥部参谋长，到达陕北后，任中华苏维埃西北革命军事委员会参谋长兼红一方面军参谋长，西北革命军事委员会委员。1935 年 12 月起任中华苏维埃人民共和国中央革命军事委员会委员、中央革命军事委员会副总参谋长。西安事变发生后，协助周恩来赴西安工作。抗日战争爆发后，任中共中央军委委员，八路军参谋长，中共中央长江局委员，中共中央南方局常委。1941 年返回延安，任中共中央军委参谋长。解放战争时期，任中共中央军委委员。曾参加中共代表团同国民党政府进行停战谈判。1946 年起任军事调处执行部中共代表。1947 年春起任中国人民解放军总部参谋长、中共中央后方委员会书记。1948 年 5 月起任中共中央华北局委员，并兼任华北军政大学校长兼政治委员。1949 年任北平军事管制委员会主任、北平市人民政府市长。中华人民共和国成立后，任中央人民政府委员会委员、中央人民政府人民革命军事委员会委员、中共中央华北局委员、中共中央华南分局第一书记、华南军区司令员，广东省人民政府主席、广东省政协主席、广州市市长、广东军区司令员兼政治委员。1952 年起任中南军区副司令员、中南军区代司令员、中南行政委员会副主席、代主席、中共中央中南局代书记。1954 年 6 月至 9 月任中央人民政府人民革命军事委员会副主席。1954 年 10 月至 1958 年 11 月任解放军武装力量

◆叶剑英故居

监察部部长。曾任解放军训练总监部代部长。1954 年 9 月起长期任中共中央军委委员。1954 年 9 月、1959 年 4 月、1965 年 1 月相继当选为第一届、第二届、第三届全国人大常委会委员。曾任国家华侨事务委员会委员（至 1956 年 10 月）。1957 年 11 月至 1958 年 1 月任军事科学院院长，1958 年 1 月至 1972 年 10 月任军事科学院院长兼政治委员，临时党委书记，党委书记、第一书记。1958 年 11 月至 1962 年 9 月兼任解放军高等军事学院院长，临时党委书记、党委第一书记。1959 年 9 月起长期担任中共中央军委常委。1965 年 1 月当选为政协第四届全国委员会副主席。1966 年 1 月起长期任中共中央军委副主席。1966 年 5 月起任中共中央书记处书记，兼任中共中央军委秘书长。“文化大革命”中受冲击。1966 年 8 月至 1985 年 9 月任中共中央政治局委员，1973 年 8 月至 1985 年 9 月任中共中央政治局常委，1973 年 8 月至 1982 年 9 月任中共中央副主席。其间：1971 年 10 月至 1976 年初主持中共中央军委办公会议、中共中央军委常委会，负责处理军委日常工作；1975 年 1 月至 1978 年 3 月任国防部部长；1977 年 3 月起重新主持中共中央军委日常工作，并兼任毛主席著作编辑出版委员会副主任；1978 年 3 月当选为第五届全国人大常委会委员长，同年 5 月起任第五届全国人大常委会党组书记；1983 年 6 月起任中华人民共和国中央军事委员会副主席。1985 年 9 月辞去所担任的党的领导职务。1955 年 9 月被授予中华人民共和国元帅军衔。1986 年 10 月 22 日在北京逝世。

叶剑英纪念园是在整合原叶剑英故居和纪念馆的基础上扩建而成的，2007 年 5 月 13 日正式开放。纪念园由叶剑英故居、叶家宗祠、叶剑英元帅纪念馆等组成。叶剑英故居建于清代，是泥砖砌筑的农舍，属粤东地区客家围屋。坐东朝西偏南。整座围屋共有 15 间房屋，进故居左侧后角边两间是叶剑英少年时的卧房。

叶剑英元帅纪念馆位于故居左侧，1987 年 7 月动工兴建，1989 年 10 月 22 日竣工，馆名由原国家主席杨尚昆题写。纪念馆原建筑面积 1560 平方米，1994 年又增加 1800 平方米，高二层，现代园林式建筑，庄重典雅，纪念馆二楼设有五个陈列室，面积 500 平方米，分别陈列有文物、照片、题词、文献手稿、办公用具、文房四宝等。《叶剑英生平事迹陈列》以 5 个阶段、20 个专题展示了叶剑英同志光辉伟大的一生。纪念馆正门口左侧的台基上耸立着叶剑英元帅坐姿铜像，铜像高 2 米，由雕塑家刘焕章雕刻。像座上镌刻着中共中央撰写的碑文，供人们瞻仰。

◆叶剑英纪念馆

叶剑英故居于 1987 年被广东省人民政府公布为广东省文物

保护单位；2001 年 6 月被国务院公布为全国重点文物保护单位；叶剑英元帅纪念馆于 2001 年 6 月被中央宣传部公布为全国爱国主义教育示范基地。

叶挺将军纪念园

叶挺将军纪念园位于广东省惠州市惠阳区秋长街道周田村。

叶挺（1896—1946），广东惠阳人。先后毕业于广东陆军小学堂、武昌陆军第二预备学校和保定陆军军官学校。1919 年初在粤军中任支队副官，同年加入中国国民党，1921 年任孙中山陆海军大元帅府警卫团第 2 营营长。1924 年赴苏联，入莫斯科东方劳动者共产主义大学和红军学校中国班学习，同年先后加入中国共产主义青年团和中国共产党。1925 年回国后担任国民革命军第四军 12 师 36 团团长，独立团团长。1926 年 5 月，作为北伐先遣部队率部进入湖南，1927 年参加汀泗桥和贺胜桥等战役，获“北伐名将”美誉。北伐军占领武汉后，升任第十一军第 24 师师长。7 月参加南昌起义，任前敌总指挥兼第十一军军长。12 月参加领导广州起义，任起义军工农红军总司令。起义失败后，因受共产国际批判，与党组织脱离关系，流亡欧洲，后隐居澳门。抗战全面爆发后，出任新四军军长。1941 年 1 月，国民党顽固派制造“皖南事变”，在与国民党军交涉时被扣押。1946 年 3 月 4 日，经中共中央多方交涉而获得自由。4 月 8 日，在从重庆飞延安途中，因飞机失事而罹难。

◆叶挺故居

叶挺将军纪念园是将原叶挺纪念馆重新迁建和叶挺故居整合而成的。纪念园占地 300 亩，包括叶挺故居、腾云学堂等历史建筑和叶挺纪念馆新馆、铜像广场等。2011 年 9 月 10 日，纪念园正式开园。

叶挺故居为叶挺祖屋，是叶挺祖父所建。建筑面积 208 平方米，两进四合对称式砖

◆叶挺纪念馆

木结构。面宽 15 米，进深 16 米，高 5 米。有 4 房 2 厅 1 厨房和 1 天井。1979 年夏，广东省人民政府、原惠阳县人民政府联合对故居进行第一次修葺，恢复了其建筑原貌，并于同年 7 月 1 日对外开放。2003 年，惠阳区人民政府再次对故居进行大规模修缮。故居现占地 12400 平方米，陈列展品 150 多件，围墙门“叶挺将军故居”为江泽民题书。围墙内的绿化区中央矗立着叶挺将军铜像。

叶挺纪念馆新馆建筑面积 2758 平方米，陈列展示面积 2500 平方米，展示各种文物和历史照片，展现了叶挺将军曲折坎坷但伟大悲壮的一生。

叶挺将军纪念园内的叶挺故居于 2006 年 5 月被国务院公布为全国重点文物保护单位；叶挺纪念馆于 2000 年 4 月被广东省精神文明建设委员会、广东省委宣传部公布为广东省爱国主义教育基地；2001 年 6 月被中央宣传部公布为全国爱国主义教育示范基地。

八一起义军三河坝战役纪念园

八一起义军三河坝战役纪念园位于广东省梅州市大埔县西部三河镇汇东村笔枝尾山顶。

1927 年 8 月 1 日，由中国共产党领导的南昌起义军胜利占领南昌城后，南下经闽西上杭、长汀、永定，进入广东大埔。9 月下旬，朱德副军长率第 11 军 25 师、第 9 军教育团 3000 余人为掩护主力部队南下潮汕，扼守三河坝。10 月 1 日至 3 日，与国民党军钱大钧等部激战三昼夜，歼敌一部。在给敌军沉重打击后，撤往饶平。起义军第 75 团 3 营营长蔡晴川及全营官兵，为掩护主力转移，全部战斗牺牲在笔枝尾山阵地。

◆八一起义军三河坝战役烈士纪念碑

为纪念在这次战役中牺牲的烈士，1963 年广东省人民政府在当年作战的前沿阵地——笔枝尾山顶竖立一座烈士纪念碑。尔后，省政府及有关部门多次拨款扩建，建筑项目逐渐增多，现有纪念馆、纪念碑、纪念亭、休息亭、前后大门等。纪念碑呈四方形，高 15 米，宽 4 米，用 35 种 356 块不同规格的密纹花岗岩石

◆八一起义军三河坝战役纪念园牌坊

◆八一起义军三河坝战役纪念馆

砌成。碑正面镌刻着朱德的亲笔题字“八一起义军三河坝战役烈士纪念碑”。碑座上刻着第25师师长周士第撰写的碑文。碑座立在上平台中央，上平台长18.4米，宽12.4米，下平台长35米，宽25米，平台底全部用花岗岩石条铺成，平台外沿周围竖着石栏杆。整座建筑整齐宏伟壮观，碑左侧有纪念亭。碑前碑后松柏常青，成为风景优美的烈士陵园。

2005年烈士陵园进行扩建，新建了一座三河坝战役纪念馆。纪念馆占地3000平方米，为五开间单层狮子口典型客家堂式建筑，白墙黑瓦，显得十分肃穆庄重。纪念馆展厅内设举义南昌城、浴血三河坝、会师井冈山三个展厅，展出了108幅珍贵的历史图片和100多件历史文物。正门大厅设占地18平方米的三河坝战役沙盘。在三河坝战役纪念馆与“八一”南昌起义军三河坝战役烈士纪念碑之间设一尊朱德铜像，高3.98米。

◆朱德铜像

为更好地发挥革命传统教育和爱国主义教育基地的作用，中共大埔县委、县政府对三河坝战役纪念园的建设作出了总体规划并进行扩建。建成后的纪念园总占地18万平方米，由纪念碑、纪念馆、瞻仰平台、石雕门坊、朱德铜像、观景长廊、纪念浮雕、大型停车坪、会议室9个部分组成。

八一起义军三河坝战役烈士纪念碑于1979年8月被广东省革命委员会公布为广东省文物保护单位；八一起义军三河坝战役烈士纪念馆于2007年7月被广东省精神文明建设委员会、广东省委宣传部公布为广东省爱国主义教育基地；2001年5月被民政部公布为全国重点烈士纪念建筑物保护单位。

铁军公园

铁军公园位于广东省佛山市禅城区汾江西路与江湾立交桥东北面。

◆陈铁军烈士雕像

陈铁军（1904—1928），女，原名陈燮君，出生于广东佛山。少时受五四运动影响，先后就读于佛山季华两等女子小学、广州坤维女子中学、广东大学，投身革命运动。1926 年夏加入中国共产党。历任中山大学中共支部委员、广东妇女解放协会执行委员会委员兼秘书长、省港罢工劳动妇女学校教务主任等职。曾主持妇女运动人员训练班。1927 年秋，随同周文雍积极筹备广州起义，负责在广州、佛山筹款及发动群众。后参加广州起义，负责交通联络工作。起义失败后与周文雍转移到香港。1928 年初与周文雍返广州，假扮夫妻，重建广州市委地下机关，是年 2 月 2 日因叛徒告密双双被捕，于 2 月 6 日一同在广州红花岗英勇就义。

铁军公园建于 1991 年，总面积约 13000 平方米，公园正门是一个近 1000 平方米的广场，广场中央矗立着陈铁军烈士的全身石雕塑像。

铁军公园于 1999 年 7 月被广东省精神文明建设委员会、广东省委宣传部公布为广东省爱国主义教育基地。

广州近代史博物馆

广州近代史博物馆位于广东省广州市越秀区中山二路广州起义烈士陵园内。

1924 年 1 月，孙中山在广州召开了中国国民党第一次代表大会，大会结束后，孙中山又主持召开国民党第一届中央执行委员会会议，推选了廖仲恺、谭平山、戴季陶等为中央常务委员，组成了国民党中央执行委员会常务委员会（中央党部），下设宣传、组织、工人、农民、青年、妇女、军事、海外 8 个部和秘书处。廖仲恺任工人部长，何香凝任妇女部长，跨党的共产党人谭平山、林祖涵分任组织部长和农民部长、毛泽东任宣传部代理部长。各部负责日常实际工作的秘书，不少是参加了国民党的共产党人担任。

◆广州近代史博物馆

该馆原为广东咨议局旧址，建于清宣统元年（1909 年），是清政府形式上学习西方议会民主政治的场所。1925 年 10 月至 1927 年 1 月的中国国民党中央党部曾设于此处。1925 年 9 月底，中国国民党中央党部迁往大东路 30 号旧广东省议会，旧址改由刚成立的中华全国总工会使用。中国国民党中央党部迁往大东路新址后，国民党中央代理宣传部部长毛泽东在这里主办了《政治周报》。1926 年召开的国民党第二次全国代表大会、第三次全国劳动大会和国民党中央执行委员会暨各省区代表联席会议等，均在这里举行。由共产党人李富春领导的国民党政治讲习班和何香凝领导的妇女运动讲习所先后在这里开办。1927 年 1 月，国民党中央北迁武汉后，这里为国民党广东省党部所在地。

◆广东革命历史展览

中华人民共和国成立后，1957 年，广州市人民委员会决定在此筹建广东革命历史博物馆。1959 年 10 月，广东革命历史博物馆正式成立，在旧址大厅内设置《广东人民革命史》的基本陈列，并向公众开放。1996 年 7 月，广州市编制委员会决定在广东革命历史博物馆的基础上，在此成立广州近代史博物馆，两个馆牌，同一馆舍。1999 年 10 月，设在旧址大厅内的《近代广州》陈列制作完成，广州近代史馆正式对外开放。

基本陈列《近代广州》着重反映1840年至1949年广州的政治、经济、文化、教育、民俗等各方面的历史，采用现代科技手段，运用声、光、电、多媒体等技术，重点制作了1921年孙中山就任非常大总统礼场、广州起义、日机轰炸广州等历史场景。

广东咨议局旧址于2006年5月被国务院公布为全国重点文物保护单位；广州近代史博物馆于2000年4月被广东省精神文明建设委员会、广东省委宣传部公布为广东省爱国主义教育基地。

广西壮族自治区重要革命遗址

八路军桂林办事处旧址

八路军桂林办事处旧址位于广西壮族自治区桂林市中山北路14号。

八路军桂林办事处旧址原为桂林市民黄旷达先生的“万祥糟坊”。1938年9月，准备撤退的武汉八路军办事处，派人来桂择址租房。11月，党中央派李克农从武汉来到桂林，在此建立八路军办事处。12月3日，周恩来、叶剑英抵桂，中共中央南方局暂时设此。1939年1月，南方局迁重庆新址，此为其办事处。

◆八路军桂林办事处旧址

李克农身兼八路军、南方局在桂两个办事处处长。两办事处共一套人员，设有机要科、秘书科、交通运输科、救亡室、电台室等机构，并在北郊的路莫村、八里街、金家村、泗合别墅等地设有转运站或秘密联络点。

八路军桂林办事处设立期间，周恩来曾三次亲临办事处传达中共中央指示，听取工作汇报，布置任务。办事处在对桂系统战工作、筹运抗日物资、迎送中共重要过往人员、领导桂林抗战文化运动等方面开展了大量卓有成效的工作。1941年皖南事变后，该办事处奉命撤销。1944年11月，桂林沦陷，“万祥糟坊”毁于战火，1967年依原样重建。办事处占地面积约1300多平方米，建筑面积800余平方米，为三进两层木楼，大小房屋14间，小青瓦屋顶，坐东朝西，周筑高墙，一层左为值班室、警卫室、办公室；右为房东沽酒柜台。二层为秘书室、会议室、机要室、电台、李克农住室，还有周恩来、董必武等中央领导人来桂指导工作时的临时住房。楼后左边，倚围墙建半边披厦，为文化救亡室，其内全为竹制家具。

八路军桂林办事处纪念馆是依托八路军桂林办事处旧址而建立的纪念性博物馆，于1977年1月建成并对外开放。叶剑英题写了馆名。纪念馆占地面积大约1300多平方米，馆藏珍贵文物1000多件。馆内陈列的《永远的丰碑》展览，分八个部分展出。整个展览以丰富、翔实的文物、图片与资料全面生动地再现了八路军桂林办事处从建立、发展到结束的光辉历程。馆内还存有周恩来曾用过的派克钢笔等大量珍贵文物。

八路军桂林办事处旧址于1963年2月被广西壮族自治区人民政府公布为广西壮族自治区重点文物保护单位，1996年11月被国务院公布为全国重点文物保护单位，1995年12月被广西壮族自治区党委、自治区人民政府公布为广西壮族自治区爱国主义教育基地，2001年6月被中央宣传部公布为全国爱国主义教育示范基地。

中共桂林市城工委旧址

中共桂林市城工委旧址位于广西壮族自治区桂林市七星区穿山乡江东上村169号。

◆中共桂林市城工委旧址

1947年10月至1949年10月，中共桂林市临时工作委员会和中共桂林城市工作委员会领导机关设于此地。陈光任城工委书记，黄绍亮任副书记，委员郭其中。1949年10月陈光被捕后，黄绍亮任代理书记，中共桂林市城工委机关仍留在桂林坚持开展革命斗争。

解放战争时期，中共桂林城市工作委员会在中共广西省工委的直接领导下，带领桂林人民同国民党反动派进行了艰苦的斗争，积极开展护城迎军工作，为桂林的解放作出了重要的贡献。在中共桂林市城工委的领导和影响下，学生运动风起云涌，极大地动摇了国民党反动派及桂系军阀在桂林的统治基础。特别是1949年1月，中共广西省城市工作委员会在此召开了桂林、柳州、南宁及广西大学、南宁师范学院党组织领导干部会议，总结广西城市工作的成绩，确定了1949年上半年的工作任务。这次会议标志着中共广西城市工作进入到了一个新的阶段。

同时，中共桂林城市工作委员会还在此举办干部培训班。1948年4月，受中共桂柳区工委的委托，中共桂林城工委在这里举办了二期干部培训班。1949年2月，城工委在此举办了党员干部学习班，培养了大批党员干部骨干。城工委在此还设立印刷所，经常印刷革命文件和宣传传单，供学习和散发之用。

中共桂林市城工委旧址由主楼和附楼两部分组成，面积145平方米，全部由木质材料建成，具有浓郁的桂北地方建筑特色。主楼设堂屋、后堂屋和左右厢房。堂屋是地下党的同志对外交往的场所。后堂房是为掩护秘密工作和为解决经费困难而饲养兔子的地方。左厢房是负责做掩护工作的高天梅的卧室。右厢房大的一间是会议室和用作培训干部的场所，小的一间是秘密印刷厂。

旧址陈列着陈光烈士使用过的物品。陈光，广东梅县人，1949年10月被捕后受到夹十指、钢鞭抽打等酷刑，但他始终没有吐露党的秘密。1949年11月，桂林的解放指日可待，垂死挣扎的敌人加紧了对革命志士的屠杀，敌人残忍地将陈光杀害。陈光被捕后，高天梅镇定自若，将中共桂林市城工委领导机关安全转移。

中共桂林城市工作委员会旧址于1963年2月被广西壮族自治区人民政府公布为广西壮族自治区重点文物保护单位；1995年12月被广西壮族自治区党委、自治区人民政府公布为广西壮族自治区爱国主义教育基地。

中共广西特委扩大会议旧址

中共广西特委扩大会议旧址位于广西壮族自治区贵港市港北区古榕路48号。

中共广西特委扩大会议旧址为砖木结构三进一开二层铺房，坐东朝西，原房主为张国才，系中共地下党员，贵县县委委员。第一、第二次国内革命战争时期，这里是广西地下党在贵县城区设立的秘密联络点。1928年6月1日至4日，中共广西特委在此秘密召开扩大会议，中共中央代表恽代英到会作指导，出席会议的有特委委员和梧州、南宁、桂林、玉林等地代表10多人。会议由特委书记邓拔奇主持。会议通过了《政治任务决议案》、《党务问题决议案》、《军事问题决议案》三个文件。会议决议接受广东省委关于

◆中共广西特委旧址陈列馆

组织夏收暴动的决定，作出了以夏收暴动为目标的特委工作计划。在党的建设方面，决议案规定要整顿、健全和恢复原来的党组织，大力发展新的组织，并要求在两个月内全省至少要发展党员2000人。会议改组了特委，选出了15名委员。这次特委扩大会议比较系统地总结了广西党组织自大革命失败以来的斗争经验教训，对加强党的领导力量，健全各地组织，推动全省革命斗争的发展起了重要作用。但会议关于夏收暴动的决定和发展党组织的计划，都存在急躁盲动的倾向。

中共广西特委扩大会议旧址建设面积200平方米，按当年会议的场景陈列开会的桌椅、床铺、煤油灯、钟表、茶壶、笔记本，革命布告、图片等物品，其中照片150多幅，文物80件，资料50多份。

中共广西特委扩大会议旧址于1963年2月被广西壮族自治区人民政府公布为广西壮族自治区文物保护单位；2006年12月被广西壮族自治区党委、自治区人民政府公布为自治区爱国主义教育基地。

中国工农红军第七军军部旧址

中国工农红军第七军军部旧址位于广西壮族自治区百色市右江区解放街39号（原粤东会馆内）。

◆中国工农红军第七军军部旧址(粤东会馆)

1929年12月11日，邓小平、张云逸成功领导举行了百色起义，把红七军司令部和中共红七军前委设在粤东会馆。邓小平、张云逸曾在此办公、住宿，司令部所属的参谋处、经理处、副官处、军医处等也在这里办公。邓小平、张云逸的办公室和住室摆设十分俭朴，每人一张办公桌和一张床铺，床铺由松木板和长条凳搭建而成。1961 年由张云逸大将提议，将“粤东会馆”确立为“中国工农红军第七军军部旧址”。

该旧址始建于 1720 年，由广东商人梁煜倡议同乡人共同集资兴建，成为广东商人赴百色经商的主要落脚点。粤东会馆是一座砖木结构的古建筑，具有南方古建筑的艺术传统和风格。整个建筑占地面积 2331 平方米，建筑面积 2661 平方米，会馆坐西向东，以前、中、后三大殿宇为主轴，两侧配以相对称的四进厢房和庑廊，构成“日”字形封闭式独立建筑群。殿宇庑廊，布局严谨，庭院甬道，铺设红色阶砖和长方形条石，殿堂廊下，全为实木大圆柱或花岗岩方形石柱支撑。中间主体建筑三大殿宇的内山墙上现今还完整保存着十分精美的水墨壁画，整个建筑融古建、书法、雕塑、绘画艺术于一体。

中国工农红军第七军军部旧址于 1963 年 2 月被广西壮族自治区人民政府公布为广西壮族自治区重点文物保护单位，1988 年 1 月被国务院公布为全国重点文物保护单位，1995 年 12 月被广西壮族自治区党委、自治区人民政府公布为广西壮族自治区爱国主义教育基地，1997 年 6 月被中央宣传部公布为全国爱国主义教育示范基地。

右江工农民主政府旧址

右江工农民主政府旧址位于广西壮族自治区百色市田东县城平马镇南华街。

1929 年 10 月初，雷经天受中共广西特委委派，由南宁到田东在经正学堂成立中共右江工委，建立农民协会，组建农民自卫军，恢复和发展工会组织。10 月 20 日，邓小平、张云逸率领广西警备第四大队、教导总队从南宁到达田东，

◆右江工农民主政府旧址（经正学堂）

当天在经正学堂召开了部队领导和中共右江工委负责人会议，对部队的驻防部署和武器的存放作了安排。28日，邓小平、张云逸领导和指挥了恩隆暴动，消灭了反动的第三大队和地主武装，打响了百色起义第一枪。

暴动取得胜利后，邓小平等前往百色筹备百色起义，雷经天等留在恩隆县筹备建立工农民主政府。1929年12月11日也就是百色起义的当天，右江工农兵第一次代表大会在平马镇经正学堂的会议大厅召开。大会一致通过《关于成立右江苏维埃政府的决议》，并通过《施政纲领》，大会决定建立右江工农民主政府，选举雷经天、韦拔群、陈洪涛等13人为右江工农民主政府委员，雷经天当选主席。当时右江苏维埃政府的办公地点就设在这所学堂里。右江工农民主政府宣告成立后，中共右江特委在平马镇北广场召开庆祝大会，庆祝右江工农民主政府的成立和中国工农红军第七军的诞生。与会工农兵群众达两万多人。会上，张云逸庄严宣布：中国红军第七军和右江苏维埃政府胜利诞生！中央任命邓小平为红七军政委，张云逸为红七军军长；雷经天当选为右江苏维埃政府主席。新生的右江工农民主政府，辖11个县，共100多万人口，成为当时全国瞩目的革命根据地之一，经正学堂遂成为领导右江11个县的指挥中心。

1930年9月30日，中共中央南方局代表到达平马向红七军前委传达中央政治局的决议和中央对红七军的指示，要求红七军离开右江革命根据地，打到柳州、桂林、广州去。10月1日至3日，红七军前委在右江工农民主政府大厅召开前委扩大会议，这是决定红七军前途和命运的一次极其重要的会议。红七军主力北上江西后，右江工农民主政府也迁到东兰县西山。经正学堂的师生又搬回原来的校舍，恢复了正常的教学活动。

该旧址原为恩隆县（今田东县）平马镇经正书院，始建于清光绪三年（1877年），坐北朝南，占地7336.25平方米。属砖木四合院结构。辛亥革命后该书院改为经正学堂。

旧址内布置有关革命历史的展览分两部分：一为右江工农民主政府部分陈列面积6843平方米，包括右江苏维埃政府和中共右江特委的会议厅、政府主席雷经天、肃反委员陈洪涛的住处和赤卫队的营房等；二为辅助陈列部分，陈列面积140平方米，按时间顺序分别以绘画、照片、文字、实物等形式介绍田东各个历史时期的革命斗争。

右江工农民主政府旧址于1963年2月被广西壮族自治区人民政府公布为广西壮族自治区重点文物保护单位，1996年11月被国务院公布为全国重点文物保护单位；1995年12月被广西壮族自治区党委、自治区人民政府公布为广西壮族自治区爱国主义教育基地，2005年11月被中央宣传部公布为全国爱国主义教育示范基地。

田东县印茶镇巴麻村红七军活动旧址

田东县印茶镇巴麻村红七军活动旧址位于广西壮族自治区百色市田东县印茶镇巴麻村下巴屯。

◆田东县印茶镇巴麻村红七军活动陈列室(黄绍谦故居)

早在1907年，巴麻村上巴屯黄绍勋不堪忍受封建恶霸的压迫，组织当地民众，进行抗清反满活动，攻打都阳县城并铲除知县土官，震惊两广。1926年下巴屯黄绍谦等人追求真理，宣传共产党主张，组织领导农民起义军，与反动派作顽强斗争，震惊了整个向都县。1930年3月邓小平亲临巴麻村指导革命运动。巴麻革命斗争风起云涌，势不可当。1930年冬，红七军主力北上，红21师成立，独立团分为两个营，黄绍谦任第2营营长。1931年年底，红62团与独立团合并，称62团，黄绍谦领导的队伍归62团指挥。1934年黄绍谦被中共党组织吸收入党。1935年年初，右江下游军事委员会成立，黄绍谦当选为委员，该委员会组成两个联队，黄绍谦任第2联队队长。1936年8月2日，黄绍谦在向都县巴麻屯召开2联队干部会议时，不幸被奸细杀害，时年33岁。

1942年桂西特派员覃桂荣来到巴麻，开办训练班，培育革命骨干。1947年8月黄聪坐镇巴麻指挥向都运动，并于1948年12月10日举行武装暴动，打响向都县解放战争第一枪。巴麻游击队与黄嘉、甘苦等率领左江三团突击队并肩作战，为向都县的解放作出贡献。据不完全统计，在革命战争年代，巴麻村有83人参加了农民赤卫军，红七军北上抗日后，又有140多人参加了游击队，坚持了20多年艰苦卓绝的游击斗争直至革命胜利。为此，共有20多名同志为人民解放事业献出宝贵生命。

为缅怀革命先烈，1964年在巴麻村巴圩屯与下巴屯交界处修建了巴麻革命烈士纪念碑。村委还把黄绍谦的故居，一座三开间泥砖瓦房设置为巴麻红七军活动陈列室。陈列室展出有实物展品，史料图片，较全面地反映邓小平在巴麻指导革命和巴麻人民斗争的辉煌战绩。

田东县印茶镇巴麻村红七军活动旧址于2010年12月被广西壮族自治区党委、自治区人民政府公布为广西壮族自治区爱国主义教育基地。

中共广西省工委旧址

中共广西省工委旧址位于广西壮族自治区昭平县黄姚镇北金德街8号。

1944年，日本帝国主义为了打通由中国至越南的“大陆交通线”，发动了豫湘桂战

◆中共广西省工委旧址

役，中南大部分城市相继失陷，广西的桂林、柳州、南宁等城市被日军占领。1945 年夏，中共广西省工委从广西钟山县英家转移到黄姚，至 1947 年 7 月，中共广西省工委机关就设在这里。中共广西省工委转移到黄姚后，迅速开展工作，成为领导广西革命的指挥中心。

中共广西省工委坚决执行党中央的指示，广泛发展抗日民族统一战线，领导全省中共党组织开展隐蔽斗争，有力地推动了敌后抗日民主运动的发展。1945 年 7 月，日军开始撤出广西。此时，国民党顽固派以两个师的兵力从黔桂边境向桂北、桂东地区席卷而来，与地方反动武装配合，企图一举消灭共产党领导的人民抗日武装。中共广西省工委及时作出“化整为零，分散转移”的决定，先后把大批党员安排到黄姚中学，以教师、职工、学生或保姆的身份开展党的秘密活动。1947 年 5 月下旬，中共香港分局为创建几个大块的边区根据地，经中央批准，成立了中共粤桂边、粤桂湘边、粤赣边工委，同时撤销了中共广西省工委。9 月，钱兴调任中共粤桂湘边工委副书记兼粤桂湘边纵队副政委，兼管桂东党的工作。中共广西省工委在黄姚开展工作虽然只有两年时间，但省工委在极其困难的环境中，坚决执行中央的指示，率领全省党员进行了不屈不挠的斗争，培养锻炼了一大批干部，壮大了党的力量，开创了全省武装斗争的新局面。

◆钱兴烈士像

中共广西省工委旧址原是一座古建筑——宝珠观，始建成于明嘉靖三年（1524 年），清乾隆九年（1744 年）和光绪二十年（1894 年）两度重修。宝珠观占地面积 3666 平方米，是以青砖黛瓦，内外饰纹，飞檐斗拱建筑，正门顶部立珠观形状。正屋大厅宽敞，前有天井、门楼造型，石板铺地；门前有一对石狮镇守，照壁月门拱衬，壮丽雄伟。再前是清波泻玉的姚江，在此建有石跳桥，供行人往来之便。周围三面临水，旁有古榕数株，蔽天掩日。宝珠山下有一拱桥，桥头建有佐龙祠一座。左侧是目前广西保存较好的古戏台之一的黄姚古戏台。

1984 年，为缅怀先烈，广西壮族自治区党委、中共梧州地委，按照原来的建筑样式修复广西省工委旧址。1986 年 7 月，宝珠观作为中共广西省工委旧址纪念馆对外开放。距馆门 35 米的广场北端为钱兴烈士塑像。旧址东门楼上，当年是中共广西省工委书记钱兴的卧室，陈列着钱兴烈士的塑像。馆内陈列室介绍省工委革命活动情况和陈列省工委书记钱兴烈士部分文件和工作用品。

中共广西省工委旧址于 1994 年 7 月被广西壮族自治区人民政府公布为广西壮族自治区文物保护单位，1995 年 12 月被广西壮族自治区党委、自治区人民政府公布为广西壮族自治区爱国主义教育基地。

中共红七军前委旧址

中共红七军前委旧址位于广西壮族自治区河池市东兰县武篆镇中和墟北端的魁星楼。

1922 年，韦拔群在东兰领导农民运动，以魁星楼作为农民自卫军指挥部。1923 年夏秋，韦拔群组织领导东兰农民武装攻打东兰县城时，指挥部就设在这里。1925 年 9 月东兰县第一届农民协会成立，魁星楼成为农民协会办公地。1926 年至 1927 年东兰县革命委员会设在魁星楼。1930 年春夏，中共红七军前委设在魁星楼内，邓小平、张云逸、韦拔群等曾在楼上开会、办公和住宿。期间，邓小平在楼内亲自编写了《苏维埃的组织和任务》、《土地革命的政策和口号》、《党的问题》等文献，作为当地党员领导干部训练班的教材，并与韦拔群等指导东兰、凤山的土地革命，试办东里共耕社，视察勉俄兵工厂和红军野战医院等。邓小平还与韦拔群、雷经天、陈洪涛等在楼内共同研究制定《土地法暂行条例》、《共耕条例》等重要文件，领导右江各族人民开展土地革命运动，并在魁星楼召开红七军前

◆中共红七军前委旧址(魁星楼)

委会议，作出收复百色和巩固右江根据地等重要决定，魁星楼成为邓小平领导右江革命根据地的指挥中心。

该旧址（魁星楼）建于清光绪三十三年（1907 年），最初是人们用作祭祀文魁星的地方，为塔式六角形阁楼，坐南朝北，木石砖瓦结构，底宽 7 米，楼高 16.8 米，塔楼上下四层，红砖楼底，朱檐绿瓦，丹桂红墙。楼外设三重飞檐，第一、第二层飞檐的每个楼角上都饰一条翘尾腾空的飞鱼。在飞檐的下方刻几道奇花、异草，还有飞禽、走兽和一些壁画。楼身外壁孔雀开屏，寒梅报春；有鸳鸯戏水，龙凤流云；还有各种花草和山水画。第三楼的正面刻着一对龙，两侧有独龙、行龙、飞龙，在龙的身旁均衬以蓝天白云。在楼的顶部安置有一个葫芦形的石雕，六角脊上雕刻有六条栩栩如生、张口欲飞的蛟龙。塔楼的门前有一对雄狮，神态非常威武。门楣有“魁星楼”匾，整个塔楼巍峨雄伟，古朴庄严。

◆邓小平与韦拔群魁星楼相见握手铜像

中共红七军前委旧址于 1963 年 2 月被广西壮族自治区人民政府公布为广西壮族自治区重点文物保护单位；1995 年 12 月被广西壮族自治区党委、自治区人民政府公布为广西壮族自治区爱国主义教育基地。

广西农民运动讲习所旧址

广西农民运动讲习所旧址位于广西壮族自治区河池市东兰县武篆镇巴学村的拉甲山上。

该旧址原是一个天然溶洞，内宽 64 米，高 42 米，长 130 米，洞内宽敞明亮，干燥平坦，可容纳数千人。岩洞深处清泉流涌，水声潺潺，有一条 300 多米的隧道直通山后。

列宁岩，原名北帝岩，因岩洞内设有北帝庙而得名。1930 年 2 月，红七军军长张云逸来到武篆，提议改名为“列宁岩”。

1921 年 3 月，韦拔群在洞内组织革命同盟会，发表《敬告同胞书》。1925 年 9 月，韦拔群、陈伯民等在这里创办了广西东兰县第一届农民运动讲习所，先后培训右江各县农民运动骨干276人。

列宁岩中央为课堂，课堂前方是讲坛，课堂两边为学员宿舍，讲坛后面是农讲所食堂。列宁岩内还设有学员阅览室、俱乐部、宣传栏。农讲所课桌、凳、床铺、宿舍隔壁全为竹材。讲坛及洞门口均贴有韦拔群亲自撰写的对联。讲坛中央贴有“快乐事业，莫如革命”对联，横批为“团结、互助、奋斗、牺牲”；讲坛左右贴有“土豪劣绅把人民当盘中餐，劳苦大众将豪绅作枪口靶”；讲坛墙壁上方挂着马克思、列宁和孙中山画像；岩洞门口还贴有“要革命的站拢来，不革命的走开去”旗帜鲜明的革命对联。

◆广西第一届农民运动讲习所旧址(列宁岩)

广西农民运动讲习所旧址于1963年2月被广西壮族自治区人民政府公布为广西壮族自治区重点文物保护单位，2006年5月被国务院公布为全国重点文物保护单位；1995年12月被广西壮族自治区党委、自治区人民政府公布为广西壮族自治区爱国主义教育基地。

红八军军部旧址

红八军军部旧址即中国工农红军第八军军部旧址，位于广西壮族自治区崇左市龙州县龙州镇新街19号。

1929年12月，邓小平等部署百色起义就绪后，到龙州领导龙州起义和部署建立红八军，就住在这里。1930年2月1日正式发动龙州起义，在这里制订作战计划，召开军政会议。建立中国工农红军第八军后，军部就设在此。当时左江地区的苏维埃临时革命政权机构——左江革命委员会也设在这里，以指挥广西左江地区的革命斗争和军事行动。楼前有邓小平亲手所植两棵柏树。如今，这两棵柏树被列为全国名树。

该旧址建于清末，原为民国时期冰威利洋行老板梁德祥私人花厅。洋楼为砖木结构建筑。坐东向西，占地100多平方米，四壁为雕木花窗。分上下三层。底层堆货，二、三层住人。该址曾为龙州“瑞丰祥钱庄”。1924年被国民党当局没收，1929年10月被中国共产党掌握的广西警备第五大队所接管。

◆红八军军部旧址

中国工农红军第八军军部旧址于1963年2月被广西壮族自治区人民政府公布为广西壮族自治区文物保护单位，1988年1月被国务院公布为全国重点文物保护单位，1995年12月被广西壮族自治区党委、自治区人民政府公布为广西壮族自治区爱国主义教育基地，2001年6月被中央宣传部公布为全国爱国主义教育示范基地，2011年6月被广西壮族自治区党委公布为广西中共党史教育基地。

钟山县英家起义地址

钟山县英家起义地址位于广西壮族自治区贺州市钟山县清塘镇英家街。

早在20世纪20年代末，英家的进步青年张赞周从上海求学回到英家后在中共早期党员廖祥勋的指导下与反动势力展开斗争。1935年10月建立了中共英家支部，1942年中共广西省工委机关转移到英家开展工作。1947年3月，中共中央发出《关于在蒋管区发动农民武装斗争的指示》，1947年6月5日，经中共广西省工委安排，英家特别支部在桂东特派员吴赞之领导下组织发动英家起义。目标一是国民党英家乡公所，二是英家地方粮仓——英家粤东会馆，实现开仓济贫，3000多担谷子一夜间成为百姓度荒口粮，英家粤东会馆因此成为英家起义重要场所。英家武装起义，震惊了国民党反动当局，他们对起义队伍疯狂反扑。7月6日，坚守英家的地下党员罗玉坚、何仕南、张武魏不幸被捕。罗玉坚在解押八步途中被敌人杀害，何仕南牺牲在国民党钟山监狱中，张武魏因未暴露身份，后在地方人士的营救下得以释放。7月15日，吴赞之等人分别转移到桂东各县和广东西江游击区。英家起义，揭开了解放战争时期广西各地武装起义的序幕。

◆钟山县英家起义地址（粤东会馆）

钟山县英家起义地址原为清乾隆四十二年（1777年）粤籍商人所建粤东会馆。会馆为两进院落四合院式布局，占地2122平方米，由门楼、下正殿及两侧附属建筑组成。

英家起义地址建有占地面积300多平方米的广西省工委旧址纪念亭、英家起义纪念亭和占地面积约4000平方米，建筑面积近1000平方米的英家起义纪念馆——英家粤东会馆。馆内设三个展厅，从不同角度，用丰富翔实的图片和文字，介绍英家党组织早期党建情况、在抗日战争时期和解放战争时期所做的贡献；中共广西省工委转移到英家开展抗日游击武装斗争情况及光辉业绩；英家起义经过及其意义。

钟山县英家起义地址于2000年7月被广西壮族自治区人民政府公布为广西壮族自治区重点文物保护单位；2006年12月被广西壮族自治区党委、自治区人民政府公布为广西壮族自治区爱国主义教育基地。

百谷红军村

百谷红军村位于广西壮族自治区百色市田东县城西郊。

百谷村有着光荣的革命传统。1926年，该村就有许多青年参加革命活动。1929年，该村组织了农民协会和农民自卫军，并成立百谷村党小组，勇敢抗击国民党反动派。邓小平、张云逸、雷经天等百色起义领导人曾到该村指导革命，韦拔群、余少杰、韦如山经常在村里宣传革命理论。当时，全村86户人家，除1户

◆百谷红军村

地主外，其余85户共131人参加赤卫队和红军，有69名赤卫军队员被编入红七军21师62团，9人参加红七军长征北上，有16位优秀儿女为中国革命事业献出了宝贵生命。原南京军区装甲兵司令员朱鹤云少将就出生在这里。

1999年，百色地委、行署命名百谷村为“百谷红军村”。2002年，百谷村建立了百谷红军村陈列室，室内陈列了革命先烈使用过的战斗武器和生活用品，并通过“开展农民运动”、“参加百色起义”、“坚持革命斗争”、“革命英雄豪杰”、“沐浴阳光雨露”、“建设和谐新村”等六部分34个版面8个展柜的展示，再现百谷村革命斗争和各项事业发展的历史面貌。陈列室已经成为群众学习党史，开展爱国主义教育的场所。

◆百谷红军村陈列室

百谷红军村于2006年12月被广西壮族自治区党委、自治区人民政府公布为广西壮族自治区爱国主义教育基地。

红军标语楼

红军标语楼位于广西壮族自治区河池市金城江区河池镇河池社区河池街28号。

1930年初，红七军经隆安、亭泗战斗后，主力向凤山、东兰革命根据地转移，然后向黔桂边游击。红七军总指挥李明瑞和军长张云逸率领第一、二纵队，经凌云、天峨、南丹等县进入河池，于1930年3月31日攻占河池县城。4月初，红七军约3000人从河池出发，经六圩、金城江、东江、怀远、思恩向贵州进发，攻占了贵州军阀的重镇榕江县。然后返回河池，回师右江。1930年10月下旬，红七军、红八军第三次进驻河池县城，并召开第一次党代会，整编北上。11月7日，中共红七、红八军第一次代表大会在河池凤仪小学召开。到会代表10人。会议内容：讨论执行党中央交给红七军的任务；检讨过去的工作；改选前委，任命李明瑞为总指挥，张云逸为军长，邓小平任政治委员，部队整编为三个师即19师、20师、21师。11月8日，红七军全体指战员集中三里亭举行整编大会，李明瑞、张云逸、邓小平、邓岗出席大会，举行了庄严的授旗仪式，四位领导在会上讲话并检阅了部队。11月10日，红七军率19师、20师近7000人从河池县出发北上，执行党中央交给的任务。韦拔群带着21师番号返回东凤，重新组建部队坚持右江革命根据地的斗争。

◆红军标语楼

红军在河池县活动期间，均在此宿营，邓小平、张云逸、韦拔群常在楼上办公住宿。红军战士在民房内墙上书写和绘制了大量革命标语、漫画，其内容有关于中国共产党的性质、纲领、革命对象，土地法大纲，国民党十大罪状等，后被石灰浆覆盖。20世纪60年代初，灰浆剥落，重新发现。至今保留下来的红军标语共55条，漫画6幅，书写面积达90多平方米，均为黑木炭和黑石粉书写。后人将其称为“红军标语楼”。

此楼原为民主人士吴自若先生的房子，是一座土墙、木楼板、瓦顶的民用楼房。1964年建成纪念场所。

红军标语楼于1978年12月被广西壮族自治区人民政府公布为广西壮族自治区重点文物保护单位，2006年5月被国务院公布为全国重点文物保护单位；1995年12月被广西壮族自治区党委、自治区人民政府公布为广西壮族自治区爱国主义教育基地。

友谊关

友谊关位于广西壮族自治区崇左市凭祥市友谊镇。

1949年11月7日，中国人民解放军集中二、四野战军的10个军、33个师、45万人的兵力，分3路发起了解放广西战役。12月11日下午6时30分，解放军第39军115师一部将红旗插上镇南关（友谊关），宣告广西全境解放。这是解放广西最具标志性的时刻——历史从此翻开新的一页。

◆友谊关

友谊关最初叫雍鸡关，后改名界首关、大南关，明朝设镇南关。在帝国主义的侵略炮火中曾两次被毁。1953 年 1 月，经政务院批准，改称睦南关。1957 年基本按原貌重建。1965 年 1 月，经国务院批准，改名为友谊关。整座关楼由底座和回廊式楼阁两部分组成，通高 22 米。底座建筑面积为 365. 7 平方米，长 23 米，底宽 15. 9 米，平均高度为 10 米。公路从隧道形单拱城门通过，拱门上方用汉白玉雕刻的“友谊关”三个刚劲有力的大字，是时任国务院副总理兼外交部长的陈毅元帅题写的关名。关楼底座上原来只建有一层木结构回廊，重建时改用钢混结构，并加了两层回廊，每层回廊平均为 80 平方米。回廊的四周是拱形大窗，窗棂装饰了各式图案，外墙为墨绿色石米贴面，显得庄严、古朴。回廊第一层以图片形式陈列着镇南关大捷、镇南关起义和红旗插上镇南关的历史。第二层是中越高级领导人会晤室。20 世纪五六十年代，周恩来总理曾两次在这里亲切会晤越南人民的领袖胡志明主席。第三层是中国九大名关展览厅。

友谊关于 1963 年 2 月被广西壮族自治区人民政府公布为广西壮族自治区文物保护单位，2006 年 5 月被国务院公布为全国重点文物保护单位；1995 年 12 月被广西壮族自治区党委、自治区人民政府公布为广西壮族自治区爱国主义教育基地。

韦拔群故居

韦拔群故居位于广西壮族自治区河池市东兰县武篆镇东里村的特牙山半山腰上。

韦拔群（1894—1932），壮族，早年参加贵州护国讨袁军，毕业于贵州讲武堂。1921 年起在东兰领导农民运动，1923 年指挥农军三打东兰城。1925 年入广州第三届农讲所学习。毕业后回东兰开办农讲所，领导右江农民运动。大革命失败后，坚持领导东兰、凤山、凌云、百色地区的农民武装斗争。1926 年 11 月加入中国共产党。1929 年 12 月参与领导百色起义，任红七军前委委员，第三纵队纵队长、右江苏维埃政府委员等

◆韦拔群故居

职。1930年11月第三纵队改为第21师，任师长、师党委常委、右江特委常委，率部坚持右江苏区游击战争。1931年11月被选为中华苏维埃共和国临时中央人民政府执行委员。1931年春至1932年9月领导右江军民开展三次反“围剿”斗争。1932年10月19日凌晨在武篆东里屯附近的赏茶洞被叛徒杀害。韦拔群领导发动的东兰起义，率先在右江、广西揭开了农民武装斗争的序幕，使东兰成为全国农民运动基础最牢固的地区之一，成为广西农民运动的发祥地。

韦拔群故居原在东里村违往屯，1926年2月，国民党镇压东兰农民运动时被烧毁。同年7月，国民党军败退，为了革命需要，韦拔群便在屯对面的特牙山半山腰建起两幢泥瓦房，兼作革命活动场所。1930年4月，邓小平与韦拔群在此试办“共耕社”，开办农民政治夜校。1931年桂系军阀“围剿”东凤革命根据地时，再次被烧毁。解放初，县政府在原址按原样重建。

韦拔群故居于2009年5月被广西壮族自治区人民政府公布为广西壮族自治区文物保护单位；2010年12月被广西壮族自治区党委、自治区人民政府公布为广西壮族自治区爱国主义教育基地。

广西壮族自治区烈士陵园

广西壮族自治区烈士陵园位于广西壮族自治区南宁市长堽路256号。

广西壮族自治区烈士陵园始建于1961年，原名南宁佛子岭革命公墓，占地2500多亩。1974年更名为南宁革命陵园，1986年8月，经自治区人民政府批准，定名为广西壮族自治区烈士陵园，邓小平亲自题写园名。

陵园坐南朝北，沿中轴线由南向北依次排开，依照其功能可分为纪念区、游览区和祭奠区。其中，纪念区由陵园大道、中心纪念广场、广西革命纪念馆和解放、抗战、和平三大景区组成，是一座集纪念、游览、祭奠于一体的大型陵园。

陵园大道长约1080米，两旁竖立着反映太平天国、辛亥革命、大革命、土地革命、抗日战争、解放战争、社会主义建设等历史时期的无名烈士雕塑 24 座。每座雕像的基座正面都刻有广西诗人题写的诗词。

◆广西壮族自治区烈士陵园内的百色起义、龙州起义纪念群雕

中心纪念广场耸立着邓小平等领导百色、龙州起义的纪念群雕。群雕高 12. 11 米，宽 39. 8 米。主雕是领导百色起义、龙州起义的邓小平全身像，两边的副雕反映了左右江革命根据地军民并肩作战的感人情景。八根方柱耸立于群雕的左右，寓意八桂人民不屈不挠、勇往直前的革命气概。

广西革命纪念馆位于陵园中轴线中部，是一座两层楼房建筑，总面积 5600 平方米，馆内有《光辉的历程》（广西革命斗争史展览）和《八桂将星、八桂英才及党和国家领导人关爱广西专题展览》。广西革命斗争史展览通过数万文字、1000 多幅图片和 150 多件实物，辅以声、光、电等手段，展示了自辛亥革命以来特别是中国共产党成立后到 21 世纪，广西各个历史时期发生的重大事件。重点展出了大革命战争时期、土地革命战争时期、抗日战争时期、解放战争时期和社会主义革命建设时期 350 多名著名英烈的事迹。同时展出从壮乡走出的开国将军和新民主主义革命时期在广西参加革命工作的省军级以上领导干部生平事迹及党和国家领导人关爱广西展览于 2010 年重新装修布展，于 2011 年 7 月开馆。

广西革命纪念馆的后方两旁，分别设置有抗日战争景区、解放战争景区和和平景区三大纪念景区。抗日战争景区由主体“大刀枪”和副雕“铜墙铁壁”、“苦难母亲”组成，体现广西各族人民在中国共产党领导下英勇抗击日军的艰苦历程。解放战争景区是一座散点布局的大型花岗岩群雕，由四个人物头像和一杆枪组成，取名“黎明、胜利、永生”。四周有12块碑刻，介绍解放战争时期广西11个游击区的斗争情况和广西战役概况。和平景区是为纪念新中国成立后在剿匪、抗美援朝、保卫边疆、维护和平及抢救人民生命、国家集体财产中牺牲的烈士修建。

◆广西壮族自治区烈士陵园

祭奠区位于陵园的北门，毗邻邕宾公路，交通十分便利，方便群众祭扫。由大门、公祭广场、烈士名录墙和烈士墓区组成。

祭奠区的大门是一座气势恢宏的仿清石牌楼。公祭广场采用中轴对称的总体布局，面积为3600平方米，由纪念碑、六根艺术图腾柱和长明灯组成。纪念碑位于广场中心，高29.1211米，以百色起义纪念日为高度。主体从下至上雕刻着“苦难”、“战争”、“胜利”为主题的三组雕塑，反映革命前进的历程；碑体正面雕刻着“死难烈士永垂不朽”八个大字；基座的四周由“百色起义”、“抗日战争”、“解放战争”、“和平英雄”四组汉白玉浮雕构成。纪念碑前左右两侧各设三根艺术图腾柱，表现的内容有两个方面：一是具有代表性的广西革命圣地、纪念建筑物和人物；二是具有革命寓意的广西植物，如木棉花、竹子、松柏等。纪念碑前设有一个铜鼓造型的长明灯。

纪念碑后有一个小广场，广场上的烈士名录墙是一座高3.6米、长35米的围合式建筑，成自然山形。墙中心是以军功章为主体的浮雕，寓意革命烈士长眠于广西的山脉之中，英烈精神犹如军功章一般光耀千秋。名录墙上雕刻着为广西革命献身的17360多名烈士姓名。在名录墙南侧设一座无名烈士碑，纪念那些为中国革命献身的无名英雄。

烈士墓区位于公祭广场后方的山坡上，共有250座，安葬着广西各个革命时期牺牲的烈士，供人们瞻仰祭扫。

广西壮族自治区烈士陵园于1995年12月被广西壮族自治区党委、自治区人民政府公布为广西壮族自治区爱国主义教育基地，2005年11月被中央宣传部公布为全国爱国主义教育示范基地；1986年10月被民政部公布为全国重点烈士纪念建筑物保护单位。

柳州市烈士陵园

柳州市烈士陵园位于广西壮族自治区柳州市柳太路18号。

柳州市烈士陵园坐落在素有“八岭九沟十三峰”之称的林木葱郁的市西郊，面积638亩。整个陵园群峰起伏，碧水环绕，东邻柳江之滨，西与螃蟹岭相携，南和峨山相

◆柳州市烈士陵园

应，北望雀山之岚。

柳州市烈士陵园的前身是原羊角山公墓，始建于 1955 年，墓址在大龙潭公园的雷塘北坡。根据柳州市城市建设和发展的需要，陵园于 1995 年 2 月迁建于此，主体位于雷劈岭偏西南的螃蟹岭上，由生态停车场、纪念广场、烈士墓区、革命英雄纪念碑等依次抬升的几部分组成。陵园目前已完成了烈士墓葬区和辛亥革命纪念区、烈士纪念碑等主体工程的建设。为了进一步完善陵园的各项设施，陵园管理处现正在规划筹建革命烈士纪念馆、停车场、人文景观、休闲景点等设施。

陵园内立有一座高 19.49 米的革命烈士纪念碑，四周用汉白玉栏杆围护，占地 4500 多平方米，于 2003 年 12 月奠基兴建，2005 年 10 月落成典礼。纪念碑正面刻有“革命烈士永垂不朽”八个大字，下衬国徽与梅花。基座刻着一组革命战士浮雕，西侧和东侧雕刻着仙鹤、祥云、松柏、和平鸽等不同主题寓意的图案。碑志记载了柳州的革命历史。

柳州市烈士陵园于 2006 年 12 月被广西壮族自治区党委、自治区人民政府公布为广西壮族自治区爱国主义教育基地；2009 年 3 月被民政部公布为全国重点烈士纪念建筑物保护单位。

恭城瑶族自治县烈士陵园

恭城瑶族自治县烈士陵园位于广西壮族自治区桂林市恭城瑶族自治县恭城镇文庙岭。

1949 年 12 月 11 日凌晨，中国人民解放军 49 军 145 师 434 团 3 营进入恭城县城，宣告恭城解放，次日建立了县人民政权。12 月 31 日，原国民党军第 7 军中将副军长钟祖培秉承白崇禧旨意，并接受 20 两黄金的经费，派其部属林绩勋等进行活动，纠集恭城旧政权人员和地主、恶霸、资本家，联络从邻县流窜来的国民党军政人员、残兵和土匪，在和平乡对河村钟祖培家召开密谋暴乱会议，成立“恭城县反共救国军总指挥部”，自任总指挥，同时还联络平乐、富川、灌阳、阳朔等毗邻县之土匪参与行动或进行策应。1950 年 1 月 25 日，土匪悍然发动了一场震惊广西的特大暴乱，先后攻占了各乡工作队驻地。26 日，他们纠集了 2700 余名土匪从四面八方向县城发起了疯狂的进攻。当时，县城仅驻有解放军一个排和一个侦察班共 37 人，县大队部分战士、西江乡工作队以及县委、县政府机关干部 94 人，武器只有机枪 4 挺、迫击炮 1 门。在县委书记兼县长田继舫的带领下，战士们占领武庙制高点，控制十字街口，守卫县城的粮仓，击退了匪徒一次又一次的进攻。30 日，驻湖南的解放军某部派 3 个步兵连，平乐军分区派 3 个连增援恭城，土匪才向山区溃逃。在这次平暴战斗中，牺牲的解放军战士、县大队战士、政府工作人员、农会干部和民兵共 176 人，他们来自 16 个省，36 个市、县，牺牲时平均年龄 25 岁。“恭城一二五保卫战”的胜利，为广西剿匪的全面胜利奠定了基础。1950 年 10 月至 1951 年 5 月的 7 个月时间，全县共消灭土匪 2500 多人。

◆恭城瑶族自治县革命烈士纪念碑

该烈士陵园是为纪念“恭城一二五保卫战”牺牲的烈士而兴建，占地总面积约 1.3 万平方米。从县城中心广场拾级而上，依次为纪念碑、纪念亭、烈士墓。陵园始建于 1950 年春。1963 年 11 月在烈士陵园加建了张云逸大将、李天佑上将题词的烈士纪念碑。张云逸大将题词为“革命烈士永垂不朽”，李天佑上将题词为“继承烈士遗志，把革命进行到底”。1989 年建纪念亭三座，亭内铭刻“恭城一二五保卫战”过程及 176 名烈士的姓名、籍贯及出生年月等。两座安葬着在“恭城一二五保卫战”中壮烈牺牲的烈士忠骨的墓静卧在茂盛的苍松中，墓碑上刻着李志儒、罗桥光、王以烈等 121 名烈士的英名。

恭城瑶族自治县烈士陵园于 1995 年 12 月被广西壮族自治区党委、自治区人民政府公布为广西壮族自治区爱国主义教育基地；1994 年 8 月被广西壮族自治区人民政府公布为广西壮族自治区重点烈士纪念建筑物保护单位。

防城区城中烈士陵园

防城区城中烈士陵园位于广西壮族自治区防城港市防城区镇夏岭。

在革命战争年代，防城许多革命志士抛头颅、洒热血，谱写了一曲曲可歌可泣的壮丽诗篇。钟竹筠，1925 年进入毛泽东举办的广州农民运动讲习所学习，同年加入中国

◆防城区城中烈士陵园

共产党。1926 年，她在东兴组建了中共防城县第一个支部——东兴支部。1927 年 9 月，钟竹筠被国民党东兴警察分局秘密逮捕。1929 年 5 月被国民党杀害，牺牲时年仅 26 岁。黄木芬，1937 年入党。先后任中共广东东莞、宝安边区工委委员，广东东莞、宝安、惠州边区人民抗日济南队第一大队长、政治队大队长。这支党领导的武装后来发展成东江纵队。1945 年 6 月，黄木芬参与领导防城那良抗日武装起义，任钦防华侨抗日游击大队党代表兼参谋长。同年 6 月，在一次与敌人的遭遇战中，他身先士卒，冲锋在前，不幸身中数弹，壮烈牺牲。邱祥霞，1925 年入党，参加过震惊中外的省港大罢工及广州起义。1928 年任中共东兴县委负责人，后调到广东湛江中共南路特委、广东省委交通机关以及设在上海的共青团中央工作。1931 年底调到福建厦门，任共青团厦门中心市委书记、中共厦门中心市委常委兼宣传部长。1933 年 4 月，邱祥霞在与敌人的遭遇战中壮烈牺牲。刘镇夏抗日战争期间在防城读中学时积极参加抗日救亡活动，组织抗日武装。1946 年时任国民党第 156 旅旅长的刘镇夏的哥哥刘镇湘奉命到防城“围剿”革命武装，刘镇夏以兄弟的关系，打入敌人第 156 旅，任刘镇湘的秘书。他及时传送情报，对粉碎敌人“围剿”，保存革命武装发挥了重大作用。1947 年 5 月，刘镇夏参与领导了“三光企起义”，任农民翻身独立大队大队长，后任中国人民解放军粤桂边纵队第三支队第 20 团副团长、独立 7 团团长转战于广西，战功卓著。1949 年 5 月，刘镇夏到防城敌占区执行任务，返回途中与敌人遭遇，在敌众我寡的情况下，刘镇夏临危不惧，带领四名战士与敌展开激战，最后壮烈牺牲。陈凤鸣，1942 年入党。曾任中国人民解放军滇桂黔边纵队左江上游地区指挥部政治部主任，广西靖西军政委员会秘书长。他一家祖孙三代都参加了革命，为了筹集革命经费，他一家不惜倾尽家产，购买武器支持那良起义和重建防城人民武装。1950 年 1 月，陈凤鸣率领地方武装在配合南下解放大军阻击企图从桂黔边境窜逃越南的国民党第 17 兵团残部的战斗中光荣牺牲。仅在解放战争时期，防城先后就有 600 多革命志士献出了宝贵的生命。

防城区城中烈士陵园建成于 1992 年 1 月，占地面积 2 万多平方米。园区内挺拔的青松，象征着先烈们不朽的革命精神。

◆防城区城中烈士陵园内的纪念亭和烈士雕像

从陵园大门沿105级花岗岩阶拾级而上，是橙黄色的琉璃瓦的烈士纪念亭。纪念亭正屏花岗岩石碑高2米。碑的正面雕刻着老同志黄云题写的“烈士精神永垂不朽”八个大字。碑背面刻记着防城区从土地革命到解放战争时期革命奋斗历史的碑文。纪念亭高8米多，由32根花岗岩石柱擎起，东门和西门是两层亭阁，北门和南门是两层亭廊。南门和北门上方分别刻有“壮志凌云”“光照人间”八个大字。纪念亭中央矗立着用汉白玉雕刻而成的革命烈士的塑像。纪念亭四周安置着“丁未惊雷”、“南天曙光”、“烽火岁月”、“边陲丰碑”四组浮雕。“丁未惊雷”再现了丁未年防城人民参加孙中山先生领导反清起义的情景。“南天曙光”反映了1927年1月，钟竹筠在防城成立的第一个中共支部。“烽火岁月”刻画了抗日战争和解放战争时期防城人民在党的领导下，开展武装斗争的历史。“边陲丰碑”展示了防城人民欢庆防城解放的喜庆场景。

防城区城中烈士陵园于1995年12月被广西壮族自治区党委、自治区人民政府公布为广西壮族自治区爱国主义教育基地；1994年8月被广西壮族自治区人民政府公布为广西壮族自治区重点烈士纪念建筑物保护单位。

百色起义烈士碑园

百色起义烈士碑园位于广西壮族自治区百色市右江区城东后龙山上。

1929年12月11日，邓小平、张云逸等老一辈无产阶级革命家成功地发动了百色起义，创立了红七军，成立苏维埃政府。为了表达百色各族人民对百色起义革命烈士的深切缅怀，1984年6月，百色市（县级）决定兴建百色起义烈士纪念碑，12月11日，百色起义烈士纪念碑落成。20世纪90年代，中共百色地委、百色地区行署和百色市委、市人民政府在百色起义烈士纪念碑的基础上扩建为百色起义烈士碑园。

碑园占地面积126亩，主入口为灰白色花岗岩构筑的阶梯，阶梯高49米、宽11米，共315级台阶。主入口两侧各有一条上山步道，右侧有通往山顶的车道。纪念碑前是一个面积为3000多平方米的小广场。广场东西两侧矗立着两组群雕，一组刻画了红

◆百色起义烈士碑园

七军战士和赤卫队员紧握刀枪，投身革命洪流的场面；另一组再现了各族人民欢庆胜利的情景。碑园大门两侧共竖立7支熊熊燃烧的火炬石雕，象征着红七军的革命精神永不熄灭，世代相传。大门前宽阔平坦的平台，与中山大桥衔接。桥头左端，是一面宽13米、高7米的红旗造型词牌，鲜红的旗面上镶嵌着江泽民视察百色时亲笔题书的“发扬右江革命光荣传统，发奋图强，把百色地区建设好”的金色大字。后龙山上，纪念碑高23.9米，碑体的造型是直刺苍穹的红缨大刀，高高地耸立在纪念碑园的中央，向人们展示只有在中国共产党的领导下，开展武装斗争，才能取得革命胜利的深刻主题。碑身顶标为“1929”数字，表示百色起义年份；碑座正面镌刻着邓小平亲笔题写的“百色起义的革命烈士永垂不朽”13个金色大字。背面碑文概述了百色起义的过程及其历史意义；两侧分别为当年第四教导大队运送武器抵达百色码头和韦拔群在东兰县列宁岩开办农民运动讲习所的汉白玉浮雕。碑前地上，用花岗岩雕刻着一个以向日葵为中心，周围环簇各种花卉组成的巨大花圈。

百色起义烈士碑园于1995年1月被民政部公布为民政部第一批爱国主义教育基地，1995年12月被广西壮族自治区党委、自治区人民政府公布为广西壮族自治区爱国主义教育基地，1996年4月被民政部公布为全国烈士纪念建筑物重点保护单位。

古城起义烈士陵园

古城起义烈士陵园位于广西壮族自治区贺州市富川县城瑞光公园内。

该陵园由烈士纪念碑、烈士墓组成，占地面积5000平方米。烈士墓为六角立柱体平顶混凝土结构，高2.25米，每面宽2.23米，六棱镶有玻璃条。墓周围设栏杆过道。墓碑东向，碑首饰的三龙戏珠浮雕。墓碑高2.55米，宽1.34米。烈士纪念碑高15米，四周由花岗岩雕刻的孙忆冬、毛文彦、姚大年、黄希文、何民康、周绍华、魏贞川和周文林8位烈士塑像及12个花环拱卫。

◆古城起义烈士墓

1947年6月25日，在中共广西省工委的直接领导下，由中共古城支部组织发动，为推翻国民党富川政权，迎接富川解放，举行了继钟山英家起义后的又一次武装起义。起义队伍攻打古城乡公所，袭击地主的炮楼，缴获了敌人的枪支弹药。

古城起义震惊了国民党反动当局，国民党平乐专署保安代司令吴朝彦带领富川、钟山、平乐、恭城等县自卫队和专署保安队300多人对我起义队伍围追堵截。为保存革命力量，起义队伍在避开敌人的重重包围，转移到新华乡扼子下村后，党支部召开紧急会议，决定将队伍化整为零，疏散隐蔽，转入地下活动，坚持斗争。起义领导人孙忆冬、毛文彦、姚大年、肖林设法找上级党组织汇报起义情况。当他们到达钟山县石龙乡石龙桥时，因遭哨兵盘查，除肖林一人幸免逃脱外，孙忆冬、毛文彦、姚大年不幸被捕。周绍华、魏贞川、周文林三人亦在隐蔽和转移途中先后被捕。黄希文、何民康、孙忆冬、毛文彦、姚大年、周绍华、魏贞川、周文林八位同志被捕后，始终忠贞不屈，敌人在严刑逼供无果的情况下，于1947年的7月、8月分别将他们杀害于钟山的白虎头、立头岭和富川的媳妇娘山。

◆古城起义烈士纪念塔

为缅怀1947年6月25日在古城起义中牺牲的孙忆冬、毛文彦、姚大年、黄希文、何民康、周绍华、魏贞川、周文林等革命烈士的丰功伟绩，1950年，在古城建立了简易的烈士纪念碑、纪念亭、烈士墓，1958年因修建龟石水库被淹没，烈士墓迁移于古城镇横山街的枇杷山脚。1983年将烈士墓迁至瑞光园内。1997年在县城瑞光园内重建古城起义烈士陵园，2000年5月竣工。

古城起义烈士陵园于2001年12月被广西壮族自治区党委、自治区人民政府公布为广西壮族自治区爱国主义教育基地。

巴马瑶族自治县烈士陵园

巴马瑶族自治县烈士陵园位于广西壮族自治区河池市巴马瑶族自治县巴马镇公鸡山脚下。

◆巴马瑶族自治县烈士陵园内的革命烈士纪念碑

巴马是右江革命根据地的中心之一。20世纪20年代初，巴马籍革命青年黄松坚、陈毓藻、梁福臻、白汉云、李天禄等人跟随韦拔群参加革命，开展轰轰烈烈的农民革命运动。巴马人民为革命作出巨大贡献和牺牲。据不完全统计，在历次革命斗争中，巴马县有1251人光荣牺牲。

巴马瑶族自治县烈士陵园兴建于1976年4月，1978年10月竣工，陵园占地总面积10672平方米，安葬烈士886名（其中大革命时期30人，土地革命战争时期含百色起义709人，抗日战争时期5人，解放战争时期56人，新中国成立后86人）。

陵园由纪念碑、广场、凉亭等构成。纪念碑耸立在陵园的中央，占地面积571平方米，碑高27.5米，碑身底部为72平方米，从底线至高2.5米处的正面和左右侧为大理石精雕而成的三幅不同革命史浮雕像，背面为大理石精雕的革命烈士英名录，纪念碑的前方建有两座凉亭。陵园四周有围墙，全长262米，是全县人民和游客瞻仰革命烈士，弘扬革命传统的重要基地。

巴马瑶族自治县烈士陵园于2006年12月被广西壮族自治区党委、自治区人民政府公布为广西壮族自治区爱国主义教育基地；1994年8月被广西壮族自治区人民政府公布为广西壮族自治区重点烈士纪念建筑物保护单位。

◆巴马瑶族自治县革命烈士英名录

凤山革命烈士公园

凤山革命烈士公园位于广西壮族自治区河池市凤山县凤城镇巴傍村。

凤山县是一块红色的土地，20世纪20年代，凤山的革命先行者廖源芳追随韦拔群在这里点燃了农民运动的烈火，凤山成为全国开展农民运动最早的地区之一和右江农民运动的策源地。1929年10月，中国共产党在凤山建立党组织后，凤山人民在党的领导下，掀开了革命斗争的新篇章。在百色起义枪炮声中诞生的红七军，汇聚了凤山840多名英雄儿女。土改试点的建立，推动了右江土地革命的深入开展。凤山是右江革命根据地的重要地区，革命圣火自从点燃的那一刻起，一直到凤山全境解放，从来都没有熄灭过。战火中，涌现了无数像韦氏送抱敌跳崖、周妈滚吞咽密信、黄履民舍身救民等可歌可泣的英雄人物，演绎了许多如恒里岩、三门洞军民浴血扼守、烟薰不屈、渴死不降的悲壮故事。从大革命时期到解放战争时期，凤山县先后有14450多人光荣牺牲，其中被确认的革命烈士有1232人。

1955年，中共凤山县委、县人民政府在县城北面的凤阳关岩洞前左侧，始建革命烈士陵园。1965年，因城区建设需要，陵园又迁址在凤阳关右侧的号龙山山脚重建。2003年，广西壮族自治区党委、自治区人民政府批准实施“东巴凤基础设施建设大会战”，经县委、县人民政府和县第十三届人大第四次会议审议通过，决定重新择址重建凤山烈士陵园，并将凤山烈士陵园更名为“凤山革命烈士公园”列入“东巴凤基础设施建设大会战”建设项目之一，以缅怀先烈。公园三面环山，占地面积138亩。现有纪

◆凤山革命烈士纪念馆

念设施主要包括纪念碑和革命历史陈列馆。

凤山革命烈士公园于2010年12月被广西壮族自治区党委、自治区人民政府公布为广西壮族自治区爱国主义教育基地；1999年12月被广西壮族自治区人民政府公布为广西壮族自治区重点烈士纪念建筑物保护单位。

南宁革命烈士纪念碑

南宁革命烈士纪念碑位于广西壮族自治区南宁市人民公园的东面托子岭上。

1926年夏，由陈勉恕、罗如川、李省群组成的中共南宁支部成立。从此，南宁人民在党的领导下，点燃了反帝反封建的烈火。1927年4月至8月，南宁国民党反动当局大肆镇压革命运动，逮捕革命志士共100多人。被捕的革命者在敌人的威逼利诱和酷刑拷打下，大义凛然，英勇不屈，并在狱中坚持斗争。1927年9月1日，雷沛涛、罗如川、高孤雁等13名革命者英勇就义，这就是南宁革命史上著名的“十三烈士”。在赴刑场的路上，雷沛涛、罗如川、高孤雁等13名革命者高唱《国际歌》，高呼“打倒国民党反动派!”“共产党万岁!”的口号。反动派的血腥镇压，吓不倒无畏的共产党员和革命者。随后，在雷经天等人的领导下，他们继续坚持革命活动，不断积蓄和壮大革命力量。后来，在南宁的共产党员和革命者中的许多同志都参加了1929年底邓小平等领导的百色起义和龙州起义。1949年12月初，就在南宁解放的前夜，罗灿纲接受党组织的任务，到驻南宁的国民党内政部交通警察总队，正告总队长李有节弃暗投明。但顽抗到底、坚持反动立场的李有节将罗灿纲逮捕。在严刑拷打之

◆南宁革命烈士纪念碑

后，罗灿纲被杀害于南宁亭子圩附近。

为表达对革命先烈的崇敬与褒扬，南宁市人民政府于1950年4月在人民公园后山——大革命失败后国民党广西当局数次公开杀害革命先烈的地方修建革命烈士公墓。1955年，广西省人民政府和南宁市人民政府在烈士公墓处修建革命纪念碑，次年建成。该组建筑沿中轴线布置，依次为草坪、台阶、烈士纪念碑。草坪两侧建有“瞻忠”、和“仰烈”两座四角亭，中间为1988年立的《南宁革命烈士碑志》的石碑。石碑高3米，宽4米，占地面积240平方米，刻着1927年至1949年12月4日，为南宁解放英勇牺牲的雷沛涛、张胆、高孤雁、邓哲、周仲武、梁六度、雷天壮、梁西园、陈立亚、冯荫西、莫大、梁砥等103名革命烈士的姓名和简历。台阶共157级，前置高2米的石狮一对。沿台阶两侧置有栏杆，拾阶而上便是纪念碑。碑身高20米，平面呈方形，钢筋混凝土结构，外砌花岗石，基座东西长23米，南北宽22米，高1.6米，四周设有汉白玉护栏及台阶。碑身东西两面题词为“革命烈士纪念碑”，南北两面题词为“革命烈士永垂不朽”，均为汉白玉底，金黄色阴文。整个纪念碑高耸挺拔，庄严肃穆。

南宁革命烈士纪念碑于1963年2月被广西壮族自治区人民政府公布为广西壮族自治区重点文物保护单位，1995年12月被广西壮族自治区党委、自治区人民政府公布为广西壮族自治区爱国主义教育基地，1994年8月被广西壮族自治区人民政府公布为广西壮族自治区重点烈士纪念建筑物保护单位。

北海市涠洲革命烈士纪念碑

北海市涠洲革命烈士纪念碑位于广西壮族自治区北海市海城区涠洲镇湾背。

1949年12月，北海解放时，国民党残兵的一部分逃往涠洲岛。岛上驻有保安旅、独立师及反动地方武装共700余人，企图依靠海岛优势，垂死挣扎。1950年3月6日，中国人民解放军359团奉命分乘27艘帆船渡海解放涠洲岛。面对敌人先进的武器装备，英勇的人民解放军359团发扬不怕苦、不怕死的革命精神，采取灵活机动的战术，打败了岛上国民党张瑞贵的部队，取得解放涠洲之役的胜利。在战斗中，政治教导员张振东等33名指战员光荣牺牲。

为纪念在解放涠洲之役中牺牲的革命烈士，1956年人民政府建造革命烈士纪念碑。1974年

◆北海市涠洲革命烈士纪念碑

重建，2004 年进行大修缮，2005 年 8 月扩建。纪念碑园区占地 2000 多平方米，由主碑、碑座、基地、凉亭和花圃四部分构成，碑高 15 米，砖混结构。其中碑基座呈正方形，共分三层，基座四周设回廊式栏杆，贴耐磨砖面；主碑呈剑柄形，贴仿石瓷砖，正面镌刻着“革命烈士永垂不朽”八个金色隶书大字。

北海市涠洲革命烈士纪念碑于 2006 年 12 月被广西壮族自治区党委、自治区人民政府公布为广西壮族自治区爱国主义教育基地。

中越人民革命烈士纪念碑

中越人民革命烈士纪念碑位于广西壮族自治区东兴市东兴镇中越人民友谊公园内。

1948—1949 年，国民党广西、广东反动当局向防城、钦县、正思、十万山游击根据地发动进攻，并与驻越南的法国殖民军相勾结，对中越边境的中国人民解放军粤桂边纵队第三支队进行军事“围剿”。为了打击国民党反动派、严惩法国殖民军，中国人民解放军与越南军队互相配合，共同打击这两股敌人。

1958 年，中共东兴各族自治县委员会、东兴各族自治县人民政府为纪念中越两国人民共同抗击法国帝国主义、国民党反动派英勇献身的革命烈士，教育后人，弘扬爱国主义和国际主义精神而兴建纪念碑。1959 年 4 月 5 日，5000 多名中越军民参加了纪念碑的落碑典礼，并在四周种上许多松树、柏树、相思树。与此同时，越南也在芒街市以相同的样式建立了“越中人民革命烈士纪念碑”，与中国烈士纪念碑遥相呼应。中越人民互访时，都到对方纪念碑进行凭吊、献花。

◆中越人民革命烈士纪念碑

纪念碑占地面积 10 多亩。西面、南面、北面均有石阶可上。纪念碑由碑身和碑座构成。碑身高 13 米，沿着正南面 66 级台阶拾级而上，抬眼可见纪念碑正面用中越文镌刻的“中越人民革命烈士纪念碑”，背面用中越文刻着“光荣的人民英雄永垂不朽”；碑座长 6 米、宽 4 米、高 3 米，正北面均以灰黑色大理石镶上。正面东侧刻有刘镇夏、陈凤鸣、项世秀、苏芳勤、郑儒兰、徐春田等中方烈士名字。正面西侧用越文刻有越方烈士名字。背面介绍两国共同战斗的背景，讴歌两国人民的战斗情怀。

中越人民革命烈士纪念碑于1995年12月被广西壮族自治区党委、自治区人民政府公布为广西壮族自治区爱国主义教育基地，1994年8月被广西壮族自治区人民政府公布为广西壮族自治区重点烈士纪念建筑物保护单位。

梧州市革命烈士纪念碑和“还我河山”碑

梧州市革命烈士纪念碑和“还我河山”碑位于广西壮族自治区梧州市白鹤山上的河滨公园内。

1925年6月，与梧州相邻的广州发生了英、法水兵射杀反帝爱国群众的“沙基惨案”，梧州人民连续三天举行了声势浩大的游行，声讨帝国主义的暴行。英国政府因惧怕梧州人民的反帝爱国力量，将驻梧州领事署撤出梧州。

1928年，国民党广西省政府迫于梧州人民的压力，经与英方交涉，用了2.5万元港币作为英领事署建筑费的“补偿”，终于收回被英帝国主义强占30年之久的白鹤山的主权。

1931年3月，广西省政府在梧州白鹤山上建立“还我河山”碑。碑体以山石为基座，高2.9米，宽0.93米。“还我河山”四个苍劲有力的大字，是当年梧州人民反帝斗争精神的写照。

◆“还我河山”碑

1925年10月，广西第一个中共党支部——梧州支部成立。从此，具有反帝反封建斗争精神的梧州人民在中国共产党员领导下，为新中国的建立进行了不屈不挠斗争。1927年4月12日，蒋介石在上海发动反革命政变。同年10月7日，国民党反动派把中共梧州地委委员林培斌、共青团支部书记李素秋、广西省学联负责人陈丽卿、苍梧县农民协会筹备处农运干事戴锡禄、胡宝凤、刘伯魁、钟汉廷、陈之颖、罗子卿等13人从监狱押往梧州市云盖山刑场杀害。同年10月19日，中共广西地委书记廖梦樵、地委组织部部长黄士韬、中共广西地委交通员覃超容、韩略等19人在梧州市云盖山刑场被杀害。1928年9月，中共梧州市委书记郭金水、广西临时省委委员李秀农、广西临时省委委员谭景韶等在梧州被杀害。

◆梧州市革命烈士纪念碑

新中国成立后，为永远铭记革命先烈的英雄业绩，梧州市于1957年建立了梧州革命烈士纪念碑。纪念碑高15.33米，碑体坐落在一个长10米，宽10米，高1.7米的正方形碑座上。碑体两面刻有“革命烈士纪念碑”和“革命烈士永垂不朽”刚劲有力的大字，彪炳着先烈们的革命精神与山河共存，与日月同辉。纪念碑记录了梧州人民的反帝斗争精神，以及在中国共产党领导下，革命先烈前仆后继、英勇斗争的历史。

梧州革命烈士纪念碑和“还我河山”碑于1999年1月被广西壮族自治区党委、自治区人民政府公布为广西壮族自治区爱国主义教育基地。

桂东南抗日武装起义烈士纪念塔

桂东南抗日武装起义烈士纪念塔位于广西壮族自治区玉林市玉州区东郊朱巷口龟头岭森林公园。

◆桂东南抗日武装起义烈士纪念塔

桂东南抗日武装起义是中共广西地下组织开冬，日军第二次入侵广西，广西大部分县市沦陷。1945年2月，由中共广西省工委代理副书记黄彰、中共郁林（今玉林市）区特派员吴家宜分任正副主任的桂东南抗日游击区办事处，决定发动武装起义，创建桂东南抗日根据地。2月26日、27日，3月2日、3日，陆川、博白、兴业、贵县（今属贵港市）抗日自卫军相继举行起义，总兵力2800人，攻占、控制了国民党30多个乡公所，成立贵县、兴业两县抗日民主政府。随即遭到国民党军的围攻，黄彰、吴家宜等200多名指战员牺牲，部分人员转入秘密活动，博白、陆川骨干武装300人突围到广东廉江，编入南路人民抗日解放军。

为纪念桂东南抗日武装起义，慰藉烈士英

灵，用先烈的革命英雄主义精神和爱国主义精神教育人民，1992 年 3 月，在距玉林市区东郊约 6 公里的朱巷口龟头岭森林公园，兴建桂东南抗日武装起义纪念塔。纪念塔主塔为 7 层楼阁构造，高 38 米，呈八角形，外贴琉璃瓦，塔前有 5 个凉亭，中轴线 288 级台阶，气势雄伟。纪念塔一层为一幅高 2 米、宽 1.5 米的起义情景铜雕；二层为牺牲的领导人的图片及简介 9 幅；三层为人民抗日自卫军转战示意图 4 幅、起义重要事件简介 12 幅，及人民抗日自卫军序列 2 幅；第四、五、六层为各种表现烈士英勇斗争形象的浮雕；第七层为群体浮雕。

桂东南抗日武装起义烈士纪念塔于 1999 年 1 月被广西壮族自治区党委、自治区人民政府公布为广西壮族自治区爱国主义教育基地。

李明瑞、韦拔群烈士纪念馆

李明瑞、韦拔群烈士纪念馆位于广西壮族自治区南宁市南湖公园南岸。

1984 年建造的李明瑞、韦拔群烈士纪念馆由李明瑞、韦拔群和百色起义、龙州起义烈士纪念碑及陈列馆组成。陈列馆是一幢具有壮族民居风格的建筑。320 多平方米的展厅，展出了李明瑞、韦拔群烈士的生平事迹，陈列了 234 件文物、图片和史料，真实生动地再现了 70 多年前中国工农红军的优秀将领，红七军、红八军总指挥李明瑞和壮族人民的优秀儿子、卓越的农民运动领导人韦拔群英勇战斗的光辉革命历程。

纪念馆前广场中央是一座气势雄伟、高达 14 米的百色起义、龙州起义革命先烈雕像。雕像中间竖立着一面迎风招展的红旗，象征着土地革命时期广西各族人民在中国共产党的领导下英勇奋斗的革命精神，表现了李明瑞、韦拔群和红军战士以及赤卫队员勇往直前的精神风貌。

◆李明瑞、韦拔群烈士纪念馆内的陈列馆

雕像底座正面镌刻的“纪念李明瑞、韦拔群等同志，百色起义的革命先烈，永垂不朽!”一行遒劲的大字，是邓小平在 1981 年 12 月 11 日的亲笔题词。

雕像底座的背

◆百色起义革命烈士雕像

面，是广西壮族自治区党委、广西壮族自治区人民政府立的碑志。碑文记叙了李明瑞、韦拔群等百色起义革命先烈的光辉业绩，凝聚着广西各族人民对革命先烈的无限敬意。

陈列馆内，李明瑞烈士事迹陈列室从“北伐虎将”、“举旗左右江”等七个部分展现了李明瑞烈士短暂而光辉的革命生涯。

韦拔群烈士事迹陈列室分五个部分，展现了韦拔群早期的革命活动、从广州农民运动讲习所回到东兰领导右江地区农民运动、参加百色起义和创建右江革命根据地，率领红21师坚持右江革命根据地斗争到英勇牺牲的光辉历程。

李明瑞、韦拔群烈士纪念馆于1999年1月被广西壮族自治区党委、自治区人民政府公布为广西壮族自治区爱国主义教育基地；1994年8月被广西壮族自治区人民政府公布为广西壮族自治区重点烈士纪念建筑物保护单位。

韦拔群纪念馆

韦拔群纪念馆位于广西壮族自治区河池市东兰县城西北更闹山麓。

◆韦拔群纪念馆

韦拔群纪念馆主要由拔群广场和纪念馆两部分组成，建成于2009年10月，占地120亩，建筑面积7200平方米。纪念馆共三层，高28米，长129米，宽71米，馆内有7个展厅和多功能室。展览面积3500平方米，共陈列布展1000多件文物史料。馆内一楼设有序厅、影视厅和三个展厅。序厅立有韦拔群半身汉白玉雕像，基座刻有中央以及党和国家领导人给予韦拔群的历史评价。序厅四周设影视厅、临时展厅和第一、第二、第三个展厅，三个展厅分别介绍韦拔群忧国忧民、探索真理；领导农运、武装斗争；参与领导百色起义，组织创建右江苏区的历史。目前，临时展厅主要展示百名将军纪念韦拔群的题词。纪念馆二楼设立四个展厅，分别介绍邓小平与韦拔群，韦拔群、捍卫苏区，韦拔群牺牲后无数革命先烈前仆后继的战斗经历以及永恒纪念，不朽丰碑等。纪念馆充分运用声、光、电、多媒体、幻影成像、虚拟现实、壁画、雕塑、油画、场景复原等手段再现历史真实场面，突出韦拔群一生的贡献和邓小平、张云逸等领导左右江革命的丰功伟绩，展示革命先烈抛头颅、洒热血，冲锋陷阵，英勇奋斗，用生命和鲜血谱写民族民主革命的壮丽篇章。

拔群广场是纪念馆的重要组成部分，占地60亩。设计布局由一条中轴线把将军园、功德园、题词园、集会广场、韦拔群纪念馆有机地连接起来。广场中心地面铺装铜鼓及壮锦图案，周围环绕12根图腾柱子、柱子顶端安置双面铜鼓，鼓面直径1.8米，鼓腰长1.6米，铜鼓雕刻文字，内容为："纪念韦拔群诞辰115周年，2009.11.5东兰制造"，使广场极具地方文化特色。将军园位于拔群广场中心轴线的南部，占地30亩，设计采用不规则的自然式园林风格，园内结合置石与植物造型相配置，木制的休憩亭与流畅的园路，形成幽雅的自然式园林。园内有韦拔群、张云逸、陈洪涛、黄大权、陆浩仁、黄昉日、黄举平、韦国清、韦杰、覃健、覃士冕、韦祖珍、覃国翰、姜茂生、黄松坚、覃应机、陆秀轩等17人的铜像以及展示他们的生平简历介绍。

◆拔群广场

韦拔群纪念馆于2010年12月被广西壮族自治区党委、自治区人民政府公布为广西壮族自治区爱国主义教育基地，2011年6月被广西壮族自治区党委公布为广西中共党史教育基地。

邓颖超纪念馆

邓颖超纪念馆位于广西壮族自治区南宁市朝阳路3号。

邓颖超（1904—1992），女，祖籍河南省光山，生于广西南宁。五四运动时与周恩来、马骏等共同领导天津学生爱国运动，组织觉悟社。1924 年加入中国社会主义青年团。1925 年转入中国共产党，并任中共天津地委妇女部部长，后任中共广东区委委员兼妇女部部长。国共合作期间当选为国民党中央候补执行委员。1927 年后任中共中央妇委书记。1928 年 5 月，在莫斯科列席中共第六次全国代表大会。回国后，任中共中央直属支部书记，在上海从事党的秘密工作。1932 年 5 月，赴江西中央苏区，曾任中共中央局秘书长、中央政治局秘书、中华苏维埃共和国中央执行委员、中央机关总支书记。后参加长征。到陕北后，曾任中共中央白区工作部秘书，中央机要科科长、中华苏维埃政府西北办事处内政司法部秘书。抗日战争时期，在武汉、重庆从事抗日民族统一战线工作。先后任八路军武汉办事处妇女组织员、中共中央长江局妇委委员。1939 年，任中共中央南方局委员兼妇委书记。1943 回到延安。1945 年当选为中共第七届中央候补委员，并任中共中央妇委副书记兼解放区妇联筹备委员会副主任。解放战争时期，曾作为中共代表团成员出席中国人民政治协商会议，并在重庆、南京、上海为争取中国的和平、民主而斗争。1947 年后，任中共中央后方工作委员会委员、中共中央妇委代理书记。1949 年起，先后当选为全国妇联第一至三届副主席、党组副书记、第四届名誉主席，中国人民保卫儿童全国委员会副主席，1975 年、1978 年当选为第四、五届全国人大常委会副委员长，1977 年、1982 年当选为中共第十一、十二届中央政治局委员，中共中央纪律检查委员会第二书记。1983 年当选为第六届全国政协主席。1992 年 7 月 11 日在北京逝世。

◆邓颖超纪念馆

邓颖超 1904 年 2 月 4 日出生在邕江北岸南宁镇台官邸。2007 年 2 月 4 日，在邓颖超诞辰 103 周年纪念日，南宁市委、市政府在邓颖超出生地北侧的原广西高等法院办公楼旧址，建成了邓颖超纪念馆。原全国政协主席李瑞环为邓颖超纪念馆题写了馆名。该建筑建于民国时期，为钢筋混凝土和砖木结构。楼高 3 层，平面呈长方形，西式墙身，中式屋顶，立面造形为西欧古典建筑形式。占地面积 500 平方米，建筑面积 1500 平方米。

纪念馆展厅由序厅、南宁女儿、求学任教、革命征程、浓浓乡情、建设祖国、革命伴侣、西花厅岁月、走进永远、书画厅等 8 个单元 10 个部分组成，展出邓颖超各个历史时期的珍贵照片 200 多张以及 20 余件实物、60 多份文献手稿，一些邓颖超生前使用过的印章、衣物、皮箱、手稿等文物在国内还是首次展出。此外，陈列的展品还有党和国家的领导人邹家华、何鲁丽、杨汝岱、钱正英、孙孚凌、李铁映、顾秀莲等为邓颖超纪念馆的题字，中国著名书画家赠给周恩来、邓颖超的 21 幅字画作品以及广西书画名家讴歌邓颖超的书画作品 17 幅。一楼序厅摆放着邓颖超中年时期的半身塑像，供参观者缅怀和纪念。“南宁女儿”展厅，复原了邓颖超出生地镇台府的 4 个场景，反映了邓颖超出生时南宁的社会环境；“求学任教”展厅，展示了邓颖超从青年时代开始就追求真理、领导爱国运动、从事建党活动的早期革命历程；二楼“革命征程”展厅，展示了邓颖超在长征、抗战、解放战争时期的革命历程，以及邓颖超亲笔手迹、信件等；“建设时期”展厅，展示新中国成立后邓颖超出任党和国家领导人，从事妇女工作、外交工作、政协工作等历程，以及精选出邓颖超收藏的 21 幅字画作品；“相濡以沫”展厅，展现了周恩来、邓颖超两位伟人忠贞的爱情，以及他们献身革命的崇高情谊；“走进永远”展厅，展现了沉痛悼念邓颖超的情景，以及邓颖超留下的遗嘱和生前穿过的衣服、鞋子等珍贵文物。

邓颖超纪念馆于 2010 年 12 月被广西壮族自治区党委、自治区人民政府公布为广西壮族自治区爱国主义教育基地。

李明瑞、俞作豫烈士纪念馆

李明瑞、俞作豫烈士纪念馆位于广西壮族自治区玉林市北流市城东北田螺岭。

李明瑞（1896—1931），广西北流人。百色起义和龙州起义领导人。1920 年毕业于云南讲武堂韶州（今韶关）分校。后在桂军中任连长、营长、团长。1926 年起任国民革命军第七军旅长、师长、副军长。在北伐战争中，率部参加贺胜桥和德安等战役，被誉为虎将。1929 年 6 月，任广西

◆李明瑞、俞作豫纪念公园

绥靖司令兼整编第15师师长，10月誓师反对蒋介石失败后，参加中国共产党领导的革命斗争。同年12月和翌年2月与邓小平、张云逸、俞作豫等领导左右江起义，创建革命根据地，任中国红军第七、第八军两军总指挥。1930年初加入中国共产党。同年11月，奉命率第七军离开右江苏区，在桂黔湘粤赣边界地区转战中，指挥奋战梅花村、强渡乐昌河和崇义突围等战斗，摆脱国民党军的围追堵截，于1931年春胜利到达湘赣革命根据地。根据中共红一方面军总前委决定，任河西总指挥部总指挥，统一指挥赣江以西部队，取得安福等战斗的胜利，配合了中央苏区第二次反“围剿”。5月任第七军军长，7月率部东渡赣江，在江西兴国与红一方面军主力会合，参加第三次反“围剿”。同年10月，在“肃反”中被诬陷杀害于江西省于都县。1945年，党中央作出了《红军第七军历史的决定》，为李明瑞恢复了名誉，并正式追认为革命烈士。

◆李明瑞、俞作豫雕像

俞作豫（1901—1930），广西北流人，龙州起义领导人。1917年入广州燕塘讲武堂，结业后到桂军历任排长、连长、营长。1926年在国民革命军第7军第2旅任团长，参加了北伐战争，在汀泗桥、贺胜桥和德安等战役中建有战功。1927年10月加入中国共产党。同年12月参加广州起义。不久返回家乡从事秘密工作，1928年任中共北流县委书记。1929年初，被派到桂军俞作柏、李明瑞部进行革命活动，为中共在广西掌握武装、发动起义积极创造条件。同年秋在南宁任广西警备第5大队大队长。1930年2月1日参与领导龙州起义，建立中国工农红军第八军，任军长。3月，国民党军攻占龙州后，斗争失败，他到香港寻找中共组织，在深圳被捕。同年9月6日，于广州红花岗英勇就义。

纪念馆占地面积33000平方米，陈列面积500多平方米，1984年春开始破土动工，翌年2月落成。红七军老战士、国家邮电部原部长钟夫翔为纪念馆题写了馆名。

纪念馆前矗立的4米高的李明瑞和俞作豫烈士的大理石雕像与陈列馆构成了纪念馆的主体内容。纪念馆建筑面积810平方米。馆内展出有关李明瑞、俞作豫烈士生平事迹的图片和实物以及一些珍贵革命资料和革命文物，还有原红七军、红八军老战士、有关领导和知名人士的题词。

李明瑞、俞作豫烈士纪念馆于1995年12月被广西壮族自治区党委、自治区人民政府公布为广西壮族自治区爱国主义教育基地。

博白县革命烈士纪念馆

博白县革命烈士纪念馆位于广西壮族自治区玉林市博白县公园路007号人民公园内。

◆博白县革命烈士纪念馆

博白有着光荣的革命历史。1926年，在党的领导下，博白的农民运动、学生运动、妇女运动蓬勃发展。革命青年社、妇女联合会、农民协会纷纷带领博白人民打土豪，分田地，争取妇女解放，宣传革命思想。朱锡昂是博白革命运动的早期领导者，1887年出生在博白县一个乡村教师的家庭，广东高等工业学堂毕业。1911年加入孙中山领导的同盟会，参加广州黄花岗起义。1925年春，朱锡昂由恽代英介绍加入中国共产党，是博白县第一位共产党员。1926年，朱锡昂在博白筹建了党团组织，一批进步青年朱光翼、冯培澜、朱澄霞、朱光等先后加入中国共产党。1928年1月，朱锡昂作为广西特委领导，在北流成立办事机关，恢复发展党组织，组建农民武装，开展艰苦卓绝的斗争。1929年6月2日，朱锡昂为了掩护同志，不幸被捕牺牲。1930年9月3日，朱光翼被捕，从容就义。1936年11月，刘敦安任中共广西省军团书记。1937年3月，他将南宁的博白籍党员朱为流、陈达伍和梧州的博白籍党员李毓筹的党组织关系介绍给中共陆川县委，在陆川县委领导下成立了中共博白县特别支部。1937年，抗日战争开始，中共博白县特别支部在艰苦条件下，创办书店，组织抗日宣传队，成立抗敌后援会和博白县战时工作团，开展了如火如荼的抗日救亡运动。1943年夏秋间，刘敦安、陈达伍等10余位同志先后被捕。他们宁死不屈，于当年12月在安徽省立煌市古背冲被桂系军阀活埋。斗争的残酷性并没有吓倒英勇的革命志士，1944年10月，博白成立了民主抗日委员会，并组建博白民主抗日自卫军。1945年2月26日，博白民主抗日自卫军1200余人齐集在周旺山水锡矿公司举行抗日武装起义誓师大会。起义军所到之处，开仓济贫，群众欢声雷动。先后攻克了10多个国民党乡公所，成立了10多个抗日民主乡政府。但由于敌我力量悬殊，博白起义部队在东平、绿吊等地遭受严重挫折，县委书记熊景升、刘德鸿等70多名党员干部壮烈牺牲。突围的300余人，由指挥员林执真和政治部主任邹优宁率领一直坚持斗争。抗战胜利后，博白县党组织继续领导博白人民与国民党反动派作斗争。1947 年 7 月成立的中共博白县工作委员会（后改为县委），根据形势发展的需要，建立交通站，镇压恶霸，成立兵工厂，深入发动群众，组织武装斗争。1949 年 12 月30 日，中国人民解放军分别从廉江、陆川、玉林进入博白围歼敌人，博白县第三团及游击队积极配合。在解放博白之战中，人民解放军歼敌 2 万余人，在当时的博白县图书馆活捉国民党华中军政长官公署副长官、第三兵团司令张淦。

为了缅怀革命烈士的丰功伟绩，1986 年开始建设博白革命烈士纪念馆，1989 年 12 月 1 日建成正式对外开放。纪念馆为两层仿古悬山顶吊楼式结构，坐北朝南，四周树木掩映，环境清幽。纪念馆旁边为刘敦安烈士雕像，东面为游乐场，北面为水上乐园，西面为公园广场，南面为朱锡昂烈士雕像。博白县革命烈士纪念馆馆藏革命遗物 94 件，纪念图片 260 幅，文物 3226 件。纪念馆陈列展览厅有两个：一楼为机动陈列展览厅，主要承办各级党委、政府、部门、单位举办的各种展览；二楼为固定陈列展览厅，分为博白县革命烈士陈列展览厅、中共博白县党史陈列展览室共两个陈列展览厅（室），其中博白县革命烈士陈列展览厅分为两个展览区：即革命烈士朱锡昂生平事迹展览区、各个革命历史时期博白县各条战线革命烈士陈列展览厅，陈列有朱锡昂、刘敦安、朱澄霞、陈达伍等 760 位在新民主主义革命时期为革命斗争而牺牲的革命烈士和社会主义建设时期牺牲的革命烈士英名录。

博白县革命烈士纪念馆于 2001 年 12 月被广西壮族自治区党委、自治区人民政府公布为广西壮族自治区爱国主义教育基地。

百色起义纪念馆

百色起义纪念馆位于广西壮族自治区百色市右江区城东路迎龙山上。

◆百色起义纪念馆

1929 年 12 月 11 日，中共中央代表邓小平和张云逸、李明瑞、陈豪人、雷经天、韦拔群等领导了百色起义，建立了中国红军第七军和右江苏维埃政权，创建了右江革命根据地。

百色起义纪念馆始建于 1961 年，设在中国红军第七军军部旧址粤东会馆里，原名“右江革命文物馆”，1996 年 9

月更名为“百色起义纪念馆”。现在的百色起义纪念馆于1999年12月11日落成。

百色起义纪念馆远看像一个巨大的三角形，仿佛从山中长出来，又欲冲出山体深深扎根于山体的三角形外形，墙体由下而上向顶部倾斜的视觉效果，象征着革命植根于人民，人民紧跟着中国共产党的向上凝聚力。整个大三角形外形也像一只巨大的神蛙。神蛙是壮民族的吉祥物，在许多传统的壮族服饰、壮锦、刺绣、铜鼓上常常出现。百色起义纪念馆的门楣上，是江泽民题写的“百色起义纪念馆”馆牌。四根粗大的圆柱稳稳地支撑着皇冠形的外廊，犹如中流砥柱顶天立地，象征着百色人民团结拼搏的合力。大门两侧分别是高7.3米，宽8.9米的浮雕，栩栩如生地再现了土地革命和武装斗争的历史岁月。

纪念馆建筑面积5500平方米，展厅面积3000平方米，展线总长为738米。在布展结构上，按基本陈列和专题陈列两个版块设为序厅、起义厅、英烈厅、功臣厅、小平厅、多功能厅；在布展主题上，突出表现邓小平的丰功伟绩和百色起义革命先辈不畏艰险，敢于牺牲，英勇奋斗的革命精神；在布展手段上，充分运用声、光、电、多媒体、壁画、雕塑、油画、场景复原、幻影成像、虚拟现实等现代展陈技术来再现历史，突出重点、亮点，增强艺术性和感染力。

百色起义纪念馆于1995年12月被广西壮族自治区党委、自治区人民政府公布为广西壮族自治区爱国主义教育基地；2001年6月被中央宣传部公布为全国爱国主义教育示范基地。

东兰县烈士纪念馆

东兰县烈士纪念馆位于广西壮族自治区河池市东兰县东兰烈士陵园内。

◆东兰县烈士纪念馆

在长期的革命斗争中，东兰人民付出了巨大的代价，无数共产党员、革命志士为民族独立、人民解放而英勇献身，载入烈士英名史册的就有2231名，记录在册的烈士居广西各县之首，其中县团级以上烈士就有26人。而那些为革命牺牲以及作出贡献，连名字也鲜为人知的仁人志士则数以万计。还有一批外县籍的共产党员和革命志士在东兰这块热土上洒尽了最后一滴血。无数革命先辈用鲜血换来了东兰各族人民的新生，谱写了东兰革命史上光辉的一页。

为了缅怀先烈，1956 年，中央人民政府批准兴建东兰革命烈士陵园，1957 年，广西省人民政府批准在陵园内兴建革命文物陈列馆，1978 年，经自治区人民政府批准建立东兰烈士纪念馆。纪念馆占地面积 1060 平方米，在长达 110 米的陈列橱窗里，陈列着东兰县在大革命、土地革命、抗日战争、解放战争等各个历史时期抗击敌人使用的大刀、长矛、粉枪、土炮等武器及烈士们的遗物，各种文物、照片、文献、图表等 353 件，其中还有邓小平、张云逸为纪念韦拔群牺牲 30 周年的题词。

东兰县烈士纪念馆于 1995 年 12 月被广西壮族自治区党委、自治区人民政府公布为广西壮族自治区爱国主义教育基地。

河池革命纪念馆

河池革命纪念馆位于广西壮族自治区河池市乾霄路。

河池是土地革命战争时期广西农民运动的发祥地和百色起义的策源地，是右江革命根据地的中心腹地。这里诞生了中国共产党早期农民运动领袖之一、中国工农红军早期将领韦拔群，同时又是红七军和邓小平、张云逸、李明瑞等老一辈无产阶级革命家生活和战斗过的地方。在这片红色土地上走出了 7 位共和国开国将军。在革命战争年代，河池各族人民在党的领导下为革命作出了重大牺牲和伟大贡献，许多革命先烈为中国革命和解放事业献出了宝贵生命。

河池革命纪念馆内部陈展共设“河池革命斗争史”、“河池市建设成就”、“河池市中长期发展规划”三大部分四个展厅，同时附设河池民族博物馆和河池铜鼓博物馆。“河池革命斗争史”展厅通过革命文物、文献和照片等形式，全面反映了河池人民在党的领导下开展艰苦卓绝的革命斗争的光辉历史，歌颂、缅怀邓小平、张云逸、李明瑞、韦拔群等革命前辈的丰功伟绩。“河池市建设成就”、“河池市中长期

◆河池革命纪念馆

发展规划”展厅全面展示建国以来，特别是改革开放以来，河池市经济建设和社会各项事业所取得的重大成就以及生机勃勃、日新月异的城乡新貌。河池民族博物馆和河池铜鼓博物馆则通过丰富多彩的实物及图片，展示河池作为多民族聚居地、“世界铜鼓之乡”所独具的源远流长、绚丽多彩的民族文化和铜鼓文化。

河池革命纪念馆于2005年开始兴建，2007年11月23日竣工落成并开放试运行。江泽民题写馆名。全馆建筑面积7351平方米，保护范围面积30000平方米，是目前河池市规模最大、功能最完备、陈展内容最丰富的综合性文博机构。

河池革命纪念馆于2010年12月被广西壮族自治区党委、自治区人民政府公布为广西壮族自治区爱国主义教育基地。

古河革命纪念馆

古河革命纪念馆位于广西壮族自治区河池市大化瑶族自治县古河乡古河中心小学校园内。

◆古河革命纪念馆

1923年，广西农民运动先驱陈铭玖、陈伯民、邓无畏等到古河小学组织农会，开办夜校，教农民识字，宣传革命道理，扩大革命力量。1929年12月，古河区苏维埃政府在此宣告成立。1949年5月，中共右江地方委员会、右江干校、《右江报》报社先后迁到古河小学办公。1949年8月，中国人民解放军滇黔桂边纵队桂西区指挥部在此成立。指挥员赵世同、政委区镇等在这里发布《桂西人民起义宣言》，领导东兰、万冈、凤山、天峨、河池、都安等6县游击武装进行革命。右江干校在此举办了第五、六期干训班，培养了一大批革命力量。

该旧址原为四合院结构，周长126.8米，南北长56米，东西宽28米，共有房屋23间。旧址现存有前座主楼及北厢房的一部分。2007年5月，大化瑶族自治县对其进行了维修，还建设了古河革命陈列馆，以文字、图片、实物、资料等形式，展示古河革命历史。

1970 年，古河小学被认定为桂西游击队指挥部旧址，1982 年被认定为中国人民解放军滇黔桂边纵队桂西区指挥部、中共广西右江地方委员会和中共右江地方委员会党校旧址。

古河革命纪念馆于 2010 年 12 月被广西壮族自治区党委、自治区人民政府公布为广西壮族自治区爱国主义教育基地。

龙州起义纪念馆

龙州起义纪念馆位于广西壮族自治区崇左市龙州县独山路。

◆龙州起义纪念馆

1930 年 2 月 1 日，邓小平、李明瑞、俞作豫等在龙州领导和发动了震惊中外的龙州起义，创建了中国红军第八军，成立左江革命委员会，建立了十几个县连成一片的拥有几十万人口、面积 13000 平方公里的左江革命根据地。龙州起义是土地革命战争时期中国共产党领导的以壮族为主的各族人民英勇反击国民党反动派的武装起义。

龙州起义纪念馆原为红八军军部旧址（红八军纪念馆），2004 年 8 月改建成新馆，取名为龙州起义纪念馆。

龙州起义纪念馆建筑面积 5400 平方米。馆内收藏着龙州起义时期和中国红军第八军的革命文物和历史资料。《赤色龙州》专题陈列共分 22 个部分，展线长 680 多米，陈列立体文物 400 多件，平面文物图片、图表 800 多张，内容丰富翔实，全面反映了龙州起义、红八军反帝、反封建的光辉战斗历程和左江各族人民为夺取民主革命胜利前赴后继、英勇奋斗的伟大业绩。在陈列形式上打破传统的陈列手法，利

◆龙州起义纪念馆广场

用文物、图片资料、场景等多种表现形式，提高了陈列的整体效果，是人们接受爱国主义和革命传统教育的重要场所。

龙州起义纪念馆随红八军军部旧址于1995年12月被广西壮族自治区党委、自治区人民政府公布为广西壮族自治区爱国主义教育基地；2001年6月被中央宣传部公布为全国爱国主义教育示范基地。

梧州中山纪念堂

梧州中山纪念堂位于广西壮族自治区梧州市中山公园内。

孙中山为了筹备北伐，曾于1921年至1922年先后3次驻跸梧州。1925年3月12日，孙中山在北京逝世。翌日，梧州成立追悼孙大元帅筹备处。3月24日，梧州各界共5000多人在东学塘（今阜民路）举行追悼孙中山大会，梧州善后处处长李济深在会上发表演说。4月25日，李济深召集梧州党、政、军、绅、商、农、工、妇、新闻、学生各界代表在同园开会，为缅怀孙中山先生的革命功勋，讴歌他为梧州各项事业倾注的心血，决定集资筹建中山纪念堂，公推李济深等10人为委员。1926年1月29日，梧州中山纪念堂奠基。1930年10月，中山纪念堂在北山建成，是中国历史上最早建成的孙中山纪念堂。

中山纪念堂占地面积达1630多平方米，建筑面积1330.59平方米，坐北向南，东西面阔44米，南北进深35米。素白色的外墙与四季常绿的古树相映衬，寓中山精神万古长青。纪念堂前座是四层塔式圆顶结构，有三个拱形门，前门额上书“中山纪念堂”，为时任广东省省长陈济棠所题。后座为千人会堂。会堂的正面为主席台，台中央上方塑有古铜色的孙中山头像及孙中山遗嘱全文，两侧有孙中山“革命尚未成功，同志仍须努力”的遗训。会堂陈列有孙中山生平事迹图片展览及文物复制品。展览厅内陈列有《中国民主革命的伟大先驱孙中山》展览和《孙中山亲属与后裔》展览，着重介绍孙中山三次莅临梧州指挥北伐出师广西和领导梧州人民改良西江以及孙中山亲属与后裔的史实。

中山纪念堂气势雄伟、庄严肃穆，其采用的是中国古典宫殿式与西欧圆顶式相结合建筑形式。中山纪念堂的设计相当巧妙，主体建筑的平面成“中”字形。从山脚到纪念

◆梧州中山纪念堂

堂有宽5米、长300米台阶，拾级而上，更体现了中山纪念堂的宏伟气势，庄严肃穆。

梧州中山纪念堂于1981年8月被广西壮族自治区人民政府公布为广西壮族自治区文物保护单位，2006年5月被国务院公布为全国重点文物保护单位，1995年12月被广西壮族自治区党委、自治区人民政府公布为广西壮族自治区爱国主义教育基地。

红军长征突破湘江烈士纪念碑园

红军长征突破湘江烈士纪念碑园位于广西壮族自治区桂林市兴安县城南狮子山。

1934年10月，中央红军主力8.6万余人被迫撤离中央苏区，连续突破敌人的三道封锁线，于11月下旬进抵湘桂边境。这时，蒋介石的中央军和湘桂粤军阀已集中30万重兵，在湘江以东地区布下了号称“铁三角”的第四道封锁线，企图将中央红军包围全歼于湘江东岸地域。为了在桂北抢渡湘江，突破第四道封锁线，红军将士从11月25日到12月1日，浴血奋战7个昼夜，以折损过半的惨重代价突破了敌人的湘江防线，约3万人渡过湘江向湘黔边进发。湘江战役是红军长征以来最壮烈的一战，粉碎了蒋介石围歼中央红军于湘江以东的企图。

◆红军长征突破湘江烈士纪念碑园

为了纪念红军突破湘江这一具有重要意义之战，抚慰烈士英魂，缅怀革命业绩，教育后代，经聂荣臻元帅提议，国务院批准，1993年修建了红军长征突破湘江烈士纪念碑园。纪念碑园占地面积8万多平方米，由三组建筑构成：一是大型群雕。在1万多平方米的大广场上，矗立着红军长征烈士纪念雕塑，群雕长46米、高11米，用800立方米的灰白花岗岩雕凿而成。群雕由青年红军、女红军、老游击队员、儿童四个巨大头像和“红军”、“送别”、“远征”、“渡江”、“永生”五组雕像组成，生动地表现了红军突破湘江战斗前后的历史画面。二是高体纪念碑。在狮子山顶屹立着由三支步枪构成碑体的高31米的“红军长征突破湘江烈士纪念碑”，主碑底座基室的门楣上镌刻着聂荣臻元帅亲笔手书“纪念突破湘江”六个大字。三是吊楼式纪念馆。里面陈列着湘江战役红军将领的照片、湘江战役军事模型图和红军长征路过广西的路线示意图等珍贵文物、历史资料。

◆红军长征突破湘江烈士纪念碑

红军长征突破湘江烈士纪念碑园于 1995 年 12 月被广西壮族自治区党委、自治区人民政府公布为广西壮族自治区爱国主义教育基地，1997 年 6 月被中央宣传部公布为全国爱国主义教育示范基地，1996 年 4 月被民政部公布为全国重点烈士纪念建筑物保护单位。

桂北人民武装斗争纪念碑园

桂北人民武装斗争纪念碑园位于广西壮族自治区桂林市灵川县城关第二小学校园内。

1944 年，日本军国主义侵犯广西期间，桂北各族人民在中共桂北地下党的领导下，组建了 9 支抗日游击队，抗击日军侵略。1945 年 8 月，中国人民取得了抗日战争的伟大胜利，人民渴望休养生息，国民党政府却倒行逆施，挑起内战。1947 年 4 月，中共广西省工委在横县召开会议，决定在有重要战略意义的地区广泛发动游击战争。1947 年 7 月至 9 月，灵川、全州、灌阳、龙胜等县人民相继发动武装起义，遭到严重的挫折。7 月 23 日，灵川县起义队伍在灵田乡起义成功后与全州、灌阳转移到灵川的同志会合，组成桂北游击队，在桂林市周围广大乡村坚持斗争，粉碎了敌人的反复“围剿”，队伍在斗争中不断发展壮大。1949 年 7 月成立桂北人民解放总队，下属两个支队，12 个大队，至 1949 年 11 月止，部队发展到 4700 多人枪，摧毁了国民党桂林地区半数县和大部分区、乡、村政权，创建桂北 10 个县近百万人口的游击区，形成包围桂林市及夹击湘桂铁路的战略态势，为支援、配合中国人民解放军解放桂北、解放广西作出了重大贡献。

桂北游击队先后有 300 多位同志为革命献出了宝贵的生命。为了缅怀革命先烈的丰功伟绩，1997 年 7 月，中共桂林地区委员会和桂林地区行政公署在灵川县城修建了桂北人民武装斗争纪念碑园。

◆桂北人民武装斗争纪念碑

整个碑园占地6600多平方米，四周围着花岗岩栏杆，分园林、碑身和碑志三大部分。正面是40级台阶，纪念碑高16米，山式造型，碑体用花岗岩巨型石料叠砌而成，碑身刻有“桂北人民武装斗争纪念碑”11个金色大字，碑顶矗立着游击队员振臂呐喊、威震桂北的五尊铜像。在纪念碑四周安放着10块花岗岩巨石，象征属于当年桂北游击区的灵川、兴安、全州、灌阳、资源、龙胜、义宁、临桂、永福、阳朔10个县。纪念碑后10米处，是《碑志》和《烈士名录》，它们和碑身构成碑园的主体部分。

桂北人民武装斗争纪念碑园于2001年12月被广西壮族自治区党委、自治区人民政府公布为广西壮族自治区爱国主义教育基地。

中共梧州地委、广西特委旧址陈列馆

中共梧州地委、广西特委旧址陈列馆位于广西壮族自治区梧州市建设路兴仁巷4号。

1925年，根据梧州靠近当时全国革命的中心广州，产业工人相对集中，革命蓬勃发展等有利条件，当时领导广东、广西、闽南及南洋地区革命的中共广东区委作出首先在梧州建立中共组织，然后向广西各地发展的决定，接连派出多批中共党员到梧州开展建党工作。1925年10月，中共广西第一个地方组织——中共梧州支部成立。1925年秋，中共广东区委常委兼军事部长周恩来亲临梧州指导建党工作。当时，公开身份是《梧州民国日报》总编辑的中共梧州支部书记龙启炎考虑到秘密工作的需要，将周恩来安排住在靠近客运码头、出入方便、闹中取静的大同酒店。周恩来听取了龙启炎等汇报梧州建党工作的情况后，充分肯定了梧州党、团组织发动群众，开展反帝反封建运动的成绩，认为要巩固发展新建立的党组织，必须开展工农运动，扩大革命队伍。今天的建设路兴仁巷4号这栋面积只有118平方米的三层砖木小楼就是当年中共梧州地委机关所在地，是当时广西革命运动的领导中心。中共梧州地委书记谭寿林和团地委书记马英就住在二楼，三楼是会议室。阳台周围用篱笆遮拦，既通风透光，外人又不易看到阳台和室内的情况，便于隐蔽工作。

1927年5月，中共梧州地委改为中共广西地委，廖梦樵任书记，辖广西全省。1928年1月，广西地委改组为广西省特委，邓拔奇任书记。6月，广西特委书记朱锡昂到达梧州，与党组织安排的其他同志租住在现民主二路维新里东一巷5号三楼，特委机关也设在这里。这是一间砖木结构的四层楼房，三楼面积只有48平方米。这里表面上像个家庭，实际上是组织广西反帝运动、准备武装暴动的指挥中心。1928年9月，中共广西特委改为中共广西临时省委，因中央委派的省临委书记未到职，朱锡昂仍是广西临时省委的主要负责人。临时省委机关就设在这里。为了工作方便，朱锡昂以商人的身份出现在社会上，以做生意作掩护，时而来往于梧州、广州、香港之间，时而奔忙于南宁、桂林、柳州一带，组织群众、动员群众，指导和检查各地党组织的工作。1928年冬，由于叛徒的出卖，中共广西临时省委机关遭到严重破坏。朱锡昂机智脱险，并沉着安排中共广西临时省委机关的同志分散转移。之后，中共广西临时省委在玉林新桥设立办事机关，继续领导广西各地党组织的工作。朱锡昂在玉林县新桥榕木根村召开农会会员会议时，不幸被捕，壮烈牺牲。

◆中共梧州地委、广西特委旧址陈列馆

1975年，自治区对中共梧州地委旧址进行了维修，并在旧址旁修建中共梧州地委、广西特委旧址陈列馆，用旧青砖作外墙，为二层砖混结构，底厅作陈列室，1978年12月建成对外开放。陈列馆展览分为四个部分：19世纪末20世纪初的梧州；梧州人民反帝、反封建历史壮举；中共梧州支部诞生；第一次国共合作时期。陈列馆展出的革命文物、历史照片、文献资料，不仅真实反映当年中共梧州地委、广西特委艰苦卓绝的战斗历程，而且详尽介绍了英烈们感人的生平事迹，有“热情如火吼如雷”、“丹心贯日情如海”的梧州地委第一任书记谭寿林；有“芳流千古，功高八桂”的广西特委书记朱锡昂；有被捕后受尽酷刑折磨，始终坚贞不屈的广西地委书记廖梦樵；有高唱《国际歌》英勇就义的共青团梧州地委书记钟云；有巾帼英烈覃超容、李素秋、陈丽卿、胡宝凤等。

中共梧州地委、广西特委旧址陈列馆于1995年12月被广西壮族自治区党委、自治区人民政府公布为广西壮族自治区爱国主义教育基地。

「十二五」国家重点出版物出版规划项目
国家出版基金项目

◎全国革命遗址普查成果丛书

中共中央党史研究室组织

【总第1卷】

全国重要革命遗址通览

【第3册】

QUAN GUO GE MING YI ZHI PU CHA

中共中央党史研究室科研管理部 编

中共党史出版社

海南省重要革命遗址

中共琼崖第一次代表大会旧址

中共琼崖第一次代表大会旧址位于海南省海口市龙华区竹林里131号。

中共琼崖第一次代表大会旧址原是一处颇具规模的民宅——邱宅大院。邱宅大院是邱秉衡（著名民主人士、曾任海口市副市长）之父邱爵一于1920年兴建。邱家长期支持革命，该院建成后便成为革命志士和共产党人开展活动的场所。1926年6月，中共琼崖第一次代表大会在此召开，出席会议的代表有王文明、罗文淹、冯平、许侠夫、周逸、何德裕、李爱春、黄昌炜、陈三华（女）、陈垂斌、罗汉等，代表全琼党员240多人，中共广东区委特派员杨善集出席会议并进行指导。会议由王文明主持，杨善集传达中共第四次全国代表大会精神和中共广东区委的指示。大会分析了全国和琼崖的革命形势，讨论了琼崖党组织的主要任务，通过了关于职工运动、农民运动、政治工作、军事工作等决议。会议选举产生了中共琼崖地方委员会领导机构，王文明任书记，罗汉、冯平、许侠夫、陈垂斌、黄昌炜、罗文淹、柯嘉予、何德裕、李爱春、陈三华（女）、周逸、陈德华为委员。琼崖地委设组织、宣传、工人、农民、军事、青年、妇女和国民党工作部等部门。中共琼崖第一次代表大会在海口的召开和中共琼崖地委的成立，是琼崖人民革命斗争史上具有划时代意义的重大事件，琼崖人民从此在中国共产党的领导下，为实现民族独立和国家富强，开始了不屈不挠、艰苦卓绝的斗争历程。

◆中共琼崖第一次代表大会旧址

◆中共琼崖第一次代表大会旧址铭碑

邱宅大院坐北朝南，占地面积约为1800平方米，建筑面积690平方米，为二进三间、东西厢房的四合院式布局，是典型的海南民居结构。院内有瓦面平房两幢，每幢分隔3间，中为厅堂，两侧各有两个小房。两幢平房的前、中、后各有相应的庭院，东、西两侧是厢房，均为砖木结构，并置有小花园。首间平房的厅堂为中共琼崖一大会址遗物陈设室，两侧的厢房墙壁上悬挂中共琼崖一大代表的头像及生平简介；后间平房及东、西两侧的厢房为“中共琼崖地方组织的光辉历程”图片展览。

中共琼崖第一次代表大会旧址于1994年11月被海南省人民政府公布为海南省重点文物保护单位；2001年6月被国务院公布为全国重点文物保护单位；2006年11月被海南省委宣传部公布为海南省爱国主义教育基地。

琼崖工农红军云龙改编旧址

琼崖工农红军云龙改编旧址位于海南省海口市琼山区云龙镇云龙墟。

◆琼崖工农红军云龙改编旧址

1937年7月7日，卢沟桥事变爆发后，中国进入全面抗战阶段，中共琼崖特委开始主动与国民党琼崖当局谈判，于次年10月22日达成了琼崖国共两党团结抗战协议。协议有五点，其中议定琼崖工农红军改编为“广东民众抗日自卫团第十四区独立队”，独立队为1个大队建制，下辖3个中队，由冯白驹任独立队队长。在此背景下，1938年12月5日，中共琼崖特委和国民党琼崖当局在云龙墟六月婆庙大院内举行琼崖红军改编仪式暨誓师抗日大会。各界人士、琼崖国民党当局官员及群众上万人参加了大会。国民党琼崖守备司令、第九区行政督察专员、保安司令王毅在大会上宣布“广东民众抗日自卫团第十四区独立队”成立，向独立队队长冯白驹授军旗、关防，并发表讲话。冯白驹代表独立队全体指战员讲话时表示：绝不辜负琼岛同胞的期望和重托，誓死抗日，保卫琼崖。这就是琼崖抗战史上著名的“云龙改编”。

◆琼崖红军战士铜像

琼崖工农红军云龙改编旧址由红军战士铜像、接待厅、陈列馆、荡寇亭、凯旋亭和壁廊等组成。整体坐东向西，占地面积7150.5平方米。正门右侧大理石柱上刻有马白山（琼纵老战士、原海南军区副司令员）题写的“琼崖红军云龙改编旧址”。距大门正中16米处竖立一尊手握钢枪的独立队战士全身铜质铸像，总高10.4米，其中铜像高4.6米，座高5.8米。像座正面刻有徐向前元帅的题词“琼崖抗日先锋”，背面刻有“云龙改编简介”。铜像的后面是纪念馆，建筑面积320平方米，馆的周围种植23棵青松，象征琼崖革命武装斗争23年红旗不倒的光辉历程。馆左侧建有长38米、高3米的曲廊，刻有朱德、陈毅、徐向前、聂荣臻、杨尚昆、彭真、薄一波等关于琼崖革命斗争的题词。

琼崖工农红军云龙改编旧址于1994年11月被海南省人民政府公布为海南省文物保护单位；1997年6月被中央宣传部公布为全国爱国主义教育示范基地。

陵水县苏维埃政府旧址

陵水县苏维埃政府旧址位于海南省陵水黎族自治县椰林镇中山东路22号琼山会馆。

◆陵水县苏维埃政府旧址（琼山会馆）

1927年8月7日，中共中央在湖北汉口召开紧急会议（即八七会议），总结大革命失败的教训，讨论了党的工作任务，确立了实行土地革命和武装起义的方针。11月初，中共陵水县委书记黄振士在陵水西区坡村传达了中共琼崖特委扩大会议关于进一步扩大武装暴动，开展土地革命，建立苏维埃政权和革命根据地的决定。11月25日，县委书记黄振士、农军总指挥王昭夷指挥农军1000余人会同徐成章率领的琼崖东路工农革命军3个连300余人一起包围攻打陵城，国民党县长邱海云弃城而逃。当天下午，农军占领陵水县城。

1927年12月16日，陵水县第一次工农兵代表大会在陵城召开，宣布成立陵水县苏维埃政府，选举王业熹为县苏维埃政府主席，黄振士、许邦鸿、郭绍元（女）、谢是位、王庆琼、黄其祥、王志超、欧赤、王昭夷、冯娥群等为委员；设宣传、土地、民政、财政、交通、妇女、军事7个科和1个经济委员会。县苏维埃政府成立后庄严宣布对外打倒帝国主义，对内打倒封建军阀，实行土地革命。在全县废除苛捐杂税，实行

◆反映革命群众攻打陵水县的雕像

“三七”减租，惩处枪毙了向来为非作歹、人民恨之入骨的恶霸地主，没收地主奸商浮财分给农民，把地主的田契、字约、账簿、刑具等集中当众烧毁，颁布土地革命条例，宣布土地还农，在全县掀起分配土地高潮。陵水县苏维埃政府是琼崖革命斗争史上建立的第一个县级苏维埃政权。它的成立，推进了以乐四区为中心的琼崖革命根据地的发展和巩固，加快了根据地的经济文化建设，掀起革命根据地土地革命的高潮。

1928 年 3 月至 4 月，国民党军蔡廷锴部对苏区进行“围剿”，中共陵水县委、县苏维埃政府机关工作人员和农军 500 多人同少数留守的红军撤至西区东光村和北区的马村、彭谷园、港坡一带拒敌。6 月 16 日，敌攻陷彭谷园据点，县委、县苏维埃政府主要领导大都牺牲，苏维埃政府随之解体。

陵水县苏维埃政府旧址（琼山会馆）始建于 1921 年，是一幢祠堂式的砖木结构建筑，建筑面积 908 平方米，占地 1100 平方米，为封闭式三进四合院，其大门顶端墙壁嵌一块石匾，题名“琼山会馆”。大门内对面有木板屏风，一、二进水墙均筑成凸峰式，二进厅前后各有一天井，左右有轩廊，二、三进厅均是两层楼阁，楼阁用檀木和木板构成。

陵水县苏维埃政府旧址于 1979 年 12 月被广东省人民政府公布为广东省文物保护单位，1994 年 11 月被海南省人民政府公布为海南省重点文物保护单位；2006 年 5 月被国务院公布为全国重点文物保护单位；1997 年 4 月被海南省委宣传部公布为海南省爱国主义教育基地。

六连岭革命根据地遗址

六连岭革命根据地遗址位于海南省万宁市和乐镇六连村。

六连岭为五指山余脉。1927 年 4 月 22 日，琼崖国民党当局策划和发动了大肆搜捕和屠杀共产党员和革命群众的行动。琼崖四二二事变后，中共琼崖地委和海口农训所的学员转移至六连岭北麓的乐会县第四区，万宁县党组织和农训所的学员也转移至六连岭东麓的万宁县第四区军寮村，同海口、乐会的农训所学员会合并合编成一支农军。1927 年 7 月，中共万宁县委在六连岭成立。组织万宁县农民开展武装暴动，掀起土地革命高潮。1928 年 6 月，万宁县苏维埃政府在六连岭成立。苏维埃政府在六

◆六连岭革命根据地遗址

连岭创办了苏区合作社、红军医院、列宁学校，使六连岭成为琼崖东区较为稳固的革命根据地。

1928 年 6 月至 1932 年，国民党军蔡廷锴部和陈汉光部先后来琼“围剿”。六连岭根据地的军民坚持革命，百折不挠，前仆后继，同敌人和饥饿进行了顽强的斗争，使六连岭根据地革命红旗始终不倒。抗日战争时期，六连岭根据地由 10 多名短枪班战士发展为琼崖抗日独立总队第九中队，继而发展为 900 多人的琼崖总队第三支队，成为琼崖东区的抗日主力军。中共乐万县委和乐万县抗日民主政府都驻扎在六连岭，琼崖抗日军政学校、琼崖党校、军械厂、第三支队医院都在六连岭创办，六连岭根据地成为琼崖东区主要根据地之一。

在长期的革命斗争中，六连岭下成千上万的人民投身革命，先后共牺牲了 2000 多人，为中国革命的胜利和海南的解放作出了重大贡献。1957 年，朱德、董必武分别为六连岭革命根据地题词，充分肯定了六连岭革命根据地的历史地位和海南人民的历史功勋。

◆六连岭烈士陵园

1961 年秋，万宁县人民政府在六连岭东麓建立了革命烈士纪念碑和纪念亭。1976 年逐渐扩建为六连岭烈士陵园，陵园大门是绿色琉璃瓦顶，大门左上方是朱德题诗：“六连岭上现彩云，竖起红旗革命军。二十余年游击战，海南人民树功勋。”大门右上方是董必武题诗：“六连岭树红旗日，五指山防白匪时。二十三年根据地，一心革命费坚持。”

六连岭烈士陵园纪念碑以钢筋水泥和花岗岩砌成，呈方形塔状，高 14 米，碑基宽 2.66 米。碑的周围有两层栏杆，占地 140 平方米。碑正面刻着“革命烈士永垂不朽”8 个大字。

六连岭烈士陵园于 2009 年 5 月被中央宣传部公布为全国爱国主义教育示范基地；六连岭烈士纪念碑于 1989 年 8 月被民政部公布为全国重点烈士纪念建筑物保护单位。

王文明烈士纪念亭和王文明故居

王文明烈士纪念亭位于海南省琼海市嘉积镇东风路。王文明故居位于海南省琼海市阳江镇益良村。

◆王文明故居

王文明（1894—1930），生于乐会县（今琼海市）益良村。1917 年考取琼崖中学；1919 年参与领导琼崖学生运动，先后当选琼崖十三属学生联合会副会长、琼崖抵制日货会会长。1922 年加入中国共产党；1924 年考入上海大学。1925 年 1 月，在广州参加“琼崖革命同志大同盟”的领导工作，11 月，任国民革命军第 4 军第 12 师党代表兼政治部主任。1926 年 2 月，率部返琼讨伐邓本殷；6 月，与杨善集主持召开中共琼崖第一次代表大会，成立中共琼崖地方委员会，当选地委书记。1927 年琼崖四二二事变前夕，他率领地委机关部分工作人员转移到乐会县第四区开辟革命根据地。6 月，中共琼崖地委改为中共琼崖特委，任特委常委兼肃反委员会主席。9 月，与杨善集等领导全琼武装暴动，创建党领导的琼崖工农武装。1928 年底，率部开辟母瑞山革命根据地。1929 年夏，在母瑞山组建红军独立团，8 月重建中共琼崖临时特委，11 月当选琼崖特委书记。1930 年 1 月 17 日，王文明由于长期为琼崖革命呕心沥血，积劳成疾，在母瑞山滴水岭不幸病逝，终年36岁。

◆王文明烈士纪念亭(后改名为“王文明纪念园”)

1985年4月，琼海县（今琼海市）人民政府兴建王文明烈士纪念亭（后改名为王文明纪念园）。纪念亭占地面积0.5亩，亭呈六角形，高5米，顶缀琉璃瓦，六壁缀瓷砖。亭正面上方横梁上刻“王文明烈士纪念亭”，四周有水泥栏杆。亭内有王文明衣冠冢。

王文明故居始建于民国初期，后被国民党军拆毁。1990年7月，琼海县人民政府在原址按原貌重建。故居是庭院式的砖瓦土木结构，有正屋、横屋，占地面积0.5亩，建筑面积270平方米。同年11月，时任中共海南省委书记许士杰题写门匾：“王文明故居”。王文明故居重建后增建了王文明生平陈列室，陈列着王文明参加革命活动的资料、图片、文物。

王文明烈士纪念亭和王文明故居于1994年11月被海南省人民政府公布为海南省文物保护单位；1997年4月被海南省委宣传部公布为海南省爱国主义教育基地。

杨善集烈士纪念亭和杨善集烈士墓

杨善集烈士纪念亭和杨善集烈士墓位于海南省琼海市嘉积镇善集路。

杨善集（1900—1927），字义甫，琼东县（今琼海市）谭门镇井堪村人。1915年考进琼崖中学。1922年考进广东公路工程学校。1924年10月由中共党组织选送苏联莫斯科东方劳动者共产主义大学学习，11月加入中国共产党。1925年8月回国，先后任共青团广州地委书记、广东区委书记等职，积极推动青年运动的开展。1926年6月，被任命为中共广东区委特派员，负责指导筹建成立中共琼崖地方委员会。1927年5月底回琼工作，6月担任中共琼崖特委书记兼军事委员会主席，7月又兼任琼崖讨逆革命军总司令部党代表。他致力于发展党的基层组织，指导各县成立县委，领导武装斗争，反击国民党的白色恐怖。在他的领导下，琼崖各县的武装队伍不断壮大。9月上旬，主持召开琼崖特委军事会议，决定举行全琼武装总暴动。同月23日，率部攻打嘉积镇外围的椰子寨据点，遭到敌援兵反扑，在加所坡阻击战中英勇牺牲，年仅27岁。

林一人（1900—1931），1920年与杨善集结婚。1926年6月，杨善集受中共

◆杨善集烈士纪念亭

广东区委派遣到琼崖指导建党工作，她随杨善集积极参加革命活动。同年加入中国共产党。1927 年春，受组织派遣到琼东县从事妇女工作。7 月，当选为琼东县妇女解放协会主任。杨善集英勇牺牲后，她化悲痛为力量，继承丈夫未竟的事业，在琼东、乐会两县的农村发展了一批妇女共产党员，为琼崖的妇女解放运动、创建琼崖农村革命根据地做出了显著的成绩。11 月琼崖特委第一次扩大会后，当选为琼崖妇女解放协会委员。1928 年 4 月和 11 月，先后两次以琼崖妇女党员代表的身份参加中共广东省委扩大会议，并都当选为中共广东省委委员。1929 年春，林一人被捕入狱。她在狱中坚贞不屈，与敌智斗，不暴露身份，不久被党组织营救出狱。出狱后，她遂化名潜伏农村继续开展妇女工作。1931 年夏，她带领两位青年妇女到琼东五区龙胆村开展工作时被敌发现围捕，为掩护同志脱险，林一人只身与敌搏斗，壮烈牺牲。

1958 年 4 月，琼东县（今琼海市）人民政府建成杨善集烈士纪念亭，占地面积 2.5 亩，纪念亭呈轿式四角形，高 5 米，钢筋水泥结构，亭体上方写着“杨善集烈士纪念亭”8 个大字。并修建了杨善集烈士和夫人林一人烈士合墓，建筑面积 80 平方米，周围筑有水泥栏杆，墓前立碑，镌刻着琼海市人民政府于 1997 年重立的碑文。

◆杨善集与夫人林一人合墓

杨善集烈士纪念亭和杨善集烈士墓于 1997 年 4 月被海南省委宣传部公布为海南省爱国主义教育基地。

解放海南岛战役烈士陵园

解放海南岛战役烈士陵园位于海南省海口市龙华区海秀大道中段南侧的金牛岭公园内。

解放海南岛战役烈士陵园（原名海口市金牛岭革命烈士陵园）始建于1957年，是广东省海南行政区公署、海口市人民委员会和中国人民解放军海南军区司令部、政治部为纪念坚持琼岛革命斗争和英勇渡海作战中牺牲的烈士而修建的。原建在白沙门战斗遗址。1983年迁至现址，占地面积93.08亩，建筑面积720平方米。正前方是一座大型圆锥体的无名烈士的集体陵墓，陵墓前面竖立一座石碑，正面镌刻朱德1957年1月27日的题词“渡海英雄永垂不朽”，背面刻有海南行政区公署，海口市人民委员会和海南军区司令部、政治部立的《悼白沙门上的烈士》的长篇碑文。陵墓后面为单体烈士墓，有李振亚、王白伦、黄魂、王业熹、符明经、刘秋菊等革命烈士和革命同志之墓110多座。琼崖地下学联烈士墓也安置于该陵园内。

◆解放海南岛烈士纪念碑

2010年，海口市人民政府在陵园东侧修建了占地4200平方米的纪念广场，广场南面新建了一座形似木帆船的解放海南战役烈士纪念碑，碑高16米，碑的正面镌刻着“解放海南的英烈永垂不朽”，背面刻有“解放海南岛战役简介”。碑的基座刻有反映渡海作战的浮雕。

◆解放海南岛战役烈士墓

解放海南岛战役烈士陵园于1997年4月被海南省委宣传部公布为海南省爱国主义教育基地；1997年6月被海南省人民政府公

布为海南省重点烈士纪念建筑物保护单位。

冯平、符节烈士纪念碑

冯平、符节烈士纪念碑位于海南省澄迈县金江镇文明路北段（县汽车站对面）。

冯平（1899—1928），原名夙藩，字茂南，文昌市东路镇美德村人，琼崖早期革命领导人之一。1915 年，考入省立琼崖中学。1919 年 5 月，与王文明、杨善集等人带领海南青年学生参加五四运动。省立琼崖中学毕业后，考进上海文化大学。不久到广州广东高等师范学校读书。1924 年 5 月被中共中央选送到苏联，先后入莫斯科东方大学和红军学校学习。1924 年 12 月被中共旅莫支部吸收为中共党员。1925 年回国，被派到广东省农民协会工作。1926 年初以国民党中央农民部特派员身份回到琼崖从事农民运动，进行革命宣传和组织工作，任广东省农民协会琼崖办事处主任。1926 年 6 月当选中共琼崖地委委员，同年 8 月任琼崖农民协会主席。1927 年春任琼崖高级农民军事政治训练所所长。1927 年 7 月任琼崖讨逆革命军总司令。1927 年 11 月，任琼崖工农革命军总司令兼西路总指挥。1928 年 2 月琼崖工农革命军改称琼崖工农红军，任工农红军总司令兼西路红军指挥。5 月 9 日，由于叛徒出卖，在澄迈县西昌地区仁教岭（今属屯昌县）被国民党包围，激战中负伤被捕。敌人利用金江墟日，将冯平绑在竹椅上抬着“示众”。他毫无惧色，对数千群众进行革命宣传：“父老兄弟们！本人就是琼崖工农红军司令冯平，感谢大家来看我，革命不怕死，怕死不革命，杀了一个冯平，还有千万个冯平！革命者是杀不绝的，共产主义一定会实现！”

◆冯平、符节烈士纪念碑

冯平被捕后，琼崖党组织千方百计设法营救，决定在国民党把冯平押送海口途中强行解救。但敌人闻讯后改变了主意，国民党军师长蔡廷锴亲自来澄迈县提审。在敌人的威胁利诱面前，冯平威武不屈。1928 年 7 月 4 日上午，与符节一起在金江镇英勇就义。

符节（1899—1928），原名符戴徐，字宝初，文昌市东郊镇下田村人。1925 年考入黄埔军校第三期，同年底加入中国共产党。1926 年受中共党组织派遣，到国民革命军北伐部队叶挺部任职，历任营长、团长。在攻打武汉时，英勇作战，身负重伤后入院治疗。1927 年奉命回广州，在军队中秘密从事党的工作，后参加八一南昌起义，12 月参加广州起义。1928 年初，被派回琼参加领导武装斗争，任琼崖工农红军政治部主任。4 月初红军受挫后，协助冯平带领红军小分队与国民党周旋，伺机打击敌人。5 月 9 日晚，由于叛徒告密，国民党军突然包围西路红军指挥部。符节、冯平兵分两路强行突围，但终因寡不敌众，部队被打散，在一个山坳里因子弹耗尽而被捕。在监狱里虽然遭受威胁利诱，严刑拷打，但英勇不屈。1928 年 7 月 4 日，在澄迈县金江镇与冯平一起就义。

1957 年，澄迈县人民委员会在金江镇冯平、符节烈士就义的地方修建冯平、符节烈士纪念碑。

冯平、符节烈士纪念碑于 1997 年 4 月被海南省委宣传部公布为海南省爱国主义教育基地。

王文儒烈士纪念碑

王文儒烈士纪念碑位于海南省澄迈县文儒乡良田村。

王文儒（1899—1933），即王文宇，小名继清，澄迈县北雁乡良田村人。1925 年 11 月加入中国共产党。1927 年蒋介石发动四一二政变后，受中共广东区委派遣回琼开展武装斗争，历任琼崖西路人民起义军澄迈大队长兼教官、琼崖工农红军西路军第 1 营营长、琼崖工农红军独立团副团长、中国工农红军第 2 独立师第 2 团团长、琼崖第三届苏维埃政府委员、中国工农红军第 2 独立师师长等职。1932 年秋，在母瑞山指挥反“围剿”斗争中，为掩护中共琼崖特委、琼崖苏维埃政府领导机关的安全转移，指挥红军第 1 团同数倍于已的国民党军激战。

◆王文儒烈士纪念碑

最后因弹尽粮绝，大部分红军指战员相继壮烈牺牲，王文儒也身负重伤。1933 年 1 月 2 日，因叛徒出卖，国民党军将因饥饿和伤痛而昏厥中的王文儒逮捕。在府城警卫旅的监狱里，国民党当局对他软硬兼施，用美人计、高官厚禄、手指插竹签、灌辣椒水、烤红的铁板烙等手段，都无法使其屈服。1933 年 7 月的一天，国民党当局将王文儒押赴刑场。一路上，他高唱《国际歌》，高呼："打倒国民党反动派！""共产党万岁！共产主义万岁！"最后慷慨就义。

1957 年 11 月 24 日，澄迈县人民委员会为纪念王文儒烈士，将他的诞生地北雁乡命名为文儒乡。1958 年秋，澄迈县人民委员会在他的家乡建造王文儒革命烈士纪念碑。1959 年 2 月 12 日建成，1991 年 1 月重修。纪念碑坐西向东，碑高 6. 18 米，底座宽 1. 8 米，碑座高 1. 58 米，碑基平台高 1. 95 米，为花岗岩石结构。碑基正面刻有王文儒烈士的生平事迹，碑基平台四周有水泥栏杆，平台东西两边筑有台阶，东边台阶 13 级，西边 3 级。

王文儒烈士纪念碑于 1997 年 4 月被海南省委宣传部公布为海南省爱国主义教育基地。

海南革命烈士纪念碑

海南革命烈士纪念碑位于海南省海口市龙华区公园路 2 号海口人民公园内。

1926 年 6 月，中共琼崖地委成立。1927 年 9 月，琼崖共产党人执行中共中央指示精神，举行全琼武装总暴动，组建琼崖工农武装，在远离中央，缺少外援的情况下，孤岛奋战，坚持武装斗争 23 年红旗不倒，并在战争中不断发展壮大。1949 年下半年，国民党军队 10 余万人从大陆各地溃逃琼岛，构筑起一道海、陆、空立体防线，妄图阻止人民解放军解放海南。在琼崖纵队的接应下，中国人民解放军第四野战军第 40 军、43 军及炮兵、工兵各一部共 10 万余人遵照中央军委和毛泽东主席的指示，迅速组成渡海作战兵团。1950 年 3 月 5 日开始，渡海作战兵团先后组织两个加强营和两个加强团，分两批四次成功偷渡，加强琼崖纵队的接应力量。4 月 16 日，兵团主力组成两个梯队，分乘木帆船，正面强渡琼州海峡，在琼崖纵队和先遣登陆部队的有力接应下，于海口以西至临高角一带突破国民党军的重重封锁，大举登陆，继而向纵深发展，在澄迈黄竹、美亭与国民党军决战，歼灭国民党军主力。4 月 23 日，海口解放。随后，渡海作战部队与琼崖纵队兵分东、中、西三路追击南逃的国民党军队。5 月 1 日，全岛宣告解放。这次战役共歼灭国民党守军 3. 3 万余人，我军也付出了巨大代价，伤亡 4500 余人，开创了世界革命战争史上木船打败军舰的先例，在中国人民革命斗争史上谱写了光辉的一页。

海南革命烈士纪念碑建于 1954 年 4 月，是为纪念长期坚持琼崖革命斗争和英勇渡海作战而牺牲的 2 万多名烈士而修建的。纪念碑占地面积 0. 8 亩，建筑面积

36 平方米，用大方块花岗岩石砌成，碑四周设有石栏杆，呈四面体，碑总高 14.5 米，碑身高 11 米，顶端为圆形，四边棱角有精致的花纹。碑身正面刻有“革命烈士永垂不朽”8 个大字，基座正面及碑身背面刻有朱德的题词：“长期坚持琼岛革命斗争和英勇渡海作战而牺牲的同志们！你们是中华民族最优秀的儿女。你们的英雄行为，对解放琼岛和全中国起了不可磨灭的作用。烈士们的功绩永垂不朽！”

海南革命烈士纪念碑于 1997 年 4 月被海南省委宣传部公布为海南省爱国主义教育基地；2009 年 3 月被民政部公布为全国重点烈士纪念建筑物保护单位。

◆海南革命烈士纪念碑

解放海南战役决战胜利纪念碑

解放海南战役决战胜利纪念碑位于海南省澄迈县金江镇美亭墟军路村旁。

1950 年 4 月 17 日，在琼崖纵队配合下，在 2 万余支前民工支援下，渡海解放军主力部队击溃国民党 64 军、62 军一部，突破临高、澄迈一带敌防线后，大举登陆。国民党海南防卫总司令薛岳把 6 个师 5 万多人的兵力集结在澄迈县美亭、白莲地区，在 4 个飞行大队空中支援下，企图与登陆解放军主力部队决战。20 日，解放军 43 军 128 师主力到达美亭、黄竹地区，与增援澄迈的国民党 32 军 252 师师部及 754 团、755 团一个营相遇，128 师当即将国民党军包围，并发起猛攻。同时，43 军 127 师、128 师一个营迅速进至美亭、白莲地区阻击国民党军 62 军主力、暂编 13 师残部、教导师大部、32 军一部，保障 128 师主力歼敌。国民党军 62 军 151 师主力从屯昌，252 师 765 团、755 团大部从金江火速增援黄竹、美亭，对解放军128师实施反包围。43军在受到内外夹攻的不利情况下，顽强作战。解放军40军根据15兵团的命令，以主力6个团近2万人于19日从临高地区出发，冒着敌机的轰炸扫射，21日抵达美亭东西两侧地区，将围攻128师的国民党军队实行钳形包围。战斗呈现犬牙交错的复杂局面，双方短兵相接，双方展开肉搏争夺战，有些阵地几次易手。22日，在支前民工的支援下，解放军40军、43军主力与琼纵第3总队第1团、第3团向敌发起总攻，全歼国民党32军252师，击溃并重创62军、暂编13师和教导师等部。美亭、黄竹决战的胜利，对解放海南岛起了决定性的作用。

◆解放海南战役决战胜利纪念碑

解放海南战役决战胜利纪念碑由海南军区于1995年修建。纪念碑坐西南向东北，碑高8米，底座宽2.8米，碑座高1.3米，建筑面积212平方米。碑身正面刻有“解放海南战役决战胜利纪念碑”，背后刻有中国人民解放军渡海登陆部队在美亭地区同国民党军队进行决战的胜利概况。碑基平台四周有护栏，为长方形钢筋混凝土结构。

解放海南战役决战胜利纪念碑于1997年4月被海南省委宣传部公布为海南省爱国主义教育基地。

李硕勋烈士纪念亭

李硕勋烈士纪念亭位于海南省海口市琼山区海府大道勋亭路39号。

李硕勋（1903—1931），四川高县人，早年从事革命活动，1924年加入中国共产党，大革命期间担任国民革命军第四军党代表、政治部主任；1927年参加南昌起义，任第11军25师党代表，师政治部主任；1928年后历任中共江苏省委秘书长，浙江省委常委、组织部长、省委军委书记、省委代理书记，上海沪西区委书记，中共中央军委委员兼江苏省委军委书记等职。1930年任中央军委委员，1931年5月任中共广东省委军委书记，同年8月31日受党的派遣，来海南岛指导武装斗争，抵达海口后不幸被捕。9月5日，李硕勋在海口市“东校场”被国民党当局杀害，时年28岁。

◆李硕勋烈士雕像

1986年11月，中共海南行政区委、海南行政区人民政府在李硕勋烈士就义地点——海口市“东校场”旧址，修建李硕勋烈士纪念亭。现形成纪念园区，呈长方形，占地面积4520平方米，由烈士雕像、纪念亭、题词碑廊和陈列室四部分组成。纪念亭高6.1米，横匾上刻着王震将军题写的“李硕勋烈士纪念亭”8个大字。亭前有李硕勋烈士的半身花岗岩雕像，高1.2米。雕像基座高约2米，正面刻着邓小平题写的“李硕勋烈士永垂不朽”9个金字，基座的左右两侧分别镌刻着李一氓撰写的李硕勋烈士传略和李硕勋烈士给妻子赵君陶的遗书。基座背面安放着李硕勋烈士和夫人赵君陶的大理石棺。纪念亭后是题词碑廊，镌刻着党和国家领导人的题词、题诗、题跋。纪念亭南侧是李硕勋烈士生平业绩陈列室，陈列室内宽敞明亮，布局井然，展出大量的珍贵图片、文献和烈士遗物等。纪念亭周围种植多种终年常绿、四季交替开花的花木。整个建筑物庄严、朴实、美观、环境幽雅。

◆李硕勋烈士陈列室

李硕勋烈士纪念亭于1997年4月被海南省委宣传部公布为海南省爱国主义教育基地；1989年8月被民政部公布为全国重点烈士纪念建筑物保护单位。

红色娘子军纪念园

红色娘子军纪念园位于海南省琼海市嘉积镇万石坡。

1931年5月1日，中国工农红军第2独立师第3团女子军特务连（即红色娘子军连）在乐会县（今琼海市）成立。全连三个排，共100人，除挑夫和号兵外，全为女性。娘子军连在中共琼崖特委领导下，出色地完成了保卫领导机关，宣传发动群众等项任务，并有力地配合主力部队作战。在沙帽岭伏击战、火攻文市炮楼、拔除阳江据点及

◆红色娘子军纪念园

马鞍岭阻击战中，不怕牺牲，英勇杀敌，为琼崖革命立下不朽的功勋。解放后，红色娘子军的传奇故事被广为传播，毛泽东、周恩来曾高度评价红色娘子军，赞扬红色娘子军为“革命的典范”。

红色娘子军纪念园于 1998 年开始兴建，2000 年 5 月 1 日建成开园。纪念园由和平广场、纪念广场、椰林寨、旅游服务区等组成，占地面积 200 亩。和平广场位于纪念园的正中前沿，可容纳数千人；广场正中舞台背景是女子军竹笠、军号、和平鸽、砸断的锁链等巨型雕塑。纪念广场位于纪念园的西北侧，广场上有红色娘子军战士雕像、展现红色娘子军战斗历程的浮雕墙、栽培纪念树的园地与观看红色娘子军战士曲艺表演的场地。2002 年，增建红色娘子军纪念馆。纪念馆共两层，位于纪念园的中心位置，占地面积 770 平方米，建筑面积 1520 平方米。纪念馆前庭上矗立一座巨型的红色娘子军战士雕像，雕像庄重威武，英姿飒爽。旅游服务区位于纪念园的西侧，设有红色娘子军射击娱乐场、海岛服装、土特产销售商场和宾客餐饮场所。纪念园里树木成荫，绿草如毯，鸟语花香。

◆红色娘子军雕像

红色娘子军纪念园于 2001 年 6 月被中央宣传部公布为全国爱国主义教育示范基地。

符克烈士纪念园

符克烈士纪念园位于海南省文昌市昌洒镇昌洒华侨小学西侧。

符克（1915—1940），原名符家客，文昌市昌洒镇东泰山村人。1927 年参加文昌县昌洒乡童子团，任团长。1928 年考入广州南海中学。1933 年去越南，在西贡当小学老师。1935 年回国后考入上海暨南大学，积极参加抗日救国宣传活动。1938 年入延安陕北公学学习，并加入中国共产党，同年秋参加中共中央海外工作团，被派往越南发动和组织华侨抗日。1940 年 6 月担任由琼侨回乡抗战服务团香港团、星洲团、越南团和暹罗队组成的琼侨回乡服务总团团长兼琼侨总会救济部驻琼办事处主任等职。8 月，为敦促琼崖国民党当局停止制造国共摩擦事件，共同抗日，不顾个人安危，与韦义光（中共地下党员）携琼崖华侨联合总会的公函和慰问品，翻山越岭前往战时国民党琼崖当局所在地定安县翰林墟，与守备司令王毅、专员吴道南研究救济方案，商讨合作抗日事宜。在离开翰林前往新兴墟丁照村找国民党保安第 7 团团长李春农商议合作问题的途中，被国民党秘密杀害，埋尸山坳。

◆符克烈士事迹陈列室

1995 年，为纪念符克烈士，由海南省、文昌市人民政府拨款和海外侨胞及各界人士捐款兴建符克烈士纪念园。纪念园由雕像、凉亭、陈列馆组成，占地面积 13.2 亩，建筑面积 315 平方米。纪念园正中竖立符克烈士半身花岗岩雕像，雕像左右两侧各建一座凉亭，雕像后面是陈列馆。陈列馆为砖瓦土木结构，屋顶缀绿色琉璃瓦，四壁缀白色瓷砖，屋前后有走廊。陈列馆分正厅和东西两个小厅。陈列馆正厅正面上方是钳筑石刻壁墙，镌刻领导人为符克烈士的题词和各界人士的赠言。展厅采取照片、史料、遗物、书刊、绘画等形式介绍符克求学和投身于抗日救国斗争的事迹。

◆符克烈士雕像

符克烈士纪念园于 2006 年 11 月被海南省委宣传部公布为海南省爱国主义教育基地。

李振亚纪念园

李振亚纪念园位于海南省万宁市长丰镇牛漏墟海榆东干线公路 198 公里处。

李振亚（1908—1948），曾用名李荣、李伯崇、李崇，广西藤县人。1929 年在广西警备第四大队任副官，同年 12 月参加邓小平、张云逸领导的百色起义。参加过中央苏区反“围剿”和二万五千里长征。在中央苏区时，曾任红军学校教官，长征时任红色干部团营长、红三十三军参谋长。1935 年参加强渡乌江，攻占娄山关、遵义城，四渡赤水，抢渡金沙江，强渡大渡河，飞夺泸定桥等战斗。抗日战争爆发后，1937 年任抗日军政大学第三大队第五中队长（兼教官），1939 年随叶剑英到湖南举办南岳游击干部训练班和广东东江游击干部训练班当教官，不久任广东省东江军委参谋长。1940 年 7 月接受指派到琼崖，被任命为琼崖抗日游击队独立第一总队参谋长，琼崖独立纵队参谋长、副司令员，中国人民解放军琼崖纵队第一副司令员等职。1948 年 9 月，在开展秋季攻势中，李振亚担任前线总指挥兼政委，指挥秋攻。9 月 27 日，在万宁牛漏战斗中不幸中弹身负重伤，经抢救无效，光荣牺牲，时年 39 岁。

◆李振亚纪念园

1991 年，由琼崖纵队老战士以及有关部门倡议兴建李振亚纪念园。纪念园于 1991 年 5 月 15 日动工兴建，1992 年 8 月落成并举行揭幕仪式。园正中竖立李振亚将军 3.2 米高的全身铜像，铜像底座台正面大理石上镌刻着宋任穷题写的“李振亚烈士”五个金色大字；背面镌刻着李振亚生平事迹，铜像左右各建一座黄色琉璃瓦叠式飞檐凉亭，东称“缅怀亭”，西称“风范亭”。铜像后建一座格调别致的园林式建筑“南天阁”，上面镌刻着“浩气南天”四个大字。阁内后壁大理石上镌刻有中共中央为李振亚牺牲后给中共琼崖区党委和琼崖纵队总部发来的唁电，有关方面领导人的题词。

李振亚纪念园于 1997 年 4 月被海南省委宣传部公布为海南省爱国主义教育基地；1992 年 3 月被海南省人民政府公布为海南省重点烈士纪念建筑物保护单位。

张云逸纪念馆

张云逸纪念馆位于海南省文昌市文城镇文清大道 51 号。

张云逸（1892—1974），原名张运镒，曾用名张胜之，文昌县头苑上僚村人。1908 年以优异成绩考取广州黄埔陆军小学第四期；1909 年在教官邓仲元的介绍下，秘密加

◆张云逸纪念馆

入了中国同盟会。1911 年参加广州黄花岗起义并担任攻打两广总督府革命军炸弹队队长。1912 年进入广东陆军速成学校学习。1923 年任广东军队许崇智部旅长，参加讨伐陈炯明的东征战斗。1925 年粤军编为国民革命军，张云逸随军参加第二次东征。1926 年参加北伐，任第 4 军 25 师参谋长，先后参加了汀泗桥、贺胜桥、武昌、河南等战役。同年 10 月在武汉加入中国共产党。1927 年积极支持周士第率领的国民革命军第 4 军 25 师 73 团参加南昌起义，同年在领导经营琼崖计划失败后，又参加了广州起义。1929 年和邓小平一起领导广西百色起义，创立了中国工农红军第七军，任军长，建立了右江革命根据地。1931 年率领红七军到达湘赣革命根据地，同红 20 军会师，任赣江以西红军部队总指挥，配合中央红军第二次反“围剿”作战。11 月当选中华苏维埃共和国中央执行委员，12 月任中央军委副参谋长兼作战局局长。不久，任红一方面军副总参谋长兼司令部作战局局长。1933 年八一建军节，被中央军委授予二等“红星奖章”。1933 年福建事变后，以中华苏维埃临时中央政府代表身份与福建人民政府进行谈判。12 月任中共驻十九路军的军事联络员。1934 年，参加长征，任红八军团参谋长、中央军委副总参谋长、中央纵队先遣队司令员等职。1935 年协助刘伯承完成突破乌江防线任务。1936 年后，任中国人民红军抗日先锋队副参谋长、中央军委委员、红军总司令部副总参谋长。1938 年任新四军参谋长兼第三支队司令员。1940 年 1 月任中共中央中原局委员。1941 年皖南事变后，任重建后新四军副军长兼 2 师师长，后兼任淮南军区司令员。抗日战争胜利后，先后任新四军副军长兼山东军区副司令员，华东军政学校校长兼政治委员。1947 年 1 月任华东军区副司令兼山东军区司令员，参与指挥淮海战役。1949 年 9 月，任华南分局第二书记兼广西省委书记，后任广西省人民政府主席、广西省军区司令员兼政委。1953 年任中南局委员、中南行政委员会副主席。1955 年 9 月被授予中国人民解放军大将军衔，荣获中华人民共和国一级八一勋章、一级独立自由勋章和一级解放勋章。1962 年，任中央监察委员会副书记。是第

◆张云逸大将铜像

七、八、九、十届中共中央委员，是第一、二、三届全国人大常委，第一、二、三届国防委员会委员。1974 年 11 月 19 日在北京病逝。

1992 年，海南省人民政府、文昌县人民政府筹资兴建张云逸大将纪念馆，占地面积 12 亩。正门顶分双层，饰碧绿琉璃瓦，门楣正中镌刻着聂荣臻题写的“张云逸纪念馆”6 个金色大字。庭院正中竖立张云逸身穿戎装的全身铜像，总高 5 米。基座正面镌刻彭真题写“张云逸大将”5 个大字；基座背面镌刻中共海南省委、海南省人民政府撰写的张云逸生平简介。铜像后有一个清水池，池上架一座石桥，石桥直通张云逸陈列馆。陈列馆有两层，建筑面积 256.2 平方米，钢筋水泥结构。陈列馆里展出张云逸在学生时代和各个革命时期的照片、图表、绘画 152 幅，书稿 88 件，实物 48 件，还有毛泽东、江泽民等党和国家领导人的重要批示、命令、题词。陈列馆左侧建一座壁廊，壁廊上镌刻有薄一波、张爱萍、杨得志、萧克、杨成武、张劲夫等人的题词；右侧建一座接待室。庭院中还分别建有 3 座不同款式的凉亭，四周种植了许多花木。

张云逸纪念馆于 2005 年 11 月被中央宣传部公布为全国爱国主义教育示范基地。

母瑞山革命根据地纪念园

母瑞山革命根据地纪念园位于海南省定安县国营中瑞农场中学西南侧。

母瑞山是五指山向东北伸延的山脉，位于定安县的最南端，山陡林密，群峰起伏，地势险要，进可攻退可守。

◆母瑞山革命根据地纪念园

母瑞山革命根据地是土地革命战争时期中共琼崖特委创建的中心革命根据地，曾两度保存了琼崖革命的火种。抗日战争和解放战争时期也是琼崖革命的重要基地。中共琼崖特委、琼崖苏维埃政府、琼崖红军独立师师部曾长驻于此，领导琼崖军民与敌进行艰苦卓绝的革命斗争，为琼崖革命坚持武装斗争二十三年红旗不倒作出了重大贡献，被誉为琼崖革命的摇篮。为缅怀先烈，启迪后人，弘扬母瑞山革命精神，1993 年 2 月，海南省政府决定建设母瑞山革命根据地纪念园，10 月动工兴建，1996 年 8 月 1 日举行落成剪彩典礼。纪念园占地 20 亩，园中央建有冯白驹和王文明的铜像，建有陈列室、值班室、接待室、题词亭、湖中亭等，总建筑面积 5395 平方米。主体建筑是建筑面积 689 平方米的两层楼陈列馆，陈列了海南在新民主主义革命时期的革命斗争史料及珍贵文物，包括琼纵战士使用过的各种生活用品、工作用品、武器、旗帜、印章和历史照片等。

◆琼崖革命根据地领导人冯白驹、王文明铜像

母瑞山革命根据地纪念园于 2001 年 6 月被中央宣传部公布为全国爱国主义教育示范基地；1996 年 8 月被海南省人民政府公布为海南省重点烈士纪念建筑保护单位。

白沙起义纪念园

白沙起义纪念园位于海南省琼中黎族苗族自治县红毛镇番响村东侧。

◆白沙起义纪念园

1939 年 2 月，日本侵略者占领琼崖沿海城镇及各港口后，国民党当局为保存实力，从沿海各地退到五指山区。1943 年初，仅白沙县就聚集着国民党琼崖守备司令部、琼崖专员公署以及儋县、临高、感恩等 8 个县政府。他们对黎族苗族同胞进行残暴的统治和压迫，苛捐杂税多如牛毛。1943 年春节后，以黎族首领王国兴为首的黎族、苗族人民，因不堪忍受国民党政府及军队对当地人民的横征暴敛、奸淫烧杀，多次召开秘密会

议，决定举旗反抗。同年 8 月 12 日，黎族人民在王国兴的领导下，举行了震撼全琼的白沙武装起义。起义历时半个多月，参加人数达 2 万多人，打死打伤国民党军队 300 多人，起义取得了初步胜利。一个月后，琼崖国民党当局纠集兵力进行反扑，疯狂镇压黎族人民，起义遭到挫折。王国兴等首领带领一部分起义群众转移上山坚持斗争。10 月，王国兴派员主动寻找共产党，几经周折，终于在儋临边区找到中共琼崖特委。从此，黎族人民在共产党的领导下，积极开展对敌斗争。

◆白沙起义纪念碑

纪念园于 1987 年 9 月动工兴建，1988 年 11 月建成，占地面积 13340 平方米。主要由四部分组成，即纪念碑、纪念馆、纪念广场、休息亭。纪念碑用大方块花岗岩砌成，碑身高 17.2 米，碑身正面镌刻江泽民题写的“白沙起义的英烈们永垂不朽”12 个金色大字，基座背面刻有白沙起义简介。

白沙起义纪念园于 2004 年 11 月被海南省人民政府公布为海南省文物保护单位；1997 年 4 月被海南省委宣传部公布为海南省爱国主义教育基地。

崖城革命烈士纪念园

崖城革命烈士纪念园位于海南省三亚市崖城镇水南村东。

崖城是三亚市（原崖县）中共党组织活动最早的地区。1924 年，崖城籍共产党员陈英才从广州回崖县开展革命活动。1926 年春，崖县第一个党组织——崖县共产党小组建立。同年秋成立中共东南支部，领导崖县人民进行对敌斗争。1938 年秋，中共崖县委员会在崖城陈英才家建立。叶云夫为书记，陈英才为组织部长，黎茂萱为宣传部长，肖尔炽为民运部长。从此，崖县有了一个集中统

◆崖城革命烈士纪念园

一的中共领导机关。崖县人民在中共崖县县委的领导下，积极投身到抗日斗争和解放斗争之中。

◆崖城革命烈士纪念碑

为了纪念崖城地区的革命烈士，1967 年 8 月，崖县（今三亚市）人民政府在水南村万代桥 200 多米处建崖城烈士纪念碑。纪念碑呈正方形，高 6 米，主体为钢筋水泥结构，外层水泥批档，碑身正面和背面分别镌刻“革命烈士永垂不朽”、“革命烈士浩气长存”。2005 年，市政府将崖城烈士纪念碑扩建为崖城烈士纪念园。纪念园整体由大门、围墙、纪念台、纪念柱组成，占地面积 3.5 亩。纪念台和纪念柱主要以雕刻工艺为主体，纪念台呈阶梯状，有 8 级，下宽 15.8 米，上宽 13.8 米，高 7.6 米；纪念台面前半部以书形对开雕刻为主体，左边刻有陈英才等 37 位英烈姓名，右边刻有“崖城革命烈士碑志”。纪念台后半部竖立纪念柱，柱直径为 1.2 米，高 6 米，分三部分刻有纪念先烈图案组成。

崖城革命烈士纪念园于 2006 年 11 月被海南省委宣传部公布为海南省爱国主义教育基地。

临高角解放海南纪念塑像和陈列馆

◆临高角解放海南纪念雕像

临高角解放海南纪念塑像和陈列馆位于海南省临高县临城镇昌拱村北部临高角岬角。

1950 年 3 月 5 日，解放海南岛战役拉开了帷幕。解放海南大军先后两批四次 7000 多人成功潜渡海南后，于 4 月 16 日 19 时开始实施总攻，中国人民解放军第四野战军第 40 军和第 43 军 8 个团主力大规模向海南岛进发。4 月 17 日凌晨 3 点钟，在海口以西至临高角一线大举登陆，第 40 军 6 个团 18700 多人在军长韩先楚、副军长解方的指挥下，于临高角一带登陆。冒着敌人的枪林弹雨，冲破了海峡封锁，越战壕、破铁网、炸碉堡、夺险隘，成功地摧毁了国民党军精心构造的海陆空立体防线（即“伯陵防线”），在战斗中，第40军880多人英勇牺牲，119师副师长黄长轩以身殉职，长眠于临高这片热土。解放海南登陆战开创了我军渡海作战胜利的先河，创造了用原始木帆船打败了现代化铁甲兵舰的奇迹，冲破了陆、海、空立体防线，成功地实现了敌前登陆，在中国人民解放战争史上谱写了光辉的一页。

为了纪念解放海南渡海登陆战这一壮举，1995年由共青团海南省委发起，全省人民共同捐资，各级政府共建，在临高角登陆点兴建了解放海南“热血丰碑”纪念塑像及陈列馆，后来得到中央宣传部的大力支持。2006年，临高县委、县人民政府建起了临高角解放公园。临高角解放公园占地面积86亩，主要纪念设施：一是解放海南临高角登陆纪念馆；二是以“热血丰碑”雕像为中心的纪念广场；三是人民解放军第40军海南岛战役牺牲烈士纪念碑。纪念塑像高18米，花岗岩砌成，屹立于临高角海滩礁石上。塑像中渡海作战的解放军战士高举钢枪，琼崖纵队战士高举“二十三年不倒”红旗，塑像基座正面是江泽民题词：“军民共铸热血丰碑，解放海南业绩永存”，背面为解放海南岛战役简介。纪念馆多媒体演示中心面积1100平方米，分为展厅和幻影成像厅两部分。展厅主要展示人民解放军渡海作战相关的影视资料与实物展览，同时展示了琼崖革命武装斗争23年红旗不倒的光辉历程。幻影成像通过先进的技术，描述了海南解放前夕琼崖纵队配合人民解放军渡海作战的感人场面。

◆临高角解放海南登陆纪念馆

临高角解放海南纪念塑像和陈列馆于1997年4月被海南省委宣传部公布为海南省爱国主义教育基地。

红色娘子军雕像

红色娘子军雕像位于海南省琼海市嘉积镇南门街心公园。

红色娘子军即中国工农红军第2独立师第3团女子军特务连，于1931年5月1日组建。女子军特务连下辖3个排，每个排3个班，每个班10人，加上连长、指导员、传令员、旗兵、号兵、庶务、挑夫和炊事员等，全连100人。1932年2月奉命将连部和

2 个排调往琼东县第四区红军独立师师部，称女子军特务连一连，留下的一个排扩建后称第二连。

1985 年，琼海县（今琼海市）人民政府筹资建立红色娘子军战士雕像，占地面积 400 平方米。雕像身高 2 米，底座高 3. 8 米，基座平台高 1 米。战士雕像肩背竹笠和步枪，脚穿草鞋，风尘仆仆，眺望远方，淋漓尽致地刻画红色娘子军女战士威武高大的形象。底座正面镌刻胡耀邦题写“红色娘子军”5 个金色大字。底座背面镌刻碑文，介绍了红色娘子军诞生过程和意义。雕像基座是石板铺设，四周呈六角形，石栏杆围绕。雕像后面是园林花园。红色娘子军是海南人民革命史上的创举。正如雕像碑文强调指出的“在中共琼崖特委指导下，出色地完成了保卫领导机关，宣传发动群众等任务，并配合主力部队作战”、“不怕牺牲、英勇杀敌，为琼崖革命立下不朽的功勋。斯为妇女解放运动之旗帜，海南人民之光荣”。

◆红色娘子军雕像

红色娘子军雕像于 1997 年 4 月被海南省委宣传部公布为海南省爱国主义教育基地。

重庆市重要革命遗址

刘邓大军挺进大西南“二野”司令部驻洪安旧址

刘邓大军挺进大西南“二野”司令部驻洪安旧址位于重庆市秀山土家族苗族自治县洪安镇边城居委会洪安组洪安码头。

1949 年 4 月 21 日，毛泽东主席和朱德总司令发布了《向全国进军的命令》，百万雄师过大江，宁、沪、杭相继解放。8 月，湖南长沙和平解放。1949 年 11 月 1 日，刘伯承、邓小平带领中国人民解放军第二野战军与从川北入境的贺龙部队遥相呼应，采取大迂回、大包围的战略进军大西南，刘邓大军由湖南常德沿川湘公路向重庆挺进。

1949 年 11 月 6 日下午，刘邓大军三兵团 12 军 36 师 106 团前卫部队到达花垣县吉峒坪。国民党守军一方面派兵把守，封锁洪安与茶洞之间的所有通道，把停靠在这一段水路的上百只船全部放到上、下游偏远处港汊中隐藏，截断水路交通，妄图阻止刘邓大军入川。另一方面，放火烧掉川湘公路跨入西南的第一座桥——茶洞大桥。

◆“二野”司令部旧址

解放军先头部队在两岸百姓的协助下，用木船改装成简易渡船，在重机枪强大火力的掩护下，20 多个搬运工人撑着船，载着数十名解放军战士向洪安码头边打边进。洪安守敌在我军强大的攻势之下，向县城方向仓皇而逃，战斗不到半个小时就宣告结束，中国人民解放军胜利进入大西南的第一镇——洪安。随后，他们在清水江上架设浮桥，让后续部队源源不断地向秀山挺进。刘、邓首长率领二野前委、二野司令部进入洪安后，驻扎在当时的复兴银行。

复兴银行坐南朝北，为四合院布局，砖木结构楼房，硬山式屋顶，豪式梁架。前屋通面阔三间 12. 7 米，通进深二间 11. 65 米，通高 9. 1 米。后屋通面阔三间 12. 7 米，通进深二间 8.8 米，通高 7.2 米。解放前为复兴银行，解放后为农行洪安营业所，现营业所已迁出。

刘邓大军挺进大西南“二野”司令部驻洪安旧址于2009 年 10 月被重庆市委、市人民政府公布为重庆市爱国主义教育基地。

红三军倒马坎战斗遗址

红三军倒马坎战斗遗址，位于重庆市秀山土家族苗族自治县隘口镇坝芒村。

◆红三军倒马坎战斗遗址纪念碑

倒马坎与酉阳南腰界毗邻，是川黔边区酉阳、秀山、沿河、松桃诸县间的重要交通要道，地势极为险要。相传古时一官员骑马来到这里，跌下深沟，人马均亡，从此得名倒马坎。

1933 年年底，贺龙率领的红三军从湘鄂西革命根据地向川东南的彭水、黔江、酉阳、秀山挺进，创建湘鄂川黔边新苏区。1934 年 5 月，红三军智夺彭水后西渡乌江，向黔东进军。6 月 19 日在沿河县枫香溪召开了中共湘鄂西中央分局会议，决定创建包括四川酉阳、秀山在内的黔东特区革命根据地，为湘鄂川黔边革命根据地的建立奠定基础。

红三军在黔东以南腰界为大本营，到各县发动群众，组织游击队，开展土地革命，建立苏维埃政权。红三军的发展及川黔边根据地的巩固和扩大使敌人十分恐惧，各县国民党当局也受到极大的威胁。秀山县县长赵竹君害怕红军进攻秀山，便动员所有力量拼凑反革命地方武装，不断对川黔边新苏区发起进攻。秀山西路团防头子杨卓之看到倒马坎这个险要道口，便以此为重点防区，修筑战壕、工事，拼凑了 1000 多人的“剿共精选队”，构筑“万里长城”防线，阻击红军东进发展革命根据地。

1934 年 8 月 30 日拂晓，在贺龙亲自策划指挥下，红七师师长卢冬生率红七师从贵州松桃县火烧桥出发，兵分两路，分别占领倒马坎左右两翼制高点，形成钳形攻势。

当天正值坝芒赶场，街上人群熙熙攘攘，十分热闹。红军干部冉瑞才带领一个排，化装成百姓混入人群，出其不意冲进敌人的前哨指挥所，一枪未发生擒守敌，占领狮子背。下午 4 时，伏击红军战士对空鸣枪，疏散赶场群众，冲过坝芒街，直逼倒马坎，经过激战，将守敌打得落花流水，战斗结束时天色已黑。第二天，红军主力直捣杨卓之老巢——平所和新院、白沙、龙凤以及坝芒等地，抄了杨卓之等土豪的家。杨卓之逃进秀山县城。至此，杨卓之多年经营的城头堡，所谓固若金汤的“万里长城”，就此土崩瓦解。

倒马坎战斗是黔东特区革命根据地武装同敌人较量的著名战斗之一，俘敌 40 余人，缴枪 30 余支，打击了反动统治和地主恶霸的嚣张气焰。战斗中牺牲的两名红军战士被当地群众分别安葬在气坑坡和硝田两处。

1986 年 7 月，秀山土家族苗族自治县人民政府在倒马坎庙建立战斗纪念碑。原红三军九师政委、全国人大副委员长廖汉生为碑题名：中国工农红军第三军倒马坎战斗纪念碑。

红三军倒马坎战斗遗址于 2009 年 10 月被重庆市委、市人民政府公布为重庆市爱国主义教育基地。

万涛烈士故居

万涛烈士故居位于重庆市黔江区冯家街道桂花居委 2 组。

万涛（1904—1932），原名万诗楷，号铁民，化名王德，土家族。1924 年加入中国共产党，并改名万涛。1927 年，万涛作为中央巡视员，到湖北贯彻八七会议精神，指导农运、农暴工作。1928 年 1 月，鄂西特委在宜昌成立，周逸群任书记，万涛为委员，后任副书记兼组织部长。他与周逸群、段德昌等领导鄂西的游击战争，为巩固鄂西革命根据地以及湘鄂边苏区的创建和发展，作出了卓越贡献。1929 年 7 月，受中央委派到处于低谷的红四军传达党的六大精神，介绍了井冈山经验，完成了关系红四军存亡的走马坪、堰垭整编。1930 年年初，担任红四军第二路党代表，与贺龙、周逸群一起坚决抵制李立三的“左”倾错误，使根据地得到了巩固和发展。同年 2 月中旬，任红四军政委。红四军东进与红六军会师后，组

◆万涛烈士故居全景

◆万涛烈士故居大门

成红二军团，任军团政治部主任。同年9月，鄂西特委改为湘鄂西特委，任副书记。1931年3月，湘鄂西中央分局、临时省委成立，万涛任中央分局军委委员、临时省委常委和省革命军事委员会主席团委员。9月28日，红三军召开前委扩大会议，改组了红三军前委，任前委书记和红三军政委，与贺龙并肩战斗，巩固和发展了洪湖苏区。10月，改派到湘鄂西临时省委任宣传部长。1932年5月，在湘鄂西苏区“肃反”中被捕。8月31日，年仅28岁的万涛被戴上“反革命高级坐探”、“改组派首领”等帽子，与柳直荀、潘家辰等多名湘鄂西苏区高级领导人一同被错杀。

1957年12月，在国务院审定的《湘鄂西革命烈士纪念碑碑文》中列上了万涛的英名。1984年9月，民政部向万涛遗孀颁发了万涛同志《革命烈士证明书》，万涛得以平反昭雪。

万涛烈士故居始建于清道光年间，坐北朝南，占地340平方米、建筑面积200平方米，呈四合院布局，系木质结构单檐悬山式屋顶，青瓦覆盖，穿斗式梁架，4穿9柱。正厅面阔7间35.2米、进深8间8.8米、通高6.5米，还有东西厢房和朝门。其中，正房东侧第一间为万涛诞生地，万涛曾在这里度过14个春秋，后外出求学，并投身于革命。解放后，该房屋作为冯家粮站使用。2011年，该故居由黔江区粮食局移交给黔江区文化局管理，同年开始前期修缮工作，2003年基本完成。2004年至2005年进行了后期维修和陈列布展，2005年10月25日正式开馆，并向市民免费开放。2006年7月4日，万涛花岗岩雕像在其故居落成。

万涛烈士故居于2009年12月被重庆市人民政府公布为重庆市文物保护单位；2004年11月被重庆市委、市人民政府公布为重庆市爱国主义教育基地。

赵世炎同志故居

赵世炎同志故居位于重庆市酉阳土家族苗族自治县龙潭镇赵庄社区赵庄路219号。

赵世炎（1901—1927），号国富，曾用名施英，笔名琴荪、列父、乐生、识因、士

◆赵世炎烈士纪念馆

炎等，酉阳土家族苗族自治县龙潭镇人。1915年秋，赵世炎考入北京高等师范学校附属中学。1917年结识李大钊，开始投身新文化运动。1919年5月，参加五四爱国运动。同年7月，经李大钊介绍加入少年中国学会，是年9月，发起组织了附中少年学会。尔后，进入北京法文专修馆，被选为学生会负责人，主编《平民周刊》、《少年》、《工读》等刊物。1920年6月赴法国勤工俭学。1921年2月，他带着陈独秀的信，在巴黎与张申府、周恩来、刘清扬、陈公培等商议组织旅欧共产党早期组织。1922年6月，在巴黎主持召开"中国少年共产党"成立大会，选出中央执行委员会，任书记。同年秋，中共旅欧总支部成立，任旅欧总支部委员和中共法国组书记。同时，与王若飞、萧三等经胡志明介绍又参加了法国共产党。1923年3月，与王若飞、陈延年等12人，遵照中共中央通知，离开法国去苏联，进入莫斯科东方劳动者共产主义大学学习，曾任中共旅欧支部委员。1924年夏，随李大钊、王荷波为首的中共代表团参加共产国际第五次代表大会和赤色职工国际大会。1924年回国，任中共北京地方执委会委员长。1925年任中共北方区执行委员会宣传部长兼职工运动委员会书记，参加和领导北京群众支援上海工人反帝示威大会，后领导天津港海员大罢工、开滦五矿工人大罢工。同年10月，和李大钊到张家口主持召开内蒙古地区工、农、兵大同盟代表大会，被选为大同盟中央委员会副书记。次月，指挥了北京学生和工人、农民参加的"首都革命"，意在迫使段祺瑞"还政于民"。1926年5月，代表北方区工会组织到广州出席第三次全国代表大会，被选为主席团主席。大会后，中共中央决定调他到上海担任江浙区委组织部长兼上海总工会党团书记及军委书记。次年3月，参与领导了上海工人第三次武装起义。1927年5月，中共第五次全国代表大会在武汉召开，当选为中央委员。同年6月，中共江苏省委成立，书记陈延年被捕后，他代理江苏省委书记。是

◆赵世炎烈士像

年7月2日，不幸被特务抓捕。是月19日，被国民党上海淞沪警备司令部杀害于枫林桥畔，时年26岁。

为了纪念赵世炎的业绩，1983年春，中共酉阳县委经中央批准，开始故居恢复修葺施工，进行搬迁及文物资料的征集工作。故居由邓小平题字。此后还修建了500平方米的小型陈列馆，征集了10多万字资料和近百张照片，加工整理其生平简历及照片说明。2009年2月，中共酉阳县委决定对赵世炎纪念馆进行修复扩建，并于2010年4月13日举行了隆重的开馆仪式。

赵世炎同志故居于2000年9月被重庆市人民政府公布为重庆市文物保护单位，2001年6月被国务院公布为全国重点文物保护单位；2001年6月被中央宣传部公布为全国爱国主义教育示范基地。

宋庆龄旧居（保卫中国同盟总部旧址）

宋庆龄旧居（保卫中国同盟总部旧址）位于重庆市渝中区两路口新村5号（原中山三路新村3号）。

抗日战争时期，宋庆龄曾两次来到重庆，在重庆生活、工作四年多。第一次是1940年3月31日，宋庆龄在她两姊妹的陪同下第一次来到战时首都重庆。在短短的几十天里，宋庆龄看望收容在重庆儿童保育院的难童和歌乐山第一儿童保育院，收容的孤儿，到“伤兵之友”社总医院——第五陆军医院慰问伤兵，接见妇女代表，撰写文章和信件，观看孩子们的演出。1940年5月9日，宋庆龄随姊妹飞回香港。

◆宋庆龄旧居大门

1941年12月10日，宋庆龄在廖承志等中共人员的帮助下，第二次从香港来到重庆。宋庆龄这次到重庆，主要是想重建“保卫中国同盟”。“保卫中国同盟”是1938年宋庆龄邀请在港中外著名人士发起，于同年6月在香港九龙嘉林边道宋庆龄的寓所宣布正式成立，宋庆龄担任“保盟”主席，宋子文任会长，希尔达·赛尔文·克拉克夫人任名誉秘书，诺曼·法朗士任名誉司库、爱泼斯坦主管宣传。“保盟”吸收了国内外、各党派、各阶层人士参加，是一个极为广泛的统战组织。“保盟”成立会后，宋庆龄、宋子文、克拉克夫人、法朗士、爱泼斯坦联合署名发表了《保卫中国同盟成立宣言》，确定了“保盟”的组织性质及主要任务。她在重庆原无住房，只好暂住其大姐宋霭龄家，搬进两路口新村3号（现两路口新村5号）。

◆宋庆龄旧居

宋庆龄搬到新村3号后，邀请原“保盟”中央委员会成员史沫特莱、斯诺、艾黎等国际友人速来重庆，重建“保盟”。周恩来将廖梦醒也调来重庆，协助宋庆龄做“保盟”工作。1942年8月，“保盟”中央委员会在重庆重新建立，宋庆龄仍然担任主席，委员有爱泼斯坦、王安娜、廖梦醒、约翰·福斯特、简·斯坦尼福思·贝克、苏士·陈等人，名誉成员有克莱尔·布什、冯玉祥、何香凝、孙科、茅盾、理查德·沃尔士等人。“保盟”的办公地点就设在宋庆龄的寓所——重庆两路口新村3号。宋庆龄运用她在国际上的崇高声誉，冲破国民党的种种封锁，不断写信与国外联系，报告中国人民抗战的真实情况，争取国际援助。积极组织募捐，赈济难民、伤兵和儿童；组织物资，把大量资金、药品、医疗器械、食品物资和其他救援物资通过种种渠道，运往中共领导下的抗日根据地人民手中。并且积极介绍和输送外国医生到抗日根据地工作，为支援中国人民抗战作出了卓越的贡献。1945年11月，宋庆龄离渝返沪，“保盟”也随之迁往上海。

宋庆龄旧居由主楼、后楼、防空洞等建筑设施构成，砖木结构。室内展出的实物和历史照片等共110件，反映了1942—1945年宋庆龄在渝期间，重新组建保卫中国同盟委员会并担任该会主席，致力于国共合作，争取国际援助，输送物资救助伤员、孤儿和难民，全身心投入抗日战争的历史事迹和她对中华民族的杰出贡献。1993年1月建立了重庆宋庆龄旧居陈列馆，同年4月对外开放。

宋庆龄旧居（保卫中国同盟总部旧址）于2000年9月被重庆市人民政府公布为重庆市文物保护单位；1995年5月被重庆市委、市人民政府公布为重庆市爱国主义教育基地。

杨闇公旧居

杨闇公旧居位于重庆市潼南县双江镇正北街50号。

◆杨闇公旧居

杨闇公（1898—1927），名尚述、尚达，字闇公，又名琨。1898年3月10日，杨闇公在这里出生。少年杨闇公在大哥杨剑秋（老同盟会会员、曾任靖国军川北游击司令）、堂兄杨宝民（老同盟会会员、曾参加广州起义和蔡锷反袁斗争、任靖国军川北司令）等革命志士仁人的熏陶下，革命的思想开始萌芽。1913年，年仅15岁的他，冲破封建家族的种种束缚，远赴南京考入江苏军官教导团，从此开始了革命生涯。1917年他东渡日本，求救国救民之道，回国后与吴玉章等在四川从事建党工作。1924年1月，与吴玉章在成都建立了“中国青年共产党”。1924年9月加入社会主义青年团，不久转入中国共产党。1926年2月，任中共重庆地方执行委员会首任书记，领导四川各地党组织革命斗争。后兼任重庆地委军委书记，与朱德、刘伯承、陈毅共同发动领导了顺泸起义。1927年“三三一惨案”后不幸被捕。1927年4月6日，在重庆被杀害。

◆杨闇公旧居内院

杨闇公牺牲后，其兄妹、子侄不畏腥风血雨，前仆后继，前后有12人参加了革命，故居也因此成为革命的摇篮。从大革命时期到解放战争时期，旧居一直都是党在成、渝线上的一个重要的地下活动中心和交通联络站。地下党利用旧居的“敞口厅”，以经营杂货为掩护，接洽、掩护、救治、护送了刘伯承、吴玉章、张闻天、罗世文、苏幼农、黄岑生、穆青、程子健、张秀熟等地下党重要领导人。在潼南党组织的发展史上，解放前曾建立过五次支部、特支和县委组织，其中三次都与这个旧居有着密切的关联，因此旧居又被誉作“地下党小川北的枢纽”。

杨闇公旧居始建于清咸丰年间，坐北朝南，占地面积1600平方米，建筑面积1100平方米，大小39间房屋，呈二进四重天井四合院布局，系典型的南方晚清悬山顶式民居青瓦建筑。楼阁地板、雕花门窗、土漆壁檐，每进辟大小天井各一，天井两侧建有厢房。该建筑面阔5间21米，进深52米。其中，正厢房为杨闇公诞生地，紧邻的一个天井为杨家私塾。杨闇公幼年在此读书，并在这里度过了15个春秋。清末时曾在此设“邮政局”。解放后，该旧居为双江供销社和农行使用，1991年，由潼南县政府移交潼南县文化局管理，同年底开始修缮工作，1992年4月竣工，江泽民为旧居题名。旧居恢复原貌后，在其中布置了杨闇公生平业绩展览，对外开放。2011年旧居进行了一次大规模维修扩建，扩建后的旧居由杨家两个大院和一个家祠合并而成，总面积达到6000平方米。

杨闇公旧居于2000年9月被重庆市人民政府公布为重庆市文物保护单位；2009年5月被中央宣传部公布为全国爱国主义教育示范基地。

郭沫若旧居

郭沫若旧居分别位于重庆市渝中区天官府8号、沙坪坝区西永镇香蕉园村全家院子。

◆郭沫若旧居

郭沫若旧居，也是国民政府军事委员会政治部第三厅旧址。1939年1月，国民政府军事委员会政治部第三厅由武汉迁往重庆，时任厅长的郭沫若来到重庆，先是在重庆市渝中区天官府8号居住和办公，后为躲避日机空袭，搬迁到位于重庆市沙坪坝区西永镇香蕉园村全家院子，作为其在乡下的居住和办公场所。1940年，国民党政府撤销第三厅，另成立文化工作委员会，郭沫若任主任。抗战时期，郭沫若在重庆领导文化界人士进行抗日宣传工作，旧居逐渐成为当时大批文艺界人士活动的重要阵地。被毛泽东高度赞赏并列为延安整风学习文件的《甲申三百年祭》和《青铜时代》、《十批判书》就创作于此。在重庆期间郭沫若还完成了《屈原》、《虎符》、《高渐离》、《棠棣之花》、《孔雀胆》、《南冠草》等历史剧的创作。1946年5月，郭沫若离开重庆。

位于重庆市渝中区天官府8号（原4号）的郭沫若旧居暨国民政府军事委员会政治部第三厅旧址，是一幢二楼一底的砖木结构建筑，原是重庆市第一任市长潘文华的内弟张营长构建的私宅，后让给国民政府作为政治部第三厅办公地。该处坐北朝南，通高约16米，阔14.2米，进深11.3米，占地面积共计约220平方米，建筑面积595.23平方米，保护范围面积1320平方米。楼前有一块空地，外有砖石结构朝门，旧貌犹存，现为居民住宅。

◆郭沫若旧居一角

位于沙坪坝区全家院子的旧居为郭沫若在乡间办公地及工作人员住处，为清代晚期巴渝民居建筑，坐南向北，包括前院、后院和郭沫若旧居。前院由前厅、正厅、厢房合围，呈四合院布局；后院为一单体建筑。郭沫若旧居为三开间单体建筑，结构形式均为木结构穿斗式梁架，小青瓦屋面，斜山式屋顶，总占地面积10190平方米，建筑面积1566平方米，2005年9月7日正式对外陈列开放。

郭沫若旧居于2000年9月被重庆市人民政府公布为重庆市文物保护单位；2007年3月被重庆市委、市人民政府公布为重庆市爱国主义教育基地。

綦江石壕红军烈士墓

綦江石壕红军烈士墓位于重庆市綦江县石壕镇石泉村苗儿山麓。

1935年1月10日，红一军团攻占贵州桐梓县城后，军团部派1师2团在团长龙振文、刘瑞龙和政委邓华的率领下，于1月15日进驻綦江县羊角乡，扼守关隘，监视川军和贵州盐防军的行动。遵义会议后，红一军团直属队和1、2师共8000多人于1月21日从贵州松坎出发，经过綦江的羊角乡、羊叉乡宿营石壕镇。1月22日凌晨，部队继续向贵州赤水进发。红军长征途经綦江地区时，在九龙山与国民党盐防军发生了两次激烈的战斗，打得敌军抱头鼠窜，仓皇逃命，蜷缩在山洞里。战斗中共牺牲了5名战士。一名是红军司务长，他在箭头垭场为掩护受伤红军战士突围时落入松坎盐防军手中，于次日在羊叉乡（现属石壕镇）茅坝坪坎下的小垭口处英勇就义。另有两名是1935年二三月间在石壕李汉坝漆树坪农民李树清家牺牲的姓刘和姓洽的红军重伤员，由李树清等掩埋在油港咀岩洞前面。还有两名是红军到达石壕时因伤势过重而牺牲的伤员。一名牺牲于李汉坝的周家店子道旁，由农民王昌培等就地掩埋；一名牺牲于石壕兴隆村，由当地农民杨玉林等将其生前所带军毯包裹遗体，掩埋于山坡上。

◆石壕红军烈士纪念碑

解放后，綦江人民不忘在石壕牺牲的红军烈士。1964年、1966年和1972年，石壕乡、羊叉乡的社教工作队和石壕区武装部，先后率领群众，将石壕乡境内的4名烈士遗骨集中迁葬在白果村，并在羊叉乡茅坝坪红军司务长掩埋处修建一座红军纪念碑。1976年、1983年，由市、县有关部门先后拨款，县委、县政府指定石壕区委、区公所负责，在石壕场附近的苗儿山麓修建了简易的红军烈士墓，将5位烈士的遗骨迁葬于此。1991年，在中国共产党诞生70周年之际，綦江县委、县政府对红军烈士墓重新整修和扩建，形成长征诗碑、烈士墓地、烈士塑像、烈士纪念塔、烈士事迹陈列馆、题词碑林、红军宣传标语碑林等七部分。该烈士墓坐西向东，占地面积5533平方米，整体分布面积为6000平方米。

◆石壕红军烈士墓铜像

綦江石壕红军烈士墓于2000年9月被重庆市人民政府公布为重

庆市文物保护单位；2007 年 3 月被重庆市委、市人民政府公布为重庆市爱国主义教育基地。

杨闇公烈士陵园

杨闇公烈士陵园位于重庆市潼南县梓潼街道办事处石碾村。

◆杨闇公烈士雕像

杨闇公烈士牺牲后，其父杨淮清及革命同志找到其遗体，暂时厝于重庆江北相国寺。抗日战争爆发后，杨淮清 1938 年派闇公夫人赵宗楷用船将烈士遗骨运回家乡，葬于双江黄家沟枣子湾。

1957 年，四川省委为烈士修墓立碑，朱德题写碑文。“文革”时期，墓茔遭受破坏，墓被毁。1979 年，江津地委、潼南县委再度修复墓茔，重新立碑。1987 年，四川省委及重庆市委决定搬迁墓地，在潼南城郊石碾村修建杨闇公烈士陵园。同年 3 月 28 日，邓小平为杨闇公烈士塑像题名。1987 年 4 月 2 日，杨尚昆、廖汉生等党和国家领导人为陵园落成揭幕。2011 年，重庆市委、市政府对陵园进行改扩建。陵园在原有占地 12.5 亩的基础上扩展到 50.5 亩，分为入口休憩区、陵园瞻仰区、展览办公区和森林公园区。整个陵园以灰白色为主基调，呈清代民居风格，并以三层平台彰显烈士革命路程，分别代表烈士留学日本、回国组建“中国青年共产党”、为革命献身三段重要人生经历。在最后一层平台，走向杨闇公烈士墓的台阶是 29 级，代表了杨闇公为了共产主义信仰奉献出自己

◆杨闇公墓

29 岁的生命。

与杨闇公墓紧邻的是闇公之妻赵宗楷之墓。赵宗楷系重庆市荣昌县人，生于 1901 年，1924 年与杨闇公结婚，在杨闇公的引导下，积极投身革命。1927 年她与杨闇公烈士一起被捕，后在党的营救下出狱。杨闇公烈士牺牲后，她秘密回到双江，以教师的职业作掩护，继续进行革命工作，直至 1949 年双江解放。解放后，她兢兢业业为党工作，曾任四川省政协第三届委员。在十年浩劫中，她遭受迫害，于 1971 年在成都含冤去世，骨灰初葬于成都竹望山公墓。党的十一届三中全会后，她得以平冤昭雪。1979 年中共潼南县委将她的骨灰运回潼南，安葬在杨闇公墓的右后侧。现赵宗楷墓前石碑为其子女所立。

杨闇公墓于 2000 年 9 月被重庆市人民政府公布为重庆市文物保护单位；杨闇公烈士陵园于 2009 年 5 月被中央宣传部公布为全国爱国主义教育示范基地。

李蔚如烈士陵园

李蔚如烈士陵园位于重庆市涪陵区大顺乡大顺村 1 组。

◆李蔚如烈士陵园

李蔚如（1883—1927），字郁生，号鸿钧，涪州（今重庆市涪陵区）人。1904 年春赴日本考入成城学校，1906 年春进入日本东斌军校，同年 9 月加入中国同盟会。1907 年 8 月返川，并建立同盟会川东据点。重庆蜀军政府成立后，任涪州地方司令长官。1912 年至 1923 年先后任蜀军参谋长、四川督军中将参谋长兼四川讲武堂堂长。由于军阀连年混战，给人民带来极大的灾难，李蔚如非常痛心，决心归隐田园，于 1924 年秋毅然解甲，回到故乡。返乡后，李蔚如出任涪陵县“四镇乡”（君子镇、新盛镇、同乐镇、龙潭乡）联团办事处处长。由于他作风正派，主持正义，为民争利，带头实行减租减息，发布《涪陵联团宣言》，根治匪患、禁毒、惩治贪官等群众反映强烈的社会问题，对安定地方秩序起了很大的作用。1925 年，李蔚如与吴玉章、杨闇公、刘伯承等取得联系，开始接受马克思主义，逐渐认识到只有共产党才能救中国的道理，并于 1926 年加入中国共产党，积极开展四镇乡农民运动。在第一次国共合作的大革命

◆李蔚如烈士墓及纪念碑

时期，于1927年1月任国民党（左派）涪陵县党部主任委员兼农运部长，并在党的领导下积极开展以“四镇乡”为基础的农民运动，以办团练传习所为名，训练骨干，建立农民武装，成立了“四镇乡联团团练传习所”；集资创办更新小学和弋阳国民师范学校，为党培养了许多革命干部，建立农民革命武装。1927年6月，李蔚如在大顺乡召开了涪陵县农民协会代表大会。7月初李蔚如被军阀郭汝栋诱捕，7月8日在重庆南岸黄桷垭英勇就义，时年44岁。临刑前在《永诀书》上写道“我今死矣，以身殉党国，理得心安”。1950年3月，中共中央西南局召开重庆各界人士纪念“三三一”死难烈士大会前夕，吴玉章在北京为“三三一”烈士题了“纪念闇公、蔚如诸同志为革命牺牲永垂不朽”的挽词，对其作了高度评价。

李蔚如烈士陵园坐南朝北，占地10亩，距涪陵城48公里。陵园内设有坟墓、墓碑、陈列室、纪念堂、事迹墙、浮雕墙及烈士雕像、画像、遗物等，充分展示了李蔚如烈士伟大而光辉的一生。

李蔚如烈士陵园于2009年10月被重庆市委、市人民政府公布为重庆市爱国主义教育基地。

彭咏梧烈士陵园

彭咏梧烈士陵园位于重庆市奉节县永安镇鱼复社区。

彭咏梧（1915—1948），原名彭庆邦，小说《红岩》中彭松涛的原型。1915年生于重庆市云阳县红狮镇彭家湾的一个贫苦农民家庭。1937年考入四川省立万县师范学校，1938年加入中国共产党，先后任该校分支书记和总支书记。1940年任云阳县委书记，次年调重庆市委任市委委员，负责组织宣传工作，领导重庆学运和《挺进报》。1945年，在地下斗争中与江竹筠结为伴侣。1947年10月，党决定他担任川东临时工作委员会委员、下川东地工委副书记，并到下川东组织领导武装斗争，任游击纵队政委。1948年元月率游击队在奉节、巫山交界地突围时，为掩护同志壮烈捐躯。

奉节县人民为褒扬彭咏梧为党和人民立下的功勋，于1962年在老县城县政府东侧

◆彭咏梧烈士铜像

修建了彭咏梧烈士陵园。“文化大革命”中，彭咏梧烈士的陵墓遭到破坏。粉碎“四人帮”以后，奉节县委、县政府于1980年冬对烈士墓进行了修复，1989年又再次对陵园进行了维修。后因三峡工程蓄水于2002年动工搬迁于现位置，历时2年完成迁建工程，于2004年12月底竣工。陵园距新县城10公里，紧临白帝城、长江畔，渝巴路旁。新建的彭咏梧烈士陵园，占地10070平方米，绿化面积达7000平方米，建筑面积1178平方米。有陈列室5间，纪念亭1个，烈士半身塑像1尊，烈士墓、碑各1座，纪念广场1500平方米，办公室等配套功能用房1500平方米。

彭咏梧烈士陵园于1998年被重庆市委、市人民政府公布为重庆市爱国主义教育基地。

重庆歌乐山烈士陵园

重庆歌乐山烈士陵园位于重庆市沙坪坝区歌乐山麓。

重庆歌乐山烈士陵园占地2.14平方公里，主要由烈士墓、白公馆监狱旧址、渣滓洞监狱旧址、烈士群雕、烈士诗文碑林、大型浮雕、陈列总馆等几部分组成。园名由邓小平题写。

烈士墓旧地

烈士墓所在地原为“中美合作所”特警班大礼堂，重庆解放前夕，国民党特务在溃逃时将其炸毁。重庆解放后，重庆市人民政府将前后殉难的300多名烈士遗骸合葬于废墟上，1955年在此修建了烈士墓和烈士纪念碑，1963年建成“重庆中美合作所集中营美蒋罪行展览馆”。1984年，由重庆市千百万少年儿童集资和政府拨款修建的大型群雕《浩气长存》落成，并将烈士墓及相关遗址范围改称重庆歌乐山烈士陵园。陵园北面是陈列总馆，有“红岩魂—白公馆、渣滓洞革命先烈的斗争史实展”和6个专题展。展览详细揭露了国民党军统集中营历史，生动翔实地介绍了杨虎城、叶挺、江竹筠、罗世文、车耀先等革命先烈的事迹。

◆重庆歌乐山烈士陵园

白公馆监狱旧址

白公馆监狱旧址位于重庆歌乐山烈士陵园社区松林坡东南侧。

白公馆原是四川军阀白驹的郊外别墅。1939 年秋天，军统局用重金买下将其改造为看守所，主要关押共产党人等“政治犯”。1943 年，“中美特种技术合作所”成立，为解决美军往来人员的住宿，军统局将所囚人员转往渣滓洞，将白公馆辟为美军第三招待所。1945 年抗战胜利后，白公馆又作为特别看守所重新关押“政治犯”。川东特委青年委员许晓轩，抗日爱国将领黄显声，共产党员宋绮云、徐林侠夫妇和挺进报特支委员陈然等 200 名“政治犯”先后被囚禁于此。

◆白公馆

渣滓洞监狱旧址

渣滓洞监狱旧址位于重庆歌乐山烈士陵园社区内歌乐山

◆渣滓洞监狱全景

下磁器口、五灵观一带。

渣滓洞原为小煤窑，因煤少渣多而得名。其三面环山，一面邻沟，地形隐蔽。1938年被国民党军统局改为关押共产党人和革命志士的秘密监狱，分内外两院。内院是牢房和放风坝，有男牢16间、女牢2间。外院为特务办公区和刑讯室。在这个电网密布、岗哨林立的监狱里，关押人员最多的时候达300余人。罗世文、江竹筠等著名共产党人和革命志士曾囚于此。1949年10月，当新中国的五星红旗在天安门升起时，罗广斌、刘国志、陈然、王朴等用一床红色绣花被面和五颗用草纸剪成的五角星制作了一面五星红旗。由于敌人抢先屠杀，制作红旗的同志大部分牺牲。

1949年11月27日，就在重庆解放的前三天，国民党特务将关押在渣滓洞、白公馆的200多名革命者秘密杀害，制造了震惊中外的“11·27”大屠杀惨案。

1956年四川省人民政府将这里定为省级文物保护单位。1963年，重庆中美合作所美蒋罪行展览馆建成，恢复了白公馆、渣滓洞的原貌。

重庆歌乐山烈士陵园内的“中美合作所”集中营旧址于1988年1月被国务院公布为全国重点文物保护单位；重庆歌乐山烈士陵园于1997年6月被中央宣传部公布为全国爱国主义教育示范基地。

万州革命烈士陵园

万州革命烈士陵园位于重庆市万州区太白街道办事处红光村7社太白岩下。

1994年，原万县市人民政府决定将所辖9县1市处于三峡工程175米淹没线下的901座（处）烈士墓坟、烈士纪念标志，统一迁建为万州革命烈士陵园，并于2002年7月1日建成正式对外开放。陵园坐东朝西，长约500米，宽约50米，占地36亩，园内主要有烈士事迹陈列馆、纪念碑（亭）、大型英烈群雕、柱雕、英名墙、瞻仰广场等。陈列馆展出烈士照片、烈士遗物、史料5200余件。纪念碑（亭）主要介绍李劲烈士的生平事迹。英烈群雕塑的是革命志士、战士、地下工作者形象，面宽2.5米，进深5米，高7米许，群像头顶上造型为书页，标明1926—1979年号。群雕底座嵌碑记载七

◆万州革命烈士陵园

◆万州革命烈士墓园

个时期万州发生的重大事件。碑文如下："这座耸立的丰碑，记载了革命先烈用热血和生命写下的光辉历史——一九二六：英帝国主义屠杀万县，制造了震惊中外的九五惨案，万县军民死伤六千余人。一九二八：中共万县第一届县委组织兵变，县委书记曾润百等二十一人被军阀杨森杀害。一九三四：中共万县县委组织第二次兵变，县委一班人和数十个参与者被军阀王陵基杀害。一九三八：全国抗日战争进入高潮。中共万县党的组织重建。成千上万的万州儿女为争取民族解放血洒疆场。一九四九：十二月，全区相继解放，国民党反动统治被推翻，共产党领导的红色政权正式建立。一九五二：在抗美援朝保家卫国战争中，全区有四万多优秀儿女入朝参战，其中三千六百三十多人血染邻邦，献出了宝贵的生命。一九七九：为了严惩越南侵略者的反华挑衅，中华儿女进行自卫反击，全区上千名战士，英勇牺牲在保卫祖国边疆的战场。"在英名墙上，镌刻着原万县地区九县一市5300多革命烈士的姓名，左有毛泽东题词"死难烈士万岁"，右有江泽民题词"革命英烈永垂青史"。

万州革命烈士陵园于2007年3月被重庆市委、市人民政府公布为重庆市爱国主义教育基地，2009年5月被中央宣传部公布为全国爱国主义教育示范基地。

涪陵革命烈士陵园

涪陵革命烈士陵园位于重庆市涪陵区荔枝街道黎明社区二组堡子城山顶。

涪陵革命烈士陵园旧址原为1951年建成的涪陵专区烈士纪念塔，1989年11月，与原靖黔烈士陵园合并迁建到涪陵堡子城，将"涪陵专区烈士纪念塔"改名为"涪陵革命烈士陵园"，是涪陵城区唯一的一座革命烈士纪念建筑物。工程占地面积12亩，1991年7月完工。

陵园由陈列馆、纪念碑、塑像三部分组成。陈列馆展出内容分三部分，第一部分"热血洒中华"，主要介绍李蔚如、钟善铺、杨克明等16名革命烈士在民主革命时期和社会主义建设时期的英勇事迹和先烈们用过的部分遗物。第二部分“红星辉川东”，主要介绍四川红军二路游击队的建立，红军游击队从1926年春至1930年7月在川东进行革命活动以及在涪陵罗云乡为主的四乡镇开展反帝反封建革命斗争，建立涪陵第一个党组织中共罗云支部的经过。第三部分“英烈催人进”，主要是展出涪陵解放后，涪陵人民为缅怀革命烈士，继承革命遗志，发扬优良传统，教育人民群众，热爱涪陵，建设涪陵以及修建革命烈士墓和涪陵人民纪念烈士活动的情况。陈列馆外墙上建有25平方米大型浮雕群二组，上面雕刻有民主革命时期和社会主义革命时期先烈的塑像。纪念碑耸立在陵园顶部，呈三棱锥形，通高34米。由三把步枪造型组成的“涪陵革命烈士纪念塔”一座和烈士塑像一座，烈士塑像右手拿着枪冲锋陷阵，象征着革命先烈们在战争年代英勇顽强、不怕牺牲的英雄气概。在烈士塑像的底部建有30平方米革命烈士墓一座，墓内存放有革命烈士骨灰盒143位。外壁立革命烈士英名碑，上刻697名烈士英名。

◆涪陵革命烈士纪念塔

◆涪陵革命烈士英名录

涪陵革命烈士陵园于1997年11月被重庆市委、市人民政府公布为重庆市爱国主义教育基地。

酉阳县烈士陵园

酉阳县烈士陵园位于重庆市酉阳土家族苗族自治县钟多镇西山路10号。

1977年1月酉阳县政府决定修建酉阳县革命烈士陵园，将县城兴隆叉马路、攀家湾等处以及龙潭、涂市、小河等乡镇的烈士迁入此地安葬。1980年8月又对陵园中的无名烈士集体大墓进行重建。到1998年共安葬革命烈士34名。1987年对烈士陵园进行扩建、修缮，于1990年11月建成开园。烈士陵园占地27亩约18000平方米，主体建筑有陈列馆、纪念馆、世炎亭等纪念性建筑物，以及个人墓、集体墓等，其中有主纪念塔1座、纪念碑序1座、个人纪念碑6座（碑上镌刻了田伯谦、韩发孔、汤发赞、冉隆

◆酉阳县革命烈士纪念碑

发、帅本立、杨成、蔡涛、石帮渠、王光泽等烈士简介），英名录5座（刻有英名录484人，全县共有英名录615人），个人坟墓6座（王光泽、田伯谦、汤发赞、谷成林、谢太全、李延雄），集体大墓1座，共25块墓碑。

酉阳县烈士陵园于1997年11月被重庆市委、市人民政府公布为重庆市爱国主义教育基地。

刘伯承同志纪念馆

刘伯承同志纪念馆位于重庆市开县汉丰街道办事处盛山社区（原体育场路194号），开县城北盛山公园旁。

刘伯承（1892—1986），重庆开县人，原名刘明昭。早年在四川省万县参加学生军，响应辛亥革命。1912年入重庆军政府将校学堂学习。1913年参加四川讨袁（世凯）军。1914年加入孙中山领导的中华革命党。1916年后参加护国战争、护法运动。1923年在讨伐吴佩孚的战争中任东路讨贼军第一路前敌指挥官。1926年5月加入中国共产党，任中共重庆地委军委委员。同年12月参与发动和领导泸州、顺庆起义。1927年8月参加领导南昌起义。后赴苏联，先后入莫斯科高级步兵学校、伏龙芝军事学院学习。1930年夏

◆刘伯承同志纪念馆

回国后任苏维埃区域革命军事委员会委员、中共中央长江局军委书记。同年 12 月到上海，协助中央军委书记周恩来处理军委日常工作。1931 年 1 月至 1934 年 12 月任中共中央军事部参谋长。1932 年 1 月进入中央革命根据地，任工农红军学校校长兼政治委员，中华苏维埃共和国中央革命军事委员会总参谋长。1934 年 2 月当选为中华苏维埃共和国第二届中央执委会委员。同年，参加长征，并担任中央革命军事委员会总参谋长兼军委纵队司令员。遵义会议后曾兼任中央红军北上先遣队司令员。1936 年 12 月起任中华苏维埃人民共和国中央革命军事委员会委员，并兼任红军大学副校长、第二校长。1937 年 2 月任红军援西军司令员。抗日战争时期，任中共中央军委委员、八路军第一二九师师长，中共中央军委前方分会委员，中共中央太行分局委员，抗日军政大学副校长。1943 年 9 月赴延安入中共中央党校学习。解放战争时期，任中共中央军委委员，晋冀鲁豫军区、中原军区、中国人民解放军第二野战军司令员，中共中央中原局常委，中共中央华东局常委，淮海、渡江战役总前委委员。中华人民共和国成立后，历任中央人民政府委员会委员，中央人民政府人民革命军事委员会委员，西南军政委员会主席，中共中央西南局第二书记，解放军军事学院院长兼政治委员、临时党委书记、党委书记。1955 年 9 月被授予中华人民共和国元帅军衔。曾任第八、九、十、十一届中央政治局委员，还曾当选为第二至五届全国人大常委会副委员长，中央军委副主席。1986 年 10 月 7 日在北京逝世。

刘伯承同志纪念馆由前、后两院，大院坝，功勋柱广场和大型石梯堡坎等组成。纪念馆为中式园林建筑，坐北朝南分两期建成。首建于 1992 年，建筑面积 5055 平方米；二期扩建于 2001 年，面积为 11539 平方米。总面积 119594 平方米。

刘伯承同志纪念馆馆名为邓小平题写，悬挂于纪念馆大门上方。在后院的五个展厅中，分“早期革命活动”、“红军总参谋长”、“一二九师师长”、“第二野战军司令员”、“中华人民共和国元帅”、“永远活在人民心中”六个部分，展出文物、照片、图片、图表、实物、音像等计 1950 余件，详细地反映了刘伯承的一生。在前院的院坝中刻立江泽民题写的“学习刘伯承同志崇高的革命精神和思想品德”汉白玉碑。在馆前大院坝耸立着由中央军委铸赠的刘伯承铜塑像，座高 2 米，像高 4.1 米；在大院坝前下方石梯堡坎中有大型壁画《山河颂》镶嵌艺术图。西面的刘伯承元帅功勋柱广场中，8 根青石浮雕功勋柱反映刘伯承的丰功伟绩。

◆刘伯承同志纪念馆中的汉白玉纪念碑

刘伯承同志纪念馆于 2001 年 6 月

被中央宣传部公布为全国爱国主义教育示范基地。

重庆红岩革命纪念馆

重庆红岩革命纪念馆位于重庆市渝中区红岩村52号（原红岩嘴13号）。包括红岩村13号、曾家岩50号、桂园、《新华日报》总馆旧址《新华日报》营业部旧址、中共代表团驻地旧址等。

◆红岩革命纪念馆

重庆红岩革命纪念馆原址是抗日战争时期中共中央南方局和八路军驻重庆办事处（红岩村13号）所在地。1955年，为纪念抗战时期和解放战争初期中国共产党在重庆领导革命的历史功绩，人民政府在此筹建纪念馆，1958年5月正式对外开放，1959年董必武题写了“红岩革命纪念馆”馆名。为加强对与中共中央南方局历史有关的革命遗址的保护利用，后又将曾家岩50号、桂园、《新华日报》营业部旧址、《新华日报》总馆旧、中共代表团驻地旧址等纳入红岩革命纪念馆革命遗址群管理。

红岩村13号

红岩村13号位于重庆市渝中区红岩村50号（原红岩村13号）。

1938年10月，日本侵略军占领广州、武汉，国民政府和国民党中央机关迁到重庆。1938 年 12 月，中共代表周恩来，以及董必武、林伯渠、吴玉章、叶剑英、王若飞、邓颖超等同志相继来到重庆。1939 年 1 月，中共中央南方局及八路军、新四军驻重庆办事处先后在这里成立，组成了由周恩来任书记，董必武、叶剑英、秦邦宪、凯丰、吴克坚为常委的国统区党的领导核心。由于国民党不许中共组织公开活动，南方局只能以秘密形式设于我方公开办事机构八路军驻重庆办事处内。其办公地点最初在八路军驻重庆办事处所在的城区机房街 70 号和棉花街 30 号。后因人员增多，房屋不够使用，加之敌机轰炸的危险，按周恩来指示，并在征得原红岩嘴大有农场主人饶国模女士的同意后，1939 年秋天，由八路军驻重庆办事处的同志自己设计，将农场一幢三层楼房重建为中共中央南方局和八路军驻重庆办事处的办公楼。为适应在敌特包围中斗争的需要，该楼设置奇特：右侧传达室装置了脚踏电铃，以便在紧急时向内部发出通知；传达室门后掩蔽着一个通向二楼的小门，大门开时，即掩了小门。1939 年至 1946 年间，周恩来、董必武、叶剑英、吴玉章、王若飞等老一辈无产阶级革命家曾在此生活、工作，领导整个南方国民党统治区共产党的组织和人民群众，进行坚持抗战、争取民主的革命斗争，为中华民族的独立和中国人民的解放事业建立了不朽的历史功勋。1945 年 8 月 28 日，毛泽东赴重庆谈判期间曾居住于此。

◆八路军驻重庆办事处红岩村大楼

曾家岩 50 号（又名周公馆）

曾家岩 50 号（又名周公馆），位于重庆市渝中区中山四路曾家岩 50 号。

该旧址是当时中共中央南方局和八路军驻重庆办事处在重庆城区内的办公地点。它是一幢 3 层楼房，右侧是国民党特务头子戴笠的公馆，左侧有国民党警察局的派出所，这幢楼挺立在中间。楼的二层有两个房间分别作为周恩来、董必武的办公室兼宿舍，

◆曾家岩 50 号（周公馆）旧址

◆桂园主楼

底层和三层为南方局其他同志用。1945 年 8 月，毛泽东在重庆与国民党谈判期间，曾在底楼会议室接见过中外人士。周恩来也常在这里会见各界人士和中外记者。

桂园

桂园位于重庆市渝中区中山四路 65 号（原 107 号）。

桂园是一座以砖楼为主建筑的小院，距曾家岩 50 号约 200 米，原是国民党谈判代表之一张治中先生的公馆。重庆谈判期间，为了毛泽东在城区会晤谈判的方便，张治中主动让出自己在城区的公馆供毛泽东、周恩来等中共领导人白天在城内会客和休息，并派宪兵负责警卫。1945 年 10 月 10 日下午 6 时，著名的《政府与中共代表会议纪要》（即《双十协定》）签字仪式在此举行。

中共代表团驻地旧址

中共代表团驻地旧址位于重庆市渝中区中山三路 151 号（原 263 号）。

该旧址原为中国银行宿舍，是一幢中西式砖木结构建筑。1945 年 12 月，以周恩来为首的中共代表团来重庆出席政治协商会议，国民政府将此楼拨给中共代表团使用。政协会议期间，周恩来、董必武、吴玉章、王若飞、叶剑英、陆定一、邓颖超、秦邦宪、李维汉等曾在此会见各民主党派及各界人士、举行中外记者招待会，为实现民族团结、和平统一作出了不懈努力。1946 年 5 月，周恩来、董必武先后率领中共代表团迁往南京后，该处改作中共代表团重庆代表处和中共四川省委驻地。

《新华日报》总馆旧址

《新华日报》总馆旧址位于重庆市渝中区化龙桥虎头岩村 86 号（原 62 号）。

1938 年 10 月 25 日武汉沦陷后，在武汉创刊的《新华日报》暨《群众》周刊迁到重庆，设报馆于苍坪街和西三街，并于同年 10 月和 12 月先后复刊，由潘梓年任社长，熊瑾玎任总经理，华岗、吴克坚、章汉夫等先后任总编辑。1939 年馆舍毁于“五三、五四”日机大轰炸。随后，报馆迁往化龙桥虎头岩村 62 号（现为虎头岩村 86 号），并自筹资金建起了简陋的编辑、排版、校对、铸铅等办公生产用房以及宿舍，为防空袭，将印刷等机械设备安装在新开挖的防空洞里。1945 年 9 月，根据中共中央指示，决定在上海设总馆，南京、重庆设分馆。《新华日报》重庆分馆先后由傅钟、张友渔任社长，熊瑾玎复任总编辑，于刚任经理，继续工作至1947年2月，后被国民党当局查封。

新华日报营业部旧址

新华日报营业部旧址位于重庆市渝中区民生路240号（原208号）。

◆新华日报营业部旧址

该建筑为一幢中西式砖木结构黑色楼房，坐北朝南，三楼一底，共有房6间，面阔7.2米，进深9.65米，通高约18米，建筑占地面积480平方米。《新华日报》是抗日战争时期和解放战争初期中国共产党在国民党统治区公开出版的唯一机关报，是周恩来等老一辈无产阶级革命家亲自创办的、中国共产党第一张在全国公开发行的报纸。1938年5月，《新华日报》在重庆城区苍坪街（现邹容路）设立分馆，发行航空版。10月25日武汉失守后，报社迁至重庆继续出版。迁至重庆后，报社隶属于中共中央南方局，由周恩来、董必武等南方局领导人直接领导，具体负责人先后为潘梓年、华岗、吴克坚、章汉夫和夏衍。营业部先设在下半城西二街，后因房屋被日机炸毁，迁至现址民生路。这里不仅是当年《新华日报》出版和发行的前沿阵地，同时还是中共中央南方局领导同志和报社负责同志与外界联系的重要联络点。周恩来、董必武、王若飞、吴玉章等经常在此会见各界朋友，报社社长潘梓年等也经常来这里办公和会见来访者。毛泽东到重庆谈判期间，也曾到新华日报营业部看望报社同志们。1947年2月28日，新华日报营业部被国民党当局查封。

八路军驻重庆办事处旧址于1961年3月被国务院公布为全国重点文物保护单位，2001年6月国务院又将中共代表团驻地旧址、新华日报营业部旧址归入八路军驻重庆办事处旧址，一并为全国重点文物保护单位。桂园于2001年6月被国务院公布为全国重点文物保护单位；重庆红岩革命纪念馆于1997年6月被中央宣传部公布为全国爱国主义教育示范基地。

城口苏维埃政权纪念公园

城口苏维埃政权纪念公园位于重庆市城口县葛城街道办事处土城社区土城路半月池2号。

◆城口苏维埃政权纪念碑

城口是红四方面军建立川陕革命根据地时开创的一块根据地，也是现重庆市境内唯一成建制建立了县、乡、村三级苏维埃政权的革命老区。李先念、徐向前、许世友、王维舟、李家俊等曾转战城口，留下了光辉的革命足迹。

1933 年 10 月下旬，红军发动宣达战役攻占城口，解放了城口大部分地区。根据中共川陕省委、川陕省苏维埃政府决定，建立了城口县苏维埃政府，并设秘书处、保卫局、革命法庭、军事指挥部、经济委员会、粮食委员会、妇女委员会等机构。随着根据地的建立和发展，城口县的区、乡、村基层苏维埃政权组织也相继建立起来。到 1934 年 9 月，城口建立了大竹、坪坝、庙坝、冉家坝、庙坡、白果等 6 个区苏维埃政府，建立了冉家坝、黄溪、坪坝、庙坝、罗江等 24 个乡苏维埃政府和 80 多个村苏维埃组织。1934 年 9 月 15 日，80 余名代表在大竹河召开了为期 7 天的城口县第一次工农兵代表大会，选举产生了 26 名城口县苏维埃政府委员，以及县苏维埃政府主席、副主席。会议总结了红军在城口苏区开展武装斗争取得的胜利和城口苏维埃政权建设、土地革命、经济建设等工作，通过了“关于加强土地革命和苏区经济建设”、“关于教育文化卫生工作”、“关于加强地方武装建设”、“关于工会、妇女、共青团工作”等决议。城口县第一次工农兵代表大会的召开，标志着城口苏区内已经形成了完整的政权组织体系，国民党地方反动政府在城口地区统治的瓦解。

1935 年 2 月，红军撤离城口苏区，县苏维埃政府大部分工作人员随红军参加长征，政府工作于 3 月停止。红军撤走后，城口苏区又沦为在国民党军政的统治之下，县、区、乡、村苏维埃机关被反动统治者查封或摧毁，苏维埃干部惨遭杀害或被迫逃离家园，地方武装及群众组织被迫解体分散活动。

1984 年 8 月城口县人民政府开始修建城口县苏维埃政权纪念公园。公园占地面积近 7000 平方米，并在园内建立城口县苏维埃政权纪念碑，碑身为汉白玉，碑翼为粉红色大理石，碑座为黑色大理石，碑侧面为火炬造型，碑座下面嵌碑名和城口县苏维埃政权简介，背面嵌有红四方面军三十三军挥戈城口的事迹概述。1999 年、2006 年、2009 年还分别对纪念碑进行了维修加固。2006 年又在园内修建了川陕苏区城口纪念馆，占地面积485平方米，建筑面积1150平方米。纪念馆内以实物、图片、文字等形式详细展现了中国工农红军第四方面军挥师城口的战斗历程。内有馆藏文物2000多件，其中苏区时期的革命文物190多件。

城口苏维埃政权纪念公园于2004年10月被重庆市委、市人民政府公布为重庆市爱国主义教育基地。

聂荣臻元帅陈列馆

聂荣臻元帅陈列馆位于重庆市江津区城区西郊几江街道大西门社区西关8组。

◆聂荣臻元帅陈列馆

聂荣臻（1899—1992），字福骈，重庆江津人。7岁入私塾接受启蒙，四年后正式进学堂读书。1917年夏天，聂荣臻以优异成绩考入江津县立中学（今江津中学），1919年赴法国勤工俭学、1922年参加旅欧中国少年共产党，1923年转入中国共产党。1955年被授于元帅军衔。1992年5月14日在北京逝世，终年93岁。

聂荣臻元帅陈列馆背倚巍巍青山，面临浩浩长江，风景优美，景色宜人，始建于1998年4月，1999年9月竣工，同年11月19日开馆，由时任中共中央总书记江泽民题写馆名。陈列馆占地105亩。馆区由湖面（32.5亩）、铜像广场、主馆、服务园区等几部分组成，1.2千米的环形公路，将整个馆区连为一体。馆区园林绿化面积近44亩，常年树木葱郁，芳草青青，鲜花吐蕊，湖光山色，宁静优美。

聂荣臻元帅陈列馆采取碑馆合一的建筑构思，设计新颖，造型独特，布局合理，结构严谨，形意神珠联璧合，碑馆园浑然一体。主体建筑正中碑体高36米，宏伟挺拔、蔚为壮观，顶端托起一颗卫星，象征着聂荣臻元帅为中国革命和新中国科技事业作出的不朽功勋永垂青史。聂荣臻元帅陈列馆馆珍藏图片3000余张，字画近600幅，文物200余件以及聂荣臻生前藏书近万册。

聂荣臻元帅陈列馆于2001年6月被中央宣传部公布为全国爱国主义教育示范基地。

四川省重要革命遗址

两河口会议旧址

两河口会议旧址位于四川省阿坝藏族羌族自治州小金县两河乡两河村关帝庙。

1935 年 6 月 26 日和 29 日，中共中央在这里分别召开了政治局会议和政治局常委会议，史称“两河口会议”，曾称“懋功会议”。

◆两河口会议旧址

1935 年 6 月 24 日，张闻天、毛泽东、周恩来、朱德、王稼祥等中央首长率部到达两河村，并驻军于两河村中的关帝庙内。25 日，红四方面军负责人张国焘带随行警卫人员 30 余人，从理蕃（今理县）杂谷脑翻越虹桥山抵达两河口。26 日，中共中央在这里召开政治局扩大会议，出席会议的有张闻天、毛泽东、朱德、周恩来、张国焘、刘伯承、王稼祥、秦邦宪、刘少奇、何克全、邓发、林彪、彭德怀、聂荣臻、林伯渠、李富春 16 人，张闻天主持会议。会议集中讨论了红军的战略方针问题，否定了张国焘的错误主张，制定了“北上建立川陕革命根据地”的战略方针。29 日，中共中央在这里召开政治局常委会议，增补张国焘为中革军委副主席，徐向前、陈昌浩为中革军委委员。两河口会议奠定了中央北上战略方针的基础，也拉开了同张国焘分裂主义斗争的序幕。

两河口因从西北的梦笔山和东北的邛崃山流过来两条溪流交汇于此而得名。两河乡两河村的关帝庙，现仅存后殿，关帝庙后殿坐东北向西南，石木结构，单体建筑，穿逗式梁架，悬山顶，上施小青瓦。面阔 6 米，进深 5.8 米，高 4.4 米，占地面积 34.8 平方米。

◆两河口会议旧址内景

两河口会议旧址于1980年7月被四川省人民政府公布为四川省重点文物保护单位，2006年5月被国务院公布为全国重点文物保护单位；2006年2月被四川省委、省人民政府公布为四川省爱国主义教育基地。

卓克基会议旧址

卓克基会议旧址位于四川省阿坝藏族羌族自治州马尔康县卓克基镇西索村卓克基土司官寨。

1935年6月24日中央红军红六团翻越梦笔山进入卓克基地区，时任卓克基土司官寨国民党“游击司令”的索观瀛亲率土兵200余人进行阻击，将宣传民族政策的通司打死，红军被迫还击。索观瀛部败退到官寨，索下令凭借其坚固的攻防设施进行顽抗。深夜，红六团为联络后续部队向天空发射数颗五光十色的信号弹。此时正值马尔康雨季，索部土兵使用的火药枪因受潮而无法使用，以为红军会施法术，吓得惊慌弃寨，仓皇而逃。红军遂占领了土司官寨。7月1日，张闻天、毛泽东、周恩来等中央领导进驻土司官寨。3日在土司议政厅召开中央政治局常委会议，张闻天、毛泽东、朱德、王稼祥、张国焘、博古等参加了会议。会议主要讨论民族地区的有关问题，通过了《告康藏西番民众书——举行西藏民族革命运动的斗争纲领》。号召藏族民众起来反对帝国主义和国民党军阀，成立游击队，实现民族自决。那时中央领导拴坐骑的几棵柏杨树桩，至今还枝繁叶茂地挺立在卓克基中心校园内，被当地群众亲切地称为“红军树”。1935年7月1日，中央机关进驻卓克基后，毛

◆卓克基会议旧址

泽东曾住在这里。

卓克基土司官寨始建于 1918 年，历时 13 年建成，高 21 米，占地 1200 平方米。官寨将藏汉两种不同风格的建筑艺术巧妙地结合在一起，被美国记者索尔兹伯尼赞誉为“东方建筑史上的一颗明珠”。汉式四合院布局，坐西北向东南。整个官寨以片石砌成，极为坚固。回廊边柱及每层房楼板、梁、枋未用一钉一铆互相衔接。官寨右侧有一片石砌成的碉楼，碉呈四方锥体，顶高与官寨相等，系土司在紧急时储藏珍贵物品及藏身防御之所，也是土司至高无上的统治权力的象征。

卓克基会议旧址于 1988 年 1 月被国务院公布为全国重点文物保护单位；2006 年 2 月被四川省委、省人民政府公布为四川省爱国主义教育基地。

红四方面军长征出发地

红四方面军长征出发地位于四川省广元市苍溪县城东 3 公里处的塔山湾。

◆红军渡广场铜质雕塑

1935 年 1 月 22 日，中共中央电示红四方面军“渡江西进”，以配合中央红军“从泸州渡江”。为迅速贯彻中央的战略方针，选定理想的渡江地点，红四方面军总指挥徐向前带领孙玉清、杜义德等沿嘉陵江东岸察看地形，寻找渡口。经过侦察，发现苍溪塔山湾对岸，五六里开阔河岸只有国民党军陈泽仁一个营据守。这部分敌人多次被红军击溃，士气低落，是薄弱易打之敌。根据敌人布防及地势情况，红四方面军制订了缜密的渡江作战计划，将塔山湾确定为红军强渡嘉陵江的主渡口。

1935 年 3 月 28 日夜，渡江战役打响。红军突击队、红 30 军 88 师 263 团 2 个营和总部教导营分乘 75 只木船，全速向西岸疾进。先头连首先在杜里坝偷袭成功，直到突击连连续摸掉三道岗哨，进至敌营部时，敌守兵才发觉并进行抵抗。设立在塔子山和武当山上的红军总部直属炮兵团随即向敌人江防据点轰击，配合机枪压倒敌人火力，掩护突击队强渡。在火力掩护下，突击队胜利登岸，全歼守敌一个营，击毙敌团长陈正朴，随即大部队突击过江，凌晨时红旗插上东青场，并击溃左右援敌。红四方面军由此踏上

◆红四方面军长征出发地纪念碑

长征路。

解放后，为纪念红军胜利渡江，将塔山湾渡口改名“红军渡”。1984 年 10 月，徐向前元帅题写“红军渡”碑名。1987 年立铜塑红军渡群像一座。2005 年，被列入全国百个红色旅游经典景区，形成了以“红军渡”为中心的红军文化旅游区，其中包括：红军渡大型铜质群塑纪念碑、红四方面军长征出发地纪念碑、红四方面军长征出发地纪念馆、红军渡烈士纪念园、将帅诗词碑林、《梨乡红霞》浮雕艺术墙、红军街、革命烈士功勋馆、吴忠将军墓、杨大易将军墓等。

◆红四方面军长征出发地纪念馆

红四方面军长征出发地（原苍溪红军渡纪念馆）于 1980 年 7 月被四川省人民政府公布为四川省文物保护单位；1998 年 5 月被四川省委、省人民政府公布为四川省爱国主义教育基地，2001 年 6 月被中央宣传部公布为全国爱国主义教育示范基地。

邓小平故居

邓小平故居位于四川省广安市广安区协兴镇牌坊村。

邓小平（1904—1997），四川广安人，原名邓先圣，学名邓希贤。1919 年秋考入重庆勤工俭学留法预备学校，1920 年夏赴法国勤工俭学。1922 年参加旅欧中国少年共产党（后改名为中国社会主义青年团旅欧部），1924 年转为中国共产党党员。入党后任青年团旅欧总支部领导成员、中共党组织里昂区特派员，参与编辑青年团机关刊物《赤光》杂志。1926 年初赴苏联，先后在莫斯科东方劳动者共产主义大学、中山大学学习。1927 年春回国，被派往冯玉祥部所属中山军事政治学校任政治处处长兼政治教官，并

◆邓小平故居俯瞰

任该校中共组织的书记。1927 年夏到湖北汉口，在中共中央机关工作，改名邓小平。1928 年至 1929 年任中共中央秘书长。1929 年夏作为中共中央代表前往广西领导起义，任中共广西前敌委员会书记，与张云逸等于 12 月发动百色起义，创建中国工农红军第七军和右江革命根据地。1930 年 2 月又发动龙州起义，建立红八军和左江革命根据地，任红七军、红八军政治委员和前敌委员会书记。1931 年夏到中央革命根据地，历任中共瑞金县委书记、会昌中心县委书记、江西省委宣传部部长。1933 年遭到推行“左”倾错误的中共临时中央领导人的打击，被撤销职务。后调红军总政治部任秘书长。不久，负责主编总政治部机关报《红星》报。1934 年 10 月参加长征。同年底任中共中央秘书长。遵义会议后任红一军团政治部宣传部部长，政治部副主任、主任。抗日战争时期，1937 年 8 月起任八路军政治部副主任。1938 年 1 月起任八路军第一二九师政治委员。1942 年 9 月起兼任中共中央太行分局书记。1943 年 10 月起代理中共中央北方局书记，并主持八路军总部工作。解放战争时期，1945 年 8 月起任中共晋冀鲁豫中央局书记、晋冀鲁豫军区政治委员。1947 年 5 月起任中共中央中原局书记。1948 年 5 月，任辖区扩大了的中共中央中原局第一书记及中原军区、中原野战军政治委员。1948 年 11 月任统一指挥中原野战军（后改称中国人民解放军第二野战军）和华东野战军（后改称中国人民解放军第三野战军）的总前委书记。1949 年 2 月起任中国人民解放军第二野战军政治委员，3 月起兼任中共中央华东局第一书记。中华人民共和国成立后，先后任中共中央政治局常委，中共中央总书记，中共中央副主席，国务院副总理，中共中央军委副主席，解放军总参谋长，政协第五届全国委员会主席，中共中央顾问委员会主任，第一届、第二届、第三届国防委员会副主席等职务。1997 年2 月19 日在北京逝世。

1904 年8 月22 日，邓小平诞生在故居的右厢房，并在此度过了15 载童年和少年时光。江泽民题写的“邓小平同志故居”匾额悬挂于故居正门上方中央。

邓小平故居坐东朝西，共17 间，建筑面积620 平方米，占地面积883 平方米，房屋为悬山式木结构，小青瓦屋面，穿斗式承重体系，分正房、左厢房、右厢房，系邓小平祖上三代陆续建成，其中最早的左厢房建于清朝同治年间。

1951 年以前，一直由邓小平的亲属居住，嗣后，邓小平全部亲属迁移重庆居住。按照邓小平的意见，老家的房屋家产全部交由当地政府，分给乡亲们居住。

故居内现辟有三个图片展室、七个文物展室。图片展室陈列了邓小平从青少年时期赴法留学到1992 年视察南方期间的照片、邓小平家人以及党和国家领导人关心广安发展建设的照片。文物展室则真实地再现了当年邓小平父母和兄弟姐妹的住房、邓小平出生的房间及其家中的手工作坊等。整个展览从多个角度介绍了邓小平从一个普通农民的儿子成长为一位革命家、一代伟人的光辉历程。

2003 年 2 月，广安市人民政府为纪念邓小平诞辰100 周年，建立以邓小平故居为核心的邓小平纪念园。园内有故居、陈列室、铜像广场、翰林院子、神道碑、金橘园、清水塘、邓家老井等20 多处相关遗址。

◆邓小平纪念园

邓小平故居陈列馆竣工于 2004 年。陈列馆采用川东民居特色与现代建筑风格相结合的手法设计，运用现代布展理念和高科技展示手段，再现了邓小平波澜壮阔的人生历程和历史功绩。陈列馆坐东向西，一字排开，三个青瓦坡形屋面，三叠三起，一起比一起高，最后耸立起一座丰碑，蕴寓着邓小平“三落三起”的传奇人生。陈列馆由序厅、三个陈列展厅、电影放映厅和珍藏陈列厅组成。

◆邓小平故居陈列馆

邓小平故居于 1996 年 9 月被四川省人民政府公布为四川省文物保护单位，2001 年 6 月被国务院公布为全国重点文物保护单位；1995 年 12 月被四川省委、省人民政府公布为四川省爱国主义教育基地，1997 年 6 月被中央宣传部公布为全国爱国主义教育示范基地。

陈毅故居

陈毅故居位于四川省资阳市乐至县劳动镇故居村十社。

陈毅（1901—1972），四川乐至人。1919 年赴法国勤工俭学。1921 年 10 月因参加中国留法学生爱国运动被驱逐回国。1922 年加入中国社会主义青年团，1923 年 11 月加入中国共产党。1924 年任北京学生总会党团书记。1926 年被派往四川旧军队中从事革命活动。1927 年任武汉中央军事政治学校中共委员会书记。1928 年 4 月起任工农革命军第四军（后改称中国工农红军第四军）政治部主任兼第十二师师长。5 月任红四军军委书记。1929 年 3 月部队进军闽西整编为三个纵队后，兼任第一纵队党代表。从 1930 年 2 月起，先后任红六军政治委员、红三军政治委员、红二十二军军长兼政治委员、江西省苏维埃政府执委会委员、中共赣西南特区委书记、赣南特委书记、兴国中心县委书记、中共江西省委常委、中华苏维埃共和国中央执委会委员、江西军区总指挥部总指挥（司令员）、兼任政治委员。在第一次、第二次全国工农兵代表大会上当选为中央工农民主政府执行委员。参加三年游击战争，任中共苏区中央分局委员、中华苏维埃共和国中央政府南方办事处主任，中华苏维埃人民共和国中央革命军事委员会委员、中华苏维埃人民共和国中央政府南方办事处主任。抗日战争爆发后，参与组建新四军的工作，任中共中央军委新四军分会委员、副书记，中共中央东南分局委员，新四军第一支队司令员。1941 年 1 月皖南事变后任新四军代军长，任中共中央军委华中分会委员、代书记（1942 年 4 月起）。1942 年 5 月任中共中央华中局代书记。抗日战争胜利后，1945 年 8 月任中共中央军委委员、中共中央华中局副书记，中共中央华东局副书记，新四军军长兼山东军区司令员。1947 年 1 月任华东军区司令员、华东野战军司令员兼政治委员。1948 年 5 月任中共中央中原局第二书记、中原军区及中原野战军第一副司令员（在华东局和华东野战军的职务不变）。1948 年 11 月任淮海战役总前委委员。1949 年 2 月任中国人民解放军第三野战军司令员兼政治委员。1949 年 5 月任中共上海市委副书记、上海市市长。中华人民共和国成立后，任中央人民政府委员会委员，中央人民政府人民革命军事委员会委员、副主席，华东军政委员会委员，中共中央华东局第二书记，上海市市长，中共上海市委第一书记，国务院副总理，政协第二届全国委员会常务委员，中共中央政治局委员。1958 年 2 月起兼任外交部部长，历任外交部党组书记、党委书记。相继当选为政协第三届、第四届全国委员会副主席。1959 年 9 月任中共中央军委委员、常委。1966 年 1 月任中共中央军委副主席，第一届、第二届、第三届国防委员会副主席。1955 年 9 月被授予中华人民共和国元帅军衔。“文化大革命”中受冲击。1972 年 1 月 6 日在北京逝世。

陈毅故居始建于清乾隆三年（1738 年），是一座依山而建的三重堂四合院，占地面

◆陈毅故居

积 1026 平方米，建筑面积 750 平方米。故居为单檐悬山式小青瓦屋面，有大小房屋 36 间。三重堂式木结构瓦房四合院，房屋设计朴素实用，集生产、生活用房于一体，木质、部分石质墙体结合，阴、阳水沟迭修，穿斗、抬梁结构，单檐悬山式屋顶，上覆小青瓦。1901 年 8 月 26 日，陈毅元帅在这里出生，并在此度过了他的童年和少年时代。

故居大门悬挂“陈毅故居”金漆大字横匾，两侧为赵朴初撰写的“直声满天下，殊勋炳世间”楹联。第二重堂设陈列馆，共有四间展室，着重展出陈毅青少年时代和平生从事革命工作的照片、文物资料近两百件。第三重堂陈列着陈毅的出生地和少年时期食宿、学习过的地方及使用过的用具，有写字台、沙发、躺椅、服装等生活用品和办公用品。

◆陈毅纪念馆

1987 年，陈毅纪念馆建成并对外开放，建筑面积 1926 平方米，结构面积 12954 平方米，有大小庭院 7 个，房屋 41 间，其中展厅 5 个，展厅面积 700 平方米。展馆将陈毅元帅的生平事迹分为 5 个单元、18 个部分陈列展出，生动形象地再现了陈毅元帅光辉伟大的一生。纪念馆共收藏了陈毅元帅生前照片 300 余幅，文字和实物资料 50 余件。

陈毅故居于 2006 年 5 月被国务院公布为全国重点文物保护单位；1995 年 12 月被四川省委、省人民政府公布为四川省爱国主义教育基地，2001 年 6 月被中央宣传部公布为全国爱国主义教育示范基地。

罗瑞卿故居

罗瑞卿故居位于四川省南充市顺庆区舞凤街道办事处双女石村三组。

罗瑞卿（1906—1978），曾用名罗谷光，1906 年 5 月 31 日生于南充县舞凤乡清泉坝（今隶属南充市顺庆区舞凤街道办事处）。1926 年加入中国共产主义青年团。同年在黄埔军校武汉分校从事革命活动，1928 年 10 月在上海转为中国共产党党员。1929 年由党中央派到苏区，参加中国工农红军，历任红军大队长，纵队、师和军的政治委员。1940 年任八路军野战政治部主任，中共中央北方局委员。1945 年 6 月被选为中共第七届中央候补委员。解放战争时期，任晋察冀军区副政委兼政治部主任，晋察冀野战军政治委员，华北军区政治部主任兼十九兵团政治委员，参与指挥解放平津等许多重要的战

◆罗瑞卿故居大门

役。中华人民共和国成立后，任政法委员会副主任、国务院政法办公室主任、公安部部长，兼任公安军司令员、政治委员。1956 年 9 月，当选为中共第八届中央委员。八届十中全会增选为中央书记处书记。1959 年，任国务院副总理、国防部副部长、中央军委秘书长、中国人民解放军总参谋长，以后又任国防委员会副主席，国防工业办公室主任。“文化大革命”中遭迫害。1977 年 8 月，当选为中共第十一届中央委员，被任命为中央军委常委、军委秘书长。1978 年 8 月 3 日逝世。

罗瑞卿故居原为清光绪年间修建的一座三合院式穿斗结构青瓦房，面积约 300 平方米。故居前的院坝正中屹立着罗瑞卿将军半身铜像。胡耀邦题书的“罗瑞卿故居”五个大字匾额悬挂于正门上方。故居正中是堂屋，两侧是正房和厢房。西侧为将军及其父母的卧室、厨房及杂物间，西侧正房陈列着将军及其父母当年使用过的大架子床、衣柜等老式家具。东侧正房、厢房里，陈列着党和国家领导人、中央有关部门及文学家、艺术家等的题词、绘画。以故居为主体，在院内配套修建了陈列室、工作室和接待室。陈列室以罗瑞卿生前珍贵实物、文字史料和照片、绘画为展线，生动再现了罗瑞卿各个历史时期的革命生涯和光辉业绩。

罗瑞卿故居于 1996 年 9 月被四川省人民政府公布为四川省文物保护单位；1994 年 5 月被四川省委、省人民政府公布为四川省爱国主义教育基地。

◆罗瑞卿将军半身铜像

郭沫若旧居

郭沫若旧居位于四川省乐山市沙湾区沙湾镇文豪街315号。

◆郭沫若旧居正门

郭沫若（1892—1978），原名郭开贞，四川乐山沙湾人。早年赴日本留学，后弃医从文。组织“创造社”，从事新文学运动，代表作诗集《女神》摆脱了中国传统诗歌的束缚，充分反映了“五四”时代精神。1926年7月参加北伐，任国民革命军政治部副主任。1927年参加南昌起义，同年8月经周恩来、李一氓介绍加入中国共产党。1928年2月因被国民党政府通缉，前往日本避难，开始研究中国古代史和古文学。1937年抗日战争爆发后回国，以无党派人士身份，在周恩来直接领导下从事抗战文化工作，团结进步文化人士从事抗日救亡运动，先后担任国民政府军事委员会政治部第三厅厅长、文化工作委员会主任、中华全国文艺界抗敌协会理事。1949年3月率中国代表团赴布拉格参加世界拥护和平大会，当选主席团副主席。新中国成立后，先后担任全国政协副主席、政务院副总理、中央人民政府委员、全国人大常委会副委员长、中国保卫世界和平委员会主席、国家文化教育委员会主任、中华全国文学艺术工作者联合会主席、中国科学院院长等职。1958年重新加入中国共产党，1958年9月至1978年6月任中国科技大学

◆郭沫若旧居(绥山山馆)

首任校长。为中国共产党第九、第十、第十一届中央委员。

郭沫若旧居始建于清嘉庆年间，为中式穿斗结构平房，占地面积2148平方米，建筑面积1108平方米。旧居由四进三井和一个后院组成，有大小房间36间，集居家、商铺、家塾、园林为一体，至今仍保持原样。旧居的正门楣上“贞寿之门”大匾，是其祖母百岁之时受清光绪皇帝所赐封（1980年恢复旧居时为罗孟汀手书）。临街为商业店铺，取字“郭鸣兴达”号，寓兴旺发达之意。二进横匾“汾阳世第”，意郭氏为唐汾阳王郭子仪后裔。二进、三进陪房为郭沫若诞生之处及与张琼华结婚时的洞房，其父母居室及厨房、酒房亦在此。后院为绥山山馆及花园，是郭沫若幼年读书的地方。

1992年，乐山市沙湾区政府为纪念郭沫若诞辰100周年，在旧居后花园外沿，修建郭沫若旧居博物馆，占地1000平方米，为一楼一底仿古建筑。一楼居中为展厅，两厢布有中日友谊馆、文物馆等四个展室。馆内收藏有郭沫若青少年习作、投笔从戎、北伐战争、南昌起义、剧作、诗歌、文学研究、新文学研究及政治、外交等活动的文物、图片、资料共2000多件。

郭沫若旧居于1980年7月被四川省人民政府公布为四川省重点文物保护单位，2006年5月被国务院公布为全国重点文物保护单位；1995年12月被四川省委、省人民政府公布为四川省爱国主义教育基地。

川陕革命根据地红军烈士陵园

川陕革命根据地红军烈士陵园位于四川省巴中市通江县沙溪镇王坪村。

1933年年底，红四方面军为反对军阀刘湘的“六路围攻”，将总医院由鹦歌嘴迁入此。总医院担任了收治前后方伤病员的繁重任务，入院治疗的伤员最多时高达数千人。当时因条件艰苦，环境恶劣，成千上万的红军伤病员因伤势过重缺医

◆川陕革命根据地红军烈士陵园大门

◆红四方面军英勇烈士墓碑

少药等原因，在医院不幸光荣牺牲。最初医院将这些同志一人一口棺材就地进行安葬，在每一座烈士墓前立一块木牌，上面书写着烈士名字。后因牺牲的人员太多，便改作墓群集中安埋。1934年7月，红四方面军总医院为褒扬革命烈士，纪念广州暴动七周年，决定为王坪烈士墓修建墓碑。时任总医院政治部主任张琴秋题写了碑名，绘制了图案，由石匠罗吉祥等20余人镌刻雕琢，同年10月落成。

烈士墓碑由碑帽、碑体、碑座组成。碑帽高0.87米，呈塔状，顶部嵌有一大一小两个球形帽，四角微翘；碑体正中竖刻着“红四方面军英勇烈士之墓”，两旁是一副对联，上联为“为工农而牺牲”，下联是“是革命的先驱”，横额是“万世光荣”，碑体下端左右两侧分别镌刻着手枪和步枪图案。碑座高1.5米，宽1.62米，上面镌刻着铁锤、镰刀、五星图案，寓意人们在共产党的领导下，铁锤砸碎旧世界，镰刀割断旧乾坤。烈士墓碑前一张石供桌，两侧各安放着一门用石头雕凿的迫击炮。

1935年秋，红军撤离通江后，以王笃之为首的地主还乡团，掘坟毁棺。当地群众于半夜将墓碑深埋地下。新中国成立以后，恢复原墓碑、石供桌、迫击炮和一部分烈士墓。因墓地建在王坪，故称王坪红军烈士墓。

1985年，通江县人民政府将王坪红军烈士墓扩建为王坪烈士陵园，陵园南北宽500米，东西长1000米，园内安埋了7800余名烈士，其中团级以上烈士30多名，成为全国最大的红军烈士陵园。2002年，王坪红军烈士陵园更名为川陕革命根据地红军烈士陵园。

川陕革命根据地红军烈士陵园于1988年1月被国务院公布为全国重点文物保护单位；1995年12月被四川省委、省人民政府公布为四川省爱国主义教育基地。

十二桥烈士墓

十二桥烈士墓位于四川省成都市西门十二桥畔青羊宫墓地，后划入成都市文化公园内。

◆十二桥烈士墓

1949 年冬，中国共产党领导的人民解放军快速进军大西南，蒋家王朝濒临崩溃。国民党反动派继 11 月下旬在重庆渣滓洞、白公馆疯狂进行大屠杀之后，12 月上旬又将关押在成都将军衙门监狱的“政治犯”一一提出，分别杀害于抚琴台王建墓的墓道内和通惠门外十二桥下。20 天后，成都解放，军管会在群众的指引下，发掘出 35 位烈士的遗体，举行了隆重的葬礼，连同在重庆牺牲的周从化烈士合葬于十二桥畔的青羊宫墓地，建立墓碑，统称为“十二桥死难烈士陵园”。

◆十二桥烈士纪念碑

在陵园安葬的 35 位烈士之中，有中共党员 14 人、中国民主同盟盟员 5 人、中国国民党革命委员会成员 3 人、中共地下党领导的秘密外围组织成员 6 人、其他革命志士 7 人。他们大部分是在成都敌特机关先后三次实行大逮捕时入狱，还有一部分是 1949 年 1 月 13 日中共川康特委遭到破坏时被捕入狱的；另一部分是由附近县的特务机关扣捕解送来的。他们之中，有中共建党初期和留法勤工俭学时的老共产党员杨伯恺；有 1926 年在震惊中外的万县九五惨案中奋起抗击英国军舰的民族英雄、老共产党员于渊；有 1928 年参加领导绵竹暴动、打响川西地区红色风暴第一枪，后为川军驻延安代表，受到过毛泽东接见的老共产党员王干青；有异军突起、以世界语为武器向国内外揭露国民党腐朽反动、宣传人民解放军伟大胜利的老共产党员许寿真；有长期潜身敌营，在淮海战役中率部起义的优秀共产党员晏子良；有身陷囹圄，在敌人监狱里开展革命斗争的“川西解放组”杜可等；还有胸怀共产主义远大理想，为建立新中国而甘洒热血的革命青年学生毛英才、缪竸寒、余天觉……他们被捕入狱后，面对敌人的严刑拷打，利诱威胁，仍坚贞不屈，视死如归，用生命和鲜血谱写了革命志士壮丽的人生赞歌。

1961 年，成都市人民政府对十二桥烈士墓进行修葺，竖立了“十二桥死难烈士墓”墓碑。20 世纪 90 年代划入成都市文化公园内。

十二桥烈士墓于 1980 年 7 月被四川省人民政府公布为四川省文物保护单位；1995 年 12 月被四川省委、省人民政府公布为四川省爱国主义教育基地。

绵阳市烈士陵园

绵阳市烈士陵园位于四川省绵阳市涪城区南塔路南山公园内。

绵阳市烈士陵园始建于 1955 年，1985 年 10 月绵阳市人民政府将陵园扩建并命名为绵阳市烈士陵园，总面积 183671 平方米（275.5 亩）。烈士陵园爱国主义教育纪念区由烈士公墓、烈士纪念馆、烈士纪念广场等建筑物组成。

烈士公墓位于纪念广场内，始建于 1955 年，迁建于 1987 年，占地 200 平方米，外观呈几何块状堆积，墓内安埋着 67 名烈士遗骨，其中有人民解放军 18 兵团 60 军 180 师于 1949 年 12 月 12 日在解放绵阳时牺牲于磨家沟的 12 位烈士，有 1976 年 8 月 23 日牺牲在平武县抗震救灾中的人民解放军副连长、一等功臣侯德富烈士，还有绵阳第一批共产党员谭德政烈士和张思德生前所在部队的政治指导员欧文烈士等。烈士墓后室内安放烈士骨灰，墓体正面的白色大理石上镌刻着烈士的姓名和生平简介。

◆绵阳市烈士陵园纪念广场

◆绵阳市烈士纪念馆

烈士纪念馆始建于 1989 年，1990 年 4 月对社会免费开放。外观为八角仿古建筑，展厅面积 570 平方米，分为内厅和外厅两个部分，内厅存放着 11 位烈士遗物，镌写着 8876 名烈士英名，外厅采用 400 余幅珍贵图片，重点展示了 44 位革命烈士的英勇事迹。烈士纪念广场占地 2000 余平方米，四周松柏成林，古树参天。2008 年“5・12”特大地震使烈士陵园遭受了空前破坏，烈士纪念馆多处地面裂口沉陷，框架柱、梁明显断裂，个别墙体严重开裂，馆内展板损毁严重。2009 年 7 月至 2010 年 4 月，完成了烈士纪念馆灾后重建工程，并于 2010 年清明节前夕重新免费对社会开放。重新布展的烈士纪念馆充满浓郁的红色文化意蕴，由前厅、展示大厅、后厅三部分组成，通过图片、文字、雕塑、实物展柜以及多媒体展示系统，全方位、多层次地重点展现了绵阳从 1919 年五四运动到 2008 年“5・12”特大地震期间 73 位烈士的英勇事迹。整个布展以绵阳近、现代革命史及中共绵阳地方党组织建立、发展、壮大的光辉历程为背景，按照中国革命发展的历史进程划分为三部分：新民主主义革命时期、社会主义建设时期、改革开放时期。焕然一新的烈士纪念馆为构筑灾区人民精神家园特别是为加强青少年思想道德建设提供了良好的教育平台，成为服务于绵阳精神文明建设的设施齐备、功能完善的爱国主义教育基地。

绵阳市烈士陵园于 1995 年 12 月被四川省委、省人民政府公布为四川省爱国主义教育基地。

遂宁市烈士陵园

遂宁市烈士陵园位于四川省遂宁市船山区广德路。

1988 年 8 月，中共遂宁市委决定在城西西山坡修建遂宁烈士陵园。1995 年 7 月陵园竣工落成。遂宁烈士陵园陈列展示内容包括：中共四川省省委书记杨闇公烈士，蓬溪县牛角沟起义，宣布成立中国第一个县级苏维埃政府的红四方面军第 25 军军长旷继勋烈士和中国工农红军第二路军党代表、前委书记苟祥珂等为代表的 59 名土地革命战争时期英烈和滕县之役中重创日军的抗日名将税梯青，以驻防遂宁十年的抗日殉国的集团军总司令李家钰为代表的众多遂宁籍出川抗日阵亡的抗日战争时期烈士，及以 1949 年 11 月在重庆磁器口英勇就义的知名人士周均时，重庆中美合作所与敌斗争写出黑牢诗篇的蔡梦慰，成都十二桥烈士于渊、刘骏达等为代表的各时期 1722 名遂宁烈士的英名录，及 180 件烈士遗物。

◆遂宁市烈士陵园墓区

遂宁市烈士陵园于1995年12月被四川省委、省人民政府公布为四川省爱国主义教育基地；2009年3月被民政部公布为全国重点烈士纪念建筑物保护单位。

内江市革命烈士陵园

内江市革命烈士陵园位于四川省内江市市中区靖民镇光荣水库旁边。

内江市革命烈士陵园建于1992年，占地40余亩。山顶上建有一座革命烈士纪念碑，纪念碑上书“革命先烈永垂不朽”。陵园内现有烈士墓24冢，老红军墓44冢。烈士墓由黑色花岗石制成，依山势整齐排列。陵园内安葬的著名烈士有：原中共四川省省委代理书记廖恩波烈士，内江革命运动先驱、中共内江组织的早期领导人黎灌英烈士，参加八一南昌起义时任教导团团长的谢独开烈士等。

◆内江市革命烈士陵园

廖恩波（1901—1935），四川内江人。1922年在成都参加社会主义青年团，1926年初转入中国共产党。1930年，中共四川临时省委决定在广汉暴动，廖恩波担任兵变前委书记。1931年5月，廖恩波到四川省委负责组织工作。1933年8月，任代理省委书记。1933年10月，赴江西瑞金参加中共六届五中全会，会后留中央机关工作。1934年10月，中央红军主力开始长征，廖恩波留在赣南军区任政治部秘书，坚持敌后游击战争。1935年3月6日，廖恩波在反击国民党军队的“围剿”中不幸被俘，21日被杀害于江西大庾县北门外金莲山。

内江市革命烈士陵园于1998年5月被四川省委、省人民政府公布为四川省爱国主义教育基地。

宜宾市烈士陵园

宜宾市烈士陵园位于四川省宜宾市翠屏区江北桥头江北流杯池公园内。

◆宜宾市烈士陵园

宜宾市烈士陵园于1954年12月建成，主体建筑有烈士纪念碑、纪念广场、烈士墓区、陵园碑林区、湖边长廊、烈士纪念馆和办公楼。2010年对整个陵园进行改造，新建陵园烈士纪念馆占地面积638平方米，建筑面积1276平方米，建筑为两层框架结构，分为展览厅、多功能厅。新馆落成后，主要作用是保存和展出宜宾市革命烈士的资料、图片、遗物等，其中有宜宾市著名的李硕勋、赵一曼等45位烈士的英雄事迹和部分遗物。

陵园内共有烈士墓75座，其中包括解放前牺牲的李筱文、冯愚庸烈士。李筱文，宜宾市翠屏区人，曾任中共宜宾县委城区区委书记，1928年3月在宜宾被捕英勇就义。宜宾解放后，李筱文墓迁葬于宜宾市烈士陵园。冯愚庸，重庆市江北县梅溪乡人，中共党员，曾任四川省行动委员会主席团副主席兼工委书记，中共宜宾县中心县委委员，1945年10月13日牺牲于宜宾。宜宾解放后，冯愚庸墓迁葬于宜宾市烈士陵园。

宜宾市烈士陵园于1995年12月被四川省委、省人民政府公布为四川省爱国主义教育基地。

通川区烈士陵园

◆通川区革命烈士纪念碑

通川区烈士陵园位于四川省达州市通川区陵园路158号。

1958年，中共达县县委、达县人民政府为纪念在民主革命时期和抗美援朝战争中为实现民族独立和人民解放而牺牲的达州儿女，缅怀革命先烈的丰功伟绩，继承革命传统，教育人民群众，投资建设达县烈士陵园，1959年建成开放。陵园占地23916平方米，建有烈士纪念馆、纪念碑、烈士墓等，展陈各种图片近3000张，烈士遗物187件，其中文物35件。达州建市后，达县烈士陵园改名为通川区烈士陵园，是达州市唯一的纪念各个历史时期革命烈士的综合性烈士陵园。

通川区烈士陵园于1995年12月被四川省委、省人民政府公布为四川省爱国主义教育基地。

雅安市烈士陵园

雅安市烈士陵园位于四川省雅安市雨城区苍坪山以东。

◆雅安市烈士陵园内的烈士纪念堂

雅安市烈士陵园始建于1955年，是西康省人民为纪念解放西康英勇献身的661名革命烈士而修建，占地面积27360平方米，墓区共有342名革命烈士长眠在青松翠柏之下。后来烈士陵园进行了扩建，陵园内建有17米高的革命烈士纪念碑和革命烈士纪念堂。纪念堂内陈列着500余件介绍革命先烈英勇事迹的图片和文字资料，内容分四部分：红军长征经过雅安的简介；打土豪分田地，同封建势力及潜伏匪特进行英勇斗争的英雄事迹；抗美援朝保家卫国先烈们的英勇事迹；对越自卫反击战烈士的英雄事迹。新增少年英雄赖宁事迹。

雅安市烈士陵园于1995年12月被四川省委、省人民政府公布为四川省爱国主义教育基地，2009年3月被民政部公布为全国重点烈士纪念建筑物保护单位。

南充革命烈士陵园

南充革命烈士陵园位于四川省南充市顺庆区西山脚下。

为缅怀英烈们的丰功伟绩，南充市于1992年动工兴建了南充革命烈士纪念馆，1996年更名为南充革命烈士陵园。陵园占地面积为150亩，分为纪念活动区、烈士墓园区和革命烈士事迹陈列馆三大园区。跨进陵园大门，迎面的黑色大理石碑上，镌刻着杨尚昆题写的“南充革命烈士纪念馆”馆名；在纪念坊正面的坊额上，刻有毛泽东手迹“虽死犹荣”；高大的纪念碑碑身上，刻着朱德所书的“革命烈士永垂不朽”几个大字。左侧的烈士墓园区，150多位烈士安息在苍松翠柏之中，有25位烈士人们至今都不知道他们的名字。右侧的革命烈士事迹陈列馆，为一幢四合院结构的一楼一底独立建筑，门额上悬挂着刘伯承题写的“革命烈士事迹陈列馆”匾牌；门内木质屏风上刻着江泽民“名垂青史光照后人”的题词；展室里陈列着南充土地革命时期、抗战时期、

◆南充烈士陵园

◆南充烈士陵园内的革命烈士事迹陈列馆

解放战争时期与社会主义建设时期烈士们的英烈事迹、图片和实物资料。

南充革命烈士陵园于 1995 年 12 月被四川省委、省人民政府公布为四川省爱国主义教育基地。

石棉县烈士陵园

石棉县烈士陵园位于四川省雅安市石棉县城北红岗山下。

大渡河畔的石棉县是个英雄辈出的地方，既有中国工农红军十七勇士胜利强渡大渡河的英勇篇章，也有社会主义革命和建设时期涌现出的众多英雄人物。为缅怀先烈、激励后人，发扬传统、继往开来，石棉县政府于 1991 年 9 月开始在石棉县动土兴建石棉县烈士陵园，占地面积 3.5 万平方米。除烈士墓外，还修建了英烈陈列馆光辉亭、英烈亭、悼念场。园内有包括伍彭清、叶清贵、吴良才、杨常玉、杨昌喜等参加了中国工农红军二万五千里长征的老红军墓和 24 座烈士墓组成的烈士墓群和英烈事迹陈列馆。2008 年“5·12”汶川特大地震中受损严重，2009 年 10 月动工重建，2010 年 1 月竣工。

◆石棉县烈士陵园

陵园于 1995 年底基本建成，其建筑物有英烈事迹陈列馆、光辉亭、英烈亭、烈士墓群和悼念场。英烈事迹陈列馆分四个室：“英雄少年”赖宁事迹陈列室、“舍己为公的英雄民兵”万建昌事迹陈列室、十七勇士强渡大渡河事迹陈列室、光辉历程综合室。

石棉县烈士陵园于 1998 年 5 月被四川省委、省人民政府公布为四川省爱国主义教育基地。

乐至县烈士陵园

乐至县烈士陵园位于四川省资阳市乐至县天池镇川鄂中路32号。

乐至县烈士陵园占地面积6420平方米，始建于1968年。陵园大门为仿古建筑，占地18平方米，高8米，宽7.4米，门楣上书“烈士陵园”四个大字，两旁对联为：青山埋忠骨；精神育后人。进入陵园大门，内有烈士英名碑、烈士纪念碑、烈士骨灰冢、烈士展览厅等设施。烈士英名碑采用大理石修建，宽3.7米，高2.7米。碑的上方书“乐至县革命烈士纪念碑”，两旁对联为：千秋浩气壮国魂；一代勋名垂青史。碑上刻有549名烈士英名。烈士纪念碑建在陵园最高处，占地5.8平方米，碑高1.1米，基座为正方形，边长2.4米，通高3.5米。碑身镌刻着“乐至县革命烈士纪念碑”10个大字。烈士展览厅为仿古建筑，占地面积200平方米。展览厅内展出了原红四师师长叶镛以及抗日战争时期反“铁壁合围”战斗中牺牲的战地记者陈达等9名烈士的英雄事迹和部分遗物。

◆乐至县烈士陵园

乐至县烈士陵园于1995年12月被四川省委、省人民政府公布为四川省爱国主义教育基地。

金川县革命烈士陵园

金川县革命烈士陵园位于四川省阿坝藏族羌族自治州小金县县城对岸的沐林坡上。

金川县革命烈士陵园由烈士墓、纪念塔、纪念碑、烈士事迹陈列馆组成。修建于1981年，占地面积为21372平方米，四周围墙总长680米。方形纪念塔高8.15米，直径1.6米，正面书“革命烈士永垂不朽”八个金色大字，塔顶一颗五角星。

金川县革命烈士陵园安葬有1935年至1936年中国工农红军驻留金川期间牺牲和病故的革命烈士532名，解放后牺牲的革命烈士和宗斯满壮烈牺牲的民改工作队员60名，共计592名烈士。墓左侧为红军烈士墓碑记，右侧为“缅怀革命先烈、发扬光荣传统”的题词。纪念碑左右两侧的翠柏丛中，分别安葬着解放后牺牲的革命烈士。

烈士陵园内的陈列馆主要陈列了红军长征在金川驻留期间发动群众打土豪、分田

◆金川县革命烈士陵园远眺

地，建立革命政权的部分事迹，解放后牺牲的革命烈士和宗斯满牺牲的民改工作队烈士事迹以及“三红”人员（退伍红军老战士、西路军红军老战士、失散红军老战士）情况介绍和图片。

金川县革命烈士陵园于1998年5月被四川省委、省人民政府公布为四川省爱国主义教育基地。

安顺场红军强渡大渡河纪念地

安顺场红军强渡大渡河纪念地位于四川省雅安市石棉县安顺乡安顺村。

1935年5月24日，中央红军一军团一师一团在先遣队司令员刘伯承、聂荣臻率领下，经姚河坝、楂罗、老街子、新场到马鞍山顶，深夜消灭安顺场守敌，占领了安顺场，缴获木船一只，为渡河创造了有利条件。刘伯承、聂荣臻曾经在这栋楼里周密部署第二天强渡大渡河事宜。1935年5月25日上午9时，红军强渡大渡河成功。

安顺场红军强渡大渡河纪念地包括中央红军一军团指挥所遗址、中国工农红军强渡大渡河纪念碑、中国工农红军强渡大渡河纪念馆三处。

中央红军一军团指挥所遗址位于安顺村老街，建筑风格系晚清时期民间居住的碉楼建筑，其结构为木骨石墙，顶为歇山式，盖小青瓦，二楼一底共三层楼，建筑面积300平方米左右。

红军强渡大渡河渡口位于雅安市石棉县安顺乡安顺村“小河口”，即大渡河支流之一的松林河交汇大渡河处，原址处立有一大石，石上刻“红军渡”三个大字。1983年

◆红军强渡大渡河纪念碑

5 月，在安顺村建成中国工农红军强渡大渡河纪念碑，由邓小平题写碑名。纪念碑坐西向东，分为碑台、碑座、碑体三部分。碑台采用白色和红色花岗石地砖砌成，正面铺三级台阶。碑座高 0. 5 米，为四方形。碑体由白色花岗石砌成。碑体正面为半圆雕红军战士塑像，炯炯有神的双目凝神对岸；下半部分雕刻为十七勇士驾着当地特有的翘首木船乘风破浪，飞渡天险的浮雕；右侧为巨手执大刀浮雕，象征红军必胜的信念；背面上部在 2. 4 米宽、1 米高的黑色大理石上，刻有邓小平亲笔题写的“中国工农红军强渡大渡河纪念碑”金色大字。

2004 年，石棉县人民政府在安顺乡安顺村松林河流入大渡河处，即当年红军强渡大渡河起点原址处修建中国工农红军强渡大渡河纪念馆。纪念馆建筑群采用仿唐式风格，对称布局和院落形式，分设展厅四个、报告厅一个和史料放映厅一个，以及贵宾接待室等。展厅以弘扬红军精神为主题，分为长征、大渡河战役、红军长征过雅安、翼王悲歌、历史评述五个部分。馆内拥有馆藏 228 件，其中实物 73 件，图片 155 幅。包括红军当年战斗时用过的枪炮、大刀、旗帜等实物和邓小平、江泽民等亲笔题词、信函原件以及大量珍贵的图片、资料、文物等。纪念馆陈列真实再现了当年中国工农红军十七勇士强渡大渡河的历险场面。纪念馆于 2004 年 5 月 25 日建成开馆，江泽民题写馆名。

安顺场红军强渡大渡河纪念地于1980年7月被四川省人民政府公布为四川省重点文物保护单位，2006年5月被国务院公布为全国重点文物保护单位；1995年12月被四川省委、省人民政府公布为四川省爱国主义教育基地，2001年6月被中央宣传部公布为全国爱国主义教育示范基地。

◆中国工农红军强渡大渡河纪念馆

彝海结盟纪念地

彝海结盟纪念地位于四川省凉山彝族自治州冕宁县北。

彝海原名“鱼海子”，彝语叫“乌勒苏泊”，意即海子，海拔2000多米，是高山淡水湖，面积232亩，呈元宝形，蓄水量135.5万立方米，平均水深9米，最深处达15米。

◆刘伯承与小叶丹结盟处

◆彝海结盟纪念碑

1935年5月，中国工农红军巧渡金沙江后，冲破国民党军队的围追堵截，从19日起先后进入冕宁县境，中共地下组织迅速与红军接上了头，向红军提供了重要情报，为红军主力改道过彝区北上作出了贡献。同时配合红军在冕宁开展了一系列重大革命活动，由朱德总司令亲自宣布建立了入川以来第一个红色政权——冕宁县革命委员会，组织了第一支地方军事武装——冕宁县抗捐军，建立了第一支少数民族武装——中国夷民红军沽鸡支队。由于受国民党反动宣传的影响，不明真相的彝族群众起初阻挠红军北上，毛泽东亲自接见彝族代表果基达列，向他讲解了党的民族政策。在彝海边，按照彝族传统习俗，由彝族祭司主持，总参谋长兼先遣队司令刘伯承在聂荣臻、肖华陪同下，与彝族首领果基支头人果基小叶丹双双向天地发誓：彼此愿永结弟兄，肝胆相照，团结如一，永不反悔。誓毕，双方以相互忠诚的坚定信念将鸡血酒一饮而尽（以清澈的海水代酒），接着双方互赠礼物。刘伯承司令员将自己佩带的手枪赠与小叶丹，小叶丹将自己骑的大黑骡子赠与刘伯承。这就是著名的彝海结盟。当天下午，刘司令盛情邀请小叶丹等彝族首领回到先遣司令部驻地——大桥镇，设宴款待，并耐心宣传和讲解许多革命道理，使当地彝族人民消除了对红军的误解，并主动为红军带路。

出于对“彝海结盟”事件的尊重和对党的民族团结政策的感激，彝族群众自觉地将当年彝海结盟盟誓处刘伯承、聂荣臻、果基小叶丹坐过的三块石头保留了下来，并在四周种满了各种鲜花。2006 年，以冬旅会为契机，在彝海景区内修建了青石环海步行道，栽种花草树木，美化景区，同时新建了景区内的服务设施，为游客提供了方便。

彝海结盟纪念地于 1980 年 7 月被四川省人民政府公布为四川省文物保护单位；1995 年 12 月被四川省委、省人民政府公布为四川省爱国主义教育基地，2009 年 5 月被中央宣传部公布为全国爱国主义教育示范基地。

会理会议纪念地

会理会议纪念地位于四川省凉山彝族自治州会理县。

会理会议纪念地包括中央红军巧渡金沙江皎平渡遗址、会理会议遗址、红军长征过会理纪念馆三处革命史迹陈列点。

◆会理会议遗址

中央红军巧渡金沙江皎平渡遗址位于四川省凉山彝族自治州会理县通安镇钟武山村、距会理县城 70 余公里的金沙江畔。

中央红军四渡赤水后开始进军云南，准备抢渡金沙江入川。当中央红军大队人马向金沙江挺进时，蒋介石下达命令，控制渡口，毁船封江。1935 年 5 月 3 日，中央军委下令抢占皎平渡，刘伯承率干部团翻山越岭日夜兼程 180 里，来到金沙江边，并一举消灭了敌人一连正规军和一个保安队，控制了皎平渡两岸渡口。中央军委命令赶到龙街渡口的红一军团和赶到洪门渡口的红三军团，迅速转移到皎平渡过江。

从 5 月 3 日至 9 日，在 7 天 7 夜的时间里，红军主力就靠 7 只小船从容地渡过了江。担任后卫的红九军团在南渡乌江以后奉军委命令一直在黔西绕圈子，时东时西，忽南忽北，牵制了敌人部分兵力。5 月 6 日，到达云南东川与巧家县之间，并于 5 月 9 日在树节渡顺利地渡过了金沙江。两天以后，敌人的追兵才赶到南岸。

◆会理会议纪念碑

1994 年，聂荣臻元帅亲临皎平渡为红军巧渡金沙江纪念碑题写了碑名，宋任穷题写了碑铭，详细记载了红军的渡江经过和在会理进行的三次激战。

会理会议遗址位于四川省凉山彝族自治州会理县老街乡铁厂村四组，占地面积 60 平方米，保护范围面积 2000 平方米。2008 年 5 月，县委、县政府划拨专款，修建了上山步行道、纪念碑和小广场。

1935 年 5 月 12 日，中央政治局在会理县城郊铁厂举行扩大会议。张闻天主持会议。参加会议的有：毛泽东、朱德、陈云、周恩来、张闻天、博古、王稼祥、邓发、凯丰、林彪、聂荣臻、彭德怀、杨尚昆以及共产国际军事顾问李德等。会理会议针对当时部队的思想情绪，进一步阐明了党中央和中央军委机动作战才能摆脱敌人重兵包围的作战方针。会议总结了遵义会议以来在川滇黔边实行大规模运动战的经验，讨论了渡江后的行动计划，决定立即北进，抢渡大渡河，向红四方面军靠拢。会议批评了林彪要求撤换毛泽东、朱德军事指挥和反对机动作战的错误，从而统一了认识，维护了党和红军的团结，巩固了毛泽东在党和红军的领导地位，坚持了正确的军事路线。会后，中央红军组成以刘伯承为司令员、聂荣臻为政委的先遣队，为中央红军北上四川开路。

红军长征过会理纪念馆位于四川省凉山彝族自治州会理县果元乡南郊村水路组。占地面积 2069. 57 平方米，保护范围面积 9619. 00 平方米。

在中国工农红军长征过程中，中央红军在会理留下了大量的革命文物。1970 年代开始，县委、县政府就十分重视革命文物的收集、革命遗迹的保护和革命历史事件的调查。经过多年在全县范围内的征集、调查和挖掘，收集了大量革命文物。为了加强对红军长征过会理革命历史文物的保护和建设，2007 年，县委、县政府投资修建“三馆”，其中包括“红军长征过会理纪念馆”。

◆红军长征过会理纪念馆

红军长征过会理纪念馆一楼展厅的“中央红军长征过会理纪念展”中，以图文并茂、实物陈列、文物复制、场景复原、多媒体影像等一些新的表现手法来展出革命历史文物72件，复制品63件，复原场景4个，模型1个，沙盘1个，图片215幅，大型浮雕1幅，书16本。其中国家三级文物10件（红军标语3件、红军灶残片1件、铜币1件、马灯1件、葫芦1件、木梯1件、子弹箱1件、铁铲1件），一般文物62件，充分展现了中央红军长征途中发生的重大历史事件和在会理期间的主要活动，以此来缅怀为新中国的成立而历尽艰辛、抛洒热血的老一辈无产阶级革命家和红军将士。

会理会议纪念地于2003年10月被四川省委、省人民政府公布为四川省爱国主义教育基地。

刘伯坚烈士纪念碑

刘伯坚烈士纪念碑位于四川省巴中市平昌县江口镇新华街东段幸福路2号。

刘伯坚烈士纪念碑坐落在平昌县城北佛头山森林公园内，坐东北朝向西南，与刘伯坚烈士纪念馆组成一个完美整体。邓小平题写碑名，1986年建成。

刘伯坚（1895—1935），字永福，号毅伯，国外用名大野（冶），1895年1月生于四川省平昌县龙岗乡。幼年聪颖好学，先后入金斗寨高小、巴州中学、万县师范以及成都高师学习。后勤工俭学于法国、比利时，与赵世炎、周恩来、聂荣臻等发起和组织了旅欧中国少年共产党，开展工人运动。1922年加入中国共产党。先后任中共旅比支部书记，旅欧总支第三届书记。翌年，赴苏联学习，兼任旅莫支部书记。1926年秋受共产国际和中共中央委派，回国任冯玉祥西北军总政治部主任，同邓小平等一起培训干

◆刘伯坚烈士纪念碑

部，参与五原誓师，致力北伐战争和国共合作。大革命失败后，赴沪做党的地下工作，1928年春再赴莫斯科学习军事，出席了中共六大。1930年回国，任中央军委秘书长和中华苏维埃共和国临时中央执行委员。1931年与左权、王稼祥一道领导了震惊中外的宁都起义，旋任红五军团政治部主任。1934年红军长征时，留任赣南军区政治部主任，积极布置游击战争，准备长期坚持斗争。1935年3月在江西仁凤、会昌与项英、陈毅等分路突围时不幸受伤被俘。刘伯坚烈士在狱中坚贞不屈，视死如归，写下气贯长虹的《戴镣行》、《移狱》等英雄诗篇，表现出一个共产党人的高风亮节。1935年3月21日，刘伯坚在江西大余县英勇就义，年仅40岁。

刘伯坚烈士纪念馆，由纪念碑诗屏、碑廊和刘伯坚烈士生平事迹陈列馆组成一个和谐完美的整体。景区共占地22387平方米，其中建筑面积4000平方米，绿化面积17998平方米。刘伯坚烈士生平事迹馆内，安放着刘伯坚汉白玉塑像。室内史料、文物系统展示了刘伯坚烈士“生是为中国，死是为中国”的光辉的一生、战斗的一生。

1983年冬，中共平昌县委、平昌县人民政府遵照胡耀邦关于“应该为刘伯坚烈士树碑立传”的指示，报经四川省人民政府批准，投资兴建刘伯坚烈士纪念馆和纪念碑。1983年12月30日，举行刘伯坚烈士纪念碑奠基典礼。

◆刘伯坚烈士纪念馆

刘伯坚烈士纪念碑以“忠魂盛开革命花，正气凛然照万代”为主题。纪念碑为砖混结构，由基座和碑身组成，通高23.55米，碑座高2.8米，碑身高20.75米。基座均由砖混构成，红色花岗岩贴面，呈八边形，正、背面各宽 9.05 米，左、右面各宽 6.08 米，四切角各长 1.00 米。碑座正面镶嵌横排邓小平题写“刘伯坚烈士纪念碑”八个大字，背面镌刻刘伯坚生平事迹传略。碑身造型为三片花瓣组成一朵含苞绽放的白玉兰花。

刘伯坚纪念碑于 1991 年 4 月被四川省人民政府公布为四川省文物保护单位；1995 年 12 月被四川省委、省人民政府公布为四川省爱国主义教育基地。

红军长征翻越夹金山纪念碑

红军长征翻越夹金山纪念碑位于四川省雅安市宝兴县硗碛乡咎落村。

◆红军长征翻越夹金山纪念碑

1935 年 6 月 9 日，中央红军先遣队顺利通过宝兴沿东河向夹金山前进。红一军团从宝兴县城分两路向夹金山进军：红一军团一师从宝兴西河经五龙、陇东，从永富的中岗、土巴沟上山，沿铜陵沟、图岩窝、九倒拐、三道桥、程胡岭翻越夹金山，直抵小金县懋功城；红一军团主力部队随红军先遣队，从宝兴东河经民治、盐井、硗碛，从硗碛沿普生岗、头道水沟、二道水沟、烧鸡窝、一直箭、五倒拐、王母寨翻越夹金山。

1935 年 6 月 12 日，红军先遣队红一军团二师四团成功翻越夹金山，与红四方面军九军 25 师 74 团 3 营在小金达维胜利会师。1935 年 6 月 12 日至 18 日，中央红军分两路成功翻越了夹金山。

1935 年 6 月 13 日，中央红军主力部队抵达夹金山脚的扎角坝，在这里搭建简易平台，召开了翻越夹金山动员大会。红军首长作了翻越大雪山的动员报告，并宣讲了过山时的注意事项。动员会后，红军宣传队表演了节目，并分发了干海椒等过山必备物品，红军战士扔掉一些不必要的东西，轻装前进，成功翻越了夹金山。中央红军翻越夹金山动员大会誓师坪遗址尚存。

1935 年 9 月中旬，张国焘不执行党中央北上的决定，擅自率领红四方面军及红一方面军五军团、九军团从阿坝地区回师南下，于 10 月 27 日至 29 日翻越夹金山进入雅安境内。因张国焘的《天（全）、芦（山）、名（山）、雅（安）、邛（崃）战役计划》受挫，红四方面军于 1936 年 2 月下旬分三路撤离，再次翻越夹金山，2 月 28 日全部翻越夹金山北上。

红军翻越夹金山，冒严寒、忍饥饿，经历了严酷的生命极限的考验，付出了悲壮的牺牲，同时也创造了革命奇迹和红军团结奋进、英勇无畏、勇往直前、不胜不休的惊天地、泣鬼神的夹金山精神。

红军长征翻越夹金山纪念馆兴建于红军长征翻越夹金山 70 周年之际。纪念馆由红军广场、主题雕塑和红军长征翻越夹金山连环画护栏三部分组成。从外到内色调都以红军军装“灰”色为基调，烘托出一种凝重、庄严而且深沉。纪念馆共有两层楼展厅，一楼展厅的主题是漫漫长征路、雪山铸丰碑，共展览出历史照片 103 张，文物 68 件。在这些珍贵的红军文物中，有红军标语、红军钱币和红军武器，有真实记录夹金山、红军栈道、誓师坪、毛泽东与朱德饮马休息的凉水井以及居住过的锅庄楼等历史照片。二楼展厅的主题是陈云光辉的一生，共展出陈云和有关历史照片 140 张，文物 39 件等。

2006 年，因原硗碛藏族乡咎落村咎落组红军翻越夹金山纪念碑被水库淹没，中共宝兴县委、宝兴县人民政府决定重建红军长征翻越夹金山纪念碑。新建红军长征翻越夹金山纪念碑通高 10 米，宽 10 米，厚 4.5 米。碑体用红花岗石做成，形状是红军军旗，碑体的下部用红沙石雕成，反映红军长征时克服各种艰难困苦的人物群浮雕。

◆红军长征翻越夹金山纪念馆

红军长征翻越夹金山纪念碑于 2006 年 2 月被四川省委、省人民政府公布为四川省爱国主义教育基地。

红军长征邛崃纪念馆

红军长征邛崃纪念馆位于四川省成都市邛崃市高何镇高兴村石塔寺。

1935 年 11 月，西征南下入邛的红军主力，进驻原邛（崃）大（邑）特区苏维埃政府辖域，除了组织战斗以外，还利用战斗间隙，开展了以下地方工作：一、宣传群众。派出宣传队在要道、桥梁、山岩、石壁，以及街面、村寨的墙壁上，刷写与錾刻标语、张贴油印传单与革命口号，并以交谈、教唱革命歌曲等形式，形象直观地宣传

◆红军长征邛崃纪念馆浮雕墙

党的主张和革命道理。二、建立红色政权。帮助地方党组织建立了区、乡、村苏维埃政权。如在高何建立了1个区苏维埃、4个乡苏维埃政权。三、建立不脱产的红军游击武装。在宣传和组织的基础上，建立了6个营、26个连，共1260人。其中，高何组建了1个营，7个连，参加人数达450人。四、斗地主分田地。包括高何的靖口、横溪、高兴、王家、沙坝、象林6个村在内，共有22个村的农民分得了田地。五、开展扩红工作。1936年2月红军战略转移出邛境，963名邛崃儿女随军北上。其中，高何多达403人。

红军长征邛崃纪念馆建筑占地面积1501平方米。1997年1月筹建，1998年7月28日对外开放。

纪念馆是一座砖混结构红色琉璃瓦盖面的展馆，馆内列展了400余件历史文献资料与革命历史实物，连同“悲歌与壮举”红军石刻浮雕与国内罕见的南宋石塔寺石塔，构成丰厚的人文景观。

红军长征邛崃纪念馆于2003年10月被四川省委、省人民政府公布为四川省爱国主义教育基地。

赵一曼纪念馆

赵一曼纪念馆位于四川省宜宾市翠屏山麓。

赵一曼（1905—1936），宜宾县白花镇人，原名李坤泰，字淑宁，参加革命后用名李一超，到东北化名赵一曼。1923年加入中国社会主义青年团成都支部。1925年4月在郑佑之指导下，和其二姐李坤杰在白花场建立妇女解放同盟，开办女子夜校。1926年冬考入武汉中央军事政治学校学习。1927年9月受党派遣到苏联莫斯科中山大学学习。次年回国，先后在湖北宜昌、江西南昌、上海等地从事党的秘密工作。1931年九一八事变后，主动请缨并接受党组织安排，赴东北参加抗日工作，先后任满洲省总工会组织部部长、代理书记，参与领导了哈尔滨电车工人大罢工。1934年，任中共珠河中心县委委员兼铁北区委书记，领导当地农民组织抗日自卫队，开展游击斗争。1935年

◆赵一曼纪念馆

2 月，任东北人民革命军第三军第一师第二团政治委员，同年 11 月，因左腿负重伤被俘，受尽酷刑，坚贞不屈，于 1936 年 8 月 2 日，在珠河（今黑龙江省尚志县）小北门被日军杀害。牺牲时年仅 31 岁。

◆赵一曼纪念馆展厅

赵一曼纪念馆建于 1960 年，占地面积 5500 平方米、建筑面积 1650 平方米，馆舍系古典庭园式建筑。馆前中央是一尊汉白玉赵一曼烈士全身雕像。正门上方是朱德委员长 1963 年 12 月亲笔题写的“赵一曼纪念馆”馆名。

赵一曼纪念馆内共设有三个展厅和一个宜宾地方党史陈列室。第一展厅陈列朱德、陈云等党和国家领导人的题词及赵一曼烈士的大事年表、生平简介；第二展厅介绍赵一曼从一个大家闺秀演变成为一个坚定的共产主义者的过程；第三展厅介绍赵一曼在东北组织领导工人运动，参加东北抗日联军英勇杀敌的光辉业绩及被俘后英勇就义的悲壮情景。馆前树有赵一曼的汉白玉雕像。

赵一曼纪念馆于2004年12月被四川省人民政府公布为四川省文物保护单位；1995年12月被四川省委、省人民政府公布为四川省爱国主义教育基地，1997年6月被中央宣传部公布为全国爱国主义教育示范基地。

旷继勋烈士纪念馆

旷继勋烈士纪念馆位于四川省遂宁市蓬溪县城西南角的狮子山上。

旷继勋（1897—1933），原名大勋，号集成，贵州思南县人。少时只读过三年私塾，从小好动，会骑马，练就了一副轻捷矫健的身躯。辍学后随父串乡摆摊卖药。1919年入川军赖心辉部当兵，历任连长、营长职。1925年升任江防军第二师第四旅旅长，江防军缩编为第七混成旅后，改任第二团团长，同年发起成立中国青年军人联合会四川分会，分管财政。1926年加入中国共产党。1929年6月29日，在中共四川省委的领导下，旷继勋任总指挥，率领四川军阀邓锡侯部28军第七混成旅两千余名官兵在遂蓬边界溪县一侧大石桥牛角沟举行武装起义，打出“中国工农红军四川第一路”大旗，攻占军阀驻守的蓬溪县城，建立了四川省第一个县级苏维埃政权——蓬溪县苏维埃政府。1932年在川陕苏区肃反中被错误逮捕，于1933年6月被秘密处死于通江县洪口场，时年36岁。后被追认为烈士。

◆旷继勋烈士纪念馆展室

1989年，中共蓬溪县委、县人民政府决定在赤城湖青幽岛上建设旷继勋纪念馆。1990年4月，徐向前元帅为旷继勋纪念馆题写馆名。1993年2月12日，纪念馆竣工落成。为满足参观需要，县委、县政府决定将旷继勋纪念馆迁建至蓬溪县城西南角的狮子山。2009年6月29日迁建第一期工程竣工，并举行了纪念四川省第一个县级苏维埃政府诞生80周年庆祝活动。新馆占地893平方米，保护范围27000余平方米，陈列有各种纪念物品326件。

旷继勋烈士纪念馆于2003年10月被四川省委、省人民政府公布为四川省爱国主义教育基地。

李硕勋纪念馆

李硕勋纪念馆位于四川省宜宾市高县县城硕勋公园内。

◆李硕勋纪念馆远景

李硕勋（1903—1931），又名李陶，1903年2月23日生于四川省庆符县（现为高县）。早年从事革命活动，1924年在上海大学加入中国共产党。1925年五卅运动期间，积极投身于上海街头的反帝爱国斗争，被选为上海学生联合会代表和全国学生联合会会长，同时他还以学生代表的身份参加领导了上海工商学联合会（中共领导下的统一战线组织）的工作。1925年至1926年，先后主持召开了第七届、第八届全国学生代表大会，还被选为上海反帝大同盟主席。1926年冬受党派遣到武汉，担任过中共武昌地委组织部部长、共青团湖北省委书记，不久又被派到国民革命军第4军第25师任政治部主任。1927年春率师主力之一部继续北伐，在河南上蔡战役大败奉军，后又回师武汉，参与平定夏斗寅叛乱。7月参加东下讨蒋。8月1日参加南昌起义，被任命为第11军第25师党代表兼政治部主任。后随起义部队南下广东，途中曾参与指挥会昌战役并取得胜利。同年10月受朱德委派，赴上海向党中央请示工作，被党中央留在上海从事党的白区工作。1928年4月被党中央派到武汉工作，因被敌人注意旋返上海，改任中共江苏省委秘书长。同年夏秋又到杭州，任中共浙江省委常委、省军委书记，后又任省委代理书记。1929年春再回上海，任中共沪西区区委书记。同年秋改任中共江苏省军委书记，和省委书记李维汉一起领导江苏的武装斗争，发动和领导了苏北的农民起义。

◆李硕勋纪念馆

1930 年任中共江南省委（江苏、安徽、浙江和上海市）军委书记。1931 年春党组织决定调他去中央革命根据地任红 7 军政委。5 月下旬到达香港，因病留在香港。不久被任命为中共广东省委军委书记，同年 7 月在去琼州（今海南岛）指导工作的途中不幸被捕，在狱中大义凛然，忠贞不屈，9 月中旬英勇就义，牺牲时年仅 28 岁。

李硕勋纪念馆系一楼一底飞檐翘角黄琉璃瓦仿古建筑。底楼展厅中央置李硕勋烈士半身汉白玉雕像，雕像前摆放着 28 盆君子兰花，象征李硕勋烈士 28 个春秋。雕像后大理石屏风上为邓小平题词："李硕勋烈士永垂不朽。"纪念馆用大量的历史资料和图片，详细地展示李硕勋烈士一生的光辉战斗历程；陈列了李硕勋烈士的遗物和江泽民等领导人的题词。二楼展厅图文并茂，展示了李鹏故乡行和新中国成立以来高县改革开放 30 多年来的发展变化；陈列了江泽民视察宜宾时题写的"走改革之路，建美好宜宾"和李鹏题写的"巴蜀沃野，人杰地灵，英雄辈出，后继有人"。

李硕勋纪念馆于 1995 年 12 月被四川省委、省人民政府公布为四川省爱国主义教育基地。

王右木纪念馆

王右木纪念馆位于四川省绵阳市江油市武都镇团山路。

◆王右木纪念馆大门

王右木（1887—1924），原名王丕昌，又名王燧。四川省江油市武都镇人。1911 年考入成都通省师范学堂数理科，以优异成绩毕业后被选拔为官费生考入日本东京明治大学经济系。1918 年获经济学士学位，归国回川任成都高等师范学堂学监，并教日文。1920 年底组织成立马克思主义读书会，吸收部分大中学生、教员、记者等阅读社会主义书籍和《新青年》等进步报刊。1921 年冬指导成立了四川社会主义青年团、成都劳动联合会，被选为执行委员。1922 年 2 月领导建立马克思学会和成都各校读书会，创办《人声》旬报，自兼社长和主笔，大力宣传马克思主义社会主义新思想，批判无政府主义思潮。6 月参与领导发动争取教育经费独立的群众运动，被推为请愿代表团总指挥，率各校师生千余人到四川省议会请愿取得胜利，但遭到学校当局的解聘。7 月赴上海会见中共中央领导人，同年秋返回成都，仍到高等师范任教。他同校长吴玉章指导青年团员筹建平民教育社，发动学生、工人和市民举行大会声援开滦工人的罢工斗争。同年 10 月 15 日他在家中主持成立青年团成都地方执行委员会，被选为执行委员。1923 年 1 月团地委改选，再次被选为执行委员。6 月，经恽代英向团中央推荐，在成都团地委改选时任书记。同年秋，根据党中央指示建立了四川最早的党组织中共成都支部，任书记。1924 年夏经上海赴广州参加党的会议。9 月上旬，从广州步行回川，被贵州军阀杀害于途中。

王右木纪念馆始建于 1987 年 11 月，1991 年 6 月开馆。纪念馆占地面积 5500 多平方米，馆内有纪念堂、陈列室、重檐六角亭、水竹居、桂花园等。

纪念堂主要陈列有：用大理石雕刻 3 米高的王右木烈士塑像，王右木亲笔致恽代英、致施存统的信，共青团成都地方执行委员会给团中央的报告，关于四川党组织的活动情况的报告，1923 年 5 月 5 日、18 日两次致函党中央提出“武装工农”和武装斗争方案的信函，王右木创办的《人声》报和有关文函，同王右木烈士工作过的老同志回忆录，省、市党史部门研究王右木有关资料、文章、书籍。

陈列室存有：王右木生平大事年表，王右木青少年时代探索革命真理、开展革命活动的介绍，接触马克思主义学说、加深对马克思主义的理解时读过的讲义，组织“马克思读书会”和创办《人声》报活动经过，创建四川社会主义青年团组织活动情况，创建四川中共党组织和忠实执行党的决议，促成了四川的首次国共合作情况介绍，在四川开拓革命运动（工人运动、农民运动、妇女运动）活动情况介绍，为革命英勇献身的大约时间、地点，1952 年 9 月 18 日毛泽东主席亲笔为王右木烈士家属签发的“光荣纪念证书”等。

◆王右木革命事迹陈列室

纪念堂、陈列室周围月季园、桂花园，绿树成荫，鸟语花香，环境幽静，是一个集革命传统教育和供人们游览观光于一体的园中馆。2006 年，建立王右木纪念园。王右木故居与王右木纪念馆均归属纪念园。

王右木纪念馆于 1995 年 12 月被四川省委、省人民政府公布为四川省爱国主义教育基地。

朱德总司令和五世格达活佛联谊塑像纪念馆

朱德总司令和五世格达活佛联谊塑像纪念馆位于四川省甘孜藏族自治州甘孜县甘孜镇河坝村旭日岭林地。

1936 年红军长征进入甘孜县，白利寺五世格达活佛积极动员群众支援红军，筹集粮草，护理伤员，做了许多有益的事。朱德总司令亲自到白利寺看望格达活佛，与他亲切交谈，宣讲革命道理，俩人结下了深厚的友谊。红军离开甘孜北上抗日后，格达活佛继续组织动员群众救扶红军伤病员。为避免国民党反动派勾结地方反动势力对他的迫害，格达活佛被迫出走西藏拉萨多年。这期间，他创作了许多歌颂怀念红军的诗歌。解放后，为了促进西藏和平解放，在他的多次请求下，中央人民政府于 1954 年 7 月派他前往拉萨规劝西藏上层人士，不幸于 8 月在途经西藏昌都地区时被反动特务投毒杀害。

为了缅怀革命前辈、颂扬宗教爱国人士，经中央宣传部批准在甘孜县修建朱德总司令和五世格达活佛联谊塑像馆，选址在甘孜县甘孜镇河坝村旭日岭林地，于 1991 年 8 月 22 日举行了隆重的奠基仪式，1993 年 10 月 20 日全面竣工。江泽民题写了馆名。馆内陈列了红军长征途经甘孜期间的革命文物，主要有中国工农红军长征路线图，红军途经甘孜州路线图，红四方面军路线图及有关照片、实物，红二、红四方面军到甘孜时军领导人相片，红二、红四方面军会师（绘画）图，有关会场遗址、居住遗址、活动遗迹的照片及相关实物（包括复制品）。朱总司令会见格达活佛塑像（还有绘画、照片、实物）。建立第一个民族地区苏维埃博巴政府（包括成立时的绘画、照片）。参加博巴政府的藏族群众的照片。详细介绍五世格达活佛的生平和组织动员群众积极支援红军英雄事迹等。

◆朱德总司令和五世格达活佛联谊塑像纪念馆

◆朱德总司令和五世格达活佛联谊塑像

朱德总司令和五世格达活佛联谊塑像纪念馆于1998年5月被四川省委、省人民政府公布为四川省爱国主义教育基地。

华蓥山游击队纪念馆

华蓥山游击队纪念馆位于四川省广安市华蓥市华蓥山石林景区广场旁。

◆华蓥山游击队纪念馆

1920年代，党的地下工作者把革命火种带到了华蓥山。1931年秋，岳池特支决定由地下党员廖玉璧筹组华蓥山游击队，到1932年春，队伍发展到近500人。游击队活跃在渠河两岸及华蓥山麓的桂兴、天池、双河、阳和、高兴、观音溪一带，沉重地打击敌人，一直坚持战斗到1935年。

1948年秋，中共川东临时工作委员会组建起西南民主联军川东纵队（即华蓥山游击队），在华蓥山地区发动了著名的华蓥山武装起义。西南民主联军川东纵队下属的第五、第八、第七、第三、第四、第六支队的2000多名地下武装，先后分别在广安代市、观阁，武胜三溪，岳池伏龙，合川、武胜边境的金子、真静，渠县龙潭发动武装起义。起义队伍在嘉陵江、渠江两岸及华蓥山中，与数倍于己的国民党军警和地方武装进行艰苦卓绝的斗争，沉重地打击了国民党反动势力。1948年冬，在敌人的“清剿”和残酷镇压下，武装起义受挫。游击队改变斗争策略，一部分分散隐蔽，一部分以小型武工队的形式在华蓥山上打游击，一直坚持战斗到1949年夏。

在华蓥山革命斗争中，王璞、廖玉璧、邓惠中等400余名党的优秀干部、人民的好儿女和革命群众被敌人杀害，其中70多人被关押并牺牲在重庆渣滓洞和白公馆。

为牢记历史、弘扬英烈精神、教育后人，华蓥市人民政府投资修建了华蓥山游击队纪念馆。该馆于2004年年底动工修建，2006年10月建成布展开馆。主体建筑为二层框架结构，总建筑面积1800平米。纪念馆分序厅、文字图片展示区、实物展示区、影视播放厅构成，运用声、光、电等现代科技手段，将文字、图片、实物及音像等历史资料有机地结合为一体，展示了华蓥山革命斗争和华蓥山武装起义的壮烈史实及英雄人物形象。在序厅布置了邓小平、江泽民为革命先烈的题词、纪念馆前言、大型浮雕墙等固定展板，同时配置了一台等离子宽屏电视机，滚动播放有关华蓥山武装斗争的音像制品及老游击队员访谈录。在实物展示区，分华蓥山武装斗争史、武装起义主要战役、英雄人物、红岩精神、中兴纸厂、不朽丰碑、英烈诗抄、永远的怀念8个主题，通过展板、灯箱等方式，展示了华蓥山地下斗争和武装起义的历史文字及图片资料。

华蓥山游击队纪念馆于2006年2月被四川省委、省人民政府公布为四川省爱国主义教育基地。

红四方面军总指挥部旧址纪念馆

红四方面军总指挥部旧址纪念馆位于四川省巴中市通江县诺江镇文庙街29号。

◆红四方面军总指挥部旧址纪念馆

1932年12月25日，红四方面军解放通江县城，总部进驻于通江文庙至1935年春。在长达两年半的时间里，川陕苏区的党政军领导在这里运筹帷幄，指挥红四方面军和川陕苏区地方武装，取得了一场场浴血歼敌的战役胜利，粉碎了敌人的“三路围攻”和“六路围攻”，胜利地进行了仪（陇）南（部）、营（山）渠（县）、宣（汉）达（县）三次进攻战和陕南战役，强渡嘉陵江战役；在不足一年的时间里，建立了东起城口，西至嘉陵江，北据镇巴、宁强，南控营山、渠县，幅员面积4.2万平方公里，人口约500万，纵横23县（市）的根据地，被毛泽东誉为“中华苏维埃共和国第二个大区域”。

红军也由入川时的4个师1.4万人，扩大到5个军8万余人。

红四方面军总指挥部旧址纪念馆原为通江县文庙，始建于宋代，后毁。现存为清代四合院建筑，坐东北向西南，依山就势，依次升高，形成三层台基。纪念馆以“西征入川，创建苏区”；“运筹帷幄，决胜千里”；“传播真理，唤醒民众”；“发展生产，保障供给”；“战地血花，救死扶伤”；“巴山妇女，巾帼英雄”；“前仆后继，无私奉献”七个部分，集中展示了土地革命战争时期红四方面军在川陕边境开展土地革命、武装斗争、建立政权、扩大红军、创建根据地的英雄史实。

红四方面军总指挥部旧址纪念馆于1988年1月被国务院公布为全国重点文物保护单位；1995年12月被四川省委、省人民政府公布为四川省爱国主义教育基地，2001年6月被中央宣传部公布为全国爱国主义教育示范基地。

巴山游击队纪念馆

巴山游击队纪念馆位于四川省巴中市南江县光雾山镇北七公里的铁炉坝村。

以刘子才、赵明恩为首的巴山游击队是红四方面军西渡嘉陵江前组建的一支留守川陕革命根据地的正规武装力量，共1200余人。游击队在南江光雾山的丛林之中，坚持奋战达五年之久。终因寡不敌众，弹尽粮绝，于1940年全部壮烈牺牲，在中国革命史上留下了悲壮的一页。

◆巴山游击队纪念馆

巴山游击队纪念馆于2003年6月建成并对外开放，由厘金局遗址、广场、主题雕塑、巴山游击队指挥部旧址、史迹陈列馆、巴山游击队赵明恩烈士墓、绿化带七个部分组成，总占地面积7300多平方米。其中主体建筑巴山游击队指挥部旧址占地230多平方米，设计为“指挥部原貌”和“居民旧貌”两个主题陈列，展出文物118件；史迹陈列室110多平方米，设计为“红四方面军主要领导人和活动区域”、“巴山游击队战斗史及主要领导人”、“桃园新貌”三个主题陈列，展出文物及资料83件；主题雕塑“忠魂”耸立于2100多平方米的广场中央，经修葺的赵明恩烈士墓静卧广场东边，4200平方米的绿化带环抱着巴山游击队纪念馆。

巴山游击队纪念馆于2006年2月被四川省委、省人民政府公布为四川省爱国主义教育基地。

红军百丈关战役纪念馆

红军百丈关战役纪念馆位于四川省雅安市名山县蒙顶山镇蒙山村蒙顶菱角峰山顶。

◆百丈关战役纪念馆内的红军亭

1935年，红四方面军在攻占雅安地区各县的同时，集中红军主力向川西平原进军。11月中下旬，红四方面军在百丈关及其东北一二十里的弧形地带（包括邛崃县的夹关在内），集中了17个团约2万余人的兵力，与国民党军16个旅，共计39个团及一些独立营，近10万余人，进行了一场殊死决战。两军对峙、鏖战七天七夜。红军给敌以重创，歼敌15000余人，但红四方面军也伤亡近万余人，主力受挫。11月21日红四方面军总指挥部决定向后方撤退，向川西平原进军的计划被迫宣告结束。百丈关大战，是红四方面军南下以来规模最大、最为激烈的一场战斗。战斗中广大指战员表现出了高度的革命英雄主义精神。百丈关大战的失利，是红四方面军南下从战略进攻转入战略防御继而北上的一个转折点。

◆百丈关战役纪念馆陈列的部分红军石刻标语

1985年名山人民为了纪念红军英勇顽强的革命精神，缅怀革命先烈，发扬光荣传统，激发革命斗志，建设美好家园，修建了红军纪念馆，建筑占地500平方米，保护面积620平方米。2005年5月，为迎接第三届四川省旅游发展大会，将红军纪念馆拆除，在原址重新修建红军百丈关战役纪念馆，2005年8月底竣工开馆。纪念馆共分上、下两层，共三个展厅。展品以实物及文字资料图片为主，展示红一、红四方面军长征在雅安地区战斗的基本情况，并采用声、光、电同步电子沙盘再现红四方面军南下鏖战百丈关战斗的场面。

红军百丈关战役纪念馆于2006年2月被四川省委、省人民政府公布为四川省爱国主义教育基地。

朱德故居纪念馆暨朱德纪念园

朱德故居纪念馆位于四川省南充市仪陇县马鞍镇琳琅村十一组。

◆朱德故居

朱德（1886—1976），四川仪陇人，原名朱代珍，字玉阶。1909 年 11 月考入云南陆军讲武堂，同年加入中国同盟会。1911 年辛亥革命爆发后在云南参加武装起义。1912 年由中国同盟会会员转为中国国民党党员。1917 年参加护法战争，任靖国军第二军第十三旅旅长、第三混成旅旅长，后任云南陆军宪兵司令部司令官，云南省警务处处长兼省会警察厅厅长。1922 年 9 月赴德留学，11 月在德国加入中国共产党。1925 年 7 月赴苏联入莫斯科东方劳动者共产主义大学学习。回国后，受党委派到国民革命军第二十军任党代表并兼任代政治部主任。1927 年初在江西南昌任国民革命军第五方面军总参议，创办国民革命军第三军军官教育团，任团长。同年 4 月起兼任南昌市公安局局长。8 月 1 日参加领导南昌起义，任起义军第九军军长。1928 年 1 月发动湘南起义，4 月率部上井冈山，同毛泽东领导的秋收起义部队会师成立工农革命军（后改称中国工农红军）第四军，任军长和红四军前敌委员会委员，11 月任红四军军委书记。此后，相继担任中国工农红军第一军团总指挥，中国工农红军第一方面军总司令，中国工农红军总司令，中共苏区中央局委员，苏维埃区域革命军事委员会委员，中华苏维埃人民共和国中央革命军事委员会委员、主席。1934 年 1 月在中共六届五中会上当选为中共中央政治局候补委员，后成为中共中央政治局委员。1934 年参加长征。抗日战争时期，任国民革命军第八路军总指挥、第十八集团军总司令，中共中央军委、副主席，中共中央军委前方分会（后称华北分会）书记。在中共七届一中全会上当选为中共中央政治局委员、中共中央书记处书记。解放战争时期，任中共中央军委副主席，中国人民解放军总司令。1947 年 3 月任中央工作委员会常务委员。1949 年 6 月任新政治协商会议筹备会常务委员会委员。中华人民共和国成立后，任中国人民解放军总司令、中央人民政府副主席、中央人民政府人民革命军事委员会副主席，中共中央纪律检查委员会书记，中华人民共和国副主席，第一届国防委员会副主任，中共中央军委常委，中央政治局常委、中共中央副主席，第二届、第三届、第四届全国人大常委会委员长。1955 年被授予中华人民共和国元帅军衔。1976 年 7 月 6 日在北京逝世。

朱德故居纪念馆坐东南朝西北，占地 8300 平方米，建筑面积 3760 平方米，由一大二小三个四合院组成，木檐、窗、柱装饰，灰瓦白墙红柱，整个建筑呈现出川北民居和现代建筑艺术相结合的格局。

朱德故居始建于清代嘉庆末年（1820 年），坐北朝南，建筑面积 336 平方米，为土木结构的悬山式建筑，典型的川北农家小院，是朱德先辈来马鞍落户的第二个住地。朱德从 9 岁开始，在这里住了 14 年，度过了他的青少年时代。整个建筑由正房和东西厢房组成，正门上方悬挂着郭沫若题写的“朱德同志旧居”匾额。正面有堂屋、厨房，均为原始土筑墙壁。东厢为蚕房、煮酒房和客房，均为穿斗结构。室内陈列有朱德少年读书时用过的条桌、桐油灯盏、装书的背篮、算盘、砚台等物。蚕房里保留着当年朱德家中养蚕的调温天窗和缫丝用的“东洋车”。室外保存有他在劳动中使用过的石碾、石磨；他栽植的嘉陵桑以及和小伙伴掏的琳琅井等。故居由于年久失修，墙体倾斜，木具结构朽烂断裂。2005 年 6 月 23 日，朱德故居保护建设指挥部启动了对朱德故居的保护与修缮，并于 2006 年 5 月对外开放。

◆朱德司志故居纪念馆

朱德故居纪念馆于 1979 年经中共中央批准修建，1982 年

8月1日正式开馆，邓小平题写了馆名。2004年8月14日，胡锦涛参观朱德故居纪念馆，并作出“一定要把朱德故居保护好、一定要把朱德故里建设好”的重要指示。2006年10月，朱德故居纪念馆的改扩建工程完成。

◆朱德纪念园内的功勋坊和铜像

进入纪念馆区，迎面是面积约1500平方米的朱德汉白玉像广场，一尊高约5米的朱德汉白玉雕像屹立广场中央。正门悬挂“朱德同志故居纪念馆”匾额，左右是两块日月山川图的仿汉白玉浮雕。馆内设5个陈列厅，以“从爱国名将到马克思主义者”、“从人民军队的缔造者到红军总司令”、“从八路军总司令到人民解放军总司令”、“从开国元勋到社会主义事业开拓者”和朱德遗物为展示主题，运用多媒体场景、油画、雕塑等手段，用近500件图片、实物、文献资料，全面展示了朱德同志光辉的一生。

朱德纪念地，是朱德青少年时期在家乡生活、学习23年之久的见证，分布在琳琅山下。这里包括有全国重点文物保护单位朱德故居和朱德诞生地，朱德读书旧址药铺垭私塾和席家砭私塾，朱德锻炼身体的双柏树和亲手挖掘的琳琅井，朱德任教、寻求教育救国之路的仪陇县立高等小学堂旧址，中央军委赠送、江泽民题名的朱德元帅铜像等。

朱德纪念园位于四川省南充市仪陇县金城镇西环路2号，占地面积6000平方米。1990年5月修建，次年11月落成竣工。纪念园建筑仿南京紫金山中山陵格局，依照地势沿中轴线向上延伸，呈南低北高台阶状，分为4个台面。纪念园南门口的左右各置一石鼎，每鼎重8吨多。南大门迎面是一道黛色花岗石垒砌的园名墙，正面镶嵌着江泽民题写的“朱德纪念园”5个压金铜大字，背面为朱德生平简介。第二平台是高9米、宽6米的功勋坊，坊匾正面镶嵌着毛泽东为朱德60大寿题写的“人民的光荣”5个压金铜字，背面镶嵌着李先念1991年为朱德元帅铜像工程竣工题写的“人民之光”4个压金铜字。第三平台是朱德铜像广场，在黛色的花岗石贴面基座上朱德铜像巍然屹立，基座正面刻着江泽民题写的“朱德元帅”4个大字，背面为康克清撰写的碑文。铜像广场两侧为题词墙，镌刻着毛泽东、周恩来、刘少奇等党和国家领导人的题词，以及赵朴初等著名书法家颂扬朱德的墨宝。第四平台是建筑面积为570平方米、由杨尚昆题写室名的朱德生平事迹陈列室，大量的图文资料生动地再现了朱德元帅的丰功伟绩。

朱德故居纪念馆暨朱德纪念园于1980年7月被四川省人民政府公布为四川省文物

保护单位，1988 年 1 月被国务院公布为全国重点文物保护单位；1995 年 12 月被四川省委、省人民政府公布为四川省爱国主义教育基地，1997 年 6 月被中央宣传部公布为全国爱国主义教育示范基地。

乐山竹园烈士纪念园

乐山竹园烈士纪念园位于四川省乐山市井研县竹园镇乐（山）自（贡）路旁。

1949 年 12 月 13 日，中国人民解放军第二野战军第 10 军 28 师奉命进军四川，在竹园铺遭到胡宗南嫡系 27 军 91 团顽强抵抗。经过长达 18 个小时的激烈战斗，毙俘敌团长以下 3000 余人，缴获全部武器装备，号称“常胜军”的敌 91 团被全歼。在这次战斗中，我军 83 团 3 营营长张德银、7 连指导员王善修、侦察员李兴辉、警卫员崔同顺等 81 名指战员光荣牺牲。为纪念在竹园铺战斗中英勇牺牲的革命烈士。

◆竹园铺战斗胜利纪念碑

1954 年 8 月，中共井研县委、井研县人民政府决定，将掩埋在竹园附近几个山头上的烈士遗骸集中起来，在竹园铺东面祖坟山修建烈士纪念园。并于 1967 年、1984 年、1988 年、1995 年、1998 年和 2006 年先后 6 次整修、改造和扩建，面积由原来的 4 亩扩大到 50.2 亩，新建纪念广场 1 个，占地 1650 平方米，广场的后照壁是毛泽东手迹“人民英雄永垂不朽”钛金字。竹园铺战斗胜利纪念碑位于广场中央，高 19.49 米，基脚宽 12 米，长 14 米，象征着竹园铺战斗胜利纪念日——1949 年 12 月 14 日。竹园铺战役纪念馆、井研英烈事迹陈列馆分立左右两侧，占地 540 平方米。2005 年 12 月 30 日，乐山市人民政府决定将竹园烈士陵园更名为乐山竹园烈士纪念园。

乐山竹园烈士纪念园于2006年2月被四川省委、省人民政府公布为四川省爱国主义教育基地。

◆乐山竹园烈士墓

川陕苏区将帅碑林

川陕苏区将帅碑林位于四川省巴中市巴州区巴州镇南龛山顶。

川陕苏区将帅碑林始建于1993年，占地百余亩。川陕苏区将帅碑林由纪念碑长廊、红四方面军主要将领纪念园、川陕苏区将帅碑林纪念馆、红军将士英名纪念碑、刘伯坚烈士纪念碑、吴瑞林将军纪念碑、红军标志碑、红军纪念物陈列室、楹联和诗词长廊、解放军捐赠物品馆、思源湖、红军陵园绿化带12个展区构成。共嵌大理石碑4300块，镌刻13.2万红军名录，3.2万鄂、豫、皖、川、陕红军烈士名录，收集陈列了红军将士9500余人的遗物。

◆川陕苏区将帅碑林正门

川陕苏区将帅碑林于2003年10月被四川省委、省人民政府公布为四川省爱国主义教育基地，2005年11月被中央宣传部公布为全国爱国主义教育示范基地。

北川红军碑林馆

北川红军碑林馆位于四川省绵阳市北川羌族自治县禹里乡人民政府驻地东侧奎星山下。

1935年5月2日，红四方面军从江油、平武先后兵分五路进入北川，红四方面军总指挥徐向前，红30军军长余天云、政委李先念等率先头部队于5月4日抵达县境指挥千佛山战役。千佛山位于北川、安县交界处，海拔2942米，与佛泉山、帽盒山、东大垭口、西大垭口、观音梁子、横梁子等高山连成一片，起伏蜿蜒 120 余华里。它既是川西坝子的“北边城墙”，又是峡谷通道的自然屏障。红军要胜利通过峡谷西进，就必须占领千佛山这块屏障；蒋介石要消灭红军于峡谷，川军要保住川西老巢，也必须占据这块屏障。因此，千佛山一线就成为敌我双方的必争之地。从 5 月 2 日到 7 月 14 日，红军历时 73 天，经历了占领全线阵地、打退敌军反扑、坚守阵地三个阶段。这次战斗的胜利，为红四方面军顺利通过北川峡谷，与中央红军胜利会师开辟了道路。

◆北川红军碑林馆

◆北川红军碑林馆中的石碑

北川县人民政府为纪念红军在北川的战斗、生活，自 2001 年 11 月开始动工修建红军碑林馆，于 2002 年 12 月 5 日在禹里（原治城，1935 年北川县苏维埃政府驻地）落成。该馆占地面积 150 多平方米，馆内存放有红军石刻标语 46 块，以及各种珍贵革命文物。

北川红军碑林馆于 2003 年 10 月被四川省委、省人民政府公布为四川省爱国主义教育基地。

红军长征纪念碑碑园

红军长征纪念碑碑园位于四川省阿坝藏族羌族自治州松潘县川主寺镇传子沟村元宝山。

红军长征纪念碑碑园由纪念总碑、群雕、浮雕、纪念馆、碑志等组成，占地面积

19 万平方米，1990 年 8 月 20 日建成。

◆红军长征纪念碑碑园远眺

总碑通高 41.3 米，从上至下由红军战士铜像、碑体、基座组成，红军战士像高 14.8 米，双手高举成“V”字形，碑体高 24 米，三角柱形，象征三大主力红军，汉白玉基座高 2.5 米。

大型花岗石群雕高 12.5 米，长 72 米，宽 8 米，用 1160 立方米共 1440 块红色花岗石精雕细刻组合而成，是规模空前的现代艺术群雕。群雕和浮雕刻画的人物分开路先锋、勇往直前、团结北上、山间小憩、草地情深、征途葬礼、前仆后继、回顾思考、英灵会聚共九座，表现了中国工农红军长征的战斗历程。

◆花岗石群雕

纪念馆坐南朝北，两层砖石混结构，东西长 60 米，南北宽 17 米，通高 12.8 米，共陈列各类文物 236 件，其中国家领导人及社会各界人士题词 34 幅，反映红军长征历史画面的油画 37 幅以及红军文物 18 件。

红军长征纪念碑碑园于1991年4月被四川省人民政府公布为四川省重点文物保护单位，2006年5月被国务院公布为全国重点文物保护单位；1995年12月被四川省委、省人民政府公布为四川省爱国主义教育基地，2005年11月被中央宣传部公布为全国爱国主义教育示范基地。

况场朱德旧居陈列馆

况场朱德旧居陈列馆位于四川省泸州市江阳区况场镇。

1916年至1920年，朱德随蔡锷将军的讨袁护国军由滇入川，先后参加了护国战争和护法运动。1916年，朱德亲自指挥了在今泸州市纳溪区的棉花坡战役，重创袁军，取得护国战争的重要胜利。当年朱德作战的棉花坡战壕及指挥部旧址仍完存于纳溪区棉花坡乡境内。

◆况场朱德旧居陈列馆

◆况场朱德旧居陈列馆一角

1986年朱德诞辰100周年之际，经四川省人民政府批准，将况场朱德旧居辟为陈列馆，杨尚昆题写了馆名。况场朱德旧居陈列馆是一处富有川南民居特色的古建筑，始建于清道光六年（1827年）。整体建筑为楼台亭阁穿斗木结构，园内建有荷花池、水阁楼、过江亭、客厅、居室等。馆内陈列了“除暴安良”、“救民水火”两通德政碑，并以大量翔实的历史资料展示了朱德这一历史时期的光辉业绩。

况场朱德旧居陈列馆于2006年5月被国务院公布为全国重点文物保护单位；2006年2月被四川省委、省人民政府公布为四川省爱国主义教育基地。

罗世文烈士史料陈列馆

罗世文烈士史料陈列馆位于四川省内江市威远县严陵镇东风村。

罗世文（1904—1946），出生于威远县向义镇解放村罗家湾。1931年，任中共四川省委军委书记和省委书记。1939 年 3 月 18 日，罗世文化装去新华日报社处理有关事务，被预先埋伏好的军统特务抓捕。罗世文先后被关押在重庆军统特务局总部看守所、歌乐山监狱白公馆看守所、贵州息烽监狱。在狱中，罗世文秘密建立党支部，以各种方式坚持斗争。1945 年，国共谈判期间，毛泽东、周恩来向蒋介石提出释放叶挺、廖承志、罗世文、车耀先等人的要求，但蒋介石一面诡称罗世文、车耀先已被处决，一面秘密将他俩押往重庆中美合作所渣滓洞监狱关押。1946 年 8 月 18 日，罗世文、车耀先在重庆歌乐山松林坡英勇就义。解放后，四川省人民政府隆重地将罗世文、车耀先的遗骨重新安葬在重庆歌乐山松林坡，周恩来亲自为烈士题写了墓碑。

◆罗世文烈士史料陈列馆

罗世文烈士史料陈列馆于 1994 年年初建成，该馆占地 5 亩，主建筑为层高 4.8 米至 5 米的三层楼房，门楼两层，仿古式建筑。罗世文烈士史料陈列馆内设展厅 2 个，活动展墙 90 余米，大小展柜 16 个。陈列的展品有：碑、砖、族谱、公文包等实物；罗世文烈士有关照片近 80 幅；回忆文章、文件、资料、手稿等。

罗世文烈士史料陈列馆于 1998 年 5 月被四川省委、省人民政府公布为四川省爱国主义教育基地。

中国工农红军四渡赤水太平渡陈列馆

中国工农红军四渡赤水太平渡陈列馆位于四川省泸州市古蔺县太平古镇。

1935 年 1 月 19 日，中央红军分三路从松坎、桐梓、遵义地区出发，向赤水、土城开进。在贵州土城青杠坡战役（1 月 28 日）失利后，中央红军决定放弃经赤水进入川南的计划，于 1 月 29 日从土城、元厚一渡赤水河，穿过古蔺、叙永县境进入云南扎西休整。蒋介石获悉红军的动向后即令 7 个纵队向扎西围追而至。中央军委当机立断，改变原定渡江北上计划，挥戈东指，重返贵州，于 2 月 18 日至 21 日从太平渡、二郎滩二渡赤水，血战娄山关，重占遵义，取得了长征以来第一次大胜利。蒋介石再调吴奇伟部在东、周浑元部在西、川军在北、滇黔军在南，向红军主力集中的遵义鸭溪至仁怀、坛厂地区合围。红军遂于 3 月 16 日、17 日在茅台三渡赤水再入川南古蔺，以一个团伪装

◆太平渡渡口

主力奔袭镇龙山，制造北渡长江的假象。蒋介石随即调动各路大军赴向川南，并于3月20日下达“聚歼”红军于古蔺地域的电令。红军于3月20日当天突然从太平渡、二郎滩四渡赤水，再返贵州，以迅雷不及掩耳之势于4月上旬南渡乌江，胜利完成“四渡赤水”战役。

中央红军从1935年1月29日一渡赤水进入古蔺，到3月22日四渡赤水离开古蔺，三次往返古蔺，历时54天，途经66个乡、38个场镇。部队所到之处，开仓分粮分盐、铲奸除霸、扶危济困，做了许多为民称快的好事实事。红军纪律严明，秋毫不犯，深受群众热爱，当地青年踊跃入伍，前后有800多人参加红军。红军播下的革命火种，掀起燎原之势，促进中共古蔺地下组织由几名党员发展到解放前夕的2300多名党员，拥有地下武装1000多人枪。红军的足迹踏遍了古蔺的山山水水，留下了不少标语、歌谣和革命文物。

中国工农红军四渡赤水太平渡陈列馆始建于1958年，原名太平渡红军长征纪念馆。1975年改扩建后更名为中国工农红军四渡赤水太平渡陈列馆，馆名由张爱萍将军题写，改扩建后的陈列馆占地面积728平方米，建筑面积478平方米。2008年，当地党委和政府在原馆旁重建新馆，新建馆占地面积6000平方米，展厅面积1600平方米。

中国工农红军四渡赤水太平渡陈列馆共有展厅11个，分为序厅、战略转移厅、四渡赤水厅、军民鱼水厅、长征胜利厅、革命火种厅、今日古蔺厅、历史回放厅、尾厅、

◆中国工农红军四渡赤水太平渡陈列馆

报告厅、多媒体互动厅。展出的珍贵文物有红军武器、印章、医书、马灯、标语、绝密号谱、宣传缎画、浮桥门板等300余件，全面、集中地反映了中央红军四渡赤水的全过程。

中国工农红军四渡赤水太平渡陈列馆于1995年12月被四川省委、省人民政府公布为四川省爱国主义教育基地，2001年6月被中央宣传部公布为全国爱国主义教育示范基地。

木门会议会址陈列馆

木门会议会址陈列馆位于四川省广元市旺苍县木门镇南青龙山。

红四方面军粉碎国民党田颂尧部“三路围攻”后，为了加强红军和根据地的建设，于1933年6月底在旺苍木门场（今木门镇）的木门寺召开了重要的军事会议。出席会议的有张国焘、陈昌浩、徐向前、曾中生、王树声、李先念等100多名红军将领，中共川陕省委和川陕省苏维埃政府的主要负责人列席了会议。会议由总指挥徐向前、总政委陈昌浩主持。木门会议着重总结了反“三路围攻”的作战经验，决定扩编红军和停止军内肃反，还就加强部队政治工作和军政训练等问题进行了充分讨论。徐向前在会上就反围攻作战和加强军队建设等问题作了重要讲话。木门会议后，红四方面军和川陕革命根据地进入空前大发展时期，由入川时的4个师1.4万人发展到5个军8万余人，建立了23个县、市的党组织和苏维埃政权，根据地面积扩大到4.2万平方公里，人口500余万。

木门会议会址于1988年建设成木门会议会址陈列馆，并正式对外开放。陈列馆占地面积1190平方米，现存旧址为清代木架结构建筑，由正殿、厢房和山门组成一个大四合院，建筑保存完好，室内外墙壁的宗教壁画清晰可见。

木门会议会址陈列馆于1991年4月被四川人民政府公布为四川省重点文物保护单位；2006年2月被四川省委、省人民政府公布为四川省爱国主义教育基地。

◆木门会议会址

万源保卫战战史陈列馆

万源保卫战战史陈列馆位于四川省达州市万源市太平镇驮山北路46号红军公园内。

◆万源保卫战战史陈列馆

1934年夏，红四方面军为诱敌深入，待机反攻，撤离川陕革命根据地80%的区域，利用万源城东北花萼山、城西南玄祖殿、城东南大面山一带易守难攻的地形固守万源，进行决战防御。经过两个月的生死决战，红四方面军彻底击溃了刘湘的六路围攻，取得了万源保卫战的伟大胜利。万源保卫战打乱了蒋介石的战略部署，为策应中央红军长征创造了条件。

万源保卫战战史陈列馆是纪念中国工农红军第四方面军在第二次国内革命战争时期，为保卫川陕革命根据地而进行的一场关系红军生死存亡的万源保卫战而建的专题性纪念馆。

陈列馆占地20余亩，馆舍面积2500平方米，按照花园式园林设计，主体建筑为翡翠琉璃屋脊，青瓦砖木结构双套四合院。馆内陈列分为七大单元18个部分，200米长的展线展出了当年红军在万源留存的各类文献资料、武器、弹药、石刻、标语及其他珍贵文物1238件，其中国家一级文物2件，二级文物15件，三级文物90件，资料性文物1000余件。以现代化声、光、电技术生动再现了8万红军勇士和英雄的巴山儿女同刘湘20万国民党川军血战万源、保卫苏区的悲壮场景。1986年5月陈列馆落成开放，时任中共中央总书记的胡耀邦题写馆名。

万源保卫战战史陈列馆于1995年12月被四川省委、省人民政府公布为四川省爱国主义教育基地，2001年6月被中央宣传部公布为全国爱国主义教育示范基地。

泸定桥革命文物陈列馆

泸定桥革命文物陈列馆位于四川省甘孜藏族自治州泸定县城南距泸定铁索桥600米左右处。

◆泸定桥纪念馆

泸定桥始建于清康熙44年，建成于康熙45年（1706年）。全桥由12164个铁环相扣而成，铁件重达40余吨。桥头立碑，“泸定桥”桥名为康熙皇帝御笔题写。

1935年5月25日，红军第一方面军在安顺场强渡大渡河后，要用仅有的几只小船将几万红军渡过河去，最快也要一个月的时间。而国民党的追兵紧追不舍，形势十分严峻。毛泽东、周恩来、朱德等于5月26日上午，作出夺取泸定桥的决定。由刘伯承、聂荣臻率领红一军团一师和陈赓、宋任穷领导的干部团为右路军，由中央纵队及红一、红三、红五、红九军团为左路军夹河而上攻取泸定桥。5月28日，红四团接令后昼夜兼行240华里山路，于29日晨出其不意地出现在泸定桥西岸并与敌军交火。当时百余米的泸定桥已被敌人拆去了约80余米的桥板，并以机枪、炮兵各一连于东桥头高地组成密集火力，严密封锁着泸定桥桥面。中午，红四团在沙坝天主教堂内召开全团干部会议，进行战斗前动员，组织了由连长廖大珠、指导员王海云率领的23名夺桥突击队。下午4点，22名勇士身挂冲锋枪，背插马刀，腰缠十来颗手榴弹，冒着枪林弹雨，爬着光溜溜的铁索链向东桥头猛扑。3名战士在王友才的率领下，紧跟在后，背着枪，一手抱木板，一手抓着铁链，边前进边铺桥板。当勇士们爬到桥中间时，敌人在东桥头放起大火、妄图以烈火阻击红军夺桥。勇士们面对这突如其来的烈焰，一跃而起踏上桥板，扑向东桥头，抽出马刀，与敌人展开白刃飞夺泸定桥战。此时政委杨成武率领队伍冲过东桥头，打退了敌人的反扑，占领了泸定城，迅速扑灭了桥头大火。整个战斗仅用了两个小时，粉碎了蒋介石南追北堵，欲借助大渡河天险把红军变成第二个石达开的美梦。

1980年，在泸定县红军飞夺泸定桥纪念碑公园建成泸定桥革命文物陈列馆。2005年，在原址建成泸定桥纪念馆占地1600平方米，建筑面积3449平方米，地下一层，地面局部三层，主展厅分布在一、二楼。展区共分5个部分：战略转移，突重围长征路上现曙光；抢险飞夺，泸定桥上谱写英雄史诗；传播火种，在泸定彰显红军英雄本色；北上征程，艰苦卓绝誓做抗日先锋；泸定历史文化厅。

整个展览是以中央红军长征路线为主线，又以红军飞夺泸定桥这个战役为重点，利用图片、史料、文物等内容结合多媒体形式来展现当年的战斗场景。现有珍贵藏品红军飞夺泸定桥时铺的桥板3张，长约225厘米，宽分别为27、27、29厘米，厚约1.5厘

◆今日泸定桥

米，叠缝拼合成一体。红军十大政纲，书于九张凹凸槽拼接的壁板上，高 30 厘米、宽度 12 ~ 18.5 厘米。以墨汁竖排书写的 12 行红军标语：“红军是工农自己的军队！取消一切苛捐杂税！打倒屠杀工农兵的刘湘、刘文辉！欢迎中央军弟兄拖枪来红军！……”此件取于红军飞夺泸定桥后，朱德同志居住的吊脚楼民房内。朱德题写的馆名，行书四行“红军长征革命文物纪念馆 1958 年 5 月 28 日朱德题”。新馆内文物史料丰富，共收藏、展出红军长征以来各个时期的文物、图片、文史资料 600 余件。

泸定桥于 1961 年 3 月被国务院公布为全国重点文物保护单位；泸定桥革命文物陈列馆于 1995 年 12 月被四川省委、省人民政府公布为四川省爱国主义教育基地，2001 年 6 月被中央宣传部公布为全国爱国主义教育示范基地。

川陕革命根据地博物馆

川陕革命根据地博物馆位于四川省巴中市巴州区巴州镇南龛坡。

川陕革命根据地博物馆于 1984 年落成并开馆，邓小平题写了馆名。

川陕革命根据地博物馆主展区共分上、下两层，收集了万余件红军在巴中的革命文

◆川陕革命根据地博物馆展厅

物，其中国家一级文物50余件。15个展览区的主题分别是：全国革命形势；四川地狱；川陕办的曙光；红四方面军西征入川；开创川陕革命根据地；粉碎“三路围攻”保护革命政权；中共川陕省第二次党员代表大会；木门会议与军队建设；川陕全省第二次工农兵代表大会和根据地建设；赤化全川；川陕根据地全盛时期；奋战十个月粉碎敌人“六路围剿”；总结经验，巩固赤区；冲破“会剿”与中央红军会师；英雄的巴山游击队。

川陕革命根据地博物馆于1995年12月被四川省委、省人民政府公布为四川省爱国主义教育基地，2005年11月被中央宣传部公布为全国爱国主义教育示范基地。

广元红军文化园

广元红军文化园位于四川省广元市利州区南河街道接官亭社区居委会4组南山魏家岩。

1933年1月至1935年4月，红四方面军在广元展开了艰苦卓绝的斗争，歼敌3.59万人，解放了广元93%的区域，创建了10个县苏维埃政权，并留下了众多的革命遗物，遍布广元城乡的2000多幅红军石刻标语就最具代表性。

◆广元红军文化园外景

◆红军石刻标语碑林展室

1973 年至 1976 年，原广元县文物管理所将境内可移动且具有代表性的红军石刻标语汇集，在皇泽寺内建成“川陕苏区红军石刻标语碑林”。碑林共有石碑 43 面，标语 65 条。2004 年，建成了广元红军文化园，将红军石刻标语碑林迁入园内。

广元红军文化园占地面积 60 余亩，采用仿川北民居的现代园林建筑风格。园内建筑面积 9000 余平方米，以“红军标语碑林”为主题，分 3 个单元 9 组陈列红四方面军在广元留下的武器、生活用品、文件、钱币等实物，并复制广元境内著名革命遗址“红军渡”、“木门会议旧址”等场景。2004 年 9 月，红军文化园对外开放。

广元红军文化园内的红军石刻标语于 1980 年 7 月被四川省人民政府公布为四川省重点文物保护单位；广元红军文化园于 1995 年 12 月被四川省委、省人民政府公布为四川省爱国主义教育基地。

贵州省重要革命遗址

遵义会议会址

遵义会议会址位于贵州省遵义市红花岗区老城子尹路（原名琵琶桥）东侧96号。

◆遵义会议会址

遵义会议会址原是国民党黔军第二十五军第二师师长柏辉章公馆，主楼是一座中西合璧的砖木结构建筑，一楼一底，青瓦灰墙，修建于20世纪30年代初。会议室在主楼的二楼。

1935年1月15日至17日，中共中央政治局在这里召开扩大会议（即遵义会议）。参加会议的有：政治局委员毛泽东、朱德、周恩来、陈云、张闻天、秦邦宪（博古）；候补委员刘少奇、王稼祥、邓发、何克全（凯丰）；红军总部、各军团负责人刘伯承、李富春、林彪、聂荣臻、彭德怀、杨尚昆、李卓然，参加会议的还有中央秘书长邓小平。共产国际军事顾问李德及其翻译伍修权列席会议。

会上博古作了关于反对敌人五次“围剿”的总结报告，周恩来作副报告。张闻天作了批判“左”倾军事路线的报告（史称“反报告”）。会议进行讨论时，毛泽东作了关于中国革命战争战略问题的重要发言，并得到大多数参会人员的支持。会议批评了第五次反“围剿”和长征以来中共中央在军事领导上的错误，肯定了毛泽东关于红军作战的基本原则，委托张闻天起草《中共中央关于反对敌人五次“围剿”的总结决议》。会议最后决定：选举毛泽东为政治局常委；取消博古、李德的最高军事指挥权，决定仍由中革军委主要负责人朱德、周恩来指挥军事，周恩来为党

◆遵义会议会场

内委托的对于指挥军事上下最后决心的负责人。

遵义会议结束了王明“左”倾教条主义在党中央长达四年之久的统治，实际上确立了毛泽东在中共中央和红军的领导地位，是中国共产党在与共产国际中断联系的情况下第一次独立自主运用马克思主义基本原理解决自己的路线和有关方针政策的会议。它在极端危急的时刻，挽救了党，挽救了红军，挽救了中国革命，是中国共产党历史上一个生死攸关的转折点，是中国共产党在政治上走向成熟的标志。“遵义会议会址”址名系毛泽东主席在1964年11月亲笔题写，这在全国是不多见的。

遵义会议会址于1961年3月被国务院公布为全国重点文物保护单位；1997年12月被贵州省委、省人民政府公布为贵州省爱国主义教育基地，1997年6月被中央宣传部公布为全国爱国主义教育示范基地。

苟坝会议会址

苟坝会议会址位于贵州省遵义市遵义县枫香镇苟坝马鬃岭山脚。

苟坝会议会址东、北、西三面分别是石牛山、马鬃岭、崖头山等高山，东距历史名城遵义60余公里。

◆苟坝会议会址

遵义会议后，中共中央在川滇黔交界处一个“鸡鸣三省”的地方进行了政治局分工，决定由张闻天代替博古对中央负总责，毛泽东为周恩来在军事指挥上的帮助者。中央红军二渡赤水，取得娄山关大捷，再占遵义。3月4日，决定设立前敌司令部，以朱德为司令员，毛泽东为政治委员。3月10日，驻纸房、平家寨一带的红一军团首长林彪、聂荣臻紧急电报军委，建议我军进攻打鼓

◆苟坝会议会址

新场（今为金沙县城），消灭黔敌何知重等部。中央政治局接电后，在遵义县第十二辖区（枫香区）平安乡（今平正仡佬族乡）苟坝村（今枫香镇苟坝村）召开扩大会议，讨论林彪、聂荣臻提出的进攻打鼓新场的建议。会议从上午9点一直开到深夜，与会者多数都主张打，只有毛泽东主张不打。毛泽东冷静地指出，现在，敌人的100多个团兵力，已对我摆下南北夹击的阵势，如果急于进攻打鼓新场，红军将有覆灭的危险。他认为，不能打固守之敌，应在运动中消灭敌人。但多数同志仍赞成进攻打鼓新场。晚间，毛泽东反复思考，夜不能寐，独自提着马灯，赶到长五间村周恩来的驻地，并再三劝阻周恩来缓发作战命令。下半夜约3时50分，二局急电周恩来说，红军如进攻打鼓新场，滇敌与川敌有向我军侧背夹击之势！局势的发展证明了毛泽东意见的正确。周恩来接受了毛泽东的意见，一早再开会议，说服了大家。3月11日清晨，中革军委发布了《关于我军不进攻新场的指令》，决定放弃进攻打鼓新场的计划。3月12日，经毛泽东建议，中央政治局继续在苟坝“新房子”开会。决定由毛泽东、周恩来和王稼祥，组成新的“三人团”，统一指挥作战。

苟坝会议会址于2006年6月被贵州省人民政府公布为贵州省文物保护单位；2010年3月被贵州省委、省人民政府公布为贵州省爱国主义教育基地。

红二、红六军团盘县会议会址

红二、红六军团盘县会议会址位于贵州省六盘水市盘县老县城城关镇凤鸣山下。

红二、红六军团盘县会议会址整个建筑占地545平方米，建筑面积817.6平方米，因上下层各9间房，俗称“九间房”，又称“九间楼”。该建筑系国民党第二十五军第5师师长黄道彬于1928年所建，主要用于驻军，故又称“武营”。

1936年3月30日，红二、红六军团占领盘县后，在此设立总指挥部，召开了军委分会会议（即盘县会议）。出席会议的有军委分会成员、军团负责人贺龙、任弼时、关

◆红二、红六军团盘县会议会址

向应、萧克、王震、张子意、李达等。会议传达了党中央关于目前的形势和策略路线决议大纲，着重讨论红军总部两次指示北上的精神，分析了全国的形势，总结以往建立根据地的实践经验，从更长远的角度分析了红二、红六军团的今后战略方针，决定放弃建立南北盘江地区根据地的战略意图，立即执行红军总部的指示，渡过金沙江，同红四方面军会合，共同北上抗日。

盘县会议是红二、红六军团长征中一次重要的战略转折性会议。在敌人强大，党内意见不一，与中央联系困难，需要独立决策的紧要关头，红二、红六军团审时度势，作出渡江北上的重大决策。这一决策不仅使红二、红六军团从根本上摆脱了在长江南岸孤军奋战的困境，同时也是完全符合当时党和红军提出的战略方针，更重要的是顺应了抗日救国民族革命斗争的新形势，对维护党和红军的团结，粉碎张国焘的分裂主义，促进红军三大主力胜利会师，奠定西北革命大势，开创中国革命新局面起了重要的促进作用。

◆红二、红六军团盘县会议会址内部

红二、红六军团盘县会议会址于1982年2月被贵州省人民政府公布为贵州省文物保护单位；1997年11月被贵州省委、省人民政府公布为贵州省爱国主义教育基地。

黎平会议会址

黎平会议会址位于贵州省黔东南苗族侗族自治州黎平县德凤镇翘街二郎坡52号。

黎平会议会址处于黎平古城区核心保护区域翘街中部，周边为古城居民居住区和商业区，占地面积797平方米，建筑面积634平方米。原为胡荣顺商号，建于清嘉庆年间，四周为青砖空斗封火墙，内建木结构房，前低后高，分为三进：一进为商铺；二进为住宅间大屋，三进为后花园。

◆黎平会议会址

1934年12月11日，中央红军占领湖南通道县后，中革军委召开了紧急会议，为了避免陷入国民党军队的罗网，毛泽东建议放弃到湘西与红二、红六军团会师的计划，改向敌军力量薄弱的贵州进军，以便获得喘息的时机，整顿部队，创建新的根据地。12月14日，中央红军先头部队攻占黎平县城。1934年12月18日，中共中央在黎平古城翘街二郎坡52号胡荣顺商号召开长征以来的第一次政治局会议。参加会议的有毛泽东、周恩来、朱德、张闻天、王稼祥、博古、李富春和李德等。会议由周恩来主持，博古、毛泽东、周恩来等人作了发言。会上，毛泽东进一步阐述了他在通道发表的意见，正式建议放弃与贺龙领导的红三军会合的计划，而提出红军西进贵

◆黎平会议会址中保存的红军用品

州，向贵州第二大城市遵义挺进，并在该地区建立一个新的苏维埃根据地的主张。经过激烈争论，政治局采纳了毛泽东的正确意见，作出了《中央政治局关于战略方针之决定》。

黎平会议会址于1982年2月被贵州省人民政府公布为贵州省重点文物保护单位，2006年5月被国务院公布为全国重点文物保护单位；1997年11月被贵州省委、省人民政府公布为贵州省爱国主义教育基地，2005年11月被中央宣传部公布为全国爱国主义教育示范基地。

猴场会议会址

猴场会议会址位于贵州省黔南布依族苗族自治州瓮安县猴场镇猴场村（原下司村）。

◆猴场会议会址

猴场会议会址原为宋泽生（宋小安）住宅，建于1912年，四合院，四周有砖砌桶墙，俗称“一颗印”房子。桶墙高约6米，内有正厅5间，厢房、下厅各3间，中为石嵌天井，桶墙左前角有碉堡、马房，右侧茂竹掩映，正厅后为花园，后山古树参天。

长征途中，中央政治局于1934年12月31日晚至1935年1月1日凌晨，在此召开会议，史称猴场会议。参加会议的有毛泽东、朱德、周恩来、王稼祥、张闻天、李富春、李德、博古、伍修权（翻译）。会议通过激烈的争论，再次否定李德等人回头东进与红二、红六军团会合的错误主张，提出首先在以遵义为中心的黔北地区，然后向川南创建新的根据地的战略任务。会议通过《关于渡江后新的行动方针的决定》，重申黎平会议制定的战略行动方针，再一次否定了李德、博古的错误主张，肯定了毛泽东的战略战术思想，为实现中共中央和毛泽东的战略意图、争取红军处境

◆猴场会议会场

的根本好转和取得乌江战役的胜利提供了保证，使中央红军避免了陷入重围的危险，取得了主动权。猴场会议决定中明确规定：“关于作战方针，以及作战时间与地点的选择，军委必须在政治局会议上作报告。”即是说红军的军事行动必须经过中央政治局批准，从而使军事指挥权从李德手中转移到中央政治局和军委集体领导手中。

◆猴场会议期间毛泽东住址

猴场会议为即将召开的遵义会议作了具有决定意义的军事准备。会后，红军遵照会议决定，把撤离苏区以来的消极避战变为积极作战，主动出击，恢复了宣传群众、组织群众、建立革命政权的光荣传统。红军强渡乌江天险，攻占了遵义，掀开了中国革命的新篇章。

会议期间，毛泽东与其警卫员居住于会址对面一公里处的傅氏家族祠堂。1964 年该祠堂因失火烧毁，2006 年修复对外开放。

会议期间，董必武、贺子珍、邓颖超、陈赓等和红军干部团休养连在会址对面一公里处的民宅居住，接见穷人。

猴场会议会址（含毛泽东住址、红军干部团休养连驻地旧址）于 2006 年 6 月被贵州省人民政府公布为贵州省文物保护单位；2004 年 11 月被贵州省委、省人民政府公布为贵州省爱国主义教育基地，2009 年 5 月被中央宣传部公布为全国爱国主义教育示范基地。

湘鄂西中央分局枫香溪会议会址

◆湘鄂西中央分局枫香溪会议会址

湘鄂西中央分局枫香溪会议会址位于铜仁地区德江县枫香溪镇枫溪村。

1934 年 6 月中旬，贺龙等领导的红三军到达枫香溪，军部和政治部驻在这座民宅内。整个院落分前、后两院，前院 5 间，后院 4 间，后院左、右有厢房。前院为军部，后院为政治部。

6 月 19 日，湘鄂西中央分局在此召开会议。参加会议的有夏曦、贺龙、关向应。会议作出三项决议：一是建立黔东特区革命根据地；二是恢复红军中的党、团组织和政治机关；三是派一批干部去做地方工作。

枫香溪会议是湘鄂西中央分局的一次重要会议，会议作出建立黔东革命根据地的重要决策，给红三军的发展指明了方向，是红三军从挫折走向胜利的起点。从此，红三军进入了创建黔东特区革命根据地的发展时期。

◆ 湘鄂西中央分局枫香溪会议会址俯瞰

湘鄂西中央分局枫香溪会议会址系瓦、木结构的民房，四围有砖、石砌的围墙，总面积 1116.8 平方米。全国解放后，前院被枫香溪乡政府征用办公，后院在土改时分给五户农民居住。1980 年，乡政府搬出，后院仍有农户居住。

湘鄂西中央分局枫香溪会议会址于 1982 年 2 月被贵州省人民政府公布为贵州省文物保护单位，2006 年 5 月被国务院公布为全国重点文物保护单位。

黔东特区第一次工农兵苏维埃代表大会会址

黔东特区第一次工农兵苏维埃代表大会会址位于贵州省铜仁地区沿河县谯家镇铅厂片区白石溪村。

黔东特区第一次工农兵苏维埃代表大会会址原是张家祠堂，坐西向东，砖木结构，高 9 米，宽 18 米，占地面积约 1200 平方米。四周是封火墙，大门由 3 块雕花青石砌成，台阶铺细钻青石。会址正殿由 16 根大柱支擎殿顶，柱基石磉礅雕刻龙、凤、狮、麒麟等图案。正殿前有小院，小院两侧为一楼一底厢房，由转角回廊沟通，中设戏台，戏台上有亭状屋顶，厢房各房间均称地安装万字格花窗。旧址正面大门上挂有“黔东特区第一次工农兵苏维埃代表大会会址”匾牌。

1934 年 7 月 21 日至 22 日，湘鄂川黔革命军事委员会在此组织召开了黔东特区第一次工农兵代表大会，参加会议的有来自沿河、印江、德江三县代表及红军代表共 135 人，其中雇农和手工业者 55 人、贫农 25 人、中农 8 人、士兵 4 人、小商 4 人、其他职业 7 人、红军代表 32 人。

◆ 黔东特区第一次工农兵苏维埃代表大会会址

大会由湘鄂西中央分局书记、湘鄂川黔边特区革命军事委员会主席夏曦主持。大会议程共五项：红军代表致辞；夏曦作主题报告；红三军军长贺龙作军事报告；讨论通过《没收土地和分配土地条例》、《关于工农武装问题的决议》、《农村工人保护条例》、《优待红军及家属条例》、《关于肃反问题决议》、《关于苗族问题决议》6 个决议；选举产生了黔东特区革命委员会。

黔东特区革命委员会是中国共产党和红军在贵州建立起来的第一个革命政权，在黔东革命根据地建设中发挥了重要的领导作用。

黔东特区第一次工农兵苏维埃代表大会会址于 2006 年 5 月被国务院公布为全国重点文物保护单位。

中共贵州省工委旧址

中共贵州省工委旧址位于贵州省贵阳市云岩区文笔街高家花园。

中共贵州省工委旧址原是贵阳望族高家六代相袭的深宅大院。高家大院一共有四进四院，大小房间有近百间。20 世纪 30 年代中后期，贵州地下党将此辟为秘密联络点，继后成为中共贵州省工委的秘密机关。1935 年 1 月，省工委成立后，积极在贵州各地成立并发展党的组织，按照中央的指示，进行窃取敌人密电码、军用地图等地下活动，为配合中央红军的战略转移做出了特殊的贡献，并统一组织和领导贵州全省的中共组织、党员和广大进步青年，在白色恐怖下开展不屈不挠的对敌斗争。

中共贵州省工委旧址于 1982 年 2 月被贵州省人民政府公布为贵州省文物保护单位；1997 年 11 月被贵州省委、省人民政府公布为贵州省爱国主义教育基地。

◆中共贵州省工委旧址

红军总政治部旧址

红军总政治部旧址位于贵州省遵义市红花岗区杨柳街28号。

红军总政治部旧址原为遵义天主教堂，清同治五年（1867年）由法国传教士沙布尔兴建。主要建筑有经堂和学堂两部分，占地面积13555平方米，四周修有围墙。

1935年1月初，红军刚打过乌江，天主教堂里的外国传教士等闻声而逃。中国工农红军第一方面军长征经过遵义时，总政治部曾两次进驻这里。所辖的组织、宣传、破坏、青年、政务等部和秘书处机关都设在天主教堂内。在红军总政治部旧址内，还辟有“党和国家领导人在遵义会议纪念馆”专题陈列室。

◆红军总政治部旧址大楼

红军总政治部旧址于1982年2月被贵州省人民政府公布为贵州省重点文物保护单位；1997年11

月被贵州省委、省人民政府公布为贵州省爱国主义教育基地。

◆红军总政治部旧址内景

中国工农红军第七军军部旧址

中国工农红军第七军军部旧址位于贵州省黔东南苗族侗族自治州榕江县古州镇古州中路西侧。

◆红七军军部旧址

中国工农红军第七军军部旧址始建于清乾隆元年（1736年），原是古州总后署，至今已有200多年的历史。坐西朝东，与五一广场隔街相对，占地面积3011平方

◆红七军军部旧址大门

米，有前后厅，左右耳房，形似四合院。木质结构建筑，平房，歇山顶，上盖小青瓦。原址经修缮后于1997年开馆。

1929年12月，邓小平、张云逸等领导百色起义，创建了广西右江革命根据地，建立了中国工农红军第七军。1930年2月，红七军在广西军阀的“围剿”下被迫撤出右江革命根据地。3月初，红七军前委决定派红七军主力到黔桂边开展游击斗争。4月上旬，红七军第一、第二纵队分别由总指挥李明瑞、军长张云逸率领，分两路进入贵州。在进军途中，红七军获悉榕江城是贵州军阀王家烈在湘黔边作战部队的后勤基地，囤积着大量的军需弹药，且只有少数兵力驻守。前委遂决定奇袭榕江城（古州）。

4月29日，红七军按计划兵临榕江城下的腊酉时，敌人仍未察觉。红七军决定分两路向榕江进攻：一路由腊酉过江，进占高文寨，攻打西门外守敌，进逼榕江西门；另一路沿都柳江而下到县城南面的李家湾，进攻南门。4月30日，红军先头部队在杨家湾渡河，到达城南腊琴寨，上午9时半，攻城开始。红军部队选择南门较低处作为突破口，但敌人凭借城墙固守，负隅顽抗。红军连续进攻3小时仍未攻下。军部调整作战方案，并提出“攻下榕江城，纪念五一节”的口号。经激烈战斗，下午6时左右，红七军攻占榕江城。

此次战斗，红七军共歼敌500多人，缴获步枪600余支、子弹10余万发、大炮2门、步兵用小口径山炮1门、无线电台1部、500多匹驮马及其他大量军用物资，并在城内筹大洋3万多元，部队得到了补充。

占领榕江城的第二天是五一国际劳动节。5月1日，榕江县城细雨初停，烟雾消散，各族群众喜气洋洋地敲锣打鼓，鸣放鞭炮，从四面八方来到镇台衙门广场（今五榕广场），参加红七军政治部召开的庆祝五一国际劳动节和红军攻克榕江县城的祝捷大会。简易的主席台中央悬挂着马克思画像，台前上端挂着军民联欢大会的横标。当时仅有1万余居民的榕江县城，参加大会的就有8000来人，成为榕江城盛况空前的大会。

在会上，军长张云逸、总指挥李明瑞等先后讲话。他们用浅显生动的语言，向群众讲解了纪念“五一”国际劳动节的意义和中国共产党的宗旨、民族政策及其领导下的工农红军的性质、任务及主张，号召全体劳苦群众联合起来，走革命的道路，建立工农苏维埃政权。第一次参加庆祝自己节日的劳苦群众，听到这些革命道理，心情十分激动。红七军通过攻占榕江县城，鼓舞了红军干部战士的情绪和士气。红军在榕江驻扎休整了 3 天，招收了数十名新战士，补充了军需物品。5 月 2 日，红七军领导经过研究认为：“这次外线作战达到了补充自己，扩大党和红军的影响的目的，决定回师广西，恢复右江革命根据地。” 5 月 4 日，红七军离开榕江返回广西。

中国工农红军第七军军部旧址于 1985 年 8 月被贵州省人民政府公布为贵州省文物保护单位；2000 年 2 月被贵州省委、省人民政府公布为贵州省爱国主义教育基地。

中华苏维埃人民共和国川滇黔省革命委员会旧址

中华苏维埃人民共和国川滇黔省革命委员会旧址位于贵州省毕节地区毕节市百花路 8 号。

中华苏维埃人民共和国川滇黔省革命委员会旧址原系德国罗马公教（天主教）教徒在毕节传教之教堂，始建于民国初年，占地面积约 2000 平方米，礼拜堂居中，其他建筑布于四周，保存完好。

◆中华苏维埃人民共和国川滇黔省革命委员会旧址

1936 年 2 月，红二、红六军团长征途经黔西、大方、毕节等地，9 日进入毕节，2 月17 日将原在大定（今大方县）创建的中华苏维埃人民共和国川滇黔省革命委员会搬迁至毕节县，进驻天主教堂，在毕节开展了一系列革命活动。

随红军入城的川滇黔省革命委员会领导在百花山福音堂设立总部，召开会议决定以黔（西）、大（方）、毕（节）为中心，开创川滇黔省革命根据地。会议结束后，县城各街道的醒目位置贴出了署名毛泽东、朱德的安民告示。当天晚上，在毕节召开各界群众参加的大会。川滇黔省革命委员会的领导们在会上宣讲了红军的性质、任务、纪律、国际国内形势以及中国共产党的抗日民族统一战线政策，号召广大劳苦大众要组织起来闹革命。10日，《中华苏维埃人民共和国川滇黔省革命委员会布告》印发到各县、区、乡，革委会派出宣传队到各乡镇开展群众工作，组织打土豪，建立乡、村政权和地方游击队。

川滇黔省革命委员会为“创造抗日的苏维埃区域”，使黔大毕成为“坚固的根据地”，拟订了一系列的施政方针，提出“不分政治派别，不论成分，一致联合起来，组织抗日救国军”。贵州抗日救国军成为中共领导的、包括了不同政治派别、不同成分的一支反蒋抗日的地方武装。同时，在毕节成立各级政权和地方游击武装，为开展轰轰烈烈的革命活动以及红军在毕节的扩红工作打下了坚实的基础。

中华苏维埃人民共和国川滇黔省革命委员会旧址于2006年5月被国务院公布为全国重点文物保护单位；1997年11月被贵州省委、省人民政府公布为贵州省爱国主义教育基地。

贵州抗日救国军司令部旧址

贵州抗日救国军司令部旧址位于贵州省毕节地区毕节市和平路74号。

贵州抗日救国军司令部旧址原为周素园的住宅，占地面积600余平方米，坐西北向东南，系二重檐悬山式青瓦屋面楼房，底层三面设廊，面阔五间，进深两间。

1936年2月，贺龙、任弼时，萧克、王震等率领中国工农红军二、六军团长征到达毕节时，为了更好地贯彻抗日民族统一战线政策，组建抗日武装，根据团结广大工农民众及一切爱国志士加入抗日队伍，不分政治派别、不论成分，一致联合起来，组建抗日救国军等施政方针，红二、红六军团以毕节地下党掌握的席大明、周质夫、阮俊臣三支地方武装为基础，组建了贵州抗日救国军，席大明部为第一支队，周质夫部为第二支队，阮俊臣部为第三支队。请曾任贵州军政府行政总理、毕节爱国人士周素园担任贵州抗日救国军司令，中共贵州省工作委员会委员、毕节地下党支部书记邓止戈任参谋长，红二、红六军团派李国斌、廖明、欧阳崇庭分别担任三个支

◆贵州抗日救国军司令部旧址

队的政委，还调入一批红军干部充实各支队。贵州抗日救国军成立后，还组织毕节各界人士成立了抗日救国委员会和抗日救国团等民众团体，广泛开展抗日民族统一战线工作。红军北上抗日后，贵州抗日救国军除第二支队编入红军随军北上外，第一、第三两个支队在当地坚持斗争，直至解放。

贵州抗日救国军司令部旧址于1985年11月被贵州省人民政府公布为贵州省文物保护单位，2006年5月被国务院公布为全国重点文物保护单位；2010年3月被贵州省委、省人民政府公布为贵州省爱国主义教育基地。

红二、红六军团指挥部旧址

红二、红六军团指挥部旧址位于贵州省铜仁地区石阡县长征路上的天主教堂内。

天主教堂建于清光绪二十七年（1901年），占地面积3000平方米，包括教堂、神甫楼、修女楼。该教堂为砖木结构建筑，既具有欧式风格，也体现着地方建筑工艺特色，是石阡县少有的中西合璧式建筑。

1935年10月，中央红军胜利完成长征到达陕北后，根据敌情和中央指示，红二、红六军团决定离开原根据地，转移到贵州的石阡、镇远、黄平地区活动，拟在这一地区建立新的革命根据地。1936年1月，贺龙、任弼时、萧克、王震等率领的红二、红六军团到达石阡县，总指挥部设在天主教堂里，红六军团政治部设在杨家巷，以石阡县城为中心开展一系列革命活动：打土豪，惩恶霸，发动群众，缝制军用衣被，修造枪支；建红军游击队14个，游击队员1000多人，扩红800多人，是红二、红六军团在长征途中扩红最多的一次；休整队伍，召开支部以上党的活动分子大会，分析形势，提出任务，加强政治组织和政治思想工作；召开石阡会议，总结工作并作出战略转移到黔大毕创建根据地的决定。

红二、红六军团指挥部旧址于1982年2月被贵州省人民政府公布为贵州省文物保护单位。

◆红二、红六军团指挥部旧址

黔东特区革命委员会旧址

黔东特区革命委员会旧址位于贵州省铜仁地区沿河土家族自治县谯家镇白石溪土地湾。

黔东特区革命委员会旧址占地1200余平方米，是清同治八年（1869年）由举人田太俞所建的砖木结构平房，后其子孙世袭居住，有正房7间，正房两边是厢房，前有朝门，形似撮箕。正房上方挂着黑底金字的匾额“黔东特区革命委员会旧址”，由原红三军第九师政委廖汉生所题写。旧址周围从东至西1000米，从南至北2500米，分布红军主要直属机关旧址9处。主要有红军干部培训所、黔东特区革命委员会直属警卫连、红军医院、红军枪械所等。

1933年年底，中国工农红军第三军和湘鄂边苏区在遭到国民党军队的“围剿”后，决定放弃湘鄂边苏区，转移到川黔边，创建湘鄂川黔革命根据地。1934年6月攻占贵州沿河县城后，又相继占领了印江、德江、酉阳、秀山、松桃、石阡、江口等广大地区，收编了黔东地区的农民武装“神兵”，召开了枫香溪会议，决定在这一带开展苏维埃运动，建立黔东特区革命根据地。

1934年7月21日，中共湘鄂川黔革命军事委员会主席夏曦在沿河县铅厂坝张家祠堂主持召开了黔东特区第一次工农兵苏维埃代表大会，宣布成立代表黔东人民利益的最高政权机关——黔东特区革命委员会。大会提出了实行土地革命、组织雇农工会和苏维埃代表会议、武装工农三大任务。大会通过了《没收和分配土地条例》、《农村工人保护条例》、《关于工农武装问题的决议》、《关于肃反问题》、《关于苗族问题》等文件，选举夏曦、贺龙、关向应等80名委员、32名常委组成黔东特区革命委员会。

◆黔东特区革命委员会旧址

黔东特区革命委员会成立后，把建立各级苏维埃政权、党组织和群众团体，开展土地革命斗争、经济建设，实施党的民族政策，发展工农武装，加强黔东苏区的保卫工作，作为黔东革命根据地建设的重要任务。

在黔东特区革命委员会的领导下，在苏区各县中，绝大部分乡镇建立了苏维埃政权和农民协会、贫农团、共青团、妇代会，实行了土地革命，广大农民得到了土地，组建了黔东纵队和沿河、黔东、印江、德江、川黔边 5 个独立团及区、乡游击队。红三军在地方武装的紧密配合下，粉碎了川湘黔几省军阀部队的联合进攻，保卫了苏区。到 1934 年 9 月，黔东革命根据地范围扩大了一倍，已拥有印江、德江、沿河、松桃、石阡、江口及重庆酉阳部分县地域，纵横 200 里，人口 10 万以上，建立了 17 个区革命委员会、100 多个乡苏维埃政权。

黔东特区革命委员会旧址于 1956 年 8 月被贵州省人民政府公布为贵州省重点文物保护单位，1982 年 2 月被贵州省人民政府再次公布为贵州省重点文物保护单位，2006 年 5 月被国务院公布为全国重点文物保护单位；2010 年 3 月被贵州省委、省人民政府公布为贵州省爱国主义教育基地。

达德学校旧址

达德学校旧址位于贵州省贵阳市南明区中华南路 18 号忠烈宫内。

达德学校创于 1904 年，初名民立小学堂。1912 年更名为达德学校。

◆达德学校旧址

1931 年九一八事变后，贵阳教育界成立“抗日救国会”，会址设于该校。抗战期间筑光音乐会（共产党领导的文艺团体）在此设立达德支队，创办地下刊物《新生》，宣传党的抗日主张。1938 年年底，八路军驻贵阳交通站曾一度借该校作为办公地点。1939 年，中共地下党在该校学生中建立了党支部，在中共地下党的领导下，进步音乐团体筑光音乐会在该校建立了达德支部，进行抗日宣传。

王若飞曾在该校学习和工作 7 年，著名民主人士、该校教师黄齐生倡议在达德学校加办女子小学，又提倡“天足”运动。1946 年 3 月，黄齐生被延安各界推举为代表到重庆慰问“校场口事件”被打伤的李公朴、郭沫若。

◆达德学校旧址内的王若飞、黄齐生塑像

1952 年，达德学校与私立正谊、南明中学合并，改为贵阳市第二中学。1956 年，南明区政府在原址建立科学路小学，1980 年恢复旧名达德学校，校门改设汉湘街。

达德学校旧址于 1982 年 2 月被贵州省人民政府公布为贵州省文物保护单位；1997 年 11 月被贵州省委、省政府公布为贵州省爱国主义教育基地。

娄山关红军战斗遗址

娄山关红军战斗遗址位于贵州省遵义市北部大娄山山峰之间，地处汇川区、桐梓县两地的交界处。

◆娄山关红军战斗遗址

娄山关海拔1400米，关上千峰万仞，重崖叠峰，峭壁绝立。群山中只有一条公路从这里通过，是川、黔两省来往的要道，自古被称为黔北第一险隘，历来为兵家必争之地。

1935年2月，中国工农红军第一方面军二渡赤水，回师黔北，于2月25日晨重占桐梓。并在彭德怀、杨尚昆的率领下，以红三军团第13团主攻娄山关，红一军团第1团向娄山关以东之石炭关迂回，其余各部队跟随前锋向娄山关进发。下午红军在关北红花园与正向北推进的黔军第6团遭遇，当即将其击溃。黔军第6团退守娄山关，负隅顽抗。彭德怀、杨尚昆率红一、红三军团主力进抵娄山关关脚后，采取正面进攻与两翼包抄迂回的战术，由红十二团和红十三团担任主攻，红十一团直插敌后，截断板桥镇和遵义的联系，断敌退路，围歼敌人。26日拂晓，红军开始猛攻关口，经过正面进攻，侧翼偷袭，占领了娄山关制高点——点金山，关口完全暴露在红军眼前。敌我双方在关口与点金山间反复拼杀，形成拉锯战。为增援高地红军，彭德怀命红十二团上关，与敌展开了激烈的搏斗，连续攻占了10多个山头，敌不支溃退下山，红军乘胜直捣黑神庙，守敌弃关逃走，红军占领娄山关。抄袭敌后的红军，在牛王屯、小箐与敌15团遭遇，歼敌过半，残敌溃逃。红军取得了娄山关之战的胜利，揭开遵义大捷的序幕，赢得长征以来的第一次胜利。

娄山关战斗胜利后，毛泽东写下了著名的《忆秦娥·娄山关》词："西风烈，长空雁叫霜晨月。霜晨月，马蹄声碎，喇叭声咽。雄关漫道真如铁，而今迈步从头越。从头越，苍山如海，残阳如血。"

娄山关关口西侧笋子山为娄山主峰，东侧山峰俨若巨锥，名大尖山，山上现遗有碉堡残垒。两侧山梁上壕堑犹存，关口南侧公路边，有行书"娄山关"石碑一道。关口东侧山崖，建有毛泽东《忆秦娥·娄山关》词手迹石碑，关口西侧山垭建有娄山关红军战斗纪念碑。纪念碑于1966年建造，碑高11米，碑座宽6米，南侧为大理石贴面，横刻原国防部长张爱萍手书"遵义战役牺牲的红军烈士永垂不朽"15个行草大字，碑座北侧嵌5.4米长的汉白玉浮雕，雕刻娄山关战斗中红军将领、战士、游击队员跃马横枪，攻克天险的英雄群像；碑座东侧有《娄山关战斗简介》碑文一方；碑体为两根并立的文化石巨柱，顶削为斜尖，状若两把红军刺刀，又象征娄山关群峰刺天，

◆娄山关红军战斗纪念碑

中通一线的险峻形势；碑体二柱，蕴含红军“二渡赤水”、再克娄山、重占遵义的军事行动。碑体二柱的上方分别嵌黑色大理石，南侧雕一面红军战旗，标志红军攻克娄山关；北侧镌刻张爱萍长征时作于县境的《西江月·遵义大捷》手迹。

娄山关红军战斗遗址于1982年2月被贵州省人民政府公布为贵州省重点文物保护单位；1997年12月被贵州省委、省人民政府公布为贵州省爱国主义教育基地，2005年11月被中央宣传部公布为全国爱国主义教育示范基地。

红军强渡乌江战斗遗址

红军强渡乌江战斗遗址位于贵州省黔南州瓮安县龙塘乡。

1934年12月31日21时，中革军委根据猴场会议精神发出了渡江作战命令。

◆红军强渡乌江战斗遗址

1935年1月1日上午，红一军团2师4团团长耿飚、政委杨成武，冒着寒风大雪下到江边进行实地侦察。

1月2日拂晓，军委副参谋长张云逸率两个工兵连，带着架桥材料赶到江界河渡口协同架桥。9时，组织强渡，渡口方面佯攻，机关枪、迫击炮响个不停。主攻方面老虎洞脚下，红军首批渡江勇士8人，打着赤膊，带着短枪、手榴弹，跃入滚滚激流。他们一手划水，一手拉缆绳过江。准备把一条缆绳拉过江去，便于后续部队乘竹筏拉着绳过江。不料人到江心，缆绳被敌人炮弹炸断，未达目的，只得泅回。

◆滔滔乌江水

1月3日拂晓，强渡重新开始。渡口方面仍以小部队佯攻。老虎洞脚下3只竹筏载着一营部分指战员，在密集火力掩护下，冲向对岸。当竹筏快接近北岸时，前一晚偷渡成功的毛正华等5勇士向敌人进行猛烈射击。敌人遭此袭击，乱成一团。勇士们一齐猛冲，迅速占领了敌人前哨阵地。

后续部队通过浮桥大举进攻，敌军全线奔溃。随后，红一、红五军团，中央机关胜利渡江。

红军突破乌江天险，打开了通往遵义的大门。

红军强渡乌江战斗遗址 1982 年 2 月被贵州省人民政府公布为贵州省文物保护单位；1997 年 11 月被贵州省委、省人民政府公布为贵州省爱国主义教育基地。

王若飞故居

王若飞故居位于贵州省安顺市安顺城北街 10 号。

王若飞故居占地面积 1900 平方米，由朝门、过道、门楼、正房、南厢、北厢、对厅房等建筑组成，是典型的南方民居四合院。整座建筑均为木质和小青瓦结构，建于清代早期，距今已有 200 多年历史。

◆王若飞故居

王若飞（1896—1946），贵州安顺人，原名王荫生，又名王大伦，号继仁，化名仲山、余非、黄敬斋，1922 年秋加入法国共产党，1923 年 4 月转为中国共产党党员。早年在贵阳达德学校毕业。1918 年春入日本东京明治大学学习。1919 年夏回国，10 月赴法国勤工俭学。1922 年 6 月参与发起成立旅欧中国少年共产党，曾任中央执委会委员。1923 年赴苏联入莫斯科东方劳动者共产主义大学学习。其间：曾任中共旅莫支部委员、训练部主任，旅莫地方执委会委员。1925 年回国后任中共北方区委巡视员、中共中央训练部主任。1925 年 10 月至 1926 年 3 月任中共豫陕区委书记。1926 年调上海任中共中央秘书部主任（即秘书长）。1927 年起任中共江苏省委常委、农民部部长和宣传部部长。1928 年 6 月赴苏联莫斯科出席中共第六次全国代表大会后任中共驻共产国际代表团成员、中国农民协会驻农民国际代表，并入列宁学院学习。1931 年回国，任中共西北特委特派员，后在包头因叛徒出卖被国民党政府逮捕。1937 年获释，任中共陕甘宁边区委宣传部部长、统战部部长，并兼任陕北公学教授。抗日战争爆发后，1938 年起任中共中央华中工作委员会兼中共中央华北工作委员会秘书长，兼任八路军

◆王若飞故居正门

副参谋长。1940 年春至 1941 年 9 月任中共中央秘书长。1941 年至 1943 年 3 月任中共中央党务委员会主任。1941 年 7 月至 1943 年 3 月任中共中央调查研究局党务研究室秘书。1943 年 3 月至 1945 年 8 月任中共中央研究局党务研究室主任。1944 年 11 月起任中共中央南方局工委书记，负责主持南方局日常工作。1945 年 8 月与毛泽东、周恩来一起作为中共代表赴重庆同国民党谈判。1946 年 1 月代表中共方面出席在重庆召开的政治协商会议。1946 年 4 月 8 日在由重庆返回延安途中因飞机失事于山西兴县黑茶山遇难。中共第七届中央委员。

王若飞故居陈列馆紧邻王若飞故居旁，占地面积 4000 平方米。陈列馆于 2009 年 4 月 8 日落成开馆。陈列馆与故居连为一体，其建筑风格融入地方民族元素和古朴建筑风格，具有现代民族特色。

王若飞故居于 1997 年 10 月被贵州省委、省人民政府公布为贵州省爱国主义教育基地，2001 年 6 月被中央宣传部公布为全国爱国主义教育示范基地。

周达文故居

周达文故居位于贵州省黔东南苗族侗族自治州镇远县㵲阳镇西门街。

周达文故居原系周达文祖父周炳元于光绪初年修建的住宅，坐南朝北，为两进天井高风火墙四合院建筑，由风火山墙、前厅、前院东西两厢、后厅及后院东西两厢等建筑组成，为一座较规则的四合院民居。

◆周达文故居

周达文（1903—1938），原名达定，笔名屈公，镇远县人。1923 年秋由李大钊介绍加入中国共产党。周达文自 1919 年起致力于青年学生运动。1924 年当选为全国学联第六届联合大会主席。1924 年 10 月，党中央派他到苏联东方劳动者共产主义大学学习，1925 年 10 月，受党中央派遣，担任临时党团支部书记，与共产国际代表杨明斋带领国共两党选派的第一批中国学员张闻天、王稼祥、王明、蒋经国等 118 名学员赴苏联莫斯科中山大学学习。周达文在莫斯科中山大学期间主要负责教务和翻译工作，为党中央翻译了大量马列著作和共产国际有关文件，同时他还担任包括斯大林作报告在内的多场报告的翻译。1927 年 11 月，周达文担任列宁学院中国部主任、党支部书记。1938 年 4 月 13 日，周达文在苏联“肃反”扩大化中被错杀。1987 年，中共中央组织部为周达文平反昭雪。

◆周达文故居内景

抗日战争时期，中共镇远党支部在镇远开展抗日救亡和发展党员，该四合院西厢房成为主要活动场所。在中共镇远党支部的领导下，镇远古镇的抗日救亡革命运动激起了各族人民的抗日热情。中共镇远党支部在当时起到了一个中心县委的作用，党的组织活动辐射到铜仁、石阡、玉屏、思南、黄平、三穗、台江、施秉等县，形成了以镇远为中心的黔东抗日救亡热潮。1940 年年底，中共镇远党支部遭到国民党的破坏。

周达文故居于 1985 年 11 月被贵州省人民政府公布为贵州省重点文物保护单位；2004 年 11 月被贵州省委、省人民政府公布为贵州省爱国主义教育基地。

龙大道故居

◆龙大道故居标志

龙大道故居位于贵州省黔东南苗族侗族自治州锦屏县茅坪镇上寨村寨上部坡边。

故居建于清光绪二十九年（1903 年），为三间两层木质结构，小青瓦盖顶，正房通阔面 10 米，通进 9 米，屋高 8.9 米，大门上栏雕有龙凤图案。经数次维修保持原貌。

龙大道（1901—1931），名康庄，字坦之，侗族，锦屏县人。

◆龙大道故居内景一角

1919年就读于私立武昌中华大学附中部，受教务主任恽代英的影响，6月参加武汉地区爱国学生运动。1922年冬，考入上海大学社会学系，接受马列主义革命理论教育。1923年在上海大学，经张其雄、施存统介绍加入中国共产党，为表示找到共产主义光明大道的决心，遂改名为大道。

1925年6月，龙大道受党的派遣赴莫斯科东方大学学习回国后，奉命在上海总工会曹家渡办事处从事工人运动。1926年5月，任中共曹家渡部委书记，兼任部委职工运动委员会负责人，不久调任上海总工会组织部，负责工人纠察队的组织训练工作。10月23日，中共上海区委工会举行武装暴动，龙大道指挥闸北地区，因准备不周起义失败。1927年2月参与领导第二次武装起义，再次失败。中共中央改组上海区委后，龙大道为经济斗争部负责人，参加周恩来、罗亦农、赵世炎主持制订第三次起义作战计划，是闸北地区指挥者之一。4月，蒋介石在上海发动四一二反革命政变，屠杀游行工人、学生和市民，龙大道身负重伤，并被上海淞沪警备司令部通缉，悬赏1000元银洋捉拿。6月19日至23日，龙大道率领上海工人代表团参加在汉口召开的第四次全国劳动大会，并在会上报告了上海工人三次开展起义的经过。会后留在武汉全国总工会、湖北省总工会工作。之后龙大道化名赵庄去汉阳兵工厂组织罢工时被捕，经党组织营救出狱后，继续领导汉阳工人斗争。

1928年3月，在上海召开的有中共中央代表周恩来参加的浙江省委扩大会议上，龙大道成为浙江省委新任领导人之一，分工担任工人部长。是年底，中央调龙大道回上海工作，以特派员的身份去芜湖、安庆、景德镇等地巡视工作和领导工人运动。1930年1月，任上海总工会秘书长，先后领导了浦东日华纱厂和闸北、虹口纱厂的罢工斗争。6月，由于与林育南、李求实、何孟雄等多次向党中央和共产国际反映“左”倾冒险主义的错误而被扣上“机会主义”、“取消派”的帽子，受到打击排斥。1931年1月17日，由于叛徒出卖，龙大道等27名共产党重要干部在上海被逮捕。2月7日晚，国民党反动派以移解南京关押为名，将龙大道等24人集体秘密杀害于龙华塔下。龙大道等24人遗体后安葬于上海龙华烈士墓中，史称“龙华二十四烈士”。

龙大道故居于1985年11月被贵州省人民政府公布为贵州省重点文物保护单位；

2004 年 11 月被贵州省委、省人民政府公布为贵州省爱国主义教育基地。

邓恩铭故居

邓恩铭故居位于贵州省黔南布依族苗族自治州荔波县玉屏镇向阳中路 32 号。

邓恩铭故居坐西向东，临街而建，为瓦顶木屋、四扇三间、土木结构的普通民房，始建于清朝末年。大门对面左侧十余米处有一株数人合抱的千年古榕树，参天挺拔，枝叶繁茂，四季常青，是荔波著名的景点之一。

◆邓恩铭故居

邓恩铭（1901—1931），原名恩明，字仲尧，荔波县人，水族。

1920 年邓恩铭与王尽美在济南进行建党活动。1921 年“五一”节前后，成立济南共产党早期组织。7 月，他和王尽美出席了中国共产党第一次全国代表大会。会后，与王尽美一道回到山东，在济南、青岛、淄博等地从事党的组织活动。1922 年 1 月作为中共代表之一，出席共产国际在莫斯科召开的远东各国共产党及民族革命团体第一次代表大会。邓恩铭回国后根据党的安排，主要在山东组织和领导工人运动，到山东最大的煤矿区淄博开辟工作。1923 年 1 月调到青岛从事地下工作。不久青岛第一个党支部成立，任支部书记。1924 年年初成立青岛市委，任市委书记。在青岛工作

◆邓恩铭故居内景

期间，他先后以四方机车厂和纱厂为中心，掀起三次大规模的罢工斗争。

邓恩铭在青岛的革命活动，引起了敌人极大惊恐，被通缉。在白色恐怖下，他被迫离开青岛。不久，在张店召开胶济铁路沿线和青岛市党组织的代表会议，研究和部署了恢复、巩固胶济铁路沿线和青岛市党组织的具体措施。后因叛徒出卖，不幸被捕。入狱后，由于他患有结核病，又多次受到敌人的严刑拷打，健康状况急剧恶化，经地下党组织多方营救，才得以保外就医。之后，他以治病为借口，又秘密回到青岛，主持市委的工作。通过他艰苦细致的工作，终于将青岛的党组织恢复。

1927 年上半年，邓恩铭任山东省委书记。4 月参加在武汉举行的中国共产党第五次全国代表大会。1928 年 12 月，由于叛徒出卖，山东省委机关被破坏，邓恩铭第二次被捕。在狱中，他没有屈服敌人的酷刑和引诱，坚持斗争。被敌人关入死牢后，仍坚贞不屈，坦然自若，严守党的机密，视死如归。1931 年4 月5 日凌晨，邓恩铭被反动派枪杀于济南纬八路刑场。

邓恩铭故居于 1982 年 2 月被贵州省人民政府公布为贵州省文物保护单位；1997 年 11 月被贵州省委、省人民政府公布为贵州省爱国主义教育基地。

冷少农烈士故居

冷少农烈士故居位于贵州省黔南布依族苗族自治州瓮安县雍阳镇高庄。

冷少农烈士故居建于清末，正房 3 间，厢房 2 间，青瓦屋面，石嵌天井。

冷少农（1899—1932）青少年时期在此居住。1923 年毕业于贵州公立法政专门学校第三期法律本科。1925 年秋赴广州参加革命，后加入中国共产党。大革命失败后，受党派遣，到南京打入国民政府训练总监部任秘书，为党搜集军事情报。同时，秘密参与组织抗日反帝大同盟和革命互济会，策动国民党军队暴动，发展党的组织等工作。1932 年 3 月，不幸被国民党反动派逮捕，备受酷刑，坚贞不屈。5 月，于南京雨花台从容就义。

◆冷少农烈士故居

◆冷少农烈士故居内景

冷少农烈士故居于 1985 年 11 月被贵州省人民政府公布为贵州省重点文物保护单位；2010 年 3 月被贵州省委、省人民政府公布为贵州省爱国主义教育基地。

周逸群烈士故居

周逸群烈士故居位于贵州省铜仁地区铜仁市市中办事处逸群路 12 号。

周逸群烈士故居占地总面积 1162 平方米，初建于清末。房屋皆木质结构，呈四合大院。整个故居院落错落有致，古朴幽雅。周逸群的童年、青少年时期在这里度过。

◆周逸群烈士故居鸟瞰

周逸群（1896—1931），原名周立凤，铜仁县人。

1919 年 3 月，东渡日本，入东京庆应大学攻读政治经济学。留日期间开始接受马克思主义，并结识了一批进步人士。1923 年春，从日本回到上海，创办《贵州青年》旬刊，宣传反帝反封建思想。1924 年 10 月，入黄埔军校第二期辎重队学习。不久，经鲁易、吴明介绍，加入中国共产党。1926 年 7 月，国民革命军出师北伐，周逸群随军从广州进入长沙，任北伐军总政治部宣传队队长。1927 年春，贺龙率部脱离第九军，改编为国民革命军独立第 15 师，周逸群继任政治部主任。独立第 15 师在讨伐奉系军阀中屡建战功，回到武汉后，扩编为国民革命军第二十军，贺龙任军长，周逸群任政治部主任，后兼任第 3 师师长。

大革命失败后，1927 年7 月 26 日，二十军开赴南昌集中，周逸群参加了周恩来主持的前敌委员会会议，并坚决支持前敌委员会关于起义的决定。起义军在南下途中，周逸群和谭平山介绍贺龙加入了中国共产党，周恩来主持了入党仪式。随后，起义军占领潮汕地区，周逸群兼任潮汕卫戍司令。

1929 年 3 月，周逸群主持召开鄂西特委第一次扩大会议，传达了党的六大决议。12 月，周逸群又主持召开了鄂西特委第二次扩大会议，会后，根据中央指示，鄂西游击总队改编为中国工农红军独立第一师，由段德昌任师长，周逸群任政治委员。1930 年 4 月，鄂西特委组织召开了第一次工农兵贫民代表大会，成立鄂西五县联县苏维埃政

◆周逸群烈士故居陈列室

府，周逸群被选为主席。后与贺龙领导开辟湘鄂西革命根据地。

1931 年 3 月，被派到湘鄂西根据地的夏曦以中央代表的身份到达洪湖地区，并组成以夏曦为书记的中共湘鄂西中央分局。周逸群被撤销湘鄂西特委代理书记和联县苏维埃政府主席职务，率领一批干部和游击队去江南开辟洞庭湖根据地。1931 年 5 月 20 日，周逸群从洞庭湖突围返回江北汇报工作，在途经岳阳贾家凉亭时，遭敌伏击，壮烈牺牲。

周逸群烈士故居于 1982 年 2 月被贵州省人民政府公布为贵州省文物保护单位；1997 年 11 月被贵州省委、省人民政府公布为贵州省爱国主义教育基地，2009 年 5 月被中央宣传部公布为全国爱国主义教育示范基地。

旷继勋烈士故居

旷继勋烈士故居位于贵州省铜仁地区思南县思唐镇安化社区。

旷继勋烈士故居占地面积 500 平方米，建筑面积 250 平方米，为砖木混凝土仿古建筑，由故居、陈列室、接待室三部分组成，门楼上悬挂由刘华清题写的“旷继勋烈士故居”匾额。

◆旷继勋烈士故居

旷继勋（1897—1933），号集成，思南县人。1916 年，19 岁的旷继勋加入川军赖心辉（德祥）部，从一个普通士兵升任排长、连长、营长、团长、代旅长等职。1923 年，抗击吴佩孚侵川时，旷继勋所在部队划归曾在川军东路军的刘伯承指挥，二人建立了友谊。在刘伯承影响下，他对马列主义真理有了更深一步的认识。1925 年，他升任为江防军第 2 师第 4 旅旅长，并与王文鼎成立了中国青年军人联合会四川分会。1926 年年底，由中共党员秦青川、王文鼎介绍，加入中国共产党。

◆旷继勋烈士塑像

1929 年 6 月，在中共四川省委的领导下，旷继勋旅 4000 余官兵在四川蓬溪与遂宁边界起义，树起了“中国工农红军四川第一路军”的大旗，旷继勋任总指挥，红军四川第一路军攻占了蓬溪县城，成立了全川第一个红色政权——蓬溪苏维埃政权。

1929 年 8 月，党组织原定派旷继勋到苏联学习。他到上海后，党中央鉴于党的机关常遭国民党敌特和青帮歹徒的破坏，决定让旷继勋主要负责党中央安全保卫工作。其间，他除掉了叛徒、铲共委员会主任白鑫，打伤了青帮头子黄金荣。1929 年冬，党中央派旷继勋到湖北江陵、当阳等地进行兵运工作。

1930 年，旷继勋被任命为红六军军长，参加与领导开辟洪湖苏区。7 月4 日，与贺龙领导的红四军在公安县会师，合并组成红二军团，贺龙任军团长兼红二军军长，周逸群任军团政委，旷继勋仍任红六军军长。1930 年 11 月，红十五军、红一军在商城长竹园会师，按中央指示将两军合编为红四军，旷继勋任军长、余笃山任政委，徐向前任参谋长。这一时期是旷继勋军事生涯的辉煌时期，他先后直接参与和领导了红四军第一、第二次反“围剿”斗争，提供了很多宝贵的战例，如新集成战斗、磨角楼战斗、双桥镇战斗，并积累了作战经验：有计划调动敌人创造战机；巧妙地运用迂回包抄和穿插分割战术；充分发挥地方武装和人民群众积极配合作战。

1931 年 1 月，以王明为代表的“左”倾教条主义取得了中央统治权，旷继勋被撤销红四军军长职务、降为红 13 师师长。1931 年秋，旷继勋任红二十五军军长。11 月10 日，红二十五军奉命与红四军合编，成立了中国工农红军第四方面军，徐向前任总指挥，旷继勋仍任红二十五军军长。

后因继续抵制张国焘的“左”倾错误，被降任通江县军事指挥长。

1933 年 6 月张国焘以“国民党改组派”、“右派”的罪名，逮捕了旷继勋，将其秘密杀害于四川通江县洪口场。1937 年，旷继勋得到平反。

旷继勋烈士故居于 1997 年 11 月被贵州省委、省人民政府公布为贵州省爱国主义教育基地。

毛泽东、张闻天、王稼祥住址

毛泽东、张闻天、王稼祥住址位于贵州省遵义市中华南路幸福巷东侧。

◆遵义会议期间毛泽东、张闻天、王稼祥住址东楼

毛泽东、张闻天、王稼祥住址原为川南边防军第二旅旅长易怀芝私宅，建于 1933 年（民国 22 年）。主楼坐北向南，建在高约 1 米石台基上，两楼一底，砖木结构。面阔三间 15 米，进深 9 米。楼房外表为青灰色，楼上楼下均有回廊，歇山顶式，青瓦盖面，前坡开一老虎窗。

1935 年 1 月中旬，中央红军进驻遵义，毛泽东、张闻天、王稼祥被安排同住于此，毛泽东住二楼左前室，张闻天住一楼右前室，王稼祥住二楼右前室。室内陈设全铜床、靠背椅、茶几、军用电话机、红漆九抽桌，桌上置马灯、地图、毛笔等生活用品。

毛泽东、张闻天、王稼祥住址于 1961 年 3 月被国务院公布为全国重点文物保护单位；1997 年 11 月被贵州省委、省人民政府公布为贵州省爱国主义教育基地，1997 年 6 月被中央宣传部公布为全国爱国主义教育示范基地。

◆毛泽东、张闻天、王稼祥住址后台雕像

博古、李德住址

博古、李德住址位于贵州省遵义市红花岗区老城杨柳街遵义会议会址后门处。

博古（1907—1946），江苏无锡人，原

◆遵义会议期间博古、李德住址大楼一角

名秦邦宪，字则民。1925年10月加入中国共产党。翌年秋赴苏联学习。1930年5月回国。1931年后历任团中央书记，中共临时中央局常委、中共中央政治局常委并负总的责任主要负责人。遵义会议后被取消中共中央负总责的职务，任红军总政治部代主任。长征到达陕北后，先后任中央组织部部长、中共中央长江局、南方局委员兼组织部长、中共中央党报委员会主任兼《解放日报》社社长、新华通讯社社长，中共七届中央委员等职。1946年4月8日，因飞机失事，在山西黑茶山不幸遇难。

李德（1900—1974），奥地利人。1900年9月28日生于德国慕尼黑。原名奥托·布劳恩（Otto Braun）。笔名华夫。1919年参加德国共产党。1918年参与创建巴伐利亚苏维埃。1926年被德国政府逮捕监禁。1928年越狱逃往苏联，入伏龙芝军事学院学习。1932年春毕业后，被共产国际派遣到上海，任中国共产党的军事顾问，取中国名字李德。1933年10月到达江西瑞金，主管军事战略、战术和部队训练等方面工作，支持中共党内的“左”倾冒险主义、教条主义错误方针、政策，否定以毛泽东为代表的正确的游击战术。对中央红军第五次反“围剿”的失败负有重要责任，1934年参加长征。1935年1月，在遵义会议上被撤销指挥红军的权力。后随红军长征到达陕北。1939年夏去莫斯科。第二次世界大战期间，曾加入苏联红军。1974年8月，卒于柏林。

博古、李德住址原系国民党黔军二十五军第7师副师长侯之圭（侯小白）私宅，修建于20世纪20年代末期，为木结构前后两进、四榀三间、上下两层的走马转角楼。仿西式风格装修，中西合璧式建筑。后进为石灰粉墙、小青瓦、悬山顶民居建筑式样特点。

1935年1月15日至17日，中共中央政治局扩大会议（即遵义会议）召开，会议由当时担任党的总负责人的博古主持，共产国际军事顾问李德列席了会议，因犯“左”倾冒险主义和教条主义等错误，在会上遭到毛泽东等多数与会同志的批评。会后，博古对自己所犯的错误有所认识，并接受中央对其工作的调整。

博古、李德住址于1997年11月被贵州省委、省人民政府公布为贵州省爱国主义教育基地，1997年6月被中央宣传部公布为全国爱国主义教育基地。

钱壮飞烈士墓

钱壮飞烈士墓位于贵州省毕节地区金沙县后山乡张家垭口。

◆钱壮飞烈士墓

钱壮飞（1896—1935），浙江省吴兴县（今湖州市）人，党的隐藏战线著名的“龙潭三杰”和红军情报保卫工作的卓越领导人之一。1925 年加入中国共产党，1928 年考入国民党中央组织部主办的无线电训练班学习，后供职于上海国际无线电管理局，在中央特科情报科陈赓的领导下，从事党的秘密工作。1929 年经党中央批准，钱壮飞、李克农、胡底三人组成地下情报战斗小组，李克农任组长，打入国民党最高情报机关——中央组织部党务调查科（1928 年 2 月成立，徐恩曾兼科长），钱壮飞还担任徐恩曾的机要秘书。1931 年 4 月中共中央临时政治局候补委员、中央特科负责人顾顺章在武汉被捕叛变后，供出了武汉地下党组织、红二方面军驻武汉办事处、江苏省委机关、党中央在上海的所在地以及周恩来、瞿秋白、陈云等的住所地址等核心机密，使党在上海的中央机关和中央负责同志受到极为严重的威胁。在此危急关头，钱壮飞获得顾顺章叛变的情报，立即采取措施及时将情报送出转交给党中央，使党避免了一场后果十分严重的破坏。在国民党最高特务机关里，他足智多谋、英勇善断，多次智取敌人秘密情报，向党提供了许多有关敌特首脑机关活动的绝密情报，多次在危急关头掩护了党的组织和同志。

1931 年，钱壮飞到中央苏区后，从事政治保卫和情报工作，先后担任中央革命军事委员会政治保卫局局长、红一方面军政治保卫局局长、中革军委二局（情报局）副局长、中央红军总政治部副秘书长等职。1934 年 10 月，参加红军长征。在长征途中，他坚持一边行军一边工作，保证情报 24 小时不间断。遵义会议后任红军总政治部副秘书长（未到职）。1935 年 3 月 29 日至 4 月 1 日，中央红军由金沙县后山乡江口、大塘河、梯子岩三个渡口南渡乌江。渡江过程中，钱壮飞因病掉队迷路。4 月 1 日在探路追赶部队时，不幸被害。

钱壮飞牺牲后，当地老百姓把他就地安埋，但只知是位红军，却不知其身份。解放后，每逢清明时节，后山干部、群众和学校师生便组织到堰田岩脚为红军坟扫墓。20 世纪 70 年代修建乌江水电站，库区水位上升。1977 年 8 月 1 日，后山公社革委组织群众，将红军的骸骨掘迁，安葬在距后山街500米处的张家垭口立碑为“红军烈士墓”。从此，后山乡群众都把张家垭口这一地名称为“红军坟”。后经金沙县党史部门考证，初步确认该红军烈士为钱壮飞同志。1991年，后山乡党委、政府组织干部群众和学校师生捐资捐物对烈士墓进行维修，用质量较好的青石包墓，并立碑“钱壮飞烈士永垂不朽”为祭。

◆钱壮飞烈士事迹陈列室

2001年，中共贵州省委党史研究室和贵州省国家安全厅，经请示省委领导意见，将中共金沙县委党史研究室多年的调查研究和史学界有关专家、学者的研究结果论证后，分别上报中央党史研究室和国家安全部，经中央党史研究室和国家安全部认真研究后，分别复函确定：钱壮飞于1935年4月1日，牺牲在贵州省金沙县后山乡。

2002年4月1日，由贵州省委党史研究室、贵州省国家安全厅、毕节地委、行署主办，金沙县委、政府承办，在金沙县召开了纪念钱壮飞烈士牺牲67周年座谈会，向社会公布了钱壮飞烈士牺牲的时间和地点，并到后山乡为钱壮飞烈士扫墓。

2003年由国家安全部门投资重新修建了钱壮飞烈士墓。2004年又修建了钱壮飞烈士事迹陈列室。2005年4月1日，中共贵州省委、省人民政府、国家安全部又在后山钱壮飞烈士墓地举行“钱壮飞烈士牺牲七十周年”纪念活动，并将后山钱壮飞烈士墓地和事迹陈列室列为“贵州省爱国主义教育基地”和“国家安全教育基地”。2006年4月“壮飞铜像”落成。

钱壮飞烈士墓于2005年3月被贵州省委、省人民政府公布为贵州省爱国主义教育基地。

张露萍七烈士陵园

张露萍七烈士陵园位于贵州省贵阳市息烽县距息烽县城南部3公里的快活岭。

张露萍（1921—1945），幼名余家英，学名余硕卿，在延安抗大学习时改名黎琳、余慧琳，嗣后化名张露萍，四川省崇安县（今崇安市）人。1937年秋，在成都蜀华中学读书时，她加入中华民族解放先锋队，同年冬赴延安，先后毕业于陕北公学、抗日军政大学。1938年10月加入中国共产党，后在文联任秘书。1939年11月，接受组织派

◆张露萍七烈士纪念碑

遣到重庆，担任党的地下特支书记，领导地下党员张蔚林、冯传庆、赵力耕、王锡珍、陈国柱、安文元等人进行秘密斗争。1940 年 3 月，地下特支八人均遭逮捕。在审讯中，除安文元一人叛变外，张露萍和其他六名战友坚贞不屈。1941 年 3 月，七人被转囚于息烽集中营。她在狱中地下党临时支部的领导下，坚持斗争，经常对难友们宣传党的政策，介绍延安情况，鼓舞难友斗志；通过写文做诗，及参加话剧演出活动，揭露蒋介石政权的黑暗统治和息烽集中营惨无人道的罪行。

1945 年 7 月 14 日，张露萍等七人被国民党军统特务枪杀于息烽县城南部三公里的快活岭。

◆张露萍烈士墓

张露萍七烈士陵园位于息烽县城南部 3 公里的快活岭。1984 年修建，内设陈列室、接待厅、展厅、办公室，占地 8519. 37 平方米，绿化地有 5000 平方米，纪念碑高 19. 84 米，烈士坟墓 2 个，高 1. 5 米，气势雄伟的纪念碑铭刻着英雄们的不朽业绩。

张露萍七烈士陵园于 1997 年 11 月被贵州省委、省人民政府公布为贵州省爱国主义教育基地。

遵义市红军烈士陵园

遵义市红军烈士陵园坐落于贵州省遵义市红花岗区凤凰山麓小龙山上。

遵义市红军烈士陵园始建于1958年，占地103亩。陵园坐北朝南，前面是碧波荡漾的湘江河，后靠树木繁茂的凤凰山。1953年市政府确定在小龙山上修建红军烈士公墓，将各地红军烈士遗骸陆续集中迁至山上，同时把早已远近闻名的“红军坟”从桑木桠也移到小龙山。从此，遵义人民习惯把小龙山称为“红军山”。经过40年来的维修整理，现已建成颇具规模的红军烈士陵园。

◆遵义市红军烈士陵园

在陵园顶端的平台上，首先映入眼帘的是一座气势磅礴、造型设计新颖别致的红军烈士纪念碑。红军烈士纪念碑是1984年为纪念遵义会议50周年建造的。碑的正面是1984年11月2日邓小平题写的“红军烈士永垂不朽”八个大字，阴刻贴金。整个碑高30米，下宽6米见方，顶部2米见方。碑的顶端是5米高的镰刀锤子标志。碑的外围是一个直径20米，高2.7米，离地面2米的大圆环；圆环外壁上镶嵌着28颗闪光的星，象征着中国共产党经过28年艰苦奋斗，取得了全国政权；圆环内壁是4组汉白玉石浮雕，内容是“强渡乌江”、“遵义人民迎红军”、“娄山关大捷”、“四渡赤水”。大圆环由四个5米高的红军头像托着，头像用紫色花岗岩石雕凿而成，东南侧为老红军形象，西南侧是一个青年红军形象，东北侧是赤卫队员形象，西北侧是女红军形象，寓意着红军威震四方。

◆邓萍墓雕

纪念碑的北面小山坡上，是邓

萍烈士之墓。邓萍烈士墓于 1958 年开始动工修建，于次年初建成。

邓萍是四川富顺人，大革命时期加入中国共产党，是黄埔军官学校早期毕业生。1927 年大革命失败后，与黄公略一起被党派到国民党第三十五军第 1 师第 1 团做兵运工作，该团在彭德怀领导下于 1928 年平江起义改编为工农红军，邓萍历任红五军参谋长、红三军团随营学校校长、红五军军长、红三军团参谋长等职，1935 年 2 月，在红军第二次攻占遵义城的战斗中光荣牺牲。

红军坟下边，有一座 1990 年 7 月建成的红军卫生员的全铜雕像，雕像高 4.5 米，生动记述了红军烈士龙思泉正在给一位生病的小孩喂药的情形。陵园西边的“青松堂”里，安放着 16 位无名烈士的骨灰盒。

遵义市红军烈士陵园于 1985 年 11 月被贵州省人民政府公布为贵州省文物保护单位；1997 年 11 月被贵州省委、省人民政府公布为贵州省爱国主义教育基地。

息烽集中营革命历史纪念馆

息烽集中营革命历史纪念馆位于贵州省贵阳市息烽县永靖镇猫洞村。

息烽集中营革命历史纪念馆占地 57124 平方米。1938 年之前是一刘姓地主的庄园，国民党军统看中后强行征占，把整个庄园分为办公区（天堂）和监房（地狱）两部分。内设 9 个监房，分别以忠、孝、仁、爱、信、义、和、平、特命名，共 9 栋 52 间。

息烽集中营是 1938 年设立的，是抗日战争时期国民政府军事委员会调查统计局（简称“军统”）设置的一所规模最大、等级最高的秘密监狱。起初设立在息烽县城附近的川祖庙，息烽特训班成立后就转移到阳朗坝的猫洞。从 1938 年设立到 1946 年 7 月迁往重庆，历时 8 年，先后关押中共党员、爱国民主人士、进步学生及其他“政治犯”人员 1200 多人，屠杀和折磨致死 600 多人，400 多人下落不明，其中有被国民党反动派关押并杀害的张露萍等七位烈士、著名爱国将领杨虎城将军、中共秘密党员黄显声将军，《红岩》中许云峰的原型许晓轩

◆息烽集中营旧址

◆息烽集中营革命历史纪念馆

烈士、共和国最年轻的烈士“小萝卜头”——宋振中、“疯老头”华子良的原型韩子栋等。

息烽集中营旧址这个革命先烈曾经战斗和流血的地方，解放后一直受到党和人民的保护。1997 年 5 月一期工程完工开放。二期工程息烽集中营革命历史纪念馆于 2005 年 8 月竣工，占地 3800 平方米。纪念馆对外开放的内容除了集中营本部旧址、玄天洞杨虎城将军囚禁处旧址外，还包括辅助设施——广场《忠魂曲》群雕、营区内《抗争》雕塑和展厅几个部分。

息烽集中营革命历史纪念馆于 1988 年 1 月被国务院公布为全国重点文物保护单位；1997 年 11 月被贵州省委、省人民政府公布为贵州省爱国主义教育基地，2001 年 6 月被中央宣传部公布为全国爱国主义教育示范基地。

四渡赤水纪念馆

四渡赤水纪念馆位于贵州省遵义市习水县土城镇长征街。

四渡赤水纪念馆旧馆原称花园，为中西合璧黔北民居结构的两层砖房，是中央红军长征时红三军团司令部在土城驻地，由中央军委原副主席张震将军题写馆名。四渡赤水纪念馆新馆占地面积 7710 多平方米，主馆建筑面积 3659 平方米，展线 600 米，共分为九个展厅，整体采用了油画、浮雕、文物、图片、电子技术及多媒体相结合的艺术手法，通过立体、直观的场景，形象生动地再现了遵义会议后，党中央和毛泽东率领中央红军四次飞渡赤水，成功摆脱敌人围追堵截，实现出奇制胜伟大战略转折的历史画面，突出表现毛泽东等军事指挥家军事指挥艺术上的“神”，凸显四渡赤水在中国革命史上的历史地位。四渡赤水纪念馆新馆于 2007 年 7 月 9 日建成开馆。

遵义会议后，中共中央、中革军委决定放弃在川黔边建立根据地的计划，命令中央红军由遵义地区北上，在泸州上游北渡长江，到四川西北部创建新根据地。因四川军阀调集重兵追堵，北渡长江已无可能，中革军委遂决定改以川滇黔边境为发展地区。1935 年 1 月中旬到 3 月中旬，中央红军在毛泽东等的指挥下，先后四次渡过赤水河。

◆四渡赤水纪念馆

四渡赤水之战，是中央红军长征中以少胜多、变被动为主动的光辉典范。

四渡赤水纪念馆于 1997 年 11 月被贵州省委、省人民政府公布为贵州省爱国主义教育基地，2009 年 5 月被中央宣传部公布为全国爱国主义教育示范基地。

红二、红六军团木黄会师纪念馆

红二、红六军团木黄会师纪念馆位于贵州省铜仁地区印江土家族苗族自治县木黄镇新木街。

红二、红六军团木黄会师纪念馆原名水府宫。坐北朝南，两进院落。始建于清嘉庆年间，占地面积 887 平方米，建筑面积 579 平方米。

1934 年 5 月，中国工农红军第三军在贺龙、关向应的率领下，从洪湖苏区转入川、黔地区，开辟了包括四川酉阳和贵州沿河、印江、德江、松桃等县在内的黔东特区革命根据地，成立了黔东特区革命委员会、17 个区革命委员会、100 多个乡苏维埃政权，建立了黔东纵队、黔东独立师、5 个独立团和 10 个游击大队，开展土地革命和武装斗争。

同年 8 月，中国工农红军第六军团在任弼时、萧克、王震率领下，作为中央红军长征的先遣队，从湘赣根据地突围西征。红六军团经过长途转战，连续击败了十倍于己的湘、桂、黔军的围追堵截。1934 年 10 月 24 日，红六军团主力与红三军在印江木黄胜利会师。10 月 26 日，两军在南腰界召开会师大会，党中央为两军会师发来贺电。根据中革军委的决定，红三军恢复二军团番号，贺龙任军团长，任弼时任政治委员，关向应任副政治委员，李达任参谋长，张子意任政治部主任。红六军团军团长和政治委员仍由萧克、王震分别担任，谭家述任参谋长，甘泗淇任政治部主任。两军团均直属中革军委领导。红二、红六军团胜利会师后，组成统一的指挥部，由贺龙任总指挥，任弼时任政治委员，从而结成一个战斗整体，形成了一支强大的战略突击力量，开始了开创湘鄂川黔革命根据地的斗争，打乱了敌人的部署，牵制了敌人的兵力，从而有力地配合了中央红军的长征。

◆红二、红六军团木黄会师纪念馆

木黄会师纪念馆现存有大量的实物、图片、历史资料及采访老红军的录音录像资料等。实物主要有：红二、红六军团会师后贺龙、萧克、任弼时、关向应、夏曦、李达等领导人的住处；红军领导人用的马灯、布巾、铜盆、草垫、门板床等；红军和游击队员所用的大刀、长矛、火枪、铜锣、大鼓、牛角、羊号等。图片主要有：黔东独立师副师长冉少波及部分游击队领导人的资料照片；红色政权建政示意图；红二、红六军团会师路线图；《黔东特区革命委员会组织法草案》、《中国工农红军第三司令部布告》、《农会斗争纲领》等红军文件。

◆红二、红六军团木黄会师纪念馆正门

红二、红六军团木黄会师纪念馆于1985年11月被贵州省人民政府公布为贵州省文物保护单位，2006年5月作为黔东特区革命根据地旧址的组成部分被国务院公布为全国重点文物保护单位；1997年11月被贵州省委、省人民政府公布为贵州省爱国主义教育基地。

云南省重要革命遗址

中共云南省第一次党员代表大会会址

中共云南省第一次党员代表大会会址位于云南省红河哈尼族彝族自治州蒙自市东部山区的芷村镇查尼皮村。

◆中共云南省一大会址

1928年，面对国民党云南当局大肆“清共”的不利形势，中共云南组织转移工作重心，党的基层工作轰轰烈烈地开展起来。斗争形势的迅速发展，工作局面的渐次展开，亟待加强省委机关党的组织建设和对基层的指导、领导。中共云南省特委报告中共中央“请求准予召集代表会”，等了一个多月未见到回复。为健全和加强中共云南组织的领导机关，保证工作顺利进行，1928年10月13日，省特委在蒙自县查尼皮村李开文家召开中国共产党云南第一次代表大会，会期2天。参会人员有省特委委员吴澄、迤南区委书记李鑫、蒙自县委书记杜涛和蒙自、石屏、马关、昆明、易门、铁路、矿山的党员代表等，指定的工运和共青团代表，共17人。会议分析了云南的政治形势，检讨了工作中的缺点，通过了《中国共产党云南第一次代表大会决议案》，选举产生了第二届中共云南临时省委，由陈廷禧任书记，陈廷禧、吴少默、张舫3人为常委，吴澄、陈家铣为委员，杜涛、杨立人（杨达经）为候补委员。会议的决议健全和加强了云南共产党的领导机关，为顺利开展各项工作提供了组织保障。会后，中共云南临时省委于12月16日向中共中央上报了《云南临委给中央的总报告》。

这次代表大会是中共云南党组织召开的第一次全省党代表大会，也是中共云南党组织在地下活动时期召开的唯一的一次党代会。会议对云南建立党组织以来的工作进行了总结，肯定了成功的经验，指出了存在的缺点，确定了今后的斗争方针和策略，是中共云南党组织历史上具有重大意义的会议。

◆中共云南省一大会址陈列室

该会址原为省临委委员李开文家的草房，1930年以后焚毁于火灾，原址易主。1989年按照修旧如旧的原则重修，1991年6月24日完工。1993年6月28日正式开馆。2000年6月会址扩建，占地近8亩，设有管理室、接待室、陈列室、停车场、花区、草坪、绿化带等设施。陈列室展有历史图片、衣物等，及当时游击队所用的长短枪各一支、铅头子弹、子弹带、长刀、钩镰、三尖叉等武器。

中共云南省第一次党员代表大会会址于1993年11月被云南省人民政府公布为云南省文物保护单位；2009年7月被云南省委、省人民政府公布为云南省爱国主义教育基地。

砚山阿猛滇桂黔边区工委会议会址

砚山阿猛滇桂黔边区工委会议会址位于云南省文山壮族苗族自治州砚山县阿猛镇阿猛中心学校校园内。

1949年7月，为适应全国解放战争的战略部署，根据中共中央关于调整长江以南党的领导机构的指示，决定撤销中共云南省工委和桂滇边工委。中共华南分局派林李明主持和实施云南省工委与桂滇边工委合并成立中共滇桂黔边区委员会，统一领导滇桂黔边区革命斗争。经过酝酿准备，在弥勒湾（今属丘北天星）、者腊、阿猛召开云南省工委、桂滇边工委合并扩大会议，7月19日，在阿猛正式成立中共滇桂黔边区委员会，选举边区党委执委11人，候补执委10人，林李明任书记，周楠、郑伯克任副书记。会议作出了五项决定：一是加强边区党的建设；二是把滇桂黔三省的武装统一组编为中国人民解放军滇桂黔边纵队（简称边纵），庄田任司令员，林李明任政治委员，朱家璧任副司令员；三是搞好根据地的政权建设；四是继续扩大反蒋统一战线；五是动员边区军民作好迎接南下野战军的工作。

◆滇桂黔边区工委会议会址外景

砚山阿猛滇桂黔边区工委会议是滇桂黔边区党的历史上一次重要会议，为统一云南、桂西和黔西南地区党的领导、武装斗争和政权建设，为配合野战军入滇作战，解放滇、桂、黔三省区作出了不可磨灭的历史贡献。

砚山阿猛滇桂黔边区工委会议会址建筑面积449平方米，会址内陈列着为关阿猛会议和滇桂黔军民斗争的部分实物、图片及文稿等。

砚山阿猛滇桂黔边区工委会议旧址于1993年11月被云南省人民政府公布为云南省文物保护单位；1997年4月和2009年7月被云南省委、省人民政府公布为云南省爱国主义教育基地。

云南陆军讲武堂旧址

云南陆军讲武堂旧址位于云南省昆明市五华区华山街道办事处洪化桥社区翠湖西路22号。

云南陆军讲武堂初办于1907年9月，因学堂设施及教学质量较差，办学7个月后即停办。1909年8月重建重办，1912年蔡锷将云南陆军讲武堂改名为云南陆军讲武学校。1928年蒋介石明令各省不得自办军校，遂改为军官教导团。1935年后更名为中央陆军军官学校第五分校（即黄埔军校第五分校）。1945年分校停办。它是中国近代一所著名军事院校，与创办于1906年的北洋讲武堂（天津）、创办于1908年的东北讲武堂（奉天）并称三大讲武堂。

1909年8月重建的云南陆军讲武堂，虽其目的在于为清朝统治者培养效忠于自己的军事人才，但因其教官多为同盟会会员或受同盟会影响的人士，而成为革命活动的重要场所。革命党人掌握了陆军讲武堂的大权，使之成为云南革命的重要据点、西南地区团结革命力量的核心、培养民主革命战士的军事学校，在云南辛亥重九起义、护国战争、北伐战争、抗日战争和解放战争中，都发挥着巨大的作用，对云南及全国的民主革命作出了重要贡献。该校从创办到1928年，毕业学员达4000余人。在历届毕业生中，有不少人成了杰出的军事将领，如第二期特别班的朱德，第十五期的叶剑英、周保中以及朝鲜民主主义人民共和国的开国元勋崔庸健等。

◆云南陆军讲武堂旧址

云南陆军讲武堂旧址于1988年1月被国务院公布为全国重点文物保护单位；2005年11月被中央宣传部公布为全国爱国主义教育示范基地，2009年7月被云南省委、省人民政府公布为云南省爱国主义教育基地。

中共云南地下党建党旧址

中共云南地下党建党旧址位于云南省昆明市五华区护国街道办事处平政街节孝巷24号（今55号）。

◆中共云南地下党建党旧址

1926年5月，中共广东区委派遣云南籍中共党员杨青田、王复生回云南建立中共云南地方组织。两人在昆明受到反动政府的严密监视，无法立足和开展工作，又秘密返回广州。同年8月，中共广东区委再次派遣滇籍党员李鑫到昆明筹建中共云南地方组织，又派遣在毛泽东任所长的广州农民运动讲习所学习的滇籍学员周霄、黄丽生等回昆明协助李鑫，开展地下革命活动。1926 年 11 月7 日，由李鑫主持，周霄、吴澄、黄丽生、杨静珊等人秘密聚于昆明市平政街节孝巷24 号的周霄家，召开第一次党员会议。根据中共广东区委的决定，建立了中共云南特别支部，由吴澄担任特支书记。1927 年，中共广东区委又委派王德三等十多名共产党员到昆明，在特支的基础上建立了中共云南特别委员会，云南的革命斗争进入到一个新的阶段。

旧址建筑面积400 平方米，为三十方一照壁的四合院，坐东朝西，有三间正房，两间耳房，中式土木结构。

中共云南地下党建党旧址于1987 年12 月被云南省人民政府公布为云南省文物保护单位；2009 年7 月被云南省委、省人民政府公布为云南省爱国主义教育基地。

罗平中共地下党罗盘地委指挥部旧址

罗平中共地下党罗盘地委指挥部旧址位于云南省曲靖市罗平县钟山乡鲁邑村委会鲁邑村。

◆罗平中共地下党罗盘地委指挥部旧址

1948 年6 月，中共中央华南分局派杨江到云南工作，受中共云南省工委委派到罗盘区领导武装斗争。杨江到罗平后，组织了云南人民讨蒋自救军第二支队（罗盘支队），下设6 个大队，共700 余人。杨江任司令员、刘清任政治委员，司令部设在鲁邑村。

罗盘支队司令部设在鲁邑的这段时期，朱家璧率部南下越南整训，国民党反动派对盘江北岸坚持武装斗争的罗平人民革命力量不断采取军事、政治进攻，罗盘区党的工作条件十分艰苦。同年10 月，桂滇工委委员杨德华到罗平，在罗盘支队司令部鲁邑驻地成立以罗平为中心的罗盘地委，书记刘清、副书记杨江，委员有朱希敏、王纲正、张连琛、甘东、杨汝林等。罗盘地委领导着云南境内的罗平、师宗、富源三县及贵州、广西的南北盘江流域的革命武装斗争。在罗盘地委领导下，1948 年冬重建中共罗平县委，书记朱希敏（后为王纲正），副书记李一凡。1948 年年底，罗平县城解放。1949 年年初，罗盘区领导机关迁至板桥。

◆罗平中共地下党罗盘地委指挥部旧址耳房

旧址系三房一照壁小院，正房和南北两耳房均为一底一楼砖石木结构，三房前面均设走廊，走廊柱础四面雕花刻草，吊柱、挑梁均刻有不同形状的花纹，窗门上镌刻着不同花纹。正房坐西向东，面阔五间，21.4 米，进深 6.7 米，南北西耳房各 3 间，通长 10.4 米，进深 4.7 米，房屋占地面积 277.10 平方米，内院 108 平方米，外院 124 平方米。1986 年至今由鲁邑村委会管理使用。小院正门向东，正面 5 间一底一楼，侧边各 3 间，均为土木结构。正面 5 间房楼上原是司令部杨江、刘清等负责人工作和住宿的地方；楼上是司令部印刷文件、宣传品的工作室，左边楼下也是主人居住，楼上为司令部招待所。

罗平中共地下党罗盘地委指挥部旧址于 2003 年 12 月被云南省人民政府公布为云南省文物保护单位；2002 年 12 月、2009 年 7 月，分别被云南省委、省人民政府公布为云南省爱国主义教育基地。

丽江古城开南研习所旧址

丽江古城开南研习所旧址位于云南省丽江市古城以南 13 公里的金山乡贵峰村民委员会大来村。

1946 年，民主青年同盟（简称“民青”）成员和万宝利用假期在家乡大来村开办农民识字班。此后，中共丽江地下党组织和“民青”组织在此成立农民组织，开展反对国民党政府征兵、征粮、征税的斗争，组建云南农民抗争会。

◆丽江古城开南研习所

1949 年 1 月，中共云南省工委派和万宝回丽江工作，任中共丽江县工委副书记，3 月建立中共开南支部，

◆丽江古城开南研习所陈列室

挂出“开南文艺研习所”的公开牌子，继而建立中共开南区委，培训革命骨干，油印革命书刊，为建立革命武装、解放丽江作了大量准备工作。开南研习所组织和培养了一大批农民运动的骨干，其中许多成员在后来的革命斗争中成为丽江乃至滇西北地区各级党政军组织的干部和骨干，是中共党组织在丽江开展革命活动的重要场所。

丽江古城开南研习所旧址始建于清光绪年间，四合院落，占地面积206.41平方米。正殿坐南向北，为单檐悬山顶，抬梁、穿斗式构架，面阔三间，7.5米，进深四间，6.6米。旧址内陈列有文字资料150件、实物8件、图片5幅。

丽江古城开南研习所旧址于2009年7月被云南省委、省人民政府公布为云南省爱国主义教育基地。

建水文庙——临安中学革命活动旧址

建水文庙——临安中学革命活动旧址位于云南省红河哈尼族彝族自治州建水县城区临安路268号文庙内。

1939年4月，云南省教育厅任命刘宝煊兼任临安中学校长。刘宝煊安排共产党员和思想进步人员到临安中学任教。1940年春，国民党中央派视察员刘巨全到建水视察，刘宝煊因与之敌视被撤职。1945年2月，通过民盟的关系，刘宝煊复任临安中学校长。中共党组织和刘宝煊利用这个有利时机，安排一批党、团员到校任教，临安中学党的力量和进步力量得以巩固和加强。“李闻惨案”后，国民党当局派特务对学校进行监视，刘宝煊被迫辞去职务，在临中工作的一大批进步教师也先后离校，党在临中的工作被迫暂时停顿。1946年8月，省教育厅委任曹元龄为临安中学校长。中共滇南党组织负责人张华俊随曹元龄到临安中学任教。1947年3月，临安中学学生党支部建立。1948年春，建立中共临中教师支部。

◆临安中学革命活动旧址（洙泗渊源坊）

◆临安中学革命活动旧址（先师殿）

临中党组织为红河各地开展武装斗争发挥了三个方面的作用。第一，交通联络中枢。滇南党组织负责人张华俊以临中教师的身份为掩护开展工作，临安中学党组织成为个旧、蒙自、元江、昆明等地党组织联络的中枢。第二，掩护各地进入建水的党员。1947 年 12 月，临安中学党组织和建水其他党组织一道，成功掩护了中共云南省工委在建水召开的研究部署在全省开展武装斗争的重要会议。第三，支援武装斗争。学校党组织培养和输送一批党员干部到元江根据地和内地农村开展武装斗争。

建水文庙建筑面积 76000 平方米，始建于元朝至元二十二年（1285 年），是我国西南地区保存完整、规模仅次于山东曲阜孔庙的大型文庙之一。总体布局采用中轴对称的宫殿式布置，规制严谨，建筑宏伟壮观，庙堂庄严华贵。文庙原主要建筑包括：一池、一坛、一圃、二殿、二庑、三堂、三阁、四门、五亭、六祠、八坊等 37 个，其建设疏密相间，规模宏大。由于地震等原因，射圃、尊经阁、魁星阁、敬一亭和斋宿亭已毁。

建水文庙旧址于 1983 年 1 月被云南省人民政府公布为云南省文物保护单位，2001 年 6 月被国务院公布为全国重点文物保护单位；2009 年 7 月被云南省委、省人民政府公布为云南省爱国主义教育基地。

东川金沙江树桔渡红军渡口

东川金沙江树桔渡红军渡口位于云南省昆明市东川区拖布卡镇树桔村。

树桔渡与四川会东县隔江相望，古往今来，一直为滇、川两省交通往来的重要渡口之一。

1935 年 5 月初，红九军团完成掩护中央红军主力抢渡金沙江任务后，派先头部队到达东川树桔村，抢修渡船，占领北岸高地，控制两岸渡口，全军团 3000 多人马在东川船工的帮助下，于 6 日清晨全部渡过了金沙江，直奔西昌，与从禄劝县皎平渡过江的中央红军主力会师，完成了在滇东北牵制敌人、掩护主力过江的战略任务，取得了红军长征史上一次具有重大战略意义的胜利。

渡口现存一纪念碑及红九军团渡江指挥所旧址。2007年7月，在各级的重视和支持下，树桔红军渡纪念馆建成开馆。该馆建筑面积268平方米，展陈红军渡江实物40余件，文字和图片展板20块。

◆树桔渡红军渡江木船

东川金沙江树桔渡红军渡口于1988年5月被云南省人民政府公布为云南省文物保护单位；1997年4月和2009年7月被云南省委、省人民政府公布为云南省爱国主义教育基地。

元谋龙街红军横渡金沙江渡口

元谋龙街红军横渡金沙江渡口位于云南省楚雄彝族自治州元谋县江边乡龙街村。

◆元谋龙街石花滩红军横渡金沙江渡口遗址

1935年4月23日，中央红军长征二进云南。红军在攻克禄劝、武定后，为诱敌于元谋，掩护主力部队从禄劝皎平渡渡过金沙江，红一军团1、2师从武定县的石蜡它兵分两路进入元谋。5月3日，红1师从太阳坡、活佛寺（原属武定县）方向入境，路经乌头禾、乐甫、老岳村、红冈、你莫、领庄、中山、淇柳、安定、黄瓜园、朱布、海洛、大那别、小那别、那旧、白泥弯等村，行程140多华里，占领当时属于武定县的江边龙街渡口。5月4日，红1师赶到了龙街渡口后，一面在渡口上游江面狭窄、江水缓流的石花滩架设浮桥佯攻，把国民党军队的注意力引向龙街渡，一面到街头宣讲革命主张，向群众宣传红军是工人农民自己的队伍、红军北上抗日的革命道理，号召各族同胞与红军联合起来，打倒国民党，打倒土豪劣绅。在江边龙街渡口的江边村和龙街村，至今保存有红军书写的“工农团结起来，不交一个钱捐给区、乡公所”、“不当挨饿挨打的白军，大家当红军去”、“官兵平等、反对白军官长打骂士兵”、“组织抗捐军，反对苛捐杂税”、“武装暴动起来实行不交租不纳税！”、“不替卖国贼打仗，当红军打日本去”等标语。2008 年 6 月，县委、县政府对元谋县江边乡龙街村红军标语进行修复保护。

元谋龙街红军横渡金沙江渡口于 2009 年 7 月被云南省委、省人民政府公布为云南省爱国主义教育基地。

聂耳故居

聂耳故居位于云南省玉溪市红塔区玉兴路街道荷花池社区北门街 3 号。

◆聂耳故居

聂耳（1912—1935），原名聂守信，出生于昆明。聂耳自幼喜爱音乐，酷爱滇剧和花灯，读书期间，经常参加学校和社会上的各种演出活动。1930 年 7 月，从省立第一师范毕业后，到上海加入“反帝大同盟”，积极参加各种进步活动。1933 年加入中国共产党，同年为联华公司一厂拍摄的《母性之光》影片作插曲《开矿歌》，这是他创作的第一部电影歌曲。1934 年 1 月进百代唱片公司，其作品有 20 多首灌制了唱片，如民族器乐曲《金蛇狂舞》、《翠湖春晓》等。1934 年为歌剧《扬子江暴风雨》创作了《码头工人歌》、《打桩歌》、《苦力歌》等，为电影《桃李劫》创作了主题歌《毕业歌》，为电影《大路》创作了歌曲《大路歌》和《开路先锋》。1935 年 1 月重新进入联华影片公司二厂，为影片《新女性》创作了《新女性》组歌，4 月为躲避国民党反动派的逮捕东渡日本，5 月为电影《风云儿女》写了主题歌

◆聂耳故居碑

《义勇军进行曲》，7 月 17 日在日本藤泽市鹄沼海滨游泳时溺水身亡，年仅 23 岁。1949 年 9 月 27 日，经全国政协第一届全体会议讨论并通过，《义勇军进行曲》被定为中华人民共和国代国歌（后被定为国歌）。聂耳在有限的 23 年生命中，创作了 37 首革命歌曲、6 首民族器乐曲和琴曲，开辟了中国新音乐的道路，是中国无产阶级革命音乐先驱。

聂耳故居是土木结构的一楼一底瓦顶起脊的旧式楼房，楼房后面连接两间半二层房屋，建筑面积 96.27 平方米。1992 年 3 月，玉溪市人民政府将故居修复一新，设立管理机构，正式对外开放。房屋尽量保留原来的结构和外貌，屋内陈设也尽量保持旧貌。2002 年 9 月，红塔区人民政府对聂耳故居进行保护性维修。2005 年，红塔区人民政府对聂耳故居再次进行完整的文物保护和周边环境治理，同时征集了一批与聂耳和聂耳故居有关的珍贵文物史料。聂耳故居展览室重点陈列反映聂耳祖籍历史的资料，聂耳幼时在故居所受的教育、在玉溪期间使用过的许多实物以及生活、学习、工作的照片，共 126 幅文物资料照片和 357 件实物，其中还有一些珍贵手稿。

聂耳故居于 1998 年 11 月被云南省人民政府公布为云南省文物保护单位；2009 年 7 月被云南省委、省人民政府公布为云南省爱国主义教育基地。

祥云王复生、王德三烈士故居

祥云王复生、王德三烈士故居位于云南省大理白族自治州祥云县刘厂镇王家庄村委会王家庄村。

王复生（1896—1936），原名王濡廷，1917 年考入北京大学。1920 年 3 月，在李大钊的指导下，与邓中夏等 19 人发起成立了中国第一个马克思主义研究团体——北京大学马克思学说研究会，1921 年秋加入中国共产党。受党组织的派遣，先后到陕西和陕东地区、华县、陕北、绥德和广州等地宣传马克思主义，筹建党的组织。1925 年秋，与王德三等建立了云南革新社。1926 年受中共广东区委派遣，以中国国民党云南省党部筹备员身份回云南筹建中共云南组织和国民党左派为骨干的国民党省临时党部。1928 年 6 月，为恢复和加强东北地区党的组织，受组织派遣，先后在哈尔滨、齐齐哈尔等地开展革命活动。1936 年 8 月 15 日，被日本侵略者杀害于齐齐哈尔北郊大江坝，年仅 40 岁。

◆祥云王复生、王德三烈士故居

王德三（1898—1930），原名王懋廷，1920

◆祥云王复生、王德三烈士故居内景

年考入北京大学预科班，并加入北京大学马克思学说研究会，1922 年加入中国共产党。1924 年秋，受中共北方区委派遣，到陕北创建党组织，培养了刘志丹、安子文、刘澜涛等一批重要干部，成立了中共陕北特别支部。1925 年 7 月回到北京大学，任中共北京区委委员，参加了北京工人运动的领导工作。1926 年任黄埔军校第四期政治教官。1927 年 2 月回云南工作，任中共云南特委书记、省临委书记、省委书记。代表中共云南省党组织参加了在莫斯科召开的中共六大，作了关于革命斗争、土地问题、少数民族问题等的发言。1930 年 11 月被捕后，国民党云南省主席龙云亲自审讯。无论怎样威逼利诱，王德三始终坚贞不屈。1930 年 12 月 31 日英勇就义，时年 32 岁。

王馨廷（1908—1924），1922 年到北京求学，在王复生、王德三两位兄长的影响下，加入社会主义青年团。在北京参加学运时被军警追打，脑部受重伤，随后与王德三到陕西边养病边参加革命活动，不幸又染上肺结核，1924 年病逝于绥德县，年仅 16 岁。

王复生、王德三烈士故居建于清光绪年间，建筑面积 600 平方米。王复生、王德三和王馨廷出生在南厢房，少年时代在此度过，偏院书房为他们青少年时代读书学习的地点。

王复生、王德三烈士故居于 1995 年 10 月被云南省人民政府公布为云南省重点文物保护单位；2009 年 7 月被云南省委、省人民政府公布为云南省爱国主义教育基地。

大理周保中故居

大理周保中故居位于云南省大理白族自治州大理市湾桥镇湾桥村。

周保中（1902—1964），大理市湾桥镇人，15 岁从军，参加靖国护法运动后，在北伐战争中屡建奇功，被提拔为副师长，在大革命危难时刻毅然加入中国共产党。1931 年，受中共中央委派前往东北，任抗联第二路军总指挥兼政委，与东北抗联第一路军总司令杨靖宇一起，领导东北抗联与日本关东军和伪军浴血奋战 14 年。日本投降后，继续战斗在解放东北的革命斗争中，为抗战和东北解放作出了重大贡献。1949 年，为解放云南和稳定西南边疆，受命回云南肩负重任。新中国成立后，周保中历任中国人民解放军西南军区昆明市军事管制委员会副主任、云南省人民政府副主席、西南军政委员会政法委员会主任兼民政部部长等职。1955 年被授予一级八一勋章、一级独立自由勋章和一级解放勋章。1964 年 2 月 22 日，周保中因病逝世。

◆大理周保中故居

1954 年，故居被大火烧毁。1994 年，在湾桥村中山街重修周保中故居，占地 16.9 亩。故居分为陈列室、塑像、模拟故居、大门，场地平整、绿化、道路铺装，展室展品征集、布展等 16 个项目，周保中生平事迹展室布展图片 120 张、实物 90 余件，其中国家级文物 8 件。故居的功能设施得到全面改善，环境进一步美化。1998 年，大理州博物馆对周保中生平事迹陈列室进行装修、布展。2002 年，结合迎接周保中诞辰 100 周年的纪念活动，镇政府对故居周围环境进行了全面规划、建设，内容有：故居大门建设，院内人行道路铺设，场地平整、绿化，周保中生平事迹陈列室扩展。宋任穷为周保中陈列室题名。

◆周保中塑像

大理周保中故居于 1987 年 6 月被云南省人民政府公布为云南省文物保护单位；1996 年 4 月和 2009 年 7 月分别被云南省委、省人民政府公布为云南省爱国主义教育基地。

文山楚图南故居

文山楚图南故居位于云南省文山壮族苗族自治州文山市开化镇上条街 27 号至 29 号。

楚图南（1899 —1994），生于 1899 年 8 月 23 日，1913 年到昆明求学，1919 年毕业于昆明联合中学，同年考入北京高等师范学校史地系，后开始接触马列主义，不久加入社会主义青年团。1923 年回云南任教，是马克思主义在云南最早的传播

◆文山楚图南故居

者之一。受他培养教育过的李国柱、艾思奇、黄洛峰、冯素陶等，都走上了革命道路。楚图南先后到东北、山东、河南、上海等地从事革命工作，1926年加入中国共产党。1937年回云南参与民盟组建和领导工作，被誉为“云南抗战文化的旗手”。1948年奔赴西柏坡。1949年2月进入北平，后参加新政协的筹备工作，主要负责起草会议材料。1949年10月1日，以新政协委员的身份登上天安门城楼参加了开国大典。年底，到重庆参与解放大西南。1953年调回北京负责文化教育工作。1954年任中国人民对外友好协会会长。1986年被补选为第六届全国人大常委会副委员长。1988年响应中央关于干部年轻化的号召，主动提出不再担任领导职务。1994年4月11日逝世，享年95岁。

◆文山楚图南故居正堂屋

2005年，原文山县委、县政府对故居进行修缮。

文山楚图南故居于1998年11月被云南省人民政府公布为云南省文物保护单位；2009年7月被云南省委、省人民政府公布为云南省爱国主义教育基地。

朱德旧居

朱德旧居有两处，分别位于云南省昆明市五华区华山西路水晶宫红花巷4号和小梅

◆水晶宫红花巷4号朱德旧居

◆小梅园巷3号朱德旧居

园巷3号。

云南是朱德走向革命道路的起点。1909年朱德来到昆明，考入云南陆军讲武堂。1911年以优异成绩毕业后投身辛亥革命，参加了昆明重九起义。1915年参加了护国运动。因英勇善战，功勋赫赫，升任旅长，后又任云南警察厅长。1921年，朱德先后买下位于昆明市五华山西侧水晶宫红花巷4号、小梅园巷3号两处房宅，均为民居建筑。小梅园巷3号题名“洁园”，是朱德在云南最后的住所。投身共产主义革命的征途。新中国成立后，朱德将“洁园”交给了云南省人民政府。1952年省政府对“洁园”进行了整修，拨给圆通小学作附设幼儿园。1954年4月定名为昆明市第六幼儿园。1995年5月，昆明市五华区委在这里开辟了朱德旧居纪念馆。

朱德旧居于1987年12月被云南省人民政府公布为云南省文物保护单位；1999年9月被云南省委、省人民政府公布为云南省爱国主义教育基地。

禄劝普渡河铁索桥及红军烈士墓园

禄劝普渡河铁索桥及红军烈士墓园位于云南省昆明市禄劝彝族苗族自治县翠化乡头哨与沿河村委会之间。

1935年5月，红一方面军主力抢渡金沙江皎平渡时经过此桥。1936年春，红二、红六军团在贺龙、任弼时、关向应、萧克、王震率领下，准备沿红一方面军路线向皎平渡进军北渡金沙江，4月8日，红二军团准备在普渡河上游过河，到头哨后停止前进，先头部队到达普渡河东岸和铁索桥附近。这时，滇军工兵营已抢先占领桥头拆除桥上木板，在桥上设置障碍，关锁两头大门，埋伏桥头、板上两处，重机枪连也赶到占领了桥上边的音翁山。至此，红军和滇军工兵营发生激战，红军79人牺牲，其中包括4师政治部主任肖令彬。

红军烈士墓园由纪念碑和烈士墓组成。为缅怀先烈，1975年5月，由禄劝县翠华乡党委、政府在普渡河铁索桥桥头建立了红军烈士纪念碑，碑高 7 米，基座宽 3.5 米，钢筋混凝土结构，呈正四棱台体，体表呈银灰色，碑的四面镌刻有“红军烈士纪念碑”、“红军烈士永垂不朽”、“鞠躬尽瘁、死而后已”等字。1992 年，禄劝县和云南大学社会考察团又在此为肖令彬等人修建了红军烈士墓园。

◆禄劝普渡河铁索桥桥头堡

禄劝普渡河铁索桥及红军烈士墓园于 2009 年 7 月被云南省委、省人民政府公布为云南省爱国主义教育基地。

昆明黑龙潭革命烈士陵园

昆明黑龙潭革命烈士陵园位于云南省昆明市盘龙区黑龙潭公园内东侧。

昆明黑龙潭烈士陵园入口处正面的四方亭上，有著名书法家李群杰题写的对联：“血染山河创业开基扩壮志，功昭日月长征接力有来人”。亭侧有时任省委书记普朝柱所题的“碧血千秋”四个大字。亭后有省老领导高治国的一副对联：“德有邻赤心三士，朝闻道碧血千秋”。穿越门亭向左，即进入王德三等三烈士墓地之开阔通道。通道之西的山墙上，以“南天忠烈，万古流芳”为题，书写着中共云南组织领导各族人民进行革命斗争的简史，以及为民主革命奋斗牺牲的云南籍共产党员中重要人物的名字。通道之上的平台上，并列着王德三、吴澄、马登云三烈士之墓，皆为环口

◆黑龙潭公园

◆王德三、吴澄、马登云三烈士墓

状，南向。王德三墓居中，吴澄墓居左，马登云墓居右。墓园占地面积 660 平方米。陵园中还安葬着王复生、张舫的忠骨，安葬着刘平楷的遗发。

20 世纪 80 年代以前，烈士墓散落在黑龙潭公园后山杂草丛生的山坡上。1985 年和 1992 年，省政府有关部门和昆明地区革命纪念设施工作小组对烈士陵园先后进行整修扩建，修葺一新。

昆明黑龙潭革命烈士陵园于 1985 年 1 月被云南省人民政府公布为云南省文物保护单位；2009 年 7 月被云南省委、省人民政府公布为云南省爱国主义教育基地。

扎西红军烈士陵园

扎西红军烈士陵园位于云南省昭通市威信县扎西镇巷子社区塆头村。

扎西红军烈士陵园是为缅怀中央红军、红军川滇黔边区游击纵队及云南游击支队英勇牺牲的烈士而修建的革命烈士纪念建筑物，占地面积 46700 平方米。扎西红军烈士纪念碑于 1977 年 8 月奠基，1978 年 8 月正式落成。1984 年 12 月，在省、市有关部门的重视支持下，以扎西红军烈士纪念碑为中心，动工修建扎西红军烈士陵园。陵园坐北向南，从下而上均铺设青石梯和汉白玉栏杆，建有门亭 2 个、六角亭 5 个、蘑菇亭 2 个，长亭 1 个，回廊式庭院 1 座，川南民居式房屋一栋，屏风式大碑 4 块。大碑上分别刻有扎西红军烈士陵园碑记、155 名烈士英名录、毛体长征诗、张爱萍将军为红军川滇黔边区游击纵队的题词。山顶屹立高 12. 26 米、底脚宽 4 米的柱形红军烈士纪念碑，碑南北两面分别镌刻有铜制红军烈士纪念碑和“英勇奋斗的红军万岁”大字，碑后缓坡上呈弧形整齐地竖有徐策、殷禄才等 83 位红军烈士个

◆扎西红军烈士陵园内的烈士纪念碑

人生平事迹碑。陵园种有塔柏、雪松、白玉兰、万年青等花草树木，绿化面积达37000平方米。扎西红军烈士陵园已成为威信革命老区的重要纪念地。

扎西红军烈士陵园于1995年1月被民政部公布为全国爱国主义教育基地；1996年3月被民政部公布为全国重点烈士纪念建筑物保护单位。

◆扎西红军烈士陵园墓群

巧家烈士陵园

巧家烈士陵园位于云南省昭通市巧家县白鹤滩镇玉屏社区新华路。

从1937年中共党员任烂光到巧家县蒙姑开展革命活动，至1950年4月巧家和平解放，中共党组织在巧家先后建立了三届地下党支部和一届地下县委，领导了学生运动、农民运动；进行了民族工作、统战工作，组织了抗日救亡活动；开辟了城效、蒙姑、包谷垴、荞麦地等游击根据地；武装力量发展到1300人枪，组建了中国人民解放军滇桂黔边纵队第六支队（永焜支队）巧家游击大队，开展了武装斗争，一些革命志士献出了宝贵的生命。1950年3月，中国人民解放军第十五军43师127团及44师131团进驻巧家，开展大规模的剿匪战斗。到1953年止，巧家开展大小剿匪战斗达200余次，主要有葫芦口阻击战、大寨剿匪、拖车剿匪、梗堡会剿、平息坪地营土匪暴动等战斗，瓦解剿灭了国民党军残部和土匪武装3000余人，击毙土匪团长以下800余人，100余名解放军指战员和地方干部群众献出了宝贵的生命。

◆巧家烈士陵园内的烈士墓

◆巧家烈士陵园内的李国柱、吴澄夫妇塑像

为纪念革命烈士，巧家县于1969年修建了该烈士陵园，陵园占地8601平方米，内有烈士衣冠冢72座，主要是解放巧家和剿匪战斗中牺牲的烈士。

1991年6月，为纪念云南青年运动杰出领导者和云南妇女运动杰出领导者李国柱、吴澄夫妇，中共巧家县委党史办、巧家县民政局、巧家县人民武装部、共青团巧家县委、巧家县文体局联合，在陵园中心位置修建了李国柱、吴澄烈士塑像，高4.8米（含碑座）。2003年8月，中共巧家县委、县人民政府将陵园搬迁至白鹤滩镇黎明村。

巧家烈士陵园于1997年4月和2009年7月被云南省委、省人民政府公布为云南省爱国主义教育基地。

宣威虎头山红军烈士陵园

宣威虎头山红军烈士陵园位于云南省曲靖宣威市来宾镇观云村。

1936年3月20日，中国工农红军第二、第六军团长征进入宣威县境内，23日在宣威虎头山一带，与前堵后追的国民党中央军、滇军激战。面对数倍之敌，红军勇猛顽强，主动出击，反复冲杀，予敌以重大杀伤，毙、俘敌近千人。由于敌人大量增援，战场形势突变，是夜红军主动撤出战斗，挥戈东指。在这次战斗中，红二军团4师12团团长钟子廷、11团政委黄文榜，红六军团16师组织科长唐辉，17师50团政委段兴寿及师组织科长罗辉等300余位红军指战员壮烈牺牲。

◆宣威虎头山红军烈士陵园

为缅怀先烈，教育后代，1977年2月，中共宣威县委、县政府决定在红二、红六军团领导人贺龙、任弼时、关向应、萧克、王震等指挥战斗的前沿指挥所所在地——大坡山建立红军战斗纪念塔和红军烈士陵园。烈士陵园于1979年5月建成，成为宣威一个重要的革命传统教育基地。

宣威虎头山红军烈士陵园于1997年4月和2009年7月被云南省委、省人民政府公布为云南省爱国主义教育基地。

◆宣威虎头山红军烈士墓

钟山乡烈士陵园

钟山乡烈士陵园位于云南省曲靖市罗平县钟山乡狗街村。

钟山地处滇桂黔三省（区）结合部，是中共罗盘地委、边纵第三支队（罗盘支队）的诞生地和活动中心，是罗平新民主主义革命的摇篮。钟山人民在党的领导下，不畏强暴，浴血奋战，先后粉碎了国民党的2次武装镇压、5次“扫荡”，在人力、物力、财力上为革命作出了巨大贡献。罗平革命的领导者任学源、朱希敏等都出生在钟山。钟山乡数千人参加革命，烈士陵园内碑文记载的有79人。

◆钟山乡烈士纪念碑

为缅怀先烈，传承历史，启迪后人，修建钟山革命烈士陵园。陵园占地面积100亩，主要包括人民英雄纪念碑和历史文物陈列室。陵园内立有革命烈士纪念碑搬迁记略碑一块、钟山乡革命烈士英明录碑两块、人民英雄纪念碑等。1955年10月人民英雄纪念碑立于县城新大街运动场，1977年10月复修，1984年7月迁至现址。

1996年兴建的陈列室坐东北向西南，系一底一楼现代钢混结构建筑，占地面积138平方米。底层为陈列室，陈列各类革命文物187件、郑伯克和刘清等老领导题词45件（套）以及建国前有关史料100余份。

钟山乡烈士陵园于2002年12月被云南省委、省人民政府公布为云南省爱国主义教育基地。

蒙自烈士陵园

蒙自烈士陵园位于云南省红河哈尼族彝族自治州蒙自市文澜镇大红寨村。

◆蒙自烈士陵园

蒙自烈士陵园建立于1950年1月，总占地84.7亩，园内布局严整、气势雄伟、风景秀丽，古典园林化建筑。陵园正中央矗立着16.4米高的烈士纪念碑，镌刻着邓小平题词“人民英雄永垂不朽”八个金色大字，陵园正大门上有宋任穷题写的“蒙自烈士陵园”门额。1979年2月，红河州各族人民为褒扬烈士、缅怀先烈、教育人民，对陵园进行迁移重建，更名为蒙自烈士陵园。

陵园内主要安葬土地革命时期、解放战争时期、社会主义革命和建设时期牺牲的烈士。其中有土地革命时期的中共云南省临委委员、中共迤南（蒙个）区委书记、云南省农民协会主席李鑫；中共迤南区委书记杜涛；个碧石铁路蒙自机修厂党支部书记杨逢春；通讯联络员巨柏年；钢铁战士、一级战斗英雄、一等功臣李启，钢铁战士、二级战斗英雄、一等功臣何军林，一等功臣程相玉、赵加毕、吴秀林、者安贵等6人，二等功臣32人，三等功臣234人，共产党员117人，共青团员151人，非党、团烈士238人，分散安葬烈士24人，分别有20个省（自治区、直辖市）256个市（县）的革命烈士530人。烈士事迹陈列室陈展着170位烈士的史料、遗物、

◆蒙自烈士陵园墓群

实物，还有多媒体查询平台，音、视频宣传屏幕。

蒙自烈士陵园于1989年11月和2009年7月被云南省委、省人民政府公布为云南省爱国主义教育基地。

景谷烈士陵园

景谷烈士陵园位于云南省普洱市景谷县威远镇益智路122号。

1950年2月18日，景谷党政机关召开全县数千人参加的公祭公葬大会，将在平息李希哲叛乱中牺牲的革命烈士骨灰集中入殓安葬在大寨红场，立墓两冢。1974年3月，景谷县在果木林场南侧山腰新建占地1.47万平方米的烈士纪念塔和烈士公墓。1975年2月26日，举行搬迁仪式，将安葬在大寨红场的烈士骨灰重新火化，装入大型的大理石骨灰盒迁至革命烈士公墓安放。现景谷革命烈士陵园内存放着146名革命烈士的骨灰，其中平定李希哲叛乱时牺牲96名，其他战斗中牺牲50名，烈士涉及5个省、24个县、41个大队、64个村和34个机关单位。从2000年以来，对陵园共进行了三次大的修缮，通过修缮，使烈士陵园的基础设施建设得到进一步改善，环境大为改观，建筑风格既体现了地方特色，又显得更为庄严、美观。

◆景谷烈士陵园

◆景谷烈士陵园内的烈士纪念塔

景谷烈士陵园于2009年7月被云南省委、省人民政府公布为云南省爱国主义教育基地。

香格里拉烈士陵园

香格里拉烈士陵园位于云南省迪庆藏族自治州香格里拉县城建塘镇长征大道南端（长征大道3号）。

香格里拉县（原中甸县）烈士陵园于1958年建成，总面积4.25公顷，其中烈士墓地36.8亩。1987年到1989年，翻新烈士陵园围墙。1990年烈士陵园进行改扩建，将烈士墓与公墓分开。陵园依次由大门、管理用房、10.4米高的纪念碑、墓冢组成，安放有红二、红六军团长征过中甸时在县境内牺牲的师参谋长汤福林、高利国，连长肖学志及数十名不知名的红军烈士，以及在中甸和平解放、平定叛乱及社会主义建设中牺牲的烈士。香格里拉烈士陵园自建立以来，成为州、县党政军机关及当地群众每年清明节进行公祭活动场所。

◆香格里拉烈士陵园

香格里拉烈士陵园于2009年7月被云南省委、省人民政府公布为云南省爱国主义教育基地。

抗战胜利纪念堂及云南人民英雄纪念碑

抗战胜利纪念堂及云南人民英雄纪念碑位于云南省昆明市五华区护国街道办事处景星社区云瑞西路49号。

抗战胜利纪念堂建在原云贵总督府的旧址上，1944年动工兴建，最初名为志公堂，随后改为中山纪念堂，1946年落成时改为抗战胜利纪念堂，并由卢汉撰写了《抗战胜利堂碑记》。1950年云南省第一次各族各界人民代表大会决定改为人民胜利堂。2008年经国务院批准，人民胜利堂更名为抗战胜利纪念堂。

抗战胜利纪念堂1945年筹建之际，正值抗日战争取得胜利的日子。当时云南作为抗日战争的大后方和最前线，在全面抗战的八年中，修筑了滇缅公路、中印（史迪威）公路，开辟了驼峰航线，进行了闻名于世的滇缅抗战。抗战中大批学校、企业迁入云南、

◆抗战胜利纪念堂

◆云南人民英雄纪念碑

落户昆明，生产出飞机等军需、民用产品，有力地支援了全国抗战。同时，云南组织20多万滇军将士出省抗战，牺牲巨大，战功卓著。

云南人民英雄纪念碑于1951年奠基，1995年2月24日云南解放45周年纪念日建成。碑体通高27米，方形，基座为2层，基座下1300平方米的展厅展陈云南人民革命斗争史展览，碑身底座四壁镶有反映云南人民斗争历史浮雕。纪念碑庄严肃穆，表达了云南人民对革命先烈的崇敬与怀念之情。

抗战胜利纪念堂及云南人民英雄纪念碑于1998年11月被云南省人民政府公布为云南省文物保护单位，2006年1月被国务院公布为全国重点文物保护单位；2009年7月被云南省委、省人民政府公布为云南省爱国主义教育基地。

建水建民中学校史馆及烈士纪念碑

建水建民中学校史馆及烈士纪念碑位于云南省红河哈尼族彝族自治州建水县城西朝阳北路130号建民中学校园内。

建民中学由建水留学日本的爱国民主人士刘宝煊于1938年创办，传承了延安抗日军政大学的精神和办学思想，以“笃学力行，科学、务实、爱群、整肃、活动”为校训，传扬民主，宣传抗日救亡思想，不仅传授科学文化知识，更注意传播马列主义，将学生引向抗日救国、爱国民主的革命道路，成为中共云南地下组织在滇南地区开辟工作，积蓄力量，培养后备干部的重要据点，被誉为滇南革命的“摇篮”、

◆建民中学刘宝煊塑像及烈士纪念碑

“小抗大”。

◆建民中学校史陈列室

建民中学从1938年8月创办至1949年10月5日被国民党政府勒令解散，办学11年。共招收33个教学班，培养学生1600余人，先后有48名中共地下党员到建民中学工作、任教，党组织在建民中学师生中先后发展党员105人，“民青”成员167人。解放战争中有500多名建民师生参加了云南的武装斗争，在解放战争和剿匪征粮的战斗中，先后有37名师生为人民的解放事业和保卫新生的人民政权，献出了宝贵的生命。

为了传承建民的光荣革命传统，缅怀先辈的丰功伟绩，展示建民中学解放后取得的成绩，1998年建民中学在县委、县政府的支持下，建成建民中学校史陈列馆，建筑面积约160平方米。陈列馆展陈内容分革命时期（1938—1949）和新时期（1983年至今）的建民中学两部分。革命时期分为“建民中学的创建和发展”、“名人简介”、“教育教学活动与成果”、“党组织的建立与发展”、“党的统一战线工作与校董会”、“武装斗争及爱国民主运动”、“三十七烈士革命业绩与生平”等内容，约15万字，配有许多珍贵照片、资料。

建水建民中学烈士纪念碑建在建民中学校园内，于2008年9月5日落成，铭刻37位在解放战争中献身的建民师生。碑身正面用隶体直书鲜红色大字“建民中学烈士纪念碑”；碑座正面刻《烈士纪念碑记》，另外三方刻37位烈士生平简历。

建水建民中学校史馆及烈士纪念碑于2009年7月被云南省委、省人民政府公布为云南省爱国主义教育基地。

罗炳辉将军纪念馆

罗炳辉将军纪念馆位于云南省昭通市彝良县角奎镇环城路边。

罗炳辉（1897—1946），彝良县人。14岁入滇军当兵，作战勇敢，从士兵升至营长，参加了讨袁护国战争和北伐战争。因不满旧军队的腐败，1929年7月秘密加入中国共产党，同年 11 月率部起义，参加中国工农红军，历任团长、旅长、纵队长、军长、军团长等职。在中央苏区历次反“围剿”作战中，采取灵活机动战略战术，指挥诸多战役战斗，连战连胜、屡立战功，荣获中央革命军事委员会颁发的红星奖章。长征中，率红九军团作全军后卫，勇担重任，掩护中央机关和红军主力北上，为长征胜利作出了重大贡献，红九军团被中央革命军事委员会誉为“战略轻骑”。抗日战争初期，曾以八路军副参谋长名义，在八路军武汉办事处从事统一战线工作。1939 年任新四军第一支队副司令员、第五支队司令员，率部开辟皖东抗日根据地。1940 年后任江北指挥部副指挥兼第五支队司令员、第 2 师师长兼淮南军区司令员等职。1946 年 4 月，任新四军第二副军长兼山东军区副司令员。虽身患重病，仍亲临前线部署作战。6 月 21 日，在今山东省临沂市苍山县兰陵镇突然病情恶化逝世。1989 年，中央军委确定罗炳辉为中国人民解放军 33 位军事家之一。

◆罗炳辉将军纪念馆

为纪念罗炳辉，中共彝良县委、县人民政府决定修建罗炳辉将军纪念馆，并于 1988 年建成。2007 年对纪念馆进行改建。改建后整个纪念馆占地面积 3500 余平方米，展有 265 幅反映罗炳辉生平的珍贵图片，存放有他生前用过的手枪、大刀、军用地图、日记及毛泽东、朱德、周恩来、江泽民等党和

◆罗炳辉将军纪念馆陈列室

国家领导人的信件、题词等珍贵文物。

罗炳辉将军纪念馆于1997年4月和2009年7月被云南省委、省人民政府公布为云南省爱国主义教育基地，2005年11月被中央宣传部公布为全国爱国主义教育示范基地。

孙兰英烈士纪念馆

孙兰英烈士纪念馆位于云南省玉溪市易门县小街乡乡党校、职校内。

孙兰英（1927—1948），原名施佩英，云南省昆明市人。1945年12月加入民主青年同盟，1947年4月加入中国共产党。1948年9月，中共党员孙兰英受滇中地下工委委派到易门工作，统一领导易门地下党的革命斗争。11月上旬，孙兰英到上定乡（今小街乡）小街了解革命活动情况及指导工作，通报全国解放战争形势和峨山游击队发展情况。11月22日夜，中共党员陈光华、苏占臣等带领地下武装50多人起义，包围了上定乡乡公所，活捉副乡长董有能，俘虏乡丁并缴获长、短枪20多支，派人向孙兰英报告了起义情况并将孙兰英接到上定乡。同时，赵小峰在旧县带领40名“农抗会”会员扣押了李树民等3人，起草发布了《云南人民解放军滇中纵队成立宣言书》。11月23日上午，在私立毓俊小学召开群众大会，宣布上定乡起义。下午，孙兰英赶到上定乡领导了这支起义队伍，召开游击队负责人会议，决定以“云南人民解放军滇中纵队”为游击队名称，成立易门县游击队总部。下设三个中队，各中队下设三个分队，组成一支200多人的革命武装力量。游击队先后在铜厂山头、米茂锅盖山打垮了前来“进剿”的易门县常备队，又在窝德打败了前来“进剿”的禄丰县常备队。游击队连续获胜，国民党当局惊恐万状，国民党云南省政府于12月6日派二十六军工兵营“围剿”游击队，在敌强我弱的情况下，为保存革命力量，游击队决定化整为零，分散隐蔽待命。12月8日，在敌人的封锁和搜捕中，孙兰英被捕，于12月18日英勇就义。

◆孙兰英烈士雕像

孙兰英烈士纪念馆建筑面积670平方米，由孙兰英烈士汉白玉雕像和革命斗争历史资料陈列室两大部分组成。

孙兰英烈士纪念馆于2009年7月被云南省委、省人民政府公布为云南省爱国主义教育基地。

腾冲艾思奇纪念馆

腾冲艾思奇纪念馆位于云南省保山市腾冲县和顺镇水碓村龙潭北侧山坡。

◆艾思奇纪念馆

艾思奇（1910—1966），原名李生萱，1925年入云南省立第一中学读书。1927年东渡日本求学，并参加了由张天放、寸树声先后领导的"新滇社"东京支部及其所办的社会科学研究会，后因病回国。1930年年初，病愈后再度赴日本东京福岗高等工业学校求学。1931年九一八事变后毅然弃学回国。1932年年初在《中华月报》上发表哲学短文，翻译苏联米丁的《新哲学大纲》。1935年10月加入中国共产党，从此在党组织的直接领导下进行革命活动，除担任《读书生活》编辑外，还参加了全国救国会和文化救亡会的工作，发表文章70多篇。与老舍、郑振铎、李公朴、郁达夫等共同署名发表《我们对文化运动的意见》，积极从事以鲁迅为旗帜的新文化运动，推动了抗日救亡运动。1936年夏，发起组织自然科学研究会，并主讲哲学史。1937年出版《哲学与生活》。9月，前往延安，受到毛泽东等中央领导的热烈欢迎。此后，便在毛泽东的直接领导下从事马克思列宁主义的宣传教

◆腾冲艾思奇纪念馆内景

育和党的理论教学工作，并做出了显著成绩。新中国成立后，积极参加国家建设，1956年当选为中共八大代表。1966年3月22日因病逝世，毛泽东在他的悼词上亲笔写下“党的理论战线上的忠诚战士”。

艾思奇纪念馆是依托艾思奇故居修建的。故居建于1919年，为中式木结构四合院二层楼房，由正房、厅房、厢房、花园、大门、雕像等建筑组成。1984年故居正式对外开放，并由楚图南题写了“艾思奇纪念馆”匾额，馆内陈展艾思奇生平图片、实物，对爱国主义宣传教育起着极为重要的作用。

腾冲艾思奇纪念馆于1987年12月被云南省人民政府公布为云南省文物保护单位；1997年4月、2009年7月分别被云南省委、省人民政府公布为云南省爱国主义教育基地。

云南师范大学“一二一”纪念馆

云南师范大学“一二一”纪念馆位于云南省昆明市五华区华山街道办事处师大社区“一二一”大街298号。

◆“一二一”纪念馆

抗战爆发后，北大、清华、南开三所著名大学南迁昆明组建西南联合大学，在抗日后方培养人才，历时8年。1945年11月25日，西南联大、云南大学等校的6000余名师生联合召开时事晚会，遭到反动派阻挠、破坏，并鸣枪放炮威吓，还诬蔑爱国师生为匪。师生们不甘屈服，奋起罢课，却遭到反动派的血腥屠杀。1945年12月1日，国民党当局派遣反动军警、特务冲进学校，向赤手空拳的师生投掷手榴弹，于再、潘琰、李鲁连、张华昌四人中弹牺牲，十余人受重伤，制造了震惊全国的“一二一”惨案。面对反动派的屠刀，爱国青年并没有后退。全市30余所大中学校的学生联合罢课，10余万群众到校园祭悼烈士；延安、成都、重庆、上海等地集会声援；省内楚雄、玉溪、墨江、宣威、昭通等各地中学相继响应。1946年3月17日，在举行了30000人参加的出殡示威游行后，将四位烈士安葬在西南联大校园内。

◆“一二一”运动四烈士墓

为纪念“一二一”爱国民主运动和仁人志士，1984 年，在“一二一”运动的策源地——国立西南联合大学（现云南师范大学）校园内修建了馆名由邓颖超亲笔题写的“一二一”运动纪念馆。馆内建有国立西南联合大学纪念馆、“一二一”运动纪念馆及 2 个临时展厅，展厅面积 1422 平方米，是目前全国有关西南联大及“一二一”运动历史图片资料最多、最集中的展馆。此外，馆内含不可移动文物：国立西南联合大学纪念碑，“一二一”运动四烈士墓，国立西南联合大学原教室，李公朴、闻一多先生衣冠冢，国立昆明师范学院纪念标柱，镌刻着闻一多撰写的《一二一运动始末记》的石雕火炬纪念柱等。

国立西南联合大学旧址于 2006 年 5 月被国务院公布为全国重点文物保护单位；“一二一”四烈士墓及“一二一”纪念馆于 1997 年 6 月被中央宣传部公布为全国爱国主义教育示范基地，云南师范大学“一二一”纪念馆于 2009 年 7 月被云南省委、省人民政府公布为云南省爱国主义教育基地。

禄劝金沙江皎平渡口红军长征渡江纪念馆

禄劝金沙江皎平渡口红军长征渡江纪念馆位于云南省昆明市禄劝县皎平渡镇皎平村委会红门厂村。

◆皎平渡口红军渡江纪念碑

◆皎平渡口红军长征渡江纪念馆

1935 年 5 月，中国工农红军一方面军长征到达禄劝县皎平渡口，30000 多人靠 6 只木船，在 37 位船工 9 天 9 夜的奋力摆渡下，渡过了天险金沙江，摆脱了数十万国民党军队的围追堵截，实现了北上抗日的战略转移。

禄劝金沙江皎军渡口红军渡江纪念馆于 1992 年修建，1994 年正式落成，修建的红军长征渡江纪念馆和大型铜雕塑占地 400 余平方米。馆内陈列着中国工农红军长征过禄劝展览、抢渡皎平渡时的相关资料、红军用过的物品及 200 余张图片等。

禄劝金沙江皎平渡口红军长征渡江纪念馆于 2009 年 7 月被云南省委、省人民政府公布为云南省爱国主义教育基地。

寻甸红军长征柯渡纪念馆

寻甸红军长征柯渡纪念馆位于云南省昆明市寻甸回族彝族自治县柯渡镇丹桂村 195 号。

◆红军长征柯渡纪念馆

1935 年，中央红军军委纵队和第一、第三、第五军团于 4 月 28 日由马龙进入寻甸。4 月 30 日，中央红军军委纵队经可郎河进入柯渡坝子。中央军委总部驻丹桂村土豪何本恩家四合院里，周恩来、朱德、刘伯承在这里住宿办公。毛泽东住在紧靠总部驻地的土豪杨明修家的广式楼房里。周恩来在总部驻地向陈赓和宋任穷传达了抢渡金沙江的决定，并对抢渡金沙江作了周密的安排部署，为红军胜利渡过金沙江创造了条件，丹桂村因此成为中国革命史上的名村。

1977 年 10 月，在丹桂村建立了红军长征柯渡纪念馆，馆址原为丹桂村村民杨家郎的宅院，占地面积 591. 49 平方米，建筑面积 880. 11 平方米，由一幢一进两院的四合院落和阁楼组成，经维修后，已恢复原貌。馆藏历史文物 46 件，其中包括红军文物 35 件、“边纵” 部队文物 11 件、烈士肖粉香（女）画像等。

寻甸红军长征柯渡纪念馆于 1983 年 1 月被云南省人民政府公布为云南省文物保护单位；1997 年 4 月和 2009 年 7 月被云南省委、省人民政府公布为云南省爱国主义教育基地。

扎西会议纪念馆

扎西会议纪念馆位于云南省昭通市威信县扎西镇龙井社区墒头居民小组。

1935 年 2 月中央红军在云南威信集结休整期间，中共中央政治局于 5 日至 9 日在威信水田寨、大河滩、扎西镇等地连续召开会议，统称扎西会议。在扎西会议上，中央政治局常委进行分工，由洛甫（张闻天）代替博古在党内负总的责任。在扎西通过的《中共中央反对敌人第五次围剿的总结决议》（即《遵义会议决议》），第一次系统地总结和肯定了以毛泽东为代表的正确的军事路线，批判了博古、李德为代表的教条主义的军事路线。扎西会议决定重新开始实施对中央苏区和湘鄂川黔革命根据地的领导，对急需解决的军事路线、组织领导、白区工作等重大问题作了研究部署。扎西会议作出了成立中共川南特委和组建中国工农红军川南游击纵队的决定。中共川南特委负责领导游击队及长江以南、金沙江以东广大区域的工作。中革军委从红军中抽调 100 多名干部与叙永特区游击队会合，组建中国工农红军川南游击纵队，在川、滇、黔三省开展游击战争，建立革命根据地。扎西会议研究部署了红军的精简整编问题。中革军委在扎西发出《军委关于各军团缩编的命令》后，各军团通过缩编，改变了过去“上重下轻”的组织形式，适应了机动灵活的运动战的作战方式，提高了红军战斗力。扎西会议确定了中央红军新的战略方针。中革军委根据敌情变化，及时改变了原定红军在宜宾上游或下游北渡长江的计划，并作出了回师黔北、重占遵义的重大决策。重占遵义的胜利，极大地鼓舞了红军将士的士气。红军四渡赤水，佯攻贵阳，威逼昆明，巧渡金沙江，摆脱了国民党数十万大军的围追堵截，为夺取长征的胜利奠定了基础。

◆扎西会议纪念馆

扎西会议纪念馆是为纪念中央红军长征集结扎西 11 天（1935 年 2 月 4 日至 14 日）的革命活动及中共中央政治局连续在水田寨花房子、大河滩庄子上、扎西镇江西会馆召开具有重大历史意义的扎西会议而修建的。原展馆 1976 年 12 月筹建，1977 年 12 月落成并对外开放。2009 年，县委、县政府将扎西会议展馆拆除，在原址重新规划设计修建。重新规划建设的扎西会议展馆建筑面积达3520平方米，充分运用历史资源及现代科技手段，高标准、高质量陈列布展。

扎西会议纪念馆包含两部分，展馆倚山而建，气势恢宏，可鸟瞰扎西全城；会址包含水田寨花房子中央政治局常委会议旧址、大河滩庄子上中央政治局会议旧址和扎西镇江西会馆政治局扩大会议旧址。馆内珍藏有红军留存的枪支弹药、医疗器械、文献资料、生活用品及经有关专家鉴定的国家珍贵文物等300余件。展馆原有上、下两层四个展室，展厅面积2590平方米。自建馆以来，展陈内容先后进行五次补充修改。陈列展线长180米，共展示图片170多幅，红军遗物70多件，全面地展示和反映中央红军长征集结扎西、扎西会议、红军川滇黔边区游击纵队和云南游击支队的革命斗争历史与活动情况。

扎西会议纪念馆于1997年4月和2009年7月被云南省委、省人民政府公布为云南省爱国主义教育基地，2001年6月被中央宣传部公布为全国爱国主义教育示范基地。

沾益“九五”起义纪念馆

沾益“九五”起义纪念馆位于云南省曲靖市沾益县播乐乡播乐中学内。

中共云南地下组织在播乐的革命活动，是与播乐中学的办学思想及理念息息相关的。播乐中学的发展历程分为三阶段：第一阶段（1927年7月至1937年6月）是温培群等人艰苦创业的奠基时期；第二阶段（1937年7月至1948年8月）是以樊子诚为核心的中共播乐地下组织，在温培群等人支持配合下开拓前进时期；第三阶段（1948年9月至1950年3月）是全校师生员工、青年农民和进步人士在党的直接领导下，投入反蒋武装斗争，争取滇东北人民解放的重要时期，也是播乐中学办学成果经受严格考验的时期。

◆沾益“九五”起义纪念碑

1948年9月5日，按云南省工委指示，在云南人民讨蒋自救军第三支队的接应下，播乐中学师生员工及附近农民武装600余人成功地举行了“九五”反蒋武装起

◆沾益“九五”起义纪念馆

义。由于反动伪乡长何玉槐告密，起义当天下午4时左右国民党二十六军19师577团的一个加强营及宣威常备队共600余人从播乐的东北、东南两个方向向播乐中学发起进攻，机枪向学校大门疯狂扫射。起义队伍迅即组织反击，经过三个小时的激战，打退了敌人的进攻，全校师生员工迅速转移，安全撤离了播乐中学。

在播中发展的三个阶段，共产党的影响和领导、统一战线和武装斗争，是联结三个阶段的纽带，是播乐中学办学的指路灯。在三条主线和中共中央对白区工作“荫蔽精干，积蓄力量，以待时机”的方针指引下，中共播乐地下组织从实际出发，采取了一系列适合人民需要的办学方针和措施，建立和发展了党的组织及其外围组织，团结了广大的青年农民和爱国民主人士，培养了上千名革命干部，为人民的解放事业创造了辉煌的革命业绩，在滇东北革命斗争史上树立了一座不朽的丰碑，同时也为我党在白区办学创造了一个成功的典范。

1982年以来，在播中校园内先后建起“九五”播乐起义纪念馆和“九五”播乐起义革命烈士陵园。纪念馆建筑面积5250平方米，陈展实物23件，图书47册以及图片、字画共278件。

沾益“九五”起义纪念馆于1998年11月被云南省人民政府公布为云南省文物保护单位，2009年7月被云南省委、省人民政府公布为云南省爱国主义教育基地。

富宁革命纪念馆

富宁革命纪念馆位于云南省文山壮族苗族自治州富宁县新华镇团结社区团结街126号。

为纪念从土地革命战争时期到解放战争时期中国共产党在富宁地区领导人民开展革命斗争的光辉历程，富宁革命纪念馆于1985年开工建设，1997年1月12日落成，建筑占地面积435平方米。由全国人大常委会原副委员长楚图南书写匾文。馆内陈列文物反映了从1929年邓小平、张云逸等老一辈无产阶级革命家领导百色起义、建立红七军和右江苏维埃政府，创建右江革命根据地，到红七军主力北上后党组织派干部到富宁开展

◆富宁革命纪念馆

活动、由红七军21师副师长黄松坚等领导人创建的以富宁为中心的滇黔桂边区革命根据地，再到解放战争时期朱家璧等边纵领导人率部转战富宁各地，最终推翻国民党反动统治，解放富宁的可歌可泣的革命斗争史。陈列革命文物96件，包括边区领导人黄松坚、王开洪的物品。

富宁革命纪念馆于1997年4月、2009年7月分别被云南省委、省人民政府公布为云南省爱国主义教育基地。

红军长征过丽江纪念馆

红军长征过丽江纪念馆位于云南省丽江市石鼓镇石鼓居委会凤凰山头。

1936年4月24日至28日，在贺龙、任弼时、关向应、萧克、王震等的率领下，红第二、第六军团17000人长征途经丽江，在丽江石鼓至巨甸之间140华里长江沿线的5个主要渡口抢渡金沙江。石鼓是红二、红六军团渡江指挥部所在地。

◆红军长征过丽江纪念馆

1977年，丽江县委、县人民政府在石鼓建立中国工农红军第二、第六军团长征渡江纪念碑。1999年又增建“金沙水暖”青铜雕塑。2009年，新建红军长征过丽江纪念馆标志门、文物陈列室、长廊、红军亭等，占地总面积2277平方米。

红军长征过丽江纪念馆于2009年5月被中央宣传部公布为全国爱国主义教育示范基地，2009年7月被云南省委、省人民政府公布为云南省爱国主义教育基地。

◆金沙水暖雕塑

曲靖三元宫红军长征过曲靖纪念园

曲靖三元宫红军长征过曲靖纪念园位于云南省曲靖市麒麟区西城街道西山社区下西山居民小组。

◆曲靖三元宫中央红军总部驻地旧址

1935年4月27日下午，中央红军长征路经曲靖，总部宿营三元宫。在此，朱德总司令先后向红一、红三、红五军团发出《我野战司令部已抵曲靖西宿营》、《关于各军团二十八日行动部署》两份电文。当晚，中共中央及中革军委在西山三元宫召开会议。参加会议的有毛泽东、周恩来、朱德、刘伯承、张闻天、王稼祥、博古、陈云、李富春等中央领导，中央军委纵队作战科参谋孔石泉、王辉、吕黎平以及第二局局长曾希圣列席了会议。会议正确分析了中央红军所面临的形势，采纳了红一、红三军团首长的建议，决定放弃在滇东的不利决战和回黔开辟斗争局面的战略方针，确定了向西转进，迅速渡过金沙江，到川西建立苏区的新的战略方针，从而使中央红军及时摆脱了平坝地区无险可守、难以回旋的境地。西山三元宫会议，是中共中央、中革军委继遵义会议、扎西会议后在长征途中召开的又一次重要会议。会议正确分析了中央红军所处环境及敌我斗争形势，作出了西进北上迅速抢渡金沙江，到川西建立苏区的重大战略决策，对保存红军有生力量，实行战略转移，顺利渡过金沙江，具有重大意义。

◆毛泽东西山三元宫居室

1996年10月，西山乡党委、政府在三元宫前树立石碑，碑心竖排镌刻“红军军委总部首长宿营三元宫遗址”，碑座为四台阶八角形，每台阶高27厘米，寓意1935年4月27日，头戴五角星八角帽的中央红军途经此地；碑顶由三面红军军旗图形组成，表示中央红军军委纵队和第三、第五军团同日都宿营西山乡境内，旗面长25厘米，寓意二万五千里长征。2004年8月对三元宫进行修复。

曲靖三元宫红军长征过曲靖纪念园于2009年7月被云南省委、省人民政府公布为云南省爱国主义教育基地。

沾益玉林山烈士纪念园

沾益玉林山烈士纪念园位于云南省曲靖市沾益县西平镇玉林公园内。

◆沾益玉林山烈士纪念园

中国人民解放军滇桂黔边纵队第六支队是根据滇桂黔边区党委决定，由云南人民讨蒋自救军永焜支队、宣威支队、沾益支队整编，于1949年8月1日在宣威落水洞宣告成立。这支由中共云南省工委培育起来的人民军队，是边纵战斗在滇东北和云贵边区（威宁、水城、盘县）的主力部队。1949年年末，中国人民解放军以摧枯拉朽之势向西南推进。12月9日，云南省主席卢汉宣布起义，边纵第六支队接受了新的任务，配合野战军阻击、追歼逃窜至云南的国民党中央军，迎接野战军入滇。12 月 18 日至 25 日，第六支队所属沾益地方部队配合野战军围歼国民党军沾益留守处、联勤运输部、第 6 编练司令部、第 8 军及第 8 兵团留守处，共毙伤敌 40 余人，俘敌 1000 余人，缴获长、短枪 1300 余支，子弹 5 万余发，炮 30 余门，炮弹数万发，解放了沾益县城。

◆沾益玉林山烈士纪念园铜像及浮雕

1950 年元旦，边纵第六支队和沾益民兵、群众代表在沾益县城玉林山与第二野战野战军第五兵团十七军 49 师 146 团举行会师祝捷大会。会场上，第五兵团 49 师政治部写了一副对联，上联为“冀鲁豫发展成长，上升主力，过黄河，战淮海，渡长江，克京沪，进军西南三千里，堪称得革命军队”，下联是“滇东北从无到有，由小到大，克罗平，打雨碌，陷会泽，攻松林，血战宣威分水岭，不愧为人民武装”，横额为“胜利会师”。这副对联，高度概括了第五兵团和第六支队的光辉战斗历程。玉林山会师后，第六支队指战员完成历史使命，投入了接管国民党旧政权、组建和保卫人民政权、进行社会主义建设的新的历史征程。

1994 年 11 月建烈士纪念园。园内有纪念碑一座（铜像雕塑一尊、浮雕一组、石狮子一对）、碑林长廊一组、假山两组、汉白玉碑两块、纪念馆一幢（展出照片和图表 500 余幅）。

沾益玉林山烈士纪念园于 1997 年 4 月和 2009 年 7 月被云南省委、省人民政府公布为云南省爱国主义教育基地。

红军长征过鹤庆纪念碑公园

红军长征过鹤庆纪念碑公园位于云南省大理白族自治州鹤庆县云鹤镇鹤阳西路小团山麓。

1936 年 4 月，中国工农红军第二、第六军团长征经过鹤庆 6 乡 1 镇，172 个自然村，历时 6 昼夜，行程 110 公里。鹤庆是白、汉、彝、苗等 15 个民族聚居的地方，是到金沙江石鼓渡口必经之地。4 月 23 日，红六军团到姜寅老街时，召开了连以上政治干部会议，政治部主任张子意作了报告。红二、红六军团前卫部队 4 月 23 日中午直逼鹤庆县城。伪县长董广材没想到红军会如此神速，仓皇逃命。县常备队守城的士兵突然看见红军兵临城下，惊恐万状，四处奔逃，枪弹和装备尽被红军缴获。红军不费一枪一弹，在各族人民的欢迎中，进驻了鹤庆县城。红军到鹤庆后，四处张贴布告，书写标语，演唱革命歌曲和召开群众大会，向群众宣传红军的宗旨。24日，红二、红六军团首长贺龙、任弼时、关向应、萧克、王震等在鹤庆县城召开军事会议，研究抢渡金沙江的问题。由于时间紧迫，红二、红六军团在鹤庆未能大量扩充红军，但是仍有27名青年积极参加了红军的队伍。红二、红六军团离开鹤庆时，有32人给红军当过向导，红军送给向导寸秀山的“三方亮”灯现陈列在北京军事博物馆。

◆红军长征过鹤庆纪念碑

为了缅怀红军的丰功伟绩，悼念在鹤庆牺牲的红军烈士的英灵，中共鹤庆县委、县人民政府于1976年4月23日红军长征过鹤庆40周年纪念日，在县城建立了中国工农红军长征过鹤庆纪念碑，1996年鹤庆大地震后发生倾斜，2001年拆除，重新设计，搬迁建至云鹤镇鹤阳西路小团山麓，后扩建为红军长征过鹤庆纪念碑公园。2004年9月，大型浮雕墙在公园内竣工，再现了当年红军长征过鹤庆时的生动景象。

◆红军长征过鹤庆纪念碑公园浮雕

红军长征过鹤庆纪念碑公园于2009年7月被云南省委、省人民政府公布为云南省爱国主义教育基地。

兰坪通甸武装暴动胜利陈列馆

兰坪通甸武装暴动胜利陈列馆位于云南省怒江傈僳族自治州兰坪县通甸镇。

◆通甸武装暴动胜利陈列馆

1949 年 5 月 1 日，在中共通兰特区委员会的领导下，在通甸打响了解放兰坪、碧江、福贡、贡山、泸水和云龙、维西、保山、腾冲等地的第一枪，解除了镇公所自卫队的武装，抓捕了部分恶霸和乡镇长；攻打上兰乡公所，缴获联防大队枪支子弹若干。暴动取得胜利后，几支队伍经过整训，成立了通兰人民自卫大队。

为了进一步充分发挥其传承革命历史、教育启迪后人的重要作用，通甸村老干党支部在地方各级党委、政府和社会有关方面的支持下，历时三年在通甸老年活动中心修建了通甸武装暴动陈列馆，征集到各类实物和口述资料近 500 件，极大地丰富了纪念馆的展品，让参观者更能直观地了解当年先辈们的革命场景。

兰坪通甸武装暴动胜利陈列馆于 2009 年 7 月被云南省委、省人民政府公布为云南省爱国主义教育基地。

昆明聂耳墓及聂耳陈列室

昆明聂耳墓及聂耳陈列室位于云南省昆明市西山区碧鸡街道办事处龙门社区居委会龙门村西山森林公园。

1935 年 7 月 17 日，聂耳在日本藤泽市海滨游泳时溺水身亡，其遗体在日本火化后由旅日同乡张天虚将骨灰护送回国，安葬在高峣山腰，1980 年迁葬到现在的位置。聂耳墓占地面积 11000 多平方米，墓地平面布局形如一把聂耳生前喜爱弹奏的月琴。拾级登上犹如琴头的平台，正中寓意着 7 级音阶的 7 个花圃上端，竖立着一尊用汉白玉石雕刻的、全高 3. 28 米的聂耳全身立像，好似琴颈。循塑像两侧的石阶墓道登上犹如琴身的圆形墓地，墓碑上镌刻着郭沫若题的“人民音乐家聂耳之墓”。中间屏风墙上，以《义勇军进行曲》、

◆聂耳墓

◆聂耳陈列室

万里长城和抗日救亡为主题，雕刻成大型浮雕画面。左屏风墙上镶刻着郭沫若撰书的墓志铭，右屏风墙上镶刻着1935年田汉题写的诗句。1990年，昆明市文化局在聂耳墓旁修建了聂耳陈列室（后扩建为纪念馆），陈列着聂耳的遗物和他各个时期的照片。1989年，江泽民前来瞻仰，并题词“伟大的人民音乐家聂耳同志永垂不朽”。

聂耳墓于1988年1月被国务院公布为全国重点文物保护单位；昆明聂耳墓及聂耳陈列室于2009年7月被云南省委、省人民政府公布为云南省爱国主义教育基地。

剑川景风公园革命烈士纪念碑及张伯简陈列室

剑川景风公园革命烈士纪念碑及张伯简陈列室位于云南省大理白族自治州剑川县金华镇西门外景风公园。

◆剑川景风公园

1949年4月2日，在中共滇西工委和剑川县委领导下，一批剑川各族热血男儿在这里集结后出发，举行了“四二”武装起义，推翻国民党剑川县政府，用枪杆子建立起滇西北第一个人民政权，使剑川成为滇西北革命武装斗争中心。1957年4月5日，为缅怀革命先烈光辉业绩，激励后代奋发进取，剑川各族各界在景风公园建立了人民革命烈士纪念碑。纪念碑建筑面积1200平方米，碑体为石材垒砌。

◆剑川“四二”武装起义纪念碑

张伯简（1898—1926），白族，1898年出生于剑川县金华镇桥头街。1917年中学毕业后到广州进入滇军。1919年12月赴法国勤工俭学。1921年冬转赴德国，在柏林继续勤工俭学。1922年加入中国共产党，参加了旅欧中国少年共产党和中共旅欧支部的创建工作。1924年从莫斯科东方劳动者共产主义大学学成回国，担任中共第一任出版部书记，在共青团第三次代表大会上当选团中央候补委员，曾任中共广东区委军委书记。他撰写的《社会进化简史》是中国最早用历史唯物主义阐述社会发展史的理论著作之一。1926年8月，张伯简在中共广东区委的工作岗位上病逝。

1987年7月，中共剑川县委、县人民政府在县城景风公园内建起了张伯简革命史实陈列室，建筑面积122平方米，分青少年时代、旅欧时期、回国之后及张伯简革命线路示意图、张伯简革命年表、继承遗志建设家园等内容，对张伯简一生的革命事迹作了详尽介绍，并配以77幅图片。

剑川景风公园革命烈士纪念碑及张伯简陈列室于2009年7月被云南省委、省人民政府公布为云南省爱国主义教育基地。

广南昊天阁中共地下党武装起义旧址及陈列室

广南昊天阁中共地下党武装起义旧址及陈列室位于云南省文山壮族苗族自治州广南县北街城一小校园外。

1948年6月中旬，根据中共云南省工委的指示，朱家璧、何现龙率云南人民讨蒋自救军主力第一、第二支队和第三支队第七大队南下桂西。纵队司令部派牛琨回广南，向广南地下党传达省工委关于自救军一纵队准备经广南与桂西部队会合的指示。纵队司令部决定攻取广南县城，要求广南地下党组织武装力量起义配合。牛琨进入广南后，与地下党组织（陆毅、杨宇屏、孙太甲等）研究具体攻城部署，决定

◆广南中共地下党武装起义旧址大门

◆广南中共地下党武装起义旧址内景

6 月 21 日攻取广南县城，地下党布置县防卫队武装起义作内应配合。陆毅坐镇县城指挥，李石秀、王治平、赵萍波参加领导，指挥部就设在防卫队驻地——昊天阁（也称玉皇阁）。

6 月 22 日，朱家璧率领的游击队星夜兼程，凌晨 2 时兵临城郊，于拂晓发起攻城战斗，游击队从北城门进攻，在原防卫队的配合下，经约两小时战斗，攻占了县府，敌弃城而逃。部队攻占广南县城后继续南下桂西。

旧址建筑面积 141.52 平方米。1982 年和 1990 年，对旧址进行了两次维修，将原筒瓦换为琉璃瓦，新建大门三扇，按保护范围（东西 20 米，南北 9 米）建起砖围墙，门前地坪为石板铺地，进阁街道扩宽。陈列室内展陈着革命先烈和前辈的照片以及俞明洋的勋章、张崇文的任命书等。

广南昊天阁中共地下党武装起义旧址及陈列室于 1998 年 11 月被云南省人民政府公布为云南省文物保护单位；2009 年 7 月被云南省委、省人民政府公布为云南省爱国主义教育基地。

宁洱磨黑中学中共地下党思普特委活动陈列室

宁洱磨黑中学中共地下党思普特委活动陈列室位于普洱市宁洱县磨黑镇新民街 44 号。

1941 年，张孟希筹建磨黑私立中学。时值皖南事变后，国民党顽固派掀起第二次反共高潮。根据党中央“荫蔽精干”的方针和中共中央南方局（“三勤”、“三化”政策：“三勤”即勤业、勤学、勤交友；“三化”即职业化、社会化、合法化）。西南联大党组织在中共云南省工委的领导下，派共产党员吴子良、董大成到磨黑中学任教，以教书为名，制定“站稳脚跟、联络绅士、教好学生”的工作方针，发动群众，开展武装斗争，建立革命根据地。1941 年 10 月，吴子良、董大成到达磨黑中学。他们根据磨黑的实际情况，以学校为据点开展革命活动。1942 年春，磨黑中学正式开学，录取学生 79 名。学校开设国文、算术、历史等课程，还开设了军事训练课。吴子良、董大成既向学生教授文化

◆磨黑中学革命历史陈列馆

科学知识，又向学生传播进步思想，启发学生的爱国热情和抗日救亡思想。1943 年春，吴子良被任命为校长。3 月，中共党员陈盛年、黄平、卢华泽和进步学生于士奇、刘希光、钱宏、刘和燮应聘到磨黑中学任教。7 月，省工委指示西南联大地下党第二支部书记马识途，指定秦泥（秦光荣）、曾庆华、曾庆铨、茅以宽受聘到磨黑中学任教。同年，在学生中建立了秘密组织——社会科学学习小组和公开的学生自治会，并创办了《新生》、《十字街头》等壁报。1946 年，中共云南省工委在磨黑中学建立思普特支，陈盛年、潘明、曾庆铨等先后任特支书记，领导思普区所属宁洱、思茅、景谷等 14 个县的工作，形成了以磨黑中学为中心的革命根据地。1947 年磨黑中学支部和磨黑镇小学分支部在思普特支的直接领导下，发展党员和积极分子，加强党组织建设，成为抗日战争、解放战争时期滇南地区地下党活动的中心。

◆磨黑中学纪念亭

1997 年中共宁洱县委、县人民政府在磨黑中学建立地下党思普特委活动历史陈列室，1999 年 7 月 1 日对外开放。陈列室建筑面积 307 平方米，室内陈列为反映中共思普特委活动情况的文字和图片资料等。

宁洱磨黑中学中共地下党思普特委活动陈列室于 1997 年 4 月、2009 年 7 月分别被云南省委、省人民政府公布为云南省爱国主义教育基地。

大理市博物馆——中国人民解放军滇桂黔边纵队第七支队指挥部旧址

大理市博物馆——中国人民解放军滇桂黔边纵队第七支队指挥部旧址位于云南省大理白族自治州大理镇复兴路。

1949 年 12 月卢汉起义后，驻滇西、滇西北国民党第七十四军响应昆明起义，驻大理的七十四军军长余建勋派人邀请边纵七支队商讨接收大理事宜。滇西北地委和第七支队司令部根据边区党委关于接管政权、防敌逃窜、筹粮备菜、迎接大军、搞好团结会师等指示精神，于 15 日应余建勋之请，由欧根、马曜代表滇西北地委、第七支队司令部、滇西北人民行政专员公署在大理商讨接管大理事宜。20 日，中共滇西北地委、边纵第七支队司令部发出命令指出：在卢汉宣布起义而我解放大军进滇之前，我党的方针是：抓紧时机，开展政治攻势，扩大和巩固解放区，扩大党的政治影响，普遍建立人民政权，准备迎接解放大军。在军事上，调整兵力，占领重要军事要地。同日，第七支队司令部、政治部、35 团进驻大理，指挥部设在楚大及滇西师管司令部内（杜文秀“总统兵马大元帅”提督府）。滇西北地委鉴于下关在政治、军事、经济上的重要地位，将原属于大理、凤仪两县管辖的关迤、关外地区分别划出合并成立下关区临时管制委员会，在军事管制下实行和平接管旧政权。

◆大理市博物馆大门

该遗址后移交解放军某部，1986 年军队移交地方建为大理市博物馆。

◆大理市博物馆内景

博物馆建筑面积 2656 平方米，为白族民居建筑，清代古建风格，园林式博物馆。博物馆成立后修复、修缮了帅府大门、紫荆门、大堂、议事厅及杜文秀书房等建筑，分别作为陈列展厅及文物库房使用。

大理市博物馆——中国人民解放军滇桂黔边纵队第七支队指挥部旧址于 1996 年 4 月和 2009 年 7 月被云南省委、省人民政府公布为云南省爱国主义教育基地。

迪庆州红军长征博物馆

迪庆州红军长征博物馆位于云南省迪庆藏族自治州香格里拉县独克宗古城的中心镇公堂内。

◆迪庆红军长征博物馆俯瞰

中心镇公堂藏名“独克瑞巴洗康”，始建于清雍正二年（1724 年），咸丰三年（1853 年）重修，同治八年（1869 年）毁于匪乱，光绪八年（1882 年）修复。历史上公堂是藏族群众祭祖诵经、集会议事的场所。1936 年 5 月，中国工农红军第二、第六军团长征经过中甸，在公堂两厢房设指挥部，贺龙、任弼时、萧克、关向应、王震等领导在此召见各族各界代表和上层人士，召开了重要的中甸会议，贺龙还在此题写“兴盛番族”锦幛赠送归化寺，为顺利通过迪庆藏区，与红四方面军会师创造了条件。

1984 年，州、县政府组织修复东西厢房建筑，并公布为中甸红军长征纪念馆，时任国防部部长的张爱萍将军题写了馆名。1986 年 10 月，十世班禅大师为纪念馆题写了藏文馆名。萧克将军为纪念馆题词“民族的团结过去是红军长征胜利的因素，现在是社会主义建设的重要条件”。曾长征过中甸的女将军李贞重录旧诗《过中甸雪山》，并题写“红军万岁”赠纪念馆。2007 年，迪庆州委、州政府决定按原样全面修复中心镇公堂的附属建筑，同时对原中甸红军长征纪念馆的陈列展览进行提升改造，聘请中国人民革命军事博物馆协助制作了《雪山草地的铭记》基本陈列，并更名为迪庆红军长征博物馆。

◆迪庆红军长征博物馆

博物馆由中心镇公堂、展厅、实景厅三部分组成，占地面积 4049. 34 平方米，总建筑面积 3106. 92 平方米，展厅面积 2400 平方米。迪庆红军长征博物馆的基本陈列在结构上分为六大部分：一、序厅；二、红军不怕远征难；三、雪山草地的铭记；四、爬雪山过草地实景互动；五、红旗卷起农奴戟；六、雪域高原新面貌。展出藏品265件，有珍贵文物16件。突出展示红军第一、第二、第四方面军长征途中爬雪山过草地、经过藏区时模范执行党的民族宗教政策，在藏区播下革命火种以及迪庆各族人民发扬红军长征精神建设美好家园等内容。

迪庆州红军长征博物馆于1987年6月被云南省人民政府公布为云南省文物保护单位，1996年11月被国务院公布为全国重点文物保护单位；1997年4月、2009年7月分别被云南省委、省人民政府公布为云南省爱国主义教育基地。

会泽水城扩红文化生态园

会泽水城扩红文化生态园位于云南省曲靖市会泽县金钟镇水城村委会。

◆会泽水城扩红文化生态园史迹陈列馆

1935年5月初，中国工农红军第一方面军第九军团长征经过会泽，开仓放粮，打富济贫，发动群众，唤醒人民，为民除害，号召劳苦大众参加革命。人民大众热烈拥护，争先恐后报名参军，很快掀起扩红热潮，第九军团扩红1500余人，编成一个较大的新兵营，由第九军团作战科长刘雄武兼营长。5月4日上午，会泽参军的新战士在水城梨园集合，军团长罗炳辉作了动员报告。从此，水城梨园成了红军长征纪念地。

坐落在水城梨园西北山麓的水城文化生态园扩红台——“乌蒙磅礴”大型群雕，始建于2003年11月1日，2004年8月17日竣工，总占地面积2637平方米，台阶188级，垂直高度28.295米，雕塑长18米、宽6米、高11.7米（其中雕塑部分最高为9.9米，意为长久永恒），重量550吨。整个建筑群体结构严谨，宏伟壮观，雕塑栩栩如生，形象逼真，展现了当年的扩红热潮，体现军民一家、鱼水深情的感人场景。水城文化生态园扩红台——“乌蒙磅礴”大型群雕的落成，为会泽旅游增添了一个精品景点，为传播红色文化增添了载体，同时为进行爱国主义和革命传统教育提供了一个良好的场所。

◆“乌蒙磅礴”大型群雕

会泽水城扩红文化生态园于2009年7月被云南省委、省人民政府公布为云南省爱国主义教育基地。

玉溪聂耳文化广场景区

玉溪聂耳文化广场景区位于云南省玉溪市红塔区玉兴路右所社区。

玉溪聂耳文化广场景区包含聂耳文化广场和聂耳纪念馆两个部分。

聂耳文化广场于2005年3月30日开工建设，2006年4月30日竣工。包括玉湖、沙滩、音乐广场、生态广场、聂耳桥、聂耳山、聂耳铜像等景点，总面积808.14亩，其中水域面积355亩。

聂耳音乐广场区是整个聂耳文化广场的核心，总占地25434平方米，其中副广场7800平方米，整个区域可容纳2万多人，音乐舞台区可容纳1.2万多人。音乐舞台造型设计理念取象于太阳、小提琴，由水体环绕，寓意聂耳精神及音乐与日同辉。

2009年，玉溪市在聂耳音乐广场修建国旗升旗台，12月24日完工，其装修台面材料为中国红花岗岩，栏杆、立柱及外围为汉白玉石材，国旗杆基座各边长5.8米；国旗为1号国旗，长2.88米，宽1.92米；旗杆高27米。2010年元旦，广场第一次举行升国旗仪式，之后每月的1日、11日、21日及重大节日都在聂耳音乐广场举行升旗仪式。

◆聂耳文化广场

音乐桥将聂耳山与聂耳音乐广场连为一体。聂耳山高12米。李岚清题写的“聂耳音乐广场”几个红色大字位于聂耳山山腰。聂耳铜像就坐落在聂耳山上，铜像的基座高5米，铜像高6米，湖面至铜像顶高23米，与聂耳逝世时的年龄吻合。铜像为全身立像，聂耳左手持小提琴，右手奏琴，正陶醉在音乐的旋律中。铜像基座上的墓志铭为郭沫若题写，朱德题词。

◆聂耳音乐作品石雕

聂耳桥横跨玉湖之上，桥梁总长30米，宽9.9米，跨水域24米，桥身采用我国著名的石拱桥——赵州桥的桥型设计，桥身上雕刻着《义勇军进行曲》的部分乐谱，桥面上布置了黑白琴键图案，简洁明丽，内涵丰富，以此营造出浓郁的音乐氛围，烘托聂耳音乐精神。2010年春节后，聂耳桥两端安放了毛泽东、朱德对聂耳的题词、聂耳生平事迹介绍、聂耳作品三个主题的石雕19座。

聂耳纪念馆位于聂耳音乐广场对面。

聂耳纪念馆与聂耳图书馆和聂耳大剧院共同构成聂耳纪念馆主体群。2007年3月22日进场施工，2009年3月16日工程通过验收，总建筑面积3.7万平方米，项目建设规模为：总供地面积22.57亩，建筑高度39.7米，总建筑面积37809平方米。聂耳纪念馆共四层，建筑面积3643平方米，展厅面积2800平方米。2010年7月16日举行开馆仪式。纪念馆分序厅，一、二楼展厅和三楼半景画厅三个组成部分，其中四楼为报告厅，可容纳223人集会。在序厅中央，聂耳的汉白玉雕像庄严而神圣，雕像背后红色的砂岩墙面上刻有朱德题写的“人民音乐家聂耳”金色大字，塑像底座的弧形线上镶着23颗五角星，象征聂耳23年伟大而短暂的一生。纪念馆一楼展厅的陈列内容为“匆匆却又永恒”。旁边按照聂耳的战斗历程，分“成长的摇篮”、“时代的熔炉”、“人生的锤炼”、“战斗的年华”、“永生的海燕”和“永久的纪念”6个部分，详细介绍了

◆聂耳铜像

聂耳伟大、光辉、灿烂的一生。二楼展厅的内容为“永久的纪念”。展厅中央，国旗式样的两面红色造型墙放映着讲述国歌影响的影片等。展柜内也借助大量图片资料，展示世界各地人们对聂耳的缅怀之情。三楼半景画演示厅的内容为“国歌的诞生”。通过逼真的微缩景观及宏伟的半景历史画面与声、光、电技术相结合，让人身临其境地感受国歌诞生的时代背景及历史过程。纪念馆整个展厅陈列物品 2480 件，其中文献资料 1033 件，实物 480 件，照片 967 幅，全方位、多角度展示了聂耳短暂而光辉的一生。

玉溪聂耳文化广场景区于 2009 年 7 月被云南省委、省人民政府公布为云南省爱国主义教育基地。

西藏自治区重要革命遗址

拉萨烈士陵园

拉萨烈士陵园位于西藏自治区拉萨市西郊。

拉萨烈士陵园建于1955年，占地面积6.3万多平方米，由烈士纪念馆、纪念碑、广场、烈士亭、照壁、陵寝等组成。陵园内集中安葬有为西藏和平解放、修筑川藏青藏公路、平叛改革、中印边境自卫反击战、平息拉萨骚乱及在西藏社会主义革命建设事业中英勇牺牲的833名烈士。

◆拉萨烈士陵园

在庄重的陵园大门两侧刻有毛泽东的诗句“唯有牺牲多壮志，敢叫日月换新天”。陵园平台正中耸立着占地32平方米、高9米的钢筋水泥结构双峰纪念碑，左右碑石上用汉藏两种文字分别镌刻着“革命烈士永垂不朽”八个醒目的大字。平台东西两侧建有烈士纪念亭，亭内分别竖有3米高的石碑，刻有“浩气长存”、“光照千秋”、“永垂不朽”藏汉鎏金大字。纪念碑后部中央重建烈士亭，亭内石碑上镌刻的“永垂不朽”四个大字为毛泽东同志手书。烈士亭南端的照壁上刻写着595位烈士的名字，主要是1958年12

◆拉萨烈士陵园内的烈士墓群

月至1959年4月期间，山南和拉萨平叛中牺牲的解放军指战员。

拉萨烈士陵园于2009年5月被中央宣传部公布为全国爱国主义教育示范基地。

山南烈士陵园

山南烈士陵园位于西藏自治区山南地区泽当镇以西的西扎山东麓。

山南烈士陵园主要是为在解放西藏、平息叛乱、中印边境自卫反击战和建设新西藏过程中光荣牺牲的烈士而建，最初建在今山南地区汽车修配厂附近，1963年始改现址，1966年建成并正式对外开放。陵园面对浩荡的雅鲁藏布江，海拔3567米，总面积为5.5万平方米。陵园共分三个部分，即纪念馆（包括优抚室）、纪念碑和陵墓群。纪念馆居前，纪念碑居中，烈士陵墓群居后，共有738座陵墓。

◆山南烈士陵园内的烈士纪念馆

山南烈士陵园建成后，党和国家领导人及当地政府都极为重视，并分别题词。在庄重的大门上有朱德题写的“烈士陵园”四个大字；纪念馆朱红大门上有邓小平题写的“烈士纪念馆”横匾。纪念馆内有中央人民政府驻藏代表张经武的题词：“进军西藏，保卫国防；筑路生产，发挥力量；平叛改革，成绩辉煌；自卫反击，

◆山南烈士陵园内的革命烈士纪念碑

英勇顽强；不惜牺牲，建设边疆；烈士精神，万古流芳！”陵园的照壁上有西藏军区原司令员张国华题写的“浩气长存”四个大字；原政治委员谭冠三的题词为“忠于祖国，气壮山河”，对烈士们的献身精神给予了高度评价。

烈士纪念馆共分四个陈列室，陈列着在西藏革命和建设事业中，在保卫国防的斗争中光荣牺牲的102位烈士的事迹和遗物。室内共有雕塑1尊、照片97张、插画62幅、遗物400余件。正堂中央的鲜红大屏风上是毛泽东的语录：“为人民利益而死，就比泰山还重”；朱红大抱柱上是毛泽东的诗句：“为有牺牲多壮志，敢教日月换新天”。

山南烈士陵园于1997年6月被中央宣传部公布为全国爱国主义教育示范基地；1989年8月被民政部公布为全国重点烈士纪念建筑物保护单位。

陕西省重要革命遗址

中共七大会址

中共七大会址位于陕西省延安市宝塔区桥沟镇杨家岭村。

杨家岭是中共中央 1938 年 11 月至 1947 年 3 月期间的驻地。1940 年，中共中央为召开党的第七次全国代表大会，决定修建中央大礼堂。中央大礼堂的建筑完全是就地取材，用当地砖石砌成，没有钢筋水泥。礼堂全长 36 米，宽 34 米，高 11 米，里面有正厅、舞厅、休息室三个部分。礼堂主体建筑由中央机关负责设计的杨作林、张协和等同志设计，于 1942 年建成。落成后，中央许多重要会议在此召开。

◆中央大礼堂

在抗日战争即将取得胜利的前夜，1945 年 4 月 23 日—6 月 11 日，中国共产党第七次全国代表大会于在延安杨家岭中央大礼堂召开。七大开幕式的主席台上，悬挂着毛泽东和朱德的巨幅画像，鲜艳的党旗挂在两边。会场后面的墙上，挂着“同心同德”四个大字。两侧墙上张贴着“坚持真理”“修正错误”等标语，靠墙边插着 24 面红旗，象征着中国共产党 24 年奋斗的历程。插红旗的“V”字型木座是革命胜利的标志。在主席台的正上方，悬挂着一条引人注目的横幅：“在毛泽东的旗帜下胜利前进!”

◆中国共产党第七次代表大会会场主席台

出席中共七大的正式代表 547 人，候补代表 208 人，合计 755 人，代表全国 121 万名党员。在大会上，毛泽东致开幕词和闭幕词，并作《论联合政府》的政治报告，朱德作

《论解放区战场》的军事报告，刘少奇作《关于修改党章的报告》，周恩来作《论统一战线》的发言。大会经过深入讨论，一致通过了关于政治、军事、组织方面的报告，通过了政治决议案、军事决议案和新的党章。中共七大选举毛泽东、刘少奇、周恩来、朱德、任弼时为中央书记处书记，选举毛泽东为中央委员会主席、中央政治局主席、中央书记处主席。七大是中国共产党在新民主主义革命时期极其重要的一次、也是最后一次代表大会。这次大会作为“团结的大会，胜利的大会”而载入史册。它为党领导人民去争取抗日战争的胜利和新民主主义革命在全国的胜利，奠定了政治上、思想上、组织上的基础。

中共七大会址作为杨家岭革命旧址群中的一部分于1961年3月被国务院公布为全国重点文物保护单位；1997年6月被中央宣传部公布为爱国主义教育示范基地。

吴起革命旧址

吴起革命旧址位于陕西省延安市吴起县城中街燕窝山脚下。

◆吴起革命旧址北院陈列室

1935年10月18日，中央红军进入吴起县境内，在铁边城镇张湾子村召开政治局常委会议。19日到达吴起镇后，毛泽东、张闻天等领导人在吴起镇中街燕窝山下宗姓村民家的新窑院内住宿和办公，在此研究和部署了21日的“切尾巴”战役。22日，中共中央在此召开了政治局扩大会议，毛泽东在会上作了关于目前行动方针的报告并作结论。这次会议批准了榜罗镇会议的战略决策，宣告了中央红军长征结束。10月25日，召开了陕甘支队团以上干部会议。毛泽东、张闻天、周恩来、彭德怀、杨尚昆在会上作了重要讲话。吴起镇政治局扩大会议之后，获悉国民党重新增调兵力，准备对陕北苏区继续“围剿”的情报后，中共中央于27日在此再次召开政治局常委会议。会议改变“以吴起镇为中心，第一期向西”的行动方针，确定陕甘支队南下与红二十五、红

◆吴起革命旧址北院领导人旧居

◆吴起革命旧址南院窑洞

二十六军会合，粉碎国民党军的“围剿”。中央红军在吴起期间，还摧毁了盘踞在金佛坪村对面山上豹梁寨的张廷芝反动民团堡垒，确保了苏区人民的安全和建设。同时，给予苏区政权建设和扩大地方武装组织巨大的支持和帮助。中央红军离开吴起镇前，组成以刘悠安为组长的工作组，协助定边县革命委员会搞好政权建设。

在吴起镇期间，毛泽东于10月28日与彭德怀、林伯渠商讨解决过冬被服、西药、无线电器材和兵工厂机器等问题，决定在凤凰镇（寺）（今吴旗县五谷城乡凤凰寺村）设采办处，以陕甘支队后勤部部长杨至诚为主任。

中共中央及中央红军从10月18日进入吴旗县境到10月30日离开吴起镇共13天时间，中共中央大部分领导人一直在新窑院居住办公，在完成了一系列重大活动和休整任务后，于10月30日离开吴起镇，向陕晋省委省政府所在地甘泉县下寺湾进发。

◆吴起革命旧址北院中央政治局会议旧址窑洞内景

吴起革命旧址由陈列室、领导人旧居、文物库房等组成，现分为南北两院。南院保存有毛泽东旧居、刘亚楼旧居及当年的机要室和警卫班、卫生班宿舍，院西侧的马棚原在北院，2005年迁至南院。北院现保存有张闻天旧居、王稼祥旧居、秦邦宪旧居、叶剑英旧居及林彪、聂荣臻、左权三人合住旧居（中央政治局会议旧址）、杨尚昆旧居及吴起县革命纪念馆陈列室。陈列室共6间，建筑面积180余平方米，其中展出革命文物40余件，各类图照100余幅。

吴起革命旧址于2006年5月被国务院公布为全国重点文物保护单位，1992年4月被陕西省人民政府公布为陕西省重点文物保护单位；1996年5月被陕西省委宣传部公布为陕西省爱国主义教育基地。

瓦窑堡革命旧址

◆瓦窑堡会议室内景

瓦窑堡会议旧址位于陕西省延安市子长县。

1935 年 11 月 7 日至 1936 年 6 月 21 日，中共中央在此驻扎。包括瓦窑堡会议旧址、中国人民抗日红军大学旧址、毛泽东瓦窑堡中山街旧居、毛泽东瓦窑堡镇下河滩旧居、张闻天旧居、周恩来旧居。中共中央到达陕北前，瓦窑堡是中共陕甘晋省委和陕北苏维埃政府所在地。1935 年 12 月 13 日，直罗镇战役胜利后，中共中央和中央红军到达瓦窑堡。

瓦窑堡会议旧址

瓦窑堡会议旧址位于域内中山街南侧下河滩田家院。院内共有砖窑 5 孔，坐西面东。右起第二孔窑洞为张闻天旧居，第三孔也即中间的一孔窑洞为会议旧址。

1935 年 12 月 17 日至 25 日，中共中央在瓦窑堡召开政治局扩大会议，史称瓦窑堡会议。会议由张闻天主持。出席会议共 13 人：中共中央政治局委员毛泽东、张闻天、周恩来、秦邦宪、王稼祥。中共中央政治局候补委员刘少奇、邓发、何克全，中共中央候补委员、中共驻共产国际代表团回国代表张浩，中共中央候补委员、中央组织部部长李维汉，中共中央候补委员、西北军委总政治部副主任杨尚昆，中共陕北省委书记郭洪涛，中共中央局秘书长欧阳钦（担任会议记录）。

瓦窑堡会议是在中国抗日民族革命运动面临新高潮的形势下，中国共产党召开的一次极为重要的会议。会议先后讨论并通过了由毛泽东起草的《中央关于军事战略问题的决议》和由张闻天起草的《中央关于目前政治形势与党的任务决议》。会议讨论并确定了抗日民族统一战线的策略方针，解决了遵义会议没有来得及解决的党的政治路线问题，保证了党在新形势下，在极其复杂的斗争中，保持清醒的头脑，团结一切可能团结的力量，领导全国人民迎接伟大的抗日战争，为实现由土地革命到抗日战争的伟大战略转折奠定了基础。

中国人民抗日军政大学旧址

位于延安市宝塔区延安城二道街西侧。

◆中国抗日军政大学正门

中国人民抗日军政大学，简称抗大。其前身为中国人民抗日红军大学，1936 年 6 月1 日成立于瓦窑堡，后迁保安（今志丹县）。1937 年 1 月，迁延安城内原学府衙门（今址），3 月，改称中国人民抗日军政大学。毛泽东任抗大教育委员会主任，林彪任校长。

中国人民抗日军政大学是中共中央在延安时期规模最大、范围最广的一所培养军政干部的学校。抗日军政大学第 1 期学员都是从红军中招收的经过长期革命锻炼的干部，共 280 多人。学员中很多是红军的领导干部，如罗荣桓、杨成武、张爱萍、苏振华等。第 2 期开始招收外来知识青年，学员增至 1000 余人。第 3 期学员达到 2000 余人。第4 期学员为 5000 余人。抗大在延安设立 4 个学员大队，还先后在瓦窑堡、庆阳、洛川、蟠龙分设大队。由于女生增多，专门设立一个女生大队。同时设有政治工作训练队、区队长训练队、参谋训练队、敌军工作训练队、工人大队等，培养各种专门人才。1939 年7 月，除留一部分在延安组成第 3 分校外，其余分批离开延安，挺进敌后办校。总校也以“八路军第五纵队”名义开赴华北。

中共中央领导十分重视抗大的教育工作。张闻天、毛泽东、朱德等常去抗大讲话、作报告。《中国革命战争的战略问题》、《实践论》、《矛盾论》，就是毛泽东在抗大的讲课内容。兼任抗大教师和为抗大讲课的有徐特立、董必武、陈云、李维汉、杨尚昆、李富春、肖劲光等。在抗大作过报告的还有刘少奇、周恩来、项英、彭德怀、彭真、贺龙等中央领导同志。

◆毛泽东中山街旧居

1938 年 11 月20 日，校舍被日本飞机炸毁。1964 年在校址上修建了抗大校史陈列室，2003 年在原址上修复了抗大校门，并修建了抗大纪念馆，2004 年 10 月1 日正式对外开放。

毛泽东瓦窑堡中山街旧居

毛泽东瓦窑堡中山街旧居院落坐西向东，有砖窑两排，一进两院，大门临街。整个旧居占地面积 1200 平方米。

直罗镇战役后，1935 年 12 月 13 日毛泽东抵达瓦窑堡，居住在此。1936 年 1 月 26 日，毛泽东离开瓦窑堡，经延川，前往延长，指挥红军主力东征。毛泽东在中山街居住了 1 个月又 13 天。

毛泽东瓦窑堡镇下河滩旧居

毛泽东指挥东征红军回师陕北、参加中央政治局交口会议和太相寺会议后，1936 年 5 月 21 日返回瓦窑堡，住在瓦窑堡城内下河滩二道街。6 月 21 日，毛泽东率领中共中央党政军机关离开瓦窑堡，经安塞前往保安，毛泽东在此居住了一个月。毛泽东在此居住期间，多次出席中央政治局会议和常委会议，精心部署红军主力西征战役，出席红大开学典礼，发表重要讲话，为抗日民族统一战线的建立倾注大量的心血。

◆毛泽东下河滩旧居

张闻天旧居

位于延安市子长县瓦窑堡镇二道街田家院。

1935 年 11 月 7 日，张闻天率领中共中央机关进驻瓦窑堡后，在这里居住。1936 年 2 月下旬，张闻天随红军主力渡过黄河东征，于 4 月初返回。5 月上旬，前往延川，先后主持召开了中共中央政治局交口会议和太相寺会议，于 5 月 21 日返回。6 月 21 日率中共中央党政军机关离开瓦窑堡，经安塞前往保安。张闻天共在此居住了 7 个月零14 天。张闻天在此居住期间，多次主持召开中央政治局和政治局常委会议，并起草了《中共关于目前政治形势与党的任务决议》等党的重要文件。

◆张闻天旧居内陈设

周恩来旧居

位于延安市子长县瓦窑堡镇前河滩。

直罗镇战役后，周恩来于1935年12月8日抵达瓦窑堡，在这里居住。1936年6月21日，周恩来随中共中央党政军机关离开瓦窑堡，经安塞前往保安。周恩来在此居住了6个月又13天。在此期间，周恩来担任中央局书记，并主持军委后方办事处工作，先后出席瓦窑堡会议、中央政治局会议、政治局常委会议和中央政治局晋西会议，亲赴延安与张学良将军进行抗日救国会谈，为建立抗日民族统一战线做了大量工作。

◆周恩来旧居内陈设

瓦窑堡革命旧址于1988年1月被国务院公布为全国重点文物保护单位；1996年12月被陕西省委宣传部公布为陕西省爱国主义教育基地，1997年6月被中央宣传部公布为全国爱国主义教育基地。

保安革命旧址

保安革命旧址位于陕西省延安市志丹县红都街中段。

◆毛泽东旧居

保安原为陕西省延安市西北部的一个县。1936年4月，西北红军和西北革命根据地的主要创建者刘志丹奉命率红28军渡过黄河东征，在山西中阳县三交镇战斗中壮烈牺牲。1936年6月，中央决定将保安县改名为志丹县，以志永久纪念。

1936年7月3日，中共中央和中华苏维埃中央政府离开瓦窑堡进驻志丹城定都，

◆周恩来旧居

7月9日《红色中华》报第286期向世界宣布了这一消息，志丹县因此成为继江西瑞金之后的又一个“红都”。党中央和中华苏维埃中央政府在志丹的7个多月时间里，先后召开了21次政治局会议；指挥了红一、红二、红四方面军大会师；和平解决西安事变，达成了国共两党停止内战、团结抗日的民族统一战线；召开了中国文艺工作者成立大会；毛泽东在志丹的窑洞里撰写出了《中国革命战争的战略问题》等多篇光辉著作。

◆中央军委会议室旧址

期间，美国记者斯诺辗转来到志丹，采访了张闻天、毛泽东、周恩来、林伯渠、林彪、彭德怀等十多位中共领袖人物，走访了许多红军战士和当地群众。尤其是和时任中华苏维埃共和国主席的毛泽东进行了数十次长时间对话，毛泽东在谈话间讲到了中国工农红军的革命历程、中国共产党的抗日主张、二万五千里长征的经过、中华苏维埃政府的内外政策及自己的身世。斯诺在志丹获得了关于红军的第一手真实资料，从延安返回后，很快出版了《西行漫记》一书，把红都志丹和中国革命告诉了世界，引起全球轰动，志丹这块荒僻之地因此名扬四方。

◆中央机关灶旧址内景

1937年1月10日，党中央和中华苏维埃中央政府离开志丹，前往延安。

保安革命旧址包括张闻天旧居、毛泽东旧居、周恩来旧居、朱德旧居、张国焘旧居、博古旧居、王稼祥旧居，中央军委会议室旧址、中共中央机要科旧址、中央机关灶旧址及保安革命旧址陈列馆。

保安革命旧址于1961年3月被国务院公布为全国重点文物保护单位，2006年5月被陕西省人民政府公布为陕西省重点文物保护单位；1996年5月被陕西省委宣传部公布为陕西省爱国主义教育基地。

凤凰山革命旧址

凤凰山革命旧址位于陕西省延安市宝塔区凤凰山街道办事处凤凰山西麓。

凤凰山麓是中共中央机关到延安后的第一个驻地。在此驻扎期间，中共中央筹备召开了党的全国代表大会，苏区代表会议、政治局洛川会议和六届六中全会等许多重要会议，实现了第二次国共合作，为全党从土地革命战争向抗日战争的战略转变做出了重大决策，度过了抗日战争的战略防御阶段，为即将到来的全面抗战，从政治上和经济上作了充分准备。1938年11月20日，日本飞机轰炸延安，毛泽东等中共中央领导迁往杨家岭。

凤凰山革命旧址包括中央组织部旧址，中央机要科旧址，红军总参谋部旧址，毛泽东旧居，毛泽东防空洞旧址，朱德、周恩来旧居，周恩来防空洞旧址等。

中央组织部旧址

1937年1月13日，中共中央机关进驻延安后，中央组织部设在驻城内西山（也称凤凰山）下的凤凰村一个四合院内。院内有七八孔土窑洞，新任中组部部长陈云的办公室兼住所也在这里。组织部全部人员只有十余名。1938年11月20日，延安城遭到日军飞机轰炸时，炸弹落在院子的后山上，炸开的黄土把窑洞埋了半截。为了安全起见，全机关连夜搬到了北门外小沟坪（后为中共中央党校驻地）的两排土窑洞里。

中央机要科旧址

◆中央机要科旧址

1937年1月13日，中央机要科随中共中央进驻延安后住于此处。中央机要科初到延安时，同时兼负中央军委机要工作，科长是邓颖超，后由叶子龙接任，李质忠任副科长。1938年11月20日，日本飞机轰炸延安后，机要科撤出凤凰山麓，迁往八路军总部驻地王家坪。后来随着形势的发展分别成立了中央机要科、中央军委机要科和中情部机要科。1943 年中央决定精简机构，把三个部门合并为中央机要科，驻杨家岭，归中央办公厅秘书处领导。李质忠任科长，曾三任协理员。1947 年 3 月 18 日，中央机要科随中共中央撤离延安。

红军总参谋部旧址

1937 年 8 月 22 日，中共中央成立军事委员会，随后成立军委总参谋部。军委总参谋部下设有作战局、情报局、通信局、管理局。院内坐西向东的三孔石窑洞，是总参谋部办公室。刘伯承、滕代远、萧劲光、彭德怀等同志先后在此居住。左侧的一排平房是作战研究室，西北角的平房是机要科办公室。当年红军的军事部署大部分都在此进行。1938 年 11 月，日本飞机轰炸延安城，军委总参谋部移驻王家坪。

◆红军总参谋部旧址

毛泽东旧居

1937 年 1 月 13 日，毛泽东由保安（今志丹县）迁住延安，先住李家窑，后移住该址——吴家院。在此，为抗日民族统一战线的建立，指导同国民党的多次谈判，实现了由国内革命战争向民族解放战争的历史转折。毛泽东还撰写了《矛盾论》、《实践论》、《论持久战》等著作，主持召开了党的全国代表大会、洛川会议、中共六届六中全会等，为抗日战争的胜利发展作了政治、军事、组织上的充分准备。1938 年 11 月 20 日，因日寇飞机轰炸延安城，毛泽东连夜移住杨家岭。

◆毛泽东旧居

毛泽东防空洞旧址

凤凰山毛泽东防空洞为中共中央进驻延安后毛泽东等中央领导使用的第一个防空洞。洞进深 6. 80 米，宽 6. 50 米，高 2. 60 米，占地面积约 50 平方米。洞内有办公桌等家具，防空时可用来办公。该洞原为一佛教石窟，1938 年 11 月 20 日，日机首次轰炸延安时，毛泽东等进到此处防敌空袭。

◆毛泽东防空洞内陈设

◆朱德、周恩来旧居

朱德、周恩来旧居

1937 年 1 月 13 日，朱德由志丹迁住延安凤凰山麓，两年里，他先后参加了南京国防会议和党的洛川会议，六届六中全会。红军改编后，任八路军即第十八集团军总指挥，华北军分会书记的朱德，率领八路军总部开往抗日前线，领导了华北敌后的游击战争和创建抗日根据地的艰苦斗争。1937 年 4 月初，周恩来由西安返回延安，朱德总司令将寝室让与他居住。其间，周恩来曾七次外出同国民党谈判，为促进国共合作做出了巨大贡献。

周恩来防空洞旧址

周恩来防空洞旧址原为一佛教石窟，1938 年 11 月 20 日，日机首次轰炸延安时，周恩来等领导同志就在这里避险和办公。

凤凰山革命旧址于 1961 年 3 月被国务院公布为全国重点文物保护单位；1997 年 6 月被中央宣传部公布为全国爱国主义教育示范基地。

◆周恩来防空洞旧址

杨家岭革命旧址

杨家岭革命旧址位于陕西省延安市宝塔区桥沟镇杨家岭村，包括中央组织部旧址、中央宣传部旧址、中央统战部旧址、中央机要局旧址、中央机关事务局旧址、中央办公厅旧址、中央大礼堂旧址、高干招待所旧址、朱德旧居、董必武旧居、陈云旧居、周恩来旧居、杨尚昆旧居、毛泽东旧居、刘少奇旧居等。

1938 年 11 月 20 日，日本飞机轰炸延安城，中共中央机关由城内的凤凰山麓迁驻杨家岭。当时这里只有四孔石窑和十多孔土窑。1939 年后，先后打土窑百余孔，建房百余间，并就地取石，修建了 14 孔石窑，一座办公楼和中央大礼堂。在 14 孔窑洞北头，为 6 孔接口土窑洞。14 孔窑成为高干招待所，特意为前来和党中央商讨事务的干部和有采访任务的外籍友人所设的招待。当时设在杨家岭的机构有：中央书记处、办公厅、组织部、宣传部、统战部、政治研究室、财经委员会、职工委员会、青年工作委员会、妇女工作委员会等。毛泽东、周恩来、刘少奇、朱德、张闻天、陈云都在这里居住过。1943 年10 月，毛泽东及中央书记处由这里迁往枣园，中央其他部门仍留驻这里，直到 1947 年 3 月撤离延安。党中央在这里办公期间，正值抗日战争处于战略相持阶段。在日寇、伪军和国民党顽固派的三面夹击下，敌后抗日根据地遇到极大的困难。为了渡过难关、夺取抗日战争的最后胜利，党中央、毛泽东在这里领导解放区军民开展了大生产运动，领导全党开展了整风运动，召开了具有伟大历史意义的中国共产党第七次全国代表大会。

中央组织部旧址

1937 年 1 月 13 日，中共中央机关进驻延安后，中央组织部驻城内西山（也称凤凰山）。1938 年 11 月 20 日，延安城遭日本飞机轰炸，为安全起见，全机关一齐动手，连夜搬到了北门外小沟坪（后为中央党校驻地）。从 1938 年底到 1941 年 9 月，中央组织部在原有干部科、地方工作科和秘书处的基础上，又新增设了交通工作科、党务委员会和总务处，干部人数也由初到延安时期的 10 余人增加到 50 多人。同时制定了一系列规章制度，明确了内部的分工和各科、处的职责范围，工作逐渐步入正轨。1940 年，中共驻共产国际代表任弼时回国后，为促进中央机关正规化建设，成立了中央办公厅，一些中央重要部门相继迁入中央委员会所在地杨家岭办公。1941 年秋，中央组织部机关也由小沟坪后山上搬到杨家岭沟口西边的半山坡上，与中央宣传部紧挨在一起。在中央实施的精兵简政中，中央组织部率先大精简，

◆中央组织部旧址

由五六十名干部减到 13 人，只剩下一个干部科和代管的中央党务委员会。陈云任中央组织部部长一直到 1944 年 3 月，在此期间因病休息的一年中，由彭真代理部长，主持组织部的工作。

中央统一战线工作部旧址

◆中央统一战线工作部旧址

红军长征到达陕北后，中共中央即先后成立了白军工作部，白区、敌区工作委员会，由周恩来、张浩负责。1938 年 10 月，中共六届六中全会决定撤销中共中央长江局，成立了中央统一战线工作部。办公地址就设在杨家岭 14 孔窑洞北头的 6 孔接口土窑洞里。陈绍禹（王明）任部长，柯庆施任副部长。延安整风中，王明因病长期住中央医院。为加强统战部的工作，中央又任命南汉宸为副部长。抗日战争中，日本飞机曾多次轰炸延安城，为了安全，在统战部旁的石崖上开凿了防空洞。1947 年 3 月，中央统战部随中共中央撤离延安。

中央办公厅旧址

中央办公厅楼是由中央机关干部和附近的军民自己动手、就地取材于 1941 年修建而成的，形似飞机，两侧如机翼，第二、第三层通往后山的天桥，很像机舱，因此人们称它“飞机楼”。办公厅楼的西厅是中央机关的餐厅，有时作会议室用，窗户看起来很小，为了保密，没有向外开的门。第二层是办公室，任弼时、李富春、杨尚昆、王首道等都在这里办公。第三层楼是中央政治局和书记处的会议室。中央政治局经常在这里召开重要会议，制定和通过了许多重要决议，著名的《关于若干历史问题的决议》就是在这里讨论通过的。1942 年 5 月 2 日到 5 月 23 日，中央宣传部

◆中央办公厅旧址

在这里召开了延安文艺座谈会，毛泽东在会上作了著名的《在延安文艺座谈会上的讲话》，在会上朱德也作了重要讲话。

周恩来旧居

周恩来旧居位于杨家岭革命旧址内。有三孔土窑、两间平房的小院，周恩来1944年7月至1944年11月在此居住。周恩来在此居住时，正值延安整风运动深入开展，周恩来坚持理论联系实际的学风，历史地、全面地分析了党的历史，在中央党校礼堂作了《关于党的六大的研究》的报告，对统一全党的认识起了很大的作用。1944年11月初，周恩来随中央书记处由这里迁往枣园。

毛泽东旧居

毛泽东旧居位于杨家岭革命旧址内。旧居面向东北，为3孔石接口窑洞。1938年11月20日，日本飞机轰炸延安城，中共中央机关和毛泽东由城内凤凰山迁驻这里。毛泽东1938年11月至1943年5月在此居住。1940年秋，因修建中央大礼堂搬到枣园居住，1942年又搬回杨家岭。1943年，毛泽东等领导人又从这里陆续搬往枣园。在此期间，毛泽东撰写了《五四运动》、《青年运动的方向》、《被敌人反对是好事而不是坏事》、《〈共产党人〉发刊词》、《纪念白求恩》、《中国革命和中国共产党》、《新民主主义论》、《抗日根据地的政权问题》、《目前抗日统一战线中的策略问题》、《〈农村调查〉的序言和跋》、《改造我们的学习》、《整顿党的作风》、《反对党八股》、《经济问题与财政问题》等文章，仅编入《毛泽东选集》的就有40篇。1943年10月，毛泽东及中央书记处由这里迁往枣园。

◆毛泽东旧居

1946年8月6日，毛泽东在这里会见了美国记者斯特朗，同她就中国国内形式作了重要谈话。中央宣传部部长陆定一和解放日报社总编辑、代社长余光生任翻译。毛泽东就斯特朗提出的很多问题，一一作了回答。当谈到内战前途时，毛主席形象地指出："一切反动派都是纸老虎……从长远的观点看问题，真正强大的力量不是属于反动派，而是属于人民。"

刘少奇旧居

刘少奇旧居位于杨家岭革命旧址内。

◆刘少奇旧居

刘少奇在瓦窑堡会议后去国统区开展党的工作，数次往返于延安和华北、华中之间。1942 年年底，刘少奇调回中央，在这里居住。刘少奇回延安开会期间，多次在马列学院作报告，受到全院师生的一致好评。在杨家岭，刘少奇将几次报告整理为《论共产党员的修养》一文，被作为延安整风运动的必读文件之一。

杨家岭革命旧址于 1961 年 3 月被国务院公布为全国重点文物保护单位，1997 年 6 月被中央宣传部公布为全国爱国主义教育示范基地。

枣园——中央书记处旧址

枣园——中央书记处旧址位于陕西省延安市区西北方向 15 华里处宝塔区枣园镇枣园村。

枣园原是延安富户的果园，后为国民党延安驻军占用。党中央到延安后，中央社会部驻在园内，改名为“延园”。园内原有房屋不多，1941 年起陆续在园内修建了几栋“品”字形房、25 孔窑洞、80 余间平房及一座小礼堂。1943 年 10 月，中央书记处由杨家岭迁驻枣园，社会部搬往后沟。中央书记处在此期间，继续领导了全党的整风运动大生产运动，筹备了中共第七次全国代表大会；抗战胜利后，领导全国人民同国民党反动派进行了针锋相对的斗争，为粉碎国民党发动的全面内战做了充

◆中央书记处旧址“延园”大门

分准备。1947 年 3 月，国民党胡宗南部进攻延安，中央机关从这里撤离。

枣园旧址包括中央办公厅行政办公室旧址、中央书记处小礼堂旧址、中央军委总参作战部作战室旧址、为人民服务演讲台及纪念广场旧址、中央医务所旧址、中央社会部总务处旧址、中央社会部一室办公室旧址、中央社会部二室办公室旧址、机要局旧址、机关总务处旧址、幸福渠、枣园水井、毛泽东旧居、彭德怀、刘少奇旧居、周恩来、张闻天旧居，朱德旧居、李克农旧居、任弼时旧居等。

中央办公厅行政办公室旧址

中央书记处移至枣园后，为方便处理中央书记处的日常行政事务，特在枣园设立中央办公厅行政办公室。大生产运动期间，枣园行政办公室积极组织中央书记处的机关干部开展纺线比赛，朱德、周恩来、任弼时、张闻天、陆定一等都踊跃参加。并组织机关干部在延园内外种植桃、梨、枣树，延园东侧的一棵梨树，就是毛泽东当年亲手种植的。

◆中央办公厅行政办公室旧址

中央书记处小礼堂旧址

中央书记处小礼堂旧址位于幸福渠南侧，修建于 1943 年，是一座砖木结构建筑物，平面呈“凸”字形，整个建筑面积 225.09 平方米，构造为砖墙木屋架，小青瓦庑殿顶屋面。建筑分正厅和东厅两部分：正厅长 14.3 米，宽 10.3 米，南边开一个大门，北边两个小门，有窗子 7 个；东厅长 6.3 米，宽 6 米，东边开门，有 6 个窗户，地面为灰色方砖。正厅和东厅之间有窄条木板拉门。1970 年，补修了木地板，将原来的木本色油漆改为枣红色油漆。室内墙面为水泥砂浆白灰面，室外用灰泥

◆中央书记处小礼堂旧址

粉刷。

1943年10月，中央书记处迁驻枣园办公，中央书记处和中央政治局曾在这里多次召开重要会议，研究决策了许多重大方针、政策。其中包括七大主席团会议，研究关于毛泽东、周恩来赴重庆谈判，开辟东北根据地，决策向北发展、向南防御的战略方针等问题。中央领导同志在这里多次招待驻地居民代表，还经常举行军民联欢活动。

中央军委总参作战部作战室旧址

1943年，中央书记处和毛泽东迁往枣园办公，中央军委作战部第一局派出精干参谋在枣园设作战值班室。1945年11月，正式成立作战室。作战室的主要任务是搜集日军、伪军、顽军、友军的战略动向、军事情报和作战情况，分析敌我军事斗争形势，研究战局发展态势，总结作战经验，草拟作战指令，为中共中央和中央军委制定战略部署提供依据。1947年3月随党中央一同撤离延安。

◆中央军委总参作战部作战室旧址

为人民服务演讲台及纪念广场旧址

为人民服务演讲台及纪念广场旧址位于枣园革命旧址西北侧，后沟的平台是当年悼念张思德烈士的会场，也是毛泽东发表《为人民服务》演讲的地方。张思德是中央警卫团战士。1944年9月5日，他在安塞县石峡峪烧木炭时，因炭窑崩塌而不幸牺牲。1944年9月8日下午两点，中直机关、中央警卫团及附近部队、机关、学校的代表1000多人在这里举行追悼张思德大会。会场布置得庄严、肃穆。土台上悬挂着“追悼张

◆“为人民服务”题词碑

◆张思德纪念广场

思德同志大会”的横幅，台前挂着鲜红的党旗，旗下是张思德的遗像，周围放满了各单位送来的花圈和挽联。毛泽东送的花圈上写着“向为人民利益而牺牲的张思德同志致敬”的挽词。追悼会上毛泽东发表了题为《为人民服务》的著名讲演。为了继承和发扬张思德的精神，张思德烈士所在部队（今北京武警二支队）在这里竖起了镶有张思德头像的石碑，陕西省军区和延安军分区也竖起了“为人民服务”题词碑。张思德遗体被安葬在枣园对面的山坡上。“文化大革命”中迁入“四·八”烈士陵园。

毛泽东旧居

毛泽东旧居位于枣园北二连山南麓枣树台上，东西两面分别与朱德和周恩来的旧居为邻。为一排坐北面南的片石窑洞，建于清乾隆四十六年（1781 年）。窑洞面阔 31 米，进深 7.8 米，高 5.4 米。窑内水泥砂浆白灰面，窑外破灰泥粉刷。窑檐有挑檐石，石板压边。门窗：上部中间为五角形，两边为太阳光芒形状，下部冉字格。门为单扇装板，统一为木本色。1943 年 10 月，毛泽东同中央书记处由杨家岭迁驻枣园。毛泽东在此居住期间主持召开了许多重要会议、起草了很多文件，撰写了大量著作，如《学习和时局》、《为人民服务》、《论联合政府》、《愚公移山》、《抗日战争胜利后的时局和我们的方针》、《关于重庆谈判》等，收入《毛泽东选集》的有 28 篇。毛泽东时刻注意密切联系群众。在枣园期间，他不仅亲自提议为老农祝寿，而且主动到乡里为群众拜年。

◆毛泽东旧居室内陈设

凉亭位于毛泽东旧居院内东南角，建于 1942 年。毛泽东、朱德夏天经常在这里乘凉、阅读书报。毛泽东还经常在这里和警卫员等同志们谈心，教育他们努力学习、互相帮助。1957 年、1970 年、1988 年，先后三次翻修了屋面。2007 年，文物部门对其进行了全面维修。

枣园——中央书记处驻地旧址于 1961 年 3 月被国务院公布为全国重点文物保护单位，1997 年 6 月被中央宣传部公布为全国爱国主义教育示范基地。

王家坪旧址

王家坪旧址位于陕西省延安市宝塔区桥沟镇王家坪村内。

王家坪旧址是中央军委 1937 年 1 月至 1947 年 3 月的所在地，也是八路军总部 1937 年8 月至 1947 年 3 月的驻地。旧址以沟为界，沟西是总参谋部，沟东是总政治部。中央军委和总部在这里领导八路军和新四军坚持了八年艰苦抗战，取得了抗日战争的最后胜利，并领导中国人民解放军粉碎了国民党军队对解放区的全面进攻。日本共产党领袖冈野进（野坂参三）也曾在此居住。

王家坪旧址包括中央军委旧址、中央军委总政治部组织部旧址、中央军委总政治部会议室旧址、中央军委礼堂旧址、中央军委会议室旧址、延安华侨救国联合会旧址、岗楼旧址、防空洞旧址、王稼祥旧居、叶剑英旧居、彭德怀旧居、毛泽东旧居、朱德旧居、林彪旧居。

中央军委总政治部会议室旧址

中央军委总政治部会议室又称毛泽东会客室。旧址坐东向北，为两开间的双坡瓦房，两个方格木窗和一个木门，长 8 米，宽 6 米。1946 年 1 月，毛泽东由枣园搬到王家坪后，这里就作为毛泽东会客的地方。1947 年 3 月 14 日，毛泽东在这里接见了保卫延安的部队新四旅的张贤约、黄振棠、程悦长等负责同志，反复阐明放弃延安的重大意义。1946 年 9 月 17 日，毛泽东在这里会见了 359 旅旅长王震。

◆中央军委总政治部会议室旧址

中央军委礼堂旧址

◆中央军委礼堂旧址

中央军委礼堂1943年由八路军359旅木工伍积禅设计、中央军委和八路军总部的工作人员自己动手修建。礼堂可容近千人。中央军委和总部机关经常在这里开会，有时也举行文艺晚会、放电影，招待中外客人。1943年12月，八路军总部在这里举行了欢迎劳动英雄大会；1943年11月，为了检阅部队的生产成果，八路军总部在这里举办了一次规模盛大的部队生产展览会；1944年8月8日，中央军委在这里举行“欢迎美军观察组来延安”的晚会，由鲁迅艺术文学院演出冼星海创作的交响乐《黄河大合唱》。1945年8月15日，日本天皇宣布无条件投降，中央军委和八路军总部又在这里举行了热烈的庆祝大会。每年正月，群众组织秧歌队，来到这里给中央和军委首长拜年。

中央军委会议室旧址

中央军委会议室旧址位于王家坪中央革命军事委员会和八路军（后为中国人民解放军）总司令部院内。

1937年1月至1947年3月，军委和总部在这里办公。1945年8月，由毛泽东等11人组成新的中央军事委员会，军委主席毛泽东，副主席朱德、刘少奇、周恩来、彭德怀，刘少奇兼任军委总政治部主任，彭德怀兼任军委总参谋长，中央办公厅主任由杨尚昆兼任军委秘书长。1946年1月，中央军委主席毛泽东为便于指导军委和总部的工作，从枣园搬到王家坪居住。

◆中央军委会议室旧址

王稼祥旧居

1938 年夏，王稼祥带着共产国际对中共的指示回到延安后，在此居住。六届六中全会后，他出任中央军委副主席、军委总政治部主任和八路军政治部主任、华北华中工作委员会主任之职。延安整风学习运动中，王稼祥担任高级学习组副组长。1943 年 7 月，为纪念建党 22 周年，王稼祥为《解放日报》撰写了《中国共产党与中国民族解放的道路》一文，首次提出了“毛泽东思想”的概念，并作了深刻论述。

◆王稼祥旧居

◆彭德怀旧居

彭德怀旧居

1943 年 10 月，彭德怀从太行山区回到延安，先住在杨家岭，1945 年搬到枣园。1947 年 3 月为了指挥延安保卫战，彭德怀由枣园迁到王家坪。在这里，彭德怀按照毛泽东的部署，组织了延安保卫战。3 月 18 日，彭德怀离开延安，指挥西北野战军转战陕北。蒋介石集结了上百架飞机，调遣胡宗南的 23 万兵力，妄图一举攻占延安，摧毁我党首脑机关。

毛泽东旧居

毛泽东旧居建于 1944 年，坐北面南，两孔石窑洞，面阔 11 米，进深 7 米，东面有单坡瓦房相接，宽 2.6 米，长 11 米，一个双开木门，满间拱券窗，图案为直棂方格。为了便于指挥作战，1946 年 1 月，毛泽东由枣园迁往王家坪。在这里，毛主席写了《关于目前国际形势的几点估计》、《以自卫战争粉碎蒋介石的进攻》、《集中优势兵力，各个歼灭敌人》等文章，为全国解放战争制定了正确的作战方针。

◆毛泽东旧居寝室

旧居门前放着石桌、石凳，他常在这里乘凉、看报，与同志们谈心。1946 年 1 月 7 日，毛泽东的大儿子毛岸英从莫斯科大学毕业后回到了延安，就是在这里和父亲谈话后，到“劳动大学”参加生产劳动。1947 年 3 月 18 日，毛泽东离开这里，开始转战陕北。

朱德旧居

1941 年春，朱德由杨家岭迁住这里。在此居住期间，朱德参与领导了抗日战争、整风运动和大生产运动，参加筹备召开了中共七大，主持起草了《论解放区战场》的军事报告。在大生产运动中，为了解决根据地军民的穿衣问题，朱德还带头纺线。

◆朱德旧居

王家坪旧址于 1961 年 3 月被国务院公布为全国重点文物保护单位，1997 年 6 月被中央宣传部公布为全国爱国主义教育示范基地。

安吴战时青年训练班旧址

安吴战时青年训练班旧址位于陕西省咸阳市泾阳县蒋路乡安吴堡村。

安吴战时青年训练班，是抗日战争初期中共中央青年工作委员会（初为中央青年部）为适应抗战需要和广大爱国青年抗日救国要求，由西北青年救国联合会（简称西北青救会）在国民党统治区泾阳县云阳镇创办的一所战时青年干部学校，后因第四期迁至安吴，遂称安吴青训班。

◆安吴战时青年训练班旧址一景

1937 年 9 月下旬，中央青年部部长、西北青年救国联合会主任冯文彬，受党中央派遣到中共陕西省委机关所在地泾阳县云阳镇参加安置从国民党监狱释放人员工作。事后，中共陕西省委书记贾拓夫等人与冯文彬商定，对西安事变前后西安青年运动中涌现出来的大批积极分子进行战时军事、政治的训练，以适应抗日救亡工作的需要。

1937 年 10 月 11 日，战时青年短期训练班在泾阳县斗口镇由于右任先生开办的斗口农场正式创办，朱德任名誉主任，冯文彬任主任兼教员，胡乔木任副主任。第一期有学员 150 余人。培训时间半个月，主要讲授抗日民族统一战线知识、军事常识。结业后被派到各地做抗日群众工作。第二期于 1937 年 11 月中旬迁往泾阳县云阳镇城隍庙开办。有学员 200 多人，学习时间 20 天。在中共中央和毛泽东的直接关怀下，从第三期起，战时青年短期训练班从训练陕西青年积极分子转向训练全国广大爱国青年。与此同时，中央组织部从抗日军政大学、陕北公学、中央党校先后选派了一批经过长征的红军干部和具有一定文化、理论水平的党政干部到青年短训班工作。第三期开学后有学员 300 人左右，临结业时人数超过 500 人。这时因校舍满足不了需要，战时青年短训班遂于 1938 年 1 月由云阳迁至泾阳县安吴堡，时称安吴青训班。

短训班从第四期起，每期学员人数超过 1000 人，学习时间延长到一个月。战时青年短训班依照学员成分的不同层次，编制了职工连、农民连、妇女连、儿童连、艺术连、游击队、佛教连等。

1938 年 4 月，战时青年短期训练班改名为战时青年训练班。5 月，中央青年委员会成立，进一步加强了对青年运动的领导。之后，中央青年委员会、西北青救会的机关也由延安迁至安吴堡，以战时青年训练班为基地，努力推动抗日青年运动的发展。至 1938 年底，青训班连续举办了 10 期，训练青年上万名，80% 以上毕业学员到陕北公学和抗日军政大学继续深造，少数被分配到抗日民众团体从事抗日救亡的组织和宣传工作。

◆迎祥宫

1938 年 9 月至 11 月，在中共六届六中全会召开期间，中央召开了全党青年工作人员会议，会议决定将战时青年训练班改为中国青年干部训练班，担负起训练中、高级青年干部的任务。1939 年 1 月，国民党顽固派掀起了第一次反共高潮，国民党队伍当局也同时加紧了挤垮安吴青训班的步伐，给投奔安吴青训班的青年设置重重障碍。因此，战时青年训练班从实际出发，不再按期招生，将现有学员编为若干大队，分预科和本科两个阶段，并组成六个战地工作团（对外统称西北青救会战地工作团），分赴晋东南和晋察冀战区发动民众抗日，开展青年运动。

1939 年下半年，国民党顽固派反共高潮愈演愈烈，形势越来越险恶，战时青年训练班不得不中断正规化训练青年工作干部的计划，做好对付国民党顽固派突然袭击的准备。7 月，青训班在警卫排的基础上成立了军事队（即一二一队），构筑自卫工事，开展军事地理调查，并做好依托乔山山脉开展反击战的准备。1939 年 8 月，中央决定安吴战时青年训练班主力学员迁往华北，与陕北公学、鲁迅艺术学院、延安工人学校合并成立华北联合大学。安吴青训班仅留少量学员和工作人员坚持继续开办。1940 年 4 月 13 日，中共中央通知安吴青训班撤回延安，300 余名学员和工作人员在代理班主任朱致平和生活指导处处长张午带领下返回延安。5 月 3 日，中央以安吴青训班为主创办的泽东青年干部学校正式开学。

安吴青训班自 1937 年 9 月至 1940 年 4 月，在历时两年半的时间里，共举办 14 期，培训学员 1. 2 万多名。这些学员结业后相继奔赴各条战线，从事军事、政治、民众运动等抗日工作。

安吴青训班旧址至今保留的有吴氏庄园、迎祥宫、望月楼和吴氏陵园。吴氏庄园是青训班的活动中心，其前部为青训班领导机关的班部，中部为会议室和联欢处，后部为青训班连队驻地。迎祥宫为青训班集会与文化娱乐处。望月楼为青训班秘书处驻地，同时胡乔木在此居住办公。吴氏陵园是青训班的露天课堂和节日聚会场所。

安吴战时青年训练班旧址于 1992 年 9 月被陕西省人民政府公布为陕西省重点文物保护单位；1994 年 8 月被陕西省委宣传部公布为陕西省爱国主义教育基地。

马栏革命旧址

马栏革命旧址位于陕西省咸阳市旬邑县马栏镇马栏村。

◆马栏革命旧址

土地革命战争时期，总面积达 1050 平方公里的马栏是陕甘边革命根据地的重要组成部分，是中国工农红军陕甘游击队活动地区之一。1932 年，中国工农红军第 26 军在旬邑转角成立。1936 年，彭德怀、任弼时、邓小平、聂荣臻、杨尚昆等率领红军在此开展扩红和地方工作达 8 个月之久。

抗日战争和解放战争时期，马栏是陕甘宁边区的南大门，是守卫革命圣地延安的前沿哨所，是陕甘宁边区关中分区政治、军事、经济中心，是西安乃至全国各地仁人志士和军用物资通往延安的重要驿站。中共陕西省委、关中分区机关驻此约8个春秋。刘志丹、谢子长、习仲勋、汪锋、赵伯平、高锦纯、杨伯伦、张德生、孙作宾、吕剑人、张邦英、霍维德、张仲良、张鹏图、王世泰、文年生、陈国栋等曾在这里长期生活和战斗过。中共山西省委、河南省委也曾在马栏办公。同时，马栏又是培养革命人才的摇篮。1937年7月后，陕北公学、鲁迅艺术师范、陕甘宁边区第二师范先后在这里办学，为中国革命培养和输送了大量人才。

马栏革命旧址内建有马栏革命纪念馆和纪念碑。纪念馆于2007年开始规划，2008年正式启动建设，2012年6月28日正式建成开放。纪念馆馆区建有展览大厅、纪念广场、纪念碑、水上剧场等设施。纪念馆布展内容以抗日战争和解放战争时期陕甘宁边区关中分区党和人民的伟大实践活动为主要内容，以陕甘宁边区关中分区的伟大成绩为主题，以宣传关中分区党组织和人民群众在土地革命战争、抗日战争和解放战争时期建立的丰功伟绩为重点，布展达面积6400平方米，分为“创建陕甘边革命根据地南区革命政权”、“中华苏维埃共和国关中特区的建立和发展”、“陕甘宁边区关中分区的建设”、“守卫陕甘宁边区南大门”、“保卫边区”、“解放关中”、“永远的马栏”等部分，通过大量珍贵的文物和图片、雕塑等艺术品以及沙盘模型、场景复原、多媒体演示等现代手段，全方位、多角度地对老一辈无产阶级革命家在马栏的革命活动进行生动、形象、直观的再现。

◆张邦英为马栏革命纪念馆题词

马栏革命旧址于2003年9月被陕西省人民政府公布为陕西省重点文物保护单位，2011年5月被陕西省委宣传部公布为陕西省爱国主义教育基地。

中共中央西北局旧址

中共中央西北局旧址位于陕西省延安市宝塔区南关花石崖砭半山腰。

中共中央西北局是1941年5月13日由中共陕甘宁边区中央局和中共西北工作委员会合并而成立的。高岗、王世泰、张邦英、林伯渠、陈正人、肖劲光等7人为委员，贾拓夫、李卓然为候补委员。高岗任书记（1945年10月后习仲勋任书记），马明方任副书记，组织部长马明方（兼），宣传部长张仲实，秘书长兼统战部长张德生。中共中央西北局主要负责陕、甘、宁、青、新及晋绥部分地区党的工作。

1942 年 10 月 19 日至 1943 年 1 月 14 日，党中央在此召开了西北局高干会议。这次会议以整风的形式开展了积极的思想斗争，比较彻底地解决了边区党的历史争论问题，使党的干部正确地把握了形势，明确了任务。中共中央把陕甘宁边区作为试验区，许多政策是在陕甘宁边区试验、完善和推广的。中央书记处书记任弼时重点抓西北局的工作，毛主席也经常去西北局指导工作。

◆中共中央西北局旧址大门

◆中共中央西北局旧址

旧址分上下两院，现有完整窑洞 21 孔，其中 10 孔石窑洞系当时西北局的主要办公室；另有图书室一座，礼堂一座。

中共中央西北局旧址于 1961 年 3 月被国务院公布为全国重点文物保护单位，1997 年 6 月被中央宣传部公布为全国爱国主义教育示范基地。

陕甘宁边区政府旧址

陕甘宁边区政府旧址位于陕西省延安市宝塔区城区南大街草场山东麓。

1935 年 10 月，中央红军主力长征到达陕北后，建立了中华苏维埃人民共和国中央政府西北办事处，使陕北成为革命的中心。1937 年 9 月 6 日，根据国共两党关于国共合作的协议，中国共产党将中华苏维埃共和国西北办事处更名为陕甘宁边区，成立了边区政府，林伯渠任主席，张国焘

◆陕甘宁边区政府办公厅旧址

任副主席。陕甘宁边区辖23个县，人口约150万，首府为延安。抗日战争时期，陕甘宁边区是中共中央和中央军委所在地，成为敌后抗日战争的政治指导中心和敌后抗日根据地的总后方。1939年2月6日，第一届经过民主选举产生的边区政府委员在延安宣誓就职，陕甘宁边区政府正式成立。1947年3月19日，胡宗南部攻占延安，边区政府迁至绥德。1948年4月22日，延安收复后返回原址。1949年6月，边区政府从延安迁至西安。1950年1月19日，西北军政委员会宣告成立。同日，陕甘宁边区政府结束工作。

陕甘宁边区政府旧址包括办公厅院旧址、参议会旧址、林伯渠旧居、李鼎铭等旧居。

陕甘宁边区政府旧址于1961年3月被国务院公布为全国重点文物保护单位；1997年6月被中央宣传部公布为全国爱国主义教育示范基地。

陕甘宁边区银行旧址

陕甘宁边区银行旧址位于陕西省延安市宝塔区城区南关市场沟内中段凤凰山南麓台地上。

1937年1月，中华苏维埃共和国银行西北分行随中共中央由瓦窑堡迁至延安，同年10月1日更名为陕甘宁边区银行，地址设在延安南关新市场（现市场沟）。首任行长曹菊如，1941年3月由朱理治接任，1942年底副行长黄亚光升任行长。边区银行旧址建于1940年，由边区银行业务处处长莫均涛设计，1941年11月7日建成并投入使用，分为行长办公区、办公厅、营业办公大楼和工作人员宿舍四个部分。

◆陕甘宁边区银行旧址

边区银行是边区政府财政厅的支付机关，是党中共在延安时的金融中心。1938年6月，边区银行发行了与法币等值的贰分、伍分、壹角、贰角、贰角伍分、伍角共6种“光华商店代价卷”（简称光华券），1941年初又增发了面值为柒角伍分的光华券。到1941年2月18日止，光华券共发行4387215元。1941年，陕甘宁边区政府发布命令，全面禁止法币在边区流通，自行发布货币——边币。此后又发行“商业流通券”代替边币。

陕甘宁边区银行旧址于1961年3月被国务院公布为全国重点文物保护单位，1997年6月被中央宣传部公布为全国爱国主义教育示范基地。

桥儿沟革命旧址

桥儿沟革命旧址位于陕西省延安市宝塔区，延安城东北5公里处桥儿沟村。

◆桥儿沟革命旧址

桥儿沟革命旧址为桥儿沟天主教堂和窑洞群，占地60公顷。有教堂一座，鲁迅艺术文学院音乐系、戏剧系、美术系及工作人员住过的石窑52孔（含两个过洞），平房13间。桥儿沟天主教堂始建于1930年，1934年竣工，高25米，宽16米，是一座典型的哥特式建筑。1937年至1939年2月被辟为中央党校礼堂。其间，1938年9月29日至11月6日，中国共产党扩大的六届六中全会在此召开。1939年8月至1945年10月，这里又成为鲁迅艺术文学院的礼堂。1947年3月国民党军队占领延安后，旧址遭严重破坏，余下的部分遗址天主教堂和旁边数十孔石窑洞。1988年至1990年，国家文物局投资延安市对教堂进行了一次全面维修。

◆桥儿沟旧址部分遗址（天主教堂和石窑洞）

桥儿沟革命旧址包括中共六届六中全会会址、延安鲁迅艺术文学院旧址。

中共六届六中全会会址

1938年9月29日至11月6日，在桥儿沟天主教堂召开了中国共产党第六届中央委员会扩大的第六次全体会议。出席会议的有中央委员38人和来自全国各地的一些领导干部。会议的主要任务是总结抗战15个月以来的经验和确定党的基本方针，以便更好地统一全党，领导人民武装力量，战胜日本侵略者。

鲁迅艺术文学院旧址

鲁迅艺术文学院（简称“鲁艺”）是在毛泽东和周恩来的倡议下，于1938年4月成立的。校址最初在延安城北门外，1939年11月迁到桥儿沟天主教堂。

◆毛泽东题写的“鲁迅艺术文学院”石刻

以鲁迅的名字来命名学院，一方面是为了纪念鲁迅这位伟大的文化革命旗手、大文豪与艺术导师；另一方面是为了继承和发扬鲁迅的革命精神和艺术成就。徐特立、周扬、沙可夫、赵毅敏等人先后担任过正副校长。鲁艺共办了四期，培养了500多名文艺人才。1943年4月，鲁艺并入延安大学，为延大文艺学院，仍设四个系。

桥儿沟革命旧址于1961年3月被国务院公布为全国重点文物保护单位，1997年6月被中央宣传部公布为全国爱国主义教育示范基地。

中共中央党校旧址

中共中央党校旧址位于陕西省延安市宝塔区延安城东北桥儿沟和城北小沟坪。

中央党校于1933年3月10日在江西瑞金成立，初名“马克思共产主义学校”。中央红军长征到达陕北后，在瓦窑堡恢复办学时改为中央党校，董必武任校长。1937年初随党中央迁到延安，校址最初在延安城东北桥儿沟，李维汉接任校长。1938年3月，康生任校长。10月，陈云任校长，谢觉哉任副校长。1939年年初，迁至延安城北小沟坪。

◆中共中央党校旧址

1940年，中央党校在小沟坪修建礼堂。1942年6月12日，新建的中央党校大礼堂落成。大礼堂建筑面积为1300平方米，可容2000人听讲。平面为“T”字形，砖木结构。在建筑过程中，除聘用一部分技术工人外，从采石、伐木到制砖、运料等，全为自己动手。整个建筑共用工 8903 个，学员劳动即达 6676 个。毛泽东为中央党校礼堂题词“实事求是”镶嵌在门楣中央。同时建成的中央党校小礼堂为一座西式小洋房，砖木结构，庑殿式屋顶，顶覆小青瓦。坐南面北，南北长 16 米，东西宽 13 米，青砖砌墙，北侧开一门，西侧开两门，并有门厅，建筑面积为 360 平方米（后改作大灶饭堂）。中央党校政治部（曾作为中组部办公地）在校部旧址西北方向，相距约 100 米，与党校大礼堂相邻。整体布局略同于校部旧址，有 14 孔石接口土窑洞，略呈“一”字形排列。1946 年后，中央党校机关迁往华北。

中共中央党校旧址于 1961 年 3 月被国务院公布为全国重点文物保护单位，1997 年 6 月被中央宣传部公布为全国爱国主义教育示范基地。

清凉山革命旧址

清凉山革命旧址位于陕西省延安城东北向延河北岸的清凉山山坡上。

清凉山革命旧址包括中央印刷厂、新华书店、新华通讯社旧址、解放日报社编辑室旧址、延安新华广播电台、中央党报委员会、等众多新闻单位旧址。

中央印刷厂旧址

1937 年春，党中央进驻延安，在清凉山石窟寺设立印刷厂。排字房设在弥勒佛洞，北侧石洞为刻字房，洞北一排房子为铸字、打版工房。洞下依石崖接口 6 间房子安装有 6 台印刷机。中央印刷厂主要承担印刷《新中华报》、《解放日报》、《共产党人》、《今日新闻》、《中国工人》、《中国妇女》、《中国青年》、《中国文化》等报纸、杂志。1938 年 6 月，边区政府决定为适应边区市场货币流通的需要，发行“延安光华商店代价券”，此券由中央印刷厂印币厂负责印刷，印制了民国二十七年版的代价券贰分、伍分、壹角、贰角、伍角。1939 年 6 月至 1940 年年底，该厂还承印了“光华商店代价券”。1947 年年初，中央印刷厂迁至子长县魏家岔。

◆中央印刷厂印币厂卫生所旧址

◆中央印刷厂制版车间

新华书店旧址

◆新华书店旧址

新华书店旧址在清凉山下，延安市北关往街北头。“新华书店”四个字由毛泽东亲自题写。1939 年 6 月 1 日，中共中央出版发行部成立。同时筹建党的公开发行机构——新华书店。9 月 1 日，新华书店正式成立。新华书店隶属中央党报委员会领导，担负着根据地和敌占区革命图书、报刊和马列著作的发行任务。

新华书店初创时，以清凉山下七间平房，用作门市、批发、期刊发行、进货等部门的办公室。1947 年 3 月 18 日，新华书店撤离延安。

新华通讯社旧址

新华通讯社旧址位于清凉山东边半山上的两排石窟洞。新华通讯社（简称新华社）是中共中央的通讯宣传机关，于 1937 年 1 月在延安由红色中华通讯社更名。开始，通讯社报道范围较小，只限于陕甘宁边区内。抗日战争爆发后，除播发中共中央的重要决议、声明、宣言以及陕甘宁边区的建设成就外，还有八路军、新四军的抗战消息。1939 年初，新华通讯社和《新中华报》分开，成为独立的组织机构，新华通讯社移驻杨家岭中共中央机关所在地。1941 年 5 月又迁回清凉山。担任社长的先后有向仲华、博古、余光生、廖承志。1944 年 8 月，又增设了英文广播部，9 月 1 日正式对外播音。到 1945 年，已由初建时的 20 多人发展到 110 多人。新华通讯社下设解放区新闻编辑部、国民党区新闻编辑部、国际部、口语广播部、英文广播部、英文翻译科、资料室、电务处、干部科等。1945 年 11 月又成立蒋管区广播部。1947 年 3 月，新华通讯社撤离延安。总社东渡黄河，开辟新阵地。

◆新华社旧址

解放日报社编辑室旧址

解放日报社编辑室旧址位于延河大桥东北头约200米清凉山半坡和岩底。

◆解放日报社编辑室旧址室内陈设

《解放日报》于1941年5月16日创刊，1947年3月27日停刊，共办2130期。报社分编辑部、新闻部、采通部、副刊部、评论部。报社大门上的“解放日报”四个大字为毛泽东题写。《解放日报》是中共中央机关报，毛泽东经常亲自指导工作，并为《解放日报》撰写和修改重要的社论和文章。《解放日报》在发刊词中写道：“本报之使命为何以团结全国人民战胜日本帝国主义一语足以尽之。这是中国共产党的总路线，也就是本报的使命。宣传贯彻党的总路线就是党报的使命，这是我们党报的一个根本信条。”1947年3月，《解放时报》停刊。

清凉山革命旧址于2001年6月被国务院公布为全国文物保护单位，1997年6月被中央宣传部公布为全国爱国主义教育示范基地。

南泥湾革命旧址

南泥湾革命旧址位于延安东南45里处延安市宝塔区南泥湾镇和麻洞川乡。

◆南泥湾革命旧址(图中红线所圈范围)

1941年至1942年是抗日战争最艰苦的时期，共产党领导下的抗日根据地遇到了严重的经济困难。为了战胜困难，中共中央决定在陕甘宁边区和各抗日根据地开展大生产运动，自己动手、丰衣足食，渡过难关。1941年春天，中央军委命令八路军359旅进驻南泥湾地区实行屯垦，一方面开展大生产；一方面保卫延安的南大门。八路军 359 旅旅长兼政委王震同志亲率全体指战员，在南泥湾和麻洞川开荒种地 30 多万亩，打窑洞 1000 多孔，建房子 600 余间。1943 年春节，延安鲁迅艺术学校的秧歌队来到南泥湾，向 359 旅献上了新编的秧歌舞《挑花篮》，其中《南泥湾》插曲以后传唱全国。

南泥湾革命旧址包括垦区旧址，大生产运动纪念广场，大生产展览馆，炮兵学校旧址，中央管理局干部休养所旧址，毛泽东、任弼时、彭德怀旧居。

◆南泥湾垦区旧址

南泥湾垦区旧址

垦区旧址位于延安市宝塔区南泥湾镇内。1940 年 359 旅来到南泥湾镇，军民合作开垦荒地，为中共中央和边区机关提供了大量的粮食。1942 年南泥湾区改为南泥湾垦区，属延属专署领导。

南泥湾大生产展览馆

1939 年 2 月党中央、毛泽东及时地提出了“发展经济、保障供给”的总方针和“自己动手”、“丰衣足食”的号召，动员广大军民开展大生产运动。1940 年，朱德总司令根据中共中央关于开展大生产运动的指示精神亲赴南泥湾踏勘调查，决定在此屯垦自给。1941 年春，八路军 120 师 359 旅奉命开进南泥湾，开荒种地。1942 年，生产自给率达到 61.55%。1943 年，生产自给率达到 100%。到 1944 年，359 旅共开荒种地 26.1 万亩，收获粮食 3.7 万石，养猪 5624 头，上缴公粮 1 万石，达到了“耕一余一”。

◆南泥湾大生产展览馆

大生产展览馆始建于 1978 年，为纪念八路军 359 旅 1940 年在南泥湾垦荒而建。展览馆东西长 37 米，南北宽 10 米，占地面积为 370 平方米，东、西两侧对称各开一门，门高 2 米，宽 1.53 米，展室内有展品 100 余件。

炮兵学校旧址

炮兵学校旧址位于延安市宝塔区南泥湾镇桃宝峪行政村内。

1944 年秋，在八路军炮兵团的基础上成立了延安炮兵学校，校址设在桃宝峪。现在保留的遗址有炮校大门和部分窑洞。炮校首任校长郭化若，后由朱瑞接任，政委邱创成，副校长匡裕民。校部下设政治处、参谋处、教育处。学员1000 余人，编为三个大队十个中队，另有一个迫击炮教练队和一个工兵科。学校主要培养炮兵连排干部，训练方针是："以技术为主，战术为辅"，"有什么学什么，战争需要什么学什么"。

◆炮兵学校旧址

1945 年 1 月，炮校开始上课。8 月 1 日，举行了开学典礼。朱德总司令、叶剑英参谋长、萧劲光司令员等莅临并讲话。炮校的教学条件十分艰苦。火炮器材少，就分班教学，使人员轮换而炮不闲；演习射击时，没有通讯器材，就用人传递口令。火炮不够用，就把瞄准镜装在木架上代用。上课没有粉笔，就用白土代替。日本投降后，炮校经过短期整训，于 1945 年 9 月中旬离开桃宝峪。新中国成立后曾更名为军委炮校、高级炮兵学校，1957 年同南京军事学院炮兵系组建炮兵学院，1986 年更名为中国人民解放军炮兵指挥学院。现校址在河北宣化。

中央管理局干部休养所旧址

中央管理局干部休养所旧址位于延安市宝塔区南泥湾镇桃宝峪行政村内。旧址东临知青林，南临通村柏油路，西侧为农场，北依梨树山。二层红色楼房，高约7.2 米，东西长20 米，南北宽14 米。

◆中央管理局干部休养所

1943 年 3 月筹备开工，9 月建成。红楼建成后，每遇盛夏，中直管理局便安排年老体弱的领导来此消夏休养。延安"五老"林伯渠、吴玉章、谢觉哉、徐特立和续范亭均在此休养过。1943 年秋，毛泽东、任弼时、彭德怀视察南泥湾 359 旅生产情况时，由延安乘汽车先到桃宝峪，曾在红楼歇息。1947 年 3 月，胡宗南军队占领延安后，红楼遭到破坏，解放后重新整修。

毛泽东、任弼时、彭德怀旧居

位于延安市宝塔区南泥湾镇红土窑村内，东侧为村民居住院落，南临南泥湾镇大生产纪念广场，西临南泥湾垦区政府旧址，北依观景山，地势较高。

1943 年 9 月，毛泽东、任弼时、彭德怀等视察南泥湾时在此居住。

南泥湾革命旧址于 1961 年 3 月被国务院公布为全国重点文物保护单位，1997 年 6 月被中央宣传部公布为全国爱国主义教育示范基地。

◆毛泽东旧居

◆任弼时、彭德怀旧居

国立西北农林专科学校三号教学楼旧址

国立西北农林专科学校三号教学楼旧址位于陕西省杨凌示范区张家岗西北农林科技大学校园。

国立西北农林专科学校大楼（今西北农林科技大学北校区三号教学楼）是该校现存最早的一栋教学楼。

三号楼与该校同龄，是建校之日奠基动工的。1932 年秋，国民党中央政治会议通过了于右任、戴季陶等人提出的“筹建建设西北专门教育初期计划议案”，成立了“筹建建设西北专门教育委员会”，同年 12 月又更名为“建设西北农林专科学校筹备委员会”，并公推于右任、张继、戴季陶三人为常务委员，于右任为校长。1933 年 1 月选择校址；同年 7 月于武功成立筹备处；翌年 4 月 20 日举行了隆重的建校及大楼奠基典礼，宣告了我国西北第一所高等农业学府正式成立。经过一年多紧张施工，大楼于 1936 年秋季告竣。大楼建成后，戴季陶在正门题额：“国立西北农林专科学校”。大楼东南墙角处竖有奠基碑，上书“民为国本，食为民天，树德务滋，树基务坚”。三号教学楼是西北农林科技大学、杨凌乃至农业科技发展的见证，是中国现代农业文明的见证者和传承者。

三号教学楼采用中俄结合式建筑风格，主楼高 7 层，占地 4 亩，大楼建筑面积 7251

◆国立西北农林科技大学三号教学楼

平方米。主体部分为三层框架结构，主要用作教室、实验室。其中央部分在三层主体之上，又加上四层塔楼，形成高30余米独特的塔楼造型。楼顶立有一口0.5米高、重达百斤的铜铸大钟，每当报时时刻，悠扬的钟声传遍校园，夜深人静时可达数里之遥。据说当年整个西安城内尚无七层高的建筑，三号楼时称“西北第一高楼”，附近民众均把“大楼家”、“大钟家”作为学校的代称。大楼至今仍在使用。

1937年3月，西农地下党建立后多次领导和组织了学生、职员的抗日救亡活动，就在三号楼前召开抗日救国宣传大会，积极协助一批青年学生奔赴延安参加革命；解放战争时期，地下党组织影响进步学生创办“亢丁社”，三号楼前相继出现了“时代剪报”、“新野岗”、“亢丁”壁报，宣传民主革命和进步思想；1947年冬开始，地下党在三号楼大教室秘密组织师生收听新华社广播，一直坚持到西农解放。

1938年武汉失守后，蒋介石于当年12月份在西北农学院召开华北、西北高级将领军事会议，出席者有国民党第一、第二、第五、第八和冀察、苏鲁六个战区及西安行营直接指挥的师以上军事和政训主管，此即抗战史上有名的武功军事会议。三号楼前和东门内的防空地道口，就是当时的遗迹。

1940年8月30日，侵华日军飞机24架分两批轰炸学校。敌机共投弹120余枚，炸毁房屋136间，三号楼西北角楼顶毁坏，弹痕累累，全院玻璃窗被毁10190块，各种损失合计约值国币28.3万余元。伤两名工友。1941年8月5日上午，日机七架轰炸，投弹20余枚。图书馆、印刷厂、附高办公室、合作社等处中弹，损失8万余元。训育员王文谨、一年级学生宋肃孟、高职报考生张杰仁被炸殒命。同年11月3日上午，“日机5架两次轰炸，投弹30余枚，炸毁大礼堂、教室、宿舍及校外西南窑等，损失奇重”。及至学校新建教学楼，施工中又挖出一枚当年未爆的重达100公斤哑弹，经空军某部和省公安厅专家鉴定，确认系侵华日军九四式炸弹，最后安全引爆。炸弹的照片和引爆后残存的弹片就保存在学校档案室，成为日军侵华罪行的铁证。

1949年5月20日，解放军西北野战军到达杨陵。师生员工在地下党的组织下集合在三号楼后广场欢迎解放军。司令员王震和政委王恩茂率部进驻学校，并在大家的欢呼声中登上广场的土台作了学校的粮食由部队设法供给、学校的文教工作请西北军政委员会来校处理等四点重要指示，之后在三号楼前与欢迎群众合影。随后又在楼后大操场上举行了庆祝解放大会，王震宣布西北农学院回到人民的怀抱。西农历史翻开了新的一页。

国立西北农林专科学校三号教学楼旧址于2008年9月被陕西省人民政府公布为陕西省文物保护单位，1996年10月被陕西省委宣传部公布为陕西省爱国主义教育基地。

毛主席转战陕北旧居

毛主席转战陕北旧居位于陕西省榆林市靖边县。

抗日战争胜利后，蒋介石悍然发动全面内战。1947年3月，国民党军以25万兵力向陕北解放区发动重点进攻，企图达到攻占延安、摧毁中国共产党的指挥中心的目的。当时，在陕北的人民解放军仅为1.6万余人，双方兵力极为悬殊。但是，毛泽东高瞻远瞩，亲自率领中共中央和人民解放军总部机关主动撤离延安，在极其艰险的环境中转战陕北达371天，行程1000余公里，并继续指挥全国解放战争。1947年4月至8月，党中央、中国人民解放军总部和毛泽东在靖边县小河、青阳岔、天赐湾先后生活和战斗了64天。其间，在小河召开的前敌委员会扩大会议吹响了解放战争由战略防御向战略进攻的号角。毛泽东在青阳岔于1947年4月9日为中共中央起草的通知，宣告了党中央留在陕北的决心。

毛主席转战陕北旧居包括青阳岔毛主席旧居、天赐湾毛主席旧居、小河毛主席旧居。

青阳岔毛主席旧居

该旧居位于榆林市靖边县青阳岔镇307国道北面张峰梁山坡上。当年为区政府驻地。1947年，毛泽东、周恩来率中共中央转战陕北期间于，4月5日至13日、8月1日至3日，先后在这里居住了11天，并在此发表了具有重要历史意义的中共中央“四九”通知。

◆青阳岔毛主席旧居

天赐湾毛主席旧居

该旧居位于靖边县天赐湾乡天赐湾村。

1947年6月9日至16日，毛主席在这里居住了7天。在这里，毛主席通报了陕甘宁边区3个月来的作战情况，指出“三个月战争已使敌人士气沮丧，对前途无信心。我军则气甚壮，信心甚高”。

旧居为3孔土窑洞，中间开门，两边各有1卧室。当年毛泽东住左边，周恩来住中

◆天赐湾毛主席旧居

间。1969 年，靖边县革命委员会对旧居进行了维修和布置，成立了毛主席旧居革命纪念馆。旧居内现陈列毛主席当年使用过的 1 套旧木桌椅和仿制的被褥、用具等。窑洞前原盖有“厦子”，在 20 世纪 50 年代被拆除，1976 年又照原样修复。

小河毛主席旧居

位于榆林市靖边县小河乡小河村。

该旧址是党中央、中国人民解放军总部和毛主席转战陕北时居住过的地方。1947 年 6 月 7 日，毛泽东由安塞王家湾出发，8 日到达小河，9 日离开小河转移到天赐湾，6 月 16 日由天赐湾重返小河，先后在这里居住了 47 天。

1947 年 7 月 1 日，中共中央在旮旯沟召开了庆祝建党二十六周年大会，毛泽东、周恩来、任弼时等前委领导参加了会议，周恩来做了讲话，新华社发表了《努力奋斗，争取胜利！》的社论。

◆小河毛主席旧居

同年 7 月 21 日至 28 日，毛泽东亲自在这里主持召开了前委扩大会议，周恩来、任弼时、彭德怀、陆定一、贺龙、习仲勋、王震、杨尚昆、陈赓、张宗逊、王铮、张经武等参加了会议，胡乔木担任记录，会议讨论并确定了解放战争从战略防御转入战略进攻的重大战略决策。

毛主席转战陕北旧居于 2003 年 9 月被陕西省人民政府公布为陕西省重点文物保护单位；1998 年 6 月被陕西省委宣传部公布为陕西省爱国主义教育基地。

刘志丹烈士陵园

刘志丹烈士陵园位于陕西省延安市志丹县城红都街北段炮楼山和瓦窑山之间的山坡上。

◆刘志丹烈士陵园

刘志丹（1903—1936），陕西保安（今志丹）县人。1921年考入陕北联合县立榆林中学，曾任学生会主席，组织领导学生运动。1924年冬加入中国社会主义青年团，1925年春转入中国共产党，同年冬受党指派入黄埔军校第4期学习。1926年秋毕业后参加北伐战争。1927年大革命失败后担任中共陕西省委秘密交通工作。1928年初率一批干部到豫陕边界地区开展农民运动，培养赤卫队骨干。4月参与领导渭华起义，任西北工农革命军军事委员会主席。起义失败后，于1929年春返回陕北，任中共陕北特委军委书记，奉命打入陕北、陕甘边一些军阀部队和民团，开展兵运工作，组织革命武装力量，曾先后任营长、团长、旅长等职。

1931年10月，刘志丹和谢子长等组建西北反帝同盟军，后改编为中国工农红军陕甘游击队，任副总指挥、总指挥，学习井冈山斗争的经验，开辟以照金、南梁为中心的陕甘边苏区。1933年9月任陕甘边红军临时指挥部副总指挥兼参谋长。11月后历任红26军42师参谋长、师长，率部北上庆阳、合水，与地方武装相互配合，开展游击战争。1934年2月至4月，刘志丹指挥部队九战九捷，以劣势兵力取得了西华池等战斗的胜利，挫败了国民党军对陕甘边苏区的第一次“围剿”，建立了陕甘边工农民主政府，进一步巩固和发展了革命根据地。同年5月任中共陕甘边军事委员会主席，后兼任军政干部学校校长，编写了《军事教育大纲》、《政治工作训令》等教材。

1935年2月，刘志丹任西北革命军事委员会主席（一说谢子长）。5月，红26军、红27军会合后组成西北革命军事委员会前敌总指挥部，刘志丹任总指挥，率红26军、红27军主力，以围点打援、出敌不意、各个击破的战法，经两个多月的机动作战，攻克延长、延川、安定、安塞、保安、靖边6座县城，歼灭大量敌军，粉碎了国民党军对陕甘边苏区的第二次“围剿”。8月，在陕北、陕甘边苏区第三次反“围剿”中，刘志丹指挥红军主力，歼灭国民党晋军1个团，迫使晋军主力撤回黄河东岸。三次反“围剿”斗争胜利后，陕北、陕甘边两块苏区连成一片，成为中共中央和各路北上抗日红军长征之后的落脚点。9月，红26军、红27军与长征到达陕北的红25军会师，组成红15军团，刘志丹任副军团长兼参谋长。10月参与指挥劳山战役。

中共中央到达陕北后，刘志丹历任西北革命军事委员会后方办事处副主任、红军北路军总指挥兼第28军军长、中共中央所在地瓦窑堡警备司令等职。1936年3月，刘志丹率红28军参加东征战役，在晋西北迭克敌军。4月14日在中阳县三交镇战斗中英勇牺牲，时年33岁。为纪念刘志丹将军，中共中央和陕甘宁边区政府决定将保安县改名为志丹县。

◆刘志丹骑马铜像

1940年，党中央指示西北局和陕甘宁边区政府，在志丹县修建刘志丹烈士陵园。1943年4月陵园落成，4月20日，刘志丹灵柩离开瓦窑堡回志丹县。5月2日，在刘志丹烈士陵园里举行了隆重的公葬典礼。毛泽东、周恩来、朱德等许多领导人为刘志丹烈士题词，以表纪念。1989年，对刘志丹烈士陵园进行了全面改建。

刘志丹烈士陵园坐北向南。从坡下顺着柏油路上行90米，有三开间门楼，著名书法家舒同先生题写的匾额“刘志丹烈士陵园”高悬门楼上方。陵园面积约8000平方米，正中是纪念大厅。大厅高9米，长13米，进深10米。大厅正脊上镶着红五星，四面斜脊各竖一把红色的火炬，仿佛烈焰在熊熊燃烧。

纪念厅正中的石碑上，镌刻着毛泽东主席在1943年志丹陵落成时的亲笔题词：“我到陕北只和刘志丹见过一面，就知道他是一个很好的党员。他的英勇牺牲，出于意外，但他的忠心耿耿为党为国的精神，永远留在党与人民中间，不会磨灭的。”陕北人民爱戴自己的领袖刘志丹，在他的纪念厅四周修了4座六角碑亭，亭内碑石林立。

◆刘志丹革命事迹陈列馆

纪念堂在纪念厅后边，是志丹陵的主体建筑，由3孔石窑洞和5间廊檐组成。房脊上竖立着木制的镰刀、步枪和火炬，正中有“浩气凌云”匾额。中间窑洞设有灵堂，正中悬挂着刘志丹的彩色画像，画像两旁摆放着洁白的花圈、挽联，灵柩安放在后堂。纪念堂的两面墙上和东西两孔窑洞的墙上，镶嵌着毛泽东、周恩来、叶剑英、林伯渠、吴玉章、贺龙、陈云。徐向前、蔡畅、谢觉哉、李富春、徐特立、博古、邓发、王稼祥、凯丰、肖劲光、罗迈等同志及李鼎铭先生的20余块题刻。纪念堂厦檐东边有“重建志丹陵志”碑，西边有“先烈刘志丹同志事略”碑，纪念堂上立有“刘志丹将军之墓”碑。纪念堂的顶部平台上竖立着一尊高大的石碑，碑上镌刻着“刘志丹之墓”五个大字。

刘志丹烈士陵园于1995年10月被陕西省委宣传部公布为陕西省爱国主义教育基地；1986年10月被民政部公布为全国重点烈士纪念建筑物保护单位。

四八烈士陵园

四八烈士陵园位于陕西省延安市宝塔区河庄坪镇李家湾村东侧100米。

1946年4月8日，赴重庆参加国共谈判的中央代表、中共中央委员王若飞，中共中央委员、政协宪章草案审议委员、谈判代表秦邦宪，为了向党中央和毛主席汇报请示工作，即日冒着恶劣气候，由重庆乘美军运输机返回延安。同机赴延的还有在皖南事变中被捕、刚刚被营救出狱的新四军军长叶挺和妻子李秀文，女儿叶扬眉，幼子阿九，保姆高琼；中国解放区职工联合会筹备委员会主任邓发；老教育家黄齐生先生及其侄孙黄晓庄；十八集团军参谋李少华，王若飞的随从魏万吉和秦邦宪的随从赵登俊。11日晚10时晋西北电讯，飞机失事在山西兴县南40公里的黑茶山中，机上17人全部遇难。

◆四八烈士陵园

1946年4月13日，中共中央与延安各界成立了由毛泽东、朱德、刘少奇、任弼时等26人组成的治丧委员会。《解放日报》发表了题为《痛悼死者》的社论。4月19日上午10时，延安各界3万余人在东关飞机场举行隆重的追悼会。追悼会由朱总司令、刘少奇主祭，陪祭人林伯渠、贺龙等。毛泽东敬献的挽词是：“为人民而死，虽死犹荣”。横梁上还有中共中央书记处题送的大匾：“变悲痛为力量”。

为纪念遇难的烈士，在延安飞机场北侧修建了四八烈士陵园。1957年春，中共中

◆四八烈士陵园内的革命英烈事迹陈列厅

央重修四八烈士陵园，1959 年落成。1969 年初，烈士陵园由原址延安飞机场北侧迁移到了延安城北的李家洼。陵园整体坐南面北，南高北低，呈梯形由山顶延伸至山脚，东西宽 100 米，南北长 350 米，占地面积 35000 平方米。该陵园主要建筑为三层石邦台阶的陵墓台。陵园内除安葬王若飞等四八烈士遗骨外，还先后将中共中央委员、中央职工委书记张浩，中央委员、八路军 120 师政委关向应，《解放日报》总编辑杨松，中央西北局秘书长任作民，以及朱宝庭、王凌波、鲁佛民、毛培春、靳道松、郑耀南、杨森、韩宝善、张思德等烈士的遗骨。

四八烈士陵园于 1997 年 6 月被中央宣传部公布为全国爱国主义教育示范基地；1986 年 10 月被民政部公布为全国重点烈士纪念建筑物保护单位。

张文津、吴祖贻、毛楚雄烈士陵园

张文津、吴祖贻、毛楚雄烈士陵园位于陕西省安康市宁陕县江口回族镇江镇村周家坪吊楼堡上。

◆张文津、吴祖贻、毛楚雄烈士纪念碑

1946 年 6 月，中原人民解放军遵照中共中央的战略部署，突破国民党 20 多万军队的层层包围，转战到陕南，胜利完成了战略转移任务。当王震将军所率领的 359 旅和干部旅首先到达陕南时，国民党当局搞和平欺骗，不断派飞机撒传单，多次要求我中原部队派出代表到西安和谈。为了揭露国民党反动派假和谈真内战的阴谋，人民解放军中原军区派干部旅旅长张文津、政治部主任吴祖贻、军区干部毛楚雄为和谈代表，前往西安谈判。8 月 7 日，张文津、吴祖贻、毛楚雄携带军调部武汉第九执行小组旗帜、符号、文件，从镇安县杨泗庙出发，于 10 日途经宁陕县江口时，被国民党军胡宗南部第 61 师 181 团秘密杀害。中共中央对这一事件非常重视，在南京的周恩来副主席和在北平军调部中共委员叶剑英同志，当即向国民党当局提出强烈抗议，延安《解放日报》对胡宗南的阴谋也作了揭露。

张文津，1907 年生于湖北钟祥县洋梓镇，1930 年参加革命。先后担任新四军鄂豫挺进纵队独立第 1 团团长、第 15 旅参谋长、第 5 师司令部作战处副处长，边区抗日军政大学三支队队长，一、二军分区参谋长。1946 年春，调任军调处汉口第九执行小组中共代表和 359 旅参谋长，中原突围时任干部旅旅长。

吴祖贻，河南开封人，1914 年生于山东曲阜。1937 年 9 月在开封加入中国共产党，曾先后担任中共开封市委、豫西特委及豫西省委青年部部长。1939 年调任中共鄂豫边区党委常委兼民运部部长，中原突围时任干部旅政治部主任。

◆张文津、吴祖贻、毛楚雄烈士墓

毛楚雄，湖南湘潭人，1927 年生于湖南长沙。不满六个月即随母亲周文楠被敌人关进监狱。1945 年投身革命时不满 18 岁。毛楚雄是毛泽东的侄儿，是革命烈士毛泽覃的儿子，牺牲时年仅 19 岁。

三烈士的遇难经过，直到 1984 年 12 月 4 日才调查清楚。找到烈士遗骨后，安葬在江口中学后山坡上。

1985 年 6 月，李先念书写了“豫鄂陕革命根据地的烈士永垂不朽”的题词，在《红旗》杂志发表了《向革命先烈学习，保持共产主义的纯洁性——纪念张文津、吴祖贻、毛楚雄三烈士》的悼念文章。中顾委委员、全国政协副主席、原中共豫鄂陕边区党委书记、军区政委、行署主任汪锋书写了“骨埋秦岭传千古，血洒东江育新人”的题词。

1986 年 8 月，中共宁陕县委、县政府决定在江口将烈士遗骨重新安葬，建立烈士陵园，立碑纪念。1987 年 6 月三烈士陵园动工修建。陵园长 74 米，宽 26 米，总面积 1924 平方米。陵园由阶梯、纪念碑、花坛、烈士墓组成，四周为汉白玉栏杆，整个陵园庄严肃穆，松柏挺立，花木沁香。

张文津、吴祖贻、毛楚雄烈士陵园于 1994 年 12 月被陕西省委宣传部公布为陕西省爱国主义教育基地。

西安烈士陵园

西安烈士陵园位于陕西省西安市雁塔区南郊明德门。

◆西安烈士陵园内的思念堂

西安烈士陵园内安息着728位革命烈士，其中242位烈士的遗骨安葬在烈士墓区内，486位烈士骨灰安放在纪念馆内。安息在陵园内的著名烈士有：在大革命时期英勇就义的革命志士王德安等“九烈士”；抗日战争中的民族英雄刘桂伍、宣侠父；解放战争中的杜斌拯、战斗英雄秦富德；抗美援朝中的“八勇士”之一侯天佑；社会主义革命和建设时期雷锋式的英雄模范张华等。从2000年起省市政府决定对西安烈士陵园进行整修改造，至2006年整修改造工作基本完成。新建成的烈士陵园由烈士纪念馆、广场、墓区、神道和办公区组成，其功能为褒扬英烈，教育群众，启迪后人。园内苍松翠柏，四季常青，三季有花，沁馨怡人，绿化面积达85%以上。

园内的主要建筑是一座仿汉唐风格的烈士纪念馆，共分三层，馆内陈列记述从辛亥革命到社会主义革命和建设时期的陕西革命史，褒扬了3000余位英烈的事迹和英名，是对广大群众及青少年进行爱国主义教育的主要场所。

◆西安烈士陵园内的三墓碑

西安烈士陵园于1992年4月被陕西省委公布为陕西省爱国主义教育基地；2009年3月被民政部公布为全国重点烈士纪念建筑物保护单位。

扶眉战役烈士陵园

扶眉战役烈士陵园位于陕西省宝鸡市眉县常兴镇。

扶眉战役以扶风、眉县为中心，东起咸阳，西至宝鸡，北涉西兰公路，南达秦岭北麓的广大地区。1949 年 7 月，第一野战军在得到华北军区第十八、第十九兵团的加强后，开始了解放西北各省的作战。遵照毛泽东“集中优势兵力，各个歼灭敌人”的指示，解放军采取“钳马打胡，先胡后马”的作战方针，集中王震、许光达、杨得志、周士第率领的第一兵团、第二兵团、第十九兵团、第十八兵团，于 7 月 10 日午夜，向胡宗南主力部队发起猛烈进攻，发起扶眉战役。

◆扶眉战役烈士陵园

此役我军鏖战 4 昼夜，一举歼灭敌人共 4.4 万人，解放了眉县、扶风、岐山、宝鸡等 9 座县城，于 7 月 14 日胜利结束。

在扶眉战役中，人民解放军指战员发扬勇敢顽强的精神，连续作战，奋勇杀敌，有 4701 名烈士血染渭水两岸。涌现出了刘永成、赵存仁、栗政通等可歌可泣的英雄事迹。1955 年 9 月 27 日，为了永远纪念烈士的丰功伟绩，经宝鸡专员公署批准，由眉县、扶风、岐山三县共同修建扶眉战役烈士陵园于眉县常兴镇郭河村。陵园占地面积 32.5 亩，共安葬烈士 623 名。2002 年中共眉县县委、县政府为了进一步发挥烈士陵园这一爱国主义教育基地的重要作用，对陵园重新规划、修整。整修一新的烈士陵园绿荫环抱，松柏常青，庄重肃穆。陵园入门处为一大型花岗岩群

◆扶眉战役烈士陵园内的烈士墓区

雕，这座手握钢枪，冲锋向前的解放军战士群雕仿佛把人们带回硝烟弥漫的战争年代。陵园中心矗立着扶眉战役烈士纪念碑，与两侧烈士英名录卧碑遥相呼应，英烈雕像坐落于广场周围，草丛中安息着解放战争中为国捐躯的623名烈士。

新落成的英烈纪念馆是扶眉战役烈士陵园的重要组成部分，运用声、光、电科技手段，再现了英烈的壮丽人生和英雄气概。纪念馆内设两个展室，第一展室从战役的运筹部署、作战经过、辉煌成果等方面展现英雄主义主题；第二展室采用图文并茂的展示方法，全方位、多视角地展现英烈们为了祖国解放、民族自由所建立的英雄业绩，弘扬英烈的崇高爱国主义情操，使英雄们的革命精神成为激励三秦儿女奋发向上的宝贵财富。

扶眉战役烈士陵园于1995年4月被陕西省委宣传部公布为陕西省爱国主义教育基地；2009年3月被民政部公布为全国重点烈士纪念建筑物保护单位。

耀县烈士陵园

耀县烈士陵园位于陕西省铜川市耀州区城东药王山山脚下。

◆耀县烈士陵园

耀县烈士陵园坐东朝西，是为纪念解放战争时期被国民党军队杀害的32烈士设立的纪念陵园。

1948年4月19日，国民党陕西省政府主席祝绍周密令将赛坚、武梦名、胡文选等32名地下共产党员和地下工作者，以扩充兵员为名，由西（安）同（官）铁路集体押解到耀县后，4月21日凌晨秘密押往药王山下活埋。1954年5月，中共耀县县委、耀县人民政府在烈士殉难地立碑建亭。1958年修建耀县水泥厂时迁移于药王山西麓。“文革”时期陵园曾改为炸药厂。1979年恢复陵园，由耀州区民政局管理。1985年2月，习仲勋题写了“耀县烈士陵园”匾额。1986年对陵园进行了全面维修和扩建，有纪念碑亭、纪念馆、32烈士墓冢、仿古门楼、接待室等建筑。

纪念馆位于陵园大门东侧，门前两边分别悬挂“烈士英名炳耀千秋，革命传统策励万代”巨幅楹联，馆内中央大厅为耀县革命斗争史展览，分两大部分20个板块，介绍32名烈士遇难简况、耀县革命斗争史、耀县著名烈士、耀县烈士英名录等。纪念馆正东是烈士纪念亭，亭内立烈士纪念碑。纪念亭西面是举行悼念仪式的场所，场内可容纳千余人举行祭奠仪式。纪念亭东是烈士墓冢祭奠平台，“三十二烈士之墓”碑楼屹立在墓冢前方。

◆三十二烈士墓

耀县烈士陵园于1996年10月被陕西省委宣传部公布为陕西省爱国主义教育基地；1988年5月被陕西省人民政府公布为陕西省重点烈士纪念建筑物保护单位。

永丰革命烈士陵园

永丰革命烈士陵园位于陕西省渭南市蒲城县永丰镇西北1公里处。

1948年爆发的永丰战役，是解放战争中我西北野战军在彭德怀副司令和王震将军亲自领导和指挥下发动的永丰战役，是冬季攻势中的重大步骤。战役全歼敌76军，歼敌15600余人，彻底粉碎了胡宗南的所谓“机动防御”、“新战术”，有力地配合了淮海战役，取得了解放战争的重大胜利。为了纪念在永丰战役中壮烈牺牲的死难烈士，中共蒲城县委、蒲城县人民政府在1958年10月主持修建了烈士陵园，占地50余亩，主要建筑物有烈士纪念馆和纪念雕塑、纪念碑等。

◆永丰革命烈士陵园雕塑

陵园坐北向南，大门正面有王震将军亲笔题写的“永丰革命烈士陵园”八个大字。东侧建有烈士纪念馆，馆内陈列着永丰战役中牺牲的烈士遗物、图片等，西侧是职工宿舍。陵园的中央屹立着纪念碑，通体为乳白色，碑身高19.48米，寓意为永丰战役发生的年代，即1948年。纪念碑的正面镶刻着王震将军亲笔题写的“永丰战役革命烈士永垂不

◆永丰革命烈士纪念碑

朽”十二个刚劲有力的金色大字。纪念碑的五个层面代表着当时参战的西北野战军的五个纵队。碑座正面刻有宽4米，高1.4米的巨型石碑文，两侧镶刻着攻城和巷战的大型浮雕，再现了当年永丰战役的壮烈场面。纪念碑以北是墓区，安葬着在永丰战役中光荣牺牲的西北野战军第二纵队六旅政治部副主任刘英等330名烈士的忠骨。

永丰革命烈士陵园于1997年4月被陕西省委宣传部公布为陕西省爱国主义教育基地，2001年5月被民政部公布为全国重点烈士纪念建筑物保护单位。

瓦子街战役烈士陵园

瓦子街战役烈士陵园位于陕西省延安市黄龙县瓦子街镇瓦子街村至任家湾南。

◆瓦子街战役烈士陵园

瓦子街战役发生于1948年2月28日至3月1日。在中国人民解放军副总司令、西北野战军司令员彭德怀的指挥下，按照毛泽东的军事战略方针，采取“围城打援”的战术，诱敌增援宜川县城，当敌军行至瓦子街镇时（今属黄龙县管辖），集中西北解放军第一、第二、第三、第四、第六5个纵队7.2万人的优势兵力，将敌围困在长10公里、宽5公里的川道里，对敌进行猛烈攻击，其中东南山是这次战役的主战场，是敌我双方争夺最激烈的制高点。战斗历经三天两夜，取得了歼敌一个军部、2个师部、5个旅，击毙敌29军军长刘戡（一说自杀）、90师师长严明、31旅旅长周由之、47旅旅长李达、53旅副旅长韩指针、158团团长何怡新等国民党高级将领，活捉敌团以上高级将领16人，毙伤俘敌共计3.2万人的伟大胜利。

瓦子街战役，是我军由内线防御转入外线作战的一个歼灭战，为改变西北战场的整个战略形势，打通进攻渭北，威逼关中，策应中原的门户，起到了至关重要的作用。

◆瓦子街战役烈士陵园内的烈士墓

瓦子街战役烈士陵园始建于1949年4月4日，当时占地17亩。园内安葬着人民解放军在宜瓦战役中牺牲的包括714团团长任世鸿、参谋长武治安在内的5287名烈士的遗骨。1981年4月，中共黄龙县委、黄龙县人民政府为继承和发扬革命传统，缅怀革命烈士的丰功伟绩，首次对陵园进行了较大规模的扩建和维修。新修起烈士纪念碑一座及围墙等基本设施，扩建后整个陵园占地24亩。1990年陵园又增建了展览室和接待厅10间。纪念碑为钢筋混凝土结构，碑座为正方形，四面有八级台阶，象征1948年；碑身为两个断面，象征2月；碑身高28米，象征28日，正面题刻着王震题词："瓦子街战役烈士纪念碑"。碑文详细记录了宜瓦战役的经过。

◆瓦子街战役烈士纪念碑

瓦子街战役烈士陵园于2000年4月被陕西省委宣传部公布为陕西省爱国主义教育基地；2009年3月被民政部公布为全国重点烈士纪念建筑物保护单位。

直罗战役烈士陵园

直罗战役烈士陵园位于陕西省延安市富县直罗镇直罗村。

1935年11月初，中央红军与红十五军团会师后，毛泽东、彭德怀决定在直罗镇发起歼灭战。11月21日至24日，红军围歼东北军第109师，共计俘虏敌人5300多人，打死敌师长牛元峰以下1000多人。这次战役的胜利彻底粉碎了敌人对陕甘苏区的第三

◆直罗战役烈士陵园内的烈士墓

次“围剿”，加速了国民党营垒的分化，对以后的西安事变、抗日民族统一战线的形成产生了重要影响，并为党中央奠基西北打开了新局面。

为纪念直罗镇战役牺牲的革命先烈，富县政府于1954年春在直罗镇柏山寺山脚下修建了烈士坟墓，占地2亩，安葬有中共中央候补委员、红一军团第4团代政委黄苏，红第2团团长李英华等36位烈士遗骨。1985年对陵园进行了扩建，占地60亩（柏山寺宝塔院子高度水平以下，战备公路以北，东自路北石窑东墙头，西至政府背后山脚），其中山下平地10亩，山上坡地50亩。修建大门一座，围墙634米。1987年又进行了扩建，修建烈士山踏坡210米。1987年胡耀邦、杨尚昆曾先后题词“直罗战役烈士永垂不朽”、“直罗战役烈士纪念碑”。

◆直罗战役烈士纪念碑

2006年，在陵园内新建了文物展馆两层10间，建筑面积约200平方米。2007年布设展馆。展馆共分为三个部分，即军民团结、迎战顽敌；三军携手、奠基西北；直罗忠魂、光照千秋。共展出图片105张，革命文物10余件，直罗镇战役电动沙盘模型1个，仿铜玻璃钢浮雕1座，再现了直罗镇战役中红军指战员团结一致、英勇奋战、前赴后继的动人画面。2007年至2008年，又对直罗战役烈士陵园进行了维修改造。

◆展馆内仿铜玻璃钢浮雕

直罗战役烈士陵园于1987年3月被陕西省人民政府公布为陕西省重点文物保护单位；2007年4月被陕西省委宣传部公布为陕西省爱国主义教育基地。

榆林烈士陵园

榆林烈士陵园位于陕西省榆林市上郡路14号。

◆榆林烈士陵园

榆林烈士陵园始建于1951年，1955年建成，占地面积37985平方米。陵园内共有烈士墓459座，其中有姓名烈士墓72座，无名烈士墓387座，包括两人以上合葬墓40座，最大一墓合葬56位烈士，园内共安葬革命烈士705名。收藏烈士文物400余种。陵园安葬的大多数烈士是在1947年两次榆林战役中壮烈牺牲的，其中有1947年在三岔湾战地医院抢救伤员时，遭敌机轰炸光荣牺牲的原延安白求恩国际和平医院院长徐根竹烈士，有著名作战英雄西北野战军358旅9连连长兼指导员薛占魁烈士，有在20世纪80年代对越自卫反击战中为祖国建立功勋、为榆林人民增添光彩的一等功臣师勇军和二等功臣窦福平烈士。20世纪90年代后，陵园陆续收葬了功勋卓著的张达志将军和朱子休、张秀山、武开章、谢怀德等革命老前辈。1995年清明，为保护银行财产与歹徒英勇搏斗壮烈牺牲的全国金融卫士、革命烈士、年仅20岁的刘小东、黄志旺入园安葬。

◆榆林烈士陵园内的烈士纪念碑

榆林烈士陵园于1998年4月被陕西省委宣传部公布为陕西省爱国主义教育基地；1988年5月被陕西省人民政府公布为陕西省重点烈士纪念建筑物保护单位。

绥德革命烈士陵园

绥德革命烈士陵园位于陕西省绥德市城西雕阴山下，大理河南岸。

绥德革命烈士陵园坐南向北，建成于1957年，占地面积13760平方米，建筑平面呈“凸”形。陵园拱形铁栏门上浮雕“绥德革命烈士陵园”8个大字，石砌大门腿上刻有两副对联“大理河滨刻石建陵彰先烈，雕阴山前兴土筑墓慰英灵”，“为人类为祖国献身革命虽死犹生，谋幸福求和平不惜牺牲足资楷模”。大门内两侧有窑洞、门房各1孔，门房两侧倒坐砖窑各7孔。陵园中间为青砖人行道路，两旁翠柏成行，绿荫蔽天。正前方为仿苏式纪念塔，高14.35米，双层石座，方形塔身，顶端嵌有红色五星。塔身正面雕刻“革命烈士纪念塔”。

◆绥德革命烈士陵园

◆绥德革命烈士纪念塔

纪念塔后居中为革命纪念馆，馆内正中安放着著名革命烈士李子洲铜像，四周分别陈列李子洲、李成荣、李成兰、崔文运、崔曙光、崔田夫、杨重远、霍世杰、霍维德、常汉三、蒲子华、王子文、王晓强等数烈士的生平事迹简介和实物、文献资料。

纪念塔与纪念馆中间两侧对称建有八角亭各一座，亭为石座石柱，雕花木顶，上覆筒瓦，飞檐翘角。左侧亭内方形石塔上为中共榆林地委和榆林行政专员公署的题刻。两亭内6块石碑上镌刻着建党和大革命以来投身革命、为国捐躯的1475位烈士的英名。

纪念馆再往后是烈士墓区，墓区大门石碑

上雕刻着“李子洲同志之墓”。进门拾阶而上，丘顶正中为石砌蒙古包式明葬墓冢，冢内安放着李子洲烈士的棺木和遗骨。墓冢两侧分别安葬着100多位革命烈士的遗骨。

绥德革命烈士陵园于1998年4月被陕西省委宣传部公布为陕西省爱国主义教育基地；1988年5月被陕西省人民政府公布为陕西省重点烈士纪念建筑物保护单位。

◆李子洲墓

安康烈士陵园

安康烈士陵园位于陕西省安康市汉滨区陵园路33号。

安康烈士陵园是为纪念在牛蹄岭战斗中牺牲的革命烈士而修建的。牛蹄岭战斗发生在1949年7月23日，是人民解放军第19军55师为解放安康、配合第一野战军解放陕西关中、甘肃陇东地区，而进行的西进陕南以来最激烈、规模最大的一场山地争夺战。大小牛蹄岭主阵地被敌我双方反复争夺19次，人民解放军最终打退了国民党军胡宗南部新第3军、第27军、第69军等三个军和一个机械化炮团的进攻，并牵制敌第98军于汉江沿岸。次日，占领新城、老城西关，兵临安康城下。26日主动撤出。这次战斗歼敌2550余人，我军伤亡1300余人。牛蹄岭战斗的胜利，拉开了解放安康、汉中的序幕。1950年安康县人民政府决定在县城南部建立烈士陵园。

◆安康烈士陵园内的纪念碑及烈士墓区

自陵园建立后，在各级政府、中国人民解放军部队和广大人民群众的支持下，先后进行了7次修葺。1984年修建了围墙、大门、道路、门亭、烈士纪念碑和丹心亭（主要纪念抗洪抢险的烈士）等建筑。大门不远处矗立着一座高为19.49米（纪念牛蹄岭战斗打响的年份）的烈士纪念碑，碑顶装有一颗耀目的红色五角星。原第 19 军 55 师师长、牛蹄岭战斗指挥者之一符先辉将军为纪念碑题写了“革命烈士永垂不朽”8 个遒劲有力的大字。纪念碑下方镌刻着碑文，记载着烈士的丰功伟绩。

安康烈士陵园于 1996 年 4 月被陕西省委宣传部公布为陕西省爱国主义教育基地。

白河县革命烈士陵园

白河县革命烈士陵园位于陕西省安康市白河县城关镇桥儿沟社区书院北路，地处白河县城中心泰山（魁星山）之巅。

◆白河县革命烈士陵园内的烈士纪念馆

1954 年 3 月，白河县委、县政府将 1948 年 3 月至 1949 年 10 月为解放白河而牺牲的 42 名烈士遗骨迁葬县城中心泰山魁星楼西南侧小山凸上，并立烈士纪念碑。1956 年又拆魁星楼仿其建烈士亭。其中有参加第一次解放白河木瓜沟战斗的 18 名烈士，系解放军郧白独立团 2 营 5 连 3 排战士，于 1948 年 3 月 31 日战斗中被俘，被国民党军脚手捆在一起，推进今白河县城文昌路煤场至今白河县县教体局家属楼处的一个事先挖好的土坑中，泼开水后集体活埋。

◆白河县革命烈士陵园内的烈士墓

1972 年在铁道兵部队帮助下，将烈士墓移至烈士亭东北侧，同时移葬三线建设牺牲烈士 66 名到此，建陵园大门，并立 15 米高的“革命烈士永垂不朽”纪念塔于墓群中央。1985 年陵园扩建，建碑亭、陈列室等。2002 年在烈士墓后建 126 米长的墙式文化长廊四道。2006 年大规模修缮，2010 年 7 月再次修葺。陵园内共安葬烈士（含烈士亭二楼存放的骨灰盒）131名。陵园内有烈士墓、烈士亭（原魁星楼）、纪念碑、碑亭、烈士纪念塔等重点仿古建筑物，以及烈士墓冢、廉政宣教基地陈列室、墙式文化长廊等。

白河县革命烈士陵园于1995年8月被陕西省委宣传部公布为陕西省爱国主义教育基地；2006年4月被陕西省人民政府公布为陕西省重点烈士纪念建筑物保护单位。

◆白河县革命烈士陵园内的碑亭

商洛市烈士陵园

商洛烈士陵园位于陕西省商洛市商州区城北金凤山腰。

1927年4月和5月，中共商县、龙驹寨两个特别支部相继建立。1927年年底至1937年7月，共产党员许权中率部两进商洛，点燃了农民运动的烽火。1932年至1937年先后有五支红军转战商洛，在广大地区建立苏维埃政权，领导群众，开展了“打土豪、分田地”的斗争。抗战时期，建立起中共商洛地下党组织和游击武装力量，同阻挠破坏抗日的势力进行了坚决的斗争。1946年，中原军区部队北路突围进入商洛，与陕南游击队会合，进行了艰苦卓绝的斗争，之后中共商洛地方党组织及其领导的游击武装，配合人民解放军进行了解放战争。1949年11月商洛解放。在如火如荼的艰苦斗争中，先后建立了以商洛为中心区域的鄂豫陕，豫鄂陕，豫陕鄂三个根据地。李先念、徐向前、贺龙、徐海东等老一辈革命家曾转战商洛，领导了艰苦的革命斗争，在长期的革命斗争中，先后有3000多名指战员献出了宝贵的生命。

◆商洛市烈士陵园

商洛市烈士陵园始建于1950年，占地面积36000平方米，建筑面积744平方米。园内建筑物有纪念碑、革命烈士纪念馆、骨灰堂、六角亭、花园等。共安葬西北工农革命军总司令唐澍、中共商洛工委书记王柏栋、陕南游击队指挥巩德芳、中共商县县委书记王连成等革命先烈22人。烈士陵园内主要建筑物包括烈士纪念碑、烈士纪念馆、唐澍烈士纪念亭、烈士墓区和骨灰堂等。陵园大门为明代棂星门，庄严肃穆，门楣正中刻写“烈士陵园”四个大字。进门后是1000平方米左右的小广场，广场正前方为高8米的烈士纪念碑，纪念碑正面刻写“人民英雄永垂不朽”八个金光大字，背面为市委、市政府题写的碑文，碑文主要内容为商洛革命斗争史简介。再往后是烈士纪念馆，馆内主要展出革命战争年代在商洛的主要战斗和牺牲的部分烈士。展馆后面是烈士墓区，安葬有23名革命烈士，其中著名烈士有原西北工农革命军总司令唐澍，原中共商洛工委书记王柏栋、原豫鄂陕军区第二分区司令员巩德芳、原中共商县县委第一任书记王连成等。

商洛市烈士陵园于1996年10月被陕西省委宣传部公布为省级爱国主义教育基地。

丹凤县革命烈士陵园

丹凤县革命烈士陵园位于陕西省商洛市丹凤县凤冠山下。

◆丹凤县革命烈士陵园

◆丹凤县革命斗争史展览室

陵园始建于1951年9月，院内占地4600平方米，大门雕刻着“英名与丹水同长，丰功与商山共高”的金字楹联。2001年，增加了庾家河战斗、南丈沟战斗、寺底铺战斗、高桥战斗（24人）四个公墓及丹凤县著名烈士英名录、丹凤革命斗争简史两碑；重修了大门，扩建了门前台阶、停车场、花园等，改善了陵园门前的外部环境。步入陵园，迎面耸立着一座烈士纪念塔，塔高13米，呈方墩形，四棱嵌门，花墙相围。塔西边是150多平方米的展览室，塔后是中共鄂豫陕省委书记徐宝珊烈士纪念亭，亭后是20座烈士墓。展览室内陈列着革命战争年代红25军在丹凤境内留下的2挺重机关枪、2挺冲锋机关枪、手枪、马刀等革命文物及烈士遗物。有用灯光闪烁指示的丹凤县革命斗争史沙盘，有以图片、图表、文字方式展示的展板，翔实地介绍了丹凤县23年血与火的战斗历程。

丹凤县革命烈士陵园于1995年4月被陕西省委宣传部公布为陕西省爱国主义教育基地。

子长烈士纪念馆

子长烈士纪念馆位于陕西省延安市子长县瓦窑堡镇齐家湾村。

◆子长烈士纪念馆

谢子长（1897—1935），陕西安定（今子长）人。1919年起先后入西安省立第一中学和陕北联合县立榆林中学读书。1922年考入太原学兵团学军事。1924年回安定县办民团，任团总。同年赴天津、北京，参加反帝斗争。1925年加入中国共产党。1926年年初根据党的指示，回安定县继续办民团，利用团总身份进行革命活动。1927年2月被选为安定县地方行政会议主席团成员和农民协会促成会委员。曾创办青年军事干部训练班和农民运动讲习所，组织和领导农民协会打击封建官僚，惩办土豪劣绅。

1927年10月，谢子长与唐澍等组织领导清涧起义，任西北革命军游击支队营长、副指挥。1928年5月参与领导渭华起义，任西北工农革命军军事委员会委员兼革命军第3大队大队长。起义失败后，回陕北开展武装斗争，任中共陕北特委军委委员。1930年8月任中共陕北行动委员会军事指挥部总指挥。1929年至1931年，先后在陕北、宁夏、甘肃等地做兵运工作。1931年10月，和刘志丹等将南梁游击队和陕北游击支队合编为西北反帝同盟军，后改编为中国工农红军陕甘游击队，任总指挥，率部转战陕甘边，创建革命根据地。1933年夏被派往察绥抗日同盟军第十八师，负责中共组织的工作，协助师长许权中指挥作战。同年11月回到陕西，任中共中央北方代表派驻西北的军事特派员，在极端困难的条件下恢复了陕北红军游击队第1支队，壮大了第2、第3支队，建立了第4、第5支队，并协助地方党组织建立赤卫军、少先队、妇女会等，扩大了党和红军的影响，建立了安定、延川根据地。

1934年7月，谢子长任陕北红军游击队总指挥部总指挥，率部奇袭安定县城，占领县政府，救出被捕的中共党员和革命群众，使红军军威大振，推动了陕北游击战争的开展。8月兼任红26军42师政治委员，率红42师第3团及陕北游击队第1、第2、第5支队，进行陕北、陕甘边苏区第一次反“围剿”，连续取得清涧河口、横山董家寺、安定县城等战斗的胜利。在河口战斗中，谢子长不顾个人安危，在前线指挥作战，不幸胸部被敌弹击中。由于医疗条件有限，谢子长的伤势不断恶化，于2月21日在安定县灯盏湾逝世，时年38岁。同年，中共西北工作委员会决定将安定县改名为子长县。

为了纪念谢子长烈士，1939年8月，中共中央西北局、陕甘宁边区政府在烈士故里枣树坪村给谢子长修建陵墓，同时竖立由毛泽东为谢子长题词的“民族英雄，虽死犹生”纪念碑。

1943年3月，陕甘宁边区政府决定在瓦窑堡齐家湾新建子长陵。1945年春，谢子长陵工程动工，于1946年春竣工。1946年2月17日，谢子长烈士遗骨由子长县李家岔镇枣树坪村迁至子长县瓦窑堡镇齐家湾村埋葬。2月18日，驻子长县的新四旅指战员和谢子长的亲属举行祭奠仪式。中共中央西北局敬献挽联：“一生为人民创造红地，百姓到如今叫你青天。”2月19日上午，谢子长陵落成典礼和公祭大会在齐家湾村隆重举行，到会各界代表和群众有两万余人。毛泽东为谢子长陵题词：“谢子长同志千古。前仆后继，打倒人民公敌。”朱德题词：“谢子长同志，陕北人民领袖，前仆后继。”刘少奇、周恩来、任弼时、刘伯承、贺龙、彭真等也为谢子长陵题了词。

1947年胡宗南部队进犯陕甘宁边区，谢子长陵遭受严重破坏。

1952年陕西省人民委员会重修谢子长陵，重修工程由绥德专署（当时子长县属于绥德专区所辖）和子长县人民委员会主持，1954年11月竣工，并改名为“子长烈士纪念馆”。之后，各级政府又陆续对谢子长陵进行了维修。现陵园坐北向南，占地面积12000平方米。院内建有灵堂、碑亭、纪念塔和谢子长烈士石雕像及东西两座展室。

1988年以来，邓小平、陈云、彭真、杨尚昆、徐向前、聂荣臻、薄一波、习仲勋等老一辈革命家和江泽民等中央领导同志的题词均刊刻上石，树立于陵园之中。

子长烈士纪念馆分前后两院，前院大门为5道门，宽22米，正门上方置“子长烈士纪念馆”7个大字，左右门柱各嵌长方形纹石，右刻“全心全意树立革命旗帜”，左刻“矢忠矢勇堪称民族英雄”，大门外月台铺设13阶条石台阶。

◆子长烈士事迹展室

进入大门，迎面矗立的是“革命烈士纪念塔”。塔高11米，塔座正方形，分7层，自下而上逐层收缩，用青石条砌成。塔座高3.6米，底周长21.2米。塔身高6米，见方1米，南正面镌刻“革命烈士纪念塔”7个大字，其余三面黑底白字横刻子长县土地革命时期、抗日战争时期、解放战争时期300位烈士的英名。塔身四边棱凸顶端雕“皮叶吊葫芦”图案。塔帽2层，为方形。东侧门北30米处，树锥形方柱体石碑1通，碑座高1米，周长2.4米，碑身高2.4米，正面竖刻“子长烈士纪念馆修建委员会”和“公元1954年11月25日”字样，其余三面概述修园大凡和谢子长革命事略。

在陵园中轴线东西两侧，建有结构相同的大平房各1座，为展室。檐额有李文范手书并摹写其上“革命烈士永垂不朽”8字。展室内陈列有谢子长生平事迹的文字和图片及革命文物。

展室北12米处，东西各建相同的攒尖顶八角亭1座，亭通高10米，亭基石块砌成，周长18米；亭内白石琢磨圆柱8根，柱头雕刻腾龙，下连鼓形柱座，通高3米。顶为木结构，雕装饰图案，亭顶覆盖青瓦。每亭各立石碑5通，镌刻题词。东西亭中点5米处，于1986年清明节树碑1通，为中共陕西省委党史资料征集委员会立。碑侧立西安美术学院雕刻的谢子长大理石雕像。

后院比前院高2米，中设正门亭，高11米，南北宽6米，东西长12米。亭基由石块砌成，东西两侧各有台阶11层。亭立8柱，每柱高3米。门亭两侧立石碑4通，碑高2.6米。

门厅后是墓堂，居于后院中央，东西长19米，南北宽8米，高5米。墓堂南壁正中横书“谢子长同志之墓”和“谢子长同志生平事迹简介”。墓堂内陈放柏木棺材1副和祭奠物品。正壁谢子长画像，室内庄严肃穆。墓堂东西两壁正中设门，倚门建有长9米、宽3米、高3米的通道，过通道可进入墓堂。

子长烈士纪念馆于1995年4月被陕西省委宣传部公布为陕西省爱国主义教育基地；1989年8月被民政部公布为全国重点烈士纪念建筑物保护单位。

汪锋故居纪念馆

汪锋故居纪念馆位于陕西省西安市蓝田县九间房乡街子村。

汪锋（1910—1998），原名王钧治，蓝田县九间房乡街子村人。1927年加入中国共产党。1933年3月任红二十六军代政委，参与领导川陕根据地陕南苏区的创建工作。1935年12月，汪锋持毛泽东、彭德怀致杨虎城、杜斌丞、邓宝珊的亲笔信，到西安同杨虎城会谈，就停止内战共同抗日达成协议。1936年9月，受周恩来委派，在第十

◆汪锋同志故居

◆汪锋故居纪念馆展室

七路军中开展党的秘密工作。西安事变爆发后，随第十七路军许权中旅在商（洛）山（阳）蓝（田）一线布防，协助赵伯平等在蓝田开展民众抗日运动。1946 年 1 月，任中共陕西工委书记。同年 8 月，穿越敌封锁线接应中原突围部队，任豫鄂陕边区党委书记、军区政委和行政公署主任，挫败十万之敌的“清剿”，护送李先念、郑位三、陈少敏等中原局和中原军区高级干部安全回到延安。1949 年 9 月后，先后任中共西北局常委兼统战部部长，西北军政委员会委员兼民族事务委员会主任、西北民族学院院长，参与了和平解放西藏和护送班禅回西藏工作。1954 年后，任中央统战部副部长、国家民委副主任、代理书记。1958 年至 1982 年，先后任宁夏、甘肃、新疆等省（自治区）第一书记等职务，为维护民族团结，促进边疆的稳定与发展做出了贡献。1982 年奉调回京，参与了中央落实政策和对台工作。1987 年 4 月被增补为第六届全国政协副主席。晚年为统战工作和党史资料的收集、整理等倾注了大量心血。1998 年 12 月 12 日，因病在京逝世，享年 88 岁。

汪锋故居纪念馆于 2010 年 12 月被陕西省委宣传部公布为陕西省爱国主义教育基地。

八路军西安办事处纪念馆

八路军西安办事处纪念馆位于陕西省西安市北新街七贤庄 1 号。

七贤庄始建于 1934 年冬，建成于 1936 年春，由 10 座自西向东，坐北朝南，外观相同、布局略异的“工”字形庭院建筑群组成。1936 年年初，在张学良身边工作的中共代表刘鼎租用 1 号院，建立了以牙科诊所为掩护的地下秘密交通站，用以为延安采买、转运大量的药品、医疗器械和其他急需物资。西安事变和平解决后，1937 年 1 月，这里成为红军联络处。红军改编为八路军后，同年 8 月至 9 月，联络处先后改挂“国民革命军第八路军驻陕办事处”、“国民革命军第十八集团军驻陕办事处”（简称“西办”）牌子。从此该处成为中共设在国民党统治区的公开合法的办事机构和八路军总部的代表机关。随着工作需要，又先后租用了七贤庄第三、四、七号院。“西办”利用其特殊的政治地位和地理位置，在维护和推动全民族抗日运动的发展，宣传党的抗日主张、开展统一战线工作，为八路军领取、采买、转运物资，组织爱国青年奔赴延安等方面做了大量工作，为中国人民抗日战争胜利作出了重大贡献。1946 年 9 月，内战爆发后，办事处撤离西安。

◆八路军西安办事处旧址

“西办”存在的 10 年间，中共中央领导同志和八路军高级将领周恩来、朱德、刘少奇、彭德怀、叶剑英、邓小平、林伯渠、董必武等曾多次留驻办事处并指导工作。

八路军西安办事处旧址包括七贤庄第一、三、四、七号院建于 1936 年，共有 10 所坐北向南的院落，均为四合院式建筑。其中一号院是主要办公地点，占地面积 1300 多平方米，由南北两个大小、结构相同的两进院落组成，建筑为砖木结构平房，硬山顶，土坯心表砖墙壁。南、西、北各设 1 门。两院的主体建筑呈横“工”字形，东西面阔五间，南北进深六间，屋内地面高出地表 80 厘米，下设地下室。三、四、七号院隔二、五、六号院依次向东排列，结构与一号院基本相同。二、四号院为办事处下属各部门和工作人员居室，七号院为招待所。

1959 年一号院经恢复修整，建为八路军西安办事处纪念馆。一、三、四、七号院以及周恩来等人曾居住、办公的地方和外国友人居住的地方现均已复原开放。纪念馆开辟有陈列室，收藏陈列当年使用过的文件、证章、电台设备、新闻图片、书刊和烈士手稿、照片等革命文物。馆存文物 907 件，照片 3327 张，回忆录 500 篇，其中包括周恩来遗物，朱德、林伯渠书信，中央给“八办”指示电，“八办”日志等。纪念馆还曾举办过周恩来、刘少奇、朱德图片展览。1984 年对一号院主要建筑进行了大规模翻修，并加固、维修了三、四号院内的部分建筑。

八路军西安办事处纪念馆于 1988 年 1 月被国务院公布为全国重点文物保护单位；1994 年 1 月被陕西省委宣传部公布为陕西省爱国主义教育基地，1997 年 6 月被中央宣传部公布为全国爱国主义教育示范基地。

陕甘边革命根据地照金纪念馆

陕甘边革命根据地照金纪念馆位于陕西省铜川市耀州区照金镇照金村。

陕甘边革命根据地是 20 世纪 30 年代刘志丹、谢子长、习仲勋等在陕西省和甘肃省交界地区创建的红色根据地，包括寺村塬游击革命根据地、照金革命根据地和南梁革命根据地。

◆照金镇全貌

寺村塬位于甘肃省新正县（今正宁县）境内，照金位于陕西省耀县（今耀州区）西北，南梁是陕甘边苏维埃政府（即南梁政府）所在地，位于甘肃省华池县东部50公里处。

1932年2月，刘志丹、谢子长率领中国工农红军陕甘游击队抵达照金。他们发现这里进可夺取渭北，威胁国民党在西北的统治中心西安；退可据险固守，是个得天独厚的游击战活动区。同年12月，陕甘游击队改编为中国工农红军第二十六军。1933年3月初，中共陕甘边特委在照金成立，4月初，在照金召开了陕甘边革命委员会会议。陕甘边革命根据地照金苏区，以耀州区照金镇为中心，横跨耀州区、旬邑、淳化、宜君等县（区），面积2500平方公里，人口3万至4万。后来在反“围剿”斗争中与陕北根据地连成一片，形成西北革命根据地，土地革命战争后期成为全国“硕果仅存”的革命根据地，不仅为党中央和红军长征提供了落脚点，还是抗日战争的出发地，为中国革命的胜利做出了重大贡献。

1993年5月，中共陕西省委决定在照金镇修建陕甘边革命根据地照金纪念馆。工程于1996年动工，2004年建成并对外开放，建筑面积1120平方米。其中，新建主馆面积609平方米，有5.8米高的烈士群雕。2010年对纪念馆两次进行了全新布展。馆内通过100余件文物和大量珍贵的历史图片、油画、版画及多媒体演示等手段，全方位展示了刘志丹、谢子长、习仲勋等老一辈无产阶级革命家开辟、创建陕甘边革命根据地的奋斗历程。

陕甘边革命根据地照金纪念馆于2009年5月被中央宣传部公布为全国爱国主义教育示范基地。

渭华起义纪念馆

渭华起义纪念馆位于陕西省渭南市华县高塘塬镇。

1928年3月22日，中共陕西省委常务委员会决定，以渭南、华县、五一（固市）、华阴、临潼等五县为陕东暴动区。4月1日，省委在华县江村药王洞小学成立了中共陕东区特派委员会，专门负责领导陕东各地斗争与暴动。

5月1日，在陕东特委的领导下，渭南县委具体组织，在崇凝镇召集了1000多

◆渭华起义纪念馆

人的大会。渭南、华县两县共产党员和革命武装参加。会上提出了“打倒军阀”、“打倒土豪劣绅”、“实行耕者有其田”等口号，宣布成立崇凝区苏维埃政府。会后，华县县委遵照特委指示精神号召华县参加大会的100多名代表，回去后立即进行暴动，三五天以内，普遍成立苏维埃政权，渭华起义的火炬从此点燃。5月中旬，宣布成立工农革命军。在陕东特委的直接领导和工农革命军的大力支持下，县委迅速发动群众，高举暴动大旗，向土豪劣绅、贪官污吏展开了攻击。数日之后，渭华地区建立了2个区、48个村苏维埃政府，遂形成以华县高塘、渭南塔山为中心，东至少华山，西至临潼东，北至豫陕大道，南至秦岭北麓约200平方公里的红色武装割据地区。

6月中旬，冯玉祥两次派重兵对起义中心区域实行军事“围剿”，均被工农革命军和各村赤卫队打退。6月19日，国民党陕西省主席宋哲元亲率三师之众，向高塘和塔山进攻。在敌我力量悬殊，战斗失利的情况下，王芾南在箭峪寺主持召开了有王云、章子文、宋宗微、李成栋、宋攀贵等人参加的党团联席会议。会议研究了起义失败后如何恢复党、团组织活动问题。起义军民经过浴血奋战，在给“围剿”之敌以沉重打击后退入秦岭，党、团员分别到各地疏散隐蔽。工农革命军转辗蓝田、洛南，最后在河南邓县被当地“红枪会”打散，渭华起义由此失败。

◆渭华起义纪念馆内的雕塑

渭华起义是大革命失败后中共陕西省委领导的，以军事力量与农民运动相结合、在全国具有重大影响的起义之一。这次起义沉重地打击了西北反动统治阶级的嚣张气焰，鼓舞了西北人民的斗志，同时也教育和锻炼了陕西人民，培养了政治、军事干部，为以后创建西北革命根据地积累了经验。

为了缅怀革命先烈，教育后人，1988 年建成渭华起义纪念馆。渭华起义纪念馆包括纪念馆和纪念塔。纪念馆占地 8757 平方米，建筑面积1590 平方米，包括 6 个展厅，刘志丹、唐澍、王泰吉、廉益民 4 位领导人旧居，收藏着 1921 年到 1936 年革命文物 257 件，革命历史文献资料 75 件（原件 32 件）。珍藏着邓小平、徐向前、习仲勋、汪锋、高克林、吕剑人等党政领导人的题词。特别是红院中保存着 1927 年 11 月共产党员陈述善、李维俊带领高塘、谷堆两校师生，用青砖鹅卵石铺砌的标语："同志们赶快踏着先烈的鲜血前进啊!!!"属国家一级革命类文物。

渭华起义纪念塔建在纪念馆南 100 米的丘陵高地上，塔总高 32 米，塔身高 19.28 米，示意 1928 年，下设5 个台阶，示意5 月，面向西北，示意渭华起义是西北地区最大的一次武装起义。纪念塔呈方形，塔的正面雕刻着邓小平题词："渭华起义烈士永垂不朽"。塔的背面是陕西省委、省政府纪念渭华起义，缅怀悼念死难英烈的碑文。

渭华起义纪念馆于 2006 年 5 月被国务院公布为全国重点文物保护单位；2009 年 5 月被中央宣传部公布为全国爱国主义教育示范基地。

延安革命纪念馆

延安革命纪念馆位于陕西省延安市宝塔区桥沟镇王家坪村。

延安革命纪念馆始建于 1950 年 6 月，原址在延安城南关交际处，是中华人民共和国成立后最早建立的革命纪念馆之一。1954 年迁往杨家岭原中共中央机关旧址定名为延安博物馆。1955 年迁至城内凤凰山麓革命旧址院内，改名为延安革命纪念馆，1973 年 6 月迁往王家坪（现址）。

◆延安革命纪念馆

2009 年 8 月 28 日，延安革命纪念馆新馆正式向观众开放。延安革命纪念馆广场，有 3.8 万多平方米，展馆东西两翼安放着 18 尊象征工、农、商、学、兵及国际友人的雕塑。入口的三层台阶，隐喻着中国共产党在延安经历了土地革命战争、抗日战争和解放战争三个历史阶段。进入序厅，是一组毛泽东、朱德、刘少奇、周恩来、任弼时五大书记与工人、农民及国际友人的群雕，浮雕墙上刻有“1935 年—1948 年”字样。

◆延安革命纪念馆陈列大厅雕塑

新馆建设吸收了陕北民居的建筑元素，借鉴了杨家岭七大会址、边区大礼堂等革命旧址的建筑风格，融入了现代建筑的理念，使延安特征和现代感巧妙结合，成为融纪念性、标志性、时代性和地域性为一体的精品工程。

该馆陈列面积 4000 余平方米，展出照片及文物近 2000 件，还有模型、油画、雕塑及场景复原等辅助展品，并运用声、光、电等现代科技手段，增强陈列的动态效果。陈列空间装置有电子屏幕，播放延安时期的历史资料片和一些重要团体、人物在延安参观活动的录像。广场正中巍然耸立的是毛泽东铜像，铜像名为“高瞻远瞩”，毛泽东身着中山装，双手叉腰目视远方，浩气凌霄。铜像高 5 米、重约 3 吨，连基座通高 8. 15 米，基座上镌刻着江泽民手书的“毛泽东在延安”。

延安革命纪念馆于 1961 年 3 月被国务院公布为全国重点文物保护单位；1997 年 6 月被中央宣传部公布为全国爱国主义教育示范基地。

洛川会议纪念馆

洛川会议纪念馆位于陕西省延安市洛川县永乡冯家村。

◆洛川会议纪念馆

1937 年 7 月 7 日，日本帝国主义以制造卢沟桥事变为起点，发动了全面侵华战争，中国守军奋起抵抗，开始了全民族的抗日战争。卢沟桥事变的第二天，中国共产党向全国发出通电，指出只有实行全民族抗战，才是中国的出路，号召全国人民、军队和政府团结起来，筑起民族统一战线的坚固长城，抵抗日本的侵略。在陕北的

◆洛川会议旧址会议室内景

红军高级将领也联合署名向蒋介石发出了要求抗日的通电。在中国共产党的积极努力下，8月上旬，中国共产党与国民党达成协议，同意将红军主力改编为国民革命军第八路军，奔赴阎锡山负责的第二战区对日作战。为了正确贯彻统一战线政策，进一步具体地确定全面抗战的战略方针和政策，指导抗战的顺利发展，1937年8月22日至25日，中国共产党在洛川县城北10公里的冯家村召开了为期4天的中共中央政治局扩大会议，史称洛川会议。

洛川属于国民党统治区，又是红白交界的地方，之所以选择洛川作为会议地点，是因为国共两党刚刚实现了第二次合作，同时洛川会谈和延安会谈已经取得实质性成果，安全有了足够的保障。年初刚进驻于延安的党中央，决定将洛川会议扩大到部分红军将领中去，而红军将领主要驻守在陕西关中的三原、富平、泾阳一带。由于红军将领没有代步车辆，只能骑马参加会议，而洛川位于延安与关中的中间地段，红军将领们骑着马走直道一天多的时间就可以赶到，便于各位将领们按时参加会议。

参加洛川会议者有张闻天、毛泽东、朱德、周恩来、秦邦宪、任弼时、彭德怀、张国焘、关向应、何克全、林伯渠、张浩、张文彬、林彪、聂荣臻、罗瑞卿、贺龙、刘伯承、徐向前、肖劲光、周建屏、傅钟等。洛川会议通过了《中央关于目前形势与党的任务的决定》、《中国共产党抗日救国十六纲领》和《为动员一切力量争取抗战胜利而斗争》。会议决定毛泽东为中共中央革命军委员会书记（亦称主席），周恩来、朱德为副书记。

◆洛川会议纪念馆陈列室外景

洛川会议是抗日战争刚刚爆发的历史转折关头中共召开的一次十分重要的会议。会议制定了中国共产党抗战的基本纲领、路线与政策，提出了持久战与独立自主的山地游击战争的战略方针，确立了中国共产党在全民族抗战中的独立自主地位，指明了抗战胜利的必由之路，为实现中国共产党对抗日战争的主动领导，动员一切力量争取抗战胜利，奠定了坚实的政治思想基础，具有重要的革命历史价值。

洛川会议纪念馆建于1966年，1980年更名为洛川会议纪念馆。现存对外开放的旧址、旧居有：洛川会议旧址、警卫队、机要室、总务处四处旧址及毛泽东、张闻天、周恩来、朱德、彭德怀、徐向前、肖劲光七位领导人旧居25孔窑洞、16间瓦房。总占地面积19869平方米。现收藏有二级文物5件、三级文物20件、一般文物300余件。

洛川会议纪念馆于1992年4月被陕西省人民政府公布为陕西省重点文物保护单位，2001年6月被国务院公布为全国重点文物保护单位；2001年6月被中央宣传部公布为全国爱国主义教育示范基地。

杨家沟革命纪念馆

杨家沟革命纪念馆位于陕西省榆林市米脂县杨家沟村扶风寨“新院”。

1947年秋，沙家店战役胜利后，西北战场战略形势发生了根本转变。毛泽东认为，西北野战军应该进行冬季休整，中央前委机关也需合适的地方过冬。经过选点，于11月22日，毛泽东、周恩来率领代号为“亚洲部”的中央前委机关和人民解放军总部，随行官兵共计600余人，抵达杨家沟村，驻扎在扶风寨马家“新院”。在这里，毛泽东和党中央领导与指挥了西北战场和全国解放战争，召开了具有重要历史意义的十二月会议、西北野战军高级干部会议、前委扩大会议以及庆祝宜川战役胜利和东渡黄河动员大会等重要会议。在十二月会议上，毛泽东作了题为《目前形势和我们的任务》的重要报告。同时，毛泽东在这里还撰写了大量的重要理论著作，仅收入《毛泽东选集》第四卷的就有11篇。1948年3月21日毛泽东离开杨家沟，23日从吴堡县川口渡过黄河，从此，结束了具有伟大历史意义的转战陕北的战斗岁月。杨家沟是党中央、毛泽东离开延安后，在转战陕北过程中居住时间最长、从事活动最多、影响非常大的地方。

◆杨家沟革命纪念馆内的毛主席旧居

杨家沟革命纪念馆，原名杨家沟毛主席旧居，筹建于1972年，1978年12月26日恢复原貌开放展出。主要包括毛泽东、周恩来、任弼时、张闻天旧居，十二月会议旧址，西北野战军高级干部会议旧址，中央前委扩大会议旧址，庆祝宜川大捷大会和东渡黄河动员大会旧址。2005年，在杨家沟扶风寨山顶，以毛泽东曾居住的马氏家族的讲堂和祠堂为主体，建立了“毛泽东转战陕北纪念馆”。该座具有典型陕北窑洞院落特点的纪念馆全面反映了党中央和毛泽东转战陕北的历史史实。纪念馆广场所竖立的全国独有的一块劳动人民的纪念碑，属国家一级文物。

◆杨家沟中央前委扩大会议旧址

杨家沟革命纪念馆于2001年6月被国务院公布为全国重点文物保护单位；2009年5月被中央宣传部公布为全国爱国主义教育示范基地。

川陕革命根据地南郑纪念馆

川陕革命根据地南郑纪念馆位于陕西省汉中市南郑县红寺湖风景区内。

川陕革命根据地是1932年12月徐向前等率领的中国工农红军第四方面军主力从鄂豫皖根据地战略转移，突破全国，自陕入川后，在川陕边区党组织和广大劳动群众的配合支持下建立的苏维埃区域，范围包括23个县，约600万人口，红四方面扩大到5个军8万余人。1933年成立了中共川陕省委和省苏维埃政府。红四方面军的广大指战员和川陕的党组织及勤劳勇敢的川陕苏区人民，对革命根据地的建立和发展，进行了英勇顽强的斗争，在中国革命战争史上写下了光辉的篇章。

◆川陕革命根据地南郑纪念馆

川陕革命根据地南郑纪念馆创建于1980年5月，原址在南郑县城关镇南大街，1990年迁往南郑县南湖湖心岛。2006年迁至南郑县红寺湖风景区重

◆革命烈士纪念塔

建。纪念馆占地150亩，总建筑面积18600平方米。由主体建筑川陕革命根据地纪念馆展陈馆、爱国主义教育广场、川陕革命根据地烈士纪念塔、何挺颖烈士纪念牌及纪念馆的一些设施组成。爱国主义教育广场陈列了川陕革命将领及英雄半身雕像、重大事件浮雕及雕塑群等。

2011年3月，纪念馆正式建成并对外开放。纪念馆占地150亩，建筑面积5240平方米。新馆内陈列和反映了红四方面军创建川陕革命根据地过程中的著名战役、红色交通线创建及活动情况，红25军、红29军、红二方面军、359旅、巴山游击队等在汉中的战斗情况，为中国新民主主义革命做出重大贡献的汉中籍人物及其遗物，20世纪20年代至汉中解放时期在汉中境内的各革命武装开展斗争的情况及重要人物生平事迹。

川陕革命根据地南郑纪念馆于2011年3月被陕西省委宣传部公布为陕西省爱国主义教育基地。

汉中革命史迹陈列室

汉中革命史迹陈列室位于陕西省汉中市汉台区东大街。

汉中革命史迹陈列室所在地也称古汉台，为汉王刘邦在汉中时的行宫，面积120平方米。馆内有何挺颖、左明、陈浅沦烈士雕塑，馆藏汉中革命斗争文物300余件，包含陕南地下革命斗争时期使用的徽章、钱币、武器及有关宣传资料等。1932年1月，

◆汉中革命史迹陈列室

◆汉中革命史迹陈列馆一角

中共陕西省委特派员陈浅沦来汉，以教员身份领导学生运动，开展革命工作，5 月遭当局逮捕。9 月出狱后在古汉台的东华厅居住疗伤，中共陕南特委机关在此设立，继续开展革命工作。1933 年初省委先后派杨珊、孟访周、李艮、杨维三等同志来汉，研究筹备成立红 29 军工作。在陈浅沦的主持下，由孟访周任教官，利用古汉台的公众场合，在望江楼抽调了一批县优秀党团员开办军事训练班，学习游击战术，培训了一批军事人员。陈浅沦后任红 29 军军长，在西乡县开展武装斗争中，因发生反革命叛乱，光荣牺牲。

汉中革命史迹陈列室于 1994 年 7 月被陕西省委宣传部公布为陕西省爱国主义教育基地。

张思德革命传统教育基地

张思德革命传统教育基地位于陕西省延安市安塞县城南 70 公里楼坪乡石峡峪。

张思德（1915—1944），1915 年生，四川省仪陇县人。1933 年参加中国工农红军，同年加入中国共产主义青年团。1937 年加入中国共产党。参加过长征，作战机智勇敢，曾在一次战斗中创造一人夺得 2 挺机枪的战绩，先后 3 次负伤。1938 年任中央军委警卫营通信班长，工作认真负责，在带领全班完成机要通信、站岗放哨、开荒生产和建窑烧炭等各项任务中，成绩优异。1942 年 11 月部队整编，调中央警卫团第 1 连当战士。他愉快服从组织分配，在毛泽

◆张思德同志纪念碑

东内卫班执行警卫任务。他全心全意为人民服务，经常帮助战友补洗衣服、编织草鞋，带头帮助驻地群众生产劳动。1944 年，积极参加大生产运动，被选为农场副队长。7 月，进陕北安塞县楼坪乡石峡峪山中烧木炭。他处处起模范带头作用，不怕苦、不怕累、不怕脏，每到出炭时都争先钻进窑中作业。9 月 5 日，因炭窑崩塌，不幸牺牲，时年 29 岁。

9 月 8 日，中共中央、中央军委主席毛泽东在中央直属机关举行的张思德追悼会上作了题为《为人民服务》的著名演讲，对张思德全心全意为人民服务的革命精神给予了高度评价："张思德同志是为人民利益而死的，他的死是比泰山还要重的"，并亲笔题写"向为人民利益而牺牲的张思德同志致敬"的挽词，号召全党全军和全国人民学习并发扬张思德全心全意为人民服务的革命精神。

该纪念地地处山林，依山而建，坐东面西。现存木炭窑一处，用红砖砌成，窑室外侧有一烟囱口，炭窑前有标志石碑一通，青石、圆首、方座，碑首有一浅浮雕红色五角星图案，碑身为阴刻楷书，题为"张思德同志纪念碑"，款为"公元一九六七年二月十五日立"。

张思德革命传统教育基地于 1996 年 9 月被陕西省委宣传部公布为陕西省爱国主义教育基地。

富平县青少年教育基地

富平县青少年教育基地位于陕西省渭南市富平县乔山路。

富平县青少年教育基地以习仲勋陵园为主体，坐落在富平县城北 1 公里处，南依温泉河，北靠桥山，占地 10 亩。2005 年 5 月 24 日正式建成并对外开放。陵园内主要建筑物有两处，习仲勋花岗岩雕塑一座，像高 3.8 米；习仲勋事迹陈列室，陈列面积 100 平方米，主要包括习仲勋青少年时代和故居的部分图片；习仲勋与刘志丹、谢子长等革命家开辟西北革命根据地部分图片；习仲勋在西北局工作

◆ 习仲勋雕像

◆习仲勋同志事迹展馆内景

时毛泽东给他的三封亲笔信的图片等。

习仲勋（1913—2002），陕西省富平县淡村镇中合村人。曾任国务院副总理，中国共产党第十一届中央委员会书记处书记，第十二届中央政治局委员、书记处书记，第五届、第七届全国人民代表大会常务委员会副委员长。

习仲勋早年即接受革命思想，参加进步学生团体。1926年5月加入中国共产主义青年团。1928年春参加爱国学生运动，遭国民党当局关押，在狱中转为中国共产党党员。1932年3月，组织发动了两当起义。1933年3月后，与刘志丹等同志创建照金陕甘边区革命根据地，进行了艰苦卓绝的斗争。1934年11月，当选为陕甘边区苏维埃政府主席。为土地革命战争年代红色政权的巩固和经济的发展，做了许多探索性、开创性的工作。

1943年1月，毛泽东亲笔为他书写“党的利益在第一位”题词，予以表彰。其后，历任中共绥德地委书记、中共中央西北局书记、陕甘宁晋绥联防军政治委员、陕甘宁野战集团军政治委员、西北野战军副政治委员。在整个解放战争期间，和彭德怀、贺龙同志，或转战西北战场，或开展新式整军运动等军队政治工作，或组织后方支前，战胜了十倍于我的国民党军队，为解放大西北，解放全中国，作出了卓越的贡献。

1978年4月后，复出的习仲勋任广东省主要负责人。他团结省委“一班人”，坚决贯彻执行党中央关于把工作重点转移到经济建设上来的重大决策，率先向党中央提出充分利用国内外的有利形势，发挥广东的特点和人文地缘优势，让广东在改革开放中先走一步的请求，得到了邓小平的赞同。1979年7月，党中央、国务院正式批准广东在改革开放中实行特殊政策、灵活措施和创办经济特区，为广东的改革开放奠定了基础，使广东成为中国改革开放的窗口、综合改革的试验区和排头兵，为国家实行对外开放政策提供了宝贵经验。

富平县青少年教育基地于2008年6月被陕西省委宣传部公布为陕西省爱国主义教育基地。

甘肃省重要革命遗址

八路军驻甘办事处旧址

八路军驻甘办事处旧址位于甘肃省兰州市城关区。

八路军驻甘办事处旧址有两处，分别位于南滩街 54 号（今兰州市城关区甘南路 700 号）和孝友街 32 号（今兰州市城关区酒泉路 314 号），两址相距约 220 米。

◆八路军兰州办事处纪念馆

1937 年 8 月，八路军驻甘办事处（因设在兰州，又称八路军驻兰州办事处）设立在原兰州红军办事处（1937 年 5 月建立），位于南滩街 54 号。1938 年年初，八路军驻甘办事处迁至孝友街，1943 年 11 月办事处撤销，人员撤回延安，历时 6 年。期间，在中共代表谢觉哉、处长彭加伦、伍修权等领导下，在开展营救被俘、流落红军西路军将士、推进抗日民族统一战线、加强同苏联外交代表处和军事代表处的联系、接待中国共产党往返苏联人员、转运抗战物资、输送进步青年到延安、与中共甘肃工委共同开展工作等方面发挥了重要作用，被周恩来誉为“革命的接待站，战斗的指挥所”。

1982 年，中共兰州市委、兰州市人民政府决定，利用八路军驻甘办事处旧址建立八路军兰州办事处纪念馆，并对旧址进行了维修。维修后，酒泉路旧址占地面积 1378 平方米，建筑面积 1776 平方米；甘南路旧址占地面积 1320 平方米，建筑面积 710 平方米，东西两院。两处院落房屋均为仿古建筑，木质门窗，青砖房脊，极具浓郁的兰州传统民居风格。八路军兰州办事处纪念馆是兰州市唯一一家大型革命纪念馆，馆藏文物 102

◆八路军兰州办事处旧址

件，各类历史资料照片1782张。其中，一级文物13件，二级文物10件，三级文物18件，一般文物15件，待评等级文物46件，文物代用品213件。现有旧址原状陈列、八路军驻甘办事处与甘肃抗战、兰州空战和中国工农红军西路军征战史4个固定展览。

八路军驻甘办事处旧址于1981年9月被甘肃省人民政府公布为甘肃省文物保护单位；1994年12月被甘肃省委公布为甘肃省爱国主义教育基地，八路军驻兰州办事处纪念馆于2001年6月被中央宣传部公布为全国爱国主义教育示范基地。

第一野战军接管嘉峪关关城旧址

第一野战军接管嘉峪关关城旧址位于甘肃省酒泉市嘉峪关所在地。

嘉峪关东距兰州776公里，西至新疆哈密650公里，南至青海300多公里，北通东风航天城与内蒙古相距300公里，是我国内地通往新疆及中亚、欧洲远地的咽喉要道和交通枢纽，为历代兵家必争之地。

1949年9月，酒泉和平解放期间，为了防止不遵守约束和管制的国民党部队西进，时任国民党河西警备总参谋长的汤祖坛（进步军官，9月25日率部起义）派兵扼守嘉峪关，对稳定嘉峪关和酒泉的局势，促进嘉峪关和酒泉的和平解放起到了积极作用，也保证了解放军谈判代表进出嘉峪关的安全。9月20日，解放军某团政治处主任黄诚带一名助手和一名起义军官，从酒泉出发，出嘉峪关安全到达玉门，为和平解放玉门，保护玉门油矿发挥了重要作用。9月24日晚，第一野战军装甲部队在黄新亭军长率领下，从张掖出发，急行军经嘉峪关于25

◆嘉峪关关城全景

日下午5点解放玉门，接管中外闻名的玉门油矿。9月25日，酒泉和平解放后，嘉峪关被中国人民解放军第一野战军所属部队接管。嘉峪关重获新生后，成为解放军经河西进入新疆的重要关隘。

◆嘉峪关内城

第一野战军接管嘉峪关关城旧址于1961年3月被国务院公布为全国重点文物保护单位；1994年12月被甘肃省委公布为甘肃省爱国主义教育基地，1997年6月被中央宣传部公布为全国爱国主义教育示范基地。

玉门老君庙油矿旧址

玉门老君庙油矿旧址位于甘肃省玉门市老市区南端。

玉门老君庙建于清同治二年。抗日战争期间因在老君庙发现和开发出国内最大的油田而闻名国内外。

◆老一井原址

1939年，石油地质学家孙建初等人在老君庙原址以北15米处确定井位，用人工方式打出了第一口油井（后被称为老一井），日产量达10吨，揭开了开发玉门油田的序幕。随着玉门油矿的开发建设和正式开钻出油，中共甘肃工委、中共长江局川东特区区委、晋察冀军分区先后调刁德顺、王道一、陈责 3 名共产党员到玉门油矿参加开发建设，于 1941 年成立了中共老君庙矿区地下党支部，刁德顺任支部书记。矿区党支部成立后，开展了宣传抗日、秘密发展党员、坚持工运斗争等运动。1962 年，油竭停产。该井 23 年累计生产原油 845.9 吨，生产天然气 17.73 千立方米。老一井是中国近现代石油工业的摇篮，曾为中国的抗日战争作出过重要贡献。

1989 年老君庙油矿在玉门油矿建矿 50 周年前夕，在原址上安装了抽油机、设置了保护围栏、树立了纪念碑，铭刻了“老一井”的碑文，又在老君庙设立了矿史陈列展览室。

玉门老君庙油矿旧址于 1994 年 12 月被甘肃省委公布为甘肃省爱国主义教育基地。

会宁红军会师旧址

会宁红军会师旧址位于甘肃省白银市会宁县城西关。

会宁北依黄河，东、南紧靠西兰公路，战略位置十分重要。1936 年 9 月 13 日，中共中央明确提出了三大主力红军在会宁、静宁地区会师的要求。

9 月 28 日，红四方面军总指挥部下达《通（渭）庄（浪）静（宁）会（宁）战役计划》。30 日，红四方面军第四、第五、第九、第三十一军和第三十军先后离开临潭、岷县、武山、漳县等地，分六路纵队向通渭、庄浪、会宁、静宁前进。10 月 5 日，红四方面军第三十一军先头部队占领通渭县城，红九军到达榜罗镇。同日，红四方面军总部到达武山县榆盘镇，先头部队进入会宁境内。7 日，红四方面军第四军一部到达会宁，与红一方面军第十五军团 73 师会合，揭开了三大主力红军会师的序幕。

◆会宁红军会师纪念塔

10 月 8 日，红四方面军第四军 10 师在会宁青江驿、静宁界石铺与红一方面军第一军团 1 师会合。9 日，中共中央西北局、红军总部的领导人朱德、张国焘、徐向前、陈昌浩率领红四方面军到达会宁，受到红一方面军第一军团 1 师师长陈赓和指战员们的热烈欢迎。10 日，红一、红四方面军的指战员在会宁文庙前举行庆祝会师联欢大会。会上，朱德宣读了中国共产党中央委员会、中华苏维埃中央政府、中央革命军事委员会联合发表的《为庆祝一、二、四方面军大会合通电》；徐向前、陈昌浩在会上发表讲话；陈赓介绍红一方面军及陕甘宁苏区的情况及中央在统一战线方面取得的成就。12 日，红四方面军第九军进入会宁，13 日，到达县城与主力部队会师。15 日，红军总部在此召开干部会议，陈昌浩作报告。17 日，中共中央西北局召开会议，听取关于“抗日救亡运动与民主共和国”的报告。

红一、红四方面军的会师引起国民党的重视，派遣大批部队向会宁地区逼来。10 月20 日，红军撤离会宁城，向北转移。

红一、红四方面军会合后，正在陇南牵制国民党军的红二方面军，根据中央指示迅速北上，10 月9 日冒着国民党军飞机的轰炸渡过渭河。15 日至 17 日，红二方面军总指挥贺龙、政委任弼时、副政委关向应率总指挥部和第二军、第三十二军陆续由通渭进入会宁县南部的侯家川、谷头岔一带休整；红六军在军长陈伯钧、政委王震率领下到达会宁县东部的青江驿与红四方面军红九军会师。18 日，红二方面军总指挥部和主力部队向会宁县东部的老君坡一带转移，受到红一方面军第一军团 2 师政委肖华率领的第 5 团和师政治部宣传队及后勤人员的热烈欢迎，两个方面军的代表在老君坡举行了会师联欢活动。10 月22 日，红二方面军到达甘肃隆德县境内的将台堡（今属宁夏），同红一方面军第一军团司令部会合。23 日，朱德、张国焘率领红军总司令部到达靖远县的打拉池，与彭德怀率领的西方野战军司令部会合。至此，中国工农红军第一、第二、第四方面军在会宁地区胜利实现了大会师，结束了伟大而艰巨的长征。

会宁红军会师旧址也称会师园，包括会师门、会师楼，会师纪念塔，会师联欢会旧址，红军总司令部旧址，红军总政治部旧址，红军大学旧址，红一方面军、红二方面军及红四方面军指挥部旧址，红军演讲台旧址，将帅碑林，红军长征胜利纪念馆等 12 处纪念建筑。占地面积 4. 26 万平方米。

会师门、会师楼

会师门、会师楼原系会宁县城西津门及城楼，初建于明洪武年间。1936 年10 月2 日凌晨，红一方面军第十五军团直属骑兵团由此攻克县城，进入城内。7 日和8 日，红四方面军第四军先后在县城和青江驿，同红一方面军第1、第2、第73 师会师，接着红四方面军第九、第三十、第三十一、第五军陆续进入会宁境内。9 日，红军总司令朱德、总政委张国焘率总指挥部到达会宁县城。

◆会师楼 （会宁县西城门楼，红一、红四方面军在这里会师）

红一、红四方面军在县城驻扎期间，举行会议，开展工作，组织了一系列革命活动。

新中国成立后改西津门为会师门，门楼改称会师楼，楼内陈列有红军遗物及照片，城楼两侧各有47米的城墙及马道。

会师纪念塔

会师纪念塔位于会师楼东北隅。纪念塔三塔环抱，第十层合为一塔，第十一层收顶，塔高28.78米。该塔形象征红军三大主力会师，团结一致，所向无敌。塔体正面16米高的汉白玉上，雕刻着邓小平题写的“中国工农红军第一、第二、第四方面军会师纪念塔”塔名。

会师联欢会旧址

会师联欢会旧址原系文庙大成殿，始建于明弘治年间。1936年10月10日傍晚，红一、红二、红四方面军指战员在此隆重举行会师联欢会，朱德总司令宣读了中央《为庆祝一、二、四方面军大会合通电》。1986年该殿改称“红军会师联欢会旧址”，陈列有照片、文物和领导手迹等。

◆红军会师联欢会旧址

红军长征胜利纪念馆

红军长征胜利纪念馆位于会师园南侧，建筑面积3310平方米，集仿古和现代建筑风格于一身，主体二层、局部三层，馆内陈列着300多件珍贵文物和400余幅图片、电文、图表，是目前国内规模最大的反映红军长征历史的纪念馆。

将帅碑林

将帅碑林位于会师园东侧，建于1996年，刻有碑文近300幅，陈展有将帅的题词石刻。其中有党和国家领导人、开国将帅、解放军高级将领、老红军、省部级以上党政领导及社会知名人士，热情讴歌了伟大的长征精神。

红军大学等旧址

红军大学旧址位于会师园西侧，原为城隍庙廊房，砖木结构，平面布置14间。红一方面军指挥部旧址位于会师园北侧，原为会宁县城隍庙。另外，园内还有红军总司令部、红军总政治部、红二方面军指挥部、红四方面军指挥部、红军演讲台等5处异地仿原貌建筑。

会宁红军会师旧址于1962年12月被甘肃省人民政府公布为省级文物保护单位，1996年11月被国务院公布为全国重点文物保护单位；会师楼于1994年12月被甘肃省委公布为甘肃省爱国主义教育基地，1997年6月被中央宣传部公布为全国爱国主义教育示范基地。

◆红军长征胜利纪念馆

兰州市烈士陵园

兰州市烈士陵园位于甘肃省兰州市七里河区八里镇华林山社区华林路529号。

◆兰州市烈士陵园

兰州市烈士陵园又称华林山革命烈士陵园，坐南朝北，采用传统中轴线对称建筑风格，平面呈“士”字形，占地面积约30亩，建筑总面积10400平方米。陵园大门西侧镌刻毛泽东“为有牺牲多壮志，敢叫日月换新天”的诗句，大门造型为红旗。纪念塔位于中轴线纪念广场正南端，广场东西两侧为烈士骨灰堂，骨灰堂北侧为纪念展馆，园内东北侧为烈士公墓区。

烈士陵园建成于1959年。1972年进行了改扩建。1999年在纪念兰州解放50周年之际，市政府拨款维修了烈士纪念塔，扩建了兰州战役纪念馆。主要烈士纪念建筑物有烈士纪念塔，红二十五军军长吴焕先、原甘肃工委副书记罗云鹏、第一野战军第四军31团团长王学礼、30团政委李锡贵烈士纪念亭。主要纪念设施有兰州战役纪念馆、吴焕先烈士纪念馆、罗云鹏烈士纪念馆。

兰州市烈士陵园于1963年2月被甘肃省人民委员会公布为甘肃省文物保护单位；1994年12月被甘肃省委公布为甘肃省爱国主义教育基地，2001年6月被中央宣传部公布为全国爱国主义教育示范基地，1989年8月被民政部公布为全国重点烈士纪念建筑物保护单位。

◆兰州市烈士陵园内的兰州战役纪念馆

兴隆山革命烈士陵园

兴隆山革命烈士陵园位于甘肃省兰州市榆中县。

兴隆山革命烈士陵园是为纪念兰州战役中在榆中境内牺牲的革命烈士而建。兰州战役是解放大西北的关键一仗。在榆中境内的主要战斗有攻战十里山、马家山、窦家山、古城岭的战斗。人民解放军第19兵团所属部队与马步芳军在这些地方展开激战，王勇禄、周万顺、卢振声、董茂秀、杨顺文等912名烈士英勇牺牲，被当地群众分别埋葬。

◆兴隆山革命烈士陵园

兴隆山革命烈士陵园始建于1986年10月，1988年10月竣工。陵园坐落于陇右名山——兴隆山风景区腹地，占地38600平方米。2005年，县民政局对陵园进行了修缮。整个陵园由牌坊门、革命烈士纪念碑、墓群、烈士纪念亭组成。革命烈士纪念碑高25.7米，碑座四周刻有献词，碑座东南刻有“兰州解放纪略”。纪念碑后是革命烈士墓群，分葬在各处的915名烈士合葬于此。烈士纪念亭是为兰州早期革命先烈张一悟专门修建的。

兴隆山革命烈士陵园于1994年12月被甘肃省委公布为甘肃省爱国主义教育基地。

临洮县烈士陵园

临洮县烈士陵园位于甘肃省定西市临洮县岳麓山公园内。

临洮县烈士陵园始建于1985年5月，1988年10月建成。陵园占地面积4827平方米，建筑面积3752平方米，绿地、花园占地1255平方米。陵园分为“甘南农民起义烈士纪念碑园区”和“烈士纪念碑园区”两大园区。陵园建成后，将1939年临洮各界民众出资修建的抗日阵亡将士纪念碑和1951年10月建成的临洮县革命烈士碑由东山根迁入陵园。园内竖立着王仲甲、石凤玉等15名烈士的纪念碑和为石应华、张正清等14名烈士合立的2座纪念碑，居中为1939年2月临洮各界七·七抗战建国纪念大会筹备会竖立的抗日阵亡将士纪念碑。

◆临洮县烈士陵园

临洮县烈士陵园于1991年4月被甘肃省委公布为甘肃省爱国主义教育基地。

红西路军最后一战纪念塔

红西路军最后一战纪念塔和李卓然墓位于甘肃省酒泉市瓜州县渊泉镇公园内。

1937年4月，转战河西走廊达数月之久的红西路军左支队近千名指战员，在李先念、程世才的率领下，经过43天的艰苦跋涉，终于翻越祁连雪山，到达安西县（今瓜州县）城南75公里处的蘑菇台。为了取得给养，按中共中央指示西进新疆，遂于4月24日至26日，先后在安西县城、王家屯庄、白墩子、红柳园子等地，同数倍于红军的马家军进行了激烈的战斗。战斗中，钟立彬、刘雄武、陈茂生等100多名指战员壮烈牺牲。这是红西路军西征过程中的最后一战，是革命战争史上极为悲壮的历史片断。

安西县委、县人民政府于1988年10月18日在县城公园建成了“西路红军最后一战纪念

◆红西路军最后一战纪念塔

塔”。纪念塔采用碑塔结合，背面为15.54米的汉白玉大理石碑，刻有李先念的题词“为中国人民的解放事业牺牲的烈士们永垂不朽！”正面横楣上有徐向前元帅题写的“西路军最后一战纪念塔”10个大字。塔体为正六边形建筑，9层。塔心设置转梯立柱，可供参观者登塔观赏巍峨祁连雪峰，眺望当年红西路军战斗过的地方。

红西路军最后一战纪念塔南侧50米处为李卓然墓。李卓然是西路军军政委员会委员，1989年11月9日病逝后，按照遗愿将其部分骨灰安葬于此，1990年8月修建了李卓然墓。2006年12月13日，李卓然夫人鲁陆去世，其子女按照父母遗愿将父亲剩余骨灰和母亲骨灰送瓜州安葬。

红西路军最后一战纪念塔于2006年9月被甘肃省委宣传部公布为甘肃省爱国主义教育基地。

高金城烈士纪念馆

高金城烈士纪念馆位于甘肃省张掖市甘州区大街门街解放巷14号。

高金城烈士纪念馆始建于1998年，1999年完成布展，2000年9月正式启用并对外开放。前身为中国工农红军西路军烈士张掖纪念馆，2005年11月经中共张掖市委批复，更为现名。该馆以红西路军西征为背景，着重反映民主爱国人士高金城的事迹。

高金城（1886—1938），字固亭，河南襄城县人。1915年毕业于开封医学院，被冯玉祥聘为军医。1917年在张掖开设福音堂医院。九一八事变后，积极投入抗日救亡运动。1937年8月，接受中共驻甘肃代表谢觉哉和红军联络处处长彭加伦的委托，以甘凉肃抗敌后援会主任的公开身份，以重开福音堂医院为掩护，在张掖开展营救红西路军流落失散将士。在半年多时间里，他不畏艰难，千方百计救治并营救红军300多名。最终被国民党新二军驻张掖三〇〇旅旅长韩起功秘密杀害在其司令部后花园内。

纪念馆坐西向东，大门正对解放巷。大门左侧是两间警务室，右侧是洁白的汉白玉标识牌，上面镌刻着鲜红的炳森隶书体“高金城烈士纪念馆”八个大字。大门前有九级台阶，拾阶而上进入北院纪念园。正对大门矗立着一座卧式纪念碑，基座为红色花岗岩贴面，碑身为白色钢挂汉白玉。纪念碑前为长方形花坛，栽植松柏，象征烈士精神常青不老。纪念碑正面是王定烈将军亲笔题写的“先烈英灵，浩气长存”八个红色行书大字。碑的背面镌刻着全国著名词赋作家张佩荣先生撰写的红西路军赋，纪念碑长12.28米，寓意红五军军长董振堂率领的部队于1936年12月28日从山丹进入甘州；碑高2.18米，寓意过河西征的21800名红西路军将士用鲜血和生命铸就的丰碑。

◆高金城烈士半身铜像

绕过纪念碑，在中轴线中点是无名烈士公墓，该墓为半地下室建筑，墓室安放着该馆从甘州区东教场和长沙门万人坑里清理出来的西路军烈士遗骨。公墓基座为正六边形，外接圆直径9.9米，寓意烈士英灵永久安眠于甘州大地。墓室上方中央竖立一尊“浴血祁连”主题群雕，群雕中9名红西路军将士手握钢枪、大刀、长矛、手榴弹、石块奋勇杀敌。

◆高金城烈士纪念亭

墓室后面是高金城烈士铜雕像和生平事迹浮雕墙。浮雕墙左右两侧，是两座对称的六角垂檐碑亭：左侧碑亭里矗立着高金城先生的妻子牟玉光携子女于1951年为其立的纪念碑，右侧是甘州区人民政府于2007年清明节为其勒石刻立。

最西面为将帅碑林，碑林前是仿古碑廊，长62.4米，共37间，为明清建筑风格。石碑采用壁挂式镶嵌于墙壁上。每幅石碑高1.4米，宽0.8米，内容为党和国家领导人、军队将帅、社会各界知名人士，为纪念烈士题写的诗章颂词。

纪念馆北侧是按原建筑1∶1.5的比例复建的福音堂医院旧址，建筑面积996平方米，外观为青砖贴面的中西合璧式建筑。

纪念馆的主体建筑是始建于1998年的红西路军纪念馆大楼。该楼为现代建筑，外观似碉堡，有枪杆、炮眼。直插苍穹的枪杆上是纪念馆标识牌。该纪念馆大楼为半地下室三层，地下一层，地上两层，建筑面积2100平方米。固定展出有“高金城烈士生平事迹”、“红西路军征战河西甘州史”、“张掖红色革命史”等。收藏相关图片、电文、手稿1200余幅，实物400余件。

福音堂医院于1993年3月被甘肃省人民政府公布为甘肃省文物保护单位；高金城烈士纪念馆（原红西路军烈士纪念馆）于2004年4月被甘肃省委宣传部公布为甘肃省爱国主义教育基地。

梨园口战役纪念馆

梨园口战役纪念馆（原红西路军临泽烈士陵园）位于甘肃省张掖市临泽县沙河镇五三村。

◆红西路军烈士纪念碑

1937年，红西路军在临泽浴血转战70余日，数千名战士血洒临泽大地，谱写了惊天动地的悲壮史诗。1986年中共临泽县委、县人民政府决定修建中国工农红军西路军烈士陵园，将散葬于临泽各地的烈士遗骨集中迁葬于陵园内，以缅怀英烈，慰藉忠魂。陵园于1986年8月1日奠基，1987年10月1日落成。梨园口战役纪念馆原名红西路军临泽烈士陵园，2010年4月更名为“梨园口战役纪念馆”，占地面积266400余平方米。园内建有烈士公墓，烈士纪念碑，陈海松、熊厚发烈士纪念亭，徐向前、李先念铜雕像，革命历史博物馆，双拥展览馆，模拟红西路军第三十军指挥部，模拟汪家墩战斗遗址等设施。烈士纪念碑正面有徐向前元帅题写的“中国工农红军西路军烈士永垂不朽”15个大字，陵园正门有红西路军三十军政委、原国家主席李先念题写的园名“中国工农红军西路军烈士陵园”。

◆红军烈士公墓

梨园口战役纪念馆（原红西路军临泽烈士陵园）于 1991 年被甘肃省人民政府公布为省级文物保护单位；2006 年 9 月被甘肃省委宣传部公布为甘肃省爱国主义教育基地；2009 年 3 月被民政部公布为全国重点烈士纪念建筑物保护单位。

中国工农红军西路军纪念馆

中国工农红军西路军纪念馆（原高台烈士陵园）位于张掖市高台县城关镇人民东街 47 号。

◆ 中国工农红军西路军纪念馆外景

1937 年 1 月 1 日，红军西路军第五军进驻高台城。1 月 12 日，国民党军集中优势兵力向高台发起进攻，红五军将士浴血奋战，打退敌人无数次进攻。其间，驻抚彝（今临泽）的红五军部队及总部曾几次派兵增援，都未能成功。此时，红五军在弹尽援绝的情况下，只能以石头、大刀、长矛与敌拼杀，奋力据守。20 日，终因寡不敌众，高台城失陷。军长董振堂、政治部主任杨克明、第 13 师师长叶崇本、师参谋长刘培基及绝大部分指战员壮烈牺牲，只有少数人突围或被俘。

为了纪念在高台英勇牺牲的中国工农红军第五军指战员，经甘肃省人民政府批准，于 1957 年建成高台烈士陵园。2009 年更名为“中国工农红军西路军纪念馆”，并建成新馆。

纪念馆坐东向西，占地 133 亩，布局以传统与现代建筑风格相结合。建有大门、“血战高台”群雕、纪念碑、陈列馆、红军墓、纪念馆、浮雕墙等。纪念碑南北两侧分别建有董振堂、杨克明纪念亭。

◆ 中国工农红军西路军纪念馆

中国工农红军西路军纪念馆（原高台烈士陵园）于 1994 年 12 月被甘肃省委公布

为甘肃省爱国主义教育基地，2001 年 6 月被中央宣传部公布为全国爱国主义教育示范基地；1989 年 8 月被民政部公布为全国重点烈士纪念建筑物保护单位。

南梁革命纪念馆

南梁革命纪念馆位于甘肃省庆阳市华池县南梁乡荔园堡内。

20 世纪 30 年代，刘志丹、谢子长、习仲勋等老一辈无产阶级革命家创建了陕甘边革命根据地。1933 年 10 月后，陕甘边根据地中心从陕西耀县照金西移，1934 年 11 月 7 日在甘肃南梁荔园堡成立了陕甘边区苏维埃政府，形成以南梁为中心的陕甘边革命根据地。1935 年，陕甘边革命根据地与陕北根据地连成一片，形成辖区达 3 万平方公里、人口 90 万的西北革命根据地，成为土地革命战争后期“硕果仅存”的革命根据地，是中共中央各路长征红军的落脚点。

◆南梁革命纪念馆全景

1986 年经中共甘肃省委、甘肃省人民政府批准，在华池县南梁乡荔园堡修建南梁革命纪念馆，1987 年 11 月 7 日正式落成。纪念馆由门楼、牌坊、革命烈士纪念碑、浮雕、清音楼、政府旧址、陈列馆等部分组成，由胡耀邦、陈云、习仲勋及在陕甘边革命根据地工作过的老同志题词。

◆南梁革命纪念馆内的陈列馆

革命烈士纪念碑上隽刻着胡耀邦题写的“革命烈士永垂不朽”的碑文，碑高 34. 117 米，意为纪念陕甘边区苏维埃政府成立于 1934 年 11 月 7 日，碑座的东、西、北三侧镌刻着为创建和保卫陕甘革命根据地而牺牲的 608 位烈士的英名。

革命历史陈列馆有四个部分，第一部分介绍了“硕果仅存”的陕甘边革命根据地萌芽、发展、壮大的曲折历程；第二部分反映的是在中共革命及其危急的历史关头，发展壮大起来的陕甘边根据地为长征中的党中央和中央红军提供了可靠的落脚点；第三部分介绍的是抗日战争全面爆发后，陇东作为八路军北上抗日的出发点和陕甘宁边区西大门为中国的革命事业所作出的重要贡献；第四部分回顾了陕甘边光照千秋的革命历史，在这段光荣的革命历史和革命精神的感召下，陇东大地发生的翻天覆地的变化。展览采用图片、文字、实物以及现代化的灯光、音响、雕塑、沙盘等形式，生动地反映了展馆的主题内容。

南梁革命纪念馆于 1994 年 12 月被甘肃省委公布为甘肃省爱国主义教育基地，2001 年 6 月被中央宣传部公布为全国爱国主义教育示范基地；1991 年 4 月被甘肃省人民政府公布为甘肃省重点革命烈士纪念建筑物保护单位。

山城堡战役纪念园

山城堡战役纪念园位于甘肃省庆阳市环县山城乡。

◆山城堡战役纪念碑

1936 年 10 月，红一、红二、红四方面军在甘肃省会宁和静宁以北的将台堡（今属宁夏）会师后，北移至海原、靖远打拉池地区。这时，蒋介石不顾中国共产党一再提出的“停止内战，一致抗日”的主张，继续坚持反共立场，并坐镇西安，调集 5 个军，于 10 月下旬从会宁至隆德一线由南向北，分四路向红军进攻。11 月 16 日，红一方面军第一军团、第十五军团 81 师，红二方面军第二、第六军团及红四方面军第四、第三十一军各部向山城堡南北地区集结。20 日，国民党右路军第 78 师第 232 旅及另一个团进至山城堡地区，并派出两个连沿山城堡至洪德城大道向南侦察，在八里铺以南遭红一军团一部突然攻击，大部被歼。红军前敌总指挥部当即决定对山城堡之敌发起攻击。21 日黄昏，红一军团第 1、第 4 师和第三十一军一部，从南、东、北三面攻入山城堡，将敌大部压缩于山城堡西北山谷中，战至 22 日 9 时，将敌第 232 旅又 1 个团大部歼灭。同时，红二十八军在红井子附近击溃国民党左路军第 1 师第 1 旅。国民党第一军（军长胡宗南）各部仓皇西撤。山城堡战役给蒋介石嫡系胡宗南部以沉重打击，迫使国民党军暂时停止了对陕甘苏区的进攻，对贯彻

“逼蒋抗日”的方针，促进国内和平的实现起了巨大作用。

山城堡战役纪念园现有入口牌楼和山城堡战役纪念碑。纪念碑建于2009年，由中央军委原副主席张万年题写碑名。碑高28米，由代表红一、红二、红四三个方面军的三个枪形碑体组成，碑体上有反映山城堡战役经过及当地干部群众踊跃支前场景的汉白玉浮雕，并配套汉白玉围栏、花岗岩踏步台阶。

山城堡战役纪念园于2006年9月被甘肃省委宣传部公布为甘肃省爱国主义教育基地。

中共中央政治局榜罗会议纪念馆

中共中央政治局榜罗会议纪念馆位于甘肃省定西市通渭县榜罗镇。

◆中共中央政治局榜罗会议纪念馆

1935年9月25日夜，红军陕甘支队渡过渭水，进入陇西县界。26日到达榜罗镇，中共中央政治局常委毛泽东、张闻天、周恩来和委员王稼祥在这里的小学校里看到了许多的报纸和刊物，从中了解到了全国的形势和西北苏区的情况。27日，在毛泽东主持下，中共中央在榜罗镇召开了政治局常委会议。

会议根据新的情况，彻底改变了9月12日俄界会议在接近苏联的地区创建根据地的既定方针，在哈达铺会议“到陕北去”的基础上，正式作出把红军长征的落脚点放到陕甘革命根据地的决定。

9月28日凌晨，为贯彻中央政治局常委会议决定，红军陕甘支队在榜罗镇小学门前的打麦场上召开了连以上干部参加的大会。毛泽东在报告中，

◆榜罗会议纪念馆内景

指出日本侵略我国北方的严重性，介绍了陕甘革命根据地红军的状况，提出要避免同国民党军队作战，迅速到达陕甘革命根据地集中，并向全军公开宣布：以陕甘革命根据地作为领导中国革命的大本营。中共中央总负责人张闻天、红军陕甘支队司令员彭德怀、副司令员林彪也讲了话，阐述了北上抗日的意义，要求各部检查群众纪律，做好进入陕甘苏区的准备。10 月 22 日，在西北苏区吴起镇，中共中央召开政治局会议，正式批准榜罗镇会议的决定，充分肯定了榜罗镇会议的正确决策。1979 年，在榜罗小学旧址上修建了中共中央政治局榜罗会议纪念馆。2009 年重修纪念馆。现纪念馆展馆面积 620 平方米，2011 年 3 月完成布展并对外开放。

中共中央政治局榜罗会议纪念馆于 1981 年 10 月被甘肃省人民政府公布为甘肃省文物保护单位；1997 年 7 月被甘肃省委公布为甘肃省爱国主义教育基地，2009 年 5 月被中央宣传部公布为全国爱国主义教育示范基地。

中共中央西北局岷州会议纪念馆

中共中央西北局岷州会议纪念馆位于甘肃省定西市岷县十里镇三十里铺村。

1936 年 8 月初，红二、红四方面军长征到达岷县。国民党驻岷县的鲁大昌部在岷县城和城南二郎山上阻击红军，红军在攻打二郎山和岷县城的同时，建立了以岷县为中心的临时革命政权，部队进行休整。在这里，建立了中共甘肃省工委和甘肃省苏维埃政府。在此期间，为解决红军北上还是西进问题，中共中央西北局在岷县三十里铺村召开了决定红四方面军前途和命运的会议。会议开了 3 天。与会人员经过激烈的争论，否定了张国焘的“西进主张”，并制订了“通（渭）庄（浪）静（宁）会（宁）”战役计划。

◆中共中央西北局岷州会议旧址

中共中央西北局岷州会议原址为正屋，坐北向南，五檩四椽瓦房五间，东厢房是三间两层土木结构楼房，西厢房三间瓦房，南面是四间土棚房套大门（四间土棚为铺面），原为村民居所。20 世纪 50 年代末，拆除了东西南三面的房子，正房因有人居住基本保存原样。20 世纪 80 年代后，中共岷县县委、县人民政府对该址进行了维修。1996 年，建成

“三十里铺红军长征纪念馆”，2004 年 4 月被甘肃省委宣传部公布为甘肃省爱国主义教育基地。2010 年 5 月，该馆更名为“中共中央西北局岷州会议纪念馆”。

中共中央西北局岷州会议纪念馆于 2009 年 5 月被中央宣传部公布为全国爱国主义教育示范基地。

哈达铺红军长征纪念馆

哈达铺红军长征纪念馆位于甘肃省陇南市宕昌县哈达铺镇。

◆哈达铺红军长征纪念馆

1935 年 9 月，中国工农红军一方面军长征到达哈达铺。毛泽东在哈达铺从国民党的报纸中获悉陕甘边一带有红军和根据地存在的消息后，在这里做出了向陕甘苏区进军，把长征的落脚点放在陕北的重大决策。哈达铺人民为红军提供了有力的物资支持，是红军长征途中名副其实的“加油站”。1936 年 8 月，红二、红四方面军在哈达铺活动近两个月时间。其间在实施“岷洮西固战役”计划的同时，红二方面军签署命令并发动了“成徽两康战役”。红军在哈达铺休整，筹集粮饷，扩红建政，宣传抗日，组建游击队，开展轰轰烈烈的苏维埃运动，为粉碎国民党阻止红军北上的阴谋，迅速实现三大主力红军会师，产生了深远的影响。

哈达铺红军长征纪念馆于 1981 年 10 月被甘肃省人民政府公布为甘肃省重点文物保护单位，2001 年 6 月被国务院公布为全国重点文物保护单位；1994 年 12 月被甘肃省委公布为甘肃省爱国主义教育基地，2001 年 6 月被中央宣传部公布为全国爱国主义教育示范基地。

两当起义旧址和纪念馆

两当兵变纪念馆位于陇南市两当县城北侧（原城关镇香家村水沟组）。

1929 年起，中共陕西省委先后派李秉荣、李特生、习仲勋、吕剑人、刘书林、陈云樵和刘林圃到杨虎城部陕西骑兵第 3 旅 2 团 1 营开展兵运工作。1930 年 4 月，经中共

◆两当兵变纪念馆(效果图)

陕西省委同意，1营建立了党委。习仲勋任书记，下设3个团支部。1931年春，该旅旅长苏雨生叛杨，党组织动员全营官兵，继续留在杨虎城部。部队番号改为十七路军警备第3旅2团1营。之后，中共陕西省委又派吕剑人、刘书林、陈云樵等加强兵运工作。1932年3月，营党委准备利用该营即将从驻地凤县、两当出发前往徽县换防之机发动起义。中共陕西省委同意执行起义计划，并派出省委军委秘书刘林圃为特派员，传达省委指示和协助领导这次起义。在凤县营党委会议上决定，起义地点确定在两当县城，起义后部队前往旬邑县与刘志丹、谢子长率领的革命武装会合。

1932年4月1日下午，部队到达两当县城集结，于2日零时许，发动两当起义，很快解除了敌对势力的武装。起义成功后，习仲勋等起义领导人召开紧急会议，决定撤出县城。参加起义的200多士兵在习仲勋等人的领导下，沿两当河北上，于4月3日上午到达两当的太阳寺街道，部队在此改编为中国工农红军陕甘游击队第五支队。当天下午，起义部队从太阳寺出发，继续北上进入天水，途经陕西宝鸡、千阳、麟游和甘肃灵台等地，后被地方武装打散。

两当起义旧址位于两当县城关镇南街20号，是1932年4月习仲勋等人领导和发动两当起义的指挥地。旧址为三进院建筑格局，为清代嘉庆五年（1800年）建筑，总占地面积1439.65平方米，建筑面积586.31平方米。旧址现有8个展厅，主要陈展内容有两当起义史料陈列，习仲勋同志光辉业绩成列，刘林圃生平陈列，习仲勋、吕剑人、许天洁、李特生、左文辉等起义亲历者回忆两当起义的资料和习仲勋写给两当县文化科负责人虎志道的书信。展品有图片展板28块，珍贵实物154件，包括当年两当起义部队使用过的军服、旗帜、枪支弹药和办公生活用品，以及解放战争期间毛泽东致习仲勋的9封亲笔信。展厅以实物、图文等形式生动地再现了两当起义历史事件。

两当起义纪念馆占地面积27亩，主要由广场、展馆等组成。纪念馆主体建筑面积是5000平方米，共三个展厅，分别是两当起义历史事件展、习仲勋生平展、革命传承展。以详实的文献、档案、图片、图表、实物为载体，借助绘画、沙盘、雕塑、电子多媒体等手段，再现两当起义、红二十五军长征在两当、红二方面军六军团长征在两当、党在两当的地下斗争活动。

两当起义旧址和纪念馆于2009年5月被中央宣传部公布为全国爱国主义教育示范基地。

腊子口战役纪念馆

腊子口战役纪念馆位于甘肃省甘南州迭部县东北部的腊子口乡久里才村各布寺。

1935年9月16日，中国工农红军第一方面军到达腊子口地区，甘肃军阀第14师鲁大昌部派重兵把守天险要道，企图阻止红军北上。红一军团2师4团在团长王开湘、政委杨成武的指挥下，采取正面进攻和侧翼袭击相结合的战术，经过一天一夜的激战，于9月17日凌晨6时左右，突破敌人两道防线，占领了天险腊子口，打通了红军进军甘肃的大门，使红军顺利走出岷山地区，到达哈达铺。腊子口战役的胜利，粉碎了国民党企图阻挠红军北上的阴谋。

◆腊子口战役纪念馆

2006年8月，中共迭部县委、县人民政府在迭部县腊子口战役遗址腊子宾馆一楼设立了腊子口战役纪念馆，展出红军长征途经迭部时的一些珍贵历史照片和文物。2007年，县委、县政府在红军长征经过的腊子口乡久里才村的各布寺修建了新的腊子口战役纪念馆。纪念馆有四个展区，包括红军遗留在甘南的各类革命文物和电文资料，藏族群众帮助红军架栈道、开仓放粮、救助流落伤病红军的资料图片，红军途经甘南路线图以及俄界会议、腊子口战役等相关资料、图片及油画艺术品、蜡像、实景模型、多媒体影片等。

◆腊子口战役纪念馆展厅

腊子口战役纪念馆于2006年9月被甘肃省委宣传部公布为甘肃省爱国主义教育基地，2009年5月被中央宣传部公布为全国爱国主义教育示范基地。

青海省重要革命遗址

西宁市烈士陵园

西宁市烈士陵园位于青海省西宁市南川东路 19 号。

◆西宁市烈士陵园

1954 年 8 月，为缅怀在解放青海和建设青海中牺牲的先烈们，由西宁市人民政府批准，在风光秀丽的凤凰山下修建了西宁市烈士陵园。

西宁市烈士陵园包括烈士群雕塑像、陵园门楼、纪念碑、烈士墓、中国工农红军西路军纪念馆等建筑，总占地面积为 47000 多平方米，是青海省内最大的烈士陵园。陵园门前屹立着中国工农红军西路军烈士群雕塑像，雕像上部是镰刀斧头，其下是 7 名被捕的红军，有的被五花大绑，一名女战士奋力在搀扶一少年红军，象征中国共产党领导的红西路军指战员忠心为党、威武不屈、气贯长虹的英雄气概。下面是李先念的题词“红军西路军烈士永远活在我们心中”。雕像后是高为 10 米的陵园门楼，为两层楼阁建筑。该陵园中央是革命烈士纪念碑，纪念碑正面镶嵌着朱德 1958 年视察青海时到烈士陵园凭吊，特意为西宁市烈士陵园题写的“革命烈士永垂不朽”八个耀眼大字。园内最高处中央是一座西路军烈士墓，安葬的是从当年各处“万人坑”中挖掘出来的被马步芳杀害活埋的 517 名西路军烈士遗骨。墓前是西路军烈士纪念碑，上面刻着徐向前的题词“西路军牺牲烈士的精神永垂史册”，石碑上有红军强渡大渡河、巧渡金沙江，爬雪山、过草地四组浮雕，背面是 1987 年重修纪念碑所立的“重修记”。

◆西宁市烈士陵园墓区

红军墓前两侧安葬着近千名为青海解放和建设事业而牺牲的烈士。这些烈士和红西路军烈士一起长眠于凤凰山下青松翠柏之中。

◆西宁市烈士纪念碑

西宁市烈士陵园于1959年3月被青海省人民政府公布为省级文物保护单位；1996年9月被青海省委、省人民政府公布为青海省级爱国主义教育基地；1989年8月被民政部公布为全国重点烈士纪念建筑物保护单位。

中国工农红军西路军纪念馆

中国工农红军西路军纪念馆位于青海省西宁市南川东路西宁市烈士陵园北侧。

1936年10月，中国工农红军第一、第二、第四方面军在甘肃会宁胜利会师，标志着红军长征的胜利结束。党中央在分析了国际国内形势后，发布了《十月份作战纲领》，目的在于打通国际通道，取得苏联的直接援助。10月24日至30日，红四方面军总部及所属30军、9军和5军21800余人在陈昌浩、徐向前统帅下渡过黄河。11月10日，渡河部队组成西路军，开始了浴血奋战的艰难征程。西路军广大指战员在极端困难的情况下，面对6倍凶残的敌人，浴血奋战5个月之久，歼灭敌人2.5万余人，沉重打击了马步芳的反动气焰，最后终因弹尽粮绝，孤军无援而失败。6000余名被俘红军指战员从河西分批押解到西宁。途中，被俘红军遭受了敌人残酷迫害，行走困难的伤病员被杀害，年小体弱的被活埋，还有的被敌人活活烧死。在西宁马步芳残害红军的暴行更是空前绝后，扒肚挖心，抽肠取胆，活揭人皮，集体活埋，乱石打死，强奸轮奸，打“靶子”，点“天灯”，杀害红军手段极其残暴。仅在西宁被敌人杀害的红军战士达1600多人。同时马步芳

◆中国工农红军西路军纪念馆

强迫被俘人员做苦役，先后有3000多人被囚禁在各厂矿、煤窑、医院、新剧团等地劳役，其中400余人被强迫编成工兵营在循化县劳作。这些在战场上同敌人展开殊死战斗的英雄，被俘后面对敌人的残酷迫害，以各种手段坚持斗争，表现出了视死如归、忠贞不屈的革命精神，他们用满腔热血为共和国的诞生谱写了一曲壮丽的诗篇，他们的革命精神将永远激励我们前进。

◆中国工农红军纪念馆内的雕塑

为纪念西路军牺牲的英烈，中共西宁市委、市人民政府决定在西宁市烈士陵园内修建中国工农红军西路军纪念馆。1988年8月15日，中国工农红军西路军纪念馆揭幕开馆。2006年，省委、省政府做出了重建中国工农红军纪念馆的决定，经过多方论证，新馆选址于西宁市烈士陵园北侧，同年开始建设，于2010年6月完成土建和布展工程，6月28日举行了开馆仪式。新馆总面积为12000平方米，建筑面积为3059平方米，展馆面积为1973平方米，布展面积为1903.432平方米。新建的纪念馆为独立庭院，依偎在西宁市烈士陵园旁。进入院内，迎面是一座汉白玉雕塑，7名被捕的西路军战士有的手戴手镣，有的相互搀扶着，围簇在高举着红旗的战士旁，高昂着不屈的头，怒视敌人，表现了威武不屈的革命气概。其后是纪念馆的主体，外观以三面红旗为造型。展馆分为二层，布展内容分为“奉命西征，血战河西”；“惨遭迫害，视死如归”；“坚持斗争，忠贞不屈”；“多方营救，冲出罗网”；“欢庆解放，再立新功”；“人民怀念，万古千秋”六个部分。馆内展出历史照片223幅，文字说明411段，表现作战场景油画及人物画114幅，雕像2座，人物照37幅，中央、省、市领导机关和个人赠匾额题词31面，电文16篇。展柜内有红西路军将士用过的武器、弹药、衣物131件。这些展品生动形象地展示了西路军浴血奋战、不怕牺牲的革命精神。

◆纪念馆内展出的西路军遗物

中国工农红军西路军纪念馆于1997年6月被中央宣传部公布为全国爱国主义教育示范基地。

宁夏回族自治区重要革命遗址

同心清真大寺——陕甘宁省豫海县回民自治政府成立大会旧址

同心清真大寺——陕甘宁省豫海县回民自治政府成立大会旧址位于宁夏回族自治区吴忠市同心县城西南。

1936 年 6 月，中国工农红军西方野战军进至宁夏豫旺县境（今同心县豫旺、下马关一带）后，在豫旺、下马关、同心城、王家团庄等地相继建立了区、乡级基层革命政权，同时又解放了邻近的海原县高崖、关桥、李旺等地。8 月初，中共陕甘宁省委书记李富春遵照毛泽东关于“建立回民自治的政府”指示精神来到同心城，同红十五军团首长一起成立了以李富春、程子华、王首道、唐天际、王柏栋、黄镇、杨奇清、马青年等为成员的筹备委员会，决定在豫旺县西部和已解放的海原县东部回族聚居区建立回民自治政权，命名为“陕甘宁省豫海县回民自治政府”，起草了自治政府有关文件和成立议程。10 月初，筹备委员会向中华苏维埃共和国中央政府、中央革命军事委员会、红军总部、回民独立师及回族宗教名流等发出了通电。

◆同心清真大寺

◆陕甘宁省豫海县回民自治政府成立大会旧址

1936 年 10 月 20 日上午 10 时许，陕甘宁省豫海县回民自治政府成立大会在同心清真大寺隆重召开，来自豫海地区的人民代表和社会各界人士共 300 多人参加了大会。会议期间，与会代表认真讨论了西北的形势和回民自治与抗日救国等问题，通过了《陕甘宁省豫海县回民自治政府处理债息暂行条例》、《减租减息条例》、《土地条例》等决议案，启用了政府印章，雇农出身的回族青年马

◆同心清真大寺碑文

和福当选为政府主席。大会历时 3 天。会后，自治政府将办公地设在王家团庄北堡子。11 月中旬，红军撤离豫海地区，参加山城堡战役，国民党部队随即占领该地，自治政府的活动被迫转入秘密。次年 2 月，马和福在锁家岔被反动民团逮捕。4 月 3 日，回族英雄马和福在同心城西门外河滩英勇就义，时年 44 岁。陕甘宁省豫海县回民自治政府的活动终止。

陕甘宁省豫海县回民自治政府虽然仅存在了半年时间，但它是中国共产党建立的第一个县级回民自治政权，是中国共产党运用民族区域自治政策解决中国民族问题的一次有益尝试，为我国后来建立有中国特色的民族区域自治制度树立了典范，提供了历史借鉴。

同心清真大寺坐落在同心县城以南 1.5 公里处的一个高地上，始建于元末明初，是中国现存的十大古老清真寺之一，其建筑风格集中国古典宫殿楼阁艺术与伊斯兰建筑风格为一体，造型古朴典雅，规模雄宏壮观。这座大寺经历了明万历年间、清乾隆年间、清光绪三年和解放后四次大的维修和扩建。虽历经沧桑，却依然气势雄伟、古朴典雅，其精湛的砖雕艺术和匠心独运的结构设计，布局独特，结构严谨，雕刻精工，朴实无华，是宁夏境内年代较久、建筑规模较大、保存较完整且又有影响的一座清真寺。这座古建筑群体，是回汉民族团结合作的象征。

同心清真大寺始建于元末明初，建筑风格集中国古典宫殿楼阁艺术与伊斯兰建筑风格为一体，造型古朴典雅，规模雄宏壮观，是中国现存十大古老清真寺之一，亦为宁夏境内保存较完整的古建筑之一。

同心清真大寺于 1988 年 1 月被国务院公布为全国重点文物保护单位；陕甘宁省豫海县回民自治政府成立大会旧址于 2009 年 5 月被中央宣传部公布为全国爱国主义教育示范基地。

银川八里桥革命公墓

银川八里桥革命公墓位于宁夏回族自治区银川市兴庆区满春乡北侧。

银川市八里桥革命公墓建于 1964 年，是中共银川市委、市人民政府为纪念在宁夏各个历史时期牺牲的革命烈士和已故革命老干部而修建的。主要设施有革命烈士纪念堂、吊唁厅、骨灰存放室、办公用房等。

1971 年对八里桥革命公墓进行了改建和扩建。现公墓总面积 1.3 万平方米，建筑面积 8000 平方米，呈正方形。公墓大门上书“革命公墓”四字，四周设有围墙。墓院内松柏成行，杨柳成荫，庄严肃穆。墓院正中建有一座两层楼的烈士纪念堂，钢筋混凝土结构，外表由水磨石砌成。纪念堂由上下两个纪念厅组成，正中写有“烈士忠魂永垂不朽”八个鲜红的大字。公墓安葬着在革命斗争中英勇牺牲的崔景岳、马文良、孟长有等烈士，纪念堂里安放着曹动之、顾金海、路小固、王涛、卢雪鹏等 80 多位革命烈士的骨灰，配照片和生平简介。

◆八里桥革命公墓

◆八里桥革命烈士纪念堂

银川八里桥革命公墓于 1995 年被宁夏回族自治区党委宣传部公布为宁夏回族自治区爱国主义教育基地。

单家集单南清真寺——红军长征纪念地

单家集单南清真寺——红军长征纪念地位于宁夏回族自治区固原市西吉县兴隆镇单家集村。

1935 年 8 月 15 日，红二十五军在军长程子华、政委吴焕先、副军长徐海东率领下，从鄂豫陕根据地向西北转移，策应主力红军的北上行动。8 月 15 日，部队途经兴隆镇单家集。红军指战员尊重回族风俗，宣传中国共产党的民族平等政策，回族群众由衷地称红军为“仁义之师”。

1935 年 10 月 5 日，中国工农红军陕甘支队和中央机关在毛泽东的率领下，途经单家集，毛泽东被迎进清真寺参观，并在寺内北厢房和阿訇亲切交谈，当晚住宿在寺隔壁的一贫困农户家中。

◆单家集单南清真寺

◆单家集毛泽东住宿旧址

1936 年 9 月 14 日，以彭德怀为司令员兼政委的西方野战军下辖的一军团为迎接红二、红四方面军北上，来到单家集，在当地开展革命活动，成立了单家集苏维埃自治政府，选举回族农民马云清为政府主席，这是西吉县境内的第一个红色政权。单南清真寺、单北清真寺成为回族群众革命活动的中心，为红军筹粮备款，群众亲切地称单北清真寺为“粮台”。10 月 22 日，红一、红二方面军在今宁夏西吉县将台堡胜利会师。1984 年，对该寺正殿进行了集中修复，北厢房至今保存完好。1993 年，为纪念毛泽东诞辰 100 周年，单家集群众自发捐款修建了纪念碑。纪念碑占地 80 平方米，长方形的底座上耸立着四方棱台状的纪念碑，正中用中、阿两种文字横刻“一代天骄，人民救星”8 个大字，碑文左上角横刻“纪念毛泽东诞辰 100 周年”，右下角横刻“单家集全体穆斯林敬立”。2006 年，为纪念中国工农红军长征胜利 70 周年，在各级党组织和单家集群众的大力支持下，在寺前新建了占地 7200 平方米的民族团结广场和民族团结碑，碑座上用中、阿两种文字铭刻着“人民救星、伟大领袖”八个大字。

◆民族团结碑

单家集单南清真寺——红军长征纪念地于 2005 年 4 月被宁夏回族自治区党委、宁夏回族自治区人民政府公布为宁夏回族自治区文物保护单位和宁夏回族自治区爱国主义教育基地。

红军长征青石嘴战斗纪念碑

红军长征青石嘴战斗纪念碑位于宁夏回族自治区固原市原州区开城镇青石嘴村上青石寨子梁山巅。

1935 年 10 月 6 日，中国工农红军陕甘支队经西吉县兴隆镇单家集到达张易堡（现张易镇），当晚毛泽东住在张易镇毛庄村。10 月 7 日晨，红军与尾随而至的国民党军前哨部队发生小规模战斗，留下部分战士在堡子梁据险阻击敌人，大部队沿王套、后莲花沟向六盘山急进。在红军前卫部队翻过六盘山行进到青石嘴附近时，毛泽东得知国民党东北军骑兵第7师19团两个运送给养的连队在青石嘴休息，立即召集会议，下达作战命令。王开湘、杨成武率领4大队担任正面攻击；杨得志、萧华的1大队和张春山、赖传珠的5大队分别从两侧迂回，陈赓、邓飞率13大队后卫掩护。一时枪声大作，正在吃饭的国民党军乱作一团。战斗持续约半个小时，共歼敌200多人，缴获战马100多匹以及10余辆马车的弹药物资。红军用缴获的战马组建了骑兵侦察连，任命梁兴初为连长，刘云彪为副连长。

◆红军长征青石嘴战斗纪念碑

为了纪念这次战斗，2008年7月，中共宁夏回族自治区委、自治区人民政府建设了红军长征青石嘴战斗纪念碑。纪念碑占地面积4800平方米，碑体高19.35米，碑体两侧翼高10米，碑名高7米，象征1935年10月7日红军长征青石嘴战斗日期。雕塑为红军战士手持大刀、骑战马的形象，象征中国工农红军第一支骑兵侦察连的诞生。

◆红军长征青石嘴战斗纪念碑文

红军长征青石嘴战斗纪念碑于2009年5月被宁夏回族自治区党委宣传部公布为宁夏回族自治区爱国主义教育基地。

中国工农红军长征将台堡会师纪念碑

中国工农红军长征将台堡会师纪念碑位于宁夏回族自治区固原市西吉县将台堡。

1936年5月中旬红一方面军改编为西方野战军，由彭德怀任司令员兼政委，挥师西征，迎接红二、红四方面军北上。6月下旬至7月初，红二、红四方面军在甘孜会师后并肩北上，挺进甘肃，向西方野战军靠拢。9月下旬至10月初，三军相继向静宁、会宁和今西吉将台堡（时属隆德县）地区集结，形成夹西（安）兰（州）大道南北呼应之势。10月9日，红一、红四方面军在甘肃会宁城会师。21日，红二方面军长征进入宁夏西吉县境。当日，红二方面军总指挥贺龙、政委任弼时、副政委关向应和随二方

◆中国工农红军长征将台堡会师纪念碑

面军行动的原红军参谋长刘伯承在平峰镇与红一方面军第一军团代理军团长左权、政委聂荣臻、政治部副主任邓小平等会面。22 日，红二方面军总指挥部及第二军团与红一方面军领导和所部第 2 师在将台堡会师。会师部队在将台堡东侧的大场上举行了联欢。23 日，红二方面军第六军团经公易镇抵达兴隆镇与第一军团 1 师会师。至此，红军一、红二、红四方面军三大主力历经两年多艰难困苦、浴血奋战，终于实现胜利会师，伟大的长征胜利结束。

◆将台堡三军会师纪念馆

1996 年，为纪念中国工农红军三大主力会师暨红军长征胜利 60 周年，在将台堡修建中国工农红军长征将台堡会师纪念碑。纪念碑的顶部雕有三尊英姿勃发的红军头像，象征三军会师；碑身正面汉白玉上镌刻着时任中共中央总书记、国家主席、中央军委主席江泽民题写的“中国工农红军长征将台堡会师纪念碑”16 个红色大字，背面是中共西吉县委、县政府撰写的碑文；碑身下部有 8 幅精工浮雕：“战略大转移”、“遵义大转折”、“强渡大渡河”、“过雪山草地”、“路过回民区”、“翻越六盘山”、“三军大会师”、“胜利到延安”，再现了红军长征的历史画卷。碑座砌有 60 个台阶，象征红军长征胜利 60 周年。2006 年为纪念红军长征胜利暨将台堡会师 70 周年，在原基础上进行了扩修，分为纪念广场和纪念园两部分，占地面积 2 万平方米。纪念园设在堡内，主要有三军会师纪念馆、将军翰墨碑林、建设成就展厅等。

◆将台堡纪念园内的将军翰墨碑林

中国工农红军长征将台堡会师纪念

碑于 2006 年 5 月被国务院公布为全国重点文物保护单位；1996 年被宁夏回族自治区党委宣传部公布为宁夏回族自治区爱国主义教育基地。

银川景岳小学三烈士纪念碑

银川景岳小学三烈士纪念碑位于宁夏回族自治区银川市兴庆区回春巷 73 号景岳小学院内。

银川景岳小学所处位置原为银川城北的城隍庙。国民党军阀马鸿逵统治宁夏期间，大肆迫害、屠杀共产党人和进步人士。1941 年 4 月 17 日夜，将崔景岳、马文良、孟长有 3 名共产党员活埋于城隍庙后。

◆银川景岳小学三烈士纪念碑

崔景岳（1911—1941），陕西省旬邑县人。1926 年参加革命，1927 年加入中国共产党。曾任中共陕西省委委员兼省委秘书长、中共西兰特委书记、中共西兰地委书记。1940 年年初任中共宁夏工委书记，在银川、银南、银北组建了中共宁夏工委直属党组织。1940 年 4 月 13 日，由于叛徒告密被国民党特务逮捕，牺牲时年仅 30 岁。

马文良（1912—1941），辽宁省海城县（今海城市）人，回族。1936 年在日本留学时参加了中国共产党领导的进步组织“解放社”的工作。1937 年夏回国，同年秋到达延安并加入中国共产党。1940 年 10 月被任命为中共西北工作委员会三边回民巡视团特支书记兼团长。1941 年 2 月在宁夏盐池县惠安堡回六庄开展工作时不幸被捕，牺牲时年仅 29 岁。

孟长有（1916—1941），宁夏中卫县人。1937 年考入延安抗日军政大学，1938 年加入中国共产党。1940 年年初受党派遣回宁夏同心开展地下工作，由于叛徒告密于 1940 年 4 月被捕。在狱中，他同崔景岳一起组织中共支部，领导难友坚持对敌斗争。牺牲时年仅 25 岁。

1991 年，在纪念崔景岳、马文良、孟长有三烈士英勇就义 50 周年之际，中共银川市委、市人民政府决定在烈士牺牲地建造纪念碑，同时将烈士牺牲地——银川第十三小学改名为景岳小学，以示纪念。纪念碑正面石墙上部镶有时任中共宁夏回族自治区委书

◆银川景岳小学三烈士纪念碑园区内景一角

记黄璜的题词“革命烈士永垂不朽”八个铜字。石墙下面镌刻“1941. 4. 17”三烈士就义的日期。石墙前在三烈士就义地点，以磨光花岗岩围成长 7 米、宽 5 米的花池，前方有一块长 1. 5 米、宽 0. 75 米的黑色卧碑，上面铭刻着三烈士的生平事迹。在花池中央，竖立着一座不锈钢制成的雕塑，三片钢构件相互鼎立、紧密交错在一起。2008 年 6 月，在纪念碑前竖三烈士雕塑“传承”。雕塑造型如同一支熊熊燃烧的火炬，指引着人们继承先烈的遗志奋勇前进。

银川景岳小学三烈士纪念碑于 1995 年 1 月被民政部公布为爱国主义教育基地；1995 年 1 月被宁夏回族自治区党委、宁夏回族自治区人民政府公布为宁夏回族自治区爱国主义教育基地。

银川中山公园烈士纪念碑

银川中山公园烈士纪念碑位于宁夏回族自治区银川市兴庆区中山公园内。

银川中山公园正门（南门）位于湖滨西街，北门通北京东路，西门接凤凰北街。据载，这里原为西夏国元昊宫遗址。明嘉靖年间，为镇属兵马营房，俗称“西马营”。1929 年，冯玉祥属下门致中为纪念孙中山先生，在此兴建公园，命名为“中山公园”。

◆银川中山公园内的烈士纪念碑亭

20 世纪 50 年代初，有关部门曾将公园内文昌阁（也称“三层楼”）一楼辟为烈士纪念堂，在面东墙正中挂刘志丹像，下面用楷体字书写刘志丹生平。刘志丹像左侧南墙上挂崔景岳、孟长有、马文良三烈士像；刘志丹像右侧北墙上有烈士英名录，整个墙壁上用表格形式分列烈士姓名、籍贯、生卒年月日。在烈士像及烈士英名录下面，设有倚墙长条桌，桌上摆放烈士生前用品，如手枪、背包、军用水壶、笔记本、钢笔等。此后，烈士纪念堂成为全市人民缅怀革命烈士的地方。

1954年宁夏省建制撤销，成立甘肃省银川专区。中山公园烈士纪念堂移交银川专署民政科。1955年，考虑到纪念堂房屋狭小，专署民政科组织广大市民义务劳动，在文昌阁以东银湖岸边，取附近西北城墙土填出一个小岛，架木制曲桥与湖岸相通，在岛上建八角亭，亭内立烈士纪念碑。纪念碑坐西面东，碑面上镌刻着“烈士纪念碑公元一九五五年九月一日立”，碑阴镌刻着毛泽东手书“为国牺牲永垂不朽”八个大字，在碑亭四周植树以美化环境。烈士纪念碑建立后，烈士纪念堂遂撤去。

银川中山公园烈士纪念碑于2009年5月被宁夏回族自治区党委宣传部公布为宁夏回族自治区爱国主义教育基地。

龙潭烈士纪念亭

龙潭烈士纪念亭位于宁夏回族自治区固原市泾源县老龙潭风景区。

◆龙潭烈士纪念亭

1946年8月，为迎接中原战场突围的王震部顺利返回陕北，海固陇南武装工作大队在司令员马思义指挥下，沿六盘山一线向陇南方向迅速出击，以牵制国民党军队。9月11日拂晓，武装工作大队300余人在化平（泾源）县南冶家、马家庄（龙潭村）一带被国民党军队3000余人包围。为掩护部队突围，庆阳军分区回民支队排长马智俭、司务长马玉德、班长马玉琪、战士米国仓迅速占领了南冶家后背山梁，居高临下，打退了敌人三次进攻。在危急时刻，他们奋不顾身冲进敌阵，夺得子弹一箱，继续激战直至壮烈牺牲。中共海固工委委员、电台台长魏志义腿部受重伤后，伏地以手枪阻击敌人，连毙数敌后献出了宝贵生命。

◆龙潭烈士墓

1992年7月，为缅怀先烈，弘扬革命精神，在烈士墓旁建亭树碑。纪念亭依山而建，为六角形，上下部均为混凝土结构，上部分为两层，穹顶覆盖琉璃瓦，纪念亭内立一石碑，上圆下方，碑阳上部刻有一红色五角星，下部刻有“龙潭烈士纪念碑”七个大字，碑阴刻有碑文。烈士墓在纪念亭北10米处，掩映在翠柏苍松中。

龙潭烈士纪念亭于2009年5月被宁夏回族自治区党委宣传部公布为宁夏回族自治区爱国主义教育基地。

石嘴山市烈士陵园

石嘴山市烈士陵园位于宁夏回族自治区石嘴山市大武口区西北约5公里处。

◆石嘴山市烈士陵园

1950年春，中国人民解放军十九兵团第六十五军194师582团驻守黄渠桥。一天，解放军指战员进贺兰山打柴，返回途中，遭当地土匪郭栓子部偷袭。激战后，郭匪逃窜，582团16名指战员英勇牺牲，被分别安葬在原惠农县三区的三乡和五乡。

1953年4月，原惠农县人民政府在西永固乡吴家庄子修建了惠农县革命烈士墓，将分散安葬的解放军582团16名烈士和1947年8月被国民党反动派逮捕杀害于黄渠桥的中共地下党员任天财烈士一并安葬于此。1968年夏，中国人民解放军5307部队在训练时不幸牺牲的一名战士也安葬在此。

◆石嘴山市烈士陵园内的烈士纪念碑

1980年5月，中共石嘴山市委决定在大武口区园林场附近修建石嘴山市烈士陵园，将安葬在西永固乡惠农县革命烈士墓的18名烈士及分散埋葬的4名烈士移葬在新陵园。1984年8月，在烈士陵园内修建一座11.78米高的纪念碑。2003年，将石炭井八号泉兰州军区原守备第一师烈士陵园内的16名烈士和因公牺牲军人骨灰也搬迁到石嘴山市烈士陵园内，同时新建了一座高2.3米、宽2.15米的汉白玉碑，将中央军委总政治部原主任萧华将军的题词“贺兰雄鹰”拓刻在纪念碑上。2005年9月，将烈士李双双的衣冠冢由原陶乐县月牙湖乡磨盘山上迁移到烈士陵园内，同时迁移入园的还有其他两名因公牺牲的烈士。至此，在陵园安葬的解放军烈士和因公牺牲的烈士共计57名。

◆石嘴山市革命烈士陵墓

石嘴山市烈士陵园于2004年5月被宁夏回族自治区党委宣传部公布为宁夏回族自治区爱国主义教育基地。

涝河桥烈士陵园

涝河桥烈士陵园位于宁夏回族自治区吴忠市利通区。

1949年9月初，中国人民解放军十九兵团解放宁夏，其中六十四军192师担任解放吴忠堡的任务。涝河桥是位于吴忠堡东南4公里处清水沟上的一座木桥，为吴忠堡东南门户。为控制涝河桥，国民党军于桥300米处筑有碉堡群。在人民解放军到来前，国民党军烧毁了涝河桥，堵塞了清水沟下游出水口，形成了宽8米、深3米的深水防线。

◆涝河桥烈士陵园内的人民英雄纪念碑

为了切断金积县国民党军逃路和歼灭吴忠堡守敌，解放军192师主力于9月20日傍晚逼近涝河桥，192师575团扫清了南岸驻军诸据点后，于9月21日4时许与国民党军保安3师7团在涝河桥展开激战。战斗打响后，575团3连在火力掩护下用木头、门板架起了一座便桥。突击队冲过便桥，迅速占领有利地形，炸毁了敌军地堡、外墙和内墙大门。解放军乘势发起猛攻，激战两小时，残敌纷纷缴械投降。解放军占领了涝河桥北岸，打开了通往吴忠堡的南大门。

为了纪念吴忠堡解放和在涝河桥战斗中牺

◆涝河桥烈士陵园内的革命烈士纪念馆

牲的135名烈士，1951年吴忠县政府在涝河桥附近修建了烈士陵园。1969年、1986年、1999年、2009年对陵园进行整修扩建，烈士陵园现占地面积5187平方米，有纪念碑、纪念馆、纪念广场、陵墓区等设施。

陵园纪念馆内陈列着在抗美援朝、剿匪平叛和为了保卫国家和人民生命财产而光荣献身的利通区籍烈士遗像和生平简介。

2009年8月，吴忠市政府对涝河桥烈士陵园进行改扩建，建成约4500平方米的广场。广场中央为一座14.9米的英雄纪念碑，纪念碑底座高1.35米。广场北侧建成一座320平方米的陈列馆，馆内利用墙壁悬挂、玻璃柜、桌子等展出了解放战争时期、社会主义革命和建设时期等不同时期纪念章26枚，革命历史书刊20本，匕首、刺刀、马灯、马鞍、军用电话、仿造枪炮等文物11件。广场西侧为纪念馆，建筑面积为350平方米，陈列75名革命烈士遗像和生平简介。馆内还陈列了一中国人民解放军解放吴忠沙盘。涝河桥烈士陵园内有陵墓56座。

涝河桥烈士陵园于2005年4月被宁夏回族自治区党委宣传部公布为宁夏回族自治区爱国主义教育基地；2009年3月被民政部公布为全国重点烈士纪念建筑物保护单位。

余家桥烈士陵园

余家桥烈士陵园位于宁夏回族自治区青铜峡市青铜峡镇余桥村。

◆余家桥烈士陵园

1949年8月26日兰州解放后，中国人民解放军第十九兵团在司令员杨得志、政委李志民指挥下，分左、中、右三路向宁夏挺进，拉开了解放宁夏的序幕。9月19日，第十九兵团六十四军兵分两路直扑宁夏吴忠金积，解放金积之战正式开始。9月20日，十九兵团191师573团先后攻占了峡口的西滩、马家寨、潭桥等据点，将大部分守敌歼灭后，奉命强攻余家桥。余家桥为解放金积县的必经之地。解放军与守敌在今青铜峡镇沃沙村境内交火。经两个小时激战，解放军占领了余家桥及其附近的解家寨等重要军事据点。战斗中有47名指战员壮烈牺牲。

◆余家桥烈士墓

为了缅怀英烈，1949年10月，青铜峡县人民政府在当时战斗最激烈的地方余家桥修建了烈士陵园。1962年余家桥烈士陵园在原址上重新修建。1978年进行了扩建，并将在青铜峡市社会主义革命和建设时期牺牲的72名烈士一并安葬于此。2007年青铜峡市人民政府对陵园进行改造，建成了19.49米高的烈士纪念碑和烈士瞻仰厅（两层），并且完善了一些基础设施。

◆余家桥烈士陵园内的烈士纪念碑

余家桥烈士陵园于2009年5月被宁夏回族自治区党委宣传部公布为宁夏回族自治区爱国主义教育基地。

同心烈士陵园

同心烈士陵园位于宁夏回族自治区吴忠市同心县城豫海北街东侧。

1936年，西征红军在同心与国民党马鸿逵部展开了历时近半年的针锋相对的斗争，并创建了中国革命史上第一个县级回民自治政权——陕甘宁省豫海县回民自治政府。为缅怀先烈教育后人，1978年中共同心县委、县政府在县城豫海北街东侧建立了同心烈士陵园，陵园占地41354平方米，将1937年被捕牺牲的陕

◆同心烈士陵园

◆同心烈士陵园内的烈士纪念碑

甘宁省豫海县回民自治政府主席马和福烈士和在下马关、韦州等地牺牲的30多位红军烈士的遗骨迁入陵园安葬，并先后兴建了红军烈士亭、豫海烈士纪念亭及革命烈士事迹陈列馆等。

1986年为纪念红军长征胜利和陕甘宁省豫海县回民自治政府成立50周年，在陵园内建起了革命烈士纪念碑一座，纪念碑基座为方形，高21米。1996年县政府对革命烈士纪念碑进行了维修，同时将陵园前部改建为“豫海公园”。2008年又在陵园内新建了同心县烈士纪念馆，重建了革命烈士纪念碑。碑体高15.4米，全部用花岗岩石料砌成，并将分散安葬在豫旺镇和豫海镇的21名烈士遗骨全部迁入烈士陵园安葬，至此陵园共安葬烈士57人。

同心烈士纪念馆位于革命烈士陵园内，是2011年中国共产党成立90周年之际，中共同心县委、同心县人民政府重修扩建而成的。收入同心烈士纪念馆反映的主要是自1936年红军西征到2011年建党90周年这一历史阶段的革命烈士和人民英雄。全馆分三大部分，即“红军西征和抗日战争时期”；“解放初期包括剿匪、抗美援朝时期”；“社会主义建设和改革开放时期”。有同心本地烈士，也有在同心牺牲的外地英雄。有著名的马和福、张月英、彭仪隆等烈士，也有连姓名都没有留下的无名英雄。

同心烈士陵园于2009年3月被民政部公布为全国重点烈士纪念建筑物保护单位。

任山河烈士陵园

任山河烈士陵园位于宁夏回族自治区固原市彭阳县古城镇任山河村。

任山河又名关路口，这里三面环山，地狭山险，易守难攻，为彭阳通往固原的门户。1949年7月31日，中国人民解放军第一野战军第十九兵团第六十四军在曾思玉军长的率领下，从镇（原）彭（阳）交界驻地出发，直入彭阳任山河地区，与盘踞在黄峁山一带的国民党宁夏

◆任山河烈士陵园

◆任山河烈士陵园内的烈士纪念碑

兵团第11军对峙，8月1日，六十四军以2个师兵力对任山河守敌发起总攻，战斗异常激烈，经过全军将士的浴血奋战，守敌被全部击溃，取得了任山河战斗的胜利，打开了解放宁夏的南大门。在任山河战斗中，有364名解放军指战员壮烈牺牲。

1955年4月1日，中共原固原县委修建任山河烈士陵园，将分葬4处的烈士遗骸收殓一处，装棺安葬。陵园占地8333平方米，正中矗立着纪念碑，高7米，由碑座、碑身、碑刹三部分组成。正中竖刻着时任中国人民解放军第一野战军第十九兵团司令员杨得志将军题写的“烈士纪念碑”五个大字，碑阴竖刻战斗经过。

1998年和2009年，中共彭阳县委、县人民政府对任山河烈士陵园进行了大规模改扩建。陵园现占地4万平方米，呈长方形，由纪念碑、烈士墓冢、纪念馆、陈列室、吊唁广场、花坛、浮雕等组成。陵园四周设有栅栏、围坪。广场西侧为仿古二重檐式厦屋，设陈列室和纪念馆。广场北面是高9.6米、面积450平方米的平台，台前用条石筑砌64级台阶，以象征中国人民解放军第64军。新修建的烈士墓冢呈鱼鳞形排列于台阶东西两侧斜坡上，安葬烈士390名，其中在任山河战斗中牺牲的烈士364名，红军长征、西征途经彭阳牺牲的红军战士4名，中共地下工作者1名，解放后剿匪中牺牲的人民解放军骑兵第6师教导队战士6名，宁夏军区骑兵4团战士4名，武工队员3名，被土匪杀害和因公牺牲的革命干部2名，固原驻军牺牲的烈士5名，1985年对越自卫反击战中牺牲的陶克叶烈士骨灰也安放于此。钢筋混凝土结构的烈士纪念碑矗立在平台中央，坐北面南，通高19.49米，象征1949年任山河战斗。碑体用红色大理石贴面，象征丰碑是用烈士鲜血铸成的，碑阳镶嵌一块长方形汉白玉，上书“革命烈士永垂不朽”八个大字，正上端凸塑一枚黄色五角星，碑阴铭刻着中国人民解放军六十四军原军长曾思玉题词。碑座呈四方棱台状，基宽4.5米、高2米，用黑色大理石贴面，背面阴刻碑文。

任山河烈士陵园于1995年被宁夏回族自治区党委宣传部公布为宁夏回族自治区爱国主义教育基地；1996年4月被民政部公布为全国重点烈士纪念建筑物保护单位。

六盘山红军长征纪念馆

六盘山红军长征纪念馆位于宁夏回族自治区固原市泾源县六盘山镇。

◆六盘山红军长征纪念馆

1935 年 10 月 5 日红一方面军在毛泽东、周恩来、张闻天等率领下，经过艰苦卓绝的斗争，战胜了千难万险，到达今宁夏西吉县境内。10 月 7 日经过隆德，翻越红军长征中的最后一座高山——六盘山，毛泽东吟诵《长征谣》（到陕北后，毛泽东在瓦窑堡书写了《清平乐·六盘山》一词，留下了“不到长城非好汉”的千古名句）。红二十五军和红二、红四方面军也先后于 1936 年 8 月和 10 月路经六盘山。

1986 年，为纪念红军三大主力长征胜利 50 周年，经中共宁夏回族自治区委员会和自治区人民政府批准，在六盘山上修建了红军长征纪念亭。纪念亭为中国传统飞檐式琉璃瓦结构，正面亭檐下的栏杆中镶嵌着一块长 1.5 米、宽 0.5 米的大理石匾，上面镌刻着胡耀邦题写的“长征纪念亭”5 个金字。

◆六盘山红军长征纪念亭

2005 年 9 月，为隆重纪念中国工农红军长征翻越六盘山 70 周年，宁夏回族自治区党委、宁夏回族自治区人民政府决定对六盘山原红军长征纪念设施进行改扩建，建设六盘山红军长征纪念馆。原纪念亭移到纪念馆北面山顶。新落成的六盘山红军长征纪念馆，由纪念馆、纪念碑、纪念广场（含三面红旗影壁墙、铜铸红军群雕）、纪念亭、吟诗台构成，占地面积2万平方米。其中纪念馆占地2100平方米，设有四个展厅，陈列了红军长征中的上百件遗物及图片。纪念碑在纪念馆顶部平台上，为钢架结构玻璃幕墙，两侧分别书刻毛泽东《清平乐·六盘山》和《七律·长征》诗词各一首，其正面为江泽民题写的“六盘山红军长征纪念碑”碑名。纪念馆整体造型别致、庄严肃穆、气势恢宏。江泽民题写的“长征精神　永放光芒”八个大字镶嵌在纪念馆前三面红旗影壁墙上。

六盘山红军长征纪念馆于2005年11月被中央宣传部公布为全国爱国主义教育示范基地。

盐池县革命烈士纪念园

盐池县革命烈士纪念园位于宁夏回族自治区吴忠市盐池县城南花马寺国家森林公园内。

盐池县是宁夏唯一经历过土地革命战争、抗日战争、解放战争的革命老区。为了缅怀革命烈士，盐池县于1952年4月在县城东南隅兴建了盐池县革命烈士陵园，陵园内建有革命烈士纪念塔、革命烈士纪念馆和博物馆等。

2006年，时值盐池解放70周年，盐池县将烈士陵园异地迁建，并更名为盐池县革命烈士纪念园，占地面积266800平方米。盐池县革命烈士纪念园内建有革命烈士纪念馆和中国滩羊馆两大主体建筑以及解放广场、解放纪念碑、红军陵、苏维埃纪念馆、毛泽民纪念馆、王贵与李香香雕塑、大生产磨房等附属设施。

革命烈士纪念馆为二层框架结构，建筑面积3380平方米，有序厅、革命历史陈列厅、历史文物陈列厅三个专题展厅，主要展出有实物、图片、文字、雕塑、油画、多媒体资料、模型等。革命历史文物展共分五个部分，分别是“西征解放盐池，红色政权建立”、“盐池军民大生产，边区经济得保障”、“回汉军民齐战斗，民族团结显神威”、“李

◆盐池县革命烈士纪念园

塬畔——打不垮的红色政权”、“《王贵与李香香》——边区文化教育的里程碑”等，从政治、军事、经济、文化等方面全面再现了盐池解放到全国解放13年的辉煌历程。

◆盐池县革命烈士纪念园内的盐池红军陵

解放广场用红砖铺成，取意“红场”，占地19.13亩，寓意1936年盐池解放。解放纪念碑为写意的三把刺刀，为不锈钢材质，总高27米。橄榄环以下6米，以上21米，与19.36亩的广场共同表达1936年6月21日凌晨3时解放盐池。

红军陵由丰碑、缅怀广场、祭台组成，共雕刻79位盐池籍烈士的英名事迹，是纪念园内重要的缅怀场所。

盐池县革命烈士纪念园于2009年5月被中央宣传部公布为全国爱国主义教育示范基地。

宁夏博物馆

宁夏博物馆位于宁夏回族自治区银川市金凤区北京中路路北，广场东路东侧。

原宁夏博物馆位于银川市兴庆区承天寺（俗称“西塔”）院内，是省级综合性博物馆，1959年筹建，1973年正式建立。基本陈列有宁夏历史文物、西夏文物、宁夏革命文物和回族民俗文物。宁夏革命文物陈列，以实物与图片相结合的形式，反映了中国共产党在宁夏的早期活动，中国工农红军陕甘支队和中央机关在毛泽东率领

◆宁夏博物馆

下长征路过宁夏的历史，宁夏建立苏维埃政权和第一个县级回民自治政府的情况，抗日战争、解放战争时期宁夏人民支援抗战，迎接解放等内容。

◆原宁夏博物馆

2005 年，宁夏回族自治区博物馆新馆破土动工，2008 年建成投入使用。新馆建筑面积 30258 平方米，主体建筑高度 24 米，共四层，地下一层，地上三层。其中地下一层建筑面积 8456 平方米，分为文物库房、设备用房及办公区域，文物饱和藏量 15 万件。地上建筑面积 21802 平方米，一层为中厅、贵宾接待室、临时展厅和观众服务厅，二、三层为各类展厅、图书阅览室、书库、多媒体教室及观众服务区。新馆分通史展、专题展和临时展 3 大板块、9 个陈列室。现有馆藏文物约 4 万件，其中一级文物 159 件，国宝级文物 3 件，以回族文物、西夏文物、贺兰山岩画和革命文物最具特色，反映了宁夏自远古至今独有的自然物产、地方文化和民族文化。中共宁夏地方党史展厅设在博物馆二层，系统地展示了新民主主义革命时期中国共产党在宁夏的重要活动及中共宁夏党组织建立、发展、壮大的光辉历程。

宁夏博物馆于 1997 年 6 月被中央宣传部公布为全国爱国主义教育示范基地。

中卫孟长有烈士铜像

中卫孟长有烈士铜像位于宁夏回族自治区中卫市第三中学校园内。

孟长有（1916—1941），宁夏中卫县人。学生时代在地下共产党员、民主进步教师尚健庵、潘钟林、张方山等人的影响下积极追求革命。1938 年 7 月，孟长有由中共宁夏工委送入延安抗日军政大学学习。1939 年秋加入中国共产党，不久去中央组织部在瓦窑堡举办的政治、党务训练班接受培训。是年冬，回宁夏从事地下工作，最初在中宁县地政局石空派出机构任职，后经亲友介绍到同心县喊叫水海如小学任教。他利用教师身份向师生宣传抗日救国的道理，争取团结校长及教师建立新校规。1940 年 4 月，由于叛徒出卖，中共宁夏工委遭到严重破坏，孟长有及宁夏工委书记崔景岳等多人先后被国民党宁夏当局逮捕入狱。在狱中，他与崔景岳一起组织中共党支部，领导难友坚持斗争。1941 年 4 月 17 日晚，孟长有被国民党反动派以“共产党死硬分子”的罪名活埋于银川城隍庙后，牺牲时年仅 25 岁。

◆孟长有烈士铜像

新中国成立后，人民政府追认孟长有为革命烈士，1953 年向其家属颁发了“丰功伟绩，永垂不朽”的光荣证书。1965 年烈士遗骨被安葬在银川八里桥革命公墓。1991 年在烈士殉难地银川景岳小学建立纪念碑。1995 年 5 月 4 日，孟长有烈士铜像落成。铜像为半身胸像，高 0.88 米。碑身高 1.37 米，底座高 0.55 米，均用黑色天然大理石装裱。铜像正面的“孟长有烈士”手写体，为时任中共宁夏回族自治区委书记黄璜题写，铜像背面撰有孟长有烈士生平。

中卫孟长有烈士铜像于 2005 年 4 月被中共宁夏回族自治区委宣传部公布为宁夏回族自治区爱国主义教育基地。

新疆维吾尔自治区重要革命遗址

毛泽民故居

毛泽民故居位于乌鲁木齐市天山区明德路29号，占地面积960平方米。

◆毛泽民故居外景

毛泽民（1896—1943），湖南湘潭人，字咏莲，后改为润莲。1922年加入中国共产党。1932年3月，任中华苏维埃国家银行第一任行长。1934年参加长征。长征到达陕北后，任苏维埃中央政府国民经济部部长。1937年年底，接受中共中央安排，取道新疆去苏联养病和学习。到迪化（今乌鲁木齐）时，因中苏边界发生鼠疫，交通暂断，未能成行。当时，中国共产党与新疆军阀盛世才已建立统战关系，盛世才要求中共派干部到新疆帮助工作，毛泽民等人遂按照中央决定留在新疆。为了便于开展工作，毛泽民化名周彬，先后担任新疆省财政厅副厅长、代理厅长等职务。1942年盛世才投蒋反共，毛泽民于同年9月17日被捕入狱，1943年9月27日被杀害。

◆毛泽民烈士铜像

中华人民共和国成立后，为了继承先烈遗志，弘扬先烈的革命精神，当地政府将毛泽民烈士生前居住、生活、工作过的地方基本上按原貌进行了维修并辟为纪念地，于1975年10月对外开放。1987年，1996年、2005年，新疆维吾尔自治区党委、自治区人民政府和乌鲁木齐市委、市人民政府分别对故居进行了修缮。

毛泽民故居由毛泽民亲自设计，于1940年8月建成，为四合院建筑，风格古朴。故居北面是土木结构的两间半平房，是当年毛泽民的卧室兼办公室，现仍保持着原貌。故居东侧的一座二层楼是当年毛泽民创办的财

◆毛泽民故居陈列厅

政专修学校。1938 年，毛泽民担任新疆省财政厅代厅长期间，兼任该校校长，为新疆培养了一批财经人才。1996 年对毛泽民故居进行大修时，恢复重建了原财政专修学校建筑，并将其辟为毛泽民生平事迹陈列厅，共有“在工农运动中成长”、“从事党的秘密工作”、“党的理财专家”、“长征路上的好管家”、“天山脚下建奇功”五个单元。故居西侧于 2005 年 8 月新建一陈列馆，集中展出了毛泽东一家六位烈士的图片，分别为：“红色管家——毛泽民”、“红军师长——毛泽覃”、“革命伴侣——杨开慧”、“女游击队长——毛泽建”、“国际主义战士——毛岸英”、“少年英杰——毛楚雄”。故居院落正中矗立着一座毛泽民烈士半身铜像，高 1.7 米，基座长 1.25 米，宽 1.1 米，高 1.23 米。

毛泽民故居于 1962 年被新疆维吾尔自治区人民政府公布为新疆维吾尔自治区重点文物保护单位；2008 年被新疆维吾尔自治区党委宣传部公布为新疆维吾尔自治区爱国主义教育基地。

乌鲁木齐市革命烈士陵园

乌鲁木齐市革命烈士陵园位于新疆维吾尔自治区乌鲁木齐市南郊燕儿窝路 524 号。

◆乌鲁木齐市革命烈士陵园

1956 年 7 月，新疆维吾尔自治区党委、人民政府为纪念抗日战争时期在新疆牺牲的中国共产党的创始人之一、中国共产党驻新疆代表陈潭秋和为新疆各族人民解放事业献出生命的毛泽民、林基路、乔国桢、吴茂林等革命烈士，开工修建乌鲁木齐市革命烈士陵园。

乌鲁木齐市革命烈士陵园占地面积约 54 万平方米，大门正中的门壁上镶嵌着董必武题写的“乌鲁木齐市革命烈士陵园”11 个楷体大字。主要建筑物有：大祭坛、小祭坛、陈潭秋烈士雕像、烈士事迹陈列馆、红色记忆雕塑和乌鲁木齐市烈士事迹陈列馆等。

◆陈潭秋、毛泽民、林基路烈士墓

大祭坛上矗立着陈潭秋、毛泽民、林基路、乔国桢、吴茂林 5 位烈士的墓碑。墓碑高 2.2 米，连底座通高 3.5 米，碑体底宽 1.4 米，顶宽 1.2 米，厚 0.7 米。墓碑正面镌刻着由董必武题写的烈士英名，背面以汉、维吾尔、哈萨克、蒙古 4 种文字镌刻着烈士的生平。大祭坛南侧还有一组《红色记忆》主题雕塑，是为纪念新疆和平解放于 2007 年用花岗岩修建的。在陈潭秋等 5 位烈士墓的后方 50 米处是小祭坛，安葬着杜重远、祁天民、陈振亚、汪德祥、彭仁发 5 位烈士。烈士墓碑高 2 米，宽 1.8 米，厚 0.42 米。在通往祭坛的大道南侧广场上，是 1983 年修建的烈士事迹陈列馆，陈列馆门前竖立着一尊陈潭秋烈士的汉白玉半身塑像。大道北侧是 2009 年筹建的烈士事迹陈列馆新馆。该馆建筑面积 4692 平方米，采用图片、文字、实物、雕塑、绘画、多媒体影视、声光电、半景画等多种陈展形式。在祭坛广场的两侧，还分别安葬着为保卫和建设新疆做出突出贡献的已故老红军、省军级以上老干部王恩茂、包尔汉·沙赫德拉、赛福鼎·艾则孜等。

◆乌鲁木齐革命烈士事迹陈列馆

乌鲁木齐市革命烈士陵园于 1986 年 10 月被民政部公布为全国重点烈士纪念建筑物保护单位；1995 年 1 月被民政部公布为爱国主义教育基地，1997 年 6 月被中央宣传部公布为全国爱国主义教育示范基地。

阿勒泰地区烈士陵园

阿勒泰地区烈士陵园位于新疆维吾尔自治区阿勒泰市金山路街道办事处园林路56号。

陵园占地面积约46669平方米，主要包括烈士墓、烈士纪念碑、吊唁平台、烈士纪念馆、综合管理层、陵园绿地等基础设施。

◆阿勒泰地区烈士陵园

1949年8月27日，达列力汗·苏古尔巴也夫和阿合买提江等三区革命领导人应毛泽东邀请，乘飞机赴北平（今北京）参加新政协会议。在取道苏联途中，飞机失事，不幸遇难。1950年，达列力汗·苏古尔巴也夫的遗体被送运回他的家乡——阿勒泰，安葬在阿勒泰第一座水电厂附近的山丘上。1959年，中共阿勒泰地委、专署修建了阿勒泰地区烈士陵园，将达列力汗·苏古尔巴也夫遗骨迁葬于此。

◆达列力汗·苏古尔巴也夫铜像

1989年，达列力汗·苏古尔巴也夫墓前建起了高5米的纪念碑，正面碑文“达列力汗同志永垂不朽”，背面碑文用汉、哈萨克两种文字镌刻着毛泽东1949年10月22日的题词：“阿合买提江等五位同志生前为新疆人民解放事业英勇奋斗，最后又为建立中华人民共和国的事业而牺牲，值得全中国人民的永远纪念。阿合买提江同志、伊斯哈克伯克同志、阿不都克力木同志、达列力汗同志和罗志同志永垂不朽!”陵园大门右侧修建了烈士事迹陈列室，使用面积15平方米，主要展出三区革命时期关于达列力汗·苏古尔巴也夫将军主要活动的图片，共120余张。

陵园内还安葬着新中国成立初期在剿匪战斗中光荣牺牲的骑七师二十团副团长王金玉烈士和三区

革命烈士马向·艾得力拜也夫、恰热甫·斯徒瓦尼，1998 年与犯罪分子搏斗英勇牺牲的阿勒泰市团结路派出所所长韩新忠烈士，2000 年为抢救落水儿童而牺牲的地区妇女儿童活动中心干部徐华胜烈士，2003 年为救火而牺牲的现役士兵汪琦烈士，2008 年 8 月遭遇喀什“8.4”爆炸袭击而牺牲的王都庆烈士，以及在阿勒泰工作并去世的老红军、老八路，解放战争时期的离休老干部以及对边疆的革命建设事业作出重大贡献的老专家、老教授等。

阿勒泰革命烈士陵园 1965 年被新疆维吾尔自治区人民政府公布为新疆维吾尔自治区重点文物保护单位；1995 年被新疆维吾尔自治区党委宣传部公布为新疆维吾尔自治区爱国主义教育基地。

林基路烈士纪念馆

林基路烈士纪念馆位于新疆维吾尔自治区阿克苏地区库车县热斯坦街道办事处林基路社区林基路街 19 号。

林基路（1916—1943），原名林为梁，广东台山人。1933 年加入中国共产主义青年团，1935 年加入中国共产党。1938 年 2 月，受中共中央派遣到新疆迪化（今乌鲁木齐市）工作。曾任新疆学院（今新疆大学）教务长、阿克苏地区教育局局长、库车县县长、乌什县县长等职。林基路在库车任县长的两年多时间里，积极宣传中国共产党的主张，努力开展抗日救亡活动；整顿财税，澄清吏治，兴修水利，发展经济，修路架桥，改善交通，兴办文化教育事业，深受库车各族人民群众的拥护和爱戴。1942 年盛世才投蒋反共，统一战线破裂，林基路在迪化被捕入狱。在狱中，林基路写下了著名的《囚徒歌》。1943 年 9 月 27 日，林基路与陈潭秋、毛泽民一起被盛世才杀害，年仅 27 岁。

◆林基路烈士纪念馆大门

林基路纪念馆建于 1975 年，1977 年正式开馆，由烈士事迹陈列室、烈士故居以及林基路小学维语学校、林基路小学汉语学校等部分组成。

烈士事迹陈列室

◆林基路烈士陈列室外景

烈士事迹陈列室占地面积350平方米，为长方形土木平房建筑。室内靠北墙竖立着一红色长屏，上面烫金临摹着毛泽东手迹“星星之火，可以燎原”，长屏前方摆放着一尊林基路烈士半身塑像。展室内共展出图片84幅，影印件41页、版画1幅、油画2幅、连环画故事19套、沙盘模型2具、实物9件、书籍4种、中央领导人题词16幅，并分为“少年有志”、“投身革命”、“延河洗礼”、“奔赴新疆”、“库车剪影”、“不屈囚徒，狱中斗争”、“缅怀英烈，寄托哀思”等部分，反映了林基路烈士的生平事迹。

烈士故居

烈士故居占地面积154平方米，三面由阳台环绕，分为前室和后室。前室为临时会客室，现布置有1张办公桌，4把俄式黑漆木椅，1把俄式带茶几靠背椅。后室为林基路夫妇卧室，现布置有两张单人床和有一婴儿床，林基路之子库尔班阿洪（现名林海洪）就出生在这里。整个故居风格自然古朴，显示出林基路艰苦朴素、清正廉洁的工作作风。

林基路小学维语学校

林基路小学维语学校位于阿克苏地区库车县林基路纪念馆旁。

学校始建于1936年8月，原名库车县第四国民小学。1939年5月，林基路任库车县县长期间，开展劝学运动，大办学校，促进了库车文化教育事业的大发展。同年9月，林基路对第四国民小学进行改（扩）建，并动员库车县工商界人士捐资办学，修建一座砖木结构的二层楼校舍，创建了库车县第一所维吾尔语、汉语综合小学，受到新疆省政府的传令嘉奖。10月，中共党员陈茵素（林基路妻子）由延安经迪化到库车县，任第四国民小学教师兼库车县妇女会主任。

由林基路创建的学校校舍一直使用到1976年。1976年在原址上重建，并正式命名为林基路小学。1998年，林基路小学在自治区党委原副书记克尤木·巴吾东的亲自倡导下，在校舍原址新建教学楼。学校建有林基路烈士事迹展厅，陈设了林基路烈士生平事迹及大量照片、爱国诗词、工作生活用品等。

林基路小学汉语学校

林基路小学汉语学校，原名库车县第四小学（维吾尔语、汉语合校），位于阿克苏地区库车县文化路西26号。

库车县第四小学建于1936年8月，1939年9月中共党员陈茵素任库车县第四小学教师兼妇女会主任，协助丈夫林基路发展教育事业，使该校面貌发生了根本变化。学校后来数次易名，1949年被命名为库车县第四国民小学。为纪念林基路烈士，1999年10月12日更名为库车县林基路小学汉语学校，占地面积21929平方米。

◆林基路小学汉语学校

林基路烈士纪念馆于2003年2月被新疆维吾尔自治区公布为新疆维吾尔自治区重点文物保护单位；2000年被新疆维吾尔自治区党委宣传部公布为新疆维吾尔自治区爱国主义教育基地。

八路军驻新疆办事处纪念馆

八路军驻新疆办事处纪念馆位于乌鲁木齐市天山区胜利路392号。

八路军驻新疆办事处是抗日战争时期中国共产党设在新疆的办事机构。1937年4月，以营救中国工农红军西路军左支队进疆为契机，通过苏联的斡旋，中共中央派中央政治局委员陈云（化名施平）、滕代远（化名李光）等5人从苏联到迪化（今乌鲁木齐市），与边防督办盛世才取得联系。经协商，盛世才同意西路军左支队进入新疆。同年10月，中共中央军委派周小舟赴迪化，与边防督办盛世才商谈，建立八路军办事处于迪化南梁第三招

◆八路军驻新疆办事处旧址

待所，对外即称“南梁第三招待所”。中共派驻新疆的代表从1937年至1942年在此居住和办公。陈云、滕代远、邓发（化名方林）、陈潭秋（化名徐杰）等先后任中国共产党驻新疆代表和八路军驻新疆办事处负责人。

八路军驻新疆办事处的任务是：扩大抗日民族统一战线，团结各族爱国人士进行抗日斗争，保证新疆永远为中国领土；保持同苏联之间物资和人员往来的通道，接待取道新疆来往苏联的我党干部和国际友人；筹集援助八路军抗日物资；管理在迪化治疗养病的八路军伤残病员。1942年，盛世才公开投靠蒋介石，并将陈潭秋、毛泽民、林基路以及在新疆的中共人员全部逮捕入狱。至此，我党与盛世才在新疆建立的抗日民族统一战线破裂，八路军驻新疆办事处随之关闭。1943年9月27日，陈潭秋、毛泽民、林基路被盛世才秘密杀害。1946年6月，在党中央的营救和爱国将领张治中先生（时任国民政府西北行辕主任兼新疆省主席）的努力下，131名（途中病逝2名）中共人员集体返回延安。

◆八路军驻新疆办事处纪念馆展室内景

八路军驻新疆办事处旧址于1961年5月被乌鲁木齐市人民委员会命名为“乌鲁木齐市革命烈士纪念馆”，1962年10月1日正式对外开放，1965年被自治区人民政府更名为“八路军驻新疆办事处纪念馆”。1974年6月董必武亲笔题写了馆名。旧址占地面积1100平方米，建筑面积503.6平方米，是一幢中俄合璧的土木结构。红铁皮房盖，青砖砌底拦腰、压檐套框的二层楼房，有大小房间12个，楼下5间，楼上7间。现陈列内容如下：一是陈云、滕代远、邓发、陈潭秋等人的生平事迹；二是“抗日民族统一战线的形成”专题，主要介绍了红军西路军的战斗历程以及我党在迪化培养军事人才、发动新疆各族群众支援全国抗战和党中央选派党员干部来新疆工作等情况；三是“推动新疆地区的社会进步与发展”专题，主要介绍党在新疆大力发展文化、教育和卫生事业等方面的历史以及毛泽民在担任新疆省财政厅代厅长和民政厅代厅长期间对新疆各族人民所作的贡献；四是“忠贞不屈的革命战士”专题，主要介绍共产党人正气凛然、忠贞不屈的狱中斗争状况和集体获释后返回延安的情况以及相关报道。二楼一个房间原为陈潭秋等4位党代表的办公室兼接待室，这里曾接待过周恩来等许多中共领导人，仍保持着原貌。现有馆藏文物4000件，其中16件被列为国家一级文物；有固定展览4个，共展出照片、档案文献、烈士遗著、武器、手稿、书刊、杂志、画稿、诗词、歌曲等版面210块。

八路军驻新疆办事处纪念馆于1962年7月被新疆维吾尔自治区人民政府公布为新疆维吾尔自治区重点文物保护单位；2000年被新疆维吾尔自治区党委宣传部公布为新疆维吾尔自治区爱国主义教育基地，2009年5月被中央宣传部公布为全国爱国主义教育示范基地。

中国工农红军西路军总支队纪念馆

中国工农红军西路军总支队纪念馆位于新疆维吾尔自治区乌鲁木齐市天山区西后街37号。

◆中国工农红军西路军总支队纪念馆

1936年10月，红军西路军奉党中央和中央军委命令，着手打通河西走廊经新疆到苏联的国际通道。因国民党军马步芳、马步青的骑兵部队围追“兜剿”，西路军经过浴血奋战，终因寡不敌众，兵败祁连山下。1937年4月，西路军左支队余部在李卓然、李先念、程世才等率领下，陆续抵达星星峡，在中共驻新疆代表陈云等接应下到达新疆。左支队余部先驻扎在迪化（今乌鲁木齐）人民公园西侧的阜民纱厂（今新华印刷一厂）和今人民公园里的丹凤朝阳阁内，后迁入小东门外的西后街。时值抗日战争时期，国共合作，西路军左支队整编为西路军总支队，下设干部队和四个大队，对外称“新兵营”，隶属盛世才部队编制。1937年至1940年，西路军总支队遵照党中央“严守纪律，安心学习”的指示，在新疆有计划地进行军事、文化、政治理论学习，特别是系统地学习炮兵、无线电、装甲车、汽车、航空等现代化军事技术。1940年1月奉党中央指示，大部分人员分批返回延安，奔赴抗日前线。剩下的一部分人员被抽调参加新疆政府部门工作，后来被盛世才投入监狱。1946年6月，在党中央的营救和爱国将领张治中先生（时任国民政府西北行辕主任兼新疆省主席）的努力下，共有131人（途中病逝2名）集体返回延安。

中国工农红军西路军总支队旧址位于乌鲁木齐市五星路2号、4号、5号和西后街58号，共四组土木结构的民用平房，均为穹洞式大门。1999年，乌鲁木齐市委、市人民政府决定依照西后街58号院落（原中国工农红军西路军总支队医疗通讯班）原貌，在西后街37号复原重建，并定名为“中国工农红军西路军总支队纪念馆”。

◆纪念馆展室内景

2001 年 6 月 30 日正式开馆。展厅由 17 个房间合抱的四合院构成，陈展内容有“长征胜利，奉命西渡黄河”、“组建西路军，血沃征程路”、“进驻新疆，再创辉煌”、“永恒的精神” 4 部分，陈列有近 200 余幅历史图片和 10 件西路军左支队官兵们使用过的武器、生活用品以及书籍等实物。

中国工农红军西路军总支队纪念馆于 1962 年被新疆维吾尔自治区人民政府公布为新疆维吾尔自治区文物保护单位；2008 年被新疆维吾尔自治区党委宣传部公布为新疆维吾尔自治区爱国主义教育基地。

新疆三区革命历史纪念馆

新疆三区革命历史纪念馆位于伊宁市公园街 1 巷。

新疆三区，即伊犁、塔城、阿山（今阿勒泰）地区。1949 年 8 月 27 日，三区革命领导人阿合买提江·哈斯木、伊斯哈克伯克·穆努诺夫、阿不都克里木·阿巴索夫、达列力汗·苏古尔巴也夫、罗志应毛泽东主席的邀请，乘飞机赴北平（今北京）参加中国人民政治协商会议第一届全体会议。在取道苏联途中，因飞机失事，不幸遇难。1950 年 4 月，烈士遗骨由苏联运回新疆，达列力汗·苏古尔巴也夫葬于承化（今阿勒泰市），阿合买提江·哈斯木等葬于伊宁市新华西路 52 号（州财贸学校）院内，1959 年，伊宁市委、市

◆新疆三区革命历史纪念馆大门

政府将阿合买提江·哈斯木等烈士移葬于伊宁市人民公园，同时在此修建了三区革命陈列室。

◆新疆三区革命历史纪念馆

新疆三区革命历史纪念馆（伊宁烈士陵园）占地面积 6.66 万平方米，由烈士纪念碑、陈列室、纪念馆、瞻仰广场和 7 座陵墓组成。进入大门，南面是 1959 年建成的陈列室，建筑面积 242 平方米。隔林荫路与陈列室相对的是 1989 年建成，2010 年扩建的新疆三区革命历史纪念馆，建筑面积 286 平方米，该馆大门的正前方是五位烈士的塑像。顺着林荫路朝西是具有新疆少数民族风格的烈士纪念塔，塔高 13 米，底座面积 16 平方米，塔顶为金属穹拱，塔身分别用汉文、维吾尔文、哈萨克文镌刻着毛泽东题词："为人民解放及人民民主事业服务而牺牲的阿合买提江·卡斯米同志、伊斯哈克伯克·木奴诺夫同志、阿不都克里木·阿巴索夫同志、达力立汗·苏古尔巴夫同志、罗志同志们的精神永垂不朽！毛泽东 1949 年 10 月 22 日"。纪念塔以西是具有新疆少数民族建筑风格的 7 座烈士陵墓，占地面积 1080 平方米。前排 4 座，分别是阿合买提江·哈斯木、阿不都克里木·阿巴索夫、伊斯哈克伯克·穆努诺夫、罗志。后排 3 座，分别是艾尼·克里木夫、阿不都热西提·伊敏诺夫、吾斯满江·那斯里。纪念塔与陵墓之间由瞻仰广场相连。

◆新疆三区革命烈士纪念塔

新疆三区革命历史纪念馆（伊宁烈士陵园）于 1995 年 1 月被民政部公布为全国爱国主义教育基地；1989 年 8 月被民政部公布为全国重点烈士纪念建筑物保护单位。

红军西路军进疆纪念园

红军西路军进疆纪念园位于哈密市区东北，地处兰新铁路与红星西路立交桥旁。

◆红军西路军进疆纪念园

1936 年 10 月，奉中共中央和中革军委命令，红五军、红九军、红三十军 2 万余人组成西路军，西渡黄河。西路军在极其困难的条件下，披坚执锐，喋血奋战，应战国民党军马步芳、马步青骑兵部队的围追“兜剿”，有效地牵制了河西敌军，配合了河东红军主力的战略行动和“西安事变”的和平解决。由于敌众我寡，孤立无援，最后兵败祁连山。1937 年 3 月，西路军余部分三个支队分头突围，由李卓然、李先念、程世才率领的左支队历尽艰难，于 1937 年 4 月底转战到新疆哈密境内的星星峡，与前来接应的中共中央代表陈云、滕代远胜利会师，此时左支队仅存 400 余人。

为了缅怀陈云、李先念等老一辈无产阶级革命家和西路军艰苦卓绝的战斗历程，继承和发扬革命传统，1992 年 9 月，中共哈密地委、行署作出关于修建西路军纪念碑的决定。西路军纪念碑于 1993 年 5 月 1 日动工，10 月 15 日竣工。后在此基础上扩建为红军西路军进疆纪念园，于 1997 年 8 月竣工并投入使用。

◆红军西路军进疆纪念园展厅中的陈云、李先念会师星星峡铜像

红军西路军进疆纪念园占地面积 1 万平方米，坐西向东，

平面呈梯形状，整体建筑为红墙绿瓦仿古园林式，由前后两院组成。前院正门为牌楼式建筑，正中四根门柱上分别镌刻着楹联，大门内是红军西路军进疆纪念馆，为中国传统四合院式建筑，面积105平方米，纪念馆门前有陈云夫人及子女、李先念夫人和自治区领导栽种的四棵常青树。馆内正面是陈云、李先念的紫铜雕像，像高2.04米，基座长1.7米、宽0.955米、高0.49米，背景衬以星星峡山岭的油画。纪念馆展厅有“三军会师，长征胜利”、“组建西路军，奉命西征”、“血战河西走廊，转战祁连山”、“宣传抗日、建立人民政权”、“反动军阀对西路军的残酷迫害”、“党中央关怀，八方营救”、“星星峡会合，进驻新疆”、“丰碑永存，光照千秋”8个部分，展出图片232幅、西路军将战士使用过的枪支零部件12件。

小广场的后面是红军西路军进疆纪念碑。纪念碑矗立在一块不规则人工平台上，登上石级，在长12米、高1.5米的黑色大理石上，镌刻着陈云题写的“红军西路军进疆纪念碑”十个大字。从石碑两侧再登上石级，是红军西路军纪念碑主碑为铜像，造型是一红军西路军进疆战士，头戴八角帽，手握钢枪，身背大刀，脚踏祁连，向前俯视，寓意为“西路军魂”。铜像高6.2米，重5吨。

◆红军西路军进疆纪念园浮雕

红军西路军进疆纪念园于2000年7月被新疆维吾尔自治区党委宣传部公布为新疆维吾尔自治区爱国主义教育基地。

副　编

萧红故居

萧红故居位于黑龙江省哈尔滨市呼兰区南二道街204号。

萧红（1911—1942），原名张秀环，改名张乃莹，曾用笔名萧红、悄吟、玲玲等，黑龙江呼兰县人。生于1911年，1930年从呼兰出走，1932年开始走上文学创作道路，1942年病逝于香港。她创作了近百部（篇）文学作品，代表作有《生死场》、《呼兰河传》、《小城三月》、《马伯乐》、组诗《苦杯》、哑剧《民族魂》等。她的作品大都取材于东北故乡，怀着对失去土地的眷恋，对人民苦难的同情，真实地反映了东北人民在封建压迫和帝国主义侵略下的极端贫困和顽强抗争，对民族矛盾和阶级矛盾都有较为深刻的刻画。

◆萧红故居内的正房

◆萧红故居内的萧红塑像

萧红故居始建于1908年，占地面积7125平方米，有房屋32间，建筑面积826.78平方米，分东、西两个院落，东院为本家居住，西院出租。萧红出生在东院的五间正房。2008年10月，萧红故居修复工程和萧红纪念馆三期萧红广场建设工程正式完工。修复后的萧红故居青砖院墙，院门面东而开，正门门楣上悬“萧红故居”横匾，院内五间正房，东两间陈列萧红祖母用过的部分物品，西两间展出萧红生前照片、中外名人留影、题词、信函，迎门堂屋摆放着萧红故居原貌沙盘。院内有一座 2 米高汉白玉的萧红塑像，后花园西侧有碾房一座。萧红故居对研究萧红的成长环境、思想品德、写作风格、作品特点，及当时东北人民的社会生活等均有重要的历史意义和艺术价值。

萧红故居于 1986 年 12 月被黑龙江省人民政府公布为黑龙江省文物保护单位；2001 年 11 月被黑龙江省委、省人民政府公布为黑龙江省爱国主义教育基地。

上海蔡元培故居

上海蔡元培故居位于上海市静安区华山路 303 弄 16 号。

上海是蔡元培先生早年从事教育和推翻满清统治革命活动之地。这里是蔡元培先生生前在上海的最后一个寓所。1940 年，蔡元培病逝以后，他的家人一直居住在此。蔡元培生前所用物品及手稿、书籍、信件、相片和遗物大多保存在这里。现一楼辟为故居陈列馆，二楼、三楼居住着蔡元培先生的子女，故居的陈设基本保持蔡元培先生生前的原样。

◆上海蔡元培故居

2000 年 12 月 8 日，蔡元培故居陈列馆正式对外开放。走进底层陈列馆，迎面是蔡元培先生的半身纪念铜像。放大的历史图片上，醒目地刊印着毛泽东的题词：“学界泰斗，人世楷模”。展览分为三大部分：一、“从刻苦攻读到教育救国”；二、“中国近代教育和科学事业的奠基人”；三、“志在民族革命，醒在民主自由”。在所列的各种珍贵史料中，有蔡先生的早年著作《学堂教科论》、《伦理学原理》及《保障民权》讲演草稿；有为《新青年》的题词：“劳工神圣”、为邹韬奋主编的《生活星期刊》题词：“中国为一个，天下为一家”等。

上海蔡元培故居于 1984 年 11 月被上海市人民政府公布为上海市文物保护单位，2009 年 12 月被上海市人民政府公布为上海市爱国主义教育基地。

黄炎培故居

黄炎培故居位于上海市浦东新区川沙新镇兰芬堂 74 弄 1 号。

黄炎培（1878—1965），上海川沙人。早年参加孙中山领导的同盟会，创建中国民主同盟会、中国民主建国会、中华职业教育社等爱国团体。新中国成立后，历任中央人民政府委员、政务院副总理兼轻工业部部长、全国人大副委员长、全国政协副主席，中国民主建国会中央委员会主任委员等职。

◆黄炎培故居

1991 年 3 月，川沙县政府对黄炎培故居拨款大修，11 月 6 日举行黄炎培故居落成典礼和黄炎培铜像揭幕仪式，“黄炎培故居”匾额由陈云题写，1992 年 5 月 27 日对外开放。居住部分按原状修复，并复原卧室、书房及楼下客堂等，其中部分家具系原物。故居内设黄炎培生平事迹展览，展示厅分前言、探索救国之路年少发奋苦读、参加爱国活动倡导职业教育、投身救亡运动积极宣传抗日、创办进步组织致力民主救国、竭力政府工作参与建国大业、深切怀念人民的好公仆等 7 个部分。陈列《黄炎培家谱》、《黄炎培日记》、《延安归来》等书籍，以及与毛泽东、刘少奇、周恩来、朱德等人来往信件等共 270 余件。

黄炎培故居于 1992 年 6 月被上海市人民政府公布为上海市文物保护单位；2003 年 1 月被上海市人民政府公布为上海市爱国主义教育基地。

戈公振故居

戈公振故居位于江苏省盐城市东台市（县级市）东台镇望海居委会鼓楼街道步行街 88 号。

戈公振（1890—1935），原名绍发，江苏东台县人。长期致力于新闻教育事业和新闻学研究工作，著述有《中国报学史》、《新闻学撮要》、《新闻学》等，1935 年因病逝世于上海。为纪念戈公振，江苏省新闻学会专门设立了“戈公振新闻奖”。

◆戈公振故居外景

故居为清末建筑，砖木结构，三进 12 间，建筑面积 247 平方米，总平面呈“目”字形，“寿”字图案花墙，六面壁板，整个建筑古色古香，是戈公振青少年时期学习、生活的地方。故居 1987 年修缮开放，基本上恢复了当年的历史风貌。

故居天井右侧为两米多高的戈公振半身汉白玉塑像，塑像的底座为黑色大理石，上书“戈公振（1890—1935）”。故居内设有戈公振纪念馆，陈列着展览《我是中国人——中国报学巨擘戈公振》，还有戈公振侄儿、著名翻译家戈宝权和戈公振之子、美国著名核能博士戈宝树向故居捐献的近千件遗物、资料。展品包括戈公振学习、写作、出国考察以及参加各种国际会议的历史图片 120 余张，戈公振与孙中山、蔡元培、黄炎培、胡适、郑振铎等人的往来书信和他办报时留下的遗物，以及戈公振撰写《中国报学史》的手稿等。

◆戈公振塑像

戈公振故居于 1997 年 8 月被江苏省委宣传部公布为江苏省爱国主义教育基地。

朱自清故居

朱自清故居位于江苏省扬州市广陵区安乐巷 27 号。

朱自清（1898—1948），1920 年毕业于北京大学。1925 年任清华大学中文系教授，开始从事文学研究。1931 年 8 月，留学英国。1932 年 7 月回国，任清华大学中国文学系主任。抗日战争爆发后，朱自清随清华大学南下长沙，后到昆明。1946 年 10 月，他从四川回到北平。在反饥饿、反内战的运动中，他成为坚定的革命民主主义战士。1948 年 8 月 24 日，朱自清因患严重胃病逝世。毛泽东对朱自清宁肯挨饿不领美国“救济粮”的精神给予称赞，赞扬他“表现了我们民族的英雄气概”。

◆朱自清故居

朱自清祖籍浙江绍兴，1898 年出生于江苏连云港市东海县，童年随父举家至扬州，在扬州的居住地共有 8 处，保存完好的仅此一处，是朱自清 20 世纪 30 至 40 年代的主要生活场所。

故居房屋始建于清代，是扬州典型的民居“三合院”式建筑。大门朝东，由江泽民题写的“朱自清故居”牌匾悬挂在故居门洞左侧，进门北向，有一小院，内有客房两间，乃朱自清的住处。二道门内，有上堂屋三间、下堂屋三间和两侧厢房，系朱自清的父母及姐妹们的住所。

◆朱自清塑像

故居的第二进有序厅和展厅。序厅中央伫立着朱自清塑像，塑像上方是江泽民的题词“清芬正气传当世”。左面是朱自清的生平简介，右侧是毛泽东和江泽民对朱自清一生的评价。朱自清生平事迹展示厅于 2002 年 9 月 1 日正式对外开放，内有江泽民在朱自清诞辰 100 周年时的题词。

朱自清故居于 2006 年 5 月被国务院

公布为全国重点文物保护单位；1997 年 8 月被江苏省委宣传部公布为江苏省爱国主义教育基地。

李济深故居

李济深故居位于广西壮族自治区梧州市苍梧县大坡镇料神村。

◆李济深故居

李济深（1885—1959），少名锦江，字任潮，广西苍梧县人。1909 年毕业于广东讲武堂，1914 年毕业于北平陆军大学。自 1911 年起追随孙中山进行反对帝国主义和北洋军阀的斗争。历任粤军第一师参谋长、代师长，黄埔军校副校长、国民革命军第四军军长、北伐军总参谋长、广东省主席、国民党中央执行委员会委员等职。1933 年在福建组织抗日反蒋的“中华共和国人民革命政府”，任主席；1948 年发起成立中国国民党革命委员会，任主席。新中国成立后，历任中央人民政府副主席；全国人大常委会第一、二届副委员长，全国政协第一届至第三届副主席，1959 年在北京病逝。

1936 年，李济深在香港组织“中华民族革命同盟”，因港府暗中监视而回到家乡召开“革命同盟”重要会议，当时有陈铭枢、蒋光鼐、蔡廷锴、梅龚彬、陈希周、宣侠父、胡兰畦、杨东莼、徐君虎、王亚樵、朱蕴山、吴迈、赖慧鹏、赖刚、李新俊等人，均为座上之宾。李宗仁、白崇禧、陈济棠、黄旭初等，也到过这里与李济深会晤。抗战末期，1944 年桂林沦陷，李济深不愿回重庆出任军事参议院长之职，而接受周恩来的建议，回到故乡坚持敌后抗日，与延安保持电讯联系，在重庆的董必武派出狄超白到李济深身边协助。爱国文化人士胡希明、尹时中、舒守鎏、李民欣、李铁夫、黄庆云、陈残云、李伯球、王修平、朱江洪等先后到来协助李济深工作，成立南区抗日自卫委员会。并联系广东建立“三罗”人民抗日武装，使罗定、云浮、郁南与大坡山连成一片，形成一个很好的敌后抗日政治局面。郁南民众抗日武装指挥部参谋长李镇靖，东江纵队代表李嘉人先后到此与李济深共商抗日大计。中共广东临时省委还派出代表杨基到这里传达党的七大会议精神，并传达毛泽东《论联合政府》的主要内容。

李济深故居建于1925年，庄园式砖木结构建筑，四周筑围墙和四角炮楼，内为四合院式厢房和楼房，天面回廊过道与炮楼通，总建筑面积2010平方米，占地面积为3342平方米，大小厅房53间。主体建筑除了厅堂和房间之外，还增设有炮楼、瓦面走道、射击孔等防御设施，是一座融中国传统建筑艺术和西洋装饰风格于一体，具有明显时代特征的近代建筑。

李济深故居于1994年7月被广西壮族自治区人民政府公布为广西壮族自治区文物保护单位，1996年11月被国务院公布为全国重点文物保护单位；1995年12月被广西壮族自治区党委、自治区人民政府公布为广西壮族自治区爱国主义教育基地。

浦在廷故居

浦在廷故居位于云南省曲靖市宣威市宛水街道办事处西河社区西城下街57号。

浦在廷（1871—1950），云南宣威人，是云南近现代杰出的民族工商业家，是宣威火腿百年品牌的奠基者。他积极支持并参加护国运动和北伐战争，荣获“五等嘉禾勋章”，孙中山先生授其少将军衔。受其进步思想影响，一子三女（浦代英、浦石英、浦琼英）先后走上了中国共产党领导的革命道路，为党的革命和建设事业作出了积极贡献。

浦在廷故居是近现代云南地方民族工商业发展的见证地，也是卓琳同志少年时代生活、居住的地方，对研究近现代民族工商业的发展和纪念卓琳同志具有重要的价值。故居坐东朝西，悬山顶穿斗式砖木结构四合院，由大门、前院、二门、正厅、对厅、南北厢房、佛堂、花园组成，占地面积1500平方米。正厅与南北厢房之间设备弄（夹墙，曾掩护过地下党人王德三）。故居始建于民国初年，

◆浦在廷故居

是浦在廷创办宣和火腿股份有限公司的生产、生活用房，20 世纪 50 年代，故居被分配给当地农户及浦氏后人居住，1991 年 1 月被公布为县级文物保护单位，由文物管理部门管理保护至今，1993 年、1994 年先后两次维修并陈列展出浦在廷及其子女生平事迹。故居整体结构稳定，保存完好。

大门位于故居东南角，垂花门，青灰瓦歇山顶。前檐两侧饰垂花吊角柱，檐枋及檐柱上的雀替饰浮雕图案，门框上方正金檩下悬挂“浦在廷故居”牌匾。大门内是南边厢房的后檐墙与院墙之间形成的一个封闭式院落，此即前院。前院东西长 30 米，南北宽 8 米，西部种植花木，东部是进入二门的通道。南厢房的后檐墙起到了影壁的作用，这也是浦在廷故居在布局上借鉴北方四合院建筑格局的明显特征。二门开在南厢房明间，属“随墙门”，处于四合院南北轴线上，是进入故居主院的直接通道，门额上方悬挂“少将第”匾额。浦在廷积极支持唐继尧、蔡锷、李烈钧等领导的护国运动，积极参加孙中山领导的辛亥革命、护法运动和北伐战争，荣获“五等嘉禾勋章”，孙中山先生授其少将军衔，故有“少将第”匾额。四合院是故居主院，中部原为花台，1997 年改建为台基，现台基正中立浦在廷铜像。正厅是故居的主体建筑，一楼一底，明五暗七布局，南北设夹墙，通面阔 23.45 米，通进深 9 米，前檐出廊，廊深 2.6 米，北端末间前檐设楼梯。其他还有对厅，南、北厢房，佛堂等。

浦在廷故居于 2009 年 7 月被云南省委、省人民政府公布为爱国主义教育基地。

李根源故居

李根源故居位于云南省保山市腾冲县腾越镇天成社区叠园小区 38 号。

◆李根源故居

李根源（1879—1965），清光绪二十四年（1898 年）中秀才，二十九年（1903 年）入昆明高等学堂。清光绪三十年（1904 年）官费留学日本，入振武学校习军事。1915 年加入同盟会，成为首批同盟会员 37 人之一。次年春任云南留日学生同乡会会长、《云南杂志》社经理。宣统元年（1909 年）回国，任云南讲武堂监督兼步兵科教官，旋升总办。1911 年农历 9 月 9 日，参与组织云南“辛亥重九”起义，起义成功后，出任云南军政府军政部总长兼参议院议长。武昌起义后，与蔡锷等发动新军响应，成立大汉军政府，任军政总长兼参议院院长，继任云南陆军第二师师长兼国民军总统。后参加“二次革命”、反袁世凯称帝活动和“护法”斗争。1917 年出任陕西省省长，次年 10 月获陆军上将衔。1922 年 11 月任农商总长，次年 5 月兼署国务总理。1923 年，因反对曹锟贿选总统，隐居吴中。“吴淞战事”起，与张仲仁等抚伤救民，收敛大批阵亡将士遗骸，葬于五峰山与马岗山。1936 年，为营救“七君子”而奔走。抗日战争爆发后，积极投入抗日救亡运动，与张仲仁等倡议组织老子军。1939 年 11 月出任云贵监察使襄助军务，协助中国远征军组织滇西抗战，协助中国远征军第 11 集团军创办大理干训团，为远征军进行战略反攻滇西培养了一批军政人才。1945 年抗战胜利后，辞去云贵监察使之职，回到家乡云南腾冲，积极倡导修建腾冲国殇墓园。新中国成立后，历任西南军政委员会委员、西南行政委员会委员、全国政协委员并担任全国政协文史资料委员会副主任等职。1965 年病逝于北京，骨灰安葬于小王山，现建有李根源纪念馆。

李根源故居于 1946 年兴建，1947 年落成，为土木结构庭院式建筑。其间，李根源广泛搜集海内名贤、滇中名家及腾冲先贤名流之书法作品，勾勒上石，嵌于四周围墙上，并将上石作品集成《叠园集刻录》、《凤翅园石刻录》两书传世。1988 年，腾冲李根源故居管理所成立，之后在其西厢位置上建盖两层木结构陈列室一幢。

李根源故居于 2003 年 12 月被云南省人民政府公布为云南省重点文物保护单位；1999 年 12 月和 2009 年 7 月被云南省委、省人民政府公布为云南省爱国主义教育基地。

方国瑜故居

方国瑜故居位于云南省丽江市古城区大研街道办事处五一街文治巷 71—72 号。

方国瑜（1903—1983），丽江古城人，纳西族，中国当代著名的历史学家、教授，著有《云南史料目录概说》、《中国西南历史地理考释》、《彝族史稿》、《汉晋民族史》、《滇西论丛》、《抗日战争滇西战事篇》、《方国瑜文集》等大量著作，有“南中泰斗，滇史巨擘”之誉。1938 年，丽江籍在昆人士在方国瑜等人倡导下，成立“丽江旅省学会”，创办会刊，开

◆方国瑜故居外景

◆方国瑜故居内景

展抗日救亡运动，发动会员为抗日捐献。抗日战争期间，方国瑜编辑出版《西南边疆》杂志，创建西南文化研究室，并任主任。1946 年，到保山收集抗日战争资料，到各个战场调查访问，写成《抗日战争滇西战事篇》六卷，为国内关于滇西抗日战争最翔实、最珍贵的资料。方国瑜是云南地方史、西南民族史、西南边疆历史地理诸方面的拓荒者和奠基人，在中国民族、中国西南边疆史地、云南史料目录、东巴文化等方面都作出了震古烁今的杰出成就。

方国瑜故居始建于清嘉庆年间，由两个四合院（两个三坊一照壁）的土木结构建筑构成，共有 72 间房，建筑面积 1320 平方米。方国瑜故居现已辟为方国瑜纪念馆，内设十个展室。

方国瑜故居于 2009 年 8 月被云南省委、省人民政府公布为云南省爱国主义教育基地。

宋氏祖居

宋氏祖居位于海南省文昌市昌洒镇古路园村。

宋氏祖居始建于清道光年间，坐西朝东，二进格局，按当地民居建筑风格建造，是当地典型的传统农家宅院。祖居由 2 间正屋、3 间横屋、2 间门楼和院墙组成，占地 1500 平方米，建筑面积 660 平方米。宋庆龄父亲宋耀如于 1861 年在祖居出生。祖居内设有陈列馆，馆内分别陈列有宋庆龄青少年时代和战争年代从事世界和平事业，以及国内外各界人士对她深切怀念的史料、照片、图表、绘画、仿制实物等。

◆宋氏祖居老屋前门

◆宋庆龄像

◆宋氏祖居内的陈列室

为了纪念宋庆龄及其家族在历史上所作的贡献和深远的影响，1985 年，文昌县人民政府拨款修复宋氏祖居，并在宋庆龄基金会和海内外人士支持下相继兴建成了宋庆龄陈列馆、宋庆龄植物园，并在祖居北边竖起了高达 3. 2 米的宋庆龄汉白玉雕像。

宋氏祖居于 1994 年 11 月被海南省人民政府公布为海南省文物保护单位，1997 年 4 月被海南省委宣传部公布为海南省爱国主义教育基地。

魏士毅女士纪念碑

魏士毅女士纪念碑位于天津市中山公园园中园西侧。

魏士毅（1904—1926），天津人。1919 年秋以优异成绩考入当时天津很有名气的严氏女学。积极参加反帝爱国斗争。1923 年考入北京燕京大学预科，转年升入理科数学系。1925 年参加反对奉系军阀的革命斗争。由于才能超众，被公推为燕大天津同乡会会长。1926 年 3 月 18 日，参加抗议日舰炮击大沽口的游行示威，在总统府门前被军警射杀，壮烈牺牲，年仅 22 岁。

◆魏士毅女士纪念碑

为了永远铭记烈士事迹，激励和鼓舞后人，1927 年 3 月，燕大学生会在校园未名湖畔为魏士毅建立了纪念碑。1929 年 3 月，平津各界又在烈士家乡天津中山公园立碑纪念。1937 年天津沦陷后，此碑下落不明。1983 年经文物部门的多方探寻，终于从地下挖掘出土。1986 年，在纪念三一八惨案 60 周年之际，天津市人民政府将魏士毅女士纪念碑重新竖立在中山公园内。

魏士毅女士纪念碑于1994年被天津市委、市人民政府公布为天津市爱国主义教育基地。

阳泉石评梅纪念馆

阳泉石评梅纪念馆位于山西省阳泉市郊区义井镇小河村。

石评梅（1902—1928），名汝璧，字评梅，乳名心珠，山西省平定县人。1912年，石评梅随父亲到太原，先后在太原师范小学、太原女子师范学校读书。1920年考入北京女子高等师范体育系，毕业后任北京师范大学附中教员。参加新文化运动，从教之余创作了大量文学作品，1922年编写话剧《这是谁之罪》，以此反对封建礼教。1924年和陆晶清主编《妇女周刊》、《蔷薇周刊》，为妇女解放和民族解放大声呐喊。至1928年，她写了大量作品，表现了反帝反封建的革命斗争精神。石评梅积极参加进步社会活动，是北大马克思学说研究会的会员，与李大钊、鲁迅等人有着深厚的师生情谊。

◆石评梅纪念馆

石评梅纪念馆建在阳泉市郊区义井镇小河村的石评梅祖居石家花园内。花园始建于清雍正年间，距今已有270多年历史。自2001年起对石家花园外围进行了绿化美化，完成了花园内绣楼、小桥、假山、瀑布和砖雕、木雕、石雕的恢复修缮工程，并新建了石评梅纪念馆，馆名由彭真题写。纪念馆共分三个展室，分别是“寻求生命的战士”，“乡情、亲情、友情”和“缅怀评梅”，翔实生动地反映了石评梅光辉的人生。2002年，在石评梅诞辰100周年之际，纪念馆正式对外开放。

石评梅纪念馆于2005年1月被山西省委、省人民政府公布为山西省爱国主义教育基地。

上海陶行知纪念馆

上海陶行知纪念馆位于上海市宝山区威武东路76号（大华行知公园内）。

1932年10月，陶行知在宝山大场附近创办"山海工学团"，首创"小先生制"，开展"即知即传"的普及教育运动，这种新型的教育形式影响遍及全国及东南亚。1983年1月，由上海市陶行知教育思想研究会与山海工学团联合筹建陶行知纪念馆，选址在大场沈家楼（原山海工学团旧址附近），1986年10月18日开馆，胡耀邦题写馆名。2002年12月因配合市政工程建设而迁至大华行知公园内。纪念馆分九个部分：一、家庭和学生时代；二、为中国教育改造探寻生路；三、开创乡村教育运动；四、为解除国难普及大众教育；五、联合起来，共赴国难；六、在海外为抗日救国奔走呼号；七、倡导战时教育，坚持团结抗日；八、为争取民主和平奋不顾身；九、巨星陨落，四海同悲。约300多件遗著、遗物、图片、实物以及声、光、电多种现代展示手段，较为完整全面地反映了陶行知先生这位伟大的人民教育家的光辉一生。

◆上海陶行知纪念馆

上海陶行知纪念馆于2003年1月被上海市人民政府公布为上海市爱国主义教育基地。

沈钧儒故居暨纪念馆

沈钧儒故居暨纪念馆位于浙江省嘉兴市南湖区环城南路南帮岸3号。

◆沈钧儒纪念馆

沈钧儒（1875—1963），字秉甫，号衡山，浙江省嘉兴市人。从一个科举出身的进士成为一个坚强的民主主义者，进而成为中国共产党的亲密战友和杰出的党外共产主义战士。新中国成立后，历任第一任最高人民法院院长，第一、二、三届全国政协副主席，第一、二届全国人大常委会副委员长，民盟中央主席等职，是我国德高望重的老一辈国家领导人之一。

沈钧儒 1905 年留学日本法政大学。1907 年回国，任浙江两级师范学堂监督、浙江省咨议局副议长。辛亥革命爆发后，任浙江都督府警察局局长、浙江省教育局局长。1912 年加入同盟会。1922 年任北京政府参议院秘书长。1926 年北伐军攻克浙江时，任浙江省临时政府政务委员兼秘书长。1927 年“四一二”政变后被拘禁，后经营救获释。1933 年加入中国民权保障同盟。1935 年 12 月组织上海文化界救国会。1936 年参与成立全国各界救国联合会，同年 11 月被国民政府逮捕，是著名的“七君子”之一。抗战爆发后出狱，筹建抗敌救亡总会，任主席，并创办《全民周刊》、《全民抗战》。1939 年组建统一建国同志会，后又与黄炎培等发起中国民主政团同盟。1944 年民主政团同盟改组为中国民主同盟，当选中央常务委员。抗战胜利后，任中国人民救国会主席。1946 年代表民盟参加政治协商会议。1947 年民盟被国民政府取缔后，在香港主持召开民盟一届三中全会，声明将与中国共产党合作。1949 年，出席中国人民政治协商会

◆沈钧儒故居

议第一届全体会议，当选中央人民政府委员。此后历任全国人大常委会副委员长，第一、第二、第三届全国政协副主席，首任中央人民政府最高人民法院院长，同时担任中国民主同盟第一届中央副主席，第二、第三届中央主席。1963 年6 月11 日在北京逝世，终年 89 岁。

1996 年底，嘉兴市政府决定恢复沈钧儒故居，并开辟沈钧儒纪念馆。1997 年 8 月动工，至 1999 年底完成。故居前厅为沈钧儒铜像瞻仰大厅，两壁陈列党和国家领导人为纪念馆的题字，后楼为主陈列展厅，定名为《大爱无垠——沈钧儒生平史迹展》。江泽民为纪念馆题写馆名，李瑞环为故居题写匾额，几十位党和国家领导人先后为纪念馆题词，全国各地几百位书画家捐赠佳作。民盟中央、沈钧儒亲属，以及沈钧儒生前工作人员，都无偿向纪念馆捐赠了大批沈钧儒遗物、史料。

沈钧儒故居建于清代晚期，具有太湖流域和新安江流域两种建筑文化的特征，粉墙黛瓦，古朴典雅，有一定的历史和艺术价值。

沈钧儒故居暨纪念馆于 1997 年 8 月被浙江省人民政府公布为浙江省文物保护单位；2001 年 6 月被浙江省委、浙江省人民政府公布为浙江省爱国主义教育基地。

蔡元培故居暨纪念馆

蔡元培故居暨纪念馆位于浙江省绍兴市越城区萧山街笔飞弄 13 号。

蔡元培（1868—1940），字鹤卿，号孑民，浙江绍兴人。1904 年与陶成章等成立革命团体光复会并任会长。1912 年任南京临时政府教育总长，对当时的教育体制进行渐进式改革。1917 年至 1923 年任北大校长，提出“思想自由、兼容并包”的办学方针，支持新文化运动，使北大由传统的“官僚养成所”转变成思想活跃、学术兴盛的中国最高学府。1927 年后，历任南京国民政府大学院院长、中央研究院院长、监察院院长等职。1932 年与宋庆龄等发起成立中国民权保障同盟并任副主席。毛泽东誉其为“学界泰斗，人世楷模”，联合国授以“世界文化伟人”称号。

◆蔡元培故居大门

蔡元培故居是一座颇具绍兴特色的明清台门建筑，是我国目

◆蔡元培故居正厅

前唯一专门介绍蔡元培一生事迹的名人纪念馆。故居屋宇初为蔡元培祖父蔡嘉谟所购置，仅二进；后又在屋后加盖五开间楼屋。后虽略有改建，尚基本保持原貌。1868 年 1 月 11 日蔡元培诞生于此。现第三进座楼东次间为其当年书房兼卧室。

故居的主体建筑坐北朝南，为砖木结构，分三进。第一进门厅坐西朝东，上悬刘海粟书“蔡元培故居”匾额；第二进大厅为南向，现辟为蔡元培生平事迹陈列厅，堂厅正中安放着蔡元培半身塑像，左壁悬有毛泽东撰、沙孟海书“学界泰斗，人世楷模”巨幅联语，右壁有周恩来撰、沈定庵书“从排满到抗日战争，先生之志在民族革命；从五四到人权同盟，先生之行在民主自由”的对联；第三进为五楼五底座楼。

蔡元培故居暨纪念馆于 2001 年 6 月被国务院公布为全国重点文物保护单位，1996 年 2 月被浙江省委、浙江省人民政府公布为浙江省爱国主义教育基地。

陶行知纪念馆

陶行知纪念馆位于安徽省黄山市歙县徽城镇中和街（原徽城镇小北街）96—3 号。

陶行知（1891—1946），本名文濬，安徽省歙县人。1910 年靠教会资助入南京金陵大学文科。受辛亥革命影响，在校积极参加爱国活动，主编《金陵光》学报中文版，宣传民族民主革命思想。1914 年留学美国。1917 年秋回国，先后任南京高等师范学校、东南大学教授、教务主任等职。1921 年底与蔡元培等发起成立中华教育改进社，主张反对帝国主义文化侵略，收回教育权利，推动教育改进。1923 年与晏阳初等人发起成立中华平民教育促进会总会，后赴各地开办平民识字读书处和平民学校，推动平民教育运动。1927 年 3 月在南京北郊晓庄创办乡村师范学校晓庄学校，创办第一个乡村幼稚园——燕子矶幼稚园。1930 年 4 月遭国民党通缉流亡日本。1931 年回国开展教育普及工作，在上海创办自然学园、儿童科学通讯学校，主编《儿童科学丛书》等。1932 年创建山海工学团，提出“工以养生，学以明生，团以保生”，将工场、学校、社会打成一片，进行军事训练、生产训练、民权训练、生育训练等，还开展小先生运动。1935

年积极投身抗日救亡运动，一二九运动后与宋庆龄、马相伯、沈钧儒、胡愈之、邹韬奋、李公朴等发起组织“上海文化界救国会”。1936 年初成立国难教育社，被推为社长，拟订《国难教育方案》。5 月当选为全国各界救国联合会执委和常委，与沈钧儒、章乃器、邹韬奋等联名发表团结御侮宣言，主张停止内战，共同抗日。7 月受救国会派遣，出访欧、美、亚、非28 个国家，宣传抗日救国，介绍中国大众教育运动。1938 年成立中国战时教育协会。1939 年在四川重庆附近的合川县古圣寺创办主要招收难童入学的育才学校。1941 年，参与发起成立中国民主政团同盟。1945 年加入中国民主同盟，任中央常委兼教育委员会主任委员。1946 年 1 月在重庆创办社会大学并任校长，4 月回到上海，投入反独裁、争民主、反内战、争和平的斗争，在工厂、学校、机关、广场发表演讲 100 余次。1946 年 7 月 25 日上午，突发脑溢血逝世，时年 55 岁。

◆陶行知纪念馆

1984 年 10 月，陶行知纪念馆开馆，胡耀邦为该馆题写馆名。陶行知纪念馆先后于 1984 年、1991 年、2002 年三次扩建，为清末徽派庭院式的层楼钢筋水泥建筑，现占地面积 1700 平方米，建筑面积 3600 平方米，设有瞻仰厅、学陶厅、师陶厅、思陶厅、多功能厅、资料室等，采用图片、实物、多媒体演示等方法宣传陶行知教育思想。

陶行知纪念馆于 1995 年被安徽省委、省人民政府公布为安徽省爱国主义教育基地，1996 年 9 月被国家教委、民政部等联合公布为全国中小学爱国主义教育基地，1997 年 6 月被中央宣传部公布为爱国主义教育示范基地。

黄乃裳纪念馆

黄乃裳纪念馆位于福建省福州市闽清县城关台山公园内。

黄乃裳（1849—1924），名九美，字绂丞，号慕华，福建闽清人。早年积极宣扬维新思想，参加过戊戌变法运动。戊戌变法失败遭通缉，逃离京城返回闽清，带领以闽清人为主的福州十邑乡人成功开辟诗巫（现为马来西亚沙捞越州第三省省会）“新福州”。这是中国近代史和华侨史上一个具有广泛而深远影响的重大事件。此举激励后人争相效仿前往南洋垦荒创业，从而使南洋等地成为中国侨胞最集中的地区，同时也使闽清及整个福州地区成为中国最重要的侨乡之一。

◆黄乃裳纪念馆

为纪念和缅怀黄乃裳的光辉业绩，弘扬黄乃裳“爱国爱乡、开拓创业”的精神，1994 年 12 月，中共闽清县委、闽清县人民政府与福州十邑海外乡亲共同筹资在闽清县城关修建黄乃裳纪念馆，1995 年 12 月落成。黄乃裳纪念馆占地面积 4800 平方米，建筑面积 1200 平方米。纪念馆主楼前面建有大前门，门匾上“彪炳千秋”四个黑底描金大字由贾庆林题写，主楼正面馆名“黄乃裳纪念馆”由全国人大常委会原副委员长卢嘉锡题写。纪念馆主楼一层为黄乃裳生平事迹展厅，面积 180 平方米，厅中央安放黄乃裳半身石雕像，厅内陈列黄乃裳生平主要事迹图片、文字史料；右面侧厅为海外杰出乡亲业绩展厅，分五个展室，分别展挂黄双安、张晓卿、刘会干、黄顺开、刘增钦五位闽清籍海外乡亲业绩图片；二层是闽清——诗巫图片展厅，面积 150 平方米，展出闽清、诗巫两地的风土人情、经济文化发展的历史及现状图片。

黄乃裳纪念馆于 2001 年 12 月被福建省委、福建省人民政府公布为福建省爱国主义教育基地。

闻一多纪念馆

闻一多纪念馆位于湖北省黄冈市浠水县清泉镇红烛路 1 号。

闻一多（1899—1946），原名家骅，字友三，湖北省黄冈人。1912 年考入北京清华学校。1922 年 7 月赴美留学。1923 年 9 月出版第一本新诗集《红烛》。1925 年 5 月回国，后任北京艺术专科学校教务长。1926 年参与创办《晨报副刊 · 诗镌》。1927 年任武汉国民革命军总政治部艺术股长。同年秋任国立第四中山大学外文系主任。1928 年 1 月出版第二本诗集《死水》。1928 年秋任国立武汉大学文学院院长，从此致力于中国古典文学研究。1930 年深秋去山东任青岛大学文学院院长兼国文系主任。1932 年 8 月回北平任清华大学国文系教授。抗日战争期间任西南联大教授。1944 年加入中国民主同

◆闻一多纪念馆

盟。1946 年 7 月 15 日被国民党特务暗杀。

闻一多纪念馆于 1988 年开始动工兴建，1993 年 5 月 18 日建成并对外开放。纪念馆坐落在闻一多故乡凤栖山麓的清泉寺遗址上，占地 15 亩，建筑面积 2500 平方米，主体工程是一座庭院式的仿古建筑群。纪念馆陈列着闻一多的生平事迹、著作、诗、文、书、画、篆刻和遗物；陈列着毛泽东、朱德、宋庆龄、郭沫若、胡耀邦、江泽民等党和国家领导人，以及近现代中外文化名人、学者、艺术家对闻一多或闻一多纪念馆的题词、诗文、书画的原迹及其他有关文献资料。

闻一多纪念馆于 1995 年 3 月被湖北省人民政府公布为湖北省爱国主义教育基地，2001 年 6 月被中央宣传部公布为全国爱国主义教育示范基地。

张澜纪念馆

张澜纪念馆位于四川省南充市顺庆区人民南路表方街 1 号南充市建华职中校内。

张澜（1872—1955），字表方，四川省南充县人。1903 年赴日本求学，受明治维新影响，因积极主张维新变法被遣送回国。1906 年回到南充后致力于教育革新活动，先后创办南充县立高等小学、端明女学、南充县立中学以及南充果山蚕业社等。1911 年领导四川保路运动。1941 年发起组织中国民主政体同盟（1944 年改名为中国民主同盟），当选为主

◆张澜纪念馆

席。1949 年参加中国人民政治协商会议第一届全体会议，当选为中央人民政府副主席、政协全国委员会常委。新中国成立后，历任中国民主同盟中央主席、全国人大常委会副委员长、政协全国委员会副主席。1955 年 2 月 9 日在北京病逝。

◆张澜旧居

20 世纪 30 年代张澜在此开办南充私立建华中学，1985 年为纪念和缅怀张澜先生的历史功绩，原南充市（今顺庆区）人民政府在这里建立张澜纪念室，并于 1992 年 4 月 2 日正式对外开放。2006 年 4 月更名为张澜纪念馆。

张澜旧居为清光绪年间修建的一座四合院式穿斗结构青瓦房，建筑面积 1200 平方米。整个旧居雕梁画栋，有前后厅 6 间陈列室。前厅门楣上悬挂着胡耀邦亲笔题写的“张澜纪念室”生漆木匾。陈列室以大量珍贵史料、图片、实物，生动再现了张澜先生为中华民族的独立和自强而奋斗不息的一生。

张澜纪念馆于 2006 年 6 月被国务院公布为全国重点文物保护单位；1995 年 12 月被四川省人民政府公布为四川省爱国主义教育基地。

严济慈陈列馆

严济慈陈列馆位于浙江省东阳市横店镇角尖山“明清宫”旁。

严济慈（1900—1996），浙江东阳人。1919 年在南京读书时参加五四爱国运动。1937 年 5 月赴巴黎出席法国物理学理事会。曾代表中国政府出席国际文化合作会议，在会上严辞谴责日军发动侵华战争。1948 年 3 月和 9 月发表公开演讲，反对、抵制国民党当局威逼利诱科学家迁往台湾。是年，参加九三学社。1949 年春，绕道香港回到北平，领导北平研究院物理所员工赶制枪炮瞄准镜和筹建石英振荡器车间，支援人民解放战争。9 月出席全国政协第一届全体会议。是第一、第二届全国人大代表，第三届至第五届全国人大常委会委员，第六、第七届全国人大常委会副委员长，中国科学院学部主席团名誉主席，九三学社中央名誉主席，中国科学技术协会名誉主席。1980 年 1 月加入中国共产党。

严济慈陈列馆建于 1997 年，占地约 10 万平方米，建筑面积 1.5 万平方米，有展室十余间。陈列馆依照严济慈在京旧居的四合院布局设计，由慕光桥、赛功坊、陈列馆、纪念碑、纪念亭等组成。馆内展出有关严济慈生平的大量图片、实物，各展室展品内容丰富、资料翔实。

严济慈陈列馆于 2001 年 6 月被浙江省委、浙江省人民政府公布为浙江省爱国主义教育基地。

◆严济慈陈列馆

特园——中国民主党派历史陈列馆

特园——中国民主党派历史陈列馆位于重庆市渝中区上清寺嘉陵桥东村。

特园是抗日战争时期著名爱国民主人士鲜英的公馆，因为鲜英字特生，故将其宅取名为特园。鲜英（1885—1968），四川西充县人。1908 年入四川陆军速成学堂，1913 年保送保定陆军军官学校第四期学习，1921 年任川军总司令部行营参谋长兼重庆铜元局局长。新中国成立后历任西南军政委员会委员、四川省民盟副主任委员、全国政协委员、全国人大代表。1968 年 6 月在北京逝世，享年 83 岁。

特园始建于 1929 年，1931 年竣工。当年鲜英夫人金竹生女士以废弃煤渣打成煤砖售卖，积得资本建房出租，积年发展，修建鲜宅，后慢慢发展为特园。特园内建筑物较多，最具代表性的有三处楼房。一为鲜宅，主体“达观楼”即为金夫人本人亲自设计，是三层楼的青砖建筑，有大小房间 20 余间；二为平庐，以鲜英八女鲜继平的“平”字定名；三为康庄，以鲜英九女鲜继康的“康”字定名。1960 年，鲜英夫妇迁往北京定居，鲜氏遗族于 1967 年全部迁

◆特园

出特园，寄居储奇门。20 世纪 80 年代返回特园居住。1968 年 3 月，一场大火将鲜宅烧毁，仅残余书房（儿童学墅）、厨房。位于平庐及嘉陵桥东村的康庄保存完好。西村的鲜宅遗址已矗立起数座居民楼房。

特园是抗战胜利前后中共和各民主党派活动的重要场所之一，是南方局在重庆贯彻党的抗日民族统一战线政策的历史见证，也是民盟和民革前身——三民主义同志联合会的诞生地。国共两党在重庆谈判期间，毛泽东三顾特园，与张澜、鲜英等民主人士共商国是。周恩来、董必武、王若飞等 50 多位中共人士都曾是特园的嘉宾；张澜、黄炎培、沈钧儒等 100 余位社会知名人士都曾以特园为民主运动的大本营，不少人寄宿于特园。冯玉祥、孙科、于右任、柳亚子、潘文华、刘文辉等国民党方面的要员、地方实力派也是特园的座上客。

◆中国民主党派历史陈列馆

2006 年 5 月，由重庆市财政投资，在特园中的康庄旧址建设中国民主党派历史陈列馆，2008 年 5 月正式对外开放。该馆占地 1043 平米，陈列展览面积 1100 平米（建筑面积 1577 平米），由序厅、八个民主党派分展厅、影视播放厅等组成。该馆通过大量历史图片、文献资料，以及各民主党派主要创始人头像雕塑、“风雨同舟，共商国是”纪念雕塑、声光电多媒体、语录墙等多种形式，展示了民革、民盟、民建、民进、农工党、致公党、九三学社、台盟八个民主党派的发展历程。

2009 年，重庆市委又对特园中国民主党派历史陈列馆进行了扩建，于 2011 年 3 月建成开馆。新建成的展馆总建筑面积 10341 平方米，其中展览面积 6453 平方米，由序厅、八个民主党派、全国工商联和无党派人士展厅及场景复原展厅共 12 个单元组成。展馆内共存史实资料 120 余万字，历史资料图片 1500 余张，展出文物 1100 件，其中国家一级文物 15 件，并采取主题雕塑、场景复原、绘画以及多媒体等多种形式，充分展示了各民主党派、工商联和无党派人士同中国共产党团结合作，共同致力于中国革命、建设和改革事业的风雨历程，展现了我国多党合作和政治协商制度创立、形成和发展的光辉历史和辉煌成就。

特园于 2000 年 9 月被重庆市人民政府公布为重庆市文物保护单位。特园——中国民主党派历史陈列馆于2009年10月被重庆市委、市人民政府公布为重庆市爱国主义教育基地。

冰心文学馆

冰心文学馆位于福建省长乐市爱心路1号爱心公园内。

冰心（1900—1999），原名谢婉莹，福建长乐人。1919年在北京求学时即投身五四运动，同年9月起在《北京晨报》上以“冰心”的笔名发表《两个家庭》等反映五四时期的小说。1921年加入茅盾、郑振铎等人发起的文学研究会，努力实践“为人生”的艺术宗旨，出版了许多小说集。新中国成立后，她于1951年从日本回到祖国，定居北京，创作了大量小说、散文和诗集，在社会上引起强烈反响。除创作外，她还先后翻译了许多外国著名的小说和诗集，其作品被翻译成日、英、德、法等多国文字出版。冰心历任第一至第五届全国人大代表、第五至第七届全国政协常委和第八、第九届全国政协委员，先后担任中国民主促进会中央名誉主席、中国文联副主席、中国作家协会名誉主席和顾问、中国翻译工作者协会名誉理事等职。

◆冰心文学馆

为研究冰心的文学成就和发扬冰心的“爱心”精神，福建省人民政府在冰心的故乡长乐市建立冰心文学馆。1997年5月主体工程竣工，8月25日开馆，2004年2月起对外开放。冰心文学馆占地面积12亩，建筑面积4500平方米。馆内设有展览厅（冰心生平与创作展）、珍藏室（珍藏手稿版本与实物）、多功能厅（放映冰心生平与事迹的音像资料、举行学术讲座）、会议研究中心等。

冰心文学馆于2001年12月被福建省委、福建省人民政府公布为福建省爱国主义教育基地，2009年5月被中央宣传部公布为全国爱国主义教育示范基地。

斌丞图书馆

斌丞图书馆位于陕西省榆林市米脂县南大街45号。

◆斌丞图书馆

杜斌丞（1885—1947），原名丕功，榆林米脂县城隍庙湾人，生于1885年5月。1917年毕业于北京高等师范学校，历任榆林中学校长、十七路军总指挥杨虎城将军高级参议、甘肃宣慰使署秘书长、陕西省政府秘书长、中国民主同盟中央常委兼西北总支部主任委员。

北洋军阀混战时期，杜斌丞以振兴中华的革命精神，激励同仁，办学十年，开创新风，培育青年，功绩卓著。在国民党反动派统治时期，他坚决反对蒋介石“攘外必先安内”的祸国政策，力促杨虎城将军所部与红四方面军之间达成互不侵犯的协定，为东北军和西北军的团结救国尽了极大努力，博得广泛赞誉和敬佩。他衷心拥护新民主主义，为杨虎城将军同中国共产党合作以及西安事变和平解决作出了卓越贡献。1941年秋，在重庆加入中国民主政团同盟。1946年初，与杨明轩等人组建了民盟西北总支部，任主任委员，致力于仅对国民党独裁统治的斗争。1947年10月7日惨遭国民党反动派杀害，终年60岁。毛泽东主席曾为其题词“为人民而死，虽死犹生”，周恩来赞其为“鲁迅式的共产党员”，陕甘宁边区政府主席林伯渠挽词献烈士“告慰先生应瞑目，千章红叶满晴皋”。对烈士作了崇高评价。

◆杜斌丞座像

1948年3月，为纪念杜斌丞先生，经陕

甘宁边区政府批准，在米脂县东大街创立斌丞图书馆（内设杜斌丞纪念室）。陕甘宁边区政府主席林伯渠题写匾额。1984 年，在县城南关新建斌丞图书馆和杜斌丞纪念室。图书馆总面积 3000 平方米，建筑面积 1948 平方米。内设阅览室和书库，藏书 12 万册、3 万余种。纪念室建筑面积 145 平方米，室内陈列杜斌丞生平事迹介绍、杜斌丞遗物、相册及挽联挽词等。马文瑞、张苏、吴波、武志平、常黎夫合撰碑文“杜斌丞传略”大理石碑立于纪念室前。

斌丞图书馆于 1994 年 5 月被陕西省委宣传部公布为陕西省爱国主义教育基地。

“和平村”在华日本人民反战革命同盟训练班活动旧址

“和平村”在华日本人民反战革命同盟训练班活动旧址位于贵州省黔东南州镇远县㵲阳镇和平街。

“和平村”是抗日战争时期国民政府军政部第二日本俘虏收容所的别名。1938 年 2 月成立于湖南省常德盐关，主要关押中国南方战场上俘获的日军俘虏。随着战局的变化，后迁至湖南辰溪，1938 年 12 月迁至贵州镇远，1944 年 11 月迁往重庆巴县，1946 年 4 月撤销。在镇远的时间长达六年之久。

◆“和平村”反战同盟训练班活动室

第二日本俘虏收容所在镇远期间（1938 年 12 月到 1944 年 11 月），先后关押日军俘虏 600 多人。为建立广泛的抗日统一战线，在中国共产党提出的“优待俘虏”政策影响下，收容所的管理人员不但设法改善日俘的生活，还为日俘安排文娱活动，使战俘们逐步摆脱日本军国主义思想。1941 年，在时任中共中央代表和南方局书记、国民政府军事委员会政治部副部长周恩来、军政部第三厅厅长郭沫若等人的推动下，由日本共产党员、反战作家鹿地亘、池田幸子夫妇组织收容所中觉悟了的 130 多名日军俘虏成立“在华日本人民反战革命同盟和平村训练班”（后改为“在华日本人民反战革命同盟和平村工作队”），编写反战刊物，编演反战话剧，到前线开展反战宣传，瓦解日军士气，为中国抗日战争的胜利起到了积极作用。

◆“和平村”旧址标志牌

该旧址原为国民政府贵州省第二模范监狱，占地面积 6422 平方米，建筑面积 2332 平方米，由前院和后院组成，有办公楼、卫兵室、礼堂、岗楼等建筑。

“和平村”在华日本人民反战革命同盟训练班活动旧址于 1985 年 11 月被贵州省人民政府公布为贵州省文物保护单位，2006 年 5 月被国务院公布为全国重点文物保护单位，2010 年 3 月被贵州省委、省人民政府公布为贵州省爱国主义教育基地。

苏蒙联军烈士陵园

苏蒙联军烈士陵园位于河北省张家口市张北县油篓沟乡野狐岭西侧山峰。

◆苏蒙联军烈士陵园

1945 年 8 月 8 日，苏联政府对日宣战。8 月 10 日，蒙古人民共和国也向日本宣战。苏蒙骑兵机械化集群以排山倒海之势直逼日军占领的察北地区。在八路军游击队的配合下，迅速解放了化德、康保、商都、尚义、多伦、宝昌、沽源等县，并于 8 月 15 日解放了张北城。在狼窝沟北路大桥争夺战中，苏蒙联军先后击退敌人数十次反扑，蒙古人民军战斗英雄阿尤希等虽身受重伤仍坚持与日军搏斗而壮烈牺牲。联军主力部队迅速通过大桥，迫使日军全部投降。此次战斗共歼灭日军官兵 860 余人，缴获了大批弹药和军用物资。狼窝沟之战，苏蒙联军充分发扬了崇高的国际主义精神和顽强的战斗意志。在狼窝沟战斗中，54 名苏联红军和 6 名蒙古人民军官兵付出了宝贵生命，对中国人民解放事业作出了卓越贡献。

战斗结束后，当地人民为了缅怀在狼窝沟战斗中光荣牺牲的苏蒙联军烈士，即在山峰墓地修建了烈士纪念碑，以资纪念。1946 年国民党侵占察北后，烈士碑惨遭破坏，

1949 年张北二次解放后进行了整修。1957 年，河北省人民代表大会决定重建，当年 10 月 20 日竣工。1984 年，河北省政府又在塔北修建了图片陈列室及牌坊一座，形成一个占地 226 亩的烈士陵园。该陵园由纪念塔、纪念碑、烈士墓三部分组成，有聂荣臻、乌兰夫、谢觉哉、张苏的题词。

苏蒙联军烈士陵园于 2001 年 2 月被河北省人民政府公布为河北省文物保护单位，2009 年 9 月被河北省委、省人民政府公布为河北省爱国主义教育基地。

旅顺苏军烈士陵园

旅顺苏军烈士陵园位于辽宁省大连市旅顺口区水师营街道三里桥村。

旅顺苏军烈士陵园占地面积 4.8 万平方米，是全国最大的一座外籍公墓，现存葬墓 1323 座，主要安葬 1945 年苏联红军出兵我国东北时牺牲的烈士、抗美援朝期间牺牲的苏联红军飞行员（200 多人），及自 1945 年至 1955 年，苏联驻军旅大期间，因公、因病去世的苏军指战员及其家属。俄罗斯总统叶利钦、梅德韦杰夫，俄罗斯杜马主席谢尔盖、米罗诺夫等先后来到旅顺苏军烈士陵园参观悼念。

◆旅顺苏军烈士陵园

旅顺苏军烈士陵园门前的和平广场矗立着苏军纪念塔，纪念塔由基座、塔身、苏军战士铜像组合而成，塔高 30.8 米。这座纪念塔原来坐落在大连市斯大林广场（现人民广场）的南端，1951 年始建，1955 年竣工。1999 年将纪念塔被迁至旅顺。陵园以园中心的苏军烈士纪念塔为界，分成东西两区。东区安葬的主要是第二次世界大战后期，在解放中国东北的战争中和抗美援朝战争中牺牲的苏军官兵，以及 1945 年至 1955 年，苏军驻防旅顺期间去世的官兵及其家属。西区是原沙俄公墓。旅顺苏军烈士陵园中央有一座苏军烈士纪念碑，是 1955 年苏军撤离旅顺前为了纪念在 1945 年打败日军、解放中国东北的战斗中光荣牺牲的苏军烈士而立。

旅顺苏军烈士陵园于 2009 年 11 月被辽宁省委宣传部公布为辽宁省爱国主义教育基地。

艾黎纪念馆

艾黎纪念馆位于甘肃省山丹县城东南隅文化街北段西侧。

◆艾黎纪念馆

路易·艾黎是新西兰著名的社会活动家，1927年来到中国后度过了60个春秋，把自己的一生奉献给了中国人民的伟大事业，其中在山丹生活工作了近10年之久，并视为第二故乡。在山丹期间，他为当地人民做了很多有益的工作。1980年初他决定将自己一生所收藏的4000余件中国文物全部无偿捐赠给山丹人民。

为了陈列展出这批珍贵文物，甘肃省人民政府于当年10月决定在山丹新建一座文物陈列馆，并命名为“艾黎捐赠文物陈列馆”，由全国人大副委员长楚图南书写了馆名。1982年6月9日，路易·艾黎莅临山丹为陈列馆竣工开馆剪彩。“艾黎捐赠文物陈列馆”于2009年3月更名为“艾黎纪念馆”。

纪念馆平面呈四合院式，内陈列展出艾黎的捐赠文物，有陶器、瓷器、铜器、玉石器和古旧书画，其中不乏珍品，如汉“成山”瓦当、宋三彩观音、明清名窑瓷器、唐胡腾舞铜人、商玉圭、西夏铜腰牌、元代罗斯铜牌饰、巴比伦铜牌饰、清代《明十三陵全图》、《钱履坦梅花唱和卷》、《环海全图》、《大清万年一统地图》等，春秋战国至清代各个时期各种质地的带钩及各种饰品有近500件。有些收藏品具有较高的历史研究价值和艺术价值，其中还有国家级文物。

艾黎纪念馆于1994年12月被甘肃省委宣传部公布为甘肃省爱国主义教育基地。

喜峰口长城抗战遗址

喜峰口长城抗战遗址包括承德宽城喜峰口长城抗战遗址和唐山迁西喜峰雄关大刀园。

承德宽城喜峰口长城抗战遗址位于河北省承德市宽城满族自治县桲罗台镇。唐山迁西喜峰雄关大刀园位于河北省唐山市迁西县滦阳镇石梯子村西。

◆喜峰口长城抗战遗址

1933 年 3 月在喜峰口爆发了轰动国内外的长城抗战，国民革命军第 29 军军长宋哲元、前敌总指挥赵登禹、38 师师长张自忠、37 师师长冯治安等将士同仇敌忾，浴血奋战，抵抗日军。士兵们身背大刀，扬长避短，发挥大刀优势，与敌肉搏，夜袭敌营，攻其不备。日军的几次增兵总攻均被守军成功抑制，粉碎了敌人两天内占领长城的计划。在顽强抵抗 28 天后，日军改变战略，从滦东打开缺口，4 月 7 日再攻喜峰口，头两天进攻均被宋部击退，11 日喜峰口腹背受战，孤立无援，13 日宋部奉何应钦之命放弃喜峰口。闻名于世的《大刀进行曲》即诞生于此。昔日喜峰口战役今天已被写入世界军事史册。

当时，为打击日军，喜峰口附近的横城子、西卜子、新甸子、桲罗台等村庄的乡亲们纷纷腾屋子、备柴草、出军粮。当部队开赴前线作战时，老百姓不分昼夜帮助部队挖战壕、修工事、运物资、背弹药、抬担架、救伤员、站岗放哨、清理战场，积极配合部队对日作战。乡亲们拥军支前的热情行动，极大地鼓舞着驻军官兵的抗战热情。

承德宽城喜峰口长城抗战遗址面积约 60 余平方公里。由于修建潘家口水库，一部分古长城已没入水中，并形成长城奇观——水下长城。遗址内还保留着长城抗战遗址、王厂沟冀东军分区司令部遗址、蟠龙洞抗战医院旧址等。

喜峰雄关大刀园内主要由喜峰口长城抗战纪念碑、大刀魂主题雕塑、铜墙铁壁纪念

◆喜峰雄关大刀园

雕塑、长城血战浮雕、大刀礼赞雕塑、抗日战争死难者纪念墙等组成。喜峰口长城抗战纪念碑，主碑高15米，取大刀与长城相结合的造型，象征中华儿女团结抗战的民族精神，碑体下面碑名“喜峰口长城抗战纪念碑”10个大字由全国人大常委会原副委员长何鲁丽题写。碑体背面镌刻《喜峰口长城抗战纪念碑碑记》，主碑后方由半圆形拱墙构成副碑，墙面镶嵌紫砂岩浮雕壁画，表现了中华民族团结抗战，一步步走向胜利的辉煌历程。铜墙铁壁纪念雕塑，高2.9米，长90米，全部用废旧钢铁焊制而成，生动地再现了抗战初期喜峰口战役中“勇士手持大刀英勇抗战”的壮烈场面。

喜峰口长城抗战遗址于2001年2月被河北省人民政府公布为河北省文物保护单位；2009年10月被河北省委、省人民政府公布为河北省爱国主义教育基地。

忻口战役遗址

忻口战役遗址位于山西省忻州市忻府区高城乡忻口村红崖处。

忻口位居崞县（今原平市）、忻县（今忻府区）、定襄三县相交之地，东西皆山，中间狭窄，是太原以北一处易守难攻的隘口，与雁门等雄关险隘一样，为历代兵家必争之地。

◆忻口战役遗址

1937年10月11日，日军华北方面军所辖第5师团，第109师团的两个大队，关东军察哈尔兵团所辖独立混成第2旅团堤支队，独立混成第1旅团，机械化步兵联队共约4.5万人，集结于原平镇以南，准备向忻口国民党守军发起攻击。

10月13日，忻口战役打响

◆忻口战役阵亡战士名录

后，在前敌总司令卫立煌的指挥下，国民党守军以 13 个师、2 个旅、3 个炮兵团共 20 万人在近 25 公里长的阵地上投入战斗。进攻忻口的日军在飞机、坦克的掩护下，以“立体战”的密集火力网向中国军队阵地无数次地集团冲锋，在争夺 204 高地时，双方易手 13 次，中国守军 6 失 7 得，阵地依然在手。第 9 军军长郝梦龄、第 54 师师长刘家骐、独立第 5 旅旅长郑廷珍等在前线督战时相继牺牲。

为了配合和支援友军的正面防守作战，八路军第 115 师主力于晋东北袭击张家口至广灵、代县的交通线，并派独立团和骑兵营向察南、冀西出击。第 120 师主力于晋西北袭击忻口至雁门关、宁武至大同的交通线，并派雁北支队向长城以北出击。当忻口正面战场激战时，第 115 师和第 120 师各部积极配合，在敌之侧翼和后方频繁出击，多次截断敌后方主要交通线，击毁日军大批运输汽车，袭击敌增援部队，收复一些县城，使日军侧背受到严重威胁，并不能及时得到粮食、弹药的接济。八路军第 129 师第 385 旅第 769 团进至崞县、代县之间，袭扰敌军。该团以第 3 营为主力于 10 月 19 日夜袭击代县阳明堡日军飞机场，毁伤敌机 20 余架，消灭敌守备队 100 余人。八路军各部的积极作战，削弱了日军的有生力量，迫使敌人不得不以相当兵力守备后方，这就大大减轻了忻口正面国民党守军的压力。后由于娘子关失守，11 月 2 日，卫立煌下令撤离忻口阵地。

忻口战役历时一个多月，歼敌 2 万余人。这次战役是抗战初期在华北战场中规模最大、作战时间较长、敌我双方伤亡较大的战役，也是抗战以来国共两党军队在华北战场联合御敌最大规模的一次战役。此战役破坏了日军河北平原会战的计划，阻滞了平汉日军的南侵。

忻口战役遗址南北长 1000 米，东南宽 500 米，现存有与日军作战时修筑的窑洞 50 余孔及 204 号激战地，至今战争遗物时有发现。除部分窑洞坍塌外，余皆保存完整。

忻口战役遗址于 1986 年 8 月被山西省人民政府公布为山西省重点文物保护单位；2005 年 1 月被山西省委、省人民政府公布为山西省爱国主义教育基地。

中华门——抗战遗址

中华门——抗战遗址位于江苏省南京市秦淮区夫子庙街道内、外秦淮河旁。

◆中华门瓮城东马道及藏兵洞

1937 年 11 月上旬，日本华中派遣军司令官松井石根指挥侵华日军十余万人，分左、中、右三路进逼南京，并出动飞机轰炸城南地区。12 月1 日，日本大本营陆军部下达“华中方面军司令官应与海军协同攻取敌国首都南京”的命令。10 日正午，中国守军拒绝日军“劝降”。下午 1 时，松井石根下达攻城令，日军用重炮轰击，城堡被打得千疮百孔，守城官兵伤亡惨重。下午 4 时，中华门被炸坍一处，镝楼被毁，日军冲上缺口登城，国民党第 88 师孙元良部，死守城堡，终因寡不敌众，全部为国捐躯，血染中华门。

中华门原名“聚宝门”，建于明洪武二年至洪武八年（1369—1375），是在原南唐城南门的旧址上扩建的，历时 6 年。该城形似陶瓮，故名“瓮城”。瓮城内有 4 道拱形券门，将 3 道瓮城贯通，各券门有上下启动的千斤闸和双扇铁皮木门（现存门位和闸槽）。瓮城平面布局呈“目”字形，建有 27 个藏兵洞，可藏兵三千。整座瓮城南北长 128 米，东西宽 118. 5 米，总面积 15168 平方米。

1976 年 12 月，南京市人民政府在中华门立碑。1995 年，结合中华路、雨花路改造，以中华门城堡为依托，建成了中华门广场。

中华门——抗战遗址于 1957 年 8 月被江苏省人民政府公布为江苏省文物保护单位，1988 年 1 月被国务院公布为国家重点文物保护单位；2004 年 1 月被江苏省委宣传部公布为江苏省爱国主义教育基地。

◆中华门说明碑

◆中华门南大门城墙上布满弹痕枪眼

龙陵滇西抗战松山战役遗址

龙陵滇西抗战松山战役遗址位于云南省保山市龙陵县东北部的腊勐乡境内，高黎贡山余脉。

◆龙陵滇西抗战松山战场

松山雄踞于怒江西岸，其山状略呈“T”形。松山战役遗址由诸个峰峦组成，南为阴登山，北为黄土坡，隆起于中者为松山，山后稍低者为小松山，自小松山倾斜面衍平者为大垭口，复稍斜而上者为滚龙坡。1938 年修筑的滇缅公路从滚龙坡经大垭口环绕松山蜿蜒至谷底，长达 43 公里，松山顶峰炮火可控制怒江两岸公路 70 余里，是军事要地。

1942 年，东南沿海国际援华物资通道已全部被日军封锁，只有滇缅公路仍能将援华物资输入，支持中国抗战。为截断这条援华物资补给线，同年 5 月，日军第 15 军团派一支劲旅从缅甸北上，穿越中缅边境，侵入滇西地区。5 月 5 日，中国远征军炸毁松山脚下的惠通桥，将敌阻于怒江西岸，自此松山沦入敌手。日军死守滇缅公路，在怒江西岸，以松山为核心，以南面的平达为右翼，以北面的腾冲为左翼，以龙陵、芒市等地为后方，建立了强大的防御体系。日军派 56 师团 113 联队主力 3000 余人驻守，经过两年多的苦心经营，日军以山顶为中心，沿公路东至惠通桥、西至镇安街，修筑了一个纵深达数十公里的防御系统，在大小松山、黄土坡、阴登山、大垭口、滚龙坡及大寨、黄家水井、马鹿塘等处构筑堡垒群，配有山炮、战车、汽车、医院、“慰安所”和地下电话、通信、供水、照明等设施，使之成为一个难以逾越的战略屏障。

◆龙陵滇西抗战松山战役遗址中的战壕

1944 年 6 月 1 日，中国远征军第十一集团军奉命反攻松山，拉开了松山战役序幕，于 9 月 7 日收复松山。松山战役历时 3 个月零 3 天，历经大战 10 次、小战上百次，终将日军第 56 师团 113 联队腊勐守备队 1200 余人歼灭。中国远征军以伤亡官兵 7600 余人的代价，取得了松山战役的胜利。

战后，第 8 军 103 师为纪念阵亡将士，在大垭口西侧高地上修筑了阵亡将士公墓，立碑记载了战斗经过及阵亡将士名录。后第 8 军军长何绍周又将松山阵亡将士遗骸移葬保山易罗池畔，并撰写迁葬纪略以记其事。现存的松山战役遗址，范围约 4 平方公里，各遗迹点竖立有 3 座标志说明碑和 18 座遗迹说明碑，昔日爆破主峰堡垒的 2 个大陷坑依然保存完好，主峰南北两侧各个小高地上，战壕、敌堡坑、掩体随处可见，还有日军当年的蓄水池、“慰安所”等遗址遗迹，松山战役整条战线保存相对完整。2004 年龙陵县举行抗战胜利 60 周年活动，又将松山抗日将士公墓移至松山主峰脚下。

龙陵滇西抗战松山战役遗址于 1993 年 11 月被云南省人民政府公布为云南省文物保护单位，2006 年 5 月被国务院公布为全国重点文物保护单位；2009 年 7 月被云南省委、省人民政府公布为云南省爱国主义教育基地。

土尔扈特王府——额济纳旗和平起义通电处旧址

土尔扈特王府——额济纳旗和平起义通电处旧址位于内蒙古自治区额济纳旗达来呼布镇区东2.5公里处。

◆土尔扈特王府——额济纳旗和平起义通电处旧址

1949年，人民解放战争形势迅猛发展。时局迅速变化，扎萨克兼防守司令部司令塔旺嘉布清楚地认识到：只有彻底摆脱国民党的反动统治，接受中国共产党的领导，才是唯一的光明出路。于是，塔旺嘉布在获得蒙古人民共和国敖包图边防站部队领导的支持，在阿拉善旗达理扎雅王爷和平解放起义的影响下，于1949年9月25日亲自召开有旗王府军政要员牛顿、嘎瓦、达瓦、罗虎、三伯英、张宏林、李政德和胡瑞生等人参加的秘密会议，商讨和平起义事宜。经过讨论，与会人员达成共识，一致同意摆脱国民党的反动统治，加入人民行列。1949年9月27日，额济纳旧土尔扈特旗扎萨克兼防守司令部中将司令塔旺嘉布在土尔扈特王府代表额济纳人民，通电人民解放军19兵团司令员杨得志，并转毛主席、朱总司令，宣布与广州国民党政府脱离关系，接受北京中央人民政府领导。

土尔扈特王府（又称诺彦乃白兴村、塔旺嘉布旧居），面积约有3平方公里。额济纳旧土尔扈特旗扎萨克塔旺嘉布王府设置于此，俗称“王爷府”。王府为一处典型的北京四合院建筑，三面是浓荫蔽日的胡杨林，一面紧临额济纳河。院内外绿树婆娑，风光秀丽。王府建于1940年，它不仅是扎萨克郡王住地，同时也是旗防司令部所在地。

土尔扈特王府于2008年被内蒙古自治区人民政府公布为内蒙古自治区文物保护单位；2008年12月被内蒙古自治区党委宣传部公布为内蒙古自治区爱国主义教育基地。

台湾义勇队纪念馆暨台湾义勇队成立旧址

台湾义勇队纪念馆暨台湾义勇队成立旧址位于浙江省金华市酒坊巷 84 号。

抗日战争爆发后，台湾爱国人士李友邦经国民政府批准后，组织动员了几十名在闽台湾同胞于 1939 年 2 月在浙江金华成立了台湾义勇队。他们以“保卫祖国，收复台湾”为宗旨，以浙江为主要活动地域，在东南各省开展抗日活动，最多时发展到 380 余人。台湾义勇队在成立前后，得到了中共浙江省委的支持和帮助。台湾义勇队利用其中许多人懂日语的优势，配合宣传抗战和积极开展对敌政治斗争；利用其中许多医务人员的优势，开展战地医疗救护，先后在金华、兰溪、衢州、福建建阳建立了 4 所“台湾医院”；因地制宜，开展军需用品加工制造，生产出多种器材、军火原料及战场急需的药品。1942 年 5 月浙赣战役爆发，金华沦陷前夕，台湾义勇队撤至福建龙岩。抗战胜利后，台湾光复，台湾义勇队成员大多回到台湾。

◆台湾义勇队旧址

◆台湾义勇队纪念馆

2006 年 4 月，金华市政府决定在台湾义勇队成立旧址，按照修旧如旧的原则，建立台湾义勇队纪念馆，并于 10 月举行开馆典礼。纪念馆占地面积 200 平方米，建筑面积 145 平方米，为一层砖木结构。纪念馆门口“台湾义勇队纪念馆”匾额为中国国民党主席马英九所题。纪念馆收藏有当年老照片 60 多幅、文物近百件，是台湾人民有组织参加祖国大陆抗战的唯一历史遗存。

台湾义勇队纪念馆暨台湾义勇队成立旧址于 2007 年 12 月被浙江省委宣传部公布为浙江省爱国主义教育基地。

国民政府第五战区李宗仁司令长官部旧址

国民政府第五战区李宗仁司令长官部旧址位于湖北省襄阳市老河口市北京路中段66号。

◆国民政府第五战区李宗仁司令长官部旧址

1939年秋，国民政府第五战区李宗仁司令长官部移至老河口后征用杜姓民居作为司令部驻地所用。身为国民党桂系将领的李宗仁，在共产党抗日民族统一战线政策影响下，在民族危亡时刻，坚持“焦土抗战”，率第五战区爱国官兵会战徐州，取得台儿庄战役胜利后移师老河口，破袭平汉铁路，钳制武汉、屏蔽川陕，率部活跃在鄂、豫、皖地区，先后与进犯日军进行随枣会战、枣宜会战、豫南鄂北会战等著名战役，在老河口坚持抗战达6年之久，保卫了鄂北豫南大片国土，粉碎了日军巩固华中、图霸西北的阴谋。

该旧址为一进三院，前、中院为典型砖木结构北方民居，后院是由五战区司令部所建，作为召开战时会议的砖木结构仿欧式建筑。经过1987年、1996年的两次复原维修，旧址现建筑面积为824平方米，占地总面积为2530平方米，有高级将领军事会议室、李将军书房、卧室、侍从室、接待室、调查室、机要室、作战室等战时司令部设置。

国民政府第五战区李宗仁司令长官部旧址于2002年11月被湖北省人民政府公布为湖北省文物保护单位；1999年2月被湖北省人民政府公布为湖北省爱国主义教育基地。

国民党一大旧址

国民党一大旧址位于广东省广州市越秀区文明路215号（原门牌为6号）。

国民党一大即中国国民党第一次全国代表大会。1924年1月20日至30日，在共产

◆国民党一大会场

国际和中国共产党的帮助下，中国国民党第一次全国代表大会在广东高级师范学堂礼堂开幕。大会由孙中山主持。出席开幕式的代表165人中，共产党员有20多人，其中包括谭平山、李大钊、林祖涵、张国焘、瞿秋白、毛泽东、李立三等。孙中山任大会主席，李大钊被指派为大会主席团成员。谭平山代表国民党临时中央执行委员会在大会上作工作报告。大会审议并通过了《中国国民党第一次全国代表大会宣言》草案，重新解释了三民主义，事实上确立了“联俄、联共、扶助农工”三大政策。会议还通过《中国国民党章程》，确认了共产党员以个人资格参加国民党的原则。大会通过的宣言和章程，是国共合作的政治基础。大会最后选举了中国国民党中央执行委员会和中央监察委员会，两会中均有共产党员参加。这次大会对国共两党都具有极其重要的作用和深远的影响。

国民党一大旧址包括钟楼和前边的革命广场。旧址原来是清代举行乡试的贡院，1908年改为两广优级师范学堂，辛亥革命后改为广东高级师范学堂。1924年国民党一大后，孙中山下令改建为广东大学。1926年又更名为中山大学，校本部设于钟楼。

◆钟楼外景

钟楼建于清光绪三十一年（1905年），是一座兼有中西建筑风格的砖木建筑，平面呈“凹”字形，建筑面积2888平方米。建筑的前部为钟楼，高五层约24米，顶为穹隆形，上端的四面原来有时钟。后部为两层长方形礼堂，面积300多平方米。礼堂中复原了国民党一大的会场陈设。1925年5月，第二次全国劳动大会和广东省第一次农民代表大会也曾在此举行。

钟楼前的革命广场，是当年群众举行集会的重要场所，面积18698平方米。国民党一大期间，孙中山多次在广场上向群众发表演讲，宣传新三民主义。省港大罢工时的许多集会、纪念列宁逝世周年大会、追悼廖仲恺的群众大会等，均在这里举行。

在钟楼东侧还设有鲁迅纪念馆。1927年1月，鲁迅应邀从厦门大学到中山大学任文学系主任兼教务主任，先在钟楼居住，后迁至白云路白云楼。1959年在此建立鲁迅纪念馆。纪念馆内复原了鲁迅的卧室兼工作室，中山大学校务会议室，陈列了鲁迅生平事迹，并藏有鲁迅手稿等。

国民党一大旧址（包括革命广场）于1988年1月被国务院公布为全国重点文物保护单位。

黄埔军校第二分校旧址

黄埔军校第二分校旧址位于湖南省武冈市。

黄埔军校第二分校旧址包括武冈中山堂和李明灏故居。中山堂位于武冈市第二中学校园内，李明灏故居位于与其相邻的法相岩西麓。

◆黄埔军校第二分校旧址（中山堂）

黄埔军校（中国国民党中央陆军军官学校）第二分校（亦称武冈分校）始建于武汉，1938年日寇大举进犯华中，武汉形势危急，同年秋黄埔军校第二分校奉命由武汉迁至武冈。从1938年秋到1945年10月迁并成都本校止，黄埔军校第二分校共为抗日前线培养各类初中级军官23052人。在抗日战争时期，黄埔军校第二分校的毕业生大多直接奔赴抗日前线，特别是在湘西会战中他们奋勇杀敌，流血牺牲，为夺取抗日战争的胜利作出了重要贡献。

黄埔军校第二分校旧址现存主体建筑武冈中山堂是1943年为纪念孙中山先生而建，是至今保存完好的分校标志性建筑，采用仿西洋式单檐庑殿顶硬山屋面，由正厅、左右厢房、花园等组成，占地面积1300多平方米。

黄埔军校第二分校旧址的另一重要组成部分是李明灏将军的武冈故居。李明灏将军

◆李明灏将军故居

是黄埔军校第二分校主任，是湘军讲武堂和黄埔军校的创办人之一。随李明灏来武冈办学的教官有少将16名，上校27名，中校8名。该校创办的由李明灏主编并题写刊名的《战斗日报》和《武冈月刊》，在动员民众抗战中具有号召力和影响力，是研究黄埔军校及其分校抗战史的重要文物资料。

中山堂于1996年1月被湖南省人民政府公布为湖南省文物保护单位。黄埔军校第二分校旧址于2010年7月被湖南省委宣传部公布为湖南省爱国主义教育基地。

张学良将军幽禁处旧址

张学良将军幽禁处旧址位于贵州省贵阳市开阳县双流镇刘育村。

张学良将军幽禁处旧址是国民政府军事委员会调查统计局（军统局）局长戴笠奉蒋介石之命于1941年11月至1942年1月指派开阳县县长李毓桢和军统局黔站站长黄加特等专门为秘密幽禁张学良而建造，对外称“国民政府军事委员会开阳行辕”。1942年2月到1944年12月爱国将领张学良将军被国民党军统当局幽禁于此。此址也是张学良在大陆幽禁时间最长的地方，也是大陆唯一专门为幽禁张学良而新修“行辕”的地方。“行辕”为一座“凸”字形中西合璧青瓦顶夹灰壁正房和两座侧房，此外还有周围山头上的4座碉堡和数个哨

◆张学良将军幽禁处旧址

位以及前面的刘家祠堂等，都被纳入“行辕”管理体系。“行辕”及刘家祠堂、岗哨等建筑解放后陆续拆毁，仅存基址、井泉、石梯坎和古树等。2002 年至 2004 年，贵阳市人民政府和开阳县人民政府陆续拨款，按原样修复“行辕”和刘家祠堂等建筑，新修了连接公路 500 多米，并新塑了张学良将军石雕像。现刘家祠堂一楼辟有中国古建筑学奠基人朱启钤先生生平事迹图片展，二楼辟有张学良将军生平事迹图片展，“行辕”内辟有张学良将军在开阳部分实物图片展，均已对外开放。

张学良将军幽禁处旧址于 2010 年 3 月被贵州省委、省人民政府公布为贵州省爱国主义教育基地。

卢沟桥

卢沟桥位于北京市丰台区卢沟桥乡西部。

◆卢沟桥

卢沟桥始建于金世宗大定二十九年（1189 年）6 月，金章宗明昌三年（1192 年）3 月完工，1444 年重修。清康熙年间，由于永定河发洪水，卢沟桥受损严重。1698 年，卢沟桥再次重修，康熙命令在桥西头立碑，记述重修卢沟桥之事。桥东头立着乾隆题写的“卢沟晓月”碑。

1937 年 7 月 7 日晚，驻丰台日军河边旅团第 1 联队第 3 大队第 8 中队，由中队长清水节郎率领，进至卢沟桥西北龙王庙附近举行夜间演习。22 时 40 分，宛平城东北方向突然响起枪声。少顷，日军诡称演习时一名士兵失踪，要求进城搜查，被中国守城官兵拒绝，日军随即包围宛平县城。为防止事态扩大，北平军政当局即与日方商定，双方派员前往调查。但日军趁交涉之际，于 8 日凌晨 4 时许，突然向宛平县城发动猛烈攻击。中国守军第 29 军将士忍无可忍，奋起还击，英勇抵抗，一次次击退了日军的进攻。七七卢沟桥事变的发生，揭开了中国人民全面抗战的序幕。

◆“卢沟晓月”碑

卢沟桥于 1961 年 3 月被国务院公布为全国重点文物保护单位；1995 年 1 月被北京市人民政府公布为北京市爱国主义教育基地。

宛平城

宛平城位于北京市丰台区卢沟桥东。

◆宛平城

宛平城原是明王朝为保卫京师、防御李自成进京，命御马监太监武俊于 1638 年至 1640 年主持修建的，建为东西两座城门，东为顺治门，西为永昌门（清代改为威严门），城东西长 640 米，南北宽 320 米，城池总面积约 20 公顷。清代，该处仍为军事城堡，城内设“拱极营”。宛平城的特点是城内只有一条大街，不设钟楼、鼓楼，无集市广场，只设两座城门，两门都建有城楼、瓮城和闸楼，城的四角各建有角楼。辛亥革命后，驻兵制度被废除。1928 年宛平县划归河北省管辖。

同年 12 月 31 日，宛平县衙门迁至此处，该城又称宛平城。宛平县衙位于宛平城东城门内，为三进院建筑。1937 年七七卢沟桥事变中，日军的炮弹越过城墙直轰县城，致使宛平县衙大部分房屋被炸毁，仅存正房三间。

1984 年，国家拨专款对宛平城的城墙和东西城楼进行修缮，1987 年正式对外开放。同年，中国人民抗日战争纪念馆在宛平城内建成开馆。

宛平城于 1961 年 3 月被国务院公布为全国重点文物保护单位，1995 年随卢沟桥一起被北京市人民政府公布为北京市爱国主义教育基地。

秀英炮台

秀英炮台位于海南省海口市龙华区海秀路北侧秀英村后面。

第二次鸦片战争后，面对西方列强的坚船利炮，以曾国藩、李鸿章、左宗棠、张之洞等为代表的“洋务派”开始筹划海防，加强海疆防卫。1887 年，法国派军舰“萨尼号”直闯海口水域。此时，两广总督张之洞巡海至琼，下令雷琼兵备道水陆统领朱采、海口参将陈良杰，在海口秀英村海域要塞处修筑炮台，1891 年建成。它与天津大沽炮台、上海吴淞炮台、广东虎门炮台同为清代晚期四大海岸炮台，是中国近代史上重要的海防屏障。

抗日战争爆发后，1939 年 2 月，日军进攻海南。琼崖军民曾在此迎击来犯日寇，谱写了琼崖人民不屈不挠、勇敢斗争的壮烈一页。秀英炮台是海南古代宏大的军事设施，也是中国古代规模较大的军事设施之一，对考察海口历史、军事的地理变迁有着重要的科学价值。

◆秀英炮台

◆秀英炮台的岸炮

秀英炮台在 240 多米长的海岸小山丘上东西直线而筑，建筑规模宏大。整个炮台呈长方形，由拱北、镇东、定西、振武和振威 5 座炮台组成。中心主炮拱北钢炮口径

0.24 米，主炮镇东和定西口径为 0.2 米，振武和振威口径为 0.15 米。5 座岸炮均购自德国克虏伯兵工厂，自东向西排成一条直线，炮口朝北，面临大海，射程控制整个海口港湾。四周有坚固的城墙环抱，内部有巷道相连，两侧有营房、火药库，后段有阶梯，通向地面，炮台区中部为练兵场，场东为指挥室，场南为营房。整个炮台连同附属建筑物总占地面积达 50 亩。现仅振武台仍保留原来面貌，其余四座炮台的地面防御设施为抗日战争时期国民党军队所修建，清代所置 5 门大炮已遭到毁坏。

秀英炮台于 1994 年 11 月被海南省政府公布为海南省文物保护单位，2006 年 6 月被国务院公布为全国重点文物保护单位；1997 年 4 月被海南省委宣传部公布为海南省爱国主义教育基地。

阳明洞——张学良将军幽禁地

阳明洞——张学良将军幽禁地位于贵州省贵阳市修文县。

◆阳明洞

西安事变后张学良将军被蒋介石囚禁，囚禁地点多次秘密转移，1938 年 11 月转囚到修文县阳明洞。军统局对张学良的监视和防范极其严密，从外到内，布置了三道防线。第一道布防特务四团第二营驻修文县城、三潮水和川黔公路要孔，组成南北防卫圈，防止武装劫走张学良；第二道安排武装宪兵把守阳明洞山脚，不准老百姓接近；第三道则设于阳明祠内大殿、配殿四周，由特务队直接看守张学良。每到夜晚，张学良卧室门前还要加设“警卫”，连宪兵也不得随便靠近。即便如此，军统局局长戴笠仍不放心，在张学良到修文不久，就派军统少将特务王崇五任修文县县长，特别指示王要注意同特务队长刘乙光配合。此外，军统局还安排军统特务担任邮电检查所长，控制修文地区的邮电通讯。阳明洞的特务队还专门配属专用电台，直接与重庆军统局联系。1945 年 5 月，张学良患急性阑尾炎到贵阳手术治疗，痊愈后张要求留住贵阳以便治病，经特务队长刘乙光电报军统局请

◆阳明洞王文成公祠东厢房——张学良将军幽禁处

示同意，将张学良转囚贵阳黔灵山麒麟洞。

阳明洞——张学良将军幽禁地于2010年3月被贵州省委、省人民政府公布为贵州省爱国主义教育基地。

二十四道拐抗战公路

二十四道拐抗战公路位于贵州省黔西南州晴隆县的晴隆山西南坡。

二十四道拐抗战公路又称史迪威公路，古代称鸦关，当地人又称为半关。

二十四道拐抗战公路始建于1935年，次年竣工。1927年以贾善祥为首的公路勘测队，奉贵州省主席周西成及贵州省公路局局长马怀冲之命，到晴隆山间踏勘，1935年又由工程师邹岳生领队，再度勘测设计。同年，由西南公路局局长曾养甫督工动工，于1936年竣工。

◆1945年3月，第一批运输车队到达二十四道拐公路

二十四道拐抗战公路由14个∽形的弯道构成。择∽中而破，便形成24个弧形拐弯，弯道全长4公里。抗战全面爆发，二十四道拐抗战公路处渝（重庆）昆（昆明）曼（曼德拉）之咽喉地带，为援华物资运输作出了巨大的贡献。抗战胜利后，国民政府将这条公路命名为“史迪威公路”，而二十四道拐公路段则被誉为史迪威公路的形象标识，被二战史研究专家称为“二战活化石”。

二十四道拐抗战公路设计之精巧，造工之庞大，可谓巧夺天工，匠心独具。道旁的上下挡墙，均由五面石砌成，经半个世纪之风雨，仍保存完好。

二十四道拐抗战公路于2006年5月被国务院公布为全国重点文物保护单位；2010年3月被贵州省委、省人民政府公布为贵州省爱国主义教育基地。

畹町桥纪念碑及滇缅公路起点标志

畹町桥纪念碑及滇缅公路起点标志位于云南省德宏州畹町经济开发区国防街 2 号。

畹町桥是中缅两国的界河桥，中印公路之纽带。

抗日战争全面爆发后，我国与国际联系的陆海通道绝大多数被日军封锁。为打通国际交通线，云南省调集滇西 10 个民族 20 余万民众自备干粮工具，风餐露宿，肩挑锄刨，劈山开路，过水架桥，以血肉之躯用 8 个月时间于 1938 年 8 月筑就一条起自昆明，贯通滇西，连接缅甸，近千公里被称为“道路史上的奇迹”的滇缅公路。

1938 年，滇缅公路全线贯通，该公路上的畹町单孔石拱桥，仅能容一辆卡车通过。在抗日战争期间的 5 年里，盟国 45 万吨援华抗日的军需物资从国外通过畹町桥运往国内，中国十万抗日远征军踏过畹町桥出国作战。1942 年 5 月，日军从缅甸入侵畹町，继而长驱直入占领龙陵、芒市。1945 年 1 月 20 日中国军民把日本侵略者从畹町桥赶出了国门，这在全国是最早将日本侵略者赶出国门的地方。中国远征军抗日将士会师畹町，中国陆军总司令何应钦上将、远征军司令卫立煌等莅临畹町，在畹町桥头举行了隆重的光复仪式。畹町桥是滇缅公路中方段的终点，还是中印公路与滇缅公路的交汇点。中印公路全线打通时，美军工程部队在原桥基位置将畹町桥扩建成贝雷式钢架多梁木面桥。该桥长 21. 53 米，宽 5 米，高 9 米。民国政府行政院长宋子文莅临畹町，主持中印公路通车典礼，120 辆新卡车分别由中缅两国驾驶员驾驶，从缅甸过畹町桥驶入畹町。

1945 年 1 月，中国军队将日军赶出国门畹町，桥亦毁于战火。1946 年重新架起一座钢架桥。1979 年进行修葺加固。畹町桥纪念碑矗立于畹町桥头一侧，于 2005 年 9 月为纪念抗日战争胜利 60 周年建立，碑文主要记录畹町桥历史沧桑变化及其历史意义，以励后人。

◆畹町桥纪念碑

◆中印、滇缅公路交汇点标志碑

畹町桥纪念碑及滇缅公路起点标志于2009年7月被云南省委、省人民政府公布为云南省爱国主义教育基地。

和平广场——齐齐哈尔江桥抗战组群

和平广场——齐齐哈尔江桥抗战组群位于黑龙江省齐齐哈尔市中华路西端。

◆和平广场——齐齐哈尔江桥抗战组群

和平广场于2005年4月12日奠基，8月15日竣工并对外开放。和平广场的设计主题是：纪念抗日战争暨世界反法西斯战争胜利60周年，江桥抗战——打响了中国武装抗日的第一枪。

和平广场——齐齐哈尔江桥抗战组群主体景观建筑由胜利纪念碑、抗日战争大型浮雕抗战纪念墙、江桥抗战纪念雕塑、抗战大事记墙、将军书法碑文等组成。伫立在广场中央的胜利纪念碑高37米，象征着1937年抗日战争全面爆发，整体造型取“铸剑为犁”之意。抗战纪念墙由六面墙体组成，其中有五面浮雕墙，一面手印墙。抗日战争大型浮雕由“流亡”、“虐役”、“屠杀”、“抗争”、“胜利”五个主题组成，生动再现了中华民族从1931年九一八事变至1945年抗战胜利的艰苦历程。主体建筑抗战纪念手印墙上面镶嵌由国内外征集来的600名参加过中国抗战的健在者的手印及本人签名。手印墙整体外观设计为现代抽象几何造型，采用平面主体交叉的形式，动静结合，长42米，高5.2米。正面图案由青铜铸成的

◆和平广场——齐齐哈尔江桥抗战组群抗日战争大记事墙

城砖构成。江桥抗战纪念雕塑由“抗日火种”、“打响第一枪”、“浴血奋战”三个主题内容组成。抗日战争大事记墙上记载着从九一八事变到抗战胜利的重要历史事件。将军书法碑文墙上镌刻的书法作品是62位共和国将军的题词。长城砖墙镶有60块古长城砖。长城砖墙背面是中国航天英雄手印墙。兵器展览区的坦克、飞机、三门火炮屹立在广场西侧。

和平广场——齐齐哈尔江桥抗战组群于2005年6月被黑龙江省委、省人民政府公布为黑龙江省爱国主义教育基地。

焦山炮台

焦山炮台（亦称焦山抗英炮台）遗址位于江苏省镇江市京口区焦山东部。

焦山古炮台最早建于清雍正年间，清政府为加强长江要塞防务，拱卫南京，在象山东码头修建炮台。鸦片战争爆发后，于清道光二十年（1840年），又在焦山修建炮台。同治十三年（1874年），两江总督李宗羲命彭玉麟在焦山东督造明暗炮台，形成扇面，对准东、南、北江面。光绪二十六年（1866年），两江总督张之洞于焦山两峰建快炮台。整个炮台由8个炮堡和一个大弹药库组成，炮身以青石为基，圆木为骨，以黄泥、石灰、糯米汁捣成三合土，层层夯实而筑。1937年12月29日，驻守焦山的国民党军队对日本侵略军进行炮击，不仅使日军推迟进占焦山的时间，还打死打伤多名日军。由于日军调集飞机配合，对焦山进行猛烈轰炸，炮台被毁。

◆焦山古炮台

镇江市人民政府于1979年和1982年两次拨专款对焦山炮台、炮堡遗址进行修缮。1983年至1985年，镇江市人民政府又拨专款修理了4号、5号炮堡及营门等，炮台现占地面积600平方米。

焦山炮台于1982年3月被江苏省人民政府公布为江苏省文物保护单位，1997年8

月被江苏省委宣传部公布为江苏省爱国主义教育基地。

冯玉祥故居

冯玉祥故居位于安徽省巢湖市居巢区夏阁镇竹柯村。

冯玉祥（1882—1948），字焕章，安徽巢湖市竹柯村人。先后任北洋陆军第16混成旅旅长，11师师长，陕西、河南督军，陆军检阅使等职。冯玉祥青少年时目睹清廷昏庸腐败，帝国主义列强在中国横行霸道，萌发了推翻清朝封建统治的念头。在辛亥革命初期，与王金铭、施从云等人发动滦州起义，讨伐张勋“辫子军”。1924年第二次直奉战争中，与王承斌、胡景翼、孙岳等人发动北京政变，推翻了曹锟“贿选政府”，驱逐溥仪出宫，电邀孙中山北上。1926年3月赴苏联考察。同年9月回国，召集旧部和友军成立国民联军，于五原誓师，参加北伐。1931年九一八事变后，积极主张抗日。1933年5月，与中国共产党合作，在张家口组织民众抗日同盟军，在极端困难的条件下，收复了宝昌、多伦、沽源、商都等失地。抗日战争爆发后，在第六战区司令长官任上，被蒋介石撤职。抗战胜利后，积极反对内战，营救和掩护了许多共产党人和爱国民主人士。1946年与蒋介石彻底决裂，以“水利特使”身份赴美国考察。1948年响应中国共产党号召，回国参加新政协筹备工作，途中于9月1日不幸遇难。

冯玉祥故居由书房、卧室、厨房、饭厅、侍卫厅、议事厅、花园等组成。厨房、饭厅3间于1937年被日本侵略军烧毁，现存19间。1988年，在冯玉祥将军诞辰106周年之际，将冯玉祥将军于1936年回乡时的住所进行了全面修复，并将客厅扩建为冯玉祥将军生平事迹陈列室，在院内立有花岗岩质冯玉祥全身塑像，故居门首悬有赵朴初题写的“冯玉祥故居”匾额，同年9月对外开放。

◆冯玉祥将军生平事迹陈列室

◆冯玉祥塑像

冯玉祥故居于1988年6月被安徽省人民政府公布为安徽省文物保护单位；2007年4月被安徽省委、省人民政府公布为安徽省爱国主义教育基地。

张治中故居

张治中故居位于安徽省巢湖市居巢区黄麓镇洪家疃村。

张治中（1890—1969），原名本尧，字文白，安徽巢湖人。1916年毕业于保定军官学校，先后在滇军、川军任连长、营长、师参谋长等职。1928年任国民党中央军校教育长。1937年任湖南省政府主席。抗日战争胜利后，任西北行营主任兼新疆省主席。1945年国共谈判，任国民党代表。1949年4月任国民党和平谈判代表团首席代表。中华人民共和国成立后，历任西北行政委员会副主席、全国人民代表大会常务委员会副委员长、国防委员会副主席、中国国民党革命委员会中央委员会副主席。1969年4月6日病逝。

张治中故居始建于1927年，原为5间式四进六厢，共26间房屋。在抗日战争期间，故居第四进和后两厢房屋被日军烧毁，现仅存19间房屋，建筑面积230平方米。故居由卧室、客厅、侍卫室、库房、厨房等组成，砖木结构，小瓦屋面。1990年10月，在张治中将军诞辰100周年之际，原巢湖市委、市人民政府在他创办的黄麓师范学校校园内竖立汉白玉质张治中全身塑像一尊，并对故居进行了重新布展，对外开放参观。

张治中故居于1989年5月被安徽省人民政府公布为安徽省文物保护单位；2007年6月被安徽省委、省人民政府公布为全省爱国主义教育基地。

◆张治中故居

◆张治中塑像

中华职校（渝校）旧址暨于学忠将军回兴旧居

中华职校（渝校）旧址暨于学忠将军回兴旧居位于重庆市渝北区回兴街道回兴初级中学校内。

◆中华职校（渝校）旧址暨于学忠将军回兴旧居

1938 年，中华职业学校由上海迁入重庆，在张家花园租借巴蜀学校校舍建校，7 月开始招生，10 月 10 日正式开课，学生 185 人（85% 为川籍学生）。1939 年春，日军对重庆狂轰滥炸。1939 年 5 月 3 日、4 日，日军猖狂地进行“地毯式”大轰炸，山城重庆沦为一片火海。鉴于此，重庆所有学校被迫停课。渝校为了师生安全，经职教社同意，决定迁移乡下，学生家长胡子移将其在江北县回兴乡黄桷坪的山间别墅借予中华职业学校使用。渝校在黄桷坪设初级商科、土木科、会计训练班。江竹筠、彭立人、许晓轩、胡友猷等在此就读或工作，并以此为革命活动据点。1939 年 8 月，中华职业学校在江北县寸滩白沙沱建校，设机械科、中等机械技术科。1942 年土木科迁白沙沱，1943 年商科、会计训练班迁白沙沱，从此两校合一，回兴黄桷坪职校停办。

◆于学忠塑像

1944 年春，抗日名将、原东北军司令于学忠将军斥资买下了职校旧址，举家入住，改名为“于家园”，以此为定居之所，直至新中国成立。

解放战争期间，蒋介石在山东的重点进攻惨遭失败后，想让于学忠再率部队到山东“剿共”，遭于婉拒。1949 年，蒋介石退据重庆，几次召见于学忠，想胁迫他去台湾。于将军躲到乡间，避而不见。1950 年，周恩来总理亲自派人将于学忠将军及家人接到北京。于学忠先后担任第一届全国政协委员、国防委员会委员、河北省人民委员会委员、河北省体委主任等职。

旧居建于民国初期，占地5000 平方米，建筑面积约1200 平方米，为中西结合的砖木结构建筑，四合院布局，内有天井、花台，一楼一底，铺小青瓦。底层有内回廊，楼层有外廊。面阔约31 米，进深约32 米，通高约9 米。经多次修缮，现作为红岩文化陈列室和于学忠将军旧居、中华职校旧址纪念馆，对外开放。

中华职校（渝校）旧址暨于学忠将军回兴旧居于2009 年12 月被重庆市人民政府公布为重庆市文物保护单位；2009 年10 月被重庆市委、市人民政府公布为重庆市爱国主义教育基地。

谢晋元故居和纪念馆

谢晋元故居和纪念馆位于广东省梅州市蕉岭县新铺镇尖坑村方塘子。

◆谢晋元故居

谢晋元（1905—1941），广东蕉岭人。1925 年在广东大学预科肄业，同年12 月考入黄埔军校第四期政治科学习。1926 年10 月毕业，在国民革命军第一师任排长，参加北伐战争。后调到第十九路军蔡廷锴部任连长。在济南讨伐孙传芳的战斗中负伤，愈后先后在武汉要塞、河南省保安处任营长、中校团副及旅部参谋主任等职。1937 年八一三上海抗战爆发时，任陆军第88 师262 旅参谋主任，参加闸北八字桥战斗。后任524 团团副，团长牺牲后接任团长，率部驻防北火车站，与日军对峙两个多月。10 月26 日率领第一营的400 余官兵，坚守苏州河北的四行仓库，掩护大部队后撤。在与日军激战四昼夜后，于31 日奉令率部冲出重围，退入租界“孤军营”。在战斗中，共击退日军数十次进攻，毙敌200 余名，写下中国抗战史上极为壮烈的一页。由于拒绝诱降，1941 年4 月24 日被日、伪收买的叛兵杀害。1941 年5 月8 日，国民政府通令嘉奖，追赠为陆军少将。

谢晋元故居建于清咸丰年间，坐西北向东南。故居由禾坪、横屋等组成，为三横合

◆谢晋元纪念馆

面杠式围屋布局，总面宽24.9米，总进深40米，占地面积996平方米，建筑占地面积675平方米，共有23间房屋。悬山顶、灰瓦面、三合土夯墙，麻石条大门框。正立面左侧大门上方题“荆树居”，右侧大门上方题“儒林第”。1998年、2005年、2009年先后按原貌对故居进行修缮。

谢晋元纪念馆建于2000年10月，2001年8月开馆。纪念馆为三层砖混框架结构现代建筑，建筑面积921平方米，广场占地面积2727平方米。纪念馆一楼为接待室、办公室、音像室，二楼为谢晋元事迹展厅，三楼为纪念谢晋元书画展厅。广场上立有谢晋元将军塑像。

谢晋元故居于2002年7月被广东省人民政府公布为广东省文物保护单位。谢晋元故居和纪念馆于2010年10月被广东省精神文明建设委员会、广东省委宣传部公布为广东省爱国主义教育基地。

古北口战役阵亡将士公墓

古北口战役阵亡将士公墓位于北京市密云县古北口镇。

1933年1月1日，日军犯山海关，相继出兵长城各关口，中国守军奋勇抗击，长城抗战爆发。2月底，国民党中央军第2师、第25师、第83师接替国民党东北军防守古北口。3月11日晨，日军向古北口阵地发起总攻，第25师奋起迎战。其师长关麟征在龙王峪战斗中负伤，代师长杜聿明继续指挥战斗，血战三昼夜，第25师官兵伤亡4000余人，毙伤日军2000余人，终因通讯中断，后援不继，于3月13日撤出古北口城。随后，日军不断增加兵力，准备下一次进攻。4月21日，日军强攻南天门阵地，第2师伤亡甚大，遂由第83师接替防守，血战八昼

◆古北口战役阵亡将士公墓

◆古北口战役纪念碑亭

夜，毙伤日军 3000 余人。5 月 10 日，日军发起总攻，南天门阵地陷落。5 月 12 日，大、小新开岭一线被攻破。5 月 13 日，石匣阵地失守，中国守军被迫奉命撤离密云。

这次战役历时两个多月，中国守军毙伤日军 5000 余人，抗战将士伤亡近 8000 余人。战争结束后，抗战阵亡将士的骨骸被散埋在村巷、山野沟坡。1934 年春，令公庙道士王乐如联合当地商会会长刘沛然，与当地有声望人士共同商定，除将搜集到的 500 余具较完整的骨骸应北平军分会要求运往安徽蚌埠建立陵园外，其余 360 多具骸骨埋葬在古北口南门外右侧大花楼山下，并为其修建阵亡将士公墓。1997 年，密云县政协在阵亡将士公墓东侧修建了长城抗战古北口战役纪念碑亭。

古北口战役阵亡将士公墓于 1995 年 10 月被北京市人民政府公布为北京市文物保护单位；1996 年 5 月被北京市人民政府公布为北京市爱国主义教育基地。

七十三军抗战阵亡将士墓

七十三军抗战阵亡将士墓位于湖南省长沙市岳麓区岳麓山东侧的赫石坡山腰。

七十三军抗战阵亡将士墓系于 1946 年为纪念国民革命军第七十三军在与日寇进行的三次长沙会战、常德保卫战、长衡战役中英勇捐躯的将士而建。七十三军为国民革命军的抗日主力部队。抗日战争期间三次长沙会战，由三湘子弟组成的陆军第七十三军于长沙外围抗击日军。该军所属暂编第 5 师师长彭士量及将士，第 77 师、193 师、50 师及军司令部直属部队众多官兵壮烈殉国。1946 年春，最后一任军长韩俊指令专人督修公墓于此。

◆七十三军抗战阵亡将士墓

墓区由公墓区和南、北两处纪念设施构成，形式完整，气势宏阔。公墓区位于正中，由忠义观、陵墓、纪念碑、石阶、墓庐等组成。纪念碑亦为墓碑，系墓区主体建筑，为花岗石构建，有祭台、坪地。碑基为正方形二级基座，上立长方石柱，方尖顶。正面东向，中刻楷书：“陆军第七十三军抗战阵亡将士墓”，两侧及碑阴所刻，分别为蒋介石及国民党高级将领题书：“精神不死”、“凛冽万古”、“浩气长存”等。基座四面分别为程潜等国民党高级将领题书。纪念碑后为忠义观，即供奉七十三军阵亡将士骨灰之处。拱形石门，上嵌汉白玉石碑，阴刻“忠义观”三字，石门两侧刻对联：“忠昭大麓；义塞苍冥”。进门为一巷道，分置5室，均为拱形砖门，系该军司令部直属部队和所属第暂5、15、77、193师安放各该师阵亡将士骨灰之所。公墓以红色山岩建砌围墙，设南、北石门，门额分别题刻“蹈仁”、“履义”。墓区两侧山坡坪地，分别建有纪念亭以相遥望。两亭分别称“纪忠亭”、“归宿亭”，均为花岗石构建，八角形，短檐，盖绿色琉璃瓦，建正葫芦宝顶。两亭之正面遥望墓区，其石柱两侧阴刻对联，上嵌亭名。两亭之下空谷之处，建有长明灯台，均为花岗石制，以寓永久祭祀祷祝之意。

◆七十三军抗战阵亡将士墓区的纪忠亭

七十三军抗战阵亡将士墓于2006年5月被湖南省人民政府公布为湖南省文物保护单位。

抗日阵亡将士墓

抗日阵亡将士墓位于湖南省株洲市荷塘区新华东路1107号。

1941年9月7日，日军以骑兵为先导，从浏阳方向分两路袭击株洲，国民党暂编第6师一部在荷塘铺一带英勇抵抗，由于战士多为未经训练的新兵，1000多名官兵阵亡。当地绅士、百姓出于对抗敌英烈壮举的敬佩和慰藉为国捐躯的英魂，自动捐资捐物，组织人员收尸合葬，坟前立的麻石碑上阴刻楷书：“抗敌阵亡将士墓，此土忠烈，中华民国三十年冬本乡士民公立。”

1986年，为纪念抗日英烈，株洲市委、市政府在这里修建了占地面积32亩的“留

◆抗日阵亡将士墓

芳园”公园，对原来的英烈墓地进行了整修，墓丘由三合土堆改用水泥铺筑，墓的四周用铁链环绕。2003年对其进行改扩建，墓碑仍采用原碑，但新增了碑帽和碑座。墓的直径增至6米，四周植以高大苍翠的龙柏，显得庄严而凝重。

抗日阵亡将士墓于2010年7月被湖南省委宣传部公布为湖南省爱国主义教育基地。

乌不浪口抗日烈士陵园

乌不浪口抗日烈士陵园位于内蒙古自治区巴彦淖尔市乌拉特中旗境内的阴山南麓，德岭山镇乌镇村北部乌不浪口西侧。

1940年1月31日，侵华日军从平绥、同蒲两线抽调万余兵力，并纠集万余伪蒙军，在日军关东军第26师团黑田重德师团长的率领下，出动汽车千余辆，配以飞机、坦克、大炮，兵分三路向河套进犯。处于战略要地的乌不浪口成为日军进攻的重要目标。1940年2月1日凌晨，日军向乌不浪口35师阵地发起猛烈进攻，绥西抗战拉开序幕。守军35师208团英勇抗击，在35师205团和206团的及时增援下，守军利用碉堡和高地据点工事顽强阻击敌人，击退敌人多次进攻，战斗十分激烈。日军见正面一时难以得手，遂令伪蒙军从侧翼迂回袭击。乌不浪口守军因武器装备落后（多是旧式步枪，其中还有无来复线的老毛瑟枪），又加上伤亡较重，所以被敌逼近阵地，守军冲出阵地与敌人

◆乌不浪口抗日烈士纪念碑和烈士墓

◆乌不浪口抗日烈士陵园

展开肉搏战，双方伤亡惨重，守军阵亡500余人。下午1时许，敌援军赶到后阵地被敌突破，守军在撤离中遭敌追杀。此役守军牺牲千余人。

1940年3月21日，傅作义部队反攻五原，取得名震西北战场的五原大捷。此后日寇一直未敢继续西犯。4月初西军重返乌镇后，寻获乌不浪口阵亡官兵遗骸，选择乌不浪口西侧安葬。墓地共145穴，埋葬148名烈士。其中一穴为4人合葬。

1997年10月，乌拉特中旗在乌不浪口烈士墓地建立纪念碑，将乌不浪口烈士墓地定名为乌不浪口抗日烈士陵园。2000年以来，乌不浪口抗日烈士陵园经过修缮、扩建，将过去的土墓改为水泥墓。新建陵园墓穴横12行，纵12行，墓顶刻有烈士英名。新建成500平方米的广场，修筑浮雕照壁2座，对原有纪念碑进行了翻新，修建了围栏及碑台，对陵园进行了硬化绿化，陵园用网围栏围护，陵园朝向公路一面前修筑了大门。

乌不浪口抗日烈士陵园于2006年9月被内蒙古自治区人民政府公布为内蒙古自治区文物保护单位；2008年12月被内蒙古自治区党委宣传部公布为内蒙古自治区爱国主义教育基地。

东山抗战烈士陵园

东山抗战烈士陵园位于福建省漳州市东山县铜陵镇桂花街。

1939年七八月和1940年2月，日本侵略者两次侵犯东山。英勇的东山抗日军民以落后的装备，勇敢抵抗侵略者的飞机、军舰、大炮等现代化武器，打退了敌人多次进攻。在残酷的血战中，东山军民牺牲587人，其中军人366名、民众221名。1941年6月，东山县国民政府在铜陵古城五里亭边修建抗战烈士陵园。

◆东山抗战烈士陵园

东山抗战烈士陵园占地面积2000平方米，保护范围面积2500平方米，主体结构由公墓、烈士纪念碑、纪念亭构成，占地300平方米。公墓前塑有汪精卫夫妇跪像，纪念亭内竖立华侨捐资芳名碑刻。1984年9月，东山县人民政府拨款重修，门匾由萧克上将题匾“东山抗战烈士陵园”镏金大字。

东山抗战烈士陵园于1991年3

月被福建省人民政府公布为福建省文物保护单位。

湘西会战阵亡将士陵园

湘西会战阵亡将士陵园位于湖南省怀化市溆浦县龙潭镇肇山村。

1945 年 4 月中旬，日军侵入龙潭，湘西会战打响。在龙潭弓形山上，双方进行了激烈的战斗。由于中国军民的英勇抗战，经过几天几夜的战斗，打败了日军的进攻，粉碎了日军企图夺战芷江机场的军事目的。抗战胜利后，1945 年 8 月由国民政府拨款、乡民捐款，由作战部队施工修建了陵园，“文革”时期大部建筑被毁。1991 年，溆浦县首届中学生“学革命先辈、爱祖国文物”夏令营到龙潭悼念抗日阵亡将士，向社会发起复修陵园的倡议。秉着恢复原状的原则，一期复修工程于 1992 年 4 月 17 日奠基动工，次年 4 月竣工，现占地面积 8318 平方米（不含主体建筑以外保护范围面积）。

陵园依山而建。以宽敞的林荫石级路为主轴，依次将陵园大门、浩气门、警钟壁、纪念塔、碑墙、千秋亭、英烈墓等缀连为一体，雄伟壮观，风景秀丽。

湘西会战阵亡将士陵园于 2002 年 5 月被湖南省人民政府公布为湖南省文物保护单位；2010 年 7 月被湖南省委宣传部公布为湖南省爱国主义教育基地。

◆湘西会战阵亡将士陵园

◆英烈公墓

十九路军淞沪抗日阵亡将士陵园

十九路军淞沪抗日阵亡将士陵园位于广东省广州市天河区水荫路 113 号。

1932 年 1 月 28 日，日军悍然出兵进犯上海闸北，驻防淞沪地区的国民党爱国将领、第十九路军总指挥蒋光鼐、军长蔡廷锴率全军将士奋起抗击，爆发了震惊中外的“淞

◆十九路军淞沪抗日阵亡将士墓

沪抗战”。随后张治中部第五军也参加了作战，给日军以沉重打击。十九路军将士苦战 33 天，与敌激战 100 多次，迫使日军三易主帅，损兵一万多。最后十九路军在腹背受敌又无援兵的情况下，被迫于 3 月 1 日奉命撤出上海。

十九路军淞沪抗日阵亡将士陵园也称十九路军坟场、十九路军淞沪抗日将士坟园，是为纪念国民革命军第十九路军一·二八淞沪抗日战役中阵亡的将士，于 1933 年由华侨捐资建成的。陵园总面积 6 万平方米，建筑规模宏伟，布局严谨，造型庄重典雅，富有古罗马建筑风格。陵园由凯旋门、先烈纪功碑、英烈题名碑、抗日亭、将士墓、战士墓、先烈纪念馆等组成。

凯旋门位于陵园外先烈路和水荫路交界处。陵园内的主体建筑是一座巴洛克风格的半圆形柱廊。在柱廊前的中央耸立着一座高约 20 米的花岗石纪功碑，碑上筑有一座肩托步枪，背系一顶铜鼓帽的威武的铜铸战士塑像。塑像前下方台阶卧伏着两对铜狮，八个铜铸宝鼎排列在纪功碑的石基上。铜像、铜狮、铜鼎，寓意着一·二八淞沪抗日。纪功碑东侧为蒋光鼐、蔡廷锴墓。纪功碑南面有一座方形花岗石的英烈题名碑，铭刻着 1951 位先烈的英名。在题名碑的东西两侧有两个坟地，安葬着阵亡将士的忠骨。先烈纪念馆在陵园南面，通过图片、实物、场景，运用现代化的展示手法，较为详尽地展示了十九

◆陵园外的凯旋门

路军淞沪抗日的英勇事迹。四座风雨廊散置在陵园内。

十九路军淞沪抗日将士坟园于 2002 年 7 月被广东省人民政府公布为广东省文物保护单位。十九路军淞沪抗日阵亡将士陵园于 2000 年 4 月被广东省精神文明建设委员会、广东省委宣传部公布为广东省爱国主义教育基地；1989 年 8 月被民政部公布为全国重点烈士纪念建筑物保护单位。

陈安宝烈士陵园

陈安宝烈士陵园位于浙江省台州市路桥区横街镇凤凰山。

陈安宝（1891—1939），字善夫，浙江省黄岩县横街镇人。先后在南京伍兰队、湖北陆军预备学校、保定陆军军官学校学习，以后参加了浙、苏、皖、鲁、豫、鄂等北伐西征的各大战役，1936 年 1 月晋升为少将。抗日战争爆发后，他率领中国军队在余杭采取“围城打援”大败日军，又深入嘉兴、湖州沦陷区，开展敌后游击战争，战功卓著。1938 年 7 月，被晋升为国民革命军陆军第 29 军军长。1939 年 5 月，为解救即将被日军攻陷的南昌城，他冒着敌机猛烈的炮火，亲自赶往前线督战，不幸身中数弹，壮烈牺牲，终年 48 岁。陈安宝牺牲后，他的追悼会与当时的爱国将领张自忠等人的追悼会一起，在延安中央大礼堂举行，毛泽东为他题写了“尽忠报国”的挽联，周恩来、朱德以及各界人士敬献了挽联。1939 年夏，当烈士的灵柩被运回家乡，途经黄岩十里铺时，万人空巷，故乡父老焚香默哀，拜祭英灵。1940 年 7 月，国民政府追认他为陆军上将。1983 年 12 月，民政部追认他为革命烈士。在烈士的家乡，命名了“安宝小学”。

◆陈安宝烈士陵园浮雕

1995 年 9 月，路桥区人民政府为烈士修建陵园，时任国家主席李先念为陈安宝烈士墓题写了“抗日阵亡将士名留青史”碑文，张爱萍题额“陈安宝烈士陵园”。陵园占地面积 2800 平方米，正面镶嵌着巨幅将军面像铸铁浮雕，面像浮雕左下是一巨型铁拳雕塑；面像浮雕右下面是 8 发子弹，象征 8 年抗战，陵前另有朱德、刘少奇题词碑刻。从陵道向上，是陈安宝墓。墓的右前方矗立着高 10 米的墓碑，为三棱柱式。整个陵园气势恢弘，庄严肃穆。陵园右后方建有纪念亭，造型奇特，其下建有陈安宝烈士纪念馆，馆内陈列分三大部分："取义成仁，为国捐躯"，介绍陈安宝生平事迹；"血雨腥风，同仇敌忾"，展出世界反法西斯斗争和中国抗日战争珍贵图片；"奋发图强，建设家乡"，讴歌家乡人民继承烈士遗志，建设社会主义现代化取得的光辉业绩。

陈安宝烈士陵园于 2007 年 12 月被浙江省委宣传部公布为浙江省爱国主义教育基地。

杨虎城将军陵园

杨虎城将军陵园位于陕西省西安市长安区韦曲街办双竹村。

◆杨虎城将军陵园

杨虎城（1893—1949），陕西省蒲城县人。早年参加辛亥革命，1915 年参加陕西护国军，1917 年参加靖国军，先后任陕西靖国军第五支队司令、第三路第一支队司令等职。1924 年加入中国国民党，历任国民革命军第十七陆军总指挥、陕西省政府主席、西安绥靖公署主任、国民党中央监察委员等职。1936 年 12 月 12 日，与张学良将军发动了震惊中外的西安事变。事变发生后，即致电中共中央，要求派代表来西安共商解决事变大计。在以周恩来为首的中共代表的帮助下，迫使蒋介石接受了停止内战，一致抗日的主张，实现了西安事变的和平解决，促进了抗日民族统一战线的形成和发展。1937 年 6 月，蒋介石迫使杨虎城辞职出国，以军事专员名义对欧美等国进行军事考察。先后历经美国、法国、捷克等国家，到处宣传抗日。在此期间，杨虎城曾数次致电南京政府，请缨回国抗日，均被拒绝。同年 11 月，杨虎城由法国回国到达香港，即被国民党特务监视，诱骗至南昌便遭囚禁。后又囚禁于湖南长沙、贵州息烽和四川重庆等地，长达 12 年之久。中国共产党多次严正要求释放张、杨两将军，均遭拒绝。1949 年 9 月 6 日午夜，杨虎城将军被杀害于"中美合作所"戴笠的会客室，时年 56 岁。

1949 年 12 月，中共中央和中央人民政府追认杨虎城将军为革命烈士。1950 年 2 月，杨虎城及谢葆贞、杨拯中、宋绮云、徐林侠、宋振中、阎继明、张醒民八烈士的灵榇由重庆运到西安，安葬在少陵塬畔，陕西省人民政府修建了杨虎城烈士陵园。

杨虎城将军陵园于 1988 年 5 月被陕西省人民政府公布为陕西省重点烈士纪念建筑物保护单位；1989 年 8 月被民政部公布为全国重点烈士纪念建筑物保护单位；1995 年 1 月被民政部公布为全国青少年爱国主义教育基地。

◆杨虎城墓

张自忠烈士陵园

张自忠烈士陵园位于重庆市北碚区北温泉街道梅花村。

1933 年，长城抗战起事。张自忠担任二十九军前线总指挥，率部主动出击，与日寇血战七昼夜，取得了震惊中外的喜峰口战役的胜利。七七事变爆发后，张自忠又率部奔赴抗日前线，曾一战淝水，二战临沂，三战徐州，四战随枣，升任三十三集团军总司令兼第五战区右翼兵团总指挥。1940 年 5 月，为阻击向襄樊、南阳进犯的日军，他率领七十四军从宜城渡过襄河东岸，在新街、方家集一带与日军血战。5 月 16 日，日军又增兵万余人，张自忠部陷于重围。张自忠率部转战到宜城南瓜店十里长山高岗上，最后身负七处重伤，壮烈殉国，时年 50 岁。

◆张自忠烈士陵园

◆张自忠墓冢

1940 年 11 月 16 日，张自忠烈士遗体下葬于北碚雨台山。1942 年 6 月 18 日，冯玉祥将军借用史可法扬州梅花岭殉国史实，将雨台山更名梅花山，亲书刻石立墓前，并亲自在墓前栽植梅花树，以慰忠魂。

张自忠烈士陵园坐南朝北，地势南高北低，沿斜坡呈长方形状。陵园分三部分，最高处是张自忠墓冢，中间是花坛，花坛下为广场，广场左右分别为张自忠生平纪念馆和接待室，共占地5 亩。张自忠上将墓冢为圆形，青条石砌成，墓高约3 米、直径6.4 米、围长 20 米、垣高 1.3 米、面阔 7 米；前面为冯玉祥将军书写“张上将自忠之墓”碑，字体为隶书阴刻，碑连座共高 2.37 米，宽 1.06 米，厚 0.15 米；墓冢左为其兄弟撰文的《先兄荩忱上将墓表》一通，碑连座总高 2.9 米，宽 1.01 米，厚 0.26 米，其面积约 342 平方米。

张自忠烈士陵园于 2000 年 9 月被重庆市人民政府公布为重庆市文物保护单位；1997 年 3 月被重庆市委、市人民政府公布为重庆市爱国主义教育基地；1986 年 10 月被民政部公布为全国重点烈士纪念建筑物保护单位。

麓山忠烈祠

麓山忠烈祠位于湖南省长沙市岳麓区岳麓山赫石坡，今湖南师范大学校区内。

忠烈祠原是纪念岳飞的岳王庙。抗战时期，湖南作为抗战主要战场，先后有近10 万民众参加抗日游击队和自卫队，有 100 万民众直接支援守军作战。长沙会战、常德会战、长衡会战、湘西会战中，30 多万将士献出了生命。国民政府第十集团军总指挥、第四路军总司令刘建绪为纪念和祭祀第四路军抗日阵亡将士，对岳王庙进行改建，称为第四路军阵亡将士麓山忠烈祠。

◆麓山忠烈祠

第四路军系在 1929 年春蒋桂战争中产生的湖南地方部队。九一八事变后，第四路军将领联名通电请缨抗日，1936 年 8 月，刘建绪奉命率第四路军第 16 师和第 19 师由湘西开赴前线。1937 年全面抗战爆发后，蒋介石下令撤销第四路军番号，将其所部改编为第十集团军，刘建绪为总司令。是年夏秋，第 16 师开赴浙江江山，10 月中旬参加淞沪抗战，阻击日军进攻，完成任务受到嘉奖。1938 年 8 月，第 19 师师长李觉率所部担任宁波镇海间杭州湾守备任务并扩编为第 70 军。9 月下旬，全军驰援上海，所部经激战收复坝石桥阵地，随后在陆家堰、麦桥宅、孙家屯苦战 20 余日，屡挫日军，尤以第 113 团在狮子桥与敌反复争夺阵地 7 昼夜，最为激烈，团长秦庆武（浏阳人）身先士卒，与敌肉搏，壮烈牺牲，全团官兵 1400 多人幸存者无几，日军也伤亡 3000 多人。这支部队后转战昆山、富阳，到此，共伤亡团长以下官兵 6000 余人，占全体官兵的四分之三，被国民政府军事委员会评为上海会战中战绩最佳之师。1938 年秋至 1939 年，中共长江局和中共湖南省委为李觉所部创办“七十军战时步兵干部训练班”，培养了 200 多名干练的指战员，增强了这支部队的战斗力。第 70 军又相继参加南昌会战、上高战役、长沙会战，均取得良好战绩。

麓山忠烈祠建在长 16 米、宽 19 米、高 60 厘米的台基上，是一处四周立石柱设回廊的单体宫殿式建筑，坐西朝东，门向 105 度，砖木抬梁结构，面阔三间，歇山顶、卷棚，覆黄色琉璃瓦，整个建筑高 15 米、建筑面积 304 平方米，饰有麒麟山花、琉璃鳐吻、雕花雀替等，正门上方挂一块横木匾，上金书“麓山忠烈祠”，门外立有石狮一对。南墙外侧嵌有汉白玉制石碑两块，分别为“第四路军阵亡将士麓山忠烈祠记”、“重修麓山忠烈祠记”。2004 年，湖南师范大学出资对其重修。次年，在忠烈祠内设计、制作湖南抗战陈列展后正式对外开放。

麓山忠烈祠于 2011 年 1 月被湖南省人民政府公布为湖南省文物保护单位。麓山忠烈祠所在地岳麓山于 1995 年 1 月被湖南省委宣传部公布为湖南省爱国主义教育基地。

南岳忠烈祠

南岳忠烈祠位于湖南省衡阳市南岳区南岳衡山香炉峰下。

1938 年 11 月 20 日，由蒋介石亲自主持的军事会议决定，应尽快修建忠烈祠和烈士公墓，以纪念阵亡将士英灵，安葬抗日阵亡将士忠骸。会议期间，蒋介石指示陈诚和薛岳两位将军，选择合适地基，为阵亡将士修建祠墓。随后国民政府在 1939 年 9 月出台两个文件，一是《抗战殉难忠烈官民祠祀及建立纪念牌坊办法大纲》，二是《忠烈祠设立及保管办法》。根据这两个文件，由湖南省和第九战区牵头负责在南岳建造大型抗战纪念陵园。

◆南岳忠烈祠

1939 年 12 月至 1940 年 3 月，第六和第九两大战区在长沙举行了为期七天的检讨会议。会上，《建设南岳忠烈祠及烈士公墓》议案交大会审查并获得通过。随后即成立了“湖南省建筑南岳忠烈祠筹备委员会”，筹委会下设“建设南岳忠烈祠工程处”。筹委会几度到南岳实地勘察，最后确定在香炉峰下的罗家湾一带作为建造祠墓地址。因整个工程所需经费巨大，加之又在抗战最艰难的时期，筹委会决定工程分两期进行。1940 年 7 月 10 日，南岳忠烈祠第一期工程正式破土动工，到 1941 年 10 月底，按计划完成了牌坊、七七纪念碑、纪念堂建设工程。第二期工程随即在 1941 年 11 月初开工，直到 1943 年 6 月底，礼堂、阶栏、广场、石级全部完成。

南岳忠烈祠由祠宇和墓地两大部分组成，占地面积约 180 亩。祠宇部分中轴线上的五大建筑依山而建，气势宏伟；主体建筑礼堂大厅中央的“抗日阵亡将士总神位”座碑，肃穆庄严，整个祠宇建筑施工精良，尤其是五颗炮弹造型的纪念碑，可谓匠心独具。墓地则分布在四周山峦的青松翠柏掩映之中。

1943 年 7 月 7 日，正值抗日战争六周年，南岳忠烈祠举行了隆重的落成典礼，蒋介石亲笔题写的“忠烈祠”匾牌和时任国民政府主席林森题写的“纪念堂”匾牌，悬挂在礼堂和纪念堂建筑中央。当天，第一批入祀的忠烈将领包括张自忠、佟麟阁、赵登禹等。

在南岳忠烈祠祠宇部分落成前后，四周山头上陆续建成一批烈士墓葬。集体公墓有国民党七十四军、五十三军、十四军、三十七军 60 师、140 师、54 师、19 师一共 7 座；个人墓葬有郑作民中将、彭士亮中将、孙明瑾中将、章亮基中将、罗启疆少将、杨幸之少将、廖龄奇少将，陈石经少将等多名校尉官墓葬共计 13 座。

◆双忠亭

在筹建忠烈祠前期的 1938 年上半年，打响抗战第一枪的二十九军军长宋哲元在南岳养病期间，为在保卫平津战斗中壮烈牺牲的二十九军副军长佟麟阁和陆军 132 师师长赵登禹两上将在南岳麻古桥上方修建了双忠亭。宋哲元亲自撰写碑铭，并请冯玉祥将军题写了“双忠亭”亭额。另外在筹建南岳忠烈祠期间，筹委会在现延寿村五组粑粑岭上方建造了建筑面积 201 平米的“四合堂”（忠烈祠建设工程指挥部旧址）。1948 年 8 月，湖南省主席王东原为纪念抗战胜利，特在南岳庙北门登山公路入口处建设了花岗岩石质的大型胜利坊，并为其题写坊额，撰写坊联。联曰“七二峰会召群英，胜算先操中流砥柱；五大洲盟联友国，狂澜竞挽，世界和平”。此三处亦可视为忠烈祠的附属建筑，它们是见证中华民族抗战历史的重要遗址。

南岳忠烈祠于 1996 年 12 月被国务院公布为全国重点文物保护单位；2009 年 5 月被中央宣传部公布为全国爱国主义教育示范基地。

昆仑关抗日战役纪念地

昆仑关抗日战役纪念地位于广西壮族自治区南宁市兴宁区与宾阳县交界处的昆仑镇北约 3 公里的暗探山和领兵山的山隘上。

昆仑关是我国著名的关隘，举世闻名的古今战场，素有“雄关独峙镇南天”之誉，堪称“一夫当关，万夫莫开”之天险，故为历代兵家必争之地。

1939 年 11 月 15 日，日军为了切断中国与国际联络的桂越国际交通线，威胁中国抗战大后方，迫使中国政府结束战事，派出其第五师团、台湾混成旅团在广东省防城县及钦县一带登陆。11 月 24 日连陷南宁、四塘、五塘，28 日陷八塘。12 月 4 日，昆仑关要隘被日军中村旅团占领，交由其第四十二联队驻守，并立即对昆仑关及其周围的外围据点构筑堡垒工事，漫山遍野布满铁丝网、战壕、掩体、暗堡等。

◆阵亡将士墓园内的南牌坊

为了粉碎日军长期占据我西南地区的梦想，国民党政府当局从各地抽调部队赶赴广西，首要任务是夺回南宁的东北门户昆仑关。

昆仑关战役，以第三十八集团军为北路军，担任对邕宾公路正面攻击昆仑关及八、九塘守敌；以第十六集团军为西路军，截断日军背后联络线：以第二十六集团军和第六十六军为东路军，破坏邕钦公路交通并截击日军之后续部队。中国军事史上第一支机械化部队陆军第五军，在杜聿明的指挥下与日军激战。此役从 12 月 17 日开始发起总攻，至 12 月 31 日，共计 14 天，击毙日军 4000 余人，其中包括旅团长、联队长少将中村正雄在内的 85% 的班长以上官佐，俘虏日军 102 人，击伤日军数千人，我军也付出了伤亡 1 万多人的沉重代价。这场战役，打击了日军的嚣张气焰，开创了抗战以来攻坚胜利的战例，鼓舞了我国军民“抗战必胜”的信心。

昆仑关抗日战役纪念地，除古关楼、昆仑古道等古代遗迹之外，主要包括“陆军第五军昆仑关战役阵亡将士墓园”中的南、北门牌坊；陆军第五军昆仑关战役阵亡将士纪念塔、抗日将士公墓；抗战碑亭等纪念建筑物，以及昆仑关地区如宾阳县境内的“昆仑关战役指挥部”、邕宁区昆仑镇境内的日军第十二旅团团长中村正雄少将被击毙处和金龙山、仙女山、老毛岭、罗塘南、同兴堡、石家隘以及 441、660、653 高地等多处昆仑关战役中的阵地、工事等。

2008 年 12 月 18 日，昆仑关战役博物馆落成并举行隆重开馆典礼。博物馆坐落在领兵山上，占地面积 40 亩，建筑面积 3353.15 平方米。博物馆分地上地下两层，设有序厅、浴血昆仑厅、前厅与缅怀厅。全馆展示的文物有 500 多件，图片 200 多幅，场景复原有白岩洞前线指挥部等 3 个。有触摸屏、影像屏、电子感应翻历书、电子献花等。馆前广场设置方尖碑阵，记载着约 3400 名阵亡将士的 220 个姓氏。馆外的 5 幅浅浮雕画像用大理青石制成，描绘了昆仑关战役的主题场景画面。

◆昆仑关战役博物馆

昆仑关抗日战役纪念地于 1994 年 7 月被广西壮族自治区人民政府公布为广西壮族自治区文物保护单位，2006 年 5 月被国务院公布为全国重点文物保护单位；1995 年 12 月被广西壮族自治区党委、自治区人民政府公布为广西壮族自治区爱国主义教育基地。

广西学生军抗日烈士纪念碑

广西学生军抗日烈士纪念碑位于广西壮族自治区南宁市青秀山风景区帽子岭。

广西学生军共有3期，第一期组建于1936年，目的主要是为了反蒋（介石）抗日，成立不久因局势变化很快解散。1937年全面抗战开始后，广西当局于年底组织了第二期学生军，共300多人。这期学生军主要是远赴省外参加抗战。在日军占领广州、武汉后，广西形势危急，鉴于广西组织第一、第二届学生军在抗日救亡中的积极作用，广西当局于1938年11月组建了第三届广西学生军，共招收4200多人，编为3个团。桂系第十六集团军总司令夏威兼任学生军司令。中共广西省工委根据党的抗日民族统一战线的方针政策，决定动员和派遣党员并带动广大青年学生参加第三届广西学生军。大约100名青年学生党员参加了学生军，分布在各个团，大部分当了班长，有一部分还担任了大队和中队的政治指导员，基本上掌握了学生军基层活动的主导权。广西学生军主要执行宣传抗日救亡、开展爱国主义教育、组织群众参加抗日救亡活动。在1938年到1941年的4年时间里，广西学生军活动范围达65个县，参与昆仑关战役等桂南会战的大小战斗70多次，12名战士为国捐躯。

◆广西学生军抗日烈士纪念碑

广西学生军抗日烈士纪念碑由花岗岩构建，顶盖琉璃瓦，碑高20米，下面有学生军学习生活战斗的场面浮雕。纪念碑原建在桂林，1991年迁到青秀山。

广西学生军抗日烈士纪念碑于2001年12月被广西壮族自治区党委、自治区人民政府公布为广西壮族自治区爱国主义教育基地。

畹町南洋华侨机工回国抗日纪念碑

畹町南洋华侨机工回国抗日纪念碑位于云南省德宏州畹町经济开发区国家级森林公园大门左侧。

◆畹町南洋华侨机工回国抗日纪念碑

1939年，在南洋华侨筹赈祖国难民总会主席陈嘉庚先生的号召下，来自马来西亚、新加坡、泰国、缅甸、菲律宾、印度尼西亚等地的3200多名华侨青年机工，满怀“国家有难，匹夫有责”的爱国热忱，抛家别子，远涉重洋，回到祖国，投身抗日救国服务工作。当时，中国沿海港口均已沦陷，滇缅公路成为唯一的国际通道，世界各国和海外华侨支援我国抗战的军需物资均由畹町口岸转运输入抗日前线。机工们在滇缅公路上不顾个人安危，日夜兼程地抢运军需物资及兵员，组装、抢修车辆，培训驾驶机修人员。从1939年滇缅公路通车到1942年5月，通过华侨机工由滇缅公路运回祖国支援前线的抗日物资（枪支、弹药、汽油等）达45万吨，南洋华侨机工为祖国的抗战立下了卓著功勋。在日军战机轮番轰炸，热带疾病肆虐和意外事故频发中，1000多名南洋华侨机工为抗战事业献出了年轻的生命，长眠于祖国西南边陲的土地上。

2005年12月，德宏州人民政府决定修建畹町南洋华侨机工回国抗日纪念碑。该纪念碑占地面积13320平方米，高16米，宽6米，建有3层3米高的黑色底座，碑的后面是记述南侨机工回国抗战的浮雕，浮雕分别为：召唤篇、送别篇、筑路篇、铁流篇、蹈火篇、胜利篇。左侧是南侨机工英名录，右侧为纪念碑碑记。

畹町南洋华侨机工回国抗日纪念碑于2009年7月被云南省委、省人民政府公布为云南省爱国主义教育基地。

班洪抗英遗址及纪念碑

班洪抗英遗址及纪念碑位于云南省临沧市沧源县班洪乡政府班洪村。

1934 年 1 月 21 日，占领缅甸的英国侵略者公然派出 250 余名英军侵占滇西南阿佤山班洪、班老交界处的炉房银厂。阿佤山首领胡玉山迅速向国民政府报告，及时派人与英方进行严正交涉，英方以“到炉房开矿已得到中国政府允许”进行欺骗，但一直不能出示相关证据，当地人民识破了英军的阴谋诡计，但英方拒不退兵。

英军入侵的消息在阿佤山各部落各村寨传开后，当地民众强烈要求抗击英国侵略者，胡玉山下令召集阿佤山 17 部落召开抗英誓师大会，进行剽牛盟誓，商议抗英大计。1934 年 2 月 8 日黎明，抗英誓师大会在班洪王府大青树下广场举行，佤山葫芦王地 17 部落王齐聚现场，各部落佤族男女从四面八方汇集广场，从周围各地请来的其他民族的代表也来到会场剽牛。胡玉山拿出历代中国政府颁发的印鉴，证明班洪、班老历来是中国领土，与会头人和群众当场盟誓共同驱赶来犯之敌。盟誓大会结束后，当地佤族群众迅速组织民众武装，以长矛大刀等原始武器，顽强抗击洋枪洋炮武装的英侵略军，兵分三路向英军作战。班洪抗英斗争得到了全国人民的声援，南疆各地人民派出代表到班洪、班老等地进行慰问，鼓舞佤族同胞斗志，北平、天津、上海、南京等媒体纷纷报道“班洪事件”，声讨英军侵略行径，景谷、双江、澜沧等地群众组成 1000 余人的“西南边防民众义勇军”赶赴佤山加入抗英队伍，与佤族武装共同收复了丫口、炉房、南大等地，战争一直持续了四个多月，有一大批英雄儿女为保卫祖国边疆献出了宝贵的生命。后因当时的国民党当局屈从于英方压力而强制遣散抗英武装，佤山人民抗英斗争转为保护重要历史归属证据和抵制英方笼络收买，直到 1937 年中英第二次滇缅南段边界会勘，英帝国主义才最终承认班洪地区是中国领土。沧源佤族自治县委、县人民政府于 1987 年 10 月建立班洪抗英遗址碑。

◆班洪抗英遗址碑

◆班洪抗英盟誓旧址

班洪抗英遗址及纪念碑于2009年7月被云南省委、省人民政府公布为云南省爱国主义教育基地。

津浦路铁路抗战员工纪念碑亭

津浦路铁路抗战员工纪念碑亭位于江苏省徐州市云龙区云东一道街（云龙山风景区内）。

◆津浦路铁路抗战员工纪念碑亭

1937年末，日本侵略军逼近徐州，津浦铁路管理局指示徐州机务段组织撤退。徐州机务段的铁路员工不甘做亡国奴，分津浦、陇海两线南撤。在南撤军中，机车成为运输军事物资和遣送难民的主要交通工具。因日军不断南侵，他们先后转战粤汉、湘桂两路继续为抗日运输军事物资，这期间经历了武汉、长沙、衡阳诸次战役，广大员工在战斗中尽忠职守，出生入死。八年抗战中，连同济南、浦口等地南撤员工，共有186人为国捐躯。

1947年5月，由徐州机务段承办，在徐州云龙山北麓筑一铁亭，中立一个三角碑，碑的正面篆刻着“津浦铁路抗战殉难员工纪念碑”字样，碑的两侧分别记述了南撤的经过和殉难员工186人的姓名。1995年抗日战争胜利50周年之际，徐州市铁路分局募捐集资重修碑亭。该碑亭为重檐六角亭，高9.6米，由花岗岩石作底座，亭面为玻璃瓦六角双层飞檐，平台下的8级台阶，象征8年抗战历程，平台周围以刻有铁路路徽的50个栏柱环绕，寓意纪念抗战胜利50周年。碑文漆金，整体端庄、肃穆。

津浦路铁路抗战员工纪念碑亭于1997年8月被江苏省委宣传部公布为江苏省爱国主义教育基地。

邓宝珊将军纪念亭

邓宝珊将军纪念亭位于甘肃省天水市秦州区南郭寺景区内。

邓宝珊（1894—1968），原名邓瑜，字宝珊，后以字行，甘肃省天水市人，青年时代经历了辛亥革命、护国、护法运动。抗战期间出任驻防榆林的晋、陕、绥边区总司令，赞同中国共产党的抗日民族统一战线政策，以民族团结、国家大局为重，特别是为促进北平和绥远和平解放作出了重要贡献。新中国成立后任西北军政委员会委员、甘肃省人民政府主席、甘肃省省长。当选为全国第一届政协委员，担任政协第三、第四届全国委员会常务委员。第一、第二、第三届全国人大代表，国防委员会委员。

◆邓宝珊将军纪念亭外景

邓宝珊将军纪念亭建成于1994年11月，建有主纪念亭一座7间，建筑面积277平方米，采取仿古建筑风格，依山而建，正门上方悬挂着邓小平题写的“邓宝珊将军纪念亭”巨匾，亭内四周分别陈设了反映爱国将领邓宝珊将军的生平简介及图片资料。

邓宝珊将军纪念亭于1994年12月被甘肃省委宣传部公布为甘肃省爱国主义教育基地。

芷江受降旧址和纪念馆

芷江受降旧址和纪念馆位于湖南省怀化市芷江侗族自治县七里桥境内。

芷江受降旧址和纪念馆主要包括抗战受降堂、抗战受降纪念坊、中国人民抗战胜利受降纪念馆。

1945年8月21日，代表百万侵华日军的今井武夫副总参谋长一行，奉侵华派遣军司令冈村宁茨之命令，由南京飞抵芷江进行乞降会谈，交出了在华兵力部署图，接受了

◆受降堂

◆受降堂内景

令其陆、海、空三军缴械投降命令备忘录。“芷江受降”宣告了侵华日军的彻底失败。

为纪念这一重大历史史实，1947年2月，国民政府在受降地建“受降纪念坊”一座，1985年，芷江县人民政府报经湖南省人民政府批准修复开放。1995年扩建、新建纪念抗战胜利展览馆。

抗战受降堂建于1938年，由受降会场、中国陆军总司令部、何应钦办公室三栋鱼鳞板双层木结构平房组成。1945年8月21日至9月8日，何应钦在这里举行了日本投降典礼，签发了载有投降详细规定命令备忘录24份，部署了全国十六受降区102处缴械点的受降工作；收受处理了与蒋介石、冈村宁茨、冷欣等人来往电函40余份；确定了日本投降各项具体条款，受降签字时间、地点，完成了接收日军投降全部实质性工作。室内陈列的桌、椅、沙发等均属原物。

◆受降纪念坊

抗战受降纪念坊建于1946年2月，1966年在“文化大革命”中损毁。1983年5月，湖南省人民政府批准复修，1985年8月落成。由于1985年修复的受降纪念坊主要依据老受降纪念坊局部正面照片修复，坊后题联、题额主要采用口碑资料恢复，未能全面准确反映其历史原貌。经过多方收集资料，并报经国家文物局批准，2010年2月，在原址上予以改建受降纪念坊，同年8月建成。此次改建的受降纪念坊为一“血”字造型，四柱三拱门，采用中西建筑风格，通高11.52米，宽13.37米，厚1.4米，建筑占地面积为320平方米，坊体四周建有体现民国时代特征的护栏，坊上题联、题额均为当年国民政府要员手迹。

中国人民抗战胜利受降纪念馆于1995年兴建。建筑面积1500平方米，分上下两层，展馆设有“日寇侵华，罪行累累”、“中国抗战，浴血疆场”、“芷江受降，载入史册”、“牢记历史，珍爱和平”四个主题展览。馆内采用声光高科技手法，陈列展出珍贵文物436件、资料照片625幅、二战时期兵器43件，被誉为“抗战胜利受降博览窗”。

芷江受降旧址和纪念馆于2006年10月被国务院公布为全国重点文物保护单位；2005年11月被中央宣传部公布为全国爱国主义教育示范基地。

腾冲滇西抗战纪念馆（腾冲国殇墓园）

腾冲滇西抗战纪念馆（腾冲国殇墓园）位于云南省保山市腾冲县城西南。

◆腾冲国殇墓园陵区

1944年5月11日晚，为策应中国驻印军和盟军缅北作战及收复滇西失地，集结于怒江东岸的中国远征军第二十集团军、美军顾问团和美国陆军航空兵，在总司令霍揆章的指挥下，开始了大规模的渡江行动，拉开了滇西反攻战役的序幕。至9月14日收复腾冲城，历时4个月，经历大小战斗80余次，俘日军官4人、士兵60余人、营妓18人，击毙敌少将指挥官及藏重康美大佐联队长以下军官100余人、日兵6000多人。中国军民及盟军亦付出了重大牺牲，远征军阵亡军官493人、士兵8178人，地方军阵亡497人，美军阵亡将士19人，腾冲民众随军作战死难者6400人。

腾冲光复后不久，云贵监察使李根源和第二十集团军总司令霍揆章倡议为烈士建立陵园。烈士陵园园名由李根源取楚辞“国殇”篇名，称“国殇墓园”，取“为国牺牲的忠烈永垂不朽”之义，整体建筑布局设计仿南京中山陵。1945年1月2日，召开专门会议，决定筹集资金的两大主源：一是社会募捐，二是没收敌伪逆产和附敌人员的罚金，先后筹集资金7500万元，1月15日正式开工。7月7日上午10时，军政当局在国殇墓园举行了纪念抗战八周年、国殇墓园落成和公祭抗日烈士大会。国殇墓园落成后设有墓园管理委员会，对其进行管理。

墓园主体建筑由烈士冢、烈士塔、忠烈祠等组成，占地面积约80亩，大门为土木砖石结构，呈八字形。忠烈祠为重檐木结构，面阔五间，四周设廊，左右各有一幢仿古建筑，内设滇西抗战腾冲战役的图片、实物展览；此外为纪念滇西抗战中牺牲的美国盟军官兵，2004年在忠烈祠旁增建盟军墓地。烈士冢呈八行纵队列葬于缓坡，上立碑，刻阵亡官兵3346人姓名、籍贯、军衔、职务；“远征军第二十集团军攻克腾冲阵亡将士”纪念塔建于坡顶，石砌，高8米，塔身为矩形，顶锥形；门内一侧筑置一象征日军侵略惨败的“倭冢”，呈圆形，高1米，内埋日军尸骨一具。

◆忠烈祠

腾冲滇西抗战纪念馆（腾冲国殇墓园）于1987年被云南省人民政府公布为云南省重点文物保护单位，1996年11月被国务院公布为全国重点文物保护单位；1997年4月、2009年7月分别被云南省委、省人民政府公布为云南省爱国主义教育基地，2005年11月被中央宣传部公布为全国爱国主义教育示范基地。

龙陵抗战纪念馆

龙陵抗战纪念馆位于云南省保山市龙陵县城中心、龙山路中段东卡东侧。

在滇西战役中，龙陵因地处滇缅公路咽喉而成为中日双方交战的核心地区，战斗甚为惨烈。中国远征军在强渡怒江、攻克龙陵松山和县城的浴血奋战中，歼灭了据险顽抗的大量日军，也付出了数倍于敌的巨大伤亡，为我国的反侵略历史增添了悲壮而光辉的一页。

龙陵抗战纪念馆展览内容分为“万众一心　共筑血战”、“日军入侵　断我后路”、“不甘奴役　奋起抗争”、“调集大军　组织反攻”、“仰攻松山　打开通道”、“三攻龙陵　夺回要塞”、“涤荡芒畹　驱除日寇”、“历史丰碑　永存人间”八个部分，共展出抗战历史图片160余幅、文物70余件。纪念馆于2009年被国家列为首批免费开放对象后，展示内容和馆藏抗战文物得到充实改善，又征集了抗战文物200余件。

◆龙陵抗战纪念馆

◆龙陵抗战文化广场大景墙

龙陵抗战文化广场于2004年1月动工兴建，11月正式对社会开放，占地180余平方米，四周配以大型浮雕景墙、东卡日军碉堡、入口景墙、中轴大道、怀思池、远征泉、升旗台、警示钟等，展示了滇西抗战的全过程，揭露了日军的侵华罪行。

龙陵抗战纪念馆于2006年5月被国务院公布为全国重点文物保护单位；2009年7月被云南省委、省人民政府公布为云南省爱国主义教育基地。

怒江驼峰航线纪念馆

怒江驼峰航线纪念馆位于云南省怒江州泸水县片马镇西北部。

“驼峰航线”是1942年中美两国为抗击日本侵略军而开辟的，是第二次世界大战期间持续时间最长、规模最大、飞行条件最艰险的空中运输线。在3年零3个月的时间里，经由“驼峰航线”一共向中国运输了80万吨战略物资，但也付出了609架飞机坠毁和失踪，1500多名飞行员牺牲、失踪的巨大代价。在滇西全线抗日大反攻作战中，怒江傈僳族自治州是主战场之一，其境内海拔3000多米的高黎贡山也是驼峰航线必经地区。1943年3月11日，一架中国航空公司C－53型第53号运输机满载物资随同另外3架运输机从昆明巫家坝机场起飞返回印度，在飞越怒江州泸水县片马地区上空时，受气候恶劣和低气压影响，第53号运输机坠入海拔3325米的片马地区高黎贡山原始森林中，机上3名机组人员全部失踪。据相关资料显示，先后有40多架“驼峰航线”飞机坠毁在怒江境内，迄今已经发现了27架坠机的残骸。

为纪念世界反法西斯战争胜利60周年及牺牲的英雄，2004年7月1日，当地政府在泸水县片马镇建设面积1209平方米的驼峰航线纪念馆，展品主要是向海内外征集的62幅大幅珍贵文物图片、文字史料和C－53型第53号“驼峰”坠机遗骸。

◆怒江驼峰航线纪念馆门牌

◆纪念馆中收藏的坠机遗骸复原

怒江驼峰航线纪念馆于2009年7月被云南省委、省人民政府公布为云南省爱国主义教育基地。

西安事变纪念馆

西安事变纪念馆位于陕西省西安市碑林区建国路69号。

1936年12月12日，张学良、杨虎城在西安扣押国民政府军事委员会委员长蒋介石，震惊中外的西安事变爆发。事变发生后，中国共产党主张和平解决，以粉碎日本帝国主义和国民政府亲日派的阴谋，促成国共合作，团结抗日。12月17日，周恩来应张、杨邀请，受中共中央委托，率领中共代表团赴西安同张、杨协商，与蒋介石谈判，促使他们接受了停止内战，一致抗日的主张。西安事变的和平解决，成为时局转换的枢纽，实现了由内战到抗战的转变，促进了抗日民族统一战线的形成和发展。

◆张学良公馆主楼

◆中楼会议室

西安事变旧址主要由张学良公馆、杨虎城止园别墅、临潼华清池五间厅和兵谏亭、新城黄楼、高桂滋公馆、新城西安事变指挥部即杨虎城将军公馆、西京招待所组成。1983 年 10 月，西安事变纪念馆筹建处成立。1986 年 12 月，正式建成并对外开放，主馆设立在张学良公馆旧址。

张学良公馆位于西安市建国路 69 号。建于 1932 年，占地面积 7703 平方米，为东西排列三座三层砖木结构西式楼房及 20 余间平房，四周筑砌青砖围墙。东楼是机关楼，中楼是客厅、会议室，西楼是张学良居室。西安事变发生后，周恩来、叶剑英等到西安后，曾住在张公馆的东楼，在中楼与张学良、杨虎城会谈，并与南京国民政府代表宋子文等谈判。新中国成立后，此处一度为中共陕西省委干部招待所，1984 年移交陕西省文物局。1986 年 12 月，作为西安事变纪念馆主馆对外开放。该馆举办有西安事变史实陈列、千古功臣——张学良将军生平陈列和张学良旧居复原陈列。

杨虎城将军公馆止园位于西安市青年路 117 号。建于 1933 年，占地面积 2331 平方米，其主体为一座中西合璧风格的砖木结构三层楼房，并有平房 10 余间。西安事变前夕，张、杨在这里密商发动兵谏，周恩来到西安后曾亲临止园与杨虎城商谈和平解决西安事变。新中国成立后，此地为陕西省人民政府招待所，1983 年初移交陕西省文物局。止园举办有“杨虎城将军生平陈列”和杨虎城旧居复原陈列，1983 年 12 月 6 日改称杨虎城将军纪念馆，对外开放。止园门口的“杨虎城将军纪念馆”牌匾由邓小平题写。

◆华清池五间厅外景

五间厅位于西安市临潼区华清池内，1936 年 10 月至 12 月曾是蒋介石的行辕。五间厅即五间房子，西安事变当

◆兵谏亭

夜，蒋介石住在中间的一间，现保留有床、圆桌、沙发和椅子。

“兵谏亭”位于西安市临潼区华清池骊山半山腰，是蒋介石当年藏身之处。西安事变的兵谏部队搜山捉住蒋介石后，随即被送往西安新城黄楼。黄楼在陕西省政府大院内，是张、杨二将军设立联合指挥部的西安绥靖公署所在地。

张学良公馆紧靠高桂滋公馆。由于当时西安绥署内部情势复杂，为了蒋介石的安全，随后张学良将蒋介石移住西安市建国路71号高桂滋公馆。高桂滋公馆房舍目前依旧保持完好。

西京招待所旧址位于西安市解放路与西四路十字西北角。现为陕西省外事办公室的办公地址。建于1935年10月，是当时西北地区最为现代化的酒店。招待所占地面积6760.34平方米，主楼建筑面积2447平方米。1936年12月12日，十七路军特务营包围了西京招待所，将随蒋介石来陕的国民党军政大员卫立煌、蒋鼎文、陈继承、朱绍良、陈调元、蒋方震、蒋作宾、马占山、蒋伯诚、蒋锄欧等人软禁于此。国民党党史编纂委员会主任邵元冲被流弹击中身亡。1936年12月19日，周恩来在西京招待所会客厅听取了宋黎、谢华、徐彬如等人的汇报。西安事变期间，美国女作家史沫特莱、英国《每日先驱报》特约通讯员贝特兰等曾在这里居住。1937年12月17日，周恩来在这里向西安各团体代表作了题为《目前抗战形势与坚持长期抗战的任务》的报告。

西安事变旧址于1982年2月被国务院公布为全国重点文物保护单位。西安事变纪念馆于1997年6月被中央宣传部公布为全国爱国主义教育示范基地。

高志航纪念馆

高志航纪念馆位于吉林省通化市龙泉路40号。

高志航（1908—1937），原名高铭久，字子恒，吉林省通化县人。1924年以优异的成绩毕业于奉天中法中学，同年考入东北陆军军官学校炮兵科。为立志航空、报效祖国，将自己的名字改为志航。1925年11月赴法国航空学校学习飞行，1927年1月以优异的成绩毕业回国，被任命为东北航空处飞鹰队队长。高志航是中国第一代空

◆高志航纪念馆

◆高志航纪念馆展厅一角

军将领。在抗日战争期间，他率领空军第四大队，与侵华日军展开首次空战，一举击落击伤敌机六架，成为当时中国空军的“战魂”。1937 年 11 月 12 日在周家口机场壮烈牺牲。

1996 年，通化市人民政府将高志航在通化时期的居所公布为文物保护单位，并在全国范围内广泛收集资料，形成陈列展览。2002 年 8 月 14 日建高志航纪念馆于故居。原全国政协副主席吕正操为高志航故居题写了匾额，原国防部部长迟浩田向纪念馆开馆赠送了题词。该馆建筑面积为近 400 平方米的二层楼房，展陈面积 200 平方米，纪念馆由“少年壮志”、“东北飞鹰”、“空军战魂”、“血洒碧空”四部分组成。馆中展出大量有关高志航生平的照片和实物资料。

高志航纪念馆于 2007 年 5 月被吉林省人民政府公布为省级文物保护单位；2006 年 6 月被吉林省委、省人民政府公布为吉林省爱国主义教育基地。

临清张自忠将军纪念馆

临清张自忠将军纪念馆位于山东省临清市温泉路中段，临清运河文化中心内。

张自忠（1891—1940），山东临清市人。1908 年入临清中学堂读书。1914 年投奔到奉天（今沈阳）新民屯陆军第 20 师第 39 旅第 87 团临清同乡车震部下当兵，历任司务长、排长、连长、营长、团长、旅长、师长等职。九一八事变后，任国民政府第 29 军 38 师师长兼张家口警备司令。1933 年，奉命率第 29 军抗击向长城各要塞进犯的日军，在喜峰口到罗文峪一线与日军血战 40 余日，取得一次次胜利。1937 年卢沟桥事变爆发后，被任命为第 59 军军长。1938 年 3 月参加台儿庄战役。同年 5 月任第 27 军团军团长。同年 10 月任 33 集团军总司令兼任第五战区右翼兵团总指挥。1940 年 5 月 16 日

◆临清张自忠将军纪念馆

◆临清张自忠将军纪念馆

在湖北省宜城亲率部队对日军作战时中弹殉国，终年50岁。

为弘扬张自忠将军的爱国精神，中共临清市委、市政府于1998年10月建成张自忠将军纪念馆。纪念馆占地面积约1000平方米，建筑面积约500平方米 。建筑为仿古式，典雅大方。展厅分为四个部分：第一部分为序幕厅，陈列有毛泽东为张自忠题写的“尽忠报国”，以及张自忠牺牲地湖北宜城十里长山、抗日战争爆发地北平宛平卢沟桥的巨幅照片；第二部分为张自忠生平事迹展览，展有200余幅珍贵历史照片和部分文字资料，系统地介绍了其功绩；第三部分为张自忠纪念碑廊，共收入朱德、董必武、李先念、郭沫若、李宗仁、孔德成、季羡林等题词碑刻50余块。

临清张自忠将军纪念馆于1998年11月被山东省委宣传部公布为山东省爱国主义教育基地。

宜城张自忠将军纪念馆

宜城张自忠将军纪念馆位于湖北省襄阳市宜城市襄沙路55号。

为铭记张自忠将军的英勇事迹，1991年5月，在纪念张自忠将军殉国51周年暨诞辰100周年之际，宜城张自忠将军纪念馆建成。在宜城市十里长山张自忠将军殉国的地方，建有张上将自忠殉国处纪念碑和同难官兵公墓。

纪念馆占地面积747平方米，呈四合院古今建筑风格，幽静肃穆，格调典雅，融民族风格与现代特色为一体，表现了“承前启后、继往开来”的主题。纪念馆分为碑廊、展示厅、放映厅、字画室四部分，陈列图片、字画和遗物800余幅（件），制作有南瓜店战役沙盘。

宜城张自忠将军纪念馆于1995年3月被湖北省人民政府公布为湖北省爱国主义教

育基地，2005 年 11 月被中央宣传部公布为全国爱国主义教育示范基地。

◆宜城张自忠将军纪念馆

杨虎城将军纪念馆

杨虎城将军纪念馆位于陕西省渭南市蒲城县槐院路 29 号。

杨虎城将军纪念馆，是在杨虎城将军故居的基础上建立起来的。杨虎城将军故居又称杨公馆，建于 1934 年，杨虎城将军与母亲孙一莲、夫人张惠兰、谢葆真及儿女都曾在此居住过。

杨虎城将军 1893 年 11 月 26 日出生于蒲城县孙镇甘北村一个贫苦农民家中，早年投身旧民主革命，是著名的爱国将领，曾任国民党师长、军长、陕西省政府主席兼十七路军总指挥等职。1936 年 12 月 12 日与张学良将军发动了震惊中外的西安事变，促使国共合作，停止内战，一致抗日，被誉为“民族英雄、千古功臣”。1949 年 9 月 7 日被国民党特务杀害，年仅 56 岁。

为了纪念杨虎城将军，1983 年，蒲城县人民政府批准建成杨虎城将军纪念馆。纪念馆的建筑形式为关中典型四进式，共分东西两院。东院为正院，为杨虎城将军及其家属的居住地；西院为偏院，为杨虎城将军的花园及书房所在地。纪念馆共设展室六个。生平展室展出大量珍贵历史图片，翔实地反映了杨虎城将军一生的战斗历程；西安事变专题展室展出了杨虎城将军的生活用具，作战兵械等；寿屏展室展出杨虎城将军与张学良将军在发动西安事变前夕互赠互勉的条幅“勿忘国耻”、“为国努力”。

◆杨虎城将军纪念馆

◆杨虎城将军故居

杨虎城将军纪念馆于 2003 年 9 月被陕西省人民政府公布为陕西省重点文物保护单位；2000 年 6 月被陕西省委宣传部公布为陕西省爱国主义教育基地。

邓演达纪念园

邓演达纪念园位于广东省惠州市惠城区三栋镇鹿颈乡。

邓演达（1895—1931），广东惠州人，原籍广东梅县丙村。1909 年入广东陆军小学，加入中国同盟会，1911 年随广东革命军北伐。1919 年毕业于保定陆军军官学校。第一次国共合作期间，拥护孙中山“联俄、联共、扶助农工”三大政策。1925 年任黄埔军校教育长。1926 年 1 月当选为国民党二大候补中央执行委员。同年 7 月任国民革命军总政治部主任，随军北伐，指挥武昌战役。曾任国民党二届三中全会选为中央执行委员、中央政治委员会委员、中央军委主席团成员和中央农民部部长。1927 年 7 月大革命失败后辞职秘密赴苏联。11 月 1 日，接受宋庆龄、陈友仁的委托起草《对中国及世界革命民众宣言》，并以他们三人名义在莫斯科公开发表。1930 年 5 月回国，8 月在上海将中华革命党改组为中国国民党临时行动委员会（即中国农工民主党前身），任中央总干事。9 月 1 日创办和主编《革命行动》，主张在中国建立以农工为中心的平民政权，宣传反帝反封反蒋。11 月在上海成立黄埔革命同学会，联系黄埔各期同学，策动反蒋。1931 年积极筹划反蒋军事行动，8 月 19 日由于叛徒出卖被捕，11 月 29 日被秘密杀害于南京。中华人民共和国成立后被追认为革命烈士。

邓演达纪念园主要由邓演达故居、邓演达陈列馆和演达学校组成。

邓演达故居陈列着有关邓演达的图片资料以及围手木工椅、雕花老式床等遗物，大门上端嵌入的“邓演达故居”金字阴刻云石匾额，为全国人大常委会原副委员长周谷城所题。1986 年，广东省人民政府和惠州市人民政府对故居按原样重建。邓演达陈列

◆邓演达纪念园牌坊

◆邓演达雕像

馆占地面积约 1000 平方米，建筑面积 730 平方米，设有展览厅、会议室、接待室等。2009 年 12 月，惠州市惠城区按照惠州市委、市政府的部署，在邓演达故居的基础上兴建为邓演达纪念园。

邓演达故居于 2002 年 7 月被广东省人民政府公布为广东省文物保护单位。邓演达纪念园于 2010 年 10 月被广东省精神文明建设委员会、广东省委宣传部公布为广东省爱国主义教育基地。

诺门罕战役遗址陈列馆

诺门罕战役遗址陈列馆位于内蒙古自治区新巴尔虎左旗诺门罕布日德嘎查。

诺门罕战役于 1939 年 5 月 4 日爆发。由日本关东军和伪满洲国兴安军为一方，苏联和蒙古国军队为一方，在新巴尔虎左旗诺门罕布日德地区 600 平方公里的土地上，双方累计投入了 20 余万兵力，火炮 500 余门、飞机 900 余架、坦克装甲车上千辆。战至 7 月，日军为挽回败局，在哈拉哈河中投放了 22.5 公斤伤寒、鼠疫、霍乱细菌，这是世界上第一次细菌战。日军初次进行细菌实战，误致很多日本兵被细菌感染。8 月 20 日，苏蒙军发动总攻势，3 天时间完成了对日军第 23 师团的合围，30 日将被围日军基本肃清，诺门罕战役告一段落。后日军又调兵遣将，妄图决一死战。这时国际形势发生变化，苏德签订了互不侵犯协定，日本天皇命日本关东军从速结束诺门罕地区战事。在诺门罕战役中，日军共死伤 5.4 万余人。诺门罕战役被日本史学家称为“日本陆军史上最大的一次败仗”。

诺门罕战役遗址陈列馆建成于 2007 年，建筑占地面积 2264 平方米，现有陈列物品 3000 余件。

◆诺门罕战役遗址陈列馆

◆焚尸坑遗址

诺门罕战役遗址陈列馆于2008年9月被内蒙古自治区人民政府公布为内蒙古自治区重点文物保护单位；2008年12月被内蒙古自治区党委宣传部公布为内蒙古自治区爱国主义教育基地。

中国李庄抗战文化陈列馆

中国李庄抗战文化陈列馆位于四川省宜宾市翠屏区李庄镇羊街临长江边。

抗战时期，国民政府中央博物院于1940年迁驻李庄，3000多箱国宝级珍贵文物辗转运到，在这里存放了整整6年。1943年，国立中央研究院、中央博物馆、同济大学、中国营造学社联合在张家祠举办了一次包括有北京人头盖骨在内的文物科普展览。

◆李庄抗战文化陈列馆

中国李庄抗战文化陈列馆原为张家祠，建于清道光十九年（1839年），曾是供奉李庄张氏族人列祖列宗之地，占地面积约4000平方米，它由前殿、后殿、厢房组成，尤以正祠外墙上的木雕艺术精品——白鹤窗闻名。2005年9月改建成中国李庄抗战文化陈列馆，包括屏风（李庄歌）、同济大学校本部展厅、同济大学综合展厅、中国营造学社展厅、中央博物院展厅、中央研究院展厅等。

中国李庄抗战文化陈列馆于2006年2月被四川省委、省人民政府公布为四川省爱国主义教育基地。

浙江大学西迁历史陈列馆

浙江大学西迁历史陈列馆位于贵州省遵义市湄潭县湄江镇茶城社区浙大东路文庙建

筑群内。

抗战期间，1940 年 2 月至 1946 年 9 月，浙江大学西迁遵义、湄潭、永兴办学，将湄潭文庙用作分部办公室、图书馆、公共课教室、医务室及竺可桢居室和印度留学生住居。

湄潭文庙始建于明万历四十八年（1620 年）。明天启二年（1622 年）被焚，天启五年（1625 年）复修，增明伦堂、大成门、乡贤祠、名宦祠等。明崇祯五年精修棂星门、大成门、崇圣祠、南北庑、大成殿等。清道光二十年（1840 年），经知县甘雨施提议改建。清咸丰九年（1859 年）毁于战火。清同治十年（1871 年）于遗址重建。清光绪四年（1878 年），知县曹昌祺倡议全县绅民捐银，再次维修。民国中后期为民教馆、国民党县党部、县参议会办公室。整组建筑因坡就势，顺后城坡山势层层迭上，次第升高。大成门、南北庑、钟鼓楼、大成殿、崇圣祠，沿一条中轴线分别建于五级平台上，占地面积 2600 平方米。大成门为浙大办公室；南北庑为竺可桢居室和医务室；大成殿为浙大图书馆。在大成殿后为崇圣祠。

◆浙江大学西迁历史陈列馆近照

◆浙江大学西迁畜牧场实验楼

整组建筑气势宏伟，庄严对称，画栋雕梁，巍峨壮观。特别是保存至今的明代石雕和清代木雕，更是难得的艺术珍品。1990 年 7 月，湄潭县人民政府与浙江大学合作，建成浙江大学西迁历史陈列馆，使具有多种文物价值的湄潭文庙得以妥善保护并有效利用。

浙江大学西迁历史陈列馆于 1999 年 12 月被贵州省人民政府公布为贵州省重点文物保护单位；2010 年 3 月被贵州省委、省人民政府公布为贵州省爱国主义教育基地。

李宗仁文物陈列馆

李宗仁文物陈列馆位于广西壮族自治区桂林市杉湖畔原李宗仁官邸。

◆李宗仁官邸

李宗仁（1891—1969），字德邻，广西临桂人。1923年底加入中国国民党。1924年11月被孙中山任命为广西陆军第一军军长。1926年1月当选为国民党中央候补监察委员。曾追随蒋介石参与四一二反革命政变。1931年5月与汪精卫、孙科、陈济棠等反蒋派在广州另外成立一个“国民党中央”和“国民政府”，同南京的国民党中央和政府分庭抗礼。1936年联合陈济棠发动两广事变。抗日战争期间先后任第五战区司令长官、汉口行营主任。1938年3月下旬至4月上旬指挥台儿庄战役。1948年任国民党“副总统”。1949年1月任“代总统”。同年10月以赴美就医名义寓居美国。1954年被蒋免去“副总统”职务。1955年提出反对“台湾托管”和“台湾独立”，主张国共两党再度和谈。1965年7月毅然回到祖国。1969年1月逝世。

李宗仁文物陈列馆分为原官邸和故居两部分。原官邸位于广西桂林市杉湖畔文明路4号，是一处青砖屋顶，黄色墙面，朱红门窗的旧式大宅院，占地3000多平方米，建于20世纪40年代，以主楼为中心，四周配建副官楼、警卫室、附楼、花园等。

故居位于广西桂林市临桂县两江镇头村，距桂林市区30千米，始建于1921年，占地4560平方米，由安乐第、将军第、学馆和三进客厅组成，有大小厅房113间，均为木质结构的两层楼房，具有浓郁的桂北民居建筑风格。

陈列馆共收藏李宗仁珍贵文物150余件，其中一级文物5件，二级文物39件。

李宗仁文物陈列馆于1995年12月被广西壮族自治区党委、自治区人民政府公布为广西壮族自治区爱国主义教育基地。

◆李宗仁故居

巴什拜展览馆

巴什拜展览馆位于新疆维吾尔自治区塔城地区裕民县巴什拜东路。

◆巴什拜展览馆

巴什拜·乔拉克·巴平（1889—1953），哈萨克族，新疆裕民县人。1919年起巴什拜从事畜牧业生产，培育了我国地方稀有良种——巴什拜羊，为子孙后代留下了宝贵的财富。1935年在察汗托海河中游岸边创办肉什提初级中学。1938年为抗日战争捐献良马200匹。1940年为支援世界反法西斯战争，为苏联红军捐赠了500匹鞍具齐全的战马。1942年捐出千余只羊及5万银两，修建了额敏河大桥，这座大桥后被塔城行署命名为“巴什拜大桥”。1945年10月带头购买“三区”政府发行的胜利券100万元，并为“三区”革命军捐送1000只羊、100头牛、250匹马，荣获“三区”革命委员会颁发的“一级和平勋章”和“一级解放勋章”。1950年抗美援朝期间捐献一架当时最新式的武器——喷气式战斗机（折合实物100匹马、100头牛、4000只羊、100两黄金）。新中国成立后担任塔城地区第一任行署专员、国民会塔城地区组织委员会副主席等职。1953年11月逝世，享年64岁。

◆巴什拜展览馆内景

巴什拜展览馆始建于2006年4月，同年6月20日正式开馆。该馆占地面积609平方米，场馆建筑面积375平方米。2008年对该馆进行重新布展，分别由“巴什拜厅”、“山花厅”、“成就厅”、“家居厅”四部分组成。

巴什拜展览馆于2008年被新疆维吾尔自治区党委宣传部公布为新疆维吾尔自治区爱国主义教育基地。

泉州华侨历史博物馆

泉州华侨历史博物馆位于福建省泉州市丰泽区东湖街732号。

泉州是我国著名侨乡。为纪念华侨华人先辈的不朽业绩，全面展示泉州华侨华人历史，弘扬华侨华人精神和优良传统，泉州市侨联于1982年开始酝酿筹建泉州华侨历史博物馆，1987年成立筹委会。海外乡亲积极响应，踊跃捐献。1993年博物馆动工兴建，1995年底建成。

泉州华侨历史博物馆由1座主楼、1座综合楼、2座馆前区附属楼组成。主楼正面由圆弧状拱门连接东西两翼，寓意博物馆起着连接泉州与海外乡亲的桥梁作用。主楼建筑面积6523平方米，高24米。博物馆设有文物库房区、文物修复室、科研实验室、展览区、公共服务区、办公区、学术报告厅、接待室、中心控制室、值班室、停车场等专业功能区和相关配套设施。馆藏藏品4000多件，图书杂志资料1.2万余册。

◆泉州华侨历史博物馆

泉州华侨历史博物馆现有“出国史馆”、“泉州人在南洋”两个基本陈列。“出国史馆”主要展示自唐代以来不同历史时期泉州籍华侨移民海外的原因、类型、方式、过程及其影响；“泉州人在南洋”展现了泉州人在海外生存、发展的历史及海外泉籍华人社会变迁和现状。该馆还举办了100多个临时展览，其中“陈嘉庚与南侨机工——纪念中国人民抗日战争胜利65周年”展览和“高风亮节——纪念爱国侨领郭瑞人先生展览”等，从不同侧面展示了泉籍华侨对祖国革命作出的贡献。

泉州华侨历史博物馆于2001年12月被福建省委、省人民政府公布为福建省爱国主义教育基地，2001年8月被中华全国归国华侨联合会公布为中国侨联爱国主义教育基地。

腾冲滇缅抗战博物馆

腾冲滇缅抗战博物馆位于云南省保山市腾冲县和顺镇水碓村双虹桥旁。

滇缅抗战是世界反法西斯战争的重要组成部分，是中国远征军、中国驻印军与美英盟军对日本侵略军实行歼灭战的主要战役之一。

博物馆馆址设在当年中国远征军二十集团军司令部的旧址，2005 年 7 月正式开始。馆内藏有文物近 7000 件，主要有中国远征军、驻印军、美英盟军、民众抗战和日军的用品；有抗日名将李宗仁送给腾冲县抗日县长张问德的红藤杖，张问德《腾北偏安录》手稿；滇缅抗战领导人李根源，远征军司令长官卫立煌、杜聿明、孙立人等在滇缅抗战时使用过的物品；飞虎队全套徽章、飞机用品、日军沾满血的军刀、毒气弹、慰安妇用品等。整个博物馆占地 1300 平方米，七个展厅分五个部分："山河破碎"、"悲壮远征"、"沦陷岁月"、"剑扫烽烟"、"日月重光"。通过大量图片、纪录片、史实资料、油画、连环画等，和馆藏文物一起，反映了悲壮的抗战历史。

腾冲滇缅抗战博物馆于 2009 年 7 月被云南省委、省人民政府公布为云南省爱国主义教育基地。

◆滇缅抗战博物馆门牌

◆滇缅抗战博物馆雕塑

华侨博物院

华侨博物院位于福建省厦门市思明区厦港街道思明南路493号。

华侨博物院是以华侨历史为主题的综合性博物馆，由著名爱国华侨领袖陈嘉庚于1956年倡办，1959年5月正式开放，是我国第一个由华侨集资兴建的文博机构，为迄今为止我国比较全面、系统地展示华侨华人历史与业绩的展览。

华侨博物院占地面积12000平方米，建筑面积约10110平方米，主楼为6层的重檐歇山顶石构建筑。馆藏文物近7000件，包括历代青铜器、陶瓷器、古钱币、古字画、古代雕刻工艺品、外国陶瓷玻璃器皿，以及一批珍贵的侨史文物和鸟类、兽类、鱼类、矿物标本等，其中有多件国家一级文物。

◆华侨博物院

博物院现有“华侨华人展馆”、“陈嘉庚珍藏文物展馆”、“自然馆”三个展馆。“华侨华人展馆”以院藏侨史文物资料和侨史研究新成果为基础，借助新的展示手段，系统回顾了华侨华人走出国门、走向世界的足迹，反映了华侨华人在居住国的生存状态和杰出表现，介绍了华侨华人从侨民到公民认同转变的过程，讴歌了华侨华人为人类进步事业创下的不可磨灭的功绩，展示了华侨对祖国的拳拳赤子心和殷殷报国情。陈嘉庚珍藏文物展馆展示了从陈嘉庚于耄耋之年亲往北京等地征集的文物中选取的部分青铜器、陶瓷器、字画等。“自然馆”设置了模拟的自然生态环境，150多件鸟类、兽类等自然

◆华侨博物院内的华侨华人展馆

标本散落在适宜它们生存的环境中，在向观众展示动物的多样性、宣传科学知识的同时，也呼吁人们提高保护野生动物、保护环境的意识。

华侨博物院于 1995 年 8 月被福建省委、福建省人民政府公布为福建省爱国主义教育基地，2001 年 6 月被中央宣传部公布为全国爱国主义教育示范基地，2001 年 8 月被中华全国归国华侨联合会公布为中国侨联爱国主义教育基地。

深河桥抗日文化园

深河桥抗日文化园位于贵州省黔南州独山县城北面 9 公里的深河桥南岸，贵新高等级公路和 210 国道旁。

◆深河桥抗日文化园全貌

深河桥抗日文化园始建于 2003 年，2005 年 7 月主体工程竣工，总占地 500 亩。园区以自然生态、园林绿化、深谷河流为背景，青石阶梯等主要步道为骨架，入口广场、仿古园名牌坊、模拟卢沟桥、万魂墙、民族门、抗战陈列馆、黔南人民抗日纪念碑、中华胜利坛、深河桥等为主要建筑。其中抗战陈列馆是其核心，有抗战时期的大量图片和实物，分为“日本侵华，民族危亡”、“伟大旗帜，全民抗战”、“抗战后方，黔中英杰”、“以史为鉴，面向未来”四个部分，反映日本自 1894 年发动甲午战争到 1931 年发动侵华战争的罪恶事实，介绍在中国共产党倡导的抗日民族统一战线伟大旗帜下，全中国人民同仇敌忾、团结抗战，贵州各族人民积极投身抗日救亡、英勇奋战、支援抗战、作出贡献的史实和黔南各族人民在

◆深河桥抗日文化园牌楼

“黔南事变”中不畏强暴，反抗外侮的英勇事迹，展示中国人民既痛恨日本军国主义，又珍惜中日两国源远流长的深厚友谊，具有正视历史、面向未来的宽阔胸怀。

深河桥抗日文化园于2010年3月被贵州省委、省人民政府公布为贵州省爱国主义教育基地。

附　录

伪满皇宫博物院

伪满皇宫博物院位于吉林省长春市东北角的光复路 5 号。

伪满洲国是九一八事变后日本侵略者利用前清废帝爱新觉罗・溥仪在东北建立的一个傀儡政权。1932 年 3 月 9 日，在吉林长春宣布成立以溥仪为“执政”的“满洲国”。1934 年 3 月 1 日，“满洲国”改称“满洲帝国”，溥仪改称“皇帝”。通过这一个傀儡政权，日本在中国东北实行了 14 年之久的野蛮的法西斯统治。

伪满皇宫是溥仪充当伪满皇帝时的皇宫，建立在伪满皇宫遗址上的伪满皇宫博物院，主要陈列伪满政权时期的遗物，展示日本在我国东三省进行野蛮统治的历史见证。

伪满皇宫占地面积 12 公顷，大小建筑数十座，整个建筑群，风格不一。皇宫分为进行政治活动的外廷和日常生活的内廷两部分，现分别辟为伪满皇宫陈列馆和伪满帝宫陈列馆。外廷（皇宫）是溥仪处理政务的场所，主要建筑有勤民楼、怀远楼、嘉乐殿，勤民楼是溥仪办公的地方。此外，还有花园、假山、养鱼池、游泳池、网球场以及书画库等其他附属场所。内廷（帝宫）是溥仪及其家属日常生活的区域，其中辑熙楼是溥仪和皇后婉容的日常起居之处；同德殿是整个伪皇宫中规模最大的一座建筑，坐北朝南，黄色瓷砖镶面，琉璃瓦铺顶，另外殿内还设有一些娱乐设施、便见室等非正式场所。伪满皇宫内建筑修建精细，耗资巨大，与当时东北人民在日寇的铁蹄下极端困苦的生活形成鲜明对照。

1945 年 8 月 11 日晚，溥仪逃离伪皇宫后，伪满皇宫被洗劫和破坏。1982 年 8 月恢复伪皇宫陈列馆的建制，1984 年正式对外开放，接待观众。

伪满皇宫博物馆于 1994 年 12 月被吉林省委、省人民政府公布为吉林省爱国主义教育基地。

◆伪满皇宫博物院

伪满洲国国务院旧址

伪满洲国国务院旧址位于吉林省长春市新民大街2号。

◆伪满国务院旧址

伪满洲国国务院总理（大臣）名义上是伪满洲国国务院最高官员，辅弼皇帝行使国务大权（立法、司法、行政诸权），实际上国务院总务厅长官是真正的操纵者。总务厅长官一直由日本人担任，他秉承日本关东军司令官的旨意来控制伪满政务。在伪满洲国国务院存在的十多年间，所运作的每一项“政务”都是损害中国人民利益的卖国求荣的罪证。

伪满洲国国务院旧址始建于1935年，此处原为总务厅和参议院的办公楼，外形与同时期日本国会大厦具有共同的“兴亚”式风格。整个建筑物以中部为轴，两边对称分布，呈“川”字形，地面主体四层半、地下半层，两翼各四层，塔式屋顶，屋顶葺以烟色琉璃瓦，正门朝西，外有矩形围墙，周长450米。1945年日本投降后，伪满洲国国务院旧址曾被国民党励志社占用。1948年，解放长春时期，旧址部分建筑遭到破坏，中国人民解放军接管并修缮，现由吉林大学基础医学院使用。

伪满洲国国务院旧址于1983年4月被吉林省人民政府公布为省级文物保护单位；1994年12月被吉林省委、省人民政府公布为吉林省爱国主义教育基地。

伪满皇帝溥仪行宫

伪满皇帝溥仪行宫位于吉林省临江市大栗子镇。

伪满皇帝溥仪行宫是中国末代皇帝溥仪充当伪满洲国傀儡皇帝，逃到大栗子的寓所旧址。在东北抗日战争即将取得最后胜利的时刻，伪满洲国皇帝溥仪率领大臣和宫内府

◆伪满皇帝溥仪行宫

眷属与部分伪满洲国的日系官员、职员及卫队600余人，于1945年8月11日从长春（伪满国都——新京）仓皇出逃，13日到达他们认为最安全的大栗子沟来避难，溥仪就被安排在铁矿公司矿业所（全名为：东边道大栗子铁矿株式会社技工养成所）所长的住宅里。该宅是一幢约50米长、有七八间屋、呈“丁”字形的日式平房，距大栗子沟火车站北约三华里。此处南面为一栋日本风格的长楼，这是溥仪召开御前会议，签署并宣读《满洲国皇帝退位诏书》的地方。此房原为东边道大栗子铁矿株式会社技工养成所的员工食堂，如今保存完好，门口嵌着“溥仪退位旧址”的标牌。

◆溥仪行宫展厅

现今伪满皇帝行宫的展览馆内陈列着溥仪的“退位诏书”，伪满国旗、伪满皇帝登基礼服及大量图片说明等珍贵文物史料，记载了白山绿水遭受蹂躏的屈辱历史，是日本帝国主义侵略中国，掠夺资源，屠杀民众的历史见证。

伪满皇帝溥仪行宫于2011年5月被吉林省委、省人民政府公布为吉林省爱国主义教育基地。

侵华日军绰源空军基地遗址

侵华日军绰源空军基地遗址位于内蒙古自治区牙克石市绰源森工公司施业区绰干6支线3公里处。

绰源位于乌奴耳要塞防线的侧翼，地处牙克石东南、博克图西南方向，与牙克石、博克图构成三角支撑，形成侧窥乌奴耳要塞阵地的战略态势。该基地距离博克图62公里，距离牙克石118公里。1942年，日本关东军在绰源地区修建空军基地，修筑飞机

◆绰源空军基地十号飞机库

场和飞机库，加强乌奴耳要塞防线的空中防御力量。

绰源日军空军基地遗址现存 18 个完整的零式战斗机专用飞机库和一处零式战斗机专用起降机场、山神庙及工程指挥部（现开发为展厅，为省级文物保护单位）。飞机库均依山构筑，为混凝土整体浇筑结构，每个飞机库间隔约 150 米，出入口方向因强调隐蔽作用和利用山势不一而不同。飞机库外形似穹窿，混凝土墙体厚度为侧面 0. 3—0. 5 米，顶部 1 米。机库顶为弧形，库口最高处 6. 2 米，宽 22. 5 米，长 17. 6 米，库内面积约 200 平方米。机库出入口顶端有一个半圆形缺口，为飞机驾驶舱和尾翼通过位置。

绰源日军空军基地飞机场遗址距离飞机库 1000 米，为日空军专用机场。现飞机场混凝土浇筑跑道保存完整，跑道长度 1500 米，宽 70 米，面积近 10 万平方米。

关东军绰源空军基地工程建设指挥部遗址位于绰源 62 公里地区，当年驻有日军军事工程指挥人员及工程技术人员七八名，负责飞机场和飞机库构筑技术管理及对劳工的监督。指挥部西侧，现存有一口水井，当地百姓称为“关东井”。井口呈六角形，直径 0. 7 米，井深约 17. 5 米，井壁均由 10 公分左右径木嵌镶而成。

侵华日军绰源空军基地遗址于 2006 年 9 月被内蒙古自治区人民政府公布为内蒙古自治区重点文物保护单位；2005 年 11 月被内蒙古自治区党委宣传部公布为内蒙古自治区爱国主义教育基地。

◆修筑绰源机场日军工程指挥部遗址

南兴安隧道碉堡遗址

南兴安隧道碉堡遗址位于内蒙古自治区阿尔山市南兴安隧道入口右侧。

◆南兴安隧道碉堡遗址

1928 年，为充实边境力量，加强对国土有效控制，国民党东北军在今内蒙古兴安盟及周边地区设置兴安屯垦署，并筹建洮安（今白城）——索伦铁路。1929 年 8 月 15 日，洮索铁路动工。到 1931 年 2 月 20 日，洮安——王爷庙（今乌兰浩特）段铁路竣工通车。九一八事变后，铁路建设被迫停止。

1931 年九一八事变后，日本侵占东北全境。为掠夺大兴安岭的森林资源，以达到“以战养战”的目的，同时也是为了加快实施其“北进”战略，决定续修洮索铁路，并计划延伸至海拉尔。

1933 年 12 月 20 日，日本企业“南满洲铁道株式会社”从伪满洲国取得洮索铁路王爷庙——温泉（今阿尔山）段铁路建设权，随即开始边测量边施工。至 1936 年 10 月 1 日，王爷庙——温泉段铁路竣工通车。在此期间，南满洲铁道株式会社于 1934 年 6 月开始修筑大兴安岭隧道，因地质情况复杂、山石坚硬，加之基本采用人力挖掘，致使工程进展缓慢，直至 1936 年才打通 3218.5 米长的隧道。由于这条隧道是整条铁路的咽喉，为防止抗日者破坏，同时也是为了防止苏军利用这条铁路快速进入伪满洲国腹地，日军在隧道的入口和出口各修筑一个碉堡，在周围山上还修筑了辅助性工事，以守卫隧道，确保隧道的安全。

整座南兴安隧道碉堡为钢筋混凝土结构，扁圆柱形制式，建筑面积 600 平方米。碉堡分地上地下共 6 层，外墙厚度达 0.5 米。地上部分 4 层，最上层为瞭望楼，其余 3 层分别有值勤室、军官休息室、弹药库、指挥室、锅炉房、宿舍、盥洗室、厕所等大小 10 余个房间，每层建有不同朝向的射击孔，其观察范围达 360°角，周围 1 平方公里内均为其火力覆盖范围；地下2层分别建有发电机房、蓄水池、厨房、浴室等房间。碉堡主体通过一条长11.3米、宽2.5米、高1.75米，设有7个射击孔6个窗口、2道门（铁门、木门各1道）的钢筋混凝土结构通道与隧道相连。隧道附近山上壕堑密布、工事纵横，与两端的碉堡一起构成了严密的防御体系。

南兴安隧道碉堡遗址于2005年11月被内蒙古自治区党委宣传部公布为内蒙古自治区爱国主义教育基地。

侵华日军东宁要塞遗址

侵华日军东宁要塞遗址位于黑龙江省牡丹江市东宁县以东中苏边界地区。

◆侵华日军东宁要塞勋山要塞远景

侵华日军东宁要塞遗址是侵华日军关东军第一国境守备队于1934年至1937年修建的地下防御工程。南起东方红煤矿以南的高地，北至太平岭的十八盘山，正面宽20千米，纵深约8千米，平均海拔高度480米左右。原有永久性阵地7处，用钢筋混凝土构筑的野战阵地45处，一般性野战阵地3处。现遗址包括勋山要塞、胜哄山要塞、朝日山要塞、409高地要塞、三角山要塞和麻达山要塞等。当时，驻军最多时达4个师团、13万多人。1945年8月，苏联正式对日本宣战，苏军付出惨重代价将要塞摧毁。

勋山要塞是东宁境内保存最完好的一处要塞，位于东宁县三岔口镇矿山村北2千米的勋山上，平面呈长方形，东西长425米、南北宽225米，占地面积约为95600平方米。要塞呈东北—西南走向，分为上、中、下三层，通过甬道连接，四通八达。胜哄山要塞位于东宁县三岔口镇矿山村东2千米的胜哄山上，分为东、西胜哄两个山头，平面呈圆形，直径约700米，总占地面积约为165400平方米。朝日山要塞位于东宁县三岔口镇矿山村东北2千米的朝日山上，平面呈长方形，东西长370米、南北宽110米，占地面积约为43000平方米。麻达山要塞位于东宁县三岔口镇庙沟村东北2千米的麻达山上，平面略呈长方形，东西长650米、南北宽680米，占地面积为

435000 平方米。

◆侵华日军东宁要塞麻达山要塞竖井

各要塞均依山势修建，地下主要有指挥所、兵室、弹药库、发电室、厨房、医院、航空无线电室、监视哨所等，地面有主战壕、反坦克战壕、重炮阵地、飞机场、竖井口、掩体、碉堡、营房址、蓄水池等。

侵华日军东宁要塞遗址于 1999 年 1 月被黑龙江省人民政府公布为黑龙江省文物保护单位，2006 年 5 月被国务院公布为全国重点文物保护单位；2001 年 11 月被黑龙江省委、省人民政府公布为黑龙江省爱国主义教育基地，2005 年 11 月被中央宣传部公布为全国爱国主义教育示范基地。

侵华日军虎头要塞遗址

侵华日军虎头要塞遗址位于黑龙江省鸡西市虎林市虎头镇西北的乌苏里江畔虎东山脚下。

侵华日军虎头要塞是日本关东军在中国东北原中苏边境上的一个军事基地，修建于 1934 年至 1939 年，动用数万名中国劳工。要塞西起火石山，东至乌苏里江，与俄罗斯的伊曼隔岸相望，南起边连子山，北至虎北山。虎头要塞中心区域正面宽 12 千米，纵深 6 千米。在此方圆数十千米的范围内，共有大小十余处要塞，由猛虎山、虎北山、虎东山、虎西山、虎啸山五个阵地组成。其中，猛虎山是主要阵地，虎东山、虎北山为其两翼前沿阵地，虎西山、虎啸山两个阵地位于猛虎山主阵地西面，为第二线阵地。地下工事以猛虎山为中心，由隧道与东、西猛虎山地下要塞相连。地下工事包括指挥所、通讯室、士兵休息室、伙房、浴池、粮库、弹药库、发电所等，并有竖井直通山顶观测所和通风口、排气孔、反击口等通道。1945 年 8 月，苏联远东第一方面军经过激战，攻克虎头要塞。至此，盘踞中国东北 14 年的日本侵略军被全部歼灭，虎头战役成为第二次世界大战的最后一战，虎头要塞也成为第二次世界大战的终结地。

◆侵华日军虎头要塞博物馆

◆侵华日军虎头要塞博物馆内的展品

近年来各级政府不断加大投入，清理虎头要塞主阵地——猛虎山段地下设施。现已清理出地下通道3800米，房间8处，文物2000余件，修复加固1200米，并在遗址上建成了侵华日军虎头要塞博物馆。该馆占地2.8万平方米，于1999年4月开工，2001年8月15日正式对外开放，分上下两层，是一个地上和地下相结合的博物馆。馆内主要展出虎头要塞相关资料、实物和图片，其中要塞展品300件，文物库藏品2277件，图片500余幅。

侵华日军虎头要塞遗址于1990年12月被黑龙江省人民政府公布为黑龙江省文物保护单位，2006年5月被国务院公布为全国重点文物保护单位；2001年11月被黑龙江省委、省人民政府公布为黑龙江省爱国主义教育基地，2009年5月被中央宣传部公布为全国爱国主义教育示范基地。

孙吴县胜山要塞遗址

孙吴县胜山要塞遗址位于黑龙江省黑河市孙吴县沿江乡境内的黑龙江南岸和小兴安岭北麓丘陵山地之中。

孙吴县霍尔莫津（今沿江乡）的胜山要塞，又称第五国境阵地，是侵华日军东北要塞的一部分，共有永备工事90余处。驻守部队是日本关东军独立第四军第一二三师团4万余人。胜山要塞始建于1934年，1937年完工，位于孙吴北部正面右翼，其主要任务是掩护东侧背部。要塞由胜武屯的村上大队本部、胜山主阵地、茅兰屯野战阵地构成，总面积100余平方千米。主阵地偏重于东部，主要工事有指挥中心、坦克阵地、地下仓库、地下兵舍、水源地、卫兵室、警备中队等，各工事由环山公路连成一体。当时在胜山要塞的主阵地配备步兵四个中队、炮兵两个中队、工兵一个中队。自1934年6月至1943年7月，日本关东军共动用三万至五万名劳工构筑胜山要塞以及胜武屯辅助

◆孙吴县胜山要塞地下指挥中心

设施的庞大军事工程，在饥饿、疾病、劳累、迫害中致死的劳工不计其数。当年驻守胜山要塞的日本士兵石桥清末在他的回忆录《战尘悲歌》中记载：为保守胜山要塞工程秘密，将修筑神武屯、胜山两个阵地工事用的3000名中国劳工于工程完工后集体杀害，并立“构筑阵地者牺牲之碑”。另据幸存者回忆：1945年4月，修筑胜山要塞的460多名劳工被日军用毒酒毒死后焚烧灭迹。1945年8月12日，苏联红军炮火摧毁了日军胜山守备部队的防御工事和暗堡，日军胜山要塞覆灭。

◆孙吴县胜山要塞地下仓库、兵舍入口处

孙吴县胜山要塞遗址于1999年1月被黑龙江省人民政府公布为黑龙江省文物保护单位，2006年5月被国务院公布为全国重点文物保护单位；2005年6月被黑龙江省委、省人民政府公布为黑龙江省爱国主义教育基地。

井陉矿区万人坑遗址

井陉矿区万人坑遗址位于河北省石家庄市井陉矿区南纬西路24号。

井陉矿区有着百年近现代开采煤炭的历史。抗日战争时期，日本军国主义者疯狂掠夺矿区的煤炭资源，残酷压榨矿工，夺去了4.6万矿工的生命，形成了井陉矿区6座万人坑。其中，南大沟万人坑是这6座万人坑中规模最大。

解放后，南大沟万人坑遗址得到了保护。1971年，在南大沟万人坑遗址区建立了纪念设施。此后，在遗址区兴建井陉矿区万人坑纪念馆，于2004年4月正式开放。

井陉矿区万人坑纪念馆展区面积870平方米，陈列文物、实物185件，图片295

幅。展区分为四个部分：第一部分“矿区的由来”，讲述井陉煤矿的历史。第二部分“矿区的苦难”，讲述万人坑的形成，给矿区民众带来的深重灾难。第三部分是“矿山的抗争”，讲述万人坑形成以后的必然结局。第四部分是“矿区的篇章”，介绍井陉矿区在新中国成立以后，尤其是改革开放以来发生的巨大变化。

◆井陉矿区万人坑纪念馆

井陉矿区万人坑遗址于2008年被河北省人民政府公布为河北省文物保护单位，1999年10月被河北省委、省人民政府公布为河北省爱国主义教育基地。

梅花惨案遗址

梅花惨案遗址位于河北省石家庄市藁城市梅花镇。

1937年10月11日，国民党第53军691团在团长吕正操（共产党员）率领下在梅花村阻击侵华日军，共打死打伤日军800余名，随后撤离。自10月12日（农历九月初九）拂晓开始，5000余名日军进梅花村进行了四天三夜的大屠杀，制造了杀害无辜村民1547人的大惨案。

◆梅花惨案纪念馆

新中国成立后，党和政府在梅花村相继修建了殉国烈士亭、梅花惨案纪念馆、纪念碑。1998年对梅花纪念馆进行了重新修建，2003年建成开馆。重建后的纪念馆占地27.9亩，总建筑面积736平方米，陈展面积460平方米，为一正方形建筑，展览馆门前正上方刻着吕正操将军题写的“梅花惨案纪念馆”馆名。

梅花惨案遗址于1982年7月被河北省人民政府公布为河北省文物

保护单位；1995 年 5 月被河北省委、省人民政府公布为河北省爱国主义教育基地。

潘家峪惨案遗址

潘家峪惨案遗址位于河北省唐山市丰润区火石营镇潘家峪村。

潘家峪是冀东抗日根据地之一，也是日军“扫荡”的重点地区。从 1938 年夏季到 1940 年底，敌人围攻潘家峪就有 130 多次。1941 年 1 月 25 日晚（农历腊月 28 日），驻唐山、丰润、滦县等 16 个据点的 3000 多名日伪军，在日军指挥官佐佐木的率领下，从四面八方悄悄地开到潘家峪，将潘家峪团团包围起来。伪军被全部安排在四周的山上站岗，日军则进入村中，把人们全部驱赶到位于村中心的西大坑。日军怕开枪时人群容易疏散，就临时改变了主意，又将人们赶到了潘家大院。潘家大院位于该村中部，原是地主潘惠林的宅院，分东、中、西三院，前后三层房，四周有 3 米多高的院墙。日军在院内铺满松枝柴草，浇了煤油，院外搭着梯子，日军士兵端着机枪站在院墙上做好了射击的准备。富有革命传统的潘家峪人民用血肉之躯同敌人展开了殊死的搏斗。大屠杀一直延续到次日下午 7 点钟，全村 1230 人被杀害，其中妇女儿童 650 余人；1235 间房屋被烧毁，所有财物被抢夺一空。

潘家峪惨案发生后的第二天，冀东党政军领导到潘家峪村，组织邻村群众将遇难者予以埋葬。

◆潘家峪惨案纪念馆

惨案留下了西大坑、老槐树、小铁门、南岩子、杀人场潘家大院、殉难同胞的葬墓等遗址。

为纪念被日军杀害的同胞，在潘家峪建立烈士陵园。陵园坐东朝西，占地面积 3160 平方米。北面建有 5 间祠堂，内设惨案死难者名单。祠堂东南是 4 座烈士墓。祠堂西南是惨案纪念碑，刻有“遗恨万古”四个大字和碑文。碑西南是纪念塔，刻有李运昌、张明远、李楚离三位冀东老领导题词，分别是：“潘家峪死难烈士永垂不朽”、“潘家峪死难英雄光辉永照”和“烈士英灵，浩气长存”。

潘家峪惨案纪念馆始建于 1971 年，后经维修，1999 年新馆竣工开放，陈列面积 630 万平方米，纪念馆内用图片、文字、文物及声、光、电等现代化手段展示了潘家峪人民的抗日斗争史和惨案发生的全过程，向世人展示了惨案发生的历史背景、经过以及潘家峪人民不屈不挠的反抗精神。

潘家峪惨案遗址于 2006 年 1 月被国务院公布为全国重点文物保护单位；1995 年 5 月被河北省委、省人民政府公布为河北省爱国主义教育基地。潘家峪惨案纪念馆于 2001 年 6 月被中央宣传部公布为全国爱国主义教育示范基地。

老黑沟惨案遗址

老黑沟惨案遗址位于吉林省舒兰市新安乡（原为榆树沟乡）。

◆老黑沟惨案遗址纪念碑

老黑沟在呼兰河上游，称呼兰川。沟谷成东南西北走向，全长约 40 公里，两侧山峦起伏，沟壑纵横，树密林高，地势险要。

20 世纪 30 年代，这里散居着 300 余户农民。九一八事变后，宋德林领导的反满抗日救国义勇军大队，以此为根据地与敌人展开游击战争。1935 年 5 月，日军从齐齐哈尔调来满洲派遣军十六师团三十八联队（又称奈良联队）第三大队 1300 余人进驻蛟河。5 月 29 日（农历四月二十七），日军到达额勒赫，然后分兵三路进入老黑沟。到 6 月 6 日（农历五月初六），日军采用“闪电战术”，实行“拉网合围、‘三光’政策”，屠杀老百姓 1071 人，烧毁大部分民房。这就是震惊东三省的“老黑沟惨案”。

为纪念在惨案中死去的无辜百姓，牢记历史，教育后人，中共舒兰市委、市政府在榆树沟长安村修建了老黑沟惨案遗址纪念碑。1995 年 8 月 21 日，在纪念抗日战争胜利 50 周年之际，举行了隆重的揭碑仪式。

老黑沟惨案遗址于 2011 年 5 月被吉林省委、省人民政府公布为吉林省爱国主义教育基地。

侵浙日军投降仪式旧址和千人坑遗址

侵浙日军投降仪式旧址和千人坑遗址位于浙江省富阳市受降镇中秋村宋殿自然村。

◆千人坑遗址

1937 年 12 月 24 日，日军入侵富阳，日军第 22 师团 35 联队第三大队驻扎宋殿村，其中一个中队的队部设在村中宋作梅家里。之后，宋殿村作为侵华日军的一个重要据点，成为日军设在富阳的一个杀人魔窟。日军在宋殿大肆修筑防御工事，在沦陷区实行法西斯统治，烧杀淫掠，无恶不作。在村南挖坑，把无辜遭到杀害的数以千计的中国民众尸体抛在坑里，人称千人坑。

1945 年 8 月 15 日日本帝国主义战败，宣布无条件投降。宋殿村被指定为侵驻浙江地区日军投降地点。9 月 4 日，中方受降代表在宋殿村原宋作梅家接受了侵浙日军代表的投降。宋殿村宋作梅家的厅堂因是受降仪式之地而被称为“受降厅”。

◆受降厅内的受降席

1950 年，富阳县人民政府将原宋殿村所在地长新乡更名为受降乡，以志纪念。1987 年 11 月受降撤乡建镇。1995 年，在抗日战争胜利 50 周年之际，中共富阳市委、市人民政府拨款修复“受降厅”，并在厅内举办大型图片展《中华民族的胜利》，陈列展出 200 余幅历史照片和当年受降仪式现场部分实物，同时在宋殿村南千人坑遗址矗立大型花岗石纪念碑，碑名“千人坑遗址”，由浙江省原省长李丰平题写。

侵浙日军投降仪式旧址和千人坑遗址于1997年8月被浙江省人民政府公布为浙江省文物保护单位；2005年11月被中央宣传部公布为全国爱国主义教育示范基地。

勃利密塞

勃利密塞位于黑龙江省七台河市勃利县勃利镇西北。

◆勃利密塞

勃利密塞是侵华日军在我国东北的一个军事要塞，建于1940年，占地8.7平方千米，由日本关东军征用数万中国劳工进行修建，勃利密塞是日本侵华时期一个重要的空军炸药库，供应侵华日军在东北及华北战场上所需的航空器材与弹药，它与其周边的互助、荣光、吉兴、双河和勃利东山五座军用机场同属于“东方马其诺防线”的第二道，是第一道军事要塞和日军永久地控制东北、秘密提供军火和空中支援的重要军事基地。

◆勃利密塞洞口

勃利密塞于1993年被发掘。密塞修有洞库12个，每个洞库长约80米，宽8米左右，其中配有电线、排水沟、通风设备。这些洞库四周建有一圈被称为“野库”的水泥平房，每个“野库”长30米，宽10米，青砖墙体，顶盖钢筋水泥浇筑，有的镶嵌在山坡里，有的建在平地上树木掩映中，隐蔽性极强。通往外界有一条铁路专用线和一条砂石路，还修了纵横交错的盘陀路（俗称：迷糊路）。在密塞的四周架设着一圈电网，在电网的里外各有一圈铁丝网，四周是岗楼和探照灯，密塞所在的群山草木保持原始状，炮弹坑、炮弹、炮弹皮及子弹等随处可见。

勃利密塞于2005年3月被黑龙江省人民政府公布为黑龙江省文物保护单位；2005年6月被黑龙江省委、省人民政府公布为黑龙江省爱国主义教育基地。

下五家子惨案遗址陵园

下五家子惨案遗址陵园位于辽宁省葫芦岛市南票区缸窑岭镇北下五家子村。

◆下五家子惨案遗址陵园

下五家子惨案遗址陵园是为纪念1935年11月16日，在下五家子惨案中惨遭日寇杀害的378名死难同胞而修建的。始建于1972年，原名下五家子阶级教育展览馆。2005年10月开始重新修建，定名为下五家子惨案遗址陵园。2006年11月一期工程完工。2007年3月正式对外开放。现有主要建筑：警示钟一口，大理石壁画一幅，石碑一座，汉白玉石碑一座，生死井一口，血泪滩泡铜浮雕一座，合葬墓一座，四周为铁艺围墙。园内建有下五家子殉难纪念碑，碑高11.16米。

下五家子惨案遗址陵园于2009年11月被辽宁省委宣传部公布为辽宁省爱国主义教育示范基地。

塘沽万人坑纪念碑

塘沽万人坑纪念碑位于天津市塘沽新港一号路与新港二号路交叉口。

◆塘沽万人坑纪念碑

1943年冬，日本侵略者为缓解本国兵员和劳动力严重不足的局面，在华北地区抓骗劳工，在塘沽新港卡子门的4号码头仓库（现第一航务工程局一公司船舶工程处院内），建立新港劳工收容所，作为将劳工运往日本或我国东北的转运站，老百姓称为“劳工营”。

劳工营北临铁路线，南靠海河边，长300米，宽200米，院内有6排木板房，每排长约30米，作为羁押劳工的牢房。劳工营外围架有高压电网，电网内侧有一道2米深4米宽的壕沟。劳工营里设有4道卡子，每道卡子都有荷枪实弹的日本兵把守，凶恶的狼狗来回奔跑，阴森恐怖，戒备森严。

新港劳工营是华北较大的劳工转运站之一，日本侵略者把从华北各地抓骗的劳工汇聚在此集中看管，经过照相、验血、检疫和编队之后，分批运往日本和我国东北等地。劳工营是劳工的地狱，被抓骗来的劳工从进入劳工营起，就被强行换上囚衣般的劳工服，再把头发剃掉，只在脑后留下一小撮，作为劳工的标记。劳工营的伙食极差，一天两顿只给发霉的杂合面窝头和发臭的咸菜，且不管饱。劳工受到非人的折磨，再加上劳工营内蔓延的霍乱等疾病，许多劳工死亡。最初，一天死几个人，就用人抬出去，以后死的人太多，就改用驴车拉。再后来，惨无人道的日本侵略者竟在离劳工营不远的地方挖了几个大坑，将死去的或奄奄一息的劳工扔进坑中，日积月累，惨死的劳工越来越多，使这几个大坑变成了“万人坑”。

1992年，塘沽区政府在昔日的“万人坑”旁竖立起一座纪念碑，既表达对死者的悼念，又警示后人不要忘记这段屈辱的历史。塘沽万人坑纪念碑，占地面积 89. 18 平方米，保护范围面积 2848 平方米。纪念碑碑身由一高两矮三根白色大理石镶面的石柱组成，最高的那根石柱，形同出鞘的利剑，高达 16 米，直指苍穹，寓意向天下人控诉日本侵略者犯下的滔天罪行。三根柱石之间悬吊着一个硕大的铜铸大圆环，形似警钟，又像花环，既寓意对死难劳工的缅怀和悼念，又教育、警示生者和来者永远不要忘记那段惨绝人寰的历史。纪念碑座由凝重肃穆的黑色大理石砌成，碑座上镌刻着“万人坑纪念碑”六个涂金大字。

塘沽万人坑纪念碑于 1994 年被天津市委、市人民政府公布为天津市爱国主义教育基地。

侵华日军万福桥大屠杀遇难同胞纪念碑

侵华日军万福桥大屠杀遇难同胞纪念碑位于江苏省扬州市广陵区万福路万福闸西首。

◆侵华日军万福桥大屠杀遇难同胞纪念碑

1937 年 12 月 14 日，日军侵占扬州城。15 日至 16 日，日军在万福桥附近杀害无辜百姓百余人，万福村有 24 人遇害，房屋、牲畜等则悉数被烧被抢。17 日清晨，日军从扬州城及东郊五里庙、万福桥一带，强抓民夫 400 余人，运送物资去江都仙女庙。下午返扬途中，日军将民夫押至万福桥上，用机枪从两端扫射，除一人跳水获救外，400 余人皆遭屠杀，当时，桥面上堆尸如山，而桥下面的廖家沟变成了一条血河。

1995 年 9 月为纪念抗日战争胜利 50 周年，中共扬州市委、市政府决定建立侵华日军万福桥大屠杀遇难同胞纪念碑，警示人们不忘国耻。纪念碑建筑占地面积 30 平方米，保护范围面积 500 平方米。该碑坐北朝南，呈书形状，高 5 米，宽 3. 5 米，两面用天然白色大理石镶嵌，一面刻有“历史的一页”的碑文，一面刻有立碑单位和时间，两面夹角的中间竖刻“侵华日军万福桥大屠杀遇难同胞纪念碑”。

侵华日军万福桥大屠杀遇难同胞纪念碑于 1997 年 8 月被江苏省委宣传部公布为江苏省爱国主义教育基地。

平顶山惨案遗址纪念馆

平顶山惨案遗址纪念馆位于辽宁省抚顺市东洲区南花园街道南昌路 17 号。

◆平顶山惨案遗址纪念馆

1932 年 9 月 15 日夜晚，辽宁民众自卫军分三路向盘踞抚顺矿山的日本侵略者进攻，给敌人以沉重地打击。9 月 16 日中午时分，日本守备队、宪兵队和警察署出动几百人，将平顶山村团团围住，挨家挨户地将全村人驱赶到村西牛奶房子南面的平顶山下集合，然后放火焚烧房屋，并对聚集在山脚下的 3000 多名手无寸铁的男女老幼开枪射击，制造了震惊中外的“平顶山惨案”。屠杀持续了 3 个多小时，除近百人逃出外，3000 多名无辜百姓惨死在屠刀下。第二天，日军守备队焚烧尸体，并对屠杀现场和平顶山村进行了清理。

1951 年 3 月，抚顺市人民修建了“平顶山殉难同胞纪念碑”，1971 年重建。在惨案遗址进行局部发掘，就地修建了遗骨馆，同时重修纪念碑。1972 年，在遗址发生地修建了平顶山惨案遗址纪念馆。2005 年，对纪念馆进行综合改造，在遗址南 300 米的平顶山脚下修建了平顶山惨案遗址综合陈列馆。现有馆藏文物 2500 多件。于 1988 年 1 月平顶山惨案遗址（包括纪念馆）被国务院公布为全国重点文物保护单位。

平顶山惨案遗址纪念馆于 1996 年被辽宁省委宣传部公布为辽宁省爱国主义教育示范基地，2005 年 11 月被中央宣传部公布为全国爱国主义教育示范基地。

阜新万人坑死难矿工纪念馆

阜新万人坑死难矿工纪念馆位于辽宁省阜新市太平区孙家湾街道新园街 1 号。

◆阜新万人坑死难矿工纪念馆

阜新万人坑又称“满炭墓地”，是日伪时期满洲炭矿株式会社阜新矿业为埋葬死亡劳工及家属而建立的墓地。

九一八事变后，日本掠取了阜新煤田的全部开采权，并在 1934 年夏将阜新煤田交付满洲炭矿株式会社经营。“满炭”在阜新矿区设立了阜新矿业所，招募大批劳工来阜新采煤，对阜新煤田进行掠夺性开采。仅 1936 年至 1945 年，就先后招募劳工 40 余万人，先后造成 10 余万名劳工及家属死亡。为埋葬这些死亡的劳工及家属，日伪当局在阜新矿区设立了 4 个满炭墓地。阜新万人坑（孙家湾满炭墓地）是其中最大的墓地，于 1936 年开始埋葬死亡劳工尸体，至 1945 年埋葬死亡劳工及家属尸骨 7 万余具。

1968 年，阜新市及阜新矿务局对孙家湾满炭墓地进行挖掘，发掘出 3 个群葬大坑、10 个受各种残害致死的典型尸骨坑、千余个日伪时期遗留未埋尸体的墓坑，并在原址保持原葬形态基础上，分别建立了“死难矿工遗骨馆”、“抗暴青工遗骨馆”、“矿史展览馆”及“殉难矿工纪念碑”，筹建了“阜新万人坑阶级教育展览馆”，1992 年更名为阜新煤炭博物馆，2007 年 10 月改为阜新万人坑死难矿工纪念馆。

阜新万人坑死难矿工纪念馆于 2006 年 5 月被国务院公布为全国重点文物保护单位；2005 年 3 月被辽宁省委宣传部公布为辽宁省爱国主义教育示范基地，2009 年 5 月被中央宣传部公布为全国爱国主义教育示范基地。

厂窖惨案遇难同胞纪念碑和纪念馆

厂窖惨案遇难同胞纪念碑和纪念馆位于湖南省益阳市南县厂窖镇。

◆厂窖惨案遇难同胞纪念碑

1943 年初，日军从荆江各渡口重兵南犯，相继占领华容、安乡、南县、汉寿。洞庭湖北岸的华容、南县、安乡大批群众扶老携幼和县、乡公务员、警察、学生及前线退下来的士兵，纷纷逃亡到南县厂窖大垸及沿河水域，准备越河西渡。5 月 8 日，日军 5000 余人从水、陆、空三路合围厂窖。9 日，日军将永固垸被围群众集中一起，命令他们告发抗日官兵，无人发言，日军即将全部群众残杀。5 月 9 日至 12 日，日军在厂窖镇疯狂屠杀无辜百姓，制造了侵华第二大惨案，同时也是太平洋战争时期的最大惨案，仅三天共杀害我国同胞 3 万多人，为第二次世界大战时期法西斯国家一天杀人数量之最。当时永固垸留下的“千人坑”，西港留下的“千人坟”，都是日本法西斯大屠杀的历史铁证。

为了记住这一段血的历史，南县政府在厂窖建立了厂窖惨案遇难同胞纪念碑。碑坐北朝南，钢筋水泥结构，由平台、基座、碑体三部分组成，通高 25 米，碑体 19.43 米，表示惨案发生于 1943 年。平台 900 平方米，地铺红色瓷砖，象征同胞的鲜血，台周设护栏。碑体正面刻有王首道题写的碑名，碑座上刻有碑文。碑后有陈列室，碑左有警钟亭。纪念碑于 1987 年 7 月 7 日抗日战争爆发 50 周年时揭幕开放。

◆厂窖惨案纪念馆

2009 年，南县县委、县政府为了更好地利用厂窖惨案遗址，发挥爱国主义教育作用，对遗址进行新建和修缮：一是新建陈列馆；二是扩建纪念广场；三是新建纪念长廊；四是建英雄雕塑；五是修缮纪念碑和警钟亭。2010 年 8 月 15

日，抗日战争胜利65周年纪念日，在厂窖镇举行了厂窖惨案纪念馆开馆仪式。纪念馆建在纪念碑旁，建筑面积为1600平方米，布展内容分为“日军侵华”、“血腥屠杀”、“奋起反抗”、“铁证如山”、“警钟长鸣”、“珍爱和平” 六个部分，陈列展出当年日本侵略者屠杀我国同胞的东洋刀、刺刀、枪支、炸弹，同胞被残杀后的尸骨照片和当年报纸对屠杀惨案的报道，重现了日军令人发指的暴行和惨绝人寰的屠杀景况。

厂窖惨案遗址于1996年1月被湖南省人民政府公布为湖南省重点文物保护单位；1995年1月被湖南省委宣传部公布为湖南省爱国主义教育基地。

侵华日军南京大屠杀遇难同胞纪念馆

侵华日军南京大屠杀遇难同胞纪念馆位于江苏省南京市建邺区水西门大街418号。

侵华日军南京大屠杀遇难同胞纪念馆建立在南京大屠杀江东门集体屠杀场地及万人坑遗址之上。1937年12月，侵华日军在江东门集体屠杀了1万多名中国战俘及平民，遇难者尸体经慈善团体就地掩埋于“两个水塘和一条壕沟内”。1983年、1998年和2006年，曾先后三次在此地发掘近千具遗骸，经史学、法医学、考古学等多学科鉴定，确认为南京大屠杀遇难者的骸骨。

为悼念南京大屠杀遇难同胞，启迪后人牢记历史、珍爱和平，1985年8月15日纪念馆正式落成开放，后经1994年至1995年，2005年至2007年两次扩建，占地面积约7.4万平方米，建筑面积达1.2万平方米，展陈面积达9800平方米。纪念馆新馆于2007年12月13日南京大屠杀30万同胞遇难70周年之际建成开放，是一座纪念性的遗址型历史博物馆。整个展馆分展览集会区、遗址悼念区、和平公园区和馆藏交流区4个

◆侵华日军南京大屠杀遇难同胞纪念墙标志碑和灾难之墙

◆遇难同胞名单墙

◆悼念广场

功能性区域。新馆造型犹如一艘巨大的“和平之舟”，东部拔地而起的高大船头是陈列丰富的展厅，周边庄严肃穆的广场可容纳万人集会，中部是原馆的遗址悼念区，西部大片开阔区域是树木葱茏的和平公园。另外，还有十多座形态逼真、寓意深刻的雕塑点缀其中。

侵华日军南京大屠杀死难同胞江东门丛葬地于2006年5月被国务院公布为全国重点文物保护单位。侵华日军南京大屠杀遇难同胞纪念馆于1997年6月被中央宣传部公布为全国爱国主义教育基地。

双沟惨案纪念馆

双沟惨案纪念馆位于江苏省宿迁市泗洪县双沟镇双沟中心小学院内。

1940年9月16日，时值中秋，侵华日军13旅团一部在遭我抗日武装打击后恼羞成怒，乘汽艇数十艘，自盱眙溯淮而上，侵入淮北抗日民主根据地重镇双沟，沿街奸淫烧杀后又逐户用刺刀将几百名居民逼入石魁巷九间民房内，架机枪对准人群，轮番扫射，并向屋中浇汽油，扔手榴弹。这场浩劫中，日军共屠杀平民近600人，焚毁房屋3800间，双沟镇有21户被杀绝。是为“双沟惨案”。当时，在泗南县和区、乡各级民主政府的帮助下，100余具遗体得以辨认。泗南县政府决定，在双沟镇北建造死难者公墓，安葬无法辨认的死难者。解放后，这座公墓得到了保护，每年清明和祭日，双沟人民都来进行祭奠，为死难者修墓。1995年8月15日，在中国人民抗日战

◆双沟惨案纪念馆

争胜利50周年之际，双沟镇人民政府集资兴建“双沟惨案纪念馆”，馆内有双沟惨案遇难同胞公墓一座，碑亭一座，亭内竖立“日军侵华双沟惨案遇难同胞碑”一座，陈列室三间，陈列反映双沟惨案经过的图片数十幅。

双沟惨案纪念馆于1997年8月被江苏省委宣传部公布为江苏省爱国主义教育基地。

◆遇难同胞公墓

潘家戴庄惨案纪念馆

潘家戴庄惨案纪念馆位于河北省唐山市滦南县程庄镇潘家戴庄村。

潘家戴庄原是一个住有371户、1765口人的大村。1942年12月5日，日军第27步兵团所属第1联队驻张各庄部骑兵队长铃木信，按照少将师团长铃木启九的命令，亲自指挥驻张各庄、司各庄等处日伪军250人，在潘家戴庄制造了骇人听闻的血腥惨案。残暴的日军们将30名婴儿在碌碡上摔死，将60名孕妇剖腹于街头。该村27户被杀绝，31户只剩下孤儿寡母，殉难群众达1280人。同时，烧毁民房1030间，群众财物被抢劫一空。

1952年7月17日，唐山各界人民为了纪念潘家戴庄千人坑惨案中殉难同胞，谴责日本侵略军令人发指的残酷暴行，在村西建立潘家戴庄惨案纪念塔。1967年，滦南县革命委员会主持重修纪念塔并增建了纪念馆。纪念馆内陈列着日伪军在惨案中使用的一些凶器，摔死婴幼儿的碌碡，部分殉难者的尸骨、遗物和惨案现场泥塑、挂图以及各类照片等。1971年9月，滦南县革命委员会将旧纪念塔拆除，改在村东南角惨案旧址重修纪念碑和现场水泥造型群。纪念馆在1976年唐山大地震中震毁。

◆潘家戴庄惨案纪念馆

现在的潘家戴庄惨案纪念馆于1997年11月奠基，2000年12月竣工，占地7300平方米，建筑面积2256平方米。纪念馆总体布局由南到北，依次为停车场、绿地、记事碑、悼念广场、纪念碑、冤魂墙、下沉广场、陈列馆，形成层次分明的空间序列。从东至西有影视厅、接待室、埋人方坑和合葬墓相互衬托。黑色花岗岩冤魂墙所刻1942和1280醒目大字，昭示人们不要忘记1942年有1280名同胞在这里遇难。展览馆分上下两层。上层展厅分“疯狂的侵略”、“潘家戴庄惨案”、“正义的审判”和“警钟长鸣”四个部分；下层杀人坑原址陈列了经过处理的遗骸21具。二楼西侧展厅用翔实的历史资料，深刻地揭露了日本侵略者在中国、在冀东、在滦南，特别是在潘家戴庄实行“三光”政策的野蛮暴行。东侧展厅前段主要反映了制造潘家戴庄惨案的日伪军得到应有惩罚的情况，后半部分介绍了历次建塔、建碑、建馆和利用惨案遗址进行爱国主义教育以及国内外人士凭吊的情况。

潘家戴庄惨案遗址于1993年7月被河北省人民政府公布为河北省文物保护单位。潘家戴庄惨案纪念馆于1995年5月被河北省委、省人民政府公布为河北省爱国主义教育基地，2005年1月被中央宣传部公布为全国爱国主义教育示范基地。

大同煤矿遇难矿工万人坑纪念馆

大同煤矿遇难矿工万人坑纪念馆位于山西省大同市南郊区西南18公里处的煤峪口南沟。

1937年10月至1945年8月，日军占领大同煤矿期间，施行“以人换煤”的血腥政策，掠夺了1400万吨煤炭，制造了白骨累累的万人坑20余处，6万多矿工惨遭迫害。日军从山东、河南、河北、山西、安徽、江苏、北平、天津、内蒙古等地抓、骗大量的农民和失业的手工业者到矿山充当劳工。非人的生活待遇、超负荷的劳动强度、险恶的劳动环境，再加上瘟疫的流行，使大批矿工伤残或生病，丧失劳动力，成千上万名奄奄一息的和被折磨死亡的矿工被日本侵略者抛弃到了荒郊野外或废弃井洞，日积月累形成一个个白骨累累的万人坑。

◆大同煤矿万人坑遗址纪念馆

当时大同矿区共有杨树湾、老爷庙、黄草洼、大南湾等较大的万人坑20多处。煤峪口南沟万人坑是国内规模较大、保存较完整的万人坑，坑内层层叠叠堆满了死难矿工尸骨。有的头颅被击穿、有的四肢被砍掉、有的张大嘴好像在呼救、有的仿佛挣扎着向洞口爬去。很多尸骨的姿势表明，他们是活着被扔进万人坑的。万人坑是日本侵略者残害大同矿工的铁证。

大同煤矿遇难万人坑遗址纪念馆有两个埋葬被害矿工的万人坑、一个专题展览馆。展览馆从门口到展馆的缓坡地面上，“1937—1945”字样的8块铸字铁板深深嵌入周围的地砖，警示人们牢记大同矿工在抗战期间遭受的深重苦难。展览馆门厅下方，设计有遗骨巨幅浮雕，“14000000”和“60000”两组凸起的数字，直观地告诉世人——日本侵略者占领大同煤矿8年掠夺优质煤炭1400万吨，造成6万名矿工丧失生命。展览馆以“牢记历史，珍爱和平，面向未来，振兴中华”为主题，分为“觊觎矿藏，蓄谋已久”、“荼毒大同，霸占煤矿”、“野蛮开采，疯狂攫取”、“奴役矿工，灭绝人性”、“累累白骨，铁证如山”、“铭记历史，珍爱和平”六个部分，采用大量珍贵图片、实物资料，通过背景雕塑、幻影成像、多媒体技术、场景再现等声光电多种现代科技手段进行展示，深刻而形象地揭露了日本侵略者在大同煤矿犯下的滔天罪行，告诫国人铭记苦难历史，为实现中华民族的伟大复兴自强不息。

大同煤矿遇难矿工万人坑展览馆于2006年5月被国务院公布为全国重点文物保护单位；2005年11月被中央宣传部公布为全国爱国主义教育示范基地。

南芬区万人坑纪念园

南芬区万人坑纪念园位于辽宁省本溪市南芬区郭家办事处南芬村。

◆南芬区万人坑纪念园

南芬区万人坑纪念园原址位于本溪钢铁公司南芬露天铁矿采掘区内，旧称南芬庙儿沟铁矿。九一八事变后，日本财阀大仓喜八郎独占本溪湖煤铁公司，将我被俘人员、关内劳工和农民驱至庙儿沟矿山，高强度劳动使大批矿工死亡，至日本战败投降，被遗弃的尸骨已达17800多具，万人坑因此而得名。

为纪念死难同胞，本溪有

关部门分别于1966年和1996年两次将遗骨建堂并立碑祭奉，先后修建了南芬区万人坑标志碑和本溪万人坑纪念碑。2006年年底，本溪钢铁公司与南芬区政府根据矿山发展实际，共同提出择址建立万人坑纪念地的建议。2009年9月18日，万人坑纪念园举行落成仪式。纪念园占地面积4716平方米，工程主体由纪念广场、大型浮雕、纪念墙组成。

南芬区万人坑纪念园于2009年11月被辽宁省委宣传部公布为辽宁省爱国主义教育基地。

济南惨案纪念园

济南惨案纪念园位于山东省济南市趵突泉公园东北区。

1928年5月3日，日军侵占济南，野蛮屠杀手无寸铁的中国民众和战俘，并公然践踏国际法规定，肆意凌辱驻济中国政府外交人员，国民党外交部山东特派交涉员蔡公时等17名外交人员惨遭日军杀戮，同时有济南军民6123人被日军杀害，1701人不同程度受伤，制造了震惊中外的济南惨案（五三惨案）。共产国际、中共中央、山东省委先后发表文章声讨日军暴行。为铭记国耻，济南民众将变为废墟的顺城街改为五三街，刻五三惨案纪念碑并立碑多处以示纪念。1999年8月19日，济南市政府颁令规定每年5月3日为济南惨案纪念日，上午10时，拉响防空警报，以警示市民牢记历史，勿忘国耻。

济南惨案纪念园于2006年7月动工修建，2007年5月建成开放。总占地面积2600平方米，由济南惨案纪念堂、入口牌坊、警世钟台等组成。济南惨案纪念堂建筑面积约307平方米，明清风格园林建筑，高12.45米，屋顶形式为绿琉璃瓦歇山屋顶，上下两层。底层为观展区，内高4.7米，堂内放置蔡公时烈士铜像及文字、照片等资料；二层为观景平台，陈列与济南惨案相关的历史实物资料。纪念堂外东南方设五三钟台，置放济南惨案警示钟，西南方则置放收集来的济南惨案纪念石碑。其中，纪念堂内蔡公时烈士铜像是在济南惨案发生之后，由南洋华侨领袖陈嘉庚先生发起的“山东惨祸筹赈会”拨出部分捐款，

◆济南惨案五三钟台

在德国聘请的雕塑名家为蔡公时烈士铸造的铜像并准备运送回国，但由于历史原因，铜像一直存放于新加坡孙中山南洋纪念馆（晚晴园）内。2002 年 9 月 16 日，新加坡《联合早报》刊登了区如柏女士采访陈嘉庚的侄子陈共存先生的报道《埋在地下的烈士铜像》，报道了蔡公时铜像的历史由来。消息通过网络很快传到济南，中共济南市委、市政府非常重视这个信息，专程派人与新加坡有关人员联系，于 2006 年 2 月将蔡公时铜像从新加坡迎归济南。

济南惨案纪念园于 2005 年 11 月被山东省委宣传部公布为山东省爱国主义教育基地。

东北沦陷时期辽源矿工墓陈列馆

东北沦陷时期辽源矿工墓陈列馆位于吉林省辽源市辽源矿区西南部。

东北沦陷时期辽源矿工墓陈列馆是一处墓地遗址与现代化展示相结合的大型文物展馆。矿工墓是反映日本帝国主义侵略中国东北，掠夺自然资源，残害中国人民的见证地，也是全国仅存几处保存完好的日本帝国主义侵华罪证之一。现有规划控制区 100 万平方米，其中核心项目区 20 万平方米。各种类型尸骨陈列馆八处，比较完好的保存着东北沦陷时期死难矿工遗骨 197 具。墓地西坡保存有一处当年焚烧矿工尸体的“炼人炉”，虽经历半个多世纪的风雨侵蚀，迄今仍可见一尺多厚的骨灰和焦土；周围山坡上分布着 3000 多座矿工坟。陈列馆内保存着牛世清“一张工票”、东城采炭所史志大钟、劳工证等多件国家珍贵文物。

◆东北沦陷时期辽源矿工墓陈列馆

◆矿工墓纪念碑

东北沦陷时期辽源矿工墓陈列馆于 1983 年 4 月被

吉林省人民政府公布为省级重点文物保护单位，1994 年 12 月被吉林省委、省人民政府公布为吉林省爱国主义教育基地，2005 年 11 月被中央宣传部公布为全国爱国主义教育示范基地。

侵华日军第七三一部队罪证陈列馆

侵华日军第七三一部队罪证陈列馆位于黑龙江省哈尔滨市平房区新疆大街 25 号。

1936 年 8 月，日本天皇下令在中国东北地区建立两支细菌部队，哈尔滨平房的“关东军防疫给水部”即是其中之一。1938 年 9 月该部队在中国哈尔滨市平房地区筹建了生物武器研究、试验和生产基地，并成为迄今为止世界上进行最大规模生物战的指挥中心。1941 年 8 月，为了加强隐蔽性，部队名称变更为满洲第七三一部队。为实现独霸世界的目的，第七三一部队网罗当时日本国内最先进的细菌学研究人才，在这个被称为“食人魔窟”的庞大特别军事区域内，突破人类细菌学研究极限，不仅进行了规模巨大的杀伤性细菌武器的研究、试验和生产，而且惨无人道地用健康人做细菌试验。从 1939 年至 1945 年，至少有 3000 人被当作试验材料惨遭杀害，而在侵华日军发动的生物战中，遭到屠杀和残害的无辜民众不计其数。1945 年 8 月七三一部队溃逃时，为了掩盖其残暴罪行，对这一机密设施进行了大规模的销毁和破坏。目前，尚有全国重点保护罪证遗址 31 处，包括本部大楼、四方楼细菌实验室及特设监狱基址、

◆侵华日军第七三一部队本部大楼遗址

◆侵华日军第七三一部队黄鼠饲养室遗址

地下室通道、黄鼠饲养室、小动物地下饲养室、吉村班冻伤实验室、笠原班病毒实验室基址、二木班结核菌实验室、动力班锅炉房、南门卫兵所、铁路专用线、给水塔、瓦斯发生室、地下瓦斯储藏室、地下蓄水库、航空班、山口班细菌弹组装储存室、田中班昆虫动物培植室、北岗焚尸炉、北洼地焚尸炉、兵器班、城子沟野外实验场、细菌弹壳制造厂等。

◆侵华日军第七三一部队二木班结核菌实验室遗址

侵华日军第七三一部队罪证陈列馆始建于1982年，2001年经过重新修缮重新对外开放。展厅面积1500平方米，设13个展室、1个殉难者名单长廊，对外开放内容还包括104000平方米的遗址区和一个七三一国际图书资料中心。

侵华日军第七三一部队罪证陈列馆于1983年3月被黑龙江省人民政府公布为黑龙江省文物保护单位，2006年5月被国务院公布为全国重点文物保护单位；1998年1月被黑龙江省委公布为黑龙江省爱国主义教育基地，1997年6月被中央宣传部公布为全国爱国主义教育示范基地。

孙吴日军侵华罪证陈列馆

孙吴日军侵华罪证陈列馆位于黑龙江省黑河市孙吴县城东郊。

孙吴日军侵华罪证陈列馆是在侵华日军军人会馆遗址基础上维修复建的。该馆始建于1983年，原址位于胜山要塞主阵地之内，第一卫兵室东北侧。1993年陈列馆扩建，展厅面积达200平方米，厅内展出图片、文稿和实物共489件。其中，国家文物管理部门确认的一级文物6件，电视资料片3部，“二战”历史研究专稿101篇，大型立体仿真景窗1个，大型流动展册6个，大型实物橱窗1个。2010年，孙吴县委、县政府决定异地扩建陈列馆，新馆址为侵华日军军人会馆遗址一楼。

侵华日军军人会馆始建于1939年，1940年竣工使用，是供日军高级军官休闲娱乐的场所，是高级“慰安所”，也称将校俱乐部。主建筑是一栋二层楼，建筑面积约3000平方米，

◆孙吴日军侵华罪证陈列馆“慰安妇”房间

当时有“慰安妇”30人。该军人会馆是目前已知的日军二战期间亚洲面积最大、服务级别最高、保存最为完整的一处日本关东军高级“慰安所”。

新建孙吴日军侵华罪证陈列馆按照局部复原，分列、分类展陈的设计方案，采用声光电立体式手段布展，2010年4月开工建设，2011年建成开馆。设计原则按照收集到的原日军侵占孙吴期间的军人会馆外貌为依据，采取主大门、附大门局部复原的设计方案。同时，进一步修缮军人会馆遗址，在保护罪证的同时发挥爱国主义教育基地的作用。

孙吴日军侵华罪证陈列馆于1998年1月被黑龙江省委、省人民政府公布为黑龙江省爱国主义教育基地。

◆孙吴日军侵华罪证陈列馆

鸡西矿史展览馆

鸡西矿史展览馆位于黑龙江省鸡西市滴道区矿里街道办事处红旗社区。

滴道煤矿是日军侵华时期日本人在鸡西最早建立的重点煤矿之一，也是日本人和汉奸把头统治最残酷的地方。从1934年至1945年，日本侵略者采用骗招、抓捕和摊派等手段，获得了大量无偿劳力和廉价劳力，对储量丰富的滴道煤矿疯狂掠夺。矿工及家属大批死于非命。起初，日本人还假惺惺地按民族风俗办葬，搞一棺一尸掩埋。后来，病、饿、冻和打死的人天天有，日本人便采用一棺两尸的掩埋措施。太平洋战争爆发后，日本煤炭告急，日本人不顾一切地“大出炭”，每天各矿井都有人伤亡，日本人就在住宅区和大房子设病号房，把病、伤人集中到一起扒掉衣服，拉到外面，丢弃于荒山野岭之中，尸骨袒露，任凭鸟兽啄食、风吹雨蚀。后来日本侵略者采取销尸灭迹、掩人耳目的手段，开始把乱葬的北山沟作为集中掩埋地。先后有近2万名工人的尸体掩埋于

◆鸡西市滴道煤矿鸡西矿史展览馆万人坑遗址

◆鸡西市滴道煤矿鸡西矿史展览馆内的炼人炉遗址

此，史称“万人坑”。1941 年，由于万人坑掩埋尸体过多腐烂严重，日本侵略军在滴道矿中暖地区建了 2 处炼人炉，建成后共使用了 3 年，炼焚死难矿工尸体 4000 余具。

1947 年，滴道万人坑在清算运动中被发掘，辟为死难矿工陵园，设人看管，供人凭吊。1965 年，滴道煤矿决定在炼人炉遗址建立滴道矿史馆。1966 年，鸡西矿务局组织了大规模的发掘，后建 400 平方米房屋将整个发掘部分盖在里面。1968 年，由黑龙江省革命委员会投资，在万人坑和炼人炉遗址上建成鸡西煤矿阶级教育展览馆，亦称鸡西矿史馆。1969 年，展览馆再度扩建，面积增加到 2000 平方米。1994 年，鸡西市政府对展览馆和万人坑进行全面修葺。2004 年鸡西市文化局对展览馆进行了重新修建。

◆鸡西市滴道煤矿鸡西矿史展览馆第四展厅

鸡西矿史展览馆于 1983 年 3 月被黑龙江省人民政府公布为黑龙江省文物保护单位；1998 年 1 月被黑龙江省委、省人民政府公布为黑龙江省爱国主义教育基地。

侵华日军细菌战衢州展览馆

侵华日军细菌战衢州展览馆位于浙江省衢州市柯城区罗汉井 5 号。

1940 年，侵华日军七三一部队和南京“荣”字 1644 部队策划实施细菌战。10 月 4 日上午 9 时许，一架侵华日军飞机从东北方向直接飞临衢州城上空，向衢州城西美俗

◆细菌战衢州展览馆

坊、县西街、水亭街、上下营街一带撒下大批麦粒、黄豆、跳蚤、小纸包（内有跳蚤）等带有鼠疫、霍乱病菌的食品与物品及宣传单。当日午后，衢县政府令卫生院收集日军空投物，派人送省卫生试验所检验。一周后确认是“属人鼠共同蚤，带有鼠疫杆菌”。至11月12日，水亭街柴家巷3号发现衢城首例鼠疫病人后，鼠疫疫情逐渐蔓延至衢州全城，衢县政府成立了防治鼠疫委员会，封锁疫区、设立隔离院、统一安葬病尸等，想控制疫情蔓延。此时，民众已人心惶惶，私下将病人、病尸转移到乡下。结果到1941年，鼠疫已蔓延衢城58条街巷、12个乡镇。

1942年6月，日军攻陷衢州城后，再次对衢州城乡空投和撒放伤寒痢疾菌，致使2000多人因患鼠疫而死，而因伤寒、痢疾死亡者数以万计。而后，鼠疫、炭疽等细菌向外蔓延，江山、义乌、东阳等地均有发现。

据统计，1940年至1948年，侵华日军在衢州进行细菌战，造成衢州各地连续8年传染病大流行，患传染病者死亡约4万人。

为了让后人永远牢记日军在这块土地上犯下的滔天罪行，1998年清明时节，衢州人民建立了侵华日军细菌战衢州展览馆，并在馆内，也就是在受害区竖立了一块“铭记牌”。

◆细菌战死难民众纪念碑

侵华日军细菌战衢州展览馆面积300余平方米，展出的内容为“七三一细菌部队的罪行”、“衢州的深重灾难”、“为尊严而斗争”、“正义的呼声”等几部分。展览以翔实的证据控诉了当年日军的罪恶行径，其中部分图文资料由美国、加拿大等国外友人提供。

侵华日军细菌战衢州展览馆于2010年7月被浙江省委、省人民政府公布为浙江省爱国主义教育基地。

大通万人坑教育馆

大通万人坑教育馆位于安徽省淮南市大通区大通街道矿南社区。

◆大通万人坑教育馆

1938年6月，日军在侵占淮南大通煤矿后，把大通煤矿作为实行以战养战的重要战略资源区，为防止抗日队伍的打击和镇压矿工，便在淮南大通煤矿地区修筑了36座碉堡和水牢等。其中，大通万人坑形成于1943年春，当时日军役使矿工挖了长20米、深3米、宽3米的三条大坑，把1万多具罹难矿工和被日军杀害的抗日志士遗骨集中掩埋坑内，俗称万人坑。

大通万人坑教育馆始建于1968年，全馆占地面积约31000平方米，建筑面积6900平方米，展室面积约2400平方米。现展厅依次有教育馆概述、日寇侵占大通期间布局沙盘、矿工生产生活用品用具、矿工上下工流程泥塑、矿工作业场景、日寇残害矿工刑具、大病房概况、三条白骨大坑、秘密水牢等。

大通万人坑教育馆于1986年被安徽省人民政府公布为安徽省文物保护单位；1995年被安徽省委、省人民政府公布为安徽省爱国主义教育基地。

◆大通万人坑三号坑

旅顺日俄监狱旧址博物馆

旅顺日俄监狱旧址博物馆位于辽宁省大连市旅顺口区向阳街139号。

◆旅顺日俄监狱旧址

旅顺日俄监狱是20世纪初俄国和日本在中国土地上设置，旨在囚禁和屠杀中国人民以及世界反法西斯战士的魔窟。1902年由俄国始建，日俄战争结束后，日本在原监狱的基础上逐步扩建。牢房由俄国时期的85间增加到253间，还有暗牢4间，病牢18间，先后被定名为“关东都督府监狱署”、“关东厅刑事所”、“关东刑务所”。1939年，定名为“旅顺刑务所”。这里关押的不仅有中国人，还有日本、朝鲜、俄罗斯、埃及等国家的仁人志士。监狱占地面积2.6万平方米，围墙外还有强制被关押者服劳役的窑场、菜地、林场、果园等。1927年至1937年，中共大连地方党组织曾四次遭到日本大连殖民当局的镇压，被捕的共产党员和进步工人、学生都被关押在这里。被关押的共产党员成立了狱中党支部，成为当时旅顺四个党支部之一。

1945年8月22日，苏联红军进驻旅顺，并接管了旅顺监狱。1971年7月，在此筹建了展览馆，并对社会开放。2003年，更名为旅顺日俄监狱旧址博物馆。旅顺日俄监狱旧址是我国目前保存最完整、内涵最丰富、规范最大、展线最长、国际性最强的遗址类博物馆。

旅顺日俄监狱旧址于1988年被国务院公布为全国重点文物保护单位。旅顺日俄监狱旧址博物馆于2005年被辽宁省委宣传部公布为辽宁省爱国主义示范基地。

鹤岗矿史馆

鹤岗矿史馆位于黑龙江省鹤岗市东山区东岗路和南山国防公路的交汇处。

东北沦陷时期的鹤岗矿山，工人生活条件极端恶劣，生产事故频发，加之疾病流行，矿工大批死亡，日本人将工人尸体运送到东山坡坑内无人掩埋，任凭狼吃狗啃。另外，1944 年 5 月鹤岗矫正辅导院（遗址在东山万人坑西 300 米处）建立后，一些反满抗日的爱国主义者被残害致死，全部被扔至此坑内。从此，便有了“东山万人坑”之说。

◆鹤岗矿史内的塑像

东山万人坑原坑长 40 米，宽 30 米，深近 7 米。1968 年 10 月挖掘东山万人坑一角，仅此长 10 米，宽 8 米，深不及 3 米的小小坑内，就堆积着死难者的尸骨千余具，有的头骨被击穿，有的腿骨被折断，有的双手被捆绑，有的眼睛被铁丝穿过，惨不忍睹。1970 年，在挖掘地点建保护性房屋和展室，辟为鹤岗矿务局阶级教育展览馆。1998 年，鹤山矿务局对东山万人坑进行保护性维修，并在东山万人坑东南侧建展馆一处，名“矿史馆”。2002 年至 2003 年，鹤矿集团（鹤岗矿务局）对矿史馆进行了全面的修缮和布展。

◆鹤岗矿史馆展厅

鹤岗矿史馆是在原东山万人坑展览馆的基础上扩建、修缮而成的，总占地面积 15000 平方米，矿史馆展厅面积 1650 平方米，分为主展厅、东侧厅、西侧厅三大单元，包括“早期开发”、“日伪统治”、“建局初期”、“建设发展”、“改革奋进”五个部分；东山万人坑展厅面积 400 平方米，共陈列各种图片 800 幅，日伪时期文物 52 件。

鹤岗矿史馆（东山万人坑）于1981年1月被黑龙江省人民政府公布为黑龙江省重点文物保护单位；2001年11月被黑龙江省委、省人民政府公布为黑龙江省爱国主义教育基地。

后　　记

全国革命遗址普查工作自开展以来，中共中央党史研究室室务委员会高度重视，在阶段性工作规划和年度工作要点中都对革命遗址普查工作进行重点部署和安排，及时研究和解决工作进展中遇到的问题，有力推动全国普查工作的开展。中共中央党史研究室主任欧阳淞多次作出批示，要求全力以赴，精益求精，在确保质量的前提下做好全国革命遗址普查丛书的编辑、出版工作。

为切实加强对全国革命遗址普查工作的具体指导，中共中央党史研究室分管领导李忠杰副主任先后主持召开了2009年11月和2010年12月全国革命遗址普查工作会议，对各地的普查工作进行总体部署和阶段性检查，使全国普查工作有序开展。2011年上半年，各省区市党史研究室向中央党史研究室提交革命遗址普查成果材料后，李忠杰多次召开有关人员会议，对《全国革命遗址普查成果丛书》的编排设计等进行认真讨论研究，并报请中共中央党史研究室室务委员会批准通过。

中央党史研究室科研管理部作为全国革命遗址普查工作的具体组织部门，在中共中央党史研究室室务委员会的领导下，在李忠杰的具体指导下，在组织各省区市做好《全国革命遗址普查成果丛书》地方卷编纂工作的同时，根据各地报送的普查成果材料，从中选取了省级以上爱国主义教育基地的革命遗址及其他遗址作为主要内容，汇编成《全国重要革命遗址通览》第1卷。

本卷内容包括革命遗址、副编和附录三部分。革命遗址部分主要指与中国共产党活动有关的遗址和纪念场馆，内容编排以省为单位，按照以下五大类别排列：重要历史事件和重要机构旧址、重要历史事件和重要人物活动纪念地、革命领导人故居、烈士墓、纪念设施。在同一类别内，相同性质的遗址相对集中，并按行政区划排列，其中天安门、天安门广场、人民英雄纪念碑、毛泽东纪念堂、中国国家博物馆和民主革命时期党的代表大会遗址，排在相关行政区划遗址的前面。这里需要特别说明的是，在民主革命时期有过贡献而建国后去世的，除党和国家领导人、有特殊贡献的人物之外，其相关遗址和纪念场馆，不在本次普查范围，未收入本书。为了保存珍贵资料，对于普查到的其他遗址，我们将其列为副编、附录，收入书中。副编主要收录与民主党派和进步人士、外国在华共产党人、国民党及其他抗战人士和团体有关的遗址和纪念场馆，在各类别中，相同性质的遗址相对集中，并按行政区划排列。附录主要收录与日军侵华有关的遗址和纪念场馆，相同性质的遗址相对集中，并按行政区划排列。

本卷共收入被公布为国家级爱国主义教育基地和省级爱国主义教育基地的革命遗址1027个，配有图片1917幅；副编部分86个，配有图片144幅；附录部分34个，配有图片54幅。全书共有遗址1147个，图片2115幅。属国家级爱国主义教育基地的革命遗址主要是指中央宣传部、国家民政部公布的，省级爱国主义教育基地的革命遗址是指各省级党委、政府和宣传部门公布的。此外，个别重要的革命遗址因各种原因未被列入以上两级爱国主义教育基地名单的，考虑到其在中国共产党历史上的地位和作用，也作为重要革命遗址收入。

中央党史研究室科研管理部李艳杰、刘怀望、张振平、王宝英（借调）自始至终作了大量材料整理和选编工作，宁宇、朱志伟、李建安参与了后期部分工作。退休老同志黄小同、彭咏梅、卜伟华等参与了书稿审读工作。科研管理部主任黄如军、副主任张兆宪、姚金果对本卷的组织和编审作了具体指导，姚金果审改了全部书稿。全书由李忠杰统改定稿。

全国31个省区市党史部门为《全国重要革命遗址通览》的编纂做了大量工作。特别是各省区市党史部门负责革命遗址普查工作的分管领导和具体承担此项工作的负责同志，根据中央党史研究室科研管理部的要求，数次核实本省区市入选的遗址条目，对内容进行认真的修改和补充，并最后审核了各自内容的书稿清样，从而保证了全书内容的真实性和可靠性。全国各地市县党史部门的有关负责同志也一并做了大量工作。参加供稿审稿工作的同志有：陆兵、熊根琪、李大勇、王永立、宋学民、王林芳、杨玉堂、杨子晋、马万里、陈鹏、许晓敏、贾建、黄耀河、李志铭、车迎坤、崔艳波、顾明、曹力奋、赵一心、储宴宴、朱健、陆进松、刘毅、汪志敏、叶建中、刘云刚、张朝阳、朱以泉、王瀚秋、熊敏、刘国庆、亓涛、路海江、张守四、张帆、邹东山、叶建军、王小平、李森翔、林益、向济萍、黄莺、游宪军、吴淑贞、徐塞声、刘华、杨永康、马睿、魏明生、覃爱华、杨胜友、侯明森、杨军、汪德军、杨付静、达瓦扎西、姚文琦、汤彦宜、刘玛莉、李荣珍、兰金补、宋星火、常东海、纳建国、王锋、郭武斌、王棣。

《全国重要革命遗址通览》第 1 卷，是全国党史部门共同辛勤劳动的成果。由于全书内容涉及众多历史事件和历史人物，各地提供基础材料的水平不一，加上编辑时间有限，本书的疏漏、不周之处在所难免，敬请读者批评指正。

值本书出版之际，我们谨向为编写本卷书付出辛勤劳动的全体同志，向所有关心和支持本书编纂、出版工作的有关单位和同志表示衷心感谢！

编　者

2013 年 6 月